TECH BIBLE

Tech Bible Series

9급 국가직·지방직·고졸채용을 위한 **기술직 공무원** 합격 완벽 대비서

시대에듀

재배학개론+식용작물

기출이 답이다

TECH BIBLE

Always with you

사람이 길에서 우연하게 만나거나 함께 살아가는 것만이 인연은 아니라고 생각합니다.
책을 펴내는 출판사와 그 책을 읽는 독자의 만남도 소중한 인연입니다.
(주)시대고시기획은 항상 독자의 마음을 헤아리기 위해 노력하고 있습니다.
늘 독자와 함께하겠습니다.

머리말

이 책은

공무원을 준비하는 수험생들이 시험 전 반드시 알아두어야 할 이론들과 국가직, 지방직 기출문제들의 해설파일을 수록함으로써 이 한 권으로 기술직 재배학개론 과목의 출제 경향을 파악할 수 있도록 집필하였습니다.

재배학개론과 식용작물에서

자주 출제되는 내용을 정리하자면 재배학개론에서는 재배식물의 기원과 분류, 작물의 유전성, 재배환경, 재배 관리 등이 식용작물에서는 벼와 쌀, 벼의 재배, 밭작물 등의 분야에서 많은 이론과 공식이 출제되기 때문에 폭넓게 지식을 습득하여야 합니다.

이 책의 특징은

첫째, 최신 기출문제의 개념을 중심으로, 어떻게 시험에 적용될 수 있는지 예상 문제를 제시함으로써 수험생의 이해상태를 점검할 수 있도록 구성하였습니다.

둘째, 수험생으로서 꼭 알아야 할 주요 개념들에 초점을 맞추어 직관적으로 익힐 수 있도록 내용을 구성하였습니다.

셋째, 9급 기술직을 준비하는 수험생 및 전문계 고등학교 9급 지방공무원 시험을 준비하는 모든 수험생에게 도움이 될 내용으로 알차게 구성하였습니다.

끝으로

이 책을 통해 수험생 여러분의 합격을 진심으로 기원하며, 이 책이 출판되기까지 애써주신 시대고시기획 편집부 모든 분들께 깊은 감사를 드립니다.

편저자 씀

기술직 공무원 시험 안내

세부 사항은 변경될 수 있으니 해당 시험 공고를 확인하시기 바랍니다.

기술직 공무원의 업무

기계, 전기, 화공, 농업, 토목, 건축, 전산 등 각 분야에 대한 전문적이고 기술적인 업무를 수행

응시자격

▶ 9급채용 응시연령 : 18세 이상(고졸자 경력경쟁임용시험은 조기 입학한 17세 해당자도 응시 가능)

▶ 국가공무원법 제33조 및 지방공무원법 제31조(결격사유), 국가공무원법 제74조 및 지방공무원법 제66조(정년)에 해당되는 자 또는 지방공무원 임용령 제65조(부정행위자 등에 대한 조치) 및 부패방지 및 국민권익위원회의 설치와 운영에 관한 법률 제82조(비위면직자 등의 취업제한) 등 관계법령 등에 의하여 응시자격이 정지된 자는 응시할 수 없음

국가공무원법 제33조, 지방공무원법 제31조(결격사유)

- 피성년후견인 또는 피한정후견인
- 파산선고를 받고 복권되지 아니한 자
- 금고 이상의 형을 선고받고 그 집행이 종료되거나 집행을 받지 아니하기로 확정된 후 5년이 지나지 아니한 자
- 금고 이상의 형을 선고받고 그 집행유예 기간이 끝난 날부터 2년이 지나지 아니한 자
- 금고 이상의 형의 선고유예를 선고받고 그 선고유예 기간 중에 있는 자
- 법원의 판결 또는 다른 법률에 따라 자격이 상실되거나 정지된 자
- 공무원으로 재직기간 중 직무와 관련하여 형법 제355조(횡령, 배임) 및 제356조(업무상의 횡령과 배임)에 규정된 죄를 범한 사람으로서 300만원 이상의 벌금형을 선고받고 그 형이 확정된 후 2년이 지나지 아니한 자
- 성폭력범죄의 처벌 등에 관한 특례법 제2조에 규정된 죄를 범한 사람으로서 100만원 이상의 벌금형을 선고받고 그 형이 확정된 후 3년이 지나지 아니한 자
- 미성년자에 대한 다음의 어느 하나에 해당하는 죄를 저질러 파면 · 해임되거나 형 또는 치료감호를 선고받아 그 형 또는 치료감호가 확정된 자(집행유예를 선고받은 후 그 집행유예 기간이 경과한 자를 포함한다)
  - 성폭력범죄의 처벌 등에 관한 특례법 제2조에 따른 성폭력범죄
  - 아동 · 청소년의 성보호에 관한 법률 제2조제2호에 따른 아동 · 청소년대상 성범죄
- 징계로 파면처분을 받은 때부터 5년이 지나지 아니한 자
- 징계로 해임처분을 받은 때부터 3년이 지나지 아니한 자

▶ 거주지 제한(지방직 공무원, 아래의 요건 중 하나를 충족하여야 함)

– 매년 1월 1일 이전부터 최종시험(면접시험)일까지 계속하여 응시지역에 주민등록상 주소지 또는 국내 거소신고(재외국민에 한함)가 되어 있는 자

동 기간 중 주민등록의 말소 및 거주 불명으로 등록된 사실이 없어야 함

재외국민(해외영주권자)의 경우 위 요건과 같고 주민등록 또는 국내거소신고 사실증명으로 거주한 사실을 증명함

– 매년 1월 1일 이전까지 주민등록상 주소지 또는 국내거소신고(재외국민에 한함)가 응시지역으로 되어 있었던 기간을 모두 합산하여 총 3년 이상인 자

각 시 · 도에 따라 다를 수 있음

시험방법

▶ 제1 · 2차 시험(병합실시) : 선택형 필기시험(과목별 20문항, 4지택일형)

서류전형 : 필기시험 합격자에 한해 서면으로 실시(응시자격, 가산점 등)

▶ 제3차 시험 : 면접시험(필기시험 합격자 중 서류전형 합격자)

가산점

▶ 가산점 적용대상자 및 가산점 비율표

구 분	가산비율	비 고
취업지원대상자	과목별 만점의 10% 또는 5%	· 취업지원대상자 가점과 의사상자 등 가점은 1개만 적용 · 취업지원대상자/의사상자 등 가점과 자격증 가산점은 각각 적용
의사상자 등	과목별 만점의 5% 또는 3%	
직렬별 가산대상 자격증 소지자	과목별 만점의 3~5% (1개의 자격증만 인정)	

세부 사항은 변경될 수 있으니 원서접수 홈페이지를 확인하시기 바랍니다.

▶ 기술직 가산점

구 분	8 • 9급	
	기술사, 기능장, 기사, 산업기사	기능사
가산비율	5%	3%

폐지된 자격증으로서 국가기술자격법령 등에 따라 그 자격이 계속 인정되는 자격증은 가산대상 자격으로 인정됨

이 책의 **구성과 특징**

01

핵심이론

필수적으로 학습해야 하는 중요한 이론들을 한눈에 이해할 수 있도록 각 과목별로 체계적으로 정리하여 수록하였습니다.
시험과 관계없는 두꺼운 기본서의 복잡한 이론은 이제 그만!
시험에 꼭 나오는 이론을 중심으로 효과적으로 공부하십시오.

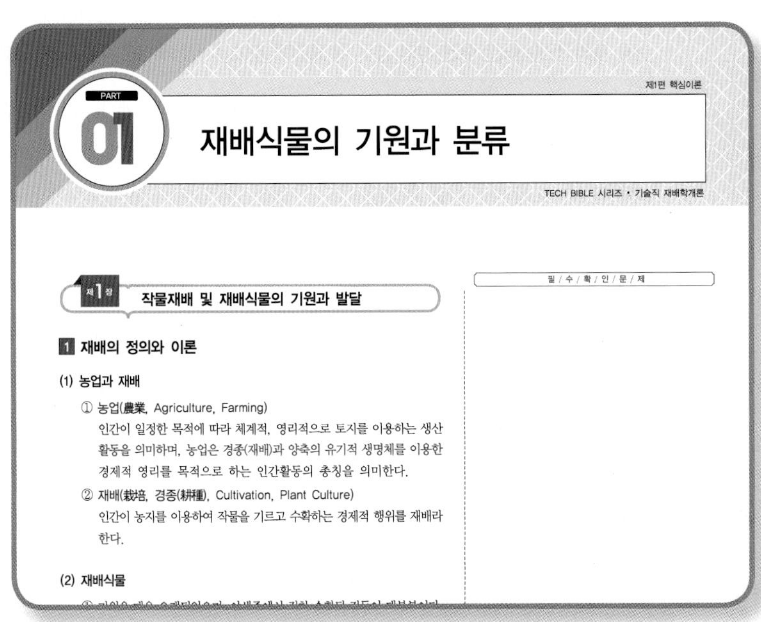

제1편 핵심이론

PART 01 재배식물의 기원과 분류

TECH BIBLE 시리즈 • 기술직 재배학개론

제1장 작물재배 및 재배식물의 기원과 발달

1 재배의 정의와 이론

(1) 농업과 재배

① 농업(農業, Agriculture, Farming)
인간이 일정한 목적에 따라 체계적, 영리적으로 토지를 이용하는 생산활동을 의미하며, 농업은 경종(재배)과 양축의 유기적 생명체를 이용한 경제적 영리를 목적으로 하는 인간활동의 총칭을 의미한다.

② 재배(栽培, 경종(耕種), Cultivation, Plant Culture)
인간이 농지를 이용하여 작물을 기르고 수확하는 경제적 행위를 재배라 한다.

(2) 재배식물

필 / 수 / 확 / 인 / 문 / 제

02

필수확인문제

시험 출제경향을 완벽하게 분석하여 핵심이론당 필수적으로 풀어보아야 할 문제를 선정하였습니다. 각 문제마다 핵심을 찌르는 명쾌한 해설이 수록되어 있습니다.

Tech Bible

필 / 수 / 확 / 인 / 문 / 제

다음 황하, 양자강 및 나일강 유역 등을 대표적 농경의 발상지로 보았던 사람의 이름은?

① De Candolle
② H.J.E. Peake
③ P. Dettweiler
④ N.T. Vavilov

해설
② H.J.E. Peake : 농경의 발생을 신석기시대로 추정
③ P. Dettweiler : 해안지대를 농경의 발상지로 추정
④ N.T. Vavilov : 산간부를 농경의 발상지로 추정

답 ①

(2) 발상지

① 큰 강 유역설 : De Candolle(1883)은 주기적인 강의 범람으로 토지가 비옥해지는 큰 강의 유역이 농사짓기에 유리하여 원시농경의 발상지였을 것으로 추정하였다. 실제 중국의 황하나 양자강 유역이 벼를 재배로 중국문명이 발생하였으며, 인더스강 유역의 인도문명, 나일강 유역의 이집트문명 등이 발생하였다.

② 산간부설 : N.T. Vavilov(1926)는 큰 강 유역은 범람으로 인해 농업이 근본적 파멸 우려가 있으므로 최초 농경이 정착하기 어려웠을 것으로 보고, 기후가 온화한 산간부 중 관개수를 쉽게 얻을 수 있는 곳을 최초 발상지로 추정하였으며, 마야문명 · 잉카문명 등과 같은 산간부를 원시농경의 발상지로 보았다.

③ 해안지대설 : P. Dettweiler(1914)는 온화한 기후와 토지가 비옥하고 토양수분도 넉넉한 해안지대를 원시농경의 발상지로 추정하였다.

(3) 재배의 발달

① 식물영양

㉠ Thales(B.C. 624~546) : 식물은 필요한 양분을 물에서 얻는다고 주장하였으며, 16세기까지는 지배적 견해였다.

㉡ Aristoteles(B.C. 384~322) : 식물이 필요한 양분을 토양 중 유기물로부터 얻는다는 유기질설(有機質說) 또는 부식설(腐植說, Humus Theory)을 내세웠으며, 이는 Wallerius와 Thaer 등에 의해 신봉되었다.

2020년 국가직 재배학개론

01 식물학적 기준에 따라 작물을 분류하였을 때 연결이 옳지 않은 것은?

① 십자화과 식물 – 무, 배추, 고추, 겨자
② 화본과 식물 – 벼, 옥수수, 수수, 호밀
③ 콩과 식물 – 동부, 팥, 땅콩, 자운영
④ 가지과 식물 – 감자, 담배, 토마토, 가지

해설
고추는 가지과에 해당한다.

02 식물의 염색체에 일어나는 수적 변이에서 염색체수가 게놈의 기본수와 같거나 정의 배수 관계가 아닌 것은?

① 이수체 ② 반수체
③ 동질배수체 ④ 이질배수체

해설
게놈 돌연변이(Genome Mutation)

해설
작물의 재배이론
• 작물생산량은 재배작물의 유전성, 재배환경, 재배기술이 좌우한다.
• 환경, 기술, 유전성의 세 변으로 구성된 삼각형 면적으로 표시되며 최대 수량의 생산은 좋은 환경과 유전성이 우수한 품종, 적절한 재배기술이 필요하다.
• 작물수량 삼각형에서 삼각형의 면적은 생산량을 의미하며, 면적의 증가는 유전성, 재배환경, 재배기술의 세 변이 고르고 균형 있게 발달하여야 면적이 증가하며, 삼각형의 두 변이 잘 발달하였더라도 한 변이 발달하지 못하면 면적은 작아지게 되며 여기에도 최소율의 법칙이 적용된다.

04 일장처리에 따른 개화 여부가 나머지 셋과 다른 것은?

① 장일식물

24시간 임계암기
명	암

② 장일식물

2020년 지방직 재배학개론

01 바빌로프가 주장한 작물의 기원지별 작물 분류로 옳지 않은 것은?

① 코카서스・중동지역 – 보통밀, 사과
② 중국지역 – 조, 진주조
③ 남아메리카지역 – 감자, 고추
④ 중앙아프리카지역 – 수수, 수박

해설
주요 작물 재배기원 중심지

연 번	지 역	주요작물
I	중 국	6조보리, 조, 메밀, 콩, 팥, 마, 인삼, 배나무, 복숭아 등
II	인도, 동남아시아	벼, 참깨, 사탕수수, 왕골, 오이, 박, 가지, 생강 등
III	중앙아시아	귀리, 기장, 삼, 당근, 양파 등
IV	코카서스, 중동	1립계와 2립계의 밀, 보리, 귀리, 알팔파, 사과, 배, 양앵두 등
V	지중해 연안	완두, 유채, 사탕무, 양귀비 등

03 신품종의 3대 구비조건에 해당하지 않는 것은?

① 구별성 ② 안정성
③ 우수성 ④ 균일성

해설
신품종의 구비조건
• 구별성(區別性, Distinctness) : 기존의 품종과는 뚜렷하게 구별되는 한 가지 이상의 특성이 있어야 한다.
• 균일성(均一性, Uniformity) : 재배 및 품종의 이용에 지장 없도록 균일해야 한다.
• 안정성(安定性, Stability) : 세대의 반복으로도 특성이 변하지 않아야 한다.

04 작물의 한해(旱害)에 대한 대책으로 옳지 않은 것은?

① 내건성이 강한 작물이나 품종을 선택한다.
② 인산과 칼리의 시비를 피하고 질소의 사용을 늘린다.
③ 보리나 밀은 봄철 건조할 때 밟아 준다.

03

국가직 • 지방직 기출문제

과년도부터 최근까지 시행된 기출문제를 수록했습니다. 과년도 기출문제와 최근에 실시된 기출문제를 풀어보며 최신의 출제경향을 파악할 수 있습니다.

목 차

재배학개론

1편 핵심이론

2편 기출문제

식용작물

1편 핵심이론

2편 기출문제

제 1 편

9급 국가직 · 지방직 · 고졸채용을 위한 합격 완벽 대비서

핵심이론

기술직

TECH BIBLE

재배학개론 + 식용작물

9급 국가직 · 지방직 · 고졸채용을 위한 합격 완벽 대비서

재배식물의 기원과 분류

제1장 작물재배 및 재배식물의 기원과 발달

필 / 수 / 확 / 인 / 문 / 제

1 재배의 정의와 이론

(1) 농업과 재배

① 농업(農業, Agriculture, Farming)

인간이 일정한 목적에 따라 체계적, 영리적으로 토지를 이용하는 생산활동을 의미하며, 농업은 경종(재배)과 양축의 유기적 생명체를 이용한 경제적 영리를 목적으로 하는 인간활동의 총칭을 의미한다.

② 재배(栽培, 경종(耕種), Cultivation, Plant Culture)

인간이 농지를 이용하여 작물을 기르고 수확하는 경제적 행위를 재배라 한다.

(2) 재배식물

① 기원은 매우 오래되었으며, 야생종에서 점차 순화된 것들이 대부분이다.

② 야생식물을 기르는 일에서 농경은 시작되었다. 그 중 이용성과 경제성이 높은 식물을 재배식물(Crops, Cultivated Plant)이라 하며, 농업상 작물이라고 한다.

③ 인간은 이러한 식물을 이용목적에 맞게 개량・보호해 왔으며, 그 결과 식물은 인간이 원하는 부분만 이상 발달하고 불필요로 하는 부분은 퇴화되었다.

④ 재배식물들은 야생의 원형과는 다르게 특수한 부분만 매우 발달하여 원형과 비교하면 기형식물이라 할 수 있다.

⑤ 재배종과 야생종 비교

항 목	재배종	야생종
휴면성	약하다	강하다
종자크기	크다	작다

항 목	재배종	야생종
종자수	많다	적다
탈립성	어렵다	쉽다
수 명	짧다	길다
까 락	없거나 짧다	강인하고 길다
내비성	강하다	약하다

(3) 작물(作物, Crop, Cultivated Plant)

식물 중 인간의 목적에 따라 이용성・경제성이 높아 재배대상이 되는 식물이며, 경작식물 또는 재배식물이라고도 한다.

(4) 재배와 작물의 특질

① 재배의 특질

㉠ 생산적 특질

- 생산에 있어 토지가 중요한 수단이다.
- 지력은 농업생산의 기본 요소이며, 수확체감의 법칙, 토지의 분산상태, 토지 소유제도 등이 영향을 미치고 있다.
- 농업은 생명체를 대상으로 하므로 자연환경의 제약을 받아 자본회전이 늦고, 생산조절이 곤란하고 노동 수요의 불균형, 분업이 곤란한 등의 여러 문제가 있다.

㉡ 유통적 특질

- 농산물은 수요에 대한 공급 적응성이 적어 가격변동이 심하다.
- 농산물은 변질 위험이 크고 생산의 소규모와 분산적이어서 거래에 있어 중간상의 역할이 크다.
- 농산물은 가격에 비해 중량과 부피가 커서 수송비 등 물류비가 많이 드는 경향이 있다.

㉢ 소비적 특질

- 농산물은 공산품에 비해 수요의 탄력성이 적고 다양하지 못하다.
- 생활수준의 향상에 따른 수요의 증가가 공산품과 같이 현저하지 않다.

② 작물의 특질

㉠ 일반식물에 비해 작물은 이용성 및 경제성이 높아야 한다.

㉡ 작물은 인간의 이용목적에 맞게 특수부분이 매우 발달한 일종의 기형식물이다.

㉢ 작물은 야생식물에 비해 생존 경쟁에 약하므로 인위적 관리가 수반되어야 한다.

(5) 작물의 재배이론

[작물수량의 삼각형]

① 작물생산량은 재배작물의 유전성, 재배환경, 재배기술이 좌우한다.

② 환경, 기술, 유전성의 세 변으로 구성된 삼각형 면적으로 표시되며, 최대 수량의 생산은 좋은 환경과 유전성이 우수한 품종, 적절한 재배기술이 필요하다.

③ 작물수량의 삼각형에서 삼각형의 면적은 생산량을 의미하며, 면적의 증가는 유전성 · 재배환경 · 재배기술의 세 변이 고르고 균형 있게 발달하여야 증가한다. 삼각형의 두 변이 잘 발달하였더라도 한 변이 발달하지 못하면 면적은 작아지게 되고, 여기에는 최소율의 법칙이 적용된다.

2 재배의 기원 및 발달

(1) 재배의 기원

① 원시농업

㉠ 원시축산의 시작 : 인구의 증가로 인해 식량의 필요량이 증가하였지만, 수렵 가능한 동물은 감소함에 따라 야생동물 및 조류를 길들여 사육하면서 시작되었다.

㉡ 원시농경의 발생 : 증가하는 인구에 따라 식량의 안정적 공급을 위해 식물 중 이용가치가 높은 식물을 근처에 옮겨 심거나 씨를 뿌려 가꾸는 방법을 알면서 시작되었다.

② 농경의 발생시기

㉠ 어업과 목축업의 발생 : 1만 2천년 ~ 2만년 전 중석기시대에 시작된 것으로 추정되고 있다.

㉡ 농경의 발생 : 1만년 ~ 1만 2천년 전 신석기시대로 추정하고 있다.

필 / 수 / 확 / 인 / 문 / 제

작물의 최대 수량을 결정하는 3대 조건은?

① 유전성, 환경, 재배기술
② 자본, 환경, 유전성
③ 자본, 유전성, 재배기술
④ 환경, 자본, 재배기술

해설
작물수량의 3대 조건 : 좋은 환경조건에 유전성이 우수한 품종을 골라서 알맞은 재배기술로 재배해야 한다.

답 ①

필 / 수 / 확 / 인 / 문 / 제

다음 황하, 양자강 및 나일강 유역 등을 대표적 농경의 발상지로 보았던 사람의 이름은?

① De Candolle
② H.J.E. Peake
③ P. Dettweiler
④ N.T. Vavilov

해설
② H.J.E. Peake : 농경의 발생을 신석기시대로 추정
③ P. Dettweiler : 해안지대를 농경의 발상지로 추정
④ N.T. Vavilov : 산간부를 농경의 발상지로 추정

답 ①

Liebig의 무기양분설과 관계없는 사항은?

① 인조비료의 제조
② 화학비료공업의 발달
③ 최소율의 법칙
④ 수경재배

해설
리비히의 광물설인 무기양분설에 의하여 최초의 인조비료인 칠레초석과 최초의 화학합성비료 황산암모늄이 제조되었으며 삭스, 크놉에 의해 수경재배의 연구가 이루어졌다.

답 ④

(2) 발상지

① **큰 강 유역설** : De Candolle(1883)은 주기적인 강의 범람으로 토지가 비옥해지는 큰 강의 유역이 농사짓기에 유리하여 원시농경의 발상지였을 것으로 추정하였다. 실제 중국의 황하나 양자강 유역이 벼를 재배로 중국 문명이 발생하였으며, 인더스강 유역의 인도문명, 나일강 유역의 이집트 문명 등이 발생하였다.

② **산간부설** : N.T. Vavilov(1926)는 큰 강 유역은 범람으로 인해 농업이 근본적 파멸 우려가 있으므로 최초 농경이 정착하기 어려웠을 것으로 보고, 기후가 온화한 산간부 중 관개수를 쉽게 얻을 수 있는 곳을 최초 발상지로 추정하였으며, 마야문명・잉카문명 등과 같은 산간부를 원시농경의 발상지로 보았다.

③ **해안지대설** : P. Dettweiler(1914)는 온화한 기후와 토지가 비옥하고 토양수분도 넉넉한 해안지대를 원시농경의 발상지로 추정하였다.

(3) 재배의 발달

① 식물영양

㉠ Thales(B.C. 624~546) : 식물은 필요한 양분을 물에서 얻는다고 주장하였으며, 16세기까지는 지배적 견해였다.

㉡ Aristoteles(B.C. 384~322) : 식물이 필요한 양분을 토양 중 유기물로부터 얻는다는 유기질설(有機質說) 또는 부식설(腐植說, Humus Theory)을 내세웠으며, 이는 Wallerius와 Thaer 등에 의해 신봉되었다.

㉢ Liebig(1840)

- 무기영양설(無機營養說, Mineral Theory) : 식물의 필수양분은 무기물이라는 주장으로, 이를 기초로 인조비료의 합성 및 수경재배가 창시되었다.
- 최소율법칙(最小律法則, Law of Minimum) : 식물의 생육은 다른 양분이 충분하여도 가장 소량 존재하는 양분이 지배한다.

㉣ Boussingault(1838) : 콩과작물이 공중질소를 고정한다는 사실을 밝혔다.

㉤ Hellrigel(1886) : 뿌리혹박테리아와 콩과작물과의 관계를 밝혔다.

㉥ Salfeld(1888) : 콩과작물은 전에 생육하던 토양으로 옮기면 생육이 더 좋아진다는 것을 증명했다.

㉦ Beijerinck과 Prazmowski(1888) : 뿌리혹(根瘤)이 세균임을 밝히고 세균의 순수배양에 성공하였다. Beijerinck은 1901년 *Azotobacter* 질소고정 미생물을 발견하였다.

ⓞ Nobbe와 Hiltner(1890) : 콩과작물의 뿌리혹박테리아 인공접종법을 개발하였다.

ⓩ Winogradsky(1893) : 질소고정 미생물 *Clostridium*을 발견하였다.

② 작물의 개량

㉠ R.J. Camerarius(1691) : 식물에도 암수 구별이 있다는 것을 처음 밝혀냈다.

㉡ J.G. Koelreuter(1961) : 『식물의 성에 관한 실험과 관찰』을 출간하고 교잡에 의한 개체를 얻는 데 성공하였다.

㉢ C.R. Darwin(1809~1882) : 1859년 『종의 기원』을 발표하며, 진화론(進化論, Theory of Evolution)을 주장하였다.

㉣ G.J. Mendel(1822~1884) : 완두의 교잡실험으로 1865년 유전법칙의 발표로 현대 유전학의 기초를 이루었다.

㉤ Weismann(1834~1914) : 1886년 획득형질은 유전되지 않음을 주장하여 '용불용설(用不用說)'을 부정하였다.

㉥ De Vries(1848~1935) : 1901년 달맞이꽃 연구에서 돌연변이(突然變異, Mutation)를 발견하고 '돌연변이설(突然變異說, Mutation Theory)'을 발표하여 품종개량에 기여하였다.

㉦ Johannsen(1903) : '순계설(純系說, Pure Line Theory)'을 발표하여 자식성 작물(自殖性作物)의 품종개량에 이바지하였다.

ⓞ T.H. Morgan : 1908년 초파리 실험으로 반성유전(伴性遺傳)을 발견하는 등 유전학을 크게 발전시켰다.

ⓩ Muller(1927) : X선에 의해 돌연변이가 발생하는 것을 발견하여 인위돌연변이 연구가 크게 발전하였다.

③ 작물보호

㉠ A Van Leeuwenhoek : 1660년 현미경을 발명하였고, 이로써 1675년 박테리아를 발견하여 미생물의 존재를 알게 되었다.

㉡ L. Pasteur(1822~1895) : 1846년 미생물 발생실험으로 생명의 자연발생설을 부정하고 병원균설(病原菌說, Germ Theory)을 제창한 후 식물병에 대한 과학적 방제가 시작되었다.

㉢ Millardet(1838~1902) : 1885년 석회보르도액이 포도의 노균병에 유효함을 발견하였다.

④ 잡초방제

Pokorny가 1941년 최초의 화학적 제초제(化學的除草劑, Chemical Herbicide) 2,4-D를 합성하면서 화학약제를 이용한 제초기술이 급속히 발전하였다.

필 / 수 / 확 / 인 / 문 / 제

⑤ 생장조절

㉠ C.R. Darwin(1809~1882) : 1880년 식물의 굴광성(屈光性)을 관찰하며, 식물생장조절물질의 존재를 시사했다.

㉡ Went(1903~1990)는 1926년 귀리의 어린줄기 선단에서 식물생장조절물질의 존재를 확인하였으며, Kogl은 이 물질의 본체가 옥신(Auxin)임을 밝혀냈다.

㉢ 일본의 쿠로자와(黑澤)는 1926년 벼 키다리병의 원인물질이 병원균의 대사산물임을 밝히고 지베렐린(Gibberellin)으로 명명했다.

㉣ 1955년 C.O Miller와 F. Skoog 등은 정어리의 정자 DNA에서 세포분열을 촉진하는 시토키닌(Cytokinin)류의 키네틴(Kinetin)을 발견하였다.

㉤ 오우쿠마(大熊), J.W. Cornforth에 의해 휴면을 유도하는 아브시스산(Abscissic Acid, ABA)이 발견되었다.

㉥ 1930년 R. Gane에 의해 식물의 성숙을 촉진하는 에틸렌(Ethylene)이 확인되었다.

다음 재배형식에 따른 분류 중 식량생산과 가축사료의 생산을 서로 균형 있게 생산하는 농업은?

① 식경(殖耕)
② 곡경(穀耕)
③ 포경(包耕)
④ 원경(園耕)

해설
① 식경 : 식민지적 농경
② 곡경 : 주곡농업
④ 원경 : 도시근교 원예적 농업

 ③

(4) 재배형식

① 소 경

㉠ 약탈농업에 가까운 원시적 재배형식이다.

㉡ 파종 후 비배관리 등을 별로 하지 않고 수확하며, 농지가 척박해지면 이동하며 재배하는 형식이다.

② 식 경

㉠ 식민지 또는 미개지에서의 기업적 농업형태이다.

㉡ 넓은 토지에 한 작물만을 경작하는 농업 형태로 주로 커피, 고무나무, 담배, 차, 사탕수수 등이 대상작물들이다.

③ 곡 경

㉠ 넓은 면적에서 곡류 위주로 재배하는 형식이다.

㉡ 기계화를 통한 대규모 곡물을 생산하는 재배형태이다.

④ 포 경

㉠ 사료작물과 식량작물을 서로 균형 있게 재배하는 형식이다.

㉡ 사료작물로 콩과작물의 경작 및 가축의 분뇨 등에 의한 지력 유지가 가능하다.

⑤ 원 경

㉠ 원예적 농업으로 가장 집약적 재배방식이다.

㉡ 보온육묘, 보온재배, 관개, 시비 등이 발달되어 있는 형태이다.

㉢ 도시근교에서 근교농업으로 원예작물의 재배형태이다.

3 작물의 기원과 전파

(1) 작물의 기원

① 오늘날 재배되고 있는 작물들은 그 기원이 야생종으로부터 순화·발달되어 재배식물로 된 것이 대부분이며, 해당 작물의 야생 원형식물을 그 작물의 야생종(野生種, Wild Native Species)이라 한다.

② 야생종으로부터 재배종으로 발달해 온 과정을 식물적 기원이라 한다.

③ 작물에는 야생형이 남아있는 것, 옥수수와 같이 야생형이 불분명한 것, 발달 경로가 몹시 복잡한 작물이 있다.

(2) 작물의 분화

① 분화의 의의

㉠ 분화 : 식물이 원래의 것으로부터 여러 갈래로 갈라지는 현상을 의미한다.

㉡ 진화 : 분화의 결과 점차 높은 단계로 발달하는 현상을 의미한다.

② 분화과정

유전적 변이 → 도태 → 적응 → 순화 → 고립

㉠ 유전적 변이(Heritable Variation) : 분화과정의 첫 단계로 자연교잡, 돌연변이에 의한 새로운 유전형이 생기는 것이다.

㉡ 도태(淘汰, Selection)와 적응(適應, Adaptation)
- 도태 : 유전적 변이로 생긴 새로운 유전형 중 환경 또는 생존경쟁에서 견디지 못하고 사멸하는 것
- 적응 : 새로운 유전형이 환경에 견뎌내는 것

㉢ 순화(馴化, Acclima[tiza]tion)
- 어떤 생태환경 및 조건에 오래 생육하면서 더 잘 적응하는 것
- 야생의 식물이 오랜 시간 특정 환경에 적응 및 선발을 가져오는 동안 그 환경에 적응하여 특성이 변화되는 것

㉣ 고립(孤立, 격리, Isolation)
- 분화의 마지막 과정은 성립된 적응형이 유전적으로 안정상태를 유지하는 것으로, 이러한 유지는 적응형 상호간 유전적 교섭이 발생하지 않아야 하는데, 이를 격절 또는 고립이라 함
- 지리적 격절 : 지리적으로 서로 떨어져 있어 유전적 교섭이 일어나지 않는 것
- 생리적 격절 : 생리적 차이, 즉 개화시기의 차이, 교잡불능 등으로 유전적 교섭이 방지되는 것으로 동일 장소에서 생장하여도 교섭이 방지됨

자연교잡이나 돌연변이에 의하여 생긴 유전자형 중에서 환경이나 생존경쟁에 견디지 못하는 현상은?

① 선 발 ② 적 응
③ 도 태 ④ 순 화

해설
도태 : 새로 생긴 유전자형 중에서 환경이나 생존경쟁에 견디지 못하는 것은 멸망하여 없어진다.

답 ③

작물의 분화과정에서 생리적 고립이란 무엇인가?

① 상호간 지리적으로 격리되어 유전적 교섭이 방지되는 것
② 개화기의 차이에 의해서 유전적 교섭이 방지되는 것
③ 모든 환경에 순화되는 것
④ 환경에 적응력이 강하게 발달하는 것

해설
생리적 고립 : 개화기의 차이, 교잡불임 등의 생리적 원인에 의해서 같은 장소에 있어서도 상호간에 유전적 교섭이 방지되는 고립

답 ② 

• 인위적 격절 : 유전적 순수성 유지를 위하여 인위적으로 다른 유전형과의 교섭을 방지하는 것

(3) 밀(小麥, Wheat)

① 일본의 기하라(木原)는 서로 다른 종의 밀의 교배로 얻은 잡종에서 염색체의 기본수를 발견하고, 이 염색체 군을 게놈(Genome)으로 정의했다.

② 재배밀의 염색체 조성에 따른 구분

㉠ 재배밀은 23종으로 염색체수 14개의 1립계, 염색체수 28개의 2립계 및 티모피비계, 염색체수 42개의 보통계로 구분된다.

㉡ 가장 널리 재배되는 빵밀은 보통계 6배체(AABBDD)인 *Triticum aestivum*이다.

㉢ 보통계 밀이 생산량의 전체 90% 이상이며, 2립계 듀럼밀은 스파게티 제조에 알맞고, 1립계와 2립계 엠머밀(*T. dicoccum*) 및 티모피비계 밀은 특수지역에서만 소규모로 재배되고 있다.

[재배밀에서의 염색체 배수관계]

분류(계)	1립계	2립계	티모피비계	보통계
염색체 수	14	28	28	42
게놈조성	AA	AABB	AAGG	AABBDD
배수성	2배체	이질 4배체	이질 4배체	이질 6배체
종	*T. monococcum* *T. aegilopoides*	*T. dicoccum* *T. durum* *T. turgidum*	*T. timopheevi*	*T. aestivum*

(4) 작물의 원산지

① **원산지(原産地, 기원지, Origin)** : 어떤 작물이 최초로 발생하였던 지역을 원산지라 한다.

② **지리적 기원** : 원산지로부터 타 지역으로 전파되는 과정을 의미한다.

㉠ N.I. Vavilov(1887~1943)

• 지리적 미분법으로 식물종과 다양성 및 지리적 분포를 연구하였다.

• 유전자중심설(遺傳子中心說, Gene Center Theory)을 제안

- 재배식물의 기원지를 1차중심지와 2차중심지로 구분하였다.
- 1차중심지는 우성형질이 많이 나타난다.
- 2차중심지에서는 열성형질과 그 지역 특징적 우성형질이 나타난다.
- 우성유전자 분포 중심지를 원산지로 추정하는 학설로 우성유전자중심설이라고도 한다.

• 주요 작물 재배기원 중심지

연 번	지 역	주요 작물
Ⅰ	중 국	6조보리, 조, 메밀, 콩, 팥, 마, 인삼, 배나무, 복숭아 등
Ⅱ	인도, 동남아시아	벼, 참깨, 사탕수수, 왕골, 오이, 박, 가지, 생강 등
Ⅲ	중앙아시아	밀, 귀리, 기장, 삼, 당근, 양파 등
Ⅳ	코카서스, 중동	1립계와 2립계의 밀, 보리, 귀리, 알팔파, 사과, 배, 양앵두 등
Ⅴ	지중해 연안	완두, 유채, 사탕무, 양귀비 등
Ⅵ	중앙아프리카	진주조, 수수, 수박, 참외 등
Ⅶ	멕시코, 중앙아메리카	옥수수, 고구마, 두류, 후추, 육지면, 카카오 등
Ⅷ	남아메리카	감자, 담배, 땅콩 등

ⓛ De Candolle(1883)

- 작물의 야생종 분포를 탐구하고 고고학, 사학, 언어학 등에 표기되어 있는 사실(史實), 사적(史蹟), 전설(傳說), 구기(舊基) 등을 참고하여 작물의 발상지, 재배연대, 내력 등을 밝혀 『재배식물의 기원』을 저술하였다.
- 작물의 원산지를 구세계(舊世界) 199종, 신세계(新世界) 45종, 아프리카 2종, 일본 2종으로 주장하였다.

필 / 수 / 확 / 인 / 문 / 제

다음 작물의 원산지를 연결한 것 중 잘못된 것은?

① 벼 : 일본
② 감자 : 남미 안데스
③ 콩 : 중국 북부일대
④ 담배 : 남미

해설
벼는 인도가 원산지이다.

답 ①

제2장 작물의 종류와 분류

1 작물의 종류

(1) 작물의 의미

① 대부분 야생식물과는 매우 다른 특성을 보이는데, 이는 인위적으로 육성해 온 특수식물이기 때문이다.

② 인간에게 불필요 또는 해가 되는 형질은 점점 퇴화되고 인간의 요구 부분만 이상적으로 발달한 일종의 기형식물이라 할 수 있다.

③ 주요 작물일수록 재배역사가 길고 그 원종은 대부분 이미 오래전 상실되었다.

(2) 종 류

① 재배작물의 수 : 세계적으로 재배되고 있는 작물의 종류는 약 2,200여 종으로 알려져 있다.

[세계 작물종류와 수]

작물종류	작물 수	비율(%)
식용작물	888	39.9
조미료작물	189	8.5
사료작물	327	14.7
기호료작물	70	3.1
약용작물	342	15.4
공예작물	264	11.9
비료작물	81	3.6
기타 작물	65	2.9
계	2,226	100.0

② 식량작물의 종류와 수

㉠ 화곡류 : 54종

㉡ 두류 : 52종

㉢ 기타 곡류 : 13종

㉣ 서류 : 42종

㉤ 기타 : 8종

㉥ 계 : 169종

③ 재배식물 중 경제작물은 약 80여 종이며, 인류 곡물소비의 75%는 3대 작물인 벼, 밀, 옥수수가 차지하고 있다.

2 작물의 분류

(1) 식물학적 분류

① 식물의 분류 체계

㉠ 식물기관의 형태 또는 구조의 유사점에 기초를 둔다.

㉡ 분류군의 계급은 최상위 계급인 계에서 시작하여 최하위 계급인 종으로 분류하며, '계 → 문 → 강 → 목 → 과 → 속 → 종'으로 구분한다.

② 학 명

㉠ 속명(屬名, Generic Name)과 종명(種名, Specific Name) 두 개의 단어로 하나의 종을 나타내고 여기에 명명자의 이름(Author Name)을 붙인다.

㉡ 속명 : 라틴어 명사로 첫 글자는 반드시 대문자로 표시한다.

㉢ 종명 : 특수한 고유명사 등을 제외하고는 원칙적으로 소문자의 라틴어를 사용한다.

㉣ 종 이하는 아종(亞種, subsp. 또는 ssp.), 변종(變種, var.), 품종(品種, forma=form.=f.)으로 표시된다.

다음 린네의 2명법에 의한 작물의 학명을 적을 때 옳은 순서는?

① 속명+종명+명명자명
② 종명+속명+명명자명
③ 명명자명+속명+종명
④ 명명자명+종명+속명

해설
'속명(대문자)+종명(소문자)+명명자' 순으로 표기한다.

 ①

(2) 용도에 따른 분류

① 식용작물(食用作物, Food Crop)

㉠ 곡숙류(穀菽類, Grain Crop)

- 화곡류(禾穀類, Cereal Crop)
  - 쌀 : 수도(水稻), 육도(陸稻)
  - 맥류 : 보리, 밀, 귀리, 호밀 등
  - 잡곡 : 조, 옥수수, 수수, 기장, 피, 메밀, 율무 등

㉡ 두류(豆類, Pulse Crop) : 콩, 팥, 녹두, 강낭콩, 완두, 땅콩 등

㉢ 서류(薯類, Root and Tuber Crops) : 감자, 고구마

② 공예작물(工藝作物, 특용작물(特用作物), Industrial Crop)

㉠ 유료작물(油料作物, Oil Crop) : 참깨, 들깨, 아주까리, 유채, 해바라기, 콩, 땅콩 등

㉡ 섬유작물(纖維作物, Fiber Crop) : 목화, 삼, 모시풀, 아마, 왕골, 수세미, 닥나무 등

㉢ 전분작물(澱粉作物, Starch Crop) : 옥수수, 감자, 고구마 등

㉣ 당료작물(糖料作物, Sugar Crop) : 사탕수수, 사탕무, 단수수, 스테비아 등

㉤ 약용작물(藥用作物, Medicinal Crop) : 제충국, 인삼, 박하, 홉 등

㉥ 기호작물(嗜好作物, Stimulant Crop) : 차, 담배 등

③ 사료작물(飼料作物, Forage Crop)

㉠ 화본과(禾本科, Grasses) : 옥수수, 귀리, 티머시, 오처드그래스, 라이그래스 등

㉡ 두과(荳科, Legumes) : 알팔파, 화이트클로버, 자운영 등

㉢ 기타 : 순무, 비트, 해바라기, 돼지감자 등

④ 녹비작물(綠肥作物, 비료작물(肥料作物), Green Manure Crop)

㉠ 화본과 : 귀리, 호밀 등

㉡ 콩과(두과) : 자운영, 베치 등

⑤ 원예작물

㉠ 과수(果樹, Fruit Tree)

- 인과류(仁果類) : 배, 사과, 비파 등
- 핵과류(核果類) : 복숭아, 자두, 살구, 앵두 등
- 장과류(漿果類) : 포도, 딸기, 무화과 등
- 각과류(殼果類, 견과류) : 밤, 호두 등
- 준인과류(準仁果類) : 감, 귤 등

㉡ 채소(菜蔬, Vegetable)

- 과채류(果菜類, Fruit Vegetable) : 오이, 호박, 참외, 수박, 토마토, 가지, 딸기 등
- 협채류(莢菜類, Pod Vegetable) : 완두, 강낭콩, 동부 등
- 근채류(根菜類, Root Vegetable)
  - 직근류 : 무, 당근, 우엉, 토란, 연근 등
  - 괴근(경)류 : 고구마, 감자, 토란, 마, 생강 등
- 경엽채류(莖葉菜類, Stem and Leaf Vegetable) : 배추, 양배추, 갓, 상추, 셀러리, 미나리, 아스파라거스, 양파, 마늘 등

㉢ 화훼류(花卉類, Flowering Plant) 및 관상식물(觀賞植物, Ornamental Plant)

- 초본류(草本類) : 국화, 코스모스, 난초, 달리아 등
- 목본류(木本類) : 동백, 고무나무, 철쭉 등

(3) 생태적인 분류

① 생존연한에 의한 분류

㉠ 1년생작물(一年生作物, Annual Crop) : 봄에 파종하여 당해연도에 성숙, 고사하는 작물(예 벼, 대두, 옥수수, 수수, 조 등)

㉡ 월년생작물(越年生作物, Winter Annual Crop) : 가을에 파종하여 다음 해에 성숙, 고사하는 작물(예 가을밀, 가을보리 등)

㉢ 2년생작물(二年生作物, Biennial Crop) : 봄에 파종하여 다음 해 성숙, 고사하는 작물(예 무, 사탕무, 당근 등)

㉣ 다년생작물(多年生作物, 영년생작물, Perennial Crop) : 대부분 목본류와 같이 생존연한이 긴 작물(예 아스파라거스, 목초류, 홉 등)

② 생육계절에 의한 분류

㉠ 하작물(夏作物) : 봄에 파종하여 여름철에 생육하는 1년생작물(예 대두, 옥수수 등)

㉡ 동작물(冬作物) : 가을에 파종하여 가을, 겨울, 봄을 중심해서 생육하는 월년생작물(예 가을보리, 가을밀 등)

③ 온도반응에 의한 분류

㉠ 저온작물(低溫作物) : 비교적 저온에서 생육이 잘되는 작물(예 맥류, 감자 등)

㉡ 고온작물(高溫作物) : 고온 조건에서 생육이 잘되는 작물(예 벼, 콩, 옥수수, 수수 등)

㉢ 열대작물(熱帶作物) : 고무나무, 카사바 등

㉣ 한지형목초(寒地型牧草, 북방형목초, Cold-Season Grass) : 서늘한 기후에서 생육이 좋고, 추위에 강하며, 더위에 약해 여름철 고온에서 하고현상을 나타내는 목초(예 티머시, 알팔파 등)

㉤ 난지형목초(暖地型牧草, 남방형목초, Warm-Season Grass) : 고온에서 생육이 좋고, 추위에 약하며, 더위에 강함(예 버뮤다그래스, 매듭풀 등)

④ 생육형에 의한 분류

㉠ 주형작물(株型作物, Bunched Crop) : 식물체가 각각의 포기를 형성하는 작물(예 벼, 맥류 등)

㉡ 포복형작물(匍匐型作物, Creeping Crop) : 줄기가 땅을 기어서 지표를 덮은 작물(예 고구마, 호박 등)

⑤ 저항성에 의한 분류

㉠ 내산성작물(耐酸性作物) : 산성토양에 강한 작물(예 벼, 감자, 호밀, 귀리, 아마, 땅콩 등)

㉡ 내건성작물(耐乾性作物) : 한발(旱魃)에 강한 작물(예 수수, 조, 기장 등)

㉢ 내습성작물(耐濕性作物) : 토양 과습에 강한 작물(예 밭벼, 골풀 등)

㉣ 내염성작물(耐鹽性作物) : 염분이 많은 토양에서 강한 작물(예 사탕무, 목화, 수수, 유채 등)

㉤ 내풍성작물(耐風性作物) : 바람에 강한 작물(예 고구마 등)

필 / 수 / 확 / 인 / 문 / 제

다음 작물 생존연한에 따라 분류하였을 때 2년생작물로 옳은 것은?

① 벼, 옥수수
② 가을보리, 가을밀
③ 무, 사탕무
④ 호프, 아스파라거스

해설

- 1년생 : 벼, 콩, 옥수수
- 월년생 : 가을보리, 가을밀
- 2년생 : 무, 사탕무
- 영년생 : 호프, 아스파라거스, 목초류 등

답 ③

필 / 수 / 확 / 인 / 문 / 제

재배 및 이용면에 따른 분류에 속하지 않는 것은?

① 대용작물
② 구황작물
③ 자급작물
④ 포복형 작물

해설
④는 작부방식, 토양보호, 경영면에 관련하여 분류한다.

답 ④

(4) 재배 및 이용에 의한 분류

① 작부방식에 관련된 분류

㉠ 논작물과 밭작물

㉡ 전작물과 후작물 : 전후작 또는 간작 시 먼저 심는 작물을 전작물, 뒤에 심는 작물을 후작물이라 함

㉢ 중경작물(中耕作物, Cultivated Crop) : 작물의 생육 중 반드시 중경을 해 주어야 되는 작물로서 잡초가 많이 경감되는 특징이 있음(예 옥수수, 수수 등)

㉣ 휴한작물(休閑作物, Fallow Crop) : 경지를 휴작하는 대신 재배하는 작물, 지력의 유지를 목적으로 작부체계를 세워 윤작하는 작물(예 비트, 클로버, 알팔파 등)

㉤ 윤작작물(輪作作物, Notation Crop) : 중경작물 또는 휴한작물은 대부분 윤작체계에 도입되어 잡초방제나 지력유지에 좋은 작물로 선택될 수 있음

㉥ 대파작물(代播作物, Substitute Crop) : 재해로 주작물의 수확이 어려울 때 대신 파종하는 작물

㉦ 구황작물(救荒作物, Eemergency Crop) : 기후의 불순으로 인한 흉년에도 비교적 안전한 수확을 얻을 수 있어 흉년에 크게 도움이 되는 작물(예 조, 수수, 기장, 메밀, 고구마, 감자 등)

㉧ 흡비작물(吸肥作物, Catch Crop) : 뿌리가 깊어 다른 작물이 흡수하지 못하는 비료분도 잘 흡수·간직하여 유실될 비료분을 포착, 흡수, 이용하는 효과를 갖는 작물(예 알팔파, 스위트클로버, 화본과 목초 등)

② 토양보호와 관련하여 분류

㉠ 피복작물(被覆作物, Cover Crop) : 주작물의 휴한기에 토양을 피복하여 토양을 보전하고 관리하는 데 이용하는 작물

㉡ 토양보호작물(土壤保護作物, Soil Conservating Crop) : 피복작물과 같이 토양침식 방지로 토양보호의 효과가 큰 작물

㉢ 토양조성작물(土壤造成作物, Soil Building Crop) : 콩과목초 또는 녹비작물과 같이 토양보호와 지력증진의 효과를 가진 작물

③ 경영면과 관련된 분류

㉠ 동반작물(同伴作物, Companion Crop) : 하나의 작물이 다른 작물에 어떤 이익을 주는 조합식물

㉡ 자급작물(自給作物, Home-Consuming Crop) : 농가에서 자급을 위하여 재배하는 작물(예 벼, 보리 등)

㉢ 환금작물(換金作物, Cash Crop) : 판매를 목적으로 재배하는 작물(예 담배, 아마, 차 등)

㉣ 경제작물(經濟作物, Economic Crop) : 환금작물 중 특히 수익성이 높은 작물

④ 용도에 따른 사료작물의 분류

㉠ 청예작물(靑刈作物, 풋베기작물, Soiling Crop) : 사료작물을 풋베기하여 주로 생초로 먹이는 작물

㉡ 건초작물(乾草作物, Hay Crop) : 풋베기를 해서 건초용으로 많이 이용되는 작물(예 티머시, 알팔파 등)

㉢ 사일리지작물(Silage Crop) : 좀 늦게 풋베기 하여 사일리지 제조에 많이 이용되는 작물(예 옥수수, 수수, 풋베기콩 등)

㉣ 종실사료작물(種實飼料作物) : 사료작물을 재배할 때 풋베기를 하지 않고 성숙 후 수확해 종실을 사료로 이용하는 작물(예 맥류나 옥수수 등)

필 / 수 / 확 / 인 / 문 / 제

작물의 분류에 대한 설명으로 옳지 않은 것은?

① 산성토양에 강한 작물을 내산성 작물이라고 한다.
② 농가에서 소비하기보다는 판매하기 위하여 재배하는 작물을 환금작물이라고 한다.
③ 벼, 맥류 등과 같이 식물체가 포기(株)를 형성하는 작물을 주형작물이라고 한다.
④ 휴한하는 대신 클로버와 같은 두과식물을 재배하면 지력이 좋아지는 효과를 볼 수 있는데, 이러한 작물을 대파작물이라고 한다.

답 ④

해설

④ 휴한작물에 대한 설명이다.

적중예상문제

01 **재배식물을 기형식물이라고 하는 원인은?**

① 재배식물은 계속 재배하기 때문에 퇴화하는 것이다.
② 원산지가 달라서 환경에 맞지 않기 때문이다.
③ 재배식물은 인류가 작물의 일부만 개량하였기 때문이다.
④ 재배식물이 관리 부족으로 제대로 자라지 않았기 때문이다.

해설
재배식물의 경제성을 높이려면 이용 부위의 단위 수량이 높아야 하므로, 자연히 특수 부분만이 발달하여 대부분이 기형식물을 이룬다.

02 **작물의 원산지를 연결한 것 중 잘못된 것은?**

① 벼 – 일본
② 밀 – 중앙아시아
③ 콩 – 중국 북부 일대
④ 옥수수 – 남미 안데스

해설
벼 : 인도(또는 중국)

03 **다음 중 작물수량의 이론에 적합하지 않은 것은?**

① 유전성
② 인 력
③ 재배기술
④ 환경조건

해설
작물수량은 유전성・환경조건・재배기술을 3요소로 하는 삼각형으로 표시할 수 있다.

04 **수량의 삼각형에 대한 설명 중 틀린 것은?**

① 유전성
② 재배기술
③ 적절 품종선택
④ 최소율의 작용

해설
작물의 수량은 유전성, 환경조건, 재배기술을 3변으로 하는 삼각형의 면적으로 표시되며, 여기에는 최소율이 작용한다.

05 **최소율의 법칙에 대한 다음의 설명 중 옳지 않은 것은?**

① Liebig은 식물의 필수영양분이 부식보다도 무기물이라는 견지에서 무기영양설(Mineral Theory)을 제창하였다.
② 작물의 생육은 필요한 인자 중 최소 비율로 존재하는 인자에 의하여 지배된다는 설이다.
③ 최소율은 처음 무기비료성분에 대하여 적용되었으나, 현재에는 작물생육에 영향하는 모든 인자에 대하여 확대, 적용하게 되었다.
④ 최소율은 근류균과 콩과작물의 관계를 규명하여, 연구 및 촉진하였다.

해설
최소율은 시비량을 결정하는 원리가 될 수 있다.

1 ③ 2 ① 3 ② 4 ③ 5 ④ 정답

06 다음 중 유전자 중심설을 제창한 사람은?

① Vavilov
② Candolle
③ Mendel
④ Liebig

해설

유전자 중심설
Vavilov(1926~1951)에 의해 제창된 것으로 중심지에는 우성형질이 많고 중심지에서 멀어지면 열성형질이 많이 보인다는 학설이다.

07 다음 중 학자와 관계없는 것끼리 짝지어진 것은?

① Millardet : 보르도액 발견
② Boussingault : 재배식물의 기원
③ Kogl : 옥신발견
④ Vavilov : 유전자 중심설

해설

Candolle : 재배식물의 기원, 작물 원산지 연구

08 다음 중 순계설의 제창자는?

① De Vries ② Mendel
③ Darwin ④ Johannsen

해설

Johannsen은 순계는 환경에 의한 변이가 나타나더라도 유전하지 않고, 순계 내에서는 효과가 없다고 제창하였다.

09 다음 재배형식에 따른 분류 중 단일경작하여 기업적 농업의 원료공급지적 재배형식의 농업은?

① 소 경 ② 식 경
③ 곡 경 ④ 포 경

해설

식경은 식민지나 미개지에서 주로 구미인의 경영에 의하여 이루어졌으며, 식민지 농경으로 기업적 농업이라고도 하고 가격변동에 극히 예민하다.

10 다음 중 공예작물이 아닌 것은?

① 참 깨 ② 목 화
③ 팥 ④ 인 삼

해설

팥은 식용작물 중 두류에 속한다.

11 우리나라의 농경지 면적은 전 국토의 약 몇 %인가?

① 약 15% ② 약 17%
③ 약 19% ④ 약 25%

해설

우리나라 전체 국토의 면적은 약 1,000ha이며, 그 중 농경지 면적은 약 17%이다.

12 경영면에 따른 작물의 분류는?

① 조생종
② 도입품종
③ 환금작물
④ 장간종

해설

작물은 경영면에 따라 환금작물, 자급작물, 경제작물 등으로 분류하며, 환금작물은 시장에 내다 팔기 위해 재배하는 상품작물을 말한다.

13 다음 중 홍수 방지에 가장 효과적인 농업의 형태는?

① 채소재배
② 논벼재배
③ 과수재배
④ 시설원예

해설

작물재배의 유익한 점
국토를 보존·관리하고 홍수를 방지하며, 수자원을 보존해주고, 물과 공기를 정화해준다.

정답 6 ① 7 ② 8 ④ 9 ② 10 ③ 11 ② 12 ③ 13 ②

14 농업상 용도에 의한 작물의 분류로 옳지 않은 것은?

① 공예작물 ② 사료작물
③ 주형작물 ④ 녹비작물

해설

주형작물, 포복형작물 등으로의 분류는 생육형에 의한 분류에 해당한다.

15 세계 3대 식량작물은?

① 옥수수, 보리, 벼
② 밀, 벼, 옥수수
③ 옥수수, 보리, 감자
④ 보리, 벼, 감자

해설

- 3대 식량작물 : 밀, 벼, 옥수수
- 4대 식량작물 : 3대 식량작물+보리
- 5대 식량작물 : 4대 식량작물+수수

16 다음 중 화곡류 중 세계 양대 사료작물로 옳은 것은?

① 밀, 벼 ② 밀, 옥수수
③ 옥수수, 보리 ④ 벼, 보리

해설

화곡류 중에서 밀과 벼는 재배가 가장 많아 양대 식량작물이며, 다음이 옥수수와 보리로 양대 사료작물이다.

17 세계 식량작물의 생산량 순위가 바른 것은?

① 밀 > 옥수수 > 벼 > 보리
② 옥수수 > 보리 > 벼 > 밀
③ 벼 > 밀 > 보리 > 옥수수
④ 옥수수 > 밀 > 보리 > 벼

해설

- 재배면적 : 밀 > 벼 > 옥수수 > 보리
- 생산량 : 밀 > 옥수수 > 벼 > 보리

18 다음 린네의 2명법에 의한 작물의 학명을 적을 때 옳은 순서는?

① 속명+종명+명명자명
② 종명+속명+명명자명
③ 명명자명+속명+종명
④ 명명자명+종명+속명

해설

'속명(대문자)+종명(소문자)+명명자'순으로 표기한다.

19 다음 생물학상 작물의 분류순서가 옳게 된 것은?

① 과-속-목-종-품종
② 과-목-종-속-품종
③ 목-과-종-속-품종
④ 목-과-속-종-품종

해설

작물의 분류순서는 계-문-강-목-과-속-종 단계로 표기한다.

20 세계의 작물 중 재배 비율이 가장 높은 것은?

① 식용작물 ② 채소작물
③ 사료작물 ④ 조미료작물

해설

식용작물(40%), 채소작물(15%), 사료작물(15%), 조미료작물(8%)

21 다음 재해로 인하여 주작물의 수확이 가망이 없을 때 대신 뿌려지는 작물은?

① 대파작물 ② 보호작물
③ 동반작물 ④ 중경작물

해설

대파(대용)작물

조, 메밀, 채소 등이 있으며, 흉년에도 비교적 안전하게 수확 · 저장이 잘되어 요긴하게 이용할 수 있는 작물

14 ③ 15 ② 16 ③ 17 ① 18 ① 19 ④ 20 ① 21 ① 정답

22 다음 중 채소를 생태적 특성에 따라 분류한 것은?

① 엽채류와 근채류
② 호온성 채소와 호냉성 채소
③ 가지과채소와 박과채소
④ 인경채류와 양성채류

해설
생태적 특성에 따른 분류는 온도, 광, 수분 등 환경요인에 대한 적응성에 따라 분류하는 것이다.

23 원예식물의 분류에서 호냉성 채소에 속하는 작물들로 짝지어진 것은?

① 상추, 무, 딸기
② 고추, 오이, 호박
③ 완두, 박, 가지
④ 당근, 고추, 토마토

해설
- 호온성 채소 : 25°C 정도의 비교적 따뜻한 기후조건에서 생육이 잘되는 채소로 대부분 열매채소이다.
- 호냉성 채소 : 17~20°C 정도의 비교적 서늘한 기후조건에서 생육이 잘되는 채소로 대부분 영양기관을 이용하는 채소이다.

24 다음 중에서 단일성 식물에 속하는 일년초화류는?

① 국 화
② 코스모스
③ 팬 지
④ 피튜니아

해설
- 단일성 식물 : 보통 한계일장을 기준으로 단일성 식물은 그보다 짧은 일장조건에서 개화한다.
- 일년초화류 : 종자를 파종하면 발아 후 1년 이내에 개화하고 결실하여 일생을 마치는 화훼류이다.

※ 단일성 식물이면서 일년초화류인 식물은 코스모스이다.

25 호냉성 채소가 호온성 채소와 다른 점을 바르게 설명한 것은?

① 식물체가 크고 근군의 분포가 깊다.
② 저장온도가 비교적 높다.
③ 질소질 비료의 효과가 크다.
④ 수분의 요구량이 비교적 작다.

해설
호냉성 채소는 호온성 채소보다 온도가 낮으므로 질소질비료의 효과가 크다.

26 과실의 구조에 의한 분류에 해당되지 않는 것은?

① 준인과류
② 핵과류
③ 장과류
④ 감귤류

해설
과수의 구조에 의한 분류
- 인과류 : 꽃받침이 발달(사과, 배, 비파 등)
- 핵과류 : 중과피가 발달(복숭아, 자두, 살구, 앵두 등)
- 장과류 : 외과피가 발달(포도, 딸기, 무화과 등)
- 각과류 : 씨의 자엽이 발달(밤, 호두, 등)
- 준인과류 : 씨방이 발달(감, 감귤 등)

27 다음 과실 중 진과는?

① 사 과
② 복숭아
③ 배
④ 무화과

해설
진 과
자방이 비대하여 형성된 과실로 포도, 복숭아, 밤, 자두, 은행, 매실 감귤 등

정답 22 ② 23 ① 24 ② 25 ③ 26 ④ 27 ②

28 다음 중 위과(거짓과실)에 대해 가장 잘 설명한 것은?

① 종자가 없는 과실이다.
② 자방만이 비대하여 형성된 과실이다.
③ 자방의 일부 또는 그 주변기관이 발달한 과실이다.
④ 꽃이 피지 않고 맺힌 과실이다.

해설

자방 이외의 화탁, 꽃잎 등이 발달하여 형성된 과실로 딸기, 오이, 사과, 배, 파인애플 등이 있다.

28 ③ 정답

작물의 유전성

필 / 수 / 확 / 인 / 문 / 제

제1장 작물의 품종과 유전 및 육종

1 종, 품종 및 계통

(1) 식물학적 종과 작물

① 종과 작물

㉠ 의 의

- 종(種, Species) : 식물분류학에서 식물의 종류를 나누는 기본 단위
- 속(屬, Genus) : 종 바로 위의 분류 단위

※ 벼속(*Oryza*)에는 24종이 있으며, 그 중 재배종은 *O.sativa*(아시아벼)와 *O.glaberrima*(아프리카벼)임

㉡ 식물학적 종은 개체 간 교배가 자유롭게 이루어지는 자연집단으로 속명과 종소명을 함께 표시하는 2명법(二名法, Binomial Nomenclature)의 학명으로 이름을 붙인다.

㉢ 식물의 학명은 세계적으로 공통으로 쓰이지만, 재배식물은 작물의 이름이 지역, 언어 등에 따라 다르게 불린다.

㉣ 식물학적 종과 작물의 종류는 다음과 같이 서로 일치하는 것이 대부분이나 한 작물에 두 가지 이상의 종이 포함되기도 하고 한 종에 여러 작물이 있을 수도 있다.

- 일치하는 종류 : 벼(*Oryza sativa* L.), 밀(*Triticum aestivum* L.)
- 한 작물에 두 가지 이상의 종이 포함 : 유채(油菜, *Brassica campestris*, *B. napus*)
- 한 종에 여러 작물이 있는 종류 : *Beta vulgaris*(근대, 꽃근대, 사탕무, 사료용 사탕무)

② 생태종과 생태형

㉠ 생태종(生態種, Ecospecies)

- 하나의 종 내에서 형질 특성에 차이가 나는 개체군을 아종(亞種, Subspecies), 변종(變種, Variety)으로 취급하며, 이들은 특정 지역

작물의 생태종과 생태형에 대한 설명으로 옳은 것은?

① 생태형 내에서 재배 유형이 다른 것을 생태종이라 한다.
② 열대자포니카 벼와 온대자포니카 벼는 서로 다른 생태종이다.
③ 춘파형과 추파형은 보리에서 서로 다른 생태종이다.
④ 생태형 간에는 교잡친화성이 높아 유전자교환이 잘 일어나지 않는다.

답 ②

우량품종이 구비해야 할 3대 조건으로 옳은 것은?

① 우수성, 생리성, 내비성
② 균일성, 우수성, 영속성
③ 균일성, 내비성, 우수성
④ 영속성, 순계성 내비성

해설

우량품종의 구비조건

- 균일성 : 품종 안의 모든 개체들의 특성이 균일해야만 재배 · 이용상 편리하다.
- 우수성 : 재배적 특성이 다른 품종들보다 우수해야 한다.
- 영속성 : 균일하고 우수한 특성이 당대로 그쳐서는 안 되며, 대대로 변하지 않고 유지되어야 한다.

답 ②

및 환경에 적응하여 생긴 것으로 작물학에서는 생태종이라 함
- 생태종 사이에 형태적 차이가 생기게 되는 원인은 교잡친화성이 낮아 유전자교환이 어렵기 때문임
- 아시아벼의 생태종은 인디카(Indica), 열대자포니카(Tropical Japonica), 온대자포니카(Temperate Japonica)로 나누어짐

㉡ 생태형(生態型, Ecotype)
- 인디카벼를 재배하는 인도, 파키스탄, 미얀마 등에서는 1년에 2~3모작이 이루어져 재배양식이 복잡한데, 이에 따라 겨울벼(Boro), 여름벼(Aus), 가을벼(Aman) 등의 생태형이 분화되었음
- 보리와 밀의 경우에는 춘파형, 추파형의 생태형이 있음
- 생태형 사이에는 교잡친화성이 높기 때문에 유전자교환이 잘 일어남

(2) 품종(品種, Race)

① 작물의 기본 단위이자 재배적 단위로 다른 것과는 구별되는 특성이 균일하고, 세대의 진전에도 균일한 특성이 변하지 않는 농산물을 생산하는 집단이다.

② 품종의 구분
㉠ 다른 것들과 구별되는 특성을 가진다.
㉡ 특성이 균일하다.
㉢ 세대의 진전에도 특성이 변하지 않는다.
㉣ 품종별로 고유한 이름을 가진다.

③ 우량품종 : 품종 중 재배적 특성이 우수한 품종

④ 우량품종의 구비조건
㉠ 균일성
- 품종에 속한 모든 개체들의 특성이 균일해야만 재배 이용상 편리
- 특성의 균일은 모든 개체들의 유전형질이 균일해야 함

㉡ 우수성
- 다른 품종에 비하여 재배적 특성이 우수해야 함
- 종합적으로 다른 품종들보다 우수해야 함
- 재배특성 중 한 가지라도 결정적으로 나쁜 것이 있으면 우량품종으로 보기 어려움

㉢ 영속성
- 균일하고 우수한 특성이 후대에 변하지 않고 유지되어야 함
- 특성이 영속되려면 종자번식작물에서는 유전형질이 균일하게 고정되어 있어야 함
- 종자의 유전적, 생리적, 병리적 퇴화가 방지되어야 함

㉣ 광지역성
- 균일하고 우수한 특성의 발현, 적응되는 정도가 가급적 넓은 지역에 걸쳐서 나타나야 함
- 재배예정 지역의 환경에 적응성이 있어야 함

⑤ 우량종자의 구비조건
㉠ 우량품종에 속하는 것이어야 한다.
㉡ 유전적으로 순수하고 이형종자가 섞이지 않은 것이어야 한다.
㉢ 충실하게 발달하여 생리적으로 좋은 종자이어야 한다.
㉣ 병·해충에 감염되지 않은 종자이어야 한다.
㉤ 발아력이 건전하여야 한다.
㉥ 잡초종자나 이물이 섞이지 않은 것이어야 한다.

(3) 계통(系統, Line, Strain)

① 계 통
㉠ 재배 중 품종 내 유전적 변화가 일어나 새로운 특성을 가진 변이체의 개체군
㉡ 품종 육성을 위해 인위적으로 만든 잡종집단에서 특성이 다른 개체를 증식한 개체군

② 순계(純系, Pure Line)
㉠ 계통 중 유전적으로 고정된 것(동형접합체)
㉡ 자식성 작물은 우량 순계를 선정해 신품종으로 육성한다.

③ 영양계(營養系, Clone)
㉠ 영양번식작물에서 변이체를 골라 증식한 개체군
㉡ 영양계는 유전적으로 잡종상태(이형접합체)라도 영양번식으로 그 특성이 유지되므로 우량 영양계는 그대로 신품종이 된다.

2 품종의 특성과 신품종

(1) 특성과 형질

① 특성(特性, Characteristic)
㉠ 품종의 형질이 다른 품질과 구별되는 특징
㉡ 숙기의 조생과 만생, 키의 장간과 단간 등

② 형질(形質, Character)
㉠ 작물의 형태적, 생태적, 생리적 요소
㉡ 작물의 키, 숙기(출수기) 등

(2) 재배적 특성

품종에 속해있는 개체들의 형태적, 생리적, 생태적 형질을 그 품종의 특성이라 하며, 재배이용상 가치와 밀접한 관련이 있는 특성을 재배적 특성이라 한다. 일반적인 작물의 주요 재배적 특성은 다음과 같다.

① 간장(稈長) : 키가 큰 벼, 보리, 수수 등은 장간종, 단간종으로 구별되며, 키가 큰 것은 도복되기 쉽다.

② 까락(芒)
- ㉠ 벼나 맥류는 까락의 유무에 따라 유망종, 무망종으로 나눈다.
- ㉡ 까락은 수확 후 작업에 영향을 미친다.
- ㉢ 최근에 육성된 품종은 대부분 무망종이다.

③ 초형(草型)
- ㉠ 벼, 맥류, 옥수수 등은 윗잎이 짧고 직립인 것은 포장에서 수광능률을 높이는 데 유리하다.
- ㉡ 우리나라 통일벼 품종이 일반형 품종보다 다수성인 것은 단간직립초형으로 내도복성이 크고 수광상태가 좋으며, 단위면적당 이삭 꽃수가 많아 저장기관이 크고 광합성 능력과 동화물질의 이전효율이 높기 때문이다.

④ 조만성(早晩性)
- ㉠ 벼의 경우 산간지 또는 조기재배 시는 조생종이, 평야지대에서는 만생종이 수량이 많아 유리하다.
- ㉡ 맥류는 작부체계상 조숙종이 유리하다.
- ㉢ 출수기를 기준으로 한다.

⑤ 저온발아성(低溫發芽性)
- ㉠ 벼에서는 13°C에서 발아세를 기준으로 저온발아성을 평가한다.
- ㉡ 조파나 조기육묘 및 직파재배에 저온발아성이 큰 품종은 유리하다.
- ㉢ 벼에서는 일반적으로 저온발아성은 메벼보다는 찰벼가, 몽근벼보다는 까락벼가 좋다.

⑥ 품질(品質)
- ㉠ 품질은 용도에 따라 달라 품질의 내용이 복잡하다.
- ㉡ 벼는 미질이 좋아서 밥맛이 좋은 품종이 유리하다.
- ㉢ 밀에 있어서는 빵용은 경질인 품종이, 제과용으로는 분상질인 품종이 알맞다.

⑦ 광지역성(廣地域性)
- ㉠ 숙기(조만성)는 품종의 지리적 적응성에 관여한다.
- ㉡ 품종의 적응지역은 넓어질수록 품종의 관리가 편하다.

⑧ 내비성(耐肥性)

㉠ 수량을 높이는 데 중요한 특성으로 특히 질소비료를 많이 주어도 안전한 생육을 할 수 있는 특성이다.

㉡ 벼나 맥류는 내병성·내도복성이 강하고, 수광태세가 좋은 초형을 가진 품종이 내비성이 강하다.

㉢ 옥수수 및 단간직립초형인 통일벼는 내비성이 강한 대표적인 작물이다.

⑨ 내도복성(耐倒伏性)

㉠ 벼나 맥류는 키가 작고 줄기가 단단하며, 간기중(稈基重, 간기의 건물중)이 무거운 것일수록 내도복성이 강하다.

㉡ 시비량이 많아도 내도복성이 강하면 쓰러지지 않아 등숙이 안전하다.

㉢ 최근 육성 재배품종은 내도복성 및 내비성이 강하며, 통일벼 품종이 대표적이다.

⑩ 탈립성(脫粒性)

㉠ 야생종은 탈립성이 강하며, 탈립성이 강한 품종은 수확작업의 불편을 초래한다.

㉡ 콤바인(Combine) 수확 시는 탈립성이 좋아야 수확과정에서 손실이 적다.

⑪ 추락저항성(秋落抵抗性)

㉠ 노후답 등에서 잘 나타나는 특성으로 벼의 추락현상이 덜한 것을 말한다.

㉡ 황화수소(H_2S)와 같은 유해물질에 의한 뿌리의 상해 정도가 덜하고, 성숙이 빠른 품종이 추락저항성이 강하다.

⑫ 내병성(耐病性)

㉠ 병해에 저항성을 갖는 특성으로 복합저항성을 갖는 품종은 드물고, 병에 따라 내병성 품종도 달라진다.

㉡ 벼의 통일형 품종은 도열병과 줄무늬잎마름병에 강하지만, 흰빛잎마름병 등에는 약한 편이다.

㉢ 특히 약제방제가 어려운 벼의 줄무늬잎마름병 발생이 심한 남부지방에서는 이 병에 강한 품종이 안전하다.

⑬ 내충성(耐蟲性)

㉠ 충해에 강한 특성을 의미하며, 충해의 종류에 따라 내충성 품종도 달라진다.

㉡ 벼의 통일형 품종은 이화명나방에 약하며, 도열병이나 줄무늬잎마름병에 극히 강하다.

필 / 수 / 확 / 인 / 문 / 제

작물은 야생식물로부터 진화하여 인간이 관리하는 환경에 적응하게 되었다. 이때 작물이 야생종과 달라진 특징들 중 옳지 않은 것은?

① 휴면성이 강해졌다.
② 탈립성이 감소되었다.
③ 곡물의 경우 종자의 크기가 커졌다.
④ 종자 중의 단백질 함량은 감소하고 탄수화물 함량이 높아졌다.

답 ①

⑭ 수량(數量) : 우량품종의 가장 기본적 특성이며, 수량은 여러 가지 특성들이 종합적으로 작용하여 이루어지는 경우가 많다.

(3) 품종의 선택

① 우량품종의 선택은 성공적 영농의 지름길로 생산성의 증대, 품질향상과 농업생산의 안정화 및 경영합리화를 도모할 수 있다.

② 품종의 작물 생산성의 기여도는 작물의 종류, 재배지에 따라 다르지만, 대략 50% 내외인 것으로 알려져 있다.

③ 품종의 선택 전 재배목적, 환경, 재배양식 및 각종 재해에 대한 위험의 분산과 시장성 및 소비자 기호 등을 검토해야 한다.

(4) 품종의 육성

① 품종육성의 변천

㉠ 초기에는 자연돌연변이 또는 자연교잡에 의한 변이 개체 중에서 기존 품종에 비해 우량한 것을 선발하여 재배하는 분리육종방법이 활용되었다.

㉡ 1900년 멘델의 유전법칙의 재발견 및 유전학과 세포유전학의 급속한 진전으로 교잡육종방법으로 품종개량이 이루어졌다.

㉢ 1903년 요한센은 유전적 요인에 의한 변이만이 선발의 대상이 되는 순계설을 제안하여 선발이론의 기초를 제공하였다.

㉣ 1937년 콜히친의 발견으로 염색체 수를 배가시키는 배수체육종법이 가능하게 되었다.

㉤ 1970년대 조직배양 · 세포융합 · 유전자 조작 등 생명공학기술이 육종에 이용되었다.

㉥ 1972년 X-선으로 인위 돌연변이를 유발시킨 것을 계기로 돌연변이 육종이 등장하였다.

㉦ 우리나라에서의 작물의 품종육성은 거의 농촌진흥청과 산하의 지역 시험장에서 담당한다.

- 작물시험장 : 작물 전반의 품종육성을 담당
- 목포시험장 : 평지(유채), 아마, 목화 등 공예작물의 품종육성을 담당
- 호남 · 영남작물시험장 : 벼, 맥류 작물의 품종육성을 담당
- 고랭지시험장 : 감자의 품종육성을 담당
- 원예시험장 : 주요 과수, 채소, 꽃의 품종육성을 담당
- 종묘회사 : 상업성이 높은 배추, 무, 고추 등의 품종육성과 판매용 종자를 생산

② 품종개량의 효과
㉠ 경제적 효과
㉡ 재배 안전성 증대
㉢ 재배한계의 확대
㉣ 품질의 개선 효과
㉤ 새 품종의 출현

(5) 신품종

① 신품종의 구비조건
㉠ 구별성(區別性, Distinctness) : 기존의 품종과는 뚜렷하게 구별되는 한 가지 이상의 특성이 있어야 한다.
㉡ 균일성(均一性, Uniformity) : 재배 및 품종의 이용에 지장이 없도록 균일해야 한다.
㉢ 안정성(安定性, Stability) : 세대의 반복으로도 특성이 변하지 않아야 한다.

② 신품종 보호요건
㉠ 신규성
㉡ 구별성
㉢ 균일성
㉣ 안정성
㉤ 고유한 품종 명칭

다음 중 품종 보호요건에 해당되지 않는 것은?

① 구별성
② 우수성
③ 안정성
④ 균일성

해설
품종 보호요건
신규성, 구별성, 균일성, 안정성, 고유한 품종 명칭

답 ②

3 유 전

(1) 형질과 변이

① 형질(形質, Character)
㉠ 생물의 특성이 되는 형태적, 생태적, 생리적 특징을 형질 또는 특성이라고 한다.
㉡ 질적형질 : 색깔의 변화 등과 같이 확실히 구별할 수 있는 형질이다.
㉢ 양적형질
- 수량, 초장, 간장 등과 같이 개체 간 변화가 연속적이어서 계량 또는 계측할 수 있는 형질
- 표현력이 큰 질적형질은 소수의 주동유전자에 의하여 지배되며, 표현력이 작은 양적형질은 미동유전자에 의하여 지배되므로 환경에 의하여 표현 정도가 변화되기 쉬움

작물 유전현상에 대한 설명으로 옳지 않은 것은?

① 세포질 유전은 멘델의 법칙이 적용되지 않는다.
② 질적형질은 주동유전자가 지배한다.
③ 세포질 유전은 핵 외의 미토콘드리아와 색소체의 유전자에 의해 결정된다.
④ 유전형질의 변이양상이 불연속적인 경우를 양적형질이라 한다.

 ④

② 변이(變異, Variation)의 종류

㉠ 개체들 사이에 형질의 특성이 다른 것을 변이라 한다.

㉡ 원인은 감수분열 과정에서 유전자 재조합 및 염색체와 유전자의 돌연변이가 주원인인 유전적 원인에 의한 유전변이(遺傳變異, Genetic Variation)와 환경적 원인에 의한 환경변이(環境變異, Environmental Variation)가 있다.

㉢ 유전변이는 다음 세대로 유전되지만, 환경변이는 유전되지 않는다.

㉣ 변이의 원인에 따른 구분

- 대상 형질의 종류
  - 형태적 변이 : 키가 큼, 작음
  - 생리적 변이 : 병해충에 강함, 약함
- 변이의 양상
  - 연속변이(양적변이) : 키가 작은 것부터 큰 것까지 여러 등급으로 나타나는 것
  - 불연속변이(대립변이) : 꽃의 색이 붉은 것, 흰 것과 같이 뚜렷하게 구별되는 것
- 변이의 성질
  - 대립변이 : 두 변이 사이에 구별이 뚜렷하고 그 중간계급의 변이가 없는 것
  - 방황변이(정향변이, 양적변이) : 동일 종의 개체 간에 존재하는 연속성을 가진 변이
- 변이의 원인 : 장소변이(소재변이), 돌연변이, 교잡변이
- 변이의 범위 : 일반변이, 개체변이
- 유전성의 유무
  - 유전변이 : 돌연변이, 교잡변이, 유전자적 변이(불연속변이, 대립변이, 일반변이)
  - 환경변이 : 장소변이, 유도변이, 일시적 변이(연속변이, 방황변이, 개체변이)

③ 변이의 작성

㉠ 작물육종은 형질 개량을 위해 자연변이의 이용 또는 인위적 변이를 작성하고, 그 변이 중 원하는 유전자형의 개체를 선발하여 품종으로 육성한다.

㉡ 유전변이 작성방법은 인공교배, 돌연변이 유발, 염색체 조작, 유전자 전환 등이 있다.

㉢ 특성이 다른 자방친(♀)과 화분친(♂)을 인공교배(AA×aa)하면 양친의 대립유전자들이 새롭게 조합되어 잡종 후대에 여러 종류의 유전자형이 분리(AA, Aa, aa)되어 유전변이가 일어나며, 이때 인공교배 하는 양친의 유전적 차이가 클수록 잡종집단의 유전변이(유전자형의 다양성)가 커진다.

㉣ 자연돌연변이의 발생빈도는 10^{-7}, 10^{-6}으로 매우 낮으므로 방사선 또는 화학물질의 처리로 인위적 돌연변이를 유발시킨다. 인위돌연변이는 인공교배와 같이 여러 대립유전자들의 재조합이 아니므로 특정형질만 개량되는 특징이 있다.

㉤ 염색체의 인위적 조작은 반수체, 배수체, 이수체 등의 유전변이가 일어난다.

㉥ 인공교배와 인위돌연변이 및 염색체조작은 주로 같은 종 내에서 유전변이를 작성하고 세포융합이나 유전자전환은 다른 종의 우량유전자를 도입하여 유전변이를 만들 수 있다.

㉦ 세포융합(細胞融合, Cell Fusion) : 인공교배가 안 되는 원연종, 속간 유전자를 교환할 수 있는 방법이다.

㉧ 유전자전환(遺傳子轉換, Gene Conversion) : 생물종에 관계없이 원하는 유전자만 도입할 수 있는 방법이다.

④ 변이의 선발

㉠ 작물육종에 있어 우량변이의 선발을 위해 형질의 특성검정(特性檢定)을 한다. 식별이 간단하고 표현형으로 유전자형을 판정하기 쉬운 형질은 특별한 선발기술이 없어도 되나 특정 환경에서 발현하는 형질은 특성검정이 필요하다.

㉡ 우량변이체 선발은 형질 간 상관관계를 이용하면 목표형질을 선발하기 쉽다.

㉢ 후대검정(後代檢定, Progeny Test) : 선발한 변이체의 유전자형을 알고자 할 때 사용하며, 변이체의 후대를 전개하여 형질의 분리 여부로 동형접합체, 이형접합체를 판단하는 방법이다.

㉣ 분자표지이용선발(分子標識利用選拔, Marker-Assisted Selection, MAS) : DNA, 표지를 이용하여 목표형질의 유전자와 연관된 분자표지를 선발하는 것이다.

(2) 생식(生殖, Reproduction)

생물이 다음 세대를 이어갈 새로운 개체를 만들어 나가는 것을 생식이라 하며, 무성생식과 유성생식으로 구별된다.

염색체 수를 늘리거나 줄임으로 생겨나는 변이를 이용하는 육종방법은?

① 교잡육종법
② 선발육종법
③ 배수체육종법
④ 돌연변이육종법

해설

① 육종의 소재가 되는 변이를 교잡을 통해 얻는 방법
② 교배를 하지 않고 재래종에서 우수한 특성을 가진 개체를 골라 품종으로 만드는 방법
④ 자연적 돌연변이 또는 인위적 돌연변이를 이용하여 우수한 품종을 얻는 방법

 ③

필 / 수 / 확 / 인 / 문 / 제

다음 작물 중 타식성 작물은 어느 것인가?

① 보 리
② 메 밀
③ 조
④ 귀 리

해 설

- 자식성 작물(子殖性作物) : 벼, 밀, 보리, 콩, 완두, 토마토, 가지, 참깨, 복숭아, 담배 등
- 타식성 작물(他殖性作物) : 옥수수, 호밀, 메밀, 마늘, 양파, 시금치, 딸기, 아스파라거스 등

답 ②

① **생식방법** : 작물의 번식은 종자 또는 영양체를 이용하며, 종자번식 작물의 생식은 유성생식과 아포믹시스가 있고, 영양번식 작물은 무성생식을 한다.

㉠ 유성생식(有性生殖, Sexual Reproduction)

- 암수 양성의 생식세포를 만들고, 이들이 수정하여 생식하는 방법으로 자가수정식물과 타가수정작물이 있음
  - 자가수정(自家受精, Self-Fertilization) : 동일 개체에서 형성된 암・수배우자가 수정하는 식물
  - 타가수정(他家受精, Cross-Fertilization) : 서로 다른 개체에서 형성된 암배우자와 수배우자가 수정하는 식물
  - 자식성 작물의 세대 진전으로 개체의 유전자형이 동형접합체로 되지만, 타식성 작물은 세대가 진전하여도 개체의 유전자형은 이형접합체로 남음
  - 자식성 작물(子殖性作物) : 벼, 밀, 보리, 콩, 완두, 토마토, 가지, 참깨, 복숭아, 담배 등
  - 타식성 작물(他殖性作物) : 옥수수, 호밀, 메밀, 마늘, 양파, 시금치, 딸기, 아스파라거스 등
- 종자식물의 유성생식 과정 : 포자체(식물체) → 생식모세포(배낭모세포, 화분모세포) → 감수분열 → 배우체(배낭, 화분) → 배우자(난세포, 정세포) → 수정 → 접합자
- 세대교번(世代交番, Alternation of Generation) : 유성생식 작물의 생활사에서 배우체 세대와 포자체 세대가 번갈아가며 나타나는 것을 세대교번이라 함

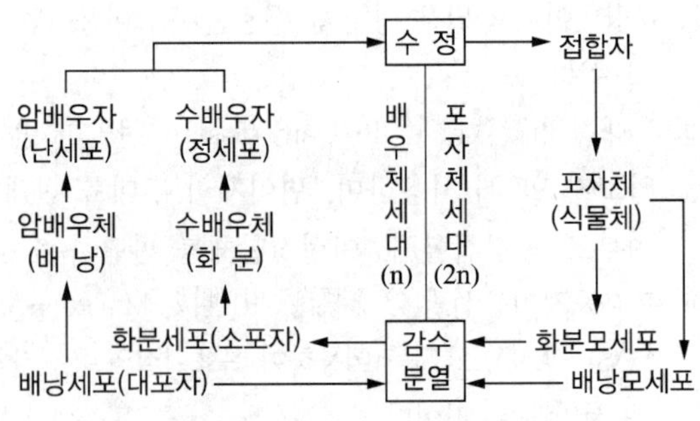

[속씨식물의 세대교번]

- 정형유성생식(定型有性生殖)과 염색체 수
  - 생물 염색체의 수는 체세포(體細胞, Somatic Cell)에서는 같은 종류의 염색체 한 쌍이 있고 감수분열(減數分裂, Meiosis)로 만들어진 배우자는 배수염색체 수 중 반수로 됨

- 접합자(接合子, Zygote)는 양쪽 어버이의 각 반수 염색체를 받아 배수의 염색체가 됨
- 접합자의 염색체 수는 어버이와 같은 배수이지만, 염색체의 내용은 서로 달라짐
- 이렇게 정형유성생식에서는 세대를 경과해도 염색체의 수는 변동이 없으나 염색체의 내용은 달라짐

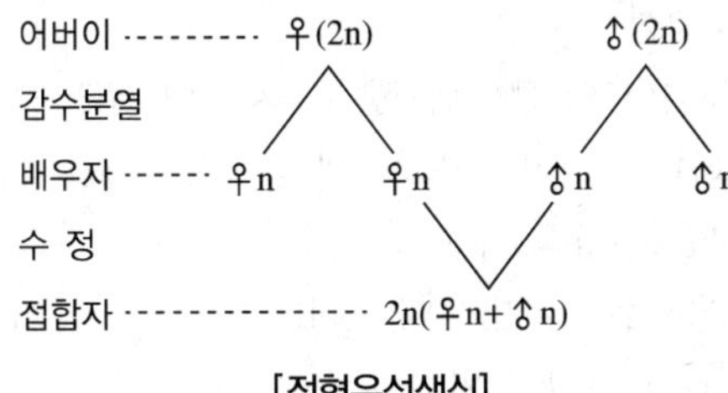

[정형유성생식]

㉡ 아포믹시스(Apomixis)

- 아포믹시스는 'Mix가 없는 생식'으로 수정과정을 거치지 않고 배가 만들어져 종자를 형성하는 무수정종자형성(無受精種子形成) 또는 무수정생식(無受精生殖)을 뜻함
- 배를 만드는 세포에 따라 부정배형성, 무포자생식, 복상포자생식, 위수정생식, 웅성단위생식 등으로 구분함
  - 부정배형성(不定胚形成, Adventitious Embryony) : 밀감의 주심 배가 대표적으로, 배낭을 형성하지 않고 포자체의 조직세포(주심, 주피)가 직접 배를 형성
  - 무포자생식(無胞子生殖, Apospory) : 부추, 파 등에서 발견되었으며, 배낭을 만드나 배낭의 조직세포가 배를 형성
  - 복상포자생식(複相胞子生殖, Diplospory) : 배낭모세포가 감수분열을 못하거나 비정상분열로 배를 만드는 것으로 볏과, 국화과에서 나타남
  - 위수정생식(僞受精生殖, Pseudomixis) : 수분의 자극으로 난세포가 배로 발달하는 것으로 벼, 밀, 보리, 목화, 담배 등에서 나타나며, 이로 인해 종자가 생기는 것을 위잡종(僞雜種, False Hybrid)이라 함
  - 웅성단위생식(雄性單爲生殖, Male Parthenogenesis) : 달맞이꽃, 진달래 등에서 발견되며, 정세포가 단독으로 분열하여 배를 만드는 것
- 아포믹시스에 의해 만들어진 종자는 수정을 거치지 않았으므로 종자 형태의 영양계라 할 수 있고, 다음 세대에 유전분리가 일어나지 않기 때문에 종자번식작물의 우량 아포믹시스는 영양식물번식작물의 영양계와 같이 곧바로 신품종이 됨

배우자 간 접합에 의한 정상적인 수정과정을 거치지 않고도 종자가 형성되는 생식방법은?

① 유성생식
② 아포믹시스
③ 영양번식
④ 자가수정

답 ②

㉢ 무성생식

- 생식기관이 아닌 잎, 줄기 등의 영양체로부터 새로운 개체가 생성되는 것으로 영양번식(營養繁殖, Vegetative Propagation)이라 함
- 유전적으로 모체와 동일한 특성을 가짐
- 실생묘에 비해 어린 식물이 강한 이점이 있음

② 배우자형성

㉠ 체세포분열(體細胞分裂, 유사분열(有絲分裂, Mitosis))

- 하나의 체세포가 2개의 딸세포로 되는 것을 의미하며 일정한 세포주기를 가짐
- 세포주기(細胞週期, Cell Cycle) : G_1기 → S기 → G_2기 → M기 순서로 진행된다.
  - G_1기 : 딸세포가 성장하는 시기
  - S기 : DNA 합성으로 염색체가 복제되어 자매염색분체를 만드는 시기
  - G_2기 : 체세포분열을 준비하는 성장기
  - M기 : 체세포분열에 의해 딸세포를 형성하는 시기
- 체세포분열은 전기, 중기, 후기, 말기로 구분할 수 있음
  - 전기(前期, Prophase) : 염색사가 압축·포장되어 염색체 구조로 되며, 인과 핵막이 소실됨
  - 중기(中期, Metaphase) : 방추사가 염색체의 동원체에 부착하고 각 염색체는 적도판으로 이동함
  - 후기(後期, Anaphase) : 자매염색분체가 분리되어 서로 반대방향으로 이동함
  - 말기(末期, Telophase) : 핵막과 인이 다시 형성되고, 세포질분열이 일어나 2개의 딸세포가 생김
- 체세포분열은 체세포가 가지고 있는 유전물질(DNA)을 복제하여 딸세포에게 균등하게 분배하기 위한 것
- 마모된 세포의 교체로 정상적 기능의 수행, 손상된 세포의 교체로 상처의 치유 역할도 함

㉡ 감수분열(減數分裂, Meiosis)

- 유성생식 하는 식물은 체세포분열로 개체의 성장이 이루어지고, 생식세포의 감수분열로 생식함
- 감수분열의 의의
  - 생물종 고유의 염색체 수를 유지시킴
  - 염색체 조성이 서로 다른 배우자를 생성시킴
  - 염색체 내의 유전자 재조합이 일어나게 함

- 감수분열 과정 : 생식기관의 특수한 세포에서 일어나는 감수분열은 연속 2회의 핵분열로 진행되며 제1감수분열은 염색체의 수가 반으로 줄어드는 감수분열, 제2감수분열은 염색분체가 분열하는 동형분열로 한 개의 생식모세포에서 4개의 감수분열 낭세포가 생김
  - 제1감수분열 전기 : 세사기 → 대합기 → 태사기 → 복사기(이중기) → 이동기의 5단계로 나누어짐
    ⓐ 세사기(細絲期) : 염색사가 압축, 포장되어 염색체 구조를 이루는 시기
    ⓑ 대합기(對合期) : 상동염색체가 짝을 지어 2가염색체를 형성하는 시기
    ⓒ 태사기(太絲期) : 염색체의 일부가 서로 교환되는 교차가 일어나며, 염색체가 꼬인 것과 같은 모양을 하는 키아즈마(Chiasma) 현상이 일어나는 시기
    ⓓ 복사기(複絲期) : 상동염색체가 분리되는 시기로 상동염색체 각각에서 2개의 염색분체가 확실하게 나타남
    ⓔ 이동기(移動期) : 2가염색체들이 적도판을 향하여 이동하는 시기
  - 제1감수분열 중기 : 방추사가 생기면 2가염색체들이 적도판에 배열함
  - 제1감수분열 후기 : 2가염색체의 두 상동염색체가 분리되어 서로 반대극을 향해 이동하여 양쪽 극에 한 세트씩 모임
  - 제1감수분열 말기 : 새로운 핵막이 형성되며 반수체인 2개의 딸세포가 생김
  - 제2감수분열 : 제1감수분열이 끝난 후 극히 짧은 간기(間期, Interkinesis)를 거처 곧바로 제2감수분열이 시작되며, 간기에는 DNA의 합성이 일어나지 않고 제2감수분열은 반수체인 딸세포의 각 염색체의 자매염색분체가 분리하며 체세포분열과 똑같이 진행됨

ⓒ 화분과 배낭의 발달
- 화 분
  - 수술의 약(葯, 꽃밥, Anther)에서 화분모세포(花粉母細胞, Pollen Mother Cell, PMC) 1개는 감수분열로 4개의 반수체 소포자(小胞子, 화분세포, Microspore)가 형성됨
  - 화분세포는 두 번의 체세포분열이 일어나 화분(花粉, 꽃가루, Pollen Grain)으로 성숙함

필 / 수 / 확 / 인 / 문 / 제

감수분열에 대한 설명으로 옳은 것은?

① 제1감수분열은 동형분열이며, 제2감수분열은 이형분열이다.
② 제1감수분열은 염색체 교차에 의하여 유전자 재조합이 일어난다.
③ 제1감수분열과 제2감수분열이 끝나면 한 개의 생식모세포로부터 2개의 딸세포를 만든다.
④ 감수분열 과정에서 상동염색체가 분리되지 않으므로 멘델의 유전법칙이 성립된다.

답 ②

필 / 수 / 확 / 인 / 문 / 제

작물의 생식에 대한 설명으로 옳지 않은 것은?

① 아포믹시스는 무수정종자형성이라고 하며, 부정배형성, 복상포자생식, 위수정생식 등이 이에 속한다.
② 속씨식물 수술의 화분은 발아하여 1개의 화분관세포와 2개의 정세포를 가지며, 암술의 배낭에는 난세포 1개, 조세포 1개, 반족세포 3개, 극핵 3개가 있다.
③ 무성생식에는 영양생식도 포함되는데, 고구마와 거베라는 뿌리로 영양번식을 하는 작물이다.
④ 벼, 콩, 담배는 자식성 작물이고, 시금치, 딸기, 양파는 타식성 작물이다.

 ②

- 화분은 1개의 화분관세포(花粉管細胞, Pollen Tube Cell)와 2개의 정세포(精細胞, Sperm Cell)가 있고 화분관세포는 화분관으로 신장하여 정세포를 배낭까지 운반함

- 배 낭
  - 암술 자방(子房, 씨방, Ovary) 속의 배주(胚珠, 밑씨, Ovule) 안에서 배낭모세포(胚囊母細胞, Embryosac Mother Cell, EMC) 1개가 4개의 반수체 대포자(大胞子, 배낭세포, Megaspore)를 만들며, 3개는 퇴화하고 1개만 남아 세 번의 체세포분열로 배낭(胚囊, Embryo Sac)으로 성숙함
  - 배낭에서 주공 쪽에는 난세포(卵細胞, Egg Cell) 한 개와 조세포(助細胞, Synergid) 2개가 있고 반대쪽에 반족세포(反足細胞, Antipodal Cell)가 3개, 중앙에 극핵(極核, Polar Nucleus) 2개가 있으며, 그 중 조세포와 반족세포는 후에 퇴화하며, 주공은 화분관이 배낭으로 침투하는 통로임

③ 수분과 수정 및 종자의 형성

㉠ 수분(受粉, Pollination)

- 성숙한 화분이 약에서 터져나와 주두(柱頭, 암술머리, Stigma)에 가서 붙는 과정
- 수분 방법은 동일 개체에서 수분이 이루어지는 자가수분과 다른 개체들 사이에서 수분이 일어나는 타가수분이 있음
- 수분의 형태
  - 완전화나 양성화는 흔히 자가수분을 함(예 벼, 보리, 밀 등)
  - 자웅동주식물은 자가수분도 하고, 타가수분도 함(예 옥수수, 수수, 참외 등)
  - 자웅이주식물은 타가수분만 함(예 시금치, 삼 등)
  - 양성화 중 웅예동숙(雄蕊同熟)인 것은 자가수분만 함(예 벼, 보리, 밀 등)
  - 웅예선숙(雄蕊先熟, Protandrous)인 것이나 자예선숙(雌蕊先熟, Proterandry)인 것은 타가수분하기 쉬움
  - 폐화수정(閉花受精, Cleistogamy)은 자가수분만 함

㉡ 수정(受精, Fertilization)

- 수분된 화분은 발아하여 화분관이 신장하며 화분관을 따라 2개의 정핵이 주공을 통해 배낭 안으로 들어가 수정이 이루어짐
- 피자식물(被子植物, 속씨식물, Angiosperms)은 2개의 정세포 중 하나는 난세포와 융합으로 접합자(2n)를 만들어 향후 배(胚, Embryo)가 되고, 또 다른 하나는 극핵과 융합으로 배유핵(3n)을 형성하고 배유핵은 배유(胚乳, Endosperm)로 발달하는데, 이를

중복수정(重複受精, Double Fertilization)이라 함
- 나자식물(裸子植物, 겉씨식물, Gymnosperms)은 중복수정이 없어 2개의 정핵 중 하나가 난세포와 융합하여 배를 이루고 나머지 하나는 퇴화하며, 난세포 이외의 배낭조직이 후에 배의 영양분이 됨

㉢ 종자의 형성
- 수정이 끝나면 배의 발생과 함께 배주가 성숙하여 종자가 되고, 자방이 발달하여 열매를 형성함
- 성숙한 종자가 배유와 배로 뚜렷하게 구분되는 것을 배유종자, 종자가 종피와 배만으로 구성되었을 때는 무배유종자라 함
- 종피와 과피는 모체의 조직으로 종자에서 배와 종피는 유전적 조성이 다름
- 크세니아(Xenia) : 종자의 배유($3n$)에 우성유전자의 표현형이 나타나는 것
- 메타크세니아(Metaxenia) : 사과, 감, 야자 등에 크세니아를 일으키는 유전자가 과일의 크기, 빛깔, 선도 등에도 영향을 끼치는 것
- 단위결과(單爲結果, Parthenocarpy)
  - 종자의 형성이 없이 과실이 발육하는 것
  - 자연적으로 일어나기도 하지만, 다른 화분의 자극으로 일어나기도 하며 식물호르몬 또는 배수성을 이용하여 인위적으로 유발시키기도 함

④ 자가불화합성과 웅성불임성

㉠ 자가불화합성(自家不和合性, Self-Incompatibility)
- 불임성(不稔性, Sterility) : 수분이 이루어져도 수정과 결실이 이루어지지 않는 현상을 불임성이라 하고 환경적 원인과 유전적 원인이 있으며, 유전적 불임에는 자가불화합성과 웅성불임성이 있음
- 자가불화합성이란 암술과 화분의 기능은 정상이지만, 자가수분으로는 종자를 형성하지 못하는 것
- 자가불화합성을 나타내는 기구 : 화합과 불화합을 결정하는 메커니즘은 암술머리에서 생성되는 특정단백질(S-Glycoprotein)이 화분의 특정단백질(S-Protein)을 인식하여 결정되는데, 불화합인 경우 암술에서 생성되는 억제물질이 화분의 발아를 못하게 하고 발아되더라도 화분관이 신장하지 못하게 함
- 자가불화합성의 생리적 원인
  - 꽃가루의 발아와 신장을 억제하는 물질의 존재

수정과 종자발달에 대한 설명으로 옳은 것은?

① 침엽수와 같은 나자식물은 중복수정이 이루어지지 않는다.
② 수정은 약에 있는 화분이 주두에 옮겨지는 것을 말한다.
③ 완두는 배유조직과 배가 일체화되어 있는 배유종자이다.
④ 중복수정은 정핵이 난핵과 조세포에 결합되는 것을 말한다.

답 ①

해설
② 수분에 대한 설명이다.
③ 완두는 무배유종자이다.
④ 중복수정은 정핵이 난핵과 극핵세포에 결합되는 것이다.

종자형성에 대한 설명으로 옳지 않은 것은?

① 종피와 열매껍질은 모체의 조직이므로 배와 종피는 유전적 조성이 동일하다.
② 배유에 우성유전자의 표현형이 나타나는 것을 크세니아라 한다.
③ 바나나, 감귤류와 같이 종자의 생산 없이 열매를 맺는 현상을 단위결과라 한다.
④ 식물호르몬을 이용하여 인위적으로 단위결과를 유발하기도 한다.

답 ①

해설
① 유전적 조성이 다르다.

- 화분관의 신장에 필요한 물질의 결여
- 화분관의 호흡에 필요한 호흡기질의 결여
- 꽃가루와 암술머리조직 사이의 삼투압의 차이
- 꽃가루와 암술머리조직 단백질 간의 친화성의 결여

• 자가불화합성의 유전적 원인
- S유전자좌의 복대립유전자가 자가불화합성을 지배하며, 유전양식에는 배우체형과 포자체형이 있음
- 배우체형 : 화분(n)의 유전자가 화합과 불화합을 결정하고 가지과, 벚과, 클로버 등이 해당됨
- 포자체형 : 화분을 생산한 식물체(포자체, 2n)의 유전자형에 의해 화합과 불화합이 달라지며 십자화과 · 국화과 · 사탕무 등이 해당하고, 배추의 1대잡종 종자의 채종은 자가불화합성 유전자형이 다른 자식계통(S_1S_1과 S_2S_2)을 혼식함
- 이형화주형(異形花柱型) 자가불화합성 : 메밀과 같이 꽃에서 화주(花柱, 암술대)와 화사(花絲, 수술대)의 길이가 다른 이형예현상(異形蘂現象, Heterostylism)이 원인인 것으로 유전양식은 포자체형임

㉡ 웅성불임성(雄性不稔性, Male Sterility)

• 웅성기관의 이상에 의한 불임성으로 유전자작용에 의해 화분이 아예 형성되지 않거나 화분이 발육하지 못해 수정능력 없이 나타나며, 핵 내 ms 유전자와 세포질의 미토콘트리아(Mitochondria) DNA가 관여함

• 유전자웅성불임성(遺傳子雄性不稔性, Genic Male Sterility, GMS) : 핵 내 유전자만 작용하는 웅성불임으로 벼, 보리, 토마토 등이 해당됨

• 세포질웅성불임성(細胞質雄性不稔性, Cytoplasmic Male Sterility, CMS) : 세포질 유전자만 관여하는 웅성불임으로 벼, 옥수수 등이 해당됨

• 세포질 · 유전자웅성불임성(細胞質 · 遺傳子雄性不稔性, Cyto-plasmic-genetic Male Sterility, CGMS) : 핵 내 유전자와 세포질 유전자의 상호작용에 의한 웅성불임으로 벼, 양파, 사탕무, 아마 등이 해당됨

• CGMS는 화분친의 임성회복유전자(稔性回復遺傳子, Fertility Restoring Gene, Rf)에 의해 임성이 회복되며, 이 경우 웅성불임계통 자방친에 임성회복유전자를 가진 계통 화분친의 교배로 1대잡종 종자를 채종함

- 환경감응형(環境感應型) 웅성불임성 : 온도, 일장, 지베렐린 등에 의하여 임성이 회복되며, 벼의 환경감응형 웅성불임성은 21~26℃에서 95% 이상 회복하여 1대잡종 종자의 채종에 이용할 수 있음

(3) 유 전

① 멘델의 법칙

㉠ 멘델의 법칙

- 멘델(1856~1863)은 완두 교잡실험 결과로 1865년 『식물잡종연구』란 논문을 발표
- 1900년 드브리스, 체르막, 코렌스 등에 의해 멘델의 법칙이 재발견되어 현대 유전학 발달의 기초를 이루었음

㉡ 우열(지배)의 법칙

- 우성의 법칙 또는 우열의 법칙이라고 함
- 우성과 열성의 대립유전자가 함께 있을 때 우성유전자에 의해 발현되는 우성형질만이 표현된다는 원리

㉢ 분리의 법칙 : F_1에서는 나타나지 않던 열성형질이 F_2에서는 일정 비율로 나타나는 원리

㉣ 독립의 법칙 : 두 쌍의 대립형질이 다른 종류의 상동염색체에 실려 서로 독립적이고, 서로 연관 없이 나타나는 원리

㉤ 순수의 법칙 : 유전자들이 세포 속에 함께 섞여서 전달되더라도 조금도 변하지 않고 순수성이 유지되는 원리

㉥ 멘델의 제1법칙(분리의 법칙) : 이형접합체에서 우성 대립유전자와 열성 대립유전자가 1:1로 분리되어서 각 대립유전자를 가진 배우자가 같은 비율로 만들어지는 법칙으로, 대립형질의 분리에 대한 설명으로 분리의 법칙이라고 함

㉦ 멘델의 제2법칙(독립의 법칙)

- 서로 다른 염색체에 있는 유전자들은 독립적으로 행동한다는 것으로 독립의 법칙이라고도 함
- 독립의 법칙은 연관유전자에는 적용되지 않음

② 멘델법칙의 변이

㉠ 멘델법칙의 유전현상 중 형질발현이 변이하는 경우도 있다.

㉡ 불완전우성

- 나팔꽃 색깔의 유전분리는 R(적색)과 r(백색)에 대하여 완전한 우성이 나타나지 않고, Rr이 R과 r의 중간형질인 분홍색을 나타냄

필 / 수 / 확 / 인 / 문 / 제

웅성불임과 자가불화합성에 대한 설명으로 옳은 것은?

① 세포질 웅성불임은 핵 내 웅성불임유전자가 관여한다.
② 세포질 웅성불임은 영양기관을 이용하는 작물의 1대잡종 생산에 이용될 수 있다.
③ 배우체형 자가불화합성은 화분을 생산한 식물체의 유전자형에 의해 결정된다.
④ 포자체형 자가불화합성은 화분의 유전자에 의해 결정된다.

답 ②

- 나팔꽃 색깔의 유전분리처럼 대립유전자의 우열관계가 완전하지 못한 것을 불완전우성이라 함
- 이 경우의 F_1 같은 것을 중간잡종이라고 함
- 우열관계가 완전할 때에는 완전우성이라고 함

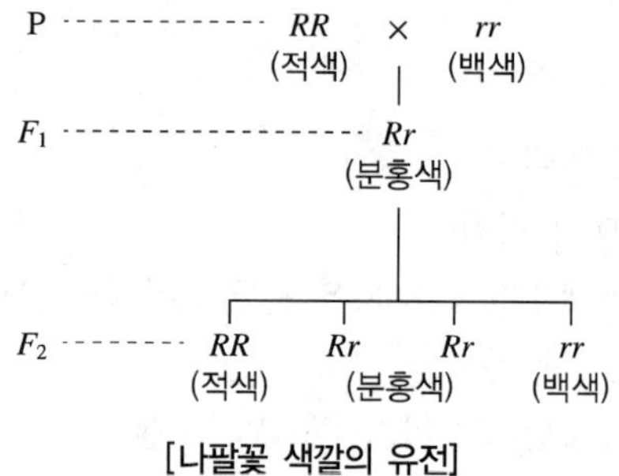

[나팔꽃 색깔의 유전]

㉢ 부분적 우성
- 닭의 경우 흑색의 코친과 백색의 레그혼에서 나온 F_1은 흑백 바둑판무늬를 보임
- 이러한 결과는 부분에 따라서 흑색 또는 백색이 우성으로 나타났기 때문임
- 이런 현상을 부분적 우성이라고 함

㉣ 우열전환 : 고추에서 상향 꼬투리와 하향 꼬투리를 가진 것의 F_1은 처음에는 상향이다가 뒤에는 하향으로 되는 것처럼 시기에 따라서 우성과 열성의 관계가 바뀌는 것을 우열전환이라고 한다.

㉤ 격세유전 : 조상의 형질이 먼 후대에 자손에게 우연적으로 나타나는 현상이다.

③ 단성잡종의 분리

㉠ 한 쌍의 대립형질만 관여하는 잡종을 단성잡종이라 한다.

㉡ 완두의 둥근 것과 주름진 것의 교잡이 해당되며, 그림과 같은 분리를 보인다.

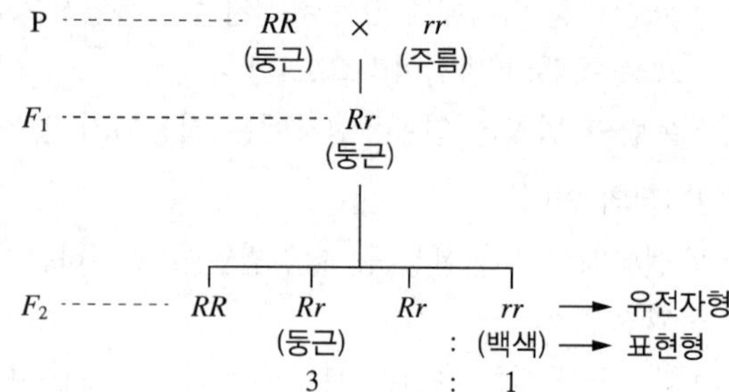

④ 양성잡종의 분리

㉠ 대립형질이 두 쌍 이상 동시에 관여하는 잡종을 양성잡종, 삼성잡종 및 다성잡종이라 한다.

㉡ 완두의 둥글고(RR) 떡잎이 황색(YY)인 종자와 주름지고(rr) 녹색(yy)인 것을 교잡한 것이 양성잡종이 된다. 따라서 $RRYY \times rryy$의 교잡으로 나온 F_1종자 $RrYy$의 교잡은 다음과 같다.

[F_2 유전자형의 분리]

♀F_1. G. \ ♂F_1. G.	RY	Ry	rY	ry
RY	$RRYY$	$RRYy$	$RrYY$	$RrYy$
Ry	$RRYy$	$RRyy$	$RrYy$	$Rryy$
rY	$RrYY$	$RrYy$	$rrYY$	$rrYy$
ry	$RrYy$	$Rryy$	$rrYy$	$rryy$
F_2 유전자형의 정리	1$RRYY$ 2$RRYy$ 2$RrYY$ 4$RrYy$	1$RRyy$ 2$Rryy$	1$rrYY$ 2$rrYy$	1$rryy$
F_2 표현형의 분리	9RY 둥근, 황색	3Ry 둥근, 녹색	3rY 주름, 황색	1ry 주름, 녹색
	9	3	3	1

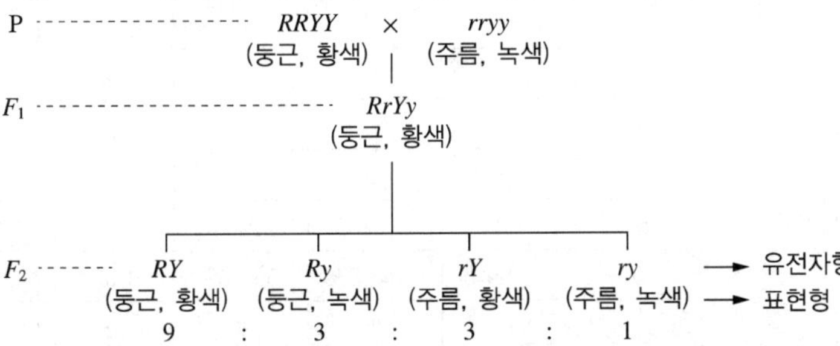

[양성잡종의 분리(완두 둥근 것과 주름진 것, 떡잎이 황색과 녹색)]

㉢ 잡종의 F_2 분리비는 예외적인 경우가 아니면 다음과 같이 나타난다.

- 단성잡종 : $(3+1)^1 = 3+1$
- 양성잡종 : $(3+1)^2 = 9+3+3+1$
- 3성잡종 : $(3+1)^3 = 27+9+9+9+3+3+3+1$

유전자형이 *AaBbCcDdEE*인 F_1 식물체를 약배양할 경우 기대되는 유전자형 종류 수는?(단, 각각의 대립유전자는 독립적으로 분리하며, 비대립 유전자들은 서로 다른 염색체에 있다)

① 4가지
② 8가지
③ 16가지
④ 32가지

해설
EE가 동형접합체로 2^4이다.

답 ③

㉣ 멘델의 양성잡종에서 F_2의 기댓값과 실제 관찰값

표현형	유전자형	기대비율	F_2 기댓값	F_2 관찰값
둥근 황색종자	W_G_	$\frac{3}{4}\times\frac{3}{4}=\frac{9}{16}$	$556\times\frac{9}{16}=312.75$	315
둥근 녹색종자	W_gg	$\frac{3}{4}\times\frac{1}{4}=\frac{3}{16}$	$556\times\frac{3}{16}=104.25$	108
주름진 황색종자	wwG_	$\frac{3}{4}\times\frac{1}{4}=\frac{3}{16}$	$556\times\frac{3}{16}=104.25$	101
주름진 녹색종자	wwgg	$\frac{1}{4}\times\frac{1}{4}=\frac{1}{16}$	$556\times\frac{1}{16}=34.75$	32
전 체				556

㉤ 삼성잡종교배의 배우자, 유전자형 및 표현형의 분리

- 각 대립유전자쌍마다 우성이 존재할 때 독립적인 대립유전자쌍의 수에 따라 분리되는 F_1의 배우자 종류수와 배우자 조합수 및 F_2의 유전자형과 표현형 종류수

〈(박순직, 남영우), 2010, 농업유전학, 한국방송통신대학교출판부〉

유전자쌍 수	F_1의 배우자 종류수	배우자 조합수	F_2 유전자형의 종류수	F_2 표현형의 종류수	F_2 완전분리 최소 개체수
1	2	4	3	2	4
2	2	16	9	2	16
3	8	64	27	8	64
4	16	256	81	16	256
5	32	1,024	243	32	1,024
10	1,024	1,048,576	59,049	1,024	1,048,576
n	2^n	4^n	3^n	2^n	4^n

⑤ 유전자의 상호작용

㉠ 의 의

- 유전자의 형질 발현은 원칙적으로 대립유전자 간에 서로 영향이 없고 독립적이나 경우에 따라 대립유전자 상호간에 서로 형질발현에 영향을 미치는 것을 유전자 상호작용이라 함
- 상위성(上位性, Epistasis)
  - 비대립유전자의 상호작용에서 한 쪽 유전자의 기능만 나타나는 경우 상위성이라 하며, 우성과는 다름
  - 우성은 상동염색체의 대립유전자 사이의 관계이나 상위성은 비대립유전자 사이의 상호작용임

- 양성잡종 $AaBb$가 비대립유전자 A와 B가 독립적일 때 F_2 표현형의 분리비는 $A_B_ : A_bb : aaB_ : aabb = 9:3:3:1$이나 상위성이 있는 경우 유전자 상호작용에 따라 여러 분리비가 나타남

[2쌍의 비대립유전자에 대한 양성잡종($AaBb$)에서 유전자 상호작용에 의한 F_2 표현형의 분리비]

〈(박순직, 남영우), 2010, 농업유전학, 한국방송통신대학교출판부〉

유전자 상호작용(상위성)	예	F_2 유전자형 및 빈도									표현형 분리비
		$AABB$	$AABb$	$AaBB$	$AaBb$	$AAbb$	$Aabb$	$aaBB$	$aaBb$	$aabb$	
		$\frac{1}{16}$	$\frac{2}{16}$	$\frac{2}{16}$	$\frac{4}{16}$	$\frac{1}{16}$	$\frac{2}{16}$	$\frac{1}{16}$	$\frac{2}{16}$	$\frac{1}{16}$	
없 음(멘델의 양성잡종)	완 두	둥근 황색콩				둥근 녹색콩		주름진 황색콩		주름진 녹색콩	9:3:3:1
열성상위 aa가 B에 상위	유색미	적 미				갈색미		백 미			9:3:4
우성상위 A가 B에 상위	귀리 외영색	흑 색						회 색		백 색	12:3:1
보족유전자(이중열성상위) aa는 B에 상위 bb는 A에 상위	벼 밑동색	자 색				녹 색					9:7
복수유전자 A는 bb에 상위 B는 aa에 상위	호박 과형	원반형				난 형				장 형	9:6:1
억제유전자 A가 B, bb에 상위	닭털 색깔	백 색						유 색		백 색	13:3
중복유전자 A는 B, b에 상위 B는 A, a에 상위	냉이 꼬투리	세모꼴								방추형	15:1

㉡ 열성상위(劣性上位, Recessive Epistasis)

- 현미 종피색이 적색($AABB$)과 백색($aabb$)을 교배하면 F_1은 적색이고 F_2는 적색미 : 갈색미 : 백미가 9 : 3 : 4로 분리됨
- 종피색은 색소원 유전자 A와 색소분포 유전자 B의 상호작용으로 나타남
- 유전자형 $aaBB$, $aabb$는 A유전자가 없어 백미로, A_bb는 B유전자가 없어 중간대사물이 산화되어 갈색미로, $A_B_$는 색소합성이 제대로 이루어져 적미가 됨
- $aaB_$가 백미로 나타나는 것은 열성동형접합체인 aa가 B유전자 산물의 작용을 억제하였다고 볼 수 있는데, 이를 열성상위라고 함

필 / 수 / 확 / 인 / 문 / 제

양성잡종(AaBb)에서 비대립유전자 A와 B가 1개의 형질에 관여할 때 유전자 상호작용에 따라 여러 가지 분리비가 나타난다. F_2 표현형 분리비의 예와 비대립유전자 상호작용의 유형이 바르게 연결되지 않은 것은?(단, A와 B는 서로 독립적이다)

	F_2 표현형의 분리비	상호작용의 유형
①	9 : 7	보족유전자
②	15 : 1	중복유전자
③	13 : 3	억제유전자
④	9 : 3 : 4	복수유전자

 ④

양성잡종($AaBb$)에서 비대립유전자 A와 B가 독립적이고 F_2의 표현형분리비가 보기와 같을 때 비대립유전자 간의 관계는?(단, A는 a에 대하여, B는 b에 대하여 우성이다)

$(9A\_B\_+3A\_bb)$: $(3aaB\_)$: $(1aabb)$ = 12 : 3 : 1

① 중복유전자
② 열성상위
③ 우성상위
④ 억제유전자

답 ③

- 조건유전자(條件遺傳子, Condithinal Gene) : $A__B__$의 적미는 A유전자가 있는 조건에 B유전자가 발현되므로 B유전자를 조건유전자라고 함

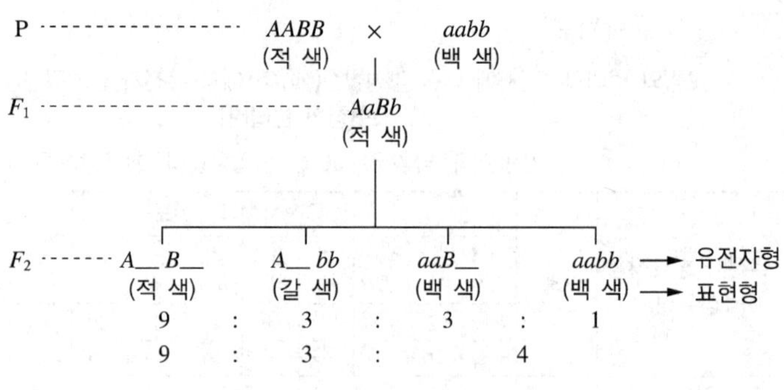

[현미 종피색의 유전(열성상위)]

㉢ 우성상위(優性上位, Dominance Epistasis) – 피복유전자

- 귀리 외영색깔이 흑색($AABB$)과 백색($aabb$)를 교배한 F_1의 외영은 흑색, F_2는 흑색 : 회색 : 백색 = 12 : 3 : 1로 분리됨
- F_2에서 $aabb$가 백색, $aaB__$는 회색으로 우성인 B가 회색이 되게 하였고, 흑색 $A\_\_B\_\_$, $A__bb$는 우성유전자인 A가 흑색이 되게 하였으며, 이때 A가 B에 상위성이므로 이를 우성상위라고 함

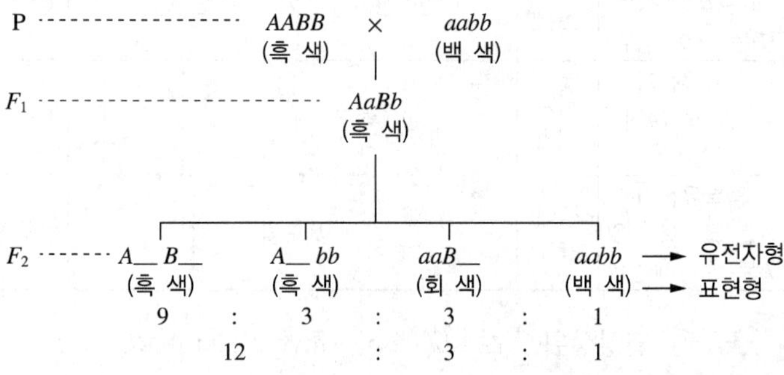

[귀리 외영색깔의 유전(우성상위)]

㉣ 이중열성상위(二重劣性上位, Duplicated Recessive Epistasis)

- 벼 밑동의 색깔이 녹색인 것끼리 교배($AAbb \times aaBB$)한 F_1은 자색이고 F_1의 자가수정으로 나온 F_2는 자색 : 녹색 = 9 : 7로 분리되며, 자색은 색소원유전자 A와 활성유전자 B의 상호작용으로 나타남
- 자색이 나타나려면 A, B가 모두 필요하고 A나 B가 없으면 녹색으로 나타남

- 보족유전자(補足遺傳子, 상호유전자, Complementary Gene) : 우성유전자인 A, B가 함께 있을 때 자색이 나타나는 것처럼 어떤 형질의 발현에 있어 서로 보족적으로 작용하는 유전자를 보족유전자라고도 함
- 녹색인 $A\_\_bb$, $aaB\_\_$, $aabb$에서 열성동형접합체 aa는 B와 b에 상위성이고, bb는 A와 a에 상위성이라고 보면 보족유전자 작용은 이중열성상위임

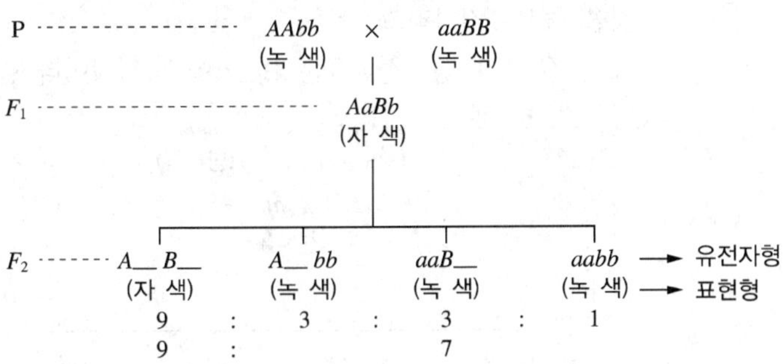

[벼 밑동색깔의 유전(이중열성상위)]

㉤ 복수유전자(複數遺傳子, Multiple Gene)

- 관상용 호박에서 원반형($AABB$)과 장형($aabb$)을 교배하면 F_1은 원반형이, F_2에서는 원반형 : 난형 : 장형 = 9 : 6 : 1로 분리됨
- $aabb$는 장형, $A__bb$와 $aaB__$는 난형으로 우성유전자 A, B는 호박의 길이를 짧게 하고 그 효과가 같으며, $A__bb$와 $aaB__$가 같은 표현형으로 나타나는 것은 A는 bb에 상위성이고 B는 aa에 상위성이라 할 수 있음
- 우성인 A, B가 누적효과에 의해 원반형($A\_\_B\_\_$)이 되는 것과 같이 비대립유전자가 같은 작용을 하면서 누적효과를 나타낼 때 복수유전자라고 함

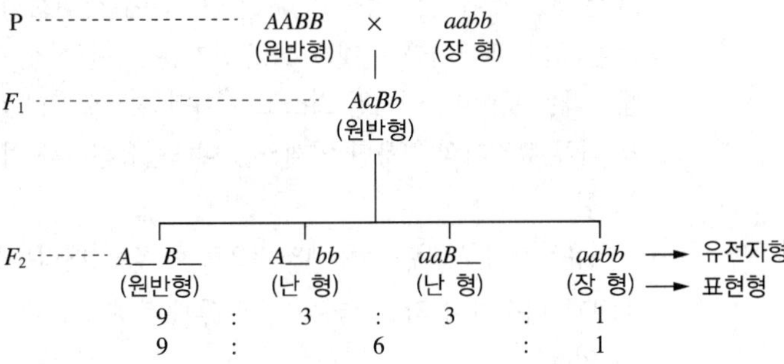

[관상용 호박의 모양 유전(복수유전자)]

㉥ 중복유전자(重複遺傳子, Duplicate Gene)

- 냉이 씨의 꼬투리는 세모꼴($AABB$)과 방추형($aabb$)이 있고, 이것을 교배한 F_1은 세모꼴, F_2는 세모꼴 : 방추형 = 15 : 1로 분리됨
- A_B, A_bb, $aaB_$가 모두 세모꼴로 우성유전자 A, B에 의해 세모꼴이 나타나는데 누적효과는 보이지 않으며, 이와 같이 비대립유전자가 같은 방향으로 작용하나 누적효과를 보이지 않는 것을 중복유전자라고 함
- A는 B, b에 상위성, B는 A, a에 상위성이라 할 수 있음

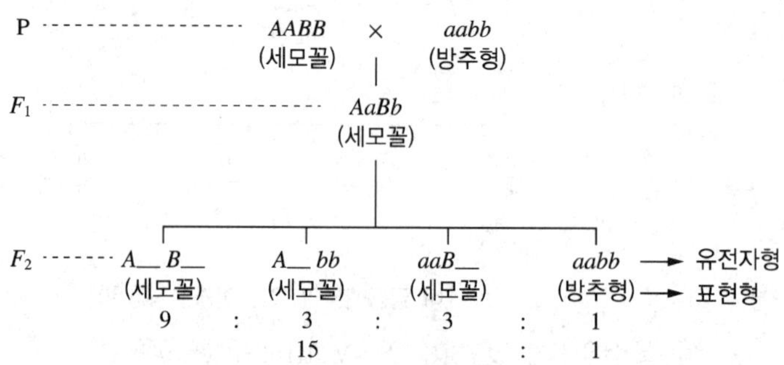

[냉이 씨의 꼬투리 모양 유전(중복유전자)]

㉦ 억제유전자(抑制遺傳子, Inhibiting Gene, Suppressor)

- 닭의 경우 우성 백색종 Leghorn종($AABB$)과 열성 백색종 Plymouth Gock종($aabb$)의 교배인 F_1은 백색이나 F_2는 백색 : 유색 = 13 : 3으로 분리됨
- $aaB_$만 유색이고 그 외 모두 백색으로 우성유전자 B에 의해 색깔이 나타나므로 A_bb, $aabb$는 B유전자가 없어 백색이 나타나며, $A_B_$는 B유전자가 있음에도 A유전자가 B유전자의 발현을 억제하여 백색이 나타남
- A는 B, bb에 상위성이고 bb는 A, a에 상위성임
- A_bb가 백색이라는 것은 A유전자는 어떤 형질도 지배하지 않는다는 뜻이며, 이처럼 스스로는 어떤 형질도 지배하지 않으면서 다른 유전자의 작용만 억제하는 비대립유전자를 억제유전자라고 함
- 억제유전자의 F_2 분리비는 13 : 3으로 한 쌍의 대립유전자 분리비 3 : 1과 비슷하여 의심스러운 경우 후대검정으로 확실히 구별할 수 있음

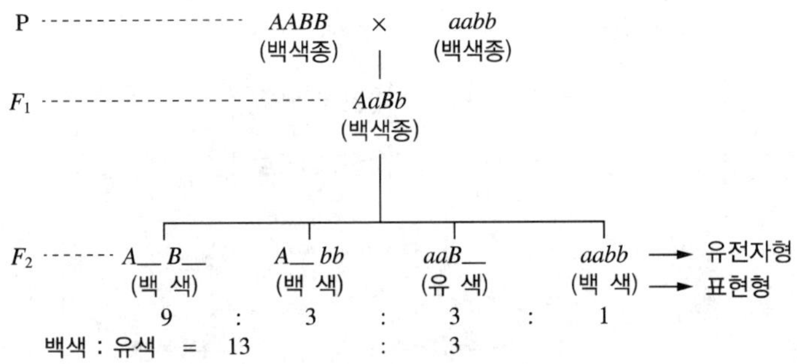

[닭의 색깔 유전(억제유전자)]

⑥ 유전자 연관(連關, Linkage)

두 쌍의 대립유전자가 동일 상동염색체에 실려 있을 때에는 두 쌍의 대립유전자는 독립적이 아닌 집단행동을 취하는데, 이와 같이 같은 상동염색체에 실려 있는 대립유전자들이 집단행동을 취하는 것을 유전자의 연관이라고 한다.

㉠ 독립유전(獨立遺傳, Independent Inheritance)

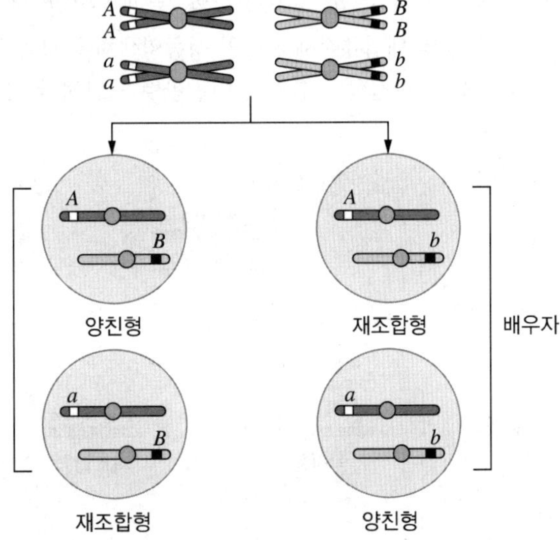

- 그림은 양성잡종($AaBb$)에서 배우자 형성을 나타낸 것으로 두 쌍의 대립유전자가 서로 다른 염색체에 있는 독립유전의 경우로 배우자는 $AB : Ab : aB : ab = 1 : 1 : 1 : 1$로 분리됨
- 배우자 중 AB, ab는 양친과 같은 유전자형으로 양친형(Parental Type, Nonrecombinant Type), Ab, aB는 양친과 다른 유전자형으로 재조합형(Recombinant Type, Nonparental Type)이라고 함
- 독립유전을 하는 이형접합체에서 형성되는 배우자는 50%는 양친형, 50%는 재조합형임

ⓛ 완전연관

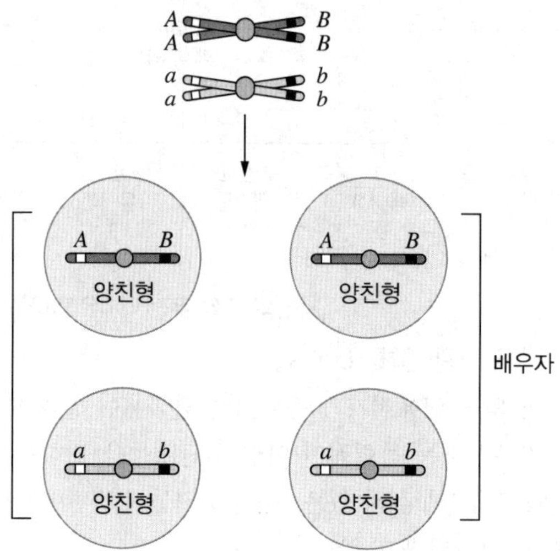

- 두 유전자가 같은 염색체에 연관되어 있을 때 교차가 일어나지 않으면 AB, ab의 양친형의 두 배우자만 생김
- 두 쌍의 대립유전자가 동일 상동염색체에 실려 있고 이들의 집단행동이 완전한 유전자의 연관관계가 완전한 것을 완전연관이라고 함

ⓒ 교차(交叉, Crossing Over)

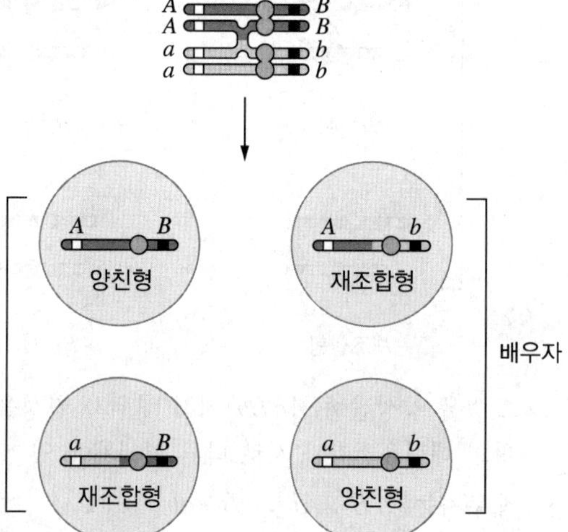

- 연관된 두 유전자 사이에 교차가 일어나 완전연관은 극히 드묾
- 교차는 제1감수분열 전기 태사기에 2가염색체의 비자매 염색분체 사이에 부분적으로 상호교환이 이루어지는 현상임
- 교차에 의해 생기는 재조합형을 교차형(Crossover Type), 양친형을 비교차형(Noncrossover Type)이라고 함

- 그림은 연관된 두 유전자에서 교차가 일어난 것으로, 이때에도 네 배우자가 형성되나 연관유전자에 대한 배우자 비율은 1 : 1 : 1 : 1이 아님
- 키아스마(Chiasma)
  - 교차가 일어나면 그림 같이 2가염색체에 십자형 구조가 나타나는데 이를 키아스마라 하며, 키아스마가 1개면 단교차, 2개면 2중교차, 3개 이상이면 다중교차라고 함
  - 연관된 두 유전자 거리에 따라 거리가 멀면 교차의 기회가 많아져 키아스마 빈도가 높고, 가까우면 빈도가 낮음
  - 연관된 두 유전자 사이 키아스마가 1개이면 감수분열에 의한 배우자 중 양친형 50%, 재조합형 50%임
- 교차율 : 교차형과 비교차형의 합계에 대한 교차형의 비율로 유전자 연관이 파괴되는 정도를 의미
- 재조합빈도(Recombination Frequency, RF)
  - 자손의 총 개체 수에 대한 재조합형 개체 수의 비율의 의미

$$RF = \frac{\text{재조합형 개체 수}}{\text{재조합형 개체 수} + \text{양친형 개체 수}} \times 100$$

  - 모든 생식세포에서 교차가 일어나면 재조합형의 비율은 50%로 유전자 재조합의 한계는 50%이지만, 모든 생식세포의 같은 유전자 자리에서 전부 교차가 일어나기는 어려워 연관유전자 사이 재조합빈도는 0~50% 범위에 있음
  - RF = 0은 완전연관, RF = 50은 독립적임을 나타내고, RF 값이 0에 가까울수록 연관이 강하고 50에 가까울수록 독립적임

㉣ 상인(相引, Coupling)과 상반(相反, Repulsion)

- 연관에서 우성 또는 열성유전자끼리 연관되어 있는 유전자배열($\underline{AB}$, $\underline{ab}$)을 상인 또는 시스배열(Cis-Configuration)이라 함
- 연관에서 우성유전자와 열성유전자가 연관되어 있는 유전자배열($\underline{Ab}$, $\underline{aB}$)을 상반 또는 트랜스배열(Trans-Configuration)이라 함

⑦ **핵외유전(核外遺傳, Extranuclear Inheritance)**

㉠ 세포질의 색소체DNA(cpDNA)와 미토콘트리아 DNA(mtDNA)의 핵외유전자의 유전자를 의미하며, 세포질유전(細胞質遺傳, Cytoplasmic Inheritance)라고도 한다.

㉡ 멘델법칙이 적용되지 않는 비멘델식 유전이며, 정역교배결과가 일치하지 않는다.

㉢ 핵 게놈 유전자지도에 포함될 수 없고, 핵 치환을 해도 세포질유전은 계속되는 특징이 있다.

필 / 수 / 확 / 인 / 문 / 제

유전자 사이의 재조합빈도에 대한 설명으로 옳지 않은 것은?

① 재조합빈도는 전체 배우자 중 재조합형의 비율을 뜻한다.
② 연관된 유전자 사이의 재조합빈도는 0~100% 범위에 있다.
③ 두 유전자 사이의 거리가 멀수록 재조합빈도가 높아진다.
④ 재조합빈도가 0%인 경우를 완전연관이라 한다.

답 ②

필 / 수 / 확 / 인 / 문 / 제

핵외유전의 특징으로 옳은 것은?

① 정역교배의 결과가 일치하지 않는다.
② 멘델의 법칙이 적용된다.
③ 핵외유전자는 핵 게놈의 유전자지도에 포함된다.
④ 핵치환을 하면 핵외유전은 중단된다.

답 ①

폴리진(Polygene) 유전에 관한 설명으로 옳지 않은 것은?

① 다수의 유전자가 관여한다.
② 환경의 영향을 많이 받는다.
③ 개개 유전자의 지배가가 환경변이보다 작다.
④ 불연속변이를 보인다.

답 ④

㉣ cpDNA(색소체 DNA, Chloroplast DNA)
- 고리모양 두 가닥 2중나선구조이며, 독자적인 리보솜RNA(rRNA) 유전자와 tRNA(운반RNA, Transfer RNA)를 가짐
- 모든 식물의 cpDNA에는 동종 유전자가 있으나 유전자배열에는 차이가 있음
- 식물체에 돌연변이유발원을 처리하면 cpDNA에 돌연변이가 발생해 잎 색깔이 백색부터 얼룩까지 여러 종류의 색소체돌연변이가 나옴

㉤ mtDNA(미토콘트리아DNA, Mitochondrial DNA)
- 고리모양 두 가닥 2중나선구조이며, 독자적인 리보솜RNA(rRNA) 유전자와 tRNA(운반RNA, transfer RNA)를 가짐
- 식물의 ATP합성 관련유전자와 세포질웅성불임성을 지배함

⑧ 양적유전

㉠ 형질의 변이양상
- 질적형질(質的形質) : 불연속변이를 하는 형질로 소수의 주동유전자가 주도
- 양적형질(量的形質) : 연속변이를 하는 형질로 폴리진이 지배

㉡ 수량, 품질, 적응성 등 재배적으로 중요한 형질은 대부분 양적형질이며, 양적형질 유전을 양적유전(量的遺傳, Quantitative Inheritance)이라 한다.

㉢ 폴리진(Polygene) : 연속변이의 원인이 되는 유전시스템으로 상가적(相加的)이고 누적적 효과를 나타내며, 환경의 영향을 받는 많은 유전자들을 포함하여 다인자유전(多因子遺傳, Polygenic Inheritance)라고도 한다.

㉣ 폴리진은 멘델의 법칙을 따르나 멘델식 유전분석을 할 수 없어 양적형질은 분산과 유전력 등을 구하여 유전적 특성을 추정한다.

㉤ 유전력이 높은 형질은 표현형 변이 중 유전적 요인의 비중이 크다는 것이지 그 형질이 환경의 영향을 받지 않는다는 것은 아니며, 유전력은 식물의 종류, 형질, 세대에 따라 다르고 같은 형질이라도 환경에 따라 차이를 보인다.

㉥ 유전력은 양적형질의 선발지표로 이용되며, 자식성 작물의 육종에서 유전력이 높은 양적형질은 초기세대에 집단선별을 하고 후기세대에 개체선별하는 것이 바람직하다.

⑨ 집단유전

㉠ Hardy-Weinberg법칙 : 식물의 집단에서 무작위교배가 이루어지고 돌연변이, 자연선택 및 개체 이주가 일어나지 않고 각 개체의 생존율, 번식률이 동등하다고 할 때 그 집단은 유전적 편형을 유지

하게 된다.

㉡ 유전적 평형집단에서 대립유전자빈도(Allele Frequency)와 유전자형 빈도(Genotype Frequency)의 관계

- 한 쌍의 대립유전자 A, a의 빈도를 p, q라 할 때 $(pA+qa)^2 = p^2AA + 2pqAa + q^2aa$임

  예 A대립유전자빈도 p가 0.6이고, a대립유전자빈도 q가 0.4일 때

  - $AA = p^2 = (0.6)^2 = 0.36$
  - $Aa = 2pq = 2(0.6 \times 0.4) = 0.48$
  - $aa = q^2 = 0.4^2 = 0.16$

- 유전적 평형집단에서는 몇 세대가 지나도 이런 빈도가 변하지 않는다.

㉢ Hardy-Weinberg법칙의 조건 중 어느 하나라도 충족하지 못하면 집단 내 유전자형빈도와 대립유전자빈도가 변화하고 유전적 평형은 깨지게 되는데, 이는 그 집단의 진화가 시작되었다 볼 수 있다.

㉣ 크기가 작은 집단의 경우 대립유전자빈도가 무작위적으로 변동하는 유전적부동(遺傳的浮動, Genetic Drift)에 의해 대립유전자빈도가 변화한다.

(4) 염색체 변화와 유전

① 염색체

㉠ 같은 생물종은 모두 동일한 염색체 수를 가지며, 생식세포의 염색체 수는 체세포염색체 수의 절반이다. 벼는 2배체로 체세포염색체 수는 24개($2n$=24)이며, 생식세포는 그 절반인 12개(n=12)의 염색체를 갖는다.

㉡ 벼의 생존에 꼭 필요한 염색체는 12개로 이 염색체 세트를 게놈(Genome)이라 한다.

㉢ 생물종의 게놈 구성 염색체 수와 염색체의 유전자 수와 배열은 그 생물종의 모든 세포에서 동일하며, 같은 생물종에 포함되는 개체의 염색체 수와 유전자 수, 배열도 일치하지만, 개체에 따라 유전자의 구성인 유전자형은 다르다.

㉣ 기본 수(Basic Number) : 게놈에 포함된 염색체 수를 의미하며, x로 표시한다. 벼의 경우 게놈 구성 염색체의 기본수는 x=12와 일치하나 6배체인 빵밀의 경우는 $2n$=42이고 n=21로, n=21은 세 개 게놈의 각 기본 수 x=7의 합으로 생식세포의 염색체수와 게놈 염색체의 기본수가 일치하는 것은 아니다.

ⓜ 염색체지도(染色體地圖, Chromosome Map)와 유전자지도(染色體地圖, Gene Map)

- 염색체지도는 유전자표지(遺傳子標識, Gene Marker)를 이용해 작성한 유전자지도를 의미함
- 염색체지도는 염색체 교차, 유전자교환 등을 관찰하여 염색체상의 각 유전자 위치를 정하여 놓은 것을 말함
- 염색체지도의 작성은 삼성잡종을 3중열성동형접합체와 교배하는 3점검정교배(三點檢定交配, Three-Point Testcross)를 이용
- 유전자지도 : 연관된 두 유전자 사이의 재조합빈도(RF)는 유전자 간 거리에 비례하고 재조합빈도를 이용하여 유전자의 상대적 위치를 표시한 그림으로, 지도거리 1단위(1cM, 1centi Morgan)는 재조합 빈도 1%를 의미하며, 100개의 배우자 중 재조합형이 1개 나올 수 있다는 유전자 간 거리를 의미함
- 유전자지도는 교배 결과를 예측하여 잡종 후대에 유전자형과 표현형의 분리를 예측할 수 있어 새로 발견된 유전자의 연관분석, 특정 형질의 선발, 유전자조작에 사용할 유전자의 위치를 확인하는 등에 이용

ⓗ 염색체의 수, 형태 등은 생물종에 따라 일정하며, 어떤 생물종이 가진 염색체의 수, 형태 등 종합적 모양을 그 생물종의 핵형이라고 한다.

ⓢ 염색체는 기질로 싸여 있고 그 속에 2개의 염색사(방추사)가 있으며, 그 위에 많은 염색소립이 실려 있고 DNA와 단백질이 약하게 결합되어 구성된 핵단백질이 염색체의 주성분이다.

② 염색체 변화의 유형

㉠ 염색체 이상(染色體異常, Chromosome Aberration)

- 염색체의 구조, 염색체수가 야생형과 다른 경우를 의미
- 염색체 이상은 개체의 생존, 유전, 종분화에 영향을 미침
- 염색체 돌연변이와 게놈 돌연변이로 구분됨

㉡ 염색체 돌연변이(Chromosome Mutation)

- 감수분열과 유사분열 과정에서 세포학적으로 관찰할 수 있음
- 염색체가 재배치되는 구조적 변화(Variation in Chromosome)임
- 염색체의 단편이 소실되거나 첨가되는 결실과 중복, 염색체 단편의 위치가 변하는 역위, 전좌 등이 있음

㉢ 게놈 돌연변이(Genome Mutation)

- 염색체의 수적변화(Variation in Chromosome Number)
- 정배수성 : 게놈의 수가 달라지는 것으로 같은 게놈이 배가된 동질배수체와 한 개체 속에 다른 게놈을 가지고 있는 이질배수성

작물의 유전자지도에 대한 설명으로 옳은 것은?

① 유전자들의 절대적 위치에 근거하여 만들어진다.
② 연관된 두 유전자 사이의 재조합 빈도는 유전자간 거리에 반비례한다.
③ 과거에 만들어진 유전자지도는 변하지 않는다.
④ 염색체지도는 유전자지도의 일종이다.

 ④

이 있음
- 이수성 : 같은 게놈 내에서 하나 또는 소수의 염색체가 증가하거나 없어지는 것으로 주로 염색체 한 개가 없는 1염색체 생물($2n-1$)과 염색체 1개가 더 있는 3염색체 생물($2n+1$)로 나타남

③ 염색체 구조의 변화와 유전

염색체 증식 과정에서 여러 원인으로 절단(Breakage)이 일어나고 절단된 염색체 단편은 원래대로 재결합 또는 다른 염색체에 옮겨 붙거나 단편으로 남아 있다 없어지는 결과 결실, 중복, 역위, 전좌 등의 염색체의 구조적 변화가 일어난다.

㉠ 결실[缺失, 삭제(Deletion), Deficiency]
- 절단된 염색체 단편이 소실되는 것을 의미
- 위우성(僞優性, Pseudodominance) : 결실이 이형접합체에서 발생했을 경우 결실부에 대응하는 상동부분의 유전자는 열성이라도 우성처럼 발현되어 나타나는 것을 위우성이라고 함

㉡ 중복(重複, Duplication)
- 염색체 단편이 첨가되면서 특정부위의 염색체를 여분으로 더 갖는 것
- 중복되는 염색체 단편은 원래 염색체 또는 다른 염색체에도 붙을 수 있음
- 위치효과(Position Effect) : 중복으로 인하여 유전자 배열이 달라져 양적 변화 없이 염색체의 위치변동으로 표현형이 달라지는 현상

㉢ 역위(逆位, Inversion)
- 한 염색체의 두 곳에서 절단이 일어나고 절단된 단편이 180° 회전하여 다시 결합하는 것
- 유전자 순서는 바뀌었지만 유전물질 양의 변화는 없으므로 생명에는 지장이 없음
- 편동원체 역위(Paracentric Inversion) : 역위된 부위에 동원체를 포함하지 않는 것
- 협동원체 역위(Pericentric Inversion) : 역위된 부위에 동원체를 포함하는 것으로 동원체의 위치를 이동시켜 핵형의 변동으로 종분화의 원인이 됨
- 역위가 일어난 부위에서는 교차의 억제현상이 일어나며, 이는 유전자 재조합이 적게 일어나 유전변이 범위를 축소시킴

㉣ 전좌(轉座, Translocation)
- 염색체가 절단되어 그 단편이 비상동염색체의 절단부위에 재결합되는 것

- 염색체 단편은 정상염색체에 결합할 수 없어 대부분 전좌는 비상동염색체 사이에 염색체 단편이 서로 교환되는 상호전좌임
- 전좌는 유전자 연관에 변화가 생기고 상호전좌는 반불임성의 원인이 됨

④ 염색체 수의 변화와 유전

대부분 생물종은 두 개의 게놈을 갖는 2배체이나 생물종에 따라서는 게놈의 수가 증감된 정배수체, 게놈의 염색체 세트에서 한 두 개의 염색체가 증감된 이수체가 나타난다.

㉠ 정배수체(正倍數性, Euploidy, Homoploidy)

- 정배수체 : 염색체수가 그 종의 원래부터 있는 기본수의 정확한 배수로 되어 있는 배수체
- 정배수체 염색체의 기본 수(x)는 반수체(n)이며, 반수체는 체세포 염색체의 반으로 2배체($2n$)의 반수체는 1배체(Monohaploid), 4배체($4n$)의 반수체는 2배성반수체($2n$, Dihaploid)임
- 정배수체에는 동질배수체와 이질배수체가 있으며, 작물의 거의 절반은 정배수체이고 정배수체의 대부분은 이질배수체이고, 동질배수체는 10% 미만임

㉡ 동질배수체(同質倍數體, Autopolyploid)

- 동질배수체는 유전물질이 증가된 것으로 2배체에 비해 세포와 기관이 크고 생리적으로 강하며, 함유성분이 변화하고 생육이 지연되는 특징이 있음
- 동질배수체는 감수분열 때 다가염색체를 형성하고 상동염색체가 균등 분리되지 못해 생명력을 가지는 정상적 배우자를 많이 형성할 수 없어 임성이 떨어지므로 영양번식 수단이 발달되어 있음
- 게놈이 1개뿐인 반수체는 식물체가 연약하고 완전불임이나 콜히친 처리로 인위적 염색체 배가는 곧바로 동형접합체로 되어 유전, 육종에 이용가치가 높음

㉢ 이질배수체(異質倍數體, Allopolypliod)

- 2개 이상의 생물종으로부터 유래한 다른 게놈이 조합되어 게놈의 수가 증가한 것으로 담배($TTSS$, $2n$=48)는 이질4배체(Allotet-raploid), 빵밀($AABBDD$, $2n$=42)은 이질6배체(Allohexa-ploid)이며, 이질배수체는 같은 게놈을 복수로 가지고 있어 복2배체(Amphidiploid)라고 함
- 복2배체 특징은 두 종의 중간형질과 복수유전자의 특성을 나타내고 적응력이 크며, 감수분열 시 염색체 대합이 이루어져 임성이 높음

게놈 돌연변이에 관한 설명으로 옳지 않은 것은?

① 이질배수체는 같은 게놈을 복수로 가지고 있어서 복2배체라고 한다.
② 작물의 거의 절반은 정배수체이며, 정배수체의 대부분은 동질배수체이다.
③ 동질배수체는 2배체에 비하여 세포와 기관이 커지고 생리적으로 강한 특성이 있다.
④ 이수체는 흔하지 않으나 주로 1염색체생물(2n－1)과 3염색체 생물(2n＋1)로 나타난다.

 ②

- 새로운 종의 형성은 오랜 세월을 필요로 하지만, 복2배체는 불과 몇 세대에 새로운 속이나 종이 형성되므로 진화에 촉진효과가 있음

㉣ 이수체(異數體, Heteroploid, Aneuploid)

- 이수체의 원인은 염색체의 비분리현상(Nondisjunction)으로 2배체 식물이 감수분열을 할 때 1개의 상동염색체쌍이 분리되지 않고 한 쪽 극으로 이동하면 n+1배우자와 n−1배우자가 형성되는데, 이 배우자들이 정상 배우자(n)와 수정되면 그 접합자는 $2n$+1, $2n$−1이 되어 이수체가 됨
- 이수체는 감수분열을 할 때 염색체의 중복과 결실이 생겨 식물체가 생존할 수 없게 됨

⑤ 유전자 구조와 발현

㉠ 유전자 구조

- 생물의 형질은 유전자가 지배하며, 유전자는 염색체를 통해 다음 세대로 전진하고, 유전물질은 1869년 Miescher가 발견한 핵산(核酸, Nucleic Acid)으로 기본단위는 인산, 5탄당, 염기가 공유결합한 Nucleotide로 DNA(Deoxyribonucleic Acid)와 RNA(Ribonucleic Acid)가 있으며, 대부분 생물은 DNA가 유전물질이고 DNA가 발현할 때 RNA가 나타남
- 핵 내외의 DNA

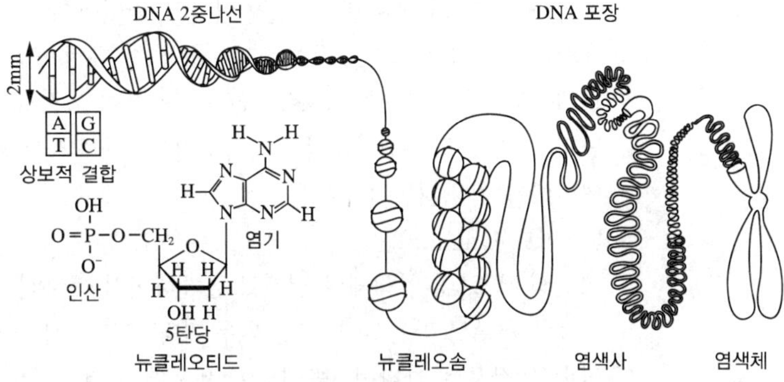

[DNA의 구성과 포장]

- DNA는 두 가닥의 2중나선(Double Helix) 구조이고, 두 가닥은 염기와 염기의 상보적 결합(Adenine과 Thymine : A=T, Guanine과 Cytosine : G≡C)에 의하여 염기쌍(Base Pair, bp)을 이루고 있음
- DNA 가닥의 염기서열은 단백질에 대한 유전정보이고 그 기능에 의해 형질이 나타나며, DNA 염기서열에서 3염기조합(Triplet)이 1개의 아미노산을 지정하며, 이것이 유전암호(遺傳暗號, Genome Code)임

- 식물에서 핵 게놈 DNA의 염기쌍은 2×10^{8} ~ 2×10^{10}개로 추정되고 전체 길이는 수 cm에서 20여 m에 이르며, 벼 게놈 DNA는 3.9×10^{8}bp로 약 5만개의 유전자가 있고, 유전자 DNA는 단백질을 지정하는 엑손(Exon)과 단백질을 지정하지 않는 인트론(Intron)을 포함함
- 진핵세포 DNA는 Histone 단백질과 결합하여 Nucleosome을 형성하며, Nucleosome들이 나선형 섬유를 만들고, 나선형 섬유는 다시 감기고 압축·포장되어 염색체 구조를 이룸
- 나선형 섬유는 염색사(染色絲, Chromatin Fiber)라 하고 염색사 덩어리를 염색질(染色質, Chromatin)이라 하며, 핵에서 DNA는 염색질로 존재하고 세포분열 때 염색체 구조로 됨
- 식물의 세포질에 존재하는 엽록체(Chloroplast)와 미토콘드리아는 핵 DNA와는 독립된 DNA를 가지고 있으며, 이를 핵외유전자(核外遺傳子, Extranuclear Gene)라고 함

• 트랜스포존(轉移因子, Transposon)
- 게놈의 한 장소에서 다른 장소로 이동하여 삽입될 수 있는 DNA 단편으로 트랜스포존의 절단, 이동은 전이효소(Trans-posase)로 촉매되며, 전이효소유전자는 트랜스포존 내에 있음
- 원핵생물(박테리아)과 진핵생물에 광범위하게 분포하며, 그 종류가 수백 가지로 많고, 돌연변이의 원인이 됨
- 유전분석, 유전자조작에 유용하게 이용되며, 유전자에 삽입된 트랜스포존을 표지(標識, Marker)로 이용하여 특정 유전자를 규명할 수 있고 유전자조작에서 유전자운반체로의 이용과 돌연변이를 유기하는 데 유용

• 플라스미드(Plasmid)
- 세균의 세포 내 염색체와 별개로 존재하면서 독자적 증식이 가능한 DNA로 작은 고리 모양의 두 가닥 DNA로 세균 생존에 필수 유전자는 아니며, 박테리아 세포에는 기본염색체 1개(DNA 1분자) 이외에 다양한 크기의 플라스미드가 있음
- 유전공학에서 이용은 세균 내 플라스미드를 세포 밖으로 빼내 제한효소(制限酵素)로 끊은 뒤, 필요로 하는 유전자를 삽입 후 다시 세균에 넣고 배양하는 유전자 재조합 기술에 이용됨
- 쌍떡잎식물에 잘 감염하여 뿌리혹을 형성하는 근두암종균(*Agrobacterium tumefaciens*)의 Ti-플라스미드는 식물의 유전자조작에서 유전자운반체로 많이 이용됨

필 / 수 / 확 / 인 / 문 / 제

유전자 탐색 및 조작에 이용되는 DNA에 대한 설명으로 옳지 않은 것은?

① 플라스미드(Plasmid)는 식물의 유전자조작에서 유전자운반체로 많이 사용된다.
② 트랜스포존(Transposon)은 유전자의 돌연변이를 유발하지 않으며, 유전자운반체로 이용된다.
③ 프라이머(Primer)는 DNA 복제의 시발체로 사용되는 한 가닥 핵산이다.
④ 프로브(Probe)는 유전자은행에서 원하는 유전자를 찾을 때 사용하는 상보적인 DNA 단편이다.

답 ②

원형의 DNA로 항생제나 제초제저항성 유전자를 가지며, 유전자 운반체로 많이 사용되는 것은?

① Marker
② Transposon
③ Probe
④ Plasmid

답 ④

• 바이러스의 유전물질
  - 바이러스에는 캡시드(Capsid)라는 단백질 껍질 속에 유전물질(DNA 또는 RNA)이 들어 있음
  - 한 가닥의 RNA로 된 역전사바이러스(Retrovirus)는 역전사효소(逆轉寫酵素, Reverse Transcriptase)를 가지고 있으며, 이 바이러스가 진핵세포에 감염되면 역전사효소를 이용하여 자신의 RNA로부터 DNA를 합성하고 그 DNA를 숙주의 염색체에 삽입하여 증식함
  - 역전사효소는 유전자은행을 만드는 데 이용

㉡ 유전자의 복제와 유전자발현

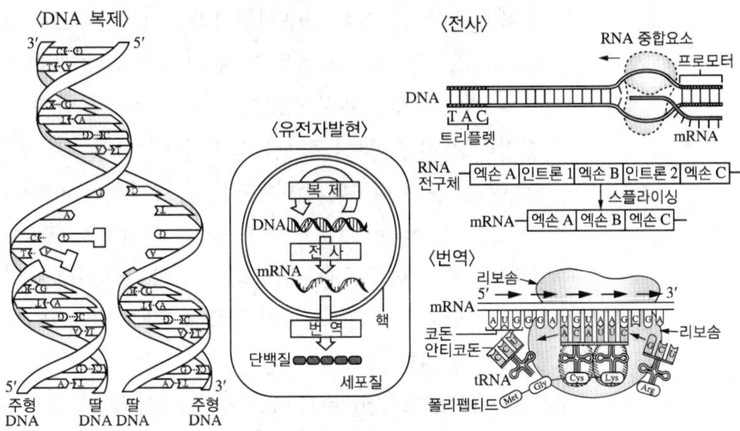

[DNA의 복제와 유전자발현]

• 의 의
  - DNA는 스스로 복제되어 유전정보를 정확하게 다음 세대로 전달하며, 유전정보는 RNA로 전사(Transcription)된 후 리보솜(Ribosome)에서 아미노산으로 번역(Translation)되어 단백질이 합성되는데, 이를 유전자발현(遺傳子發現, Gene Expression)이라 하며, 이로 인해 합성된 단백질을 유전자산물(遺傳子産物, Gene Product)이라 함
  - 유전정보가 DNA에서 RNA를 거쳐 단백질로 합성된다는 것은 1956년 Crick이 제안하였으며, 이를 중심원리(中心原理, Censtral Dogma)라 함

• DNA복제
  - DNA 복제는 두 가닥이 풀리고 풀려진 각 가닥을 주형(鑄型)으로 상보적인 세 가닥이 합성됨으로써 똑같은 두 분자의 딸 DNA가 생기며, 이를 반보존적복제(半保存的複製, Semicon-servative Replication)라 함

- 풀려진 한 가닥은 5′ → 3′ 방향으로 복제되며, DNA중합효소를 비롯하여 여러 효소가 관여함
- DNA 복제는 프라이머[시발체(始發體), Primer]가 있어야 시작되며, 이는 Primase 효소가 주형 DNA를 복제해서 만든 짧은 한 가닥 핵산임

• 유전자발현

- 전사(轉寫, Transcription)(RNA 합성)
  ⓐ 전사는 RNA 중합효소와 DNA의 중합효소가 결합하는 특정 염기서열인 프로모터(Promoter)에 결합함으로써 시작되며, DNA 두 가닥 중 한 가닥만 전사되어 RNA를 합성함
  ⓑ 진핵세포에서 RNA 전구체인 1차 전사물은 스플라이싱(Splicing) 등 가공과정을 거쳐 완성되며, 스플라이싱은 RNA 전구체에서 유전 정보를 갖지 않는 부분인 인트론을 제거하고 유전정보를 지닌 엑손만 연결되는 과정임
  ⓒ RNA에는 유전 정보의 전달체 기능을 수행하는 mRNA(전령 RNA, messenger RNA), 아미노산을 운반하는 tRNA(운반 RNA, transfer RNA), 리보솜의 구성분인 rRNA(리보솜 RNA, ribosomal RNA) 등이 있으며, 각각 다른 RNA 중합효소가 관여함
  ⓓ DNA 유전암호(Triplet)는 mRNA로 전사되어 코돈(Codon)을 만들고 mRNA의 코돈이 아미노산으로 번역됨. 번역에 직접 참여하는 유전암호가 코돈이므로 유전암호는 코돈으로 표시함
  ⓔ 코돈의 종류는 64개로 각 코돈은 거의 모든 생물종에서 같은 아미노산을 지정하는 보편성이 있으나 예외도 있음
- 번역(飜譯, Translation)(단백질 합성)
  ⓐ 리보솜에서 이루어지며 mRNA의 코돈과 tRNA의 안티코돈(Anticodon)이 상보적으로 결합하고 mRNA의 코돈이 아미노산으로 전환되어 단백질을 합성함
  ⓑ 단백질의 합성에는 여러 조절인자가 관여하고 있으며, 에너지가 필요함
  ⓒ 번역이 끝나면 합성된 단백질은 인산화 등의 가공과정을 거쳐 기능을 발휘함
  ⓓ 원핵세포의 경우 핵막이 없어 전사와 번역이 거의 동시에 이루어지며, 진핵세포의 전사는 핵에서, 번역은 세포질에서 서로 다른 시간에 일어나므로 진핵세포에 비하여 원핵세포의 증식이 빠르게 이루어짐

㉢ 유전자발현과 환경

- 하나의 개체를 구성하는 모든 세포는 똑같은 유전자를 갖고 각 세포마다 모든 종류의 단백질을 만들 수 있으나 세포는 필요할 때 필요한 유전자만 발현되도록 조절함으로써 특정 형질이 나타나게 됨
- 세포는 환경 변화를 신호로 인식하여 그에 대응하기 위한 유전자가 발현하며, 진핵세포는 여러 단계를 거침
- 세포질에 있는 수용체(受容體, Receptor)에서 외부신호 감지 → 수용체에서 감지된 신호를 신호전달계(Signal Transduction)가 전사조절단백질에 전달 → 전사조절단백질이 핵으로 이동하여 DNA와 결합하여 전사가 이루어짐 → 전사된 mRNA가 세포질로 나와 번역되어 필요한 단백질 생산 → 형질의 발현
- 식물체에 식물 병원균이 침입하면 병원균의 분비물이 신호가 되어 단백질인산화효소(Proteinkinase) 등이 신호전달계로 작용하고 저항성 식물은 저항성 유전자가 발현하여 독성단백질인 피토알렉신(Phytoalexin)을 생성하여 병원체가 죽게 됨
- 원핵세포는 환경변화에 대응하기 위하여 일련의 유전자세트를 발현하는데, 콩과식물과 공생하는 뿌리혹박테리아(*Rhizobium meliloti*)는 식물 뿌리의 분비물인 플라본(Flavone)을 신호로 10여 종의 유전자세트(Nod Regulon)를 발현시켜 뿌리혹착생(Nodulation)을 이룸

⑥ 유전자와 단백질

㉠ 형질의 특성은 유전자산물인 단백질의 기능과 환경의 영향으로 나타나고, 단백질은 세포 내에서 효소로 작용하여 화학반응의 촉매, 유전자발현을 조절하는 인자로서의 작용, 물질의 운반, 저장, 운동, 방어 등의 세포와 조직의 기능 및 특성을 결정하는 데 중심역할을 한다.

㉡ 단백질은 20종류의 아미노산들로 구성된 고분자물질이며, 아미노산들은 펩티드결합에 의해 연결되어 폴리펩티드(Polypeptide)가 되는데, 이를 구성하는 아미노산 서열은 유전자에 의해 결정하며, 각 폴리펩티드는 특정 유전자에 의해 만들어지며 이를 1유전자-1폴리펩티드(One Gene-One Polypeptide)라 한다.

㉢ 폴리펩티드가 특정 구조를 이룰 때 이를 단백질(蛋白質, Protein)이라 하며 많은 종류의 단백질은 2개 이상의 폴리펩티드로 구성되어 있다.

⑦ 유전자돌연변이(遺傳子突然變異, Gene Mutation)

㉠ 유전자 DNA는 구조적으로 안정되어 있고, DNA의 두 가닥이 상보적 염기쌍을 형성함으로써 한 가닥이 손상되면 나머지 가닥을 이용하

여 복구할 수 있으며, 세포는 DNA 손상을 복구하는 메커니즘이 있다.

㉡ 표현형의 변화에 따라 다음 여러 유형으로 나눈다.

- 야생형(野生型, Wild type) : 자연집단에서 흔히 나타나는 표현형
- 정방향돌연변이(正方向突然變異, Forward Mutation) : 돌연변이에 의해 새로운 변이형으로 바뀌는 것
- 복귀돌연변이(復歸突然變異, Reverse Mutation) : 변이형이 다시 야생형으로 돌연변이 되는 것
- 조건돌연변이(條件突然變異, Conditional Mutation) : 특정 조건에서만 표현형이 나타나는 돌연변이
- 치사돌연변이(致死突然變異, Lethal Mutation) : 돌연변이로 인하여 생존할 수 없는 경우

㉢ 자연 발생 유전자돌연변이는 10^{-6}~10^{-5}에 불과하나 생물의 유전적 다양성을 유지하고 진화의 소재가 되며, 유용물질 생산에 이용, 육종재료의 제공과 함께 유전자와 유전물질의 분석, 생화학적 대사경로의 분석, 유전자 발현 및 조절메커니즘 규명 등 유전학 연구의 재료가 된다.

⑧ **유전자조작(遺傳子操作)**

㉠ 재조합DNA

- 의 의
  - 유전자 재조합은 다른 생물의 DNA 가닥에서 잘라낸 DNA 단편을 운반체 DNA(Vector)에 연결하여 재조합 DNA(Recombinant DNA)를 만들고, 이를 숙주세포에 도입하여 증식하는 과정을 통해 이루어지며, 이 과정을 유전자클로닝이라 하며, 증식한 세포집단을 클론(Clone)이라고 함
  - 유전자클로닝에는 DNA를 자르는 제한효소와 DNA를 이어주는 연결효소가 있어야 하며, 재조합 DNA를 숙주세포로 운반하는 벡터가 있어야 함
- 제한효소(制限酵素, Restriction Enzyme)
  - 제한효소는 DNA의 특정 염기서열(제한부위)을 인지하여 절단하며, 원핵세포에서 생산되는 DNA 절단효소로 현재까지 400여 종류가 발견되었음
  - 제한요소의 명명은 그 효소가 분리된 미생물 속명의 첫 글자와 종명의 처음 두 글자를 합하여 세 글자로 하며, 이탤릭체로 씀. 예로 *Escherichia coli*에서 분리한 제한효소는 *Eco*로 쓰며 발견순서에 따라 Ⅰ, Ⅱ, Ⅲ 등을 붙임

- 제한부위의 염기서열을 엇갈리게 절단하여 한 가닥의 점착성 말단(Sticky End)을 가진 DNA 단편을 만들며, DNA 단편은 상보적 점착성 말단을 가진 다른 DNA와 결합으로 재조합 DNA를 만들 수 있음

• 연결효소(Ligase)
  - 연결효소의 작용으로 끊어진 DNA의 당-인산이 연결되어 완전한 DNA를 만듦
  - 연결효소는 모든 세포에서 생성되며 유전자조작에는 대장균, T_4파지의 연결효소를 주로 이용
  - 연결효소는 DNA 복제과정에 이용되며 인접한 뉴클레오티드 사이에 인산에스테르 결합 형성의 촉매로 DNA 가닥에서 끊어진 곳을 이어줌

• 벡터(Vector)
  - 외래유전자를 숙주세포로 운반하는 유전자운반체를 벡터라고 함
  - 벡터의 구비조건
    ⓐ 외래 DNA를 삽입하기 쉬워야 함
    ⓑ 숙주세포에서 자가증식을 할 수 있어야 함
    ⓒ DNA 재조합형을 식별할 수 있는 표지유전자를 가지고 있어야 함
  - 유전자클로닝에 대장균박테리아를 숙주로 하는 플라스미드(Plasmid)와 박테리오파지(Bacteriophage)가 많이 이용됨

• 유전자클로닝(Gene Cloning)
  - 외래유전자를 벡터에 연결하여 재조합 DNA를 만든 후 숙주박테리아에 주입하여 형질전환세포를 선발하여 증식시키는 것을 의미
  - 숙주박테리아에 주입된 재조합 DNA는 숙주세포가 분열할 때마다 함께 복제되고 대량 증식되어 형질전환세포 클론이 만들어짐

ⓛ 유전자은행(遺傳子銀行, DNA Library) : 특정 DNA 단편의 Clone을 모아 놓은 유전자 집단을 의미하며, 유전체라이브러리(Genomic Library)와 cDNA(상보적 DNA, complementary DNA) 라이브러리가 있다.

ⓒ 유전공학(遺傳工學, Genetic Engineering) : 재조합 DNA 기술과 유전자클로닝 기술을 실용적으로 응용하는 분야를 의미하며, 유전공학 기술로 형질전환된 작물이 생산한 농산물을 유전자변형농산물(遺傳子變形農産物, Genetically Modified Organism, GMO)이라 한다.

필 / 수 / 확 / 인 / 문 / 제

유전자클로닝 과정에 대한 설명으로 옳지 않은 것은?

① DNA를 자르기 위하여 제한효소(Restriction Enzyme)를 사용한다.
② 제한효소는 DNA 이중가닥 중 한 가닥만을 자르는 특징을 가지고 있다.
③ 끊어진 DNA 가닥들을 이어주는 역할을 하는 것은 연결효소(Ligase)이다.
④ 외래유전자를 숙주세포로 운반해주는 유전자운반체를 벡터(Vector)라고 한다.

 ②

육종의 기본과정을 순서대로 바르게 나열한 것은?

① 육종목표 설정 → 육종재료 및 육종방법 결정 → 변이작성 → 우량계통 육성 → 생산성 검정 → 지역적응성 검정 → 신품종결정 및 등록 → 종자증식 → 신품종 보급
② 육종재료 및 육종방법 결정 → 육종목표 설정 → 우량계통 육성 → 지역적응성 검정 → 신품종 결정 및 등록 → 생산성 검정 → 종자증식 → 신품종 보급
③ 육종목표 설정 → 변이작성 → 육종재료 및 육종방법 결정 → 우량계통 육성 → 생산성 검정 → 지역적응성 검정 → 신품종결정 및 등록 → 종자증식 → 신품종 보급
④ 육종목표 설정 → 변이작성 → 육종재료 및 육종방법 결정 → 우량계통 육성 → 생산성 검정 → 지역적응성 검정 → 종자증식 → 신품종 보급 → 신품종 결정 및 등록

답 ①

제2장 육종(育種, Breeding)

1 육종의 과정

(1) 작물의 육종은 목표형질에 대한 유전변이를 만들고, 우량 유전자형의 선발로 신품종을 육성하며, 이를 증식, 보급하는 과학기술이다.

(2) 육종의 기본 과정

육종목표의 설정 → 육종재료 및 방법 결정 → 변이작성 → 우량계통 육성 → 생산성 검정 → 지역적응성 검정 → 신품종 결정 및 등록 → 종자증식 → 보급

① **목표 설정** : 기존 품종의 결점보완, 농업인 및 소비자 요구, 미래 수요 등에 부합되는 형질 특성을 구체적으로 정한다.

② **재료 및 방법 결정** : 대상 작물의 생식방법, 목표형질의 유전양식을 알고 고려하여야 한다.

③ **변이작성** : 자연변이의 이용 또는 인공교배, 돌연변이 유발, 염색체 조작, 유전자전환 등의 인위적 방법을 사용한다.

④ 우량계통 육성

㉠ 작성된 변이를 이용하여 반복적 선발을 통해 우량계통을 육성한다.

㉡ 우량계통의 육성에는 여러 해가 걸리고 많은 계통을 재배할 포장과 특성 검정을 위한 시설, 인력, 경비 등이 필요하다.

⑤ 신품종 결정 : 육성한 우량계통은 생산성 검정, 지역적응성 검정을 통해 신품종으로 결정한다.

⑥ 신품종은 국가기관에 등록하고 보급종자의 생산, 보급한다.

2 자식성 작물의 육종

(1) 자식성 작물 집단의 유전적 특성

① 자식성 작물은 자식에 의해 집단 내에 이형접합체가 감소하고 동형접합체가 증가하는데, 이는 잡종집단에서 우량유전자형을 선발하는 이론적 근거가 된다.

② 자식성 작물의 잡종집단에서의 유전

㉠ 한 쌍의 대립유전자에 대한 이형접합체(F_1, Aa)를 자식하면 F_2의 유전자형 구성은 $1/4\ AA : 1/2\ Aa : 1/4\ aa$로 동형접합체와 이형접합체가 1/2씩 존재한다.

㉡ 이를 모두 자식하면 동형접합체는 똑같은 유전자형을 생산하고 이형접합체만 다시 분리[$1/2\ Aa \rightarrow 1/2(1/4\ AA : 1/2\ Aa : 1/4\ aa)$]하므로 F_3에서의 이형접합체는 F_2보다 1/2이 감소한다.

㉢ 이후 자식에 의한 세대의 진전에 따라 이형접합체는 1/2씩 감소한다.

㉣ 자식을 거듭한 m세대 집단의 유전자형의 구성

- 대립유전자가 한 쌍인 경우
  - 이형접합체 빈도 $= \left(\frac{1}{2}\right)^{m-1}$
  - 동형접합체 빈도 $= \left[1 - \left(\frac{1}{2}\right)^{m-1}\right]$
- 대립유전자가 n쌍이고 모두 독립적이며 이형접합체인 경우
  - 이형접합체 빈도 $= \left[\left(\frac{1}{2}\right)^{m-1}\right]^{n}$
  - 동형접합체 빈도 - $\left[1 - \left(\frac{1}{2}\right)^{m-1}\right]^{n}$
  - 대립유전자 쌍이 $n = 100$일 때 12세대의 집단에서 동형접합체가 95%이고 이형접합체는 5%뿐이다.

㉤ 유전자들이 연관되어 있으면 세대경과에 따른 동형접합체 빈도가 공식과는 다르게 나타난다.

자식성 작물 집단에서 대립유전자 2쌍이 모두 독립적인 이형접합체(F_1)를 3세대까지 자식(Selfing)한 F_3 집단의 동형접합체 빈도는?

① $\frac{9}{16}$

② $\frac{10}{16}$

③ $\frac{11}{16}$

④ $\frac{12}{16}$

답 ①

(2) 자식성 작물의 육종방법

① 순계선발(순계분리, Pure Line Selection)

㉠ 분리육종(分離育種, Breeding By Separation) : 재래종 집단에서 우량한 유전자형을 분리하여 품종으로 육성하는 것이다.

- 자식성 작물 : 개체선발을 통해 순계를 육성함
- 타식성 작물 : 집단선발에 의한 집단개량을 함
- 영양번식작물 : 영양계를 선발하여 증식함

㉡ 자식성 작물의 재래종은 재배과정 중 여러 유전자형을 포함하나 오랜 세대에서 자식하므로 대부분 동형접합체이다.

㉢ 순계선발

- 순계(純系, Pure Line) : 동형접합체로부터 나온 자손
- 재래종 집단에서 우량한 유전자형을 선발해 계통재배로 순계를 얻을 수 있음
- 생산성 검정, 지역적응성 검정을 거쳐 우량품종으로 육성하고, 이를 순계선발이라고 함
- 우리나라 벼 '은방주', 콩 '장단백목', 고추의 '풋고추' 등은 순계선발로 육성된 품종임

분리육종법과 교잡육종법에 대한 설명으로 옳지 않은 것은?

① 분리육종은 유전자 재조합을 기대하는 것이고, 교잡육종은 유전자의 상호작용을 기대하는 것이다.

② 분리육종은 주로 재래종 집단을 대상으로 하고 교잡육종은 잡종의 분리세대를 대상으로 한다.

③ 기존변이가 풍부할 때는 교잡육종보다 분리육종이 더 효과적이다.

④ 자식성 작물에서는 두 가지 방법 모두 순계를 육성하는 것이다.

 ①

자식성 작물에서 집단육종의 이점으로 옳지 않은 것은?

① 초기세대에 선발하지 않으므로 잡종집단의 취급이 용이하다.
② 출현빈도가 낮은 우량유전자형을 선발할 가능성이 높다.
③ 집단재배에 의하여 자연선택을 유리하게 이용할 수 있다.
④ 이형접합체가 증가한 후기세대에 선발하기 때문에 선발이 간편하다.

답 ④

② 교배육종(交配육종, 교잡육종(交雜育種), Cross Breeding)

㉠ 의 의

- 재래종 집단에서 우량 유전형을 선발할 수 없을 때 인공교배를 통해 새로운 유전변이를 만들어 신품종을 육성하는 육종방법으로, 현재 재배되는 대부분 작물품종의 육성방법
- 조합육종(組合育種, Combination Breeding) : 교배를 통해 어버이의 우량형질을 새 품종에 모음으로써 재배적 특성을 종합적으로 향상시키는 것
- 초월육종(超越育種, Transgression Breeding) : 같은 형질에 대하여 양친보다 더 우수한 특성이 나타나는 것
- 교배친(交配親, 교배모본(交配母本), Cross Parent)의 선정은 교배육종에서 매우 중요함

㉡ 계통육종(系統育種, Pedigree Breeding)

- 인공교배를 통해 F_1을 만들고 F_2부터 매 세대 개체선발과 계통재배와 계통선발의 반복으로 우량한 유전자형의 순계를 육성하는 방법
- 잡종초기부터 계통단위로 선발하므로 육종의 효과가 빠른 장점이 있음
- 효율적 선발을 위해 목표형질의 특성 검정방법이 필요하며, 육종가의 경험과 안목이 중요함
- F_1은 20~30개체를 양성하고, F_2는 2,000~10,000개체를 전개해 5~10%를 선발
- F_2에서는 육안감별이 쉬운 질적 형질이나 유전력이 높은 양적 형질을 집중적으로 선발하고, 수량은 폴리진의 관여 및 환경 영향을 크게 받기 때문에 개체선발의 의미가 없음
- F_3 이후 계통선발은 먼저 계통군을 선발하고 계통을 선발하며, 계통 내에서 개체를 선발

㉢ 집단육종(集團育種, Bulk Breeding)

- 잡종초기에는 선발하지 않고 혼합채종 및 집단재배의 반복 후 집단의 80% 정도 동형접합체가 된 후대에 개체선발 하여 순계를 육성하는 육종방법
- 장 점
  - 잡종집단의 취급이 용이
  - 동형접합체가 증가한 후대에 선발하므로 선발이 간편
  - 집단재배로 자연선택(Natural Selection)을 유리하게 이용할 수 있음
  - 출현빈도가 낮은 우량유전자형의 선발 가능성이 높음

㉣ 계통육종과 집단육종 비교

• 계통육종

장 점	단 점
• F_2부터 선발을 시작하므로 육안관찰 및 특성검정이 용이해 형질개량에 효율적임 • 육종가의 정확한 선발에 의해 육종규모를 줄일 수 있으며, 육종연한을 단축할 수 있음	• 선발이 잘못되면 유용유전자를 상실하게 됨 • 육종재료의 관리 및 선발에 시간, 노력, 경비가 많이 듦

• 집단육종

장 점	단 점
• 잡종초기 집단재배 하므로 유용유전자 상실의 위험이 적음 • 선발을 하는 후기세대에 동형접합체가 많으므로 폴리진이 관여하는 양적형질의 개량에 유리 • 별도의 관리와 선발에 노력이 필요하지 않음	• 집단재배 기간 중 육종규모를 줄이기 어려움 • 계통육종에 비해 육종연한이 김

㉤ 파생계통육종(派生系統育種, F_2-derived line Method)

• 계통육종과 집단육종을 절충한 육종방법

• F_2 또는 F_3에서 질적 형질에 대한 개체선발로 파생계통을 만들고 파생계통별로 집단재배 후 $F_5 \sim F_6$ 세대에 양적형질에 대한 개체선발을 함

㉥ 1개체 1계통육종(Single Seed Descent Method)

• $F_2 \sim F_4$세대에서 매 세대의 모든 개체를 1립씩 채종하여 집단재배하고, F_4 각 개체별로 F_5 계통재배를 함. 따라서 F_5세대의 각 계통은 F_2 각 개체로부터 유래하게 됨

• 집단육종과 계통육종의 이점을 모두 살리는 육종방법

• 잡종 초기세대에서는 집단재배로 유용유전자를 유지할 수 있음

• 육종 규모가 작아 온실 등에서 육종연한의 단축이 가능

③ 여교배육종(戾交配育種, Backcross Breeding)

㉠ 우량품종의 한두 가지 결점을 보완하는 데 효과적 육종방법이다.

㉡ 여교배는 양친 A와 B를 교배한 F_1을 다시 양친 중 어느 하나인 A 또는 B와 교배하는 것이다.

㉢ 여교배 잡종의 표시 : BC_1F_1, BC_1F_2…… 로 표시한다.

필 / 수 / 확 / 인 / 문 / 제

계통육종과 집단육종의 비교 설명으로 옳지 않은 것은?

① 계통육종은 육종효과가 빨리 나타나며, 시간과 노력이 절약된다.
② 계통육종은 육안관찰이나 특성검정이 용이한 질적형질의 개량에 효율적이다.
③ 집단육종은 양적형질의 개량에 유리하며, 유용유전자를 상실할 염려가 적다.
④ 집단육종은 출현빈도가 낮은 우량유전자형을 선발할 가능성이 높다.

답 ①

1개체 1계통육종(Single Seed Descent Method)의 이점으로 옳은 것은?

① 우량품종에 한 두 가지 결점이 있을 때 이를 보완하는데 효과적이다.
② F_2 세대부터 선발을 시작하므로 특성검정이 용이한 질적 형질의 개량에 효율적이다.
③ 유용유전자를 잘 유지할 수 있고, 육종연한을 단축할 수 있다.
④ 균일한 생산물을 얻을 수 있으며, 우성유전자를 이용하기 유리하다.

답 ③

필 / 수 / 확 / 인 / 문 / 제

우량품종에 한 두 가지 결점이 있을 때 이를 보완하기 위하여 이용되는 여교잡육종에 대한 설명으로 옳지 않은 것은?

① 1회친의 특정 형질을 선발하므로 육종효과와 재현성이 낮다.
② 대상형질에 관여하는 유전자가 많을수록 육종과정이 복잡하고 어려워진다.
③ 여러 번 여교배를 한 후에도 반복친의 특성을 충분히 회복해야 한다.
④ 목표형질 이외의 다른 형질의 개량을 기대하기 어렵다.

해설

여교잡육종

- 장점 : 이전하려는 1회친의 특성만 선발하므로 육종효과가 확실하고 재현성이 높다.
- 단점 : 목표형질 이외의 다른 형질의 개량을 기대하기 어렵다.

여교배육종의 성공 조건

- 만족할 만한 반복친이 있어야 한다.
- 여교배 동안 이전형질의 특성이 변하지 않아야 한다.
- 여러 번 여교배 후에도 반복친의 특성을 충분히 회복해야 한다.

답 ①

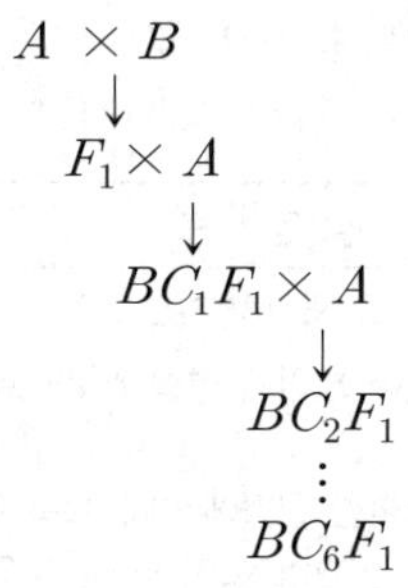

[여교배 과정]

㉣ 1회친(一回親, Donor Parent) : 여교배를 여러 번 할 때 처음 한 번만 사용하는 교배친이다.
㉤ 반복친(反復親, Recurrent Parent) : 반복해서 사용하는 교배친이다.
㉥ 장점 : 이전하려는 1회친의 특성만 선발하므로 육종효과가 확실하고 재현성이 높다.
㉦ 단점 : 목표형질 이외의 다른 형질의 개량을 기대하기 어렵다.
㉧ 여교배육종의 성공 조건
- 만족할만한 반복친이 있어야 함
- 여교배 동안 이전형질의 특성이 변하지 않아야 함
- 여러 번 여교배 후에도 반복친의 특성을 충분히 회복해야 함

3 타식성 작물의 육종

(1) 타식성 작물 집단의 유전적 특성

① 타식성 작물은 타가수정을 하므로 대부분 이형접합체이다.
② 근교약세(近交弱勢, 자식약세(自殖弱勢), Inbreeding Depression)
㉠ 타식성 작물의 인위적 자식, 근친교배로 작물체 생육불량, 생산성 저하가 나타나는 현상이다.
㉡ 원인 : 근친교배에 의하여 이형접합체가 동형접합체로 되면서 이형접합체의 열성유전자가 분리되기 때문이다.
③ 잡종강세(雜種强勢, Hybrid Vigor, Heterosis)
㉠ 타식성 작물의 근친교배로 인한 약세화된 작물 또는 빈약한 지식계통끼리 교배한 F_1은 양친보다 우수한 생육을 나타내는 현상으로, 근교약세의 반대현상이라 할 수 있다. 자식성 작물에서도 잡종강세가 나타나지만 타식성 작물에서 월등히 크게 나타난다.
㉡ 원인 : 우성설(優性說, Dominance Theory)과 초우성설(超優性說, Overdominance Theory)로 설명된다.

- 우성설(Bruce, 1910) : F_1에 집적된 우성유전자들의 상호작용에 의하여 잡종강세가 나타난다는 설
- 초우성설(Shull, 1908) : 잡종강세가 이형접합체(F_1)로 되면 공우성이나 유전자 연관 등에 의해 잡종강세가 발현된다는 설

㉢ 타식성 작물은 자식 또는 근친교배로 동형접합체 비율이 높아지면 집단 적응도가 떨어지므로, 타가수정을 통해 적응에 유리한 이형접합체를 확보한다고 할 수 있다. 타식성 작물의 육종은 근교약세를 일으키지 않고 잡종강세를 유지하는 우량집단을 육성하는 것이다.

(2) 타식성 작물의 육종

① 집단선발(集團選拔, Mass Selection)

㉠ 타식성 작물의 분리육종은 근교약세를 방지하고 잡종강세 유지를 위해 순계선발이 아닌 집단선발 또는 계통집단선발을 실시한다.

㉡ 타가수분에 의한 불량개체와 이형개체의 분리를 위해 반복적 선발이 필요하다.

㉢ 집단선발

- 기본집단에서 우량개체의 선발 및 혼합채종 후 집단재배하고 집단 내 우량개체 간 타가수분을 유도하여 품종을 개량
- 의도하지 않은 다른 품종의 수분 방지를 위해 격리(Isolation)가 필요

㉣ 계통집단선발(系統集團選拔, Pedigree Mass Selection)

- 기본집단에서 선발한 우량개체를 계통재배 후 거기에서 선발한 우량계통을 혼합채종하여 집단을 개량하는 방법이다.
- 선발한 우량개체의 우수성을 확인하므로 단순 집단선발보다 육종 효과가 우수

② 순환선발(循環選拔, Recurrent Selection)

㉠ 먼저 우량개체를 선발 후 상호교배함으로써 집단 내 우량유전자의 빈도를 높여가는 육종방법이다.

㉡ 단순순환선발과 상호순환선발이 있다.

- 단순순환선발(單純循環選拔)
  - 기본집단에서 선발한 우량개체를 자가수분하고, 동시에 검정친과 교배하여 검정교배 F_1 중에 잡종강세가 높은 조합의 자식계통으로 개량집단을 만든 후 개체 간 상호교배로 집단을 개량
  - 일반조합능력을 개량하는 데 효과적이며, 3년 주기로 반복 실시

필 / 수 / 확 / 인 / 문 / 제

작물 집단의 유전적 특성에 대한 설명으로 옳지 않은 것은?

① 자식성 집단은 유전자들이 연관되어 있으면 세대경과에 따라 동형접합체 빈도가 영향을 받는다.
② 타식성 집단은 세대 진전에 따라 동형접합체의 빈도가 증가하여 잡종강세현상이 나타난다.
③ 집단의 크기가 작은 경우에는 유전적 부동에 의해 대립유전자 빈도가 변화한다.
④ 자식성 집단에서 F_1(Aa)을 1회 자식하면 F_2 집단의 이형접합체 빈도는 1/2이다.

답 ②

필 / 수 / 확 / 인 / 문 / 제

우량개체를 선발하고 그들 간에 상호교배를 함으로써 집단 내에 우량 유전자의 빈도를 높여 가는 육종방법은?

① 집단선발
② 순환선발
③ 파생계통육종
④ 집단육종

 ②

- 상호순환선발(相互循環選拔)
  - 두 집단 A, B를 동시에 개량하는 방법으로, 3년 주기로 반복 실시
  - 집단 A의 개량에는 B를 검정친으로, 집단 B의 개량에는 A를 검정친으로 사용
  - 두 집단에 서로 다른 대립유전자가 많을 때 효과적으로 일반조합능력과 특정조합능력을 함께 개량할 수 있음

③ **합성품종(合成品種, Synthetic Variety)**

㉠ 여러 개의 우량계통을 격리포장에서 자연수분 또는 인공수분하여 다계교배시켜 육성한 품종이다.
㉡ 여러 계통이 관여하므로 세대가 진전되어도 비교적 높은 잡종강세가 나타난다.
㉢ 유전적 폭이 넓어 환경변동에 안정성이 높다.
㉣ 자연수분에 의하므로 채종 노력과 경비가 절감된다.
㉤ 영양번식이 가능한 타식성 사료작물에 많이 이용된다.

4 영양번식작물의 육종

(1) 영양번식작물의 유전적 특성

① 영양번식작물은 배수체가 많고, 감수분열 때 다가염색체를 형성하므로 불임성이 높아 종자를 얻기 어렵고, 종자로부터 발생한 식물체는 비정상적인 것이 많다.

② 영양번식과 함께 유성생식도 가능하며, 영양계는 이형접합성이 높고 자가수정으로 얻은 실생묘(實生苗, Seedling)는 유전자형이 분리된다.

③ 영양계끼리 교배한 F_1은 다양한 유전자형이 발생하며, 이 F_1에서 선발한 영양계는 1대잡종 유전자형을 유지한 채 영양번식으로 증식되어 잡종강세를 나타낸다.

(2) 영양번식작물의 육종

① 영양번식에 의한 경우 동형접합체는 물론 이형접합체도 유전자형을 그대로 유지할 수 있다.

② 영양번식작물의 육종은 영양계 선발(Clone Selection)을 통해 신품종을 육성한다.

③ 영양계 선발은 교배 또는 돌연변이에 의한 유전변이나 실생묘 중 우량한 것을 선발하여 증식함으로써 신품종을 육성한다.

④ 영양계의 선발은 바이러스에 감염되지 않은 개체의 선발이 중요하다.

⑤ Virus Free 개체를 얻기 위해서 생장점을 무균배양한다.

5 1대잡종육종(一代雜種育種, Hybrid Breeding)

(1) 1대잡종품종의 이점

① 1대잡종육성은 잡종강세가 큰 교배조합의 1대잡종(F_1)을 품종으로 육성하는 방법이다.

② 수량이 많고 균일한 산물을 얻을 수 있다.

③ 우성유전자 이용이 유리하다.

④ 조합능력의 향상을 위해 자식계통을 육성하며, F_1 종자의 경제적 채종을 위해서 자가불화합성과 웅성불임을 이용한다.

(2) 1대잡종품종의 육성

① 품종 간 교배

㉠ 1대잡종품종의 육성은 자연수분품종(고정종, Open Pollinated Variety) 간 교배나 자식계통(Iinbred Line) 간 교배 또는 여러 개의 자식계통으로 합성품종을 만든다.

㉡ 자연수분품종 간 교배한 F_1 품종은 자식계통을 이용했을 때보다 생산성은 낮으나 채종이 유리하고 환경스트레스 적응성이 높다.

㉢ 자가불화합성으로 자식이 곤란한 경우나 과수와 같이 세대가 길어 계통육성이 어려운 경우 주로 이용한다.

② 자식계통 간 교배

㉠ 1대잡종품종의 강세는 이형접합성이 높을 때 크게 나타나므로 동형접합체인 자식계통을 육성하여 교배친으로 이용한다.

㉡ 자식계통의 육성 : 우량개체를 선발하여 5~7세대 동안 자가수정시킨다.

㉢ 육성된 자식계통은 자식이나 형매교배(兄妹交配, Brother-Sister Mating, Sib-Cross)로 유지하며, 다른 우량한 자식계통과 교배로 능력을 개량한다.

㉣ 자식계통으로 1대잡종품종의 육성방법

- 단교배(單交配, Single Cross, A/B) : 잡종강세가 가장 큰 장점이나 채종량이 적고 종자가격이 비쌈
- 3원교배(三元交配, Three-way Cross, A/B//C)
- 복교배(複交配, Double Cross, A/B//C/D)

1대잡종육종(一代雜種育種)에 대한 설명으로 옳지 않은 것은?

① 1대잡종품종은 옥수수, 배추, 무 등에서 이용되고 있다.

② 1대잡종품종은 수량이 많고, 균일한 생산물을 얻을 수 있으며, 우성유전자를 이용하기가 유리하다.

③ 1대잡종육종에서는 잡종강세가 큰 교배조합 선발을 위해 자식계통을 육성해야 한다.

④ 1대잡종품종 중 잡종강세가 가장 큰 것은 복교배 1대잡종품종이다.

답 ④

잡종강세의 정도를 나타내는 조합능력에 대한 설명 중 옳지 않은 것은?

① 잡종강세를 이용하는 육종에서는 조합능력이 높은 어버이 계통을 선정하는 것이 좋다.
② 일반조합능력은 어떤 자식 계통이 여러 검정 계통과 교배되어 나타나는 1대 잡종의 평균잡종강세이다.
③ 조합능력은 순환선발에 의하여 개량된다.
④ 톱교잡 검정법은 특정조합능력검정에 이용한다.

해설
조합능력의 검정은 먼저 톱교배로 일반조합능력 검정하고 선발된 자식계통으로 단교배를 통해 특정조합능력을 검정한다.

답 ④

[단교배, 3원교배, 복교배에 의한 1대잡종품종 육성]

단교배	3원교배	복교배
$A \times B$ ↓ 1대잡종품종	$A \times B$ ↓ $F_1 \times C$ ↓ 1대잡종품종	$A \times B$ $C \times D$ ↓ ↓ $F_1 \times F_1$ ↓ 1대잡종품종

㉤ 사료작물은 3원교배 또는 복교배 1대잡종품종을 많이 이용한다.

③ 조합능력(組合能力, Combining Ability)
㉠ F_1이 잡종강세를 나타내는 교배친의 상대적 능력이다.
㉡ 일반조합능력(General Combining Ability, GCA) : 어떤 자식계통이 다른 많은 검정계통과 교배되어 나타나는 F_1의 평균잡종강세이다.
㉢ 특정조합능력(Specific Combining Ability, SCA) : 특정한 교배조합의 F_1에서만 나타나는 잡종강세이다.
㉣ 조합능력의 검정 : 먼저 톱교배로 일반조합능력을 검정한 후 거기에서 선발된 자식계통을 단교배하여 특정조합능력을 검정한다.
㉤ 톱교배(Top Cross) : 특정한 자식계통을 여러 개의 검정친으로 자연수분하는 것이다.

(3) 1대잡종종자의 채종

① F_1종자의 채종은 인공교배 또는 웅성불임성 및 자가불화합성을 이용한다.
㉠ 인공교배 이용 : 오이, 수박, 멜론, 참외, 호박, 토마토, 피망, 가지 등
㉡ 웅성불임성 이용 : 상추, 고추, 당근, 쑥갓, 양파, 파, 벼, 밀, 옥수수 등
㉢ 자가불화합성 이용 : 무, 배추, 양배추, 순무, 브로콜리 등

② 웅성불임성(CGMS)을 이용한 F_1종자 생산체계 : 3계통법(3-Parental System)
㉠ 웅성불임친(A계통, Male Sterile Line) : 완전불임으로 조합능력이 높으며, 채종량이 많아야 한다.
㉡ 웅성불임유지친(B계통, Maintainer) : 웅성불임을 유지한다.
㉢ 임성회복친(C계통, Restorer) : 웅성불임친의 임성을 회복시키며, 화분량이 많으면서 F_1의 임성을 온전히 회복시킬 수 있어야 한다.

③ 자가불화합성을 이용한 F_1종자 생산

㉠ S유전자형이 다른 자식계통을 같이 재배하여 자연수분으로 자방친, 화분친 모두 F_1종자를 채종한다.

㉡ 자가불화합성 타파를 위해 뇌수분 또는 3~10% 이산화탄소를 처리한다.

㉢ 뇌수분(蕾受粉, Bud Pollination) : 꽃봉오리 때 수분하는 것이다.

6 배수성육종(倍數性育種, Polyploidy Breeding)

(1) 의 의

① 배수체의 특성을 이용하여 신품종을 육성하는 방법이다.

② 2배체에 비해 3배체 이상의 배수체는 세포기관이 크고, 병해충에 대한 저항성 증대, 함유성분 증가 등의 형질변화가 일어난다.

(2) 염색체의 배가법

① 콜히친(Colchicine, $C_{22}H_{25}O_6$) 처리법

㉠ 가장 효과적인 방법으로 세포분열이 왕성한 생장점에 콜히친을 처리한다.

㉡ 콜히친 작용은 분열 중 세포에서 방추체 형성, 동원체 분할, 방추사 발달 등을 방해한다.

㉢ 2배체 식물의 발아종자, 정아 또는 액아의 생장점에 0.01~0.2 콜히친수용액의 처리는 복제된 염색체가 양극으로 분리하지 못하여 4배성 세포($2n=4x$)가 생겨 4배체로 발달한다.

② 아세나프텐(Acenaphtene, $C_{12}H_{10}$) 처리법

아세나프텐은 물에 불용성이지만 승화하여 가스상태로 식물의 생장점에 작용한다.

③ 동질배수체(同質倍數體)

㉠ 동질배수체는 주로 3배체와 4배체를 육성한다.

㉡ 주로 콜히친처리에 의해서 염색체를 배가시켜 동질배수체[($n \rightarrow 2n$, $2n \rightarrow 4n$ 등), 3배체($3n$)는 $4n \times 2n$의 방법으로 작성]를 작성한다.

㉢ 동질배수체의 특성

- 형태적 특성 : 세포가 커지고 영양기관의 왕성한 발육으로 거대화되고 생육과 개화 및 성숙이 늦어지는 경향이 있음
- 결실성 : 임성이 저하하고 $3n$ 등은 거의 완전불임이 되며, 화기 및 종자가 대형화됨

1대 잡종 종자를 채종하기 위해서 웅성불임성을 이용하는 작물들로 옳은 것은?

① 당근, 양파, 옥수수, 벼
② 무, 양배추, 순무, 배추
③ 호박, 멜론, 피망, 브로콜리
④ 오이, 수박, 토마토, 가지

답 ①

반수체육종에 많이 이용되는 배양법으로 짝지어진 것은?

① 약배양, 생장점배양
② 생장점배양, 배주배양
③ 약배양, 화분배양
④ 화분배양, 원형질체배양

답 ③

반수체를 이용한 품종 개량에 대한 설명으로 옳은 것은?

① 육종연한이 단축된다.
② 열성형질의 선발이 어렵다.
③ 반수체는 생육이 왕성하고 임성이 높아 실용성이 높다.
④ 반수체의 염색체를 배가하면 곧바로 이형접합체를 얻어 변이체를 많이 만들 수 있다.

해설

반수체(半數體, Haploid) 이용
- 반수체는 생육이 빈약하고 완전불임으로 실용성이 없다.
- 반수체의 염색체를 배가하면 곧바로 동형접합체를 얻을 수 있어 육종연한을 많이 줄일 수 있고 상동게놈이 1개뿐이므로 열성형질의 선발이 쉽다.
- 인위적 반수체를 만드는 방법으로 약배양, 화분배양, 종속간 교배, 반수체유도유전자 등을 이용하며 약배양이 화분배양에 비하여 배양이 간단하고 식물체의 재분화율이 높다.

답 ①

- 저항성 : 내한성, 내건성, 내병성 등이 대체로 증대하지만, 감소될 경우도 있음
- 함유성분 : 함유성분에 차이가 생기는데 사과, 시금치, 토마토 등은 비타민 C의 함량이 증가함

㉣ 동질배수체의 이용
- 사료작물 : 레드클로버, 이탈리안라이그래스, 페레니얼라이그래스 등
- 화훼류 : 금어초, 피튜니아, 플록스 등

④ 이질배수체(異質倍數體, 복2배체)

㉠ 이질배수체의 육성
- 게놈이 다른 양친을 동질4배체로 만들어 교배
- 이종게놈의 양친을 교배한 F_1의 염색체를 배가시킴
- 체세포를 융합시킴

㉡ 이질배수체의 특성
- 어버이의 중간특성을 나타낼 때가 많으나 현저한 특성변화를 나타낼 때도 있음
- 동질배수체보다 임성이 높은 것이 보통이며, 특히 모든 염색체가 완전히 $2n$으로 조성으로 되어 있는 것은 완전히 정상적 임성을 나타냄

㉢ 이질배수체의 이용 : 이질배수체는 임성이 높은 것도 많으므로, 종자를 목적으로 재배할 때에도 유리하게 이용될 경우가 많다.

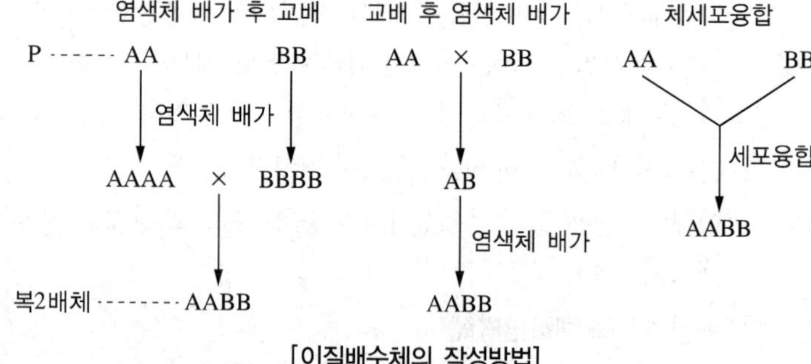

[이질배수체의 작성방법]

⑤ 반수체(半數體, Haploid) 이용

㉠ 반수체는 생육이 빈약하고 완전불임으로 실용성이 없다.

㉡ 반수체의 염색체를 배가하면 곧바로 동형접합체를 얻을 수 있어 육종연한을 많이 줄일 수 있고, 상동게놈이 1개뿐이므로 열성형질의 선발이 쉽다.

㉢ 인위적 반수체를 만드는 방법으로 약배양, 화분배양, 종속 간 교배, 반수체유도유전자 등을 이용하며, 약배양이 화분배양에 비하여 배양이 간단하고 식물체의 재분화율이 높다.

7 돌연변이육종(突然變異育種, Mutation Breeding)

(1) 의 의

① 기존 품종의 종자나 식물체의 돌연변이 유발원(Mutagen)을 처리하여 변이를 일으킨 후 특정 형질만 변화시키거나 새로운 형질이 나타난 변이체(Mutant)를 골라 신품종을 육성한다.

② 돌연변이율이 낮고 열성돌연변이가 많으며, 돌연변이 유발 장소를 제어할 수 없는 특징이 있다.

③ 교배육종이 어려운 영양번식작물에 유리하다.

(2) 돌연변이 유발원

① 방선선 : X선, γ선, 중성자, β선 등

② 화학물질 : EMS(Ethyl Methane Sulfonate), NMU(Nitroso Methyl Urea), DES(Diethyl Sulfate), NaN_3(Sodium Azide) 등

③ X선과 γ선은 균일하고 안정한 처리가 쉬우며, 잔류방사능이 없어 많이 사용된다.

(3) 돌연변이육종법 특징 중 장점

① 새로운 유전자를 만들 수 있다.

② 단일유전자만을 변화시킬 수 있다.

③ 영양번식작물에서도 인위적으로 유전적 변이를 일으킬 수 있다.

④ 방사선을 처리하면 불화합성을 화합성으로 유도할 수 있으므로, 종래 불가능했던 자식계나 교잡계를 만들 수 있다.

⑤ 연관군 내의 유전자들을 분리시킬 수 있다.

(4) 돌연변이 육종법의 특징 중 단점

① 인위적으로 돌연변이를 일으키면 형태적 기형화 또는 불임률 저하 등 이롭지 않은 변이가 많이 나타날 수 있다.

② 우량형질의 출현율이 낮아 돌연변이육종법은 아직 교잡육종법에 비하여 안정적인 효율성이 낮다.

8 생물공학적 작물육종

(1) 조직배양(組織培養, Tissue Culture)

① 세포, 조직, 기관 등으로부터 완전한 식물체를 재분화시키는 배양기술로 원연종, 속 간 잡종육성, 바이러스무병묘 생산, 우량 이형접합체 증식, 인공종자 개발, 유용물질의 생산, 유전자원 보존 등에 이용된다.

② 배지에 돌연변이유발원이나 스트레스를 가하면 변이세포를 선발할 수 있다.

③ 기내수정(器內受精, In Vitro Fertilization)

㉠ 의의 : 기내(器內)에서 씨방의 노출된 밑씨에 직접 화분을 수분시켜 수정하도록 하는 것을 말한다.

㉡ 종속 간 잡종의 육성은 기내수정을 하여 얻은 잡종의 배배양, 배주배양, 자방배양을 통해 F_1종자를 얻을 수 있다.

④ 바이러스무병(Virus Free)묘 : 식물의 생장점의 조직배양은 세포분열 속도가 빠르고 바이러스에 감염되지 않은 묘를 얻을 수 있다.

⑤ 인공종자(人工種子, Artificial Seed) : 체세포 조직배양으로 유기된 체세포배(體細胞胚, Somatic Embryo)를 캡슐에 넣어 만든다.

(2) 세포융합(細胞融合, Cell Fusion)

① 의의 : 펙티나아제, 셀룰라아제 등을 처리하여 세포벽을 제거시킨 원형질체인 나출원형질체(裸出原形質體, Protoplast)를 융합시키고 융합세포를 배양하여 식물체를 재분화시키는 기술이다.

② 체세포잡종(體細胞雜種, Somatic Hybrid)

㉠ 서로 다른 두 식물종의 세포융합으로 얻은 재분화 식물체를 말한다.

㉡ 보통 유성생식에 의한 잡종은 핵만 잡종이나 체세포잡종은 핵과 세포질이 모두 잡종이다.

㉢ 종속 간 잡종의 육성, 유용물질의 생산, 유전자전환, 세포선발 등에 이용되며, 생식과정을 거치지 않고 다른 식물종의 유전자를 도입하므로 육종재료의 이용범위를 크게 넓힐 수 있다.

③ 세포질잡종(細胞質雜種, Cytoplasmic Hybrid, Cybrid)

㉠ 핵과 세포질이 모두 정상인 나출원형질체와 세포질만 정상인 나출원형질체가 융합하여 생긴 잡종을 말한다.

㉡ 세포질만 잡종이므로 웅성불임성 도입, 광합성능력 개량 등의 세포질유전자에 의해 지배받는 형질 개량에 유리하다.

(3) 유전자전환(遺傳子轉換, Gene Transformation)

① 의 의

㉠ 다른 생물의 유전자(DNA)를 유전자운반체(Vector) 또는 물리적 방법으로 직접 도입하여 형질전환식물(形質轉換植物, Transgenic Plant)을 육성하는 기술을 말하며, 이를 이용하는 육종을 형질전환육종(形質轉換育種, Transgenic Breeding)이라 한다.

㉡ 세포융합을 이용한 체세포잡종은 양친 모두의 게놈을 가지므로 원하지 않는 유전자도 갖지만 형질전환식물은 원하는 유전자만 갖는다.

② 형질전환육종의 단계

㉠ 1단계 : 원하는 유전자(DNA)를 분리하여 클로닝(Cloning)한다.

㉡ 2단계 : 클로닝한 유전자를 벡터에 재조합하여 식물세포에 도입한다.

㉢ 3단계 : 재조합 유전자(DNA)를 도입한 식물세포를 증식하고 식물체로 재분화시켜 형질전환식물을 선발한다.

㉣ 4단계 : 형질전환식물의 특성을 평가하여 신품종으로 육성한다.

필 / 수 / 확 / 인 / 문 / 제

다음 중 유전자변형식물체(GMO)를 만드는 과정을 순서대로 바르게 나열한 것은?

ㄱ. 목표 유전자 분리
ㄴ. 유전자 클로닝(Cloning)
ㄷ. 목표 형질을 가진 개체의 발견
ㄹ. 작물 형질전환
ㅁ. 운반체로 유전자 재조합

① ㄷ－ㄴ－ㄱ－ㅁ－ㄹ
② ㄷ－ㄱ－ㄴ－ㅁ－ㄹ
③ ㄷ－ㄴ－ㅁ－ㄱ－ㄹ
④ ㄷ－ㄱ－ㅁ－ㄴ－ㄹ

 ②

제3장 신품종의 유지와 증식 및 보급

1 신품종 등록과 특성의 유지

(1) 신품종의 등록과 보호

① 신품종의 등록

㉠ 신품종의 품종보호권을 설정, 등록(국립종자원)하면 종자산업법에 의하여 육성자의 권리를 20년간(과수와 임목은 25년) 보장받는다.

㉡ 우리나라가 2002년 1월 7일에 가입한 국제식물신품종보호연맹(國際植物新品種保護聯盟, International Union for the Protection of New Varieties of Plants, UPOV)의 회원국은 국제적으로 육성자의 권리를 보호받는다.

㉢ 보호품종 : 법적으로 보호받는 품종이다.

② 신품종의 보호품종 요건

㉠ 신규성, 구별성, 균일성, 안정성, 고유한 품종 명칭을 구비해야 한다.

㉡ 신품종 3대 구비조건 : 구별성, 균일성, 안정성

㉢ 품종보호요건 중 신규성(新規性, Newness)이란 품종보호출원일 이전에 우리나라와 국제식물신품종보호조약 체결국에서는 1년 이상, 그 외 국가에서는 4년(과수와 입목은 6년) 이상 상업적으로 이용 또는 양도되지 않은 품종을 의미한다.

(2) 신품종의 특성 유지

① 특성 유지 방법 : 개체집단선발, 계통집단선발, 주보존, 격리재배 등이다.

② 품종퇴화(品種退化) : 신품종을 반복 채종하여 재배하게 되면 유전적, 생리적, 병리적 원인에 의해 품질 고유 특성이 변화하는 것이다.

③ 종자갱신

㉠ 신품종 특성의 유지와 품종퇴화 방지를 위하여 일정 기간마다 우량종자로 바꾸어 재배하는 것이다.

㉡ 우리나라 벼, 보리, 콩 등의 자식성 작물의 종자갱신연한은 4년 1기이다.

㉢ 옥수수와 채소류의 1대잡종품종은 매년 새로운 종자를 사용한다.

작물의 종자갱신에 대한 설명으로 옳지 않은 것은?

① 우리나라에서 벼・보리・콩 등 자식성 작물의 종자갱신 연한은 3년 1기이다.
② 종자갱신에 의한 증수효과는 벼보다 감자가 높다.
③ 옥수수와 채소류의 1대잡종품종은 매년 새로운 종자를 사용한다.
④ 품종퇴화를 방지하기 위해서는 일정 기간마다 우량종자로 바꾸어 재배하는 것이 좋다.

답 ①

2 신품종의 종자증식과 보급

(1) 신품종 종자증식

① 종자증식 시 채종조건은 우량한 종자를 생산하는 데 영향을 미친다.

② 우리나라 종자증식체계

㉠ 기본식물 → 원원종 → 원종 → 보급종의 단계를 거친다.

㉡ 기본식물(基本植物, Breeder's Seed)

- 신품종 증식의 기본이 되는 종자
- 옥수수의 기본식물은 매 3년마다 톱교배에 의한 조합능력 검정을 실시
- 감자는 조직배양에 의해 기본식물을 만듦

㉢ 원원종(原原種, Foundation Seed) : 기본식물을 증식하여 생산한 종자

㉣ 원종(原種, Registered Seed) : 원원종을 재배하여 채종한 종자

㉤ 보급종(普及種, Certified Seed) : 원종을 증식한 것으로 농가에 보급할 종자

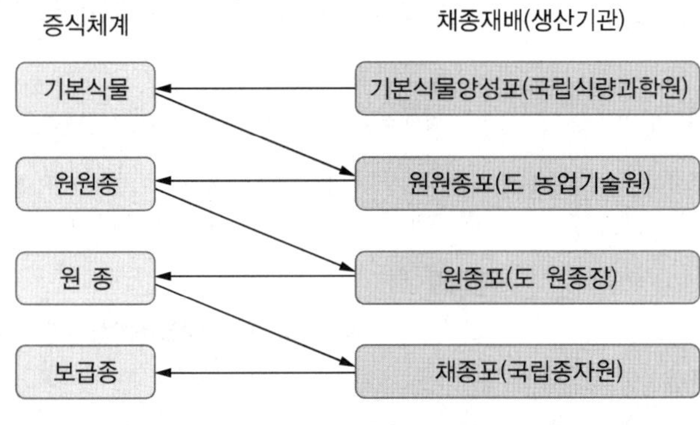

[우리나라 자식성 작물의 종자증식체계]

(2) 신품종의 보급

① 신품종 농가보급은 종자보급체계를 따라 이루어진다.

② 보급 시 적지적 품종에 대한 면밀한 검토가 있어야 한다.

③ 각종 재해에 대한 위험분산, 시장성, 재배의 안정성 등을 충분히 고려하여야 한다.

필 / 수 / 확 / 인 / 문 / 제

신품종의 종자증식에 관한 설명으로 옳지 않은 것은?

① 보급종은 농가에 보급할 종자이며, 원종을 증식한 것이다.
② 원종은 원원종을 재배하여 채종한 종자이다.
③ 원원종은 기본식물을 증식하여 생산한 종자이다.
④ 기본식물은 일반농가들이 생산한 종자이다.

 ④

적중예상문제

01 작물의 분화과정에서 생리적 고립이 의미하는 것은?

① 모든 환경에 순화되는 것
② 환경에 적응력이 강하게 발달하는 것
③ 상호간 지리적으로 격리되어 유전적 교섭이 방지되는 것
④ 생리적 원인에 의해서 유전 교섭이 방지되는 것

해설

생리적 고립
개화기의 차이, 교잡 불임 등의 생리적 원인에 의해서 같은 장소에 있어서도 상호간에 유전적 교섭이 방지되는 고립이다.

02 다음 중 우량품종이 갖추어야 할 특성으로 보기 어려운 것은 어느 것인가?

① 우수성　② 균등성
③ 영속성　④ 다양성

해설

우수한 품종의 조건에는 우수성, 균등성, 영속성, 그 지역의 환경적응성 등이 있다.

03 수분과 수정이 완료된 후 자방 내의 배주가 발달하여 형성된 것은?

① 꽃　② 줄 기
③ 과 실　④ 종 자

해설

과실은 수정 후 종자가 발달하면서 주위 부속기관이 함께 발달한 것이다.

04 화분관이 자라 주공을 통해 배낭 속으로 들어가 극핵 및 난핵과 결합하는 과정을 무엇이라 하는가?

① 수 분　② 화분과 신장
③ 단위생식　④ 수 정

해설

수정은 1개의 정핵이 난핵과 만나 배(2n)를 형성하고, 다른 1개의 정핵은 2개의 극핵과 만나 배유(3n)를 형성하는 것이다.

05 식물의 수정에 필요한 정핵 및 난세포와 같은 생식세포는 어떤 분열과정을 거친 후 생성되는가?

① 감수분열
② 체세포분열
③ 영양생식
④ 단위생식

해설

정핵 및 난세포와 같은 생식세포는 감수분열하여 핵상이 n인 상태이다.

06 피자식물이 가지는 중복수정에서 염색체의 조성은?

① 배 n, 배유 n
② 배 n, 배유 2n
③ 배 2n, 배유 3n
④ 배 2n, 배유 2n

해설

원예식물은 2회에 걸쳐 수정이 이루어지며, 이것을 중복수정이라고 하고, 1개의 정핵이 난핵과 만나 배(2n)를 형성하고, 다른 1개의 정핵은 2개의 극핵과 만나 배유(3n)를 형성하는 것이다.

정답 1 ④ 2 ④ 3 ④ 4 ④ 5 ① 6 ③

07 **과수작물에서 유독 한 가지에서만 숙기가 아주 이르거나 과실이 큰 것이 열리는 경우의 돌연변이를 이용하여 육종하는 것을 무엇이라 하는가?**

① 연속변이　② 크세니아
③ 메타크세니아　④ 아조변이

해설
- 아조변이 : 체세포 돌연변이의 일종으로, 가지나 줄기의 생장점에서 돌연변이가 일어나 형질로 나타난다(안정되어 있지는 않다).
- 크세니아 : 모형질 중 배유에 직접 부계인 화분의 형질이 나타나는 현상이다.
- 메타크세니아 : 과실의 껍질이나 씨의 껍질에 꽃가루의 유전적 특징이 나타나는 현상이다.

08 **유성번식의 수단인 종자에 대한 설명이 올바르지 않은 것은?**

① 수정이 계속 반복됨에 따라 유전적으로 순종에 가깝게 된다.
② 사람과 가축의 주요한 식량 에너지원이다.
③ 식량을 저장하는 데 가장 효과적인 수단이 된다.
④ 식물에 있어서 이동수단의 역할을 한다.

09 **다음 중 꽃의 구조에 대한 설명으로 올바른 것은?**

① 양성화는 암술과 수술이 다른 꽃에 있다.
② 단성화는 대부분 박과채소에서 발견된다.
③ 양성화는 작물에 관계없이 꽃잎의 수, 색, 모양 등이 같다.
④ 오이, 시금치는 양성화이다.

해설
양성화는 암술과 수술이 한 꽃에 있고, 작물에 따라 꽃잎이 다양하다. 오이, 시금치는 단성화이다.

10 **다음 중 식물과 화기구조상의 특징을 짝지은 것으로 잘못된 것은?**

① 배추 – 자웅이주　② 오이 – 자웅이화
③ 시금치 – 자웅이주　④ 옥수수 – 자웅이화

해설
- 자웅동주 채소 : 무, 배추, 양배추, 양파 등
- 자웅이화동주 채소 : 오이, 호박, 참외, 수박 등
- 자웅이주 채소 : 시금치, 아스파라거스 등

11 **다음 중 반수체가 아닌 것은?**

① 꽃가루
② 배 유
③ 정 자
④ 난 핵

해설
배유는 3n이다.

12 **한 품종 내의 유전형질이 서로 같은 집단을 무엇이라고 하는가?**

① 순 계　② 종
③ 아 종　④ 계 통

해설
계 통
유전형질이 균일한 품종이라도 돌연변이나 자연 또는 인공교잡에 의한 혼계의 집단에서 유전형질이 서로 같은 집단을 다시 가려내는 것이다.

13 **배낭 안의 난세포 이외의 조세포나 반족세포의 핵이 단독으로 발육하여 배를 형성하는 생식은?**

① 처녀생식
② 무핵란생식
③ 무배생식
④ 주심배생식

해설
- 처녀생식 : 수정되지 않은 난세포가 단독으로 발육하여 n식물이 되는 생식이다.
- 주심배생식 : 체세포에 속하는 주심세포가 배를 형성한다.
- 다배생식 : 하나의 배낭 속에 여러 개의 배가 형성되는 생식이다.

정답 7 ④ 8 ① 9 ② 10 ① 11 ② 12 ④ 13 ③

14 피자식물의 중복수정에 대하여 옳게 설명한 것은?

① 난핵과 정핵, 조세포와 정핵이 수정하는 현상
② 난핵과 정핵, 극핵과 정핵이 수정하는 현상
③ 조세포와 정핵, 극핵과 정핵이 수정하는 현상
④ 난핵과 정핵, 반족세포와 정핵이 수정하는 현상

해설

피자식물의 중복수정
- 배(2n) : 정핵(n)+난핵(n)
- 배유(3n) : 정핵(n)+극핵(n)+극핵(n)

15 양성잡종의 F_2 분리비는?

① 3 : 1 ② 15 : 1
③ 9 : 3 : 3 : 1 ④ 1 : 7 : 7 : 1

해설

단종잡종 분리비는 3 : 1, 양성잡종 분리비는 9 : 3 : 3 : 1이다.

16 다음 중 품종 보호 요건에 해당되지 않는 것은?

① 구별성 ② 우수성
③ 안전성 ④ 균일성

해설

품종 보호 요건
신규성, 구별성, 균일성, 안전성, 품종 고유명칭

17 이종화분의 자극을 받아서 난세포가 수정되지 않고 발육하여 배를 형성해서 n식물이 되는 것은?

① 위수정 ② 무핵란생식
③ 단성생식 ④ 무배생식

해설

② 무핵란생식 : 웅핵이 단독으로 발육하여 웅성의 n식물이 되는 생식
③ 단성생식 : 암수의 배우자가 합쳐지지 않는 생식
④ 무배생식 : 난세포 이외의 조세포나 반족세포의 핵이 발육하여 자성의 n식물이 되는 생식

18 적색과 백색을 교배했을 때 F_1은 분홍색 F_2는 적색 1, 분홍색 2, 백색 1의 비율로 분리할 경우는?

① 보족유전자이다.
② 억제유전자이다.
③ 동의유전자이다.
④ 불완전우성이다.

해설

비멘델성 유전에 속하는 꽃의 색깔 유전에서 우성인자가 열성인자를 완전히 지배하지 못한 유전이다.

19 모체의 일부분인 배젖에 아비의 영향이 직접 당대에 나타나는 현상은?

① 영양잡종 ② 메타크세니아
③ 크세니아 ④ 키메라

해설

크세니아(Xenia)는 아비의 영향이 직접 배젖에 나타나는 현상이고, 메타크세니아는 배젖 이외의 모체에 아비의 영향이 나타나는 현상이다.

20 인위돌연변이를 유발시켰을 때, 우성변이는 어느 세대에서 나타나는가?

① M_1 ② M_2
③ M_3 ④ M_4

해설

우성변이는 M_1에서 직접 나타나지만, 열성변이는 M_2 이후에 나타난다.

21 멘델의 유전법칙으로 옳지 않은 것은?

① 우열의 법칙 ② 분리의 법칙
③ 연관의 법칙 ④ 독립의 법칙

해설

①, ②, ④와 순수의 법칙, 지배의 법칙 등이 있다.

14 ② 15 ③ 16 ② 17 ① 18 ④ 19 ③ 20 ① 21 ③ 정답

22 염색체의 구조적 변이에 포함되지 않는 것은?

① 절 단 ② 결 여
③ 중 복 ④ 이수체

해설

이수체나 배수체는 염색체의 수적 변이에 속한다.

23 호밀 염색체의 일부 단편이 밀 염색체로 자리를 옮기는 구조적 변화는?

① 전좌(Translocation)
② 중복(Duplication)
③ 역위(Inversion)
④ 결실(Deficiency)

해설

전 좌
염색체의 일부 단편이 비상동 염색체로 자리를 옮기는 것을 말한다. 1개의 단편만이 전좌하는 것을 단순전좌라고 하며, 결실・중복의 원인이 된다. 비상동 염색체 간에 서로 일부를 교환했을 때는 상호전좌라고 한다.

24 다음 중 F_2의 분리비가 15 : 1로 되는 것은?

① 보존유전자 ② 조건유전자
③ 동의유전자 ④ 억제유전자

해설

동의유전자
하나의 형질발현에 대하여 같은 방향으로 작용하는 우성유전자가 2개 이상 관여할 때의 유전자로 F_2의 분리비가 15 : 1로 나타난다.

25 양성잡종의 교잡 시 F_2의 분리비가 9 : 7로 나타났었다면 유전자들은 어떤 관계에 있는가?

① 보족유전자 ② 조건유전자
③ 억압유전자 ④ 동의유전자

해설

2개의 우성유전자 C와 R의 공동작용으로 나타나며, 어느 하나가 없으면 형질이 나타나지 않은 보족유전이다.

26 두 개의 비대립유전자 간 상호작용이 열성상위일 때 F_2의 표현형 분리비는?

① 9 : 7 ② 15 : 1
③ 9 : 3 : 4 ④ 9 : 6 : 1

해설

열성상위에서는 aa가 B에 상위성으로 작용하므로 양성잡종의 F_2 분리비가 9/16(A_B_) : 3/16(A_bb) : 4/16(3/16aaB_, 1/16aabb)로 나타난다.

27 다음 중 어떤 유전자의 작용에 의해서 이중열성상위가 나타나는가?

① 피복유전자 ② 억제유전자
③ 조건유전자 ④ 보족유전자

해설

이중열성상위는 보족유전자에 의해서 나타난다. 보족유전자는 함께 있을 때 특정형질을 발현하는 유전자이고, 보족유전자가 작용했을 때 F_2의 분리비는 9 : 7로 된다.

28 양적 형질의 설명으로 틀린 것은?

① 환경의 영향을 적게 받는다.
② 관련되는 유전자가 많다.
③ 연속분포를 나타낸다.
④ 조사방법에 따라서 질적 형질로 볼 수도 있다.

해설

양적 형질은 폴리진이 관여하여 환경의 영향을 받기 쉽다.

29 완전연관인 두 유전자 사이의 재조합 빈도는?

① 0% ② 25%
③ 50% ④ 100%

해설

연관된 두 유전자 사이의 재조합 빈도는 유전자 간 거리에 비례한다. 완전연관인 경우 RF = 0이고, 연관된 두 유전자 간 재조합 빈도는 최대 50%이다.

정답 22 ④ 23 ① 24 ③ 25 ① 26 ③ 27 ④ 28 ① 29 ①

30 단백질합성에서 mRNA의 유전암호와 대응하는 유전암호는?

① rRNA의 코돈
② tRNA의 코돈
③ rRNA의 안티코돈
④ tRNA의 안티코돈

해설
mRNA의 코돈은 아미노산이 결합된 tRNA의 안티코돈과 상보적 염기성을 형성한다.

31 유전자 클로닝을 가장 잘 표현한 것은?

① 재조합 DNA를 작성하고 대량 증식하는 과정
② PCR 방법으로 DNA를 재조합시키는 과정
③ 역전사효소로 cDNA라이브러리를 작성하는 과정
④ 염색체 걷기 방법에 의해 고밀도 유전자지도를 작성하는 과정

해설
유전자 클로닝은 목표로하는 유전자가 있는 DNA 부분을 절단하여 벡터에 연결하여 재조합 DNA를 만들고, 그 재조합 DNA를 숙주세포에 도입하여 증식하는 과정을 말한다.

32 같은 재조합 DNA를 가진 세포가 증식된 집단을 무엇이라고 하는가?

① 플라스미드 ② 플라크
③ 프로브 ④ 클 론

해설
유전자 클로닝에 의해 증식한 세포집단을 클론(Clone)이라고 한다.

33 좁은 의미의 유전력을 바르게 설명한 것은?

① 전체 분산에 대한 상가적 유전분산의 비율
② 전체 분산에 대한 우성적 유전분산의 비율
③ 전체 분산에 대한 상위성 유전분산의 비율
④ 전체 분산에 대한 환경분산의 비율

해설
표현형 분산 중에 상가적 유전분산이 차지하는 비율을 좁은 의미의 유전력이라고 한다.

34 유전적 평형집단의 A 대립유전자 빈도가 0.6일 때 집단 내 Aa 유전자형 빈도는?

① $2 \times 0.6 \times 0.4 = 0.48$
② $0.6 \times 0.4 = 0.24$
③ $0.5 + 0.4 = 0.9$
④ $(0.6)2 + (0.4)2 = 0.52$

해설
대립유전자 A의 유전자 빈도가 p이고, 대립유전자 a의 유전자 빈도가 q일 때 집단의 유전자형과 유전자형 빈도는 $AA + 2Aa + aa = p^2 + 2pq + q^2 = 1$이다. 따라서 A 대립유전자 빈도가 $p = 0.6$, a 대립유전자 빈도가 $q = 0.4$이면 Aa 유전자형 빈도는 $2pq = 2(0.6)(0.4) = 0.48$이다.

35 제1감수분열 전기의 과정을 올바르게 순서대로 나열한 것은?

① 세사기 – 태사기 – 대합기 – 복사기 – 이동기
② 세사기 – 복사기 – 태사기 – 대합기 – 이동기
③ 세사기 – 대합기 – 복사기 – 태사기 – 이동기
④ 세사기 – 대합기 – 태사기 – 복사기 – 이동기

해설
- 세사기 : 염색사 출현
- 대합기 : 2중염색체 구조
- 태사기 : 4분염색체 구조
- 복사기 : 키아스마, 교차, 조환시기

36 다음 중 타가수정작물은?

① 콩 ② 보 리
③ 호 밀 ④ 밀

해설
- 타가수정작물 : 삼, 시금치, 호밀 등
- 자가수정작물 : 벼, 보리, 밀, 콩 등

30 ④ 31 ① 32 ④ 33 ① 34 ① 35 ④ 36 ③ 정답

37 다음 중 육종의 목표가 아닌 것은?

① 생산성 증대　　② 고품질의 생산
③ 경영의 합리화　　④ 기존 종의 유지

해설

일반적인 재배 식물의 육종 목표
생산성의 증대, 고품질의 생산, 생산의 안정화, 경영의 합리화, 새로운 종의 형성

38 다음 중 자가수정을 주로 하는 식물은?

① 토마토, 상추　　② 무, 배추
③ 파, 양파　　④ 수박, 참외

해설

종자로 번식하는 식물에는 한 꽃 안에서 수정이 되는 자가수정식물과 다른 개체에 있는 꽃가루에 의해 수정이 되는 타가수정식물이 있다.
- 자가수정식물 : 토마토, 상추, 완두, 강낭콩
- 타가수정식물 : 배추, 무, 파, 양파, 당근, 시금치

39 화훼에서 카네이션, 국화, 거베라 등의 생장점 배양을 하는 주된 이유는?

① 역병을 방제하기 위해서
② 바이러스병을 방제하기 위해서
③ 뿌리썩음병을 방제하기 위해서
④ 탄저병을 방제하기 위해서

해설

생장점 배양으로 바이러스에 감염되지 않은 모를 얻을 수 있는 이유는 생장점에는 바이러스가 없거나 극히 적기 때문이다.

40 계통육종법은 어떤 작물의 품종개량에 주로 이용하는가?

① 자가수정작물　　② 타가수정작물
③ 불화합성 작물　　④ 웅성불임 작물

해설

계통육종법
교잡을 한번 시킨 다음 잡종 분리세대(F_2세대)부터 순계분리법에 준하여 항상 개체선발과 선발개체의 계통재배를 계속하여 우수한 순계집단을 얻어서 신품종을 육성하는 방법이며, 벼·보리·밀 등 자가수정작물에 이용된다.

41 내병성 품종의 육성이나 유전자의 분리 및 연쇄관계를 밝히는 방법으로 흔히 쓰이는 것은?

① 단교잡법　　② 복교잡법
③ 여교잡법　　④ 삼원교잡법

해설

여교잡법은 재배품종이 가지고 있는 소수형질을 개량할 때 많이 쓰인다. 즉, 우수한 특성이 있으나 한 두 가지의 결점(내병성 등)이 발견된 품종을 비교적 짧은 세대 동안에 개량하여 육종할 수 있다.

42 순계분리법에 의한 품종개량의 효과가 없는 것은?

① 벼　　② 호 밀
③ 보 리　　④ 콩

해설

순계분리법은 주로 자식성 작물에서 이용하는 분리육종법이다.

43 교잡육종방법 중 비교적 후기 세대에 고정되는 유용 유전자를 가장 많이 유지할 수 있는 방법은?

① 집단육종법　　② 계통육종법
③ 파생계통육종법　　④ 여교잡육종법

해설

후기 세대에 가서야 비로소 순수하게 분리되므로 초기 세대에는 개체 선발보다 집단선발이 적당하다는 견해에 근거를 둔 육종법으로 람쉬육종법 또는 혼합육종법이라고도 한다. 벼, 보리 등 자가수정작물에 적용된다.

44 내병성 육종에 흔히 이용되는 방법은?

① 단교잡　　② 복교잡
③ 삼계교잡　　④ 여교잡

여교잡법
계통이 내병성이나 그 밖의 중요 형질에 결점이 있을 때에는 이를 개량할 목적으로 여교잡을 실시하는 경우가 있다.

정답 37 ④ 38 ① 39 ② 40 ① 41 ③ 42 ② 43 ① 44 ④

45 **A의 특정형질을 B에 옮기는 데 이용되는 교잡법은 다음 중 어느 방법이 가장 효과적인가?**

① 다계교잡(Multiple Cross)
② 혼합교잡(Bulk Cross)
③ 톱교잡(Top Cross)
④ 여교잡(Back Cross)

해설

여교잡법은 내병성 형질 같은 것을 A에서 B로 옮기려고 할 때 가장 효과적인 방법이다.

46 **(A×B)×B와 같은 교잡방법은?**

① Top교잡법 ② 복교잡법
③ 여교잡법 ④ 단교잡법

해설

F_1에 어버이의 어느 한쪽을 다시 교접하는 것을 여교잡이라고 하며, 여교잡을 이용한 육종법을 여교잡이라고 한다. (A×B)×A 또는 (A×B)×B 또는 [(A×B)×B]×B

47 **(A×B)×(C×D)와 같은 교잡방법을 무엇이라 하는가?**

① Top교잡법이라 한다.
② 3계교잡법이라 한다.
③ 단교잡법이라 한다.
④ 복교잡법이라 한다.

해설

복교잡
2개의 단교잡 간에 잡종을 만드는 방법으로 종자의 생산량이 많고 잡종강세의 발현도 높지만 균일성이 다소 낮으며, 4개의 어버이 계통을 유지해야 하는 불편이 있다.

48 **다음 중 1대 잡종을 만들기에 알맞은 어버이로서 갖추어야 할 조건이 아닌 것은?**

① 자가불화합성을 가진 것
② 영양번식이 쉬운 것
③ 되도록 순계에 가까운 것
④ 가루받이가 어려운 것

해설

가루받이가 쉬워야 한다.

49 **F_1 잡종품종과 가장 밀접한 관계가 있는 것은?**

① 잡종강세 ② 근교약세
③ 원연교잡 ④ 유전법칙

해설

잡종강세육종법에서는 타가수정작물에서 잡종강세현상을 이용하여 잡종 제1대(F_1) 품종을 육성한다.

50 **웅성불임성을 이용한 잡종강세육종을 주로 하는 작물은?**

① 배 추 ② 양배추
③ 양 파 ④ 무

해설

1대 잡종작물 중 웅성불임 이용 대표작물은 옥수수, 유채, 양파이다.

51 **작물육종에 이용하기 부적당한 변이는?**

① 교잡변이 ② 돌연변이
③ 환경변이 ④ 아조변이

해설

- 환경변이 : 유전형질의 차이는 없지만, 환경의 차이에 따라 발생하는 변이로 다음 대에 유전되지 않으므로 일시적 변이라고도 한다.
- 작물육종에 이용 가능한 변이는 유전적 변이로 교잡변이, 돌연변이, 아조변이 등이 있다.

52 **염색체 수를 늘리거나 줄임으로 생겨나는 변이를 이용하는 육종방법은?**

① 교잡육종법
② 선발육종법
③ 배수체육종법
④ 돌연변이육종법

45 ④ 46 ③ 47 ④ 48 ④ 49 ① 50 ③ 51 ③ 52 ③ 정답

해설

① 육종의 소재가 되는 변이를 교잡을 통해 얻는 방법
② 교배를 하지 않고 재래종에서 우수한 특성을 가진 개체를 골라 품종으로 만드는 방법
④ 자연적 돌연변이 또는 인위적 돌연변이를 이용하여 우수한 품종을 얻는 방법

53 동질3배체를 이용하는 작물은?

① 무
② 코스모스
③ 수 박
④ 피튜니아

해설

• 3배체 : 씨 없는 수박, 사탕무 등
• 4배체 : 무, 피튜니아, 코스모스 등

54 교잡육종법에 대한 설명 중 틀린 것은?

① 육종의 소재가 되는 변이를 교잡해서 얻는 방법이다.
② X선, 감마선 등 방사선과 화학물질을 처리한다.
③ 자기 꽃가루받이를 하는 자가수정 작물의 개량에 가장 많이 쓰이는 방법이다.
④ 현재 우리나라의 타식성 채소는 거의 이 방법에 의해 품종개량이 이루어지고 있다.

55 무에서 인위적으로 자식(자가수정)을 시켰을 때 나타나는 현상은?

① 잡종강세
② 내혼약세
③ 웅성불임
④ 자가불화합성

해설

내혼약세
타식성 작물에서 인위적으로 자가수정을 시키거나 근친교배를 계속해 나가면 세력이 점차 약해져 결국 실용적 재배가 곤란해지는 현상이다.

56 배추에서 뇌수분(봉오리수분)을 하는 이유는?

① 자가불화합성을 일시적으로 타파시키기 위하여
② 자가불화합성을 영구히 타파시키기 위하여
③ 웅성불임성을 일시적으로 타파시키기 위하여
④ 웅성불임성을 영구히 타파시키기 위하여

해설

• 자가불화합성을 가진 모본을 증식시키려면 자가화합을 유도해야 하는데, 이때 일시적으로 자가불화합을 타파하는 방법으로 뇌수분을 실시한다.
• 꽃이 피기 전 꽃봉오리 때 강제로 꽃을 열고 수분을 시켜주면 자가화합이 된다.

57 조직배양으로 생산한 무병종묘란?

① 어떤 병에도 감염되지 않은 모종
② 바이러스에 감염되지 않은 모종
③ 세균에 감염되지 않은 모종
④ 진균에 감염되지 않은 모종

해설

종자나 생장점에는 바이러스가 존재하지 않을 가능성이 크기 때문에 생장점 조직을 무균상태에서 절취, 배양하면 무병종묘를 얻을 수 있다.

58 조직배양에 대한 설명으로 옳지 않은 것은?

① 번식이 힘든 관상식물을 대량으로 육성할 때 기간이 길어진다.
② 바이러스병에 걸리지 않은 신 개체를 육성할 수 있다.
③ 세포 돌연변이를 분리해서 이용할 수 있다.
④ 농약에 대한 독성이나 방사능에 대한 감수성을 간단하게 검정할 수 있다.

59 잡종강세육종법을 선호하는 이유가 아닌 것은?

① 수확량 증가　② 자가 종자생산
③ 균일성　④ 강한 내병성

정답 53 ③ 54 ② 55 ② 56 ① 57 ② 58 ① 59 ②

해설

잡종강세는 수확량 증가, 균일성, 강건성, 강한 내병성과 같은 부모 세대의 특성보다 뛰어난 성질을 나타내는 장점이 있다.

60 **원예작물에서 인공교배, 자가불화합성 또는 웅성불임성을 이용하여 교배종의 종자를 생산하고 있다, 다음에서 작물과 주로 이용하는 상업적 채종방식이 잘못 짝지어진 것은 무엇인가?**

① 고추 – 인공교배
② 배추 – 자가불화합성
③ 양파 – 웅성불임성
④ 당근 – 웅성불임성

해설

- 자가불화합성 : 배추, 양배추
- 웅성불임 : 양파, 고추, 당근
- 인공교배 : 토마토, 오이, 가지, 수박

61 **일대 잡종(F_1) 품종이 갖고 있는 유전적 특성은?**

① 잡종강세　② 근교약세
③ 원원교잡　④ 자식열세

해설

잡종강세육종법은 잡종강세 현상이 왕성하게 나타나는 1대잡종을 품종으로 이용하는 육종법이다.

62 **신품종의 특성을 유지하기 위하여 취해야 할 조치가 아닌 것은?**

① 원원종재배
② 격리재배
③ 영양번식에 의한 보존재배
④ 개화기 조절

해설

신품종의 특성 유지방법
영양번식, 종자의 저온저장, 격리재배, 원원종재배, 종자갱신

63 **과채류의 채종과는 후숙시키는 것이 일반적인데, 그 주된 목적은 무엇인가?**

① 채종과를 조기 수확하기 위하여
② 채종모본의 보호를 위하여
③ 종자의 발아력을 높이기 위하여
④ 채종이 용이하도록 하기 위하여

해설

후숙하면 발아력이 좋아지며 당근, 파, 양파의 경우 식물체를 예취한 후 꼬투리 채로 통풍이 잘되는 곳에서 음건하면 후숙효과가 있다.

64 **다음은 채종체계이다. 가장 알맞은 것은?**

① 원원종포 – 원종포 – 채종포 – 시판종자
② 원종포 – 채종포 – 원원종포 – 시판종자
③ 판매종자 – 채종포 – 원종포 – 원원종포
④ 채종포 – 원종포 – 원원종포 – 판매종자

해설

종자갱신의 채종체계
새 품종이나 기존 우량품종의 종자퇴화를 방지하고 체계적으로 증식하여 농가포장에 보급시키는 것을 종자갱신이라고 한다.

65 **다음 중 원종이 뜻하는 것은?**

① 시·도지사의 허가를 받은 종묘업자가 생산한 종자
② 농수산부령이 정한 채종 단계를 거쳐 농가가 보급되는 종자
③ 원원종에서 1세대 증식된 종자
④ 품종 고유의 특성을 보유하고 종자의 증식에 기본이 되는 종자

해설

원 종
원종포에서 증식된 종자

60 ① 61 ① 62 ④ 63 ③ 64 ① 65 ③ 정답

재배환경

필 / 수 / 확 / 인 / 문 / 제

제1장 토양환경

1 지력(地力)

(1) 의 의

① 토양은 재배작물의 수량을 지배한다.

② 토양의 물리적, 화학적, 생물학적인 모든 성질이 작물의 생산력을 지배하므로, 이를 지력이라고 한다.

③ 주로 물리적 및 화학적 지력조건을 토양비옥도(土壤肥沃度, Soil Fertility)라 하기도 한다.

(2) 토 성

양토(壤土)를 중심으로 사양토(砂壤土) 내지 식양토(埴壤土)가 수분, 공기 및 비료성분의 종합적 조건에 알맞다. 사토(沙土)는 수분 및 비료성분이 부족하고, 식토(埴土)는 공기가 부족하다.

(3) 토양구조

입단구조(粒團構造)와 단립구조(單粒構造)로 구분하며, 입단구조가 조성될수록 토양의 수분과 공기상태가 좋아진다.

(4) 토 층

작토(作土)가 깊고 양분의 함량이 충분하며, 심토(心土)까지 투수성 및 투기성이 알맞아야 한다.

(5) 토양반응

중성 내지 약산성이 알맞다. 강산성 또는 알칼리성이면 작물생육이 저해된다.

(6) 유기물 및 무기성분

① 대체로 토양 중의 유기물 함량이 증가할수록 지력이 높아지나 습답(濕畓)에서 유기물 함량이 많은 것은 도리어 해가 될 수 있다.

② 무기성분이 풍부하고 균형 있게 포함되어 있어야 지력이 높다.

③ 비료의 3요소인 질소, 인산, 칼륨은 함량이 높아야 하며, 일부 성분의 과다 또는 결핍은 생육을 저해한다.

(7) 토양수분과 토양공기

① 토양수분의 부족은 한해를 유발하며, 과다는 습해나 수해를 유발한다.

② 토양공기는 토양수분과 관계가 깊으며, 토양 중의 공기가 적거나 또는 산소의 부족, 이산화탄소 등 유해가스의 과다는 작물뿌리의 생장과 기능을 저해한다.

(8) 토양미생물

유용 미생물의 번식에 좋은 상태에 있는 것이 유리하고 병충해를 유발하는 미생물이 적어야 한다.

(9) 유해물질

유해물질들에 의한 토양의 오염은 작물 생육을 저해하고, 심하면 생육이 불가능하게 된다.

2 토양의 기계적 조성

(1) 토양의 3상

① 토양의 3상 구성

㉠ 토양은 여러 토양입자로 구성되어있고, 이들 입자 사이에는 공극이 존재하며 이 공극에는 공기 또는 액체가 존재한다.

㉡ 토양의 3상

- 고상 : 유기물, 무기물인 흙
- 기상 : 토양공기
- 액상 : 토양수분

② 토양의 3상과 작물의 생육

㉠ 고상 : 기상 : 액상의 비율이 50% : 25% : 25%로 구성된 토양이 보수, 보비력과 통기성이 좋아 이상적이다.

㉡ 토양 3상의 비율은 토양 종류에 따라 다르고, 같은 토양 내에서도 토층에 따라 차이가 크다.

㉢ 기상과 액상의 비율은 기상조건 특히 강우에 따라 크게 변동한다.

㉣ 고상은 유기물과 무기물로 이루어져 있으며, 일반적으로 고상의 비율은 입자가 작고 유기물 함량이 많아질수록 낮아진다.

㉤ 작물은 고상에 의해 기계적 지지를 받고 액상에서 양분과 수분을 흡수하며, 기상에서 산소와 이산화탄소를 흡수한다.

㉥ 액상의 비율이 높으면 통기가 불량하고 뿌리의 발육이 저해된다.

㉦ 기상의 비율이 높으면 수분부족으로 위조, 고사한다.

(2) 토양입자의 분류

① 토양은 크고 작은 여러 입자에 의해서 구성되어 있으며, 토양입자를 입경(粒徑)에 따라 다음과 같이 구분한다.

[토양 입경에 다른 토양입자의 분류법]

토양입자의 구분			입경(mm)	
			미국농무성법	국제토양학회법
자 갈			2.00 이상	2.00 이상
세 토	모 래	매우 거친 모래	2.00~1.00	-
		거친 모래	1.00~0.50	2.00~0.20
		보통 모래	0.50~0.25	-
		고운 모래	0.25~0.10	0.20~0.02
		매우 고운 모래	0.10~0.05	-
	미 사		0.05~0.002	0.02~0.002
	점 토		0.002 이하	0.002 이하

② 자 갈

㉠ 암석의 풍화로 맨 먼저 생긴 여러 모양의 굵은 입자이다.

㉡ 화학적, 교질적 작용이 없고 비료분, 수분의 보유력도 빈약하다.

㉢ 투기성, 투수성은 좋게 한다.

③ 모 래

㉠ 석영을 많이 함유한 암석이 부서져 생긴 것으로 입경에 따라 거친 모래, 보통 모래, 고운 모래로 세분된다.

㉡ 거친 모래는 자갈과 비슷한 특성을 가지나, 고운 모래는 물이나 양분을 다소 흡착하고 투기성 및 투수성을 좋게 하며, 토양을 부드럽게 한다.

④ 점 토

㉠ 토양 중의 가장 미세한 입자이고 화학적·교질적 작용을 하며, 물과 양분을 흡착하는 힘이 크고 투기·투수를 저해한다.

㉡ 점토나 부식은 입자가 미세하고 입경이 1μm 이하이며, 특히 0.1μm 이하의 입자는 교질(膠質, Colloid)로 되어 있다.

㉢ 교질입자는 보통 음이온(−)을 띠고 있어 양이온을 흡착한다.

㉣ 토양 중에 교질입자가 많아지면 치환성 양이온을 흡착하는 힘이 강해진다.

㉤ 양이온치환용량(Cation Exchange Capacity, CEC) 또는 염기치환용량(Base Exchange Capacity, BEC) : 토양 100g이 보유하는 치환성 양이온의 총량을 mg당량(meq)으로 표시한 것이다.

- 토양 중 고운 점토와 부식이 증가하면 CEC도 증대됨
- CEC가 증대하면 NH_4^+, K^+, Ca^{2+}, Mg^{2+} 등의 비료성분을 흡착 및 보유하는 힘이 커져서 비료를 많이 주어도 일시적 과잉흡수가 억제됨
- 비료성분의 용탈이 적어서 비효가 늦게까지 지속됨
- 토양의 완충능이 커지게 됨

(3) 토성(土性, Soil Class)

① 토양입자의 입경에 따라 나눈 토양의 종류로 모래와 점토의 구성비로 토양을 구분하는 것이다.

② 식물의 생육에 중요한 여러 이화학적 성질을 결정하는 기본 요인이다.

③ 입경 2mm 이하의 입자로 된 토양을 세토(細土, Fine Sand)라고 하며, 세토 중의 점토함량에 따라서 토성을 분류한 것은 다음과 같다.

[토성의 분류법]

토성의 명칭	세토(입경 2mm 이하) 중 점토 함량(%)
사토(沙土, Sand)	12.5 이하
사양토(砂壤土, Sandy Loam)	12.5~25.0
양토(壤土, Loam)	25.0~37.5
식양토(埴壤土, Clay Loam)	37.5~50.0
식토(埴土, Clay)	50.0 이상

④ 점토 함량과 함께 미사, 세사, 조사의 함량까지 고려하여 토성을 더욱 세분하기도 한다.

㉠ 사토 : 척박하고 한해를 입기 쉬우며, 토양침식이 심하여 점토의 객토, 유기물을 증시하여 토성을 개량할 필요가 있다.

㉡ 식토 : 통기 및 통수의 불량과 유기질의 분해가 더뎌 습해나 유해물질에 의한 피해를 받기 쉬우며, 점착력이 강하고 건조하면 굳어져서 경작이 곤란하므로 미사, 부식을 많이 주어서 토성을 개량할 필요가 있다.

[작물종류와 재배에 적합한 토성]

○ : 재배적지, △ : 재배 가능지

작 물	사 토	사양토	양 토	식양토	식 토
감 자	○	○	○	○	△
콩, 팥	○	○	○	○	○
녹두, 고구마	○	○	○	○	
근채류	○	○	○	△	
땅 콩	○	○	△	△	
오이, 양파	○	○	○		
호 밀	△	○	○	○	△
귀 리	△	△	○	○	△
조	△	○	○	○	△
참깨, 들깨	△	○	○	△	△
보 리		○	○		
수수, 옥수수, 메밀		○	○	○	
목화, 삼, 완두		○	○	△	
아마, 담배, 피, 모시풀		○	○		
강낭콩		△	○	○	
알팔파, 티머시			○	○	○
밀				○	○

3 토양의 구조 및 토층

(1) 토양구조(土壤構造, Soil Structure)

토성이 같아도 토양의 물리적 성질이 다른 것은 알갱이들의 결합・배열 방식, 즉 구조가 다르기 때문이다.

① **토양의 구조** : 홑알(단립)구조, 이상구조, 떼알(입단)구조들의 형태로 존재한다.

㉠ 단립구조(單粒構造, Single-Grained Structure)
- 비교적 큰 토양입자가 서로 결합되어 있지 않고 독립적으로 단일 상태로 집합되어 이루어진 구조
- 해안의 사구지에서 볼 수 있음

토양 입단 형성과 발달을 도모하는 재배관리가 아닌 것은?

① 유기물과 석회 시용
② 토양 경운
③ 콩과작물 재배
④ 토양 피복

답 ②

- 대공극이 많고 소공극이 적어 토양통기와 투수성은 좋으나 보수, 보비력은 낮음

㉡ 이상구조(泥狀構造, Puddled Structure)

- 미세한 토양입자가 무구조, 단일상태로 집합된 구조로 건조하면 각 입자가 서로 결합하여 부정형 흙덩이를 이루는 것이 단일구조와는 차이를 보임
- 부식 함량이 적고 과식한 식질토양이 많이 보이며, 소공극은 많고 대공극은 적어 토양통기가 불량

㉢ 입단구조(粒團構造, Crumbled Structure)

- 단일입자가 결합하여 2차 입자가 되고 다시 3차, 4차 등으로 집합해서 입단을 구성하고 있는 구조
- 입단을 가볍게 누르면 몇 개의 작은 입단으로 부스러지고, 이것을 다시 누르면 다시 작은 입단으로 부스러짐
- 유기물과 석회가 많은 표토층에서 많이 나타남
- 대공극과 소공극이 모두 많아 통기와 투수성이 양호하며, 보수력과 보비력이 높아 작물 생육에 알맞음

(2) 입단(粒團, Compound Granule)의 형성과 파괴

① 입단의 형성

㉠ 입단구조가 이루어지려면 알갱이들이 일차적으로 서로 가까워져야 하고 다음으로 알갱이들을 단단하게 결합시키는 접착제와 같은 물질이 있어야 한다. 이런 물질을 결합제라고 한다.

㉡ 입단구조를 형성하는 주요 인자

- 유기물과 석회의 시용 : 유기물이 미생물에 의해 분해되면서 미생물이 분비하는 점질물질이 토양입자를 결합시키며, 석회는 유기물의 분해 촉진과 칼슘이온 등이 토양입자를 결합시키는 작용을 함
- 콩과작물의 재배 : 콩과작물은 잔뿌리가 많고 석회분이 풍부해 입단형성에 유리함
- 토양이 지렁이의 체내를 통하여 배설되면 내수성 입단구조가 발달함
- 토양의 피복 : 유기물의 공급 및 표토의 건조, 토양유실의 방지로 입단 형성과 유지에 유리함
- 토양개량제(Soil Conditioner)의 시용 : 인공적으로 합성된 고분자 화합물인 아크리소일(Acrisoil), 크릴륨(Krilium) 등의 작용도 있음

② 입단구조의 중요성

㉠ 작은 입자로 되어 있는 단립구조의 토양은 입자 사이에 생기는 공극도 작기 때문에 공기의 유통이나 물의 이동이 느리며, 건조하면 땅 갈기가 힘들다. 입단구조는 소공극과 대공극이 모두 많으며, 소공극은 모세관력에 의해 수분을 보유하는 힘이 크고 대공극은 과잉된 수분을 배출한다.

㉡ 입단구조의 장점
- 배수가 잘된다.
- 공기가 잘 통한다.
- 풍화되지 않는다.
- 물에 의한 침식이 줄어든다.
- 땅이 부드러워져 땅 갈이가 쉬워진다.
- 물을 알맞게 간직할 수 있는 좋은 토양이 된다.

㉢ 입단의 크기가 너무 커지면 물을 간직할 수 없고 공극의 크기도 커지게 되므로, 어린 식물은 가뭄의 피해를 입을 수 있다.

㉣ 토양 입단 알갱이의 지름은 1~2mm 범위의 것이 알맞으며 많이 생길수록 좋다.

③ 입단구조를 파괴하는 요인

㉠ 토양이 너무 마르거나 젖어 있을 때 갈기를 하는 것은 입단을 파괴시킬 우려가 있으므로 피해야 한다.

㉡ 나트륨 이온(Na^+)은 알갱이들이 엉키는 것을 방해하므로, 이것이 많이 들어 있는 물질이 토양에 들어가면 토양의 물리적 성질을 약화시키게 된다.

㉢ 입단의 팽창과 수축의 반복

㉣ 비, 바람

④ 토양의 밀도와 공극량

토양의 입자 또는 입단 사이에 생기는 공간을 공극이라 하는데, 공극량이 많을수록 토양은 가벼워진다. 공극의 양과 크기는 토성 또는 토양의 구조에 따라 다르다.

㉠ 고운 토성 : 토양에 있는 공극량이 많다고 해도 그 크기는 작다.

㉡ 거친 토성 : 알갱이 사이 또는 떼알 사이의 공극량은 적을 수도 있으나 그 크기는 크다. 토양에 있을 수 있는 물이나 공기의 양은 공극량에 의해서 결정되지만, 물의 이동이나 공기의 유통은 공극량보다는 공극의 크기에 의해서 지배된다.

㉢ 토양의 밀도 : 토양의 질량을 차지하는 부피로 나눈 값으로 일정한 부피 속에 들어 있는 토양의 무게(정확히 말하면 질량)를 나타내며, 토양이 무겁고 가벼운 정도를 나타내는 말이다.

• 진밀도(입자밀도) : 토양 알갱이가 차지하는 부피만으로 구하는 밀도를 토양의 알갱이 밀도 또는 진밀도라고 함

$$입자(알갱이)밀도 = \frac{건조한\ 토양의\ 질량(무게)}{토양\ 알갱이가\ 차지하는\ 부피(토양입자의\ 부피)}$$

• 가밀도(전용적 밀도) : 알갱이가 차지하는 부피뿐만 아니라 알갱이 사이의 공극까지 합친 부피로, 구하는 밀도를 토양의 부피 밀도 또는 가밀도라고 함(같은 토양이라도 떼알이 발달되어 있는 정도에 따라 공극량이 달라지므로 부피 밀도는 일정한 것이 아님)

$$가밀도 = \frac{건조한\ 토양의\ 질량(무게)}{토양\ 알갱이가\ 차지하는\ 부피+토양공극}$$

㉣ 토양의 공극량 : 토양의 공극률은 다음 식으로 계산된다.

$$공극률(\%) = \left(1 - \frac{용적비중}{입자비중}\right)$$

㉤ 토양 공극의 크기

• 대공극(통기공극) : 공기의 유통과 수분의 이동을 좋게 함

• 소공극(모세공극) : 공기의 유통과 수분의 이동을 제한함

(3) 토층(土層)

① 의의 : 토양이 수직적으로 분화된 층위를 말한다.

② 토양학적 토층의 분류

㉠ 지면을 수직으로 파 내려간 다음 단면을 조사하면 토양의 빛깔과 알갱이의 크기를 달리하는 몇 개의 층으로 구분되는 것을 볼 수 있다. 이들 토양의 층을 토층 또는 층위(Horizon)라 하며, 토양의 단면이 몇 개의 층으로 나누어지는 것을 토층의 분화라 한다.

㉡ 토층의 구분 : 토층은 O층, A층, B층, C층, R층의 5개 층으로 크게 구분한다.

<table>
<tr><td>O1</td><td colspan="2" rowspan="2">유기물층</td><td>유기물의 원형을 육안으로 식별할 수 있는 유기물층</td></tr>
<tr><td>O2</td><td>유기물의 원형을 육안으로 식별할 수 없는 유기물층</td></tr>
<tr><td>A1</td><td rowspan="3">용탈층</td><td rowspan="6">성토층</td><td>부식화된 유기물과 광물질이 섞여 있는 암흑색층</td></tr>
<tr><td>A2</td><td>규산염 점토와 철, 알루미늄 등의 산화물이 용탈된 담색층(용탈층)</td></tr>
<tr><td>A3</td><td>A층에서 B층으로 이행하는 층위이나 A층의 특성을 좀 더 지니고 있는 층</td></tr>
<tr><td>B1</td><td rowspan="3">집적층</td><td>A층에서 B층으로 이행하는 층위이며, B층에 가까운 층</td></tr>
<tr><td>B2</td><td>규산염 점토와 철, 알루미늄 등의 산화물 및 유기물의 일부가 집적되는 층(집적층)</td></tr>
<tr><td>B3</td><td>C층으로 이행하는 층위로, C층보다 B층의 특성에 가까운 층</td></tr>
</table>

C	모재층	토양생성작용을 거의 받지 않은 모재층으로 칼슘, 마그네슘 등의 탄산염이 교착상태로 쌓여 있거나 위에서 녹아 내려온 물질이 엉켜서 쌓인 층
R	모암층	C층 밑에 있는 풍화되지 않는 바위층(단단한 모암)

③ 경지의 토층 구분

㉠ 경지에서는 흔히 다음 3가지로 토양을 분류한다.

작토(作土, Surface Soil)	• 계속 경운되는 층위로 경토라 부르며, 작물의 뿌리가 주로 발달하는 층위로 작물의 생육과 가장 밀접한 관계가 있음 • 부식이 많고 검은 흙 • 입단의 형성이 좋음
서상(鋤床)	• 작토층 바로 아래 층위 • 작토보다 부식이 적음
심토(心土, 하층토, Sub Soil)	• 서상층 밑의 하층으로 하층토라 부름 • 일반적으로 부식이 극히 적고 구조가 치밀함

㉡ 경지의 토층과 작물생육

- 경지의 토층은 작물의 생육과 밀접한 관계가 있으며, 특히 작토의 질적, 양적 문제는 작물 뿌리의 발달과 생리작용에 크게 영향을 미침
- 일반적으로 작토층은 가급적 깊은 것이 좋으므로 심경으로 작토층을 깊게 하는 것이 좋음
- 질적으로는 양토를 중심으로 사양토 내지 식양토로 유기물과 유효성분이 풍부한 것이 좋음
- 심토가 너무 치밀하면 투수성과 투기성이 불량해져 지온이 낮아지고 뿌리가 깊게 뻗지 못해 생육이 나빠짐
- 논에서 심토가 과도하게 치밀하면 투수가 몹시 불량해져 토양공기의 부족으로 유기물 분해의 억제, 유해가스의 발생과 경우에 따라 지온이 낮아져 벼의 생육이 나빠지므로 지하배수를 적당히 꾀하여야 함
- 작물재배에서 토성의 범위는 넓으나 많은 수량과 좋은 품질의 생산물을 안정적으로 생산하려면 알맞은 토성의 선택이 중요하며, 토성에 따라 배수를 달리해야 함

4 토양수분

(1) 토양수분 함량의 표시법

① 건토에 대한 수분 중량비로 표시하며, 토양의 최대수분함량이 표시된다,

② 토양수분장력

㉠ 수주의 높이로 표시 : 수주의 높이가 높을수록 흡착력이 강하다.

㉡ 수주높이의 대수(PF)로 표시한다.

㉢ 대기압의 표시 : 기압으로 나타내는 방법

수주의 높이 H(cm)	수주 높이의 대수 PF(=log H)	대기압(bar)
1	0	0.001
10	1	0.01
1,000	3	1
10,000,000	7	10,000

③ 토양수분장력의 변화

㉠ 토양수분장력과 토양수분 함유량은 함수관계가 있으며, 수분이 많으면 수분장력은 작아지고 수분이 적으면 수분장력이 커지는 관계가 있다.

㉡ 수분 함유량이 같아도 토성에 따라 수분장력은 달라진다.

(2) 토양의 수분항수(水分恒數, Moisture Constant)

① 의 의

토양수분의 함유 상태는 연속적인 변화를 보이나 토양수의 운동성, 토양의 물리성, 작물의 생육과 비교적 뚜렷한 관계를 가진 특정한 수분 함유 상태들이 있는데, 이를 토양의 수분항수라 한다.

② 주요 토양 수분항수

㉠ 최대용수량(最大容水量, Maximum Water-holding Capacity)

- PF = 0
- 토양의 모든 공극에 물이 찬 포화상태를 의미하며 포화용수량이라고도 함

㉡ 포장용수량(圃場容水量, Field Capacity, FC)

- PF = 2.5~2.7
- 포화 상태 토양에서 중력수가 완전 배제되고 모세관력에 의해서만 지니고 있는 수분 함량으로 최소용수량이라고도 함
- 포장용수량 이상인 중력수는 토양의 통기 저해로 작물생육이 불리함

㉢ 수분당량(水分當量, Moisture Equivalent, ME)

물로 포화된 토양에 중력의 1,000배의 원심력이 작용할 때 토양 중에 잔류하는 수분상태로, 포장용수량과 거의 일치함

㉣ 초기위조점(初期萎凋點, First Permanent Wilting Point)

- PF = 3.9

• 생육이 정지하고 하엽이 시들기 시작하는 수분상태

ⓜ 영구위조점(永久萎凋點, Permanent Wilting Point, PWP)

• PF = 4.2

• 위조된 식물을 포화습도의 공기에 24시간 방치하여도 회복되지 않는 수분의 함량

• 위조계수(萎凋係數, Wilting Coefficient) : 영구위조점에서의 토양함수율로 토양건조중(土壤乾燥重)에 대한 수분의 중량비

ⓑ 흡습계수(吸濕係數, Hygroscopic Coefficient)

• PF = 4.5

• 상대습도 98%(25℃)로 공기 중에서 건조토양이 흡수하는 수분상태로 흡습수만 남은 수분 상태

• 작물에는 이용될 수 없음

ⓢ 풍건 및 건토상태

• 풍건상태(風乾狀態, Air Dry) : PF ≒ 6

• 건토상태(乾土狀態, Oven Dry) : 105~110℃에서 항량에 도달되도록 건조한 토양으로, PF ≒ 7

(3) 토양수분의 형태

① 결합수(結合水, Combined Water)

㉠ PF 7.0 이상

㉡ 화합수 또는 결정수라고 하며, 토양을 105℃로 가열해도 분리시킬 수 없는 점토광물의 구성요소로의 수분이다.

㉢ 작물이 흡수, 이용할 수 없다.

② 흡습수(吸濕水, Hygroscopic Water)

㉠ PF 4.2~7

㉡ 토양을 105℃로 가열 시 분리 가능하며, 토양 표면에 피막상으로 흡착되어 있는 수분이다.

㉢ 작물에 흡수·이용되지 못한다.

③ 모관수(毛管水, Capillary Water)

㉠ PF 2.7~4.2

㉡ 표면장력으로 토양공극 내 중력에 저항하여 유지되는 수분을 의미하며, 모관현상에 의하여 지하수가 모관공극을 따라 상승하여 공급되는 수분으로 작물에 가장 유용하게 이용된다.

④ 중력수(重力水, 자유수, Gravitational Water)

㉠ PF 2.7 이하

㉡ 중력에 의해 비모관공극을 통해 흘러내리는 수분을 의미하며, 근권 이하로 내려간 수분은 작물이 직접 이용하지 못한다.

토양수분의 형태에 대한 설명 중 옳은 것은?

① 결합수는 점토광물로부터 분리시킬 수 있는 수분이다.
② 흡습수는 토양입자 표면에 피막상으로 흡착된 수분이다.
③ 모관수는 중력에 의하여 비모관공극으로 흘러내리는 수분이다.
④ 중력수는 토양공극 내에서 중력에 저항하여 유지되는 수분이다.

답 ②

식물이 이용 가능한 유효수분을 올바르게 나타낸 것은?

① 식물 생육에 가장 알맞은 최적함수량은 대개 최대용수량의 20~30%의 범위에 있다.
② 결합수는 유효수분 범위에 있다.
③ 유효수분은 토양입자가 작을수록 적어진다.
④ 식물이 이용할 수 있는 토양의 유효수분은 포장용수량과 영구위조점 사이의 수분이다.

답 ④

⑤ 지하수(地下水, Underground Water)
㉠ 지하에 정체되어 모관수의 근원이 되는 수분을 의미한다.
㉡ 지하수위가 낮은 경우 토양이 건조하기 쉽고, 높은 경우는 과습하기 쉽다.

(4) 유효수분(PF 2.7~4.2)

① 유효수분
㉠ 식물이 토양의 수분을 흡수하여 이용할 수 있는 수분으로 포장용수량과 영구위조점 사이의 수분이다.
㉡ 식물 생육에 가장 알맞은 최대함수량은 최대용수량의 60~80%이다.
㉢ 점토 함량이 많을수록 유효수분의 범위가 넓어지므로 사토에서는 유효수분 범위가 좁고, 식토에서는 범위가 넓다.
㉣ 일반 노지식물은 모관수를 활용하지만, 시설원예식물은 모관수와 중력수를 활용한다.

② 수분의 역할
㉠ 광합성과 각종 화학반응의 원료가 된다.
㉡ 용매와 물질의 운반매체로 식물에 필요한 영양소들을 용해하여 작물이 흡수, 이용할 수 있도록 한다.
㉢ 각종 효소의 활성을 증대시켜 촉매작용을 촉진한다.
㉣ 수분이 흡수되어 세포의 팽압이 커지기 때문에 세포가 팽팽하게 되어 식물의 체형을 유지시킨다.
㉤ 증산작용으로 체온의 상승이 억제되어 체온을 조절시킨다.

③ 관 수
㉠ 관수의 시기는 보통 유효수분의 50~85%가 소모되었을 때(PF 2.0~2.5)이다.
㉡ 관수 방법
- 지표관수 : 지표면에 물을 흘러 보내어 공급
- 지하관수 : 땅속에 작은 구멍이 있는 송수관을 묻어서 공급
- 살수(스프링클러)관수 : 노즐을 설치하여 물을 뿌리는 방법
- 점적관수 : 물을 천천히 조금씩 흘러나오게 하여 필요 부위에 집중적으로 관수하는 방법(관개방법 중 가장 발전된 방법)
- 저면관수 : 배수구멍을 물에 잠기게 하여 물이 위로 스며 올라가게 하는 방법으로, 토양에 의한 오염과 토양병해를 방지하고 미세종자, 파종상자와 양액재배, 분화재배에 이용

5 토양공기

(1) 토양의 용기량(容氣量, Air Capacity)

① **토양 용기량** : 토양 중에서 공기용적은 전 공극용적에서 토양 수분의 용적을 뺀 것으로, 토양 중 공기가 차지하는 공극량을 말한다.

② 토양공기의 용적은 전 공극용적에서 토양수분의 용적을 뺀 것이다.

토양공기용적 = 전 공극용적 − 토양수분용적

③ 최소용기량은 토양 내 수분의 함량이 최대용수량에 달할 때이다.

최소용기량 = 최대용수량

④ 최대용기량은 풍건상태의 용기량이다.

(2) 토양공기의 조성

① 토양 중 공기의 조성은 대기에 비하여 이산화탄소의 농도는 몇 배나 높고, 산소의 농도는 훨씬 낮다.

② 토양 속으로 깊이 들어갈수록 이산화탄소의 농도는 점차 높아지고, 산소의 농도는 감소하여 약 150cm 이하로 깊어지면 이산화탄소의 농도가 산소의 농도보다 오히려 높아진다.

③ 토양 내에서 유기물의 분해 및 뿌리나 미생물의 호흡에 의해 산소는 소모되고 이산화탄소는 배출되는데, 대기와의 가스교환이 더뎌 산소가 적어지고 이산화탄소가 많아진다.

(3) 토양공기의 지배요인

① **토성** : 일반적으로 사질인 토양은 대공극이 많아 토양의 용기량이 증가하고 토양 용기량 증가는 산소의 농도를 높인다.

② **토양구조** : 식질토양에서 입단이 형성되면 비모관공극이 증대하여 용기량이 증대한다.

③ **경운** : 심경은 토양의 깊은 곳까지 용기량이 증대한다.

④ **토양수분** : 토양 내 수분의 증가는 토양 용기량이 적어지고 산소의 농도가 낮아지며, 이산화탄소의 농도는 높아진다.

⑤ **유기물** : 미숙유기물의 시용은 산소의 농도가 훨씬 낮아지나 이산화탄소의 농도는 높아지지 않는다.

⑥ **식생** : 토양 내의 뿌리호흡에 의한 식물의 생육으로 이산화탄소의 농도가 나지보다 현저히 높아진다.

(4) 토양공기와 작물생육

① 토양용기량과 작물의 생육은 밀접한 관계가 있다. 토양용기량이 어느 한도 이상으로 증대하면 토양함수량이 과도하게 감소하여 작물생육에 불리한 경우도 있지만, 일반적으로 토양용기량이 증대하면 산소가 많아지고 이산화탄소는 적어지므로 작물생육에는 이롭다.

② 토양 중의 이산화탄소의 농도가 높아지면 수소이온을 생성하여 토양이 산성화되고 수분과 무기염류의 흡수가 저해되어 작물에 부정적 영향을 미친다.

③ **무기염류의 저해 정도** : K > N > P > Ca > Mg 순을 보인다.

④ 토양 중 산소의 부족은 뿌리 호흡 및 여러 가지 생리작용이 저해될 뿐만 아니라 환원성 유해물질이 생성되어 뿌리가 상하게 되며, 유용한 호기성 토양미생물의 활동이 저해되어 유효태 식물양분이 감소한다.

(5) 토양통기의 조장

① 토양처리

㉠ 배수 : 토양 내 수분의 배출은 토양 용기량을 늘린다.
㉡ 토양입단 조성 : 유기물, 석회, 토양개량제 등을 시용한다.
㉢ 심경(深耕) : 토양을 관행보다 깊게 판다.
㉣ 객토 : 식질토성을 개량 및 습지의 지반을 높인다.

② 재배적 조건

㉠ 답전윤환재배를 한다.
㉡ 답리작, 답전작을 한다.
㉢ 중습답에서는 휴립재배를 한다.
㉣ 습전에서는 휴립휴파를 한다.
㉤ 중경을 한다.
㉥ 파종 시 미숙퇴비 및 구비를 종자 위에 두껍게 덮지 않는다.

6 무기양분과 작물

(1) 개 요

① 토양 내에는 각종 무기성분이 함유되어 있어 작물생육의 영양원이 되고 있다.

② 토양 무기성분

㉠ 토양 무기성분은 광물성분을 의미한다.
㉡ 1차 광물 : 암석에서 분리된 광물이다.
㉢ 2차 광물 : 1차 광물의 풍화 생성으로 재합성된 광물로 구분한다.

필 / 수 / 확 / 인 / 문 / 제

(2) 필수원소(必須元素, Essential Nutrient Elements)

① 필수원소의 종류(16종)

㉠ 다량원소(9종) : 탄소(C), 산소(O), 수소(H), 질소(N), 인(P), 칼륨(K), 칼슘(Ca), 마그네슘(Mg), 황(S)

㉡ 미량원소(7종) : 철(Fe), 망간(Mn), 구리(Cu), 아연(Zn), 붕소(B), 몰리브덴(Mo), 염소(Cl)

② 규소(Si), 알루미늄(Al), 나트륨(Na), 요오드(I), 코발트(Co) 등은 필수원소는 아니지만 식물체 내에서 검출되며, 특히 규소는 벼 등의 화본과 식물에서 중요한 생리적 역할을 한다.

③ 자연 함량의 부족으로 인공적 보급의 필요성이 있는 성분을 비료요소라 한다.

㉠ 비료의 3요소 : N, P, K

㉡ 비료의 4요소 : N, P, K, Ca

㉢ 비료의 5요소 : N, P, K, Ca, 부식

(3) 필수원소의 생리작용

① 탄소, 산소, 수소

㉠ 식물체의 90~98%를 차지한다.

㉡ 엽록소의 구성원소이다.

㉢ 광합성에 의한 여러 가지 유기물의 구성재료가 된다.

② 질소(N)

㉠ 질산태(NO_3^-)와 암모니아태(NH_4^+)로 식물체에 흡수되며, 체내에서 유기물로 동화된다.

㉡ 단백질의 중요한 구성성분으로 원형질은 그 건물의 40~50%가 질소화합물이며 효소, 엽록소도 질소화합물이다.

㉢ 결핍 : 노엽의 단백질이 분해되어 생장이 왕성한 부분으로 질소분이 이동함에 따라 하위엽에서 황백화현상이 일어나고 화곡류의 분얼이 저해된다.

㉣ 과다 : 작물체의 수분함량이 높아지고 세포벽이 얇아지면 연해져서 한발, 저온, 기계적 상해, 해충 및 병해에 대한 각종 저항성이 저하된다.

③ 인(P)

㉠ 인산이온($H_2PO_4^-$, HPO_4^{2-})의 형태로 식물체에 흡수되며 세포의 분열, 광합성, 호흡작용, 녹말과 당분의 합성분해, 질소동화 등에 관여한다.

식물의 필수원소에 대한 설명으로 옳지 않은 것은?

① 질소화합물은 늙은 조직에서 젊은 생장점으로 전류되므로 결핍증세는 어린 조직에서 먼저 나타난다.
② 칼륨은 이온화되기 쉬운 형태로 잎, 생장점, 뿌리의 선단에 많이 함유되어 있다.
③ 붕소는 촉매 또는 반응조절물질로 작용하며, 석회결핍의 영향을 덜 받게 한다.
④ 철은 호흡효소의 구성 성분으로 엽록소의 형성에 관여하고, 결핍하면 어린잎부터 황백화하여 마그네슘과 함께 엽록소의 형성을 감소시킨다.

답 ①

필 / 수 / 확 / 인 / 문 / 제

다음 원소 중 엽록소 생성과 가장 관계가 없는 것은?

① 질소(N)
② 마그네슘(Mg)
③ 칼슘(Ca)
④ 철(Fe)

답 ③

㉡ 세포핵, 분열조직, 효소, ATP 등의 구성 성분으로 어린 조직이나 종자에 많이 함유되어 있다.
㉢ 결핍 : 뿌리발육 저해, 어린잎이 암녹색이 되고 둘레에 오점이 생기며, 심하면 황화하고 결실이 저해된다.

④ 칼륨(K)

㉠ 이동성이 매우 크고 잎, 생장점, 뿌리의 선단 등 분열조직에 많이 함유되어 있으며, 여러 가지 물질대사의 일종의 촉매적 작용을 한다.
㉡ 광합성, 탄수화물 및 단백질 형성, 세포 내의 수분공급과 증산에 의한 수분상실의 제어 등의 역할을 하며 효소반응의 활성제로서 중요한 작용을 한다.
㉢ 탄소동화작용을 촉진하므로 일조가 부족한 때에 효과가 크다.
㉣ 단백질 합성에 필요하므로 칼륨 흡수량과 질소 흡수량의 비율은 거의 같은 것이 좋다.
㉤ 결핍 : 생장점이 말라죽고 줄기가 약해지며, 잎의 끝이나 둘레의 황화, 하위엽의 조기낙엽 현상을 보여 결실이 저해된다.

⑤ 칼슘(Ca)

㉠ 세포막의 중간막의 주성분이며, 잎에 많이 존재한다.
㉡ 체내에서는 이동률이 매우 낮다.
㉢ 분열조직의 생장, 뿌리 끝의 발육과 작용에 불가결하다.
㉣ 토양 중 석회의 과다는 마그네슘, 철, 아연, 코발트, 붕소 등 흡수가 저해되는 길항작용이 나타난다.
㉤ 결핍 : 뿌리나 눈의 생장점이 붉게 변하여 죽게 된다.

⑥ 황(S)

㉠ 원형질과 식물체의 구성물질 성분이며, 효소 생성과 여러 특수 기능에 관여한다.
㉡ 체내 이동성이 낮으며, 결핍증상은 새 조직에서부터 나타난다.
㉢ 결핍 : 엽록소의 형성이 억제되고, 콩과작물에서는 근류균의 질소 고정능력이 저하되며, 세포분열이 억제되기도 한다.

⑦ 마그네슘(Mg)

㉠ 엽록체 구성원소로 잎에서 함량이 높다.
㉡ 체내 이동성이 비교적 높아서 부족하면 늙은 조직으로부터 새 조직으로 이동한다.
㉢ 결 핍
- 황백화현상, 줄기나 뿌리의 생장점 발육이 저해됨
- 체내의 비단백태질소가 증가하고 탄수화물이 감소되며, 종자의 성숙이 저해됨

• 석회가 부족한 산성토양이나 사질토양, 칼륨이나 염화나트륨이 지나치게 많은 토양 및 석회를 과다하게 사용했을 때에 결핍현상이 나타나기 쉬움

⑧ 철(Fe)

㉠ 엽록소 구성성분은 아니나 엽록소 합성과 밀접한 관련이 있다.

㉡ pH가 높거나 토양 중에 인산 및 칼슘의 농도가 높으면 흡수가 크게 저해된다.

㉢ 니켈, 코발트, 크롬, 아연, 몰리브덴, 망간 등의 과잉은 철의 흡수를 저해한다.

㉣ 결핍 : 항상 어린잎에서 황백화현상이 나타나며, 마그네슘과 함께 엽록소의 형성을 감소시킨다.

⑨ 망간(Mn)

㉠ 여러 효소의 활성을 높여서 광합성 물질의 합성과 분해, 호흡작용 등에 관여한다.

㉡ 생리작용이 왕성한 곳에 많이 함유되어 있고, 체내 이동성이 낮아서 결핍증상은 새잎부터 나타난다.

㉢ 토양의 과습 또는 강한 알칼리성이 되거나 철분의 과다는 망간의 결핍을 초래한다.

㉣ 결핍 : 엽맥에서 먼 부분(엽맥 사이)이 황색으로 되며, 화곡류에서는 세로로 줄무늬가 생긴다.

⑩ 붕소(B)

㉠ 촉매 또는 반응조절물질로 작용하며, 석회결핍의 영향을 경감시킨다.

㉡ 생장점 부근에 함유량이 높고 이동성이 낮아 결핍증상은 생장점 또는 저장기관에 나타나기 쉽다.

㉢ 석회의 과잉과 토양의 산성화는 붕소결핍의 주원인이며, 산야의 신개간지에서 나타나기 쉽다.

㉣ 결 핍

• 분열조직의 괴사(Necrosis)를 일으키는 일이 많음
• 채종재배 시 수정, 결실이 나빠짐
• 콩과작물의 근류형성 및 질소고정이 저해됨
• 사탕무의 속썩음병, 순무의 갈색속썩음병, 셀러리의 줄기쪼김병, 담배의 끝마름병, 사과의 축과병, 꽃양배추의 갈색병, 알팔파의 황색병을 유발

⑪ 아연(Zn)

㉠ 효소의 촉매 또는 반응조절물질로서 작용한다.

㉡ 결핍 : 황백화, 괴사, 조기낙엽 등을 초래한다.

콩밭이 누렇게 보여 잘 살펴보니 상위 엽의 잎맥 사이가 황화(Chlorosis)되었고, 토양 조사를 하였더니 pH가 9 이었다. 다음 중 어떤 원소의 결핍증으로 추정되는가?

① 질 소
② 인
③ 철
④ 마그네슘

 ③

⑫ 구리(Cu)

㉠ 산화효소의 구성원소로 작용한다.

㉡ 엽록체 안에 비교적 많이 함유되어 있으며, 엽록체의 복합단백 구성성분으로 광합성에 관여한다.

㉢ 철 및 아연과 길항관계가 있다.

㉣ 결핍 : 단백질 합성이 저해되며, 잎 끝에 황백화현상이 나타나고 고사한다.

⑬ 몰리브덴(Mo)

㉠ 질산환원효소의 구성성분이며, 질소대사에 필요하다.

㉡ 결 핍

- 잎의 황백화
- 모자이크병에 가까운 증세가 나타남
- 콩과작물의 질소고정력이 떨어짐

⑭ 염소(Cl)

㉠ 광합성작용과 물의 광분해에 촉매작용을 한다.

㉡ 세포의 삼투압을 높이며, 식물조직 수화작용의 증진, 아밀로오스(Amylose) 활성증진, 세포즙액의 pH 조절기능을 한다.

㉢ 결핍 : 어린잎이 황백화되고, 전 식물체의 위조현상이 나타난다.

(4) 비필수원소와 생리작용

① 규소(Si)

㉠ 모든 작물에 필수원소는 아니나 화본과식물에서는 필수적이다.

㉡ 화본과작물의 가용성 규산화 유기물의 시용은 생육과 수량에 효과가 있으며, 벼는 특히 규산 요구도와 시용효과가 높다.

㉢ 해충과 도열병 등에 내성이 증대되며, 경엽의 직립화로 수광 상태가 좋아져 광합성에 유리하고 뿌리의 활력이 증대된다.

② 코발트(Co)

㉠ 콩과작물의 근류균의 활동에 코발트가 필요한 것으로 여겨지고 있다.

㉡ 비타민 B_{12}의 구성성분이다.

③ 나트륨(Na)

㉠ 필수원소는 아니나 셀러리, 사탕무, 순무, 목화, 크림슨클로버 등에서는 시용효과가 인정되고 있다.

㉡ 기능면에서 칼륨과 배타적 관계이나 제한적으로 칼륨의 기능을 대신할 수 있다.

㉢ C_4식물에서 요구도가 높다.

④ 알루미늄(Al)

㉠ 토양 중 규산과 함께 점토광물의 주체를 이룬다.

㉡ 산성토양에서는 토양의 알루미나가 활성화되어 용이하게 용출되어 식물에 유해하다.

㉢ 뿌리의 신장을 저해, 맥류의 잎에서는 엽맥 사이의 황화, 토마토 및 당근 등에서는 지상부에 인산결핍증과 비슷한 증상을 나타낸다.

㉣ 알루미늄의 과잉은 칼슘, 마그네슘, 질산의 흡수 및 인의 체내이동이 저해된다.

7 토양유기물과 작물

(1) 유기물

동물, 식물의 사체가 분해되어 암갈색, 흑색을 띤 부식물을 말한다.

(2) 토양유기물의 기능

① 암석의 분해를 촉진한다(흙).

② 양분을 공급한다(N, P, K, Ca, Mg).

③ 대기 중의 이산화탄소를 공급한다.

④ 생장촉진물질을 생성한다.

⑤ 입단을 형성한다(보수, 보비력 증대).

⑥ 토양의 완충능력을 증대시킨다.

⑦ 미생물의 번식을 조장한다.

⑧ 토양을 보호한다.

⑨ 지온을 상승시킨다.

8 토양반응과 작물

(1) 토양반응

토양이 산성, 중성, 염기성인가의 성질로 토양용액 중 수소이온(H^+)농도와 수산화이온(OH^-)농도의 비율에 의해 결정되며 pH로 표시한다.

다음 중 산성토양에 극히 강한 작물만을 고른 것은?

ㄱ. 수박	ㄴ. 가지	ㄷ. 기장
ㄹ. 상추	ㅁ. 고추	ㅂ. 부추
ㅅ. 시금치	ㅇ. 감자	

① ㄱ, ㄷ, ㅇ
② ㄱ, ㄹ, ㅅ
③ ㄴ, ㅁ, ㅂ
④ ㄴ, ㅅ, ㅇ

답 ①

(2) pH

① $pH = -\log[H^+]$

② pH가 7보다 작으면 산성이라 하고, 그 값이 작아질수록 산성이 강해진다.

③ pH가 7보다 크면 알칼리성이라 하고, 그 값이 커질수록 알칼리성이 강해진다.

④ pH가 7이면 중성이다.

(3) 토양반응과 작물의 생육

① pH에 따라 토양 중 작물양분의 유효도는 크게 달라지며, 중성 내지 약산성에서 가장 높다.

② 강산성에서의 작물생육

㉠ 인, 칼슘, 마그네슘, 붕소, 몰리브덴 등의 가급도가 떨어져 작물의 생육에 불리하다.

㉡ 암모니아가 식물체 내에 축적되고, 동화되지 못해 해롭다.

㉢ 알루미늄, 구리, 아연, 망간 등의 용해도가 증가하여 독성으로 인해 작물의 생육을 저해한다.

③ 강알칼리성에서의 작물생육

㉠ 붕소, 철, 망간 등의 용해도 감소로 작물의 생육에 불리하다.

㉡ 붕소는 pH8.5 이상에서는 용해도가 커진다.

㉢ 강염기가 증가하여 생육을 저해한다.

④ 산성토양에 대한 작물의 적응성

㉠ 극히 강한 것 : 벼, 밭벼, 귀리, 토란, 아마, 기장, 땅콩, 감자, 수박 등

㉡ 강한 것 : 메밀, 옥수수, 목화, 당근, 오이, 완두, 호박, 토마토, 밀, 조, 고구마, 담배 등

㉢ 약간 강한 것 : 유채, 파, 무 등

㉣ 약한 것 : 보리, 클로버, 양배추, 근대, 가지, 삼, 겨자, 고추, 완두, 상추 등

㉤ 가장 약한 것 : 알팔파, 콩, 자운영, 시금치, 사탕무, 셀러리, 부추, 양파 등

⑤ 사탕무, 수수, 유채, 양배추, 목화, 보리, 버뮤다그래스 등은 알칼리성 토양에 적응력이 높지만, pH 8 이상의 강알칼리성에 알맞은 작물은 거의 없다.

(4) 산성토양의 종류

① 활산성과 잠산성

㉠ 활산성(活酸性, Active Acidity) : 토양용액에 들어 있는 H^+에 기인하는 산성을 활산성이라하며 식물에 직접 해를 끼친다.

㉡ 잠산성(潛酸性, 치환산성, Exchange Acidity) : 토양교질물에 흡착된 H^+과 Al^{3+}에 기인하는 산성을 말한다.

㉢ 가수산성(加水酸性, Hydrolytic Acidity) : 아세트산칼슘[Calcium Acetate, $(CH_3COO)_2Ca$)]과 같은 약산염의 용액으로 침출한 액에 용출된 H^+에 기인된 산성을 말한다.

㉣ 양토나 식토는 사토에 비해 잠산성이 높아 pH가 같더라도 중화에 더 많은 석회를 필요로 한다.

② 산성토양의 원인

㉠ 포화교질(飽和膠質, Saturated Colloid)과 미포화교질(未飽和膠質, Unsaturated Colloid)

- 포화교질 : 토양콜로이드(土壤膠質)가 Ca^{2+}, Mg^{2+}, K^+, Na^+ 등으로 포화된 것
- 미포화교질 : H^+도 함께 흡착하고 있는 것
- 미포화교질이 많으면 중성염이 가해질 때 H^+가 생성되어 산성을 나타냄

$$[colloid]\ H^+ + KCl \rightleftarrows [colloid]\ K^+ + HCl(H^+ + Cl^-)$$

- 토양 중 Ca^{2+}, Mg^{2+}, K^+ 등의 치환성 염기가 용탈되어 미포화교질이 늘어나는 것이 토양산성화의 가장 보편적인 원인

㉡ 토양유기물의 분해 시 생기는 이산화탄소나 공기 중 이산화탄소는 빗물이나 관개수 등에 용해되어 탄산을 생성하는데, 치환성 염기는 탄산에 의해 용탈되므로 강우나 관개로 토양은 산성화되어 가며 유기물의 분해 시 생기는 여러 유기산이 토양염기의 용탈을 촉진시킨다.

㉢ 토양 중 탄산 유기산은 그 자체로 산성화의 원인이며, 부엽토는 부식산 때문에 산성이 강해지는 경우가 많다.

㉣ 토양 중 질소, 황이 산화되면 질산, 황산이 되어 토양이 산성화되며 염기의 용탈을 촉진시킨다. 토양염기가 감소하면 토양광물 중 Al^{3+}이 용출되고, 물과 만나면 다량의 H^+를 생성한다.

$$Al^{3+} + 3H_2O \rightarrow Al(OH)_3 + 3H^+$$

㉤ 산성비료, 즉 황산암모니아, 과인산석회, 염화칼륨, 황산칼륨, 인분뇨, 녹비 등의 연용은 토양을 산성화시킨다.

ⓑ 화학공장에서 배출되는 산성물질, 제련소 등에서 배출되는 아황산가스 등도 토양 산성화의 원인이 된다.

③ 산성토양의 해

㉠ 과다한 수소이온(H^+)은 작물의 뿌리에 해를 준다.

㉡ 알루미늄이온(Al^{3+}), 망간이온(Mn^{2+})이 용출되어 작물에 해를 준다.

㉢ 인(P), 칼슘(Ca), 마그네슘(Mg), 몰리브덴(Mo), 붕소(B) 등의 필수원소가 결핍된다.

㉣ 석회가 부족하고 미생물의 활동이 저해되어 유기물의 분해가 나빠져 토양의 입단형성이 저해된다.

㉤ 질소고정균 등의 유용미생물의 활동이 저해된다.

④ 산성토양의 개량과 재배대책

㉠ 근본적 개량대책은 석회와 유기물을 넉넉히 시비하여 토양반응과 구조를 개선하는 것이다.

㉡ 석회만 시비하여도 토양반응은 조정되지만, 유기물과 함께 시비하는 것이 석회의 지중 침투성을 높여 석회의 중화효과를 더 깊은 토층까지 미치게 한다.

㉢ 유기물의 시용은 토양구조의 개선, 부족한 미량원소의 공급, 완충능의 증대로 알루미늄이온 등의 독성이 경감된다.

㉣ 개량에 필요한 석회의 양은 토양의 pH나 종류에 따라 다르며, pH가 동일하더라도 점토나 부식의 함량이 많은 토양은 석회의 시용량을 늘려야 한다.

㉤ 내산성 작물(옥수수, 수수, 메밀, 감자, 담배 등)을 심는 것이 안전하며, 산성비료의 시용을 피해야 한다.

ⓑ 용성인비는 산성토양에서도 유효태인 수용성 인산을 함유하며, 마그네슘의 함유량도 많아 효과가 크다.

㉦ 산성조건인 토양은 용해도가 증가하여 붕소가 유실되기 쉽기 때문에 붕소의 부족이 나타나기 쉬운 작물의 재배 시 붕사를 10a당 약 0.5~1.3kg 정도를 주어서 보급한다.

⑤ 알칼리토양의 생성

㉠ 해안지대의 신간척지 또는 바닷물의 침입지대는 알칼리토양이 된다.

㉡ 강우가 적은 건조지대에서는 규산염광물의 가수분해에 의해서 방출되는 강염기에 의해 알칼리성 토양이 된다.

산성토양의 개량과 재배대책으로 옳지 않은 것은?

① 산성토양에 적응성이 높은 콩, 팥, 양파 등의 작물을 재배한다.
② 석회와 유기물을 충분히 시용하고 염화칼륨, 인분뇨, 녹비 등의 연용을 피한다.
③ 유효태인 구용성 인산을 함유하는 용성인비를 시용한다.
④ 붕소는 10a당 0.5~1.3kg의 붕사를 주어서 보급한다.

답 ①

9 토양미생물

(1) 토양미생물의 역할

① 유기물의 분해

㉠ 유기물을 분해하여 무기화작용으로 유리되는 양분을 식물이 흡수할 수 있게 한다.

㉡ 무기화작용 : 유기태 질소화합물을 무기태로 변환하는 것으로 첫 단계가 Amide 물질로부터 암모니아를 생성하는 암모니아화 작용이다.

㉢ 점성의 분해중간물은 토양입단의 안정성을 높여준다.

㉣ 유기물이 분해되며 생기는 유기・무기산(질산, 황산, 탄산)은 석회석과 같은 암석이나 인산, 철, 망간 같은 양분의 유효도를 높여준다.

② 유리질소(遊離窒素)의 고정

㉠ 대기 중에 가장 풍부한 질소는 유리상태로 고등식물이 직접 이용할 수 없으며, 반드시 암모니아 같은 화합형태가 되어야 양분이 될 수 있는데, 이 과정을 분자질소의 고정작용이라 하고 자연계의 물질순환, 식물에 대한 질소 공급, 토양 비옥도 향상을 위해서는 매우 중요하다.

㉡ 근류균은 콩과식물과 공생하면서 유리질소를 고정하며 *Azotobacter*, *Azotomonas* 등은 호기상태에서, *Clostridium* 등은 혐기상태에서 단독으로 유리질소를 고정한다.

㉢ 질소고정균의 구분

- 공생균 : 콩과식물에 공생하는 근류균(根瘤菌, *Rhizobium*), 벼과식물에 공생하는 스피릴룸 리포페룸(*Spirillum lipoferum*)이 있다.
- 비공생균 : 아나바이나속(一屬, *Anabaena*)과 염주말속(*Nostoc*)을 포함하여 아조토박터속(*Azotobacter*), 베이예링키아속(*Beijerinckia*), 클로스트리디움속(*Clostridium*) 등

③ 질산화작용(窒酸化作用, Nitrification) : 암모늄이온(NH_4^+)이 아질산이온(NO_2^-)과 질산이온(NO_3^-)으로 산화되는 과정으로, 암모늄이온(NH_4^+)을 질산으로 변하게 하여 작물에 이롭게 한다.

④ 무기물의 산화

㉠ 가용성 무기성분의 동화로 유실을 적게 한다.

㉡ 균사 등의 점질물질에 의해서 토양의 입단을 형성한다.

㉢ 미생물 간의 길항작용(拮抗作用, Antagonism)에 의해서 유해작용을 경감한다.

㉣ 호르몬성의 생장촉진물질을 분비한다.

토양미생물과 작물의 관계에 대한 설명으로 옳은 것은?

① 토양미생물은 무기물 유실을 촉진시킨다.
② 공중질소를 질산태 형태로 고정하여 식물에 공급한다.
③ 뿌리혹을 형성하여 식물이 이용할 무기양분을 고갈시킨다.
④ 토양미생물은 지베렐린, 시토키닌 등의 식물생장촉진물질을 분비한다.

답 ④

토양 내에서 황산염으로부터 유해한 물질을 생성하는 미생물은?

① *Azotobacter*, *Bacillus megatherium*
② *Desulfovibrio*, *Desulfotomaculum*
③ *Clostridium*, *Azotobacter*
④ *Rhizobium*, *Bradyrhizobium*

답 ②

⑤ 근권(根圈, Rhizosphere) 형성 : 식물 뿌리는 많은 유기물을 분비하거나 근관과 잔뿌리가 탈락하여 새로운 유기물이 되어 다른 생물의 먹이가 되어 뿌리 근처에 강력한 생물학적 활동 영역 근권을 형성하여 뿌리의 양분흡수 촉진, 뿌리 신장생장의 억제, 뿌리 효소활성을 높인다.

⑥ 균근의 형성
㉠ 뿌리에 사상균 등이 착생하여 공생으로 내생균근(內生菌根, Endo-mycorrhizae)이 특수형태를 형성하여 식물은 물과 양분의 흡수가 용이해지고 뿌리 유효표면이 증가하며 내염성, 내건성, 내병성 등이 강해진다.
㉡ 토양양분의 유효화로 담자균류, 자낭균 등의 외생균근(外生菌根, Ectomycorrhizae)이 왕성해지면 병원균의 침입을 막게 되는데 이는 균사가 펙틴질, 탄수화물을 섭취하여 뿌리 외부에 연속적으로 자라면서 하나의 피복을 이루면서 뿌리를 완전히 둘러싸기 때문이다.

(2) 토양미생물의 해작용

① 토양유래식물병을 일으키는 미생물이 많다.
② 탈질세균에 의해 $NO_3^- \rightarrow NO_2^- \rightarrow N_2O$, N_2로 되는 탈질작용을 일으킨다.
③ 황산염을 환원하여 황화수소 등의 유해한 환원성 물질을 생성한다. *Desulfovibrio*, *Desulfotomaculum* 등의 혐기성세균은 SO_4를 환원하여 H_2S가 되게 한다.
④ 미숙유기물을 시비했을 때 질소 기아현상처럼 작물과 미생물 간에 양분의 쟁탈이 일어난다.

(3) 토양조건과 미생물

① 유용 토양미생물의 생육조건
㉠ 토양 내에 유기물이 많고, 통기가 좋은 조건에서 생육이 좋다.
㉡ 토양반응은 중성~미산성, 토양습도는 과습하거나 과건하지 않은 조건에서 생육이 좋다.
㉢ 토양온도는 20~30°C일 때 생육이 왕성하다.
② 유해한 토양미생물은 윤작, 담수 또는 배수, 토양소독 등에 의해서 생육활동을 억제 및 경감시킬 수 있다.

10 논토양과 밭토양

(1) 논토양과 밭토양의 차이점

① 양분의 존재형태

[밭토양과 논토양에서의 원소의 존재형태]

원 소	밭토양(산화상태)	논토양(환원상태)
탄소(C)	CO_2	CH_4, 유기산물
질소(N)	NO_3^-	N_2, NH_4^+
망간(Mn)	Mn^{4+}, Mn^{3+}	Mn^{2+}
철(Fe)	Fe^{3+}	Fe^{2+}
황(S)	SO_4^{2-}	H_2S, S
인(P)	인산(H_3PO_4), 인산알루미늄($AlPO_4$)	인산이수소철($Fe(H_2PO_4)_2$), 인산이수소칼슘($Ca(H_2PO_4)_2$)
산화환원전위(Eh)	높 다	낮 다

② 토양의 색깔

㉠ 논토양 : 청회색, 회색

㉡ 밭토양 : 황갈색, 적갈색

③ 산화물과 환원물의 존재

㉠ 논토양 : 환원물(N_2, H_2S, S)이 존재한다.

㉡ 밭토양 : 산화물(NO_3^-, SO_4^{2-})이 존재한다.

④ 양분의 유실과 천연공급

㉠ 논토양 : 관개수에 의한 양분의 천연공급량이 많다.

㉡ 밭토양 : 강우에 의한 양분의 유실이 많다.

⑤ 토양의 pH : 논토양은 담수로 인하여 낮과 밤 및 담수기간과 낙수기간에 따라 차이가 있으나 밭토양은 그렇지 않다.

⑥ 산화환원전위(Eh)

㉠ 논토양의 산화와 환원 정도를 나타내는 기호이다.

㉡ Eh값은 밀리볼트(mV) 또는 볼트(Volt)로 나타낸다.

㉢ Eh값은 환원이 심한 여름에 작아지고, 산화가 심한 가을부터 봄까지 커진다.

㉣ Eh와 pH는 상관관계가 있어 pH가 상승하면 Eh값은 낮아지는 경향이 있다.

논토양과 밭토양의 차이점에 대한 설명으로 옳지 않은 것은?

① 논토양에서는 환원물(N_2, H_2S, S)이 존재하나, 밭토양에서는 산화물(NO_3, SO_4)이 존재한다.

② 논에서는 관개수를 통해 양분이 공급되나, 밭에서는 빗물에 의해 양분의 유실이 많다.

③ 논토양에서는 혐기성균의 활동으로 질산이 질소가스가 되고, 밭토양에서는 호기성균의 활동으로 암모니아가 질산이 된다.

④ 논토양에서는 pH 변화가 거의 없으나, 밭에서는 논토양에 비해 상대적으로 pH의 변화가 큰 편이다.

답 ④

(2) 논토양의 일반적인 특성

① 논토양의 특징

㉠ 논토양의 환원과 토층의 분화

- 논에서 갈색의 산화층과 회색(청회색)의 환원층으로 분화되는 것을 논토양의 토층분화라고 한다.
- 산화층은 수 mm에서 1~2cm이고, 작토층은 환원되며 이때 활동하는 미생물은 혐기성 미생물이다. 논토양에서는 혐기성균의 활동으로 질산이 질소가스가 되고, 밭토양에서는 호기성균의 활동으로 암모니아가 질산이 된다. 작토 밑의 심토는 산화상태로 남는다.

㉡ 산화환원전위와 pH

- 산화환원전위의 경계는 0.3Volt이며 논토양은 0.3Volt 정도로 청회색을 띤다.
- 미숙한 유기물을 많이 시용하거나 미생물이 왕성한 토양은 산소 소비가 많아서 Eh값이 0.0 이하가 된다.
- 산화환원전위는 토양이 산화될수록 높아지고, 환원될수록 떨어진다.

㉢ 양분의 유효화

산화상태의 철이나 망간은 수도에 대한 이용률은 낮지만 환원되면 용해도가 증가하여 양분으로 흡수된다.

- 논이 물에 잠겨 있으면 유기물이 축적되는 경향이 있으며, 물이 빠지면 유기태 질소가 분해되어 질소는 흡수되기 쉬운 형태로 변한다.
- 물속에서 환원상태가 발달하면 토양에 있던 인산이 흡수되기 쉬운 상태로 된다.

㉣ 논토양에서의 탈질현상

- 비료로 사용한 암모니아 또는 토양 유기물이 분해하여 생긴 암모니아이다.
  - 환원상태의 논토양에서 암모늄태질소(NH_4^+)로 안정하게 존재
  - 논토양의 산화층에서 암모늄태질소도 질산화 작용에 의하여 질산태질소(NO_3^-)로 산화
- 음이온인 NO_3^-는 환원층으로 이행되고, 여기서 질산환원균에 의하여 환원되므로 탈질현상이 일어나 질소가 손실된다.
- 질소질 비료를 논에 시용할 때에는 탈질현상을 막기 위하여 될 수 있는 대로 환원층에 들어가도록 전층 시비(심층 시비), 환원층 시비를 하는 것이 비료의 이용률을 높이는 시비법이다.

㉤ 관개수에 의한 양분 공급 : 논에 관개되는 물에는 여러 가지 종류의 양분이 녹아 있다. 관개수에 함유된 양분의 농도는 낮아도 많은 양의 물이 공급되므로 관개수에 의하여 토양은 적지 않은 양분을

공급받게 된다.

② 바람직한 논토양의 성질

㉠ 작토 : 작물의 뿌리가 자유롭게 뻗어 양분을 흡수하는 곳이다.

㉡ 유효토심 : 뿌리가 작토 밑으로 더 뻗어 나갈 수 있는 깊이이다.

㉢ 투수성 : 논토양에서 투수성은 매우 중요한 성질 중의 하나이다.

㉣ 토성 : 모래의 함량과 점토의 함량에 따라 토성을 나타낸다.

(3) 논토양의 개량

① **저위생산논** : 충분한 시비와 노력으로도 벼의 수확량이 얼마 되지 않는 논으로 유형으로는 노후화 토양, 누수 토양, 물 빠짐이 나쁜 질흙이 그 대부분을 차지한다.

② 노후화답과 그 개량

㉠ 노후화답 : 논의 작토층으로부터 철과 망간이 용탈되어 산화상태인 하층에 운반됨과 동시에 여러 가지 염기도 함께 용탈・제거되어 생산력이 몹시 떨어진 논을 노후화답이라 한다. 물 빠짐이 지나친 사질의 토양은 노후화답이 되기 쉽다.

㉡ 추락현상 : 노후화답의 벼는 초기에는 건전하게 보이지만, 벼가 자람에 따라 깨씨무늬병의 발생이 많아지고 점차로 아랫잎이 죽으며, 가을 성숙기에 이르러서는 윗잎까지도 죽어버려 벼의 수확량이 감소하는 경우가 있는데, 이를 추락현상이라 한다.

㉢ 추락의 과정

- 물에 잠겨있는 논에서 황 화합물은 온도가 높은 여름에 환원되어 식물에 유독한 황화수소(H_2S)가 되고, 만일, 이때 작토층에 충분한 양의 활성 철이 있으면 황화수소는 황화철(FeS)로 침전되므로 황화수소의 유해한 작용은 나타나지 않고 철분과 망간 등이 환원되면 용해도는 증가한다.
- 노후화답은 작토층으로부터 활성철이 용탈되어있기 때문에 황화수소를 불용성의 황화철로 침전시킬 수 없어 추락현상이 발생함

㉣ 추락답의 개량

- 객토하여 철을 공급
- 미량요소를 공급
- 심경을 하여 토층 밑으로 침전된 양분을 반전시킴
- 황산기 비료인 $(NH_4)_2SO_4$나 $K_2(SO_4)$ 등을 시용하지 않아야 함

② 누수답과 그 개량

㉠ 누수답 : 작토의 깊이가 얕고 밑에는 자갈이나 모래층이 있어 물 빠짐이 심하며, 보수력이 약한 논을 누수답이라 한다.

노후화답에 관한 설명으로 옳은 것은?

① 철분이나 망간 등이 심토의 산화층에 집적된다.
② 노후화답 개량을 위해서는 심경을 피해야 한다.
③ 노후화답에는 황산근을 가진 비료를 시용해야 한다.
④ 환원층에서 철분이나 망간이 환원되면 용해성이 감소한다.

답 ①

㉡ 누수답의 특징
- 지온상승이 느림
- 작토의 깊이가 얕음
- 물 빠짐이 심하고, 보수력이 약함
- 점토분이 적고, 토성이 좋지 않음
- 양분의 용탈이 심하여 쉽게 노후화 토양으로 됨

㉢ 누수답의 개량 : 객토 및 유기물을 시용하고, 바닥 토층을 밑다듬질을 함

③ 식질논과 그 개량

㉠ 식질토양의 특징
- 통기성이 불량해짐
- 유기물이 집적됨
- 단단한 점토의 반층때문에 뿌리가 잘 뻗지 못함
- 배수불량으로 유해물질의 농도가 높아져 뿌리의 활력이 감소함

㉡ 식질토양의 개량 : 가을갈이를 하고, 유기물을 시용하여 토양의 구조를 떼알로 하여 불량한 성질을 개량하도록 함

(4) 밭토양 개량

① 밭토양의 특징

㉠ 경사지에 많이 분포되어 있다.

㉡ 양분의 천연 공급량은 낮다.

㉢ 연작 장해가 많다.

㉣ 양분이 용탈되기 쉽다.

② 바람직한 밭토양

㉠ 보수성이 좋으면서도 배수성이 좋아야 한다.

㉡ 밭토양에서 나타나기 쉬운 산성이 되지 않게 하고, 인산과 미량원소의 결핍 등의 문제가 없는 토양이 바람직한 토양이다.

㉢ 작토와 유효토심의 깊이 : 작토는 20cm 이상, 유효토심은 50cm 이상인 것이 바람직하다. 또 유효토심의 토양경도는 너무 높지 않아야 한다.

㉣ 공극의 양과 크기 : 토양의 공극량은 전체 부피의 반으로서 공극에는 물과 공기가 반씩 들어있는 것이 좋다.

㉤ 토양의 산도 : 밭작물은 대체로 미산성 내지 중성의 반응을 좋아한다.

③ 밭토양의 개량

㉠ 돌려짓기
- 콩과식물 또는 심근성 식물 : 돌려짓기하는 것은 토양의 지력을 향상시킬 뿐만 아니라 토양의 물리성도 개량하는 효과가 있음

- 목초 : 몇 년 재배하여 돌려짓기를 하면 토양의 유기물 함량을 높이는 데에도 효과가 매우 큼

㉡ 산성의 개량 : 용탈에 의해서 뿐만 아니라 채소를 재배하는 밭은 다비에 의해서도 산성으로 되기 쉽고, 또 양분의 불균형 및 미량원소의 결핍이 일어나기 쉽다.

- 석회시용 : 산성을 중화하고 부족된 양분을 공급
- 퇴비시용 : 미량원소를 공급한다는 면에서 매우 효과적임

㉢ 유기물시용 : 계속적인 시용이 중요하다.

㉣ 깊이갈이

- 목적 : 깊이갈이는 뿌리의 생활 범위를 넓혀 주고 생육환경을 개선하는 것을 목적으로, 우리나라 갈이흙의 깊이는 10cm 정도로 얕은 편이었으나 동력 농기계가 사용되면서부터 차차 그 깊이가 깊어지고 있음
- 작토의 깊이 : 작물의 종류에 따라서 다르지만, 일반적으로는 20~25cm이며, 유효토심은 50cm 이상인 것이 바람직함
- 심토파쇄 또는 토층개량을 함
- 각종 농기계에 의한 경운깊이는 종류에 따라 다름

11 개간지, 간척지 토양

(1) 개간지 토양

① 특 성

㉠ 대체로 산성이다.

㉡ 부식과 점토가 적다.

㉢ 토양구조가 불량하며, 인산 등 비료성분도 적어 토양의 비옥도가 낮다.

㉣ 경사진 곳이 많아 토양보호에 유의해야 한다.

② 개량방법

㉠ 토양면에서 개간 초기에는 밭벼, 고구마, 메밀, 호밀, 조, 고추, 참깨 등을 재배하는 것이 유리하다.

㉡ 기상면에서는 고온작물, 중간작물, 저온작물 중 알맞은 것을 선택하여 재배한다.

필 / 수 / 확 / 인 / 문 / 제

간척지에서 간척 당시의 토양 특징에 대한 설명으로 옳은 것은?

① 지하수위가 낮아서 쉽게 심한 환원상태가 되어 유해한 황화수소 등이 생성된다.
② 황화물은 간척하면 환원과정을 거쳐 황산이 되는데, 이 황산이 토양을 강산성으로 만든다.
③ 염분농도가 높아도 벼의 생육에는 영향을 주지 않는다.
④ 점토가 과다하고 나트륨이온이 많아서 토양의 투수성과 통기성이 나쁘다.

답 ④

간척지 토양에 작물을 재배하고자 할 때 내염성이 강한 작물로만 묶인 것은?

① 토마토－벼－고추
② 고추－벼－목화
③ 고구마－가지－감자
④ 유채－양배추－목화

답 ④

(2) 간척지 토양

① 특 성

㉠ 염분의 해작용 : 토양 중 염분이 과다하면 물리적으로 토양용액의 삼투압이 높아져 벼 뿌리의 수분흡수가 저해되고 화학적으로는 특수이온을 이상 흡수하여 영양과 대사를 저해한다.
㉡ 황화물의 해작용 : 해면 하에 다량 집적되어 있던 황화물이 간척 후 산화되면서 황산이 되어 토양이 강산성이 된다.
㉢ 토양 물리성의 불량 : 점토가 과다하고 나트륨이온이 많아 토양의 투수성, 통기성이 매우 불량하다.

② 개량방법

㉠ 관배수 시설로 염분, 황산의 제거 및 이상 환원상태의 발달을 방지한다.
㉡ 석회를 시용하여 산성을 중화하고, 염분의 용탈을 쉽게 한다.
㉢ 석고, 토양개량제, 생짚 등을 시용하여 토양의 물리성을 개량한다.
㉣ 제염법으로 담수법, 명거법, 여과법, 객토 등이 있는데 노력, 경비, 지세를 고려하여 합리적 방법을 선택한다.

③ 내염재배

㉠ 의의 : 염분이 많은 간척지 토양에 적응하는 재배법이다.
㉡ 내염성이 강한 품종을 선택한다.
㉢ 작물의 내염성 정도

	밭작물	과 수
강	사탕무, 유채, 양배추, 목화	–
중	알팔파, 토마토, 수수, 보리, 벼, 밀, 호밀, 아스파라거스, 시금치, 양파, 호박	무화과, 포도, 올리브
약	완두, 셀러리, 고구마, 감자, 가지, 녹두	배, 살구, 복숭아, 귤, 사과

㉣ 조기재배 및 휴립재배를 한다.
㉤ 논에 물을 말리지 않고, 자주 환수한다.
㉥ 석회, 규산석회, 규회석 등을 충분히 시비한다.
㉦ 비료는 여러 차례 나누어 시비하고 시비량은 많게 한다.

12 토양오염 및 토양보호

(1) 중금속오염

① 중금속과 작물의 재배

㉠ 금속광산의 폐수 등이 농경지에 들어가면 대부분 토양에 축적된다.
㉡ 식물의 중금속 흡수는 지나친 경우 세포가 사멸한다.
㉢ 소량의 경우 호흡작용이 저해된다.
㉣ 중금속 피해 감소를 위해서는 토양 중 유해 중금속을 불용화시켜야 한다.
㉤ 유해 중금속의 불용화 정도 : 황화물 < 수산화물 < 인산염 순으로 크다.

② 식물의 중금속 억제 방법

㉠ 담수재배 및 환원물질을 시용한다.
㉡ 석회질 비료를 시용한다.
㉢ 유기물을 시용한다.
㉣ 인산물질의 시용으로 인산화물을 불용화시킨다.
㉤ 점토광물의 시용으로 흡착에 의한 불용화 : 지오라이트, 벤토나이트 등
㉥ 경운, 객토 및 쇄토를 한다.
㉦ 중금속 흡수식물을 재배한다.

(2) 염류집적의 대책

① 염류집적

㉠ 염류집적은 토양수분이 적고, 산성토양일수록 심하다.
㉡ 염류의 농도가 높으면 삼투압에 의한 양분의 흡수가 이루어지지 못한다.
㉢ 유근의 세포가 저해받아 지상부 생육장해와 심한 경우 고사한다.

② 대 책

㉠ 유기물을 시용한다.
㉡ 담수처리한다.
㉢ 객토 및 심경을 한다.
㉣ 피복물을 제거한다.
㉤ 흡비작물을 이용한다(옥수수, 수수, 호밀, 수단그래스 등).

(3) 토양보호

① 수 식

㉠ 원 인

- 강우 : 강한 강우는 표토의 비산이 많고, 유거수가 일시에 많아져 표토가 유실됨
- 토양의 성질
  - 내수성 입단의 형성, 심토의 투수성은 침식이 적음
  - 식토는 빗물의 흡수가 적어 침식되기 쉬움
  - 사토는 분산되기 쉬워 침식이 쉬움
  - 자갈은 강우의 타격을 견디고, 유거수를 일시 정체시켜 토양침투를 조장해 침식이 적음
- 지 형
  - 경사가 급하면 유거수 유속이 빨라져 침식이 조장됨
  - 경사장이 길면 유거수의 가속도에 의해 침식이 조장됨
  - 적설이 많고 식생이 적은 사면은 침식이 많음
  - 바람이 세거나 토양이 불안정한 사면은 침식이 많음
- 식 생
  - 식생은 강우의 타격을 막고 유거수의 유속을 줄여 토양침투를 많게 하여 침식을 막음
  - 침식은 식생의 피복도가 클수록 경감됨

㉡ 대 책

- 조 림
- 초생재배
- 단구식 재배
- 대상재배
- 등고선 경작
- 토양피복

② 풍 식

㉠ 원인 : 토양이 가볍고 건조할 때 강풍에 의해 발생한다.

㉡ 대 책

- 방풍림, 방풍울타리 등의 조성
- 피복식물의 재배
- 관개하여 토양을 젖어있게 함
- 이랑을 풍향과 직각으로 함
- 겨울에 건조하고 바람이 센 지역은 높이 베기로 그루터기를 이용해 풍력을 약화시키며, 지표에 잔재물을 그대로 둠

제2장 수분환경

1 물의 생리작용

(1) 생리작용

① 작물의 수분

㉠ 생체의 70% 이상은 수분으로 원형질에 약 75% 이상, 다즙식물은 70~80%, 다육식물은 85~95%, 목질부에는 50%의 수분이 함유되어 있다.

㉡ 건조한 종자라도 10% 이상 수분을 함유하고 있다.

㉢ 잎의 수분함량 감소는 기공의 폐쇄가 시작되고 이는 수분의 소비를 억제하며, 이산화탄소의 흡수와 광합성도 억제된다.

② 작물생육에 있어 수분의 기본역할

㉠ 원형질의 생활상태를 유지한다.

㉡ 식물체 구성물질의 성분이다.

㉢ 식물체에 필요한 물질의 흡수 용매가 된다.

㉣ 세포의 긴장상태를 유지시켜 식물의 체제유지를 가능하게 한다.

㉤ 필요물질의 합성, 분해의 매개체가 된다.

㉥ 식물의 체내 물질분포를 고르게 하는 매개체가 된다.

(2) 수분퍼텐셜(Water Potential, ψ_w)

① 개 념

㉠ 수분의 이동을 어떤 상태의 물이 지니는 화학퍼텐셜을 이용하여 설명하고자 도입된 개념으로 토양–식물–대기로 이어지는 연속계에서 물의 화학퍼텐셜을 서술하고 수분이동을 설명하는 데 사용할 수 있다.

㉡ 물의 퍼텐셜에너지는 높은 곳에서 낮은 곳으로 이동한다.

㉢ 물의 이동

- 삼투압 : 낮은 삼투압 → 높은 삼투압
- 수분퍼텐셜 : 높은 수분퍼텐셜 → 낮은 수분퍼텐셜

㉣ 정의 : 수분퍼텐셜은 한 조건에서 용액 중 물의 화학퍼텐셜(μ_w)과 대기압 하의 같은 온도에서의 순수한 물의 화학퍼텐셜($\mu^0{}_w$)의 차이를 물의 부분몰부피(V_w)로 나눈 값

$$\psi_w = \frac{\mu_w - \mu^0{}_w}{V_w}$$

ⓜ 어떤 물질의 화학퍼텐셜은 상대적 값으로 주어진 상태에서 한 물질의 퍼텐셜과 표준상태에서 같은 물질의 퍼텐셜의 차이로 나타내며, 수분퍼텐셜도 그 절대량을 특정할 수 없어 어떤 기준점을 설정하여 이를 중심으로 값을 정하는데 1기압 등온조건의 기준 상태에서 순수한 물의 수분퍼텐셜을 0으로 간주한다. 따라서 용액의 수분퍼텐셜은 항상 0보다 낮은 음(-)의 값을 가진다.

② 수분퍼텐셜의 구성

㉠ 수분퍼텐셜(ψ_w) = 삼투퍼텐셜(ψ_s)+압력퍼텐셜(ψ_p)+매트릭퍼텐셜(ψ_m)

㉡ 삼투퍼텐셜(ψ_s)
- 용질 농도에 따라 영향을 받는 물의 퍼텐셜
- 용질이 첨가될수록 감소하며 항상 음(-)값을 가짐

㉢ 압력퍼텐셜(ψ_p)
- 식물세포 내 벽압이나 팽압의 결과로 생기는 정수압에 따른 퍼텐셜에너지
- 식물세포에서는 일반적으로 양(+)의 값을 가짐

㉣ 메트릭퍼텐셜(ψ_m)
- 교질물질과 식물세포의 표면에 대한 물의 흡착친화력에 의해 나타나는 퍼텐셜에너지
- 항상 음(-)값을 가짐
- 토양의 수분퍼텐셜의 결정에 매우 중요

ⓜ 식물체 내의 수분퍼텐셜
- 식물체 내에서의 수분퍼텐셜에서 메트릭퍼텐셜은 영향을 거의 미치지 않고, 삼투퍼텐셜과 압력퍼텐셜이 좌우하므로 $\psi_w = \psi_s + \psi_p$로 표시할 수 있음
- 세포 부피와 압력퍼텐셜의 변화에 따라 삼투퍼텐셜과 수분퍼텐셜이 변화함
- 압력퍼텐셜과 삼투퍼텐셜이 같아지면 세포의 수분퍼텐셜은 0이 되므로 팽만상태가 됨($\psi_s = \psi_p$)
- 수분퍼텐셜과 삼투퍼텐셜이 같아지면 압력퍼텐셜은 0이 되므로 원형질분리가 일어남($\psi_w = \psi_s$)
- 수분퍼텐셜은 토양이 가장 높고, 대기가 가장 낮으며 식물체 내에서 중간 값이 나타나므로 수분의 이동은 토양 → 식물체 → 대기로 이어짐

식물체 내의 수분퍼텐셜에 관한 설명으로 옳은 것은?

① 수분퍼텐셜과 삼투퍼텐셜이 같으면 압력퍼텐셜이 0이 되므로 팽만상태가 된다.
② 압력퍼텐셜과 삼투퍼텐셜이 같으면 세포의 수분퍼텐셜이 0이 되므로 원형질분리가 일어난다.
③ 식물체 내의 수분퍼텐셜에는 주로 삼투퍼텐셜이 좌우하고, 압력퍼텐셜은 별로 영향을 미치지 않는다.
④ 수분퍼텐셜은 토양에서 가장 높고, 대기에서 가장 낮으며, 식물체 내에서는 중간의 값을 나타낸다.

답 ④

(3) 흡수의 기구

① 삼투압(滲透壓, Osmotic Pressure)

㉠ 삼투(滲透, Osmosis) : 식물세포의 원형질막은 인지질로 된 반투막이며, 외액이 세포액보다 농도가 낮을 때는 외액의 수분농도가 세포액보다 높은 결과가 되므로 외액의 수분이 반투성인 원형질막을 통하여 세포 속으로 확산해 들어가는 원리이다.

㉡ 삼투압 : 내·외액의 농도차에 의해서 삼투를 일으키는 압력을 말한다.

② 팽압(膨壓, Turgor Pressure)

㉠ 삼투에 의해서 세포 내의 수분이 증가하면서 세포의 크기를 증대시키려는 압력을 말한다.

㉡ 식물의 체제유지를 가능하게 한다.

③ 막압(膜壓, Wall Pressure) : 팽압에 의해 늘어난 세포막이 탄력성에 의해서 다시 안으로 수축하려는 압력을 말한다.

④ 흡수압(吸水壓, Suction Pressure) : 삼투압은 세포 내로 수분이 들어가려는 압력이고, 막압은 세포 외로 수분이 배출하는 압력으로 볼 수 있으므로 실제의 흡수는 삼투압과 막압의 차이에 의해서 이루어지며, 이것을 흡수압 또는 DPD(확산압차, Diffusion Pressure Deficit)라고 한다.

⑤ 토양의 수분보유력 및 삼투압을 합친 것을 SMS(Soil Moisture Stress) 또는 DPD라고 하는데, 토양으로부터의 작물뿌리의 흡수는 DPD와 SMS의 차이에 의해서 이루어진다.

⑥ 확산압차구배(擴散壓差勾配, DPDD ; Diffusion Pressure Deficit Difference) : 작물 조직 내의 세포 사이에도 DPD에 서로 차이가 있어 이것을 DPDD라고 하는데, 세포 사이의 수분이동은 이에 따라서 이루어진다.

⑦ 수동적 흡수(Passive Absorption) : 도관 내의 부압에 의한 흡수를 수동적 흡수라 말하며, ATP의 소모 없이 이루어지는 흡수이다.

⑧ 능동적 흡수(Active Absorption) : 세포의 삼투압에 기인하는 흡수를 말하며, ATP의 소모가 동반된다.

2 작물의 요수량

(1) 요수량(要水量, Water Requirement)

① 요수량 : 작물이 건물 1g을 생산하는 데 소비된 수분량을 의미한다.

② 증산계수(蒸散係數, Transpiration Coefficient) : 건물 1g을 생산하는 데 소비된 증산량을 증산계수라고도 하는데, 요수량과 증산계수는 동의

필 / 수 / 확 / 인 / 문 / 제

작물의 요수량에 대한 설명으로 옳지 않은 것은?

① 일반적으로 작물의 생육초기에는 요수량이 적다.
② 일정 기간 내의 수분소비량과 건물축적량을 측정하여 산출한다.
③ 작물의 건물 1g을 생산하는 데 소비된 수분량(g)을 뜻한다.
④ 일반적으로 광부족, 척박한 토양 등의 불량환경에서는 요수량이 많아진다.

답 ①

어로 사용되고 있다.

③ 증산능률(蒸散能率, Efficiency Transpiration) : 일정량의 수분을 증산하여 축적된 건물량을 말하며, 요수량과 반대되는 개념이다.

④ 요수량은 일정 기간 내의 수분소비량과 건물축적량을 측정하여 산출하는데, 작물의 수분경제의 척도를 나타내는 것이고 수분의 절대소비량을 표시하는 것은 아니다.

⑤ 대체로는 요수량이 작은 작물이 건조한 토양과 한발에 저항성이 강하다.

(2) 요수량의 요인

① 작물의 종류

㉠ 수수, 옥수수, 기장 등은 작고 호박, 알팔파, 클로버 등은 크다.

㉡ 일반적으로 요수량이 작은 작물일수록 내한성(耐旱性)이 크나 옥수수, 알팔파 등에서는 상반되는 경우도 있다.

② 생육단계 : 건물생산의 속도가 낮은 생육초기에 요수량이 크다.

③ 환경 : 광의 부족, 많은 바람, 공중습도의 저하, 저온과 고온, 토양수분의 과다 및 과소, 척박한 토양 등의 환경은 소비된 수분량에 비해 건물축적을 더욱 적게 하여 요수량을 크게 한다.

3 공기 중 수분과 강수

(1) 공기습도

① 공기습도가 높으면 증산량이 작고 뿌리의 수분흡수력이 감소해 물질의 흡수 및 순환이 줄어든다.

② 포화상태의 공기습도 중에서는 기공이 거의 닫힌 상태가 되어 광합성의 쇠퇴로 건물 생산량이 줄어든다.

③ 일반적으로 공기습도가 높으면 표피가 연약해지고 도장하여 낙과와 도복의 원인이 된다.

④ 공기습도의 과습은 개화수정에 장애가 되기 쉽다.

⑤ 공기습도의 과습은 증산의 감소, 병균 발달의 조장 및 식물체의 기계적 조직이 약해져서 병해와 도복을 유발한다.

⑥ 과습은 탈곡 및 건조작업이 곤란하다.

⑦ 동화양분의 전류는 공기가 다소 건조할 때에 촉진된다.

⑧ 과도한 건조는 불필요한 증산을 크게 하여 한해(旱害)를 유발한다.

(2) 이슬(Dew)

건조가 심한 지역에서는 이슬이 수분공급 효과도 있으나 대체로 이슬은 기공의 폐쇄로 증산, 광합성의 감퇴와 작물을 연약하게 하여 병원균의 침입을 조장한다.

(3) 안 개

① 안개는 일광의 차단으로 지온을 낮게 하며, 공기를 과습하게 하여 작물에 해롭다.

② 바닷가 등 안개가 심한 지역에는 해풍이 불어오는 방향에 잎이 잘 나부끼어 안개를 잘 해치는 효과가 큰 오리나무, 참나무, 전나무 등과 낙엽송으로 방풍림을 설치한다.

(4) 강 우

① 적당한 강우는 작물의 생육에 기본요인이 된다.

② 강우의 부족은 가뭄을, 과다는 습해와 수해를 유발한다.

③ 계속되는 강우는 일조의 부족, 공중습도의 과습, 토양과습, 온도저하 등으로 작물의 생육에 해롭다.

(5) 우 박

① 작물을 심하게 손상시키며, 대체로 국지적으로 발생한다.

② 우박 피해는 생리적, 병리적 장해를 수반한다.

③ 우박 후에는 약제의 살포로 병해의 예방과 비배관리로 작물의 건실한 생육을 유도하여야 한다.

(6) 눈

① 이 점

㉠ 눈은 월동 중 토양에 수분을 공급하여 월동작물의 건조해를 경감시킨다.

㉡ 풍식을 경감한다.

㉢ 동해를 방지한다.

② 설 해

㉠ 과다한 눈은 작물에 기계적 상처를 입힌다.

㉡ 광의 차단으로 생리적 장애의 유발 원인이 되기도 한다.

㉢ 눈은 눈사태와 습해의 원인이 되기도 한다.

㉣ 봄의 늦은 눈은 봄철 목야지의 목초 생육을 더디게 한다.

㉤ 맥류에서는 병해의 발생을 유발하기도 한다.

4 관 개

(1) 관개의 효과

① 밭에서의 효과

㉠ 작물에 생리적으로 필요한 수분의 공급으로 한해방지, 생육조장, 수량 및 품질 등이 향상된다.

㉡ 작물 선택, 다비재배의 가능, 파종・시비의 적기 작업, 효율적 실시 등으로 재배수준이 향상된다.

㉢ 혹서기에는 지온상승의 억제와 냉온기의 보온효과가 있으며, 여름철 관개로 북방형 목초의 하고현상을 경감시킬 수 있다.

㉣ 관개수에 의해 미량원소가 보급되며, 가용성 알루미늄이 감퇴된다. 또한 비료이용의 효율이 증대된다.

㉤ 건조 또는 바람이 많은 지대에서 관개하면 풍식을 방지할 수 있다.

㉥ 혹한기 살수결빙법 등으로 동상해를 방지할 수 있다.

② 논에서의 효과

㉠ 생리적으로 필요한 수분을 공급한다.

㉡ 온도조절작용은 물 못자리초기, 본답의 냉온기에 관개에 의하여 보온이 되며, 혹서기에 과도한 지온상승을 억제한다.

㉢ 벼농사 기간 중 관개수에 섞여 천연양분이 공급된다.

㉣ 관개수에 의해 염분 및 유해물질을 제거한다.

㉤ 잡초의 발생이 적어지고, 제초작업이 쉬워진다.

㉥ 해충의 만연이 적어지고 토양선충이나 토양전염의 병원균이 소멸, 경감된다.

㉦ 이앙, 중경, 제초 등의 작업이 용이해진다.

㉧ 벼의 생육을 조절 및 개선할 수 있다.

(2) 수도의 용수량

① 벼 재배기간 중 관개에 소요되는 수분의 총량을 용수량이라 한다.

② 용수량의 계산

㉠ 용수량 = (엽면증발량 + 수면증발량 + 지하침투량) − 유효강우량

㉡ 엽면증발량 : 같은 기간 증발계증발량의 1.2배 정도이다.

㉢ 수면증발량 : 증발계증발량과 거의 비슷하다.

㉣ 지하침투량 : 토성에 따라 크게 다르며, 평균 536mm 정도이다.

㉤ 유효강우량 : 관개수에 추가되는 우량이며, 강우량의 75% 정도이다.

(3) 관개의 방법

① **지표관개** : 지표면에 물을 대는 방법이다.

㉠ 전면관개 : 지표면 전면에 물을 대는 관개법이다.

㉡ 휴간관개 : 이랑을 세우고, 이랑 사이에 물을 대는 관개법이다.

② **살수관개** : 공중으로부터 물을 뿌려 관개하는 방법이다.

㉠ 다공관관개 : 파이프에 직접 작은 구멍을 여러 개 내어 살수하여 관개하는 방법이다.

㉡ 스프링클러관개 : 주로 노지재배에서 스프링클러를 이용하여 관개하는 방법이다.

㉢ 미스트관개 : 물에 높은 압력을 가하여 공중습도를 유지하기 위하여 고급 화초, 난 등에 이용하는 관개방법이다.

㉣ 점적관개 : 토양전염병의 방지를 위한 가장 좋은 관개방법 중 하나이다.

③ **지하관개** : 지하로부터 수분을 공급하는 방법이다.

㉠ 개거법 : 개방된 수로를 통하여 물을 대어 이것을 침투시켜 모관상승에 의해 관수하는 방법으로, 지하수위가 낮지 않은 사질토 지대에 이용된다.

㉡ 암거법 : 지하에 토관, 목관, 플라스틱관 등을 배치하고 간극을 통해 스며오르게 하는 방법이다.

㉢ 압입법 : 뿌리가 깊은 과수 등에 기계적으로 압입하는 방법이다.

5 배수(排水)

(1) 배수의 효과

① 습해나 수해를 방지한다.

② 토양의 성질을 개선하여 작물의 생육을 조장한다.

③ 1모작답을 2·3모작답으로 사용할 수 있어 경지이용도를 높인다.

④ 농작업을 용이하게 하고, 기계화를 촉진한다.

(2) 배수의 방법

① **객토법** : 객토하여 토성의 개량 또는 지반을 높여 자연적 배수하는 방법이다.

② **기계배수** : 인력, 축력, 풍력, 기계력 등을 이용해서 배수하는 방법이다.

③ 개거배수 : 포장 내 알맞은 간격으로 도랑을 치고 포장 둘레에도 도랑을 쳐서 지상수 및 지하수를 배제하는 방법이다.

④ 암거배수 : 지하에 배수시설을 하여 배수하는 방법이다.

6 습해(濕害, Excess Moisture Injury)

(1) 습 해

① 의의 : 토양 과습 상태의 지속으로 토양의 산소가 부족할 때 뿌리가 상하고 심하면 지상부의 황화, 위조, 고사하는 것을 습해라 한다.

② 저습한 논의 답리작 맥류나 침수지대의 채소 등에서 흔히 볼 수 있다.

③ 담수하에서 재배되는 벼에서 토양의 산소가 몹시 부족하여 나타나는 여러 가지의 장애도 일종의 습해로 볼 수 있다.

(2) 습해의 발생

① 토양 과습으로 토양의 산소가 부족하여 나타나는 직접 피해로 뿌리의 호흡장애가 생긴다.

② 호흡장애는 뿌리의 양분흡수를 저해된다.

③ 유해물질을 생성한다.

④ 유기물 함량이 높은 토양은 환원상태가 심해 습해가 더욱 심하다.

⑤ 습해 발생 시 토양전염병 발생 및 전파도 많아진다.

⑥ 생육초기보다도 생육 성기에 특히 습해를 받기 쉽다.

(3) 작물의 내습성(耐濕性, Resistance to High Soil-Moisture)

① 의의 : 다습한 토양에 대한 작물의 적응성을 말한다.

② 내습성 관여 요인

㉠ 경엽으로부터 뿌리로 산소를 공급하는 능력

- 벼의 경우 잎, 줄기, 뿌리에 통기계의 발달로 지상부에서 뿌리로 산소를 공급할 수 있어 담수조건에서도 생육을 잘하며 뿌리의 피층세포가 직렬(直列)로 되어있어 사열(斜列)로 되어있는 것보다 세포간극이 커서 뿌리에 산소를 공급하는 능력이 커 내습성이 강함
- 생육초기 맥류와 같이 잎이 지하에 착생하고 있는 것은 뿌리로부터 산소 공급능력이 큼

㉡ 뿌리조직의 목화
- 뿌리조직이 목화한 것은 환원 상태나 뿌리의 산소결핍에 견디는 능력과 관계가 큼
- 벼와 골풀은 보통의 상태에서도 뿌리의 외피가 심하게 목화함
- 외피 및 뿌리털에 목화가 생기는 맥류는 내습성이 강하고, 목화가 생기기 힘든 파의 경우는 내습성이 약함

㉢ 뿌리의 발달습성
- 습해 시 부정근의 발생력이 큰 것은 내습성이 강함
- 근계가 얕게 발달하면 내습성이 강함

㉣ 환원성 유해물질에 대한 저항성 : 뿌리가 황화수소, 아산화철 등에 대한 저항성이 큰 작물은 내습성이 강함

(4) 습해의 대책

① **배수** : 습해의 기본대책이다.

② **정지** : 밭에서는 휴립휴파, 논에서는 휴립재배, 경사지에서는 등고선재배 등을 한다.

③ **시비** : 미숙유기물과 황산근비료의 시용을 피하고, 표층시비로 뿌리를 지표면 가까이 유도하고, 뿌리의 흡수장해 시 엽면시비를 한다.

④ **토양개량** : 세토의 객토, 부식 · 석회 · 토양개량제 등을 시용하여 입단조성으로 공극량을 증대시킨다.

⑤ **과산화석회(CaO_2)의 시용** : 종자에 과산화석회를 분의해 파종, 토양에 혼입하면 산소가 방출되므로 습지에서 발아 및 생육이 조장된다.

7 수해(水害)

(1) 수해의 발생

① 의 의

㉠ 많은 비로 인해 발생되는 피해를 수해라고 한다.

㉡ 수해는 단기간의 호우로 흔히 발생하며, 우리나라에서는 7~8월 우기에 국지적 수해가 발생한다.

② 2~3일 연속강우량에 따른 수해의 발생 정도

㉠ 100~150mm : 저습지의 국부적인 수해 발생

㉡ 200~250mm : 하천, 호수 부근의 상당한 지역의 수해 발생

㉢ 300~350mm : 광범위한 지역에 큰 수해 발생

필 / 수 / 확 / 인 / 문 / 제

작물의 내습성 증진과 관련이 없는 것은?

① 통기계(Aerenchyma)의 발달
② 뿌리조직의 목화
③ 습해를 받았을 때 부정근의 발생 억제
④ 황화수소, 아산화철 등의 환원성 유해물질에 대한 저항성 증진

 ③

③ 수해의 형태

㉠ 토양 붕괴로 산사태, 토양침식 등이 유발된다.

㉡ 유토에 의한 전답의 파괴 및 매몰이 발생한다.

㉢ 유수에 의한 작물의 도복과 손상 및 표토의 유실이 발생한다.

㉣ 침수에 의해서 흙앙금이 앉고, 생리적인 피해로 생육이 저해된다.

㉤ 침수에 의해 저항성이 약해지고, 병원균의 전파로 병충해의 발생이 증가한다.

④ 관수해(冠水害)의 생리

㉠ 작물이 완전히 물에 잠기게 되는 침수를 관수라고 하며, 그 피해를 관수해라고 한다.

㉡ 산소의 부족으로 무기호흡을 하게 된다.

㉢ 산소호흡에 비해 무기호흡은 동일한 에너지를 얻는데, 호흡기질의 소모량이 많아 무기호흡이 오래 계속되면 당분, 전분 등 호흡기질이 소진되어 마침내 기아상태에 이르게 된다.

㉣ 관수 중의 벼 잎은 급히 도장하여 이상 신장을 유발하기도 한다.

㉤ 관수로 인한 급격한 산소 부족은 여러 가지 대사작용의 저해, 관수 상태에서는 병균의 전파침입이 조장되고, 작물의 병해충에 대한 저항성이 약해져서 병충해의 발생이 심해진다.

(2) 수해 발생과 조건

① 작물의 종류와 품종

㉠ 침수에 강한 밭작물 : 화본과목초, 피, 수수, 옥수수, 땅콩 등

㉡ 침수에 약한 밭작물 : 콩과작물, 채소, 감자, 고구마, 메밀 등

㉢ 생육단계 : 벼는 분얼 초기에는 침수에 강하고, 수잉기~출수개화기에는 극히 약하다.

② 침수해의 요인

㉠ 수온 : 높은 수온은 호흡기질의 소모가 많아져 관수해가 크다.

㉡ 수 질

- 탁한 물은 깨끗한 물보다, 고여 있는 물은 흐르는 물보다 수온이 높고 용존산소가 적어 피해가 큼
- 청고 : 수온이 높은 정체탁수로 인한 관수해로 단백질 분해가 거의 일어나지 못해 벼가 죽을 때 푸른색이 되어 죽는 현상
- 적고 : 흐르는 맑은 물에 의한 관수해로 단백질 분해가 생기며, 갈색으로 변해 죽는 현상

㉢ 재배적 요인 : 질소비료를 과다 시용 또는 추비를 많이 하면 체내 탄수화물이 감소하고, 호흡작용이 왕성해져 내병성과 관수저항성이 약해지며, 그로 인해 피해가 커진다.

(3) 수해대책

① 사전대책

㉠ 치산을 잘해서 산림을 녹화하고, 하천의 보수로 치수를 잘하는 것이 수해의 기본대책이다.

㉡ 경사지는 피복작물의 재배 또는 피복으로 토양유실을 방지한다.

㉢ 배수시설을 강화한다.

㉣ 수해 상습지에서는 작물의 종류나 품종의 선택에 유의한다.

㉤ 파종기, 이식기를 조절해서 수해를 회피, 경감시키며 질소 과다 시용을 피한다.

② 침수 중 대책

㉠ 배수를 잘하여 관수기간을 짧게 한다.

㉡ 물이 빠질 때 잎의 흙 앙금을 씻어준다.

㉢ 키가 큰 작물은 서로 결속하여 유수에 의한 도복을 방지한다.

③ 퇴수 후 대책

㉠ 산소가 많은 새 물로 환수하여 새 뿌리의 발생을 촉진하도록 한다.

㉡ 김을 매어 토양의 통기를 좋게 한다.

㉢ 표토의 유실이 많을 때에는 새 뿌리의 발생 후에 추비를 주도록 한다.

㉣ 침수 후에는 병충해의 발생이 많아지므로, 그 방제를 철저히 한다.

㉤ 피해가 격심할 때에는 추파, 보식, 개식, 대파 등을 고려한다.

8 한해(旱害, Drought Injury)

(1) 한해의 생리

① 토양의 건조는 식물의 체내 수분함량을 감소시켜 위조 상태로 만들고 더욱 감소하게 되면 고사한다. 이렇게 수분의 부족으로 작물에 발생하는 장애를 한해라고 한다.

② 작물의 체내 수분 부족은 강우와 관개의 부족으로 발생하지만 수분이 충분하여도 근계발달이 불량하여 시들게 되는 경우도 있다.

(2) 한해의 발생

① 세포 내 수분의 감소는 수분이 제한인자가 되어 광합성의 감퇴와 양분흡수, 물질전류 등 여러 생리작용도 저해된다.

② 효소작용의 교란으로 광합성이 감퇴되고 이화작용이 우세하여 단백질, 당분이 소모되어 피해를 받는다.

③ 건조에 의해 세포가 탈수될 때 원형질은 세포막에서 이탈되지 못한 상태로 수축하므로 기계적 견인력을 받아서 파괴된다.

④ 탈수된 세포가 갑자기 수분을 흡수할 때에도 세포막이 원형질과 이탈되지 않은 상태로 먼저 팽창하므로 원형질은 기계적인 견인력을 받아서 파괴되는 경우가 있다.

⑤ 세포로부터 심한 탈수는 원형질이 회복될 수 없는 응집을 초래하여 작물의 위조 및 고사를 일으킨다.

(3) 작물의 내건성[耐乾性, 내한성(耐旱性), Drought Tolerance)

① 작물이 건조에 견디는 성질을 의미하며 여러 요인에 의해서 지배된다.

② 내건성이 강한 작물의 특성
- ㉠ 체내 수분의 손실이 적다.
- ㉡ 수분의 흡수능이 크다.
- ㉢ 체내의 수분보유력이 크다.
- ㉣ 수분함량이 낮은 상태에서 생리기능이 높다.

③ 형태적 특성
- ㉠ 표면적과 체적의 비가 작고, 왜소하며 잎이 작다.
- ㉡ 뿌리가 깊고, 지상부에 비하여 근군의 발달이 좋다.
- ㉢ 잎조직이 치밀하고, 잎맥과 울타리 조직의 발달 및 표피에 각피가 잘 발달하였으며, 기공이 작고 많다.
- ㉣ 저수능력이 크고, 다육화의 경향이 있다.
- ㉤ 기동세포가 발달하여 탈수되면 잎이 말려서 표면적이 축소된다.

④ 세포적 특성
- ㉠ 세포가 작아 수분이 적어져도 원형질 변형이 적다.
- ㉡ 세포 중 원형질 또는 저장양분이 차지하는 비율이 높아 수분보유력이 강하다.
- ㉢ 원형질의 점성과 세포액의 삼투압이 높아서 수분보유력이 강하다.
- ㉣ 탈수 시 원형질 응집이 덜하다.
- ㉤ 원형질막의 수분, 요소, 글리세린 등에 대한 투과성이 크다.

⑤ 물질대사적 특성
- ㉠ 건조 시에는 증산이 억제되고, 급수 시에는 수분 흡수기능이 크다.
- ㉡ 건조 시 호흡이 낮아지는 정도가 크고, 광합성 감퇴 정도가 낮다.
- ㉢ 건조 시 단백질, 당분의 소실이 늦다.

내건성이 강한 작물의 세포적 특성으로 옳지 않은 것은?

① 세포의 크기가 작다.
② 원형질의 점성이 높다.
③ 세포액의 삼투압이 낮다.
④ 세포에서 원형질이 차지하는 비율이 높다.

답 ③

(4) 생육단계 및 재배조건과 한해

① 작물의 내건성은 생육단계에 따라서 다르며, 생식·생장기에 가장 약하다.

② 벼의 한해 정도 : 감수분얼기 > 출수개화기와 유숙기 > 분얼기

③ 퇴비, 인산, 칼륨의 결핍, 질소의 과다는 한해를 조장한다.

④ 퇴비가 적으면 토양 보수력의 저하로 한해가 심하다.

⑤ 휴립휴파는 평휴나 휴립구파보다 한발에 약하기 쉽다.

(5) 한해 대책

① 관개 : 근본적인 한해 대책으로 충분히 관수를 한다.

② 내건성 작물 및 품종을 선택한다.

③ 토양수분의 보유력 증대와 증발억제

㉠ 토양입단을 조성한다.

㉡ 드라이파밍(Dry Farming) : 휴간기에 비가 올 때 땅을 갈아서 빗물을 지하에 잘 저장하고, 재배기간에는 토양을 잘 진압하여 지하수의 모관상승을 조장해 한발의 적응성을 높이는 농법이다.

㉢ 피복과 중경제초를 실시한다.

㉣ 증발억제제의 살포 : OED 유액을 지면이나 엽면에 뿌리면 증발, 증산이 억제된다.

④ 밭에서의 재배 대책

㉠ 뿌림골을 낮게 한다(휴립구파).

㉡ 뿌림골을 좁히거나 재식밀도를 성기게 한다.

㉢ 질소의 다용을 피하고 퇴비, 인산, 칼륨을 증시한다.

㉣ 봄철의 맥류재배 포장이 건조할 때 답압한다.

⑤ 논에서의 재배 대책

㉠ 중북부의 천수답지대에서는 건답직파를 한다.

㉡ 남부의 천수답지대에서는 만식적응재배를 하며 밭못자리모, 박파모는 만식적응성에 강하다.

㉢ 이앙기가 늦을 시 모솎음, 못자리가식, 본답가식, 저묘 등으로 과숙을 회피한다.

㉣ 모내기가 한계 이상으로 지연될 경우에는 조, 메밀, 기장, 채소 등을 대파한다.

밭작물의 한해(旱害) 대책으로 적절하지 못한 것은?

① 토양의 수분보유력 증대를 위해 토양입단을 조성한다.
② 파종 시 재식밀도를 성기게 한다.
③ 봄철 맥류 재배지에서 답압을 실시한다.
④ 질소 시비량을 늘리고 인산·칼륨 시비량을 줄인다.

 ④

9 수질오염(水質汚染, Water Pollution)

(1) 의 의

① 공장, 도시오수, 광산폐수 등의 배출로 하천, 호수, 지하수, 해양의 수질이 오염되어 인간이나 동물, 식물이 피해를 입는 것을 의미한다.

② 수질오염 물질은 각종 유기물, 시안화합물, 중금속류, 농약, 강산성 또는 강알칼리성 폐수 등이 있으며, 소량의 유기물의 유입은 수생미생물의 영양으로 이용되고 수중 용존산소가 충분한 경우 호기성균의 산화작용으로 이산화탄소와 물로 분해되어 수질오염이 발생하지 않는 자정작용이 일어난다.

③ 다량의 유기물이 유입된 경우 수생미생물이 활발하게 증식하여 수중 용존산소가 다량 소모되어 산소 공급이 그에 수반되지 못하고, 결국 산소부족 상태가 된다.

(2) 수질오염원

① 도시오수

㉠ 질소 및 유기물

- 주택단지 또는 도시 근교의 논에 질소함량이 높은 폐수가 관개되면 벼에 과번무, 도복, 등숙불량, 병충해 등 질소과잉장애가 나타난다.
- 유기물 함량이 높은 오수의 관개는 혐기조건에서는 메탄, 유기산, 알코올류 등 중간대사물이 생성되며, 이 분해 과정에선 토양의 Eh가 낮아진다.
- 황화수소는 유기산과 함께 벼 뿌리에 영향을 주며, 심한 경우 근부현상을 일으키고 칼륨, 인산, 규산, 질소의 흡수가 저해되어 수량이 감소된다.

㉡ 부유물질 : 논에 부유물질의 유입 및 침전은 어린식물의 기계적 피해를, 토양은 표면 차단으로 투수성이 낮아지며, 침전된 유기물의 분해로 생성된 유해물질의 장애 등으로 벼의 생육이 부진해지고 쭉정이가 많아진다.

㉢ 세제 : 합성세제의 주성분이 ABS(Alkyl Benzene Sulfonate)가 20ppm 이상인 농도에서는 뿌리의 노화현상이 빠르게 일어난다.

㉣ 도시오수의 피해대책

- 오염되지 않은 물과 충분히 혼합·희석하여 이용하거나 그렇지 못한 경우 물 걸러대기로 토양의 이상 환원을 방지한다.
- 저항성 작물 및 품종을 선택하여 재배한다.
- 질소질비료를 줄이고 석회, 규산질비료의 시용으로 벼를 강건하게 한다.

② 공장폐수

㉠ 산과 알칼리

- 논에 산성물질의 유입은 벼 줄기와 잎의 황변, 토양 중 유해중금속의 용출로 피해가 발생한다.
- 강알칼리의 유입은 뿌리의 고사, 약알칼리의 경우 토양 중 미량원소의 불용화로 양분의 결핍증상이 나타난다.

㉡ 중금속

- 관개수에 중금속이 다량 함유하게 되면 식물의 발근과 지상부 생육이 저해되고, 심하면 중금속 특유의 피해증상이 발생한다.
- 중금속이 축적된 농산물의 섭취는 인축에도 심각한 피해가 발생한다.

㉢ 유 류

- 기름의 유입은 물 표면에 기름이 부유하며, 식물체 줄기와 잎에 흡착하여 접촉부위가 적갈색으로 고사되는 경우가 있다.
- 공기와 물 표면의 접촉이 차단되어 물의 용존산소가 부족하게 되고 벼의 근부현상을 일으키며, 심하면 고사한다.

(3) 수질등급

① 생물화학적 산소요구량(BOD), 화학적 산소요구량(COD), 용존산소량(DO), 대장균군수, pH 등을 고려하여 수질의 등급을 구분한다.

② 용존산소량(溶存酸素量, Dissolved Oxygen, DO)

㉠ 물에 녹아 있는 산소량을 나타낸 것으로 수온이 높아지면 용존산소량은 낮아진다.

㉡ 용존산소량이 낮아지면 BOD, COD가 높아지게 된다.

③ 생물화학적 산소요구량(生物化學的 酸素要求量, Biochemical Oxygen Demand, BOD)

㉠ 수중의 오탁유기물이 호기성균에 의하여 생물화학적으로 산화분해되어 무기성 산화물과 가스체로 안정화하는 과정에 소모되는 총 산소량을 ppm 또는 mg/L의 단위로 표시한 것이다.

㉡ 물이 오염되는 유기물량의 정도를 나타내는 지표로 사용된다.

㉢ 하천 유기물 오염은 BOD의 측정으로 알 수 있으며, BOD가 높으면 오염도가 크다.

④ 화학적 산소요구량(化學的 酸素要求量, Chemical Oxygen Demand, COD)

오수 중에 있는 전체 유기물을 산화물을 이용하여 화학적으로 산화되는 데 필요한 산소량을 측정하여 이로부터 산출한 오탁유기물의 양을 ppm으로 나타낸 것이다.

제3장 대기환경

1 대기조성과 작물

(1) 대기조성

대기의 조성비는 대체로 일정비율을 유지하며, 질소 약 79%, 산소 약 21%, 이산화탄소 0.03% 및 기타 수증기, 먼지, 연기, 미생물, 각종 가스 등으로 구성되어 있다.

(2) 대기와 작물

① 작물은 대기 중 이산화탄소를 광합성의 재료로 한다.

② 작물은 대기 중 산소를 이용하여 호흡작용이 이루어진다.

③ 질소고정균에 의해 대기 중 질소가 고정된다.

④ 대기 중 아황산가스 등 유해성분은 작물에 직접적 유해작용을 한다.

⑤ 토양산소의 부족은 토양 내 환원성 유해물질 생성의 원인이 된다.

⑥ 토양산소의 변화는 비료성분 변화와 관련이 있어 작물 생육에 영향을 미친다.

⑦ 바람은 작물의 생육에 여러 영향을 미친다.

2 대기 중 산소와 질소

(1) 산 소

① 식물의 호흡과 광합성이 균형을 이루면 대기 중 산소와 이산화탄소의 균형은 유지된다.

② 대기 중의 산소농도는 약 21% 정도이다.

③ 대기 중 산소농도의 감소는 호흡속도를 감소시키며, 5~10% 이하에 이르면 호흡은 크게 감소한다.

④ 산소농도의 증가는 일시적으로는 작물의 호흡을 증가시키지만, 90%에 이르면 호흡은 급속히 감퇴하고, 100%에서는 식물이 고사한다.

(2) 질 소

① **유리질소의 고정** : 근류균, *Azotobacter* 등은 공기 중에 함유되어 있는 질소가스를 고정한다.

② 천연양분 공급 : 대기 중에는 질소가 소량의 화합물 형태로 존재하며, 강우에 의해 암모니아, 질산, 아질산 등이 토양 중에 공급되어 작물의 양분이 된다.

③ 인공 합성 : 공중질소는 공중방전이나 비료공업 등에 의해서 화학비료로 고정되어 이용되기도 한다.

3 이산화탄소

(1) 호흡작용

① 대기 중 이산화탄소농도는 호흡에 관여하는데, 높아지면 호흡속도는 감소한다.

② 5%의 이산화탄소농도에서 발아종자의 호흡은 억제된다.

③ 사과는 10~20% 농도의 이산화탄소에서 호흡이 즉시 정지되며, 어린과실일수록 영향이 크다.

(2) 광합성

① 이산화탄소의 농도가 낮아지면 광합성 속도는 낮아진다.

② 일반 대기 중 이산화탄소의 농도가 0.03%보다 높으면 식물의 광합성은 증대된다.

③ 이산화탄소 포화점

㉠ 광합성은 이산화탄소농도가 증가함에 따라 증가하나 일정농도 이상에서는 더 이상 증가하지 않는데 이 한계점을 의미한다.

㉡ 작물의 이산화탄소 포화점은 대기 농도의 7~10배(0.21~0.3%)가 된다.

④ 작물의 이산화탄소 보상점은 대기 농도의 $\frac{1}{10} \sim \frac{1}{3}$(0.003~0.01%) 정도이다.

(3) 탄산시비

① 광합성에서 이산화탄소의 포화점은 대기 중 농도보다 훨씬 높으며, 이산화탄소의 농도가 높아지면 광포화점도 높아져 작물의 생육을 조장할 수 있다.

② 인위적으로 이산화탄소 농도를 높여 주는 것을 탄산시비라 한다.

③ 일반 포장에서 이산화탄소의 공급은 쉬운 일이 아니나 퇴비나 녹비의 시용으로 인한 부패 시 발생하는 것도 시용효과로 볼 수 있다.

이산화탄소 농도에 관여하는 요인의 설명으로 옳지 않은 것은?

① 지표면으로부터 멀어짐에 따라 이산화탄소 농도는 낮아지는 경향이 있다.
② 잎이 무성한 공기층은 여름철에 이산화탄소 농도가 낮고, 가을철에 높아진다.
③ 식생이 무성하면 지표면에 가까운 공기층의 이산화탄소 농도는 낮아진다.
④ 미숙퇴비, 녹비를 시용하면 이산화탄소의 발생이 높아진다.

답 ③

④ 이산화탄소가 특정 농도 이상으로 증가하면 더 이상 광합성은 증가하지 않고 오히려 감소하며, 이산화탄소와 함께 광도를 높여주는 것이 바람직하다.

⑤ 시설 내 이산화탄소의 농도는 대기보다 낮지만, 인위적으로 이산화탄소 환경을 조절할 수 있기에 실용적으로 탄산시비를 이용할 수 있다.

⑥ 탄산시비의 효과
  ㉠ 시설 내 탄산시비는 생육의 촉진으로 수량증대와 품질을 향상시킨다.
  ㉡ 열매채소에서 수량증대가 두드러지며, 잎채소와 뿌리채소에서도 상당한 효과가 있다.
  ㉢ 절화에서도 품질향상과 절화수명연장의 효과가 있다.
  ㉣ 육묘 중 탄산시비는 모종의 소질 향상과 정식 후에도 시용 효과가 계속 유지된다.

(4) 이산화탄소의 농도에 영향을 주는 요인

① 계 절
  ㉠ 여름철에는 왕성한 광합성으로 이산화탄소의 농도가 낮아지고 가을철에는 다시 높아진다.
  ㉡ 지표면 근처는 여름철 토양유기물의 분해와 뿌리의 호흡에 의해 오히려 농도가 높아진다.

② 지표면과의 거리 : 지표면으로부터 멀어지면 이산화탄소가 무거워 가라앉기 때문에 농도가 낮아진다.

③ 식생 : 식생이 무성하면 뿌리의 왕성한 호흡과 바람을 막아 지표면에 가까운 층은 농도가 높고, 지표와 떨어진 층은 잎의 왕성한 광합성에 의해 농도가 낮아진다.

④ 바람 : 바람은 대기 중 이산화탄소 농도의 불균형을 완화시킨다.

⑤ 미숙유기물의 시용 : 미숙퇴비, 낙엽, 구비, 녹비의 시용은 이산화탄소를 발생하여 탄산시비의 효과를 기대할 수 있다.

4 바 람

(1) 연 풍

① 풍속이 4~6km/h 이하의 바람을 의미한다.

② 연풍의 효과
  ㉠ 증산을 조장하고 양분의 흡수를 증대시킨다.
  ㉡ 잎을 흔들어 그늘진 잎에 광을 조사하여 광합성을 증대시킨다.

㉢ 이산화탄소의 농도 저하를 경감시켜 광합성을 조장한다.
㉣ 풍매화의 화분을 매개한다.
㉤ 여름철 기온 및 지온을 낮추는 효과가 있다.
㉥ 봄, 가을 서리를 막아준다.
㉦ 수확물의 건조를 촉진한다.

③ 연풍의 해작용
㉠ 잡초의 씨 또는 균을 전파한다.
㉡ 건조 시기에 더욱 건조상태를 조장한다.
㉢ 저온의 바람은 작물의 냉해를 유발하기도 한다.

(2) 풍 해

① 풍속 4~6km/h 이상의 강풍과 태풍은 피해를 주며, 풍속이 크고 공중 습도가 낮을 때 심해진다.

② 직접적인 기계적 장애
㉠ 작물의 절손, 열상, 낙과, 도복, 탈립 등을 초래하며, 이러한 기계적 장애는 2차적으로 병해, 부패 등이 발생하기 쉽다.
㉡ 벼에서는 출수 3~4일에 풍해의 피해가 가장 심하다.
㉢ 도복을 초래하는 경우 출수 15일 이내 것이 가장 피해가 심하다.
㉣ 출수 30일 이후의 것은 피해가 경미하다.

③ 직접적인 생리적 장애
㉠ 호흡을 증대시킨다.
㉡ 광합성을 감퇴시킨다.
㉢ 작물체를 건조시킨다.
㉣ 작물의 체온을 저하시킨다.
㉤ 염풍의 피해를 유발한다.

④ 풍해대책
㉠ 풍세의 약화 : 방풍림, 방풍울타리를 설치한다.
㉡ 풍식대책
- 방풍림, 방풍울타리 등의 조성
- 피복식물의 재배
- 관개하여 토양을 젖어있게 함
- 이랑을 풍향과 직각으로 함
- 겨울에 건조하고 바람이 센 지역은 높이베기로 그루터기를 이용해 풍력을 약화시키며, 지표에 잔재물을 그대로 둠

㉢ 재배적 대책
- 내풍성 작물의 선택
- 내도복성 품종 선택

- 작기의 이동
- 담 수
- 배토, 지주 및 결속
- 생육의 건실화
- 낙과방지제 살포

㉣ 사후대책
- 쓰러진 것은 일으켜 세우거나 바로 수확
- 태풍 후 병의 발생이 많아지므로 약제를 살포
- 낙엽에는 병이 든 것이 많으므로 제거

제4장 온도환경

1 온도에 따른 대사작용

(1) 대사반응

① 작물의 생리대사는 온도의 영향을 받는다.

② 작물은 생육 적온이 있고, 적온까지는 온도의 상승에 따라 생리대사가 빠르게 증가하지만, 적온 이상의 고온에서는 온도의 상승에 따라 반응속도가 줄어든다.

③ **온도계수(溫度係數, Temperature Coefficient)**

㉠ 온도 10℃ 상승에 따른 이화학적 반응 또는 생리작용의 증가배수를 온도계수 또는 Q_{10}이라 한다.

㉡ 생물학적 반응속도는 온도 10℃ 상승에 2~3배 상승한다. 온도 10℃ 간격에 대한 온도상수를 Q_{10}이라 부르는데, Q_{10}은 높은 온도에서의 생리작용률을 10℃ 낮은 온도에서의 생리작용률로 나눈 값으로 $Q_{10} = \frac{R_2}{R_1}$이라 한다.

㉢ Q_{10}은 다른 온도에서 알고 있는 값에서 어떤 온도에서의 생리작용률을 계산하는 데 이용되는 것이다. 보통 Q_{10}은 온도에 따라 다르게 변화하며, 높은 온도일수록 낮은 온도에서보다 Q_{10}값이 적게 나타난다.

(2) 온도에 따른 광합성과 호흡

① 온도와 광합성

㉠ 광합성은 이산화탄소의 농도, 광, 수분, 온도 등 여러 환경적 요인의 영향을 받으나 특히, 온도에 큰 영향을 받는다.

㉡ 광합성 속도는 온도의 상승과 함께 증가하나 오히려 적온보다 높아지면 광합성량은 감소한다.

② 온도와 호흡

㉠ 온도의 상승은 작물의 호흡속도를 빠르게 한다.

㉡ 일반적으로 Q_{10}은 30℃ 정도까지는 2~3, 32~35℃ 정도에 이르면 감소하며, 50℃ 부근에서 호흡은 정지한다.

㉢ 적온을 넘는 고온은 체내 효소계의 파괴로 호흡속도가 오히려 감소한다.

(3) 양분의 흡수 및 이행

① 온도의 상승은 세포의 투과성 및 용질의 확산속도가 빨라져 양분의 흡수 및 이행이 증가한다.

② 적온 이상의 온도는 호흡에 필요한 산소의 공급량이 적어져 정상적 호흡을 못해 탄수화물의 소모가 많아지면서 양분의 흡수가 감퇴된다.

(4) 온도와 증산

① 증산은 작물로부터 물을 발산하는 중요한 기작 중 하나이다.

② 증산은 작물의 체온조절과 물질의 전류에 있어 중요한 역할을 한다.

③ 온도의 상승은 작물의 증산량을 증가시키고, 온도에 따른 작물의 체온 유지의 역할을 한다.

2 유효온도

(1) 주요온도(主要溫度, Cardinal Temperature)

① 유효온도(有效溫度) : 작물 생육이 가능한 범위의 온도이다.

② 최저기온(最低溫度, Minimum Temperature) : 작물 생육이 가능한 가장 낮은 온도이다.

③ 최고온도(最高溫度, Maximum Temperature) : 작물 생육이 가능한 가장 높은 온도이다.

④ 최적온도(最適溫度, Optimum Temperature) : 작물 생육이 가장 왕성한 온도이다.

[여름작물과 겨울작물의 주요온도(단위 : ℃)]

주요온도	최저온도	최적온도	최고온도
여름작물	10~15	30~35	40~50
겨울작물	1~5	15~25	30~40

(2) 적산온도(積算溫度, Sum of Temperature)

① 적산온도

㉠ 작물의 발아로부터 등숙까지 일평균 0℃ 이상의 기온을 총 합산한 온도이다.

㉡ 적산온도는 작물이 정상적인 생육을 하려면 일정한 총 온도량이 필요하다는 개념에서 생겼다.

② 주요작물의 적산온도

㉠ 여름작물

- 벼 : 3,500~4,500℃
- 담배 : 3,200~3,600℃
- 메밀 : 1,000~1,200℃
- 조 : 1,800~3,000℃

㉡ 겨울작물 : 추파맥류 1,700~2,300℃

㉢ 봄작물

- 아마 : 1,600~1,850℃
- 봄보리 : 1,600~1,900℃

③ 유효적산온도 : 생육가능한 온도, 즉 10℃ 이상의 일평균기온의 합계이다.

3 변온과 작물의 생육

(1) 변온과 작물의 생리

① 야간의 온도가 높거나 낮아지면 무기성분의 흡수가 감퇴된다.

② 야간의 온도가 적온에 비해 높거나 낮으면 뿌리의 호기적 물질대사의 억제로 무기성분의 흡수가 감퇴된다.

③ 변온은 당분이나 전분의 전류에 중요한 역할을 하는데, 야간의 온도가 낮아지는 것은 탄수화물 축적에 유리한 영향을 준다.

필 / 수 / 확 / 인 / 문 / 제

작물의 생육과 관련된 온도에 대한 설명으로 옳지 않은 것은?

① 담배의 적산온도는 3,200~3,600℃ 범위이다.
② 벼의 생육 최고온도는 36~38℃ 범위이다.
③ 옥수수의 생육 최고온도는 40~44℃ 범위이다.
④ 추파맥류의 적산온도는 1,300~1,600℃ 범위이다.

 ④

(2) 변온과 작물의 생장

① 벼

㉠ 밤의 저온은 분얼최성기까지는 신장을 억제하나 분얼은 증대시킨다.

㉡ 분얼기의 초장은 25~35℃ 변온에서 최대, 유효분얼수는 15~35℃ 변온에서 증대된다.

② 고구마 : 괴근형성은 항온보다는 20~29℃ 변온에서 현저히 촉진된다.

③ 감자 : 야간온도가 10~14℃로 저하되는 변온에서 괴경의 발달이 촉진된다.

(3) 변온과 개화

맥류에서 특히 밤의 기온이 높아서 변온이 작은 것이 출수, 개화를 촉진한다고 하나 일반적으로 일교차가 커서 밤의 기온이 비교적 낮은 것이 동화물질의 축적을 조장하여 개화를 촉진하며, 화기도 커진다고 한다.

(4) 변온과 결실

① 대체로 변온은 작물의 결실에 효과적이다.

② 주・야간의 온도차가 커지면 벼의 등숙이 빠르며, 야간의 저온은 청미를 적게 한다.

4 고온장해

(1) 열해(熱害, Heat Injury)

① 의 의

㉠ 작물은 생육 최고온도 이상의 온도에서 생리적 장해가 초래되고 한계온도 이상에서는 고사하게 되는데, 이렇게 기온이 지나치게 높아 입는 피해를 열해 또는 고온해라고 한다.

㉡ 열사(Heat Killing) : 일반적으로 1시간 정도의 짧은 시간 동안 받는 열해로 고사하는 것을 말한다.

㉢ 열사점(열사온도) : 열사를 일으키는 온도를 말한다.

㉣ 최적온도가 낮은 북방형 목초나 각종 채소를 하우스 재배할 시 흔히 열해가 문제되며, 묘포에서 어린 묘목이 여름나기에서도 열사의 위험성이 있다.

② 열해의 기구

㉠ 유기물의 과잉소모

필 / 수 / 확 / 인 / 문 / 제

작물생육과 변온과의 관계를 잘못 설명한 것은?

① 고구마는 20~29℃의 변온에서 덩이뿌리 발달이 촉진된다.
② 곡류의 결실은 20~30℃에서는 변온이 큰 것이 동화물질의 축적이 많아진다.
③ 모든 작물 종자가 변온조건에서 발아가 촉진되는 것은 아니다.
④ 일반적으로 작물은 생육에 적합한 온도 범위 내에서는 변온이 큰 것이 영양 생장이 대체로 빠르다.

해설
작물은 변온이 결실과 동화물질의 축적에는 유리하나 야간의 온도가 높아 온도변화가 적게 되면 영양생장이 대체

답 ④

필 / 수 / 확 / 인 / 문 / 제

과도한 고온으로 인해 작물의 생육이 저해되는 주요 원인이 아닌 것은?

① 호흡량 증대로 인한 유기물 소모가 많아진다.
② 단백질합성 저해에 따른 식물체 내의 암모니아가 감소한다.
③ 수분의 흡수보다 과도한 증산에 의해 식물체가 건조해진다.
④ 식물체 내 철분의 침전이 일어난다.

해설
고온은 단백질의 합성을 저해하여 암모니아의 축적이 많아지므로 유해물질로 작용한다.

답 ②

㉡ 질소대사의 이상 : 고온은 단백질의 합성을 저해하여 암모니아의 축적이 많아지므로 유해물질로 작용한다.
㉢ 철분의 침전 : 고온에 의한 물질대사의 저해는 철분의 침전으로 황백화현상이 일어난다.
㉣ 증산이 과다하게 증가한다.

③ 열사의 원인
㉠ 원형질 단백의 응고 : 지나친 고온은 원형질 단백의 열응고가 유발되어 열사의 직접적인 원인으로 여겨진다.
㉡ 원형질막의 액화 : 고온에 의해 원형질막이 액화되면 기능의 상실로 세포의 생리작용이 붕괴되어 사멸하게 된다.
㉢ 전분의 점괴화(粘塊化) : 고온에 의한 전분의 점괴화는 엽록체의 응고 및 탈색으로 그 기능을 상실한다.
㉣ 팽압에 의한 원형질의 기계적 피해로 발생한다.
㉤ 유독물질의 생성으로 발생한다.

④ 열해 대책
㉠ 작물의 종류 : 내열성 작물을 선택한다.
㉡ 재배시기의 조절 : 혹서기의 위험을 회피한다.
㉢ 관개를 통해 지온을 낮춘다.
㉣ 피음 및 피복을 실시한다.
㉤ 환기 : 시설재배에서는 환기의 조절로 지나친 고온을 회피한다.
㉥ 과도한 밀식과 질소과용 등을 피한다.

⑤ 작물의 내열성(耐熱性, Heat Tolerance, Heat Fardiness)
㉠ 내건성이 큰 작물이 내열성도 크다.
㉡ 세포 내 결합수가 많고 유리수가 적으면 내열성이 커진다.
㉢ 세포의 점성, 염류농도, 단백질 함량, 당분 함량, 유지 함량 등이 증가하면 내열성은 커진다.
㉣ 작물의 연령이 많아지면 내열성은 커진다.
㉤ 기관별로는 주피와 완성엽이 내열성이 크고 눈과 어린잎이 그 다음이며, 미성엽과 중심주가 가장 약하다.
㉥ 고온, 건조, 다조(多照) 환경에서 오래 생육한 작물은 경화되어 내열성이 크다.

(2) 목초의 하고현상(夏枯現象)

① 의의 : 내한성이 커 잘 월동하는 다년생 한지형 목초가 여름철에 생장이 쇠퇴 또는 정지하고, 심하면 고사하여 목초 생산량이 감소되는 현상을 말한다.

② 원 인

㉠ 고온 : 한지형 목초는 생육온도가 낮아 18~24℃에서 생육이 감퇴되고, 24℃ 이상에서는 생육이 정지 상태에 이른다.

㉡ 건조 : 한지형 목초는 대체로 요수량이 커서 여름철 고온뿐 아니라 건조도 하고현상의 큰 원인이다.

㉢ 장일 : 월동목초는 대부분 장일식물로 초여름 장일 조건은 생식생장으로 전환되어 하고현상이 조장된다.

㉣ 병충해

㉤ 잡 초

③ 대 책

㉠ 스프링플러시(Spring Flush)의 억제

- 스프링플러시 : 북방형 목초는 봄철 생육이 왕성하며, 이때에 목초의 생산량이 집중되는데, 이것을 스프링플러시라고 한다.
- 스프링플러시의 경향이 심할수록 하고현상도 조장되므로 봄철 일찍부터 약한 채초를 하거나 방목하여 스프링플러시를 완화시켜야 한다.

㉡ 관개 : 고온건조기에 관개로 지온 저하와 수분 공급으로 하고현상을 경감시킨다.

㉢ 초종의 선택 : 환경에 따라 하고현상이 경미한 초종을 선택하여 재배한다.

㉣ 혼파 : 하고현상이 적거나 없는 남방형 목초의 혼파로 하고현상에 의한 목초 생산량 감소를 줄일 수 있다.

㉤ 방목과 채초를 조절한다.

5 저온장해

(1) 냉해(冷害, Chilling Injury)

① 의 의

㉠ 식물체 조직 내에 결빙이 생기지 않는 범위의 저온에 의해서 받는 피해를 의미한다.

㉡ 여름작물에 있어 고온이 필요한 여름철에 비교적 낮은 냉온을 장기간 지속적으로 받아 피해를 받는 것을 냉해라고 한다.

② 냉해의 구분

㉠ 지연형 냉해

- 생육초기부터 출수기에 걸쳐 오랜 시간 냉온 또는 일조부족으로 생육의 지연, 출수의 지연으로 등숙기에 낮은 온도에 처함으로 등숙의 불량으로 결국 수량에까지 영향을 미치는 유형의 냉해

필 / 수 / 확 / 인 / 문 / 제

목초의 하고현상에 대한 설명으로 옳은 것은?

① 스프링플러시가 심할수록 하고현상도 심해진다.
② 월동목초는 대부분 단일식물로 여름철 단일조건에 놓이면 하고현상이 조장된다.
③ 여름철 잡초가 무성하면 하고현상이 완화된다.
④ 병충해 발생이 많으면 하고현상이 완화된다.

 ①

필 / 수 / 확 / 인 / 문 / 제

- 질소, 인산, 칼륨, 규산, 마그네슘 등 양분의 흡수가 저해되고 물질동화 및 전류가 저해되며, 질소동화의 저해로 암모니아의 축적이 많아지고, 호흡의 감소로 원형질유동이 감퇴 또는 정지되어 모든 대사기능이 저해됨

㉡ 장해형 냉해

- 유수형성기부터 개화기 사이, 특히 생식세포의 감수분열기에 냉온의 영향을 받아서 생식기관이 정상적으로 형성되지 못하거나 또는 꽃가루의 방출 및 수정에 장해를 일으켜 결국 불임현상이 초래되는 유형의 냉해
- 타페트 세포(Tapetal Cell)의 이상비대는 장해형 냉해의 좋은 예이며, 품종이나 작물의 냉해 저항성의 기준이 되기도 함

㉢ 병해형 냉해

- 벼의 경우 냉온에서는 규산의 흡수가 줄어들므로 조직의 규질화가 충분히 형성되지 못하여 도열병균의 침입에 대한 저항성이 저하됨
- 광합성의 저하로 체내 당 함량이 저하되고, 질소대사 이상을 초래하여 체내에 유리아미노산이나 암모니아가 축적되어 병의 발생을 더욱 조장하는 유형의 냉해

㉣ 혼합형 냉해 : 장기간의 저온에 의하여 지연형 냉해, 장애형 냉해 및 병해형 냉해 등이 혼합된 형태의 현상으로 수량감소에 가장 치명적임

③ 냉해의 기구

㉠ 냉해 초기 증상은 세포막의 손상을 수반한다.
㉡ 저온장해를 받은 조직은 원형질막의 침투성 증가로 전해질의 침출과 엽록체와 미토콘드리아의 막의 해를 입게 된다.
㉢ 저온에 민감한 작물은 장해가 일어나는 온도에서 갑작스럽게 반투막의 성질이 변하는데, 저온에 강한 작물은 그러한 갑작스런 변화가 일어나지 않는다.
㉣ 삼투막은 어떤 한계온도에서 상대적으로 유동형이 고형으로 변하게 되어 선택적 투과성에 이상을 초래한다.

④ 냉온에 의한 작물의 생육 장해

㉠ 광합성의 능력이 저하된다.
㉡ 양수분의 흡수를 방해한다.
㉢ 양분의 전류 및 축적을 방해한다.
㉣ 단백질 합성 및 효소의 활력을 저하시킨다.
㉤ 꽃밥 및 화분의 세포에 이상을 초래한다.

벼의 생육기간 중 유수형성기부터 개화기에 냉온의 영향을 받는 피해는?

① 지연형 냉해
② 장해형 냉해
③ 병해형 냉해
④ 촉진형 냉해

 ②

⑤ 냉해 대책

㉠ 내냉성 품종의 선택 : 냉해 저항성 품종 또는 냉해 회피성 품종(조생종)을 선택한다.

㉡ 입지조건의 개선
- 방풍림의 설치
- 객토, 밑다짐 등으로 누수답 개량
- 암거배수 등으로 습답 개량
- 지력 배양으로 건실한 생육을 꾀함

㉢ 보온육묘로 못자리 냉해의 방지와 생육기간을 앞당겨서 등숙기 냉해를 회피한다.

㉣ 재배방법의 개선
- 조기재배, 조식재배로 출수 및 성숙을 앞당김
- 인산, 칼륨, 규산, 마그네슘 등을 충분하게 시용

㉤ 냉온기의 담수 : 냉해 위험의 냉온기에 수온 19~20℃ 이상의 물을 15~20cm 깊이로 깊게 담수하면 냉해가 경감·방지된다.

㉥ 수온 상승책 강구
- 수온이 20℃ 이하일 때에는 물이 넓고, 얕게 고이는 온수 저류지를 설치
- 수로를 넓게 하여 물이 얕고, 넓게 흐르게 하며, 낙차공이 많은 온조수로를 설치
- 물이 파이프 등을 통과하도록 하여 관개수온을 높임
- OED(증발억제제, 수온상승제)를 10a 당 5kg 정도씩 3일 간격으로 논에 살포하여 수면증발을 억제하면 수온이 1~2℃ 상승함

(2) 한해(寒害)

① 동해의 발생

㉠ 작물 조직 내 결빙에 의해 받는 피해이며, 월동작물은 흔히 동해를 입는다.

㉡ 세포 외 결빙 : 식물체 조직 내 결빙은 즙액 농도가 낮은 세포간극에 먼저 결빙이 생기는데, 이와 같이 세포간극에 결빙이 생기는 것이다.

㉢ 세포 내 결빙 : 결빙이 더욱 진전되면서 세포 내 원형질, 세포액이 얼게 되는 것이다.

㉣ 세포 외 결빙은 세포 내 수분의 세포 밖 이동으로 세포 내 염류농도는 높아지고, 수분의 부족으로 원형질 단백이 응고하여 세포는 죽게 된다.

㉤ 세포 외 결빙 시 온도의 상승으로 결빙이 급격히 융해되면 원형질이 물리적으로 파괴되어 세포는 죽게 된다.

② 작물의 동사점

㉠ 동사점 : 작물의 동결로 단시간 내에 동사하는 온도이다.

㉡ 작물의 동사점은 그 작물이 동결에 견디는 정도를 표시한다.

㉢ 동사점은 작물의 종류와 품종에 따라 차이를 보이며, 동일 작물이라도 발육상태, 생육단계, 부위 등에 따라 다르다.

㉣ 작물이나 조직의 동사는 저온의 직접적인 영향이 아닌 조직 내에 결빙으로 유발된다.

③ 작물의 내동성

㉠ 생리적 요인

- 세포 내 자유수 함량이 많으면 세포 내 결빙이 생기기 쉬워 내동성이 저하됨
- 세포액의 삼투압이 높으면 빙점이 낮아지고, 세포 내 결빙이 적어지며 세포 외 결빙 시 탈수저항성이 커져 원형질이 기계적 변형을 적게 받아 내동성이 증대함
- 전분 함량이 낮고, 가용성 당의 함량이 높으면 세포의 삼투압이 커지고 원형질 단백의 변성이 적어 냉동성이 증가함
- 원형질의 물 투과성이 크면 원형질 변형이 적어 내동성이 커짐
- 원형질의 점도가 낮고, 연도가 크면 결빙에 의한 탈수와 융해 시 세포가 물을 다시 흡수할 때 원형질의 변형이 적으므로 내동성이 큼
- 지유와 수분의 공존은 빙점강하도가 커져 내동성이 증대됨
- 칼슘이온(Ca^{2+})은 세포 내 결빙의 억제력이 크고, 마그네슘이온(Mg^{2+})도 억제력이 있음
- 원형질 단백에 디설파이드기(-SS기)보다 설파하이드릴기(-SH기)가 많으면 기계적 견인력에 분리되기 쉬워 원형질의 파괴가 적고 내동성이 증대함

㉡ 맥류에서의 형태와 내동성

- 초형이 포복성인 것이 직립성인 것보다 내동성이 큼
- 관부가 깊어 생장점이 땅속 깊이 있는 것이 내동성이 큼
- 엽색이 진한 것이 내동성이 큼

㉢ 발육단계와 내동성

- 작물은 생식생장기가 영양생장기에 비해 내동성이 극히 약함
- 가을밀의 경우 2~4엽기의 영양체는 -17℃에서도 동사하지 않고 견디나 수잉기 생식기관은 -1.3~1.8℃에서도 동해를 받음

㉣ 내동성의 계절적 변화

- 월동하는 겨울작물의 내동성은 기온의 저하에 따라 차차 증대하고, 다시 높아지면 점점 감소됨

- 경화(硬化, Hardening) : 월동작물이 5℃ 이하의 저온에 계속 처하게 되어 내동성이 커지는 것
- 경화상실(Dehardeninig) : 경화된 것을 다시 높은 온도에 처리하여 원래상태로 되돌아오는 것
  ※ 휴면상태일 때는 내동성이 커짐

④ 작물의 한해대책

㉠ 일반대책

- 내동성 작물과 품종의 선택
- 입지조건의 개선
  - 방풍시설로 찬바람의 내습 경감
  - 토질의 개선으로 서리의 발생 억제
  - 배 수
- 보온재배
- 이랑을 세워 뿌림골을 깊게 함
- 적기 파종과 파종량을 늘려줌
- 서리 시 적절한 답압

㉡ 응급대책

- 관개법 : 저녁 관개는 물의 열을 토양에 보급하고 낮에 더워진 지중열을 받아올리며, 수증기가 지열의 발산을 막아서 동상해를 방지할 수 있음
- 송풍법 : 동상해가 발생하는 밤의 지면 부근 온도 분포는 온도역전 현상으로 지면에 가까울수록 온도가 낮은데, 송풍기 등으로 기온역전현상을 파괴하면 작물 부근의 온도를 높여서 상해를 방지할 수 있음
- 피복법 : 이엉, 거적, 플라스틱필름 등으로 작물체를 직접 피복하여 작물체로부터의 방열을 방지하는 방법
- 연소법 : 연료를 태워 그 열을 작물에 보내는 적극적인 방법
- 살수빙결법 : 작물체의 표면에 물을 뿌려주는 방법

㉢ 사후대책

- 속효성 비료의 추비 및 엽면시비로 생육을 촉진시킴
- 병충해를 철저히 방제
- 동상해 후에는 낙화하기 쉬우므로 적화시기를 늦춤
- 피해가 심한 경우 대파를 강구

필 / 수 / 확 / 인 / 문 / 제

작물의 내동성에 대한 설명 중 옳지 않은 것은?

① 원형질의 친수성 콜로이드가 많으면 세포 내의 결합수가 많아지므로 내동성이 커진다.
② 세포 내 전분함량이 많으면 내동성이 저하된다.
③ 세포 내 칼슘이온은 세포 내 결빙을 억제한다.
④ 원형질의 수분투과성이 크면 내동성이 저하된다.

답 ④

제5장 광환경

1 광과 식물의 생장

(1) 광과 식물의 기본생리작용

① 광합성(光合成, Photosynthesis)

㉠ 녹색식물은 광에너지를 받아 엽록소를 형성하고 광에너지의 존재하에 이산화탄소와 물을 이용하여 유기물의 형성과 산소를 방출하는 작용을 하는데, 이를 광합성이라 한다.

㉡ 제1과정(명반응) : 광화학적 과정으로 광합성색소에 의해 광에너지를 획득하는 과정에서 물의 광분해가 진행되며, 이 에너지를 이용하여 NADP(Nicotinamid Adenin Dinucleotide Phosphate)를 $NADPH_2$로 환원하고, 광인산화에 의해 ADP를 ATP로 변화시킨다.

㉢ 제2과정(암반응) : 이산화탄소를 고정·환원하는 과정으로 이산화탄소를 고정하고, 제1과정에서 생성된 $NADPH_2$와 ATP를 이용하여 탄수화물을 만든다.

㉣ 두 과정에 의해 광합성 반응이 완료된다.

$$6CO_2 + 6H_2O \xrightarrow{\text{광에너지}} C_6H_{12}O_6 + 6O_2$$

㉤ 광합성 효율과 빛 : 광합성에는 675nm를 중심으로 한 650~700nm의 적색 부분과 450nm를 중심으로 한 400~500nm의 청색광 부분이 가장 유효하고 녹색, 황색, 주황색 파장의 광은 대부분 투과·반사되어 비효과적이다.

㉥ C_3식물, C_4식물, CAM식물의 광합성 특징 비교

- 고등식물에 있어 광합성 제2과정에서 CO_2가 환원되는 물질에 따라 C_3식물, C_4식물, CAM식물로 구분한다.
- 고등식물에 있어 광합성 제2과정에서 CO_2가 환원되는 물질에 따라 C_3식물, C_4식물, CAM식물로 구분한다.
- C_3식물
  - 이산화탄소를 공기에서 직접 얻어 캘빈회로에 이용하는 식물로 최초 합성되는 유기물이 3탄소화합물이다.
  - 벼, 밀, 콩, 귀리 등이 해당된다.
  - 날씨가 덥고 건조한 경우 C_3식물은 수분의 손실을 줄이기 위해 기공을 닫아 광합성률이 감소되어 생산이 줄어든다.
  - 기공을 닫으면 이산화탄소의 흡수와 산소의 방출이 억제되어 이산화탄소는 점점 낮아지고 산소는 쌓이게 되면 탄소고정효

소 루비스코(Nubisco)가 이산화탄소 대신 산소와 결합하면서 3탄소화합물 대신 2탄소화합물을 생성하였다가 이산화탄소와 물로 분해하며 산소고정으로 시작되는 과정을 광호흡(Photorespiration)이라 하며 광호흡은 당이 합성되지 않고 ATP를 생성하지 않는 소비적 과정이다.

- C_4식물
  - C_3식물과 달리 수분을 보존하고 광호흡을 억제하는 적응기구를 가지고 있다.
  - 날씨가 덥고 건조한 경우 기공을 닫아 수분을 보존하며, 탄소를 4탄소화합물로 고정시키는 효소를 가지고 있어 기공이 대부분 닫혀있어도 광합성을 계속할 수 있다.
  - 옥수수, 수수, 사탕수수, 기장, 버뮤다그래스, 명아주 등이 이에 해당한다.
  - 이산화탄소 보상점이 낮고 이산화탄소 포화점이 높아 광합성 효율이 매우 높은 특징이 있다.
- CAM(Crassulacean Acid Metabolism)식물
  - 밤에만 기공을 열어 이산화탄소를 받아들이면서 수분을 보존하고 이산화탄소가 잎에 들어오면 C_4식물과 같이 4탄소화합물로 고정하여 저축하였다가 낮에 캘빈회로로 방출하여 낮에 이산화탄소를 받아들이지 않더라도 광합성을 계속할 수 있다.
  - 선인장, 파인애플, 솔잎국화 등의 대부분 다육식물이 이에 해당한다.

특 성	C_3식물	C_4식물	CAM식물
CO_2 고정계	캘빈회로	C_3회로+캘빈회로	C_4회로+캘빈회로
잎조직 구조	엽육세포로 분화하거나 내용이 같은 엽록유세포에 엽록체가 많이 포함되어 광합성이 이곳에서 이루어지며, 유관속초세포는 별로 발달하지 않고 발달해도 엽록체를 거의 포함하지 않음	유관속초세포가 매우 발달하여 다량의 엽록체를 포함하고, 다량의 엽록체를 포함한 유관속초세포가 방사상으로 배열되어 이른바 크렌즈 구조를 보이는 것이 특징	엽육세포는 해면상이고 균일하게 매우 발달하여 엽록체도 균일하게 분포하며 유관속초세포는 발달하지 않음. 두꺼운 잎조직의 안쪽에는 저수조직을 가지는 것이 특징
최대광합성 능력 ($mg-CO_2/cm^2/h$)	15~40	35~80	1~4
CO_2 보상점(ppm)	30~70	0~10	0~5(암중)

특 성	C_3식물	C_4식물	CAM식물
21% O_2에 의한 광합성억제	있 음	없 음	있 음
광호흡	있 음	유관속초세포	정오 후 측정가능
광포화점	최대일사의 1/4～1/2	최대일사 이상 강광 조건에서 높은 광합성률	부 정
광합성적정 온도(℃)	13～30	30～47	～35
내건성	약	강	매우 강함
광합성산물 전류속도	느 림	빠 름	-
최대건물 생장률 ($g/m^2/d$)	19.5±1.9	30.3±13.8	-
건물생산량 (ton/ha/년)	22±3.3	38±16.9	낮고 변화가 심함
증산율 (g-H_2O/g-건물량 증가)	450～950 (다습조건에 적응)	250～350 (고온에 적응)	18～125 (매우 적음)
CO_2 첨가에 의한 건물생산 촉진효과	큼	작음(하나의 CO_2 분자를 고정하기 위하여 더 많은 에너지가 필요함)	-
작 물	벼, 보리, 밀, 콩, 귀리, 담배 등	옥수수, 수수, 수단그래스, 사탕수수, 기장, 진주조, 버뮤다그래스, 명아주 등	선인장, 솔잎국화, 파인애플 등

② 호 흡

㉠ 광은 광합성에 의해 호흡기질을 생성하여 호흡을 증대시킨다.

㉡ 벼, 담배 등 C_3식물은 광에 의해 직접적으로 호흡이 촉진되는 광호흡이 있다.

③ 증산작용

㉠ 광이 조사되면 온도의 상승으로 증산이 조장된다.

㉡ 광합성에 의해 동화물질이 축적되면 공변세포의 삼투압이 높아져 흡수가 조장되며 기공을 열어 증산을 조장한다.

(2) 굴광성과 그 밖의 작용

① 굴광성

㉠ 의의 : 식물의 한 쪽에 광이 조사되면 광이 조사된 쪽으로 식물체가 구부러지는 현상을 굴광현상이라 한다.

벼와 옥수수의 생리 생태적 특성으로 옳은 것은?

① 유관속초세포는 벼가 옥수수보다 더 발달되어 있다.
② CO_2 보상점은 벼가 옥수수보다 더 낮다.
③ 광합성 적정온도는 벼가 옥수수보다 더 높다.
④ 광호흡량은 벼가 옥수수보다 더 높다.

 ④

㉡ 광이 조사된 쪽은 옥신의 농도가 낮아지고, 반대쪽은 옥신의 농도가 높아지면서 옥신의 농도가 높은 쪽의 생장속도가 빨라져 생기는 현상이다.

㉢ 줄기나 초엽 등 지상부에서는 광의 방향으로 구부러지는 향광성을 나타내며, 뿌리는 반대로 배광성을 나타낸다.

㉣ 400~500nm 특히 440~480nm의 청색광이 가장 유효하다.

② 착 색

㉠ 광이 없을 경우 엽록소 형성이 저해되고, 담황색 색소인 에티올린(Etiolin)이 형성되어 황백화현상을 일으킨다.

㉡ 엽록소 형성에는 450nm 중심으로 430~470nm의 청색광과 650nm를 중심으로 620~670nm의 적색광이 효과적이다.

㉢ 사과, 포도, 딸기 등의 착색은 안토시아닌 색소의 생성에 의하며 비교적 저온에 의해 생성이 조장되고 자외선이나 자색광파장에서 생성이 촉진되며, 광조사가 좋을 때 착색이 좋아진다.

③ 신장과 개화

㉠ 신 장

- 자외선과 같은 단파장의 광은 신장을 억제
- 광부족, 자외선 투과가 적은 환경은 웃자라기 쉬움

㉡ 개 화

- 광의 조사가 좋은 경우 광합성의 조장으로 탄수화물 축적이 많아져 C/N율이 높아지고, 화성이 촉진됨
- 일장은 적색광이 개화에 큰 영향을 끼침
- 개화 시각에서 대부분 광이 있을 때 개화하나 수수와 같이 광이 없을 때 개화하는 것도 있음
- 야간조파는 적색광이 가장 효과적임

2 광보상점과 광포화점

(1) 광 도

① 광보상점

㉠ 작물은 대기의 이산화탄소를 흡수하여 유기물을 합성하며, 호흡을 통해 유기물을 소모하며 이산화탄소를 방출한다.

㉡ 진정광합성(眞正光合成, True Photosynthesis) : 호흡을 무시한 절대적 광합성을 말한다.

㉢ 외견상광합성(外見上光合成, Apparent Photosynthesis) : 호흡으로 소모된 유기물을 제외한 광합성을 말한다.

필 / 수 / 확 / 인 / 문 / 제

작물의 엽록소형성, 굴광현상, 일장효과 및 야간조파에 가장 효과적인 광으로 짝지어진 것은?

	엽록소형성	굴광현상	일장효과	야간조파
①	자색광	적색광	녹색광	청색광
②	적색광	청색광	적색광	적색광
③	황색광	청색광	황색광	청색광
④	적색광	적색광	자색광	적색광

 ②

㉣ 보상점(補償點, Compensation Point) : 광합성은 어느 한계까지 광이 강할수록 속도가 증대되는데, 광합성할 때 흡수한 이산화탄소량과 호흡할 때 방출한 이산화탄소의 양이 같을 때의 빛의 세기를 말한다.

② 광포화점(光飽和點, Light Saturation Point) : 빛의 세기가 보상점을 지나 증가하면서 광합성속도도 증가하나 어느 한계 이후 빛의 세기가 더 증가하여도 광합성량이 더 이상 증가하지 않는 빛의 세기를 말한다.

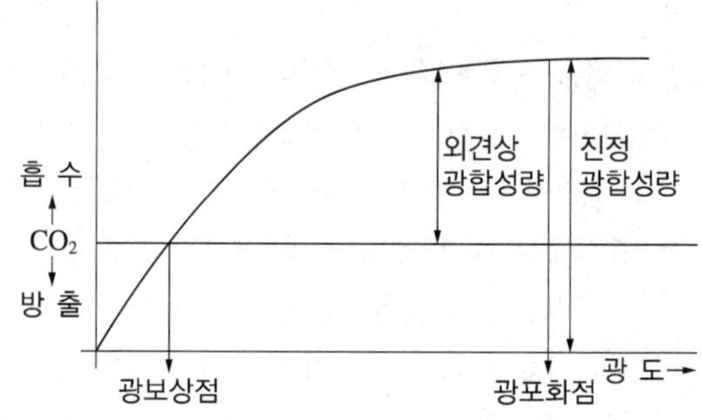

③ 광보상점과 내음성(耐陰性, Shade Tolerance)

㉠ 작물의 생육은 광보상점 이상의 광을 받아야 지속적 생육이 가능하므로 보상점이 낮은 작물은 상대적으로 낮은 광도에서도 생육할 수 있는 힘, 즉 내음성이 강하다.

㉡ 음생식물(蔭生植物, Shade Plant) : 내음성이 강한 식물은 음지에서 잘 자라고 양지에서는 오히려 해를 받는데, 이런 식물을 음생식물이라 한다.

㉢ 양생식물(陽生植物, Sun Plant) : 보상점이 높아 광조사가 좋은 환경에서 양호한 생육을 할 수 있는 식물이다.

④ 고립상태에서의 광포화점

㉠ 고립상태(孤立狀態) : 작물의 거의 모든 잎이 직사광선을 받을 수 있도록 되어 있는 상태로 포장에서 극히 생육초기에 여러 개체의 잎들이 서로 중첩되기 전의 상태이며, 어느 정도 생장하게 되면 고립상태는 존재하지 않는다.

㉡ 고립상태 작물의 광포화점은 경우에 따라 측정치의 변화가 있지만 양생식물이라도 전체 조사광량보다 낮으며, 각 식물의 여름날 정오의 광량에 대한 비율을 표시하면 다음의 표와 같다.

㉢ 대체로 일반작물의 광포화점은 조사광량의 30~60% 범위 내에 있으나 온도와 이산화탄소 농도에 따라 변한다.

㉣ 고립상태에서 온도와 이산화탄소가 제한조건이 아닌 경우 C_4식물은 최대조사광량에서도 광포화점이 나타나지 않으며, 이때 광합성률은 C_3식물의 2배에 달한다.

[고립상태일 때 작물의 광포화점(단위 : %, 조사광량에 대한 비율)]

작 물	광포화점
음생식물	10 정도
구약나물	25 정도
콩	20~23
감자, 담배, 강낭콩, 해바라기, 보리, 귀리	30 정도
벼, 목화	40~50
밀, 알팔파	50 정도
고구마, 사탕무, 무, 사과나무	40~60
옥수수	80~100

(2) 포장상태에서의 광합성

① 군락의 광포화점

㉠ 군락상태(群落狀態) : 포장에서 식물이 자라 잎이 서로 포개져 많은 잎들이 직사광선을 받지 못하고 그늘에 있는 상태를 군락상태라 하며, 포장의 작물은 군락상태를 형성하고 면적당 수량은 면적당 광합성량에 따라 달라지므로 군락의 광합성이 수량을 지배한다.

㉡ 벼의 경우 잎에 투사된 광은 10% 정도만 잎을 투과한다. 따라서 군락이 우거져 그늘에 있는 잎이 많아지면 포화광을 받지 못하는 잎이 많아지고, 이들이 충분한 광을 받기 위해서는 더 강한 광이 군락에 투사되어야 하므로 군락의 광포화점은 높아진다.

㉢ 군락의 광포화점은 군락의 형성도가 높을수록 높아진다.

㉣ 벼의 생육단계별 군락 형성상태에 따라 광의 조도와 군락의 광합성의 관계는 고립상태에 가까운 생육초기에는 낮은 조도에서도 광포화를 이루나, 군락이 무성한 출수기 전후에는 전광에 가까운 높은 조도에도 광포화를 보이지 않으므로 군락이 무성한 시기일수록 더 강한 일사가 필요하다.

② 포장동화능력(圃場同化能力)

㉠ 의의 : 포장군락의 단위면적당 광합성능력으로 수량을 직접 지배한다.

㉡ 포장동화능력의 표시

- 포장동화능력 = 총엽면적 × 수광능률 × 평균동화능력
- $P = AfP_0$

P : 포장동화능력, A : 총엽면적, f : 수광능률, P_0 : 평균동화능력

㉢ 수광능률(受光能率)

- 군락의 잎이 광을 얼마나 효율적으로 받아 광합성에 이용하는가의 표시로 총엽면적과 군락의 수광상태에 따라 지배됨

군락의 광포화점에 대한 설명으로 옳지 않은 것은?

① 군락의 형성도가 높을수록 광포화점은 높아진다.
② 포장군락에서는 전광(全光)에서 포화상태에 도달한다.
③ 군락이 무성한 시기일수록 더욱 강한 일사가 필요하다.
④ 벼잎에 투사된 광은 10% 정도가 잎을 투과한다.

 ②

포장동화능력에 대한 설명으로 옳지 않은 것은?

① 포장군락의 단위면적당 광합성능력을 말한다.
② 엽면적지수, 적산온도, 평균동화능력의 곱으로 표시된다.
③ 벼의 경우 출수 전에는 주로 엽면적의 지배를 받고, 출수 후에는 단위동화능력의 지배를 받는다.
④ 엽면적이 과다하여 그늘에 든 잎이 많이 생기면 동화능력보다 호흡소모가 많아져 포장동화능력이 저하된다.

 ②

- 수광능률의 향상은 총엽면적을 적당한 한도로의 조절과 군락 내부로 광투사를 위해 수광상태를 개선해야 함

㉣ 평균동화능력(平均同化能力)
- 잎의 단위면적당 동화능력을 의미하며, 단위동화능력을 총엽면적에 대해 평균한 것으로 단위동화능력과 같은 의미로 많이 사용됨
- 시비, 물관리 등을 잘하여 영양상태를 좋게 하였을 때 높아짐

③ 최적엽면적(最適葉面積, Optimum Leaf Area)

㉠ 건물 생산량과 광합성의 관계
- 건물의 생산은 진정광합성과 호흡량의 차이인 외견상광합성량에 의해 결정됨
- 군락의 발달은 군락 내 엽면적의 증가로 진정광합성량이 증가
- 군락 내 엽면적 증가는 광포화점 이하의 광을 받는 잎이 증가하면서 엽면적이 일정 이상 커지면 엽면적 증가와 비례하여 진정광합성량은 증가하지 않으면서 호흡은 엽면적 증가와 더불어 직선적으로 증대하므로 건물 생산량은 어느 한도까지는 군락 내 엽면적 증가에 따라 같이 증가하나 그 이상의 엽면적 증가는 오히려 건물 생산량은 감소시킴

㉡ 최대엽면적 : 군락상태에서 건물 생산량이 최대일 때의 엽면적이다.

㉢ 엽면적지수(葉面積指數, Leaf Area Index, LAI) : 군락의 엽면적을 토지면적에 대한 배수치(倍數値)로 표시하는 것이다.

㉣ 최적엽면적지수(最適葉面積指數) : 엽면적이 최적엽면적일 경우의 엽면적지수이다.

㉤ 군락의 최적엽면적은 생육시기와 일사량, 수광상태, 작물의 종류와 품종 등에 따라 달라진다.

㉥ 최적엽면적지수를 크게 하면 군락의 건물생산능력을 크게 하므로 수량을 증대시킬 수 있다.

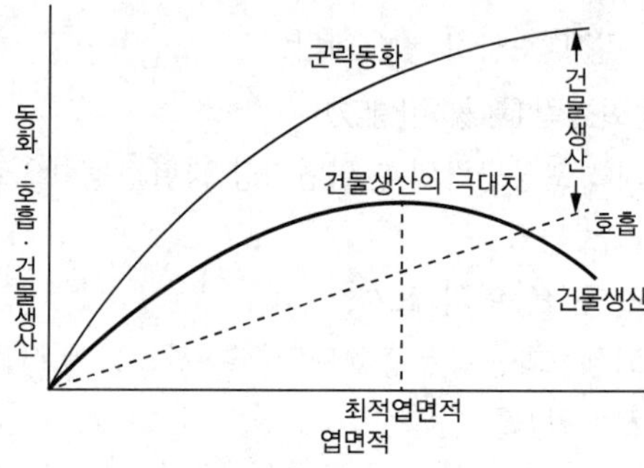

[건물생산과 엽면적과의 관계]

작물의 최적엽면적지수에 대한 설명으로 옳지 않은 것은?

① 최적엽면적지수는 생육기간 중 일사량에 따라 변한다.
② 최적엽면적지수는 수광태세가 좋은 초형일수록 작아진다.
③ 최적엽면적지수를 크게 하면 수량을 증대시킬 수 있다.
④ 최적엽면적지수는 작물의 종류와 품종에 따라 다르다.

 ②

(3) 군락의 수광태세

① 의 의

㉠ 군락의 최대엽면적지수는 군락의 수광태세가 좋을 때 커진다.

㉡ 동일 엽면적이라면 수광태세가 좋을 때 군락의 수광능률은 높아진다.

㉢ 수광태세의 개선은 광에너지의 이용도를 높일 수 있으며, 우수한 초형의 품종 육성, 재배법의 개선으로 군락의 잎 구성을 좋게 해야 한다.

② 벼의 초형

㉠ 잎이 너무 두껍지 않고, 약간 좁으며, 상위엽이 직립한다.

㉡ 키가 너무 크거나 작지 않다.

㉢ 분얼(分蘗)은 개산형(開散型, Gathered Type)으로 포기 내 광의 투입이 좋아야 한다.

㉣ 각 잎이 공간적으로 되도록 균일하게 분포해야 한다.

③ 옥수수의 초형

㉠ 상위엽은 직립하고 아래로 갈수록 약간씩 기울어 하위엽은 수평이 된다.

㉡ 숫이삭이 작고, 잎혀(葉舌)가 없다.

㉢ 암이삭은 1개인 것보다 2개인 것이 밀식에 더 적응한다.

④ 콩의 초형

㉠ 키가 크고 도복이 안 되며, 가지는 적게 치고 짧다.

㉡ 꼬투리가 원줄기에 많이 달리고 밑까지 착생한다.

㉢ 잎자루(葉柄)가 짧고 일어선다.

㉣ 잎이 작고 가늘다.

⑤ 재배법에 의한 수광태세의 개선

㉠ 벼의 경우 규산과 칼륨의 충분한 시용은 잎이 직립하고, 무효분얼기에 질소를 적게 주면 상위엽이 직립한다.

㉡ 벼, 콩의 경우 밀식 시 줄 사이를 넓히고 포기 사이를 좁히는 것이 파상군락을 형성하게 하여 군락 하부로 광투사를 좋게 한다.

㉢ 맥류는 광파재배보다 드릴파재배를 하는 것이 잎이 조기에 포장 전면을 덮어 수광태세가 좋아지고, 지면증발도 적어진다.

㉣ 어느 작물이나 재식밀도와 비배관리를 적절하게 해야 한다.

(4) 생육단계와 일사

① 일조부족의 영향은 작물의 생육단계에 따라 다르다.

필 / 수 / 확 / 인 / 문 / 제

광조건과 작물의 생육에 대한 설명으로 옳지 않은 것은?

① 광포화점은 고립상태의 작물보다 군락상태의 작물에서 높다.
② 규산과 칼륨을 충분히 시용한 벼에서는 수광태세가 양호하여 증수된다.
③ 벼 감수분열기의 광부족은 단위면적당 이삭수를 감소시킨다.
④ 남북이랑방향은 동서이랑방향보다 수광량이 많아 작물생육에 유리하다.

답 ③

② 벼의 생육단계별 일조부족의 영향

㉠ 최고분얼기(最高分蘗期, Maximum Tillering Stage, 출수 전 30일)를 전후한 1개월 사이 일조부족은 유효경수 및 유효경비율이 저하되어 이삭수의 감수를 초래한다.
㉡ 감수분열성기(출수 전 12일) 일조부족은 갓 분화되거나 생성된 영화가 생장이 정지되고 퇴화하여 이삭당 영화수가 크게 감소한다.
㉢ 유숙기(乳熟期, Milk-Ripe Stage) 전후 1개월 사이 일조부족은 동화산물 감소와 배유로의 전류, 축적을 감퇴시켜 배유 발육을 저해하여 등숙률을 감소시킨다.
㉣ 감수분열기(減數分裂期, Reduction Division Stage) 차광은 영화 크기를 작게 한다.
㉤ 유숙기 차광은 배유의 충진을 불량하게 하여 정조천립중을 크게 감소시킨다.
㉥ 일사부족이 수량에 끼치는 영향은 유숙기가 가장 크고, 다음이 감수분열기이다.
㉦ 분얼성기(分蘗盛期, Active Tillering Stage) 일사부족은 수량에 크게 영향을 주지 않는다.

3 일사와 재배

(1) 작물의 광입지에 따른 작물의 선택

① 작물이 받는 일사는 입지에 달라지며, 수광량의 차이는 작물 기초대사 및 건물의 생산 등에 영향을 미친다.
② 작물의 재배에 일사가 고려되어야 한다.

(2) 작휴와 파종

① 이랑의 방향

㉠ 경사지는 등고선 경작이 유리하나 평지는 수광량을 고려해 이랑의 방향을 정해야 한다.
㉡ 남북방향이 동서방향보다 수량의 증가를 보인다.
㉢ 겨울작물이 아직 크게 자라지 않았을 때는 동서이랑이 수광량이 많고, 북서풍도 막을 수 있다.

② **파종의 위치** : 강한 일사를 요구하지 않는 감자는 동서이랑도 무난하며 촉성재배 시 동서이랑의 골에 파종하되 골 북쪽으로 붙여서 파종하면 많은 일사를 받을 수 있다.

제6장 상적발육과 환경

1 상적발육

(1) 생육의 개념

① 생 장
   ㉠ 여러 가지 잎, 줄기, 뿌리와 같은 영양기관이 양적으로 증대하는 것이다.
   ㉡ 영양생장을 의미하며, 시간의 경과에 따른 변화이다.

② 발 육
   ㉠ 아생(芽生), 화성(化成), 개화(開化), 성숙(成熟) 등과 같은 작물의 단계적 과정을 거치는 체내 질적 재조정작용이다.
   ㉡ 생식생장이며, 질적변화이다.

③ 상적발육(相的發育, Phasic Development)
   ㉠ 작물이 순차적으로 여러 발육상을 거쳐 발육이 완성되는 현상이다.
   ㉡ 상적발육의 가장 중요한 전환점은 개화 전 영양생장(Vegetative)을 거쳐 화성을 이루고, 계속 체내 질적변화를 계속하는 생식생장(Reproductive Growth)으로의 전환으로, 화성이라 표현하기도 한다.
   ㉢ 화성의 유도에는 특수환경, 특히 일정한 온도와 일장이 관여한다.
   ㉣ 상적발육에는 초기의 특정 온도가 필요한 단계인 감온상과 그 뒤에 특정 일장이 필요한 단계인 감광상이 있다.

작물의 상적발육에 대한 설명으로 옳지 않은 것은?

① 발육은 작물 체내에서 일어나는 질적인 재조정작용이다.
② 생장은 여러 기관의 양적 증대에 의해 나타난다.
③ 상적발육 초기는 감온상보다 감광상에 해당된다.
④ 화성(花成)은 영양생장에서 생식생장으로 이행하는 한 과정이다.

답 ③

(2) 상적발육설(相的發育說, Theory of Phasic Development)

① 리센코(Lysenko, 1932)에 의해서 제창되었다.

② 작물의 생장과 발육은 같은 현상이 아니며, 생장은 여러 기관의 양적 증가를 의미하지만 발육은 체내의 순차적인 질적 재조정작용을 의미한다.

③ 1년생 종자식물의 발육상은 개개의 단계(Stage)에 의해 성립된다.

④ 개개의 발육단계는 서로 접속해 성립되어 있으며, 이전의 발육상을 경과하지 못하면 다음의 발육상으로 이행할 수 없다.

⑤ 하나의 식물체에서 개개의 발육상 경과는 서로 다른 특정 환경조건이 필요하다.

(3) 화성의 유인

① 화성유도의 주요 요인
   ㉠ 내적 요인
      • C/N율로 대표되는 동화생산물의 양적 관계

- 옥신(Auxin)과 지베렐린(Gibberellin) 등 식물호르몬의 체내 수준 관계

㉡ 외적 요인

- 일 장
- 온 도

② C/N율설

㉠ C/N율 : 식물 체내의 탄수화물과 질소의 비율(탄질률)을 의미한다.

㉡ C/N율설 : C/N율이 식물의 생육, 화성, 결실을 지배하는 기본 요인이 된다는 견해이다.

㉢ 크라우스와 크레이빌(Kraus & Kraybil, 1918)의 연구결과(토마토)

- 수분과 질소를 포함한 광물질 양분이 풍부해도 탄수화물 생성이 불충분하면 생장이 미약하고 화성 및 결실도 불량
- 탄수화물 생성이 풍부하고 수분과 광물질 양분, 특히 질소가 풍부하면 생육은 왕성하나 화성 및 결실이 불량
- 수분과 질소의 공급이 약간 적어 탄수화물의 생성이 조장되어 탄수화물이 풍부해지면 화성 및 결실이 양호하게 되지만, 생육은 감퇴
- 탄수화물의 증대를 저해하지 않고, 수분과 질소의 공급이 더욱 감소되면 생육이 더욱 감퇴하고 화아는 형성되나 결실하지 못하고 더욱 심해지면 화아도 형성되지 않음
- 작물의 개화 및 결실에 C/N율설이 적용되는 경우가 많음

(4) 추파맥류의 최소엽수(最少葉數, Minimum Number of Leaves)

① **최소엽수** : 주경에 화아분화가 될 때까지 형성된 최소착엽수이다.

② 일반적으로 작물의 종류, 품종에 따라 차이가 있으며, 같은 작물의 경우 만생종일수록 많은 것이 보통이다.

2 춘화처리(春花處理, Vernalization)

(1) 춘화처리의 뜻

① **온도유도** : 생육 중 일정한 시기에 일정 온도에 처하게 하여 개화 및 출수를 유도하는 것이다.

② 춘화처리

㉠ 개화유도를 위해 생육 중 일정한 시기에 일정한 온도로 처리하는 것이다.

㉡ 춘화처리가 필요한 식물에서는 저온처리를 하지 않으면 개화의 지연 또는 영양기에 머물게 된다.

㉢ 저온처리 자극의 감응부위는 생장점이다.

(2) 춘화처리의 구분

① 처리온도에 따른 구분

㉠ 저온춘화 : 월년생 작물은 비교적 저온인 1~10℃의 처리가 유효하다.

㉡ 고온춘화 : 단일식물은 비교적 고온인 10~30℃의 처리가 유효하다.

㉢ 일반적으로 저온춘화가 고온춘화에 비해 효과적이고, 춘화처리라 하면 보통은 저온춘화를 의미한다.

② 처리시기에 따른 구분

㉠ 종자춘화형 식물 : 최아종자에 처리하는 작물을 말한다(예 추파맥류, 완두, 잠두, 봄무 등).

㉡ 녹식물춘화형 식물 : 식물이 일정한 크기에 달한 녹체기에 처리하는 작물을 말한다(예 양배추, 히요스 등).

㉢ 비춘화처리형 식물 : 춘화처리의 효과가 인정되지 않는 작물을 말한다.

③ 그 밖의 구분

㉠ 단일춘화 : 추파맥류는 종자춘화형 식물로 최아종자를 저온처리하면 봄에 파종해도 좌지현상이 방지되고, 정상적으로 출수하는 데 저온처리가 없어도 본잎 1매 정도 녹체기에 약 한 달 동안의 단일처리를 하되 명기에 적외선이 많은 광을 조명하면 춘화처리를 한 것과 같은 효과가 발생하는데, 이를 단일춘화라고 한다.

㉡ 화학적춘화 : 지베렐린과 같은 화학물질을 처리해도 춘화처리와 같은 효과를 나타내는 경우도 많은데, 이것을 화학적춘화라 하기도 한다.

(3) 춘화처리에 관여하는 조건

① 최 아

㉠ 춘화처리에 필요한 수분의 흡수율은 작물에 따라 각각 다르다.

㉡ 수온은 12℃가 알맞다.

㉢ 종자춘화 시 종자근의 시원체인 백체가 나타나기 시작할 무렵까지 최아하여 처리한다.

㉣ 최아종자의 춘화처리는 처리기간이 길어지면 부패 또는 유근의 도장 우려가 있다.

② 처리온도와 기간

㉠ 처리온도 및 기간은 유전성에 따라 서로 다르다.

㉡ 일반적으로 겨울작물은 저온, 여름작물은 고온이 효과적이다.

필 / 수 / 확 / 인 / 문 / 제

작 물		최아종자 처리조건	
		온도(℃)	기간(일)
일반작물	추파맥류	0~3	30~60
	벼	37	10~20
	옥수수	20~30	10~15
	수 수	20~30	10~15
	콩	20~25	10~15
채 소	배 추	-2~1	33
	결구배추	3	15~20
	봄 무	0	15일 이상
		5	13
	시금치	1±1	32

③ 산소 : 춘화처리 중 산소의 공급은 절대적으로 필요하며 산소의 부족은 호흡을 불량하게하며 춘화처리 효과가 지연(저온)되거나 발생하지 못한다(고온).

④ 광 선
㉠ 저온춘화는 광선의 유무에 관계가 없다.
㉡ 고온춘화는 처리 중 암흑상태가 필요하다.
㉢ 일반적으로 온도유지와 건조 방지를 위해 암중 보관한다.

⑤ 건조 : 춘화처리 중과 처리 후라도 고온·건조는 저온처리 효과를 경감시키거나 소멸시키므로 고온·건조를 피해야 한다.

(4) 이춘화와 재춘화

① 이춘화(離春化, Devernalization) : 저온춘화처리 과정 중 불량한 조건은 저온처리의 효과 감퇴나 심하면 저온처리의 효과가 전혀 나타나지 않는데, 이와 같이 춘화처리의 효과가 어떤 원인에 의해서 상실되는 현상을 이춘화라고 한다.

② 춘화처리의 정착(Stabilization of Vernalization) : 춘화의 정도가 진행될수록 이춘화가 어려운데 이처럼 춘화가 완전히 된 것은 이춘화가 발생하지 않는 것을 춘화처리의 정착이라고 한다.

③ 재춘화(再春化, Revernalization) : 가을호밀에서 이춘화 후 다시 저온처리 하면 다시 춘화처리가 되는 것이다.

(5) 춘화처리의 농업적 이용

① 수량 증대 : 추파맥류의 춘화처리 후 춘파로 춘파형 재배지대에서도 추파형 맥류의 재배가 가능하다.

버널리제이션에 대한 설명으로 옳지 않은 것은?

① 저온처리의 감응 부위는 생장점이다.
② 산소부족과 같이 호흡을 저해하는 조건은 버널리제이션을 촉진한다.
③ 최아종자를 저온처리하는 경우에는 광의 유무가 버널리제이션에 관계하지 않는다.
④ 처리 중 종자가 건조하면 버널리제이션 효과가 감쇄한다.

 ②

② 채종 : 월동작물을 저온처리 후 봄에 심어도 출수·개화하므로 채종에 이용될 수 있다.

③ 촉성재배 : 딸기의 화아분화에는 저온이 필요하기 때문에 겨울 출하를 위한 촉성재배 시 딸기묘를 여름철에 저온으로 화아분화를 유도해야 한다.

④ 육종상의 이용 : 춘화처리로 세대단축에 이용한다.

⑤ 종 또는 품종의 감정 : 라이그래스류의 종 또는 품종은 3~4주일 동안 춘화처리를 한 다음 종자의 발아율에 의해서 구별된다.

3 일장효과(日長效果, Photoperiodism)

(1) 일장효과의 뜻

① 일장효과(광주기효과)

㉠ 식물의 화아분화와 개화에 가장 크게 영향을 주는 것은 일조시간의 변화이다.

㉡ 일장이 식물의 개화와 화아분화 및 여러 발육에 영향을 미치는 현상이다.

㉢ 개화는 광의 강도뿐 아니라 광이 조사되는 기간의 길이, 즉 일장이 중요하다.

② 장일과 단일

㉠ 장일 : 1일 24시간 중 명기의 길이가 암기보다 길 때로 명기의 길이가 12~14시간 이상인 것을 말한다.

㉡ 단일 : 명기가 암기보다 짧을 때로 명기의 길이가 12~14시간보다 짧은 것을 말한다.

③ 일장과 화성유도

㉠ 유도일장(誘導日長, Inductive Day-Length) : 식물의 화성을 유도할 수 있는 일장을 말한다.

㉡ 비유도일장(非誘導日長, Noninductive Day-Length) : 화성을 유도할 수 없는 일장을 말한다.

㉢ 한계일장(限界日長, Critical Day-Length) : 유도일장과 비유도일장의 경계가 되는 일장을 말한다.

㉣ 최적일장(最適日長, Optimum Day-Length) : 화성을 가장 빨리 유도하는 일장을 말한다.

④ 피토크롬(Phytochrome)

㉠ 일장효과는 빛을 흡수하는 색소단백질인 피토크롬(Phytochrome)과 관련이 있다.

필/수/확/인/문/제

상적발육의 생리현상을 농업현장에 적용한 예로 적용원리가 다른 하나는?

① 딸기의 촉성재배
② 국화의 촉성재배
③ 맥류의 세대단축 육종
④ 추파맥류의 봄 대파

답 ②

일장형이 장일식물에 해당하는 것으로만 묶인 것은?

① 콩, 담배
② 양파, 시금치
③ 국화, 토마토
④ 벼, 고추

답 ②

ⓒ 적색광을 흡수하기 때문에 청색 또는 청록색으로 보인다.
ⓒ 적색광(660nm)이 발아에 가장 효과적이며, 원적색광(730nm)은 발아와 적색광의 효과를 억제한다.
ⓔ 피토크롬은 서로 다른 파장의 빛을 흡수하여 한 가지 형태에서 다른 형태로 전환된다.

(2) 작물의 일장형

① 장일식물(長日植物, Long-Day Plant, LDP)
㉠ 보통 16~18시간의 장일상태에서 화성이 유도·촉진되는 식물로, 단일상태는 개화를 저해한다.
㉡ 최적일장 및 유도일장 주체는 장일측, 한계일장은 단일측에 있다.
㉢ 추파맥류, 시금치, 양파, 상추, 아마, 아주까리, 감자 등

② 단일식물(短日植物, Short-Day Plant, SDP)
㉠ 보통 8~10시간의 단일상태에서 화성이 유도·촉진되며, 장일상태는 이를 저해한다.
㉡ 최적일장 및 유도일장의 주체는 단일측, 한계일장은 장일측에 있다.
㉢ 국화, 콩, 담배, 들깨, 조, 기장, 피, 옥수수, 담배, 아마, 호박, 오이, 늦벼, 나팔꽃 등

③ 중성식물(中性植物, Day-Neutral Plant)
㉠ 일정한 한계일장이 없이 넓은 범위의 일장에서 개화하는 식물로 화성이 일장에 영향을 받지 않는다고 할 수도 있다.
㉡ 강낭콩, 가지, 토마토, 당근, 셀러리 등

④ 정일식물(定日植物, Definite Day-Length Plant)
㉠ 중간식물이라고도 하며, 특정 좁은 범위의 일장에서만 화성이 유도되고 2개의 한계일장이 있다.
㉡ 사탕수수의 F-106이란 품종은 12시간에서 12시간 45분의 일장에서만 개화한다.

⑤ 장단일식물(長短日植物, Long-Short-Day Plant, LSDP)
㉠ 처음엔 장일, 후에 단일이 되면 화성이 유도되나 일정한 일장에만 두면 개화하지 못한다.
㉡ 낮이 짧아지는 늦여름과 가을에 개화한다.
㉢ 야래향, 칼랑코에속 등

⑥ 단장일식물(短長日植物, Short-Long-Day Plant, SLDP)
㉠ 처음엔 단일, 후에 장일이 되면 화성이 유도되나 일정한 일장에서는 개화하지 못한다.
㉡ 낮이 길어지는 초봄에 개화한다.
㉢ 토끼풀, 초롱꽃 등

(3) 일장효과에 영향을 미치는 조건

① 발육단계

㉠ 어린식물은 일장에 감응하지 않고 어느 정도 발육한 후에 감응하며, 발육단계가 더욱 진전하게 되면 점차 감수성이 없어진다.

㉡ 벼의 경우 주간 본엽수가 7~9매로 되며, 분얼수도 급히 증가하는 시기부터 예민하게 감응하고 출수 30일 전쯤 감수성이 소멸된다.

② 처리일수 : 도꼬마리나 나팔꽃처럼 민감한 단일식물은 극히 단기간의 1회 처리에도 감응하여 개화한다.

③ 온도의 영향

㉠ 일장효과의 발현에는 어느 정도 한계온도의 영향을 받는다.

㉡ 가을국화의 경우 10~15℃ 이하에서는 일장과 관계없이 개화하며, 장일성인 사리풀의 경우 저온에서 단일조건이라도 개화한다.

④ 광의 강도 : 명기가 약광이라도 일장효과가 나타나며, 대체로 광도가 증가할수록 효과가 크다.

⑤ 광 질

㉠ 유효한 광의 파장은 장일식물이나 단일식물이나 같다.

㉡ 효과는 600~660nm의 적색광이 가장 크고, 다음이 자색광인 380nm 부근, 480nm 부근의 청색광이 가장 효과가 적다.

⑥ 질소의 시용

㉠ 질소 부족 시 장일식물은 개화가 촉진된다.

㉡ 단일식물의 경우 질소의 요구도가 커서 질소가 풍부해야 생장속도가 빨라 단일효과가 더욱 잘 나타난다.

⑦ 연속암기와 야간조파

㉠ 장일식물은 24시간 주기가 아니더라도 명기의 길이가 암기보다 상대적으로 길면 개화가 촉진되나, 단일식물은 일정시간 이상의 연속암기가 절대적으로 필요하다.

㉡ 암기가 극히 중요하므로 장야식물 또는 암장기식물이라하고, 장일식물을 단야식물 또는 단야기식물이라 하기도 한다.

㉢ 단일식물의 연속암기 중 광의 조사는 연속암기를 분단하여 암기의 합계가 명기보다 길어도 단일효과가 발생하지 않는다. 이것을 야간조파 또는 광중단이라고 한다.

㉣ 야간조파에 가장 효과가 큰 광은 600~660nm의 적색광이다.

(4) 일장효과의 기구

① **감응부위** : 감응부위는 성숙한 잎이며, 어린잎은 거의 감응하지 않는다.

② **자극의 전단** : 일장처리에 의한 자극은 잎에서 정단분열조직으로 이동되며, 모든 방향으로 전달된다.

③ **일장효과의 물질적 본체** : 호르몬성 물질로 플로겐 또는 개화호르몬이라 불린다.

④ **화학물질과 일장효과**

㉠ 옥신 처리 : 장일식물은 화성이 촉진되는 경향이 있고, 단일식물은 화성이 억제되는 경향이 있다.

㉡ 지베렐린 처리 : 저온·장일의 대치적 효과가 커서 1년생 히요스 등은 지베렐린 공급 시 단일에서도 개화한다.

(5) 개화 이외의 일장효과

① **성의 표현**

㉠ 모시풀은 자웅동주식물인데, 일장에 따라 성의 표현이 달라진다.

- 14시간 이상의 일장에서는 모두 웅성
- 8시간 이하의 일장에서는 모두 자성

㉡ 오이, 호박 등은 단일 하에서 암꽃이 많아지고, 장일 하에서 수꽃이 많아진다.

㉢ 자웅이주식물인 삼(대마)은 단일에서 수그루 → 암그루(♂ → ♀) 및 암그루 → 수그루(♀ → ♂)의 성전환이 이루어진다.

② **영양생장**

㉠ 단일식물이 장일에 놓일 때 영양생장이 계속되어 줄기가 길어져 거대형이 된다.

㉡ 장일식물이 단일 하에 놓이면 추대현상이 이루어지지 않아 줄기가 신장하지 못하고, 지표면에 잎만 출엽하는 근출엽형이 된다.

③ **저장기관의 발육**

㉠ 고구마 덩이뿌리, 봄무, 파의 비대근, 감자나 돼지감자의 덩이줄기, 달리아의 알뿌리 등은 단일조건에서 발육이 조장된다.

㉡ 양파나 마늘의 비늘줄기는 장일에서 발육이 조장된다.

④ **결협 및 등숙** : 단일식물인 콩이나 땅콩은 단일조건에서 결협·등숙이 촉진된다.

⑤ **수목의 휴면** : 수종에 관계없이 15~21℃에서는 일장 여하에 관계없이 휴면하나 21~27℃에서 장일(16시간)은 생장을 지속시키고, 단일(8시간)은 휴면을 유도하는 경향이 있다.

작물의 일장반응에 대한 설명으로 옳은 것은?

① 모시풀은 8시간 이하의 단일조건에서 완전웅성이 된다.
② 콩의 결협(꼬투리 맺힘)은 단일조건에서 촉진된다.
③ 고구마의 덩이뿌리는 장일조건에서 발육이 촉진된다.
④ 대마는 장일조건에서 성전환이 조장된다.

답 ②

(6) 일장효과의 농업적 이용

① 수량 증대 : 북방형 목초이며, 장일식물인 오차드그래스, 라디노클로버를 가을철 단일기에 일몰부터 20시경까지 보광을 하거나 심야에 1~1.5시간의 야간조파로 연속 암기를 중단하면 장일효과의 발생으로 절간신장하게 되어 산초량이 70~80% 증대한다.

② 꽃의 개화기 조절
㉠ 일장처리에 의해 개화기를 변동시켜 원하는 시기에 개화시킬 수 있다.
㉡ 단일성 국화의 경우 단일처리로 촉성재배, 장일처리로 억제재배하여 연중 개화시킬 수 있는데, 이것을 주년재배라 한다.
㉢ 인위개화, 개화기의 조절, 세대단축이 가능하다.

③ 육종상의 이용
㉠ 인위개화 : 고구마를 나팔꽃에 접목하고, 8~10시간 단일처리를 하면 인위적으로 개화가 유도되어 교배육종이 가능해진다.
㉡ 개화기 조절 : 개화기가 다른 두 품종의 교배 시 일장처리로 개화기가 서로 맞도록 조절한다.
㉢ 육종연한의 단축 : 온실재배와 일장처리로 여름작물의 겨울재배로 육종연한이 단축될 수 있다.

4 품종의 기상생태형

(1) 기상생태형의 구성

① 기본영양생장성(Grande of Basic Vegetative Growth)
㉠ 작물의 출수·개화에 알맞은 온도와 일장에서도 일정의 기본영양생장이 덜 되어 출수·개화에 이르지 못하는 성질을 말한다.
㉡ 기본영양생장 기간의 길고 짧음에 따라 기본영양생장이 크다(B)와 작다(b)로 표시한다.

② 감온성(Sensitivity for Temperature)
㉠ 온도에 의해서 출수·개화가 촉진되는 성질을 말한다.
㉡ 감온성이 크다(T)와 작다(t)로 표시한다.

③ 감광성(Sensitivity for Day Length)
㉠ 일장에 의해 출수·개화가 촉진되는 성질을 말한다.
㉡ 감광성이 크다(L)와 작다(l)로 표시한다.

(2) 기상생태형의 분류

① 기본영양생장형(Blt형) : 기본영양생장성이 크고, 감광성과 감온성은 작아서 생육기간이 주로 기본영양생장성에 지배되는 것이다.

② 감광형(bLt형) : 기본영양생장성과 감온성이 작고, 감광성이 커서 생육기간이 주로 감광성에 지배되는 것이다.

③ 감온형(blT형) : 기본영양생장성과 감광성이 작고, 감온성이 커서 생육기간이 주로 감온성에 지배되는 것이다.

④ blt형 : 세 가지 성질이 모두 작아서 어떤 환경에서도 생육기간이 짧은 것이다.

(3) 기상생태형 지리적 분포

① 저위도 지대

㉠ 저위도 지대는 연중 고온・단일조건으로 감온성이나 감광성이 큰 것은 출수가 빨라져서 생육기간이 짧고, 수량이 적다.

㉡ 감온성과 감광성이 작고, 기본영양생장성이 큰 Blt형은 연중 고온・단일인 환경에서도 생육기간이 길어서 다수성이 되므로 주로 이런 품종이 분포한다.

② 중위도 지대

㉠ 우리나라와 같은 중위도 지대는 서리가 늦으므로 어느 정도 늦은 출수도 안전하게 성숙할 수 있고, 다수성이므로 주로 이런 품종들이 분포한다.

㉡ 위도가 높은 곳에서는 blT형이, 남쪽은 bLt형이 재배된다.

㉢ Blt형은 생육기간이 길어 안전한 성숙이 어렵다.

③ 고위도 지대 : 기본영양생장성과 감광성은 작고, 감온성이 커서 일찍 감응하여 출수・개화하여 서리 전 성숙할 수 있는 감온형인 blT형이 재배된다.

(4) 우리나라 주요 작물의 기상생태형

작 물		감온형(blT형)	중간형	감광형(bLt형)
벼	명 칭	조생종	중생종	만생종
	분 포	북 부	중북부	중남부
콩	명 칭	올 콩	중간형	그루콩
	분 포	북 부	중북부	중남부
조	명 칭	봄 조	중간형	그루조
	분 포	서북부, 중부산간지		중부의 평야, 남부
메 밀	명 칭	여름메밀	중간형	가을메밀
	분 포	서북부, 중부산간지		중부의 평야, 남부

다음과 같은 현상이 예상되는 원인으로 가장 적합한 것은?

어떤 벼 품종을 재배하였더니 영양생장기간이 길어져 출수・개화가 지연되고 등숙기에 저온상태에 놓여 수량이 감소하였다.

① 기본영양생장이 큰 품종을 우리나라의 북부산간지에 재배하였기 때문이다.
② 우리나라 중・남부평야지에 잘 적응하는 품종을 저위도의 적도지역에 재배하였기 때문이다.
③ 우리나라 북부산간지역에 잘 적응하는 품종을 남부평야지에 재배하였기 때문이다.
④ 기본영양생장성과 감광성이 작고 감온성이 큰 품종을 우리나라의 남부평야지에 재배하였기 때문이다

답 ①

(5) 기상생태형과 재배적 특성

① 조만성 : 파종과 이앙을 일찍 할 때 blt형과 감온형은 조생종이 되고, 기본영양생장형과 감광형은 만생종이 된다.

② 묘대일수감응도(苗垈日數感應度)

㉠ 손모내기에서 못자리기간을 길게 할 때 모가 노숙하고 이앙 후 생육에 난조가 생기는 정도로 벼가 못자리 때 이미 생식생장의 단계로 접어들어 생기는 것이다.

㉡ 못자리기간이 길어져 못자리 때 영양결핍과 고온기에 이르게 되면 감온형은 쉽게 생식생장의 경향을 보이나 감광형과 기본영양생장형은 좀처럼 생식생장의 경향을 보이지 않으므로 묘대일수감응도는 감온형은 높고, 감광형과 기본영양생장형은 낮다.

㉢ 수리안전답이 대부분을 차지하고, 기계이앙을 하는 상자육묘에서는 문제가 되지 않는다고 본다.

③ 작기이동과 출수

㉠ 만파만식이 조파조식보다 출수가 지연되는 정도는 기본영양생장형과 감온형이 크고 감광형이 작다.

㉡ 기본영양생장형과 감온형은 대체로 일정한 유효적산온도를 채워야 출수하므로 조파조식보다 만파만식에서 출수가 크게 지연된다.

㉢ 감광형은 단일기에 감응하고 한계일장에 민감하므로 조파조식이나 만파만식에 대체로 일정한 단일기에 출수하므로 이앙이 이르거나 늦음에 출수기의 차이는 크지 않다.

④ 만식적응성(晩植適應性)

㉠ 이앙이 늦을 때 적응하는 특성이 있다.

㉡ 기본영양생장형 : 만식은 출수가 너무 지연되어 성숙이 불안정해진다.

㉢ 감온형 : 못자리기간이 길어지면 생육에 난조가 온다.

㉣ 감광형 : 만식을 해도 출수의 지연도가 적고, 묘대일수감응도가 낮아 만식적응성이 크다.

⑤ 조식적응성

㉠ 감온형과 blt형 : 조기수확을 목적으로 할 때 알맞다.

㉡ 기본영양생장형 : 수량이 많은 만생종 중 냉해 회피 등을 위해 출수·성숙을 앞당기려 할 때 알맞다.

㉢ 감광형 : 출수·성숙을 앞당기지 않고 파종·이앙을 앞당겨 생육기간의 연장으로 증수를 목적으로 할 때 알맞다.

제7장 생물환경

1 작물을 둘러싸고 있는 생물

(1) 경지에 서식하는 생물

① 경지는 초원, 삼림과는 크게 다른 인위적 환경이다.

② 경지는 자연계와 같은 다양성을 갖지 못하고, 목적하는 작물만 집중적으로 재배되는 단순성을 가진다.

(2) 경지에서 유익한 생물과 유해한 생물

① 유익한 생물

㉠ 조류 : 경지에서 과실이나 곡물에 해를 끼치기도 하지만, 작물 해충을 잡아먹어 천적으로의 역할이 크다.

㉡ 천 적

- 해충을 포식하거나 해충에 기생하는 생물
- 경지에서는 육식성 소동물이 서식하며, 해충의 이상 번식을 방지하는 역할

㉢ 화분매개곤충

㉣ 토양미생물

② 유해한 생물

㉠ 작물 생육을 저해하는 생물을 의미하며, 병을 일으키는 병원성미생물과 바이러스, 작물에 해를 끼치는 해충과 해조수, 잡초 등 여러 생물이 있다.

㉡ 유해생물의 이상 번식은 작물에 큰 피해를 입히므로 이들의 방지를 위해 직접적 방제, 윤작, 재배방법에 따른 회피, 천적의 도입 등의 처리를 하고 있다.

2 작물의 병해와 방제

(1) 병해의 종류와 발병원인

① 병해 : 작물의 정상적 대사활동이 어떤 원인으로 장해를 받아 작물 본래의 기능을 상실하여 잎이 시들고, 생육이 정지되는 등 이상 증상을 나타내는 것을 병해라 한다.

② 병해의 종류

㉠ 전염성 병해 : 사상균, 세균, 바이러스 등의 병원체에 의한 병해로 주변으로 확대해 가는 전염성을 가지고 있다.

㉡ 비전염성 병해 : 부적합한 토양, 기상, 환경오염물질, 약해 등이 원인으로 주변 확산이 없다.

③ 발병의 원인

㉠ 주인 : 병해를 일으키는 병원체이다.

㉡ 유인 : 발병을 유발하는 환경조건이다.

㉢ 소인 : 병에 걸리기 쉬운 성질이다.

㉣ 벼 도열병의 발생조건의 예

- 주인 : 도열병균의 분생포자가 많이 발생
- 유인 : 장시간 강우와 일조의 부족, 저온과 질소의 과다시비, 밀식, 만식
- 소인 : 도열병에 걸리기 쉬운 성질의 품종 재배

㉤ 작물의 병해는 하나의 원인만으로 발생하는 것이 아니라 2개, 3개 이상의 원인이 겹쳐져 발생한다.

(2) 사상균에 의한 병해

① 사상균의 특징

㉠ 사상균에 의한 병해가 작물의 병해 중 가장 많다.

㉡ 곰팡이 또는 균류라 하며, 분류학상으로는 식물에 속하나 엽록소를 갖지 않아 영양을 다른 것에서 취해서 생활한다.

㉢ 부생균 : 죽은 식물의 사체에서 영양을 취하는 사상균이다.

㉣ 기생균 : 살아있는 작물에 침입하여 영양을 취하는 사상균이다.

- 절대기생균 : 살아있는 식물에서만 영양을 취함(예 녹병균, 뿌리혹병균 등)
- 조건적 부생균 : 살아있는 식물체에 기생하지만 조건에 따라서는 죽은 식물에도 부생적으로 생활(예 도열병균, 역병균, 깨씨무늬병 등 대다수의 병원균)
- 조건적 기생균 : 부생적 생활을 하나 작물의 생육이 약해졌을 때 기생하는 균(예 입고병균, 잎집무늬마름병균 등)

② 사상균병의 종류

㉠ 전염방식에 따라 공기전염성병해와 토양전염성병해로 구분한다.

㉡ 공기전염성 병해 : 병원균이 물, 바람, 종사, 곤충 등에 의해 전염되는 병해이다(예 벼의 도열병과 잎집무늬마름병, 감자의 역병, 맥류의 깜부기병, 사과의 적성병 등).

㉢ 토양전염성 병해 : 병원균이 토양에 있어 작물의 뿌리 또는 줄기 밑부분으로 침입하여 발생하는 병해이다(예 벼의 입고병, 배추의 뿌리혹병, 오이나 토마토의 역병 등 - 연작장해의 주요 원인 중 하나).

③ 사상균병의 전염방법

㉠ 종자전염 : 벼 도열병, 맥류 깜부기병, 고구마 흑반병 등

㉡ 풍매전염 : 벼 도열병, 맥류의 녹병, 배의 적성병 등

㉢ 수매전염 : 벼 황화위축병, 감자 역병 등

㉣ 충매전염 : 오이 탄저병, 배의 적성병 등

㉤ 토양전염 : 토마토 입고병, 가지의 위축병, 배추 뿌리혹병 등

④ 발 병

㉠ 사상균은 작물 조직 내에 침입하면 영양을 흡수하면서 발육, 만연한다.

㉡ 발병 : 사상균의 발육, 만연으로 증상을 나타내는 것이다.

㉢ 병 징

- 발병으로 인해 작물에 나타나는 병적 변화
- 병명의 판단에 중요한 단서

(3) 세균에 의한 병해

① 세균의 특징

㉠ 하나하나가 독립된 작은 단세포의 미생물이다.

㉡ 모양으로 간상, 구상, 나선상, 사상 등으로 나누며 작물의 병해는 대부분 간상의 세균이 일으킨다.

② 세균병의 분류(침입 장소에 따라)

㉠ 유조직병 : 작물의 유조직으로 세균이 침입하여 반점, 엽고, 변부, 썩음 등을 병징을 나타낸다(예 벼 흰빛잎마름병, 오이의 반점세균병, 양배추 검은썩음병, 채소의 연부병 등).

㉡ 도관병 : 작물의 도관으로 세균이 침입·증식하여 주변 조직의 파괴와 도관을 막아 물의 상승억제로 위조현상을 보인다(예 토마토와 가지의 청고병, 담배 입고병, 백합의 입고병 등).

㉢ 증생병 : 세균이 방출한 호르몬의 작용으로 세포가 커져 조직의 일부가 이상비대 증상을 나타낸다(예 배, 감, 포도, 사과, 당근 등의 근두암종병).

③ 세균병의 전염

㉠ 세균은 광과 건조에 약하여 피해작물의 조직 또는 토양 등 수분이 많은 곳에 생활한다.

㉡ 전염은 빗물, 관개수 등 물과 흙이 혼합하여 운반되거나 종묘나 곤충에 의해 전염된다.
㉢ 사상균과는 달리 작물 표피를 뚫고 침입할 수 있는 기관이 없어 상처나 기공, 수공, 밀선 등 자연개구부와 보호층이 발달하지 않은 근관 등으로 침입한다.

(4) 바이러스에 의한 병해

① 바이러스의 특징
㉠ 바이러스병은 거의 모든 작물에서 발생한다.
㉡ 병원체는 식물바이러스이다.
㉢ 본체는 DNA 또는 RNA의 핵산이며, 단백질 껍질을 갖는다.
㉣ 모양은 간상, 사상, 구상 등 여러 모양이다.
㉤ 일반 광학현미경으로 보이지 않을 만큼 크기가 작다.
㉥ 특정식물에 감염하여 병해를 일으키는 성질이 있다.
㉦ 인공배양이 되지 않는다.
㉧ 오로지 세포 내에서만 증식한다.

② 바이러스병의 종류
㉠ 위축병 : 벼, 맥류, 담배, 콩 등
㉡ 위황병 : 백합 등
㉢ 모자이크병 : 감자, 토마토, 오이, 튤립, 수선 등
㉣ 괴저모자이크병 : 담배, 토마토 등
㉤ 잎말림병 : 감자 등

③ 바이러스병의 전염
㉠ 진딧물, 멸구, 매미충 등과 선충 및 곰팡이 등을 매개로 한 것이 많다.
㉡ 작물 간의 접촉, 종묘, 토양, 접목 등에 의해 전염된다.
㉢ 표피에 생긴 상처의 즙액에 의해 전염된다.
㉣ 꽃가루에 의한 전염의 경우도 있다.

(5) 예방과 방제

① 병해의 예방
㉠ 저항성 품종 또는 대목을 선정한다.
㉡ 건강한 생육으로 저항력을 증진시킨다.
㉢ 재배환경의 조절로 병원균 활동을 억제한다.
㉣ 종자 및 토양 소독과 윤작 등으로 병원균의 밀도를 낮춘다.

② 방 제

㉠ 발병한 작물은 가능한 빨리 구제하여야 한다.

㉡ 병해는 예방이 최선의 방법으로 발병 후에는 이미 늦은 경우가 많다.

㉢ 발병 전 정기적으로 예방제의 살포가 필요하다.

㉣ 발병 후에는 치료제를 살포하는데, 치료제의 연용은 병원균에 내성이 생기기 쉬워 사용횟수를 가능한 줄여야 한다.

3 작물의 해충과 그 방제

(1) 해충의 종류와 피해

① 해충의 종류

㉠ 대부분 곤충이 많으며, 그 외 진드기류, 선충류, 갑각류, 복족류 등과 소형 무척추동물도 있다.

㉡ 입의 모양에 따라 흡즙성과 저작성 해충으로 분류한다.

② 피 해

㉠ 가해 : 작물에 직접적인 상처 또는 장해를 주어 쇠약하게 하는 피해이다.

㉡ 피해 : 해충의 가해에 의한 작물의 증상이다.

㉢ 해충의 가해 양식

- 식해 : 이화명나방, 혹명나방, 멸강나방, 벼잎벌레, 줄기굴파리, 벼물바구미 등
- 흡즙해(즙액흡수) : 멸구, 애멸구, 진딧물, 진드기, 방귀벌레, 깍지진디, 패각충 등
- 산란, 상해 : 포도뿌리진딧물, 진드기, 선충류 등
- 벌레혹 형성 : 끝동매미충, 잎벌, 콩잎굴파리 등
- 기타(중독물질) : 벼줄기굴파리, 벼심고선충 등

(2) 해충의 방제

① 의 의

㉠ 병해와 달리 해충의 방제는 발생 후에도 약제살포로 방제가 가능하다.

㉡ 약제의 다량사용은 천적류의 피해, 환경오염, 해충의 내성, 잔류독성 등 부정적인 면도 많다.

㉢ 해충의 방제는 예방과 방제를 조합한 종합적 방제가 필요하다.

㉣ 해충의 방제목표와 주요 방제방법

- 예 방
  - 방제목표 : 해충의 발생 억제, 해충의 가해 회피
  - 주요 방제방법 : 윤작과 휴한, 저항성품종의 선택, 천적의 이용, 재배시기의 이동·차단, 전등조명에 의한 기피
- 방 제
  - 방제목표 : 발생한 해충을 살충
  - 주요 방제방법 : 살충제 살포, 유살 및 포살, 대항식물의 이용, 천적의 이용, 불임웅 이용

② 천 적

㉠ 천적의 분류

- 천적(天敵, Natural Enemy) : 특정 곤충의 포식 또는 기생·침입하여 병을 일으키는 생물을 그 곤충의 천적이라 함
- 밀폐공간에서 작물을 재배하는 시설원예에서는 천적의 이용이 유리하고, 유기원예에서는 중요한 해충의 구제방법으로 이용
- 이용 천적은 기생성·포식성·병원성 천적으로 구분할 수 있음
- 천적의 분류와 종류
  - 기생성 천적 : 기생벌, 기생파리, 선충 등
  - 포식성 천적 : 무당벌레, 포식성 응애, 풀잠자리, 포식성 노린재류 등
  - 병원성 천적 : 세균, 바이러스, 원생동물 등

㉡ 천적의 종류와 대상 해충

대상 해충	도입 대상 천적(적합한 환경)	이용작물
점박이응애	칠레이리응애(저온)	딸기, 오이, 화훼 등
	긴이리응애(고온)	수박, 오이, 참외, 화훼 등
	갤리포니아커스이리응애(고온)	수박, 오이, 참외, 화훼 등
	팔리시스이리응애(야외)	사과, 배, 감귤 등
온실가루이	온실가루이좀벌(저온)	토마토, 오이, 화훼 등
	황온좀벌(고온)	토마토, 오이, 멜론 등
진딧물	콜레마니진딧벌	엽채류, 과채류 등
총채벌레	애꽃노린재류(큰 총채벌레 포식)	과채류, 엽채류, 화훼 등
	오이이리응애(작은 총채벌레 포식)	과채류, 엽채류, 화훼 등
나방류, 잎굴파리	명충알벌	고추, 피망 등
	굴파리좀벌(큰 잎굴파리유충)	토마토, 오이, 화훼 등
	굴파리고치벌(작은 유충)	토마토, 오이, 화훼 등

㉢ 천적의 이용방법

- 작물 생육환경에 따라 천적을 적당히 선택해야 함
- 천적이용 효과를 높이기 위해 가능하면 무병종묘를 이용하고, 외부 해충의 침입을 막아야 함

- 천적 활동에 알맞은 환경 조성과 가급적 조기에 투입함

㉣ 유지식물(Banker Plant)
- 천적 증식과 유지에 이용되는 식물
- 유연관계가 먼 작물들은 해충 종류도 서로 달라 주작물의 해충으로는 작용하지 않으면서 천적의 증식을 위한 먹이로 이용됨
- 딸기의 뱅커플랜트
  - 단자엽식물인 보리가 이용됨
  - 보리에는 초식자인 보리두갈래진딧물과 그 천적인 콜레마니진딧벌이 동시에 증식함
  - 보리에 증식한 진딧벌은 딸기에 발생하는 진딧물을 공격함
- 뱅커플랜트 이용은 해충 발생 전에 준비함
- 뱅커플랜트 천적 발생시기와 주작물의 해충 발생시기를 일치시켜야 함
- 기주곤충의 추가 접종이 필요함

㉤ 천적이용 시 문제점
- 모든 해충의 구제는 불가능함
- 천적의 관리 및 이용에 기술적 어려움과 경제적 측면도 고려하여야 함
- 대상 해충이 제한적임
- 해충밀도가 지나치게 높으면 방제효과가 떨어짐
- 천적도 환경영향을 크게 받으므로 방제효과가 환경에 따라 달라짐
- 농약과 같이 즉시 효과가 나타나지 않음

③ 가해의 회피

㉠ 발생 시기와 가해 시기를 피해 재배 시기의 이동 등으로 회피할 수 있다.

㉡ 차단, 유인, 포살, 조명 등도 이용한다.

④ 약제방제

㉠ 예방효과는 적지만 효과가 단시간에 확실히 나타난다.

㉡ 재배방법에도 제약이 없다.

㉢ 약제사용 시 주의점
- 해충 또는 작물에 알맞은 약제의 선택
- 포장환경과 작물의 생육에 맞는 제형의 선택
- 농도 및 살포량을 정확하게 지킬 것
- 살포 적기에 사용할 것
- 동일 약제를 연용하지 말고, 성분이 다른 약제를 조합할 것
- 천적에 해를 주지 말아야 하며, 선택성이 있는 농약을 사용할 것

(3) 병충해 종합관리(IPM ; Integrated Pest Management)

① 의 의

㉠ 경제적, 환경적, 사회적 가치를 고려하여 종합적이고 지속가능한 병충해 관리 전략을 말한다.

㉡ Integrated(종합적) : 병충해 문제 해결을 위해 생물학적, 물리적, 화학적, 작물학적, 유전학적 조절방법을 종합적으로 사용하는 것을 의미한다.

㉢ Pest(병충해) : 수익성 및 상품성 있는 산물의 생산에 위협이 되는 모든 종류의 잡초, 질병, 곤충을 의미한다.

㉣ Management(관리) : 경제적 손실을 유발하는 병충해를 사전적으로 방지하는 과정을 의미한다.

㉤ IPM은 병충해의 전멸이 목표가 아닌 일정 수준의 병충해의 존재와 피해에서도 수익성 있고, 상품성 있는 생산이 가능하도록 하는데 그 목적이 있다.

② 농약사용 절감을 위한 병충해 종합방제

㉠ 병충해 발생을 억제할 수 있는 재배기술을 실천한다.

㉡ 물리적 방제기술을 실천한다.

㉢ 천적 또는 페르몬 등 생물학적 방제법을 도입한다.

㉣ 농약은 최후의 수단으로 꼭 필요한 경우에만 사용한다.

4 잡초(雜草, Weed)와 방제

(1) 잡초와 피해

① 잡 초

㉠ 재배 포장 내에 발생하는 작물 이외의 식물을 말한다.

㉡ 광의의 잡초는 포장뿐만 아니라 포장주변, 도로, 제방 등에서 발생하는 식물까지 포함한다.

㉢ 작물 사이에 자연적으로 발생하여 직·간접으로 작물의 수량이나 품질을 저하시키는 식물을 잡초라고 한다.

② 피 해

㉠ 양수분을 수탈한다.

㉡ 광을 차단한다.

㉢ 환경을 악화시킨다.

㉣ 병충해의 번식을 조장한다.

㉤ 유해물질의 분비 : 유해물질의 분비로 작물생육을 억제하는 상호대립 억제작용[타감작용(Allelopathy)]이 있다.

㉥ 품질을 저하시킨다.

필 / 수 / 확 / 인 / 문 / 제

다음 중 우리나라 논에 주로 발생하는 다년생 광엽잡초로만 짝지어진 것은?

ㄱ. 여 뀌	ㄴ. 벗 풀
ㄷ. 올 미	ㄹ. 가 래
ㅁ. 나도겨풀	ㅂ. 사마귀풀

① ㄱ, ㄴ, ㄷ ② ㄴ, ㄷ, ㄹ
③ ㄷ, ㄹ, ㅁ ④ ㄹ, ㅁ, ㅂ

답 ②

ⓢ 가축에 피해를 입힌다.
ⓞ 미관을 손상시킨다.
ⓙ 수로 또는 저수지 등에 만연으로 물의 관리 작업이 어려워진다.

③ 잡초의 유용성
㉠ 지면 피복으로 토양침식을 억제한다.
㉡ 토양에 유기물의 제공원이 될 수 있다.
㉢ 구황작물로 이용될 수 있는 것들이 많다.
㉣ 야생동물, 조류 및 미생물의 먹이와 서식처로 이용되어 환경에 기여한다.
㉤ 유전자원으로 이용된다.
㉥ 과수원 등에서 초생재배식물로 이용될 수 있다.
㉦ 약용성분 및 기타 유용한 천연물질의 추출원이 된다.
㉧ 가축의 사료로서 가치가 있다.
㉨ 환경오염 지역에서 오염물질을 제거한다.
㉩ 자연경관을 아름답게 하는 조경재료로 사용된다.

④ 잡초의 주요 특성
㉠ 원하지 않는 장소에 발생한다.
㉡ 자연 야생상태에서도 잘 번식한다.
㉢ 번식력이 왕성하며, 큰 집단을 형성한다.
㉣ 근절하기 힘들며, 작물, 동물, 인간에게 피해를 준다.
㉤ 이용가치가 적다.
㉥ 미관을 손상시킨다.

(2) 잡초의 종류와 생태

① 잡초의 종류
㉠ 생활사에 따라 1년생, 2년생 및 다년생으로 구분한다.
- 1년생 잡초 : 생활주기가 1년 이내인 잡초
- 2년생 잡초 : 생활주기가 1~2년인 잡초
- 다년생 잡초 : 2년 이상 생존하며, 종자로 번식하기도 하지만 영양번식을 하는 경우가 많음

㉡ 우리나라의 주요 논 잡초

1년생	다년생
• 화본과 : 강피, 물피, 돌피, 둑새풀 • 방동사니과 : 참방동사니, 알방동사니, 바람하늘지기, 바늘골 • 광엽잡초 : 물달개비, 물옥잠, 여뀌, 자귀풀, 가막사리	• 화본과 : 나도겨풀 • 방동사니과 : 너도방동사니, 올방개, 올챙이고랭이, 매자기 • 광엽잡초 : 가래, 벗풀, 올미, 개구리밥, 미나리

㉢ 우리나라 주요 밭 잡초

1년생	다년생
• 화본과 : 바랭이, 강아지풀, 돌피, 둑새풀(2년생) • 방동사니과 : 참방동사니, 금방동사니 • 광엽잡초 : 개비름, 명아주, 여뀌, 쇠비름, 냉이(2년생), 망초(2년생), 개망초(2년생)	• 화본과 : 참새피, 띠 • 방동사니과 : 향부자 • 광엽잡초 : 쑥, 씀바귀, 민들레, 쇠뜨기, 토끼풀, 메꽃

② 잡초의 생태

㉠ 종자 생산량이 많고, 소립으로 발아가 빠르며, 초기의 생장속도도 빠르다.

㉡ 대개 C_4형 광합성으로 광합성 효율이 높고, 생장이 빨라서 경합적 측면에서 많은 장점을 갖고 있다.

㉢ 불량환경에 적응력이 높고, 한발 및 과습의 조건에서도 잘 견딘다.

(3) 잡초의 방제

① 잡초의 예방

㉠ 윤 작

㉡ 방 목

㉢ 소각 및 소토

㉣ 경 운

㉤ 퇴비를 잘 부숙시켜 퇴비 중의 잡초종자를 경감

㉥ 종자 선별

㉦ 피 복

㉧ 답전윤환

㉨ 담수 및 써레질

② 잡초의 방제

㉠ 물리적(기계적) 방제
- 물리적 힘을 이용하여 잡초를 제거하는 방법
- 방법 : 수취, 화염제초, 베기, 경운, 중경 등

㉡ 경종적(생태적) 방제
- 잡초와 작물의 생리·생태적 특성을 이용하여 잡초의 경합력을 저하시키고, 작물의 경합력을 높이는 방법을 이용
- 방법 : 재배시기의 조절, 윤작, 시비의 조절 등

㉢ 생물학적 방제
- 생태계 파괴 없이 보존할 수 있는 방법
- 방법 : 곤충, 소동물, 어패류 등을 이용하여 방제

㉣ 화학적 방제

장 점	단 점
• 사용폭이 넓고, 효과가 커서 비교적 완전한 제초가 가능 • 효과가 상당 기간 지속적이며, 경비를 절감 • 사용이 간편	• 인축과 작물에 약해 가능성 • 지식과 훈련 및 교육이 필요

㉤ 종합적 방제(Integrated Weed Management, IWM)

- 잡초 방제를 위해 2종 이상의 방제법을 혼합하여 사용하는 것
- 불리한 환경으로 인한 경제적 손실이 최소화되도록 유해생물의 군락을 유지시키는 데 목적이 있음
- 완전 제거가 아닌 경제적 손실이 없는 한도 내에서 가장 이상적인 방제를 요구하는 방법

③ 제초제

㉠ 제초제의 구비조건

- 제초효과가 커야 함
- 인축 및 공해 등에 대한 안전도가 높아야 함
- 사용이 편리해야 함
- 조건의 차이에 있어서 효과가 안전해야 함
- 가격이 적절해야 함
- 약해가 적어야 함
- 처리에 있어 안전성이 있어야 함
- 노력절감을 위해 다른 약제와 혼용이 가능해야 함

㉡ 제초제 사용상의 유의점

- 선택과 사용시기, 사용농도를 적절히 함
- 파종 후 처리 시는 복토를 다소 깊고 균일하게 함
- 인축에 유해한 것은 특히 취급에 주의해야 함
- 제초제의 연용에 의한 토양조건이나 잡초 군락의 변화에 유의해야 함
- 농약, 비료 등과의 혼용을 고려해야 함
- 제초제에 대한 저항성 품종의 육성이 고려되어야 함

적중예상문제

01 다음 중 토양의 기능이 아닌 것은?

① 생물질의 생산
② 오염물질의 축적
③ 생물학적 서식지 제공
④ 자연환경 변화에 대한 완충작용

해설
오염물질의 정화 기능

02 토양의 3상 중 구성 비율이 가장 큰 것은?

① 기 상　　② 액 상
③ 고 상　　④ 모두 같다.

해설
토양은 어느 곳에서나 고상, 액상 및 기상의 3상으로 구성되어 있다. 구성 비율이 일정하지 않으나, 그 비율은 대개 고상 50%, 액상 25%, 기상 25%이다.

03 다음 토양의 구성 원소 중 다량원소가 아닌 것은?

① 탄 소　　② 산 소
③ 철　　④ 질 소

해설
필수원소
- 다량원소 : C, H, O, N, S, P, K, Ca, Mg(9원소)
- 미량원소 : Fe, Mn, Cu, Zn, B, Mo, Cl(7원소)

04 토양생성에 관하여는 인자 중 가장 광범위하게 영향을 미치는 인자는?

① 기 후　　② 지 형
③ 식 생　　④ 모 재

해설
토양 발달에 대해 가장 영향력이 큰 것은 강우량과 온도 및 공기의 상대습도 등의 기후적 요인이다.

05 다음 중 토양생성의 주요 원인과 관련이 없는 것은?

① 모재의 종류와 성질
② 기온과 강우량
③ 생물의 종류
④ 그 지역의 지형

해설
토양생성의 주요 요인은 모재의 종류와 성질, 기후(기온과 강우량), 자연적 식생(생물의 작용), 그 지역의 지형, 모재가 토양 생성을 받는 시간이다.

06 토양의 단면을 구성하는 입자의 크기로 틀린 것은?

① 점토 – 0.002mm 이하
② 미사 – 0.002~0.02mm
③ 모래 – 0.02~2mm
④ 표토깊이 – 1~2mm

해설
지표면깊이는 1~2m, 표토깊이는 7~25cm이다.

정답 1 ② 2 ③ 3 ③ 4 ① 5 ③ 6 ④

07 다음 토양구조 중 물빠짐이 가장 나쁜 것은?

① 각주상 구조
② 과립상 구조
③ 각괴상 구조
④ 판상 구조

해설

판상 구조

입단의 배열은 얇은 판자상 또는 렌즈상이고 습윤지대의 A층에서 발달하며, 물의 하층 이동이 어렵다.

08 토성에 관한 설명으로 틀린 것은?

① 토양입자의 성질에 따라 구분한 토양의 종류를 토성이라 한다.
② 식토는 토양 중 가장 미세한 입자로 물과 양분을 흡착하는 힘이 작다.
③ 식토는 투기와 투수가 불량하고, 유기질 분해속도가 늦다.
④ 부식토 세토(세사)가 부족하고, 강한 산성을 나타내기 쉬우므로 점토를 객토해 주는 것이 좋다.

해설

물과 양분을 흡착하는 힘이 커서 보수력과 보비력이 좋다.

09 입단구조의 형성에 관계되는 요인으로 볼 수 없는 것은?

① 습윤과 건조의 반복
② 동결과 해동의 반복
③ 식물뿌리의 물리적 작용
④ 무기물의 축적

해설

입단구조의 형성에 관계되는 요인

- 습윤과 건조의 반복
- 동결과 해동의 반복
- 토양생물과 식물뿌리의 물리적 작용
- 유기물의 분해와 미생물 및 그 밖의 생물이 생산하는 점질물의 영향
- 경 운

10 토양 내 유기 및 무기 교질물의 입단 형성 및 안정화 효과가 가장 큰 것은?

① 유기물
② 산화철
③ 점 토
④ 미생물의 점성 물질

해설

유기 및 무기 교질물의 입단 형성 및 안정화 효과

점토 < 유기물 < 산화철 < 미생물의 점성 물질

11 다음 중 토양 공극량이 가장 많은 토양은?

① 사 토
② 양 토
③ 식양토
④ 식 토

해설

- 토양의 공극량은 미사질 또는 점토질 함량이 높을수록 증가한다.
- 식토 > 식양토 > 미사질 양토 > 양토 > 사양토 > 사토

12 토양의 밀도로 알 수 있는 토양의 성질은?

① 온 도
② 비 열
③ 압 력
④ 공극량

해설

토양의 공극은 공기와 수분이 차 있는 부분이며, 주로 고체 입자의 배열 상태에 의해 결정된다.

13 일반적으로 표토에 부식이 많으면 토양의 색은?

① 암흑색
② 회백색
③ 적 색
④ 황적색

해설

일반적으로 고도로 분해된 유기물이 많이 함유된 토양은 어두운색을 띠며, 산화철 광물이 풍부하면 적색을 띤다.

7 ④ 8 ② 9 ④ 10 ④ 11 ④ 12 ④ 13 ① 정답

14 다음의 성분 중 생장점이나 어린 조직에서 그 결핍증세가 잘 나타나는 것은?

① 칼 륨 ② 유 황
③ 칼 슘 ④ 인 산

해설
칼슘이 결핍되면 작물 전체의 생장이 저해되고 거칠어지며, 목화가 촉진된다. 결핍증상은 최초에 어린 부분에 나타나며, 주로 생장점 부위의 급속 퇴화·고사를 초래한다.

15 다음 무기원소 중 필수원소가 아니지만 화곡류에서 많은 양이 검출되며, 중요한 생리적 역할을 하는 것은?

① Si ② K
③ P ④ Mg

해설
Si(규소)는 필수원소는 아니지만 화곡류에 필수원소로 인정되며, 작물체에 10% 정도 검출된다.

16 다음 토양 중 유기물의 효과가 아닌 것은?

① 입단의 형성
② 완충능 감소
③ 양분 및 CO_2의 공급
④ 보수 및 보비력 증대

해설
토양유기물은 토양반응의 급격한 변동을 막고, 알루미늄의 독성을 중화하는 등 토양의 완충능을 증대시키는 효과가 있다.

17 다음 이온 중 토양이 강산성이 되면 토양 중에서 가급도가 감소되어 생육에 불리한 원소는?

① Al ② Cu
③ Zn ④ B

해설
강산성에서 용해도가 증가하는 이온은 Al, Cu, Zn, Mn, Fe 등이다.

18 토양의 온도를 높이기 위한 조치로 적절한 방법은?

① 토양의 통기를 개선한다.
② 유기물이 많아야 한다.
③ 토양 속에 수분을 공급해야 한다.
④ 토양을 짚으로 피복해준다.

해설
토양 중에 유기물이 많으면 토양색이 짙어져 태양열을 많이 흡수한다.

19 다음 토양미생물이 작물생육에 미치는 유리한 작용은?

① 유기물을 분해하여 암모니아를 생성한다.
② 선충의 피해가 크다.
③ 토양입단을 파괴한다.
④ 탈질작용을 일으킨다.

해설
토양미생물의 작용 중 가장 대표적이라 할 수 있는 작용은 양분의 유효화작용인 암모늄화작용이다.

20 토양공기 이동에 가장 큰 영향을 주는 인자는?

① 토양온도 ② 습 도
③ 확산 작용 ④ 대기압

해설
토양공기의 이동은 대기와 토양온도, 기압의 차, 바람, 대기습도 등에 의해 이루어지나 가장 중요한 인자는 공기 자체의 확산이다.

21 토양반응과 가장 밀접한 관계가 있는 것은?

① 토양온도 ② 염기포화율
③ 토양구조 ④ 토양의 색

해설
토양반응이라 함은 토양의 수용액이 나타내는 산성, 중성 또는 알칼리성이며, 토양의 pH를 측정하여 표시한다.

정답 14 ③ 15 ① 16 ② 17 ④ 18 ② 19 ① 20 ③ 21 ②

22 다음 중 질소 기아현상(Nitrogen Starvation)을 유발시키는 C/N율은?

① 유기물의 탄질률이 10 : 1 이상일 때 발생한다.
② 유기물의 탄질률이 30 : 1 이상일 때 발생한다.
③ 유기물의 탄질률이 5 : 1 이상일 때 발생한다.
④ 유기물의 탄질률이 1 : 1 이상일 때 발생한다.

해설

질소 기아현상
C/N율이 높은 유기물을 시용하면 미생물의 에너지원인 탄소는 충분하고 영양원인 질소는 부족하므로 토양 중의 무기태이온까지 미생물이 이용하여 유효태질소의 부족을 일으키게 되는 현상으로 C/N율이 30 : 1 이상일 때 발생한다.

23 다음 중 토양의 양이온 치환용량이 증대하면 어떤 결과를 초래하는가?

① 점토와 부식이 적어진다.
② 비료의 분해가 빨라져서 비료가 적어진다.
③ 비료유실이 많아진다.
④ 비료성분의 용탈이 적고, 비효가 오래 지속된다.

해설

작물생육에 유리한 입단구조화하게 되면 양이온 치환용량이 좋아 양분이용률 증대로 작물생육이 양호해진다.

24 다음 중 CEC의 설명으로 틀린 것은?

① CEC는 콜로이드와 밀접한 관계가 있다.
② 토양 100g에 보유하고 있는 치환성 양이온 총량을 mg 당량으로 표시한 것이다.
③ CEC가 증대하면 토양반응의 저항하는 힘도 커진다.
④ 토양 중에 점토입자가 적으면 치환성 양이온을 흡착하는 힘이 강해진다.

해설

토양 중에 점토입자가 많으면 치환성 양이온을 흡착하는 힘이 강해진다.

25 토양의 비옥도를 쉽게 알 수 있는 지표는?

① 토양수분 ② 토양색
③ 토양구조 ④ 공극량

해설

온난 지역의 토양이 어두운색인 것은 고도로 분해된 유기물 때문이다.

26 다음 중 식물 체내에서 이동률이 가장 높은 성분은?

① 석 회 ② 규 산
③ 칼 륨 ④ 질 소

해설

식물 체내에서의 양분 이동률
P > N > S > Mg > K > Ca

27 다음 중 토양입자에 가장 잘 흡착되는 것은?

① 암모니아태질소 ② 유기태질소
③ 요소태질소 ④ 질산태질소

해설

암모니아태질소
양이온이므로 음전하를 띠고 있는 다른 형태의 질소보다 잘 흡착된다.

28 토양이 산성화됨으로써 나타나는 불리한 현상이 아닌 것은?

① 미생물 활성 감소
② 인산의 불용화
③ 알루미늄 등 유해금속이온 농도의 증가
④ 탈질반응에 따른 질소 손실 증가

해설

산성토양과 작물생육과의 관계
- 수소이온이 과다하면 작물 뿌리에 해를 준다.
- 토양이 산성으로 되면 알루미늄이온과 망간이온이 용출되어 해를 준다.
- 인, 칼슘, 마그네슘, 몰리브덴, 붕소 등의 필수원소가 결핍된다.
- 석회가 부족하고 토양미생물의 활동이 저하되어 토양의 입단 형성이 저하된다.
- 질소고정균, 근류균 등의 활동이 약화된다.

22 ② 23 ④ 24 ④ 25 ② 26 ④ 27 ① 28 ④ 정답

29 다음 중 토층의 분화라는 것은?

① 암석의 상부가 풍화되어 토양층이 생기는 것
② 포드졸에서 보는 바와 같은 표백층이 생기는 것
③ 논에서 산화층과 환원층이 구분되는 현상
④ 용탈층과 집적층이 생기는 현상

해설

토층의 분화
논에서 표층 수 mm에서 1~2cm의 층은 적갈색을 띤 산화층이고, 그 이하의 작토층은 청회색을 띤 환원층이 되는 것은 논토양의 토층분화라고 한다.

30 다음 중 논토양에서 탈질현상 발생을 억제하기 위한 가장 좋은 시비의 경우는?

① 암모니아태질소를 심층시비할 때
② 요소태질소를 산화층에 시비할 때
③ 요소태질소를 환원층에 시비할 때
④ 암모니아태질소를 산화층에서 시비할 때

31 다음 작물 중 산성토양에 매우 강한 것끼리 짝지은 것은?

① 벼, 귀리
② 호밀, 감자
③ 고추, 시금치
④ 알팔파, 양파

해설

- 산성토양에 강한 작물 : 벼, 철쭉, 귀리, 소나무
- 산성토양에 가장 약한 작물 : 보리, 시금치, 콩, 양파, 삼나무, 자운영

32 토양의 완충작용이란?

① 토양수분을 유지하려는 성질
② pH의 변화에 대항하려는 성질
③ 양분의 효과를 오래 나타내려는 성질
④ 풍화작용에 의해 토양이 생성되려는 성질

해설

산 또는 알칼리의 첨가에 의한 pH의 변화를 억제하는 작용을 완충작용이라 하고, 토양의 이와 같은 성질을 완충능이라고 한다.

33 토양에 유기물을 주었을 때의 효과가 아닌 것은?

① 지온을 높인다.
② 풍화작용을 돕는다.
③ 분해되어 석회분을 공급한다.
④ 미생물을 번식시켜 토양을 개량한다.

해설

토양 중에서 유기물이 분해되면 최종적으로 질산이 생긴다.

34 기온이 낮고 습한 지대에서의 토양 환경을 올바르게 설명한 것은?

① 미생물 활동이 왕성하고, 부식화 작용이 왕성하다.
② 유기물 축적이 많고, 유기물의 부식화 작용도 왕성하다.
③ 유기물 축적이 적고, 유기물의 부식화 작용도 왕성하다.
④ 미생물 활동이 왕성하지 못하고, 부식화 작용이 저조하다.

해설

기온이 낮고 습한 냉대나 한대 지방에서는 미생물의 활동이 미비하므로 유기물의 축적이 많고 부식화 작용도 매우 늦어진다.

35 염류집적의 원인으로만 묶인 것은?

① 과잉시비, 지표 건조
② 과소시비, 지표수준 과다
③ 시설재배, 유기재배
④ 노지재배, 무비료재배

해설

비료를 과다사용하면 토양에 잔류한 비료성분이 빗물에 의해 지하로 스며든 후 확산하지 못하고 농지에 계속 축적되어 염류집적현상이 일어난다. 또한 점토함량이 적고, 미사와 모래 함량이 많아 지표가 건조해져도 염류집적현상이 일어난다.

정답 29 ③ 30 ④ 31 ① 32 ② 33 ③ 34 ④ 35 ①

36 다음 중 논 10a의 경토를 1.5cm 증대시키려 객토를 하고자 하는데 필요한 토량은?

① 약 34ton ② 약 29ton
③ 약 24ton ④ 약 19ton

해설

토량(질량) = 토양의 가밀도×토양의 용적이므로, (1.25ton/m^3)×(10×10m×10m×0.015m) = 18.75ton이 된다.

37 토양수분 과다로 인한 습해의 가장 큰 피해는?

① 입단파괴로 인한 토양구조의 불량
② 토양의 통기불량에 의한 산소부족
③ 식물체를 지지하는 뿌리의 부실
④ 세균의 수월한 번식과 침입

해설

습해 : 토양 과습상태의 지속으로 토양산소가 부족하여 뿌리가 상하고, 심하면 지상부의 황화, 위조·고사하는 것

38 다음 중 작물의 습해대책을 잘못 설명한 것은?

① 저습지에서는 황산근 비료시용을 피한다.
② 저습지에서는 미숙유기물을 다량 시용하여 입단을 조성한다.
③ 저습지에서는 휴립·휴파한다.
④ 저습지에서는 지반을 높이기 위하여 객토한다.

해설

저습지에 미숙유기물을 시용하면 토양환원이 심화되어 습해가 더욱 커진다.

39 토양의 입단화를 가장 좋게 하는 것은?

① 땅 밟기를 자주한다.
② 유기물을 사용한다.
③ 물대기를 자주한다.
④ 붕소를 사용한다.

해설

- 토양 입단화 방법 : 유기물과 석회의 사용, 콩과작물 재배, 토양개량제의 사용, 토양피복
- 토양 입단화 파괴 방법 : 경운, 입단의 팽창 및 수축의 반복, 비와 바람, 나트륨이온의 첨가

40 큰 공극의 물이 중력에 의하여 제거된 후 모세관 작용에 의해 토양이 지니게 된 수분량을 무엇이라 하는가?

① 최대용수량
② 최소용수량
③ 모세관용수량
④ 포장용수량

해설

포장용수량

농경지에 관개 또는 강우로 많은 물이 가해지면 과잉수의 대부분은 큰 공극을 통하여 배제되고, 그 후 물의 표면장력에 의한 모세관 작용으로 물의 이동이 계속되다가 이 작용에 의한 이동이 거의 정지되었을 때의 표층토의 수분을 말한다.

41 토양 공기 중의 CO_2 함량은 대략 어느 정도인가?(단, 대기 중의 CO_2는 0.03%이다)

① 0.03% ② 0.25%
③ 0.3% ④ 0.5%

해설

대기 중의 CO_2 농도보다 8배 높다.

42 작물이 흡수하여 이용할 수 없는 수분으로 105℃로 가열하여도 분리시킬 수 없는 수분은?

① 모관수 ② 흡습수
③ 중력수 ④ 결합수

해설

결합수(= 화합수, 결정수)는 점토광물에 결합되어 있는 분리시킬 수 없는 수분이다.

36 ④ 37 ② 38 ② 39 ② 40 ④ 41 ② 42 ④ 정답

43 토양이 물로 포화된 상태에서 중력수가 빠져나간 후에 남아 있는 물을 무엇이라 하는가?

① 포장용수량
② 최대용수량
③ 최저용수량
④ 위조점

포장용수량
최대용수량 상태에서 중력수가 완전히 제거된 후 남아 있는 수분 함량이다.

44 원예작물의 생육환경에 해당하는 토양의 유기물이 작물 생육에 유익한 이점이 아닌 것은 무엇인가?

① 입단화를 촉진하여 물리성을 개선한다.
② 토양반응의 완충능을 증대시킨다.
③ 지온은 하락시키며, 미생물의 활동을 억제시킨다.
④ 보수력과 보비력을 향상시킨다.

해설

유기물의 효과
보수력과 보비력을 향상시키고 입단화를 촉진하여 물리성을 개선, 토양반응의 완충능을 증대시키고 지온을 상승시키며, 미생물의 활동을 조장한다.

45 우리나라 토양의 화학성이 산성화되기 쉬운 이유가 아닌 것은?

① 모암이 산성이기 때문에
② 여름철 강우가 집중되어 염기의 용탈이 심하기 때문에
③ 작물이 주로 염기를 흡수하기 때문에
④ 유기물 사용이 많기 때문에

해설

우리나라 토양은 모암이 산성인데다 여름철 강우가 집중되어 염기의 용탈이 심하고, 작물이 주로 염기를 흡수하기 때문에 산성화되기 쉽다.

46 포장용수량에서 점차 수분이 감소되면 어느 시점에 가서 식물이 낮에는 시들기 시작하는데, 밤사이에 증산이 억제되면 회복되는 상태를 무엇이라 하는가?

① 초기위조점
② 영구위조점
③ 최대용수량
④ 포장용수량

해설

② 영구위조점 : 포화습도의 공기 중에 24시간 정도 두어도 회복할 수 없는 상태
③ 최대용수량 : 토양에 모든 공극에 물이 다 찬 상태
④ 포장용수량 : 중력에 저항하여 토양에 남은 수분의 총량

47 두엄에 대한 설명으로 틀린 것은?

① 토양을 입단화시킨다.
② 양이온치환용량을 높인다.
③ 양열재료이다.
④ 완충능력을 감소시킨다.

해설

두엄은 미생물의 작용으로 입단화 및 완충능력을 활성화시킨다.

48 다음 중 작물 생육에 이용될 수 있는 유효수분의 범위로 올바른 것은?

① 중력수에서 포장용수량 사이
② 최대용수량에서 위조점 사이
③ 최대용수량에서 포장용수량 사이
④ 포장용수량에서 위조점 사이

해설

유효수분
식물이 이용할 수 있는 물로 포장용수량과 위조점 사이에 있는 수분 함량이다.

정답 43 ① 44 ③ 45 ④ 46 ① 47 ④ 48 ④

49 다음 중 토양침식의 대책이 아닌 것은?

① 초생재배
② 등고선경작
③ 토양피복
④ 전면재배

해설

토양침식의 대책

경사지에 목초 등을 밀생시키는 초생재배를 하거나 등고선으로 일정한 간격을 두고 적당한 폭의 목초대를 두면 토양침식을 크게 덜 수 있으므로 대상재배(등고선재배)를 하는 것이 좋다.

50 다음 중 생육에 적합한 토양 pH가 가장 낮은 것은?

① 블루베리나무
② 무화과나무
③ 감나무
④ 포도나무

해설

과수의 토양 적응성

- 산성토양에 잘 자라는 과수 : 밤, 복숭아, 블루베리 등
- 중성 및 약알칼리성에서 잘 자라는 과수 : 포도, 무화과 등
- 약산성에서 잘 자라는 과수 : 감귤류 등

51 토양수분에 관한 설명으로 옳지 않은 것은?

① 결합수는 식물이 흡수·이용할 수 없다.
② 물은 수분퍼텐셜(Water Potential)이 높은 곳에서 낮은 곳으로 이동한다.
③ 중력수는 pF 7.0 정도로 중력에 의해 지하로 흡수되는 수분이다.
④ 토양수분장력은 토양입자가 수분을 흡착하여 유지하려는 힘이다.

해설

중력수는 pF 2.7 이하로 중력에 의해 지하부에 유입되는 수분으로 자유수라고도 한다.

52 토양의 입단파괴 요인은?

① 경운 및 쇄토 ② 유기물 시용
③ 토양피복 ④ 두과작물 재배

해설

- 입단파괴 : 경운, 쇄토, 입단의 팽창과 수축의 반복, 비와 바람, 나트륨이온의 첨가 등
- 입단의 형성 : 유기물과 석회의 시용, 콩과작물의 재배, 토양의 피복, 토양개량제 시용 등

53 토양의 물리적 특성이 아닌 것은?

① 보수성 ② 환원성
③ 통기성 ④ 배수성

해설

환원성은 화학적 특성에 해당한다.

54 과수원의 토양표면관리법 중 초생법의 장점이 아닌 것은?

① 토양의 입단화가 촉진된다.
② 지력유지에 도움이 된다.
③ 토양침식과 양분유실을 방지한다.
④ 유목기에 양분경합이 일어나지 않는다.

해설

초생법은 유목기에 잡초와 양수분의 경합이 일어나는 단점이 있다.

55 다음 중 노후화답을 개량하는 방법이 아닌 것은?

① 황산근 비료의 시용
② 규산질 비료의 시용
③ 함철물의 시용
④ 객 토

해설

노후화답의 대표적인 습답에서 황산근 비료를 시용하면 오히려 근부현상 발생의 피해가 심해진다.

49 ④ 50 ① 51 ③ 52 ① 53 ② 54 ④ 55 ① 정답

56 **다음 중 추락현상과 관련성이 적은 것은?**

① 황화수소 ② 노후화답
③ 깨씨무늬병 ④ 내염재배

해설
추락현상이란 노후화답에서 철, 망간 등의 부족으로 깨씨무늬병 등이 발생하여 생육이 저조·고사하여 수량이 현저히 감소하는 현상으로 그 원인은 황화수소에 의한 근부현상이 있다.

57 **다음 중 추락현상의 원인으로 부적당한 것은?**

① 벼의 양분흡수가 저해된다.
② 황화수소가 생성되어 벼 뿌리를 상하게 한다.
③ 논의 작토층에 철분이나 망간이 과잉 축적된다.
④ 노후화답이 가장 큰 원인이다.

해설
노후화답에서는 철, 망간, 마그네슘 등의 무기성분들이 심토층으로 용탈되어 추락현상을 일으킨다.

58 **다음 중 요수량이란?**

① 건물 100g을 생산하는 데 소비된 수분량
② 건물 1g을 생산하는 데 소비된 요수량
③ 건물 1g을 소비하는 데 필요한 요수량
④ 작물의 건물 1g을 생산하는 데 소비된 수분량(g)

해설
건물 1g을 생산하는 데 소요되는 수분량(g)을 작물의 요수량이라 한다.

59 **채소의 요수량과 같은 개념으로 사용할 수 있는 것은?**

① 수분장력 ② 포장용수량
③ 증산계수 ④ 위조계수

해설
- 작물의 건물 1g을 생산하는 데 필요한 수분의 총량을 요수량이라 한다.
- 요수량은 곧 증산량과 같기 때문에 요수량은 증산계수와 같은 개념으로 사용되고 있다.

60 **다음 중 요수량이 가장 큰 작물은?**

① 옥수수, 수수
② 보리, 밀
③ 감자, 목화
④ 호박, 알팔파

해설
요수량이 큰 작물은 명아주 > 호박 > 알팔파 > 클로버 등의 순서이다.

61 **다음 중 과습의 피해에 대한 대책으로 옳지 못한 것은?**

① 수분의 공급
② 명거 및 암거 배수
③ 객토 및 흙쌓기
④ 토양개량

62 **세포 안에 물의 함량이 증가할 때 세포의 크기를 증대시키는 압력은?**

① 삼투압 ② 팽 압
③ 막 압 ④ 확산압

해설
삼투에 의해서 세포의 물이 증가하면 세포의 크기를 증대시키려는 압력이 생기는데 이를 팽압이라고 한다.

63 **가뭄은 토양수분의 부족에 의해서 유발된다. 다음 중 밭에서의 가뭄대책과 거리가 먼 것은?**

① 씨뿌림골을 낮게 한다.
② 봄철 보리밭을 밟아준다.
③ 멀칭재배를 한다.
④ 질소비료를 많이 주고, 퇴비, 칼륨질 비료를 적게 준다.

해설
질소의 과용을 피하고 퇴비, 인산, 가리를 증시한다.

정답 56 ④ 57 ③ 58 ④ 59 ③ 60 ④ 61 ① 62 ② 63 ④

64 원예작물의 생육환경상태가 지온이 높고 토양수분이 충분하며 바람이 없고 기온이 낮아 공중습도가 포화상태일 때 잎의 선단이나 가장자리의 수공을 통하여 물이 액체상태로 배출되는 것은 무엇인가?

① 증산작용 ② 배수현상
③ 일비현상 ④ 일액현상

해설

일액현상
지온이 높고 토양수분이 충분하며 바람이 없고 기온이 낮아 공중습도가 포화상태일 때 잎의 선단이나 가장자리의 수공을 통하여 물이 액체상태로 배출되는 현상이다.

65 근압에 의하여 수액이 압출되어 나오는 것으로, 수분흡수는 왕성하고 증산작용은 억제되는 조건에서 일어나는 수분의 배출현상은 무엇인가?

① 증산작용 ② 배수현상
③ 일비현상 ④ 일액현상

해설

일비현상
줄기를 절단하거나 도관부에 상처를 주면 그 부위에서 수액이 흘러나오는 현상이다.

66 증산작용에 영향을 주는 요인이 아닌 것은?

① 뿌리의 모세관 ② 상대습도
③ 온 도 ④ 바 람

증산에 영향을 주는 환경요인
빛의 세기, 상대습도, 온도, 바람

67 작물 생육에서 수분의 역할에 대한 설명으로 틀린 것은?

① 물질의 이동에 관여
② 원형질분리 현상
③ 세포의 긴장상태 유지
④ 식물체 구성물질의 성분

해설

수분의 역할
- 원형질의 생활상태를 유지한다.
- 식물체 구성물질의 성분이 된다.
- 필요 물질 흡수의 용매가 된다.
- 식물체 내의 물질 분포를 고르게 한다.
- 세포의 긴장상태를 유지한다.

68 논에 물을 대는 이점 중에서 알맞지 않은 것은?

① 잡초와 병충해 억제
② 비료의 천연공급량 감소
③ 생리적으로 필요한 수분공급
④ 초기 보온작용

해설

관개수에 의한 양분 공급
토양수분 및 관개수는 항상 여러 가지 염류를 함유하고 있어 작물에 대하여 양분의 급원이 되고 있다.

69 점적관개에 대한 설명으로 옳은 것은?

① 미생물을 물에 타서 주는 방법
② 작은 호스 구멍으로 소량씩 물을 주는 방법
③ 싹을 틔우기 위해 물을 뿌려주는 방법
④ 스프링클러 등으로 물을 뿌려주는 방법

해설

점적관개는 미세한 구멍이 있는 호스를 땅에 깔거나 묻고 한 방울씩(소량) 물을 서서히 공급하는 방법으로, 시간이 오래 걸리지만 가장 이상적인 관수 방법이다.

70 지하에 물의 통로를 만들어 지중의 과잉수를 배제하여 지하수위를 적당한 위치로 유지하는 배수 방법을 무엇이라 하는가?

① 암거배수 ② 명거배수
③ 기계배수 ④ 객 토

해설

암거배수는 지하에 배수시설을 하여 배수하는 방법이다.

64 ④ 65 ③ 66 ① 67 ② 68 ② 69 ② 70 ① 정답

71 다음 중 저면관수법에 대한 설명이 잘못된 것은?

① 대립종자를 파종한 경우에 유리한 방법이다.
② 토양유실 표토의 경화를 방지할 수 있다.
③ 토양에 의한 오염, 토양병해를 방지할 수 있다.
④ 양액재배, 분화재배에서 이용하고 있다.

해설
저면관수법은 배수구멍을 물에 잠기게 하여 물이 스며들어 위로 올라가게 하는 방법으로, 토양에 의한 오염, 토양병해를 방지하고 미세종자 파종상자와 양액재배, 분화재배에 이용한다.

72 관수요령을 잘못 설명한 것은?

① 염류집적토양은 관수량을 줄인다.
② 사질토양에서는 관수량을 늘린다.
③ 시설재배는 관수를 더 많이 한다.
④ 청경재배는 관수를 더 요구한다.

해설
관수요령
• 생육단계별 수분요구도를 확인한다.
• 염류집약 토양이나 사질토양은 관수량을 늘린다.
• 겨울철 저온기나 우기에는 관수량을 줄인다.
• 시설, 춘파, 청경재배는 상대적으로 더 많은 관수를 요구한다.

73 수분절약과 자동화에 유리한 관수방법은?

① 지표관수 ② 살수관수
③ 지중관수 ④ 점적관수

해설
점적관수는 물이 방울방울 흘러나와 천천히 뿌리를 적시는 수분절약형 관수방법이다.

74 다음 중 가뭄피해를 경감시키는 방법으로 옳은 것은?

① 배 수 ② 객 토
③ 초생재배 ④ 관 수

해설
가뭄에 대한 근본적인 대책은 관개(관수)이며, 심을 때 건조의 피해를 쉽게 받을 수 있는 급경사지 등은 피하는 것이 좋다. 초생재배는 토양의 침식을 맞을 수 있으나 토양 중의 수분증발이 크기 때문에 청경재배를 실시하고 중경을 하여 토양 표면으로부터 수분증발량을 줄여야 한다.

75 벼 재배 시 풍수해의 예방 및 경감 대책으로 옳지 않은 것은?

① 내도복성 품종으로 재배한다.
② 밀식재배를 한다.
③ 태풍이 지나간 후 살균제를 살포한다.
④ 침수·관수된 논은 신속히 배수시킨다.

해설
밀식은 풍수해 발생을 증가시킨다.

76 우리나라 우박피해에 관한 설명으로 옳지 않은 것은?

① 전국적으로 7~8월에 집중적으로 발생한다.
② 과실 또는 새 가지에 타박상이나 열상 등을 일으킨다.
③ 비교적 단시간에 많은 피해를 일으키고, 피해지역이 국지적인 경우가 많다.
④ 그물(방포망)을 나무에 씌워 피해를 경감시킬 수 있다.

해설
우박의 피해는 전국적이 아닌 국지적으로 나타난다.

77 다음 중 화곡류의 내건성이 가장 약한 생육단계는?

① 등숙기
② 생식세포의 감수분열기
③ 최고분얼기
④ 유숙기

해설
화곡류의 불량환경에 대한 저항성은 대체적으로 생식세포의 감수분열기에 가장 약하다.

정답 71 ① 72 ① 73 ④ 74 ④ 75 ② 76 ① 77 ②

78 **다음 중 작물이 습해를 일으키는 직접적인 원인은?**

① 토양미생물 활동
② 유수에 의한 작물의 도복
③ 과습 상태에서의 토양산소 부족
④ 지온의 상승

해설

토양이 과습 상태가 되면 산소가 부족하게 되어 뿌리가 상하고, 심하면 부패하여 지상부가 황화하고 결국 위조・고사하게 된다.

79 **작물의 습해 대책으로 틀린 것은?**

① 습답에서는 휴립재배를 한다.
② 저습지에서는 미숙유기물을 다량 사용하여 입단을 조성한다.
③ 내습성인 작물과 품종을 선택한다.
④ 배수는 습해의 기본대책이다.

해설

저습지 시비는 미숙유기물과 황산근 비료의 시용을 피하고, 표층시비를 하여 뿌리를 지표면 가까이로 유도한다.

80 **수해의 사전대책으로 틀린 것은?**

① 경사지와 경작지의 토양을 보호한다.
② 질소 과용을 피한다.
③ 작물의 종류나 품종의 선택에 유의한다.
④ 경지정리를 가급적 피한다.

해설

경지정리를 잘하여 배수가 잘되게 해야 한다.

81 **작물의 관수해에 대한 설명 중 잘못된 것은?**

① 관수해의 정도는 작물의 종류와 품종 간의 차이가 크다.
② 관수해의 정도는 생육단계에 따라 차이가 인정된다.
③ 관수해의 정도는 수온이 높을수록 크다.
④ 관수해의 정도는 수질과는 관계없다.

해설

정체하고 흐린 물보다 맑고 흐르는 물이 용존산소가 많고 수온이 낮으므로 관수해의 피해가 덜하다.

82 **배수불량으로 토양환원작용이 심한 토양에서 유기산과 황화수소의 발생 및 양분흡수 방해가 주요 원인이 되어 발생하는 벼의 영양장해 현상은?**

① 노화현상 ② 적고현상
③ 누수현상 ④ 시들음현상

해설

엽록소의 변화 및 파괴로 인해 벼가 적갈색으로 변해서 죽는 적고현상이 발생한다.

83 **다음 설명 중 청고(靑枯)란?**

① 벼가 수온이 높은 정체 탁수 중에 관수되어 급격히 사멸하는 경우
② 벼가 수온이 낮은 유동 청수 중에 관수되어 급격히 사멸하는 경우
③ 벼가 입모 중에 어떤 불량환경에 의해 푸른 채로 사멸하는 경우
④ 벼가 수온이 높은 정체 탁수에 관수되어 단백질을 소모하지 못하고 급격히 사멸하는 경우

해설

청고란 벼가 수온이 높은 정체 탁수 중에서 단백질을 소모하지 못하고, 푸른 채로 급격히 죽는 현상을 말한다.

84 **작물의 호흡에 관한 설명으로 틀린 것은?**

① 호흡은 산소를 소모하고, 이산화탄소를 방출하는 화학작용이다.
② 호흡은 유기물을 태우는 일종의 연소작용이다.
③ 호흡을 통해 발생하는 열(에너지)은 생물이 살아가는 힘이다.
④ 호흡은 탄소동화작용이다.

해설

호흡은 이화작용이다.

78 ③ 79 ② 80 ④ 81 ④ 82 ② 83 ④ 84 ④ 정답

85 **대기조성과 작물에 대한 설명으로 틀린 것은?**

① 대기 중 질소가 가장 많은 함량을 차지한다.
② 대기 중 질소는 콩과작물의 근류균에 의해 고정되기도 한다.
③ 대기 중의 이산화탄소의 농도는 작물이 광합성을 수행하기에 충분한 과포화상태이다.
④ 산소농도가 극히 낮아지거나 90% 이상이 되면 작물의 호흡에 지장이 생긴다.

해설
대기 중 이산화탄소의 농도는 약 0.03%로, 이는 작물이 충분한 광합성을 수행하기에 부족하다. 광합성량을 최고로 높일 수 있는 이산화탄소의 농도는 약 0.25%이다.

86 **광합성과 관련된 CO_2 농도를 잘못 설명한 것은?**

① 대기 중의 CO_2 농도는 약 0.03%이다.
② 광합성이 활발할 때 잎 주위의 CO_2 농도는 대기 중의 CO_2 농도보다 조금 높다.
③ CO_2 농도를 높여주면 광합성을 어느 정도까지는 증가시킬 수 있다.
④ 시설재배에서 CO_2 시비를 하는 경우도 있다.

해설
광합성이 활발하면 그 주위는 CO_2 농도가 낮아서 광합성 제한인자가 된다.

87 **하루 중 작물의 광합성이 가장 활발하게 이루어지는 시간은?**

① 아침 해 뜬 직후
② 오전 11시경
③ 오후 3시경
④ 저녁 해지기 직전

해설
광합성작용은 보통 해가 뜨면서부터 시작되어 정오경 최고조에 달하고 그 뒤 점차로 떨어진다.

88 **식물의 낮잠현상이 일어나는 환경요인은?**

① 공기환경 ② 온도환경
③ 수분환경 ④ 광환경

해설
낮잠현상(Midday Slump)
탄산가스 농도가 감소되어 한낮에 시설 내의 농도가 대기 중 농도의 절반에 가까운 150ppm 이하가 되면서 광합성작용이 저하되는 현상을 말한다.

89 **광, 온도, 수분 등의 환경조건이 적당할 경우 광합성에 적합한 CO_2 농도는 대략 어느 정도인가?**

① 300~500ppm ② 1,200~1,800ppm
③ 2,500~3,000ppm ④ 4,000~5,000ppm

해설
탄산가스 포화점
1,200~1,800ppm으로 대기 중보다 훨씬 높으므로 탄산가스 농도를 높여주면 광합성이 증가하여 생육이 촉진된다.

90 **공기조성이 작물의 생육에 미치는 영향을 설명한 것이다. 맞는 것은?**

① 광합성의 주재료인 산소를 공급한다.
② 호흡작용에 필요한 이산화탄소를 공급한다.
③ 유해가스로 인해 작물의 생육 장해를 일으키기도 한다.
④ 토양산소의 부족은 토양미생물의 활동을 증가시켜 뿌리의 활력을 증가시킨다.

해설
① 광합성의 주재료인 이산화탄소를 공급한다.
② 호흡작용에 필요한 산소를 공급한다.
④ 토양산소의 부족은 토양미생물의 활동을 저하시켜 뿌리의 영양을 저하시킨다.

91 **CO_2를 제일 많이 흡수하는 장소는?**

① 뿌 리 ② 줄 기
③ 잎 표면 ④ 잎의 뒷면

CO_2는 앞・뒷면의 기공을 통하여 흡수한다.

정답 85 ③ 86 ② 87 ② 88 ① 89 ② 90 ③ 91 ④

92 다음 중 오존에 강한 작물은?

① 피튜니아 ② 시금치
③ 감 자 ④ 양배추

해설
오존은 잎의 호흡을 촉진시켜 영양부족으로 식물을 말라죽게 한다. 살구나무, 은행나무, 양배추, 후추, 튤립, 팬지 등은 오존에 대한 내성이 강하다.

93 다음은 대기환경에 대한 설명이다. 틀린 것은?

① 생육과 관련하여 탄산가스, 수분, 유해가스 등은 상당한 영향을 준다.
② 시설재배보다 노지에서 병해가 많이 발생한다.
③ 유해가스에는 아황산가스, 일산화탄소, 암모니아가스 등이 있다.
④ 토양수분이 지나치게 많으면 종자발아, 즉 영양, 수분 흡수에 지장을 준다.

해설
시설 내에서는 바람이 불지 않기 때문에 탄산가스가 부족하기 쉽고, 유해가스의 집적으로 그 피해가 자주 나타나며 수분활동이 억제되는 경우가 많다.

94 다음 중 작물에 해를 주는 공해물질이 아닌 것은?

① 아황산 ② 이산화탄소
③ 플루오르화수소 ④ 오 존

해설
대기 중에 이산화탄소가 많아지면 광합성이 증대하여 작물의 생장이 촉진된다.

95 작물의 풍해와 관련이 없는 내용은?

① 풍속 4~6km/h 이상의 강풍에 의해 일어난다.
② 풍속이 강하고 공기가 건조하면 증산이 커져서 식물체가 건조한다.
③ 풍해는 풍속이 크고, 공기 습도가 높을 때에 심하다.
④ 과수에서는 절손, 열상, 낙과 등을 유발한다.

해설
풍해는 풍속이 크고, 공기 습도가 낮을 때에 심하다.

96 다음은 작물의 주요 생육온도에 대한 설명이다. 옳지 않은 것은?

① 작물생육이 가능한 가장 높은 온도를 최고온도라 한다.
② 생육이 가장 왕성한 온도를 최적온도라 한다.
③ 작물생육이 가능한 가장 낮은 온도를 최저온도라 한다.
④ 작물생육에 가장 알맞은 온도를 유효온도라 한다.

해설
유효온도는 작물생육이 가능한 범위의 온도를 나타낸다.

97 다음 중 고온해에 대한 대책이 아닌 것은?

① 플라스틱 필름 지면 피복
② 내서성 품종 선택
③ 파종기 조절
④ 차광재배

해설
① 저온해에 대한 대책이다.

98 다음 중 저온해에 대한 대책이 아닌 것은?

① 왕겨나 짚을 태운다.
② 소형터널을 설치한다.
③ 대형선풍기로 대기를 교반시킨다.
④ 하우스 측창을 연다.

해설
저온해 대책
불피우기, 고깔 씌우기, 소형터널 설치, 멀칭, 강제대류

92 ④ 93 ② 94 ② 95 ③ 96 ④ 97 ① 98 ④ 정답

99 싹이 터서 수확할 때까지 평균 기온이 0℃ 이상인 날의 일평균 기온을 합산한 것을 무엇이라고 하는가?

① 적산온도 ② 최고온도
③ 최저온도 ④ 최적온도

해설

적산온도는 작물의 싹트기에서 수확할 때까지 평균 기온이 0℃ 이상인 날의 일평균 기온을 합산한 것이다. 작물의 기후의존도, 특히 온도환경에 대한 요구도를 나타내는 잣대로 이용된다.

100 다음 중 기온의 일변화가 클 때 작물생육에 미치는 영향으로 틀린 것은?

① 덩이뿌리의 발달 ② 생장촉진
③ 발아촉진 ④ 동화물질 축적 증가

해설

밤의 기온이 높아서 변온이 작은 것이 대체로 생장에 유리하다.

101 작물의 내동성에 관여하는 요인에 대한 설명으로 틀린 것은?

① 세포의 수분함량이 많으면 내동성이 저하한다.
② 전분함량이 많으면 내동성이 증가한다.
③ 세포액의 삼투압이 높아지면 내동성이 증가한다.
④ 당분함량이 높으면 내동성이 증가한다.

해설

전분함량이 많으면 내동성이 저하한다.

102 낮과 밤의 온도차이가 원예식물의 생육에 미치는 영향을 가장 잘 설명한 것은?

① 광합성 산물의 녹말의 체내축적과 저장기관으로의 이동에 영향을 준다.
② 낮의 고온은 광합성을 억제하고 밤의 저온은 호흡을 촉진한다.
③ 식물은 밤과 낮의 온도차가 적어야 광합성 작용이 활발해진다.
④ 밤과 낮의 온도 차이는 식물의 생육에 아무런 영향을 주지 않는다.

해설

낮의 고온은 광합성을 촉진하고 밤의 저온은 호흡을 억제한다.

103 채소의 생육과 온도환경과의 관계를 잘못 설명하고 있는 것은?

① 주야간의 변온이 작물의 결실에 유리하다.
② 생육적온은 생육단계별로 다르다.
③ 발아적온은 생육적온보다 다소 높다.
④ 잎채소와 줄기채소는 주로 호온성 채소에 속한다.

해설

잎채소와 줄기채소는 주로 호냉성 채소에 속한다.

104 증산작용과 대기환경과의 관계를 옳게 설명한 것은?

① 광도는 약할수록, 습도는 낮을수록, 온도는 높을수록 증산작용은 왕성하다.
② 광도는 약할수록, 습도는 높을수록, 온도는 낮을수록 증산작용은 왕성하다.
③ 광도는 강할수록, 습도는 높을수록, 온도는 높을수록 증산작용은 왕성하다.
④ 광도는 강할수록, 습도는 낮을수록, 온도는 높을수록 증산작용은 왕성하다.

해설

증산작용

광도는 강할수록, 습도는 낮을수록, 온도는 높을수록 기공의 개폐가 빈번할수록, 기공이 크고 그 밀도가 높을수록, 어느 범위까지의 엽면적이 증가할수록 증산량이 많아진다.

105 과도한 고온으로 인한 작물의 피해를 최소화 하는 대책으로 적절치 않은 것은?

① 내열성이 강한 작물을 선택한다.
② 관수로 땅의 온도를 낮춘다.
③ 질소비료를 많이 시용한다.
④ 작물을 많이 심지 않는다.

정답 99 ① 100 ② 101 ② 102 ① 103 ④ 104 ④ 105 ③

해설

밀식, 질소 과용 등을 피해야 한다. 고온에 질소비료를 과다시용하면 식물체 내에 가용성 질소 함량의 증가로 인하여 생장이 지나치게 왕성해지고 이에 따라 식물체의 조직이 연약해져 병균의 침입을 쉽게 받거나 식물이 쉽게 말라 죽을 수 있다.

106 **다음 (　　)에 들어갈 내용을 순서대로 옳게 나열한 것은?**

> 식물의 생육이 가능한 온도를 (　　)(이)라고 한다. 배추, 양배추, 상추는 (　　)채소로 분류되고, (　　)는 종자 때부터 저온에 감응하여 화아분화가 되며, (　　)는 고온에 의해 화아분화가 이루어진다.

① 생육적온, 호온성, 배추, 상추
② 유효온도, 호냉성, 배추, 상추
③ 생육적온, 호냉성, 상추, 양배추
④ 유효온도, 호온성, 상추, 배추

해설

식물생육의 주요온도
- 유효온도 : 작물생육이 가능한 범위의 온도
- 최저온도 : 작물생육이 가능한 가장 낮은 온도
- 최고온도 : 작물생육이 가능한 가장 높은 온도
- 최적온도 : 작물생육이 가장 왕성한 온도
- 적산온도 : 작물의 발아부터 등숙기까지 일평균 기온 0℃ 이상의 기온을 총합산한 온도

온도적응성에 따른 분류
- 호온성 채소 : 가지, 고추, 오이, 토마토, 수박, 참외 등
- 호냉성 채소 : 양파, 마늘, 딸기, 무, 배추, 파, 시금치, 상추 등

107 **과수작물의 동해 및 상해(서리피해)에 관한 설명으로 옳지 않은 것은?**

① 배나무의 경우 꽃이 일찍 피는 따뜻한 지역에서 늦서리 피해가 많이 일어난다.
② 핵과류에서 늦서리 피해에 민감하다.
③ 꽃눈이 잎눈보다 내한성이 강하다.
④ 서리를 방지하는 방법에는 방상팬 이용, 톱밥 및 왕겨 태우기 등이 있다.

해설

내한성은 잎눈이 꽃눈보다 강하다.

108 **다음 중 원예작물에서 흔히 일어나는 고온해는?**

① 세포 내 세포용질의 누출
② 입의 반점
③ 결구불량
④ 세포벽 파괴

해설

고온해
종자의 발아불량, 결구불량, 착화 및 착색불량, 조기추대, 수량 및 품질저하

109 **대부분의 과채류가 저온해를 입기 시작하는 온도는?**

① 5℃　　② 3℃
③ 1℃　　④ -1℃

해설

5℃ 이하에서 해를 입기 시작하여 5~8℃에서 생육지연 및 꽃의 발육이 저해된다.

110 **같은 품종인데도 생산지에 따라 수확시기가 다른 까닭은?**

① 수분량이 다르기 때문이다.
② 시비가 다르기 때문이다.
③ 일조량이 다르기 때문이다.
④ 적산온도가 다르기 때문이다.

111 **다음 중 고온에서 발아가 불량해지는 저온발아성 채소는?**

① 시금치　　② 토마토
③ 무　　④ 고 추

해설

저온발아성(10~20℃)
금어초, 양귀비, 안개꽃, 과꽃, 스토크, 맨드라미, 백합, 스위트피, 상추, 쑥갓, 시금치, 셀러리, 부추 등

106 ② 107 ③ 108 ③ 109 ① 110 ④ 111 ① 정답

112 **벼의 생육 중 냉해에 관한 설명으로 맞는 것은?**

① 냉온에 의해 호흡량이 줄어들어 양분 축적에 용이하다.
② 냉온에 의해 병균의 침입이 용이해진다.
③ 등숙기에 냉온에 의해 등숙이 잘된다.
④ 냉온에 의해 체내 수분 축적이 많다.

냉온에서는 규산의 흡수가 저해되어 작물체가 연약해지므로 각종 병균에 대한 저항성이 약해져서 병해형 냉해가 유발된다.

113 **냉해에 대한 설명으로 틀린 것은?**

① 식물체의 조직 내 결빙이 생기지 않을 범위의 저온에 의하여 식물이나 식물의 기관이 피해 받는 현상을 냉온장해라 한다.
② 냉해에는 지연형 냉해와 장애형 냉해가 있다.
③ 영양생장기의 냉온이나 일조 부족의 피해로 나타나는 냉해는 장래형 냉해이다.
④ 냉온에 의해서 작물의 생육에 장애가 생기는 생리적 원인은 증상과잉, 호흡과다, 이상호흡, 단백질의 과잉 분해 등이 있다.

냉온이나 일조 부족의 피해로 나타나는 냉해는 지연형 냉해이다.

114 **장애형 냉해란 어느 시기의 저온에 의한 요인인가?**

① 착근기
② 분얼기
③ 유수분화기
④ 감수분열기

장애형 냉해는 유수형성기~개화기, 특히 감수분열기 저온으로 불임이 되는 현상을 의미한다.

115 **저온해의 작물생리를 잘못 설명한 것은?**

① 양분흡수의 촉진
② 증산작용의 이상
③ 암모니아 축적
④ 질소동화 저해

저온해
양분흡수가 저해되고 동화물질의 전류가 저해되며, 질소동화가 저해되는 암모니아 축적이 많아지고 호흡이 감퇴되어 모든 대사기능이 저해된다.

116 **열해(고온장해)의 원인을 잘못 설명한 것은?**

① 유기물의 과잉 소모
② 암모니아 축적
③ 철분의 침전
④ 증산감퇴

증산과다 : 고온에서는 뿌리의 수분 흡수보다 증산량이 급격히 증가하여 위조 또는 한해를 초래한다.

117 **냉해의 생리적 원인으로 거리가 먼 것은?**

① 호흡량의 급감소로 생장저해
② 광합성 능력의 저하
③ 양분의 전류 및 축적방해
④ 화분의 이상 발육에 의한 불임현상

118 **작물의 열해의 주요 원인이 아닌 것은?**

① 유기물의 과잉 소모
② 철분의 침전
③ 증산과다
④ 암모니아의 과잉 소모

작물의 열해
유기물의 과잉 소모, 질소대사의 이상, 철분의 침전, 증산과다

정답 112 ② 113 ③ 114 ④ 115 ① 116 ④ 117 ① 118 ④

119 **다음 중 목초하고의 원인이 되지 않는 것은?**

① 건 조 ② 잡초 및 병충해 발생
③ 고 온 ④ 포장과습

해설

여름철 고온건조, 잡초발생으로 인한 수분 수탈과 병·충해 발생으로 연약한 생육, 장일 등으로 인한 생식생장촉진 등은 하고의 원인이 된다.

120 **다음 중 사료작물의 하고현상 대비책으로 틀린 것은?**

① 약한 정도의 방목과 채초를 실시한다.
② 고온건조기에 관개를 실시한다.
③ Spring Flush 시기에 생육을 완화시킨다.
④ 지온을 높여주면 효과적이다.

해설

고온·건조·장일은 하고현상의 환경적 원인이 된다.

121 **작물의 동상해 대책으로서 칼륨비료를 증시하는 이유로 가장 적합한 것은?**

① 뿌리와 줄기 등 조직을 강화시키기 위해
② 작물체 내의 당 함량을 낮추기 위해
③ 세포액의 농도를 증가시키기 위해
④ 저온에서는 칼륨의 흡수율이 낮으므로 보완하기 위해

해설

칼륨비료는 세포액의 농도를 증가시켜 세포 내의 결빙을 억제한다.

122 **맥류 동상해 방지의 재배적 대책으로 올바른 것은?**

① 질소질비료를 증시한다.
② 이랑을 세워 종자는 이랑에 뿌린다.
③ 적기 파종을 하고 한지에서는 파종량을 줄인다.
④ 칼륨비료를 증시하고 퇴비를 종자 위에 준다.

해설

재배적 대책
- 보온재료를 이용하여 보온재배한다.
- 이랑을 세워 뿌림골을 깊게 한다.
- 적기 파종을 하고 한지에서는 파종량을 늘린다.
- 인산, 칼륨비료를 증시하고 퇴비를 종자 위에 사용한다.
- 답압을 한다.

123 **다음 중에서 광합성이 일어나는 장소는?**

① 엽록체 ② 미토콘드리아
③ 공변세포 ④ 뿌리의 생장점

해설

광합성은 작물의 잎에 있는 세포의 엽록체에서 일어나고, 호흡작용은 작물의 잎을 비롯하여 뿌리, 줄기 등 전체에 분포하고 있는 세포의 미토콘드리아에서 일어난다.

124 **광합성이 일어날 때 나타나는 현상으로 올바른 것은?**

① O_2를 얻는 과정이다.
② 포도당을 사용한다.
③ CO_2를 내놓게 된다.
④ 에너지를 방출한다.

해설

광합성은 태양 에너지를 에너지원으로 CO_2와 H_2O을 재료로 하여 포도당을 생산하고, 그 부산물로 O_2를 얻는 과정이다.

125 **다음 중 작물의 광합성에 관한 설명으로 가장 적절한 것은?**

① 음생식물은 양생식물에 비해서 광보상점이 높고 광포화점이 낮다.
② C_4식물은 C_3식물보다 광보상점과 광포화점이 높다.
③ 이산화탄소농도가 높아지면 이산화탄소 포화점까지는 광합성 속도가 증대하고 광포화점도 높아진다.
④ 작물은 보통 생육온도까지 온도가 높아질수록 광포화점이 높아지고 광합성 속도가 빨라진다.

해설

- 대기 중의 이산화탄소의 농도는 광합성 속도에 영향을 주는데, 이산화탄소의 농도가 높아지면 광합성 속도가 빨라진다.
- 대기 중의 이산화탄소의 농도가 더 높아져 어느 한계에 이르면, 광합성 속도는 더 이상 빨라지지 않는다. 이때를 이산화탄소 포화점이라 한다.

119 ④ 120 ④ 121 ③ 122 ④ 123 ① 124 ① 125 ③ 정답

126 다음 설명 중 최적엽면적이란?

① 건물생산량(외견상 동화량)이 1이 되는 단위면적당 군락의 엽면적이다.
② 건물생산량(외견상 동화량)이 0이 되는 단위면적당 군락의 엽면적이다.
③ 건물생산량(외견상 동화량)이 최소로 되는 단위면적당 군락의 엽면적이다.
④ 건물생산량(외견상 동화량)이 최대로 되는 단위면적당 군락의 엽면적이다.

최적엽면적
군락상태에서 건물생산을 최대로 할 수 있는 엽면적이다.

127 밀폐된 공간에서 여러 작물이 함께 자라고 있다. 시간이 지난 다음 이산화탄소가 부족하여 작물 사이에 이산화탄소를 서로 이용하기 위한 경쟁이 일어날 때 가장 늦게까지 사는 작물은?

① 옥수수 ② 콩
③ 벼 ④ 밀

해설

옥수수, 수수 같은 C_4작물들은 일반적으로 대기 중의 낮은 이산화탄소농도와 높은 온도에서 광합성 능력이 높다.

128 다음 중 광포화점이 높은 작물은?

① 상 추 ② 토마토
③ 호 박 ④ 완 두

수박, 토마토, 가지 등 과채류는 광포화점이 높고, 상추, 배추, 완두, 호박 등 엽채류는 광포화점이 낮다.

129 광합성 작용에 영향을 미치는 요인이 아닌 것은?

① 광의 강도 ② 온 도
③ CO_2의 농도 ④ 질소의 농도

해설

광합성에 영향을 미치는 요인은 빛의 세기, 온도, CO_2의 농도이다.

130 혐광성 종자의 작물로 올바른 것은?

① 벼, 옥수수 ② 토마토, 가지
③ 베고니아, 잡초 ④ 담배, 상추

해설

혐광성 종자 : 토마토, 오이, 가지, 나리과 식물 대부분

131 식물에 의한 광합성 작용에서 암반응이란 어느 것인가?

① CO_2의 환원작용 ② 광인산화작용
③ 에너지의 전환과정 ④ 광호흡작용

해설

암반응
명반응에서 생산된 에너지를 이용하여 기공에서 흡수한 CO_2를 포도당으로 환원시키는 과정이다.

132 다음 중 광포화점에 대하여 옳지 않은 것은?

① 작물의 수광태세가 좋을수록 광포화점은 높아진다.
② 작물의 광포화점은 군락의 형성도가 높을수록 증가한다.
③ 옥수수는 광포화점이 높다.
④ 음생식물은 광포화점이 낮다.

해설

재식밀도가 증가하면 광포화점도 증가한다. 즉, 작물의 수광태세가 좋을수록 광포화점은 낮아진다.

정답 126 ④ 127 ① 128 ② 129 ④ 130 ② 131 ① 132 ①

133 다음 중 벼의 포장동화능력에 대한 설명으로 틀린 것은?

① 포장동화능력은 총엽면적, 수광효율, 평균동화능력 3자의 적(積)으로 표시된다.
② 단위동화능력을 총엽면적에 대하여 평균한 것이다.
③ 포장군락의 단위면적당 동화능력을 일컫는다.
④ 평균동화능력인 시비, 물관리 등을 잘하여 무기영양상태를 좋게 했을 때 높아진다.

해설

단위동화능력을 총엽적에 대하여 평균한 것을 평균동화능력이라고 하며, 일반적으로 단위동화능력은 평균동화능력과 같은 뜻으로 사용될 경우가 많다.

134 다음 중 감수분열기의 차광이 벼의 수량에 미치는 영향은?

① 1수 영화수만 감소시킨다.
② 1수 영화수와 등숙률을 감소시킨다.
③ 1수 영화수와 천립중을 감소시킨다.
④ 이삭수와 천립중을 감소시킨다.

해설

특히 감수분열기의 일조 부족으로 냉해를 유발할 수 있으며, 불임현상에 의한 장해가 온다.

135 다음 중 발아를 촉진하는 색광은?

① 녹 색
② 분홍색
③ 보라색
④ 청 색

해설

청색광(500~560nm)과 적색광(600~700nm)은 발아를 촉진하고, 500nm 이하와 700nm 이상의 광역은 발아를 억제한다.

136 작물의 굴광현상(Phototropism)을 가장 잘 설명한 것은?

① 줄기에서는 배광성, 뿌리는 향광성을 보인다.
② 줄기와 뿌리 모두 향광성을 보인다.
③ 줄기와 뿌리 모두 배광성을 보인다.
④ 줄기에서는 향광성, 뿌리에서는 배광성을 보인다.

해설

굴광현상
줄기나 초엽 등 지상부에서는 광의 방향으로 구부러지는 향광성을 나타내며, 뿌리에서는 반대로 배광성을 나타낸다.

137 일소현상에 관한 설명으로 옳은 것은?

① 시설재배 시 차광막을 설치하여 일소를 경감시킬 수 있다.
② 겨울철 직사광선에 의해 원줄기나 원가지의 남쪽수피 부위에 피해를 주는 경우는 일소로 진단하지 않는다.
③ 개심자연형 나무에서는 배상형 나무에 비해 더 많이 발생한다.
④ 과수원이 평지에 위치할 때 동향의 과수원이 서향의 과수원보다 일소가 더 많이 발생한다.

해설

일 소
햇볕에 작물이 타들어가는 현상으로 차광막 설치로 햇볕을 차단하면 경감시킬 수 있다.

138 다음 중 일조 부족이 벼의 수량에 미치는 영향이 가장 큰 때는?

① 이앙기
② 최고분얼기
③ 유효분얼기
④ 유숙기

해설

유숙기의 차광은 등숙률 및 천립중의 유력한 감소를 초래하여 수량을 현저히 떨어뜨린다.

139 다음 영양생장 과정 중 가장 핵심인 것은?

① 잎의 분화
② 줄기의 분화
③ 화아분화
④ 종자의 발달

해설

영양생장 과정의 핵심은 화아분화이며, 화아분화를 전환점으로 하여 영양생장에서 생식생장으로 전환한다.

133 ② 134 ③ 135 ④ 136 ④ 137 ① 138 ④ 139 ③ 정답

140 다음 중 작물의 꽃눈분화 및 정상개화에 가장 알맞은 C/N율의 관계는?

① N도 풍부하고 C의 생성도 풍부한 경우
② N은 풍부하고 C의 생성이 부족한 경우
③ N은 약간 감소하고 C의 생성이 풍부해질 경우
④ N은 크게 감소하고 C의 생성도 부족한 경우

해설
수분과 질소의 공급이 약간 쇠퇴하고 탄수화물의 생성이 조장되어 탄소가 풍부해지면 생육은 약간 감퇴되지만, 화성 및 결실이 양호하게 된다.

141 다음 중 단일식물이 아닌 것은?

① 벼 ② 콩
③ 국 화 ④ 시금치

해설
단일식물 : 벼, 수수, 옥수수, 콩, 국화 등

142 장일식물에 대한 설명으로 옳은 것은?

① 장일상태에서 화성이 저해된다.
② 장일상태에서 화성이 유도·촉진된다.
③ 8~10시간의 조명에서 화성이 유도·촉진된다.
④ 한계일장은 장일 측에, 최적일장과 유도일장의 주체는 단일 측에 있다.

143 다음 설명 중에서 맞는 것은?

① 감자 덩이줄기의 비대는 단일조건에서 촉진된다.
② 떼알구조가 잘 발달된 토양은 공기가 잘 통하지 않는다.
③ 작물이 잘 자랄 수 있는 토양은 일반적으로 알칼리성 토양이다.
④ 짚으로 멀칭을 하면 낮의 지온이 높아진다.

144 일장효과에 가장 효과적인 빛은?

① 적광색 ② 자색광
③ 청색광 ④ 백색광

해설
적색광이 효과가 가장 크고, 그 다음 청색광이며, 자색광은 가장 효과가 적다.

145 다음 중 버널리제이션(춘화처리)의 감응 부위는?

① 뿌 리 ② 생장점
③ 잎 ④ 줄 기

해설
식물체의 춘화처리에 감응하는 부위는 생장점이다.

146 원예작물의 개화에 미치는 환경요인으로 광과 온도의 영향을 많이 받는데, 광에 의한 일장효과(광주성)를 응용하는 재배기술이 아닌 것은?

① 화훼류의 개화촉진
② 엽채류의 개화억제
③ 육종방법의 이용
④ 과수류의 무핵과 생산

해설
광주성은 작물의 종류와 품종의 선발, 육종방법에의 이용, 개화의 촉진 및 억제에 의한 시장성 증가 등에 이용되고 있다.

147 원예작물의 개화에 미치는 환경요인에서 온도에 의한 춘화현상을 통한 농업적 이용이 아닌 것은?

① 무병주 생산 ② 조기출하 재배
③ 채종재배 및 육종 ④ 재배지역의 확대

춘화현상
일정한 시기에 저온을 경화해야 개화가 일어나는 생리적 현상으로 조기출하 재배와 채종재배 및 육종에서도 이용하며 재배지역의 확대 및 정식시기를 놓쳐 다른 작물을 재배할 때도 춘화처리를 통하여 가능하다.

정답 140 ③ 141 ④ 142 ② 143 ① 144 ① 145 ② 146 ④ 147 ①

148 다음 중 가을보리를 봄에 파종하면 나타나는 현상은?

① 이삭은 나오나 출수가 몹시 늦어진다.
② 이삭이 나오지 않는다.
③ 정상적으로 출수 · 성숙할 수 있다.
④ 이삭은 나오나 여물지 못한다.

해설

추파형 맥류를 봄에 파종하면 추파성이 소거되지 않았으므로 영양생장에서 생식생장으로의 전환이 이루어지지 않아 영양생장만 계속하다가 출수하지 못하게 된다. 이것을 좌지현상이라고 한다.

149 야간조파에 가장 효과적인 광의 파장의 범위로 적합한 것은?

① 300~380nm ② 400~480nm
③ 500~580nm ④ 600~680nm

해설

야간조파에서 가장 효과가 큰 파장은 600~680nm의 적색광이다.

150 일조 시간의 변동에 따라 식물의 꽃눈형성과 개화에 큰 영향을 미치는 현상은?

① 춘화처리 ② 일장효과
③ 광합성 ④ 상적발육

해설

낮과 밤의 길이가 꽃눈의 분화에 영향을 주는 것을 일장효과라고 하며, 일장효과에 따라서 장일식물, 단일식물, 중성식물 등으로 나눈다.

151 다음 작물 중 장일식물은?

① 국 화 ② 가을보리
③ 콩 ④ 옥수수

해설

장일식물 : 가을보리, 가을밀, 양귀비, 시금치, 양파, 상추, 아마, 아주까리, 감자 등

152 녹체버널리제이션 처리효과가 가장 큰 식물은?

① 추파맥류 ② 완 두
③ 양배추 ④ 봄 무

해설

식물이 일정한 크기에 달한 녹체기에 버널리제이션을 하는 것을 녹체버널리제이션이라 하고, 양배추, 히요스 등에 하는 것이 효과가 가장 크다.

153 당근의 추대와 개화를 촉진하는 것은?

① 온 도 ② 수 분
③ 일 장 ④ 습 도

해설

노지재배는 일장조건이 별로 문제가 되지 않으나 당근 등의 하우스재배에서는 광, 일장이 중요하다.

154 춘파일년초에는 조 · 중 · 만생종이 있다. 이러한 개화일의 차이가 있는 이유는?

① 생육적온의 차이
② 기본 영양생장기간의 차이
③ 감온 정온의 차이
④ 개화유도 한계일장의 차이

해설

식물은 종류 및 품종에 따라 유전적 형질이 다르므로 개화에 알맞은 한계일장의 차이가 있다.

155 일장에 감응하여 개화 유도물질을 생산하는 식물의 주된 부위는?

① 어린눈 ② 어린잎
③ 성숙한 잎 ④ 녹색의 어린줄기

해설

일장에 감응하는 식물의 부위는 성숙한 잎이며, 잎에서 감응하여 만들어진 꽃눈 형성물질이 생장점으로 이동하여 개화에 이르게 된다.

148 ② 149 ④ 150 ② 151 ② 152 ③ 153 ③ 154 ④ 155 ③ 정답

156 **식물의 일장반응에서 중성식물의 가장 큰 특징은?**

① 일정한 한계일장이 없다.
② 유도일장이 12시간이다.
③ 한계일장이 12시간이다.
④ 명기보다 암기가 유효하다.

해설

중성식물은 한계일장이 없으며, 일장에 관계없이 개화하는 식물이다.

작물의 일장형

- 장일식물 : 시금치, 양파, 상추, 아마, 아주까리, 감자 등
- 단일식물 : 국화, 콩, 담배, 들깨, 아마, 호박, 딸기 등
- 중성식물 : 강낭콩, 토마토, 당근, 고추, 셀러리 등

157 **딸기의 화아분화에 대한 설명으로 가장 옳은 것은?**

① 고온상태라 하더라도 단일처리를 하면 꽃눈이 분화된다.
② 딸기의 화아분화는 3~5℃ 이하에서만 일어난다.
③ 장일상태라 하더라도 저온처리만 충분히 하면 꽃눈이 분화된다.
④ 사철딸기는 보통 딸기보다도 화아분화 온도가 낮다.

해설

딸기의 화아분화

- 1차적 요인은 온도(저온)이며, 1차적으로 일장(단일)이다.
- 가장 적합한 저온범위는 5~10℃이며, 이와 같은 온도 범위에서 10~15일 정도 경과하면 화아가 분화된다.

158 **다음 중에서 녹식물춘화형에 속하는 채소는?**

① 무, 순무　② 완두, 잠두
③ 양파, 양배추　④ 상추, 부추

해설

양배추, 꽃양배추, 파, 양파, 우엉, 당근 등은 식물체가 어느 정도 커진 다음에 저온에 감응하여 화아분화를 일으키는 녹식물춘화형채소이다.

159 **오이와 호박의 암꽃 착생비율을 증가시키는 요인은 어느 것인가?**

① 유기질비료를 많이 준다.
② 유기질비료와 화학비료를 많이 준다.
③ 저온단일 조건에서 육묘한다.
④ 고온단일에서 육묘한다.

해설

저온과 단일조건에서 암꽃의 수가 증가하고 암꽃이 착화되는 마디가 낮아진다.

160 **다음 양파의 인경비대에 대한 설명 중 가장 옳은 것은?**

① 고온장일에서 촉진된다.
② 만생종 품종은 장일조건보다 고온이 촉진적이다.
③ 저온단일에서 촉진된다.
④ 조생종은 단일조건에서 촉진된다.

해설

인경의 비대에 가장 중요한 요소는 장일조건이고 마늘 양파 등은 고온장일 조건에서 인경이 비대함과 동시에 휴면에 들어간다.

161 **식물의 종자가 발아한 후 또는 줄기의 생장점이 발육하고 있을 때 일정기간의 저온을 거침으로써 화아가 형성되는 현상은?**

① 휴 지　② 춘 화
③ 경 화　④ 좌 지

해설

춘화(Vernalization)

맥류, 무, 배추 등을 저온에 의해 개화 또는 꽃눈분화(화아)를 유도시키는 것으로 저온처리를 하지 않으면 개화가 지연되거나 영양생장기에 머물며 종자춘화형과, 녹식물춘화형이 있다.

162 **다음 중 작물이 출수·개화에 알맞은 온도와 일장조건에 놓이더라도 일정기간은 기본영양생장을 하여야 출수·개화하는 것은?**

① 감온성　② 감광성
③ 기본영양생장성　④ 기상생태형

해설

모든 유식물이 생식생장으로 전환하려면 가장 우선적으로 기본영양생장성을 충분히 갖추어야 한다.

정답 156 ① 157 ③ 158 ③ 159 ③ 160 ① 161 ② 162 ③

163 다음 중 고위도 지대에서 알맞은 벼의 기상생태형은?

① 기본영양생장성이 크고 감광성이 큰 품종
② 기본영양생장성이 작고 감온성이 큰 품종
③ 기본영양생장성이 크고 감광성이 작은 품종
④ 기본영양생장성이 작고 감광성, 감온성이 모두 큰 품종

해설
고위도 지대에서는 생육기간이 짧고 서리가 일찍 오므로 blt형이 적응한다.

164 엽채류의 결구와 추대는 서로 깊은 관계가 있다. 추대의 회피와 결구의 유도에 대한 설명 중 틀린 것은?

① 결구채소는 화아분화의 시작과 잎의 분화가 동시에 일어난다.
② 파종기가 늦어 엽수를 확보하지 못하면 결구하지 못한다.
③ 봄배추는 저온을 경과하면 추대한다.
④ 상추는 고온에 의해서 추대가 촉진된다.

해설
엽채류는 화아분화 시작과 동시에 잎의 분화는 정지되므로 조기에 화아분화가 시작되면 결구하지 못하고 추대하게 된다.

165 상추의 화아분화 및 추대를 일으키는 데 영향이 가장 큰 환경조건은?

① 장 일	② 단 일
③ 고 온	④ 저 온

해설
무, 배추, 당근, 양파 등은 저온에 의해, 상추는 고온에 의해 화아분화 및 추대가 유기된다.

166 우리나라 맥류재배 포장에서 나타나는 광엽월년생 잡초가 아닌 것은?

① 바랭이	② 벼룩나물
③ 냉 이	④ 갈퀴넝굴

해설
광엽월년생 잡초는 잎이 넓은 두해살이를 의미하며, 바랭이는 화본과 여름잡초이다.

167 식물병의 3대 요인이 아닌 것은?

① 병원체	② 식물체
③ 발병환경	④ 곤 충

해설
식물병의 3대 요인 : 병원체, 식물체, 발병환경

168 바이러스병의 진단에 흔히 이용되는 식물을 무엇이라고 하는가?

① 지표식물	② 표적식물
③ 진단식물	④ 실험식물

해설
지표식물 : 어떤 병에 대하여 고도로 감수성이거나 특이한 병징을 나타내는 식물
※ 감자바이러스에는 천일홍이, 뿌리혹선충에는 토마토와 봉선화, 과수근두암종병에는 감나무 묘목이 지표식물이다.

169 물에 의해 전반되는 식물 병원체가 아닌 것은?

① 세 균	② 난 균
③ 곰팡이	④ 바이러스

해설
전반은 병원체가 기주로 옮겨지는 것이고, 바이러스는 주로 접목, 종자, 토양, 매개곤충 등에 의해 전반된다.

170 다음 중 다른 병원체에 의해 매개되는 것은?

① 도열병	② 오갈병
③ 흰가루병	④ 모잘록병

해설
매미충(끝동매미충, 번개매미충)이 매개하는 바이러스병이다.

163 ② 164 ① 165 ③ 166 ① 167 ④ 168 ① 169 ④ 170 ② 정답

171 벼의 줄기를 가해하는 벼 해충이 아닌 것은?

① 벼멸구　② 애멸구
③ 이화명나방(유충)　④ 물바구미(성충)

172 다음 중 잡초의 해가 아닌 것은?

① 토양의 침식　② 품질의 저하
③ 유독물질 분비　④ 병해충의 서식지

해설
잡초는 작물과 토양 내의 양분과 수분, 공간 및 빛의 이용 등에서 경쟁을 일으키고, 작물의 생육환경을 불량하게 만들어 수량을 감소시키지만 바람, 비, 물에 의한 토양침식을 막아준다.

173 질소비료를 과용하면 여러 가지 병의 발병을 촉진한다. 질소비료 과용이 발병에 미치는 역할은?

① 병원(病原)　② 원인(原因)
③ 주인(主因)　④ 유인(誘因)

해설
- 병원 : 식물에 병을 일으키는 생물적·비생물적인 모든 요인
- 주인 : 식물병에 직접적으로 관여하는 것
- 유인 : 주인의 활동을 도와서 발병을 촉진시키는 환경요인

174 다음 중 비전염성인 병은?

① 선충에 의한 병
② 영양결핍에 의한 병
③ 세균에 의한 병
④ 바이러스에 의한 병

해설
- 비전염성병 : 토양, 기상조건, 농기구, 영양결핍, 수송, 저장 등에 의한 병
- 전염성병 : 식물(세균, 진균, 점균), 동물(곤충, 선충, 응애), 바이러스, 마이코플라즈마 등에 의한 병

175 바이러스병의 대표적인 매개충은?

① 멸 구　② 메뚜기
③ 나 비　④ 진딧물

해설
바이러스병의 매개충은 진딧물이 대표적이다.

176 바이러스병의 일반적인 증상은?

① 위축 모자이크　② 갈색의 반점
③ 혹의 형성　④ 줄기의 쪼개짐

해설
바이러스병의 일반적인 증상은 위축 모자이크, 줄무늬, 괴저, 기형 등이다.

177 외국으로부터 날아오는 해충끼리 묶어진 것은?

① 애멸구 - 벼멸구
② 벼멸구 - 번개개미충
③ 벼멸구 - 흰등멸구
④ 번개매치충 - 이화명나방

해설
벼멸구와 흰등멸구는 우리나라에서 월동하지 못하고 매년 기류를 타고 날아와 농작물에 큰 피해를 준다.

178 다음 중 병·해충을 재배적으로 방제하기 위한 방법이 아닌 것은?

① 환경조건을 바꾸어준다.
② 내병성, 내충성 품종을 선택한다.
③ 병·해충의 가해시기를 회피하여 재배한다.
④ 천적을 이용한다.

해설
- 물리적 방제법 : 봉지 씌우기, 불빛에 유인, 좋아하는 먹이를 이용 유인, 잠복장소 유살, 손으로 잡기
- 생물적 방제 : 천적의 이용
- 화학적 방제 : 농약의 살포

정답 171 ④ 172 ① 173 ④ 174 ② 175 ④ 176 ① 177 ③ 178 ④

179 **토마토 배꼽썩음병 방제에 역효과가 나는 경우는?**

① 염화칼슘 0.5%를 엽면에 살포한다.
② 칼륨과 마그네슘 비료를 많이 준다.
③ 토양이 건조하지 않도록 한다.
④ 토양의 염류농도를 낮춘다.

해설

토마토 배꼽썩음병은 칼슘 부족이 직접적인 원인이며, 칼륨과 마그네슘의 과다시용은 칼슘의 흡수를 저해하여 역효과를 일으킨다.

180 **하나 또는 몇 개의 병원균과 해충에 대하여 대항할 수 있는 기주의 능력을 무엇이라 하는가?**

① 민감성 ② 저항성
③ 병 회피 ④ 감수성

해설

병회피

파종기 등 재배방법의 개선 등으로 식물이 병원균의 활동기를 회피함으로써 병에 걸리지 않는 것을 말한다.

181 **다음 중 저항성 품종에 대한 설명으로 틀린 것은?**

① 병에 잘 걸리지 않는 품종을 저항성 품종이라고 한다.
② 저항성 품종을 재배하면 농가의 경제적 부담도 감소한다.
③ 복합 저항성을 가진 품종이 일반적이다.
④ 현재 저항성 품종의 이용은 병해에 대한 것이 대부분이다.

해설

복합 저항성 품종이 개발되어 실제로 재배되고 있는 사례도 있으나 복합 저항성을 가진 품종은 예외에 속하는 편이다.

182 **도열병에 저항성이던 벼 품종이 일정기간 후 같은 장소에서 감수성으로 변한 원인으로 가장 관계 깊은 것은?**

① 재배법의 변화
② 토양 조건의 변화
③ 병원 레이스의 변화
④ 기상환경의 변화

해설

레이스(Race)

병원균의 기생성이 다른 것으로 계속해서 분화하여 다양성을 갖게 되므로 저항성을 가졌더라도 환경에 따라 변할 수 있다.

183 **작물의 병해충 방제법 중 경종적 방제에 관한 설명으로 옳은 것은?**

① 적극적인 방제기술이다.
② 윤작과 무병종묘재배가 포함된다.
③ 친환경농업에는 적용되지 않는다.
④ 병이 발생한 후에 더욱 효과적인 방제기술이다.

해설

경종적 방제방법

윤작 또는 답전윤환, 무병종묘 이용, 파종기의 조절, 내병성 대목의 접목, 중간 기주식물의 제거, 토양물리성 개선, 생장점 배양 등이 있다.
※ ①, ④는 화학적 방제법에 대한 설명이고, ③은 친환경농업에서 많이 적용하고 있다.

184 **다음 설명에 해당되는 해충은?**

> • 알 상태로 눈 기부에서 월동하고 연(年) 10세대 정도 발생하며, 잎 뒷면에서 가해한다.
> • 사과나무에서 잎을 뒤로 말리게 하고, 심하면 조기낙엽을 발생시킨다.

① 사과혹진딧물 ② 복숭아심식나방
③ 사과굴나방 ④ 조팝나무진딧물

해설

• 복숭아심식나방 : 보통 연2회 발생하며, 고치로 월동한다. 과일 내부를 가해하여 요철모양의 과실표피가 나타난다.
• 사과굴나방 : 유충이 이른 봄 잎의 뒷면에 천막모양의 굴을 만들고 그 속에서 잎살을 먹는다. 번데기 상태로 피해부위에서 월동한다.
• 조팝나무진딧물 : 조팝나무의 눈, 사과의 도장지, 1~2년생 가지의 눈 기부에서 알로 월동한다. 어린가지와 잎에 기생하며 수액을 빨아 먹는다.

정답 179 ② 180 ② 181 ③ 182 ③ 183 ② 184 ①

재배관리

제1장 작부체계

1 작부체계의 개요

(1) 의 의

작부체계(作付體系)란 일정한 토지에서 몇 종류 작물의 순차적인 재배 또는 조합・배열의 방식을 의미한다.

(2) 중요성

① 지력의 유지와 증강
② 병충해 발생의 억제
③ 잡초발생 감소
④ 토지이용도 제고
⑤ 노동의 효율적 배분과 잉여노동의 활용
⑥ 생산성 향상 및 안정화
⑦ 수익성 향상 및 안정화

(3) 작부체계의 변천과 발달

① 대전법
㉠ 인구가 적고 이용할 수 있는 토지가 넓어 조방농업이 주를 이루던 시대에 개간한 토지에서 몇 해 동안 작물을 연속해서 재배하고, 그 후 생산력이 떨어지면 다른 토지를 개간하여 작물을 재배하는 경작법이다.
㉡ 가장 원시적 작부방법이며, 화전이 대표적인 방법이다.

② 주곡식 대전법 : 인류가 정착생활을 하면서 초지와 경지를 분리하여 경지에 주곡을 중심으로 재배하는 작부방식이다.

필 / 수 / 확 / 인 / 문 / 제

다음 중 작부체계의 효과가 아닌 것은?

① 경지이용도 제고
② 기지현상 증대
③ 농업노동 효율적 배분
④ 종합적인 수익성 향상

답 ②

③ **휴한농법** : 지력감퇴 방지를 위해 농지의 일부를 몇 해에 한 번씩 작물을 심지 않고 휴한하는 작부방식이다.

④ 윤 작

㉠ 의의 : 몇 가지 작물을 돌려짓는 작부방식이다.

㉡ 순삼포식 농법 : 경지를 3등분하여 2/3에 곡물을 재배하고 1/3은 휴한하는 것을 순차적으로 교차하는 작부방식이다.

㉢ 개량삼포식 농법 : 순삼포식농법과 같이 1/3은 휴한하나 거기에 클로버, 알팔파, 베치 등 두과작물의 재배로 지력의 증진을 도모하는 작부방식이다.

㉣ 노포크식 윤작법 : 영국 노포크(Norfolk) 지방의 윤작체계로 순무, 보리, 클로버, 밀의 4년 사이클의 윤작방식이다.

⑤ **자유식** : 시장상황, 가격변동에 따라 작물을 수시로 바꾸는 재배방식이다.

⑥ **답전윤환** : 지력의 증진 등의 목적으로 논작물과 밭작물을 몇 해씩 교대로 재배하는 방식이다.

2 연작과 기지현상

(1) 연 작

① 동일 포장에 동일 작물을 계속해서 재배하는 것을 연작(連作, 이어짓기)이라 하고 연작의 결과 작물의 생육이 뚜렷하게 나빠지는 것을 기지(忌地, Soil Sickness)라고 한다.

② 수익성과 수요량이 크고 기지현상이 별로 없는 작물은 연작하는 것이 보통이나 기지현상이 있더라도 특별히 수익성이 높은 작물의 경우는 대책을 세우고 연작을 하는 일이 있다.

(2) 작물의 종류와 기지

① 작물의 기지 정도

㉠ 연작의 해가 적은 것 : 벼, 맥류, 조, 옥수수, 수수, 삼, 담배, 고구마, 무, 순무, 당근, 양파, 호박, 연, 미나리, 딸기, 양배추 등

㉡ 1년 휴작 작물 : 파, 쪽파, 생강, 콩, 시금치 등

㉢ 2년 휴작 작물 : 오이, 감자, 땅콩, 잠두 등

㉣ 3년 휴작 작물 : 참외, 쑥갓, 강낭콩, 토란 등

㉤ 5~7년 휴작 작물 : 수박, 토마토, 가지, 고추, 완두, 사탕무, 레드클로버 등

㉥ 10년 이상 휴작 작물 : 인삼, 아마 등

② 과수의 기지 정도
- ㉠ 기지가 문제되는 과수 : 복숭아, 무화과, 감귤류, 앵두 등
- ㉡ 기지가 나타나는 정도의 과수 : 감나무 등
- ㉢ 기지가 문제되지 않는 과수 : 사과, 포도, 자두, 살구 등

(3) 기지의 원인

① 토양 비료분의 소모
- ㉠ 연작은 비료성분의 일방적 수탈이 이루어지기 쉽다.
- ㉡ 토란, 알팔파 등은 석회의 흡수가 많아 토양 중 석회 결핍이 나타나기 쉽다.
- ㉢ 다비성인 옥수수는 연작으로 유기물과 질소가 결핍된다.
- ㉣ 심근성 또는 천근성 작물의 다년 연작은 토층의 양분만 집중적으로 수탈된다.

② **토양염류집적** : 최근 시설재배 등이 증가함에 따라 시설 내 다비연작으로 작토층에 집적되는 염류의 과잉으로 작물 생육을 저해하는 경우가 많이 발견되고 있다.

③ 토양물리성 악화
- ㉠ 화곡류와 같은 천근성 작물을 연작하면 작토의 하층이 굳어지면서 다음 재배작물의 생육이 억제된다.
- ㉡ 심근성작물의 연작은 작토의 하층까지 물리성이 악화된다.
- ㉢ 석회 등의 성분 수탈이 집중되면 토양반응이 악화될 위험도 있다.

④ 토양전염병의 만연
- ㉠ 연작은 특정미생물의 번성으로 작물별로 특정 병의 발생이 우려되기도 한다.
- ㉡ 아마와 목화(잘록병), 가지와 토마토(풋마름병), 사탕무(뿌리썩음병 및 갈반병), 강낭콩(탄저병), 인삼(뿌리썩음병), 수박(덩굴쪼김병) 등이 그 예이다.

⑤ 토양선충의 번성으로 인한 피해
- ㉠ 연작은 토양선충의 서식밀도가 증가하면서 직접피해를 주기도 하며, 2차적으로 병균의 침입이 조장되어 병해가 다발할 수 있다.
- ㉡ 밭벼, 두류, 감자, 인삼, 사탕무, 무, 제충국, 우엉, 가지, 호박, 감귤류, 복숭아, 무화과 등의 작물에서는 연작에 의한 선충의 피해가 크게 인정되고 있다.

⑥ 유독물질의 축적
- ㉠ 작물의 유체 또는 생체에서 나오는 물질이 동종이나 유연종 작물의 생육에 피해를 주는 타감작용(Allelopathy)의 유발로 기지현상이

필 / 수 / 확 / 인 / 문 / 제

다음 작물 중 연작의 피해가 가장 크게 발생하는 것은?

① 벼, 옥수수, 고구마, 무
② 콩, 생강, 오이, 감자
③ 수박, 가지, 고추, 토마토
④ 맥류, 조, 수수, 당근

답 ③

연작에 의해 발생하는 기지현상에 대한 설명으로 옳지 않은 것은?

① 화곡류와 같은 천근성 작물을 연작하면 토양물리성을 개선할 수 있다.
② 수박, 멜론 등은 저항성 대목에 접목하여 기지현상을 경감할 수 있다.
③ 알팔파, 토란 등은 석회를 많이 흡수하여 토양에 석회 결핍증이 나타나기 쉽다.
④ 벼, 수수, 고구마 등은 연작의 해가 적어 기지에 강한 작물이다.

답 ①

발생한다.

㉡ 유독물질에 의한 기지현상은 유독물질의 분해 또는 유실로 없어진다.

⑦ **잡초의 번성** : 잡초 번성이 쉬운 작물은 연작 시 특정 잡초의 번성이 우려된다.

(4) 기지의 대책

① **윤작** : 가장 효과적이 대책이다.

② **담수** : 담수처리는 밭상태에서 번성한 선충, 토양미생물을 감소시키고 유독물질의 용탈로 연작장해를 경감시킬 수 있다.

③ **저항성 품종의 재배 및 저장성 대목을 이용한 접목**

㉠ 기지현상에 대한 저항성이 강한 품종을 선택한다.

㉡ 저항성 대목을 이용한 접목으로 기지현상을 경감, 방지할 수 있으며 멜론, 수박, 가지, 포도 등에서는 실용적으로 이용되고 있다.

④ **객토 및 환토**

㉠ 새로운 흙을 이용한 객토는 기지현상을 경감시킨다.

㉡ 시설재배의 경우 배양토를 바꾸어 기지현상을 경감시킬 수 있다.

⑤ **합리적 시비** : 동일작물의 연작으로 일방적으로 많이 수탈되는 성분을 비료로 충분히 공급하며 심경을 하고 퇴비를 많이 시비하여 지력을 배양하면 기지현상을 경감시킬 수 있다.

⑥ **유독물질의 제거** : 유독물질의 축적이 기지의 원인인 경우 관개 또는 약제를 이용해 제거하여 기지현상을 경감시킬 수 있다.

⑦ **토양소독** : 병충해가 기지현상의 주요 원인인 경우 살선충제 또는 살균제 등 농약을 이용하여 소독하며, 가열소독, 증기소독을 하기도 한다.

3 윤작(輪作, Crop Rotation)

동일 포장에서 동일 작물을 이어짓기하지 않고 몇 가지 작물을 특정한 순서대로 규칙적으로 반복하여 재배하는 것을 윤작이라 한다.

(1) 윤작 시 작물의 선택

① 지역 사정에 따라 주작물은 다양하게 변화한다.

② 지력유지를 목적으로 콩과작물 또는 녹비작물이 포함된다.

③ 식량작물과 사료작물이 병행되고 있다.

④ 토지이용도를 목적으로 하작물과 동작물이 결합되어 있다.

⑤ 잡초 경감을 목적으로 중경작물, 피복작물이 포함되어 있다.

⑥ 토양보호를 목적으로 피복작물이 포함되어 있다.

⑦ 이용성과 수익성이 높은 작물을 선택한다.

⑧ 작물의 재배순서를 기지현상을 회피하도록 배치한다.

(2) 윤작의 효과

① 지력의 유지 증강

㉠ 질소고정 : 콩과작물의 재배는 공중질소를 고정한다.

㉡ 잔비량 증가 : 다비작물의 재배는 잔비량이 많아진다.

㉢ 토양구조의 개선 : 근채류, 알팔파 등 뿌리가 깊게 발달하는 작물의 재배는 토양의 입단형성을 조장하여 토양구조를 좋게 한다.

㉣ 토양유기물 증대 : 녹비작물의 재배는 토양유기물을 증대시키고 목초류 또한 잔비량이 많다.

㉤ 구비(廐肥) 생산량의 증대 : 사료작물 재배의 증가는 구비 생산량 증대로 지력증강에 도움이 된다.

② **토양보호** : 윤작에 피복작물을 포함하면 토양침식의 방지로 토양을 보호한다.

③ **기지의 회피** : 윤작은 기지현상을 회피하며 화본과 목초의 재배는 토양선충을 경감시킨다.

④ 병충해 경감

㉠ 연작 시 특히 많이 발생하는 병충해는 윤작으로 경감시킬 수 있다.

㉡ 토양전염 병원균의 경우 윤작의 효과가 크다.

㉢ 연작으로 선충피해를 받기 쉬운 콩과 및 채소류 등은 윤작으로 피해를 줄일 수 있다.

⑤ **잡초의 경감** : 중경작물, 피복작물의 재배는 잡초의 번성을 억제한다.

⑥ **수량의 증대** : 윤작은 기지의 회피, 지력 증강, 병충해와 잡초의 경감 등으로 수량이 증대된다.

⑦ **토지이용도 향상** : 하작물과 동작물의 결합 또는 곡실작물과 청예작물의 결합은 토지이용도를 높일 수 있다.

⑧ **노력분배의 합리화** : 여러 작물들을 고르게 재배하면 계절적 노력의 집중화를 경감하고 노력의 분배를 시기적으로 합리화할 수 있다.

⑨ **농업경영의 안정성 증대** : 여러 작물의 재배는 자연재해나 시장변동에 따른 피해의 분산 또는 경감으로 농업경영의 안정성이 증대된다.

필 / 수 / 확 / 인 / 문 / 제

윤작하는 작물을 선택할 때 고려해야 할 사항으로 옳지 않은 것은?

① 지력유지를 위하여 콩과작물이나 다비작물을 반드시 포함한다.
② 토지이용도를 높이기 위해 식량작물과 채소작물을 결합한다.
③ 잡초의 경감을 위해서는 중경작물이나 피복작물을 포함하는 것이 좋다.
④ 용도의 균형을 위해서는 주작물이 특수하더라도 식량과 사료의 생산이 병행되는 것이 좋다.

답 ②

4 답전윤환(畓田輪換)재배

(1) 뜻과 방법

포장을 담수한 논 상태와 배수한 밭 상태로 몇 해씩 돌려가며 재배하는 방식을 답전윤환이라 한다. 답전윤환은 벼를 재배하지 않는 기간만 맥류나 감자를 재배하는 답리작(畓裏作) 또는 답전작(畓前作)과는 다르며, 최소 논 기간과 밭 기간을 각각 2~3년으로 하는 것이 알맞다.

(2) 답전윤환이 윤작의 효과에 미치는 영향

포장을 논 상태와 밭 상태로 사용하는 답전윤환은 윤작의 효과를 커지게 한다.

① 토양의 물리적 성질 : 산화 상태의 토양은 입단의 형성, 통기성, 투수성, 가수성이 양호해지며, 환원 상태 토양에서는 입단의 분산, 통기성과 투수성이 적어지고 가수성이 커진다.

② 토양의 화학적 성질 : 산화 상태의 토양에서는 유기물의 소모가 크고 양분 유실이 적고 pH가 저하되며, 환원 상태가 되면 유기물 소모가 적고 양분의 집적이 많아지고 토양의 철과 알루미늄 등에 부착된 인산을 유효화하는 장점이 있다.

③ 토양의 생물적 성질 : 환원상태가 되는 담수조건에서는 토양의 병충해, 선충과 잡초의 발생이 감소한다.

(3) 답전윤환의 효과

① 지력증진 : 밭 상태 동안은 논 상태에 비하여 토양 입단화와 건토효과가 나타나며, 미량요소의 용탈이 적어지고 환원성 유해물질의 생성이 억제되고 콩과 목초와 채소는 토양을 비옥하게 하여 지력이 증진된다.

② 기지의 회피 : 답전윤환은 토성을 달라지게 하며 병원균과 선충을 경감시키고 작물의 종류도 달라져 기지현상이 회피된다.

③ 잡초의 감소 : 담수와 배수상태가 서로 교체되면서 잡초의 발생은 적어진다.

④ 벼 수량의 증가 : 밭 상태로 클로버 등을 2~3년 재배 후 벼를 재배하면 수량이 첫 해에 상당히 증가하며, 질소의 시용량도 크게 절약할 수 있다.

⑤ 노력의 절감 : 잡초의 발생량이 줄고 병충해 발생이 억제되면서 노력이 절감된다.

(4) 답전윤환의 한계

① 수익성에 있어 벼를 능가하는 작물의 성립이 문제된다.

② 2모작 체계에 비하여 답전윤환의 이점이 발견되어야 한다.

5 혼파(混播, Mixed Needing)

(1) 의 의

두 종류 이상 작물의 종자를 함께 섞어서 파종하는 방식을 의미하며 사료작물의 재배시 화본과 종자와 콩과 종자를 섞어 파종하여 목야지를 조성하는 방법으로 널리 이용된다. 예로 클로버 + 티머시, 베치 + 이탈리안라이그래스, 레드클로버 + 클로버의 혼파를 들 수 있다.

(2) 장 점

① **가축 영양상의 이점** : 탄수화물이 주성분인 화본과 목초와 단백질을 풍부하게 함유하고 있는 콩과목초가 섞이면 영양분이 균형된 사료의 생산이 가능해진다.

② **공간의 효율적 이용** : 상번초와 하번초의 혼파 또는 심근성과 천근성작물의 혼파는 광과 수분 및 영양분을 입체적으로 더 잘 활용할 수 있다.

③ **비료성분의 효율적 이용** : 화본과와 콩과, 심근성과 천근성은 흡수하는 성분의 질과 양 및 토양의 흡수층의 차이가 있어 토양의 비료성분을 더 효율적으로 이용할 수 있다.

④ **질소비료의 절약** : 콩과작물의 공중질소 고정으로 고정된 질소를 화본과도 이용하므로 질소비료가 절약된다.

⑤ **잡초의 경감** : 오처드그래스와 같은 직립형 목초지에는 잡초 발생이 쉬운데 클로버가 혼파되어 공간을 메우면 잡초의 발생이 줄어든다.

⑥ **생산 안정성 증대** : 여러 종류의 목초를 함께 재배하면 불량환경이나 각종 병충해에 대한 안정성이 증대된다.

⑦ **목초 생산의 평준화** : 여러 종류의 목초가 함께 생육하면 생육형태가 각기 다르므로 혼파 목초지의 산초량(産草量)은 시기적으로 표준화 된다.

⑧ **건초 및 사일리지 제조상 이점** : 수분함량이 많은 콩과목초는 건초 제조가 불편한데 화본과 목초가 섞이면 건초 제조가 용이해진다.

(3) 단 점

① 작물의 종류가 제한적이고 파종작업이 힘들다.

② 목초별로 생장이 달라 시비, 병충해 방제, 수확 등의 작업이 불편하다.

③ 채종이 곤란하다.

④ 수확기가 불일치하면 수확이 제한을 받는다.

목야지에서 한 가지 작물을 파종하는 경우보다 혼파가 불리한 점으로 옳지 않은 것은?

① 파종작업이 불편하다.
② 병충해 방제와 수확작업이 불편하다.
③ 채종이 곤란하다.
④ 잡초발생이 크게 늘어난다.

답 ④

6 혼작(混作, 섞어짓기, Companion Cropping)

(1) 의의 및 방법

① 생육기간이 거의 같은 두 종류 이상의 작물을 동시에 같은 포장에서 섞어 재배하는 것을 혼작이라 한다.

② 작물 사이에 주작물과 부작물이 뚜렷하게 구분되는 경우도 있으나 명확하지 않은 경우가 많다.

③ 혼작하는 작물들의 여러 생태적 특성으로 따로 재배하는 것보다 혼작이 합계 수량이 많아야 의미가 있다.

④ 혼작물의 선택은 키, 비료의 흡수, 건조나 그늘에 견디는 정도 등을 고려하여 작물 상호간 피해가 없는 것이 좋다.

(2) 조혼작(條混作)

① 여름작물을 작휴의 줄에 따라 다른 작물을 일렬로 점파, 조파하는 방법이다.

② 서북부지방의 조 + 콩, 팥 + 녹두의 혼작이 이에 해당한다.

(3) 점혼작(點混作)

① 본작물 내의 주간 군데군데 다른 작물을 한 포기 또는 두 포기씩 점파하는 방법이다.

② 콩 + 수수 또는 옥수수, 고구마 + 콩이 이에 해당한다.

(4) 난혼작(亂混作)

① 군데군데 혼작물을 주 단위로 재식하는 방법으로 그 위치가 정해져 있지 않다.

② 콩 + 수수 또는 조, 목화 + 참깨 또는 들깨, 조 + 기장 또는 수수, 오이 + 아주까리, 기장 + 콩, 팥 + 메밀 등이 이에 해당한다.

7 간작(間作, 사이짓기, Intercropping)

(1) 의 의

① 한 종류의 작물이 생육하고 있는 사이에 한정된 기간 동안 다른 작물을 재배하는 것을 간작이라 하며 생육시기가 다른 작물을 일정기간 같은 포장에 생육시키는 것으로 수확시기가 서로 다른 것이 보통이다.

② 이미 생육하고 있는 것을 주작물 또는 상작이라 하고 나중에 재배하는 작물을 간작물 또는 하작이라 한다.

③ 주목적은 주작물에 큰 피해 없이 간작물을 재배, 생산하는 데 있다.

④ 주작물은 키가 작아야 통풍, 통광이 좋고 빨리 성숙한 품종이 빨리 수확하여 간작물을 빨리 독립시킬 수 있어 좋다.

⑤ 주작물 파종 시 이랑 사이를 넓게 하는 것이 간작물의 생육에 유리하다.

(2) 장 점

① 단작보다 토지 이용율이 높다.

② 노력의 분배 조절이 용이하다.

③ 주작물과 간작물의 적절한 조합으로 비료의 경제적 이용이 가능하고 녹비에 의한 지력상승을 꾀할 수 있다.

④ 주작물은 간작물에 대하여 불리한 기상조건과 병충해에 대하여 보호역할을 한다.

⑤ 간작물이 조파, 조식되어야 하는 경우 이것을 가능하게 하여 수량이 증대된다.

(3) 단 점

① 간작물로 인하여 작업이 복잡하다.

② 기계화가 곤란하다.

③ 후작의 생육장해가 발생할 수 있다.

④ 토양수분 부족으로 발아가 나빠질 수 있다.

⑤ 후작물로 인하여 토양비료의 부족이 발생할 수 있다.

8 기타 방식

(1) 교호작(交互作, 엇갈아짓기, Alternate Cropping)

① 일정 이랑씩 두 작물 이상의 작물을 교호로 배열하여 재배하는 방식을 교호작이라 한다.

② 작물들의 생육시기가 거의 같고 작물별 시비, 관리작업이 가능하며 주작과 부작의 구별이 뚜렷하지 않다.

③ 교호작의 규모가 큰 것을 대상재배(帶狀栽培, Strip Cropping)라 한다.

(2) 주위작(周圍作, 둘레짓기, Border Cropping)

① 포장의 주위에 포장 내 작물과는 다른 작물을 재배하는 것을 주위작이라 하며, 혼파의 일종이라 할 수 있다.

② 주목적은 포장 주위의 공간을 생산에 이용하는 것이다.

제2장 종묘와 육묘

1 종묘(種苗)

(1) 종묘의 뜻

① 작물재배에 있어 번식의 기본단위로 사용되는 것을 의미하며 종자, 영양체, 모 등이 포함되고 이러한 작물번식의 시발점이 되는 것을 종물이라 한다.

② 종물 중 종자는 유성생식의 결과 수정에 의해 배주가 발육한 것을 식물학상 종자(Seed)라 하며, 종자를 그대로 파종하기도 하지만 묘를 길러서 재식하기도 하는데 묘도 작물번식에서 기본단위로 볼 수 있어 종물과 묘를 총칭하여 종묘라 한다.

(2) 종자의 분류

수정으로 배주(胚珠, 밑씨 ; Ovule)가 발육한 것을 식물학상 종자라 하며, 아포믹시스(Apomixis, 무수정생식, 무수정종자형성)에 의해 형성된 종자도 식물학상 종자로 취급하며 체세포배를 이용한 인공종자도 종자로 분류한다.

① 형태에 의한 분류

㉠ 식물학상 종자 : 두류, 유채, 담배, 아마, 목화, 참깨, 배추, 무, 토마토, 오이, 수박, 고추, 양파 등

㉡ 식물학상 과실

- 과실이 나출된 것 : 밀, 쌀보리, 옥수수, 메밀, 호프, 삼, 차조기, 박하, 제충국, 상추, 우엉, 쑥갓, 미나리, 근대, 시금치, 비트 등
- 과실이 영(穎)에 쌓여 있는 것 : 벼, 겉보리, 귀리 등
- 과실이 내과피에 쌓여 있는 것 : 복숭아, 자두, 앵두 등

㉢ 포자 : 버섯, 고사리 등

㉣ 영양기관 : 감자, 고구마 등

② 배유의 유무에 의한 분류
㉠ 배유종자 : 벼, 보리, 옥수수 등 화본과 종자와 피마자, 양파 등
㉡ 무배유종자 : 콩, 완두, 팥 등 두과 종자와 상추, 오이 등

③ 저장물질에 의한 분류
㉠ 전분종자 : 벼, 맥류, 잡곡류, 화곡류 등
㉡ 지방종자 : 참깨, 들깨 등 유료종자

(3) 종묘로 이용되는 영양기관의 분류

① 눈(芽, Bud) : 포도나무, 마, 꽃의 아삽 등

② 잎(葉, Leaf) : 산세베리아, 베고니아 등

③ 줄기(莖, Stem)
㉠ 지상경(地上莖) 또는 지조(枝條) : 사탕수수, 포도나무, 사과나무, 귤나무, 모시풀 등
㉡ 근경(根莖, 땅속줄기, Rhizome) : 생강, 연, 박하, 호프 등
㉢ 괴경(塊莖, 덩이줄기, Tuber) : 감자, 토란, 돼지감자 등
㉣ 구경(球莖, 알줄기, Corm) : 글라디올러스 등
㉤ 인경(鱗莖, 비늘줄기, Bulb) : 나리, 마늘 등
㉥ 흡지(吸枝, Sucker) : 박하, 모시풀 등

④ 뿌 리
㉠ 지근(枝根, Rootlet) : 부추, 고사리, 닥나무 등
㉡ 괴근(塊根, 덩이뿌리, Tuberous Root) : 고구마, 마, 달리아 등

(4) 모의 분류

식물학적으로 포본묘, 목본묘로 구분되고 육성법에 따라서는 실생묘, 삽목묘, 접목묘, 취목묘 등으로 구분된다.

2 종자의 생성과 구조

(1) 종자의 생성

종자의 생성은 화분과 배낭 속에 들어있는 자웅 양핵이 접합되는 수정이 이루어져야 한다.

① 화분(花粉, Pollen) : 약벽(葯壁)의 화분모세포 분열에 의하여 생기며 2회 분열하여 4개의 화분이 생기며, 화분 내에는 1개의 생식세포와 1개의 화분관세포가 들어있다.

필 / 수 / 확 / 인 / 문 / 제

배유의 유무에 의한 종자의 분류 중 배유종자에 속하지 않는 것은?

① 옥수수
② 상 추
③ 피마자
④ 보 리

답 ②

종묘로 이용되는 영양기관과 해당 작물이 바르게 짝지어진 것은?

① 땅속줄기(Rhizome) : 생강, 연
② 덩이줄기(Tuber) : 백합, 글라디올러스
③ 덩이뿌리(Tuberous Root) : 감자, 토란
④ 알줄기(Corm) : 달리아, 마

답 ①

② 배낭(胚囊, Embryo Sac) : 배주의 배낭모세포의 분열로 생성되며, 2회 분열하여 4개의 세포가 형성되나 3개는 퇴화되고 1개가 배낭을 형성하며 배낭 내 핵은 둘로 나누어져서 1개는 주공쪽으로 1개는 반대쪽으로 이동하여 각 2회의 분열로 4개의 핵이 되어 양쪽 1개의 핵이 중심으로 이동하여 극핵을 만든다. 주공 가까이의 3개의 핵 중 1개를 난세포, 2개를 조세포라 하며, 반대쪽 3개의 세포를 반족세포라 한다.

③ 중복수정

㉠ 주두에 화분이 붙으면 발아하여 화분관을 내어 화주 내를 통과하여 자방의 배주에 이르면 주공을 통해 안으로 들어가 선단이 파열하여 내용물을 배낭 내에 방출한다.

㉡ 화분 내 성핵은 분열하여 2개의 웅핵이 되고 제1웅핵(n)과 난핵(n)이 접하여 배(2n)가 되고 제2웅핵(n)은 극핵(2n)과 결합하여 배유(3n)가 되는데 이렇게 2곳에서 수정하는 것을 중복수정이라 한다.

㉢ 수정 후 배와 배유는 분열로 발육하게 되고 점차 수분이 감소하고 주피는 종피가 되며, 모체에서 독립하는 데 이를 종자라 한다.

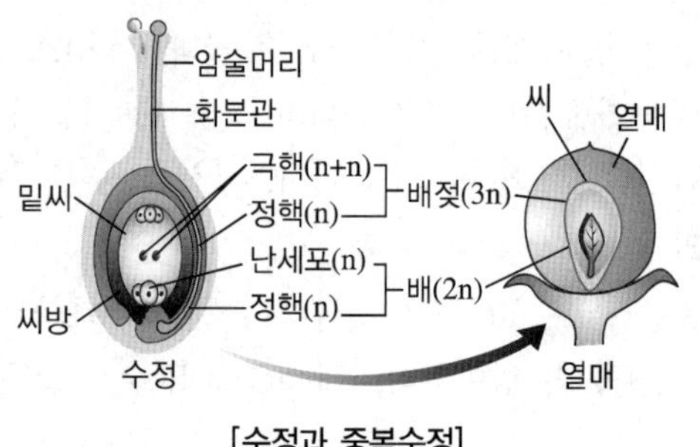

[수정과 중복수정]

종자의 형태와 구조에 관한 설명 중 옳은 것은?

① 옥수수는 무배유 종자이다.
② 강낭콩은 배, 배유, 떡잎으로 구성되어 있다.
③ 배유에는 잎, 생장점, 줄기, 뿌리의 어린 조직이 구비되어 있다.
④ 콩은 저장양분이 떡잎에 있다.

답 ④

(2) 종자의 구조

① 단자엽식물(單子葉植物, 외떡잎식물, Monocotyledones)

㉠ 외층은 과피로 둘러싸여 있고 그 안에 배와 배유 두 부분으로 형성되며, 배와 배유 사이에는 흡수층이 있고 배유에 영양분을 다량 저장하고 있으며, 이를 배유종자라 한다.

㉡ 배에는 잎, 생장점, 줄기, 뿌리의 어린 조직이 모두 갖추어져 있다.

㉢ 배유에는 양분이 저장되어 있어 종자 발아 등에 이용된다.

② 쌍자엽식물(雙子葉植物, 쌍떡잎식물, Dicotyledones)

㉠ 배유조직이 퇴화되어 양분이 떡잎에 저장되며, 이렇게 배유가 거의 없거나 퇴화되어 위축된 종자를 무배유종자라 한다.

㉡ 배와 떡잎, 종피로 구성되어 있다.

㉢ 콩 종자의 배는 유아, 배축, 유근으로 형성되어 있으며 잎, 생장점, 줄기, 뿌리의 어린 조직이 갖추어져 있다.

3 종자의 품질

(1) 외적조건

① 순 도

㉠ 전체 종자에 대한 정립종자(순수종자)의 중량비를 순도라 하며, 순도가 높을수록 종자의 품질은 향상된다.

㉡ 불순물에는 이형종자, 잡초종자, 협잡물(돌, 흙, 모래, 잎, 줄기 등) 등이 있다.

② 종자의 크기와 중량

㉠ 종자는 크고 무거운 것이 충실하고 발아, 생육에 좋다.

㉡ 종자의 크기는 1,000립중 또는 100립중으로 표시하며, 종자의 무게(충실도)는 비중 또는 1L중으로 나타낸다.

③ 색택과 냄새

㉠ 품종고유의 신선한 냄새와 색택을 가진 종자가 건전하고 충실해 발아, 생육이 좋다.

㉡ 수확기 일기불순, 수확시기, 저장 중 불량환경, 병해 등에 의해 영향을 받는다.

④ **수분함량** : 종자의 수분 함량은 낮을수록 저장력이 우수하며, 발아력의 유지기간이 길어지고 변질 및 부패의 우려가 적어진다.

⑤ **건전도** : 오염, 변색, 변질이 없고 기계적 손상이 없는 종자가 우량하다.

(2) 내적조건

① **유전성** : 우량품종에 속하고 이형종자 혼입이 없어야 하며, 유전적으로 순수해야 한다.

② 발아력

㉠ 발아율이 높고 발아가 빠르며 균일하고 초기신장성이 좋은 것이 우량종자이다.

㉡ 순활종자(純活種子, 진가, 용가, Pure Live Seed)는 종자순도와 발아율에 의해 결정된다.

$$\text{순활종자} = \frac{\text{발아율(\%)} \times \text{순도(\%)}}{100} (\%)$$

③ **병충해** : 종자전염 병충원이 없어야 하며 종자소독으로도 방제할 수 없는 바이러스병의 종자는 품질을 크게 떨어뜨린다.

(3) 종자검사

① 종자검사항목

㉠ 순도분석(純度分析, Purity Analysis) : 순수종자 외의 이종종자와 이물의 내용을 확인할 때 실시하는 검사항목이다.

㉡ 이종종자 입수검사 : 특정 종의 종자 또는 특정 이종종자의 숫자를 파악하는 검사로 해초(害草), 기피종자의 유무를 판단한다.

㉢ 발아검사(發芽檢査, Germination) : 종자의 발아력을 검사하며, 종자의 수확에서 판매까지 품질 비교 및 결정의 가장 중요한 검사항목이다.

㉣ 수분검사 : 종자가 갖는 수분함량은 종자의 저장 중 품질에 가장 큰 영향을 끼치는 요인이다.

㉤ 천립중검사(千粒重檢査) : 정립종자에 대하여 계립기 등을 이용해 천립중을 측정한다.

㉥ 종자건전도검사(種子健全度檢査) : 식물방역, 종자보증, 작물평가, 농약처리에 있어 주요 수단이 된다.

㉦ 품종검증(品種檢證) : 주로 종자나 유묘, 식물체 외관상 형태적 차이로 구별하나 구별이 어려운 경우 종자를 재배하여 수확할 때까지 특성을 조사하는 전생육검사를 통하여 평가하고 보조방법으로 생화학적 및 분자생물학적 검정방법을 이용한다.

② 형태적 특성에 의한 검사

㉠ 종자의 특성조사 : 종자의 크기, 너비, 비중, 배의 크기, 종피색, 합점(合點, Chalaza, 주심・주피・주병이 서로 붙어 생긴 조직)의 모양, 영(穎)의 특성, 까락의 장단, 모용(毛茸) 유무 등에 대한 조사이다.

㉡ 유묘 특성조사 : 잎의 색, 형태, 잎의 하부 배축의 색, 엽맥 형태, 절간 길이, 모용, 엽신의 무게 등에 대한 조사이다.

㉢ 전생육검사 : 종자를 파종하여 수확까지 작물의 생장, 발육 특성을 관찰하여 꽃의 색깔, 결실종자의 특성, 모용, 엽설(葉舌, 잎혀, Ligule) 등을 조사하는 것이다.

㉣ 생화학적 검정

- 자외선형광검정 : 자외선 아래에서 형광 물질을 가진 종자 및 유묘를 검사한다.
- 페놀검사 : 벼, 밀, 블루그래스 등은 페놀(Phenol)에 대한 영의 착색반응을 이용하여 품종을 비교할 수 있다.
- 염색체수 조사 : 뿌리 끝세포 염색체수의 조사로 2배체, 4배체를 구분할 수 있다.

③ 영상분석법(映像分析法, Image Analysis Method) : 종자 특성을 카메라와 컴퓨터를 이용해 영상화한 후 자료를 전산화하고 프로그램을 이용하여 분석하는 기술이다.

④ 분자생물학적 검정 : 전기영동법, 핵산증폭지문법 등 방법으로 단백질 조성의 분석 또는 단백질을 만드는 DNA를 추적하여 품종을 구별할 수 있다.

(4) 종자보증(種子保證, Seed Certification)

① 국가 또는 종자관리사가 정해진 기준에 따라 종자 품질을 보증하는 것으로 국가보증과 자체보증이 있다.

② 방 법

㉠ 작물 고유의 특성이 가장 잘 나타나는 생육기에 1회 이상의 포장검사를 받는다.

㉡ 합격한 포장에 대하여 종자의 규격, 순도, 발아, 수분 등의 종자검사를 한다.

㉢ 작물별 포장검사, 종자검사의 기준, 방법은 종자관리요강에서 정하고 있다.

③ 종자검사를 필한 보증종자는 분류번호, 종명, 품종명, 소집단번호, 발아율, 이품종률, 유효기간, 수량, 포장일자 등 보증표시를 하여 판매한다.

4 채종재배(採種栽培, Seed Production Culture)

(1) 종자의 선택 및 처리

채종재배 시 종자는 원원종포 또는 원종포 등에서 생산된 믿을 수 있는 종자로 선종 및 종자소독 등 필요한 처리 후 파종한다.

(2) 재배지 선정

① 기상조건과 토양

㉠ 기온 : 가장 중요한 조건은 기상이며, 그 중에서도 기온이다.

㉡ 강우 : 개화부터 등숙기까지 강우는 종자의 수량 및 품질에 크게 영향을 미치며, 이 시기에 강우량이 적은 곳이 알맞다. 강우량이 너무 많거나 다습하면 수분장해로 임실률이 떨어지고 수발아를 일으키기도 한다.

㉢ 일장 : 화아의 형성과 추대에 크게 영향을 미친다.

㉣ 토양 : 배수가 좋은 양토가 알맞고 토양 병해충 발생빈도가 낮아야 하며, 연작장애가 있는 작물의 경우 윤작지를 선택하는 것이 좋다.

② 환 경

㉠ 지역 : 품종에 따라 알맞은 지역이 있으며, 콩의 경우 평야지보다는 중산간지대의 비옥한 곳이 생리적으로 더 충실한 종자가 생산되고 감자의 경우는 평야지 재배는 진딧물 발생이 많아 바이러스에 감염되기 쉬우므로 바이러스를 매개하는 진딧물이 적은 고랭지가 씨감자의 생산에 알맞다.

㉡ 포장 : 한 지역에서 단일품종을 집중적으로 재배하는 것이 혼종의 방지가 가능하고 재배기술을 종합적으로 이용하기 편하며 탈곡이나 조제 시 기계적 혼입을 방지할 수 있다.

(3) 채종포의 관리

① 격리 및 파종

㉠ 포장의 격리 : 타가수정작물 종자의 생산에서 포장은 일반포장과 반드시 격리되어야 하며, 최소격리거리는 작물 종류, 종자 생산단계, 포장의 크기, 화분의 전파방법에 따라 다르다.

㉡ 파 종

- 적기 파종일 때 온도 및 토양수분이 발아에 알맞기 때문에 유리하다.
- 파종 전 살균제 또는 살충제를 미리 살포하고 휴면종자는 휴면타파 처리를 한다.

㉢ 휴폭(畦幅, 이랑너비)과 주간(株間)

- 작물에 알맞게 파종간격을 빛의 투과와 공기의 흐름이 잘 되도록 정한다.
- 일반적으로 종자용 작물은 조파를 하며, 이는 이형주의 제거, 포장검사에 용이하다.

② 정지 및 착과조절

㉠ 착과위치, 착과수는 채종량과 종자의 품위에 영향을 미치므로 우량종자생산을 위해 적심, 적과, 정지를 하는 것이 좋다.

㉡ 개화기간이 길고 착과위치에 따라 숙도가 다른 작물은 적심이 필요하다.

③ 관개와 시비

㉠ 관개 : 작물의 생육과정 중 수분이 충분해야 생육이 왕성하고 많은 수량을 낼 수 있으며, 특히 생식생장기의 수분장해는 종자를 생산할 수 있는 잠재능력이 감소한다.

㉡ 시 비

- 알맞은 양의 양분공급은 작물의 생육과 밀접한 관련이 있으며, 채종재배 시는 개화, 결실을 위해 비배관리가 중요하다.
- 채종재배는 영양체의 수확에 비해 재배기간이 길어 그만큼 시비량이 많아야 한다.
- 작물에 따라 특정 양분을 필요로 하며 무, 배추, 양배추, 셀러리 등은 붕소의 요구도가 높고 콩 종자의 칼슘 함량은 발아율과 상관관계가 있다.

④ 이형주의 제거와 수분 및 제초

㉠ 이형주(異型株, Off-Type) 제거 : 종자생산에 있어 이형주의 제거는 순도가 높은 종자의 채종을 위해 반드시 필요하다.

㉡ 수분(受粉, Pollination) : 암술머리에 화분이 옮겨지는 수분과 수분 후 수정은 자연적 과정이만 수분에 있어 곤충 등의 도움은 종자생산에 크게 도움이 된다.

㉢ 제초 : 종자 생산을 위한 포장에는 방제하기 어려운 다년생 잡초가 없어야 하며, 잡초는 화학적 방제법, 생태적 방제법 등을 종합적으로 활용하여 방제한다.

⑤ **병충해 방제** : 종자전염병은 생육과 종자생산을 크게 저해하며, 종자의 색과 모양을 나쁘게 하기 때문에 저장 중 또는 파종 전 종자소독을 하는 것이 필요하다.

⑥ 수확 및 탈곡

㉠ 채종재배에 있어 적기수확은 매우 중요하다.

㉡ 조기 수확은 채종량이 감소하고 활력이 떨어지며, 적기보다 너무 늦은 수확은 탈립, 도복 및 수확과 탈곡 시 기계적 손상이 발생할 수 있다.

㉢ 화곡류의 채종 적기는 황숙기, 십자화과 채소는 갈숙기가 채종 적기이다.

㉣ 수확 후 일정 기간의 후숙은 종자의 성숙도가 비슷해 발아율, 발아속도, 종자수명이 좋아진다.

㉤ 탈곡, 조제 시는 이형립과 협잡물의 혼입이 없어야 하며, 탈곡 시 기계적 손상이 없어야 한다.

5 종자의 수명과 저장

(1) 종자의 수명

종자가 발아력을 보유하고 있는 기간을 종자의 수명이라 한다.

① 저장 중 발아력 상실 원인

㉠ 종자가 저장 중 발아력을 상실하는 것은 종자의 원형질을 구성하는 단백질의 응고에 기인한다.

㉡ 종자를 장기저장하는 경우 저장 중 호흡에 의한 저장물질의 소모가 이루어지지만, 장기저장으로 발아력을 상실한 종자에도 상당량의 저장물질이 남아 있는 것으로 보아 양분의 소모만으로 발아력을 상실한다는 것은 충분한 이유가 되지 못한다.

② 종자 수명에 미치는 조건

㉠ 종자의 수명은 작물의 종류나 품종에 따라 다르고 채종지 환경, 숙도, 수분함량, 수확 및 조제방법, 저장조건 등에 따라 영향을 받는다.

㉡ 저장종자의 수명에는 수분함량, 온도, 산소 등이 영향을 미친다.

- 수분 함량이 많은 종자를 고온에 저장하게 되면 호흡속도의 상승을 조장해 수명이 단축된다.
- 산소의 제거는 무기호흡으로 유해물질이 생성되어 발아를 억제하나 충분한 농도의 산소는 호흡을 조장하여 종자의 수명이 단축된다.
- 종자를 충분히 건조하고 흡습을 방지하며, 저온과 산소의 억제조건에 저장하면 종자의 수명이 연장된다.

③ 종자의 수명 : 종자를 실온 저장하는 경우 2년 이내 발아력을 상실하는 단명종자와 2~5년 활력을 유지할 수 있는 상명종자, 5년 이상 활력을 유지할 수 있는 장명종자로 구분한다.

[작물별 종자의 수명]

〈中村, 1985, HARTMANN, 1997〉

구 분	단명종자(1~2년)	상명종자(3~5년)	장명종자(5년 이상)
농작물류	콩, 땅콩, 목화, 옥수수, 해바라기, 메밀, 기장	벼, 밀, 보리, 완두, 페스큐, 귀리, 유채, 켄터키블루그래스, 목화	클로버, 알팔파, 사탕무, 베치
채소류	강낭콩, 상추, 파, 양파, 고추, 당근	배추, 양배추, 방울다다기양배추, 꽃양배추, 멜론, 시금치, 무, 호박, 우엉	비트, 토마토, 가지, 수박
화훼류	베고니아, 팬지, 스타티스, 일일초, 콜레옵시스	알리섬, 카네이션, 시클라멘, 색비름, 피튜니아, 공작초	접시꽃, 나팔꽃, 스토크, 백일홍, 데이지

(2) 종자의 저장

저장 중 종자의 수명은 종자의 수분함량, 저장온도, 저장습도, 통기상태 등에 영향을 받으며 가능한 한 저장양분의 소모와 변질이 적어야 하고 병충해나 쥐 등의 피해를 받지 않아야 한다. 따라서 저장 전 종자를 충분히 건조시키고 저장 중 건조와 저온상태의 유지, 온도 및 습도의 변화가 적어야 한다. 벼와 보리같은 곡류의 수분함량은 13% 이하로 건조시켜 저장하면 안전하다.

① **건조저장** : 건조상태로 종자를 저장하면 생리적 휴면이 끝난 종자라도 휴면상태가 유지되어 수명 연장으로 발아력이 감퇴되지 않고 조절제로 생석회, 염화칼슘, 짚재 등이 이용된다.

② **저온저장** : 저온상태로 종자를 저장하는 것은 수명을 연장시킨다. 감자의 경우 3℃로 저장하면 수년간 발아가 억제되고 발아력도 유지하는 것으로 알려져 있다.

③ **밀폐저장** : 건조종자를 용기에 넣고 밀폐시켜 저장하는 방법으로 소량 저장할 때 적당하다.

④ **토중저장** : 종자의 과숙억제, 여름 고온과 겨울 저온을 피하기 위한 저장법이다.

6 종자의 퇴화

(1) 종자퇴화의 뜻

작물재배 시 어떤 품종을 계속 재배하면 생산력이 우수하던 종자가 생산량이 감퇴하는 것을 종자의 퇴화라 한다.

(2) 원인과 대책

① **유전적 퇴화** : 작물이 세대의 경과에 따라 자연교잡, 새로운 유전자형의 분리, 돌연변이, 이형종자의 기계적 혼입 등에 의해 종자가 유전적 순수성이 깨져 퇴화된다.

㉠ 자연교잡

- 격리재배로 방지할 수 있으며, 다른 품종과의 격리거리는 옥수수 400~500m 이상, 십자화과류 100m 이상, 호밀 250~300m 이상, 참깨 및 들깨 500m 이상으로 유지하는 것이 좋다.
- 주요 작물의 자연교잡률(%) : 벼 0.2~1.0, 보리 0.0~0.15, 밀 0.3~0.6, 조 0.2~0.6, 귀리와 콩 0.05~1.4, 아마 0.6~1.0, 가지 0.2~1.2, 수수 5.0 등

필 / 수 / 확 / 인 / 문 / 제

종자의 유전적 퇴화를 방지하는 방법과 관련이 적은 것은?

① 격리재배
② 무병지 채종
③ 기본식물 보존
④ 이형주 제거

 ②

ⓛ 이형종자의 기계적 혼입
- 원인인 퇴비, 낙수(落穗) 또는 수확, 탈곡, 보관 시 이형종자의 혼입을 방지한다.
- 이미 혼입된 경우 이형주 식별이 용이한 출수기, 성숙기에 이형주를 철저히 도태시키고 조, 수수, 옥수수 등에서는 순정한 이삭만 골라 채종하기도 한다.

ⓒ 주보존이 가능한 작물의 경우 기본식물을 주보존하여 이것에서 받은 종자를 증식·보급하면 세대경과에 따른 유전적 퇴화를 방지할 수 있다.

ⓔ 순정종자를 장기간 저장하고 해마다 이 종자를 증식해서 농가에 보급하면 세대 경과에 따른 유전적 퇴화를 방지할 수 있다.

② 생리적 퇴화

㉠ 생산환경 또는 재배조건이 불량한 포장에서 채종된 종자나 저장조건이 불량한 종자는 유전적으로 변화가 없을지라도 생리적으로 퇴화하여 종자의 생산력이 저하되는 경우가 있는데 이를 생리적 퇴화라 한다.

ⓛ 감자의 경우 평지에서 채종하면 고랭지에서 채종하는 것에 비해 퇴화가 심하다. 고랭지에 비해 평지에서는 생육기간이 짧고 온도가 높아 씨감자가 충실하지 못하고 여름의 저장기간이 길고 온도가 높아 저장 중 저장양분의 소모도 커 생리적으로 불량하며 바이러스병의 발생도 많아 평지에서 생산된 씨감자는 생리적, 병리적으로 퇴화하게 되므로 고랭지에서 채종해야 하며 평지에서 씨감자의 재배는 가을재배로 퇴화를 경감시킬 수 있다.

ⓒ 재배조건의 불량으로도 종자가 생리적 퇴화가 되므로 재배시기 조절, 비배관리 개선, 착과수 제한, 종자의 선별 등을 통해 퇴화를 방지할 수 있다.

③ 병리적 퇴화

㉠ 종자 전염 병해, 특히 종자소독으로도 방제가 불가능한 바이러스병 등의 만연은 종자를 병리적으로 퇴화되게 한다.

ⓛ 방지는 무병지 채종, 이병주 제거, 병해 방제, 약제소독, 종자 검정 등 여러 대책이 필요하다.

④ 저장종자의 퇴화

㉠ 저장 중인 종자의 발아력 상실의 주원인은 원형질단백의 응고이며, 효소의 활력저하, 저장양분의 소모도 중요한 요인이다.

ⓛ 유해물질의 축적, 발아 유도기구 분해, 리보솜 분리 저해, 효소분해 및 불활성, 가수분해효소의 형성과 활성, 지질의 산화, 균의 침입, 기능상 구조변화 등도 종자 퇴화에 영향을 미친다.

㉢ 퇴화 종자는 호흡감소, 유리지방산 증가, 발아율 저하, 성장 및 발육 저하, 저항성 감소, 출현율 감소, 비정상묘의 증가, 효소활력 저하, 종자 침출물 증가, 저장력 감소, 발아 균일성 감소, 수량의 감소 등의 증상이 나타난다.

7 종자처리

(1) 선종(選種, Seed Selection)

크고 충실하여 발아와 생육이 좋은 종자를 가려내는 것을 선종이라 한다.

① 육안에 의한 선별 : 콩 종자 등을 상 위에 펴놓고 육안으로 굵고 건실한 종자를 고르는 것이다.

② 용적에 의한 선별 : 맥류 종자 등을 체로 쳐서 작은 알을 가려 제거하는 방법이다.

③ 중량에 의한 선별 : 키, 풍구, 선풍기 등을 이용하여 가벼운 알을 제거하는 방법이다.

④ 비중에 의한 선별

㉠ 화곡류 등의 종자는 비중이 큰 것이 대체로 굵고 충실한 점을 이용하여 알맞은 비중의 용액에 종자를 담그고 가라앉는 충실한 종자만 가려내는 비중선이 널리 이용되고 있다.

㉡ 소금물을 비중액으로 이용하는 염수선이 주로 이용되고 있으며 황산암모니아, 염화칼륨, 간수, 재 등이 일부 이용되기도 한다.

[비중선에 사용되는 용액의 비중]

작 물	비 중
메벼 유망종	1.10
메벼 무망종	1.13
찰벼 및 밭벼	1.08
겉보리	1.13
쌀보리, 밀, 호밀	1.22

⑤ 색택에 의한 선별 : 선별기를 이용하여 시든 종자, 퇴화 종자, 변색 종자를 가려낸다.

⑥ 기타 방법에 의한 선별 : 이 외 외부조직이나 액체친화성, 전기적 성질 등에 의한 물리적 특성에 차이를 두고 선별하는 방법 등이 있다.

필 / 수 / 확 / 인 / 문 / 제

(2) 종자소독(種子消毒)

종자전염성 병균 또는 선충을 없애기 위해 종자에 물리적, 화학적 처리를 하는 것을 종자소독이라 하고, 종자 외부 부착균에 대하여는 일반적으로 화학적 소독을 하고 내부 부착균은 물리적 소독을 한다. 그러나 바이러스에 대하여는 현재 종자소독으로 방제할 수 없다.

① 화학적 소독
  ㉠ 침지소독 : 농약 수용액에 종자를 일정시간 담가서 소독하는 방법이다.
  ㉡ 분의소독 : 분제 농약을 종자에 그대로 묻게 하여 소독하는 방법이다.

② 물리적 소독
  ㉠ 냉수온탕침법
  - 맥류 겉깜부기병 소독법으로 널리 알려진 방법
  - 맥류 겉깜부기병 : 종자를 6~8시간 냉수에 담갔다가 45~50℃의 온탕에 2분 정도 담근 후 곧 다시 겉보리는 53℃, 밀은 54℃의 온탕에 5분간 담갔다가 냉수에 식힌 후 그대로 또는 말려서 파종
  - 쌀보리는 냉수에 담근 후 50℃ 온탕에 5분간 담그고 냉수에 식힘
  - 벼의 선충심고병은 벼 종자를 냉수에 24시간 침지 후 45℃ 온탕에 2분 정도 담그고 다시 52℃의 온탕에 10분간 담갔다가 냉수에 식힘

  ㉡ 온탕침법
  - 맥류 겉깜부기병에 대한 소독방법으로 보리는 물의 온도를 43℃, 밀은 45℃에서 8~10시간 정도 담금
  - 고구마 검은무늬병은 45℃ 물에 30~40분 정도 담가 소독
  - 볍씨를 물 온도 60℃에서 약 10분간 담가 소독

  ㉢ 건열처리
  - 곡류는 온탕침법을 많이 사용하나 채소종자는 건열처리가 더 일반화된 방법임
  - 종자에 부착된 병균 및 바이러스를 제거하기 위한 처리로 60~80℃에서 1~7일간 처리
  - 박과, 가지과, 십자화과 등 주로 종피가 두꺼운 종자에 많이 사용되고 종자의 함수량이 높은 경우 피해가 있으므로 건조로 함수량을 낮게 하며, 점차 온도를 높여 처리해야 함

③ **기피제 처리** : 종자 출아과정에서 조류, 서류 등에 의한 피해를 방지하기 위하여 종자에 화학약제를 처리하여 파종하는 방식이다.

(3) 침종(浸種, Seed Imbibition)

파종 전 종자를 일정 기간 동안 물에 담가 발아에 필요한 수분을 흡수시키는 것을 침종이라 한다.

① 벼, 가지, 시금치, 수목의 종자 등에 실시한다.

② 종자를 침종하면 발아가 빠르고 균일하며 발아기간 중 피해를 줄일 수 있다.

③ 수질 및 수온에 따라 침종시간은 달라지며, 연수(軟水)보다는 경수(硬水)가, 수온이 낮을수록 시간이 더 길어지는 경향이 있다.

④ 침종 시 수온은 낮지 않은 것이 좋고 산소가 많은 물이 좋으므로 자주 갈아주는 것이 좋다. 수온이 낮은 물에 오래 침종하면 저장양분이 유실되고 산소 부족에 의해 강낭콩, 완두, 콩, 목화, 수수 등에서는 발아장해가 유발된다.

제3장 종자의 발아와 휴면

1 종자의 발아

(1) 의 의

① **발아(發芽)** : 종자에서 유아와 유근이 출현하는 것을 발아라 한다.

② **출아(出芽)** : 종자 파종시 발아한 새싹이 지상으로 출현하는 것을 출아라 한다.

③ **맹아(萌芽)** : 목본식물의 지상부 눈이 벌어져 새싹이 움트거나 씨감자 등에서 지하부 새싹이 지상으로 자라는 현상이나 새싹 자체를 맹아라 한다.

④ **최아(催芽)** : 발아와 생육을 촉진할 목적으로 종자의 싹을 약간 틔워서 파종하는 것을 최아라 한다.

(2) 발아조건

① 수 분

㉠ 모든 종자는 일정량의 수분을 흡수해야만 발아한다.

㉡ 발아에 필요한 수분의 함량은 종자 무게의 벼 23%, 밀 30%, 쌀보리 50%, 콩 100% 정도이며, 토양이 건조하면 습한 경우에 비해 발아할 때 종자의 함수량이 적다.

② 온 도

㉠ 온도와 발아의 관계는 발아 최저온도, 최적온도, 최고온도가 있으며, 이는 작물 종류와 품종에 따라 다르다.

㉡ 최저온도 0~10℃, 최적온도 20~30℃, 최고온도 35~50℃ 범위에 있고 고온작물에 비해 저온작물은 발아온도가 낮다.

㉢ 최적온도일 때 발아율이 높고 발아속도가 빠르며, 지나친 고온은 발아하지 못하고 휴면상태가 되며, 나중에 열사하게 된다.

㉣ 담배, 박하, 셀러리 종자는 변온상태에서 발아가 촉진된다.

③ 산 소

㉠ 종자가 발아 중에는 많은 산소를 요구하며, 산소가 충분히 공급되면 발아가 순조롭지만 볍씨와 같이 산소가 없는 경우에도 무기호흡으로 발아에 필요한 에너지를 얻는 경우도 있다.

㉡ 발아에 있어 종자의 산소 요구도는 작물의 종류와 발아 시 온도조건 등에 따라 달라지며, 수중 발아상태를 보고 산소요구도를 파악할 수 있다.

㉢ 수중에서의 종자 발아 난이도

- 수중 발아를 못하는 종자 : 밀, 귀리, 메밀, 콩, 무, 양배추, 고추, 가지, 파, 알팔파, 옥수수, 수수, 호박, 율무 등
- 수중 발아 시 발아 감퇴 종자 : 담배, 토마토, 카네이션, 화이트클로버, 브롬그래스 등
- 수중 발아가 잘 되는 종자 : 벼, 상추, 당근, 셀러리, 피튜니아, 티머시, 캐나다블루그래스 등

④ 광(光)

㉠ 대부분 종자에 있어 광은 발아에 무관하지만 광에 의해 발아가 조장되거나 억제되는 것도 있다.

㉡ 호광성 종자(광발아종자)

- 광에 의해 발아가 조장되며, 암조건에서 발아하지 않거나 발아가 몹시 불량한 종자
- 담배, 상추, 우엉, 차조기, 금어초, 베고니아, 피튜니아, 뽕나무, 버뮤다그래스 등

㉢ 혐광성 종자(암발아종자)

- 광에 의하여 발아가 저해되고 암조건에서 발아가 잘 되는 종자
- 호박, 토마토, 가지, 오이, 파류, 나리과 식물 등

㉣ 광무관종자

- 광이 발아에 관계가 없는 종자
- 벼, 보리, 옥수수 등 화곡류와 대부분 콩과작물 등

㉤ 화본과 목초종자나 잡초종자는 대부분 호광성 종자이며, 땅속에 묻히게 되면 산소와 광 부족으로 휴면하다가 지표 가까이 올라오면 산소와 광에 의해 발아하게 된다.

㉥ 적색광, 근적색광 전환계가 호광성 종자의 발아에 영향을 미치며, 광발아성은 후숙과 발아 시 온도에 따라서도 달라진다.

㉦ 광감수성은 화학물질에 의해서도 달라지는데, 지베렐린처리는 호광성 종자의 암중발아를 유도하며 약산처리는 호광성이 혐광성으로 바뀌는 경우도 있다.

(3) 발아의 기구

① 발아과정

㉠ 발아과정 : 수분의 흡수 → 저장양분 분해효소 생성 및 활성화 → 저장양분의 분해, 전류 및 재합성 → 배의 생장개시 → 과피 파열 → 유묘 출현

㉡ 종자는 적당한 수분, 온도, 산소, 광에 생장기능의 발현으로 생장점이 종자 외부에 나타나는데 배의 유근 또는 유아가 종자 밖으로 출현하면서 발아하게 된다.

㉢ 유근과 유아의 출현순서는 수분의 다수에 따라 다르게 나타나지만, 일반적으로 유근이 먼저 나온다.

② 수분의 흡수

㉠ 종자가 수분을 흡수하면 물은 세포를 팽창시키고 종자 전체의 부피가 커지며, 종피가 파열되면서 물과 가스의 흡수가 가속화되어 배의 생장점이 나타나기 시작한다.

㉡ 수분흡수에 관계되는 주요 요인 : 종자의 화학적 조성, 종피의 투수성, 물의 이용성, 용액의 농도, 온도 등이 관여한다.

㉢ 수분흡수의 단계

- 제1단계 : 종자가 매트릭퍼텐셜(Matric Potential, 고상의 수분견인력)로 인해 수분흡수가 왕성하게 일어나는 시기
- 제2단계 : 수분의 흡수가 정체되고 효소들이 활성화되면서 발아에 필요한 물질대사가 왕성하게 일어나는 시기
- 제3단계 : 유근, 유아가 종피를 뚫고 출현하면서 수분의 흡수가 다시 왕성해지는 시기

③ 저장양분의 분해효소 생성 및 활성화

종자가 어느 정도 수분을 흡수하면(수분흡수 제2단계) 종자 내 여러 가수분해효소들이 활성화되면서 탄수화물, 지방, 단백질 등 저장양분이 분해, 전류, 재합성의 화학반응이 진행되고 발아에 필요한 에너지를 생성하게 된다. 종자는 발아할 때 호흡이 왕성해지고 에너지 소비량이

필 / 수 / 확 / 인 / 문 / 제

다음 중 호광성(광발아) 종자로만 짝지어진 것은?

ㄱ. 벼	ㄴ. 담 배
ㄷ. 토마토	ㄹ. 수 박
ㅁ. 상 추	ㅂ. 가 지
ㅅ. 셀러리	ㅇ. 양 파

① ㄱ, ㄷ, ㅇ　　② ㄴ, ㅁ, ㅅ

③ ㄷ, ㄹ, ㅅ　　④ ㅁ, ㅂ, ㅇ

해설

호광성 종자(광발아종자)

- 광에 의해 발아가 조장되며 암조건에서 발아하지 않거나 발아가 몹시 불량한 종자
- 담배, 상추, 우엉, 차조기, 금어초, 베고니아, 피튜니아, 뽕나무, 버뮤다그래스 등

 ②

커지는데 발아할 때 호흡은 건조종자에 비해 100배에 달한다고 한다.

④ 저장양분의 분해, 전류 및 재합성

종자의 배유와 떡잎에 저장되었던 전분이 가수분해되어 배와 생장점으로 이동하여 호흡의 기질로 사용되는 한편 셀룰로오스, 비환원당, 전분 등으로 합성된다. 단백질과 지방은 가수분해되어 유식물로 이동 후 구성물질로 재합성되고 일부는 호흡의 기질로 쓰인다.

⑤ 배의 생장 개시

효소의 활성으로 새로운 물질이 합성되고 세포분열이 일어나 상배축과 하배축, 유근과 같은 기관의 크기가 커진다.

⑥ 종피의 파열과 유묘의 출현

종자가 물을 흡수하여 팽창하고 세포분열로 조직이 커지면서 생기는 내부압력에 의해 종피가 파열되고 유근이나 유아가 출현한다.

⑦ 이유기와 독립생장기의 전환

유식물 초기에는 배유나 떡잎의 저장양분에 의해 생육하지만 시간이 지나면서 저장양분은 소진되고 광합성 등 동화작용에 의해 양분을 합성하여 생육하는 독립영양시기로 전환되는데, 이를 이유기라 한다.

(4) 발아와 생육촉진처리

① 최 아

㉠ 발아, 생육촉진을 목적으로 종자의 싹을 약간 틔워 파종하는 최아는 벼의 조기육묘, 한랭지의 벼농사, 맥류 만파재배, 땅콩의 생육촉진 등에 이용된다.

㉡ 벼 종자 : 침종을 포함해 10℃에서 약 10일, 20℃에서 약 5일, 30℃에서 약 3일의 기간이 소요되며, 발아적산온도는 100℃, 어린 싹이 1~2mm 출현할 때가 알맞다.

② 프라이밍(Priming) : 파종 전 종자에 수분을 가해 발아에 필요한 생리적 준비를 갖게 하여 발아속도와 균일성을 높이려는 것이다.

③ 전발아처리(前發芽處理) : 포장발아 100%를 목적으로 처리하는 방법으로 유체파종(流體播種, 액상파종, Fluid Drilling)과 전발아종자(前發芽種子, Pregerminated Seed)가 있다.

④ 종자의 경화(硬化, Hardening) : 종자의 발아 시 불량환경에서도 출아율을 높이기 위한 처리로 파종 전 종자에 수분의 흡수와 건조과정을 반복적으로 처리함으로써 초기 발아과정 중 흡수를 조장하는 것을 경화라 한다.

⑤ 과산화물(過酸化物, Peroxides) : 과산화물은 수중에서 분해되면서 산소를 방출하므로 물에 용존산소를 증가시켜 종자의 발아와 유묘의 생육을 증진시키며, 벼 직파재배에서 많이 이용되는 방법이다.

필 / 수 / 확 / 인 / 문 / 제

⑥ 저온, 고온처리 : 발아촉진을 위하여 수분을 흡수한 종자를 5~10℃의 저온에 7~10일 처리하거나 벼 종자의 경우 50℃로 예열 후 물 또는 질산칼륨(KNO_3)에 24시간 침지하기도 한다.

⑦ 박피제거 : 강산이나 강알칼리성 용액, NaCl, $CaOCl_2$에 종자를 담가 종피의 일부를 녹여 경실의 종피를 약화시켜 휴면의 타파나 발아를 촉진시키는 방법이다.

⑧ 발아촉진물질 : GA_3, 티오우레아(티오요소, Thiourea), KNO_3, KCN, NaCN, DNP, H_3S, NaN_3 등이 발아촉진물질로 알려져 있다.

(5) 발아력 검정

① 발아조사

㉠ 발아율(PG ; Percent Germination) : 파종된 총 종자 수에 대한 발아종자 수의 비율(%)

㉡ 발아세(GE ; Germination Energy) : 치상 후 정해진 기간 내의 발아율을 의미하며, 맥주보리 발아세는 20℃ 항온에서 96시간 내에 발아종자 수의 비율을 의미한다.

㉢ 발아시 : 파종된 종자 중에서 최초로 1개체가 발아된 날

㉣ 발아기 : 파종된 종자의 약 50%가 발아된 날

㉤ 발아전 : 파종된 종자의 대부분(80% 이상)이 발아한 날

㉥ 발아일수 : 파종부터 발아기까지의 일수

㉦ 발아 양부(良否) : 양, 불량 또는 양(균일), 부(불균일)로 표시한다.

㉧ 발아기간 : 발아 시부터 발아 전까지의 기간

㉨ 평균발아일수(MGT ; Mean Germination Time) : 발아된 모든 종자의 발아일수의 평균

$$\text{MGT} = \frac{\Sigma(t_i n_i)}{N}$$

여기서, t_i : 파종부터 경과일수, n_i : 그날그날의 발아종자 수, N : 총발아종자 수

㉩ 발아속도(Germination Rate, GR) : 종자를 파종한 후 경과일수에 따라 발아되는 속도

$$\text{GR} = \Sigma\left(\frac{n_i}{t_i}\right)$$

여기서, t_i : 파종부터 경과일수, n_i : 그날그날의 발아종자 수

재배포장에 파종된 종자의 발아기를 옳게 정의한 것은?

① 약 50%가 발아한 날
② 발아한 것이 처음 나타난 날
③ 80% 이상이 발아한 날
④ 100% 발아가 완료된 날

 ①

㉠ 평균발아속도(Mean Daily Germination) : 발아한 총 종자의 평균적인 발아속도

$$\text{MDG} = \frac{N}{T}$$

여기서, N : 총발아종자 수, T : 총조사일수

㉡ 발아속도지수(PI ; Promptness Index) : 발아율과 발아속도를 동시에 고려하여 발아속도를 지수로 표시한 것

$$\text{PI} = \Sigma\{(T - t_i + 1)n_i\}$$

여기서, T : 총조사일수, t_i : 파종부터 경과일수, n_i : 그날그날의 발아종자 수

② 발아시험에 의한 발아력 검정

㉠ 발아시험기 또는 샬레에 여지, 탈지면, 세사를 깐 후 적당한 수분을 공급하고 그 위에 종자를 놓고 발아시킨다.

㉡ 발아력은 발아율과 발아세를 조사하여 검정한다.

㉢ 발아율 : 총공시종자수에 대한 발아종자수의 백분율로 표시하며, 발아율이 높은 종자가 좋은 종자라 할 수 있다.

㉣ 발아세 : 발아시험 시작부터 일정 기간을 정하여 그 기간 내 발아한 종자를 총공시종자수에 대한 비율로 표시한 것이다.

㉤ 종자순도(Percentage of Purity)를 조사하고 발아율을 알면 종자의 가치를 총체적으로 표시하는 용가(用價, Utility Value)를 계산할 수 있다.

$$\text{종자의 순도} = \frac{\text{순정 종자종량}}{\text{종자 총중량}} \times 100$$

$$\text{종자의 용가} = \frac{P \times G}{100}$$

여기서, P : 순도, G : 발아율

③ 종자발아력 간이검정법

㉠ 테트라졸륨법(Tetrazolium Method) : pH6.5~7.5의 TTC(2,3,5-Triphenylet-Razolium Chloride) 용액을 화본과 0.5%, 두과 1%로 처리하면 배, 유아의 단면이 적색으로 염색되는 것이 발아력이 강하다.

㉡ 구아이아콜법(Guaiacol Method) : 종자를 파쇄하여 1%의 구아이아콜 수용액 한 방울을 가하고, 다시 1.5% 과산화수소액 한 방울을 가하면 오래된 종자는 색반응이 나타나지 않고 신선종자는 자색으로 착색된다.

종자발아력 검정에 대한 내용으로 옳지 않은 것은?

① 전기전도도가 높으면 종자활력이 높다.
② 배의 단면에 테트라졸륨 처리 후 적색으로 착색되면 활력이 있다.
③ 종자발아력 검정에 X-선 검사법이 이용된다.
④ Amylase, Lipase, Catalase, Peroxidase 등의 활력을 측정하는 효소활성측정법이 있다.

답 ①

㉢ 전기전도율 검사법 : 기계를 사용하여 종자의 개별적 전기전도율을 측정하는 방법으로 세력이 낮거나 퇴화된 종자를 물에 담그면 세포 내 물질이 침출되어 나오는데, 이들이 지닌 전하를 전기전도계로 측정한 값으로 발아력을 측정하는 방법이다. 완두, 콩 등에서 많이 이용되며, 전기전도도가 높으면 활력이 낮은 것이다.

2 종자의 휴면(休眠, Dormancy)

(1) 휴면의 뜻과 형태

① 성숙한 종자에 수분, 온도, 산소 등 발아에 적당한 환경조건을 주어도 일정기간 동안 발아하지 않는 현상을 휴면이라 한다.

② **자발적 휴면** : 발아능력이 있는 성숙한 종자가 환경조건이 발아에 알맞더라도 내적요인에 의해 휴면하는 것으로 본질적 휴면이다.

③ **타발적 휴면** : 종자의 외적조건이 발아에 부적당해서 유발되는 휴면을 의미한다.

(2) 휴면의 원인

① **경실(硬實, Hard Seed)** : 종피가 단단하여 수분의 투과를 저해하기 때문에 발아하지 않는 종자를 경실이라 하며, 종자에 따라 종피의 투수성이 다르기 때문에 몇 년에 걸쳐 조금씩 발아하는 것이 보통이다.

② **발아억제물질**

㉠ 콩과, 화본과 목초, 연, 고구마 등 많은 종류의 휴면에 일종의 발아억제물질이 관련되어 있다고 알려져 있다.

㉡ 벼 종자의 경우 영에 있는 발아억제물질이 휴면의 원인으로 종자를 물에 잘 씻거나 과피를 제거하면 발아된다.

㉢ 옥신은 측아의 발육을 억제하고 ABA(Abscisic Acid)는 사과, 자두, 단풍나무에서 겨울철 눈의 휴면을 유도하는 작용을 한다.

③ **배의 미숙** : 미나리아재비, 장미과 식물, 인삼, 은행 등은 종자가 모주에서 이탈할 때 배가 미숙상태로 발아하지 못한다. 미숙상태의 종자가 수주일 또는 수개월 경과하면서 배가 완전히 발육하고 필요한 생리적 변화를 완성해 발아할 수 있는데, 이를 후숙(After Ripening)이라 한다.

④ **종피의 기계적 저항** : 종자에 산소나 수분이 흡수되어 배가 팽대할 때 종피의 기계적 저항으로 배의 팽대가 억제되어 종자가 함수상태로 휴면하는 것으로 잡초종자에서 흔히 나타난다.

⑤ **종피의 불투기성** : 귀리, 보리 등의 종자는 종피의 불투기성으로 인하여 산소흡수가 저해되고 이산화탄소가 축적되어 발아하지 못하고 휴면한다.

⑥ **종피의 불투수성** : 고구마, 연, 오크라, 콩과작물, 화본과 목초 등 경실종자휴면의 주원인은 종피의 불투수성이다.

⑦ **배휴면(胚休眠)** : 형태적으로는 종자가 완전히 발달하였으나 발아에 필요한 외적조건이 충족되어도 발아하지 않는 경우로, 이는 배 자체의 생리적 원인에 의해 발생하는 휴면으로 생리적 휴면(生理的休眠, Physiological Dormancy)이라고도 한다.

3 휴면타파와 발아촉진

(1) 경실종자의 발아촉진법

경실종자란 종피의 불투수성으로 장기간 휴면하는 종자로 주로 소립의 두과 목초 종자로 클로버류, 자운영, 베치, 아카시아, 강낭콩, 싸리 등과 고구마, 연, 오크라 등이 이에 속한다.

① **종피파상법** : 경실종자의 종피에 상처를 내는 방법으로 자운영, 콩과의 소립종자 등은 종자의 25~35%의 모래를 혼합하여 20~30분 절구에 찧어서 종피에 가벼운 상처를 내어 파종하면 발아가 조장되며 고구마는 배의 반대편에 손톱깎이 등으로 상처를 내어 파종한다.

② 진한 황산처리

㉠ 진한 황산에 경실종자를 넣고 일정 시간 교반하여 종피를 침식시키는 방법으로 처리 후 물에 씻어 파종하면 발아가 조장된다.

㉡ 처리시간 : 고구마 1시간, 감자 종자 20분, 레드클로버 15분, 화이트클로버 30분, 연 5시간, 목화 5분, 오크라 4시간 등이다.

③ 온도처리

㉠ 저온처리 : 알팔파 종자를 −190℃ 액체공기에 2~3분 침지 후 파종하면 발아가 조장된다.

㉡ 고온처리 : 알팔파 종자를 80℃ 건열에 1~2시간 또는 알팔파, 레드클로버 등은 105℃에 4분 처리한다.

㉢ 습열처리 : 라디노클로버는 40℃ 온탕에 5시간 또는 50℃ 온탕에 1시간 처리한다.

㉣ 변온처리 : 자운영 종자는 17~30℃와 20~40℃의 변온처리를 한다.

④ **진탕처리** : 스위트클로버는 종자를 플라스크에 넣고 초당 3회 비율로 10분간 진탕처리한다.

⑤ **질산처리** : 버팔로크라스 종자는 0.5% 질산용액에 24시간 침지하고 5℃에 6주간 냉각시켜 파종하면 발아가 조장된다.

⑥ **기타** : 알코올, 이산화탄소, 펙티나아제 처리 등도 유효하다.

(2) 화곡류 및 감자의 발아촉진법

① 벼 종자 : 40℃에서 3주간 또는 50℃에서 4~5일 보존으로 발아억제물질이 불활성화되어 휴면이 완전히 타파된다.

② 맥류 종자 : 0.5~1% 과산화수소액(H_2O_2)에 24시간 침지 후 5~10℃의 저온에 젖은 생태로 수일간 보관하면 휴면이 타파된다.

③ 감자 : 절단 후 2ppm 정도 지베렐린수용액에 30~60분 침지하여 파종하는 방법이 가장 간편하고 효과적인 방법이다.

(3) 목초종자의 발아촉진법

① 질산염류액 처리 : 화본과 목초 종자는 0.2% 질산칼륨, 0.2% 질산알루미늄, 0.2% 질산망간, 0.1% 질산암모늄, 0.1% 질산소다, 0.1% 질산마그네슘 수용액에 처리하면 발아가 조장된다.

② 지베렐린 처리 : 브롬그래스, 휘트그래스, 화이트클로버 등의 목초 종자는 100ppm, 차조기는 100~500ppm 지베렐린 수용액에 처리하면 휴면이 타파되고 발아가 촉진된다.

(4) 발아촉진물질의 처리

① 지베렐린 처리

㉠ 각종 종자의 휴면타파, 발아촉진에 효과가 크다.

㉡ 감자 2ppm, 목초 100ppm, 약용인삼 25~100ppm 등이 효과적이다.

㉢ 호광성 종자인 양상추, 담배 등은 10~300ppm의 지베렐린 수용액 처리는 발아를 촉진하며, 적색광의 대체효과가 있다.

② 에스렐 처리 : 에틸렌 대신 에스렐을 이용하여 양상추 100ppm, 땅콩 3ppm, 딸기종자 5,000ppm의 수용액 처리로 발아가 촉진된다.

③ 질산염 처리 : 화본과 목초에서 발아를 촉진하며 벼 종자에도 유효하다.

④ 시토키닌(사이토키닌, Cytokinin) 처리 : 호광성 종자인 양상추에 처리하면 적색광 대체효과가 있어 발아를 촉진하며, 땅콩의 발아촉진에도 이용된다.

⑤ 층적처리

㉠ 목적 : 휴면타파, 발아력 저하 방지, 발아억제 물질 제거, 후숙방지

㉡ 방법 : 나무상자나 나무통에 습기가 있는 모래나 톱밥과 종자를 층을 지어 5℃에 보관한다. 모래 4cm, 종자 2cm씩 층을 지어 쌓는다.

4 휴면연장과 발아억제

(1) 온도조절

동결되지 않는 온도에 감자 0~4℃, 양파 1℃ 내외로 저장하면 발아를 억제할 수 있다.

(2) 약제처리

① 감 자

㉠ 수확하기 4~6주 전에 1,000~2,000ppm의 MH-30 수용액을 경엽에 살포한다.

㉡ 수확 후 저장 당시 TCNB(Tetrachloro-Nitrobenzene) 6% 분제를 감자 180L당 450g 비율로 분의해서 저장한다.

㉢ 도마톤, 노나놀, 벨비탄 K, 클로르 IPC 등의 처리도 발아를 억제한다.

② 양 파

㉠ 수확 15일 전 3,000ppm MH수용액을 잎에 살포한다.

㉡ 수확 당일 MH 0.25%액에 하반부를 48시간 침지한다.

(3) 방사선 조사

감자, 양파, 당근, 밤 등은 γ선을 조사하면 발아가 억제된다.

제4장 영양번식과 육묘

1 영양번식

(1) 영양번식의 의의와 장점

① 의 의

영양기관을 번식에 직접 이용하는 것을 영양번식이라 하며 감자의 괴경, 고구마의 괴근과 같이 모체에서 자연적으로 생성, 분리된 영양기관을 이용하는 자연영양번식법과 포도, 사과, 장미 등과 같이 영양체의 재생, 분생 기능을 이용하여 인공적으로 영양체를 분할해 번식시키는 인공영양번식법이 있다.

② 장 점

㉠ 보통재배로 채종이 곤란해 종자번식이 어려운 작물에 이용된다(고구마, 감자, 마늘 등).

ⓒ 우량한 유전자를 쉽게 영속적으로 유지시킬 수 있다(고구마, 감자, 과수 등).
ⓒ 종자번식보다 생육이 왕성해 조기 수확이 가능하며, 수량도 증가한다(감자, 모시풀, 과수, 화훼 등).
ⓔ 암수 어느 한쪽만 재배할 때 이용된다(호프는 영양번식으로 암그루만 재배가 가능).
ⓜ 접목은 수세의 조절, 풍토 적응성 증대, 병충해 저항성, 결과촉진, 품질향상, 수세회복 등을 기대할 수 있다.

(2) 인공영양번식

① 분주(分株, 포기나누기, Division)
ⓐ 모주에서 발생한 흡지(吸枝, Sucker)를 뿌리가 달린 채 분리하여 번식시키는 방법이다.
ⓛ 시기는 화아분화, 개화시기에 따라 결정되며, 춘기분주(3월 하순~4월), 하기분주(6~7월), 추기분주(9월 상순~9월 하순)으로 구분한다.
ⓒ 닥나무, 머위, 아스파라거스, 토당귀, 박하, 모시풀, 작약, 석류, 나무딸기 등에 이용된다.

② 삽목(揷木, 꺾꽂이, Cutting)
ⓐ 모체에서 분리해 낸 영양체의 일부를 알맞은 곳에 심어 뿌리가 내리도록 하여 독립개체로 번식시키는 방법이다. 발근이 용이한 작물과 그렇지 않은 작물이 구분되며 삽수, 삽상의 조건에 따라 다르므로 삽수의 선택, 삽상의 조건이 알맞아야 성공한다. 발근촉진을 위한 발근촉진호르몬과 그 외 처리를 한다.
ⓛ 삽목에 이용되는 부위에 따라 엽삽, 근삽, 지삽 등으로 구분된다.
- 엽삽(葉揷, Leaf Cutting) : 베고니아, 펠라고늄 등에 이용
- 근삽(根揷, Root Cutting) : 사과, 자두, 앵두, 감 등에 이용
- 지삽(枝揷, Stem Cutting) : 포도, 무화과 등에 이용

ⓒ 지삽에서 가지 이용에 따라 녹지삽, 경지삽, 신초삽, 일아삽(=단아삽)으로 구분한다.
- 녹지삽(綠枝揷) : 다년생 초본녹지를 삽목하는 것으로 카네이션, 페라고늄, 콜리우스, 피튜니아 등에 이용
- 경지삽(硬枝揷, = 숙지삽) : 묵은 가지를 이용해 삽목하는 것으로 포도, 무화과 등에 이용
- 신초삽(新梢揷, = 반경지삽) : 1년 미만의 새 가지를 이용하여 삽목하는 것으로 인과류, 핵과류, 감귤류 등에 이용

- 일아삽(一芽揷 = 단아삽) : 포도에서 눈을 하나만 가진 줄기를 이용하여 삽목하는 방법

③ 취목(取木, 휘묻이, Layering)

식물의 가지, 줄기의 조직이 외부환경 영향에 의해 부정근이 발생하는 성질을 이용하여 식물의 가지를 모체에서 분리하지 않고 흙에 묻는 등 조건을 만들어 발근시킨 후 잘라내어 독립적으로 번식시키는 방법이다.

㉠ 성토법(盛土法)
- 모체의 기부에 새로운 측지가 나오게 한 후 측지의 끝이 보일 정도로 흙을 덮어 발근 후 자라서 번식시키는 방법
- 사과, 자두, 양앵두, 뽕나무 등에 이용

㉡ 휘묻이법 : 가지를 휘어 일부를 흙에 묻는 방법이다.
- 보통법 : 가지 일부를 흙속에 묻는 방법으로 포도, 자두, 양앵두 등에 이용
- 선취법 : 가지의 선단부를 휘어서 묻는 방법으로 나무딸기에 이용
- 파상취목법 : 긴 가지를 파상으로 휘어 지곡부마다 흙을 덮어 하나의 가지에서 여러 개의 개체를 발생시키는 방법으로 포도 등에 이용
- 가지를 수평으로 묻고 각 마디에서 발생하는 새 가지를 발생시켜 하나의 가지에서 여러 개의 개체를 발생시키는 방법으로 포도, 자두, 양앵두 등에 이용

㉢ 고취법(高取法, = 양취법)
- 줄기나 가지를 땅속에 묻을 수 없을 때 높은 곳에서 발근시켜 취목하는 방법
- 발근시키고자 하는 부분에 미리 절상, 환상박피 등을 하면 효과적

④ 접목(接木, Grafting)

㉠ 의 의
- 두 가지 식물의 영양체를 형성층이 서로 유착되도록 접합으로써 생리작용이 원활하게 교류되어 독립개체를 형성하도록 하는 것
- 접수(Seion) : 접목 시 정부가 되는 부분
- 대목(Stock) : 접목 시 기부가 되는 부분
- 활착 : 접목 후 접합되어 생리작용의 교류가 원만하게 이루어지는 것
- 접목친화(Graft Affinity) : 접목 후 활착이 잘되고 발육과 결실이 좋은 것

㉡ 접목변이(Graft Variation): 접목으로 접수와 대목의 상호 작용으로 형태적, 생리적, 생태적 변이를 나타내는 것을 접목변이라 한다.

㉢ 접목의 장점

- 결과촉진 : 실생묘 이용에 비해 접목묘의 이용은 결과에 소요되는 연수가 단축됨
- 수세조절
  - 왜성대목 이용 : 서양배를 마르멜로 대목에 또는 사과를 파라다이스 대목에 접목하면 현저히 왜화하여 결과연령의 단축되고 관리가 편함
  - 강화대목 이용 : 살구를 일본종 자두 대목에 또는 앵두에 복숭아 대목에 접목하면 지상부 생육이 왕성해지고 수령도 현저히 길어짐
- 풍토적응성 증대
  - 고욤 대목에 감을 접목하면 내한성이 증대됨
  - 개복숭아 대목에 복숭아 또는 자두를 접목하면 알칼리 토양에 대한 적응성이 높아짐
  - 중국콩배 대목에 배를 접목하면 건조 토양에 대한 적응성이 높아짐
- 병충해저항성 증대
  - 포도나무 뿌리진딧물인 필록세라(Phylloxera)는 *Vitis rupertris*, *V. berlandieri*, *V. riparia* 등의 저항성 대목에 접목하면 경감됨
  - 사과의 면충은 *Winter mazestin*, *Northern Spy*, 환엽해당 등의 저항성 대목에 접목하면 경감됨
  - 토마토 풋마름병, 위조병은 야생토마토에 수박의 덩굴쪼김병은 박 또는 호박 등에 접목하면 회피, 경감됨
- 결과향상 : 온주밀감의 경우 유자 대목보다 탱자나무 대목이 과피가 매끄럽고 착색, 감미가 좋고 성숙도 빠름
- 수세회복 및 품종갱신
  - 감이 탄저병으로 지면 부분이 상했을 때 환부를 깎아 내고 소독한 후 건전부에 교접하면 수세가 회복됨
  - 탱자나무 대목의 온주밀감이 노쇠했을 경우 유자 뿌리를 접목하면 수세가 회복됨
  - 고접은 노목의 품종갱신이 가능함
  - 모본의 특성을 지닌 묘목을 대량으로 생산할 수 있음

㉣ 접목 방법

- 포장에 대목이 있는 채로 접목하는 거접과 대목을 파내서 하는 양접이 있음
- 접목 시기에 따라 : 춘접, 하접, 추접
- 대목 위치에 따라 : 고접, 목접, 근두접, 근접
- 접수에 따라 : 아접, 지접

필 / 수 / 확 / 인 / 문 / 제

• 지접에서 접목 방법에 따라 : 피하접, 할접, 복접, 합접, 설접, 절접 등
• 접목 방식에 따른 분류
  – 쌍접 : 뿌리를 갖는 두 식물을 접촉시켜 활착시키는 방법
  – 삽목접 : 뿌리가 없는 두 식물을 가지끼리 접목하는 방법
  – 교접 : 동일 식물의 줄기와 뿌리 중간에 가지나 뿌리를 삽입하여 상하 조직을 연결시키는 방법
  – 이중접 : 접목친화성이 낮은 두 식물(A, B)을 접목해야 하는 경우 두 식물에 대한 친화성이 높은 다른 식물(C)을 두 식물 사이에 접하는 접목 방법(A/C/B)으로 이중접목이라고도 하며, 이때 사이에 들어가는 식물(C)을 중간대목이라 함
  – 설접(혀접) : 굵기가 비슷한 접수와 대목을 각각 비스듬하게 혀 모양으로 잘라 서로 결합시키는 접목방법
  – 할접(짜개접) : 굵은 대목과 가는 소목을 접목할 때 대목 중간을 쪼개 그 사이에 접수를 넣는 접목방법
  – 지접(가지접) : 휴면기 저장했던 수목을 이용하여 3월 중순에서 5월 상순에 접목하는 방법으로 절접, 할접, 설접, 삽목접 등이 있으며, 주로 절접을 함
  – 아접(눈접) : 8월 상순부터 9월 상순경까지 하며, 그해 자란 수목의 가지에서 1개의 눈을 채취하여 대목에 접목하는 방법

⑤ 박과채소류 접목

장 점	단 점
• 토양전염성 병의 발생을 억제(수박, 오이, 참외의 덩굴쪼김병) • 불량환경에 대한 내성이 증대됨 • 흡비력이 증대됨 • 과습에 잘 견딤 • 과실의 품질이 우수해짐	• 질소의 과다흡수 우려가 있음 • 기형과 발생이 많아짐 • 당도가 떨어짐 • 흰가루병에 약함

⑥ 인공영양번식에서 발근 및 활착촉진 처리

㉠ 황화(黃化, Etiolation) : 새로운 가지 일부를 일광의 차단으로 엽록소 형성을 억제하여 황화시키면 이 부분에서 발근이 촉진된다.

㉡ 생장호르몬 처리 : 삽목 시 IBA, NAA, IAA 등 옥신류의 처리는 발근이 촉진된다.

㉢ 자당(Sucrose)액 침지 : 포도 단아삽 시 6% 자당액에 60시간 침지하면 발근이 크게 조장되었다고 한다.

㉣ 과망간산칼륨($KMnO_4$)액 처리 : 0.1~1.0% $KMnO_4$ 용액에 삽수의 기부를 24시간 정도 침지하면 소독의 효과와 함께 발근을 조장한다고 한다.

채소류 접목에 대한 설명 중 옳지 않은 것은?

① 채소류의 접목은 불량 환경에 견디는 힘을 증가시킬 수 있다.
② 박과채소류에서 접목을 이용할 경우 기형과의 출현이 줄어들고 당도는 높아진다.
③ 수박은 연작에 의한 덩굴쪼김병 방제 목적으로 박이나 호박을 대목으로 이용한다.
④ 채소류의 접목 시 호접과 삽접을 이용할 수 있다.

답 ②

ⓜ 환상박피 : 취목 시 발근시킬 부위에 환상박피, 절상, 연곡 등의 처리를 하면 탄수화물의 축적과 상처호르몬이 생성되어 발근이 촉진된다.

ⓗ 증산경감제 처리 : 접목 시 대목 절단면에 라놀린(Lanolin)을 바르면 증산이 경감되어 활착이 좋아지며, 호두나무의 경우 접목 후 대목과 접수에 석회를 바르면 증산이 경감되어 활착이 좋아진다.

⑦ 조직배양(組織培養, Tissue Culture)

㉠ 의 의

- 조직배양 : 식물의 일부인 세포, 조직, 기관 등을 무균상태에서 배양하여 완전한 식물체로 재분화시키는 것
- 전체형성능(全體形成能, Totipotency) : 한 번 분화한 식물세포가 정상적인 식물체로 재분화할 수 있는 것을 의미
- 조직배양은 삽목이나 접목에 비하여 짧은 시간에 대량증식이 가능하며, 생장점 증식으로 무병종묘의 육성이 가능
- 배지 : 배양조직의 영양요구도에 따라 조성은 달라지며, 보통 MS(Murashige-Skoog)배지를 기본배지로 배양재료에 맞게 배지를 만듦

㉡ 세포 및 조직배양의 이용

- 세포 증식, 기관 분화, 조직의 생장 등 식물 발생과 형태형성, 발육과정과 이에 관여하는 영양물질, 비타민, 호르몬의 역할, 환경조건 등에 대한 기본적 연구가 가능해짐
- 번식이 곤란한 관상식물의 대량육성이 가능(난 등)
- 세포돌연변이를 분리해서 이용할 수 있음
- 바이러스나 그 밖의 병에 걸리지 않은 새로운 개체의 생산이 가능(감자, 딸기, 마늘, 카네이션, 구근류 등)
- 사탕수수의 자당, 약용식물의 알칼로이드, 화곡류의 전분, 수목의 리그닌, 비타민 등의 특수물질이 세포나 조직의 배양에 의한 생합성에 의해서 공업적 생산이 가능
- 농약에 대한 독성, 방사능 감수성을 세포나 조직배양물을 이용해서 간편하게 검정할 수 있음

㉢ 배배양(胚培養)의 이용

- 나리, 목화, 벼 등 정상적으로 발아, 생육하지 못하는 잡종종자는 배배양을 통해 잡종식물을 육성할 수 있음
- 나리, 장미, 복숭아 등은 결과연령을 단축하여 육종연한을 단축시킬 수 있음
- 양앵두 등은 자식배가 퇴화하기 전에 분리 배양하여 새로운 개체를 육성할 수 있음

㉣ 약배양(葯培養)의 이용
- 화분의 소포자로부터 배가 생성되는 4분자기 이후 2핵기 사이에 꽃밥을 배지에서 인공적 배양으로 반수체를 얻고 염색체를 배가시키면 유전적으로 순수한 2배체식물(동형접합체)을 얻을 수 있어 육종연한을 단축할 수 있음
- 벼, 감자, 담배, 십자화과 등의 자가불화합성인 식물에서 새로운 개체를 분리, 육종할 수 있음

㉤ 병적 조직배양의 이용
- 병해충과 숙주의 관계를 기초적으로 연구할 수 있음
- 종양조직에서 이상생장의 기구를 규명할 수 있음
- 바이러스, 선충 등에 관한 기초정보를 얻을 수 있음

2 육 묘

(1) 육묘의 필요성

① **직파가 매우 불리한 경우** : 딸기, 고구마, 과수 등은 직파하면 매우 불리하므로 육묘이식이 경제적인 재배법이다.

② **증수** : 벼, 콩, 맥류, 과채류 등은 직파보다 육묘이식이 생육을 조장하여 증수한다.

③ **조기수확** : 과채류 등은 조기에 육묘해서 이식하면 수확기가 빨라져 유리하다.

④ **토지이용도 증대** : 벼의 육묘이식은 벼와 맥류 또는 벼와 감자 등의 1년 2작이 가능하며, 채소도 육묘이식하면 토지이용도를 높일 수 있다.

⑤ **재해의 방지** : 직파재배에 비해 육묘이식은 집약관리가 가능하므로 병충해, 한해, 냉해 등을 방지하기 쉽고 벼에서는 도복의 경감, 감자의 가을재배에서는 고온에 의한 장해가 경감된다.

⑥ **용수의 절약** : 벼 재배에서는 못자리 기간 동안 본답의 용수가 절약된다.

⑦ **노력의 절감** : 처음부터 넓은 본포에서 직파로 관리하는 것에 비해 중경, 제초 등에 소요되는 노력이 절감된다.

⑧ **추대방지** : 봄결구배추를 보온육묘 후 이식하면 직파 시 포장에서 냉온의 시기에 저온감응으로 추대하고 결구하지 못하는 현상을 방지할 수 있다.

⑨ **종자의 절약** : 직파하는 경우보다 종자량이 훨씬 적게 들어 종자가 비싼 경우 특히 유리하다.

(2) 묘상의 종류

① 의의 : 묘를 육성하는 장소를 묘상이라 하며, 벼의 경우를 특히 못자리라 하고 수목은 묘포라 한다.

② 지면고정에 따른 분류

㉠ 저설상(低設床, = 지상) : 지면을 파서 설치하는 묘상으로 보온의 효과가 크므로 저온기 육묘에 이용되며, 배수가 좋은 곳에 설치된다.

㉡ 평상(平床) : 지면과 같은 높이로 만드는 묘상이다.

㉢ 고설상(高設床, = 양상) : 지면보다 높게 만든 묘상으로 온도와 무관한 경우, 배수가 나쁜 곳이나 비가 많이 오는 시기에 설치한다.

③ 보온양식에 따른 분류

㉠ 냉상 : 태양열만 유효하게 이용하는 방법이다.

㉡ 노지상 : 자연 포장상태로 설치하는 묘상이다.

㉢ 온상 : 열원을 이용하며, 태양열도 유효하게 이용하는 방법으로 열원에 따라 양열온상, 전열온상 등으로 구분한다.

④ 못자리의 종류

㉠ 물못자리 : 초기부터 물을 대고 육묘하는 방식이다.

장 점	단 점
• 관개에 의해 초기 냉온을 보호해야 함 • 모가 비교적 균일하게 빨리 자람 • 잡초, 병충해, 설치류, 조류 등의 피해가 적음	• 모가 연약하고 발근력이 약함 • 모가 빨리 노숙하게 됨

㉡ 밭못자리 : 못자리 기간 동안은 관개하지 않고 밭상태의 토양조건에서 육묘하는 방식이다.

장 점	단 점
모가 단단해 노쇠가 더디고 발근력도 강하여 만식재배, 다수확 재배에 알맞음	도열병과 잡초 발생이 많고 설치류와 조류의 피해가 우려됨

㉢ 절충못자리 : 물못자리와 밭못자리를 절충한 방식이다.

㉣ 보온절충못자리

• 초기 폴리에틸렌필름 등으로 피복하여 보온하고 물은 통로에만 대주다가 7~14일이 되어 제2본엽이 반 정도 자랐을 때 보온자재를 벗기고 못자리 전면에 담수하여 물못자리로 바꾸는 방식

• 물못자리에 비해 10~12일 조파하여 약 15일 정도 조기 이앙할 수 있고, 모도 안전하게 자라는 이점 등으로 우리나라에 가장 널리 보급되어 있는 방식

㉤ 보온밭못자리 : 육묘기간 중 물을 대지 않는 밭 상태로 육묘하되 폴리에틸렌필름으로 터널식 프레임을 만들어 그 속에서 육묘하는 방식이다.

ⓑ 상자육묘 : 기계이앙을 위한 상자육묘는 파종 후 8~10일에 모내기를 하는 유묘, 파종 후 20일 경에 모내기를 하는 치묘, 파종 후 30일 경에 모내기를 하는 중묘가 있다.

(3) 묘상의 설치장소

① 본포에서 멀지 않은 가까운 곳이 좋다.

② 집에서 멀지 않아 관리가 편리한 곳이 좋다.

③ 관개용수의 수원이 가까워 관개수를 얻기 쉬운 곳이 좋다.

④ 저온기 육묘는 양지바르고 따뜻한 곳이 좋고 방풍이 되어 강한 바람을 막아주는 곳이 좋다.

⑤ 배수가 잘되고 오수와 냉수가 침입하지 않는 곳이 좋다.

⑥ 인축, 동물, 병충 등의 피해가 없는 곳이 좋다.

⑦ 지력이 너무 비옥하거나 척박하지 않은 곳이 좋다.

(4) 묘상의 구조와 설비

① **노지상(露地床)** : 지력이 양호한 곳을 골라 파종상을 만들고 파종한다. 모판은 배수, 통기, 관리 등 여러 면을 참작해서 보통 너비 1.2m 정도 양상으로 하는 경우가 많고 파종상에 비닐 또는 폴리에틸렌필름으로 덮으면 보온묘판이 된다.

② **온상** : 구덩이를 파고 그 둘레에 온상틀을 설치한 다음 발열 또는 가열장치를 한 후 그 위에 상토를 넣고 온상창과 피복물을 덮어서 보온한다.

㉠ 온상구덩이
- 너비는 관리의 편의상 1.2m, 길이 3.6m 또는 7.2m로 하는 것을 기준으로 함
- 깊이는 발열재로 또는 장치에 따라 조정하며 발열의 균일성을 위해 중앙부를 얕게 팜

㉡ 온상틀
- 콘크리트, 판자, 벽돌 등으로 만들 경우 견고하나 비용이 많이 듦
- 볏짚으로 둘러치면 비용이 적고 보온도 양호하나 당년에만 쓸 수 있음

㉢ 열 원
- 열원으로는 전열, 온돌, 스팀, 온수 등이 이용되기도 하나 양열재료를 밟아 넣어 발열시키는 경우가 많음
- 양열재료의 종류
  - 주재료는 탄수화물이 풍부한 볏짚, 보릿짚, 건초, 두엄 등을 이용

- 보조재료 또는 촉진재료로는 질소분이 많은 쌀겨, 깻묵, 계분, 뒷거름, 요소, 황산암모늄 등을 이용
- 지속재료는 부패가 더딘 낙엽 등을 이용

• 양열재료 사용 시 유의점
- 양열재료에서 생성되는 열은 호기성균, 효모와 같은 미생물의 활동에 의해 각종 탄수화물과 섬유소가 분해되면서 발생하는 열로 이에 관여하는 미생물은 영양원으로 질소를 소비하며, 탄수화물을 분해하므로 재료에 질소가 부족하면 적당량의 질소를 첨가해 주어야 함
- 발열은 균일하게 장시간 지속되어야 하는데 양열재료는 충분량으로 고루 섞고 수분과 산소가 알맞아야 하며, 밟아 넣을 때 여러 층으로 나누어 밟아야 재료가 고루 잘 섞이고 잘 밟혀야 하며, 물의 분량과 정도를 알맞게 해야 함
- 물이 과다하고 단단히 밟으면 열이 잘 나지 않고 물이 적고 허술하게 밟으면 발열이 빠르고 왕성하나 지속되지 못함

• 발열재료의 C/N율은 20~30 정도일 때 발열 상태가 양호함
• 수분함량은 전체의 60~70% 정도로 발열재료의 건물중 1.5~2.5배 정도가 발열이 양호함

[각종 양열재료의 C/N율]

재 료	탄소(%)	질소(%)	C/N율
보리짚	47.0	0.65	72
밀 짚	46.5	0.65	72
볏 짚	45.0	0.74	61
낙 엽	49.0	2.00	25
쌀 겨	37.0	1.70	22
자운영	44.0	2.70	16
알팔파	40.0	3.00	13
면실박	16.0	5.00	3.2
콩깻묵	17.0	7.00	2.4

㉣ 상토 : 배수가 잘 되고 보수가 좋으며, 비료성분이 넉넉하고 병충원이 없어야 좋으며, 퇴비와 흙을 섞어 쌓았다가 잘 섞은 후 체로 쳐서 사용한다.

• 관행상토(숙성상토) : 퇴비와 흙을 섞어 쌓아 충분히 숙성된 것
• 속성상토 : 단시일에 대량으로 만든 상토로 유기물과 흙을 5 : 5 또는 3 : 7의 비율로 하고 화학비료와 석회를 적당량 배합하여 만든 것
• 플러그육묘상토(공정육묘상토) : 속성상토로 피트모스(Peatmoss), 버미큘라이트(Vermiculite), 펄라이트(Perlite) 등을 혼합하여 사용

양열재료의 발열상태가 가장 좋은 C/N율은?

① 10~20
② 20~30
③ 50~60
④ 60~80

 ②

필 / 수 / 확 / 인 / 문 / 제

벼 기계이앙용 상자육묘에 대한 설명으로 옳은 것은?

① 상토는 적당한 부식과 보수력을 가져야 하며 pH는 6.0~6.5 정도가 알맞다.
② 파종량은 어린모로 육묘할 경우 건조종자로 상자당 100~130g, 중묘로 육묘할 경우 200~220g 정도가 적당하다.
③ 출아기의 온도가 지나치게 높으면 모가 도장하게 되므로 20℃ 정도로 유지한다.
④ 녹화는 어린싹이 1cm 정도 자랐을 때 시작하며, 낮에는 25℃, 밤에는 20℃ 정도로 유지한다.

답 ④

ⓜ 온상창
- 비닐 또는 폴리에틸렌필름이 가볍고 질기며, 투광성이 좋아 많이 사용됨
- 유리는 무겁고 파손이 쉬우며, 유지는 투광이 나쁘고 파손이 쉬움

ⓗ 피복물 : 온상창 위를 덮어 보온하는 피복물로 거적, 이엉, 가마니 등이 쓰이고 보온효과도 크다.

③ **냉상** : 구조와 설비가 온상과 거의 같으나 구덩이는 깊지 않게 하고 양열재료 대신 단열재료를 넣는다. 단열재료는 상토의 열이 흩어져 달아나지 않게 짚, 왕겨 등을 상토 밑에 10cm 정도 넣는다.

(5) 기계이앙용 상자육묘

① **육묘상자** : 규격은 가로, 세로, 높이 60cm×30cm×3cm이고 필요 상자수는 파종량과 본답의 재식밀도 등에 따라 다르며 대체로 본답 10a당 어린모는 15개, 중묘는 30~35개이다.

② **상토** : 부식의 함량이 알맞고 배수가 양호하면서도 적당한 보수력을 가지고 있으며, 병원균이 없고 pH 4.5~5.5 정도가 알맞으며, 양은 복토할 것까지 합하여 상자당 4.5L 정도 필요하다.

③ **비료** : 기비를 상토에 고루 섞어주는데 어린모는 상자당 질소, 인, 칼륨을 각 1~2g, 중모는 질소 1~2g, 인 4~5g, 칼륨 3~4g을 준다.

④ **파종** : 파종량은 상자당 마른종자로 어린모 200~220g, 중모 100~130g 정도로 한다.

⑤ **육묘관리** : 육묘관리는 출아기, 녹화기, 경화기로 구분한다.

㉠ 출아기(出芽期) : 출아에 알맞은 30~32℃로 온도를 유지한다.

㉡ 녹화기(綠化期) : 어린싹이 1cm 정도 자랐을 때 시작하고 낮 25℃, 밤 20℃ 정도의 온도를 유지하며 2,000~3,500lux 약광을 쬐며 갑작스러운 강광은 백화묘가 발생한다.

㉢ 경화기(硬化期) : 처음 8일은 낮 20℃, 밤 15℃ 정도가 알맞고, 그 후 20일간은 낮 15~20℃, 밤 10~15℃가 알맞다. 경화기에는 모의 생육에 지장이 없는 한 될 수 있으면 자연상태로 관리한다.

(6) 채소류 공정육묘의 장점

① 단위면적당 모의 대량생산이 가능하다.

② 전 과정의 기계화로 관리비와 인건비 등 생산비가 절감된다.

③ 기계정식이 용이하고 정식 시 인건비를 줄일 수 있다.

④ 모의 소질 개선이 용이하다.

⑤ 운반과 취급이 용이하다.

⑥ 규모화가 가능해 기업화 및 상업화가 가능하다.

⑦ 육묘기간이 단축되고 주문 생산이 용이해 연중 생산횟수를 늘릴 수 있다.

(7) 묘상의 관리

① **파종** : 작물에 따라 적기에 알맞은 방법으로 파종하며, 경우에 따라 복토 후 볏짚을 얇게 깔아 표면건조를 막는다.

② **시비** : 기비를 충분히 주고 추비는 물에 엷게 타서 여러 번 나누어 시비한다.

③ **온도** : 지나친 고온 또는 저온이 되지 않게 유지하는데 노력해야 한다.

④ **관수** : 생육성기에는 건조하기 쉬우므로 관수를 충분히 해야 한다.

⑤ **제초 및 솎기** : 잡초의 발생 시 제초를 하며, 알맞은 생육간격의 유지를 위해 적당한 솎기를 한다.

⑥ **병충해의 방제** : 상토 소독과 농약의 살포로 병충해를 방제한다.

⑦ **경화** : 이식기가 가까워지면 직사광선과 외부 냉온에 서서히 경화시켜 정식하는 것이 좋다.

제5장 작물의 내적균형, 생장조절제, 방사성동위원소

1 작물의 내적균형

(1) 내적균형의 의의

작물의 생리적, 형태적 어떤 균형 또는 비율은 작물생육의 특정한 방향을 표시하는 좋은 지표가 되므로 재배적으로 중요하다. 그 지표로 C/N율(C/N Ratio), T/R률(Top/Root Ratio), G-D균형(Growth Differentiation Balance) 등이 있다.

(2) C/N율

① 의 의

㉠ 작물 체내의 탄수화물과(C)과 질소(N)의 비율

㉡ 작물의 생육과 화성 및 결실 등이 발육을 지배하는 요인이라는 견해를 C/N율설이라 한다.

필 / 수 / 확 / 인 / 문 / 제

작물의 T/R률에 대한 설명으로 옳은 것은?

① 감자, 고구마의 경우 파종기나 이식기가 늦어질수록 T/R률이 감소한다.
② 일사량이 적어지면 T/R률이 감소한다.
③ 질소질비료를 다량 시용하면 T/R률이 감소한다.
④ 토양수분 함량이 감소하면 T/R률이 감소한다.

답 ④

② C/N율설

㉠ 피셔(Fisher, 1905, 1916)는 C/N율이 높을 경우 화성의 유도, C/N율이 낮을 경우 영양생장이 계속된다고 하였다.

㉡ 수분 및 질소의 공급이 약간 쇠퇴하고 탄수화물 생성의 조장으로 탄수화물이 풍부해지면 화성과 결실은 양호하나 생육은 감퇴한다.

③ C/N율설의 적용

㉠ C/N율설의 적용은 여러 작물에서 생육과 화성, 결실의 관계를 설명할 수 있다.

㉡ 과수재배에 있어 환상박피(環狀剝皮, Girdling), 각절(刻截)로 개화, 결실을 촉진할 수 있다.

㉢ 고구마순을 나팔꽃의 대목으로 접목하면 화아 형성 및 개화가 가능하다.

(3) T/R률

① 작물의 지하부 생장량에 대한 지상부 생장량의 비율을 T/R률이라 하며, T/R률의 변동은 작물의 생육상태 변동을 표시하는 지표가 될 수 있다.

② T/R률과 작물의 관계

㉠ 감자나 고구마 등은 파종이나 이식이 늦어지면 지하부 중량감소가 지상부 중량감소보다 커서 T/R률이 커진다.

㉡ 질소의 다량 시비는 지상부는 질소 집적이 많아지고 단백질 합성이 왕성해지고 탄수화물의 잉여는 적어져 지하부 전류가 감소하게 되므로 상대적으로 지하부 생장이 억제되어 T/R률이 커진다.

㉢ 일사가 적어지면 체내에 탄수화물의 축적이 감소하여 지상부보다 지하부의 생장이 더욱 저하되어 T/R률이 커진다.

㉣ 토양함수량의 감소는 지상부 생장이 지하부 생장에 비해 저해되므로 T/R률은 감소한다.

㉤ 토양 통기 불량은 뿌리의 호기호흡이 저해되어 지하부의 생장이 지상부 생장보다 더욱 감퇴되어 T/R률이 커진다.

(4) G-D균형

식물의 생육 또는 성숙을 생장(生長, Growth, G)과 분화(分化, Differentiation, D) 두 측면에서 보면 생장과 성숙의 균형이 식물의 생육과 성숙을 지배하므로 G-D균형은 식물의 생육을 지배하는 요인이 된다.

2 식물호르몬의 종류와 특징

(1) 의 의

① 식물체 내 어떤 조직 또는 기관에서 형성되어 체내를 이행하며 조직이나 기관에 미량으로도 형태적, 생리적 특수 변화를 일으키는 화학물질이 존재하는데 이를 식물호르몬이라 한다.

② 식물호르몬에는 생장호르몬(옥신류), 도장호르몬(지베렐린), 세포분열호르몬(시토키닌), 개화호르몬(플로리겐) 등이 있다.

③ 식물의 생장 및 발육에 있어 미량으로도 큰 영향을 미치는 인공적으로 합성된 호르몬의 화학물질을 총칭하여 식물생장조절제(Plant Growth Regulator)라고 한다.

④ 식물생장조절제의 종류

구 분		종 류
옥신류	천 연	IAA, IAN, PAA
	합 성	NAA, IBA, 2,4-D, 2,4,5-T, PCPA, MCPA, BNOA
지베렐린	천 연	GA_2, GA_3, GA_{4+7}, GA_{55}
시토키닌류	천 연	IPA, 제아틴(Zeatin)
	합 성	BA, 키네틴(Kinetin)
에틸렌	천 연	C_2H_4
	합 성	에테폰(Ethephon)
생장억제제	천 연	ABA, 페놀
	합 성	CCC, B-9, Phosphon-D, AMO-1618, MH-30

Auxin류 물질들만으로 나열된 것은?

① IBA, IAA, BA, IPA
② BA, IAA, NAA, 2,4-D
③ IPA, 2,4,5-T, IBA, NAA
④ 2,4-D, 2,4,5-T, IBA, NAA

 ④

(2) 옥신류(Auxin)

① 옥신의 생성과 작용

㉠ 생성 : 줄기나 뿌리의 선단에서 합성되어 체내의 아래로 극성 이동을 한다.

㉡ 주로 세포의 신장촉진작용을 함으로써 조직이나 기관의 생장을 조장하나 한계 농도 이상에서는 생장을 억제하는 현상을 보인다.

㉢ 굴광현상은 광의 반대쪽에 옥신의 농도가 높아져 줄기에서는 그 부분의 생장이 촉진되는 향광성을 보이나 뿌리에서는 도리어 생장이 억제되는 배광성을 보인다.

㉣ 정아에서 생성된 옥신은 정아의 생장은 촉진하나 아래로 확산하여 측아의 발달을 억제하는데, 이를 정아우세현상이라고 한다.

② 주요 합성 옥신류

㉠ 인돌산 그룹(Indole Acid) : IPAC, Indole Propionic Acid

㉡ 나프탈렌산 그룹(Naphthalene Acid) : NAA(Naphthaleneacetic Acid), β-Naphthoxyacetic Acid

㉢ 클로로페녹시산 그룹(Chlorophenoxy Acid) : 2,4-D(Dichlorop-henoxyacetic Acid), 2,4,5-T(2,4,5-Trichlorophenoxyacetic Acid), MCPA(2-Methyl-4-Chlorophenoxyacetic Acid)

㉣ 벤조익산 그룹(Benzoic Acid) : Dicamba, 2,3,6-Trichloroben-zoic Acid

㉤ 피콜리닉산(Picolinic Acid) 유도체 : Picloram

③ 옥신의 재배적 이용

㉠ 발근촉진 : 삽목 또는 취목 등 영양번식의 경우 발근을 촉진시키기 위해 사용한다.

㉡ 접목 시 활착촉진 : 접수의 절단면 또는 대목과 접수의 접합부에 IAA 라놀린연고를 바르면 유상조직의 형성이 촉진되어 활착이 촉진된다.

㉢ 개화촉진 : 파인애플에 NAA, B-IBA, 2,4-D 등의 수용액을 살포하면 화아분화가 촉진된다.

㉣ 낙과 방지 : 사과의 경우 자연낙화 직전 NAA, 2,4-D 등의 수용액을 처리하면 과경의 이층형성 억제로 낙과를 방지할 수 있다.

㉤ 가지의 굴곡 유도 : 관상수목 등의 경우 가지를 구부리려는 반대쪽에 IAA 라놀린연고를 바르면 옥신농도가 높아져 원하는 방향으로 굴곡을 유도할 수 있다.

㉥ 적화 및 적과 : 사과, 온주밀감, 감 등은 만개 후 NAA 처리를 하면 꽃이 떨어져 적화 또는 적과의 효과를 볼 수 있다.

㉦ 과실의 비대와 성숙 촉진

- 강낭콩의 경우 PCA 2ppm 용액 또는 분말의 살포는 꼬투리의 비대현상을 볼 수 있음
- 토마토의 경우 개화기에 토마토톤 50배액 또는 2,4-D 10ppm 처리를 하면 과실 비대가 촉진과 함께 조기 수확을 해도 수량이 크게 증가함
- 사과, 복숭아, 자두, 살구 등의 경우 2,4,5-T 100ppm 액을 성숙 1~2개월 전 살포하면 과일 성숙이 촉진됨

㉧ 단위결과

- 토마토, 무화과 등의 경우 개화기에 PCA나 BNOA 25~50ppm 액을 살포하면 단위결과가 유도됨
- 오이, 호박 등의 경우 2,4-D 0.1% 용액의 살포는 단위결과가 유도됨

ⓙ 증수효과 : 고구마 싹을 NAA 1ppm 용액에 6시간 정도 침지하거나 감자 종자를 IAA 20ppm 용액이나 헤테로옥신 62.5ppm 용액에 24시간 정도 침지 후 이식 또는 파종하면 증수되며, 그 외에도 옥신 용액에 여러 작물의 종자를 침지하면 소기의 증수효과를 볼 수 있다.

ⓚ 제초제로 이용
- 옥신류는 세포의 신장생장을 촉진하나 식물에 따라 상편생장을 유도해 선택형 제초제로 이용되고 있음
- 페녹시아세트산(Phenoxyacetic Acid) 유사물질인 2,4-D, 2,4,5-T, MCPA가 대표적인 예로 2,4-D는 최초의 제초제로 개발되어 현재까지 선택성 제초제로 사용되고 있음

(3) 지베렐린(Gibberellin)

① 생리작용

㉠ 식물체 내에서 생합성되어 뿌리, 줄기, 잎, 종자 등 모든 기관에 이행되며, 특히 미숙종자에 많이 함유되어 있다.

㉡ 극성이 없어 일정한 방향성이 없으며, 식물 어떤 곳에 처리하여도 모든 부위에서 반응이 나타난다.

② 지베렐린의 재배적 이용

㉠ 발아촉진 : 종자의 휴면타파로 발아가 촉진되고 호광성 종자의 발아를 촉진하는 효과가 있다.

㉡ 화성의 유도 및 촉진
- 저온, 장일에 의해 추대되고 개화하는 월년생 작물에 지베렐린 처리는 저온, 장일을 대체하여 화성을 유도하고 개화를 촉진하는 효과가 있다.
- 배추, 양배추, 무, 당근, 상추 등은 저온처리 대신 지베렐린을 처리하면 추대, 개화한다.
- 팬지, 프리지어, 피튜니아, 스톡 등 여러 화훼에 지베렐린을 처리하면 개화 촉진의 효과가 있다.
- 추파맥류의 경우 6엽기 정도부터 지베렐린 100ppm 수용액을 몇 차례 처리하면 저온처리가 불충분해도 출수한다.

㉢ 경엽의 신장촉진
- 특히 왜성식물에 있어 경엽 신장을 촉진하는 효과가 현저하다.
- 기후가 냉한 생육 초기 목초에 지베렐린 처리를 하면 초기 생장량이 증가한다.

㉣ 단위결과 유도 : 포도의 거봉품종은 만화기 전 14일 및 10일경 2회 처리하면 무핵과가 형성되고 성숙도 크게 촉진된다.

㉤ 수량증대 : 가을씨감자, 채소, 목초, 섬유작물 등에서 효과적이다.

필 / 수 / 확 / 인 / 문 / 제

옥신의 재배적 이용에 대한 설명으로 옳지 않은 것은?

① 식물에 따라서는 상편생장(上偏生長)을 유도하므로 선택형 제초제로 쓰기도 한다.
② 사과나무에 처리하여 적과와 적화효과를 볼 수 있다.
③ 삽목이나 취목 등 영양번식을 할 때 발근촉진에 효과가 있다.
④ 토마토・무화과 등의 개화기에 살포하면 단위결과(單爲結果)가 억제된다.

답 ④

지베렐린의 재배적 이용에 대한 설명으로 옳지 않은 것은?

① 감자에 지베렐린을 처리하면 휴면이 타파되어 봄감자를 가을에 씨감자로 이용할 수 있다.
② 지베렐린은 저온처리와 장일조건을 필요로 하는 총생형 식물의 화아형성과 개화를 지연시킨다.
③ 지베렐린은 왜성식물의 경엽의 신장을 촉진하는 효과가 있다.
④ 지베렐린은 토마토, 오이, 포도나무 등의 단위결과를 유기한다.

답 ②

필 / 수 / 확 / 인 / 문 / 제

뿌리에서 합성되어 수송되는 식물생장조절제로 아스파라거스의 저장 중에 신선도를 유지시키며 식물의 내동성도 증대시키는 효과가 있는 것은?

① 시토키닌
② 지베렐린
③ ABA
④ 에틸렌

답 ①

ⓗ 성분 변화 : 뽕나무에 지베렐린 처리는 단백질을 증가시킨다.

(4) 시토키닌(Cytokinin)

① 의 의
㉠ 뿌리에서 형성되어 물관을 통해 지상부의 다른 기관으로 전류된다.
㉡ 어린 잎, 뿌리 끝, 어린 종자와 과실에 많은 양이 존재한다.
㉢ 옥신과 함께 존재해야 효력을 발휘할 수 있어 조직배양 시 두 호르몬을 혼용하여 사용한다.

② 시토키닌의 작용
㉠ 내한성 증대시킨다.
㉡ 발아를 촉진한다.
㉢ 잎의 생장을 촉진한다.
㉣ 호흡을 억제한다.
㉤ 엽록소 및 단백질의 분해를 억제한다.
㉥ 잎의 노화를 방지한다.
㉦ 저장 중 신선도 증진효과가 있다.
㉧ 포도의 경우 착과를 증가시킨다.
㉨ 사과의 경우 모양과 크기를 향상시킨다.

(5) ABA(Abscisic Acid)

① 의 의
㉠ 색소체 존재 부위에서 합성될 수 있다.
㉡ 식물체가 스트레스를 받는 상태로, 건조・무기양분 부족・침수상태에서 증가하기에 식물의 저항성과 관련 있는 것으로 추정된다.
㉢ 생장억제물질로 생장촉진호르몬과 상호작용으로 식물생육을 조절한다.

② 아브시스산의 작용
㉠ 잎의 노화 및 낙엽을 촉진한다.
㉡ 휴면을 유도한다.
㉢ 종자의 휴면을 연장하여 발아를 억제한다.
㉣ 장일조건에서 단일식물의 화성을 유도하는 효과가 있다.
㉤ ABA 증가로 기공이 닫혀 위조저항성이 증진된다.
㉥ 목본식물의 경우 내한성이 증진된다.

필 / 수 / 확 / 인 / 문 / 제

(6) 에틸렌(Ethylene)

① 의 의

㉠ 과실 성숙의 촉진 등에 관여하는 식물생장조절물질이다.
㉡ 환경스트레스와 옥신은 에틸렌 합성을 촉진시킨다.
㉢ 에틸렌을 발생시키는 에테폰 또는 에스렐(2-Chloroethylphos-Phonic Acid)이라 불리는 물질을 개발하여 사용하고 있다.

② 에틸렌의 작용

㉠ 발아를 촉진시킨다.
㉡ 정아우세현상을 타파하여 곁눈의 발생을 조장한다.
㉢ 꽃눈이 많아지고 개화가 촉진되는 효과가 있다.
㉣ 성표현 조절 : 오이, 호박 등 박과 채소의 암꽃 착생수를 증대시킨다.
㉤ 잎의 노화를 가속화시킨다.
㉥ 적과의 효과가 있다.
㉦ 많은 작물에서 과실의 성숙을 촉진시키는 효과가 있다.
㉧ 탈엽 및 건조제로 효과가 있다.

토마토나 배에서 과일의 착색을 촉진하기 위하여 사용하는 생장조절제는?

① 지베렐린수용액(Gibberellic Acid)
② 인돌비액제(IAA+6-Benzyl Aminopurine)
③ 에테폰액제(Ethephon)
④ 비나인수화제(Daminozide)

 ③

(7) 기타 생장억제물질

① B-Nine(N-Dimethylamino Succinamic Acid)

㉠ 신장을 억제하는 작용을 한다.
㉡ 밀의 도복을 방지한다.
㉢ 국화의 변・착색을 방지한다.
㉣ 사과의 신장억제, 수세왜화, 착화증대, 개화지연, 낙과방지, 과중감소, 숙기지연, 저장성 향상의 효과가 있다.

② Phosfhon-D : 국화, 포인세티아 등에서 줄기의 길이를 단축하는 데 이용되며 콩, 메밀, 땅콩, 강낭콩, 목화, 해바라기, 나팔꽃 등에서도 초장 감소가 인정된다.

③ CCC(Cycocel)

㉠ 많은 식물에서 절간신장을 억제한다.
㉡ 국화, 시클라멘, 제라늄, 메리골드, 옥수수 등에서 개화를 촉진한다.
㉢ 밀의 줄기를 단축한다.

④ Amo-1618 : 강낭콩, 국화, 해바라기, 포인세티아 등의 키를 작게 하고, 잎의 녹색을 진하게 한다.

⑤ 파클로부트라졸(Paclobutrazol)

㉠ 지베렐린 생합성 조절제로 지베렐린 함량을 낮추며 엽면적과 초장을 감소시킨다.

식물생장조절물질이 작물에 미치는 생리적 영향에 대한 설명으로 옳지 않은 것은?

① Amo-1618은 경엽의 신장촉진, 개화촉진 및 휴면타파에 효과가 있다.
② Cytokinin은 세포분열 촉진, 신선도 유지 및 내동성 증대에 효과가 있다.
③ B-Nine은 신장억제, 도복방지 및 착화증대에 효과가 있다.
④ Auxin은 발근촉진, 개화촉진 및 단위결과에 효과가 있다.

 ①

㉡ 화곡류의 절간신장기 처리는 절간신장을 억제하여 도복을 방지하는 효과가 있어 도복방지제로 이용된다.

⑥ MH(Maleic Hydrazide)

㉠ 생장저해물질로 담배 측아발생의 방지로 적심의 효과를 높인다.

㉡ 감자, 양파 등에서 맹아억제효과가 있다.

⑦ 모르파크틴(Morphactins)

㉠ 굴지성, 굴광성의 파괴로 생장을 지연시키고 왜화시킨다.

㉡ 정아우세를 파괴한다.

㉢ 가지를 많이 발생시킨다.

⑧ Rh-531(CCDP)

㉠ 맥류의 간장의 감소로 도복이 방지된다.

㉡ 벼모의 경우 신장의 억제로 기계이앙에 알맞게 된다.

⑨ BOH(β-Hydroxyethyl Hydrazine) : 파인애플의 줄기 신장을 억제하며 화성을 유도한다.

⑩ 2,4-DNC : 강낭콩의 키를 작게 하며, 초생엽중을 증가시킨다.

3 방사성동위원소(Radio Isotope)

(1) 방사성동위원소와 방사선

① 원자번호가 같고 원자량이 다른 원소를 동위원소(Isotope)라 하고 방사능을 가진 동위원소를 방사성동위원소라 한다.

② 방사선의 종류는 α, β, γ선이 있고 이 중 γ선이 가장 현저한 생물적 효과를 가지고 있으며, γ은 투과력이 가장 크고 이온화작용, 사진작용, 형광작용을 한다.

③ **농업상 이용되는 방사성동위원소** : ^{14}C, ^{32}P, ^{15}N, ^{45}Ca, ^{36}Cl, ^{35}S, ^{59}Fe, ^{60}Co, ^{133}I, ^{42}K, ^{64}Cu, ^{137}Cs, ^{99}Mo, ^{24}Na, ^{65}Zn 등이 있다.

(2) 방사성동위원소의 재배적 이용

① **추적자(Tracer)로서의 이용** : 추적자란 그것을 표지(標識)로 하여 어떤 물질을 추적할 수 있다는 의미이며, 추적자로 표지한 화합물은 표지화합물이라 한다.

㉠ 영양생리 연구 : 식물의 영양생리연구에 ^{32}P, ^{42}K, ^{45}Ca 등을 표지화합물로 이용하여 필수원소인 질소, 인, 칼륨, 칼슘 등 영양성분의 체내 동태를 파악할 수 있다.

㉡ 광합성 연구 : ^{14}C, ^{11}C 등으로 표지된 이산화탄소를 잎에 공급한 후 시간의 경과에 따른 탄수화물 합성과정을 규명할 수 있으며, 동화물질 전류와 축적과정도 밝힐 수 있다.

㉢ 농업토목 이용 : ^{24}Na를 이용하여 제방의 누수개소 발견, 지하수 탐색, 유속측정 등을 정확히 할 수 있다.

② 식품저장에 이용

㉠ ^{60}Co, ^{137}Cs 등에 의한 γ선의 조사는 살균, 살충 등의 효과가 있어 육류, 통조림 등의 식품 저장에 이용된다.

㉡ γ의 조사는 감자, 양파, 밤 등의 발아가 억제되어 장기 저장이 가능해진다.

③ 육종에 이용 : 방사선은 돌연변이를 유기하는 작용이 있어 돌연변이육종에 이용된다.

제6장 재배관리

1 정지(整地, Soil Preparation)

(1) 의 의

① 토양의 이화학적 및 기계적 성질을 작물의 생육에 적당한 상태로 개선할 목적으로 파종 또는 이식 전에 하는 작업을 의미한다.

② 파종 또는 이식 전 경기, 쇄토, 작휴, 진압 같은 작업이 포함된다.

(2) 경기(耕起, Plowing)

① 의의 : 토양을 갈아 일으켜 큰 흙덩이를 대강 부스러뜨리는 작업을 의미한다.

② 경기의 효과

㉠ 토양물리성 개선 : 토양을 연하게 하여 파종과 이식작업을 쉽게 하고 투수성과 투기성을 좋게 하여 근군 발달을 좋게 한다.

㉡ 토양화학적 성질 개선 : 토양 투기성이 좋아져 토양 중 유기물의 분해가 왕성하여 유효태 비료성분이 증가한다.

㉢ 잡초발생의 억제 : 잡초의 종자나 어린 잡초가 땅속에 묻히게 되어 발아와 생육이 억제된다.

㉣ 해충의 경감 : 토양 속 숨은 해충의 유충이나 번데기를 표층으로 노출시켜 죽게 한다.

필 / 수 / 확 / 인 / 문 / 제

농경지의 경운방법에 대한 설명으로 옳은 것은?

① 유기물 함량이 많은 농경지는 추경을 하는 것이 유리하다.

② 겨울에 강수량이 많고 사질인 농경지는 추경을 하는 것이 유리하다.

③ 일반적으로 식토나 식양토에서는 얕게 갈고, 습답에서는 깊게 갈아야 좋다.

④ 벼의 만식재배지에서의 심경은 초기생육을 촉진시킨다.

 ①

③ **경기 시기** : 경기는 작물의 파종 또는 이식에 앞서 하는 것이 보통이지만 동기휴한하는 일모작답이나 추파맥류 등의 포장은 경우에 따라 가을갈이 또는 봄갈이를 하기도 한다.

가을갈이	봄갈이
• 습하고 차지며 유기물 함량이 많은 토양에는 가을갈이가 좋음 • 유기물의 분해가 촉진됨 • 토양의 통기가 조장됨 • 충해를 경감시킴 • 토양을 부드럽게 해줌	• 사질토양이며, 겨울 강우가 많아 풍식이나 수식이 조장되는 곳은 가을갈이 보다 봄갈이가 좋음 • 가을갈이는 월동 중 비료성분의 용탈과 유실의 조장으로 불리한 경우도 있어 봄갈이가 유리함

④ **경기의 깊이** : 재배작물의 종류와 재배법, 토양의 성질, 토층구조, 기상조건, 시비량에 따라 결정된다.

㉠ 근군의 발달이 적은 작물은 천경해도 좋으나 대부분 작물은 생육과 수량을 고려하여 심경하는 것이 유리하다.

㉡ 쟁기의 경우 9~12cm 정도의 천경이 되나 트랙터를 이용하는 경우 20cm 이상의 심경이 가능하다.

㉢ 심경 시 유의사항

- 심경은 넓은 범위의 수분과 양분을 이용할 수 있어 지상부 생육이 좋고 한해(旱害) 및 병충해 저항력 등이 증가하여 건전한 발육을 조장함
- 일시에 심경하는 경우 당년에는 심토가 많이 올라와 작토와 섞여 작물 생육에 불리할 수 있으므로 유기물을 많이 시비하여야 함
- 생육기간이 짧은 산간지 또는 만식재배 시에는 심경에 의한 후기 생육이 지연되어 성숙이 늦어져 등숙이 불량할 수 있으므로 과도한 심경은 피해야 함
- 심경은 한 번에 하지 않고 매년 서서히 심경을 늘리고 유기질 비료를 증시하여 비옥한 작토로 점차 깊이 만드는 것이 좋음
- 누수가 심한 사력답에서 심경은 양분의 용탈이 심해지므로 심경을 피하는 것이 좋음

(3) 건토효과(乾土效果)

① 흙을 충분히 건조시켰을 때 유기물의 분해로 작물에 대한 비료분의 공급이 증대되는 현상을 건토효과라 한다.

② 밭보다는 논에서 효과가 더 크다.

③ 겨울과 봄에 강우가 적은 지역은 추경에 의한 건토효과가 크나, 봄철 강우가 많은 지역은 겨울 동안 건토효과로 생긴 암모니아가 강우로 유실되므로 춘경이 유리하다.

④ 건토효과가 클수록 지력 소모가 심하고 논에서는 도열병의 발생을 촉진할 수 있다.

⑤ 추경으로 건토효과를 보려면 유기물 시용을 늘려야 한다.

(4) 쇄토(碎土, Harrowing)

① 경운한 토양의 큰 흙덩어리를 알맞게 분쇄하는 것을 쇄토라 한다.

② 알맞은 쇄토는 파종 및 이식작업을 쉽게 하고 발아 및 생육이 좋아지게 한다.

③ 논에서는 경운 후 물을 대서 토양을 연하게 한 다음 시비를 하고 써레로 흙덩어리를 곱게 부수는 것을 써레질이라 하고, 이는 흙덩어리가 부서지고 논바닥이 평형해지며 전층시비의 효과가 있다.

(5) 작휴법

① 평휴법(平畦法)

㉠ 이랑을 평평하게 하여 이랑과 고랑의 높이가 같게 하는 방식이다.

㉡ 건조해와 습해가 동시에 완화된다.

㉢ 밭벼 및 채소 등의 재배에 실시된다.

② 휴립법(畦立法)

㉠ 이랑을 세우고 고랑은 낮게 하는 방식이다.

㉡ 휴립구파법(畦立溝播法)

- 이랑을 세우고 낮은 골에 파종하는 방법
- 중북부지방에서 맥류재배 시 한해와 동해 방지를 목적으로 함
- 감자의 발아촉진과 배토가 용이하도록 함

㉢ 휴립휴파법(畦立畦播法)

- 이랑을 세우고 이랑에 파종하는 방식
- 토양의 배수 및 통기가 좋아짐

③ 성휴법(成畦法)

㉠ 이랑을 보통보다 넓고 크게 만드는 방법이다.

㉡ 중부지방의 맥후작 콩 재배에서 실시된다.

㉢ 파종이 편리하고 생육초기 건조해와 장마철 습해를 막을 수 있다.

작휴법에 대한 설명으로 옳지 않은 것은?

① 평휴법은 이랑을 고랑보다 높게 하는 방식으로 동해와 병해가 동시에 완화된다.
② 휴립구파법은 이랑을 세우고 낮은 골에 파종하는 방식으로 감자에서는 발아를 촉진하고 배토가 용이하도록 하기 위한 것이다.
③ 휴립휴파법은 이랑을 세우고 이랑에 파종하는 방식으로 배수와 토양통기가 좋아진다.
④ 성휴법은 이랑을 보통보다 넓고 크게 만드는 방법으로 맥류 답리작재배의 경우 파종노력을 점감할 수 있다.

답 ①

필 / 수 / 확 / 인 / 문 / 제

맥류 파성에 대한 설명으로 옳지 않은 것은?

① 춘파성이 높을수록 출수가 빨라지는 경향이 있다.
② 추파성 정도가 낮은 품종은 조파하면 안전하게 성숙할 수 있다.
③ 맥류의 추파성은 생식생장을 억제하는 성질이다.
④ 추파맥류가 동사하였을 경우 춘화처리를 하여 봄에 대파할 수 있다.

답 ②

2 파종(播種, Seeding, Sowing)

(1) 의 의

① 종자를 흙 속에 뿌리는 것을 파종이라 한다.
② 파종의 실제 시기는 작물의 종류 및 품종, 재배지역, 작부체계, 토양조건, 출하기 등에 따라 결정된다.

(2) 파종기

파종 시기는 종자의 발아와 발아 후 생장 및 성숙과정이 원만하게 이루어질 수 있는 기간을 고려해야 한다. 파종된 종자의 발아에 필요한 기온이 발아최저온도 이상이어야 하며, 토양수분도 필요 수준 이상이어야 하고 작물의 종류 및 품종에 따른 감온성과 감광성 등 여러 요인을 고려해야 한다.

① 작물의 종류 및 품종
㉠ 일반적으로 월동작물은 가을에, 여름작물은 봄에 파종한다.
㉡ 월동작물에서도 내한성이 강한 호밀의 경우 만파적응을 하지만 내한성이 약한 쌀보리의 경우는 만파적응을 하지 못한다.
㉢ 여름작물에서도 춘파맥류와 같이 낮은 온도에 견디는 경우는 초봄에 파종하나 옥수수와 같이 생육온도가 높은 작물은 늦봄에 파종한다.
㉣ 벼에서는 감광형 품종은 만파만식에 적응하지만 기본영양생장형과 감온형 품종은 조파조식이 안전하다.
㉤ 추파맥류에서 추파성 정도가 높은 품종은 조파하는 것이 좋으나 추파성 정도가 낮은 품종은 만파하는 것이 좋다.

② 기 후
㉠ 동일 품종이라도 재배지의 기후에 따라 파종기가 달라야 한다.
㉡ 감자의 경우 평지에서는 이른 봄 파종하지만 고랭지는 늦봄에 파종한다.
㉢ 맥주보리 골든멜론 품종은 제주도는 추파하지만 중부지방에서는 월동을 못하므로 춘파한다.

③ 작부체계
㉠ 벼 재배에 있어 단일작의 경우는 가능한 일찍 심는 것이 좋아 5월 상순~6월 상순 이앙하나 맥후작의 경우 6월 중순~7월 상순 이앙한다.
㉡ 콩 또는 고구마 등은 단작인 경우 5월에 심지만 맥후작의 경우는 6월 하순경에 심게 된다.

④ 토양조건
㉠ 토양이 건조하면 파종 후 발아가 불량하므로 적당한 토양수분 상태가 되었을 때 파종하며 과습한 경우는 정지, 파종작업이 곤란하므로 파종이 지연된다.
㉡ 벼의 천수답 이앙시기는 강우가 절대적으로 지배한다.

⑤ **출하기** : 시장 상황을 반영하여 출하기를 고려하여 파종하는 경우가 많으며 채소나 화훼류의 촉성재배, 억제재배가 이에 해당된다.

⑥ 재해의 회피
㉠ 벼는 냉해, 풍해의 회피를 위해 조식조파한다.
㉡ 해충 피해 회피를 목적으로 파종기를 조절하기도 한다. 명나방 회피를 위해 조의 경우 만파를 하는 경우도 있으며, 가을채소의 경우 발아기에 해충이 많이 발생하는 지역에서는 파종시기를 늦춘다.
㉢ 하천부지에 위치한 포장에서 채소류의 재배는 수해의 회피를 목적으로 홍수기 이후 파종한다.
㉣ 봄채소는 조파하면 한해(旱害)가 경감된다.

⑦ **노동력 사정** : 노동력의 문제로 파종기가 늦어지는 경우도 많으며 적기파종을 위해 기계화, 생력화가 필요하다.

(3) 파종양식

① **산파(散播, 흩어뿌림, Broadcasting)** : 포장 전면에 종자를 흩어뿌리는 방법이다. 잡곡을 늦게 파종할 때와 맥류에서 파종 노력을 줄이기 위한 경우 등에 적용되고 목초, 자운영 등의 파종에 주로 적용하며, 수량도 많다.

장 점	단 점
노력이 적게 듦	종자의 소요량이 많고 생육기간 중 통풍과 수광상태가 나쁘며 도복하기 쉽고 중경제초, 병충해방제와 그 외 비배관리 작업이 불편함

② **조파(條播, 골뿌림, Drilling)** : 뿌림골을 만들고 종자를 줄지어 뿌리는 방법이다.
㉠ 종자의 필요량은 산파보다 적게 들고 골 사이가 비어 수분과 양분의 공급이 좋고 통풍 및 수광도 좋으며, 작물의 관리작업도 편리해 생장이 고르고 수량과 품질도 좋다.
㉡ 맥류와 같이 개체별 차지하는 공간이 넓지 않은 작물에 적용된다.

③ **점파(點播, 점뿌림, Dibbling)** : 일정한 간격을 두고 하나 또는 수개의 종자를 띄엄띄엄 파종하는 방법이다.
㉠ 종자의 필요량이 적고 생육 중 통풍 및 수광이 좋고, 개체 간 간격이 조정되어 생육이 좋다.

㉡ 파종에 시간과 노력이 많이 든다.
㉢ 일반적으로 콩과, 감자 등 개체가 면적을 많이 차지하는 작물에 적용한다.

④ 적파(摘播, Seeding in Group) : 점파와 비슷한 방법으로 점파 시 한 곳에 여러 개의 종자를 파종하는 방법이다.
㉠ 조파 및 산파에 비하여 파종노력이 많이 드나 수분, 비료, 통풍, 수광 등의 조건이 좋아 생육이 양호하고 비배관리 작업도 편리하다.
㉡ 목초, 맥류 등과 같이 개체가 평면으로 좁게 차지하는 작물을 집약적 재배에 적용하며, 벼의 모내기의 경우도 결과적으로는 적파와 비슷하다고 볼 수 있고 결구배추를 직파하는 때에도 적파의 방법을 이용한다.

⑤ 화훼류의 파종방법
㉠ 화훼류의 파종은 이식성, 종자의 크기, 파종량에 따라 달리한다.
㉡ 상파(床播, Bed Sowing) : 이식을 해도 좋은 품종에 이용하며, 배수가 잘 되는 곳에 파종상을 설치하고 종자 크기에 따라 점파, 산파, 조파를 한다.
㉢ 상자파(箱子播, Box Sowing) 및 분파(盆播, Pot Sowing) : 종자가 소량이거나 귀중하고 비싼 종자, 미세종자와 같이 집약적 관리가 필요한 경우에 이용하는 방법이다.
㉣ 직파(直播, Field Sowing) : 재배량이 많거나 직근성으로 이식 시 뿌리의 피해가 우려되는 경우 적합한 방법으로, 최근 직근성 초화류도 지피포트를 이용하여 이식할 수 있도록 육묘하고 있다.

(4) 파종량 결정

① 파종량 : 종자별 파종량은 정식할 모수, 발아율, 성묘율(육묘율) 등에 의하여 산출하며, 보통 소요묘수의 2~3배의 종자가 필요하다.

② 파종량이 적을 경우
㉠ 수량이 적어진다.
㉡ 잡초발생량이 증가한다.
㉢ 토양의 수분 및 비료분의 이용도가 낮아진다.
㉣ 성숙이 늦어지고 품질저하 우려가 있다.

③ 파종량이 많을 경우
㉠ 과번무로 수광상태가 나빠진다.
㉡ 식물체가 연약해져 도복, 병충해, 한해(旱害)가 조장되며, 수량 및 품질이 저하된다.
㉢ 일반적으로 파종량이 많을수록 단위면적당 수량은 어느 정도 증가하지만, 일정 한계를 넘으면 수량은 오히려 줄어든다.

작물의 파종량에 관한 설명으로 옳지 않은 것은?

① 파종시기가 늦을수록 파종량이 많이 든다.
② 직파재배는 이식재배보다 파종량이 많이 든다.
③ 콩, 조 등은 맥후작보다 단작에서 파종량이 많이 든다.
④ 맥류는 남부지방보다 중부지방에서 파종량이 많이 든다.

답 ③

④ 파종량 결정 시 고려 조건

㉠ 작물의 종류 : 작물 종류에 따라 재식밀도 및 종자의 크기가 다르므로 작물 종류에 따라 파종량이 지배된다.

㉡ 종자의 크기 : 동일 작물에서도 품종에 따라 종자의 크기가 다르기 때문에 파종량 역시 달라지며, 생육이 왕성한 품종은 파종량을 줄이고 그렇지 않은 경우 파종량을 늘린다.

㉢ 파종기 : 파종시기가 늦어지면 대체로 작물의 개체 발육도가 작아지므로 파종량을 늘리는 것이 좋다.

㉣ 재배지역 : 한랭지는 대체로 발아율이 낮고 개체 발육도가 낮으므로 파종량을 늘린다.

㉤ 재배방식 : 맥류의 경우 조파에 비해 산파의 경우 파종량을 늘리고 콩, 조 등은 맥후작에서 단작보다 파종량을 늘린다. 청예용, 녹비용 재배는 채종재배에 비해 파종량을 늘린다.

㉥ 토양 및 시비 : 토양이 척박하고 시비량이 적으면 파종량을 다소 늘리는 것이 유리하고, 토양이 비옥하고 시비량이 충분한 경우도 다수확을 위해 파종량을 늘리는 것이 유리하다.

㉦ 종자의 조건 : 병충해 종자의 혼입, 경실이 많이 포함된 경우, 쭉정이 및 협잡물이 많은 종자, 발아력이 감퇴된 경우 등은 파종량을 늘려야 한다.

(5) 파종절차

정지 후 파종 절차는 작물의 종류 및 파종양식에 따라 다르다.

작조 → 시비 → 간토 → 파종 → 복토 → 진압 → 관수

① **작조(作條, 골타기)** : 종자를 뿌릴 골을 만드는 것을 작조라 하며, 점파의 경우 작조 대신 구덩이를 만들고 산파 및 부정지파는 작조하지 않는다.

② **시비** : 파종할 골 및 포장 전면에 비료를 뿌린다.

③ **간토(비료 섞기)** : 시비 후 그 위에 흙을 덮어 종자가 비료에 직접 닿지 않도록 하는 작업이다.

④ **파종** : 종자를 직접 토양에 뿌리는 작업이다.

⑤ **복토** : 파종한 종자 위에 흙을 덮어주는 작업이다.

㉠ 복토는 종자의 발아에 필요한 수분의 보존, 조수에 의한 해, 파종 종자의 이동을 막을 수 있다.

㉡ 복토 깊이는 종자의 크기, 발아습성, 토양의 조건, 기후 등에 따라 달라진다.

- 볍씨를 물못자리에 파종하는 경우 복토를 하지 않는다.

필 / 수 / 확 / 인 / 문 / 제

육묘이식에 대한 설명으로 옳지 않은 것은?

① 과채류, 콩 등은 직파재배보다 육묘이식을 하는 것이 생육이 조장되어 증수한다.
② 과채류 등은 조기수확을 목적으로 할 경우 육묘이식보다 직파재배가 유리하다.
③ 벼를 육묘이식하면 답리작에 유리하며, 채소도 육묘이식에 의해 경지이용률을 높일 수 있다.
④ 육묘이식은 직파하는 것보다 종자량이 적게 들어 종자비의 절감이 가능하다.

답 ②

- 소립종자는 얕게 대립종자는 깊게 하며, 보통 종자크기의 2~3배 정도 복토한다.
- 혐광성 종자는 깊게 하고 광발아종자는 얕게 복토하거나 하지 않는다.
- 점질토는 얕게 하고 경토는 깊게 복토한다.
- 토양이 습윤한 경우 얕게 하고 건조한 경우는 깊게 복토한다.
- 저온 또는 고온에서는 깊게 하고 적온에서는 얕게 복토한다.

⑥ 진 압

㉠ 발아를 조장할 목적으로 파종 후 복토하기 전 또는 후에 종자 위에 가압하는 작업이다.
㉡ 진압은 토양을 긴밀하게 하고 파종된 종자가 토양에 밀착되어 모관수가 상승하여 종자가 흡수하는 데 알맞게 되어 발아가 조장된다.
㉢ 경사지 또는 바람이 센 곳은 우식 및 풍식을 경감하는 효과가 있다.

⑦ 관 수

㉠ 토양의 건조방지를 위해 복토 후 관수한다.
㉡ 파종상을 이용해 미세종자를 파종하는 경우 저면관수하는 것이 좋다.
㉢ 저온기 온실에서 파종하는 경우 수온을 높여 관수하는 것이 좋다.

3 이식(移植, 옮겨심기, Transplanting)

(1) 가식 및 정식

① 의 의

㉠ 묘상 또는 못자리에서 키운 모를 본포로 옮겨 심거나 작물이 현재 자라는 곳에서 장소를 옮겨 심는 일을 이식이라 한다.
㉡ 정식 : 수확까지 재배할 장소 즉 본포로 옮겨 심는 것을 정식이라 한다.
㉢ 가식 : 정식까지 잠시 이식해 두는 것을 가식이라 한다.
㉣ 이앙 : 벼의 이식을 이앙이라 한다.

② 이식의 효과

㉠ 생육의 촉진 및 수량증대 : 이식은 온상에서 보온육묘를 전제하는 경우가 많으므로, 이는 생육기간의 연장으로 작물의 발육이 크게 조장되어 증수를 기대할 수 있고 초기 생육촉진으로 수확을 빠르게 하여 경제적으로 유리하다.
㉡ 토지이용도 제고 : 본포에 전작물이 있는 경우 묘상 등에서 모의 양성으로 전작물 수확 또는 전작물 사이에 정식함으로 경영을 집약화 할 수 있다.

㉢ 숙기단축 : 채소의 이식은 경엽의 도장을 억제하고 생육을 양호하게 하여 숙기가 빠르고 상추, 양배추 등의 결구를 촉진한다.

㉣ 활착증진 : 육묘 중 가식은 단근으로 새로운 세근이 밀생하여 근군을 충실하게 하므로 정식 시 활착을 빠르게 하는 효과가 있다.

③ 이식의 단점

㉠ 무, 당근, 우엉 등 직근을 가진 작물의 어릴 때 이식으로 뿌리가 손상되면 그 후 근계 발육에 나쁜 영향을 미친다.

㉡ 수박, 참외, 결구배추, 목화 등은 뿌리의 절단이 매우 해롭다. 이식을 해야 하는 경우 분파하여 육묘하고 뿌리의 절단을 피해야 한다.

㉢ 벼의 경우 대체적으로 이앙재배를 하지만 한랭지에서 이앙은 착근까지 시일을 많이 필요로 하므로 생육이 늦어지고 임실이 불량해지므로 파종을 빨리하거나 직파재배가 유리한 경우가 많다.

④ 가식의 효과

㉠ 묘상 절약 : 작은 면적에 파종하고 자라는 대로 가식하면 처음부터 큰 면적의 묘상이 필요하지 않다.

㉡ 활착증진 : 가식은 단근으로 새로운 세근이 밀생하여 근군을 충실하게 함으로써 정식 시 활착을 빠르게 하는 효과가 있다.

㉢ 재해의 방지 : 천수답에서 한발로 모내기가 많이 늦어진 경우 무논에 일시 가식하였다가 비가 온 후 이앙하면 한해(旱害)을 방지할 수 있으며, 채소 등은 포장조건으로 이식이 늦어질 때 가식 해 두면 도장, 노화를 방지할 수 있다.

(2) 이식 시기

① 이식 시기는 작물 종류, 토양 및 기상조건, 육묘사정에 따라 다르다.

② 과수, 수목 등 다년생 목본식물은 싹이 움트기 전 이른 봄 춘식하거나 가을 낙엽이 진 뒤 추식하는 것이 활착이 잘된다.

③ 일반작물 또는 채소는 육묘의 진행상태, 즉 모의 크기와 파종기 결정요건과 같은 조건들에 의해 지배된다.

④ 작물 종류에 따라 이식에 알맞은 모의 발육도가 있다.

㉠ 너무 어린모나 노숙한 모의 이식은 식상(植傷, Transplanting Injury)이 심하거나 생육이 고르지 못하여 정상적 생육을 못하는 경우가 많다.

㉡ 일반적으로 벼의 이앙은 손이앙은 40일모(성묘), 기계이앙은 30~35일모(중묘, 엽 3.5~4.5매)가 좋다.

㉢ 토마토나 가지는 첫 꽃이 개화되었을 정도의 모가 좋다.

⑤ 토양수분은 넉넉하고 바람없이 흐린 날 이식하면 활착에 유리하다.

⑥ 지온은 발근에 알맞은 온도로 서리나 한해(寒害)의 우려가 없는 시기에 이식하는 것이 안전하다.

⑦ 가을에 보리를 이식하는 경우 월동 전 뿌리가 완전히 활착할 수 있는 기간을 두고 그 이전에 이식하는 것이 안전하다.

(3) 이식양식

① **조식(條植)** : 골에 줄을 지어 이식하는 방법으로 파, 맥류 등에서 실시된다.

② **점식(點植)** : 포기를 일정 간격을 두고 띄어서 이식하는 방법으로 콩, 수수, 조 등에서 실시된다.

③ **혈식(穴植)** : 포기 사이를 많이 띄어서 구덩이를 파고 이식하는 방법으로 과수, 수목, 화목 등과 양배추, 토마토, 오이, 수박 등의 채소류에서 실시된다.

④ **난식(亂植)** : 일정한 질서가 따로 없이 점점이 이식하는 방법으로 콩밭에 들깨나 조 등을 이식하는 경우 실시한다.

(4) 이식 방법

① **이식 간격** : 1차적으로 작물의 생육습성에 따라 결정된다.

② **이식을 위한 묘의 준비**

㉠ 이식 시 단근 및 손상을 최소화하기 위해 관수를 충분히 해서 상토가 흠뻑 젖은 다음 모를 뜬다.

㉡ 묘상 내 몇 차례 가식으로 근군을 작은 범위 내에서 밀생시켜 이식하는 것이 안전하며, 특히 본포에 정식하기 며칠 전 가식하여 신근이 다소 발생하려는 시기가 정식에 좋다.

㉢ 온상육묘의 모는 비교적 연약하므로 이식 전 경화시키면 식물체 내 즙액의 농도가 증가하고 저온 및 건조 등 자연환경에 저항성이 증대되어 흡수력이 좋아지고 착근이 빨라진다.

㉣ 큰 나무와 같이 식물체가 크거나 활착이 힘든 것은 뿌리돌림을 하여 세근을 밀생시켜두고 가지를 친다.

㉤ 이식으로 단근이나 식상 등으로 뿌리의 수분흡수는 저해되나 증산작용은 동일해 균형을 유지하지 못하고 시들고 활착이 나빠지는 현상을 방지하기 위해 지상부의 가지나 잎의 일부를 전정하기도 한다.

㉥ 증산억제제인 OED유액을 1~3%로 하여 모를 담근 후 이식하면 효과가 크다.

③ 본포준비 : 정지를 알맞게 하고, 퇴비나 금비를 기비로 사용하는 경우 흙과 잘 섞어야 하며, 미숙퇴비는 뿌리와 접촉되지 않도록 주의하고 호박, 수박 등은 북을 만들기도 한다.

④ 이 식
㉠ 이식 깊이는 묘상에 묻혔던 깊이로 하나 건조지는 깊게, 습지에는 얕게 한다.
㉡ 표토는 속으로 심토는 겉으로 덮는다.
㉢ 벼는 쓰러지지 않을 정도로 얕게 심어야 활착이 좋고 분얼의 확보가 용이하다.
㉣ 감자, 수수, 담배 등은 얕게 심고, 생장함에 따라 배토한다.
㉤ 과수의 접목묘는 접착부가 지면보다 위에 나오도록 한다.

⑤ 이식 후 관리
㉠ 잘 진압하고 관수를 충분히 한다.
㉡ 건조한 경우 피복하여 지면증발을 억제함으로 건조를 예방한다.
㉢ 쓰러질 우려가 있는 경우 지주를 세운다.

4 시비관리

(1) 비료의 뜻

① 비료(肥料, Fertilizer)
㉠ 부식이나 필요한 무기원소를 포함하는 물질로 작물 생육을 위해 토양 또는 작물체에 인공적으로 공급하는 물질을 비료라 한다.
㉡ 비료의 3요소 : 질소(N), 인산(P_2O_5), 칼리(K_2O)를 비료의 3요소라 한다.
㉢ 직접비료 : 비료의 3요소는 토양 중 가장 결핍하기 쉬우며, 이 3요소 중 어느 하나의 성분만이라도 함유되어 있으면 이를 직접비료라 한다.
㉣ 간접비료 : 석회의 경우 토양 중 함유량이 많아 작물생육에 석회 결핍이 나타나는 경우는 거의 없으나 석회의 시용은 토양의 이화학적 성질의 개선으로 식물생육에 유리해지는 경향이 있는데, 이와 같이 간접적으로 작물생육을 돕는 비료를 의미한다.

② 시비(施肥, Fertilization) : 작물체에 비료를 주는 것을 시비라 한다.

(2) 비료의 분류

① 비효 및 성분에 따른 분류

㉠ 3요소 비료

- 질소질비료 : 황산암모늄(유안), 요소, 질산암모늄(초안), 석회질소, 염화암모늄 등
- 인산질비료 : 과인산석회(과석), 중과인산석회(중과석), 용성인비 등
- 칼리질비료 : 염화칼륨, 황산칼륨 등
- 복합비료 : 화성비료(17-21-17, 22-22-11), 산림용 복비, 연초용 복비 등
- 유기질비료

㉡ 기타 화학비료

- 석회질비료 : 생석회, 소석회, 탄산석회 등
- 규산질비료 : 규산고토석회, 규석회 등
- 마그네슘(고토)질비료 : 황산마그네슘, 수산화마그네슘, 탄산마그네슘, 고토석회, 고토고인산 등
- 붕소질비료 : 붕사 등
- 망간질비료 : 황산망간 등
- 기타 : 세균성비료, 토양개량제, 호르몬제 등

② 비효 지속성에 따른 분류

㉠ 속효성 비료 : 요소, 황산암모니아, 과석, 염화칼륨 등

㉡ 완효성 비료 : 깻묵, METAP 등

㉢ 지효성 비료 : 퇴비, 구비 등

[주요 비료의 주성분(단위 : %)]

비료의 종류	질 소	인 산	칼 륨	칼 슘
요 소	46	-	-	-
질산암모늄	33	-	-	-
염화암모늄	25	-	-	-
황산암모늄	21	-	-	-
석회질소	21	-	-	60
중과인산석회	-	44	-	-
과인산석회	-	20	-	-
용성인비	-	18~19	-	-
인산암모늄	11	48	-	-
염화칼륨	-	-	60	-
황산칼륨	-	-	48~50	-
생석회	-	-	-	80
소석회	-	-	-	60

비료의 종류	질 소	인 산	칼 륨	칼 슘
탄산석회	–	–	–	45~50
퇴 비	0.5	0.26	0.5	–
콩깻묵	6.5	1.4	2.07	–
짚 재	–	2.0	4~5	2.0
풋베기콩	0.58	0.08	0.73	–

③ 화학반응에 따른 분류

㉠ 화학적 반응에 따른 분류 : 화학적 반응이란 수용액에 직접적 반응을 의미한다.

- 화학적 산성비료 : 과인산석회, 중과인산석회 등
- 화학적 중성비료 : 황산암모늄(유안), 염화암모늄, 요소, 질산암모늄(초안), 황산칼륨, 염화칼륨, 콩깻묵 등
- 화학적 염기성비료 : 석회질소, 용성인비, 나뭇재 등

㉡ 생리적 반응에 따른 분류 : 시비 후 토양 중 뿌리의 흡수작용 또는 미생물의 작용을 받은 뒤 나타나는 반응을 생리적 반응이라 한다.

- 생리적 산성비료 : 황산암모늄(유안), 염화암모늄, 황산칼륨, 염화칼륨 등
- 생리적 중성비료 : 질산암모늄, 요소, 과인산석회, 중과인산석회, 석회질소 등
- 생리적 염기성비료 : 석회질소, 용성인비, 나뭇재, 칠레초석, 퇴비, 구비 등

④ 급원에 따른 분류

㉠ 무기질비료 : 요소, 황산암모늄, 과석, 염화칼륨 등

㉡ 유기질비료

- 식물성 비료 : 깻묵, 퇴비, 구비 등
- 동물성 비료 : 골분, 계분, 어분 등

(3) 시비 원리

① **최소양분율(最小養分律, Law of Minimum Nutrient)** : 여러 종류의 양분은 작물생육에 필수적이지만 실제 재배에 모든 양분이 동시에 작물생육을 제한하는 것은 아니며, 양분 중 필요량에 대한 공급이 가장 적은 양분에 의해 생육이 저해되는데, 이 양분을 최소양분이라 하고 최소양분의 공급량에 의해 작물 수량이 지배된다는 것을 최소양분율이라 한다.

② **제한인자설** : 작물 생육에 관여하는 수분, 광, 온도, 공기, 양분 등 모든 인자 중에서 가장 요구조건을 충족하지 못하는 인자에 의해 작물생육이 지배된다는 것을 최소율 또는 제한인자라 한다.

③ 수량절감의 법칙(=보수절감의 법칙) : 비료의 시용량에 따라 일정 한계까지는 수량이 크게 증가하지만 어느 한계 이상으로 시비량이 많아지면 수량의 증가량은 점점 작아지고 마침내 시비량이 증가해도 수량은 증가하지 않는 상태에 도달한다는 것을 수량절감의 법칙이라 한다.

(4) 유효성분의 형태와 특성

① 질 소

㉠ 질산태질소(NO_3^-−N)

- 질산암모늄(NH_4NO_3), 칠레초석($NaNO_3$), 질산칼륨(KNO_3), 질산칼슘[$Ca(NO_3)_2$] 등이 있음
- 물에 잘 녹고 속효성이며, 밭작물 추비에 알맞음
- 음이온으로 토양에 흡착되지 않고 유실되기 쉬움
- 논에서는 용탈에 의한 유실과 탈질현상이 심해서 질산태질소 비료의 시용은 불리함

㉡ 암모니아태질소(NH_4^+−N)

- 황산암모늄[$(NH_4)_2SO_4$], 염산암모늄(NH_3Cl), 질산암모늄(NH_4NO_3), 인산암모늄[$(NH_4)_2HPO_4$], 부숙인분뇨, 완숙퇴비 등
- 물에 잘 녹고 속효성이나 질산태질소보다는 속효성이 아님
- 양이온으로 토양에 잘 흡착되어 유실이 잘되지 않고 논의 환원층에 시비하면 비효가 오래감
- 밭토양에서는 속히 질산태로 변하여 작물에 흡수됨
- 유기물이 함유되지 않은 암모니아태질소의 연용은 지력소모를 가져오며, 암모니아 흡수 후 남는 산근으로 토양을 산성화시킴
- 황산암모늄은 질소의 3배에 해당되는 황산을 함유하고 있어 농업상 불리하므로 유기물의 병용으로 해를 덜어야 함

㉢ 요소[$(NH_4)_2CO$]

- 물에 잘 녹고 이온이 아니기 때문에 토양에 잘 흡착되지 않아 시용 직후 유실우려가 있음
- 토양미생물의 작용으로 속히 탄산암모늄[$(NH_4)_2CO_3$]를 거쳐 암모니아태로 되어 토양에 흡착이 잘되며 질소효과는 암모니아태질소와 비슷함

㉣ 시안아미드(Cyanamide, CH_2N_2)태질소

- 석회질소가 이에 속하며, 물에 작 녹으나 작물에 해로움
- 토양 중 화학변화로 탄산암모늄으로 되는데, 1주일 정도 소요되므로 작물 파종 2주일 전 정도에 시용할 필요가 있음
- 환원상태에서는 디시안디아미드(Dicyandiamide, $C_2H_4N_4$)로 되어 유독하고 분해가 힘들므로 밭상태로 시용하도록 함

암모니아태질소(NH_4^+−N)와 질산태질소(NO_3^-−N)의 특성에 대한 설명으로 옳지 않은 것은?

① 논에 질산태질소를 시용하면 그 효과가 암모니아태질소보다 작다.
② 질산태질소는 물에 잘 녹고 속효성이다.
③ 암모니아태질소는 토양에 잘 흡착되지 않고 유실되기 쉽다.
④ 암모니아태질소는 논의 환원층에 주면 비효가 오래 지속된다.

답 ③

질소질 비료의 종류에 따른 특성을 잘못 설명한 것은?

① 질산태질소는 물에 잘 녹고 속효성이다.
② 암모니아태질소를 논의 환원층에 주면 비효가 오래 지속된다.
③ 유기태질소는 토양 중에서 미생물의 작용에 의하여 암모니아태 또는 질산태로 바뀐다.
④ 요소는 토양 중에서 미생물의 작용을 받아 먼저 질산태로 된다.

해설

요소[$(NH_4)_2CO$]

- 물에 잘 녹고 이온이 아니기 때문에 토양에 잘 흡착되지 않아 시용 직후 유실우려가 있다.
- 토양미생물의 작용으로 속히 탄산암모늄($(NH_4)_2CO_3$)을 거쳐 암모니아태로 되어 토양에 흡착이 잘되어 질소효과는 암모니아태질소와 비슷하다.

답 ④

ⓜ 단백태질소
- 깻묵, 어비, 골분, 녹비, 쌀겨 등이 이에 속하며, 토양 중에서 미생물에 의해 암모니아태 또는 질산태로 된 후 작물에 흡수, 이용됨
- 지효성으로 논과 밭에 모두 알맞아 효과가 큼

② 인 산

㉠ 인산질비료는 함유된 인산의 용제에 대한 용해성에 따라 수용성, 가용성, 구용성, 불용성으로 구분하며 사용상으로 유기질 인산비료와 무기질 인산비료로 구분한다.

㉡ 과인산석회(과석), 중과인산석회(중과석)
- 대부분 수용성이며, 속효성으로 작물에 흡수가 잘됨
- 산성토양에서는 철, 알루미늄과 반응하여 불용화 되고 토양에 고정되어 흡수율이 극히 낮아짐
- 토양 고정을 경감해야 시비 효율이 높아지므로 토양반응의 조정 및 혼합사용, 입상비료 등이 유효함

㉢ 용성인비
- 구용성 인산을 함유하며, 작물에 빠르게 흡수되지 못하므로 과인산석회 등과 병용하는 것이 좋다.
- 토양 중 고정이 적고 규산, 석회, 마그네슘 등을 함유하는 염기성 비료로 산성토양 개량의 효과도 있음

③ 칼 리

㉠ 무기태칼리와 유기태칼리로 구분할 수 있으며 거의 수용성이고 비효가 빠르다.

㉡ 유기태칼리는 쌀겨, 녹피, 퇴비 등에 많이 함유되어 있고 지방산과 결합된 칼리는 수용성이고 속효성이나 단백질과 결합된 칼리는 물에 난용성으로 지효성이다.

④ 칼 슘

㉠ 직접적으로는 다량 요구되는 필수원소이며, 간접적으로는 토양의 물리적, 화학적 성질을 개선하고 일반적으로 토양에 가장 많이 함유되어 있다.

㉡ 비료에 함유되어 있는 칼슘은 산화칼슘(CaO), 탄산칼슘($CaCO_3$), 수산화칼슘[$Ca(OH)_2$], 황산칼슘($CaSO_4$) 등의 형태로 가장 많이 이용되는 석회질비료는 수산화칼슘이다.

㉢ 부산물로 얻어지는 부산소석회, 규회석, 용성인비, 규산질비료 등에도 칼슘이 많이 함유되어 있다.

(5) 작물의 종류와 시비

작물은 종류에 따라 필요로 하는 비료의 종류 및 양, 시기가 다르며, 흡수상태도 다르므로 시비할 때 이에 따라 종류와 시비량 및 시비법 등을 고려해야 한다.

① 종자를 수확하는 작물

㉠ 영양생장기 : 질소질비료는 경엽의 발육, 영양물질의 형성에 중요하므로 부족함이 없도록 해야 한다.

㉡ 생식생장기 : 질소질비료가 많을 때 생식기관의 발육과 성숙이 불량하므로 질소를 차차 줄이고 개화와 결실에 효과가 큰 인산과 칼리의 시비를 늘려야 한다.

② 과실을 수확하는 작물 : 일반적으로 결과기에는 인산, 칼리가 충분해야 과실 발육과 품질향상에 유리하며 적당한 질소비료도 지속시켜야 한다.

③ 잎을 수확하는 작물 : 수확기까지 질소질비료를 충분히 계속 유지시켜야 한다.

④ 뿌리나 지하경을 수확하는 작물 : 고구마, 감자와 같은 작물의 경우 양분이 많이 저장되도록, 동화에 관련된 기관이 충분히 발달된 초기는 질소를 많이 주어 생장을 촉진해야 하나 양분이 저장되기 시작되면 질소를 줄이고 탄수화물의 이동 및 저장에 관여하는 칼리도 충분히 시용해야 한다.

⑤ 꽃을 수확하는 작물 : 꽃을 수확하는 작물은 꽃망울이 생길 때 질소의 효과가 잘 나타나도록 하면 착화와 발육이 좋아진다.

⑥ 작물별 3요소 흡수비율(질소 : 인 : 칼륨)

㉠ 콩 5 : 1 : 1.5

㉡ 벼 5 : 2 : 4

㉢ 맥류 5 : 2 : 3

㉣ 옥수수 4 : 2 : 3

㉤ 고구마 4 : 1.5 : 5

㉥ 감자 3 : 1 : 4

(6) 시비방법 및 비료의 배합

① 시비방법

㉠ 평면적으로 본 분류

- 전면시비 : 논이나 과수원에서 여름철 속효성비료의 시용은 전면시비
- 부분시비
  - 시비구를 파고 비료를 시비하는 방법

- 조파나 점파 시 작조 옆에 골을 파고 시비하는 방식과 과수의 경우 주위에 방사상 또는 윤상의 골을 파고 시비하는 방식, 구덩이를 파고 시비한 후 작물이나 수목을 심는 방법이 있음

㉡ 입체적으로 본 분류
- 표층시비 : 토양의 표면에 시비하는 방법으로 작물 생육기간 중 포장에 사용되는 방법
- 심층시비 : 작토 속에 시비하는 방법으로 논에서 암모니아태질소를 사용하는 경우 유용함
- 전층시비 : 비료를 작토 전 층에 고루 혼합되도록 시비하는 방법

② 비료의 배합 : 한 종류를 단독으로 사용하기도 하나 작업의 편의상 여러 종류의 비료를 배합하여 사용하기도 하는데 배합 시 다음의 사항을 주의해야 한다.
㉠ 비료성분이 소모되지 않도록 해야 한다.
㉡ 비료의 성분이 불용성이 되지 않도록 해야 한다.
㉢ 습기를 흡수하지 않도록 해야 한다.

(7) 엽면시비

① 의 의
㉠ 식물체는 뿌리뿐만 아니라 잎에서도 비료 성분을 흡수할 수 있는데, 이를 이용하여 작물체에 직접 시비하는 것을 의미한다.
㉡ 잎의 비료 성분의 흡수는 표면보다는 이면에서 더 잘 흡수되는데, 이는 잎의 표면 표피는 이면 표피보다 큐티클 층이 더 발달되어 물질의 투과가 용이하지 않고 이면은 살포액이 더 잘 부착되기 때문이다.
㉢ 엽면흡수의 속도 및 분량은 작물종류, 생육상태, 살포액의 종류와 농도 및 살포방법, 기상조건 등에 따라 달라진다.

② 엽면시비의 실용성
㉠ 작물에 미량요소의 결핍증이 나타났을 경우 : 결핍증을 나타나게 하는 요소를 토양에 시비하는 것보다 엽면에 시비하는 것이 효과가 빠르고 사용량도 적어 경제적이다.
㉡ 작물의 초세를 급속히 회복시켜야 할 경우 : 작물이 각종 해를 받아 생육이 쇠퇴한 경우 엽면시비는 토양시비보다 빨리 흡수되어 시용의 효과가 매우 크다.
㉢ 토양시비로 뿌리 흡수가 곤란한 경우 : 뿌리가 해를 받아 뿌리에서의 흡수가 곤란한 경우 엽면시비에 의해 생육이 좋아지고 신근이 발생하여 피해가 어느 정도 회복된다.
㉣ 토양시비가 곤란한 경우 : 참외, 수박 등과 같이 덩굴이 지상에 포복 만연하여 추비가 곤란한 경우, 과수원의 초생재배로 인해 토양

시비가 곤란한 경우, 플라스틱필름 등으로 표토를 멀칭하여 토양에 직접적인 시비가 곤란한 경우 등에는 엽면시비의 시용효과가 높다.

㉤ 특수한 목적이 있는 경우
- 엽면시비는 품질 향상을 목적으로 실시하는 경우도 많음
- 채소류의 엽면시비는 엽색을 좋게 하고, 영양가를 높임
- 보리, 채소, 화초 등에서는 하엽의 고사를 막는 효과가 있음
- 청예사료작물에서는 단백질함량을 증가시키는 효과가 있음
- 뽕나무 또는 차나무의 경우 엽면시비는 찻잎의 품질을 향상시킴

③ 엽면시비 시 흡수에 영향을 미치는 요인

㉠ 잎의 표면보다는 이면이 흡수가 더 잘된다.

㉡ 잎의 호흡작용이 왕성할 때 흡수가 더 잘되므로 가지 또는 정부에 가까운 잎에서 흡수율이 높고 노엽보다는 성엽이, 밤보다는 낮에 흡수가 더 잘된다.

㉢ 살포액의 pH는 미산성이 흡수가 잘된다.

㉣ 살포액에 전착제를 가용하면 흡수가 조장된다.

㉤ 작물에 피해가 나타나지 않는 범위 내에서 농도가 높을 때 흡수가 빠르다.

㉥ 석회의 시용은 흡수를 억제하고 고농도 살포의 해를 경감한다.

㉦ 작물의 생리작용이 왕성한 기상조건에서 흡수가 빠르다.

엽면시비에서 흡수에 영향을 끼치는 요인에 대한 설명으로 옳지 않은 것은?

① 석회를 가용하면 흡수가 촉진된다.
② 살포액의 pH는 미산성인 것이 흡수가 잘 된다.
③ 줄기의 정부로부터 가까운 잎에서 흡수율이 높다.
④ 잎의 표면보다 이면에서 더 잘 흡수된다.

답 ①

(8) 시비량과 시비시기

① 시비량

㉠ 시비량은 작물의 종류 및 품종, 지력의 정도, 기후, 재배양식 등에 따라 결정한다.

㉡ 시비량의 결정은 수량과 품질의 향상, 비료의 가격 등을 고려해 경제적으로 유리해야 한다.

㉢ 시비량의 계산
- 시비량 계산

$$\text{시비향} = \frac{\text{비료요소의 흡수량} - \text{천연공급량}}{\text{비료요소의 흡수율}}$$

- 비료 중의 성분량 계산

$$\text{성분량} = \text{비료량} \times \frac{\text{보증성분량}(\%)}{100}$$

- 비료의 중량계산

$$\text{비료의 중량} = \text{비료량} \times \frac{100}{\text{보증성분량}(\%)}$$

② 시비시기

㉠ 기비(基肥, 밑거름, Basal Dressing, Basal Fertilization) : 파종 또는 이식 시 주는 비료

㉡ 추비(追肥, 덧거름, Additional Fertilizer, Top Dressing) : 작물의 생육 중간에 추가로 주는 비료

㉢ 시비 시기와 횟수는 작물종류, 비료종류, 토양과 기상조건, 재배양식 등에 따라 달라지며, 일반적 원리는 다음과 같다.

- 지효성 또는 완효성 비료, 인산, 칼리, 석회 등의 비료는 일반적으로 기비로 줌
- 속효성 질소비료는 생육기간이 극히 짧은 작물을 제외하고는 대체로 추비와 기비로 나누어 시비함
- 생육기간이 길고 시비량이 많은 작물은 기비량을 줄이고 추비량을 많게 하고 추비 횟수도 늘림
- 속효성 비료일지라도 평지 감자재배와 같이 생육기간이 짧은 경우 주로 기비로 시비하고 맥류와 벼와 같이 생육기간이 긴 경우 나누어 시비함
- 조식재배로 생육기간이 길어진 경우 또는 다비재배의 경우 기비 비율을 줄이고 추비 비율을 높이며 횟수도 늘림
- 누수답과 같이 비료분의 용탈이 심한 경우 추비 중심의 분시를 함
- 잎을 수확하는 엽채류와 같은 작물은 늦게까지 질소비료를 추비로 주어도 좋으나 종실을 수확하는 작물의 경우 마지막 시비시기에 주의해야 함
- 비료의 유실이 쉬운 누수답, 사력답, 온난지 등에서는 추비량과 횟수를 늘림

5 재배관리

(1) 보식과 솎기

① 보 식

㉠ 보파(補播, 추파(追播), Supplemental Seeding) : 발아가 불량한 곳에 보충적으로 파종하는 것이다.

㉡ 보식(補植, Replanting, Supplementary Planting) : 이식 후 고사로 결주가 생긴 곳에 보충적으로 이식하는 것이다.

㉢ 보파 또는 보식은 되도록 일찍 실시해야 생육의 지연이 덜 된다.

② 솎기(Thinning)

㉠ 발아 후 밀생한 곳의 일부 개체를 제거해 주는 작업이다.

잡초를 방제하기 위해 이루어지는 중경의 해로운 점은?

① 작물의 발아촉진
② 토양수분의 증발 경감
③ 토양통기의 조장
④ 풍식의 조장

답 ④

㉡ 솎기는 적기에 실시하여야 하며, 일반적으로 첫 김매기와 같이 실시하고, 늦으면 개체 간 경쟁이 심해져 생육이 억제된다.

㉢ 솎기는 한 번에 끝내지 말고 생육 상황에 따라 수 회에 걸쳐 실시한다.

㉣ 솎기의 효과

- 개체의 생육공간을 확보함으로써 균일한 생육을 유도할 수 있다.
- 불량환경에서 파종 시 솎기를 전제로 파종량을 늘리면 발아가 불량하더라도 빈 곳이 생기지 않는다.
- 파종 시 파종량을 늘리고 나중에 솎기를 하면 불량개체를 제거하고 우량한 개체만 재배할 수 있다.
- 개체 간 양분, 수분, 광 등에 대한 경합을 조절하여 건전한 생육이 가능하다.

(2) 중경(中耕, Cultivation)

① 의의 : 생육하는 도중에 경작지의 표면을 호미나 중경기로 긁어 부드럽게 하는 토양 관리작업을 중경이라 하며 김매기는 중경과 제초를 겸한 작업이다.

장 점	단 점
• 발아조장 : 파종 후 강우로 표층에 굳은 피막이 생겼을 때 중경은 피막을 파괴해 발아가 조장됨 • 토양의 통기성 조장 : 중경으로 토양통기가 조장되어 뿌리 생장과 활동이 왕성해지고 미생물의 활동이 원활해져 유기물의 분해가 촉진되며, 토양 중 유해한 환원성 물질의 생성억제 및 유해가스의 발산이 빨라짐 • 토양수분의 증발 억제 : 중경으로 인한 천경의 효과는 표토가 부서지면서 토양의 모세관도 절단해 토양수분 증발을 억제하여 한해(旱害)를 경감시킬 수 있음 • 비효증진 : 논에 요소, 황산암모늄 등을 추비하고 중경을 하면 비료가 환원층에 섞여 비효가 증진됨 • 잡초방제 : 김매기는 중경과 제초를 겸한 작업으로 잡초제거에 효과가 있음	• 단근의 피해 : 중경은 뿌리의 일부에 손상을 입히게 되는데, 어린작물은 뿌리의 재생력이 왕성해 생육저해가 덜하나 생식생장기에 단근은 피해가 큼 • 토양침식의 조장 : 표토가 건조하고 바람이 심한 곳의 중경은 풍식이 조장됨 • 동·상해의 조장 : 중경은 토양 중 지열이 지표까지 상승하는 것을 경감하여 어린식물이 서리나 냉온에 피해가 조장됨

(3) 멀칭(바닥덮기, Mulching)

① 의의 : 작물의 재배토양의 표면에 피복하는 것으로 피복재는 비닐, 플라스틱, 짚, 건초 등이 있다.

② 멀칭의 효과

㉠ 토양 건조방지 : 멀칭은 토양 중 모관수의 유통을 단절시키고 멀칭 내 공기습도가 높아져 토양의 표토의 증발을 억제하여 토양 건조를 방지하여 한해(旱害)를 경감시킨다.

㉡ 지온의 조절

- 여름철 멀칭은 열의 복사가 억제되어 토양의 과도한 온도상승을 억제
- 겨울철 멀칭은 지온을 상승시켜 작물의 월동을 돕고 서리 피해를 막을 수 있음
- 봄철 저온기 투명필름멀칭은 지온을 상승시켜 이른 봄 촉성재배 등에 이용됨

㉢ 토양보호 : 멀칭은 풍식 또는 수식 등에 의한 토양의 침식을 경감 또는 방지할 수 있음

㉣ 잡초발생의 억제

- 잡초종자는 호광성 종자가 많아 흑색필름멀칭을 하면 잡초종자의 발아를 억제하고 발아하더라도 생장이 억제됨
- 흑색필름멀칭은 이미 발생한 잡초라도 광을 제한하여 잡초의 생육을 억제함

㉤ 과실의 품질향상 : 과채류 포장에 멀칭을 하면 과실이 청결하고 신선해짐

③ 필름의 종류와 멀칭의 효과

㉠ 투명필름 : 지온상승의 효과가 크고 잡초억제의 효과는 적다.

㉡ 흑색필름 : 지온상승의 효과가 적고 잡초억제의 효과가 크다. 지온이 높을 때는 지온을 낮추어 준다.

㉢ 녹색필름 : 녹색광과 적외광의 투과는 잘되나 청색광, 적색광을 강하게 흡수하여 지온상승과 잡초억제효과가 모두 크다.

멀칭에 대한 설명으로 옳은 것은?

① 잡초종자는 혐광성인 것이 많아서 멀칭을 하면 발아와 생장이 억제된다.
② 모든 광을 잘 흡수시키는 투명필름은 지온상승의 효과가 크나, 잡초발생이 많아진다.
③ 녹색광과 적외광을 잘 투과하는 녹색필름은 지온상승의 효과가 크다.
④ 토양을 갈아엎지 않고 앞 작물의 그루터기를 남겨서 풍식과 수식을 경감시키는 것을 토양멀칭이라 한다.

답 ③

(4) 배토, 토입, 답압

① 배토(培土, 북주기, Earthing up, Hilling)

㉠ 작물이 생육하고 있는 중에 이랑 사이 또는 포기 사이의 흙을 그루 밑으로 긁어모아 주는 것이다.

㉡ 시기는 보통 최후 중경제초를 겸하여 한 번 정도 한다.

㉢ 파와 같이 연백화를 목적으로 하는 경우와 같이 여러 차례에 걸쳐 하는 경우도 있다.

㉣ 배토의 효과

- 옥수수, 수수, 맥류 등의 경우는 바람에 쓰러지는 것(도복)을 경감

배토의 목적이나 효과에 대한 설명으로 옳지 않은 것은?

① 콩, 담배 등에 배토를 해주면 새 뿌리의 발생이 조장되어 생육이 증진되고 도복도 경감된다.
② 벼는 유효분얼종지기에 배토를 해주면 무효분얼이 억제된다.
③ 감자의 덩이줄기는 배토를 해주면 발육이 억제된다.
④ 장마철 이전에 배토를 하면 과습기에 배수가 좋게 되고 잡초도 방제된다.

답 ③

맥작에서 답압(Rolling)에 대한 설명으로 옳지 않은 것은?

① 답압은 생육이 좋지 않을 경우에 실시하며, 땅이 질거나 이슬이 맺혔을 때 효과가 크다.
② 월동 전 과도한 생장으로 동해가 우려될 때는 월동 전에 답압을 해준다.
③ 월동 중에 서릿발로 인해 떠오른 식물체에 답압을 하면 동해가 경감된다.
④ 생육이 왕성할 경우에는 유효분얼종지기에 토입을 하고 답압해주면 무효분얼이 억제된다.

답 ①

- 담배, 두류 등에서는 신근이 발생되어 생육을 조장
- 감자 괴경의 발육을 조장하고 괴경이 광에 노출되어 녹화되는 것을 방지할 수 있음
- 당근 수부의 착색을 방지
- 파, 셀러리 등의 연백화를 목적으로 함
- 논벼와 밭벼 등에서 마지막 김매기를 하는 유효분얼종지기의 배토는 무효분얼의 발생이 억제되어 증수효과가 있음
- 토란은 분구억제와 비대생장을 촉진
- 배토는 과습기 배수의 효과와 잡초도 방제

② 토입(土入, 흙넣기, Topsoiling)

㉠ 맥류재배에 있어 골 사이 흙을 곱게 부수어 자라는 골 속에 넣어주는 작업을 말한다.

㉡ 토입의 효과

- 월동 전 : 복토를 보강할 목적으로 하는 약간의 토입은 월동이 좋아짐
- 해빙기 : 1cm 정도 얕게 토입하면 분얼이 촉진되고 건조해를 경감함
- 유효분얼종지기 : 2~3cm로 토입하면 무효분얼이 억제되고 후에 도복이 경감되는데, 토입의 효과가 가장 큰 시기임
- 수잉기 : 3~6cm로 토입하면 도복이 방지하는 효과가 있고 건조할 때는 뿌리가 마르게 되어 오히려 해가 될 수 있으므로 주의해야 함

③ 답압(踏壓, 밟기, Rolling)

㉠ 가을보리 재배에서 생육초기~유수형성기 전까지 보리밭을 밟아주는 작업을 답압이라 한다.

㉡ 답압의 효과

- 서릿발이 많이 발생하는 곳에서의 답압은 뿌리를 땅에 고착시켜 동사를 방지하는 효과가 있음
- 도장, 과도한 생장을 억제
- 건생적 생육으로 한해(旱害)가 경감
- 분얼을 조장하며 유효경수가 증가하고 출수가 고르게 됨
- 토양이 건조할 때 답압은 토양비산을 경감시킴

(5) 생육형태의 조정

① 정지(整枝, Training) : 과수 등을 자연적 생육형태가 아닌 인공적으로 변형시켜 목적하는 생육형태로 유도하는 것을 정지라 한다.

㉠ 입목형 정지
- 주간형[主幹型, 원추형(圓錐形, Pyramidal Form), Central Leader Type]
  - 수형이 원추상태가 되도록 하는 정지방법
  - 주지수가 많고 주간과 결합이 강하다는 장점이 있으나 수고가 높아 관리가 불편함
  - 풍해를 심하게 받을 수 있고 아래쪽 가지는 광부족으로 발육이 불량해지기 쉬움
  - 과실의 품질이 불량해지기 쉬움
  - 왜성사과나무 양앵두 등에 적용됨
- 배상형[盃狀形, 개심형(開心型, Open Center Type), Vase Form]
  - 주간을 일찍 잘라 짧은 주간에 3~4개의 주지를 발달시켜 수형이 술잔모양으로 되게 하는 정지법
  - 장점은 관리가 편하고 수관 내 통풍과 통광이 좋음
  - 단점은 주지의 부담이 커서 가지가 늘어지기 쉽고 결과수가 적어짐
  - 배, 복숭아, 자두 등에 적용됨
- 변칙주간형(變則主幹型, 지연개심형, Modified Leader Type)
  - 주간형과 배상형의 장점을 취할 목적으로 초기에는 수년간 주간형으로 재배하다 후에 주간의 선단을 잘라 주지가 바깥쪽으로 벌어지도록 하는 정지법
  - 주간형의 단점인 높은 수고와 수관 내 광부족을 개선한 수형임
  - 사과, 감, 밤, 서양배 등에 적용함
- 개심자연형(開心自然形, Open Center Natural Form)
  - 배상형의 단점을 개선한 수형으로 짧은 주간에 2~4개의 주지를 배치하되 주지 간 15cm 정도 간격을 두어 바퀴살가지가 되는 것을 피하고 주지는 곧게 키우되 비스듬하게 사립(斜立)시켜 결과부를 배상형에 비해 입체적으로 구성함
  - 수관 내부가 완전히 열려있어 투광률이 좋고 과실의 품질이 좋으며, 수고가 낮아 관리가 편함

㉡ 울타리형 정지
- 포도나무의 정지법으로 흔히 사용되는 방법
- 가지를 2단 정도 길게 직선으로 친 철사 등에 유인하여 결속하는 정지방법
- 장점은 시설비가 적게 들어가고 관리가 편함
- 단점은 나무의 수명이 짧아지고 수량이 적음
- 관상용 배나무, 자두나무 등에서도 쓰임

필 / 수 / 확 / 인 / 문 / 제

㉢ 덕형 정지(덕식, Overhead Arbor, Trellis Training)
- 공중 1.8m 정도 높이에 가로, 세로 철선 등을 치고 결과부를 평면으로 만들어주는 수형
- 포도나무, 키위, 배나무 등에 적용함
- 장점은 수량이 많고 과실의 품질도 좋아지며 수명도 길어짐
- 단점은 시설비가 많이 들어가고 관리가 불편함
- 배나무에서는 풍해를 막을 목적으로 적용하기도 함
- 정지, 전정, 수세조절 등이 잘 안되었을 때 가지가 혼잡해져 과실의 품질저하나 병해충의 발생증가 등 문제점도 있음

② 전정(剪定, Pruning)

㉠ 정지를 위한 가지의 절단, 생육과 결과의 조절 등을 위한 과수 등의 가지를 잘라주는 것을 전정이라 한다.

㉡ 전정의 효과
- 목적하는 수형을 만듦
- 병충해 피해 가지, 노쇠한 가지, 죽은 가지 등을 제거하고 새로운 가지로 갱신하여 결과를 좋게 함
- 통풍과 수광을 좋게 하여 품질 좋은 과실이 열리게 함
- 결과부위의 상승을 억제하고 공간을 효율적으로 이용할 수 있게 함
- 보호 및 관리가 편리하게 함
- 결과지의 알맞은 절단으로 결과를 조절하여 해거리를 예방하고 적과 노력을 줄일 수 있음

㉢ 전정 방법
- 갱신전정 : 오래된 가지를 새로운 가지로 갱신을 목적으로 하는 전정
- 솎음전정 : 밀생한 가지를 솎기 위한 목적으로 하는 전정
- 보호전정 : 죽은 가지, 병충해 가지 등의 제거를 목적으로 하는 전정
- 절단전정 : 가지를 중간에서 절단하는 전정법으로 남은 가지의 장단에 따라 장전정법, 단전정법으로 구분함
- 전정 시기에 따라 휴면기 전정은 동계전정, 생장기 전정은 하계전정으로 구분함

㉣ 전정 시 주의사항
- 작은 가지를 전정할 때는 예리한 전정가위를 사용해야 하며, 그렇지 않은 경우 유합이 늦어지고 불량해짐
- 전정 시 가장 위에 남는 눈의 반대쪽으로 비스듬히 자름
- 전정 시 전정가위로 한 번에 자르지 않고 여러 번 움직여 자르면 절단면이 고르지 못하고 유합이 늦어짐

다음 과수의 결과습성 중 1년생 가지에 결실하는 과수로만 짝지어진 것은?

ㄱ. 감	ㄴ. 복숭아
ㄷ. 사 과	ㄹ. 포 도
ㅁ. 감 귤	ㅂ. 살 구

① ㄱ, ㄹ, ㅁ
② ㄴ, ㄹ, ㅂ
③ ㄱ, ㅁ, ㅂ
④ ㄴ, ㄷ, ㅁ

답 ①

- 전정 시 절단면이 넓으면 도포제를 발라 상처부위를 보호하고 빨리 재생시켜야 함

ⓜ 과수의 결과습성

- 1년생 가지에 결실하는 과수 : 포도, 감, 밤, 무화과, 호두, 감귤 등
- 2년생 가지에 결실하는 과수 : 복숭아, 자두, 살구, 매실, 양앵두 등
- 3년생 가지에 결실하는 과수 : 사과, 배 등

③ 그 밖의 생육형태 조정법

㉠ 적심(摘心, 순지르기, Pinching)

- 주경 또는 주지의 순을 질러 그 생장을 억제시키고 측지 발생을 많게 하여 개화, 착과, 착립을 조장하는 작업
- 과수, 과채류, 두류, 목화 등에 실시
- 담배의 경우 꽃이 진 뒤 순을 지르면 잎의 성숙이 촉진됨

㉡ 적아(摘芽, 눈따기, Nipping)

- 눈이 트려 할 때 불필요한 눈을 따주는 작업
- 포도, 토마토, 담배 등에 실시

㉢ 환상박피(環狀剝皮, Ringing, Girdling)

- 줄기 또는 가지의 껍질을 3~6cm 정도 둥글게 벗겨내는 작업
- 화아분화의 촉진 및 과실의 발육과 성숙이 촉진됨

㉣ 적엽(摘葉, 잎따기, Defoliation)

- 통풍과 투광을 조장하기 위해 하부의 낡은 잎을 따는 작업
- 토마토, 가지 등에 실시

㉤ 절상(切傷, Notching) : 눈 또는 가지 바로 위에 가로로 깊은 칼금을 넣어 그 눈이나 가지의 발육을 조장하는 작업

㉥ 언곡(偃曲, 휘기, Bending) : 가지를 수평이나 그 보다 더 아래로 휘어서 가지의 생장을 억제시키고 정부우세성을 이동시켜 기부에 가지가 발생하도록 하는 작업

㉦ 제얼(除蘖)

- 감자재배의 경우 1포기에 여러 개의 싹이 나올 때 그 가운데 충실한 것을 몇 개 남기고 나머지를 제거하는 작업
- 토란, 옥수수의 재배에도 이용됨

㉧ 화훼의 형태 조정

- 노지 장미재배의 경우 겨울철 전정을 하고 낡은 가지, 내향지, 불필요한 잔가지 등을 절단하여 건강한 새가지가 균형적으로 광을 잘 받을 수 있도록 함
- 카네이션 재배의 경우 적심을 함

- 국화와 카네이션 재배의 경우 정화를 크게 하기 위해 곁꽃봉오리를 따주는 적뢰(摘蕾)를 실시
- 국화 재배의 경우 재배방식과 관계없이 적심하여 3~4개의 곁가지를 내게 함
- 화목의 묘목 또는 알뿌리 생산의 경우 번식기관의 생장을 돕기 위해 적화를 함

(6) 결실의 조절

① 적화 및 적과

㉠ 과수 등에 있어 개화수가 너무 많을 경우 꽃눈이나 꽃을 솎아서 따주는 작업을 적화라 하고 착과수가 너무 많을 경우 유과를 솎아 따주는 작업을 적과라 한다.

㉡ 손으로 직접 작업하기도 하지만 근래에는 식물생장조절제를 많이 이용한다.

㉢ 적화제 : 꽃봉오리 또는 꽃의 화기에 장애를 주는 약제로 DNOC(Sodium 4,6-Dinitro-Ortho-Cresylate), 석회황합제, 질산암모늄(NH_4NO_3), 요소, 계면활성제 등이 알려져 있다.

㉣ 적과제 : NAA, 카르바릴(Carbaryl), MEP, 에테폰(Ethephon), ABA, 에틸클로제트(Ethylchlozate), 벤질아데닌(BA) 등이 있으며, 대표적으로 사과의 카르바릴과 감귤의 NAA가 널리 쓰인다.

㉤ 효 과

- 착색, 크기, 맛 등 과실의 품질을 향상시킴
- 해거리 방지효과가 있음
- 감자의 경우 화방이 형성되었을 때 이를 따주면 덩이줄기의 발육이 조장됨

② 수분의 매개

㉠ 수분의 매개가 필요한 경우

- 수분을 매개할 곤충이 부족할 경우 : 흐리고 비오는 날이 계속되거나 농약 살포가 심한 경우 및 온실 등에서 재배할 때 등의 경우는 수분 매개곤충이 부족할 수가 있음
- 작물 자체의 화분이 부적당하거나 부족한 경우
  - 잡종강세를 이용하는 옥수수 등의 채종에 있어서는 다른 개체의 꽃가루가 수분되도록 해야 함
  - 3배체의 씨 없는 수박의 재배에 있어서 2배체의 정상 꽃가루를 수분해야 과실이 잘 비대함
  - 과수에서는 자체 꽃가루가 많이 부족하므로 다른 품종의 꽃가루가 공급되어야 함

- 다른 꽃가루의 수분이 결과에 더 좋을 경우
  - 감의 부유와 같은 품종은 꽃가루가 없어도 완전한 단위결과를 하지만 다른 꽃가루를 수분하면 낙과가 경감되고 품질이 향상됨
  - 과수에서는 자체의 꽃가루로 정상 과실을 생산하는 경우라도 다른 꽃가루로 수분되는 것이 더 좋은 결과를 초래하는 경우도 있음

㉡ 수분 매개의 방법
- 인공수분 : 과채류 등에서 손으로 인공수분을 하는 경우도 있고 사과나무 등 과수에서는 꽃가루를 대량으로 수집하여 살포기구를 이용하기도 함
- 곤충의 방사 : 과수원, 채소밭 근처에 꿀벌을 사육하거나 온실 등에서 꿀벌을 방사하여 수분을 매개함
- 수분수의 혼식
  - 사과나무 등 과수의 경우 꽃가루의 공급을 위해 다른 품종을 혼식하는 것을 수분수(受粉樹, Pollinizer)라 함
  - 수분수 선택의 조건은 주품종과 친화성이 있어야 하고, 개화기가 주품종과 같거나 조금 빨라야 하며, 건전한 꽃가루의 생산이 많고, 과실의 품질도 우량해야 함

③ 단위결과 유도

㉠ 씨 없는 과실은 상품가치를 높일 수 있어 포도, 수박 등의 경우 단위결과를 유도함으로써 씨 없는 과실을 생산하고 있다.

㉡ 씨 없는 수박은 3배체나 상호전좌를 이용하고 씨 없는 포도는 지베렐린 처리로 단위결과를 유도한다.

㉢ 토마토, 가지 등도 착과체 처리로 씨 없는 과실을 생산할 수 있다.

④ 낙 과

㉠ 낙과의 종류
- 기계적 낙과 : 낙과의 원인이 태풍, 강풍, 병충해 등에 의해 발생하는 낙과
- 생리적 낙과 : 생리적 원인에 의해 이층이 발달하여 발생하는 낙과
- 시기에 따라 조기낙과(6월 낙과), 후기낙과(수확 전 낙과)로 구분

㉡ 생리적 낙과의 원인
- 수정이 이루어지지 않아 발생
- 수정이 된 것이라도 발육 중 불량환경, 수분 및 비료분의 부족, 수광태세 불량으로 인한 영양부족은 낙과를 조장함
- 유과기 저온에 의한 동해로 낙과가 발생

㉢ 낙과방지
- 수분매조
- 동해예방
- 합리적 시비
- 건조 및 과습의 방지
- 수광태세 향상
- 방풍시설
- 병해충 방제
- 생장조절제 살포 : 옥신 등의 생장조절제의 살포는 이층형성을 억제하여 낙과 예방의 효과가 큼

㉣ 해거리(격년결과) 방지
- 전정과 조기적과를 실시
- 시비 및 토양관리를 적절하게 함
- 건조의 방지 및 병충해를 예방

⑤ 복대(覆袋, 봉지씌우기, Bagging)

㉠ 사과, 배, 복숭아 등의 과수재배에 있어 적과 후 과실에 봉지를 씌우는 것을 복대라 한다.

㉡ 복대의 장점
- 검은무늬병, 심식나방, 흡즙성나방, 탄저병 등의 병충해가 방제됨
- 외관이 좋아짐
- 사과 등에서는 열과가 방지됨
- 농약이 직접 과실에 부착되지 않아 상품성이 좋아짐

㉢ 복대의 단점
- 수확기까지 복대를 하는 경우 과실의 착색이 불량해질 수 있어 수확 전 적당한 시기에 제거해야 함
- 복대는 노력이 많이 들어 근래에는 복대 대신 농약의 살포를 합리적으로 하여 병충해를 적극적으로 방제하는 무대재배를 하는 경우가 많음
- 가공용 과실의 경우 비타민C의 함량이 낮아지므로 무대재배를 하는 것이 좋음

⑥ 성숙의 촉진

㉠ 산물의 조기출하는 상품가치를 높이므로 작물의 성숙을 촉진하는 재배법이 실시된다.

㉡ 과수, 채소 등의 촉성재배나 에스렐, 지베렐린 등의 생장조절제를 이용하는 방법을 사용하고 있다.

⑦ 성숙의 지연

㉠ 작물의 숙기를 지연시켜 출하시기를 조절할 수 있다.

㉡ 포도 델라웨어 품종의 경우 아미토신 처리로 캠벨얼리의 경우는 에테폰 처리로 숙기를 지연시킬 수 있다.

(7) 재해의 방제

① 작물재해의 종류

㉠ 수분장해

- 한해(旱害, Drought Injury) : 수분부족으로 발생하는 작물의 피해
- 습해(濕害, Excess Moisture Injury) : 토양의 과습상태가 지속되어 뿌리의 산소부족으로 발생하는 장애
- 수해
  - 수해(水害) : 작물이 장시간 물에 잠기면서 발생하는 피해
  - 침수(浸水) : 작물이 완전히 물속에 잠기지는 않았으나 정상수보다 많을 때
  - 관수(冠水) : 작물이 완전히 물속에 잠기는 침수

㉡ 온도장해

- 냉해(冷害, Cool Weather Damage)
  - 냉해 : 생육적온보다 낮은 온도에서 작물에 발생하는 피해
  - 상해(霜害, Frost Injury) : 서리로 인해 작물에 발생하는 피해
  - 한해(寒海, Winter Injury) : 월동 중 추위로 인해 작물에 발생하는 피해
  - 동해(凍害, Freezing Injury) : 작물 조직 내 결빙으로 발생하는 피해
- 열해(熱害, Heat Injury) : 온도가 생육적온보다 높아서 작물에 발생하는 피해

㉢ 광스트레스

- 솔라리제이션(Solarization)
  - 의의 : 그늘에서 자란 작물이 강광에 노출되어 잎이 타 죽는 현상
  - 원인 : 엽록소의 광산화
  - 강광에 적응하게 되면 식물은 카로티노이드가 산화하면서 산화된 엽록체를 환원시켜 기능을 회복할 수 있음
- 백화묘
  - 봄철 벼의 육묘 시 발아 후 약광에서 녹화시키지 않고 바로 직사광선에 노출시키면 엽록소가 파괴되어 발생하는 장애

솔라리제이션(Solarization)이 발생되는 주된 원인은?

① 엽록소의 광산화
② 카로티노이드의 산화
③ 카로티노이드의 생성촉진
④ 슈퍼옥시드의 감소

답 ①

필 / 수 / 확 / 인 / 문 / 제

- 약광에서 서서히 녹화시키거나 강광에서도 온도가 높으면 카로티노이드가 엽록소를 보호하여 피해를 받지 않음
- 엽록소가 일단 형성되면 높은 온도보다 낮은 온도에서 더 안정됨

㉣ 대기오염

- CO_2, SO_2, NO_2, Cl_2, F_2, O_3 등이 대기오염의 주원인임
- 온실효과 : CO_2, SO_2, NO_2, Cl_2, F_2, O_3 등이 지구에서 대기로 방출되는 에너지를 차단하여 발생하며 기온의 상승 등 생태계의 변화를 초래함

㉤ 풍해 : 주로 바람에 의해 도복피해가 발생

② 도복(倒伏)

㉠ 의의 : 화곡류, 두류 등이 등숙기에 들어 비바람에 의해서 쓰러지는 것

- 도복은 질소의 다비증수재배의 경우에 심함
- 도복에 가장 약한 시기는 키가 크고 대가 약하며 상부가 무겁게 된 때임

㉡ 도복의 유발조건

- 유전(품종)적 조건 : 키가 작고 대가 튼튼한 품종일수록 도복에 강함
- 재배조건
  - 대를 약하게 하는 재배조건은 도복을 조장함
  - 밀식, 질소다용, 칼리부족, 규산부족 등은 도복을 유발함
  - 질소 내비성 품종은 내도복성이 강함
- 병충해
- 환경조건
  - 도복의 위험기 태풍으로 인한 강우 및 강한 바람은 도복을 유발
  - 맥류 등숙기 한발은 뿌리가 고사하여 그 뒤의 풍우에 의한 도복을 조장

㉢ 도복의 피해

- 수량감소
- 품질저하
- 수확작업의 불편
- 간작물에 대한 피해

㉣ 도복대책

- 품종의 선택 : 키가 작고 대가 튼튼한 품종의 선택은 도복방지에 가장 효과적임

도복에 대한 설명으로 옳지 않은 것은?

① 밀식, 질소다용, 규산부족 등은 도복을 유발한다.
② 키가 크고, 줄기가 약한 품종일수록 도복이 심하다.
③ 맥류에서는 복토를 깊게 하면 중경의 효과가 있어 도복이 심하다.
④ 화곡류에서는 등숙 초기보다 후기에 도복의 위험이 크다.

답 ③

- 시비 : 질소 편중시비를 피하고 칼리, 인산, 규산, 석회 등을 충분히 시용함
- 파종, 이식 및 재식밀도
  - 재식밀도가 과도하면 도복이 유발될 우려가 크기 때문에 재식밀도를 적절하게 조절해야함
  - 맥류는 복토를 다소 깊게 하면 도복이 경감됨
- 관리 : 벼의 마지막 김매기 때 배토와 맥류의 답압, 토입, 진압 및 결속 등은 도복을 경감시키는 데 효과적임
- 병충해 방제
- 생장조절제의 이용 : 벼에서 유효분얼종지기에 2.4-D, PCP 등의 생장조절제 처리는 도복을 경감시킴
- 도복 후의 대책 : 도복 후 지주 세우기나 결속은 지면, 수면에 접촉을 줄여 변질, 부패가 경감됨

③ 수발아(穗發芽)

㉠ 의 의

- 성숙기에 가까운 맥류가 장기간 비를 맞아서 젖은 상태로 있거나, 우기에 도복해서 이삭이 젖은 땅에 오래 접촉해 있게 되었을 때 수확 전의 이삭에서 싹이 트는 것
- 수발아는 성숙기에 비가 오는 날이 계속되면 종자가 수분을 흡수한 상태로 낮은 온도에 오래 처하게 되면서 휴면이 일찍 타파되어 발아하는 것으로 생각됨

㉡ 수발아 대책

- 품종의 선택
- 조기 수확
- 도복의 방지
- 발아억제제의 살포

④ 병충해 방제

㉠ 경종적 방제법(耕種的防除法, Agricultural Control) : 재배적 방법과 병충해를 방제하는 방법으로 다음과 같은 방법이 있다.

- 토지의 선정 : 씨감자의 고랭지 재배는 바이러스 발생이 적어 채종지로 알맞으며, 통풍이 좋지 않고 오수가 침입하는 못자리는 충해가 많음
- 저항성 품종의 선택
- 무병종묘의 선택
- 윤 작
- 재배양식의 변경
- 혼 식

맥류의 수발아에 대한 설명으로 옳지 않은 것은?

① 성숙기의 이삭에서 수확 전에 싹이 트는 경우이다.
② 우기에 도복하여 이삭이 젖은 땅에 오래 접촉되어 발생한다.
③ 우리나라에서는 조숙종이 만숙종보다 수발아의 위험이 적다.
④ 숙기가 같더라도 휴면기간이 짧은 품종이 수발아의 위험이 적다.

답 ④

- 생육시기의 조절
- 시비법 개선
- 포장의 정결한 관리
- 중간기주식물의 제거 : 배의 적성병은 중간기주식물인 향나무를 제거함으로써 방제할 수 있음

㉡ 생물학적 방제법(生物學的防除法, Biological Control) : 해충을 포식하거나 기생하는 곤충, 미생물 등 천적을 이용하여 방제하는 방법이다.

㉢ 물리적 방제법(物理的防除法, Physical Control, Mechanical Con-trol)

- 포살 및 채란
- 소 각
- 담 수
- 차 단
- 유 살
- 온도처리

㉣ 화학적 방제법(化學的防除法, Chemical Control) : 농약을 이용하여 병충해를 방제하는 방법으로 특성별 농약 종류는 다음과 같다.

- 살균제(殺菌劑)
  - 구리제 : 석회보르도액, 분말보르도, 구리수화제 등
  - 유기수은제 : 현재는 사용하지 않음
  - 무기황제 : 황분말, 석회황합제 등
  - Dithiocarbamate계 살균제 : Ferbam, Ziram, Mancozeb, Thiram, Sankel 등
  - 유기비소살균제 : Methylarsonic Acid 등
  - 항생물질 : Streptomycin Blasticidin-S, Kasugamycin, Validamycin, Polyoxin 등
  - 유기인제 : Tolclofos-Methyl, Fosetyl-Al, Pyrazophos, Kitazin 등
  - 그 외 살균제 : Diethofencarb, Anilazine, Etridiazole, Procymidone, Tricyclazole 등
- 살충제(殺蟲劑)
  - 천연살충제 : Pyrethrin, Rotenone, Nicotine 등
  - 유기인제 : Parathion, Sumithion, EPN, Malathion, Diazinon 등
  - Carbamate계 살충제 : Sevin, Carbaryl, Fenobucarb, Carbofuran 등

- 염소계 살충제 : Endosulfan 등
- 살비제 : Milbemectin, Pyridaben, Clofentezine 등
- 살선충제 : Fosthiazate 등

• 유인제(誘引劑) : Pheromone 등
• 기피제(忌避劑)
• 화학불임제(化學不姙劑) : 호르몬계 등

ⓜ 법적 방제법(法的防除法, Legal Control) : 식물방역법을 통해 식물검역으로 위험 병균, 해충의 국내 침입과 전파를 방지하여 병충해를 방제하는 방법이다.

ⓗ 종합적 방제법(綜合的防除法, Integrated Pesticide Control, IPC)

• 여러 가지 방제법을 유기적으로 조화를 유지하며 사용하는 방법
• 병해충의 밀도를 경제적 피해밀도 이하로만 두며 전멸시킬 필요가 없다고 보며 천적과 유용생물의 보존, 환경보호라는 목적의 달성을 위한 개념

(8) 생력재배(省力栽培, Labor Saving Culture)

① 농업에 있어 노동이 차지하는 비율이 과반이 넘을 정도로 비중이 높은데 이러한 노동을 절약하기 위한 재배를 생력재배라 한다.

② 생력재배의 효과

㉠ 농업노력비의 절감으로 생산비를 줄일 수 있다.
㉡ 단위면적당 수량을 증대시킨다.
㉢ 농업경영구조를 개선할 수 있다.

③ 작물재배의 생력화를 위한 제반 조건

㉠ 생력화가 가능하도록 농지 정리가 되어야 한다.
㉡ 기계화 및 제초제를 이용한 제초를 위하여 넓은 면적의 공동관리에 의한 집단재배가 기계의 효율상 합리적이다.
㉢ 제초제를 사용한 제초의 생력화를 도모해 기계화 재배를 가능하게 해야 한다.
㉣ 기계화에 알맞고 제초제 피해가 적은 품종을 선택하고 인력재배 방법을 개선하는 등 재배체계를 확립해야 한다.

제7장 시설재배(施設栽培, Protected Cultivation)

1 시설재배의 개념

(1) 시설재배

① 작물의 재배환경을 생육에 알맞게 인위적으로 조절하는 모든 재배양식으로 유리 혹은 플라스틱 필름이나 온실, 식물공장 내에서 재배하는 것이다.

② 필요성

㉠ 원예작물은 계절에 관계없이 일 년 내내 요구되므로 주년적 공급체계는 시설재배와 밀접한 관련이 있다.

㉡ 시설원예는 노지원예와 달리 제철이 아닌 때의 생산이므로 비싼 값으로 출하되어 노지원예에 비하여 수익성이 높다.

③ 우리나라의 시설원예

㉠ 대부분 플라스틱하우스이며, 최근 유리온실이 증가하고 있다.

㉡ 전체 시설면적은 채소가 84%, 과수 10%, 화훼 5%로 구성되어 있으며, 선진국과 비교하면 채소 비중이 높은 편이다.

④ 채소의 시설재배

㉠ 재배면적 : 과채류 > 엽채류 > 근채류

㉡ 재배면적은 수박이 가장 크며, 그 다음 참외, 딸기, 봄무, 상추 순이고 풋고추, 오이, 봄배추, 호박 등도 많이 재배되고 있다.

(2) 시설의 종류와 특성

시설의 종류는 시설자재에 따라 유리온실, 플라스틱하우스 등이 있고 시설의 모양에 따라 여러 가지로 구분된다.

① 유리온실

㉠ 외지붕형 온실

- 한쪽 지붕만 있는 시설로 동서방향의 수광각도가 거의 수직임
- 북쪽벽 반사열로 온도상승에 유리하고 겨울에 채광, 보온이 잘됨
- 가정에서 소규모의 취미원예에 이용하는 경우임

㉡ 3/4지붕형 온실

- 남쪽지붕 길이가 지붕 전 길이의 3/4을 차지하여 겨울철에 채광, 보온성이 우수함
- 고온성 원예작물인 멜론 재배에 적합

㉢ 양쪽지붕형 온실

- 길이가 같은 양쪽지붕으로 남북방향의 광선입사가 균일함

• 통풍이 양호하고 가장 보편적인 형태
• 재배관리가 편리하기 때문에 토마토, 오이 등의 열매채소와 카네이션, 국화 등의 화훼류 재배에 이용되고 있음

㉣ 연동형 온실
• 남북방향이 유리하며 시설비가 저렴하고 높은 토지이용률을 나타냄
• 바람의 영향을 많이 받게 되고 열손실도 많아 비경제적임

㉤ 벤로형 온실
• 처마가 높고 폭 좁은 양지붕형 온실을 연결한 것으로 연동형 온실의 결점을 보완한 것임
• 토마토, 오이, 피망 등의 키가 큰 호온성열매채소류를 재배하는데 적합함

㉥ 둥근지붕형 온실 : 곡면유리를 사용하여 지붕의 곡면이 크고 밝으므로 식물전시용 또는 대형식물, 열대성 관상식물 재배에 적합함

② 플라스틱하우스

㉠ 터널형 하우스
• 보온성이 크고, 내풍성이 강하며, 광 입사량이 고름
• 단점으로 환기능률이 떨어지고 많은 눈에 잘 견디지 못함

㉡ 지붕형 하우스
• 바람이 세거나 적설량이 많은 지대에 적합한 형태
• 천장과 측창의 구조, 설치와 창의 개폐가 간단함

㉢ 아치형 하우스
• 지붕이 곡면이며 자재비가 적게 들고 간단하게 지을 수 있음
• 이동이 용이하고 내풍성이 강하며, 광선이 고르게 투과됨
• 적설에 약하고 환기능률이 나쁨

(3) 시설자재

① 골격자재

㉠ 목 재
• 초기에 많이 이용되었으나 요즘은 철재, 경합금재가 많이 이용된다.
• 골격률이 크고 투광률과 내구성이 낮다.

㉡ 경합금재 : 알루미늄을 주성분으로 하는 여러 종류의 합금재이다.

장 점	단 점
가볍고 내부식성이 강하며 광투과율이 좋음	강재에 비해 강도가 낮고 가격이 비쌈

㉢ 강재 : 강도와 내구성이 높아 하중이 큰 대형 온실에 적합하다.

[강재의 종류]

경량형 강재	압연강재	구조강관
• 유리온실 및 플라스틱 온실에 쓰임 • 두께 3.2mm 이하	• 대형 유리온실 등에 쓰임 • 강도가 높음 • 강한 힘의 작용을 받는 굴곡부분이 두꺼움	• 단동 및 연동하우스의 골격재로 많이 사용됨 • 두께 1.2mm, 바깥지름 ϕ22mm가 많이 사용됨 • 아연도금으로 내구연한이 김

② 피복자재 : 고정시설을 피복하여 계속 사용하는 유리나 플라스틱필름 등의 기초피복재와 보온, 차광 등을 목적으로 사용하는 부직포, 거적 등의 추가피복재가 있다.

기초피복	추가피복
• 유리온실, 플라스틱 등 고정시설의 피복과 소형터널 등 간이구조 및 멀칭 등 지면을 피복하며 상태의 변화 없이 계속 사용하는 피복 • 플라스틱필름, 유리	• 기초피복 위에 보온, 차광 및 반사 등 목적의 피복 • 커튼, 외면피복 등 • 부직포, 매트, 거적 등

③ 피복자제의 조건

㉠ 투광률은 높고 열선투과율은 낮아야 한다.

㉡ 보온성이 커야 한다.

㉢ 열전도율이 낮아야 한다.

㉣ 내구성이 커야한다.

㉤ 수축과 팽창이 작아야 한다.

㉥ 충격에 강해야 한다.

㉦ 가격이 저렴해야 한다.

④ 유 리

장 점	단 점
투과성, 내구성, 보온성이 우수함	시설비가 많이 들고, 연질필름에 비해 기밀도가 떨어짐

㉠ 판유리 : 투명유리를 이용하며, 일반적으로 두께 3mm를 이용하고 벤로형 온실 또는 안전도가 커야 하는 곳은 4mm 유리를 이용한다.

㉡ 형판유리 : 표면이 요철모양으로 처리되어 있고, 투과광의 일부가 산란되어 시설 내 광분포가 고르다.

㉢ 열선흡수유리 : 가시광선의 투과성이 높고, 열선투과율은 낮다.

⑤ 플라스틱 피복자재

연질필름	경질필름	경질판	반사필름
• 두께 0.05~0.2mm • 종류 : PE(폴리에틸렌필름), PVC(염화비닐필름), EVA(에틸렌아세트산비닐필름)	• 두께 0.10~0.20 • 종류 : 경질염화비닐필름, 경질폴리에스테르필름	• 두께 0.2mm 필름 • 종류 : FRA판, FRP판, MMA판, 복층판	시설의 보광 또는 반사광 사용에 이용

⑥ 기타 피복자재

㉠ 부직포 : 커튼 또는 차광피복재로 사용한다.

㉡ 매트 : 소형터널 보온피복에 많이 사용하며 단열성은 좋으나 광선투과율 및 유연성이 나쁘다.

㉢ 한랭사 : 시설의 차광피복재 및 서리방지 피복재로 사용된다.

(4) 시설 내 환경 특이성

① 온 도

㉠ 일교차가 크다.

㉡ 위치별 분포가 다르다.

㉢ 지온이 높다.

② 광

㉠ 광질이 다르다.

㉡ 광량이 감소한다.

㉢ 광분포가 불균일하다.

③ 수 분

㉠ 토양이 건조해지기 쉽다.

㉡ 공중습도가 높다.

㉢ 인공관수를 한다.

④ 토 양

㉠ 염류농도가 높다.

㉡ 토양 물리성이 나쁘다.

㉢ 연작장애가 있다.

⑤ 공 기

㉠ 탄산가스가 부족하다.

㉡ 유해가스의 집적이 크다.

㉢ 바람이 없다.

비닐하우스 시설 내 환경특이성이 노지와 비교하여 다른 점을 바르게 설명한 것은?

① 시설 내 온도의 일교차는 노지보다 작다.
② 시설 내의 광량은 노지보다 증가한다.
③ 시설 내의 토양은 건조해지기 쉽고 공중습도는 높다.
④ 시설 내의 토양은 염류농도가 노지보다 낮다.

해설

노지와 시설 내 환경의 차이

- 온도 : 일교차가 크다. 위치별 분포가 다르다. 지온이 높다.
- 광 : 광질이 다르다(광량 감소, 광분포 불균일)
- 수분 : 토양이 건조해지기 쉽다. 공중습도가 높다. 인공관수를 한다.
- 토양 : 염류농도가 높다. 토양 물리성이 나쁘다. 연작장애가 있다.
- 공기 : 탄산가스가 부족하다. 유해가스의 집적이 크다. 바람이 없다.

답 ③

(5) 시설 내 병해충

① 많이 발생하는 병해 : 역병, 균핵병, 잿빛곰팡이병, 흰가루병, 노균병, 검은별무늬병, 풋마름병, 배꼽썩음병이 많이 발생한다.

② 저온, 고온장해로 발생하는 병해

㉠ 저온장해 : 노균병, 균핵병, 잿빛곰팡이병

㉡ 고온장해 : 시들음병, 풋마름병, 탄저병, 덩굴쪼김병

2 양액재배

(1) 정 의

① 토양 대신에 생육에 요구되는 무기양분을 용해시킨 영양액으로 작물을 재배하는 것을 말한다.

② 복잡한 토양환경을 양액으로 대체하여 지하부 근권환경을 단순화시켰다는 것이 가장 큰 특징이다.

③ 작물의 생육환경을 보다 완벽하게 조절할 수 있는 것은 물론이고 작업의 생력화와 자동화가 훨씬 쉬워졌다.

(2) 장단점

장 점	단 점
• 품질과 수량성이 좋다. • 농약 사용량이 적다. • 청정재배가 가능하다. • 자동화가 쉬워 노력을 크게 줄일 수 있다. • 장소에 관계없이 오염지, 바위섬, 사막 등에서도 재배가 가능하다. • 토양을 사용하지 않기 때문에 연작이 가능하다.	• 양액의 완충능이 없다. • 초기 자본이 많이 필요하다. • 전문적인 지식과 기술이 필요하다. • 환경의 변화에 작물이 쉽게 대처하지 못하며 병해를 입으면 치명적인 손실을 초래할 수 있다. • 재배 가능한 작물의 종류가 많지 않다. • 폐자재의 활용이 어렵다.

(3) 청정재배와 NFT

① NFT는 순환식 수경방식을 말한다.

② 시설비가 저렴하고 설치가 간단하며, 중량이 가벼워 널리 보급되어 있는 양액재배용 방식으로 산소부족이 없다.

(4) 무토재배의 종류

구 분	재배방식
기상배지경	분무경(공기경), 분무수경(수기경)
액상배지경	• 담액수경 : 연속통기식, 액면저하식, 등량교환식, 저면담배수식 • 박막수경 : 환류식
고형배지경	• 천연배지경 : 자갈, 모래, 왕겨, 톱밥, 코코넛 섬유, 수피, 피트모스 • 가공배지경 : 훈탄, 암면, 펄라이트, 버미큘라이트, 발포점토, 폴리우레탄

제8장 수확 후 관리

1 수확(收穫, Harvest)

(1) 성숙(成熟, Maturation, Ripening)

① 식물체상에서 미숙한 과실이 수확 가능한 상태로 변해가는 과정을 성숙과정이라 하며, 먹기에 가장 적합한 상태로 익어가는 과정을 숙성이라 한다.

㉠ 생리적 성숙 : 식물이 외관을 갖추어지고 충실해지며, 꽃이 피고 열매를 맺을 수 있는 상태가 되어 수확의 적기가 되는 것을 성숙이라 한다.

㉡ 원예적 성숙 : 생리적 성숙에는 미치지 못하였더라도 애호박이나 오이 등을 원예적 이용 목적에 따라 수확하는 시기를 원예적 성숙이라 한다.

㉢ 상업적 성숙 : 상업적 가치에 따라 수확시기가 결정된다.

② 생리적 성숙도 판정기준

㉠ 품종 고유의 색깔 및 특색이 발현된다.

㉡ 익어가는 과실은 신맛과 떫은맛이 적어지고 단맛이 많아지며 과육이 연하여 물러진다.

㉢ 품종고유의 색이 오르고 향기가 나며, 씨가 굳는다.

㉣ 개화시기에서 성숙기까지는 거의 일정한 시간이 걸린다.

㉤ 잘 익은 과실은 본주에서 꼭지가 잘 떨어진다.

③ 화곡류의 성숙과정

㉠ 유숙기(乳熟期, Milk Stage) : 배유가 아직 유상이며 배의 발달도 불완전한 상태로 물관리 등을 철저히 해야 하는 시기이다.

ⓛ 호숙기(糊熟期, Dough Stage) : 종자의 내용물이 풀처럼 점성을 띠며, 수분 함량이 가장 높은 시기로 새의 피해가 가장 심한 시기이다.
ⓒ 황숙기(黃熟期, Yellow Stage, Dent Stage) : 이삭이 황변하고 종자의 내용물이 납상(蠟狀)이고 생리적 성숙이 완성된 시기로 수확을 할 수 있으며, 종자용 수확의 적기이다.
ⓡ 완숙기(完熟期, Full Ripe Period) : 식물체 전체가 황변하고 종자의 내용물이 경화되어 완전히 익은 시기이며, 일반적 이용을 위한 수확기이다.
ⓜ 고숙기(枯熟期, Dead Ripe Stage) : 식물체가 퇴색하고 내용물이 더욱 경화되며 탈립, 동할미 등이 발생하기 쉬워 품질이 나빠진다.

(2) 수확기

① 수확적기의 판정

㉠ 이용 목적에 따라 수확기를 결정한다.
㉡ 발육정도, 재배조건, 시장조건, 기상조건에 따라 수확시기를 결정한다.
㉢ 외관상 판정할 수 있는 품종도 있으나 외관상 판단이 어려운 것도 많다. 따라서 개화일자를 기록하여 날 수로 판단함이 정확하다.
㉣ 수확을 위한 적당한 성숙에 이르렀는지의 여부를 결정한다.
㉤ 수확 당시의 품질이 최상의 상태가 아닌 소비자 구매시 생산물의 품질이 가장 우수할 때가 되는 시점이다.

② 생리대사의 변화

㉠ 호흡속도 : 성숙, 숙성 중 호흡의 변화량에 따라 결정할 수 있다. 클라이메트릭라이스(호흡급등현상)형 과실의 호흡량이 최저에 달했다가 약간 증가되는 초기단계로 수확의 적기이다.

- 성숙과 숙성과정에서 호흡이 급격하게 증가하는 호흡급등형(Climacteric Type) 과실과 호흡의 변화가 없는 비호흡급등형(Non-Climacteric Type) 과실이 있다.
- 호흡급등형 과실 : 사과, 배, 복숭아, 참다래, 바나나, 아보카도, 토마토, 수박, 살구, 멜론, 감, 키위, 망고, 파파야 등
- 비호흡급등형 과실 : 포도, 감귤, 오렌지, 레몬, 고추, 가지, 오이, 딸기, 호박, 파인애플 등

㉡ 에틸렌 대사 : 호흡급등형 과실은 성숙과정과 에틸렌 발생량이 매우 밀접한 관계를 가지고 있어서 에틸렌 발생량이나 과일 내부의 에틸렌 농도를 측정하여 성숙 정도를 알 수 있어 수확 시기를 결정할 수 있다.

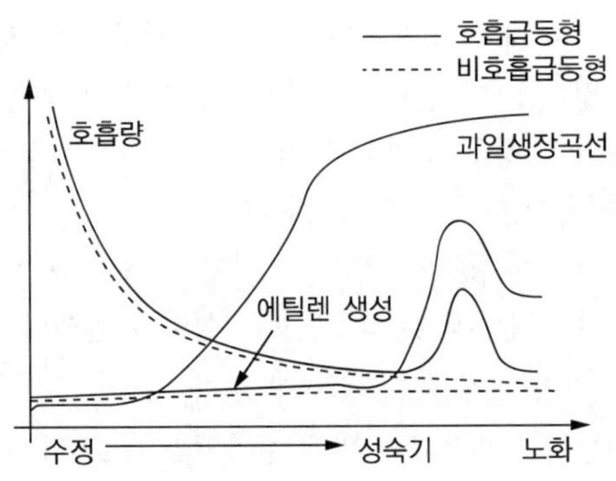

[과실의 생장곡선과 호흡량, 에틸렌의 생성]

③ 성숙 및 숙성과정의 대사산물의 변화

㉠ 단맛의 증가 : 사과, 키위, 바나나 등은 전분이 당으로 가수분해되며, 단맛이 증가한다.

㉡ 신맛의 감소 : 사과, 키위, 살구 등은 유기산의 변화로 신맛이 감소하게 된다.

㉢ 색의 변화 : 엽록소 분해 및 색소의 합성 및 발현으로 색의 변화가 일어난다.

㉣ 과육의 연화 : 세포벽이 붕괴되며, 과육의 연화현상이 일어난다.

㉤ 떫은맛의 소실 : 감은 타닌의 중화반응으로 떫은맛이 없어진다.

㉥ 풍미발생 : 사과, 유자 등은 휘발성 에스테르의 합성으로 고유의 풍미가 나타난다.

㉦ 과피 외관 및 상품성 : 표면에 왁스물질의 합성 및 분비로 외관이 좋아지며, 상품성이 향상된다.

④ 만개 후 일수 : 꽃이 80% 이상 개화된 만개일시를 기준으로 한다.

㉠ 후지사과 : 개화 후 160~170일

㉡ 신고배 : 개화 후 165~170일

⑤ 색깔, 맛, 경도 및 품질과 내·외적 품질구성요소를 만족시켜야 한다.

(3) 수확 시기의 중요성

① 수확 시기는 생산물의 색, 크기 등 외관은 물론 맛과 품질을 결정하나 적정 수확 시기는 수확기의 품질과 생산량에 따라 결정되는 것이 아니고 수확 후 저장기간 또는 유통기간을 고려하여 결정되어야 한다.

② 수확 시기는 산물의 품질을 결정한다.

③ 수확 시기에 따라 저장력이 결정된다.

㉠ 배 신고의 경우 수확 시기가 늦을 경우 저장장애의 발생이 크게 증가하므로 적기에 수확하는 것이 장기저장을 위해서 바람직하다.

㉡ 사과 후지의 경우도 저온저장, CA저장을 할 경우 수확기가 늦으면 저장 중 내부갈변 등 생리장해가 크게 증가한다.

㉢ 양파의 경우 수확 시기가 늦으면 전체 수확량은 증가하나 저장 중 손실이 급격히 증가한다.

㉣ 봄배추의 경우 수확 시기가 늦으면 결구상태는 좋아지나 저장 중 부패 또는 깨씨무늬 증상이 심하게 발생할 수 있다.

④ 경제성과의 관계를 고려하여야 한다.

㉠ 생산량 : 생산량을 위해 수확기를 늦출 경우 수확량은 증가할지 모르나 품질이 떨어져 제 가격을 받지 못할 수 있으므로 품질과 생산량 두 가지 요인이 모두 충족되는 시점을 잡아야 한다.

㉡ 가격 : 산물의 가격 변동이 클수록 수확기의 결정은 어렵다. 수확기의 결정은 품질, 생산량, 가격의 각 요인에 따라 수확기를 결정하여야 한다.

㉢ 기타 요인 : 수확 전 낙과 현상이 심한 경우 낙과되기 전에 수확을 끝낼 수 있는 수확 계획 역시 수확기의 결정에 고려사항이다.

⑤ 용도와 출하시기를 고려하여야 한다.

㉠ 생리적 성숙과 원예적 성숙이 일치하지 않을 수 있으므로 산물의 용도에 따라 수확 시기를 결정하여야 한다.

㉡ 수확 후 바로 출하할 것인지 저장할 것인지에 따라 수확기에 간격을 두기도 한다. 사과나 배와 같은 저장용 과일은 수확 시기에 따라 저장력의 차이를 보이기도 한다.

(4) 수확방법

① 물리적 손상을 받기 쉬운 작물은 손으로 수확하는 방법이 아직은 절대적인 수확방법이다.

② 수확 시간은 기온이 낮은 이른 아침부터 오전 중에 수확한다.

③ 성숙한 과일부터 몇 차례 나누어 수확한다.

④ 압력을 주면 상처를 받기 쉬우므로 치켜올려 따거나 가위나 칼로 딴다.

⑤ 수확된 산물은 던지거나 충격을 주어서는 안된다.

⑥ 소비지가 멀거나 장기저장용 산물은 약간 덜 숙성된 것을 수확하고 즉석으로 팔거나 먹을 것은 완숙된 것을 수확하는 것이 좋다.

⑦ 충해나 병해를 입은 산물은 별도로 따서 처리한다.

(5) 기계수확과 인력수확

① 기계수확

㉠ 신선농산물은 조직이 연하여 수확 시 상처가 발생하기 쉬우므로 성숙상태의 과실수확에는 적당하지 않다.

㉡ 가공용인 경우 노동력의 절감을 위하여 기계로 수확하는 것이 일반적이다.

㉢ 단시간에 많은 면적의 수확이 가능하다.

② 인력수확

㉠ 상처발생을 최소화하기 위하여 손으로 수확하는 것이 일반적인 수확방법이다.

㉡ 생식용 원예산물은 대부분 인력으로 수확하며 전체 노동력 가운데 수확에 소요되는 비중이 큰 편이다.

2 수확 후의 생리작용

(1) 호 흡

① 호흡작용

㉠ 살아있는 생명체로 수확된 생산물의 호흡작용은 계속 진행된다.

㉡ 호흡은 살아있는 식물체에서 발생하는 주된 물질대사 과정으로 전분, 당, 탄수화물 및 유기산 등의 저장양분(기질)이 산화(분해)되는 과정으로 같은 세포 내에 존재하는 복합물질들을 이산화탄소나 물과 같은 단순물질로 변환시키고, 이와 동시에 세포가 사용할 수 있는 여러 가지 분자와 에너지를 방출하는 일종의 산화적 분해과정이다. 생성된 에너지는 일부 생명유지에 필요한 대사작용에 소모되기도 하나 수확한 과실의 경우는 대부분 호흡열로 체외로 방출된다.

㉢ 호흡하는 동안 발생하는 열을 호흡열이라 하고, 이것은 저장과 저장고 건축 시 냉각용적 설계에 중요한 자료가 된다.

㉣ 수확 후 관리기술은 호흡열을 줄이기 위하여 외부환경요인을 조절한다.

② 호흡과정

포도당+산소 → 이산화탄소+수분+에너지(대사에너지+열)
$C_6H_{12}O_6 + 6O_2 \rightarrow 6CO_2 + 6H_2O +$ 에너지

③ 호흡에 미치는 환경 요인

㉠ 온 도

- 수확 후 저장 수명에 가장 크게 영향을 주는 요인은 온도로, 대사과정에서 호흡 등 생물학적 반응에 크게 영향을 주기 때문이며, 대부분 작물의 생리적인 반응을 근거로 온도상승은 호흡반응의 기하급수적인 상승을 유도함
- 생물학적 반응속도는 온도 10℃ 상승에 2~3배 상승하고 온도 10℃ 간격에 대한 온도상수를 Q_{10}이라 부르는데, Q_{10}은 높은 온도에서의 호흡률을 10℃ 낮은 온도에서의 호흡률로 나눈 값으로 $Q_{10} = \frac{R_2}{R_1}$이라 함
- Q_{10}은 다른 온도에서 알고 있는 값에서 어떤 온도에서의 호흡률을 계산하는 데 이용되는 것이며, 보통 Q_{10}은 온도에 따라 다르게 변화하며, 높은 온도일수록 낮은 온도에서 보다 Q_{10}값이 적게 나타남

㉡ 대기조성

- 식물은 충분한 산소조건에서 호기성 호흡을 하며, 대부분의 작물에서 산소농도가 21%에서 2~3%까지 떨어질 때 호흡률과 대사과정은 감소하며, 1% 이하의 산소농도는 저장온도가 최적일 때 저장수명을 연장하지만 저장온도가 높을 때는 ATP(아데노신3인산)에 의한 산소소모가 있기 때문에 혐기성 호흡으로 변하게 됨
- 왁스처리, 표면코팅처리, 필름피막처리포장 등 수확 후 여러 취급과정을 선택하는 데는 충분한 산소농도가 필요한데 예를 들어, 포장처리 하는 동안 대기조성이 잘못될 경우 저장산물은 혐기성 호흡이 진행되어 이취가 발생하게 됨
- 저장산물 주변의 이산화탄소농도가 증가하게 되면 호흡을 감소시키고 노화를 지연시키며 균의 생장을 지연시키지만, 낮은 산소조건에서 높은 이산화탄소농도는 발효과정을 촉진시킬 수 있음
- 산소유무에 따른 호흡유형의 분류
  - 호기성(好氣性, Aerobic) 호흡
  - 혐기성(嫌氣性, Anaerobic) 호흡(무기호흡)
  - 미호기성(微好氣性, Micro-Aerophilic) 호흡
  - 통성혐기성(通性嫌氣性, Facultative Anaerobe) 호흡

㉢ 저온스트레스와 고온스트레스

- 수확 후 식물이 받는 스트레스에 따라 호흡률이 크게 영향을 받는데, 일반적으로 식물은 수확 후 0℃ 이상의 온도 범위에서는 저장온도가 낮을수록 호흡률은 떨어진다. 그러나 열대나 아열대산

원산지인 식물은 수확 후 빙점온도(0℃) 이상에서 10~12℃ 이하의 온도에서는 저온에 의하여 저온 스트레스를 받게 되고 이때 호흡률은 Q_{10}의 공식에 따르지 않음
- 온도가 생리적인 범위를 넘으면 호흡상승률은 떨어지고 이 상승률은 조직이 열괴사 상태에 이르면서 마이너스가 되고 대사과정은 불규칙하게 되면서 효소 단백질은 파괴되며, 많은 조직들은 단지 몇 분 동안 고온에서 견딜 수 있는데 이러한 특성을 기초로 몇몇 과일에서는 과피의 포자를 죽이는 데 이러한 특성을 이용하기도 함

㉣ 물리적 스트레스
- 약간의 물리적 스트레스에도 호흡반응은 흐트러지고 심할 경우에는 에틸렌 발생 증가와 더불어 급격한 호흡 증가를 유발함. 물리적 스트레스에 의해 발생된 피해 표시는 장해 조직으로부터 발생하기 시작하여 나중에는 피해 받지 않은 인접 조직에까지 생리적 변화를 유발함
- 중요한 생리적 변화로는 호흡증가, 에틸렌 발생, 페놀물질의 대사과정, 그리고 상처 치유 등이며, 상처에 의해 유기된 호흡은 일시적이고 단지 몇 시간이나 며칠 동안 지속되지만, 몇몇 조직에서의 상처는 숙성을 촉진하는 등 발달과정의 변화를 촉진하여 지속적인 호흡증가를 유지하게 되고 에틸렌은 호흡을 자극하는 반응 외 저장산물에 많은 생리적인 효과를 가져옴

④ 호흡상승과와 비호흡상승과

㉠ 호흡은 산소의 이용 유무에 따라 호기적 호흡과 혐기적 호흡으로 구분할 수 있다. 작물의 호흡률은 조직의 대사활성을 나타내는 좋은 지표가 되며 따라서 작물의 잠재적인 저장 수명을 예상할 수 있게 한다.

㉡ 작물의 무게 단위당 호흡률은 미숙상태일 때 가장 높게 나타나며 이후 지속적으로 감소한다. 토마토, 사과와 같은 작물은 숙성과 일치하여 호흡이 현저히 증가하는 현상을 보인다. 그러한 호흡현상을 나타내는 작물을 호흡상승과라고 분류한다.

㉢ 호흡상승의 시작은 대략 작물의 크기가 최대에 도달했을 때와 일치하며 숙성동안 발생하는 모든 특징적인 변화가 이 시기에 일어나고 숙성과정의 완성뿐만 아니라 호흡상승도 작물이 모체에 달려 있을 때나 수확했을 때 모두 진행한다.

㉣ 감귤류, 딸기, 파인애플과 같은 작물들은 호흡상승을 나타내지 않으며 이러한 작물들은 비호흡상승과로 분류한다. 비호흡상승과들은 호흡상승과에 비하여 느린 숙성과정을 보이는데 대부분의 채소류는 비호흡상승과로 분류된다.

• 호흡상승과 : 사과, 바나나, 토마토, 복숭아, 감, 키위, 망고
• 비호흡상승과 : 고추, 가지, 오이, 딸기, 호박, 감귤, 포도, 오렌지, 파인애플

ⓜ 식물조직이 성숙하게 되면 그들의 호흡률은 전형적으로 감소하는데 이것은 많은 채소류와 미성숙과일 같은 생장 중 수확된 산물의 호흡률은 매우 높은 반면, 성숙한 과일과 휴면 중인 눈 그리고 저장기관은 상대적으로 낮다.

ⓑ 수확 후의 호흡률은 일반적으로 낮아지는데 비호흡상승과와 저장기관에서는 천천히 낮아지고 영양조직과 미성숙 과일에서는 빠르게 낮아지며, 호흡반응에서의 중요한 예외는 수확 후 언젠가 호흡이 급격히 증가한다는 것인데 이러한 현상은 호흡상승과의 숙성 중에 일어난다.

ⓢ 수확한 원에산물에서의 호흡은 숙성진행과 생명유지를 위해서는 필요하지만 신선도 유지 및 저장이라는 측면에서는 수확 후 품질변화에 나쁜 영향을 끼칠 수 있다. 따라서 농산물의 대사작용에 장해가 되지 않는 선에서 호흡작용을 억제하는 것이 신선도 유지에 효과적이다.

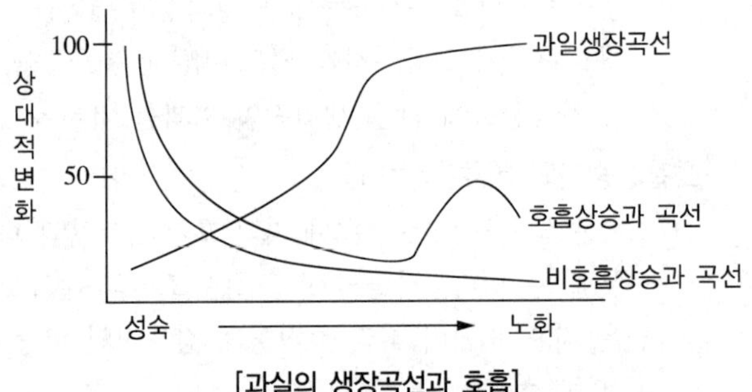

[과실의 생장곡선과 호흡]

⑤ 호흡속도

㉠ 호흡속도는 생산물의 저장력과 밀접한 관련이 있어 저장력의 지표로 사용된다. 호흡은 저장양분을 소모시키는 대사작용이므로 호흡속도를 알면 호흡으로 소모되는 기질의 양을 계산할 수 있다. 호흡속도는 일정 무게의 식물체가 단위시간당 발생하는 이산화탄소의 무게나 부피의 변화로 표시한다.

㉡ 수확 후 호흡속도는 생산물의 형태적 구조나 숙도에 따라 결정되며, 생리적으로 미숙한 식물이나 표면적이 큰 엽채류는 호흡속도가 빠르고 감자, 양파 등 저장기관이나 성숙한 식물의 호흡속도는 느리며, 호흡속도가 빠른 식물은 저장력이 약하다.

㉢ 호흡속도가 낮은 작물은 증산에 의한 중량감소가 잘 조절될 수 있으므로 장기간 저장이 가능하다. 체내의 호흡속도가 높은 산물은 저장력이 매우 약하며, 주위온도가 높아져 호흡속도가 상승하면 역시 저장기간이 단축된다.

㉣ 생산물이 물리적, 생리적 장해를 받았을 경우 호흡속도가 상승한다. 따라서 호흡은 작물의 온전성을 타진하는 수단으로도 이용할 수 있고 이처럼 호흡의 측정은 생산물의 생리적 변화를 합리적으로 예측할 수 있게 해 준다.

㉤ 일반적으로 호흡속도가 빠른 작물은 수확 후 품질변화도 급속히 진행되는 특성을 보인다.

㉥ 호흡속도의 특징
- 주변 온도가 높아지면 빨라짐
- 물리적 또는 생리적 장해의 발생 시 증가함
- 저장가능기간에 영향을 주며, 상승하면 저장기간이 단축됨
- 내부성분 변화에 영향을 줌
- 원예작물의 온전성 타진의 수단이 되기도 함

㉦ 호흡속도에 따른 원예산물의 분류
- 매우 높음 : 버섯, 강낭콩, 아스파라거스, 브로콜리 등
- 높음 : 딸기, 아욱, 콩 등
- 중간 : 서양배, 살구, 바나나, 체리, 복숭아, 자두 등
- 낮음 : 사과, 감귤, 포도, 키위, 망고, 감자 등
- 매우 낮음 : 견과류, 대추야자 열매류 등

TIP

원예생산물의 호흡속도
- 과일 : 딸기 > 복숭아 > 배 > 감 > 사과 > 포도 > 키위
- 채소 : 아스파라거스 > 완두 > 시금치 > 당근 > 오이 > 토마토 > 무 > 수박 > 양파

⑥ 호흡조절

㉠ 호흡상승과의 공통점은 익으면서 에틸렌의 생성이 증가하며 외부처리로부터 에틸렌 또는 유사한 물질(프로필렌, 아세틸렌 등)을 처리하면 과실의 호흡이 증가한다.

㉡ 미성숙과실은 에틸렌에 대한 감응능력이 발달되어 있지 않기 때문에 미성숙과 및 비호흡상승과는 에틸렌에 의해 호흡만 증가하고 에틸렌 생성은 촉진되지 않는다.

(2) 숙성과 노화

① 숙성과정은 과일의 조직감과 풍미가 발달하는 단계로 식물체상에서 숙성이 완료되는 과실은 성숙과 숙성단계의 구별이 모호한 경우가 많다.

② 숙성 다음에 오는 노화는 발육의 마지막 단계에서 일어나는 일련의 비가역적 변화로서 궁극적으로 세포의 붕괴와 죽음을 유발한다.

③ 과일이나 채소는 노화를 거치는 동안 연화 및 증산에 의해 상품성을 잃게 되고 병균의 침입으로 쉽게 부패한다.

(3) 증산작용(蒸散作用, Transpiration)

① 식물체에서 수분이 빠져 나가는 현상으로 식물생장에는 필수적인 대사작용이지만, 수확한 산물에 있어서는 여러 가지 나쁜 영향을 미친다.

② 수분은 신선한 과일, 채소의 경우 중량의 80~95%를 차지하는 가장 많은 성분이고 신선한 산물의 저장 생리에서 매우 중요한 분야이다.

③ 일반적으로 증산으로 인한 중량 감소는 호흡으로 발생하는 중량감소의 10배 정도 크다.

④ 증산에 따른 상품성의 변화
㉠ 중량감소
㉡ 조직에 변화를 일으켜 신선도 저하
㉢ 시듦 현상으로 외양에 지대한 영향을 미치고 일반적으로 수분이 5% 정도 소실되면 상품가치를 잃게 된다.
㉣ 대부분 채소는 수분함량이 90% 이상 되는데 온도가 높아지고 상대습도가 낮은 환경에서는 증산이 많아져 산물의 생체중이 5~10%까지 줄어들며, 상품성이 크게 떨어지게 된다.
㉤ 과실은 수분함량이 85~95%로 이루어져 있는데 수분이 5~8% 정도 증산되면 상품가치를 잃게 된다.
㉥ 사과의 경우 9% 정도 중량감소가 일어나면 표피가 쭈그러지는 위조현상이 일어난다.

⑤ 증산작용의 증가
㉠ 온도가 높을수록 증산량은 증가한다.
㉡ 상대습도가 낮을수록 증산량은 증가한다.
㉢ 공기유동량이 많을수록 증산량은 증가한다.
㉣ 부피에 비해 표면적이 넓을수록 증산량은 증가한다.
㉤ 큐티클층이 얇을수록 증가한다.
㉥ 표피조직에 상처나 절단된 경우 그 부위를 통하여 증산량이 증가한다.

⑥ 작물에 따른 증산량

증산량	채소류	과일류
많 음	파, 쌈채소, 딸기, 버섯, 파슬리, 엽채류	살구, 복숭아, 감, 무화과, 포도
중 간	완두, 오이, 아스파라거스, 고추, 당근, 토마토, 고구마, 셀러리	배, 바나나, 석류, 레몬, 밀감, 오렌지, 천도복숭아
적 음	마늘, 양파, 감자, 가지	사과, 참다래

(4) 에틸렌(Ethylene)

① 에틸렌은 기체상태의 식물 호르몬으로 Climacteric 과실의 과숙에 관여하며, 에틸렌의 영향 중 경제적으로 중요한 작용 중의 하나는 사과, 자두, 복숭아, 살구, 토마토, 바나나, 오이류 등의 Climacteric 과실류에서 과숙을 조절하는 작용이다.

㉠ 대부분의 원예산물은 수확 후 노화가 진행되거나 과실이 익는 동안 에틸렌이 생성되는데, 에틸렌가스는 과실의 숙성 및 잎이나 꽃의 노화를 촉진시키므로 노화호르몬이라고 부르기도 한다.

㉡ 에틸렌은 과실의 연화현상, 숙성과 관련된 여러 가지 생리적 변화를 유발한다.

㉢ 원예산물을 취급하는 과정에서 상처나 불리한 조건에 처하면 조직으로부터 에틸렌이 발생하는데, 이는 산물의 품질을 나쁘게 변화시키는 요인으로 작용한다.

㉣ 일반적으로 조생품종은 만생품종에 비해 에틸렌 발생량이 비교적 많고 저장성도 낮다.

㉤ 에틸렌 발생 등을 고려하여 장기간 저장 시는 단일품종, 단일과종만을 저장하는 것이 유리하다.

㉥ 에테폰은 에틸렌을 발생하는 식물조절제로 이용되고 있는데, 미국에서는 여러 가지 용도에 처리되고 있다.

② 에틸렌의 특성

㉠ 불포화탄화수소로 상온, 대기압에서 가스로 존재한다.

㉡ 가연성이며, 색깔은 없고 약간 단 냄새가 난다.

㉢ 0.1ppm의 낮은 농도에서도 생물학적 영향을 미친다.

㉣ 수확 후 관리에 있어 노화, 연화 및 부패를 촉진하여 상품 보존성을 저하시킨다.

㉤ 긍정적 영향으로는 성숙을 촉진시켜 식미를 높이거나 착색 등 외관을 좋게 하기도 한다.

㉥ 화학구조가 비슷한 프로필렌, 아세틸렌가스 등의 유사물질도 에틸렌과 같은 영향을 보이는 경우가 있다.

③ 에틸렌 발생

㉠ 생물체의 대사반응 또는 화학반응에 의해 만들어진다.

㉡ 동물에서는 정상적인 대사산물은 아니나 인간이 숨을 쉴 때에도 미량 발생한다.

㉢ 고등식물은 종에 따라 발생량의 편차가 크다. 특히 발육단계에 따라 발생량의 편차를 보이는 경우가 흔하다.

- 엽근채류는 에틸렌 발생이 매우 적지만 에틸렌에 의해서 쉽게 피해를 받아 품질이 나빠지게 되며, 상추나 배추는 조직이 갈변하고 당근은 쓴맛이 나고 오이는 과피의 황화를 촉진함
- 에틸렌이 다량 발생하는 품목으로는 토마토, 바나나, 복숭아, 참다래, 조생종 사과, 배 등이 있고, 에틸렌 발생이 미미한 과실에는 포도, 딸기, 귤, 신고배 등이 있음

㉣ 유기물질이 산화될 때 또는 태울 때도 발생하며 화석연료를 연소시킬 때, 특히 불완전 연소될 때 더 많은 양이 발생한다.

㉤ 원예산물의 스트레스에 의한 발생

- 생물학적 요인 : 병, 해충에 의한 스트레스로 발생
- 저온에 의한 발생 : 주로 열대, 아열대 작물 등 저온에 약한 작물은 12~13℃ 이하의 온도에서 피해를 일으키는데, 이런 피해에 작물은 에틸렌 발생량이 많아지고 쉽게 부패함(오이, 가지, 호박, 파파야, 미숙토마토, 고추 등이 이에 속함)
- 고온에 의한 발생 : 지나치게 높은 고온에 노출되어도 피해를 받으며, 직사광선은 작물의 온도를 높여 생리작용을 촉진하여 에틸렌 발생과 함께 노화를 촉진시킴

④ 에틸렌 제거

㉠ 과실에 따른 에틸렌 발생을 잘 숙지하여 에틸렌을 다량 발생하는 품목은 다른 품목과 같은 장소에 저장하거나 운송되지 않도록 주의하여야 한다.

㉡ 에틸렌의 제거방법에는 흡착식, 자외선 파괴식, 촉매분해식 등이 있으며, 흡착제로는 과망간산칼륨($KMnO_4$), 목탄, 활성탄, 오존, 자외선 등이 이용되고 있다.

㉢ 1-MCP(1-Methylcyclopropene) : 새로운 식물생장조절제로서 식물체의 에틸렌 결합부위를 차단하여 에틸렌의 작용을 무력화하는 특성을 지닌 물질이다. 따라서 과실의 연화, 식물의 노화 등을 감소시켜 수확 후 저장성을 향상시키는데 유용하게 쓰일 수 있고, 1,000ppb의 농도로 12~24시간 사용하여 호흡, 에틸렌 생성, 휘발성 물질 생성, 엽록소 소실, 색깔, 단백질, 세포막 붕괴, 연화, 산도, 당도 등에 영향을 미쳐 과일, 채소류 등의 수확 후 저장성

및 품질을 향상시킨다.

⑤ 에틸렌의 영향

㉠ 저장이나 수송하는 과일의 후숙과 연화를 촉진시킨다.
㉡ 저장이나 수송 중의 과일을 탈색시키거나 연화를 촉진시킨다.
㉢ 신선한 채소의 푸른색을 잃게 하거나 노화를 촉진시킨다.
㉣ 수확한 채소의 연화를 촉진시킨다.
㉤ 상추에서 갈색반점이 나타난다.
㉥ 낙 엽
㉦ 과일이나 구근에서 생리적인 장해를 일으킨다.
㉧ 절화의 노화를 촉진시킨다.
㉨ 분재식물의 잎이나 꽃잎의 조기낙엽을 촉진시킨다.
㉩ 당근과 고구마의 쓴 맛을 형성한다.
㉪ 엽록소 함유 엽채류에서 황화현상과 잎의 탈리현상으로 인한 상품성 저하를 가져온다.
㉫ 대부분의 식물 조직은 조기에 경도가 낮아져 품질 저하를 가져온다.
㉬ 아스파라거스와 같은 줄기채소의 경우 조직의 경화현상을 보인다.

⑥ 에틸렌의 농업적 이용

㉠ 과일의 성숙 및 착색촉진제로 이용된다.
㉡ 녹숙기의 바나나, 토마토, 떫은감, 감귤, 오렌지 등의 수확 후 미숙성 시 후숙 처리(엽록소 분해, 착색 촉진, 떫은 감의 연화 등의 상품가치 향상)를 위한 에틸렌 처리를 한다.

- 처리조건
  - 온도 : 18~25℃
  - 습도 : 90~95%
  - 시간 : 24~72시간(과일의 종류 및 숙기에 따라 결정)
  - 고르게 작물과 접촉할 수 있도록 공기순환이 필요함
  - 이산화탄소 가스의 축적이 심하게 발생할 수 있으며, 이 경우 처리 효율이 감소할 수 있으므로 환기가 필요함
- 농 도
  - 일반적으로 10~100ppm으로 처리
  - 밀폐도에 따라 농도를 조절할 수 있으며, 100ppm 이상 농도에서는 더 이상의 효과를 보지 못하므로 특별히 고농도 처리는 불필요함

㉢ 오이, 호박 등의 암꽃 발생을 유도한다.
㉣ 파인애플의 개화를 유도한다.
㉤ 발아촉진제로 사용된다.

⑦ 에틸렌 피해의 방지

㉠ 피해의 방지를 위해서는 지속적으로 발생하는 에틸렌의 발생원을 제거하거나 축적된 에틸렌을 제거해줘야 한다.

㉡ 에틸렌의 제거는 에틸렌 감응도가 높은 작물의 저장성을 향상시키며, 절화류에서는 에틸렌 발생을 억제함으로써 선도를 유지할 수 있다.

㉢ 에틸렌의 민감도에 따라 혼합관리를 피해야 한다.

[에틸렌 감응도에 따른 분류]

〈농수산물유통공사, 알기쉬운 농산물 수확 후 관리, 황용수〉

구 분	과 수	채 소
매우 민감	키위, 감, 자두	수박, 오이
민 감	배, 살구, 무화과, 대추	멜론, 가지, 애호박, 토마토, 당근
보 통	사과(후지), 복숭아, 밀감, 오렌지, 포도	토마토, 늙은 호박, 고추
둔 감	앵 두	피 망

[에틸렌에 의한 저장작물의 피해 유형]

〈농수산물유통공사, 알기쉬운 농산물 수확 후 관리, 황용수〉

작물명	피해유형	대표적 증상
시금치, 브로콜리, 파슬리, 애호박	엽록소 분해	황 화
대부분 과실류	성숙 및 노화 촉진	연 화
양치(고사리 등)	잎의 장해	반점 형성
당 근	맛 변질	쓴맛 증가
감자, 양파	휴면 타파	발아촉진, 건조
관상식물	낙엽, 낙화	이층형성 촉진
카네이션	비정상 개화	개화정지
아스파라거스	육질 경화	조직이 질겨짐
동양배	과피 장해	박피, 얼룩

⑧ 에틸렌 발생원의 제거

저장고에 과도한 에틸렌의 축적을 방지하기 위해서 발생원을 미리 제거하여야 한다. 저장 작물 중 과숙, 부패 및 상처 받은 작물은 미리 제거하고 부패성 미생물이 서식할 경우 미생물로부터 에틸렌이 발생하므로 저장고를 미리 소독하여야 한다.

㉠ 환 기

- 저장기간이 길어지거나 온도가 높을 경우 에틸렌이 축적될 수 있음
- 에틸렌 축적이 예상될 경우 환기를 시켜 에틸렌 농도를 낮출 필요성이 있음

- 저장고와 외부 온도의 차이에 따라 저장고 온도의 급격한 변화가 생기지 않는 범위 내에서 환기하여야 함
- 저장고 외부의 공기가 건조한 경우 저장고 내 습도가 낮아지므로 환기량, 환기 시 외기 온도 및 습도 관리에 주의하여야 함

㉡ 혼합저장 회피

- 생리현상이나 에틸렌 감응도에 대한 고려 없이 혼합 저장하는 경우 에틸렌 감응도가 높은 작물은 심각한 피해를 입을 수 있음
- 저장 적온을 고려하지 않는 경우는 에틸렌뿐만 아니라 저온피해까지 받는 경우가 있음
- 작물의 특성을 모르는 경우 혼합저장을 피해야 하며, 혼합저장을 하는 경우는 저장 적온과 에틸렌 감응도를 고려하여 단기간 저장하여야 함
- 에틸렌 다량 발생 품목과 에틸렌 감응도가 높은 품목을 함께 혼합 저장하는 것은 피해야 함

㉢ 화학적 제거방법 : 저장고 내 에틸렌을 제거하면 숙성 지연에 따른 품질유지, 부패 등 손실 감소 및 엽록소 분해 억제를 통한 신선도 유지효과를 볼 수 있다.

- 과망간산칼륨($KMnO_4$), 활성탄, 브롬화 활성탄, 백금촉매처리, 이산화티타늄(TiO_2), 오존처리 등이 이용된다.

⑨ 혼합 저장 시 고려해야 할 사항

㉠ 저장온도

㉡ 에틸렌 발생량

㉢ 에틸렌 감응도

㉣ 방향성 물질에 대한 특성

㉤ 위와 같은 사항을 고려했을지라도 장기 보관은 바람직하지 않으며 임시저장 또는 단거리 수송에서만 사용하는 것이 바람직하다.

3 수확 후 처리

(1) 세 척

① 세척방법

㉠ 건식세척

- 비용은 저렴하게 드나 재오염의 가능성이 높은 단점이 있음
- 체눈의 크기를 이용한 이물질의 제거
- 바람에 의한 이물질의 제거
- 자석에 의한 이물질의 제거

- 원심력에 의한 이물질의 제거
- 솔을 이용한 이물질의 제거
- 정전기를 이용한 미세먼지 제거
- X선에 의한 이물질을 제거

㉡ 습식세척
- 생산물에 부착되어 있는 오염물질을 세척제를 사용하여 침적, 용해, 흡착, 분산 등 화학적인 방법과 확산과 이동의 물리적 방법을 사용하여 제거하는 방법
- 세척 후 습기제거가 수반되어야 함
- 재오염이 되지 않도록 하고 손상이나 변질이 없어야 함
- 세척수를 이용한 담금에 의한 세척
- 분문에 의한 세척
- 부유에 의한 세척
- 초음파를 이용한 세척

㉢ 자외선 살균 : 자외선을 이용하여 세균, 곰팡이 등을 죽여 살균효과를 높이며, 주로 이용되는 자외선의 파장은 10~400nm인 것이 화학작용에 강하다.

㉣ 탈수 : 세척 후 원예산물에 남아있는 수분을 제거하여야 하며, 부착수가 남은 경우 곰팡이, 미생물 등의 증식으로 인한 부패, 골판지상자의 강도저하 요인 등이 될 수 있다.

② 원예산물별 세척

㉠ 근채류 : 당근, 감자, 셀러리, 무 등은 세척시점과 소비시점이 길지 않아야 한다.

㉡ 엽채류
- 미생물의 확산이나 취급과정에서 생긴 상처부위에 따라 곰팡이의 증식요인이 되기도 함
- 곰팡이의 억제제로 클로린(염소) 100ppm 정도를 사용

㉢ 과채류 : 이물질을 제거해 주기 위하여 과일을 닦는 일은 이물질을 제거하거나 광택을 낼 수 있으나 한편 상처를 낼 수 있고 손상된 세포를 통하여 숙성을 촉진시켜 에틸렌 발생이 증가한다.

(2) 큐어링(Curing)

① 수확 시 원예산물이 받은 상처에 상처 치료를 목적으로 유상조직을 발달시키는 처리과정을 말한다.

㉠ 땅속에서 자라는 감자, 고구마는 수확 시 많은 물리적인 상처를 입게 되고 마늘, 양파 등 인경채류는 잘라낸 줄기부위가 제대로 아물고 바깥의 보호엽이 제대로 건조되어야 장기저장할 수 있다.

㉡ 수확 시 입은 상처는 병균의 침입구가 되므로 빠른 시일 내에 치유가 되어야 수확 후 손실을 줄일 수 있다.

② 품목별 처리방법

㉠ 감자 : 수확 후 온도 15~20℃, 습도 85~90%에서 2주일 정도 큐어링 하면 코르크층이 형성되어 수분 손실과 부패균의 침입을 막을 수 있다. 큐어링 중에는 온도와 습도를 유지하여야 하기 때문에 가급적 환기를 피하고 22℃ 이상인 경우는 호흡량과 세균의 감염이 급속도로 증가하기 때문에 주의가 필요하다.

㉡ 고구마 : 수확 후 1주일 이내에 온도 30~33℃, 습도 85~90%에서 4~5일간 큐어링 후 열을 방출시키고 저장하면 상처가 잘 치유되고 당분함량이 증가한다.

㉢ 양파와 마늘

- 양파와 마늘은 보호엽이 형성되고 건조가 되어야 저장 중 손실이 적다.
- 일반적으로 밭에서 1차 건조시키고 저장 전에 선별장에서 완전히 건조시켜 입고하고 온도를 낮추기 시작한다.

(3) 예랭(豫冷, Precooling, Prechilling)

① 수확 후 원예산물에서 발생할 수 있는 품질 악화의 기회를 감소시켜 소비할 때까지 신선한 상태로 유지할 수 있도록 하는 매우 중요한 수확 후 처리과정이다.

㉠ 수확한 원예산물은 본주로부터 더 이상 양분과 수분을 공급받지 못하지만 생리현상은 계속 진행되므로 축적된 양분과 수분을 이용하여 생명현상을 유지하여야 하는데, 이러한 대사작용의 속도는 온도에 영향을 크게 받으므로 수확 후 온도 관리는 가장 중요한 수확 후 관리기술이다.

㉡ 수확한 작물에 축적된 열을 포장열이라 하는데, 수확기 온도가 높은 작물이 저장고에 입고되는 경우 저장고 온도가 잘 떨어지지 않는다. 예랭은 이러한 포장열을 작물에 나쁜 영향을 주지 않는 적합한 수준으로 온도를 낮추어 주는 과정이다.

㉢ 수확 직후의 청과물의 품질을 유지하기 위하여 수송 또는 저장하기 전의 전처리로 급속히 품온을 낮추는 것을 예랭이라 한다.

㉣ 청과물을 저장하기 전에 동결점 근처까지 급속히 냉각시켜 호흡을 억제함으로써 저장양분의 소모를 감소시켜 품질열화를 방지하고 저장성과 수송성을 높이며, 증산과 부패를 억제하여 신선도를 유지하기위해 사용한다.

ⓜ 청과물 자체의 호흡량을 억제하는 냉각작업으로 저온유통체계를 활성화시킨다.

② 예랭의 효과

㉠ 작물의 온도를 낮추어 호흡 등 대사작용 속도를 지연시킨다.
㉡ 에틸렌 생성을 억제한다.
㉢ 병원성 미생물 및 부패성 미생물의 증식을 억제한다.
㉣ 노화에 따른 생리적 변화를 지연시켜 신선도를 유지한다.
㉤ 증산량 감소로 인한 수분손실을 억제한다.
㉥ 유통과정의 농산물을 예랭함으로 유통과정 중 수분손실을 감소시킨다.

③ 예랭의 효과를 높이기 위한 방법

㉠ 수확 후 바로 저온시설에 수송하기 어려운 경우 차광막 등 그늘에 둔다.
㉡ 작물에 적합한 냉각방식을 택하여 적용한다.
㉢ 예랭의 시기를 놓치지 않고 제 때에 예랭한다.
㉣ 속도와 목표온도가 정확하여야 한다.
㉤ 예랭 후 처리가 적절하여야 한다.

④ 예랭적용 품목

㉠ 호흡작용이 격심한 품목
㉡ 기온이 높은 여름철에 주로 수확되는 품목
㉢ 인공적으로 높은 온도(하우스 재배 등)에서 수확된 시설 채소류
㉣ 선도 저하가 빠르면서 부피에 비하여 가격이 비싼 품목
㉤ 에틸렌 발생량이 많은 품목
㉥ 증산량이 많은 품목
㉦ 세균, 미생물 및 곰팡이 발생율이 높은 품목과 부패율이 높은 품목

⑤ 예랭방식

㉠ 냉풍냉각식(Room Cooling)
- 일반 저온저장고에 냉각기를 가동시켜 냉각하는 방식으로 냉각속도가 매우 느리며, 냉각시간은 냉각공기와 접하는 상자 표면적과 산물 중량에 따라 좌우됨
- 냉각속도가 느리므로 급속 냉각이 요구되는 산물에는 적용할 수 없지만, 온도에 따른 품질저하가 적은 작물이나 장기저장 하는 작물(사과, 감자, 고구마, 양파 등) 등에 주로 이용
- 저장고 면적에 비하여 적은 양의 산물을 넣고 냉각시킬 경우 지나치게 건조하게 되어 품질이 떨어지기도 함

• 장단점

장 점	단 점
• 일반저온저장고를 이용하므로 특별한 예랭시설이 필요하지 않음 • 예랭과 저장을 같은 장소에서 실시하므로 예랭 후 저장 산물을 이동시킬 필요가 없음 • 냉동기의 최대부하를 작게 할 수 있음	• 냉각속도가 느려 급속한 냉각이 요구되는 작물에는 이용할 수 없으며, 예랭 중 품질저하의 우려가 있음 • 포장용기와 냉기사이에 접촉이 좋도록 적재하여야 하기 때문에 용기 사이에 공간을 두어야하므로 저장고 활용면적이 낮음 • 냉각이 용기 주변으로부터 내부로 진행되므로 내부의 공기가 외부로 이동하면서 외부쪽 산물에 결로가 생길 우려가 있음 • 적재 위치에 따라 온도가 불균일하기 쉬움

㉡ 강제통풍식 예랭(Forced Air Cooling)

• 공기를 냉각시키는 냉동장치와 찬공기를 적재물 사이로 통과시키는 공기순환장치로 구성하여 예랭고 내의 공기를 강제적으로 교반시키거나 산물에 직접 냉기를 불어 넣는 방법으로 냉풍냉각식보다는 냉각속도가 빠름
• 냉각 소요시간은 품목, 포장용기, 적재방법, 용기의 통기공, 냉각용량 등에 영향을 받음
• 포장상자의 통기공이나 적재방법에 따라 냉각속도에 큰 차이가 있다. 적재상자와 상자 사이로 찬공기가 흐르지 않고 상자의 통기공을 거쳐 산물과 직접 접촉하게 공기가 흐르도록 하여야 함
• 산물이 비를 맞았을 경우 냉각효과가 떨어지므로 입고량을 줄이고 풍량과 풍속을 증가시켜 냉각속도를 빠르게 하여야 함
• 냉풍온도는 동결온도보다 낮으면 동해를 입을 수 있으므로 산물의 빙결점보다 1℃ 정도 높은 온도로 하는 것이 안전하며, 또한 과채류 등 저온장해를 입기 쉬운 품목은 저온장해를 일으키지 않는 온도범위를 결정하여야 함
• 장단점

장 점	단 점
• 냉풍냉각식에 비하여 예랭속도가 빠름 • 예랭실 위치별 온도가 비교적 균일하게 유지됨 • 기존 저온저장고의 개조가 가능하므로 시설비가 저렴함 • 예랭 후 저장고로 사용이 가능함	• 냉기의 흐름과 방향에 따라 온도가 불균일해질 가능성이 있음 • 냉각기 근처의 산물은 저온장해를 받기 쉬움 • 차압통풍식에 비하여 예랭속도가 느림 • 가습장치가 없을 경우 과실의 수분 손실을 가져올 수 있음

㉢ 차압통풍식 예랭

- 강제통풍식에 비하여 냉각속도가 빠르고 약간의 경비로 기존 저온저장고의 개조가 가능함
- 포장용기 및 적재방법에 따라 냉각편차가 발생하기 쉬움
- 냉각속도는 강제통풍에 비해 빠르고 냉각불균일도 비교적 적음
- 골판지상자에 통기구멍을 내야하고 차압팬에 의해 흡기 및 배기됨
- 장단점

장 점	단 점
• 공기가 상류층에서 하류층으로 항상 흐르므로 냉풍냉각식과 같은 결로현상이 없음 • 냉각 중 변질이 적음 • 강제통풍식과 같이 거의 모든 작물의 예랭에 이용이 가능함 • 냉각속도가 빨라 단위시간, 예랭고 체적당 냉각능력이 크고 예랭비용을 줄일 수 있음	• 상자의 적재 시간이 많이 걸림 • 용기에 통기공을 뚫어야 하므로 골판지 상자의 경우 강도저하 요인이 됨 • 공기 통로가 필요하므로 적재효율이 나쁨 • 적재량이 많거나 냉기 관통거리가 길어지면 상류와 하류의 온도가 균일하지 않을 수 있음 • 풍속이 빨라지면 중량감소가 많아질 수 있음

㉣ 진공예랭식 예랭

- 원예산물의 주변에 압력을 낮추어 산물로부터 수분증발을 촉진시켜 증발잠열을 빼앗는 원리를 이용하여 냉각하고 물은 1기압(760mmHg)에서는 100℃에서 증발하나 압력이 저하되면 비등점도 낮아져 4.6mmHg에서는 0℃에서 끓기 시작하며 0℃의 물 1kg이 증발할 때 597kcal의 열을 빼앗김
- 장치는 진공조, 진공장치(진공펌프 또는 이젝터), 콜드 트랩, 냉동기 및 제어장치 등으로 구성됨
- 엽채류의 냉각속도는 빠르지만 토마토, 피망 등은 속도가 느려 부적당하고 동일 품목에서도 크기에 따라 냉각속도가 달라짐
- 냉각속도가 서로 다른 품목을 혼합하는 경우 위조현상이나 동해의 발생도 가능하므로 냉각시간이 같은 종류의 품목을 조합하여야 함
- 장단점

장 점	단 점
• 냉각속도가 빠르고 균일함 • 출하용기에 포장 상태로 예랭이 가능함	• 시설비와 운영경비가 많이 듦 • 품목에 따라서는 냉각이 잘되지 않는 품목도 있음 • 수분의 증발에 따라 중량의 감모현상이 발생할 수 있음 • 조작에 따라 원예산물의 기계적 장해가 생길 수 있음

㉤ 냉수냉각식
- 냉각기 또는 얼음으로 물을 0~2℃로 냉각하여 매체로 사용하여 냉수와 산물의 열전달에 의하여 냉각하는 예랭방식
- 접촉방식에 따른 유형
  - 스프레이식 : 압력으로 가압한 냉각수를 분무하여 냉각하는 방식
  - 침전식 : 냉각수가 들어 있는 수조에 침전시켜 냉각하는 방식
  - 벌크식 : 대량의 벌크 상태의 산물을 냉각전반은 침전식으로 후반은 컨베이어벨트로 끌어 올려 살수하여 냉각하는 방식
- 냉각효율은 매우 좋으나 실용화를 위하서는 미생물 오염과 같은 여러 문제점을 해결하여야 함
- 과채류, 근채류, 과실류의 예랭에 효율적이며 시금치, 브로콜리, 무, 당근 등에 이용함
- 청과물이 물에 젖게 되므로 작물에 따라 문제가 생기기도 함
- 빠른 냉각속도에 함께 세척효과도 있으며 근채류에 적합
- 장단점

장 점	단 점
• 냉각속도가 매우 빠름 • 위조현상이 없고 오히려 작물에 따라 시듦현상이 회복될 수 있음 • 냉각 중 동해가 발생할 우려가 없음 • 시설비 운영경비가 다른 냉각법에 비하여 적게 듦 • 냉각부하가 큰 수박을 비롯하여 무, 당근 등과 같은 근채류에 알맞음	• 포장재에 따라 흡습으로 무거워질 수 있음 • 골판지상자를 포장재로 사용할 경우 강도가 저하됨 • 물에 젖게 되므로 품목에 따라서는 사용이 불가능함 • 냉각수에 의해 미생물 등에 오염될 수 있음 • 부착수를 제거하여야 함

㉥ 빙냉식
- 잘게 부순 얼음을 원예산물과 함께 포장하여 수송하므로 수송 중 냉각이 이루어짐
- 얼음과 산물이 직접 접촉하므로 신속한 예랭이 이루어짐
- 일반적으로 고온에 품질변화가 빠르고 물에 젖어도 변화가 적은 작물에 이용됨
- 포장재가 젖게 되므로 내수성이 강한 재료를 사용하여야 함

⑥ 예랭방식별 적용 가능 품목

㉠ 냉풍냉각식, 강제통풍식, 차압통풍식 : 사과, 배, 복숭아, 단감, 감귤, 포도, 키위, 딸기, 양배추, 브로콜리, 콜리플라워, 오이, 참외, 멜론, 수박, 애호박, 토마토, 고추, 피망, 파프리카, 감자

㉡ 냉수냉각식 : 사과, 배, 브로콜리, 셀러리, 아스파라거스, 파, 무, 당근, 고구마, 멜론, 오이, 참외, 고추, 피망, 파프리카, 단옥수수, 감자

㉢ 진공예랭식 : 결구상추, 배추, 양배추, 시금치, 셀러리, 버섯, 콜리플라워

㉣ 빙냉식 : 브로콜리, 저온장해에 강한 엽채류, 파, 완두, 단옥수수

⑦ 예랭효율의 의미와 요인

㉠ 예랭효율은 산물의 온도저하 속도를 의미한다.

㉡ 생산물의 품온과 냉매의 온도차이

㉢ 냉매의 이동속도

㉣ 냉매의 물리적 성상

㉤ 표면적의 기하학적 구조 등의 요인에 의해 결정된다.

㉥ Q_{10} 값이 클수록 효율이 높다.

⑧ 품목별 예랭효과

㉠ 예랭효과가 높은 품목 : 사과, 포도, 오이, 딸기, 시금치, 브로콜리, 아스파라거스, 상추 등

㉡ 예랭효과가 낮은 품목 : 감귤, 마늘, 양파, 감자, 호박, 수박, 멜론, 만생종 과일류 등

(4) 예 건

① 수확 시 외피에 수분함량이 많고 상처나 병충해 피해를 받기 쉬운 작물은 호흡 및 증산작용이 왕성하여 그대로 저장하는 경우 미생물의 번식이 촉진되고 부패율도 급속히 증가하기 때문에 충분히 건조시킨 후 저장하여야 한다.

② 식물의 외층을 미리 건조시켜 내부조직의 수분 증산을 억제시키는 방법으로 수확 직후에 수분을 어느 정도 증산시켜 과습으로 인한 부패를 방지한다.

③ 마늘의 경우 수확 직후 수분 함량은 85% 정도로 부패하기 쉽다. 장기저장을 위해서는 인편의 수분 함량을 약 65%까지 감소시켜 부패를 막고 응애와 선충의 밀도를 낮추어야 한다.

④ 현재 국내 농가에서는 예랭시설 부족으로 주로 예건을 실시하여 수확 후 과실의 호흡작용을 안정시키고 과피가 탄력이 생겨 상처를 받기 어렵고 과피의 수분을 제거함으로써 곰팡이의 발생을 억제할 수 있다.

⑤ 수확 직후 건물의 북쪽이나 나무그늘 등 통풍이 잘되고 직사광선이 닿지 않는 곳을 택하여 야적하였다가 습기를 제거한 후 기온이 낮은 아침에 저장고에 입고시킨다.

(5) 건조(乾燥, Drying)

① 곡물 등을 수확 후 가공할 수 있는 조건을 만들고 장기간 안전하게 저장하기 위한 목적으로 건조를 한다.

㉠ 곡류의 도정이 가능할 정도의 경도는 수분함량이 17~18% 이하로 되어야 한다.

㉡ 저장을 위해서는 곰팡이 발생을 억제할 수 있는 15% 이하의 수분함량이어야 한다.

② 원 리

㉠ 곡물의 경우 수분함량이 높으면 미생물 번식이 용이하고, 내부성분의 이동, 효소작용 등으로 품질이 변하기 쉬우므로 수확 후 빠른 시간 내에 수분을 제거해야 저장이 가능해진다.

㉡ 건조 시 제거되는 수분은 결합수가 아닌 자유수의 제거이다.

③ 건조방법

㉠ 천일건조(天日乾燥, Solar Drying)

- 음건(陰乾, Air Drying) : 그늘에서 서서히 건조하는 것으로 품질 향상을 위해 담배, 박하 등에서 이용
- 양건(陽乾)
  - 태양열을 이용한 건조방법
  - 건초작물에 가장 좋은 방법의 하나로 대부분 수확물은 양건을 함
  - 사료작물의 경우 수확 후 호흡작용을 하는 기간을 단축해야 하므로 단시간 내에 건조해야 품질과 사료가치가 높아짐

㉡ 건조기를 이용한 건조

- 화력건조(火力乾燥, 열풍건조, Heated-Air Drying)
  - 건조속도는 빠르지만 시설비가 많이 들고 에너지가 투입되어야 함
  - 건조 중 곡물 품질의 손상 우려가 있음
- 상온통풍건조(常溫通風乾燥, Ambient Air Drying)
  - 시설비와 에너지 관련 비용은 적게 듦
  - 건조시간이 길고 기상조건의 영향을 받음
  - 건조가 늦어지면서 품질저하의 우려가 있음

④ 건조기술

㉠ 곡 물

- 열풍건조 시 건조온도는 45℃ 정도가 알맞고, 45℃ 건조는 도정률과 발아율이 높고, 동할률과 쇄미율이 낮으며, 건조시간은 6시간으로 길지 않음
- 55℃ 이상에서의 건조는 동할률, 싸라기 비율이 높고, 단백질 응고와 전분의 노화로 발아율이 떨어지고 식미가 나빠짐
- 건조기 온도 상승은 시간당 1℃가 적당하며, 급속한 고온건조는 동할률이 증가하고 유기물 변성으로 품질이 저하됨

- 건조속도는 시간당 수분이 1% 정도 감소하는 것이 알맞음
- 쌀은 수분 15~16%가 되도록 하며 함수율이 12~13%가 되면 저장에는 좋으나 식미가 나빠지며, 함수율 16~17%는 도정률과 식미는 좋으나 변질되기 쉬움

㉡ 원예산물
- 고추의 천일건조는 12~15일 정도 소요되고 시설하우스 내 건조는 10일 정도 소요되며, 연풍건조는 45℃ 이하가 안전하고 약 2일 정도 소요됨
- 마늘을 자연건조 할 때는 통풍이 잘되는 곳에서 간이저장으로 2~3개월 건조하며, 열풍건조는 45℃ 이하에서 2~3일 건조함

(6) 탈곡(脫穀, Threshing) 및 조제(調製, Preparation)

① 탈 곡

㉠ 곡류작물을 수확 후 모체로부터 곡립을 분리하는 것을 탈곡이라 한다.

㉡ 회전 탈곡기 이용 시 회전수가 너무 높으면 곡립의 손상으로 발아력이 떨어지고 품질이 저하된다. 벼의 탈곡 시 종자용은 300rpm, 식용은 500rpm이 권장된다.

② 조제 : 탈곡 이후 협잡물, 쭉정이, 겉껍질 등을 제거하는 것을 조제라 한다.

(7) 맹아(움돋이)억제

① 양파, 마늘, 감자 등의 품목은 기간이 지나면 휴면기가 끝나고 보통저장고에서는 싹이 자라면서 상품가치가 급속히 저하되므로 맹아의 발생을 억제하여야 한다.

② MH 처리

㉠ 양파의 생장점은 인엽으로 쌓여 있어 수확 후에 약제를 처리하는 것으로 효과가 없다. 수확 약 2주 전에 0.2~0.25%의 MH를 엽면살포하면 생장점의 세포분열이 억제되면서 맹아의 생장을 억제한다.

㉡ 살포시기가 너무 빠르면 저장 중 구 내에 틈이 생기기 쉽고 늦으면 효과가 적다.

③ 방사선처리

㉠ 양파와 마늘, 감자 등에 이용되며 r선을 조사함으로써 맹아를 억제할 수 있는데, 맹아방지에 필요한 최저선량은 양파는 2,000r, 감자는 7,000~12,000r로 맹아를 방지할 수 있다.

㉡ 선량이 과다하면 부패량이 많아진다.

㉢ 생장점 부근의 조직은 방사선에 대해 감수성이 가장 예민하므로 이 부분의 장해를 막고 다른 조직에 대해서는 영향이 가장 적은 선량이 바람직하다. 상온에서도 상당히 장기간 저장할 수 있다.

4 저장(貯藏, Storage)

(1) 저장의 의의

① 저장의 기능

㉠ 수확 후 신선도 유지기능 : 생산된 원예산물이 생산 이후 소비될 때까지 신선도를 유지하도록 한다.

㉡ 수급조절의 기능 : 수확 시기에 따른 홍수출하로 인한 가격폭락 또는 흉작과 계절별 편재성에 따른 가격의 급등을 방지하며, 유통량의 수급을 조절하는 기능을 가지고 있다.

㉢ 계절적 편재성이 높은 원예산물의 장기저장으로 소비자에게 연중 공급이 가능하도록 한다.

㉣ 저장력이 높아지면서 장거리 수송이 가능해져 소비와 수요가 확대되는 기능을 가지고 있다.

㉤ 가공산업에 원료 농산물을 연중 지속적으로 공급이 가능해져 농산물 가공산업을 발전시킨다.

② 저장 중 변화

㉠ 저장 중 호흡으로 인한 양분의 소모와 증산으로 중량감소가 일어난다.

㉡ 발아율이 저하된다.

㉢ 곡류의 경우 저장 중 지방의 산패로 유리지방산이 증가하고 묵은 냄새가 난다.

㉣ 곡류는 저장 중 전분의 분해로 환원당 함량이 증가한다.

㉤ 미생물과 해충, 쥐 등의 가해로 품질저하와 함께 양적 손실이 일어난다.

③ 저장력에 영향을 미치는 요인

㉠ 저장 중 온도

- 저장 중 온도가 높으며 호흡량의 증가로 내부성분의 변화가 촉진됨
- 온도가 높으면 세균, 미생물, 곰팡이 등의 증식이 활발해지므로 부패율이 증가함
- 온도에 따른 증산량의 증가로 중량의 감모율이 증가함

곡물의 저장 중에 나타나는 변화가 아닌 것은?

① 전분이 분해되어 환원당 함량이 감소한다.
② 호흡소모와 수분증발 등으로 중량감소가 일어난다.
③ 품질이나 발아율의 저하가 일어난다.
④ 지방의 자동산화에 의해 유리지방산이 증가한다.

 ①

- 저온에 저장하는 것이 적당하지만 작물에 따라서는 저온장해를 받는 작물이 있으므로 작물의 저장 적온을 알고 저장하는 것이 중요함

㉡ 저장 중 습도 : 저장고의 습도가 너무 낮으면 증산량이 증가하여 중량의 감모현상이 나타나며 습도가 너무 높으면 부패 발생률이 증가한다.

㉢ 재배 중 온도와 강우 : 과일의 경우는 건조한 조건과 온도가 높은 조건에서 재배된 것이 저장력이 강하다.

㉣ 재배 중 토양 : 사질토 보다는 점질토에서, 경사지로 배수가 잘 되는 토양에서 재배된 과실이 저장력이 강하다.

㉤ 재배 중 비료

- 질소의 과다한 시비는 과실을 크게 하지만 저장력을 저하시킴
- 충분한 칼슘은 과실을 단단하게 하여 저장력이 강해짐

㉥ 수확시기

- 일반적으로 조생종에 비하여 만생종의 저장력이 강함
- 장기저장용 과일은 일반적으로 적정수확시기보다 일찍 수확하는 것이 저장력이 강함

㉦ 수분활성도(Water Activity ; Aw)

- 미생물의 생육에 필요한 물의 활성 정도를 나타내는 지표
- 0에서 1까지의 범위를 갖으며, 1에 가까울수록 증식에 좋은 환경이고 0에 가까울수록 미생물 증식에 나쁜 환경을 의미함
- 수분의 건조, 물의 온도 저하, 소금의 첨가 등은 Aw를 낮출 수 있음

(2) 상온저장(常溫貯藏, Ordinary Temperature Storage)

① 의의 : 상온저장은 보통저장이라고도 하는데 외기의 온도변화에 따라 외기의 도입, 차단, 강제송풍처리, 보온, 단열, 밀폐처리 등으로 가온이나 저온처리장치 없이 저장하는 방법이다.

㉠ 도랑저장 : 가장 간단한 저장법으로서 주로 호냉성 채소인 무, 당근, 감자, 배추, 양배추 등의 저장에 많이 쓰인다. 그러나 기온이 급격히 떨어지면 어는 경우가 있고, 미리 두껍게 덮어서 과온이 되기 쉬우므로 흙덮기에 주의해야 한다. 자재가 거의 들지 않고 무제한으로 대량저장이 가능하지만, 꺼내기가 불편하다.

㉡ 움저장 : 땅에 1~2m 깊이로 구덩이를 판 뒤 그 안에 수확한 원예산물을 넣고 그 위에 왕겨나 짚을 덮고 다시 흙으로 덮어주며, 채소류는 싹이 트지 않도록 거꾸로 세워 저장하고 현재처럼 저장시설이 발달하지 못했던 때 많이 이용하던 방법으로 움의 온도는 10℃ 내외,

습도는 85%로 유지하는 것이 저장에 유리하다.

㉢ 지하저장고 : 여름에는 시원하고 겨울에는 따뜻하여 연중 채소저장에 편리하다. 특히, 겨울동안 고구마, 토란, 생강 등 호온성 채소의 저장에 좋으나 환기가 불량하면 과습하기 쉽다.

㉣ 환기저장 : 환기는 원예산물의 장기 저장 시에 필요하며, 청과물의 상온저장은 온도변화를 작게 하고 통풍설비가 완비된 시설에서 저장하는 것이 좋다.

② 피막제에 의한 저장

㉠ 각종 왁스, 증산억제제 처리방법 등에 의한 저장방법이다.

㉡ 식품위생상의 문제점이 있지만, 감귤, 사과 등에 이용되고 있다.

③ 방사선을 이용한 저장

㉠ 방사선 중에서도 감마선과 베타선이 이용되고 있다.

㉡ 주로 발아억제를 목적으로 많이 이용하고 있으며, 밤의 저장 중의 발아억제를 위한 감마선조사가 현저한 효과가 있다.

㉢ 방사선의 조사는 일시적으로 호흡이 촉진되므로 바나나의 숙도조절이나, 감의 탈삽 등에도 이용되고 있다.

(3) 저온저장(低溫貯藏, Low Temperature Storage)

① 의 의

㉠ 냉각에 의해 일정한 온도까지 원예산물의 온도를 내린 후(동결점 이상) 일정한 저온에서 저장하는 것을 말하며, 일반적으로 냉장이라고 한다.

㉡ 원예산물에서 일어나는 생리적 반응들은 온도의 변화에 큰 영향을 받으며, 온도가 낮을수록 반응속도는 느려진다. 또한 온도의 저하는 미생물 활성도 낮춤으로 부패 발생률이 낮아진다.

㉢ 최근 저온저장고의 온도 및 습도를 인터넷으로 모니터링하고 필요시 원격제어하는 기술이 개발되어 농산물 저온저장고 건축 시 이러한 시스템의 정착이 가능해졌다.

㉣ 실내온도를 균일하게 하기 위해 팬으로 공기를 순환시키며, 채소류는 많은 수분을 발산하여 과습하기 쉬우므로 유의해야 한다.

② 저온저장고

저장고는 기능과 구조가 일반 건축물과는 다르므로 위치 및 건축자재 등의 선택에 달리 신경을 써야 한다. 단열자재의 선택, 건물 내부 및 외부의 청결상태 유지를 위한 구조 설계 등이 요구된다.

㉠ 냉장원리

- 냉매가 기화되면서 주변 열을 흡수하므로 주변의 온도를 낮추는 원리를 이용

- 냉매를 압축기에서 압축하고 응축기에서 액체 상태로, 이 액화된 냉매는 팽창밸브를 거치며 저압으로 변하여 증발기 내를 흐르며 기체로 변함

㉡ 냉장기기
- 압축기(壓縮機, Compressor)
- 응축기(凝縮機, Condenser)
- 팽창밸브(Expansion Valve)
- 증발기(蒸發機, 냉각기, Evaporator)
- 제상(除霜, Defrosting)장치

③ 냉장용량

냉장용량은 저장고에서 발생하는 모든 열량을 합산하여 구하며 이를 냉장부하라하며 온도상승요인은 포장열, 호흡열, 전도열, 대류침투열, 장비열 등이 있고 포장열과 호흡열이 냉장부하의 대부분을 차지한다.

㉠ 포장열(圃場熱, Field Heat)
- 수확한 작물이 지니고 있는 열을 의미
- 포장열을 얼마나 빨리 제거하느냐가 저온저장의 효과가 달라짐
- 고온에서 수확하는 농산물은 품온이 높아 예랭하지 않은 상태로 입고하는 경우 포장열 제거에 필요한 냉장용량이 많이 차지하게 됨

㉡ 호흡열(呼吸熱, Heat of Respiration)
- 산물의 호흡에 의해 방출되는 생리대사열을 호흡열이라 함
- 호흡열은 산물의 호흡에 의해 지속적으로 발생
- 산물의 온도가 낮아지면 호흡열도 동시에 감소함
- 작물에 따라 상이하며, 온도가 낮을수록 줄어들고 CA환경에서 더욱 감소함

㉢ 전도열(傳導熱, Conducted Heat)
- 저장고 외부에서 저장고 안으로 전도되는 열
- 저장고 외부에서 내부로 전도되는 열은 저장고의 온도 상승을 유발하므로 지속적으로 제거되어야 함
- 저장고 내, 외부의 온도 차이와 단열재료에 따라 상이함
- 실제 외부 온도에 따라 열의 유입과 열의 손실도 일어나지만, 냉장용량의 계산 시에는 유입열량만 고려함

㉣ 대류열(對流熱, Convection Heat)
- 외부로부터 내부로 공기가 혼입되며 일어나는 대류현상으로 유입되는 열
- 대류열의 유입은 문을 자주 여닫는 경우 심하며, 저장고를 닫았을 때 최소화 됨
- 완전히 밀폐된 CA저장고의 경우 이론적으로 대류열은 0이 됨

ⓜ 장비열(裝備熱)

- 적재 시 사용되는 지게차, 조명등, 송풍기 등에서 발산되는 열
- 저장고 내에서 작동하는 기계류 등에서 발생하는 열량도 냉장용량의 계산 시 고려하여야 하며, 특히 지속적으로 작동되는 기기의 열량은 추가되어야 함

ⓑ 냉장용량의 계산

- 저온저장고내 제거해야 할 열량은 각 원인에서 발생하는 열량의 합산으로 구함
- 제상시간을 고려하여야 함
- 위의 5가지 요인에 의한 열량의 합산치에 1.2~1.3배가 냉장용량이 됨

ⓢ 적정 냉장용량의 중요성

- 냉장용량의 설정은 저장산물의 품질에 미치는 영향은 매우 큼
- 모든 작물은 온도가 빠르게 저하될수록 품질이 오래 유지됨
- 냉장용량의 결정은 저장실별로 저장 품목, 포장열, 1일 입고량, 호흡속도, 저장고 단열 정도에 근거하여 계산 후 선정함

④ 저온저장고의 관리

㉠ 온도관리

- 적재방법
  - 온도가 균일하기 위해서는 냉각기의 찬 공기가 저장고 전체에 고르게 퍼져나가야 한다.
  - 산물의 적재는 저장고 바닥, 포장재와 벽면 사이, 천장 사이에 공기의 통로가 확보되도록 적재하여야 한다.
  - 일반적으로 중앙통로 50cm, 팔레트와 벽면의 사이 및 팔레트와 팔레트 사이는 30cm, 천장과는 50cm 이상의 바람이 지날 수 있는 공간을 확보하여야 한다.
- 온도의 설정
  - 저장고 내 온도는 산물의 호흡, 세균, 미생물, 곰팡이 등의 번식과 밀접한 관계가 있음
  - 노화에 의한 조직의 연화현상은 저장고 온도가 높을 때 빠르게 진행됨
  - 저장고의 온도를 균일하게 맞추기 힘들므로 온도분포를 고려하여 안전범위가 되도록 설정하는 것이 좋음

[장기저장 시 적정 저장온도, 습도 및 동결온도]

〈농수산물유통공사, 알기 쉬운 농산물 수확 후 관리, 박윤문〉

품 목	적정 온도(℃)	적정 습도(%)	동결온도(℃)
사 과	-0.5~0.5	90~95	-1.5~-1.1
배	0.5~1.0	90~95	-1.5
복숭아	-0.5~0.0	90~95	-0.9
포 도	-0.5~0.0	85~90	-1.2
단 감	-1.0~0.0	90~95	-2.1
밀 감	5.0~8.0	90~95	5.0(저온장해)
배 추	0.5~0.0	95~98	-0.7
브로콜리	0.5~0.0	95~98	-0.6
양 파	-0.5~0.0	70~80	-0.8
마 늘	-1.5~-0.5	70~80	-0.8

동결온도 : 동결이 일어날 수 있는 가장 높은 온도 범위기준
마늘의 경우 건조 정도에 따라 -3.0~0.0 범위에서 선택적으로 설정

- 온도편차범위
  - 적정 온도보다 낮은 온도는 저온장해 또는 동해를 일으킴
  - 적정 온도보다 높은 온도는 저장 가능 기간을 단축시킴
  - 설정온도에서 ±0.5도를 벗어나지 않는 선에서 조절되는 것이 바람직한 온도의 편차범위임
  - 설비의 오류, 냉장용량의 부족, 공기통로의 부족, 온도 관리의 부주의 등으로 온도편차가 커지면 상대습도의 변화도 커지며, 저장력이 떨어짐

㉡ 습도관리

- 저장의 효과를 보기 위해서는 온도 다음으로 고려할 점으로 상대습도를 높게 유지하여야 한다.
  - 일반적으로 과일은 85~95%, 채소는 90~98%의 고습도가 신선도 유지에 유리함
  - 양파, 마늘, 늙은 호박 등은 60~75%가 장기저장에 알맞은 습도이며, 무, 당근 등의 근채류는 90~95%의 고습도를 유지해야 조직의 유연성이 유지되며, 중량감소가 일어나지 않음
  - 산물에 따라 요구되는 습도와 상품성 유지를 위한 수분감량 허용치가 다르므로 종류나 저장온도 등을 고려하여 습도를 유지하여야 함
- 습도변화의 원인
  - 냉장기기의 작동주기
  - 제상주기에 의한 온도변화
  - 냉각기에 생기는 결로
  - 결로현상은 냉매의 증발 온도가 낮을수록 증가함

- 습도가 낮아지면 산물의 증산량이 많아져 결과적으로 신선도 저하와 중량감소가 일어남

• 습도유지 방법
  - 구조 및 기기 : 적합한 냉장기기와 방습벽의 설치, 송풍기 가동 시 공기유동 억제, 환기는 가능한 극소화, 결로현상을 줄이기 위해 저장고 온도와 냉각기 온도편차를 줄임
  - 수분의 보충 : 저장고 바닥에 물을 충분히 뿌려 콘크리트 바닥의 수분흡수를 줄임, 가습기를 주기적으로 가동하여 수분을 보충, 포장용기는 수분흡수가 적은 것을 사용, 가습기 이용 시는 분무입자가 작아야 효율적임

㉢ 서리제거

• 냉각기에 결로가 생겨 얼음층으로 덮이면 열교환이 일어나지 않아 저장고 온도유지가 어려워지며 심하면 온도가 상승하게 됨
• 고온가스 서리제거방식과 전열식 서리제거방법이 있음
• 서리 제거의 주기와 시간은 서리의 양에 따라 결정하고 제거가 끝나면 바로 냉장에 들어가야 불필요한 에너지 소모와 저장고 내 온도의 상승을 막을 수 있음

㉣ 에틸렌제거

• 노화호르몬인 에틸렌이 축적되면, 숙성이 촉진되어 신맛의 감소와 연화현상을 촉진해 저장기간의 단축과 품질저하가 초래됨
• 에틸렌농도가 일정치 이상으로 증가하면 자가촉매반응에 의해 급속히 증가하므로 저장 초기부터 제거하여 일정 수준치를 넘지 않도록 주의해야 함
• 에틸렌의 제거는 환기로도 가능하나 저장고 온도상승이 일어나므로 흡착제를 교환해 주거나 분해기를 작동시키는 장치가 필요함
• 에틸렌작용 억제제인 1-MCP(1-Methylcyclopropene) 처리기술을 활용하여 품질유지 효과를 거둘 수 있음(1-MCP는 기체 상태이므로 밀폐된 상태에서만 효과를 볼 수 있음)

㉤ 저장고의 소독

• 저장고 안에 저장산물로부터 전염된 세균, 곰팡이 및 미생물이 남아있을 수 있음
• 오염된 저장고를 계속 사용하는 경우 저장 산물에 오염되고 저장 중 문제가 생기지 않더라도 출하 후 부패 증상이 나타날 수 있음
• 저온에서도 활성이 있는 세균들이 있어 부패를 발생할 수 있으므로 저장 전 저장고를 소독하는 것이 바람직함
• 세균과 곰팡이 중에는 에틸렌을 발생시키는 종류도 있어 산물의 숙성을 촉진시키거나 과피·얼룩 등의 장해를 일으키기도 함

필 / 수 / 확 / 인 / 문 / 제

농산물의 저장에 대한 설명으로 옳지 않은 것은?

① 저장에 영향을 끼치는 중요한 요인은 저장온도와 수분함량이다.
② 곡물은 저장 중 α-아밀라아제의 작용으로 전분이 분해되어 환원당 함량이 증가한다.
③ 고구마, 감자 등은 수확작업 중 발생한 상처를 치유하기 위해 큐어링을 한다.
④ 과실의 CA저장기술은 저장 중 CO_2의 농도를 낮추어 세포의 호흡소모나 변질을 감소시킨다.

답 ④

- 소독방법
  - 유황훈증
  - 포름알데하이드, 차아염소나트륨 수용액, 제3인산나트륨 또는 벤레이트가 함유된 약제를 뿌려 소독
  - 친환경 저장고 소독법인 초산 훈증법

(4) CA저장(Controlled Atmosphere Storage)

① 온도, 습도, 대기조성 등을 조절함으로써 장기저장을 하는 가장 이상적인 방법이다.

㉠ CA저장은 대기조성(대략 N_2 78%, O_2 21%, CO_2 0.03%)과는 다른 공기조성을 갖는 조건에서 저장하는 것을 말한다.

㉡ 산소농도는 대기보다 약 4~20배(O_2 : 8%) 낮추고 이산화탄소는 약 30~500배(CO_2 : 1~5%) 증가시키는 조건으로 조절하여 저장하는 방식이다.

㉢ 또한 신선한 과실, 채소, 관상식물 등 전 수확 후 관리과정에서 각 작물마다 적절한 온도와 상대습도 조건을 충족하여야 한다.

㉣ 이러한 조건에서는 호흡이 억제되고, 에틸렌의 생성 및 작용이 억제되는 등의 효과에 의해 유기산의 감소, 과육의 연화 지연, 당과 유기산 성분 및 엽록소의 분해 등과 같은 과실의 후숙과 노화현상이 지연되며, 미생물의 생장과 번식이 억제되어 생산물의 품질을 유지하면서 장기간의 저장이 가능해진다.

② 원리 및 특징

㉠ CA는 호흡이론에 근거를 두고 저장산물 주변의 가스조성을 변화시켜 저장기간을 연장하는 방식이다.

㉡ 호흡은 저장산물 내 저장양분이 소모되면서 이산화탄소와 열을 발산하는 대사작용으로 산소가 필수적이므로 저장물질의 소모를 줄이려면 호흡작용을 억제하여야 하며, 이를 위해서는 산소를 줄이고 이산화탄소를 증가시킴으로써 가능하다.

㉢ CA효과는 높은 농도의 이산화탄소와 낮은 농도의 산소조건에서 생리대사율을 저하시킴으로서 품질변화를 지연시킨다.

③ 이산화탄소농도 및 에틸렌농도 제어

㉠ CA저장고 내 이산화탄소의 농도는 일정수준까지 증가시키다가 장애가 발생하는 상한선에서는 제거해 주어야 한다.

㉡ 한편 CA저장고의 효과를 높이려면 숙성호르몬으로 일컫는 에틸렌가스의 제거가 수반되어야 한다.

㉢ 에틸렌가스의 제거방식으로는 흡착인자를 이용하는 흡착식, 자외선 파괴식, 촉매분해식 등이 있는데, 최근까지 개발방식으로는 촉

매분해식이 경제적 타당성이 높다. 자외선 파괴식은 경제성이 뛰어나지만 현재로서는 실용화되지 못하고 있는 실정이다.

④ CA저장의 효과
㉠ 호흡, 에틸렌 발생, 연화, 성분변화와 같은 생화학적, 생리적 변화와 연관된 작물의 노화를 방지한다.
㉡ 에틸렌작용에 대한 작물의 민감도를 감소시킨다.
㉢ 작물에 따라서 저온장해와 같은 생리적 장애를 개선한다.
㉣ 조절된 대기가 병원균에 직접 혹은 간접으로 영향을 미침으로서 곰팡이의 발생률을 감소시킨다.

⑤ CA저장의 위험요소
㉠ 토마토와 같은 일부작물에서 고르지 못한 숙성을 야기할 수 있다.
㉡ 감자의 흑색심부, 상추의 갈색반점과 같은 생리적 장해를 유발할 수 있다.
㉢ 낮은 산소농도에서 혐기적 호흡의 결과로 이취를 유발할 수 있다.

⑥ CA저장의 문제점
㉠ 시설비와 유지비가 많이 든다.
㉡ 공기조성이 부적절할 경우 장애를 일으킨다.
㉢ 저장고를 자주 열 수 없으므로 저장물의 상태를 파악하기 힘들다.

⑦ CA저장고의 관리와 운영
㉠ 전제조건
- 밀폐도 : 저장고의 구조 적합성을 가장 고려하여야 하는데, 특히 가스 밀폐가 잘 이루어져야만 원하는 CA환경을 유지할 수 있음(장기간 산물의 품질 유지가 가능)
- 적정 조건 및 조성의 유지
  - 작물과 품종에 따라 적정 공기조성의 범위를 유지하는 것이 CA저장에 중요한 요소임
  - 저장 원예산물이 CA환경에서 품질유지 효과와 공기조성에 따른 장해에 대한 정확한 정보가 있어야 함
  - 작물 또는 품종에 따라 저산소, 고이산화탄소 장해에 따른 내성의 차이가 있음
  - 작물의 생리적 특성, 재배환경의 영향 등을 고려하여 산소농도는 저산소 장애의 한계점 이상, 이산화탄소농도는 고이산화탄소 장해의 한계점 이하로 유지하는 관리 기술이 필요함
  - 사과의 경우 일반 품종은 산소 1~3%, 이산화탄소 1~5%가 적합하나 후지 품종의 경우는 이산화탄소에 민감하므로 1% 이하로 유지해야만 고이산화탄소 장해를 피할 수 있음

[주요 과일의 CA 저장조건]

〈농수산물유통공사, 알기 쉬운 농산물 수확 후 관리, 박윤문〉

품 종	적정 CA 범위 (%O_2 + %CO_2)	산소농도의 한계	이산화탄소 농도의 한계
사과 - 후지	1~3+≥1.0%	≥0.5%	1.0%
사과 - 일반품종	1~3+1~5%	≥1.5%	5.0%
배 - 신고	1~3+≥1%	1.0%	1.0%
복숭아	1~2.5+5.0	1.0%	5.0, 10.0%
단감 - 부유	1~3+8~12%	0.5%	≤12.0%

[주요 채소의 표준 CA 저장조건]

〈농수산물유통공사, 알기 쉬운 농산물 수확 후 관리, 박윤문〉

품 종	적정 CA 범위 (%O_2 + %CO_2)	산소농도의 한계	이산화탄소 농도의 한계
양배추	2.5~5.0+2.5~5.0%	2.0%	10.0%
브로콜리	1.0+10~15%	0.5%	15.0%
결구상추	1.0~3.0+0(2~3)%	0.5%	2.0%
버 섯	Air+10~15%	0.5%	20.0%
딸 기	5~10+15~20%	2.0%	25.0%

ⓛ 저장고 구조 및 기기
- 건물구조
  - CA저장고는 일정한 산소와 이산화탄소의 농도가 유지되어야 하므로 저장고 내로 외부공기가 유입되지 않도록 밀폐가 유지되어야 함
  - 냉장설비, 전선 등의 연결로 생기는 틈을 완전 밀봉하여야 하고, 출입문 또한 특수한 구조를 이용하여 설치하여야 함
  - 온도 변화 시 압력 변화를 완화시킬 수 있는 압력조절장치가 필요함
- 기 기
  - 산소농도를 낮추기 위한 질소발생기
  - 이산화탄소농도 유지를 위한 이산화탄소 흡착기
  - 에틸렌 제어를 위한 기기
  - 산소 및 이산화탄소 농도를 측정하는 분석기기 및 제어기기

ⓒ CA저장의 잠재적 위험
- 원예산물은 품목 또는 품종별로 저산소와 고이산화탄소에 대한 내성이 서로 다름
- 지나친 저산소 또는 고이산화탄소 농도조건에서는 변색, 조직의 붕괴, 이취발생 등 생리적 장애현상이 나타남

- 특정 유형의 부패가 증가하기도 함
- 따라서 품목과 품종별로 적정 수준의 환경을 조성하여야 함

(5) MA저장(Modified Atmosphere Storage)

① 원리 및 효과

㉠ 필름이나 피막제를 이용하여 산물을 하나씩 또는 소량을 외부와 차단하여 호흡에 의한 산소농도의 저하와 이산화탄소농도의 증가에 의해 호흡을 줄임으로 품질변화를 억제하는 방법이며, MA처리는 압축된 CA저장이라 할 수 있다.

㉡ 포장재의 개발과 함께 발달되었으며 유통기간의 연장 수단으로 많이 사용되고 있다.

㉢ 각종 플라스틱 필름 등으로 원예산물을 포장하는 경우 필름의 기체투과성, 산물로부터 발생한 기체의 양과 종류에 의하여 포장내부의 기체조성은 대기와 현저하게 달라지기 때문에 이것에 의한 저장방법을 말한다.

㉣ MA저장은 적정한 가스의 농도가 산물의 종류에 따라 다르고 사과는 품종에 따라 다르나 산소가 2~3%, 이산화탄소 2~3%, 감은 산소 1~2%, 이산화탄소 5~8%, 배에는 산소 4%, 이산화탄소 5%의 적정농도가 유지되어야 한다.

㉤ MA저장에 사용되는 필름은 수분투과성, 이산화탄소나 산소 및 다른 공기의 투과성이 무엇보다도 중요하다.

㉥ 수증기의 이동을 억제하여 증산량이 감소한다.

㉦ 온도에 민감해 장애를 일으키는 작물의 장애발생 감소에 효과적이다.

㉧ 낱개 포장하는 경우 물리적 손상을 방지할 수 있다.

㉨ 필름과 피막처리는 CA효과를 볼 수 있으므로 과육연화현상과 노화현상을 지연시킬 수 있다.

㉩ 단감을 제외한 일반적인 원예산물의 경우 포장, 저장 및 유통기술이므로 MAP(Modified Atmosphere Packaging, 가스치환포장방식)로 표현하는 것이 더욱 적절하다.

② 전제조건

㉠ 포장 내 과습으로 인해 부패와 내부의 부적합한 가스조성에 따른 생리장해를 초래할 수 있으므로 다음 사항을 고려하여야 한다.

㉡ 고려사항

- 작물의 종류
- 성숙도에 따른 호흡속도
- 에틸렌 발생량 및 감응도

• 필름의 두께
• 종류에 따른 가스투과성
• 피막제 특성

㉢ 필름 종류별 가스투과성 : 저밀도폴리에틸렌(LDPE) > 폴리스틸렌(PS) > 폴리프로필렌(PP) > 폴리비닐클로라이드(PVC) > 폴리에스터(PET)

필름종류	가스투과성(ml/m^2 · 0.025mm · 1day)		포장내부
	이산화탄소	산 소	이산화탄소 : 산소
저밀도폴리에틸렌(LDPE)	7,700~77,000	3,900~13,000	2.0 : 5.9
폴리비닐클로라이드(PVC)	4,263~8,138	620~2,248	3.6 : 6.9
폴리프로필렌(PP)	7,700~21,000	1,300~6,400	3.3 : 5.9
폴리스티렌(PS)	10,000~26,000	2,600~2,700	3.4 : 5.8
폴리에스터(PET)	180~390	52~130	3.0 : 3.5

③ MA저장의 이용

㉠ 필름포장

• 엽채류와 비급등형 작물은 주로 수분 손실억제와 생리적 장애 및 노화 지연에 목적을 두고 있음
• 호흡급등형에 속하는 작물은 포장 내 가스조성의 변화를 통한 저장효과에 목적을 둠
• 흡착물질을 첨가하여 품질유지효과를 보기도 함
• 단감의 PE필름 저장 : 저밀도 PE필름 MA저장으로 4~5개월 장기저장이 가능함
• 유의사항
  – 지나친 차단성은 이산화탄소 축적에 따른 생리적 장해와 결로현상에 의한 미생물 증식의 위험성이 있음
  – 속포장에 플라스틱필름을 사용하는 경우는 저산소 장애, 이산화탄소 장애, 과습에 따른 부패 등에 따른 포장재를 선택하거나 가스 투과성을 고려하여야 함

㉡ 피막제

• 왁스 및 동식물성 유지류 등이 산물의 저장, 수송, 유통 중 품질유지를 위하여 사용됨
• 피막제의 도포는 경도와 색택을 유지하고 산 함량 감소를 방지하는 효과를 볼 수 있음
• 과일의 색감 증가나 표면의 광택증진 등 외관을 향상시키는 왁스처리가 실용화되어 있음

- 부분적 위축과 상처 및 장애 현상을 유기하기도 하므로 작물의 종류에 따라 적합한 피막제를 선택하여야 함

㉢ 기능성 포장재의 개발
- 품질유지를 위하여 여러 가지 물질을 첨가한 기능성 포장재가 개발되고 있음
- 에틸렌흡착필름 : 제올라이트나 활성탄을 도포하여 포장 내 에틸렌 가스를 흡착하여 에틸렌에 의한 노화현상을 지연시킴
- 방담필름 : 식물성 유지를 도포하여 수증기 포화에 의한 포장 내부 표면에 결로현상을 억제함
- 항균필름 : 항생·항균성 물질 또는 키토산 등을 도포하여 포장 내 세균에 대한 항균작용으로 과습에 의한 부패를 감소시킴

④ 수동적 MA저장

㉠ 폴리에틸렌, 폴리플로필렌필름 등을 이용하여 밀봉할 경우 밀봉된 포장 내에서 원예산물의 호흡에 의한 산소소비와 이산화탄소의 방출로 포장 내에 적절한 대기가 조성되도록 하는 방법이다.

㉡ 포장에 사용된 필름은 가스의 확산을 막을 수 있는 제한적인 투과성을 지니고 있다.

⑤ 능동적 MA저장

㉠ 포장 내부의 대기조성을 원하는 농도의 가스로 바꾸는 방법이다.

㉡ 대부분의 능동적 MA저장은 포장재 표면에 계면활성제를 처리하여 결로현상을 방지하는 방담필름과 항균물을 첨가한 항균필름 등이 있다.

㉢ 최근 고분자필름 소재에 기능성 충전제를 충전시켜 포장하면 농산물들을 일반포장재로 포장하여 유통시킬 경우보다 신선도 유지기간을 획기적으로 연장시킬 수 있는 환경친화성 신선도 유지형 포장재가 완성되었다.

필 / 수 / 확 / 인 / 문 / 제

HACCP란 무엇을 의미하는가?

① 위해요소중점관리기준
② 우수농산물관리제도
③ 생산이력추적관리제도
④ 병충해종합관리

답 ①

5 위해요소중점관리기준(Hazard Analysis Critical Control Points, HACCP)

(1) 의 의

① 식품의 원재료 생산에서부터 제조, 가공, 보존, 유통단계를 거쳐 최종 소비자가 섭취하기 전까지의 각 단계에서 발생할 우려가 있는 위해요소를 규명하고 이를 중점적으로 관리하기 위한 중요관리점을 결정하여 자주적이고 체계적이며, 효율적인 관리로 식품의 안전성(Safety)을 확보하기 위한 과학적인 위생관리체계라 할 수 있다.

② HACCP은 위해분석(HA)과 중요관리점(CCP)으로 구성되어 있는데, HA는 위해가능성이 있는 요소를 찾아 분석·평가하는 것이다.

③ CCP는 해당 위해 요소를 방지·제거하고 안전성을 확보하기 위하여 중점적으로 다루어야 할 관리점을 말한다.

(2) HACCP의 원칙(국제식품규격위원회 - CODEX에서 설정)

① 위해분석(HA)을 실시한다.

② 중요관리점(CCP)를 결정한다.

③ 관리기준(CL)을 결정한다.

④ CCP에 대한 모니터링 방법을 설정한다.

⑤ 모니터링 결과 CCP가 관리상태의 위반 시 개선조치(CA)를 설정한다.

⑥ HACCP가 효과적으로 시행되는지를 검증하는 방법을 설정한다.

⑦ 이들 원칙 및 그 적용에 대한 문서화와 기록유지방법을 설정한다.

(3) 중요성

① 원예산물을 가공하고 포장하는 동안 물리적, 화학적, 그리고 미생물 등의 오염을 예방하는 일은 안전한 농산물의 생산에 필수적인 것이다.

② HACCP은 자주적이고 체계적이며, 효율적인 관리로 식품의 안전성을 확보하기 위한 과학적인 위생관리체계라 할 수 있다.

적중예상문제

01 다음 중 연작장해의 해결방법이 아닌 것은?

① 전답의 돌려짓기(윤작)를 한다.
② 깊이갈이를 하거나 객토 및 표토를 하다.
③ 비 또는 담수로 씻어 내린다.
④ 화학성 비료를 충분히 시비하여 식물의 생육을 왕성하게 만든다.

02 연작으로 인한 기지현상이 심한 과수는?

① 자 두
② 감 귤
③ 사 과
④ 포 도

해설
기지현상이 심한 과수 : 복숭아, 무화과, 감귤, 앵두 등

03 윤작의 직접적인 효과와 거리가 가장 먼 것은?

① 토양구조개선효과
② 수질보호효과
③ 지지회피효과
④ 수량증대효과

해설
윤작은 지력의 유지를 증강시켜 토양구조를 좋게 한다. 또한 토양보호, 지지회피, 병충해 경감, 수량증대, 토지이용도 향상 등의 효과를 얻을 수 있다.

04 작부체계별 특성에 대한 설명으로 틀린 것은?

① 단작은 많은 수량을 낼 수 있다.
② 윤작은 경지의 이용효율을 높일 수 있다.
③ 혼작은 병해충 방제와 기계화작업에 효과적이다.
④ 단작은 재배나 관리작업이 간단하고 기계화작업이 가능하다.

해설
- 병해충 방제에 효과적인 것은 윤작이며, 기계화작업에 효과적인 것은 단작이다.
- 혼작은 생육기간이 거의 같은 두 종류 이상의 작물을 동시에 같은 포장에 섞어서 재배하는 것을 말한다.

05 기지의 근본적인 대책이 되는 것은?

① 윤 작 ② 담 수
③ 환 토 ④ 결핍성분의 보급

해설
연작을 할 때에는 작물의 생육이 뚜렷하게 나빠지는 일이 있는데, 이를 기지라고 한다. 윤작(돌려짓기)을 하면 기지현상을 방지・경감할 수 있다.

06 삼포식 농법의 목적은 무엇인가?

① 병해충 예방 ② 지력회복
③ 수분절약 ④ 냉해방지

해설
삼포식 농법
경작지의 2/3에는 추파 또는 춘파의 곡류를 심고, 1/3은 휴한하는 농법이며, 지력회복이 목적이다.

정답 1 ④ 2 ② 3 ② 4 ③ 5 ① 6 ②

07 연작장해를 해소하기 위한 가장 친환경적인 영농방법은?

① 토양소독
② 유독물질의 제거
③ 돌려짓기
④ 시비를 통한 지력배양

해설

연작장해를 해소하기 위한 방법으로는 윤작, 담수, 토양소독, 유기물 시용, 객토 및 환토, 접목, 지력배양 등이 있으며, 이 중 가장 친환경적 방법은 윤작이다.

08 교호작의 대표적 작물은?

① 옥수수와 콩　② 감자와 고구마
③ 콩과 수수　④ 콩과 목화

해설

교호작(번갈아짓기)
콩의 두 이랑에 옥수수 한 이랑씩처럼 생육기간이 비슷한 작물들을 서로 번갈아 교호로 재배하는 방식이다.

09 다음 중 혼작의 예가 아닌 것은?

① 콩+옥수수　② 목화+들깨
③ 콩+수수　④ 보리+콩

해설

- 보리, 콩은 간작이다.
- 혼작(섞어짓기) : 생육기가 거의 같은 두 종류 이상의 작물을 동시에 같은 포장에 섞어 재배하는 것이다.

10 윤작의 원리에 알맞지 않은 것은?

① 주작물은 지역의 사정에 따라서 다양하게 변하고 있다.
② 토지의 이용도를 높이기 위하여 여름작물이나 겨울작물 중 한가지로 통일한다.
③ 지력유지를 위해 콩과작물이나 녹비작물이 포함된다.
④ 잡초의 경감을 위해서 중경작물이나 피복작물이 포함된다.

해설

윤작의 효과
지력의 유지 및 증진, 연작의 피해 회피, 병해충 및 잡초의 경감, 토지 이용도의 향상, 수량 및 생산성의 증대, 노력분배의 합리화, 토양보호

11 작물의 기지현상의 원인이 아닌 것은?

① 토양 비료분의 소모
② 토양 중의 염류집적
③ 토양 물리성의 악화
④ 잡초의 제거

해설

기지현상의 원인
토양 비료분의 소모, 토양 중의 염류집적, 토양 물리성의 악화, 잡초의 번성, 유독물질의 축적, 토양선충의 피해, 토양전염의 병해

12 다음 중 연작의 피해가 가장 심하게 나타나는 작물은?

① 담 배　② 인 삼
③ 삼　④ 옥수수

해설

- 1년 휴작을 요하는 작물 : 콩, 시금치, 파, 생강 등
- 2년 휴작을 요하는 작물 : 감자, 땅콩, 오이 등
- 3년 휴작을 요하는 작물 : 강낭콩, 참외, 토란 등
- 5~7년 휴작을 요하는 작물 : 완두, 수박, 가지, 고추 등
- 10년 이상 휴작을 요하는 작물 : 아마, 인삼 등

13 윤작을 하면 주로 어떤 병균의 발생을 막을 수 있는가?

① 토양전염을 하는 병균
② 공기전염을 하는 병균
③ 접촉전염을 하는 병균
④ 종자전염을 하는 병균

해설

윤작을 하면 토양선충이나 토양전염을 하는 병의 병균을 경감시킬 수 있다.

7 ③　8 ①　9 ④　10 ②　11 ④　12 ②　13 ①　정답

14 다음 중 우리나라에서 월동하는 맥류 답리작으로 보리가 밀보다 많이 재배되는 이유는?

① 보리가 밀보다 산성토양에 강하기 때문
② 보리가 밀보다 추위에 강하기 때문
③ 보리가 밀보다 거름 흡수력이 강하기 때문
④ 보리가 밀보다 생육기간이 짧기 때문

해설

보리는 밀보다 생육기간이 7~10여일 짧기 때문에 우리나라에서는 답리작의 작부체계상 유리하다.

15 다음 중 답전윤환의 효과가 아닌 것은?

① 품질향상 ② 기지의 회피
③ 지력증대 ④ 잡초의 감소

해설

답전윤환 재배의 효과

- 지력증강 : 밭 기간 동안에는 논 기간에 비하여 토양의 입단화 및 건토효과가 진전되고, 미량요소 등의 용탈이 적으며, 환원성인 유해물질의 생성이 억제되고, 채소나 콩과목초는 토양을 비옥하게 하여 지력이 증강된다.
- 기지의 회피 : 벼를 재배하다가 채소를 재배하면 채소의 기지현상이 회피된다.
- 잡초의 감소 : 담수상태와 배수상태가 서로 교체되므로 잡초의 발생량이 적어진다.
- 벼의 수량 증가 : 클로버 등을 2~3년 재배하였다가 벼를 재배하면 벼의 수량이 초년도에 30% 가량 늘고, 또 질소의 시용량이 절반 이하로 절약된다.

16 혼파에 관한 설명 중 옳지 않은 것은?

① 가축 영양상의 이점이 많다.
② 공간을 효율적으로 이용할 수 있다.
③ 잡초를 경감시킬 수 있다.
④ 시비, 병충해 방제 등의 관리가 용이하다.

해설

혼파의 단점으로는 파종작업이 힘들고 목초별로 생장이 다르므로 시비, 병충해 방제, 수확 등의 관리가 불편하다는 점을 들 수 있다.

17 생육기간이 거의 같은 두 종류 이상의 작물을 동시에 같은 포장에 섞어서 재배하는 작부방식을 무엇이라 하는가?

① 간 작 ② 교 호
③ 혼 작 ④ 윤 작

해설

혼작은 생육기간이 같은 두 작물을 섞어서 재배하는 것이며, 간작은 생육기간이 다른 작물을 재배하는 것이다.

18 다음 윤작의 방법 중 개량삼포식이란?

① 경작지의 1/3에는 춘파 또는 추파곡류를 심고, 2/3는 콩과작물을 심는다.
② 경작지의 1/3에는 춘파 또는 추파곡류를 심고, 2/3는 휴한한다.
③ 경작지의 2/3에는 춘파 또는 추파곡류를 심고, 1/3은 콩과작물을 심는다.
④ 경작지의 2/3에는 춘파 또는 추파곡류를 심고, 1/3은 휴한한다.

해설

- 삼포식 농법 : 경작지의 2/3에는 추파 또는 춘파의 곡류를 심고 1/3은 휴한하면서, 해마다 휴한지를 이동하여 경작지 전체를 3년에 한 번씩 휴한하는 방식이다.
- 개량삼포식 농법 : 삼포식 농법에 있어서 휴한할 곳에 클로버 같은 콩과작물을 재배하면 사료도 얻고, 전 경작지에 3년에 한 번씩 클로버가 재배되어 지력도 좋아지게 된다. 삼포식 농법을 이와 같이 개량한 것을 개량삼포식 농법이라고 한다.

19 십자화과 작물의 채종적기는?

① 백숙기 ② 갈숙기
③ 녹숙기 ④ 황숙기

해설

화곡류의 채종적기는 황숙기이고 십자화과의 채소류는 갈숙기가 적기이다.

정답 14 ④ 15 ① 16 ④ 17 ③ 18 ③ 19 ②

20 다음 중 종자번식의 장점으로 볼 수 없는 것은?

① 번식방법이 쉽고 다수의 묘를 생산할 수 있다.
② 품종개량의 목적으로 우량종의 개발이 가능하다.
③ 번식가능기간이 길고 방법이 용이하다.
④ 종자의 수송이 용이하며, 원거리 이동 시 안전하고 용이하다.

해설

종자번식의 장점
- 번식의 방법이 쉽고 다수의 묘를 생산할 수 있다.
- 품종개량의 목적으로 우량종의 개발이 가능하다.
- 영양번식에 비교하여 일반적으로 발육이 왕성하고 수명이 길다.
- 종자의 수송이 용이하며, 원거리 이동이 안전・용이하다.
- 육묘비가 적게 든다.

21 종자 염수선을 하는 경우 그 비중액의 비중을 1.10으로 하려면 물 18L에 소금이 드는 분량은?

① 약 4.5kg ② 약 3.75kg
③ 약 3.0kg ④ 약 2.25kg

해설

1.13일 경우 4.5kg, 1.10일 경우 3.0kg, 1.08일 경우 2.25kg, 1.03일 경우 0.75kg이다.

22 종자의 유전적 퇴화의 원인이 아닌 것은?

① 격리재배 ② 자연교잡
③ 돌연변이 ④ 유전자형의 분리

해설

격리재배는 자연교잡 방지에 해당한다.

23 작물의 퇴화를 방지하고 특성을 유지하는 방법과 관련이 없는 것은?

① 영양번식 ② 격리재배
③ 종자갱신 ④ 방사선 처리

해설

방사선 처리는 돌연변이를 유발하여 작물의 유전적 퇴화를 일으키는 원인이 된다.

24 0.5% TTC 용액 속에 벼 종자를 종단하여 침지했을 때 발아력이 있는 종자의 색깔은?

① 흰 색 ② 갈 색
③ 보라색 ④ 적 색

해설

발아력이 강한 종자는 테트라졸륨법에서는 적색, 구아이아콜법에서는 자색으로 염색된다.

25 종자의 퇴화방지책이 아닌 것은?

① 종자소독 ② 고온・다습 저장
③ 채종재배 ④ 격리재배

해설

저장 시의 고온・다습은 종자퇴화의 원인이 된다.

26 다음 중 종자의 소독과 발아를 촉진시키는 방법은?

① 약품처리법 ② 고온처리법
③ 온탕처리법 ④ 종자수세법

해설

온탕처리법은 종자의 소독과 발아를 촉진시키는 방법이다.

27 종자가 저장 중에 발아력이 상실되는 주된 원인은?

① 원형질 단백의 응고 ② 저장양분의 소모
③ 유독물질의 생성 ④ 저장 중의 질식

해설

발아력을 상실하는 주된 원인
원형질 단백의 응고이며, 효소의 활력 저하도 원인이 되고 저장양분의 소모도 이에 관련한다.

28 식물학상 종자가 농업상 씨앗으로 이용되는 것은?

① 완 두 ② 들 깨
③ 밀 ④ 옥수수

20 ③ 21 ③ 22 ① 23 ④ 24 ④ 25 ② 26 ③ 27 ① 28 ① 정답

해설

식물학상 종자 이용 : 콩, 팥, 완두, 녹두 등 콩과작물, 유채, 담배, 아마, 목화, 참깨 등

29 작물 씨앗이 싹트는 데에는 꼭 필요한 조건이 있다. 모든 작물에서 필요한 조건이 아닌 것은?

① 물 ② 온 도
③ 산 소 ④ 빛

해설

많은 작물들은 물, 온도, 산소의 세 가지만 적당하게 있으면 빛이 없어도 싹이 튼다.

30 성숙 직후의 종자는 온도, 수분과 같은 환경조건이 발아에 적합하여도 일정 기간 발아하지 않는 특성을 지니고 있는데, 이를 무엇이라 하는가?

① 휴 면 ② 발 아
③ 정 지 ④ 파 종

해설

휴면은 생육의 일시적인 정지상태라고 볼 수 있다.

31 발아할 때 광선이 필요한 종자는?

① 토마토 ② 가 지
③ 상 추 ④ 호 박

32 호광성 종자의 휴면을 타파하여 발아촉진을 하고자 할 때 사용되는 것은?

① MH-30 ② 감마선
③ 에틸렌 ④ 지베렐린

해설

양배추, 담배 등의 호광성 종자 및 가지, 용담의 종자는 지베렐린 수용액에 담근 후 파종하면 발아가 촉진된다.

33 수중에서는 발아를 하지 못하는 종자로만 짝지어진 것은?

① 벼, 토마토, 카네이션
② 상추, 당근, 셀러리
③ 귀리, 밀, 무
④ 셀러리, 티모시, 상추

해설

③번은 수중발아가 어려운 종자들이다.

34 다음 중 종자의 휴면원인이 아닌 것은?

① 경 실 ② 종피의 불투기성
③ 종피의 기계적 저항 ④ 배의 후숙

해설

미나리아제비, 장미과 식물 등은 종자가 모주를 이탈할 때 배가 미숙 상태로 발아를 하지 못하고 휴면한다. 수주일 또는 수개월 경과하면 배가 완전히 발육하고, 또 필요한 생리적 변화를 완성하여 발아할 수 있게 되는데, 이 과정을 후숙이라고 한다.

35 종자의 발아에 관한 설명으로 틀린 것은?

① 발아시는 파종된 종자 종에서 최초 1개체가 발아한 날이다.
② 발아기는 전체 종자수의 약 50%가 발아한 날이다.
③ 발아전은 파종된 종자의 대부분(80% 이상)이 발아한 날이다.
④ 발아일수는 파종기부터 발아 전까지의 일수이다.

해설

발아일수는 파종기부터 발아기까지의 일수이다.

36 사과 과실의 저장 중 과실표면에 발생하여 상품성을 저하하는 고두병의 발생원인으로 적합한 것은?

① 칼슘 성분의 결핍 ② 조기수확
③ 생육기의 고온 ④ 높은 저장고 온도

해설

사과 과실 표피조직에 검은 반점으로 나타나는 고두병은 칼슘부족이 원인으로 알려져 있다.

정답 29 ④ 30 ① 31 ③ 32 ④ 33 ③ 34 ④ 35 ④ 36 ①

37 종자발아에 광선이 필요한 호광성 종자로만 나열된 것은?

① 금어초, 토마토, 가지
② 뽕나무, 호박, 오이
③ 상추, 우엉, 담배
④ 옥수수, 콩, 버뮤다그래스

38 산소가 부족한 깊은 물속에서 볍씨는 어떤 생장을 하는가?

① 어린뿌리가 초엽보다 먼저 나오고, 제1엽이 신장한다.
② 초엽만 길게 자라고, 뿌리와 제1엽이 자라지 않는다.
③ 뿌리와 제1엽이 먼저 자란다.
④ 정상적으로 뿌리가 먼저 나오고, 제1엽이 나오며 초엽이 나온다.

해설

볍씨는 산소가 전혀 없는 조건에서도 발아율이 80% 정도는 된다. 그러나 산소가 부족한 물속에서는 초엽만이 이상 신장하고 씨뿌리는 거의 자라지 않으며, 볍씨가 깊은 물속에서 발아할 때는 초엽이 길게 자라 물 위로 나와 산소를 흡수함으로써 뿌리와 본엽의 생장이 시작된다.

39 우량종자가 갖추어야 할 조건으로 옳지 않은 것은?

① 우량품종에 속하는 종자
② 유전적으로 순수하고 이형종자가 섞이지 않은 종자
③ 충실하게 발달하여 생리적으로 좋은 종자
④ 절화의 수명이 짧고 수송, 저장력이 좋은 종자

해설

절화의 수명이 길어야 한다.

40 다음 중 종자의 저장조건으로 가장 적당한 곳은?

① 저온, 저습 ② 저온, 암흑
③ 저온, 다습 ④ 고온, 다습

41 다음 중 발아연한이 가장 짧은 채소는?

① 배 추 ② 가 지
③ 양배추 ④ 파

해설

- 단명종자 : 양파, 파, 땅콩, 고추, 당근, 단옥수수 등
- 상명종자 : 무, 배추, 벼, 보리 등
- 장명종자 : 강낭콩, 녹두, 오이, 호박, 가지 등

42 다음 중에서 무배유 종자는 어느 것인가?

① 벼 ② 콩
③ 옥수수 ④ 밀

해설

무배유 종자

콩과, 참나무과, 겨자과 식물 등처럼 배 발생 도중에 배유가 소실되어 배유가 없는 종자를 무배유 종자라고 한다.

43 낙엽 과수의 휴면원인이 아닌 것은?

① 불투수성 ② 고 온
③ 배의 미숙 ④ 저 온

해설

휴면의 원인

경실, 불투기성, 불투수성, 기계적 저항, 배와 배유의 미숙, 생장소의 부족, 발아억제물질, 저온 등

44 다음 중 호광성(광발아) 종자로만 짝지어진 것은?

ㄱ. 벼	ㄴ. 담배	ㄷ. 토마토
ㄹ. 수박	ㅁ. 상추	ㅂ. 가지
ㅅ. 셀러리	ㅇ. 양파	

① ㄱ, ㄷ, ㅇ ② ㄴ, ㅁ, ㅅ
③ ㄷ, ㄹ, ㅅ ④ ㅁ, ㅂ, ㅇ

해설

- 호광성 종자 : 상추, 셀러리, 진달래, 철쭉, 프리뮬러, 담배
- 혐광성 종자 : 오이, 호박, 토마토, 고추, 무, 양파, 백일홍, 시클라멘

37 ③ 38 ② 39 ④ 40 ① 41 ④ 42 ② 43 ② 44 ② 정답

45 경실종자들의 휴면타파 방법으로 적당하지 않는 것은 무엇인가?

① 종피파상법
② 농황산 처리
③ 습열처리
④ 지베렐린액 침지

해설

경실종자의 휴면은 종피의 불투성에 의하므로 종피가 수분을 흡수할 수 있는 처리방법이 필요하며, 종피파상법, 진탕처리법, 농황산처리법, 건열처리법, 습열처리법 등이 사용된다.

46 육묘의 효과라고 볼 수 없는 것은?

① 조기출하
② 수량증대
③ 노력분산
④ 종자절약

해설

육묘의 효과
- 수확 및 출하기를 앞당길 수 있다.
- 품질향상과 수량증대가 가능하다.
- 집약적인 관리와 보호가 가능하다.
- 종자를 절약하고 토지이용도를 높일 수 있다.
- 육묘와 재배의 분업화와 전문화가 가능하다.

47 원예작물 영양번식의 특징을 잘못 설명한 것은?

① 어버이의 형질이 그대로 보존된다.
② 동일품종의 증식이 가능하다.
③ 종자번식과 비교해 증식률이 높다.
④ 접목, 꺾꽂이, 포기나누기 방법 등이 있다.

해설

영양번식의 단점
- 바이러스에 감염되면 제거가 불가능하다.
- 저장과 운반이 어렵다.
- 고도의 기술이 필요하다.
- 종자번식과 비교해 증식률이 낮다.

48 다음 작물의 번식에 대한 설명 중 틀린 것은?

① 영양번식은 식물체의 잎, 줄기, 뿌리 등의 영양체를 분리하여 독립된 개체를 만드는 방법으로 특성이 똑같은 품종을 손쉽게 생산할 수 있다.
② 꺾꽂이는 식물체의 일부를 잘라 모래나 질석, 펄라이트 등에 꽂아 뿌리를 내리게 하여 새로운 식물체를 만드는 방법이다.
③ 접붙이기는 두 식물의 장점을 동시에 얻고자 할 때 번식에 이용되는데 친화성이 있는 대목과 접순의 형성층을 맞추어 양분 및 수분이 이동할 수 있도록 해야 한다.
④ 묻어떼기는 꺾꽂이나 접붙이기가 잘되는 나무류의 번식에 주로 이용한다.

묻어떼기
어미나무의 줄기나 가지를 그대로 뿌리를 내리게 한 다음 분리시켜 번식시키는 방법으로, 꺾꽂이나 접붙이기가 잘 안 되는 나무류의 번식에 주로 이용한다.

49 다음 중 영양번식의 장점과 관계가 깊은 사항은?

① 번식이 쉽고 비용이 싸다.
② 일시에 대량 번식시킬 수 있다.
③ 어버이 형질이 전해진다.
④ 발육이 왕성하고 수명이 길다.

해설

영양번식의 장점은 어버이의 유전형질을 그대로 이어받고 개화 및 결과의 연령을 단축시킬 수 있으며, 종자번식이 어려운 것을 번식시킬 수 있다

50 유기물의 C/N율이 큰 것에서 작은 것 순으로 옳게 표시된 것은?

① 발효우분 > 미숙퇴비 > 볏짚 > 톱밥
② 톱밥 > 볏짚 > 미숙퇴비 > 발효우분
③ 톱밥 > 미숙퇴비 > 볏짚 > 발효우분
④ 발효우분 > 볏짚 > 톱밥 > 미숙퇴비

정답 45 ④ 46 ③ 47 ③ 48 ④ 49 ③ 50 ②

51 **다음 중 접목의 적기가 바르게 설명된 것은?**

① 봄에는 나무의 눈이 싹튼 후 2~3주일 뒤에 한다.
② 대목은 수액이 정지된 상태에서 한다.
③ 접수는 휴면상태일 때 채집한다.
④ 여름접은 6월에서 7월 사이에 실시한다.

해설
① 봄에는 나무의 눈이 싹트기 2~3주일 전에 한다.
② 대목은 수액이 움직이기 시작하고 접수는 아직 휴면인 상태가 적기이다.
④ 여름접은 8월 상순에서 9월 상순 사이에 한다.

52 **과수의 접붙이기 효과 중 틀린 것은?**

① 열매 맺는 연령을 늦춰준다.
② 어미나무의 특성을 갖는 묘목을 일시에 대량 양산할 수 있다.
③ 병·해충에 대한 저항성을 높여준다.
④ 대목의 선택에 따라 나무세력이 왜화 또는 교목이 되기도 한다.

해설
과수의 접목은 열매 맺는 연령을 앞당겨주는 효과가 있다.

53 **접목 활착률을 높이려고 할 때 제일 먼저 고려해야 할 사항은?**

① 접목시기와 온도
② 접수와 대목의 굵기
③ 접목방법
④ 접수와 대목의 친화성

해설
접목 친화성
접수와 대목이 접합된 다음 생리작용의 교류가 원만하게 이루어져서 발육과 결실이 좋은 것을 말한다.

54 **조직배양을 이용할 수 있는 것은 식물의 어떤 능력 때문인가?**

① 세포분화능력 ② 기관분화능력
③ 탈분화능력 ④ 전체형성능력

해설
전체형성능력(Totipotency) : 하나의 기관이나 조직 또는 세포하나가 완전한 식물체로 발달할 수 있는 능력

55 **조직배양의 기본적인 작업순서를 바르게 나타낸 것은?**

① 작물선정 – 배양방법 및 배지결정 – 살균 – 치상 – 배양 – 경화 – 이식
② 작물선정 – 배양방법 및 배지결정 – 경화 – 치상 – 배양 – 살균 – 이식
③ 작물선정 – 배양방법 및 배지결정 – 살균 – 이식 – 배양 – 치상 – 경화
④ 작물선정 – 배양방법 및 배지결정 – 배양 – 살균 – 치상 – 이식 – 경화

56 **일반적인 육묘재배의 목적으로 거리가 먼 것은?**

① 조기수확 ② 집약관리
③ 추대촉진 ④ 종자절약

해설
육묘재배를 하면 추대를 방지할 수 있다.

57 **다음 중 육묘의 필요성이 아닌 것은?**

① 직파가 불리한 경우
② 중수재배를 위해
③ 조기수확을 위해
④ 노력이 많이 들지만 종자의 절약을 위해

해설
직파해서 처음부터 넓은 본포에서 관리하는 것보다 중경, 제초 등에 소요되는 노력이 절감된다.

51 ③ 52 ① 53 ④ 54 ④ 55 ① 56 ③ 57 ④ 정답

58 다음 중 모종 굳히기에 알맞은 조건은?

① 저온, 건조, 약광
② 고온, 다습, 강광
③ 고온, 건조, 약광
④ 저온, 건조, 강광

해설

모종 굳히기
모종을 정식하기 전에 외부 환경에 적응하고 견딜 수 있도록 하는 것으로 대개 정식 5일 전부터 물주는 양을 줄이고 육묘상의 기온을 낮추며, 직사광선을 받도록 해 준다.

59 일반적으로 딸기와 감자의 무병주 생산을 위한 방법은?

① 자가수정 ② 종자번식
③ 타가수정 ④ 조직배양

해설

무병주 생산을 위해 일반적으로 생장점을 조직배양한다.

60 작물의 취목번식 방법 중에서 가지의 선단부를 휘어서 묻는 방법은?

① 선취법 ② 성토법
③ 당목취법 ④ 고취법

해설

- 선취법 : 가지의 선단부를 휘어 묻는 방법
- 성토법 : 포기 밑에 가지를 많이 낸 후 성토하여 발근시키는 취목법
- 당목취법 : 가지를 수평으로 묻어 한가지의 여러 마디에서 발근시키는 취목법
- 고취법 : 휘묻이에서 가지를 지면까지 내리지 못할 때 가지를 그대로 두고 가지에 흙이나 물이끼를 싸매어 발근시켜 새로운 개체를 만드는 방법

61 접목육묘의 장점만을 나타낸 것은?

① 토양전염성 병 예방, 활착력 지연
② 양・수분의 흡수력 증대, 토질개선
③ 저온신장성 강화, 이식성 향상
④ 이식성 향상, 저온신장성 억제

해설

접목의 장점
- 토양전염성병 예방
- 양・수분의 흡수력 증대
- 저온신장성 강화
- 이식성 향상

62 수박을 박에 접목하는 가장 큰 목적은?

① 수확을 빨리 하기 위해서
② 과실을 크게 하기 위해서
③ 수박의 품질을 좋게 하기 위해서
④ 덩굴쪼김병(만할병)을 막기 위해서

해설

수박의 접목육묘는 덩굴쪼김병(만할병)을 막기 위해 실시한다.

63 다음 중 양액재배의 장점으로 볼 수 없는 것은?

① 연작장해를 심하게 받는다.
② 청정재배가 가능하다.
③ 관리작업을 대폭적으로 자동화할 수 있다.
④ 생육이 빨라 연간 생산량이 많다.

해설

양액재배는 병에 걸리지 않은 균일한 모를 대량으로 생산할 수 있다.

64 박과채류에 실시하는 접목육묘의 주된 목적은?

① 씨 없는 과실의 생산
② 속썩음과의 방제
③ 덩굴쪼김병의 예방
④ 과실의 당도 향상

해설

박과채류 접목재배의 효과
- 토양점염성인 덩굴쪼김병을 예방할 수 있다.
- 양수분의 흡수력을 증대시킨다.
- 저온기 시설재배에서 저온신장성을 강화할 수 있다.
- 저온에서 잘 자랄 수 있는 힘을 키울 수 있다.

정답 58 ④ 59 ④ 60 ① 61 ③ 62 ④ 63 ① 64 ③

65 **공정식 육묘관리의 생육조절에서 도장억제방법에 해당하지 않는 것은 무엇인가?**

① 고광도에서 육묘
② 공기의 고온화 방지
③ 백열등 사용금지
④ 밀식재배

해설

공정육묘 관리
- 고광도 하에서 육묘
- 공기가 고온화 되는 것 방지
- 지나친 밀식 금지
- 묘 위에 다른 식물재배 금지
- 조명의 끝에 원적색광이 많은 백열등 사용금지

66 **양열재료 중 발열지속재료는?**

① 볏짚, 건초, 두엄
② 겨, 깻묵, 닭똥
③ 낙 엽
④ 뒷거름, 요소, 깻묵

해설

낙엽은 분해가 느리므로 발열이 장기간 서서히 진행된다.

67 **다음 중 주로 뿌리를 이용하는 작물은?**

① 감 자 ② 마 늘
③ 양 파 ④ 고구마

해설

고구마는 덩이뿌리, 양파・마늘은 비늘줄기, 감자・토당귀는 덩이줄기에 해당한다.

68 **기계이앙에 적합한 품종의 특성인 것은?**

① 조생종은 유리하지 못한다.
② 수중형 품종보다 수수형 품종이 유리하다.
③ 근활력이 강한 품종이 유리하다.
④ 조생종이 안전하지 못하다.

해설

기계이앙기가 보급되면서 근활력이 강한 품종이 유리하다.

69 **다음 중 묘상의 설치장소의 구비요건이 아닌 것은?**

① 본포에서 가능한 떨어질 것
② 관개용수의 수원에서 가까울 것
③ 저온기의 육묘는 서북한풍이 막힐 것
④ 온상은 배수가 잘 될 것

해설

묘상의 설치장소 구비요건
- 본포에서 멀지 않아야 한다.
- 집에서 멀지 않아야 한다.
- 관개용수를 얻기가 편해야 한다.
- 서북한풍이 막혀야 한다.
- 배수가 잘되고, 오염수, 냉수가 침입하지 않아야 한다.
- 동물, 병충의 피해가 없어야 한다.

70 **다음 중 온상 양열재료의 적당한 수분함량은?**

① 60~70% ② 50~60%
③ 40~50% ④ 30~40%

해설

양열재료의 수분함량은 건물중의 1.5~2.5배 정도인 재료의 60~70%가 적당하다.

71 **다음 중 옥신의 재배적 이용과 거리가 먼 것은?**

① 발근촉진
② 과실의 비대와 성숙촉진
③ 정아우세현상의 타파
④ 단위결과의 유도

해설

옥신의 재배적 이용
발근 및 개화촉진, 낙과방지, 과실의 비대와 성숙촉진, 가지의 굴곡 및 단위결과 유도 등에 효과가 있다.

65 ④ 66 ③ 67 ④ 68 ③ 69 ① 70 ① 71 ③ 정답

72 지베렐린의 생리작용이 아닌 것은?

① 꽃눈형성 및 개화를 억제한다.
② 포도의 단위결과를 촉진한다.
③ 종자의 휴면을 타파하고 발아를 촉진한다.
④ 신장의 생장을 촉진한다.

해설
지베렐린은 꽃눈형성 및 개화를 촉진한다.

73 식물호르몬 ABA의 생리적 작용이 아닌 것은?

① 휴면의 유도 및 유지
② 노화 및 탈리촉진
③ 수분대사 조절
④ 신장생장촉진

해설
ABA : 대표적인 생장억제물질로 잎의 노화 및 휴면유도, 낙엽촉진, 발아억제 등의 효과가 있다.

74 다음 중 식물이 휴면상태에 들어가는 조건은?

① ABA가 증가하고 지베렐린도 증가한다.
② ABA가 증가하고 지베렐린은 감소한다.
③ ABA가 감소하고 지베렐린도 감소한다.
④ ABA가 감소하고 지베렐린은 증가한다.

해설
식물의 휴면
- ABA 농도가 높고 GA 농도가 낮을 때 일어난다.
- 수목의 눈은 가을이 되어 일장이 짧아지고 기온이 떨어지면 휴면에 들어간다.
- 체내 ABA가 GA에 비해 상대적으로 높아지기 때문이다.
- 봄이 되면 이 두 물질의 농도비가 반전되어 휴면이 타파되면서 맹아가 일어난다.

75 생장호르몬의 지베렐린에 대한 설명이 올바르지 않은 것은 무엇인가?

① 구조가 복잡하여 인공합성이 불가능하다.
② 생장촉진, 착과촉진, 측지발생에 많이 이용된다.
③ 상업적으로 쓰이고 있는 지베렐린은 GA_3 또는 GA_{4+7} 이다.
④ 동양배의 비대 및 숙기촉진을 위하여 지베렐린 도포제보다 살포제의 효과가 높다.

해설
동양배의 비대 및 숙기촉진을 위해서는 주로 도포제를 이용하고 있다.

76 다음은 식물호르몬인 에틸렌에 관한 설명이다. 옳은 것을 모두 고른 것은?

㉠ 원예작물의 숙성호르몬이다. ㉡ 무색무취의 가스형태이다. ㉢ 에테폰이 분해될 때 발생된다. ㉣ AVG(Aminoethoxyvinyl Glycine)처리에 의해 발생이 촉진된다.

① ㉠ ② ㉡, ㉢
③ ㉠, ㉡, ㉢ ④ ㉡, ㉢, ㉣

해설
AVG는 에틸렌 억제제로 이용된다.

77 다음에서 지베렐린의 작용이 아닌 것은?

① 세포분열을 촉진하고 성장촉진작용을 한다.
② 휴면을 타파한다.
③ 발아를 촉진시킨다.
④ 접목 시 활착을 촉진시킨다.

해설
지베렐린의 재배적 이용
발아촉진, 단위결과의 유기, 화성의 유도 및 촉진, 경엽의 신장촉진, 성분의 변화, 수량증대

정답 72 ① 73 ④ 74 ② 75 ④ 76 ③ 77 ④

78 다음 중 양파 · 감자의 발아억제, 생울타리나 잔디밭의 생장억제, 당근 · 무 등의 추대억제 등의 효과가 있는 것은?

① ABA ② Cytokinin
③ MH ④ CCC

해설

① ABA : 잎의 노화, 낙엽촉진, 휴면유도
② 시토키닌(Cytokinin) : 내한성 증대, 발아 촉진
④ CCC : 절간신장억제

79 옥신처리로 기대하기 힘든 것은?

① 발근촉진 ② 접목의 활착촉진
③ 형질전환 ④ 단위결과

해설

옥신의 재배적 이용
발근촉진, 접목에서의 활착촉진, 가지의 굴곡유도, 개화촉진, 적화 및 적과, 낙과 방지, 과실의 비대와 성숙의 촉진, 단위결과의 유도, 증수효과, 제초제 등으로 이용한다.

80 다음 중 식물생장조절제 중 생장억제물질로만 나열된 것은?

① CCC, B-9, ABA
② Amo-1618, IBA, MH
③ Zeatin, Phosfon-D, Ethylene
④ NAA, 2,4-D, Kinetin

해설

생장억제물질에는 B-9, Phosfon-D, CCC, Amo-1618, MH, Rh-531, BOH, 2,4-DNC, 모르파크틴 등이 있다.

81 G-D Balance란 무엇인가?

① 식물체 내에서의 양분의 균형을 말한다.
② 식물체의 지상부와 지하부의 균형이다.
③ 식물체에서의 양분과 생장의 균형이다.
④ 식물의 생육이나 성숙은 생장과 분화의 균형에 의하여 지배된다는 것이다.

해설

G-D Balance(Growth-Differentiation Balance)
식물의 생육이나 성숙은 생장과 분화의 균형에 의한 재배이론이다.

82 T/R률과 작물재배와의 관계를 잘못 설명한 것은?

① 질소과용은 T/R률을 크게 하므로 불리하다.
② 감자, 고구마의 파종기나 이식기가 늦어지면 T/R률이 커서 불리하다.
③ 토양수분이 최적함수량 이하면 T/R률은 작아져 불리하다.
④ 토양통기가 불량하면 T/R률이 작아져 불리하다.

해설

토양통기가 불량하여 뿌리의 호기호흡이 저해되면 지상부보다도 지하부의 생장이 더욱 감퇴되므로 T/R률은 증대되어 작물생육이 불량해진다.

83 작물의 신장을 억제하고 밀의 도복방지, 국화의 변 · 착색 방지, 과수의 왜화 및 낙과방지 등에 효과가 있는 것은?

① B-9(Nine) ② 포스폰-D
③ 에스렐 ④ 아모-1618

해설

② 포스폰-D : 국화, 포인세티아의 줄기길이 단축
③ 에스렐 : 성숙촉진, 꽃눈의 개화촉진
④ 아모-1618 : 잎을 작게 하고, 진하게 함

84 정식하기 위하여 모종을 경화시킬 때 나타나는 현상이 아닌 것은?

① 엽육이 두꺼워진다.
② 건물량이 감소한다.
③ 지하부의 발달이 촉진된다.
④ 내한성이 증가한다.

해설

모종을 경화시키면 건물량이 증가하며, 큐티클층이 발달하고 왁스피복이 증가한다.

78 ③ 79 ③ 80 ① 81 ④ 82 ④ 83 ① 84 ② 정답

85 **중경의 효과가 아닌 것은?**

① 토양 중으로 산소투입　② 유해가스의 방출
③ 잡초방제　④ 병해충 방제

중경의 효과
토양의 통기성 촉진 및 유해물질 방출, 잡초제거, 뿌리의 양수분 흡수 효과 증대, 토양 중의 산소투입

86 **다음 중 멀칭의 효과와 직접적인 관계가 없는 것은?**

① 지온상승　② 지온하강 억제
③ 유기물 공급　④ 토양수분 유지

멀칭의 효과
- 생육촉진 : 보온의 효과가 커서 조식재배가 가능하고, 생육이 촉진되어 촉성재배가 가능하다.
- 한해경감 : 토양수분의 증발이 억제되어 한해가 경감된다.
- 잡초제거 : 잡초가 방지·제거된다.
- 토양보호 : 풍식, 수식 등 토양침식이 경감된다.
- 동해경감 : 월동작물의 동해가 경감된다.
- 과실의 품질향상 : 딸기, 수박 등의 과채류의 포장에 짚을 깔아주면 과실이 청결해진다.

87 **멀칭재배에 이용하면 편리한 비료는?**

① 액체비료　② 유기질비료
③ 지효성비료　④ 복합비료

소량씩 장기간에 걸쳐 녹아 나오도록 한 지효성비료가 효과적이다.

88 **탄산시비의 효과를 바르게 설명한 것은?**

① 토양반응 교정　② 광합성 촉진
③ 병충해 방제　④ 식품안정성 제고

밀폐된 온실의 내부는 탄산가스의 농도가 대기보다 낮아지므로 탄산가스를 공급하면 광합성을 증대시켜 수량을 늘릴 수 있다.

89 **다음 중 속효성비료에 속하지 않는 것은?**

① 요 소　② 퇴 비
③ 유 안　④ 염화칼륨

- 속효성 비료 : 요소, 유안, 과석, 염화칼륨
- 지효성 비료 : 퇴비, 구비

90 **다음 중 요소의 엽면시비에 대한 설명으로 틀린 것은?**

① 잎의 표면보다는 뒷면에서 더욱 잘 흡수된다.
② 살포액은 보통 약알칼리성 상태에서 가장 잘 흡수된다.
③ 일반 노지식물은 0.5~2%의 농도로 살포한다.
④ 피해가 나타나지 않는 범위 내에서는 살포액의 농도가 높을 때 흡수가 빠르다.

엽면흡수에 적당한 살포액의 pH는 식물의 종류에 따라 다르기는 하지만, 보통 약산성 상태에서 가장 잘 흡수된다.

91 **씨를 뿌릴 때 종자가 직접 화학비료와 접촉하는 것을 방지하기 위하여 실시하는 것은?**

① 복 토　② 간 토
③ 진 압　④ 토 입

간 토
종자가 직접 화학비료와 접촉하게 되면 발아가 저해되므로 비료를 뿌린 다음 약간의 흙을 덮고 그 위에 종자를 뿌리는 것을 말한다.

92 **씨 뿌린 후 가장 얕게 덮어야 할 것은?**

① 감 자　② 콩
③ 양배추　④ 파

복 토
파종한 다음에 흙을 덮는 것을 말하며, 종자가 보이지 않을 정도로 얕게 덮어야 할 것은 목초의 소립종자, 파, 양파, 당근, 상추, 유채 등이다.

정답 85 ④ 86 ③ 87 ③ 88 ② 89 ② 90 ② 91 ② 92 ④

93 다음의 이식방법에 대한 설명 중 옳지 않은 것은?

① 이식할 때 모의 단근을 적게 해야 한다.
② 감자는 깊게 심는다.
③ 담배나 수수는 얕게 심는다.
④ 건조지에는 깊게, 습윤지에는 얕게 심는다.

해설

감자, 수수, 담배 등은 얕게 심고, 생장함에 따라서 배토를 하여 심식한 것과 같은 상태로 만든다.

94 다음 중 경운의 효과가 아닌 것은?

① 해충의 경감 ② 유기물의 분해촉진
③ 토양의 입단조성 ④ 잡초의 경감

해설

경운은 입단파괴 작용도 있는데, 풍식·수식의 조장조건이나 젖은 토양, 메마른 토양을 경운할 경우이다.

95 다음 중 적파에 대한 설명으로 옳은 것은?

① 포장 전면에 종자를 흩어 뿌리는 방법
② 일정한 간격을 두고 여러 개의 종자를 한 곳에 파종하는 방법
③ 일정한 간격을 두고 종자를 1~수립씩 띄엄띄엄 파종하는 방법
④ 뿌림골을 만들고 그곳에 줄지어 종자를 뿌리는 방법

해설

적 파

점파의 변형으로 볼 수 있으며, 조파나 산파보다 파종 노력이 많이 드나 수분, 양분, 수광, 통풍 등의 조건이 좋아서 생육이 양호하다.

96 작물의 파종량을 결정할 때 양이 많지 않아도 되는 경우는?

① 토양이 매우 건조할 때
② 생육이 왕성한 것
③ 추운 지방
④ 토양이 척박할 때

해설

파종량을 결정할 때 고려 사항

생육이 왕성한 품종은 파종량을 적게 하며 작물의 종류, 품종, 기후, 토질 및 비료, 종자의 발아력, 파종기, 재배조건을 고려해야 한다.

97 다음은 묘목의 처리와 손질에 관한 것이다. 가장 옳지 않은 것은?

① 병해에 감염되어 있는 것은 소독 후 심는다.
② 먼 곳에서 수송해온 묘목은 물에 담갔다가 심는다.
③ 뿌리와 줄기의 균형이 맞게 자른다.
④ 굵은 뿌리 또는 잔뿌리라 하더라도 꼭 잘라서 심는다.

해설

굵은 뿌리는 양분의 저장기관이고, 잔뿌리는 양분과 수분의 흡수기관이므로 가능하면 자르지 않는 것이 좋다.

98 정지와 전정의 효과라고 볼 수 없는 것은?

① 생장량이 감소한다. ② 해거리를 촉진한다.
③ 병충해를 방지한다. ④ 품질을 향상시킨다.

해설

정지와 전정

- 엽면적이 감소하면서 생장량이 감소하고 꽃눈착생을 균일하게 하여 해거리를 방지해 준다.
- 나무의 내부 깊숙이 햇빛이 투과하여 과실의 크기가 균일하고 착색을 촉진하며 당 함량을 높이는 등 산물의 품질을 향상시킨다.
- 병충해 피해를 입은 가지나 그들의 잠복처를 제거하여 병충해 발생을 사전에 차단하는 효과를 가진다.

99 1년생 가지에 열매가 맺는 과수는?

① 사과와 배 ② 복숭아와 감
③ 포도와 감귤 ④ 자두와 매실

해설

과수의 결과습성

- 1년생 가지 : 포도, 감귤, 무화과
- 2년생 가지 : 복숭아, 자두, 매실
- 3년생 가지 : 사과, 배

정답 93 ② 94 ③ 95 ② 96 ② 97 ④ 98 ② 99 ③

100 다음 중 생리적 낙과의 원인으로 볼 수 없는 것은?

① 생식기관의 발육이 불완전한 경우
② 수정이 되지 않았을 경우
③ 단위결과성이 강한 품종일 경우
④ 질소, 탄수화물, 수분이 과하거나 부족한 경우

해설
단위결과성이 약한 품종은 비교적 과실이 작고, 생리적 낙과가 많다.

101 사과의 봉지씌우기 재배에서 적합하지 않은 효과는?

① 착색증진 ② 병충해 방제
③ 동록방지 ④ 저장력 증진

해설
- 과실에 봉지를 씌우지 않고 재배하는 것을 무대재배라 하며, 무대재배한 과실은 영양가도 높고 저장력과 수송력도 증가한다.
- 봉지씌우기의 목적 : 병·해충 방제, 착색증진, 과실의 상품가치 증진, 열과방지, 숙기조절

102 다음 중 제초제 사용 시 주의할 점이 아닌 것은?

① 약을 뿌릴 때에는 반드시 마스크와 장갑을 착용해야 한다.
② 파종 후 처리의 경우에는 복토를 다소 얕게 한다.
③ 제초제의 사용 시기 및 사용 농도를 적절히 해야 한다.
④ 토양 처리제는 토양수분이 적절한 조건에서 뿌려야 한다.

해설
파종 후 제초제 처리는 복토를 다소 깊고 균일하게 해야 한다.

103 다음 중 도복대책으로 알맞지 않은 것은?

① 배 토 ② 밀 식
③ 병해충 방지 ④ 생장조절제 이용

해설
재식밀도가 과도하게 높으면 대가 약해져서 도복이 유발될 우려가 크기 때문에 재식밀도를 적절하게 조절해야 한다. 맥류에서는 복토를 깊게 하는 것이 도복이 경감된다.

104 보리답압 효과로 볼 수 없는 것은?

① 뿌리를 땅에 고착시켜 동사를 막는다.
② 건생적 생육을 한다.
③ 분얼을 조장하고 출수를 고르게 한다.
④ 생육이 왕성할 때는 밟아주면 도복이 촉진된다.

해설
맥류에서 답압, 배토, 토입을 하면 도복이 경감된다.

105 동상해, 풍수해, 병충해 등으로 작물의 급속한 영양회복이 필요할 경우 사용하는 시비방법은?

① 표층시비법 ② 심층시비법
③ 엽면시비법 ④ 전층시비법

해설
엽면시비는 작물의 뿌리가 정상적인 흡수능력을 발휘하지 못할 때, 병충해 또는 침수해 등의 피해를 당했을 때, 이식한 수 활착이 좋지 못할 때 등 응급한 경우에 시용한다.

106 경사지 과수원의 토양 관리를 초생법으로 하면 어떤 점이 유리한가?

① 노력이 절감된다.
② 유기물 공급이 된다.
③ 건조 방지가 된다.
④ 표토 유실 방지가 된다.

해설
초생 또는 부초는 빗방울의 직접 타격을 막고 유속을 억제하며, 토양의 입단구조와 투수성을 좋게 하여 과수원 토양침식을 방지하는 데 효과적인 방법이다.

107 다음 중 낙과의 원인이 아닌 것은?

① 수정이 되지 않았을 경우
② 배의 발육이 중지되었을 경우
③ 생식기관들의 발육이 불완전한 경우
④ 생장조절제를 살포하였을 경우

정답 100 ③ 101 ④ 102 ② 103 ② 104 ④ 105 ③ 106 ④ 107 ④

해설

낙과의 원인

생식기관들의 발육이 불완전한 경우, 수정이 되지 않았을 경우, 배의 발육이 중지되었을 경우, 단위결과성이 약한 품종일 경우, 질소나 탄수화물이 과부족인 경우, 수분이 과부족인 경우

108 낙과 방지법이 아닌 것은?

① 꽃눈을 충실하게 키운다.
② 수정이 잘 되게 한다.
③ 과실 내의 양분과 수분의 공급을 순조롭게 한다.
④ 화학약제는 과실 살포에 절대 금하게 한다.

해설

낙과 방지법

- 꽃눈을 충실하게 키운다.
- 낙과 방지용 생장조절제를 살포한다.
- 과실 내의 양분과 수분의 공급을 순조롭게 한다.
- 수정을 잘 되게 한다.

109 다음 중 전정순서가 맞게 연결된 것은?

① 가위질 - 유인 - 구상 - 톱질
② 톱질 - 가위질 - 유인 - 구상
③ 유인 - 구상 - 톱질 - 가위질
④ 구상 - 유인 - 톱질 - 가위질

해설

전정방법

- 나무의 모양에 맞추어 어떻게 전정할 것인지 구상
- 나무 주위를 둘러보아 공간이 있을 경우 가지의 유인을 먼저하고 불필요한 큰 가지를 톱질
- 병이나 벌레의 피해를 입어 이용가치가 없는 것을 찾아 자르고 그 자리를 다른 가지로 채울 것

110 심경하는 방법 중 그 종류가 아닌 것은?

① 사양토나 벼의 만식재배의 경우에는 심경이 재배에 유리하다.
② 연차적으로 구덩이를 파고 유기물을 넣어주는 방법
③ 도랑식이라 하며 나무 사이를 도랑과 같이 길게 파주는 방법
④ 윤구식이라고 하여 나무의 주위를 둥글게 연차적으로 심경해 주는 방법

해설

누수가 심한 사양토나 벼의 만식재배와 같은 경우에는 심경이 해롭다.

111 다음 중 봉지씌우기 효과로 옳지 않은 것은?

① 당함량증진 ② 동록방지
③ 과실의 착색증진 ④ 숙기지연

해설

봉지씌우기는 과실의 착색증진, 병해충 방지, 숙기지연, 동록방지에 쓰인다.

112 과실솎기를 적기에 하였을 때의 이점이 아닌 것은?

① 과실의 착색이 좋아진다.
② 다음해에 결실될 꽃눈이 많이 분화된다.
③ 과실의 평균무게가 무거워진다.
④ 과실이 익는 시기가 늦어진다.

해설

열매솎기의 효과

- 과실의 크기를 크고 고르게 해준다.
- 과실의 착색을 돕고 품질을 높여준다.
- 나무의 잎, 가지, 뿌리 등의 수체 생장을 돕는다.
- 꽃눈의 분화 발달을 좋게하고 해거리를 예방한다.
- 병해충을 입은 과실이나 모양이 나쁜 것을 제거한다.
- 과실의 모양을 고르게 한다.
- 적기에 열매솎기를 하면 과실의 무게를 증가시킬 수 있다.

113 과수의 공간이용도가 높다는 뜻은?

① 비료를 조금 주어도 된다.
② 노동력이 적게 투입된다.
③ 과수는 키가 크고 수관도 넓기 때문에 가지의 공간 배치를 고르게 해야 한다.
④ 뿌리가 깊기 때문에 적은 거름, 지표의 온도 상승과 동해 등에 의한 피해가 크지 않다.

108 ④ 109 ④ 110 ① 111 ① 112 ④ 113 ③ 정답

해설

대부분의 작물은 키가 작고 결실, 수확의 부위도 한정되어 있는데 비해 과수는 키가 크고 수관도 넓다. 그리고 수관 전체가 모두 결실 부위가 될 수도 있다.

114 다음 중 과수를 혼식하는 이유로 옳은 것은?

① 수확기를 달리하기 위하여
② 과실의 품질을 좋게 하기 위하여
③ 병충해를 막기 위하여
④ 결실이 잘 되게 하기 위하여

해설

대부분의 과수는 타화수정 식물이므로 수분수를 섞어 심어야 하고 수분수 품종의 개화기는 주품종의 개화기보다 약간 빠르거나 같아야 한다.

115 채소의 재배방식 가운데 억제재배란?

① 제철보다 늦은 시기에 재배하는 방식이다.
② 제철보다 이른 시기에 재배하는 방식이다.
③ 난방을 하면서 억지로 재배하는 방식이다.
④ 생장을 억제하며 생산을 조절하는 방식이다.

해설

제철보다 늦은 시기에 재배하는 방식으로 생육 또는 수확기 전반까지는 노지상태로 재배하다가 후반부터는 보온이나 가온을 하면서 재배하는 방식이다.

116 배에 큰 피해를 끼치고 있는 병 중 향나무가 그 기주라고 알려진 것은?

① 겹무늬병
② 검은무늬병
③ 검은별무늬병
④ 붉은별무늬병

해설

붉은별무늬병을 방제하려면 배 밭 근처에 있는 중간 기주인 향나무를 베어내야 한다.

117 다음 전정효과로 틀린 것은?

① 수광, 통풍을 좋게 한다.
② 결과부위의 상승을 촉진한다.
③ 해거리를 예방한다.
④ 적과노력을 줄인다.

해설

일반적으로 유목의 약전정은 결실을 앞당기고, 노목은 강전정하여 나무의 세력과 결실을 조절한다. 병·해충의 피해를 입은 가지는 전정하여 그 자리를 다른 가지로 채워준다.

118 국화를 정식할 때 밭흙, 부엽, 모래의 비율은 어느 정도가 가장 적합한가?

① 1 : 2 : 4　　② 2 : 3 : 4
③ 3 : 3 : 4　　④ 3 : 5 : 7

해설

밭흙 : 부엽 : 모래를 3 : 3 : 4가 되게하나 부엽이나 Peat를 더 많이 넣는 경우도 있다.

119 비료와 농약을 많이 사용하는 재배 방법에 따른 환경 문제와 식품의 안전성을 해결하기 위한 농법으로 틀린 것은?

① 유기 농업　　② 자연 농업
③ 환경보전형 농업　　④ 고투입 지속 농업

해설

저투입 지속 농업
화학비료, 농약 등을 최소한으로 사용하여 작물의 수량성과 안전성을 동시에 추구하는 농업

120 입단구조의 생성방법으로 잘못된 것은?

① 유기물 시용　　② 토양의 노출
③ 점토 사용　　④ 콩과작물 재배

해설

토양을 피복하거나 피복작물을 심으면 유기물을 공급하고, 표토의 건조와 비바람의 타격, 그리고 토양 유실을 막아서 입단을 형성 유지하는 효과가 있다.

정답 114 ④ 115 ① 116 ④ 117 ② 118 ③ 119 ④ 120 ②

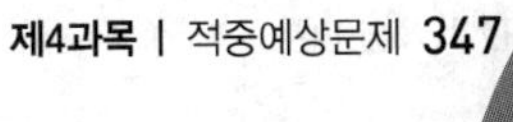

121 토양 중 유기물의 효과가 아닌 것은?

① 입단의 형성 ② 미생물 번식 억제
③ 완충력 증대 ④ 보수 및 보비력 증대

해설

미생물 번식 조장으로 토양보호

122 다음 중 생리적 산성비료는?

① 과인산석회 ② 요 소
③ 황산암모니아 ④ 용성인비

해설

- 산성비료 : 황산암모니아, 황산칼리, 염화칼륨 등
- 중성비료 : 질산암모니아, 요소, 과인산석회, 중과인산석회 등
- 염기성비료 : 석회질소, 용성인비, 재, 칠레초석, 어박 등

123 벼가 보리보다 무비료 재배에 잘 견디는 주된 이유는?

① 생육기간이 짧기 때문에
② 비료분의 천연공급량이 많기 때문에
③ 흡비력이 강하기 때문에
④ 심근성이기 때문에

해설

벼농사에서는 관개를 통한 양분공급이 상당하므로 밭농사보다는 무비료 재배가 안전하다.

124 다음 중 석회의 시용효과로 맞지 않는 것은?

① 유해이온의 활성을 감소시킨다.
② 시용효과는 속효성이고 장기간 지속된다.
③ 토양의 화학성을 좋게 한다.
④ 인산의 비효를 증진시킨다.

해설

석회의 중요한 생리작용으로는 세포막의 구조와 기능을 잘 유지시켜 주는 것과 세포의 중간막 성분인 펙틴과 결합하여 조직의 구조를 안정하게 하고, 일부 유기산과 결합하여 염을 형성함으로써 산을 중화하는 효과 등이 잘 알려져 있다.

125 다음 작물의 양분 중 엽록소 분자의 탄소동화작용에 필요한 필수 구성성분으로 이 성분이 결핍하면 엽록소가 형성되지 아니하고 황백화 하는 것은?

① Fe ② Mg
③ Ca ④ Si

해설

Mg(마그네슘)
엽록소의 구성성분으로 2.7%가 들어 있으며, 탄소동화작용에 없어서는 안 될 필수원소이다. 결핍되면 엽록소 생성이 적어지며, 엽맥 간의 황화가 일어나고 황백화 하여 고사한다.

126 비료를 물에 타거나 액체 비료를 식물체에 뿌려주는 방법을 무엇이라고 하는가?

① 엽면시비 ② 전면시비
③ 파종렬시비 ④ 심층시비

해설

엽면시비는 작물의 뿌리가 정상적인 흡수능력을 발휘하지 못하는 경우, 병해충 또는 침수 피해를 당했을 경우, 그리고 이식한 수 활착이 좋지 못한 경우와 같이 응급한 경우에 사용하는 시비수단이다.

127 다음 중 땅을 갈지 않고 재배하는 것을 일컫는 말은?

① 최소 경운 ② 무경운
③ 경운 ④ 최대 경운

해설

표면 가까이의 땅을 가는 것을 최소 경운이라 하며, 갈지 않은 것을 무경운이라고 한다.

128 북주기의 효과가 아닌 것은 어느 것인가?

① 새 뿌리의 발생을 촉진한다.
② 헛가지 발생을 억제한다.
③ 쓰러짐을 줄인다.
④ 키를 크게 한다.

해설

북주기(배토)를 하면 새 뿌리의 발생을 조장하고 헛가지의 발생을 억제하며, 쓰러짐을 줄이는 등의 효과가 있다.

121 ② 122 ③ 123 ② 124 ② 125 ② 126 ① 127 ② 128 ④ 정답

129 다음의 설명에 대하여 틀린 것은?

① 씨뿌림 또는 이식 전에 주는 비료를 덧거름이라 하고, 작물이 자라는 도중에 주는 비료를 밑거름이라 한다.
② 황산암모늄과 석회를 섞어 주면 질소가 휘발되어 손실된다.
③ 황산칼륨은 화학적으로는 중성 비료이지만 생리적으로는 산성비료이다.
④ 토양 중에 물이 너무 많으면 산소가 부족하여 작물의 생장이 억제된다.

해설
씨뿌림 또는 이식 전에 주는 비료를 밑거름(가비)이라 하고, 작물이 자라는 도중에 주는 비료를 덧거름(추비)이라 한다.

130 다음 중 생리적 산성비료가 아닌 것은?

① 염화칼륨 ② 황산칼륨
③ 황산암모니아 ④ 용성인비

해설
④는 생리적 염기성비료이다.

131 엽면시비에 쓰이는 질소형태는?

① 유기태 ② 질산태
③ 요소태 ④ 유리태

해설
요소태인 요소비료가 가장 많이 쓰이고 있다.

132 다음 중 중경의 효과가 아닌 것은?

① 발아조장 ② 수분증발촉진
③ 토양통기의 조장 ④ 잡초제거

해설
토양 수분의 증발경감
중경을 해서 표토가 부서지면 토양의 모세관도 절단되므로 토양 수분의 증발이 경감되어 한해, 발해를 덜 수 있다.

133 다음 중 경운의 효과가 아닌 것은?

① 토양의 물리성 개선
② 토양 유실 감소
③ 토양의 수분 유지
④ 잡초의 발생 유지

해설
경운은 잡초의 종자 또는 잡초를 땅 속에 묻히게 하여 발생을 억제한다.

134 다음 중 솎기의 효과가 아닌 것은?

① 개체의 생육 공간을 넓혀 준다.
② 종자를 넉넉히 뿌려 빈 곳을 없게 할 수 있다.
③ 파종량을 줄일 수 있다.
④ 싹이 튼 수 개체의 밀도가 높은 곳의 일부개체를 제거하는 것이다.

솎 기
발아 후 밀생한 곳의 일부 개체를 제거해 주는 것을 말하며, 솎기를 전제로 할 때에는 파종량을 늘려야 한다.

135 작물 생산면에서 이론적인 시비량을 계산하는 방법은?

① (흡수 요소량−천연 공급량)/비료 요소의 흡수율
② (흡수 요소량+천연 공급량)/비료 요소의 흡수율
③ (흡수 요소량−천연 공급량)/비료 요소의 성분량
④ (흡수 요소량+천연 공급량)/비료 요소의 성분량

136 다음 중 농약이 갖추어야 할 조건으로 틀린 것은?

① 효력이 정확하여야 한다.
② 작물에 대한 약해가 없어야 한다.
③ 사람과 가축에 대한 독성이 적어야 한다.
④ 토양에 축적되어 약효가 지속되어야 한다.

해설
토양이나 먹이사슬 과정에 축적되지 않도록 잔류성이 적어야 한다.

정답 129 ① 130 ④ 131 ③ 132 ② 133 ④ 134 ③ 135 ① 136 ④

137 일반적인 퇴비의 기능으로 가장 거리가 먼 것은?

① 작물에 영양분 공급
② 작물 생장 토양의 이화학성 개선
③ 토양 중의 생물상과 그 활성 유지 및 증진
④ 속성재배 시 특수효과 및 살충효과

해설

속성재배를 위해 퇴비를 과다 시용할 경우 병충해 발생의 원인이 될 수 있으며, 토양에 염류가 집적되어 생육장애를 일으킬 수 있다. 또한 농산물의 품질을 오히려 저하시킬 수 있다.

※ 퇴비의 기능
흙의 구조 개량, 보습능력 향상 및 완충 작용 증진, 햇빛 흡수로 지온 상승, 미생물의 활발한 활동으로 작물에 영양분 공급

138 이앙 및 수확시기에 따른 벼의 재배양식에 관한 설명이다. (　　)에 들어갈 내용으로 옳은 것은?

• (　　)는 조생종을 가능한 한 일찍 파종, 육묘하고 조기에 이앙하여 조기에 벼를 수확하는 재배형이다.
• (　　)는 앞작물이 있거나 병충해 회피 등의 이유로 보통기재배에 비해 모내기가 현저히 늦은 재배형이다.

① 조생재배, 만생재배　② 조식재배, 만기재배
③ 조생재배, 만기재배　④ 조기재배, 만식재배

해설

• 조기재배 : 농작물을 계절적으로 보통의 재배시기보다 앞당겨 재배하는 방식
• 조식재배 : 생육기를 연장하기 위하여 제철보다 일찍 파종하거나 이식하는 재배 방식
• 만기재배 : 작물의 적정 재배시기보다 늦게 재배하는 방식
• 만식재배 : 적기보다 늦게 파종하여 재배하는 방식으로 만파재배라고도 한다.

139 벼 담수표면산파 재배 시 도복에 관한 설명으로 옳은 것은?

① 벼 무논골뿌림재배에 비해 도복이 경감된다.
② 도복경감제를 살포하면 벼의 하위절간장이 짧아져서 도복이 경감된다.
③ 질소질 비료를 다량 시비하면 도복이 경감된다.
④ 파종직후에 1회 낙수를 강하게 해 주면 도복이 경감된다.

해설

담수표면산파는 뿌리가 깊게 내리지 못하므로 도복경감제의 살포는 도복을 줄일 수 있다.

140 다음 중 화아분화나 숙기를 촉진시킬 목적으로 실시하는 작업은?

① 절 상　② 잎따기
③ 환상박피　④ 순지르기

해설

③ 환상박피(Ringing) : 줄기나 가지의 껍질을 3~6mm 정도 둥글게 도려내는 것인데, 화아분화나 숙기를 촉진시킬 목적으로 실시된다.
① 절상(Notching) : 눈이나 가지의 바로 위에 가로로 깊은 칼금을 넣어 그 눈이나 가지의 발육을 조장시키는 것이다.
② 잎따기(적엽) : 하부의 낡은 잎을 따서 통풍, 통광을 조장하는 것인데, 토마토, 가지 등에서 실시되고 있다.
④ 순지르기(적심, Pinching) : 주경이나 주지의 순을 질러서 그 생장을 억제하여 측지의 발생을 많게 하여 개화, 착과, 착립을 조장하는 것인데, 과수, 과채류, 목화, 두류 등에서 실시되고 있다.

141 해충의 생물학적 방제법이 아닌 것은?

① 포식성 곤충의 이용
② 기생성 곤충의 이용
③ 병원미생물의 이용
④ 화학불임제의 이용

해설

생물학적 방제법
• 포식성 곤충의 이용
• 기생성 곤충의 이용
• 병원미생물의 이용

142 다음 설명 중 잡초의 일반적 특성으로 옳은 것은?

① 휴면성을 갖고 있어서 불량조건에 약하다.
② 잡초종자는 혐광성 종자이다.
③ 잡초종자는 대립종자라서 생식력이 높다.
④ 잡초는 C_4라서 작물보다 생장이 빨라 경합에 유리하다.

137 ④　138 ④　139 ②　140 ③　141 ④　142 ④　정답

해설

일반적 잡초는 C_3작물과 같은 광합성을 하나, 특히 문제가 되는 잡초는 C_4적 생육 특성을 갖고 있다.

143 맥류의 토입과 답압의 효과가 가장 클 때는?

① 월동 직전과 해빙기 직후
② 월동 직전과 유효분얼말기
③ 유효분얼말기와 수잉기
④ 월동 직후와 수잉기

해설

토입과 답압의 효과
- 월동 전 : 맥류의 월동이 양호해진다.
- 유효분얼말기 : 무효분얼이 억제된다.

144 과채류의 결실 조절방법으로 모두 고른 것은?

㉠ 적 과	㉡ 적 화	㉢ 인공수분

① ㉠ ② ㉠, ㉡
③ ㉡, ㉢ ④ ㉠, ㉡, ㉢

해설

- 적과 : 착과수가 많을 때 과수를 솎아주는 것
- 적화 : 꽃이 너무 많을 때 꽃을 솎아 제거해 주는 것
- 인공수분 : 열매를 잘 맺게 하기 위해 인공으로 수분하는 것

145 파종 후 복토방법을 잘못 설명한 것은?

① 미세종자는 얕게 복토한다.
② 대립종자는 깊게 복토한다.
③ 점질토양은 얕게 복토한다.
④ 호광성 종자는 깊게 복토한다.

해설

복토방법
- 종자의 대소, 발아습성, 토양조건, 기후 등을 고려하여 결정한다.
- 미세종자는 가급적 얕게 복토하거나 파종 후 가볍게 눌러주고, 복토를 하지 않는 경우도 있다.
- 대립종자는 깊게 복토하는 것이 좋다.
- 호광성 종자, 점질토양, 적온 파종 시는 얕게 복토하고, 혐광성 종자, 사질토양, 저온 또는 고온 파종 시는 다소 깊게 복토한다.

146 원예작물 생육의 화학적 조절에서 생장조절제를 사용할 때 지켜야 할 사항이 아닌 것은 무엇인가?

① 지나친 고온이나 저온, 작물이 쇠약할 때에는 처리를 피한다.
② 관수시기에 맞추어서 처리한다.
③ 약효의 보증기간을 잘 확인하고 저장에 유의한다.
④ 일부 기관에만 처리하는 경우, 다른 부위에 약제가 묻지 않도록 한다.

해설

생장조절제 사용 시 지켜야 할 사항
- 지나친 고온, 저온, 작물의 쇠약할 때는 처리를 피한다.
- 강우 시 약효가 약해질 우려가 있으니 관수시기를 피해서 처리한다.
- 약효의 보증기간을 잘 확인하고 저장에 유의한다.
- 다른 약제를 혼용할 경우 혼용가능성을 확인한다.
- 일부 기관에만 처리하는 경우 다른 부위에 약제가 묻지 않도록 한다.

147 토마토, 오이 등의 열매채소와 카네이션, 국화 등의 화훼류 재배에 널리 이용되고 있는 온실은?

① 외지붕형 온실
② 3/4지붕형 온실
③ 양쪽지붕형 온실
④ 양쪽지붕연동형 온실

해설

양쪽지붕형 온실
- 양쪽지붕의 길이가 같은 온실로 광선이 사방에서 균일하게 입사하고 통풍이 잘 되는 장점이 있다.
- 남북 방향으로 지으면 햇빛이 고르게 든다.
- 측면과 천장에 환기창을 설치하기 때문에 환기가 잘된다.

※ 양쪽지붕연동형 온실은 건설비가 싸고 난방비를 절약할 수 있으며 토지 이용률이 높고, 재배 관리를 능률적으로 할 수 있으나, 광분포가 불균일하고, 환기가 잘 안되며, 눈의 피해를 입기 쉬운 단점이 있다.

148 다음 중 온실의 복합환경제어요소에 해당하지 않는 것은?

① 일사량 ② 광선의 파장
③ 습 도 ④ 이산화탄소의 농도

정답 143 ② 144 ④ 145 ④ 146 ② 147 ③ 148 ②

복합환경제어

온도, 습도, 빛, 이산화탄소, 양액의 농도 및 공급 횟수 등이 외부 환경의 변화에 따라 자동으로 조절됨으로써 작물생육에 최적의 환경조건을 최적의 상태로 유지시켜 어떠한 기상조건에서도 구애받지 않고 고품질의 농산물을 생산할 수 있게 하는 것

149 다음 중 시설원예의 특성이 아닌 것은?

① 상업농 체제의 기업적 경영이 가능하다.
② 소규모 면적에서 주년 및 집약재배가 가능하다.
③ 노동집약적 재배로 단경기 생산이다.
④ 신선한 작물생산에 의하여 국민건강에 공헌한다.

시설원예의 중요성

- 농한기 유휴 노동력을 흡수하여 노동력을 연중 활용한다.
- 기업적 경영으로 상업적 영농이 가능하다.

150 온실의 입지선정 시 반드시 고려되어야 할 사항은?

① 지형이 산간지대로 토지 비용이 값싼 곳을 선택한다.
② 태풍, 돌풍이 자주 있지만 온도가 높은 곳을 선택한다.
③ 지반이 연약하더라도 일사량이 풍부한 곳을 선택한다.
④ 양질의 용수를 확보할 수 있는 곳을 선택한다.

시설의 입지조건은 지형, 수질, 배수, 기상조건, 도로, 지반조건 등을 충분히 고려하는 것이 바람직하다.

151 지붕형 하우스와 비교할 때 아치형 하우스의 장점에 속하는 것은?

① 내풍성이 우수하다.
② 환기창 개폐 자동화 설비가 용이하다.
③ 대규모 시설에 유리하다.
④ 각형 강관 구조재를 도입하므로 안전성이 높다.

해설

아치형은 지붕이 곡면으로 구성되어 있어 내풍성이 높다.

152 다음 중에서 냉방보조방법으로 효과가 없는 것은?

① 차광피복재에 의한 차광
② 지붕에 물을 흘려 내리기
③ 열선흡수 유리의 사용
④ 플라스틱필름으로 멀칭하기

해설

냉방보조 설비

- 차광 : 차광재를 지붕 위에 설치하여 햇빛 차단
- 옥상 유수 : 지붕에 물을 흘려보내 태양열을 흡수시키고 지붕면을 냉각
- 열선흡수 유리 : 열선을 주로 흡수하는 유리를 피복하여 시설의 온도상승을 억제

153 시설원예에서 이용되는 수막(Water Curtain)시설이란?

① 여름에 차광을 주목적으로 이용한다.
② 시설 내 공중 습도 조절의 목적으로 이용한다.
③ 저온기에 야간의 온실 보온장치의 일종이다.
④ 온실 냉방을 주된 목적으로 설치되는 장치이다.

154 온실의 기초피복재로 산광피복재를 이용하는 가장 큰 이유는?

① 광투과율 증대 ② 광분포의 균일화
③ 광질의 향상 ④ 일장의 조절

해설

산광은 깊은 그늘을 만들지 않으므로 광분포가 균일하다.

155 다음 중 시설 내에 그늘이 생기지 않는 피복재는?

① 투명유리 ② 폴리에틸렌 필름
③ EVA 필름 ④ FRA

해설

FRP와 FRA 등은 자외선을 거의 투과시키지 않으며 장파장의 투과율도 낮다.

149 ③ 150 ④ 151 ① 152 ④ 153 ③ 154 ② 155 ④ 정답

156 다음 연질필름 중 가장 보온력이 높은 하우스 외피 부자재는?

① 염화비닐(PVC)필름
② 고밀도폴리에틸렌필름
③ 저밀도폴리에틸렌필름
④ 청색 폴리에틸렌필름

해설
염화비닐필름(PVC)
투과율이 높고 보온력이 뛰어나며 항장력, 신장력 및 내구성이 크고 약품에 대한 내성이 크며, 연질이기 때문에 사용이 편리하다.

157 다음 중 시설재배에 있어서 육묘의 목적이 아닌 것은?

① 토지 이용도를 높인다.
② 종자를 절약한다.
③ 생육을 균일하게 할 수 있다.
④ 노동력을 절약할 수 있다.

해설
시설재배는 생력적이면서 자본집약적으로 경영되는 것이므로 대면적에서 노동집약적으로 경영되는 노지재배와는 크게 다르다.

158 양액재배의 특성 중 맞지 않는 것은?

① 시비량이 적다.
② 양액재배는 완충능력이 토양재배보다 크다.
③ 잡초 제거가 필요 없다.
④ 이식과 정식이 간편하다.

159 다음 중 피복자재의 구비조건으로 잘못된 것은?

① 저렴해야 한다.
② 높은 광투과율을 지녀야 한다.
③ 열전도율이 높을수록 좋다.
④ 내구성이 크고 팽창 및 수축이 적어야 한다.

해설
열전도율이 낮으면 보온력이 높다.

160 우리나라에서 가장 많이 쓰는 온실의 피복재는?

① 부직포 ② 판유리
③ 염화비닐 ④ 폴리에틸렌

해설
PE필름은 우리나라 하우스 외피복제의 70% 이상을 차지하고 있다.

161 밀폐된 시설에서 효과적으로 사용되는 시비법은?

① 액비시비 ② 탄산가스시비
③ 엽면시비 ④ 전원시비

해설
탄산가스시비
시설 내에서 인위적으로 공기환경을 조절하면서 탄산가스를 공급하여 작물의 생육을 촉진시키는 것이다.

162 시설 내의 환경에서 가장 중요하게 취급되는 인자는?

① 온도환경 ② 광환경
③ 수분환경 ④ CO_2환경

해설
온도는 그 조절이 용이하지 않고 식물, 계절, 생육단계, 기상조건에 따라 관리가 이루어져야 하기 때문에 시설 내에서 가장 중요한 환경인자이다.

163 양액재배의 효과가 아닌 것은?

① 관수의 노력절감
② 비배관리의 자동화
③ 이어짓기의 해를 받음
④ 청정재배의 효과

해설
양액재배는 연작장해를 회피할 수 있어 같은 장소에서 같은 식물을 재배할 수 있다.

정답 156 ① 157 ④ 158 ② 159 ③ 160 ④ 161 ② 162 ① 163 ③

※ 무토양(양액)재배의 장단점

장 점	단 점
• 연작재배 가능 • 청정재배 가능 • 자동화 · 생력화가 쉬움 • 생육과 수량성이 좋음 • 아무 곳이나 가능함	• 양액 완충능이 작음 • 많은 자본이 필요함 • 전문적 지식이 필요함 • 병균의 전염성이 빠름 • 작물의 선택이 제한적

164 다음 중 NFT에 대한 설명으로 잘못된 것은?

① 고형배지경의 일종이다.
② 삼각형의 필름베드를 사용한다.
③ 1/100 이상의 경사도가 있어야 한다.
④ 조금씩 양액을 흘려보낸다.

해설
NFT는 세계적으로 가장 널리 보급되어 있는 순환식 수경방식이다.

165 식물공장의 단점이 아닌 것은?

① 영액재배 방식에 의한 연작장애가 있다.
② 초기 투자비 및 유지비가 많이 든다.
③ 수경재배 방식이므로 병 발생 시 식물전체에 오염될 가능성이 있다.
④ 양액의 완충능력이 적기 때문에 양액관리가 까다롭다.

해설
연작장애를 회피하기 위해 양액재배를 한다.

166 시설재배에서 담수처리를 하는 가장 큰 이유는?

① 집적된 염류의 제거
② 토양선충의 구제
③ 토양물리성의 개선
④ 잡초발생빈도의 감소

해설
담수처리는 염류를 바로 제거하기 위하여 실시하는 것으로 객토와 목적이 같다고 볼 수 있다.

167 시설 내에서 재배할 때 생육이 억제되고, 심하면 잎이 농녹색을 띠거나 타들어가는 염류집적현상의 원인이 아닌 것은?

① 광 차단 때문에
② 자연 강우의 차단 때문에
③ 인공관수에 의한 표면관수 때문에
④ 너무 많은 화학비료 사용 때문에

해설
• 시설 내 염류집적 원인 : 다비재배, 강우차단, 양분흡수 억제, 인공관수에 의한 표면관수 등이다.
• 대책 : 시비를 합리적으로 하고, 담수를 처리하거나 흡비작물을 재배, 휴한기에는 피복물을 제거하여 자연강우를 맞도록 해야 한다.

168 작물의 시설재배에 사용되는 기화냉방법이 아닌 것은?

① 팬앤드패드(Fan & Pad)
② 팬앤드미스트(Fan & Mist)
③ 팬앤드포그(Fan & Fog)
④ 팬앤드덕트(Fan & Duct)

해설
기화냉각법은 물이 수증기로 변하는 데 필요한 기화열을 이용한 냉각방법으로 팬과 패드 방법, 미스트와 팬 방식, 안개분무(포그)와 팬 방식이 있다.

169 작물의 시설재배에서 연질 피복재만 고른 것은?

㉠ 폴리에틸렌필름	㉡ 에틸렌아세트산필름
㉢ 폴리에스테르필름	㉣ 불소수지필름

① ㉠, ㉡　　② ㉠, ㉣
③ ㉡, ㉢　　④ ㉢, ㉣

해설
플라스틱 피복자재
• 연질필름 : 염화비닐필름(PVC), 폴리에틸렌필름(PE), 에틸렌아세트산필름(EVA) 등
• 경질필름 : 경질염화비닐필름, 경질폴리에스테르필름 등
• 경질판 : FRP판, FRA판, MMA판, 복층판 등

정답 164 ① 165 ① 166 ① 167 ① 168 ④ 169 ①

170 호흡비급등형 과실은?

① 사 과
② 자 두
③ 포 도
④ 복숭아

해설

• 호흡급등형 : 사과, 바나나, 토마토, 복숭아, 감, 키위, 망고 등
• 호흡비급등형 : 고추, 가지, 오이, 딸기, 호박, 감귤, 포도, 오렌지, 파인애플 등

171 절화의 수명연장방법으로 옳지 않은 것은?

① 화병의 물에 살균제와 당을 첨가한다.
② 산성물(pH 3.2~3.5)에 침지한다.
③ 에틸렌을 엽면살포한다.
④ 줄기 절단부를 수초간 열탕처리한다.

해설

③ 에틸렌의 엽면시비는 절화수명을 단축시킨다.

172 수확한 작물의 호흡작용과 연관하여 올바르게 설명한 것은?

① 수확 후에 호흡을 억제시키면 대부분 상품성이 저하된다.
② 호흡속도는 작물의 유전적 특성과 무관하다.
③ 호흡 시 발생되는 호흡열은 작물을 부패시키는 원인이 된다.
④ 작물의 호흡은 대기의 산소와 이산화탄소농도에 영향을 받지 않는다.

해설

① 수확 후 호흡을 억제시키면 대부분 상품성이 유지된다.
② 호흡속도는 유전적 특성과 밀접하다.
④ 호흡은 대기의 산소와 이산화탄소농도의 영향을 받는다.

173 원예산물 수확 후의 활발한 호흡이 품질에 미치는 영향을 틀리게 설명한 것은?

① 저장물질의 소모에 의해서 노화가 빨라진다.
② 식품으로서의 영양가가 저하된다.
③ 단맛, 신맛 등 품질성분이 향상된다.
④ 호흡열에 의한 품질열화가 촉진된다.

174 원예작물의 수확 후 호흡작용을 가장 올바르게 설명한 것은?

① 호흡속도는 온도와 밀접한 관련이 있다.
② 수확 후 호흡작용으로 신선도가 더 좋아진다.
③ 호흡속도가 빠를수록 저장성이 증대된다.
④ 호흡률이 높은 작물은 저장성이 높다.

호흡속도의 특징
• 주변 온도가 높아지면 빨라진다.
• 물리적 또는 생리적 장애의 발생 시 증가한다.
• 저장가능기간에 영향을 주며 상승하면 저장기간이 단축된다.
• 내부성분 변화에 영향을 준다.
• 원예작물의 온전성 타진의 수단이 되기도 한다.

175 에틸렌의 생리작용과 관련하여 연계성이 없는 것은?

① 착색과 성숙의 촉진
② 맹아억제와 착색의 촉진
③ 조직의 연화와 노화촉진
④ 엽록소의 파괴와 이층형성촉진

에틸렌은 발아를 촉진한다.

176 원예산물의 성숙과정 중 에틸렌작용을 바르게 설명한 것은?

① 당도감소 ② 조직강화
③ 저장성의 증가 ④ 클로로필의 분해

정답 170 ③ 171 ③ 172 ③ 173 ③ 174 ① 175 ② 176 ④

177 **에틸렌에 대한 설명이다. 옳지 않은 것은?**

① 1-MCP(1-Methylcyclopropene)는 새로운 식물생장 조절제로서 식물체의 에틸렌 결합부위를 차단하여 에틸렌의 작용을 무력화하는 특성을 지닌 물질이다.
② 유기물질이 산화될 때 또는 태울 때도 발생하며 화석연료를 연소시킬 때, 특히 불완전 연소될 때 더 많은 양이 발생한다.
③ 엽근채류는 에틸렌 발생이 매우 많고 에틸렌에 의해서 쉽게 피해를 받아 품질이 나빠지게 된다.
④ 부패성 미생물이 서식할 경우 미생물로부터 에틸렌이 발생하므로 저장고를 미리 소독하여야 한다.

해설
엽근채류는 에틸렌 발생량은 적지만 에틸렌 감응도가 높아 에틸렌에 의해 피해를 쉽게 받는다.

178 **에틸렌의 생리작용과 관련이 가장 적은 것은?**

① 숙성과 착색의 촉진
② 연화와 노화의 촉진
③ 엽록소 분해와 이층형성의 촉진
④ 맹아억제와 노화의 촉진

해설
에틸렌은 일반적으로 맹아를 촉진시킨다.

179 **카네이션의 꽃잎이 피지 못하는 꽃잎말이현상을 일으키는 호르몬은?**

① 에틸렌
② 시토키닌
③ 지베렐린
④ 옥 신

해설
에틸렌에 의해 개화가 정지되며, 비정상적인 개화가 된다.

180 **에틸렌에 대한 설명 중 옳지 않은 것은?**

① 에틸렌은 산물의 부패를 억제시킨다.
② 에틸렌은 무색의 가스로 공기 중에 섞여있다.
③ 에틸렌은 과실이 숙성되는 것을 촉진시킨다.
④ 에틸렌은 저산소 조건에서 생성이 억제된다.

181 **큐어링(Curing, 치유)을 해야 하는 작목으로 바른 것은?**

① 마늘, 셀러리　　② 양파, 고추
③ 감자, 양파　　④ 고구마, 토마토

해설
큐어링 적용품목 : 마늘, 양파, 감자, 고구마, 생강

182 **원예산물의 저장성을 증진시키기 위한 전 처리로서 거리가 먼 것은?**

① 예 냉　　② 치유(Curing)
③ 왁스처리　　④ 에틸렌처리

183 **종자용 곡물을 저장하는 데 알맞은 곡물의 수분함량은?**

① 0~5%　　② 12~15%
③ 22~25%　　④ 32~35%

184 **종자의 수명을 연장할 수 있는 저장방법으로 가장 좋은 조건은?**

① 고온, 다습　　② 고온, 저습
③ 저온, 저습　　④ 저온, 다습

해설
종자의 수명
수분 함량이 높은 종자를 고온, 다습의 환경 속에 저장하면 수명이 짧아지고, 건조한 종자를 저온, 저습, 밀폐된 상태로 저장하면 수명이 매우 연장된다.

177 ③　178 ④　179 ①　180 ①　181 ③　182 ④　183 ②　184 ③ 정답

185 무 저장 중 일어나는 바람들이의 직접적인 원인은?

① 해충에 의한 바이러스의 감염
② 동화물질의 변질과 공급차단
③ 호흡에 의한 저장양분의 소모
④ 근무 내의 세포벽 성분의 분해

해설

무 바람들이의 주요 요인

- 당의 소모가 빠른 반면 당이 제대로 공급되지 않아 일어나는 현상이다.
- 호흡 등에 의한 저장양분의 소모가 직접적인 원인이 된다.

186 예랭의 효과가 가장 낮은 품목은?

① 호흡속도가 낮아 장기간 저장이 가능한 품목
② 호흡작용이 활발한 품목
③ 고온기에 수확되는 품목
④ 선도저하가 빠르면서 부피에 비해 가격이 비싼 품목

187 차압식 예랭방법의 설명으로 거리가 먼 것은?

① 작물의 증발잠열을 이용하여 예랭하는 방법이다.
② 예랭의 효과를 높이기 위하여 작물에 알맞은 예랭상자를 이용하는 것이 바람직하다.
③ 예랭 시 냉기 유속을 조절하기 위한 차압시트가 필요하다.
④ 강제통풍 예랭과 비교하여 예랭 시간을 단축시키는 장점이 있다.

188 다음 예랭방식 중 냉각속도가 가장 빠른 것은?

① 저온실 냉각
② 강제통풍식 냉각
③ 실외 냉각
④ 냉수 냉각

189 마늘이나 양파를 장기간 저온저장할 때 알맞은 상대습도 조건은?

① 90~95%　② 80~90%
③ 65~75%　④ 40~55%

190 20℃ 딸기를 차압통풍식 예랭기술을 이용하여 0℃ 설정 예랭실에서 온도를 저하시킬 때 품온 반감기가 1시간이라면 3시간 후 딸기의 품온은 이론적으로 몇 ℃에 도달할 수 있는가?

① 10℃　② 5℃
③ 2.5℃　④ 1.25℃

해설

반감기가 1시간이므로 이론적으로 볼 때 1시간 후 10℃ 2시간 후에는 5℃ 3시간 후에는 2.5℃, 4시간 후에는 1.25℃로 온도가 떨어진다.

191 보기는 예랭에 대한 설명이다. 옳지 않은 것을 모두 고르면?

> ㉠ 품온을 낮춰 생리작용을 억제하는 전처리 과정이다.
> ㉡ 겨울철에 수확된 산물은 예랭의 필요성이 없다.
> ㉢ 여름철에 수확된 산물은 호흡열로 품질 손상 위험이 크므로 예랭이 중요하다.
> ㉣ 예랭한 산물은 저온유통과는 큰 연관성이 없다.
> ㉤ 세균, 미생물 및 곰팡이 발생률이 높은 품목은 예랭이 필요하다.
> ㉥ 증산량이 많은 품목의 예랭은 불필요하다.

① ㉠, ㉡, ㉢
② ㉣, ㉤, ㉥
③ ㉠, ㉢, ㉤
④ ㉡, ㉣, ㉥

해설

예랭은 저장 전 전처리 과정으로 수확 후 바로 품온을 내려 생리작용(호흡, 증산 등)을 억제하여 저장양분의 소모를 감소시키고, 저장력을 증가시키는 과정으로 저온유통체계의 시작으로 볼 수 있다.

정답 185 ③ 186 ① 187 ① 188 ④ 189 ③ 190 ③ 191 ④

192 저온저장고의 냉장설비에 해당되지 않는 것은?

① 응축기(Condenser)
② 압축기(Compressor)
③ 팽창밸브(Expansion Valve)
④ 질소발생기(N_2 Generator)

193 CA저장에 대한 설명 중 옳지 않은 것은?

① 호흡이론에 근거하여 저장기간을 연장하는 방식이다.
② 공기조성이 부적절한 경우 장해를 일으킬 수 있는 단점이 있다.
③ 에틸렌 가스에 의한 장해 방지를 위해 주기적으로 환기가 필요하다.
④ 산소농도를 낮추고 이산화탄소의 농도를 높여 호흡을 억제하는 방식이다.

해설

환기 시 인위적으로 조성된 대기의 공기조성이 달라지므로 에틸렌 가스의 제거방식은 환기가 아니다.

194 농산물 포장재 중 동일조건에서 다음 중 이산화탄소투과도가 가장 높은 필름은?

① 저밀도폴리에틸렌(LDPE)
② 폴리비닐클로라이드(PVC)
③ 폴리프로필렌(PP)
④ 폴리에스터(PET)

해설

필름종류	가스투과성 (ml/m^2 · 0.025mm · 1day)		포장내부
	이산화탄소	산 소	이산화탄소 : 산소
저밀도 폴리에틸렌(LDPE)	7,700~77,000	3,900~13,000	2.0 : 5.9
폴리비닐 클로라이드(PVC)	4,263~8,138	620~2,248	3.6 : 6.9
폴리프로필렌(PP)	7,700~21,000	1,300~6,400	3.3 : 5.9
폴리스티렌(PS)	10,000~26,000	2,600~2,700	3.4 : 5.8
폴리에스터(PET)	180~390	52~130	3.0 : 3.5

195 CA 저장고의 기체 환경 변화 및 조절기술로 적합한 설명은?

① CA 저장고에서 산소농도는 계속 증가한다.
② 에틸렌 농도는 저온저장고 보다 높게 유지된다.
③ 이산화탄소 농도는 높을수록 유리하다.
④ 저장고 밀폐가 완전한 경우 산소농도는 계속 감소한다.

해설

CA 저장고는 대상 원예산물의 특성(특정 가스 내성)에 따라 적합한 산소농도와 이산화탄소 농도를 유지해야 하며, 저장고 밀폐가 제대로 된 CA 저장고에서는 산소농도가 계속 낮아지고 이산화탄소는 증가하므로 이들 농도의 조절이 필요하고 CA 저장고에서는 에틸렌농도가 저온저장고에 비해 매우 낮게 유지된다.

196 시장에 유통되는 과실의 장해현상과 그 원인이 잘못 연결된 것은?

① 복숭아 과육의 스펀지 현상 – 장기간 저온저장
② 귤 과실의 표면 갈색 함몰 – 지나치게 높은 저장온도
③ 포도 과립의 탈리 – 저장고 내 에틸렌 축적
④ 참다래 과실의 과육 연화 – 저장고 내 에틸렌 축적

해설

귤은 저온장해에 민감한 과실로써 장기간 4℃ 이하에서 저장할 경우 장해현상을 보이며, 높은 온도에서 예상되는 손실은 당함량 감소에 따른 품질저하와 수분손실에 따른 위축현상이 있다.

192 ④ 193 ③ 194 ① 195 ④ 196 ② 정답

197 식품위해요소중점관리기준(HACCP)에서 정의하는 중요관리점(CCP)이란 무엇인가?

① 식품의 원료관리, 제조・가공・조리 및 유통의 모든 과정에서 위해한 물질이 식품에 혼입되거나 식품이 오염되는 것을 사전에 방지하기 위하여 각 과정을 중점적으로 관리하는 기준
② 한계기준을 적절히 관리하고 있는지 여부를 평가하기 위하여 수행하는 일련의 계획된 관찰이나 측정 등의 행위
③ 위해요소관리가 허용범위 이내로 충분히 이루어지고 있는지 여부를 판단할 수 있는 기준이나 기준치
④ 식품의 위해요소를 예방・제거하거나 허용수준 이하로 감소시켜 당해 식품의 안전성을 확보할 수 있는 중요한 단계 또는 공정

198 유전자변형농산물의 안정성을 보장하기 위해 기본적으로 갖추어야 할 항목으로 옳지 않은 것은?

① 알레르기 유발물질이 들어 있지 않은 것
② 자연발생 독성물질이 증가되지 않을 것
③ 중요 영양소의 감소가 없을 것
④ 가공원료로 허용하지 않을 것

199 식품위해요소중점관리기준(HACCP)에 대한 설명 중 옳지 않은 것은?

① 식품의 전과정에서 위해 물질이 해당 식품에 오염되는 것을 사전에 방지하기 위하여 각 과정을 중점적으로 관리하는 기준을 말한다.
② 농식품의 안전성과 생산량 증가 및 가격안정을 위한 시스템적 접근방법이다.
③ HACCP는 위해분석(HA)와 중요관리점(CCP)로 구성되어 있다.
④ 식품의 안전성을 확보하기 위한 과학적인 위생관리체계이다.

정답 197 ④ 198 ④ 199 ②

MEMO

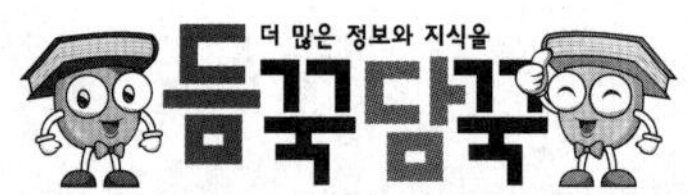

제 2 편

9급 국가직 · 지방직 · 고졸채용을 위한 합격 완벽 대비서

기출문제

기술직

TECH BIBLE

재배학개론 + 식용작물

9급 국가직 · 지방직 · 고졸채용을 위한 합격 완벽 대비서

제 1 장

9급 국가직 · 지방직 · 고졸채용을 위한 합격 완벽 대비서

국가직 기출문제

2007~2020년 국가직 재배학개론

기술직

TECH BIBLE

재배학개론 + 식용작물

9급 국가직 · 지방직 · 고졸채용을 위한 합격 완벽 대비서

(주)시대고시기획
(주)시대교육
www.sidaegosi.com
시험정보 · 자료실 · 이벤트
합격을 위한 최고의 선택

시대에듀
www.sdedu.co.kr
자격증 · 공무원 · 취업까지
BEST 온라인 강의 제공

2007년 국가직 재배학개론

01 방사선 동위원소 ^{32}P, ^{42}K가 이용되는 분야는?

① 영양생리 연구 ② 인위돌연변이 유발원
③ 식품저장 ④ 농업토목

해설

추적자란 그것을 표지(標識)로 하여 어떤 물질을 추적할 수 있다는 의미이며 추적자로 표지한 화합물은 표지화합물로 식물의 영양생리 연구에 ^{32}P, ^{42}K, ^{45}Ca 등을 표지화합물로 이용하여 필수원소인 질소, 인, 칼륨, 칼슘 등 영양성분의 체내 동태를 파악할 수 있다.

02 농산물의 안전 저장에 대한 설명 중 옳지 않은 것은?

① 상처가 난 고구마, 감자 등은 저장성을 높이기 위하여 큐어링이 필요하다.
② 곡물 저장 시 수분함량을 13% 이하로 하면 미생물의 번식이 억제된다.
③ 수분함량이 높은 채소와 과일은 수분 증발을 촉진시켜 저장 중 품질을 유지한다.
④ 저장실에 이산화탄소의 농도를 높이면 과일의 저장성을 향상시킬 수 있다.

해설

수분이 높은 채소와 과일은 수분을 증발시키면 증산량의 증가로 생체중의 감소와 신선도저하로 상품가치가 하락한다.

03 재배종과 야생종 벼의 특성을 비교하여 바르게 설명한 것은?

① 재배종 벼는 야생종에 비해 휴면성이 약해졌다.
② 재배종 벼는 야생종에 비해 내비성이 약해졌다.
③ 재배종 벼는 야생종에 비해 종자의 크기가 작은 방향으로 육성되었다.
④ 재배종 벼는 야생종에 비해 탈립성이 커졌다.

04 다음 중 호광성(광발아)종자로만 짝지어진 것은?

ㄱ. 벼	ㄴ. 담 배
ㄷ. 토마토	ㄹ. 수 박
ㅁ. 상 추	ㅂ. 가 지
ㅅ. 셀러리	ㅇ. 양 파

① ㄱ, ㄷ, ㅇ ② ㄴ, ㅁ, ㅅ
③ ㄷ, ㄹ, ㅅ ④ ㅁ, ㅂ, ㅇ

해설

호광성종자(광발아종자)

- 광에 의해 발아가 조장되며 암조건에서 발아하지 않거나 발아가 몹시 불량한 종자
- 담배, 상추, 우엉, 차조기, 금어초, 베고니아, 피튜니아, 뽕나무, 버뮤다그래스 등

05 반수체를 이용한 품종 개량에 대한 설명으로 옳은 것은?

① 육종연한이 단축된다.
② 열성형질의 선발이 어렵다.
③ 반수체는 생육이 왕성하고 임성이 높아 실용성이 높다.
④ 반수체의 염색체는 배가하면 곧바로 이형접합체를 얻어 변이체를 많이 만들 수 있다.

해설

반수체(半數體, Haploid) 이용

- 반수체는 생육이 빈약하고 완전불임으로 실용성이 없다.
- 반수체의 염색체를 배가하면 곧바로 동형접합체를 얻을 수 있어 육종연한을 많이 줄일 수 있고 상동게놈이 1개뿐이므로 열성형질의 선발이 쉽다.
- 인위적 반수체를 만드는 방법으로 약배양, 화분배양, 종속간 교배, 반수체유도유전자 등을 이용하며 약배양이 화분배양에 비하여 배양이 간단하고 식물체의 재분화율이 높다.

정답 1 ① 2 ③ 3 ① 4 ② 5 ①

06 비닐하우스 시설 내 환경특이성을 노지와 비교하여 다른 점을 바르게 설명한 것은?

① 시설 내 온도의 일교차는 노지보다 작다.
② 시설 내의 광량은 노지보다 증가한다.
③ 시설 내의 토양은 건조해지기 쉽고 공중습도는 높다.
④ 시설 내의 토양은 염류농도가 노지보다 낮다.

해설

시설 내 환경특이성

구분	내용
온 도	• 일교차가 크다. • 위치별 분포가 다르다. • 지온이 높다.
광	• 광질이 노지와 다르다. • 광량감소 • 광분포 불균일
수 분	• 토양이 건조해지기 쉽다. • 공중습도가 높다. • 인공관수를 한다.
토 양	• 염류농도가 높다. • 토양 물리성이 나쁘다. • 연작장해가 있다.
공 기	• 탄산가스가 부족하다. • 유해가스의 집적이 크다. • 바람이 없다.

07 작물생육과 변온과의 관계를 잘못 설명한 것은?

① 고구마는 20~29℃의 변온에서 덩이뿌리 발달이 촉진된다.
② 곡류의 결실은 20~30℃에서는 변온이 큰 것이 동화물질의 축적이 많아진다.
③ 모든 작물 종자가 변온조건에서 발아가 촉진되는 것은 아니다.
④ 일반적으로 작물은 생육에 적합한 온도 범위 내에서는 변온이 큰 것이 영양생장이 대체로 빠르다.

해설

작물은 변온이 결실과 동화물질의 축적에는 유리하나 야간의 온도가 높아 온도변화가 적게 되면 영양생장이 대체로 빨라진다.

08 질소질 비료의 종류에 따른 특성을 잘못 설명한 것은?

① 질산태질소는 물에 잘 녹고 속효성이다.
② 암모니아태질소를 논의 환원층에 주면 비효가 오래 지속된다.
③ 유기태질소는 토양 중에서 미생물의 작용에 의하여 암모니아태 또는 질산태로 바뀐다.
④ 요소는 토양 중에서 미생물의 작용을 받아 먼저 질산태로 된다.

해설

요소($(NH_4)_2CO$)

• 물에 잘 녹고 이온이 아니기 때문에 토양에 잘 흡착되지 않아 시용 직후 유실우려가 있다.
• 토양미생물의 작용으로 속히 탄산암모늄($(NH_4)_2CO_3$)를 거쳐 암모니아태로 되어 토양에 흡착이 잘되어 질소효과는 암모니아태질소와 비슷하다.

09 작물종자의 발아에 관한 설명 중 옳지 않은 것은?

① 담배나 가지과채소 등은 주·야간 변온보다는 항온에서 발아가 촉진된다.
② 전분종자가 단백질 종자보다 발아에 필요한 최소수분 함량이 적다.
③ 호광성 종자는 가시광선 중 600~680nm에서 가장 발아를 촉진시킨다.
④ 벼, 당근의 종자는 수중에서도 발아가 감퇴하지 않는다.

해설

담배, 박하, 셀러리 오처드그래스 등의 종자는 변온상태에서 발아가 촉진된다.

6 ③ 7 ④ 8 ④ 9 ① 정답

10 맥류의 추파성에 관한 설명 중 옳지 않은 것은?

① 추파맥류가 저온을 경과하지 않으면 출수할 수 없는 성질을 말한다.
② 추파맥류 재배 시 따뜻한 지방으로 갈수록 추파성 정도가 낮은 품종의 재배가 가능하다.
③ 추파성 정도가 높은 품종일수록 춘파할 때에 춘화처리 일수가 길어야 한다.
④ 추파성 정도가 높은 품종들이 대체로 내동성이 약하다.

해설
추파성 정도가 높은 품종은 대체로 내동성이 강하다.

11 다음 작물 중 타식성 작물은 어느 것인가?

① 보 리
② 메 밀
③ 조
④ 귀 리

해설
- 자식성 작물 : 벼, 밀, 보리, 콩, 완두, 토마토, 가지, 참깨, 복숭아, 담배 등
- 타식성 작물 : 옥수수, 호밀, 메밀, 마늘, 양파, 시금치, 딸기, 아스파라거스 등

12 유전자형이 AaBbCcDdEE인 F_1 식물체를 약배양할 경우 기대되는 유전자형 종류 수는?(단, 각각의 대립유전자는 독립적으로 분리하며, 비대립유전자들은 서로 다른 염색체에 있다)

① 4가지
② 8가지
③ 16가지
④ 32가지

해설
EE가 동형접합체로 2^4이다.

13 다음 중 경종적 방법에 의한 병해충 방제에 해당되지 않는 것은?

① 감자를 고랭지에서 재배하여 무병종서를 생산한다.
② 연작에 의해 발생되는 토양 전염성 병해충 방제를 위해 윤작을 실시한다.
③ 밭토양에 장기간 담수하여 병해충의 발생을 줄인다.
④ 파종시기를 조절하여 병해충의 피해를 경감한다.

해설
③은 물리적 방제방법에 해당한다.

14 과도한 고온으로 인해 작물의 생육이 저해되는 주요 원인이 아닌 것은?

① 호흡량 증대로 인한 유기물 소모가 많아진다.
② 단백질 합성 저해에 따른 식물체 내의 암모니아가 감소한다.
③ 수분의 흡수보다 과도한 증산에 의해 식물체가 건조해진다.
④ 식물체 내 철분의 침전이 일어난다.

해설
고온은 단백질의 합성을 저해하여 암모니아의 축적이 많아지므로 유해물질로 작용한다.

15 토성에 대한 설명으로 옳지 않은 것은?

① 토양 중에 교질입자가 많으면 치환성 양이온을 흡착하는 힘이 강해진다.
② 토양 중에 고운 점토와 부식이 증가하면 CEC(양이온치환용량)가 증대된다.
③ 부식토는 세토가 부족하고 강한 알칼리성을 나타내기 쉬우므로 이를 교정하기 위해 점토를 객토하는 것이 좋다.
④ 식토는 투기 · 투수가 불량하고 유기질의 분해가 더디며, 습해나 유해물질에 의한 피해가 많다.

정답 10 ④ 11 ② 12 ③ 13 ③ 14 ② 15 ③

16 **잡종강세의 정도를 나타내는 조합능력에 대한 설명 중 옳지 않은 것은?**

① 잡종강세를 이용하는 육종에서는 조합능력이 높은 어버이 계통을 선정하는 것이 좋다.
② 일반조합능력은 어떤 자식계통이 여러 검정계통과 교배되어 나타나는 1대 잡종의 평균잡종강세이다.
③ 조합능력은 순환선발에 의하여 개량된다.
④ 톱교잡 검정법은 특정조합능력검정에 이용한다.

해설

조합능력의 검정은 먼저 톱교배로 일반조합능력 검정하고 선발된 자식계통으로 단교배를 통해 특정조합능력을 검정한다.

17 **우량품종에 한 두 가지 결점이 있을 때 이를 보완하기 위하여 이용되는 여교잡육종에 대한 설명으로 옳지 않은 것은?**

① 1회친의 특정 형질을 선발하므로 육종효과와 재현성이 낮다.
② 대상형질에 관여하는 유전자가 많을수록 육종과정이 복잡하고 어려워진다.
③ 여러 번 여교배를 한 후에도 반복친의 특성을 충분히 회복해야 한다.
④ 목표형질 이외의 다른 형질의 개량을 기대하기 어렵다.

해설

- 여교잡육종
  - 장점 : 이전하려는 1회친의 특성만 선발하므로 육종효과가 확실하고 재현성이 높다.
  - 단점 : 목표형질 이외의 다른 형질의 개량을 기대하기 어렵다.
- 여교배육종의 성공 조건
  - 만족할 만한 반복친이 있어야 한다.
  - 여교배 동안 이전형질의 특성이 변하지 않아야 한다.
  - 여러 번 여교배 후에도 반복친의 특성을 충분히 회복해야 한다.

18 **채소류 접목에 대한 설명 중 옳지 않은 것은?**

① 채소류의 접목은 불량환경에 견디는 힘을 증가시킬 수 있다.
② 박과채소류에서 접목을 이용할 경우 기형과의 출현이 줄어들고 당도는 높아진다.
③ 수박은 연작에 의한 덩굴쪼김병 방제 목적으로 박이나 호박을 대목으로 이용한다.
④ 채소류의 접목 시 호접과 삽접을 이용할 수 있다.

해설

박과채소류 접목

장 점	단 점
• 토양전염성 병의 발생을 억제한다(수박, 오이, 참외의 덩굴쪼김병). • 불량환경에 대한 내성이 증대된다. • 흡비력이 증대된다. • 과습에 잘 견딘다. • 과실의 품질이 우수해진다.	• 질소의 과다흡수 우려가 있다. • 기형과 발생이 많아진다. • 당도가 떨어진다. • 흰가루병에 약하다.

19 **다음과 같은 현상이 예상되는 원인으로 가장 적합한 것은?**

> 어떤 벼 품종을 재배하였더니 영양생장기간이 길어져 출수·개화가 지연되고 등숙기에 저온상태에 놓여 수량이 감소하였다.

① 기본영양생장이 큰 품종을 우리나라의 북부산간지에 재배하였기 때문이다.
② 우리나라 중·남부평야지에 잘 적응하는 품종을 저위도의 적도지역에 재배하였기 때문이다.
③ 우리나라 북부산간지역에 잘 적응하는 품종을 남부평야지에 재배하였기 때문이다.
④ 기본영양생장성과 감광성이 작고 감온성이 큰 품종을 우리나라의 남부평야지에 재배하였기 때문이다.

16 ④ 17 ① 18 ② 19 ① 정답

해설

기상생태형 지리적 분포

- 저위도 지대
  - 저위도 지대는 연중 고온, 단일 조건으로 감온성이나 감광성이 큰 것은 출수가 빨라져서 생육기간이 짧고 수량이 적다.
  - 감온성과 감광성이 작고 기본영양생장성이 큰 Blt형은 연중 고온 단일인 환경에서도 생육기간이 길어서 다수성이 되므로 주로 이런 품종이 분포한다.
- 중위도 지대
  - 우리나라와 같은 중위도 지대는 서리가 늦으므로 어느 정도 늦은 출수도 안전하게 성숙할 수 있고, 또 이런 품종들이 다수성이므로 주로 이런 품종들이 분포한다.
  - 위도가 높은 곳에서는 blT형이, 남쪽은 bLt형이 재배된다.
  - Blt형은 생육기간이 길어 안전한 성숙이 어렵다.
- 고위도 지대 : 기본영양생장성과 감광성은 작고 감온성이 커서 일찍 감응하여 출수, 개화하여 서리 전 성숙할 수 있는 감온형인 blT형이 재배된다.

20 작물의 내동성에 대한 설명 중 옳지 않은 것은?

① 원형질의 친수성 콜로이드가 많으면 세포 내의 결합수가 많아지므로 내동성이 커진다.
② 세포 내 전분함량이 많으면 내동성이 저하된다.
③ 세포 내 칼슘이온은 세포 내 결빙을 억제한다.
④ 원형질의 수분투과성이 크면 내동성이 저하된다.

해설

작물의 내동성

- 세포 내 자유수함량이 많으면 세포 내 결빙이 생기기 쉬워 내동성이 저하된다.
- 세포액의 삼투압이 높으면 빙점이 낮아지고, 세포 내 결빙이 적어지며 세포 외 결빙 시 탈수저항성이 커져 원형질이 기계적 변형을 적게 받아 내동성이 증대한다.
- 전분함량이 낮고 가용성 당의 함량이 높으면 세포의 삼투압이 커지고 원형질단백의 변성이 적어 내동성이 증가한다.
- 원형질의 물 투과성이 크면 원형질 변형이 적어 내동성이 커진다.
- 원형질의 점도가 낮고 연도가 크면 결빙에 의한 탈수와 융해 시 세포가 물을 다시 흡수할 때 원형질의 변형이 적으므로 내동성이 크다.
- 지유와 수분의 공존은 빙점강하도가 커져 내동성이 증대된다.
- 칼슘 이온(Ca^{2+})은 세포 내 결빙의 억제력이 크고 마그네슘 이온(Mg^{2+})도 억제작용이 있다.
- 원형질단백에 디설파이드기(-SS기)보다 설파하이드릴기(-SH기)가 많으면 기계적 견인력에 분리되기 쉬워 원형질의 파괴가 적고 내동성이 증대한다.

정답 20 ④

2008년 국가직 재배학개론

01 HACCP란 무엇을 의미하는가?

① 위해요소중점관리기준
② 우수농산물관리제도
③ 생산이력추적관리제도
④ 병충해종합관리

해설

위해요소중점관리기준(HACCP ; Hazard Analysis Critical Control Points)

- 식품의 원재료 생산에서부터 제조, 가공, 보존, 유통단계를 거쳐 최종 소비자가 섭취하기 전까지의 각 단계에서 발생할 우려가 있는 위해요소를 규명하고, 이를 중점적으로 관리하기 위한 중요관리점을 결정하여 자주적이며 체계적이고 효율적인 관리로 식품의 안전성(Safety)을 확보하기 위한 과학적인 위생관리체계라 할 수 있다.
- HACCP은 위해분석(HA)과 중요관리점(CCP)으로 구성되어 있는데, HA는 위해가능성이 있는 요소를 찾아 분석・평가하는 것이다.
- CCP는 해당 위해 요소를 방지・제거하고 안전성을 확보하기 위하여 중점적으로 다루어야 할 관리점을 말한다.

02 Auxin류 물질들만으로 나열된 것은?

① IBA, IAA, BA, IPA
② BA, IAA, NAA, 2,4-D
③ IPA, 2,4,5-T, IBA, NAA
④ 2,4-D, 2,4,5-T, IBA, NAA

해설

구 분		종 류
옥신류	천 연	IAA, IAN, PAA
	합 성	NAA, IBA, 2,4-D, 2,4,5-T, PCPA, MCPA, BNOA
지베렐린	천 연	GA_2, GA_3, GA_{4+7}, GA_{55}
시토키닌류	천 연	IPA, 제아틴(Zeatin)
	합 성	BA, 키네틴(Kinetin)
에틸렌	천 연	C_2H_4
	합 성	에테폰(Ethephon)
생장억제제	천 연	ABA, 페놀
	합 성	CCC, B-9, Phosphon-D, AMO-1618, MH-30

03 다음 원소 중 엽록소 생성과 가장 관계가 없는 것은?

① 질소(N)
② 마그네슘(Mg)
③ 칼슘(Ca)
④ 철(Fe)

해설

칼슘(Ca)

- 세포막 중 중간막의 주성분이며, 잎에 많이 존재한다.
- 체내에서는 이동률이 매우 낮다.
- 분열조직의 생장, 뿌리 끝의 발육과 작용에 불가결하며 결핍되면 뿌리나 눈의 생장점이 붉게 변하여 죽게 된다.
- 토양 중 석회의 과다는 마그네슘, 철, 아연, 코발트, 붕소 등 흡수가 저해되는 길항작용이 나타난다.

1 ① 2 ④ 3 ③ 정답

04 작물에서 새로운 유전적 조성이 만들어지는 예로 옳지 않은 것은?

① 팔달콩과 하대두 계통의 교배에 의한 조숙성 계통 육성
② 화성벼 종자에 지베렐린을 처리하여 단기성 계통 육성
③ 올보리에 감마선 조사에 의한 생육기 단축 계통 육성
④ 애기장대의 개화 조절 유전자를 배추에 도입하여 개화 시기가 변화된 계통 육성

해설

지베렐린은 생장조절물질로 지베렐린처리에 의한 변화는 유전되지 않는다.

05 춘화처리(Vernalization)를 농업적으로 이용한 사례가 아닌 것은?

① 국화의 주년재배　② 월동채소의 봄파종
③ 딸기의 촉성재배　④ 맥류작물의 세대단축

해설

국화의 주년재배는 일장과 관련이 있다.

춘화처리의 농업적 이용

- 수량증대
- 채 종
- 촉성재배
- 육종상의 이용
- 종 또는 품종의 감정

06 벼에서 이삭거름을 주는 가장 적당한 시기는?

① 출수기　② 유효분얼기
③ 유수형성기　④ 등숙기

해설

이삭거름 : 벼, 보리 따위의 이삭이 줄기 속에서 자라나기 시작할 무렵에 효과를 보기 위하여 주는 웃거름을 말한다.

07 작물의 내습성 증진과 관련이 없는 것은?

① 통기계(Aerenchyma)의 발달
② 뿌리조직의 목화
③ 습해를 받았을 때 부정근의 발생 억제
④ 황화수소, 아산화철 등의 환원성 유해물질에 대한 저항성 증진

해설

내습성 관여 요인

- 경엽으로부터 뿌리로 산소를 공급하는 능력
- 뿌리조직의 목화
- 뿌리의 발달습성
- 환원성 유해물질에 대한 저항성 : 뿌리가 황화수소, 아산화철 등에 대한 저항성이 큰 작물은 내습성이 강하다.

08 맥류의 수발아에 대한 설명으로 옳지 않은 것은?

① 성숙기의 이삭에서 수확 전에 싹이 트는 경우이다.
② 우기에 도복하여 이삭이 젖은 땅에 오래 접촉되어 발생한다.
③ 우리나라에서는 조숙종이 만숙종보다 수발아의 위험이 적다.
④ 숙기가 같더라도 휴면기간이 짧은 품종이 수발아의 위험이 적다.

해설

수발아(穗發芽)

- 성숙기에 가까운 맥류가 장기간 비를 맞아서 젖은 상태로 있거나, 우기에 도복해서 이삭이 젖은 땅에 오래 접촉해 있게 되었을 때 수확 전의 이삭에서 싹이 트는 것
- 수발아는 성숙기에 비가 오는 날이 계속되면 종자가 수분을 흡수한 상태로 낮은 온도에 오래 처하게 되면서 휴면이 일찍 타파되어 발아한다.

09 다음 중 유전자변형식물체(GMO)를 만드는 과정을 순서대로 바르게 나열한 것은?

ㄱ. 목표 유전자 분리
ㄴ. 유전자 클로닝(Cloning)
ㄷ. 목표형질을 가진 개체의 발견
ㄹ. 작물 형질전환
ㅁ. 운반체로 유전자 재조합

① ㄷ－ㄴ－ㄱ－ㅁ－ㄹ
② ㄷ－ㄱ－ㄴ－ㅁ－ㄹ
③ ㄷ－ㄴ－ㅁ－ㄱ－ㄹ
④ ㄷ－ㄱ－ㅁ－ㄴ－ㄹ

정답 4 ② 5 ① 6 ③ 7 ③ 8 ④ 9 ②

해설

형질전환육종의 단계
- 1단계 : 원하는 유전자(DNA)를 분리하여 클로닝(Cloning)한다.
- 2단계 : 클로닝한 유전자를 벡터에 재조합하여 식물세포에 도입한다.
- 3단계 : 재조합 유전자(DNA)를 도입한 식물세포를 증식하고 식물체로 재분화시켜 형질전환식물을 선발한다.
- 4단계 : 형질전환식물의 특성을 평가하여 신품종으로 육성한다.

10 **잡초와 제초에 대한 설명으로 옳지 않은 것은?**

① 알방동사니는 1년생 잡초이다.
② 제초제 저항성 잡초는 자연상태에서 발생한 돌연변이에 의해 나타난다.
③ Bifenox는 수도 본답에 사용하는 디페닐에테르계 제초제이다.
④ 호밀은 상호촉진작용성을 이용한 잡초의 생물적 방제에 이용된다.

11 **배우자간 접합에 의한 정상적인 수정과정을 거치지 않고도 종자가 형성되는 생식방법은?**

① 유성생식
② 아포믹시스
③ 영양번식
④ 자가수정

해설

아포믹시스는 'mix가 없는 생식'으로 수정과정을 거치지 않고 배가 만들어져 종자를 형성하는 무수정종자형성 또는 무수정생식을 뜻한다.

12 **품종 간 DNA 염기서열의 차이를 비교하기 위하여 사용되는 실험 방법이 아닌 것은?**

① PCR을 이용한 분석
② RFLP를 이용한 분석
③ SSR을 이용한 분석
④ Northern Blot을 이용한 분석

해설

Northern Blot은 mRNA를 검출하는 유전자클론 검출방법이다.

13 **작물 유전현상에 대한 설명으로 옳지 않은 것은?**

① 세포질 유전은 멘델의 법칙이 적용되지 않는다.
② 질적형질은 주동유전자가 지배한다.
③ 세포질 유전은 핵 외의 미토콘드리아와 색소체의 유전자에 의해 결정된다.
④ 유전형질의 변이양상이 불연속적인 경우를 양적형질이라 한다.

해설

양적형질 : 수량, 초장, 간장 등과 같이 개체 간 변화가 연속적이어서 계량 또는 계측할 수 있는 형질

14 **반수체육종에 많이 이용되는 배양법으로 짝지어진 것은?**

① 약배양, 생장점배양
② 생장점배양, 배주배양
③ 약배양, 화분배양
④ 화분배양, 원형질체배양

해설

인위적 반수체를 만드는 방법으로 약배양, 화분배양, 종속간 교배, 반수체유도유전자 등을 이용하며, 약배양이 화분배양에 비하여 배양이 간단하고 식물체의 재분화율이 높다.

15 **잡초의 해로운 작용이 아닌 것은?**

① 작물과의 경쟁
② 토양의 침식
③ 유해물질의 분비
④ 병충해 전파

해설

잡초는 토양의 침식을 억제한다.

10 ④ 11 ② 12 ④ 13 ④ 14 ③ 15 ② 정답

16 다음 작물 중 이질배수체가 아닌 것은?

① 무
② 밀
③ 라이밀
④ 서양유채

17 벼의 생육기간 중 유수형성기부터 개화기에 냉온의 영향을 받는 피해는?

① 지연형 냉해
② 장해형 냉해
③ 병해형 냉해
④ 촉진형 냉해

해설

냉해의 구분

- 지연형 냉해
  - 생육 초기부터 출수기에 걸쳐 오랜 시간 냉온 또는 일조부족으로 생육의 지연, 출수 지연으로 등숙기에 낮은 온도에 처함으로 등숙의 불량으로 결국 수량에까지 영향을 미치는 유형의 냉해이다.
  - 질소, 인산, 칼리, 규산, 마그네슘 등 양분의 흡수가 저해되고, 물질 동화 및 전류가 저해되며, 질소동화의 저해로 암모니아 축적이 많아지며, 호흡의 감소로 원형질 유동이 감퇴 또는 정지되어 모든 대사기능이 저해된다.
- 장해형 냉해
  - 유수형성기부터 개화기 사이, 특히 생식세포의 감수분열기에 냉온의 영향을 받아서 생식기관이 정상적으로 형성되지 못하거나 또는 꽃가루의 방출 및 수정에 장해를 일으켜 결국 불임현상이 초래되는 유형의 냉해이다.
  - 타페트 세포(Tapetal Cell)의 이상비대는 장해형 냉해의 좋은 예이며, 품종이나 작물의 냉해 저항성의 기준이 되기도 한다.
- 병해형 냉해
  - 벼의 경우 냉온에서는 규산의 흡수가 줄어들므로 조직의 규질화가 충분히 형성되지 못하여 도열병균의 침입에 대한 저항성이 저하된다.
  - 광합성의 저하로 체내 당함량이 저하되고, 질소대사 이상을 초래하여 체내에 유리아미노산이나 암모니아가 축적되어 병의 발생을 더욱 조장하는 유형의 냉해이다.
- 혼합형 냉해 : 장기간의 저온에 의하여 지연형 냉해, 장해형 냉해 및 병해형 냉해 등이 혼합된 형태로 나타나는 현상으로 수량감소에 가장 치명적이다.

18 군락의 광포화점에 대한 설명으로 옳지 않은 것은?

① 군락의 형성도가 높을수록 광포화점은 높아진다.
② 포장군락에서는 전광(全光)에서 포화상태에 도달한다.
③ 군락이 무성한 시기일수록 더욱 강한 일사가 필요하다.
④ 벼잎에 투사된 광은 10% 정도가 잎을 투과한다.

해설

군락의 광포화점

- 군락상태(群落狀態) : 포장에서 식물이 자라 잎이 서로 포개져 많은 잎들이 직사광선을 받지 못하고 그늘에 있는 상태를 군락상태라 하며 포장의 작물은 군락상태를 형성하고 면적당 수량은 면적당 광합성량에 따라 달라지므로 군락의 광합성이 수량을 지배한다.
- 벼의 경우 잎에 투사된 광은 10% 정도만 잎을 투과한다. 따라서 군락이 우거져 그늘에 있는 잎이 많아지면 포화광을 받지 못하는 잎이 많아지고 이들이 충분한 광을 받기 위해서는 더 강한 광이 군락에 투사되어야 하므로 군락의 광포화점은 높아진다.
- 군락의 광포화점은 군락의 형성도가 높을수록 높아진다.
- 벼의 생육단계별 군락 형성상태에 따라 광의 조도와 군락의 광합성의 관계는 고립상태에 가까운 생육 초기에는 낮은 조도에서도 광포화를 이루나 군락이 무성한 출수기 전후에는 전광에 가까운 높은 조도에도 광포화를 보이지 않는 것과 같이 군락이 무성한 시기일수록 더 강한 일사가 필요하다.

19 종자발아력 검정에 대한 내용으로 옳지 않은 것은?

① 전기전도도가 높으면 종자활력이 높다.
② 배의 단면에 테트라졸륨 처리 후 적색으로 착색되면 활력이 있다.
③ 종자발아력 검정에 X-선 검사법이 이용된다.
④ Amylase, Lipase, Catalase, Peroxidase 등의 활력을 측정하는 효소활성측정법이 있다.

해설

전기전도율 검사법 : 기계를 사용하여 종자의 개별적 전기전도율을 측정하는 방법으로 세력이 낮거나 퇴화된 종자를 물에 담그면 세포 내 물질이 침출되어 나오는데 이들이 지닌 전하를 전기전도계로 측정한 값으로 발아력을 측정하는 방법이다. 완두, 콩 등에서 많이 이용되며 전기전도도가 높으면 활력이 낮다.

정답 16 ① 17 ② 18 ② 19 ①

20 **다음 작물 중 연작의 피해가 가장 크게 발생하는 것은?**

① 벼, 옥수수, 고구마, 무
② 콩, 생강, 오이, 감자
③ 수박, 가지, 고추, 토마토
④ 맥류, 조, 수수, 당근

해설

작물의 기지 정도

- 연작의 해가 적은 것 : 벼, 맥류, 조, 옥수수, 수수, 삼, 담배, 고구마, 무, 순무, 당근, 양파, 호박, 연, 미나리, 딸기, 양배추 등
- 1년 휴작 작물 : 파, 쪽파, 생강, 콩, 시금치 등
- 2년 휴작 작물 : 오이, 감자, 땅콩, 잠두 등
- 3년 휴작 작물 : 참외, 쑥갓, 강낭콩, 토란 등
- 5~7년 휴작 작물 : 수박, 토마토, 가지, 고추, 완두, 사탕무, 레드클로버 등
- 10년 이상 휴작 작물 : 인삼, 아마 등

20 ③ 정답

2009년 국가직 재배학개론

01 '총엽면적×수광능률×평균동화능력'으로 표시되는 것은?

① 개엽동화능력　② 진정광합성량
③ 포장동화능력　④ 단위동화능력

해설

$P=AfP_0$

(P : 포장동화능력, A : 총엽면적, f : 수광능률, P_0 : 평균동화능력)

02 위수정생식(僞受精生殖)을 바르게 설명한 것은?

① 배낭을 만들지 않고 포자체의 조직세포가 직접 배를 형성하는 것
② 배낭을 만들지만 배낭의 조직세포가 배를 형성하는 것
③ 배낭모세포가 비정상적인 분열을 하여 배를 형성하는 것
④ 수분(受粉)의 자극을 받아 난세포가 배로 발달하는 것

해설

위수정생식(僞受精生殖, Pseudogamy) : 수분의 자극으로 난세포가 배로 발달하는 것으로 벼, 밀, 보리, 목화, 담배 등에서 나타나며 이로 종자가 생기는 것을 위잡종(僞雜種, False Hybrid)이라 한다.

03 토양수분의 형태에 대한 설명 중 옳은 것은?

① 결합수는 점토광물로부터 분리시킬 수 있는 수분이다.
② 흡습수는 토양입자표면에 피막상으로 흡착된 수분이다.
③ 모관수는 중력에 의하여 비모관공극으로 흘러내리는 수분이다.
④ 중력수는 토양공극 내에서 중력에 저항하여 유지되는 수분이다.

해설

흡습수(吸濕水, Hygroscopic Water)
- pF 4.2~7이다.
- 토양을 105℃로 가열 시 분리가 가능하며 토양 표면에 피막 상으로 흡착되어 있는 수분이다.
- 작물에 흡수, 이용되지 못한다.

04 벼와 옥수수의 생리·생태적 특성으로 옳은 것은?

① 유관속초세포는 벼가 옥수수보다 더 발달되어 있다.
② CO_2보상점은 벼가 옥수수보다 더 낮다.
③ 광합성 적정온도는 벼가 옥수수보다 더 높다.
④ 광호흡량은 벼가 옥수수보다 더 높다.

해설

벼는 C_3 식물에 해당하며 옥수수는 C_4 식물이고 C_3 식물은 C_4 보다 광호흡능력이 높다.

05 북방형 목초의 하고 원인이 아닌 것은?

① 고 온
② 건 조
③ 단 일
④ 병충해

해설

목초의 하고현상(夏枯現象) : 북방형 목초가 고온과 건조, 병충해 및 잡초 발생 등으로 일시적으로 중지되거나 세력이 약하여 말라 죽는 현상이다.

정답 1 ③ 2 ④ 3 ② 4 ④ 5 ③

06 솔라리제이션(Solarization)이 발생되는 주된 원인은?

① 엽록소의 광산화
② 카로티노이드의 산화
③ 카로티노이드의 생성촉진
④ 슈퍼옥시드의 감소

해설

솔라리제이션(Solarization)
- 그늘에서 자란 작물이 강광에 노출되어 잎이 타 죽는 현상을 말한다.
- 엽록소의 광산화가 원인이다.
- 강광에 적응하게 되면 식물은 카로티노이드가 산화하면서 산화된 엽록체를 환원시켜 기능을 회복할 수 있다.

07 토마토나 배에서 과일의 착색을 촉진하기 위하여 사용하는 생장조절제는?

① 지베렐린수용액(Gibberellic Acid)
② 인돌비액제(IAA+6-Benzyl Aminopurine)
③ 에테폰액제(Ethephon)
④ 비나인수화제(Daminozide)

해설

에틸렌의 작용
- 발아를 촉진시킨다.
- 정아우세현상을 타파하여 곁눈의 발생을 조장한다.
- 꽃눈이 많아지고 개화가 촉진되는 효과가 있다.
- 성표현 조절 : 오이, 호박 등 박과 채소의 암꽃 착생수를 증대시킨다.
- 잎의 노화를 가속화시킨다.
- 적과의 효과가 있다.
- 많은 작물에서 과실의 성숙을 촉진시키는 효과가 있다.
- 탈엽 및 건조제로 효과가 있다.

08 엽면시비에서 흡수에 영향을 끼치는 요인에 대한 설명으로 옳지 않은 것은?

① 석회를 가용하면 흡수가 촉진된다.
② 살포액의 pH는 미산성인 것이 흡수가 잘된다.
③ 줄기의 정부로부터 가까운 잎에서 흡수율이 높다.
④ 잎의 표면보다 이면에서 더 잘 흡수된다.

해설

엽면시비 시 흡수에 영향을 미치는 요인
- 잎의 표면보다는 이면이 흡수가 더 잘된다.
- 잎의 호흡작용이 왕성할 때 흡수가 더 잘되므로 가지 또는 정부에 가까운 잎에서 흡수율이 높고 노엽보다는 성엽이, 밤보다는 낮에 흡수가 더 잘된다.
- 살포액의 pH는 미산성이 흡수가 잘된다.
- 살포액에 전착제를 가용하면 흡수가 조장된다.
- 작물에 피해가 나타나지 않는 범위 내에서 농도가 높을 때 흡수가 빠르다.
- 석회의 시용은 흡수를 억제하고 고농도 살포의 해를 경감한다.
- 작물의 생리작용이 왕성한 기상조건에서 흡수가 빠르다.

09 곡물의 저장 중에 나타나는 변화가 아닌 것은?

① 전분이 분해되어 환원당 함량이 감소한다.
② 호흡소모와 수분증발 등으로 중량감소가 일어난다.
③ 품질이나 발아율의 저하가 일어난다.
④ 지방의 자동산화에 의해 유리지방산이 증가한다.

해설

저장 중 변화
- 저장 중 호흡으로 인한 양분의 소모와 증산으로 중량감소가 일어난다.
- 발아율이 저하된다.
- 곡류의 경우 저장 중 지방의 산패로 유리지방산이 증가하고 묵은 냄새가 난다.
- 곡류는 저장 중 전분의 분해로 환원당 함량이 증가한다.
- 미생물과 해충, 쥐 등의 가해로 품질저하와 함께 양적 손실이 일어난다.

10 다음 과수의 결과습성 중 1년생 가지에 결실하는 과수로만 짝지어진 것은?

ㄱ. 감	ㄴ. 복숭아
ㄷ. 사 과	ㄹ. 포 도
ㅁ. 감 귤	ㅂ. 살 구

① ㄱ, ㄹ, ㅁ　② ㄴ, ㄹ, ㅂ
③ ㄱ, ㅁ, ㅂ　④ ㄴ, ㄷ, ㅁ

해설

과수의 결과 습성
- 1년생 가지에 결실하는 과수 : 포도, 감, 밤, 무화과, 호두 등
- 2년생 가지에 결실하는 과수 : 복숭아, 자두, 살구, 매실, 양앵두 등
- 3년생 가지에 결실하는 과수 : 사과, 배 등

정답 6 ① 7 ③ 8 ① 9 ① 10 ①

11 재배작물의 염색체수(2n)로 옳지 않은 것은?

① 벼 – 24　　② 옥수수 – 20
③ 대두 – 40　　④ 감자 – 24

해설
감자의 염색체수는 48개이다.

12 원형의 DNA로 항생제나 제초제 저항성 유전자를 가지며, 유전자 운반체로 많이 사용되는 것은?

① Marker　　② Transposon
③ Probe　　④ Plasmid

해설
플라스미드(Plasmid)
- 세균의 세포 내 염색체와 별개로 존재하면서 독자적 증식이 가능한 DNA로, 작은 고리 모양의 두 가닥 DNA로 세균 생존에 필수 유전자는 아니며, 박테리아 세포에는 기본염색체 1개(DNA 1분자) 이외에 다양한 크기의 플라스미드가 있다.
- 세균 내 플라스미드를 세포 밖으로 빼내 제한효소로 끊은 뒤, 필요로 하는 유전자를 삽입 후 다시 세균에 넣고 배양하는 유전자재조합 기술에 이용된다.
- 쌍떡잎식물에 잘 감염하여 뿌리혹을 형성하는 근두암종균(*Agrobacterium tumefaciens*)의 Ti-플라스미드는 식물의 유전자조작에서 유전자 운반체로 많이 이용된다.

13 상인으로 연관된 A, B 두 유전자의 재조합 빈도가 20%이면, AABB × aabb 교배 시 F_1에서 형성되는 배우자 AB : Ab : aB : ab의 비율은?

① 1 : 2 : 2 : 1　　② 2 : 1 : 1 : 2
③ 4 : 1 : 1 : 4　　④ 1 : 4 : 4 : 1

해설
상인연관 비율 n : 1 : 1 : n에서 연관된 A와 B가 20%로 교차 했으므로,

교차율 = $\frac{1}{n+1} \times 100$

$20 = \frac{1}{n+1} \times 100$, n = 4이므로 AB : Ab : aB : Ab는 4 : 1 : 1 : 4

14 시설 내에서 이산화탄소시비 시기로 가장 적합한 시간은?

① 일출 2시간 전부터 일출 때까지
② 일출 30분 후부터 2~3시간
③ 오후 4시부터 2~3시간
④ 일몰 후 2~3시간

15 안티센스 RNA 기술을 이용하여 만들어진 형질전환식물은?

① Bollgard – 면화
② TMV 저항성 – 담배
③ Roundup Ready – 콩
④ Flavr Savr – 토마토

해설
안티센스 RNA 기술을 이용하여 성숙이 지연되는 토마토 Flavr Savr가 만들어졌다.

16 작물의 엽록소형성, 굴광현상, 일장효과 및 야간조파에 가장 효과적인 광으로 짝지어진 것은?

	엽록소형성	굴광현상	일장효과	야간조파
①	자색광	적색광	녹색광	청색광
②	적색광	청색광	적색광	적색광
③	황색광	청색광	황색광	청색광
④	적색광	적색광	자색광	적색광

해설
굴광성은 400~500nm, 특히 440~480nm의 청색광이 가장 유효하다.

17 다음 중 우리나라 논에 주로 발생하는 다년생 광엽잡초로만 짝지어진 것은?

ㄱ. 여 뀌	ㄴ. 벗 풀
ㄷ. 올 미	ㄹ. 가 래
ㅁ. 나도겨풀	ㅂ. 사마귀풀

① ㄱ, ㄴ, ㄷ　　② ㄴ, ㄷ, ㄹ
③ ㄷ, ㄹ, ㅁ　　④ ㄹ, ㅁ, ㅂ

정답 11 ④ 12 ④ 13 ③ 14 ② 15 ④ 16 ② 17 ②

해설

우리나라의 주요 논잡초

- 1년생
  - 화본과 : 강피, 물피, 돌피, 둑새풀
  - 방동사니과 : 참방동사니, 알방동사니, 바람하늘지기, 바늘골
  - 광엽잡초 : 물달개비, 물옥잠, 여뀌, 자귀풀, 가막사리
- 다년생
  - 화본과 : 나도겨풀
  - 방동사니과 : 너도방동사니, 올방개, 올챙이고랭이, 매자기
  - 광엽잡초 : 가래, 벗풀, 올미, 개구리밥, 미나리

18 계통육종과 집단육종의 비교 설명으로 옳지 않은 것은?

① 계통육종은 육종효과가 빨리 나타나며, 시간과 노력이 절약된다.

② 계통육종은 육안관찰이나 특성검정이 용이한 질적형질의 개량에 효율적이다.

③ 집단육종은 양적형질의 개량에 유리하며, 유용유전자를 상실할 염려가 적다.

④ 집단육종은 출현빈도가 낮은 우량유전자형을 선발할 가능성이 높다.

해설

계통육종과 집단육종 비교

계통육종	집단육종
• F_2부터 선발을 시작하므로 육안관찰 및 특성검정이 용이해 형질개량에 효율적이다. • 육종가의 정확한 선발에 의해 육종규모를 줄일 수 있으며 육종연한을 단축할 수 있다. • 선발이 잘못되면 유용유전자를 상실하게 된다. • 육종재료의 관리 및 선발에 시간, 노력, 경비가 많이 든다.	• 잡종초기 집단재배를 하므로 유용유전자 상실의 위험이 적다. • 선발을 하는 후기세대에 동형접합체가 많으므로 폴리진이 관여하는 양적형질의 개량에 유리하다. • 별도의 관리와 선발에 노력이 필요하지 않다. • 집단재배 기간 중 육종규모를 줄이기 어렵다. • 계통육종에 비해 육종연한이 길다.

19 논토양에서 일어나는 특성으로 옳지 않은 것은?

① 담수된 논토양의 심토는 유기물이 극히 적어서 산화층을 형성한다.

② 토양의 상층부는 산화제1철에 의해 표층이 적갈색을 띤 산화층이 된다.

③ 암모니아태질소를 산화층에 주면 질화균의 작용에 의해 질산으로 된다.

④ 암모니아태질소를 심부 환원층에 주면 토양에 잘 흡착되므로 비효가 오래 지속된다.

해설

논토양의 특징

- 논토양의 환원과 토층 분화 : 논에서 갈색의 산화층과 회색(청회색)의 환원층으로 분화되는 것을 논토양의 토층분화라고 하며, 산화층은 수mm에서 1~2cm이고, 작토층은 환원되어 이때 활동하는 미생물은 혐기성 미생물이다. 작토 밑의 심토는 산화상태로 남는다.
- 산화환원전위와 pH : 산화환원전위 경계는 0.3volt이며, 논토양은 0.3volt 정도로 청회색을 띤다.
- 양분의 유효화 : 산화상태의 철이나 망간은 수도에 대한 이용률은 낮지만 환원되면 용해도가 증가하여 양분으로 흡수된다.
- 논토양에서의 탈질현상
- 관개수에 의한 양분공급

20 이산화탄소 농도에 관여하는 요인의 설명으로 옳지 않은 것은?

① 지표로부터 멀어짐에 따라 이산화탄소 농도는 낮아지는 경향이 있다.

② 잎이 무성한 공기층은 여름철에 이산화탄소 농도가 낮고, 가을철에 높아진다.

③ 식생이 무성하면 지면에 가까운 공기층의 이산화탄소 농도는 낮아진다.

④ 미숙퇴비, 녹비를 시용하면 이산화탄소의 발생이 높아진다.

해설

지표면 근처는 여름철 토양유기물의 분해와 뿌리의 호흡에 의해 오히려 농도가 높아진다.

18 ① 19 ② 20 ③ 정답

2010년 국가직 재배학개론

01 노후화답에 관한 설명으로 옳은 것은?

① 철분이나 망간 등이 심토의 산화층에 집적된다.
② 노후화답 개량을 위해서는 심경을 피해야 한다.
③ 노후화답에는 황산근을 가진 비료를 시용해야 한다.
④ 환원층에서 철분이나 망간이 환원되면 용해성이 감소한다.

해설
- 객토하여 철을 공급해준다.
- 미량요소를 공급한다.
- 심경을 하여 토층 밑으로 침전된 양분을 반전시켜 준다.
- 황산기 비료$(NH_4)_2SO_4$나 $K_2(SO_4)$ 등을 시용하지 않아야 한다.

02 다습한 토양에 대한 작물의 적응성 증대방안에 관한 설명으로 옳지 않은 것은?

① 밭에서는 휴립휴파를 하고, 습답에서는 휴립재배를 하기도 한다.
② 미숙유기물 시용을 피하고, 심층시비를 하여 작물이 뿌리를 깊게 뻗도록 유도한다.
③ 내습성의 차이는 품종간에도 크며, 답리작 맥류재배에서는 내습성이 강한 품종을 선택해야 안전하다.
④ 과산화석회를 종자에 분의해서 파종하거나 토양에 혼입하면 습지에서 발아 및 생육이 촉진된다.

해설
식질토양의 개량 : 가을갈이를 하고, 유기물을 시용하여 토양의 구조를 떼알로 하여 불량한 성질을 개량하도록 한다.

03 대기환경에 관한 설명으로 옳은 것은?

① 작물의 이산화탄소포화점은 대기 중 농도의 1/10~1/3 정도이다.
② 광이 약한 조건에서는 강한 조건에서보다 이산화탄소 보상점이 높다.
③ 대기중의 산소농도가 90% 이상이어도 작물의 호흡에는 지장이 없다.
④ 작물이 생육을 계속하기 위해서는 이산화탄소보상점 이하의 이산화탄소농도가 필요하다.

해설
산소농도의 증가는 일시적으로는 작물의 호흡을 증가시키지만 90%에 이르면 호흡은 급속히 감퇴하고 100%에서는 식물이 고사한다.

04 작물의 파종량에 관한 설명으로 옳지 않은 것은?

① 파종시기가 늦을수록 파종량이 많이 든다.
② 직파재배는 이식재배보다 파종량이 많이 든다.
③ 콩, 조 등은 맥후작보다 단작에서 파종량이 많이 든다.
④ 맥류는 남부지방보다 중부지방에서 파종량이 많이 든다.

해설
파종량 결정 시 고려 조건
- 작물의 종류 : 작물 종류에 따라 재식밀도 및 종자의 크기가 다르므로 작물 종류에 따라 파종량은 지배된다.
- 종자의 크기 : 동일 작물에서도 품종에 따라 종자의 크기가 다르기 때문에 파종량 역시 달라지며 생육이 왕성한 품종은 파종량을 줄이고 그렇지 않은 경우 파종량을 늘린다.
- 파종기 : 파종시기가 늦어지면 대체로 작물의 개체 발육도가 작아지므로 파종량을 늘리는 것이 좋다.

정답 1 ① 2 ② 3 ② 4 ③

- 재배지역 : 한랭지는 대체로 발아율이 낮고 개체 발육도가 낮으므로 파종량을 늘린다.
- 재배방식 : 맥류의 경우 조파에 비해 산파의 경우 파종량을 늘리고 콩, 조 등은 맥후작에서 단작보다 파종량을 늘린다. 청예용, 녹비용 재배는 채종재배에 비해 파종량을 늘린다.
- 토양 및 시비 : 토양이 척박하고 시비량이 적으면 파종량을 다소 늘리는 것이 유리하고 토양이 비옥하고 시비량이 충분한 경우도 다수확을 위해 파종량을 늘리는 것이 유리하다.
- 종자의 조건 : 병충해 종자의 혼입, 경실이 많이 포함된 경우, 쭉정이 및 협잡물이 많은 종자, 발아력이 감퇴된 경우 등은 파종량을 늘려야 한다.

05 다음 중 양배추, 수박, 오이에 대한 요소의 엽면살포 효과에 해당하는 것만을 고른 것은?

ㄱ. 착 화	ㄴ. 착 과
ㄷ. 비대촉진	ㄹ. 품질양호
ㅁ. 화아분화 촉진	ㅂ. 임실양호

① ㄱ, ㄴ, ㄹ
② ㄱ, ㄷ, ㅁ
③ ㄴ, ㄹ, ㅂ
④ ㄷ, ㅁ, ㅂ

06 칼슘에 관한 설명으로 옳지 않은 것은?

① 체내에서 이동하기 쉽다.
② 식물의 잎에 함유량이 많다.
③ 과다하면 철의 흡수가 저해된다.
④ 결핍하면 뿌리나 눈(芽)의 생장점이 붉게 변하여 죽게 된다.

해설

칼슘(Ca)
- 세포막의 중간막의 주성분이며, 잎에 많이 존재한다.
- 체내에서는 이동률이 매우 낮다.
- 분열조직의 생장, 뿌리 끝의 발육과 작용에 불가결하며 결핍되면 뿌리나 눈의 생장점이 붉게 변하여 죽게 된다.
- 토양 중 석회의 과다는 마그네슘, 철, 아연, 코발트, 붕소 등 흡수가 저해되는 길항작용이 나타난다.

07 내건성이 강한 작물의 세포적 특성으로 옳지 않은 것은?

① 세포의 크기가 작다.
② 원형질의 점성이 높다.
③ 세포액의 삼투압이 낮다.
④ 세포에서 원형질이 차지하는 비율이 높다.

해설

세포적 특성
- 세포가 작아 수분이 적어져도 원형질 변형이 적다.
- 세포 중 원형질 또는 저장양분이 차지하는 비율이 높아 수분보유력이 강하다.
- 원형질의 점성이 높고 세포액의 삼투압이 높아서 수분보유력이 강하다.
- 탈수 시 원형질 응집이 덜하다.
- 원형질막의 수분, 요소, 글리세린 등에 대한 투과성이 크다.

08 분리육종에 포함되지 않는 것은?

① 계통집단선발　② 영양계분리
③ 파생계통육종　④ 성군집단선발

해설

- 분리육종(分離育種, Breeding by Separation) : 재래종 집단에서 우량 유전자형을 분리하여 품종으로 육성하는 것
- 파생계통육종(派生系統育種, F_2－Derived Line Method) : 계통육종과 집단육종을 절충한 육종방법

09 신품종의 종자증식에 관한 설명으로 옳지 않은 것은?

① 보급종은 농가에 보급할 종자이며, 원종을 증식한 것이다.
② 원종은 원원종을 재배하여 채종한 종자이다.
③ 원원종은 기본식물을 증식하여 생산한 종자이다.
④ 기본식물은 일반농가들이 생산한 종자이다.

해설

우리나라 종자증식체계
- 기본식물 → 원원종 → 원종 → 보급종의 단계를 거친다.
- 기본식물(基本植物, Breeder's Seed)
  - 신품종 증식의 기본이 되는 종자
  - 옥수수의 기본식물은 매 3년 마다 톱교배에 의한 조합능력 검정을 실시한다.
  - 감자는 조직배양에 의해 기본식물을 만든다.

5 ① 6 ① 7 ③ 8 ③ 9 ④ 정답

- 원원종(原原種, Foundation Seed) : 기본식물을 증식하여 생산한 종자
- 원종(原種, Registered Seed) : 원원종을 재배하여 채종한 종자
- 보급종(普及種, Certified Seed) : 원종을 증식한 것으로 농가에 보급할 종자

10 Sulfonylurea계 제초제에 대한 저항성인 논 잡초종으로 바르게 나열된 것은?

① 나도겨풀, 물피
② 강피, 미국외풀
③ 올방개, 참새피
④ 물달개비, 알방동사니

11 작물은 야생식물로부터 진화하여 인간이 관리하는 환경에 적응하게 되었다. 이때 작물이 야생종과 달라지게 된 특징들 중 옳지 않은 것은?

① 휴면성이 강해졌다.
② 탈립성이 감소되었다.
③ 곡물의 경우 종자의 크기가 커졌다.
④ 종자 중의 단백질 함량은 감소하고 탄수화물 함량이 높아졌다.

해설

야생종은 탈립성이 강하며, 탈립성이 강한 품종은 수확작업의 불편을 초래한다.

12 화학물질과 일장효과에 관한 설명으로 옳지 않은 것은?

① 나팔꽃에서는 키네틴이 화성을 촉진한다.
② 파인애플은 2,4-D처리로 개화가 유도된다.
③ 파인애플에서 아세틸렌이 화성을 촉진한다.
④ 마류(痲類)에서는 생장억제제가 개화를 촉진한다.

해설

화학물질과 일장효과

- 옥신처리 : 장일식물은 화성이 촉진되는 경향이 있고 단일식물은 화성이 억제되는 경향이 있다.
- 지베렐린처리 : 저온, 장일의 대치적 효과가 커서 1년생 히요스 등은 지베렐린의 공급은 단일에서도 개화한다.

13 사탕수수와 밀의 광합성 특성을 비교한 것으로 옳은 것은?

① 사탕수수가 밀보다 광포화점이 낮다.
② 사탕수수가 밀보다 광호흡이 낮다.
③ 사탕수수가 밀보다 광합성 적정온도가 낮다.
④ 사탕수수가 밀보다 이산화탄소보상점이 높다.

해설

사탕수수는 C_4 식물이고 밀은 C_3 식물이다.

14 게놈돌연변이에 관한 설명으로 옳지 않은 것은?

① 이질배수체는 같은 게놈을 복수로 가지고 있어서 복2배체라고 한다.
② 작물의 거의 절반은 정배수체이며, 정배수체의 대부분은 동질배수체이다.
③ 동질배수체는 2배체에 비하여 세포와 기관이 커지고 생리적으로 강한 특성이 있다.
④ 이수체는 흔하지 않으나 주로 1염색체생물(2n−1)과 3염색체 생물(2n+1)로 나타난다.

해설

정배수체에는 동질배수체와 이질배수체가 있으며 작물의 거의 절반은 정배수체이고, 정배수체의 대부분은 이질배수체이고 동질배수체는 10% 미만이다.

15 유전변이에 관한 설명으로 옳지 않은 것은?

① 인공교배 양친의 유전적 차이가 클수록 잡종집단의 유전변이가 적어진다.
② 인위돌연변이 및 염색체조작은 주로 동일 종 내에서 유전변이를 작성하고자 할 때 실시한다.
③ 세포융합은 서로 다른 종의 우량유전자를 도입한 유전변이를 작성하고자 할 때 효과적이다.
④ 유전자전환은 생물종에 관계없이 원하는 유전자만을 도입할 수 있는 방법이다.

정답 10 ④ 11 ① 12 ④ 13 ② 14 ② 15 ①

해설

특성이 다른 자방친(♀)과 화분친(♂)을 인공교배(AA×aa)하면 양친의 대립유전자들이 새롭게 조합되어 잡종 후대에 여러 종류의 유전자형이 분리(AA, Aa, aa)되어 유전변이가 일어나며, 이때 인공교배하는 양친의 유전적 차이가 클수록 잡종집단의 유전변이(유전자형의 다양성)가 커진다.

16 **식물육종기술의 발전에 의해 나타나는 긍정적 성과로 옳지 않은 것은?**

① 품종의 다양화로 인해 유전적 다양성이 증대되었다.
② 재배식물에서 목적으로 하는 생산물의 품질과 생산성이 크게 향상되었다.
③ 병해충에 저항성인 품종이 육성됨으로써 식물재배의 안정성이 증대되었다.
④ 작부체계 및 자연환경에 적응하는 품종들이 육성되어 작부체계를 다양하게 할 수 있게 되었다.

17 **지력증진과 토양조건과의 관계에 관한 설명으로 옳지 않은 것은?**

① 토양반응은 중성~약산성이 알맞다.
② 습답에서는 유기물 함량이 많으면 오히려 해가 되기도 한다.
③ 토양구조는 단립구조가 조성될수록 토양의 수분 및 비료 보류력이 좋아진다.
④ 토층에서 심토는 투수 및 통기가 알맞아야 하며, 작토는 깊고 양호해야 한다.

해설

③ 토양구조는 입단구조가 조성될수록 토양의 수분 및 비료 보류력이 좋아진다.

18 **기지(忌地)현상에 관한 설명으로 옳지 않은 것은?**

① 밀과 보리는 기지현상이 적어서 연작의 해가 적다.
② 감귤류와 복숭아나무는 기지가 문제되지 않으므로 휴작이 필요하지 않다.
③ 기지현상이 있어도 수익성이 높은 작물은 기지대책을 세우고 연작한다.
④ 수익성과 수요량이 크고 기지현상이 적은 작물은 연작을 하는 것이 보통이다.

해설

과수의 기지 정도

- 기지가 문제되는 과수 : 복숭아, 무화과, 감귤류, 앵두 등
- 기지가 나타나는 정도의 과수 : 감나무 등
- 기지가 문제되지 않는 과수 : 사과, 포도, 자두, 살구 등

19 **작물의 수확 후 생리작용 및 손실요인에 관한 설명으로 옳지 않은 것은?**

① 과실은 성숙함에 따라 에틸렌이 다량 생합성되어 후숙이 진행된다.
② 일정기간이 지나면 휴면이 타파되고 발아, 즉 맹아에 의하여 품질이 저하된다.
③ 수확, 선별, 포장, 운송 및 적재과정에서 발생하는 기계적 상처에 의하여 손실이 발생한다.
④ 증산에 의한 수분손실은 호흡에 의한 손실보다 100배 크며, 수분은 주로 표피증산을 통하여 손실된다.

해설

일반적으로 증산으로 인한 중량감소는 호흡으로 발생하는 중량감소의 10배 정도 크다.

20 **토양수분의 형태에 관한 설명으로 옳지 않은 것은?**

① 작물이 주로 이용하는 수분 형태는 모관수이다.
② 흡습수는 pF 2.7~4.5로 표시하는 데 작물에 흡수·이용된다.
③ 결합수는 점토광물에 결합되어 있어 분리시킬 수 없는 수분을 말한다.
④ 중력수는 pF 0~2.7로서 작물에 이용되나 근권 이하로 내려간 것은 직접 이용되지 못한다.

해설

흡습수(吸濕水, Hygroscopic Water)

- pF 4.2~7이다.
- 토양을 105℃로 가열 시 분리 가능하며 토양 표면에 피막상으로 흡착되어 있는 수분이다.
- 작물에 흡수, 이용되지 못한다.

16 ① 17 ③ 18 ② 19 ④ 20 ② 정답

2011년 국가직 재배학개론

01 농경의 발상지에서 재배가 시작된 작물과 발생한 문명이 바르게 연결된 것은?

① 옥수수 - 마야문명
② 밀 - 잉카문명
③ 보리 - 인도문명
④ 감자 - 메소포타미아문명

해설

연 번	지 역	주요 작물
Ⅰ	중 국	6조보리, 조, 메밀, 콩, 팥, 마, 인삼, 배나무, 복숭아 등
Ⅱ	인도, 동남아시아	벼, 참깨, 사탕수수, 왕골, 오이, 박, 가지, 생강 등
Ⅲ	중앙아시아	밀, 귀리, 기장, 삼, 당근, 양파 등
Ⅳ	코카서스, 중동	1립계와 2립계의 밀, 보리, 귀리, 알팔파, 사과, 배, 양앵두 등
Ⅴ	지중해 연안	완두, 유채, 사탕무, 양귀비 등
Ⅵ	중앙아프리카	진주조, 수수, 수박, 참외 등
Ⅶ	멕시코, 중앙아메리카	옥수수, 고구마, 두류, 후추, 육지면, 카카오 등
Ⅷ	남아메리카	감자, 담배, 땅콩 등

02 변이에 대한 설명으로 옳지 않은 것은?

① 개체들 사이에 형질의 특성이 다른 것을 변이라고 한다.
② 유전변이는 다음 세대로 유전되지만 환경변이는 유전되지 않는다.
③ 유전변이가 크다는 것은 유전자형이 다양하다는 것과 같다는 의미이다.
④ 양적형질은 불연속변이를 하므로 표현형들의 구별이 쉽다.

해설

양적형질(量的形質) : 연속변이를 하는 형질로 폴리진이 지배한다.

03 핵외유전의 특징으로 옳은 것은?

① 정역교배의 결과가 일치하지 않는다.
② 멘델의 법칙이 적용된다.
③ 핵외유전자는 핵 게놈의 유전자지도에 포함된다.
④ 핵치환을 하면 핵외유전은 중단된다.

해설

핵외유전(核外遺傳, Extranuclear Inheritance)

- 세포질의 색소체 DNA(cpDNA)와 미토콘트리아 DNA(mtDNA)의 핵외유전자의 유전자를 의미하여 세포질유전(細胞質遺傳, Cytoplasmic Inheritance)라고도 한다.
- 멘델법칙이 적용되지 않는 비멘델식 유전이며 정역교배 결과가 일치하지 않는다.
- 핵 게놈 유전자지도에 포함될 수 없고, 핵치환을 해도 세포질유전은 계속되는 특징이 있다.
- cpDNA(색소체 DNA, Chloroplast DNA)
  - 고리모양 두 가닥 2중나선구조이며, 독자적인 리보솜 RNA(rRNA) 유전자와 tRNA(운반 RNA, Transfer RNA)를 가진다.
  - 모든 식물의 cpDNA에는 동종 유전자가 있으나 유전자배열에는 차이가 있다.
  - 식물체에 돌연변이 유발원을 처리하면 cpDNA에 돌연변이가 발생해 잎색깔이 백색부터 얼룩까지 여러 종류의 색소체 돌연변이가 나온다.
- mtDNA(미토콘트리아 DNA, Mitochondrial DNA)
  - 고리모양 두 가닥 2중나선 구조이며, 독자적인 리보솜 RNA(rRNA) 유전자와 tRNA(운반 RNA, Transfer RNA)를 가진다.
  - 식물의 ATP 합성 관련유전자와 세포질웅성불임성을 지배한다.

정답 1 ① 2 ④ 3 ①

04 **작물의 생태종과 생태형에 대한 설명으로 옳은 것은?**

① 생태형 내에서 재배 유형이 다른 것을 생태종이라 한다.
② 열대자포니카 벼와 온대자포니카 벼는 서로 다른 생태종이다.
③ 춘파형과 추파형은 보리에서 서로 다른 생태종이다.
④ 생태형 간에는 교잡친화성이 높아 유전자교환이 잘 일어나지 않는다.

해설

생태종과 생태형

- 생태종(生態種, Ecospecies)
  - 하나의 종 내에서 형질 특성에 차이가 나는 개체군을 아종(亞種, Subspecies), 변종(變種, Variety)으로 취급하며, 이들은 특정 지역 및 환경에 적응하여 생긴 것으로 작물학에서는 생태종이라 한다.
  - 생태종 사이에 형태적 차이가 생기게 되는 원인은 교잡친화성이 낮아 유전자교환이 어렵기 때문이다.
  - 아시아벼의 생태종은 인디카(Indica), 열대자포니카(Tropical Japonica), 온대자포니카(Temperate Japonica)로 나누어진다.
- 생태형(生態型, Ecotype)
  - 인디카벼를 재배하는 인도, 파키스탄, 미얀마 등에서는 1년 2~3작이 이루어져 재배양식이 복잡하다. 이에 따라 겨울벼(Boro), 여름벼(Aus), 가을벼(Aman) 등의 생태형이 분화되었다.
  - 보리와 밀의 경우에는 춘파형, 추파형의 생태형이 있다.
  - 생태형 사이에는 교잡친화성이 높기 때문에 유전자교환이 잘 일어난다.

05 **뿌리에서 합성되어 수송되는 식물생장조절제로 아스파라거스의 저장 중에 신선도를 유지시키며 식물의 내동성도 증대시키는 효과가 있는 것은?**

① 시토키닌 ② 지베렐린
③ ABA ④ 에틸렌

해설

시토키닌(Cytokinin)

- 의 의
  - 뿌리에서 형성되어 물관을 통해 지상부 다른 기관으로 전류된다.
  - 어린 잎, 뿌리 끝, 어린 종자와 과실에 많은 양이 존재한다.
  - 옥신과 함께 존재해야 효력을 발휘할 수 있어 조직배양시 두 호르몬을 혼용하여 사용한다.
- 시토키닌의 작용
  - 내한성 증대시킨다.
  - 발아를 촉진한다.
  - 잎의 생장을 촉진한다.
  - 호흡을 억제한다.
  - 엽록소 및 단백질의 분해를 억제한다.
  - 잎의 노화를 방지한다.
  - 저장 중 신선도 증진 효과가 있다.
  - 포도의 경우 착과를 증대시킨다.
  - 사과의 경우 모양과 크기를 향상시킨다.

06 **식물 양분의 가급도와 토양 pH와의 관계에 대한 설명으로 옳지 않은 것은?**

① 강산성이 되면 P과 Mg의 가급도가 감소한다.
② 중성보다 pH가 높아질수록 Fe의 가급도는 증가한다.
③ 중성보다 강산성 조건에서 N의 가급도는 감소한다.
④ 중성보다 강알칼리성 조건에서 Mn의 용해도가 감소한다.

해설

철(Fe) : pH가 높거나 토양 중에 인산 및 칼슘의 농도가 높으면 흡수가 크게 저해된다.

07 **버널리제이션에 대한 설명으로 옳지 않은 것은?**

① 저온처리의 감응 부위는 생장점이다.
② 산소 부족과 같이 호흡을 저해하는 조건은 버널리제이션을 촉진한다.
③ 최아종자를 저온처리하는 경우에는 광의 유무가 버널리제이션에 관계하지 않는다.
④ 처리 중 종자가 건조하면 버널리제이션 효과가 감쇄한다.

해설

춘화처리 중 산소의 공급은 절대적으로 필요하며 산소의 부족은 호흡을 불량하게 하며 춘화처리 효과가 지연(저온), 발생하지 못한다(고온).

4 ② 5 ① 6 ② 7 ② 정답

08 작물 집단의 유전적 특성에 대한 설명으로 옳지 않은 것은?

① 자식성 집단은 유전자들이 연관되어 있으면 세대경과에 따라 동형접합체 빈도가 영향을 받는다.
② 타식성 집단은 세대 진전에 따라 동형접합체의 빈도가 증가하여 잡종강세현상이 나타난다.
③ 집단의 크기가 작은 경우에는 유전적 부동에 의해 대립유전자 빈도가 변화한다.
④ 자식성 집단에서 $F_1(Aa)$을 1회 자식하면 F_2 집단의 이형접합체 빈도는 1/2이다.

해설

타식성 작물 집단의 유전적 특성 : 타식성 작물은 타가수정을 하므로 대부분 이형접합체이다.

09 식물세포에서 유전자의 복제와 발현과정에 대한 설명으로 옳지 않은 것은?

① 체세포분열 시 염색체는 세포 주기의 S기에서 복제된다.
② 핵에서 mRNA를 합성하는 것을 전사(Transcription)라고 한다.
③ 핵에서 엑손을 제거하는 과정인 스플라이싱(Splicing)이 일어난다.
④ 세포질의 리보솜(Ribosome)에서 단백질이 합성된다.

해설

스플라이싱(Splicing) : DNA가 전사되어 전령 RNA가 되는 과정에서 인트론이 제거되어 엑손이 연결되는 것

10 작물의 최적엽면적지수에 대한 설명으로 옳지 않은 것은?

① 최적엽면적지수는 생육기간 중 일사량에 따라 변한다.
② 최적엽면적지수는 수광태세가 좋은 초형일수록 작아진다.
③ 최적엽면적지수를 크게 하면 수량을 증대시킬 수 있다.
④ 최적엽면적지수는 작물의 종류와 품종에 따라 다르다.

해설

최적엽면적지수는 수광태세가 좋은 초형일수록 커진다.

11 산성토양에 대한 작물의 적응성 정도가 옳지 않은 것은?

① 강한 작물 – 땅콩, 감자, 수박
② 강한 작물 – 귀리, 호밀, 토란
③ 약한 작물 – 자운영, 콩, 사탕무
④ 약한 작물 – 셀러리, 목화, 딸기

해설

산성토양에 대한 작물의 적응성
- 극히 강한 것 : 벼, 밭벼, 귀리, 토란, 아마, 기장, 땅콩, 감자, 수박 등
- 강한 것 : 메밀, 옥수수, 목화, 당근, 오이, 완두, 호박, 토마토, 밀, 조, 고구마, 담배 등
- 약간 강한 것 : 유채, 파, 무 등
- 약한 것 : 보리, 클로버, 양배추, 근대, 가지, 삼, 겨자, 고추, 완두, 상추 등
- 가장 약한 것 : 알팔파, 콩, 자운영, 시금치, 사탕무, 셀러리, 부추, 양파 등

12 야간조파에 의해 개화가 억제될 가능성이 높은 작물로만 짝지어진 것은?

① 보리, 콩, 양파 ② 벼, 콩, 들깨
③ 감자, 시금치, 상추 ④ 양파, 들깨, 보리

해설

야간조파에 의해 개화가 억제될 가능성이 높은 작물의 단일식물로 국화, 콩, 담배, 들깨, 조, 기장, 피, 옥수수, 담배, 아마, 호박, 오이, 늦벼, 나팔꽃 등이 있다.

13 생육 최적온도가 높은 작물부터 낮은 순으로 올바르게 나열한 것은?

① 완두 > 오이 > 귀리
② 오이 > 귀리 > 옥수수
③ 오이 > 담배 > 보리
④ 멜론 > 사탕무 > 벼

정답 8 ② 9 ③ 10 ② 11 ④ 12 ② 13 ③

14 목야지에서 한 가지 작물을 파종하는 경우보다 혼파가 불리한 점으로 옳지 않은 것은?

① 파종작업이 불편하다.
② 병충해 방제와 수확작업이 불편하다.
③ 채종이 곤란하다.
④ 잡초발생이 크게 늘어난다.

해설

- 장 점
  - 가축 영양상의 이점
  - 공간의 효율적 이용
  - 비료성분의 효율적 이용
  - 질소비료의 절약
  - 잡초의 경감
  - 생산 안정성 증대
  - 목초 생산의 평준화
  - 건초 및 사일리지 제조상의 이점
- 단 점
  - 작물의 종류가 제한적이고 파종작업이 힘듦
  - 목초별로 생장이 달라 시비, 병충해 방제, 수확 등의 작업이 불편함
  - 채종이 곤란함
  - 수확기가 불일치하면 수확이 제한을 받음

15 질소질 비료에서 질소 성분 함량이 높은 순으로 올바르게 나열한 것은?

① 요소 > 질산암모늄 > 황산암모늄 > 염화암모늄
② 요소 > 염화암모늄 > 황산암모늄 > 질산암모늄
③ 요소 > 황산암모늄 > 염화암모늄 > 질산암모늄
④ 요소 > 질산암모늄 > 염화암모늄 > 황산암모늄

16 자식성 작물에서 집단육종의 이점으로 옳지 않은 것은?

① 초기세대에 선발하지 않으므로 잡종집단의 취급이 용이하다.
② 출현빈도가 낮은 우량유전자형을 선발할 가능성이 높다.
③ 집단재배에 의하여 자연선택을 유리하게 이용할 수 있다.
④ 이형접합체가 증가한 후기세대에 선발하기 때문에 선발이 간편하다.

해설

자식성 작물에서 집단육종의 장점

- 잡종집단의 취급이 용이하다.
- 동형접합체가 증가한 후대에 선발하므로 선발이 간편하다.
- 집단재배로 자연선택(Natural Selection)을 유리하게 이용할 수 있다.
- 출현빈도가 낮은 우량유전자형의 선발 가능성이 높다.

17 병해충의 방제방법 중 경종적 방제법에 해당하지 않는 것은?

① 밭토양에서 토양전염성 병해충을 구제하기 위하여 장기간 담수한다.
② 기지의 원인이 되는 토양전염성 병해충을 경감시키기 위하여 윤작한다.
③ 남부지방에서 벼 조식재배 시 줄무늬잎마름병의 피해를 줄이기 위하여 저항성 품종을 선택한다.
④ 녹병 피해를 줄이기 위해 밀의 수확기를 빠르게 한다.

해설

①은 물리적 방제방법이다.

18 비료의 엽면흡수에 영향을 끼치는 요인에 대한 설명으로 옳지 않은 것은?

① 가지나 줄기의 정부로부터 먼 늙은 잎에서 흡수율이 높다.
② 밤보다 낮에 잘 흡수된다.
③ 살포액의 pH는 미산성인 것이 잘 흡수된다.
④ 잎의 호흡작용이 왕성할 때 잘 흡수된다.

해설

엽면시비 시 흡수에 영향을 미치는 요인

- 잎의 표면보다는 이면이 흡수가 더 잘된다.
- 잎의 호흡작용이 왕성할 때 흡수가 더 잘되므로 가지 또는 정부에 가까운 잎에서 흡수율이 높고 노엽보다는 성엽이, 밤보다는 낮에 흡수가 더 잘된다.
- 살포액의 pH는 미산성이 흡수가 잘된다.
- 살포액에 전착제를 가용하면 흡수가 조장된다.
- 작물에 피해가 나타나지 않는 범위 내에서 농도가 높을 때 흡수가 빠르다.
- 석회의 시용은 흡수를 억제하고 고농도 살포의 해를 경감한다.
- 작물의 생리작용이 왕성한 기상조건에서 흡수가 빠르다.

14 ④ 15 ④ 16 ④ 17 ① 18 ① 정답

19 작휴법에 대한 설명으로 옳지 않은 것은?

① 평휴법은 이랑을 고랑보다 높게 하는 방식으로 동해와 병해가 동시에 완화된다.
② 휴립구파법은 이랑을 세우고 낮은 골에 파종하는 방식으로 감자에서는 발아를 촉진하고 배토가 용이하도록 하기 위한 것이다.
③ 휴립휴파법은 이랑을 세우고 이랑에 파종하는 방식으로 배수와 토양 통기가 좋아진다.
④ 성휴법은 이랑을 보통보다 넓고 크게 만드는 방법으로 맥류 답리작재배의 경우 파종노력을 점감할 수 있다.

평휴법(平畦法)
- 이랑을 평평하게 하여 이랑과 고랑의 높이가 같게 하는 방식이다.
- 건조해와 습해가 동시에 완화된다.
- 밭벼 및 채소 등의 재배에 실시된다.

20 도복에 대한 설명으로 옳지 않은 것은?

① 밀식, 질소 다용, 규산 부족 등은 도복을 유발한다.
② 키가 크고, 줄기가 약한 품종일수록 도복이 심하다.
③ 맥류에서는 복토를 깊게 하면 중경의 효과가 있어 도복이 심하다.
④ 화곡류에서는 등숙 초기보다 후기에 도복의 위험이 크다.

맥류는 복토를 다소 깊게 하면 도복이 경감된다.

정답 19 ① 20 ③

2012년 국가직 재배학개론

01 **작물의 생존연한에 대한 설명으로 옳지 않은 것은?**

① 종자를 봄에 파종하여 그해 안에 성숙하는 작물을 1년생 작물이라 한다.
② 가을에 파종하여 이듬해 늦봄이나 초여름에 성숙하는 작물을 2년생 작물이라 한다.
③ 생존연한과 경제적 이용연한이 여러 해인 작물을 다년생 작물이라 한다.
④ 1년생 작물은 여름작물이 많고, 월년생 작물은 겨울작물이 많다.

해설

생존연한에 의한 분류

• 1년생 작물
 - 봄에 파종하여 당해 연도에 성숙, 고사하는 작물
 - 벼, 대두, 옥수수, 수수, 조 등
• 월년생 작물
 - 가을에 파종하여 다음 해에 성숙, 고사하는 작물
 - 가을밀, 가을보리 등
• 2년생 작물
 - 봄에 파종하여 다음 해 성숙, 고사하는 작물
 - 무, 사탕무, 당근 등
• 다년생 작물
 - 대부분 목본류와 같이 생존연한이 긴 작물
 - 아스파라거스, 목초류, 홉 등

02 **박과채소류 접목의 이점에 대한 설명으로 옳지 않는 것은?**

① 토양전염성 병 발생을 억제한다.
② 불량환경에 대한 내성이 증대된다.
③ 질소의 과다흡수가 억제된다.
④ 과실의 품질이 우수해 진다.

해설

박과채소류 접목

• 장 점
 - 토양전염성 병의 발생을 억제한다(수박, 오이, 참외의 덩굴쪼김병).
 - 불량환경에 대한 내성이 증대된다.
 - 흡비력이 증대된다.
 - 과습에 잘 견딘다.
 - 과실의 품질이 우수해진다.
• 단 점
 - 질소의 과다흡수 우려가 있다.
 - 기형과 발생이 많아진다.
 - 당도가 떨어진다.
 - 흰가루병에 약하다.

03 **작물의 일장반응에 대한 설명으로 옳지 않은 것은?**

① 가을철 한지형목초에 보광처리를 하면 산초량(産草量)이 증대된다.
② 겨울철 들깨에 야간조파(Night Break)를 실시하면 잎 수확량이 증대된다.
③ 콩을 장일 하에서 재배하면 영양생장기간이 짧아진다.
④ 양파의 비늘줄기는 장일에서 발육이 촉진된다.

해설

콩은 장일식물로 장일 하에 재배하면 영양생장기간이 길어진다.

1 ② 2 ③ 3 ③ 정답

04 종묘로 이용되는 영양기관과 해당 작물이 바르게 짝지어진 것은?

① 땅속줄기(Rhizome) : 생강, 연
② 덩이줄기(Tuber) : 백합, 글라디올러스
③ 덩이뿌리(Tuber Root) : 감자, 토란
④ 알줄기(Corm) : 달리아, 마

해설

• 줄기(Stem)
- 지상경(地上莖) 또는 지조(枝條) : 사탕수수, 포도나무, 사과나무, 귤나무, 모시풀 등
- 근경(根莖, 땅속줄기, Rhizome) : 생강, 연, 박하, 호프 등
- 괴경(塊莖, 덩이줄기, Tuber) : 감자, 토란, 돼지감자 등
- 구경(球莖, 알줄기, Corm) : 글라디올러스 등
- 인경(鱗莖, 비늘줄기, Bulb) : 나리, 마늘 등
- 흡지(吸枝, Sucker) : 박하, 모시풀 등

• 뿌 리
- 지근(枝根, Rootlet) : 부추, 고사리, 닥나무 등
- 괴근(塊根, 덩이뿌리, Tuberous Root) : 고구마, 마, 달리아 등

05 배합비료의 장점에 대한 설명으로 옳지 않은 것은?

① 단일비료를 여러 차례에 걸쳐 시비하는 번잡성을 덜 수 있다.
② 속효성 비료와 지효성 비료를 적당량 배합하면 비효의 지속을 조절할 수 있다.
③ 황산암모늄을 유기질 비료와 배합하면 건조할 때 굳어지는 결점을 보완해준다.
④ 과인산석회와 염화칼륨을 배합하면 저장 중에 액체로 되거나 굳어지는 결점이 보완된다.

06 육묘이식에 대한 설명으로 옳지 않은 것은?

① 과채류, 콩 등은 직파재배보다 육묘이식을 하는 것이 생육이 조장되어 증수한다.
② 과채류 등은 조기수확을 목적으로 할 경우 육묘이식보다 직파재배가 유리하다.
③ 벼를 육묘이식하면 답리작에 유리하며, 채소도 육묘이식에 의해 경지이용률을 높일 수 있다.
④ 육묘이식은 직파하는 것보다 종자량이 적게 들어 종자비의 절감이 가능하다.

해설

이식의 효과

• 생육의 촉진 및 수량증대 : 이식은 온상에서 보온육묘를 전제하는 경우가 많으므로 이는 생육기간의 연장으로 작물의 발육이 크게 조장되어 증수를 기대할 수 있고 초기 생육촉진으로 수확을 빠르게 하여 경제적으로 유리하다.
• 토지이용도 제고 : 본포에 전작물이 있는 경우 묘상 등에서 모의 양성으로 전작물 수확 또는 전작물 사이에 정식함으로 경영을 집약화할 수 있다.
• 숙기단축 : 채소의 이식은 경엽의 도장을 억제하고 생육을 양호하게 하여 숙기가 빠르고 상추, 양배추 등의 결구를 촉진한다.
• 활착증진 : 육묘 중 가식은 단근으로 새로운 세근이 밀생하여 근군을 충실하게 하므로 정식 시 활착을 빠르게 하는 효과가 있다.

07 정밀농업의 목적으로 옳지 않은 것은?

① 환경오염의 최소화
② 농업생산비의 절감
③ 무농약 재배법의 실현
④ 농산물의 안전성 확보

08 유전변이의 특성 중 양적형질에 대한 설명으로 옳지 않은 것은?

① 표현형으로 유전자형을 분석하기 쉽다.
② 환경에 따라 변동되기 쉽다.
③ 폴리진(Polygene)에 의해 지배된다.
④ 평균, 분산 등의 통계적 방법으로 유전분석을 한다.

해설

양적유전

• 형질의 변이양상
- 질적형질(質的形質) : 불연속변이를 하는 형질로 소수의 주동유전자가 주도한다.
- 양적형질(量的形質) : 연속변이를 하는 형질로 폴리진이 지배한다.
• 수량, 품질, 적응성 등 재배적으로 중요한 형질은 대부분 양적형질이며 양적형질 유전을 양적유전(量的遺傳, Quantitative Inheritance)이라 한다.

정답 4 ① 5 ④ 6 ② 7 ③ 8 ①

- 폴리진(Polygene) : 연속변이의 원인이 되는 유전시스템으로 상가적(相加的)이고 누적적 효과를 나타내며 환경의 영향을 받는 많은 유전자들을 포함하여 다인자유전(多因子遺傳, Polygenic Inheritance)라고도 한다.
- 폴리진은 멘델의 법칙을 따르나 멘델식 유전분석을 할 수 없어 양적형질은 분산과 유전력 등을 구하여 유전적 특성을 추정한다.
- 유전력이 높은 형질은 표현형 변이 중 유전적 요인의 비중이 크다는 것이지 그 형질이 환경의 영향을 받지 않는다는 것은 아니며, 유전력은 식물의 종류, 형질, 세대에 따라 다르고 같은 형질이라도 환경에 따라 차이를 보인다.
- 유전력은 양적형질의 선발지표로 이용되며 자식성 작물의 육종에서 유전력이 높은 양적형질은 초기세대에 집단선별을 하고 후기세대에 개체선별하는 것이 바람직하다.

09 농산물의 저장에 대한 설명으로 옳지 않은 것은?

① 저장에 영향을 끼치는 중요한 요인은 저장온도와 수분함량이다.
② 곡물은 저장 중 α-아밀라아제의 작용으로 전분이 분해되어 환원당 함량이 증가한다.
③ 고구마, 감자 등은 수확작업 중 발생한 상처를 치유하기 위해 큐어링을 한다.
④ 과실의 CA 저장기술은 저장 중 CO_2의 농도를 낮추어 세포의 호흡소모나 변질을 감소시킨다.

해설

CA 저장(Controlled Atmosphere Storage)

- 온도, 습도, 대기조성 등을 조절함으로써 장기저장하는 가장 이상적인 방법이다.
- CA 저장은 대기조성(대략 N_2 78%, O_2 21%, CO_2 0.03%)과는 다른 공기조성을 갖는 조건에서 저장하는 것을 말한다.
- 산소농도는 대기보다 약 4~20배(O_2 : 8%) 낮추고 이산화탄소는 약 30~500배(CO_2 : 1~5%) 증가시키는 조건으로 조절하여 저장하는 방식이다.
- 또한 신선한 과실, 채소, 관상식물 등 전 수확 후 관리과정에서 각 작물마다 적절한 온도와 상대습도 조건을 충족하여야 한다.
- 이러한 조건에서는 호흡이 억제되고, 에틸렌의 생성 및 작용의 억제되는 등의 효과에 의해 유기산의 감소, 과육의 연화 지연, 당과 유기산 성분 및 엽록소의 분해 등과 같은 과실의 후숙과 노화현상이 지연되며 미생물의 생장과 번식이 억제되어 생산물의 품질을 유지하면서 장기간의 저장이 가능해진다.

10 천연 식물생장조절제로만 묶은 것은?

① IAA, GA_3, Zeatin
② NAA, ABA, C_2H_4
③ IPA, IBA, BA
④ 2,4-D, MCPA, Kinetin

해설

식물생장조절제의 종류

구 분		종 류
옥신류	천 연	IAA, IAN, PAA
	합 성	NAA, IBA, 2,4-D, 2,4,5-T, PCPA, MCPA, BNOA
지베렐린	천 연	GA_2, GA_3, GA_{4+7}, GA_{55}
시토키닌류	천 연	IPA, 제아틴(Zeatin)
	합 성	BA, 키네틴(Kinetin)
에틸렌	천 연	C_2H_4
	합 성	에테폰(Ethephon)
생장억제제	천 연	ABA, 페놀
	합 성	CCC, B-9, Phosphon-D, AMO-1618, MH-30

11 야생식물의 작물화 과정에서 일어나는 변화에 대한 설명으로 옳은 것은?

① 성숙 시 종자의 탈립성이 증가하여 종의 보존기회가 증가하였다.
② 특정의 수확 대상 부위가 기형으로 발달하여 야생식물보다 생존경쟁력이 강해졌다.
③ 종자는 발아억제물질이 감소되어 휴면성이 약화되었다.
④ 발아와 개화기가 다양하여 불량환경에 대한 적응성이 높아졌다.

12 타식성 작물의 육종방법으로 옳지 않은 것은?

① 집단선발　② 순환선발
③ 다계교배　④ 여교배육종

9 ④ 10 ① 11 ③ 12 ④ 정답

13 작물의 상적발육에 대한 설명으로 옳지 않은 것은?

① 발육은 식물 체내에서 일어나는 질적인 재조정작용이다.
② 생장은 여러 기관의 양적 증대에 의해 나타난다.
③ 상적발육 초기는 감온상보다 감광상에 해당된다.
④ 화성(花成)은 영양생장에서 생식생장으로 이행하는 한 과정이다.

해설

상적발육(相的發育, Phasic Development)
- 작물이 순차적으로 여러 발육상을 거쳐 발육이 완성되는 현상이다.
- 상적발육의 가장 중요한 전환점은 개화 전 영양생장(Vegetative)을 거쳐 화성을 이루고 계속 체내 질적 변화를 계속하는 생식생장(Reproductive Growth)으로의 전환으로, 화성이라 표현하기도 한다.
- 화성의 유도에는 특수환경, 특히 일정한 온도와 일장이 관여한다.

14 유전자 탐색 및 조작에 이용되는 DNA에 대한 설명으로 옳지 않은 것은?

① 플라스미드(Plasmid)는 식물의 유전자조작에서 유전자운반체로 많이 사용된다.
② 트랜스포존(Transposon)은 유전자의 돌연변이를 유발하지 않으며, 유전자운반체로 이용된다.
③ 프라이머(Primer)는 DNA 복제의 시발체로 사용되는 한 가닥 핵산이다.
④ 프로브(Probe)는 유전자은행에서 원하는 유전자를 찾을 때 사용하는 상보적인 DNA 단편이다.

해설

트랜스포존(轉移因子, Transposon)
- 게놈의 한 장소에서 다른 장소로 이동하여 삽입될 수 있는 DNA 단편으로 트랜스포존의 절단, 이동은 전이효소(Transposase)로 촉매되며 전이효소유전자는 트랜스포존 내에 있다.
- 원핵생물(박테리아)과 진핵생물에 광범위하게 분포하며, 그 종류가 수백 가지로 많고 돌연변이의 원인이 된다.
- 유전분석, 유전자조작에 유용하게 이용되며, 유전자에 삽입된 트랜스포존을 표지(標識, Marker)로 이용하여 특정 유전자를 규명할 수 있고, 유전자조작에서 유전자 운반체로의 이용과 돌연변이를 유기하는 데 유용하다.

15 자식성 작물의 교잡육종에서 유용한 유전자들을 가장 많이 확보 · 유지할 수 있는 육종법은?

① 계통육종법
② 파생계통육종법
③ 집단육종법
④ 여교잡육종법

해설

집단육종
- 장 점
  - 잡종초기 집단재배를 하므로 유용유전자 상실의 위험이 적다.
  - 선발을 하는 후기세대에 동형접합체가 많으므로 폴리진이 관여하는 양적형질의 개량에 유리하다.
  - 별도의 관리와 선발에 노력이 필요하지 않다.
- 단 점
  - 집단재배 기간 중 육종규모를 줄이기 어렵다.
  - 계통육종에 비해 육종연한이 길다.

16 분리육종법과 교잡육종법에 대한 설명으로 옳지 않은 것은?

① 분리육종은 유전자재조합을 기대하는 것이고, 교잡육종은 유전자의 상호작용을 기대하는 것이다.
② 분리육종은 주로 재래종 집단을 대상으로 하고 교잡육종은 잡종의 분리세대를 대상으로 한다.
③ 기존변이가 풍부할 때는 교잡육종보다 분리육종이 더 효과적이다.
④ 자식성 작물에서는 두 가지 방법 모두 순계를 육성하는 것이다.

해설

- 분리육종(分離育種, Breeding by Separation) : 재래종 집단에서 우량유전자형을 분리하여 품종으로 육성하는 것
- 교배육종(交配育種, 교잡육종(交雜育種), Cross Breeding) : 재래종 집단에서 우량유전형을 선발할 수 없을 때, 인공교배를 통해 새로운 유전변이를 만들어 신품종을 육성하는 육종방법으로 현재 재배되는 대부분 작물품종의 육성방법이다.

정답 13 ③ 14 ② 15 ③ 16 ①

17 포장동화능력에 대한 설명으로 옳지 않은 것은?

① 포장군락의 단위면적당 동화능력을 말한다.
② 엽면적지수, 적산온도, 평균동화능력의 곱으로 표시된다.
③ 벼의 경우 출수 전에는 주로 엽면적의 지배를 받고, 출수 후에는 단위동화능력의 지배를 받는다.
④ 엽면적이 과다하여 그늘에 든 잎이 많이 생기면 동화능력보다 호흡소모가 많아져 포장동화능력이 저하된다.

해설

• 포장동화능력(圃場同化能力)
  – 포장군락의 단위면적당 광합성 능력으로 수량을 직접 지배한다.
  – $P = AfP_0$ (P : 포장동화능력, A : 총엽면적, f : 수광능률, P_0 : 평균동화능력)
• 수광능률(受光能率)
  – 군락의 잎이 광을 얼마나 효율적으로 받아 광합성에 이용하는가의 표시로 총엽면적과 군락의 수광상태에 따라 지배된다.
  – 수광능률의 향상은 총엽면적을 적당한 한도로의 조절과 군락 내부로 광투사를 위해 수광상태를 개선해야 한다.

18 온도가 작물생육에 미치는 영향으로 옳지 않은 것은?

① 작물의 유기물축적이 최대가 되는 온도는 호흡이 최고가 되는 온도보다 낮다.
② 벼는 평야지가 산간지보다 변온이 커서 등숙이 좋은 경향이 있다.
③ 고구마는 29℃의 항온보다 20~29℃ 변온에서 덩이뿌리의 발달이 촉진된다.
④ 맥류는 밤의 기온이 높아서 변온이 작은 것이 출수 및 개화가 촉진된다.

해설

평야지에 비하여 산간지가 변온이 크다.

19 논토양에 대한 설명으로 옳지 않은 것은?

① 담수 논의 산화층에 있는 암모니아태질소는 질산으로 되어 환원층으로 내려가 질소가스로 탈질된다.
② 습답에서는 유기물의 혐기적 분해로 유기산이 집적되어 뿌리의 생장과 흡수장해를 일으킨다.
③ 간척지답은 지하수위가 높아서 유해한 황화수소의 생성이 증가할 수 있다.
④ 논토양의 노후화는 환원형의 철분이나 망간의 용해성이 감소하기 때문에 나타난다.

해설

노후화 논 : 논의 작토층으로부터 철이 용탈됨과 동시에 여러 가지 염기도 함께 용탈 제거되어 생산력이 몹시 떨어진 논을 노후화 논이라 하며, 물빠짐이 지나친 사질의 토양은 노후화 논으로 되기 쉽다.

20 작물의 화성유도에 대한 설명으로 옳은 것은?

① 환상박피를 한 윗부분은 C/N율이 높아져 화아분화가 촉진된다.
② 저온버널리제이션의 효과는 처리온도가 낮을수록 뚜렷하다.
③ 개화유도물질인 플로리겐은 생장점에서 만들어져 잎으로 이동한다.
④ 단일식물의 개화억제를 위한 야간조파에는 근적외선광이 효과적이다.

해설

② 춘화처리의 처리온도 및 기간은 유전성에 따라 서로 다르다.
③ 플로리겐은 잎에서 만들어져 줄기로 이동한다.
④ 효과는 600~660nm의 적색광이 가장 크고, 다음이 자색광인 380nm 부근, 480nm 부근의 청색광이 가장 효과가 적다.

17 ② 18 ② 19 ④ 20 ① 정답

2013년 국가직 재배학개론

01 다음 중 농업의 일반적 특징이 아닌 것은?

① 자연의 제약을 많이 받는다.
② 자본의 회전이 늦다.
③ 생산조절이 쉽다.
④ 노동의 수요가 연중 불균일하다.

02 토양입단형성과 발달을 도모하는 재배관리가 아닌 것은?

① 유기물과 석회 시용 ② 토양 경운
③ 콩과작물 재배 ④ 토양 피복

해설

입단구조를 파괴하는 요인
- 토양이 너무 마르거나 젖어 있을 때 갈기를 하는 것은 입단을 파괴시킬 우려가 있으므로 피해야 한다.
- 나트륨 이온(Na^+)은 알갱이들이 엉기는 것을 방해하므로, 이것이 많이 들어 있는 물질이 토양에 들어가면 토양의 물리적 성질을 약화시키게 된다.
- 입단의 팽창과 수축의 반복
- 비, 바람

03 환경친화형 농업에 관한 설명으로 옳지 않은 것은?

① 농업과 환경을 조화시켜 농업생산을 지속가능하게 하는 농업이다.
② 농업환경을 보전하기 위한 단기적이고 단일작목 중심의 농업이다.
③ 농업생산의 경제성을 확보하고 환경보존과 농산물의 안전성을 추구하는 농업이다.
④ 농업생태계의 물질순환시스템과 작부체계 등을 활용한 고도의 농업기술이다.

04 다음 중 작부체계의 효과가 아닌 것은?

① 경지 이용도 제고
② 기지현상 증대
③ 농업노동 효율적 배분
④ 종합적인 수익성 향상

해설

작부체계의 효과
- 지력의 유지와 증강
- 병충해 발생의 억제
- 잡초 발생 감소
- 토지 이용도 제고
- 노동의 효율적 배분과 잉여노동의 활용
- 생산성 향상 및 안정화
- 수익성 향상 및 안정화

05 종자의 형태와 구조에 관한 설명 중 옳은 것은?

① 옥수수는 무배유종자이다.
② 강낭콩은 배, 배유, 떡잎으로 구성되어 있다.
③ 배유에는 잎, 생장점, 줄기, 뿌리의 어린 조직이 구비되어 있다.
④ 콩은 저장양분이 떡잎에 있다.

해설

① 옥수수는 배유종자이다.
② 강낭콩은 배와 떡잎, 종피로 구성되어 있다.
③ 배에는 잎, 생장점, 줄기, 뿌리의 어린 조직이 모두 갖추어져 있다.

정답 1 ③ 2 ② 3 ② 4 ② 5 ④

06 작물의 생육은 생장과 발육으로 구별되는데 다음 중 발육에 해당되는 것은?

① 뿌리가 신장한다.
② 잎이 커진다.
③ 화아가 형성된다.
④ 줄기가 비대한다.

해설

• 생 장
  – 여러 가지 잎, 줄기, 뿌리 같은 영양기관이 양적으로 증대하는 것을 말한다.
  – 영양생장을 의미하며, 시간의 경과에 따른 변화이다.
• 발 육
  – 아생(芽生), 화성(化成), 개화(開化), 성숙(成熟) 등과 같은 작물의 단계적 과정을 거치는 체내 질적 재조정작용이다.
  – 생식생장이며 질적 변화이다.

07 다음 중 유전력에 대하여 잘못 설명한 것은?

① 유전력이 높은 형질은 환경의 영향을 많이 받는다.
② 유전력은 0~1까지의 값을 가진다.
③ 유전력이란 표현형의 전체분산 중 유전분산이 차지하는 비율이다.
④ 유전력이 높으면 선발효율이 높다.

해설

유전력이 높은 형질은 환경의 영향을 많이 받지 않는다.

08 육종의 기본과정을 순서대로 바르게 나열한 것은?

① 육종목표 설정 → 육종재료 및 육종방법 결정 → 변이작성 → 우량계통 육성 → 생산성 검정 → 지역적응성 검정 → 신품종결정 및 등록 → 종자증식 → 신품종 보급
② 육종재료 및 육종방법 결정 → 육종목표 설정 → 우량계통 육성 → 지역적응성 검정 → 신품종 결정 및 등록 → 생산성 검정 → 종자증식 → 신품종 보급
③ 육종목표 설정 → 변이작성 → 육종재료 및 육종방법 결정 → 우량계통 육성 → 생산성 검정 → 지역적응성 검정 → 신품종결정 및 등록 → 종자증식 → 신품종 보급
④ 육종목표 설정 → 변이작성 → 육종재료 및 육종방법 결정 → 우량계통 육성 → 생산성 검정 → 지역적응성 검정 → 종자증식 → 신품종 보급 → 신품종 결정 및 등록

해설

육종목표의 설정 → 육종재료 및 방법 결정 → 변이작성 → 우량계통 육성 → 생산성 검정 → 지역적응성 검정 → 신품종 결정 및 등록 → 종자증식 → 보급

09 다음 중 타식성 작물에서 사용하기 어려운 육종방법은?

① 일대잡종육종법
② 여교배육종법
③ 돌연변이육종법
④ 순계분리육종법

해설

분리육종(分離育種, Breeding by Separation) : 재래종 집단에서 우량 유전자형을 분리하여 품종으로 육성하는 것
• 자식성 작물 : 개체선발을 통해 순계를 육성한다.
• 타식성 작물 : 집단선발에 의한 집단개량을 한다.
• 영양번식작물 : 영양계를 선발하여 증식한다.

10 형질전환육종 과정을 순서대로 바르게 나열한 것은?

① 유전자분리・증식 → 유전자도입 → 식물세포선발 → 세포배양・식물체분화
② 유전자도입 → 식물세포선발 → 세포배양・식물체분화 → 유전자분리・증식
③ 식물세포선발 → 세포배양・식물체분화 → 유전자분리・증식 → 유전자도입
④ 세포배양・식물체분화 → 유전자분리・증식 → 유전자도입 → 식물세포선발

해설

형질전환육종의 단계
• 1단계 : 원하는 유전자(DNA)를 분리하여 클로닝(Cloning)한다.
• 2단계 : 클로닝한 유전자를 벡터에 재조합하여 식물세포에 도입한다.
• 3단계 : 재조합 유전자(DNA)를 도입한 식물세포를 증식하고 식물체로 재분화시켜 형질전환식물을 선발한다.
• 4단계 : 형질전환식물의 특성을 평가하여 신품종으로 육성한다.

6 ③ 7 ① 8 ① 9 ④ 10 ① 정답

11 **양적형질에 대한 설명으로 옳지 않은 것은?**

① 분리세대에서 연속적인 변이를 나타낸다.
② 다수의 유전자에 의하여 지배를 받는다.
③ 환경 변화에 의해 형질이 크게 변하지 않는다.
④ 농업적으로 중요한 형질은 일반적으로 양적형질에 속한다.

해설

- 질적형질(質的形質) : 불연속변이를 하는 형질로 소수의 주동유전자가 주도한다.
- 양적형질(量的形質) : 연속변이를 하는 형질로 폴리진이 지배한다. 수량, 품질, 적응성 등 재배적으로 중요한 형질은 대부분 양적형질이며 양적형질 유전을 양적유전(量的遺傳, Quantitative Inheritance)이라 한다.

12 **농약사용 시 주의해야 할 사항으로 옳지 않은 것은?**

① 처리시기의 온도, 습도, 토양, 바람 등 환경조건을 고려한다.
② 농약사용이 천적관계에 미치는 영향을 고려한다.
③ 새로운 종류의 농약사용에 따른 병해충의 면역 및 저항성 증대를 고려하여 가급적 같은 농약을 연용(連用)한다.
④ 약제의 처리부위, 처리시간, 유효성분, 처리농도에 따라 작물체에 나타나는 저항성이 달라지므로 충분한 지식을 가지고 처리한다.

13 **저온저장에 CA(Controlled Atmosphere) 조건까지 추가할 경우 농산물의 저장성이 향상되는 이유는?**

① 호흡속도 감소
② 품온저하 촉진
③ 상대습도 증가
④ 적정온도 유지

해설

CA 저장(Controlled Atmosphere Storage)

- 온도, 습도, 대기조성 등을 조절함으로써 장기저장하는 가장 이상적인 방법이다.
- CA 저장은 대기조성(대략 N_2 78%, O_2 21%, CO_2 0.03%)과는 다른 공기조성을 갖는 조건에서 저장하는 것을 말한다.
- 산소농도는 대기보다 약 4~20배(O_2 : 8%) 낮추고, 이산화탄소는 약 30~500배(CO_2 : 1~5%) 증가시키는 조건으로 조절하여 저장하는 방식이다.
- 또한 신선한 과실, 채소, 관상식물 등 전 수확 후 관리과정에서 각 작물마다 적절한 온도와 상대습도 조건을 충족하여야 한다.
- 이러한 조건에서는 호흡이 억제되고, 에틸렌의 생성 및 작용의 억제되는 등의 효과에 의해 유기산의 감소, 과육의 연화 지연, 당과 유기산 성분 및 엽록소의 분해 등과 같은 과실의 후숙과 노화현상이 지연되며, 미생물의 생장과 번식이 억제되어 생산물의 품질을 유지하면서 장기간의 저장이 가능해진다.

14 **식물이 이용 가능한 유효수분을 올바르게 나타낸 것은?**

① 식물 생육에 가장 알맞은 최적 함수량은 대개 최대 용수량의 20~30%의 범위에 있다.
② 결합수는 유효수분 범위에 있다.
③ 유효수분은 토양입자가 작을수록 적어진다.
④ 식물이 이용할 수 있는 토양의 유효수분은 포장용수량~영구위조점 사이의 수분이다.

해설

유효수분(pF 2.7~4.2)

- 식물이 토양의 수분을 흡수하여 이용할 수 있는 수분으로 포장용수량과 영구위조점 사이의 수분이다.
- 식물 생육에 가장 알맞은 최대함수량은 최대용수량의 60~80%이다.
- 점토함량이 많을수록 유효수분의 범위가 넓어지므로 사토에서는 유효수분 범위가 좁고, 식토에서는 범위가 넓다.
- 일반 노지식물은 모관수를 활용하지만 시설원예 식물은 모관수와 중력수를 활용한다.

15 **종자 퇴화현상에 대해 잘못 설명한 것은?**

① 자연교잡에 의해 퇴화가 일어나기도 한다.
② 고온다습한 평야지 채종이 퇴화방지에 유리하다.
③ 바이러스병 등의 감염에 의해 퇴화가 일어나기도 한다.
④ 저장 중 종자퇴화의 주된 원인은 원형질단백의 응고이다.

정답 11 ③ 12 ③ 13 ① 14 ④ 15 ②

16 **생육적온 범위에서 온도상승이 작물의 생리에 미치는 영향이 아닌 것은?**

① 증산작용이 증가한다.
② 수분흡수가 증가한다.
③ 호흡이 증가한다.
④ 탄수화물의 소모가 감소한다.

17 **콩밭이 누렇게 보여 잘 살펴보니 상위 엽의 잎맥 사이가 황화(Chlorosis)되었고, 토양조사를 하였더니 pH가 9이었다. 다음 중 어떤 원소의 결핍증으로 추정되는가?**

① 질 소 ② 인
③ 철 ④ 마그네슘

해설

철(Fe)

- 철은 엽록소 구성성분은 아니지만, 엽록소 합성과 밀접한 관련이 있다.
- 결핍 : 항상 어린잎에서 황백화현상이 나타나며 마그네슘과 함께 엽록소의 형성을 감소시킨다.
- pH가 높거나 토양 중에 인산 및 칼슘의 농도가 높으면 흡수가 크게 저해된다.
- 니켈, 코발트, 크롬, 아연, 몰리브덴, 망간 등의 과잉은 철의 흡수를 저해한다.

18 **논토양의 일반특성으로 옳지 않은 것은?**

① 누수가 심한 논은 암모니아태 질소를 논토양의 심부환원층에 주어서 비효 증진을 꾀한다.
② 담수 후 유기물 분해가 왕성할 때에는 미생물이 소비하는 산소의 양이 많아 전층이 환원상태가 된다.
③ 탈질현상에 의한 질소질 비료의 손실을 줄이기 위하여 암모니아태 질소를 환원층에 준다.
④ 담수 후 시간이 경과한 뒤 표층은 산화제2철에 의해 적갈색을 띤 산화층이 되고 그 이하의 작토층은 청회색의 환원층이 되며, 심토는 다시 산화층이 되는 토층분화가 일어난다.

해설

누수답의 특징

- 지온상승이 느리다.
- 작토의 깊이가 얕다.
- 물빠짐이 심하고 보수력이 약하다.
- 점토분이 적고 토성도 좋지 않다.
- 양분의 용탈이 심하여 쉽게 노후화 토양으로 된다.
- 누수답의 개량 : 객토 및 유기물을 사용하고, 바닥 토층을 밑다듬질 한다.

19 **식물호르몬에 대한 설명으로 옳지 않은 것은?**

① 지베렐린(Gibberellin)은 주로 신장생장을 유도하며 체내 이동이 자유롭고, 농도가 높아도 생장 억제효과가 없다.
② 옥신(Auxin)은 주로 세포 신장촉진 작용을 하며 체내의 아래쪽으로 이동하는데, 한계이상으로 농도가 높으면 생장이 억제된다.
③ 시토키닌(Cytokinin)은 세포 분열과 분화에 관계하며 뿌리에서 합성되어 물관을 통해 수송된다.
④ 에틸렌(Ethylene)은 성숙호르몬 또는 스트레스호르몬이라고 하며, 수분 부족 시 기공을 폐쇄하는 역할을 한다.

해설

아브시스산 : 스트레스호르몬이라고 하며, 수분 부족 시 기공을 폐쇄하는 역할을 한다.

20 **지대가 낮은 중점토(中粘土) 토양에 콩을 파종한 다음날 호우가 내려 발아가 매우 불량하였다. 이 경우 발아 과정에 가장 크게 제한인자로 작용한 것은?**

① 양분의 흡수 ② 산소의 흡수
③ 온도의 저하 ④ 빛의 부족

정답 16 ④ 17 ③ 18 ① 19 ④ 20 ②

2014년 국가직 재배학개론

01 일장형이 장일식물에 해당하는 것으로만 묶인 것은?

① 콩, 담배 ② 양파, 시금치
③ 국화, 토마토 ④ 벼, 고추

해설

작물의 일장형

- 장일식물
  - 보통 16~18시간의 장일상태에서 화성이 유도, 촉진되는 식물로, 단일상태는 개화를 저해한다.
  - 최적일장 및 유도일장 주체는 장일측, 한계일장은 단일측에 있다.
  - 추파맥류, 시금치, 양파, 상추, 아마, 아주까리, 감자 등
- 단일식물
  - 보통 8~10시간의 단일상태에서 화성이 유도, 촉진되며 장일상태는 이를 저해한다.
  - 최적일장 및 유도일장의 주체는 단일측, 한계일장은 장일측에 있다.
  - 국화, 콩, 담배, 들깨, 조, 기장, 피, 옥수수, 아마, 호박, 오이, 늦벼, 나팔꽃 등
- 중성식물
  - 일정한 한계일장이 없이 넓은 범위의 일장에서 개화하는 식물로 화성이 일장에 영향을 받지 않는다고 할 수도 있다.
  - 강낭콩, 가지, 토마토, 당근, 셀러리 등

02 유전자 클로닝 과정에 대한 설명으로 옳지 않은 것은?

① DNA를 자르기 위하여 제한효소(Restriction Enzyme)를 사용한다.
② 제한효소는 DNA 이중가닥 중 한 가닥만을 자르는 특징을 가지고 있다.
③ 끊어진 DNA 가닥들을 이어주는 역할을 하는 것은 연결효소(Ligase)이다.
④ 외래 유전자를 숙주세포로 운반해주는 유전자 운반체를 벡터(Vector)라고 한다.

해설

- 제한효소
  - 제한효소는 DNA의 특정 염기서열(제한부위)을 인지하여 절단하며, 원핵세포에서 생산되는 DNA 절단효소로 현재까지 400여 종류가 발견되었다.
  - 제한효소의 명명은 그 효소가 분리된 미생물 속명의 첫 글자와 종명의 처음 두 글자를 합하여 세 글자로 하며 이탤릭체로 쓴다. 예를 들어 *Escherichia coli*에서 분리한 제한효소는 *E.coli*로 쓰며, 발견순서에 따라 Ⅰ, Ⅱ, Ⅲ 등을 붙인다.
  - 제한부위의 염기서열을 엇갈리게 절단하여 한 가닥의 점착성 말단(Sticky End)을 가진 DNA 단편을 만들며, DNA 단편은 상보적 점착성 말단을 가진 다른 DNA와 결합으로 재조합 DNA를 만들 수 있다.
- 연결효소(Ligase)
  - 연결효소의 작용으로 끊어진 DNA의 당-인산이 연결되어 완전한 DNA를 만든다.
  - 연결효소는 모든 세포에서 생성되며, 유전자조작에는 대장균, T_4 파지의 연결효소를 주로 이용한다.
  - 연결효소는 DNA 복제과정에 이용되며, 인접한 뉴클레오타이드 사이에 인산에스테르 결합형성의 촉매로 DNA 가닥에서 끊어진 곳을 이어준다.
- 벡터(Vector) : 외래 유전자를 숙주세포로 운반하는 유전자 운반체를 벡터라 한다.

03 토양 내에서 황산염으로부터 유해한 물질을 생성하는 미생물은?

① *Azotobacter* – *Bacillus megatherium*
② *Desulfovibrio* – *Desulfotomaculum*
③ *Clostridium* – *Azotobacter*
④ *Rhizobium* – *Bradyrhizobium*

해설

Desulfovibrio – *Desulfotomaculum* 등의 혐기성 세균은 SO_4를 환원시켜 H_2S가 되게 한다.

정답 1 ② 2 ② 3 ②

04 타식성 작물의 특성과 육종방법에 대한 설명으로 옳지 않은 것은?

① 근친교배나 자가수정을 계속하면 자식약세가 일어난다.
② 합성품종은 여러 개의 우량계통들을 다계교배시켜 육성한 품종이다.
③ 선발된 우량개체 간 교배를 통해 집단의 우량유전자 빈도를 높여가는 순환선발도 한다.
④ 타식성 작물의 개량은 지속적인 자가수정과 개체선발을 하는 계통육종법이 효율적이다.

해설

자식성 작물의 개량은 지속적인 자가수정과 개체선발을 하는 계통육종법이 효율적이다.

05 작물의 생육과 관련된 온도에 대한 설명으로 옳지 않은 것은?

① 담배의 적산온도는 3,200~3,600℃ 범위이다.
② 벼의 생육 최고온도는 36~38℃ 범위이다.
③ 옥수수의 생육 최고온도는 40~44℃ 범위이다.
④ 추파맥류의 적산온도는 1,300~1,600℃ 범위이다.

해설

주요 작물의 적산온도

- 여름작물
  - 벼 : 3,500~4,500℃
  - 담배 : 3,200~3,600℃
  - 메밀 : 1,000~1,200℃
  - 조 : 1,800~3,000℃
- 겨울작물
  - 추파맥류 : 1,700~2,300℃
- 봄작물
  - 아마 : 1,600~1,850℃
  - 봄보리 : 1,600~1,900℃

06 지리적 기원지가 아메리카 대륙인 작물로만 묶인 것은?

① 콩, 고구마, 감자
② 옥수수, 고추, 수박
③ 감자, 옥수수, 고구마
④ 수박, 콩, 고추

해설

주요 작물 재배기원 중심지

연 번	지 역	주요 작물
I	중 국	6조보리, 조, 메밀, 콩, 팥, 마, 인삼, 배나무, 복숭아 등
II	인도, 동남아시아	벼, 참깨, 사탕수수, 왕골, 오이, 박, 가지, 생강 등
III	중앙아시아	귀리, 기장, 삼, 당근, 양파 등
IV	코카서스, 중동	1립계와 2립계의 밀, 보리, 귀리, 알팔파, 사과, 배, 양앵두 등
V	지중해 연안	완두, 유채, 사탕무, 양귀비 등
VI	중앙아프리카	진주조, 수수, 수박, 참외 등
VII	멕시코, 중앙아메리카	옥수수, 고구마, 두류, 후추, 육지면, 카카오 등
VIII	남아메리카	감자, 담배, 땅콩 등

07 화본과 작물에서 깊게 파종하여도 출아가 잘되는 품종의 특성에 해당하는 것은?

① 하배축과 상배축 신장이 잘된다.
② 중배축과 초엽 신장이 잘된다.
③ 지상발아를 한다.
④ 부정근 신장이 잘된다.

08 1대 잡종종자 채종 시 자가불화합성을 이용하기 어려운 작물은?

① 벼
② 브로콜리
③ 배 추
④ 무

해설

1대 잡종종자의 채종

- 인공교배 이용 : 오이, 수박, 멜론, 참외, 호박, 토마토, 피망, 가지 등
- 웅성불임성 이용 : 상추, 고추, 당근, 쑥갓, 양파, 파, 벼, 밀, 옥수수 등
- 자가불화합성 이용 : 무, 배추, 양배추, 순무, 브로콜리 등

4 ④ 5 ④ 6 ③ 7 ② 8 ① 정답

09 **비대립유전자의 상호작용 중 우성상위를 나타내는 것은?**

① 조건유전자
② 중복유전자
③ 보족유전자
④ 피복유전자

10 **종자의 휴면타파법에 대한 설명으로 옳지 않은 것은?**

① 목초종자 – 지베렐린 용액에 침지하였다가 파종한다.
② 경실종자 – 종피에 상처를 내어 파종한다.
③ 경실종자 – 농황산에 담갔다가 물로 씻어낸 다음 파종한다.
④ 경실종자 – 물에 침종한 후 근적외선을 조사하여 파종한다.

11 **맥작에서 답압(Rolling)에 대한 설명으로 옳지 않은 것은?**

① 답압은 생육이 좋지 않을 경우에 실시하며, 땅이 질거나 이슬이 맺혔을 때 효과가 크다.
② 월동 전 과도한 생장으로 동해가 우려될 때는 월동 전에 답압을 해준다.
③ 월동 중에 서릿발로 인해 떠오른 식물체에 답압을 하면 동해가 경감된다.
④ 생육이 왕성할 경우에는 유효분얼종지기에 토입을 하고 답압해주면 무효분얼이 억제된다.

해설

답압의 효과
- 서릿발이 많이 발생하는 곳에서의 답압은 뿌리를 땅에 고착시켜 동사를 방지하는 효과가 있다.
- 도장, 과도한 생장을 억제한다.
- 건생적 생육으로 한해(旱害)가 경감된다.
- 분얼을 조장하며 유효경수가 증가하고 출수가 고르게 된다.
- 토양이 건조할 때 답압은 토양비산을 경감시킨다.

12 **재배포장에 파종된 종자의 발아기를 옳게 정의한 것은?**

① 약 40%가 발아한 날
② 발아한 것이 처음 나타난 날
③ 80% 이상이 발아한 날
④ 100% 발아가 완료된 날

해설

발아조사
- 발아율(PG ; Percent Germination) : 파종된 총종자수에 대한 발아종자 수의 비율(%)이다.
- 발아세(GE ; Germination Energy) : 치상 후 정해진 기간 내의 발아율을 의미하며, 맥주보리 발아세는 20℃ 항온에서 96시간 내에 발아종자수의 비율을 의미한다.
- 발아시 : 파종된 종자 중에서 최초로 1개체가 발아된 날
- 발아기 : 파종된 종자의 약 40%가 발아된 날
- 발아전 : 파종된 종자의 대부분(80% 이상)이 발아한 날
- 발아일수 : 파종부터 발아기까지의 일 수
- 발아기간 : 발아시부터 발아전까지의 기간
- 평균발아일수(MGT ; Mean Germination Time) : 발아된 모든 종자의 발아일 수의 평균

13 **밭토양에 장기간 담수하여 토양전염성 병해충을 구제한 경우 이에 해당하는 방제법은?**

① 법적 방제 ② 생물학적 방제
③ 물리적 방제 ④ 화학적 방제

14 **식량생산증대를 위한 벼–맥류의 2모작 작부체계에서 가장 중요한 것은?**

① 벼의 내냉성
② 벼의 내도복성
③ 맥류의 내건성
④ 맥류의 조숙성

15 **정상적인 개화와 결실을 위해 저온춘화가 필요한 작물은?**

① 춘파밀 ② 수 수
③ 유 채 ④ 콩

정답 9 ④ 10 ④ 11 ① 12 ① 13 ③ 14 ④ 15 ③

16 자식성 작물집단에서 대립유전자 2쌍이 모두 독립적인 이형접합체(F_1)를 3세대까지 자식(Selfing)한 F_3집단의 동형접합체 빈도는?

① $\frac{9}{16}$ ② $\frac{10}{16}$

③ $\frac{11}{16}$ ④ $\frac{12}{16}$

해설

동형접합체 빈도

$$\left[1-\left(\frac{1}{2}\right)^{m-1}\right]^{n}=\left[1-\left(\frac{1}{2}\right)^{3-1}\right]^{2}$$

17 곡물의 저장 중 이화학적·생물학적 변화에 대한 설명으로 옳지 않은 것은?

① 생명력의 지표인 발아율이 저하된다.
② 지방의 자동산화에 의하여 산패가 일어나므로 유리지방산이 감소하고 묵은 냄새가 난다.
③ 전분이 α-아밀라아제에 의하여 분해되어 환원당 함량이 증가한다.
④ 호흡소모와 수분증발 등으로 중량감소가 일어난다.

해설

저장 중 변화

- 저장 중 호흡으로 인한 양분의 소모와 증산으로 중량감소가 일어난다.
- 발아율이 저하된다.
- 곡류의 경우 저장 중 지방의 산패로 유리지방산이 증가하고 묵은 냄새가 난다.
- 곡류는 저장 중 전분의 분해로 환원당 함량이 증가한다.
- 미생물과 해충, 쥐 등의 가해로 품질저하와 함께 양적 손실이 일어난다.

18 산성토양의 개량과 재배대책으로 옳지 않은 것은?

① 산성토양에 적응성이 높은 콩, 팥, 양파 등의 작물을 재배한다.
② 석회와 유기물을 충분히 시용하고 염화칼륨, 인분뇨, 녹비 등의 연용을 피한다.
③ 유효태인 구용성 인산을 함유하는 용성인비를 시용한다.
④ 붕소는 10a당 0.5~1.3kg의 붕사를 주어서 보급한다.

해설

산성토양의 개량과 재배대책

- 근본적 개량대책은 석회와 유기물을 넉넉히 시비하여 토양반응과 구조를 개선하는 것이다.
- 석회만 시비하여도 토양반응은 조정되지만 유기물과 함께 시비하는 것이 석회의 지중 침투성을 높여 석회의 중화효과를 더 깊은 토층까지 미치게 한다.
- 유기물의 시용은 토양구조의 개선, 부족한 미량원소의 공급, 완충능 증대로 알루미늄 이온 등의 독성이 경감된다.
- 개량에 필요한 석회의 양은 토양 pH, 토양 종류에 따라 다르며, pH가 동일하더라도 점토나 부식의 함량이 많은 토양은 석회의 시용량을 늘려야 한다.
- 내산성 작물을 심는 것이 안전하며 산성비료의 시용을 피해야 한다.
- 용성인비는 산성토양에서도 유효태인 수용성 인산을 함유하며 마그네슘의 함유량도 많아 효과가 크다.

19 잡초에 대한 설명으로 옳지 않은 것은?

① 잡초로 인한 작물의 피해 양상으로는 양분과 수분의 수탈, 광의 차단 등이 있다.
② 잡초는 종자번식과 영양번식을 할 수 있으며, 번식력이 높다.
③ 논잡초 중 올방개와 너도방동사니는 일년생이며, 올챙이고랭이와 알방동사니는 다년생이다.
④ 잡초는 많은 종류가 성숙 후 휴면성을 지닌다.

16 ① 17 ② 18 ① 19 ③ 정답

해설

우리나라의 주요 논잡초

- 1년생
  - 화본과 : 강피, 물피, 돌피, 둑새풀
  - 방동사니과 : 참방동사니, 알방동사니, 바람하늘지기, 바늘골
  - 광엽잡초 : 물달개비, 물옥잠, 여뀌, 자귀풀, 가막사리
- 다년생
  - 화본과 : 나도겨풀
  - 방동사니과 : 너도방동사니, 올방개, 올챙이고랭이, 매자기
  - 광엽잡초 : 가래, 벗풀, 올미, 개구리밥, 미나리

20 **온도가 작물의 생리작용에 미치는 영향으로 옳지 않은 것은?**

① 광합성의 온도계수는 고온보다 저온에서 크며, 온도가 적온보다 높으면 광합성은 둔화된다.

② 적온을 넘어 고온이 되면 체내의 효소계가 파괴되므로 호흡속도가 오히려 감소한다.

③ 동화물질이 잎에서 생장점 또는 곡실로 전류되는 속도는 적온까지는 온도가 올라갈수록 빨라진다.

④ 온도상승에 따라 세포투과성과 호흡에너지 방출 및 증산작용은 감소하고 수분의 점성은 증대하므로 수분흡수가 증대한다.

정답 20 ④

2015년 국가직 재배학개론

01 작물의 분류에 대한 설명으로 옳지 않은 것은?

① 산성토양에 강한 작물을 내산성 작물이라고 한다.
② 농가에서 소비하기보다는 판매하기 위하여 재배하는 작물을 환금작물이라고 한다.
③ 벼, 맥류 등과 같이 식물체가 포기(株)를 형성하는 작물을 주형작물이라고 한다.
④ 휴한하는 대신 클로버와 같은 두과식물을 재배하면 지력이 좋아지는 효과를 볼 수 있는데, 이러한 작물을 대파작물이라고 한다.

해설

- 윤작작물(輪作作物, Notation Crop) : 중경작물 또는 휴한작물은 대부분 윤작체계에 도입되어 잡초방제나 지력유지에 좋은 작물로 선택될 수 있다.
- 대파작물(代播作物, Substitute Crop) : 재해로 주 작물의 수확이 어려울 때 대신 파종하는 작물

02 식물영양과 재배의 발달에 대한 설명으로 옳지 않은 것은?

① Liebig는 무기영양설과 최소율법칙을 제창하였다.
② Morgan은 비료 3요소 개념을 명확히 하고 N, P, K가 중요한 원소임을 밝혔다.
③ Kurosawa는 벼의 키다리병을 일으키는 원인 물질을 지베렐린이라고 명명하였다.
④ Pokorny가 최초의 화학적 제초제로 2,4-D를 합성하였다.

해설

T.H. Morgan : 1908년 초파리 실험으로 반성유전(伴性遺傳)을 발견하는 등 유전학을 크게 발전시켰다.

03 춘화처리에 대한 설명으로 옳지 않은 것은?

① 완두와 같은 종자춘화형 식물과 양배추와 같은 녹체춘화형 식물로 구분한다.
② 종자춘화를 할 때에는 종자근의 시원체인 백체가 나타나기 시작할 무렵까지 최아하여 처리한다.
③ 춘화처리 기간 중에는 산소를 충분히 공급해야 한다.
④ 춘화처리 기간과 종료 후에는 종자를 건조한 상태로 유지해야 한다.

해설

춘화처리 중과 처리 후라도 고온・건조는 저온처리효과를 경감시키거나 소멸시키므로 고온・건조를 피해야 한다.

04 작물의 개화생리에 대한 설명으로 옳지 않은 것은?

① 체내 C/N율이 높을 때 화아분화가 촉진된다.
② 정일(중간)식물은 좁은 범위의 특정 일장에서만 개화한다.
③ 광주기성에 관계하는 개화호르몬은 피토크롬이다.
④ 광주기성에서 개화는 낮의 길이보다 밤의 길이에 더 크게 영향을 받는다.

해설

일장효과의 물질적 본체 : 호르몬성 물질로 플로겐 또는 개화호르몬이라 불린다.

1 ④ 2 ② 3 ④ 4 ③ 정답

05 1대 잡종육종에 대한 설명으로 옳지 않은 것은?

① 1대 잡종품종은 수량이 높고 균일도도 우수하며, 우성유전자 이용의 장점이 있다.
② 조합능력검정은 계통 간 잡종강세 발현 정도를 평가하는 과정이다.
③ 1대 잡종육종에서는 주로 여교잡을 여러 차례 실시하여 잡종강세를 높인다.
④ 1대 잡종 종자 채종을 위해서는 자가불화합성이나 웅성불임성을 많이 이용한다.

해설

여교배육종(戾交配育種, Backcross Breeding) : 우량품종의 한두 가지 결점을 보완하는 데 효과적인 육종방법이다.

06 양성잡종(AaBb)에서 비대립유전자 A/a와 B/b가 독립적이고 비대립유전자 간 억제유전자로 작용하였을 때, F_2의 표현형으로 옳은 것은?(단, '_' 표시는 우성대립유전자, 열성대립유전자 모두를 뜻한다)

① (9 A_B_) : (3 A_bb+3 aaB_+1 aabb) = 9 : 7
② (3 aaB_) : (9 A_B_+3 A_bb+1 aabb) = 3 : 13
③ (9 A_B_+3 A_bb) : (3 aaB_) : (1 aabb) = 12 : 3 : 1
④ (9 A_B_) : (3 A_bb+3 aaB_) : (1 aabb) = 9 : 6 : 1

해설

유전자 상호작용 (상위성)	예	F_2 유전자형 및 빈도 AABB $\frac{1}{16}$	AABb $\frac{2}{16}$	AaBB $\frac{2}{16}$	AaBb $\frac{4}{16}$	AAbb $\frac{1}{16}$	Aabb $\frac{2}{16}$	aaBB $\frac{1}{16}$	aaBb $\frac{2}{16}$	aabb $\frac{1}{16}$	표현형 분리비
없음 (멘델의 양성잡종)	완 두	둥근 황색콩				둥근 녹색콩		주름진 황색콩		주름진 녹색콩	9:3:3:1
열성상위 aa가 B에 상위	유색미	적 미				갈색미		백 미			9:3:4
우성상위 A가 B에 상위	귀리 외영색	흑 색						회 색		백 색	12:3:1
보족유전자(이중열성상위) aa는 B에 상위 bb는 A에 상위	벼 밑동색	자 색				녹 색					9:7
복수유전자 A는 bb에 상위 B는 aa에 상위	호박 과형	원반형				난 형				장 형	9:6:1
억제유전자 A가 B, bb에 상위	닭털 색깔	백 색						유 색		백 색	13:3
중복유전자 A는 B, b에 상위 B는 A, a에 상위	냉이 꼬투리	세모꼴								방추형	15:1

07 육종방법에 대한 설명으로 옳은 것은?

① 집단육종은 잡종 초기세대에서 순계를 만든 후 후기세대에서 집단선발하는 것으로 타식성 작물에서 주로 실시한다.
② 계통육종은 인공교배 후 후기세대에서 계통단위로 선발하므로 양적형질의 개량에 유리하다.
③ 순환선발은 우량개체 선발과 그들 간의 교배를 통해 좋은 형질을 갖추어주는 것으로 타식성 작물에서 실시한다.
④ 분리육종은 타식성 작물에서 개체선발을 통해 이루어지는 육종방법으로 영양번식 작물의 경우에는 이용되지 않는다.

해설

① 집단육종은 잡종 초기세대에서 순계를 만든 후 후기세대에서 집단선발하는 것으로 자식성 작물에 주로 실시한다.
② 계통육종은 인공교배를 통해 F_1을 만들고 F_2부터 매 세대 개체선발과 계통재배와 계통선발의 반복으로 우량한 유전자형의 순계를 육성하는 방법이다.
④ 분리육종은 타식성 작물에서 개체선발을 통해 이루어지는 육종방법으로 영양번식 작물에 이용된다.

정답 5 ③ 6 ② 7 ③

08 **유전체에 대한 설명으로 옳지 않은 것은?**

① 2배체인 벼의 체세포 염색체수는 24개이고, 염색체 기본수는 12개이다.
② 위치효과는 염색체 단편이 180° 회전하여 다시 그 염색체에 결합하여 유전자의 배열이 달라지는 것을 말한다.
③ 상동염색체의 두 염색체는 각 형질에 대한 유전자좌가 일치한다.
④ 유전체(Genome)는 유전자(Gene)와 염색체(Chromosome)가 합쳐진 용어이다.

해설

역위(逆位, Inversion) : 한 염색체의 두 곳에서 절단이 일어나고 절단된 단편이 180° 회전하여 다시 결합하는 것을 말한다.

09 **식물의 필수원소에 대한 설명으로 옳지 않은 것은?**

① 질소화합물은 늙은 조직에서 젊은 생장점으로 전류되므로 결핍증세는 어린 조직에서 먼저 나타난다.
② 칼륨은 이온화되기 쉬운 형태로 잎·생장점·뿌리의 선단에 많이 함유되어 있다.
③ 붕소는 촉매 또는 반응조절물질로 작용하며, 석회결핍의 영향을 덜 받게 한다.
④ 철은 호흡효소의 구성성분으로 엽록소의 형성에 관여하고, 결핍하면 어린잎부터 황백화하여 엽맥 사이가 퇴색한다.

해설

질소(N)

- 질소는 질산태(NO_3^-)와 암모니아태(NH_4^+)로 식물체에 흡수되며 체내에서 유기물로 동화된다.
- 단백질의 중요한 구성성분으로, 원형질은 그 건물의 40~50%가 질소화합물이며 효소, 엽록소도 질소화합물이다.
- 결핍 : 노엽의 단백질이 분해되어 생장이 왕성한 부분으로 질소분이 이동함에 따라 하위엽에서 황백화현상이 일어나고 화곡류의 분얼이 저해된다.
- 과다 : 작물체는 수분함량이 높아지고 세포벽이 얇아지고 연해져서 한발, 저온, 기계적 상해, 해충 및 병해에 대한 각종 저항성이 저하된다.

10 **작물의 품종 식별에 사용하는 분자표지 SSR에 이용되는 것은?**

① DNA 염기서열
② RNA 염기서열
③ 단백질의 아미노산서열
④ 염색체의 수 차이

11 **수발아의 대책에 대한 설명으로 옳지 않은 것은?**

① 보리가 밀보다 성숙기가 빠르므로 성숙기에 비를 맞는 일이 적어 수발아의 위험이 적다.
② 맥류는 조숙종이 만숙종보다 수확기가 빠르므로 수발아의 위험이 많다.
③ 맥류는 출수 후 발아억제제를 살포하면 수발아가 억제된다.
④ 맥류가 도복되면 수발아가 조장되므로 도복 방지에 노력해야 한다.

해설

수발아(穗發芽)

- 성숙기에 가까운 맥류가 장기간 비를 맞아서 젖은 상태로 있거나, 우기에 도복해서 이삭이 젖은 땅에 오래 접촉해 있게 되었을 때 수확 전의 이삭에서 싹이 트는 것이다.
- 수발아는 성숙기에 비가 오는 날이 계속되면 종자가 수분을 흡수한 상태로 낮은 온도에 오래 처하게 되면서 휴면이 일찍 타파되어 발아한다.

12 **옥신의 재배적 이용에 대한 설명으로 옳지 않은 것은?**

① 식물에 따라서는 상편생장(上偏生長)을 유도하므로 선택형 제초제로 쓰기도 한다.
② 사과나무에 처리하여 적과와 적화효과를 볼 수 있다.
③ 삽목이나 취목 등 영양번식을 할 때 발근촉진에 효과가 있다.
④ 토마토·무화과 등의 개화기에 살포하면 단위결과(單爲結果)가 억제된다.

해설

옥신의 재배적 이용

- 발근촉진
- 접목 시 활착촉진
- 개화촉진
- 낙과방지

8 ② 9 ① 10 ① 11 ② 12 ④ 정답

- 가지의 굴곡 유도
- 과실의 비대와 성숙촉진
- 증수효과
- 적화 및 적과
- 단위결과
- 제초제로 이용

13 솔라리제이션(Solarization)에 대한 설명으로 옳은 것은?

① 온도가 생육적온보다 높아서 작물이 받는 피해를 말한다.
② 일장이 식물의 화성 및 그 밖의 여러 면에 영향을 끼치는 현상을 말한다.
③ 식물이 광조사의 방향에 반응하여 굴곡반응을 나타내는 것을 말한다.
④ 갑자기 강한 광을 받았을 때 엽록소가 광산화로 인해 파괴되는 장해를 말한다.

해설

솔라리제이션(Solarization)
- 그늘에서 자란 작물이 강광에 노출되어 잎이 타 죽는 현상을 말한다.
- 엽록소의 광산화가 원인이다.
- 강광에 적응하게 되면 식물은 카로티노이드가 산화하면서 산화된 엽록체를 환원시켜 기능을 회복할 수 있다.

14 멀칭의 이용과 효과에 대한 설명으로 옳지 않은 것은?

① 지온을 상승시키는 데는 흑색필름보다는 투명필름이 효과적이다.
② 작물을 멀칭한 필름 속에서 상당 기간 재배할 때는 광합성 효율을 위해 투명필름보다 녹색필름을 사용하는 것이 좋다.
③ 밭 전면을 비닐멀칭하였을 때에는 빗물을 이용하기 곤란하다.
④ 앞작물 그루터기를 남겨둔 채 재배하여 토양 유실을 막는 스터블멀치농법도 있다.

해설

필름의 종류와 멀칭의 효과
- 투명필름 : 지온상승의 효과가 크고 잡초억제의 효과는 작다.
- 흑색필름 : 지온상승의 효과가 작고 잡초억제의 효과는 크다. 지온이 높을 때는 지온을 낮추어 준다.
- 녹색필름 : 녹색광과 적외광은 잘 투과되지만 청색광, 적색광을 강하게 흡수하여 지온상승과 잡초억제효과가 모두 크다.

15 간척지에서 간척 당시의 토양 특징에 대한 설명으로 옳은 것은?

① 지하수위가 낮아서 쉽게 심한 환원상태가 되어 유해한 황화수소 등이 생성된다.
② 황화물은 간척하면 환원과정을 거쳐 황산이 되는데, 이 황산이 토양을 강산성으로 만든다.
③ 염분농도가 높아도 벼의 생육에는 영향을 주지 않는다.
④ 점토가 과다하고 나트륨이온이 많아서 토양의 투수성과 통기성이 나쁘다.

해설

간척지 토양 특성
- 염분의 해작용 : 토양 중 염분이 과다하면 물리적으로 토양 용액의 삼투압이 높아져 벼 뿌리의 수분 흡수가 저해되고, 화학적으로는 특수 이온을 이상 흡수하여 영양과 대사를 저해한다.
- 황화물의 해작용 : 해면 아래에 다량 집적되어 있던 황화물이 간척 후 산화되면서 황산이 되어 토양이 강산성이 된다.
- 토양 물리성의 불량 : 점토가 과다하고 나트륨 이온이 많아 토양의 투수성, 통기성이 매우 불량하다.

16 품종의 생태형에 대한 설명으로 옳지 않은 것은?

① 조생종 벼는 감광성이 약하고 감온성이 크므로 일장보다는 고온에 의하여 출수가 촉진된다.
② 만생종 벼는 단일에 의해 유수분화가 촉진되지만 온도의 영향은 적다.
③ 고위도 지방에서는 감광성이 큰 품종은 적합하지 않다.
④ 저위도 지방에서는 기본영양생장성이 크고 감온성이 큰 품종을 선택하는 것이 좋다.

해설

저위도 지대
- 저위도 지대는 연중 고온, 단일조건으로 감온성이나 감광성이 큰 것은 출수가 빨라져서 생육기간이 짧고 수량이 적다.
- 감온성과 감광성이 작고 기본영양생장성이 큰 Blt형은 연중 고온 단일인 환경에서도 생육기간이 길어서 다수성이 되므로 주로 이런 품종이 분포한다.

정답 13 ④ 14 ② 15 ④ 16 ④

17 **맥류의 기계화재배 적응품종에 대한 설명으로 옳지 않은 것은?**

① 다비밀식재배를 하므로 줄기가 충실하고 뿌리의 발달이 좋아서 내도복성은 문제되지 않는다.
② 골과 골 사이가 같은 높이로 편평하게 되므로 한랭지에서는 특히 내한성이 강한 품종을 선택해야 한다.
③ 다비밀식의 경우는 병해 발생도 조장되므로 내병성이 강한 품종이어야 한다.
④ 다비밀식재배로 인하여 수광이 나빠질 수 있으므로 초형은 잎이 짧고 빳빳하여 일어서는 직립형이 알맞다.

18 **배합비료를 혼합할 때 주의해야 할 점으로 옳지 않은 것은?**

① 암모니아태질소를 함유하고 있는 비료에 석회와 같은 알칼리성 비료를 혼합하면 암모니아가 기체로 변하여 비료성분이 소실된다.
② 질산태질소를 유기질비료와 혼합하면 저장 중 또는 시용 후에 질산이 환원되어 소실된다.
③ 과인산석회와 같은 수용성 인산이 주성분인 비료에 Ca, Al, Fe 등이 함유된 알칼리성 비료를 혼합하면 인산이 물에 용해되어 불용성이 되지 않는다.
④ 과인산석회와 같은 석회염을 함유하고 있는 비료에 염화칼륨과 같은 염화물을 배합하면 흡습성이 높아져 액체가 된다.

19 **신품종의 등록과 특성유지에 대한 설명으로 옳지 않은 것은?**

① 신품종이 보호품종으로 등록되기 위해서는 신규성, 우수성, 균일성, 안정성 및 고유한 품종명칭의 5가지 요건을 구비해야 한다.
② 국제식물신품종보호연맹(UPOV)의 회원국은 국제적으로 육성자의 권리를 보호받으며, 우리나라는 2002년에 가입하였다.
③ 품종의 퇴화를 방지하고 특성을 유지하는 방법으로는 개체집단선발, 계통집단선발, 주보존, 격리재배 등이 있다.
④ 신품종에 대한 품종보호권을 설정등록하면 「식물신품종보호법」에 의하여 육성자의 권리를 20년(과수와 임목의 경우 25년)간 보장받는다.

해설

신품종의 보호품종 요건 : 신규성, 구별성, 균일성, 안정성, 고유한 품종 명칭

20 **A와 B 유전자가 동일 염색체 상에 존재할 경우 이들 유전자에 Hetero인 개체를 검정교배했을 때, 표현형의 분리비는?(단, A, B 유전자는 완전 연관이다)**

① 1 AaBb : 1 Aabb : 1 aaBb : 1 aabb
② 9 AaBb : 3 Aabb : 3 aaBb : 1 aabb
③ 3 AB/ab : 1 ab/ab
④ 1 AB/ab : 1 ab/ab

해설

완전연관 : 같은 염색체에 서로 다른 두 유전자가 연관되어 있을 때 연관유전자들이 분리하지 않으면 두 배우자가 AB : ab = 1 : 1로 형성되며 모두 양친형 배우자만 생긴다.

17 ① 18 ③ 19 ① 20 ④ 정답

2016년 국가직 재배학개론

01 웅성불임성에 대한 설명으로 옳은 것은?

① 암술과 화분은 정상이나 종자를 형성하지 못하는 현상이다.

② 암술머리에서 생성되는 특정 단백질과 화분의 특정 단백질 사이의 인식작용 결과이다.

③ S유전자좌의 복대립유전자가 지배한다.

④ 유전자작용에 의하여 화분이 형성되지 않거나, 제대로 발육하지 못하여 종자를 만들지 못한다.

해설

웅성기관의 이상에 의한 불임성으로 유전자작용에 의해 화분이 아예 형성되지 않거나 화분이 발육하지 못해 수정능력이 없으며, 핵 내 ms유전자와 세포질의 미토콘트리아(Mitochondria) DNA가 관여한다.

02 작물의 내습성에 관여하는 요인에 대한 설명으로 옳지 않은 것은?

① 뿌리조직의 목화(木化)는 환원성 유해물질의 침입을 막아 내습성을 증대시킨다.

② 뿌리의 황화수소 및 아산화철에 대한 높은 저항성은 내습성을 증대시킨다.

③ 습해를 받았을 때 부정근의 발달은 내습성을 약화시킨다.

④ 뿌리의 피층세포 배열 형태는 세포간극의 크기 및 내습성 정도에 영향을 미친다.

해설

내습성 관여 요인

- 경엽으로부터 뿌리로 산소를 공급하는 능력
  - 벼의 경우 잎, 줄기, 뿌리에 통기계의 발달로 지상부에서 뿌리로 산소를 공급할 수 있어 담수조건에서도 생육을 잘 하며, 뿌리의 피층세포가 직렬(直列)로 되어 있어 사열(斜列)로 되어 있는 것보다 세포간극이 커서 뿌리에 산소를 공급하는 능력이 크고 내습성이 강하다.
  - 생육 초기 맥류와 같이 잎이 지하에 착생하고 있는 것은 뿌리로부터 산소공급능력이 크다.
- 뿌리조직의 목화
  - 뿌리조직이 목화한 것은 환원상태나 뿌리의 산소결핍에 견디는 능력과 관계가 크다.
  - 벼와 골풀은 보통의 상태에서도 뿌리의 외피가 심하게 목화한다.
  - 외피 및 뿌리털에 목화가 생기는 맥류는 내습성이 강하고 목화가 생기기 힘든 파의 경우는 목화가 일어나지 않기 때문에 내습성이 약하다.
- 뿌리의 발달습성
  - 습해 시 부정근의 발생력이 큰 것은 내습성이 강하다.
  - 근계가 얕게 발달하면 내습성이 강하다.
- 환원성 유해물질에 대한 저항성 : 뿌리가 황화수소, 아산화철 등에 대한 저항성이 큰 작물은 내습성이 강하다.

03 토양미생물의 작물에 대한 유익한 활동으로 옳은 것은?

① 토양미생물은 암모니아를 질산으로 변하게 하는 환원과정을 도와 밭작물을 이롭게 한다.

② 토양미생물은 유기태 질소화합물을 무기태로 변환하는 질소의 무기화 작용을 돕는다.

③ 미생물 간의 길항작용은 물질의 유해작용을 촉진한다.

④ 뿌리에서 유기물질의 분비에 의한 근권(Rhizosphere)이 형성되면 양분흡수를 억제하여 뿌리의 신장생장을 촉진한다.

해설

토양미생물의 역할

- 유기물을 분해한다.
- 유리질소(遊離窒素)를 고정한다.
- 질산화작용(窒酸化作用, Nitrification) : 암모니아 이온(NH_4^+)이 아질산(NO_2^-)과 질산(NO_3^-)으로 산화되는 과정으로 암모니아(NH_4^+)를 질산으로 변하게 하여 작물에 이롭게 한다.
- 무기물을 산화한다.
- 가용성 무기성분의 동화로 유실을 적게 한다.

정답 1 ④ 2 ③ 3 ②

- 균사 등의 점질물질에 의해서 토양의 입단을 형성한다.
- 미생물 간의 길항작용(拮抗作用, Antagonism)에 의해서 유해작용을 경감한다.
- 호르몬성의 생장촉진물질을 분비한다.
- 근권(根圈, Rhizosphere)을 형성한다.
- 균근을 형성한다.

04 작물의 생식에 대한 설명으로 옳지 않은 것은?

① 아포믹시스는 무수정종자형성이라고 하며, 부정배형성, 복상포자생식, 위수정생식 등이 이에 속한다.
② 속씨식물 수술의 화분은 발아하여 1개의 화분관세포와 2개의 정세포를 가지며, 암술의 배낭에는 난세포 1개, 조세포 1개, 반족세포 3개, 극핵 3개가 있다.
③ 무성생식에는 영양생식도 포함되는데, 고구마와 거베라는 뿌리로 영양번식을 하는 작물이다.
④ 벼, 콩, 담배는 자식성 작물이고, 시금치, 딸기, 양파는 타식성 작물이다.

해설

- 화 분
  - 수술의 약(꽃밥, Anther)에서 화분모세포(花粉母細胞, PMC ; Pollen Mother Cell) 1개가 감수분열로 4개의 반수체 소포자(小胞子, 화분세포, Microspore)가 형성된다.
  - 화분세포는 두 번의 체세포분열이 일어나 화분(花粉, 꽃가루, Pollen Grain)으로 성숙한다.
  - 화분은 1개의 화분관세포(花粉管細胞, Pollen Tube Cell)와 2개의 정세포(精細胞, Sperm Cell)가 있고 화분관세포는 화분관으로 신장하여 정세포를 배낭까지 운반한다.
- 배 낭
  - 암술자방(子房, 씨방, Ovary) 속의 배주(胚珠, 밑씨, Ovule) 안에서 배낭모세포(胚囊母細胞, Embryosac Mother Cell, EMC) 1개가 4개의 반수체 대포자(大胞子, 배낭세포, Megaspore)를 만들며 3개는 퇴화하고 1개만 남아 세 번의 체세포분열로 배낭(胚囊, Embryo Sac)으로 성숙한다.
  - 배낭에서 주공 쪽에는 난세포(卵細胞, Egg Cell) 한 개와 조세포(助細胞, Synergid) 2개가 있고, 반대쪽에 반족세포(反足細胞, Antipodal Cell)가 3개, 중앙에 극핵(極核, Polar Nucleus) 2개가 있다. 그 중 조세포와 반족세포는 후에 퇴화하며 주공은 화분관이 배낭으로 침투하는 통로이다.

05 1개체 1계통육종(Single Seed Descent Method)의 이점으로 옳은 것은?

① 우량품종에 한두 가지 결점이 있을 때 이를 보완하는 데 효과적이다.
② F_2 세대부터 선발을 시작하므로 특성검정이 용이한 질적형질의 개량에 효율적이다.
③ 유용유전자를 잘 유지할 수 있고, 육종연한을 단축할 수 있다.
④ 균일한 생산물을 얻을 수 있으며, 우성유전자를 이용하기 유리하다.

해설

1개체 1계통육종(Single Seed Descent Method)
- F_2~F_4 세대에서 매 세대의 모든 개체를 1립씩 채종하여 집단재배하고 F_4 각 개체별로 F_5 계통재배를 한다. 따라서 F_5 세대의 각 계통은 F_2 각 개체로부터 유래하게 된다.
- 집단육종과 계통육종의 이점을 모두 살리는 육종방법이다.
- 잡종 초기세대에서는 집단재배로 유용유전자를 유지할 수 있다.
- 육종 규모가 작아 온실 등에서 육종연한의 단축이 가능하다.

06 식물생장조절물질이 작물에 미치는 생리적 영향에 대한 설명으로 옳지 않은 것은?

① Amo-1618은 경엽의 신장촉진, 개화촉진 및 휴면타파에 효과가 있다.
② Cytokinin은 세포분열촉진, 신선도 유지 및 내동성 증대에 효과가 있다.
③ B-Nine은 신장억제, 도복방지 및 착화증대에 효과가 있다.
④ Auxin은 발근촉진, 개화촉진 및 단위결과에 효과가 있다.

해설

Amo-1618 : 강낭콩, 국화, 해바라기, 포인세티아 등의 키를 작게 하고 잎의 녹색을 진하게 한다.

4 ② 5 ③ 6 ① 정답

07 작물의 생육에 필요한 무기원소에 대한 설명으로 옳지 않은 것은?

① 칼륨은 식물세포의 1차 대사산물(단백질, 탄수화물 등)의 구성성분으로 이용되고, 작물이 다량으로 필요로 하는 필수원소이다.
② 질소는 NO_3^-와 NH_4^+ 형태로 흡수되며, 흡수된 질소는 세포막의 구성성분으로도 이용된다.
③ 몰리브덴은 근류균의 질소고정과 질소대사에 필요하며, 콩과작물이 많이 함유하고 있는 원소이다.
④ 규소는 화본과식물의 경우 다량으로 흡수하나, 필수원소는 아니다.

해설

칼륨(K)
- 칼륨은 이동성이 매우 크고 잎, 생장점, 뿌리의 선단 등 분열조직에 많이 함유되어 있으며, 여러 가지 물질대사의 일종의 촉매적 작용을 한다.
- 광합성, 탄수화물 및 단백질 형성, 세포 내의 수분공급과 증산에 의한 수분상실의 제어 등의 역할을 하며, 효소반응의 활성제로서 중요한 작용을 한다.
- 칼륨은 탄소동화작용을 촉진하므로 일조가 부족한 때에 효과가 크다.
- 단백질 합성에 필요하므로 칼륨 흡수량과 질소 흡수량의 비율은 거의 같은 것이 좋다.
- 결핍 : 생장점이 말라죽고, 줄기가 약해지고, 잎의 끝이나 둘레의 황화, 하위엽의 조기낙엽 현상을 보여 결실이 저해된다.

08 대기 중의 이산화탄소와 작물의 생리작용에 대한 설명으로 옳지 않은 것은?

① 대기 중의 이산화탄소 농도가 높아지면 일반적으로 호흡속도는 감소한다.
② 광합성에 의한 유기물의 생성속도와 호흡에 의한 유기물의 소모속도가 같아지는 이산화탄소농도를 이산화탄소 보상점이라 한다.
③ 작물의 이산화탄소 보상점은 대기 중 농도의 약 7~10배(0.21~0.3%)가 된다.
④ 과실·채소를 이산화탄소 중에 저장하면 대사기능이 억제되어 장기간의 저장이 가능하다.

해설
- 작물의 이산화탄소 포화점은 대기농도의 7~10배(0.21~0.3%)가 된다.
- 작물의 이산화탄소 보상점은 대기농도의 $\frac{1}{10}$ ~ $\frac{1}{3}$(0.003~0.01%) 정도이다.

09 종자·과실의 부위 중 유전적 조성이 다른 것은?

① 종 피　② 배
③ 과 육　④ 과 피

해설
종피와 과피는 모체의 조직으로 종자에서 배와 종피는 유전적 조성이 다르다.

10 작물의 육종방법에 대한 설명으로 옳지 않은 것은?

① 교배육종(Cross Breeding)은 인공교배로 새로운 유전변이를 만들어 품종을 육성하는 것이다.
② 배수성육종(Polyploidy Breeding)은 콜히친 등의 처리로 염색체를 배가시켜 품종을 육성하는 것이다.
③ 1대 잡종육종(Hybrid Breeding)은 잡종강세가 큰 교배조합의 1대 잡종(F_1)을 품종으로 육성하는 것이다.
④ 여교배육종(Backcross Breeding)은 연속적으로 교배하면서 이전하려는 반복친의 특성만 선발하므로 육종효과가 확실하고 재현성이 높다.

해설
여교배육종 : 이전하려는 1회친의 특성만 선발하므로 육종효과가 확실하고 재현성이 높다.

11 내건성이 강한 작물의 특성에 대한 설명으로 옳지 않은 것은?

① 건조할 때에는 호흡이 낮아지는 정도가 크고, 광합성이 감퇴하는 정도가 낮다.
② 기공의 크기가 커서 건조 시 증산이 잘 이루어진다.
③ 저수능력이 크고, 다육화의 경향이 있다.
④ 삼투압이 높아서 수분 보류력이 강하다.

정답 7 ① 8 ③ 9 ② 10 ④ 11 ②

해설

• 잎조직이 치밀하고 잎맥과 울타리 조직의 발달 및 표피에 각피가 잘 발달하며, 기공이 작고 많다.
• 건조 시는 증산이 억제되고, 급수 시는 수분 흡수기능이 크다.

12 작물에 대한 설명으로 옳지 않은 것은?

① 야생식물보다 재해에 대한 저항력이 강하다.
② 특수부분이 발달한 일종의 기형식물이다.
③ 의식주에 필요한 경제성이 높은 식물이다.
④ 재배환경에 순화되어 야생종과는 차이가 있다.

해설

야생식물보다 재해에 대한 저항력이 약하다.

13 작물의 파종작업에 대한 설명으로 옳지 않은 것은?

① 파종기가 늦을수록 대체로 파종량을 늘린다.
② 맥류는 조파보다 산파 시 파종량을 줄이고, 콩은 단작보다 맥후작에서 파종량을 줄인다.
③ 파종량이 많으면 과번무해서 수광태세가 나빠지고, 수량·품질을 저하시킨다.
④ 토양이 척박하고 시비량이 적을 때에는 일반적으로 파종량을 다소 늘리는 것이 유리하다.

해설

맥류의 경우 조파에 비해 산파의 경우 파종량을 늘리고 콩, 조 등은 맥후작에서 단작보다 파종량을 늘린다. 청예용, 녹비용 재배는 채종재배에 비해 파종량을 늘린다.

14 작물의 수확 후 생리작용 및 손실요인에 대한 설명으로 옳지 않은 것은?

① 증산에 의한 수분손실은 호흡에 의한 손실보다 10배나 큰데, 이 중 90%가 표피증산, 8~10%는 기공증산을 통하여 손실된다.
② 사과, 배, 수박, 바나나 등은 수확 후 호흡급등현상이 나타나기도 한다.
③ 과실은 성숙함에 따라 에틸렌이 다량 생합성되어 후숙이 진행된다.
④ 엽채류와 근채류의 영양조직은 과일류에 비하여 에틸렌 생성량이 적다.

해설

기공증산량이 표피증산량보다 많다.

15 간척지 토양에 작물을 재배하고자 할 때 내염성이 강한 작물로만 묶인 것은?

① 토마토－벼－고추
② 고추－벼－목화
③ 고구마－가지－감자
④ 유채－양배추－목화

해설

작물의 내염성 정도

구 분	밭작물	과 수
강	사탕무, 유채, 양배추, 목화	－
중	알팔파, 토마토, 수수, 보리, 벼, 밀, 호밀, 아스파라거스, 시금치, 양파, 호박	무화과, 포도, 올리브
약	완두, 셀러리, 고구마, 감자, 가지, 녹두	배, 살구, 복숭아, 귤, 사과

16 논에 벼를 이앙하기 전에 기비로 $N-P_2O_5-K_2O$ = 10-5-7.5kg/10a을 처리하고자 한다. $N-P_2O_5-K_2O$ = 20-20-10(%)인 복합비료를 25kg/10a을 시비하였을 때, 부족한 기비의 성분에 대해 단비할 시비량(kg/10a)은?

① $N-P_2O_5-K_2O$ = 5-0-5kg/10a
② $N-P_2O_5-K_2O$ = 5-0-2.5kg/10a
③ $N-P_2O_5-K_2O$ = 5-5-0kg/10a
④ $N-P_2O_5-K_2O$ = 0-5-2.5kg/10a

해설

20-20-10(%) 복합비료 25kg/10a이므로 실제 시비량은 10a당 5-5-2.5kg이 된다. 따라서, 부족분은 5-0-5kg/10a이 된다.

12 ① 13 ② 14 ① 15 ④ 16 ① 정답

17 작물의 수확 후 저장에 대한 설명 중 옳지 않은 것은?

① 저장 농산물의 양적·질적 손실의 요인은 수분손실, 호흡·대사작용, 부패 미생물과 해충의 활동 등이 있다.
② 고구마와 감자 등은 안전저장을 위해 큐어링(Curing)을 실시하며, 청과물은 수확 후 신속히 예랭(Precooling) 처리를 하는 것이 저장성을 높인다.
③ 저장고의 상대습도는 근채류 > 과실 > 마늘 > 고구마 > 고춧가루 순으로 높다.
④ 세포호흡에 필수적인 산소를 제거하거나 그 농도를 낮추면 호흡소모나 변질이 감소한다.

18 광(光)과 착색에 대한 설명으로 옳지 않은 것은?

① 엽록소 형성에는 청색광역과 적색광역이 효과적이다.
② 광량이 부족하면 엽록소 형성이 저하된다.
③ 안토시안의 형성은 적외선이나 적색광에서 촉진된다.
④ 사과와 포도는 볕을 잘 쬘 때 안토시안의 생성이 촉진되어 착색이 좋아진다.

해설

사과, 포도, 딸기 등의 착색은 안토시아닌 색소의 생성에 의하며 비교적 저온에 의해 생성이 조장되고, 자외선이나 자색광파장에서 생성이 촉진되며 광 조사가 좋을 때 착색이 좋아진다.

19 논토양과 밭토양의 차이점에 대한 설명으로 옳지 않은 것은?

① 논토양에서는 환원물(N_2, H_2S, S)이 존재하나, 밭토양에서는 산화물(NO_3, SO_4)이 존재한다.
② 논에서는 관개수를 통해 양분이 공급되나, 밭에서는 빗물에 의해 양분의 유실이 많다.
③ 논토양에서는 혐기성균의 활동으로 질산이 질소가스가 되고, 밭토양에서는 호기성균의 활동으로 암모니아가 질산이 된다.
④ 논토양에서는 pH 변화가 거의 없으나, 밭에서는 논토양에 비해 상대적으로 pH의 변화가 큰 편이다.

해설

토양 pH : 논토양은 담수로 인하여 낮과 밤 및 담수기간과 낙수기간에 따라 차이가 있으나 밭토양은 그렇지 않다.

20 제초제에 대한 설명으로 옳지 않은 것은?

① 2,4-D는 선택성 제초제로 수도본답과 잔디밭에 이용된다.
② Diquat는 접촉형 제초제로 처리된 부위에서 제초효과가 일어난다.
③ Propanil은 담수직파, 건답직파에 주로 이용되는 경엽처리 제초제이다.
④ Glyphosate는 이행성 제초제이며, 화본과 잡초에 선택성인 제초제이다.

해설

Glyphosate는 선택성이 없는 제초제이다.

정답 17 ③ 18 ③ 19 ④ 20 ④

2017년 국가직 재배학개론

01 식물의 진화와 작물의 특징에 대한 설명으로 옳지 않은 것은?

① 지리적으로 떨어져 상호간 유전적 교섭이 방지되는 것을 생리적 격리라고 한다.
② 식물은 자연교잡과 돌연변이에 의해 자연적으로 유전적 변이가 발생한다.
③ 식물종은 고정되어 있지 않고 다른 종으로 끊임없이 변화되어 간다.
④ 작물의 개화기는 일시에 집중하는 방향으로 발달하였다.

해설

고립(孤立, Isolation, 격리)
분화의 마지막 과정은 성립된 적응형이 유전적으로 안정상태를 유지하는 것으로, 이러한 유지는 적응형 상호간 유전적 교섭이 발생하지 않아야 하는데 이를 격절 또는 고립이라 한다.
- 지리적 격리 : 지리적으로 서로 떨어져 있어 유전적 교섭이 일어나지 않는 것
- 생리적 격리 : 생리적 차이, 즉 개화시기의 차, 교잡불능 등으로 유전적 교섭이 방지되는 것으로 동일 장소에서 생장하여도 교섭이 방지된다.
- 인위적 격리 : 유전적 순수성 유지를 위하여 인위적으로 다른 유전형과의 교섭을 방지하는 것

02 집단육종과 계통육종에 대한 설명으로 옳지 않은 것은?

① 집단육종에서는 자연선택을 유리하게 이용할 수 있다.
② 집단육종에서는 초기세대에 유용유전자를 상실할 염려가 크다.
③ 계통육종에서는 육종재료의 관리와 선발에 많은 시간과 노력이 든다.
④ 계통육종에서는 잡종 초기세대부터 계통단위로 선발하므로 육종효과가 빨리 나타난다.

해설

계통육종과 집단육종 비교

구 분	계통육종	집단육종
장 점	• F_2부터 선발을 시작하므로 육안관찰 및 특성검정이 용이해 형질개량에 효율적이다. • 육종가의 정확한 선발에 의해 육종규모를 줄일 수 있으며, 육종연한을 단축할 수 있다.	• 잡종초기 집단재배하므로 유용유전자 상실의 위험이 적다. • 선발을 하는 후기세대에 동형접합체가 많으므로 폴리진이 관여하는 양적 형질의 개량에 유리하다.
단 점	• 선발이 잘못되면 유용유전자를 상실하게 된다. • 육종재료의 관리 및 선발에 시간, 노력, 경비가 많이 든다.	• 집단재배기간 중 육종규모를 줄이기 어렵다. • 계통육종에 비해 육종연한이 길다.

03 벼의 장해형 냉해에 해당되는 것은?

① 유수형성기에 냉온을 만나면 출수가 지연된다.
② 저온조건에서 규산흡수가 적어지고, 도열병 병균침입이 용이하게 된다.
③ 질소동화가 저해되어 암모니아의 축적이 많아진다.
④ 융단조직(Tapete)이 비대하고 화분이 불충실하여 불임이 발생한다.

해설

지연형 냉해	• 생육 초기부터 출수기에 걸쳐 오랜 시간 냉온 또는 일조 부족으로 생육의 지연, 출수지연으로 등숙기에 낮은 온도에 처함으로써 등숙의 불량으로 결국 수량에까지 영향을 미치는 유형의 냉해 • 질소, 인산, 칼륨, 규산, 마그네슘 등 양분의 흡수가 저해되고, 물질 동화 및 전류가 저해되고 질소동화의 저해로 암모니아 축적이 많아지며, 호흡의 감소로 원형질유동이 감퇴 또는 정지되어 모든 대사기능이 저해됨

1 ① 2 ② 3 ④ 정답

장해형 냉해	• 유수형성기부터 개화기 사이, 특히 생식세포의 감수분열기에 냉온의 영향을 받아서 생식기관이 정상적으로 형성되지 못하거나 꽃가루의 방출 및 수정에 장해를 일으켜 결국 불임현상이 초래되는 유형의 냉해 • 반사판세포(Tapetal Cell)의 이상비대는 장해형 냉해의 좋은 예이며, 품종이나 작물의 냉해 저항성의 기준이 되기도 함
병해형 냉해	• 벼의 경우 냉온에서는 규산의 흡수가 줄어들므로 조직의 규질화가 충분히 형성되지 못하여 도열병균의 침입에 대한 저항성이 저하됨 • 광합성의 저하로 체내 당함량이 저하되고, 질소대사 이상을 초래하여 체내에 유리아미노산이나 암모니아가 축적되어 병의 발생을 더욱 조장하는 유형의 냉해
혼합형 냉해	장기간의 저온에 의하여 지연형 냉해, 장해형 냉해 및 병해형 냉해 등이 혼합된 형태로 나타나는 현상으로 수량감소에 가장 치명적임

04 토양의 양이온치환용량(CEC)에 대한 설명으로 옳지 않은 것은?

① CEC가 커지면 토양의 완충능이 커지게 된다.

② CEC가 커지면 비료성분의 용탈이 적어 비효가 늦게까지 지속된다.

③ 토양 중 점토와 부식이 늘어나면 CEC도 커진다.

④ 토양 중 교질입자가 많으면 치환성 양이온을 흡착하는 힘이 약해진다.

해설

양이온치환용량(CEC : Cation Exchange Capacity) 또는 염기치환용량(BEC : Base Exchange Capacity)

토양 100g이 보유하는 치환성 양이온의 총량을 mg당량(me)으로 표시한 것

- 토양 중 고운 점토와 부식이 증가하면 CEC도 증대된다.
- CEC가 증대하면 NH_4^+, K^+, Ca^{++}, Mg^{++} 등의 비료성분을 흡착 및 보유하는 힘이 커져서 비료를 많이 주어도 일시적 과잉흡수가 억제된다.
- 비료성분의 용탈이 적어서 비효가 늦게까지 지속된다.
- 토양의 완충능이 커지게 된다.

05 광처리효과에 대한 설명으로 옳지 않은 것은?

① 겨울철 잎들깨 재배 시 적색광 야간조파는 개화를 억제한다.

② 양상추 발아 시 근적외광 조사는 발아를 촉진한다.

③ 플러그묘 생산 시 자외선과 같은 단파장의 광은 신장을 억제한다.

④ 굴광현상에는 400~500nm, 특히 440~480nm의 광이 가장 유효하다.

해설

양상추는 호광성 종자로 적색광이 발아에 영향을 미친다.

06 잡종강세를 설명하는 이론이 아닌 것은?

① 복대립유전자설　② 초우성설

③ 초월분리설　④ 우성유전자연관설

해설

잡종강세(Hybrid Vigor, Heterosis)

- 타식성 작물의 근친교배로 인해 약세화된 작물 또는 빈약한 자식계통끼리 교배한 F_1이 양친보다 우수한 생육을 나타내는 현상으로, 근교약세의 반대현상이라 할 수 있다. 자식성 작물에서도 잡종강세가 나타나지만 타식성 작물에서 월등히 크게 나타난다.
- 원인 : 우성설(優性說, Dominance Theory)과 초우성설(超優性說, Overdominance Theory), 이형접합설, 복대립유전자설 등으로 설명된다.
  - 우성설(Bruce, 1910) : F1에 집적된 우성유전자들의 상호작용에 의하여 잡종강세가 나타난다는 설
  - 초우성설(Shull, 1908) : 잡종강세가 이형접합체(F1)로 되면 공우성이나 유전자 연관 등에 의해 잡종강세가 발현된다는 설
  - 복대립유전자설 : 같은 유전자 좌에 여러 개의 유전자가 있어 같은 형질을 지배하면서 서로 다른 표형형을 나타내는 유전자를 복대립유전자라고 하는데 분화된 거리가 먼 것끼리 합쳐질수록 강세가 크다.
  - 타식성 작물은 자식 또는 근친교배로 동형접합체 비율이 높아지면 집단 적응도가 떨어지므로 타가수정을 통해 적응에 유리한 이형접합체를 확보한다고 할 수 있으므로 타식성 작물의 육종은 근교약세를 일으키지 않고 잡종강세를 유지하는 우량집단을 육성하는 것

정답 4 ④ 5 ② 6 ③

07

3쌍의 독립된 대립유전자에 대하여 F_1의 유전자형이 $AaBbCc$일 때 F_2에서 유전자형의 개수는?(단, 돌연변이는 없음)

① 9개 ② 18개
③ 27개 ④ 36개

해설

배우자 종류수와 배우자 조합수 및 F_2의 유전자형과 표현형 종류수

유전자 쌍 수	F_1의 배우자 종류수	배우자 조합수	F_2 유전자형의 종류수	F_2 표현형의 종류수	F_2 완전분리 최소 개체수
1	2	4	3	2	4
2	2	16	9	2	16
3	8	64	27	8	64
4	16	256	81	16	256
5	32	1,024	243	32	1,024
10	1,024	1,048,576	59,049	1,024	1,048,576
n	2^n	4^n	3^n	2^n	4^n

출처 : 박순직 · 남영우, 2010, 농업유전학, 한국방송통신대학교출판부

08

작물별 수량구성요소에 대한 설명으로 옳지 않은 것은?

① 화곡류의 수량구성요소는 단위면적당 수수, 1수 영화수, 등숙률, 1립중으로 구성되어 있다.
② 과실의 수량구성요소는 나무당 과실수, 과실의 무게(크기)로 구성되어 있다.
③ 뿌리작물의 수량구성요소는 단위면적당 식물체수, 식물체당 덩이뿌리(덩이줄기)수, 덩이뿌리(덩이줄기)의 무게로 구성되어 있다.
④ 성분을 채취하는 작물의 수량구성요소는 단위면적당 식물체수, 성분 채취부위의 무게, 성분 채취부위의 수로 구성되어 있다.

해설

④ 목적이 성분이므로 성분함량이 포함되어야 한다.

09

식물체 내 수분퍼텐셜에 대한 설명으로 옳지 않은 것은?

① 매트릭퍼텐셜은 식물체 내 수분퍼텐셜에 거의 영향을 미치지 않는다.
② 세포의 수분퍼텐셜이 0이면 원형질분리가 일어난다.
③ 삼투퍼텐셜은 항상 음(−)의 값을 가진다.
④ 세포의 부피와 압력퍼텐셜이 변화함에 따라 삼투퍼텐셜과 수분퍼텐셜이 변화한다.

해설

수분퍼텐셜의 구성

- 수분퍼텐셜(ψ_w)=삼투퍼텐셜(ψ_s)+압력퍼텐셜(ψ_p)+매트릭퍼텐셜(ψ_m)
- 삼투피텐셜(ψ_s)
  - 용질 농도에 따라 영향을 받는 물의 퍼텐셜
  - 용질이 첨가될수록 감소하며 항상 음(−)의 값을 가진다.
- 압력퍼텐셜(ψ_p)
  - 식물세포 내 벽압이나 팽압의 결과로 생기는 정수압에 따른 퍼텐셜에너지이다.
  - 식물세포에서는 일반적으로 양(+)의 값을 가진다.
- 매트릭퍼텐셜(ψ_m)
  - 교질물질과 식물세포의 표면에 대한 물의 흡착친화력에 의해 나타나는 퍼텐셜에너지이다.
  - 항상 음(−)의 값을 가진다.
  - 토양의 수분퍼텐셜의 결정에 매우 중요하다.
- 식물체 내의 수분퍼텐셜
  - 식물체 내의 수분퍼텐셜에서는 매트릭퍼텐셜은 영향을 거의 미치지 않고 삼투퍼텐셜과 압력퍼텐셜이 좌우하므로 $\psi_w = \psi_s + \psi_p$로 표시할 수 있다.
  - 세포 부피와 압력퍼텐셜의 변화에 따라 삼투퍼텐셜과 수분퍼텐셜이 변화한다.
  - 압력퍼텐셜과 삼투퍼텐셜이 같아지면 세포의 수분퍼텐셜은 0이 되므로 팽만상태가 된다.($\psi_s = \psi_p$)
  - 수분퍼텐셜과 삼투퍼텐셜이 같아지면 압력퍼텐셜은 0이 되므로 원형질분리가 일어난다.($\psi_w = \psi_s$)
  - 수분퍼텐셜은 토양이 가장 높고, 대기가 가장 낮으며 식물체 내에서 중간값이 나타나므로 수분의 이동은 토양 → 식물체 → 대기로 이어진다.

7 ③ 8 ④ 9 ② 정답

10 춘화처리에 대한 설명으로 옳지 않은 것은?

① 호흡을 저해하는 조건은 춘화처리도 저해한다.
② 최아종자 고온춘화처리 시 광의 유무가 춘화처리에 관계하지 않는다.
③ 밀에서 생장점 이외의 기관에 저온처리하면 춘화처리 효과가 발생하지 않는다.
④ 밀은 한번 춘화되면 새로이 발생하는 분얼도 직접 저온을 만나지 않아도 춘화된 상태를 유지한다.

해설

광 선

- 저온춘화는 광선의 유무에 관계가 없다.
- 고온춘화는 처리 중 암흑상태가 필요하다.
- 일반적으로 온도유지와 건조방지를 위해 암중에 보관한다.

11 한 포장 내에서 위치에 따라 종자, 비료, 농약 등을 달리 함으로써 환경문제를 최소화하면서 생산성을 최대로 하려는 농업은?

① 생태농업 ② 정밀농업
③ 자연농업 ④ 유기농업

12 같은 해에 여러 작물을 동일 포장에서 조합・배열하여 함께 재배하는 작부체계가 아닌 것은?

① 윤 작 ② 혼 작
③ 간 작 ④ 교호작

13 벼 조식재배에 의해 수량이 높아지는 이유가 아닌 것은?

① 단위면적당 수수의 증가
② 단위면적당 영화수의 증가
③ 등숙률의 증가
④ 병해충의 감소

해설

벼의 조식재배(早植栽培, Early Planting Culture)

- 한랭지에서 중・만생종을 조기 육묘하여 조기 이앙하는 재배법이다.
- 생육기간을 늘려 다수확을 목적으로 하므로 중・만생종(감광형) 품종을 선택한다.
- 4월 중・하순에 못자리를 설치하고 5월 중・하순에 이앙하여 8월 상・중순에 출수, 9월 중・하순에 등숙 및 수확하게 된다.
- 효 과
  - 영양생장기간이 길어지므로 단위면적당 이삭수 확보에 유리하다.
  - 최적엽면적지수가 증가해 광합성량이 증가하며 단위면적당 입수 확보가 가능하다.
  - 등숙기간에 일조가 좋아 등숙 비율이 높고 수량이 증가한다.
  - 한랭지의 경우 생육 후기 냉해 위험을 줄일 수 있다.
- 유의점
  - 생육기간이 길어지므로 보통재배에 비하여 시비량을 20~30% 늘려야 한다.
  - 잎집무늬마름병의 발생이 많고 남부지방에서는 줄무늬마름병을 주의해야 한다.

14 발아를 촉진시키기 위한 방법으로 옳지 않은 것은?

① 맥류와 가지에서는 최아하여 파종한다.
② 감자, 양파에서는 MH(Maleic Hydrazide)를 처리한다.
③ 파종 전에 수분을 가하여 종자가 발아에 필요한 생리적인 준비를 갖추게 하는 프라이밍처리를 한다.
④ 파종 전 종자에 흡수・건조의 과정을 반복적으로 처리한다.

해설

MH(Maleic Hydrazide)

- 생장저해물질로 담배 측아발생을 방지하여 적심의 효과를 높인다.
- 감자, 양파 등에서 맹아억제효과가 있다.

15 토양반응과 작물의 생육에 대한 설명으로 옳지 않은 것은?

① 토양유기물을 분해하거나 공기질소를 고정하는 활성 박테리아는 중성 부근의 토양반응을 좋아한다.
② 토양 중 작물 양분의 가급도는 토양 pH에 따라 크게 다르며, 중성~약산성에서 가장 높다.
③ 강산성이 되면 P, Ca, Mg, B, Mo 등의 가급도가 감소되어 생육이 감소한다.
④ 벼, 양파, 시금치는 산성토양에 대한 적응성이 높다.

정답 10 ② 11 ② 12 ① 13 ④ 14 ② 15 ④

해설

산성토양에 대한 작물의 적응성

- 극히 강한 것 : 벼, 밭벼, 귀리, 토란, 아마, 기장, 땅콩, 감자, 수박 등
- 강한 것 : 메밀, 옥수수, 목화, 당근, 오이, 완두, 호박, 토마토, 밀, 조, 고구마, 담배 등
- 약간 강한 것 : 유채, 파, 무 등
- 약한 것 : 보리, 클로버, 양배추, 근대, 가지, 삼, 겨자, 고추, 완두, 상추 등
- 가장 약한 것 : 알팔파, 콩, 자운영, 시금치, 사탕무, 셀러리, 부추, 양파 등

16 비료성분의 배합방법 중 가장 효과적인 것은?

① 과인산석회+질산태질소비료
② 암모니아태질소비료+석회
③ 유기질 비료+질산태질소비료
④ 과인산석회+용성인비

해설

용성인비

- 구용성 인산을 함유하며 작물에 빠르게 흡수되지 못하므로 과인산석회 등과 병용하는 것이 좋다.
- 토양 중 고정이 적고 규산, 석회, 마그네슘 등을 함유하는 염기성 비료로 산성토양 개량의 효과도 있다.

17 작물의 재배환경 중 광과 관련된 설명으로 옳지 않은 것은?

① 군락 최적엽면적지수는 군락의 수광태세가 좋을 때 커진다.
② 식물의 건물생산은 진정광합성량과 호흡량의 차이, 즉 외견상 광합성량이 결정한다.
③ 군락의 형성도가 높을수록 군락의 광포화점이 낮아진다.
④ 보상점이 낮은 식물은 그늘에 견딜 수 있어 내음성이 강하다.

해설

군락의 광포화점

- 군락상태(群落狀態) : 포장에서 식물이 자라 잎이 서로 포개져 많은 잎들이 직사광선을 받지 못하고 그늘에 있는 상태를 군락상태라 하며 포장의 작물은 군락상태를 형성하고 면적당 수량은 면적당 광합성량에 따라 달라지므로 군락의 광합성이 수량을 지배한다.
- 벼의 경우 잎에 투사된 광은 10% 정도만 이를 투과한다. 따라서 군락이 우거져 그늘에 있는 잎이 많아지면 포화광을 받지 못하는 잎이 많아지고 이들이 충분한 광을 받기 위해서는 더 강한 광이 군락에 투사되어야 하므로 군락의 광포화점은 높아진다.
- 군락의 광포화점은 군락의 형성도가 높을수록 높아진다.
- 벼의 생육단계별 군락 형성상태에 따라 광의 조도와 군락의 광합성의 관계는 고립상태에 가까운 생육 초기에는 낮은 조도에서도 광포화를 이루나 군락이 무성한 출수기 전후에는 전광에 가까운 높은 조도에도 광포화를 보이지 않는 것과 같이 군락이 무성한 시기일수록 더 강한 일사가 필요하다.

18 유전자지도 작성에 대한 설명으로 옳지 않은 것은?

① 연관된 유전자간 재조합빈도(RF)를 이용하여 유전자들의 상대적 위치를 표현한 것이 유전자지도이다.
② F_1 배우자(Gamete) 유전자형의 분리비를 이용하여 RF 값을 구할 수 있다.
③ 유전자 A와 C 사이에 B가 위치하고, A–C 사이에 이중교차가 일어나는 경우, A–B 간 RF=r, B–C 간 RF=s, A–C 간 RF=t일 때 r+s < t이다.
④ 유전자지도는 교배 결과를 예측하여 잡종 후대에서 유전자형과 표현형의 분리를 예측할 수 있으므로 새로 발견된 유전자의 연관분석에 이용될 수 있다.

해설

유전자 A, B와 C의 3점검정교배 AaBbCc/aabbcc에서 재조합빈도(RF)는 A–B간 RF = r, C–A간 RF = s, C–B간 RF = t일 때, r+s = t 또는 r+t = s이면 C는 A의 앞 또는 B의 뒤에 위치한다. s+t = r이면 A와 B 사이에 C가 있게 되는데 s+t = r 보다는 s+t > r인 경우가 많다. 이는 A–B 사이에 이중교차가 일어나 RF값이 낮게 나왔거나, 한 곳에서 교차가 일어나면 그 인접 부위에서 교차가 억제되는 현상인 간섭이 생겼기 때문이다.

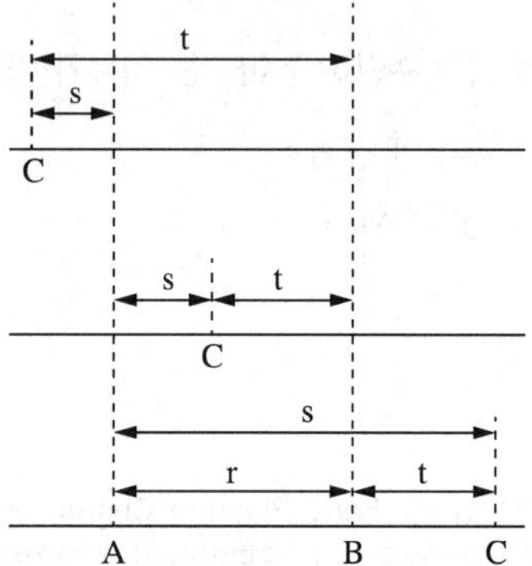

3점검정교배에 의한 유전자지도 작성

16 ④ 17 ③ 18 ③ 정답

19 대립유전자 상호작용 및 비대립유전자 상호작용에 대한 설명으로 옳지 않은 것은?

① 중복유전자에서는 같은 형질에 관여하는 여러 유전자들이 누적효과를 나타낸다.
② 보족유전자에서는 여러 유전자들이 함께 작용하여 한 가지 표현형을 나타낸다.
③ 억제유전자는 다른 유전자작용을 억제하기만 한다.
④ 불완전우성, 공우성은 대립유전자 상호작용이다.

해설

- 누적효과를 나타내는 것은 복수유전자이다.
- 중복유전자(重複遺傳子, Duplicate Gene)
  - 냉이 씨의 꼬투리는 세모꼴($AABB$)과 방추형($aabb$)이 있고 이것을 교배한 F_1은 세모꼴, F_2는 세모꼴 : 방추형 = 15 : 1로 분리된다.
  - $A\_B\_$, A_bb, $aaB_$가 모두 세모꼴로 우성유전자 A, B에 의해 세모꼴이 나타나는데 누적효과는 보이지 않는다. 이와 같이 비대립유전자가 같은 방향으로 작용하나 누적효과를 보이지 않는 것을 중복유전자라고 한다.
  - A는 B, b에 상위성, B는 A, a에 상위성이라 할 수 있다.

[냉이 씨의 꼬투리 모양 유전(중복유전자)]

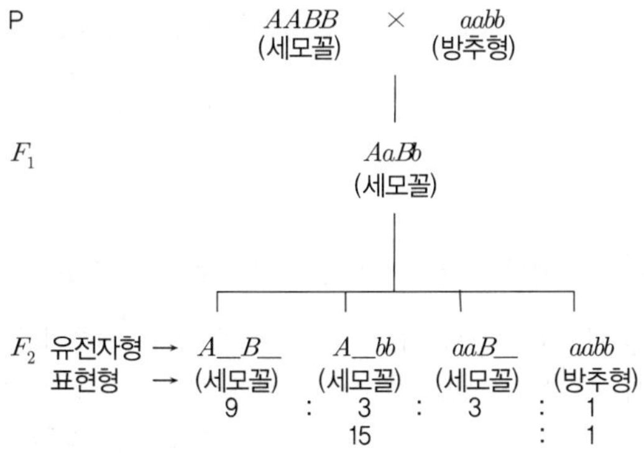

20 작물의 수확 및 수확 후 관리에 대한 설명으로 옳은 것은?

① 벼의 열풍건조 온도를 55°C로 하면 45°C로 했을 때보다 건조시간이 단축되고 동할미와 싸라기 비율이 감소된다.
② 비호흡급등형 과실은 수확 후 부적절한 저장조건에서도 에틸렌의 생성이 급증하지 않는다.
③ 수분함량이 높은 감자의 수확작업 중에 발생한 상처는 고온·건조한 조건에서 유상조직이 형성되어 치유가 촉진된다.
④ 현미에서는 지방산도가 20mg KOH/100g 이하를 안전 저장상태로 간주하고 있다.

해설

④ 저장 중 수분함량이 높을수록 비타민 B_1이 감소하고 환원당과 유리지방산이 증가하며 유리지방산의 지방산도는 건물 100g 중 유리지방산을 중화시키는데 소요되는 수산화칼륨(KOH)의 양으로 나타내며 저장상태의 지표가 된다.
- 변질시작 : 20mg KOH/100g 이하
- 변질 : 25mg KOH/100g 이상

① 벼의 열풍건조 온도를 55°C로 하면 45°C로 했을 때보다 건조시간은 길어지나 동할미와 싸라기 비율이 감소된다.
② 비호흡급등형 과실은 수확 후 부적절한 저장조건에서 에틸렌의 생성이 급증한다.
③ 감자의 큐어링
- 수확 시 발생한 상처를 아물게 해 저장 중 부패를 줄일 수 있다.
- 온도 10~15℃, 습도 100% 조건에서 2~3주 보관했다가 방랭 후 저장한다.

정답 19 ① 20 ④

2018년 국가직 재배학개론

01 식물생장조절제에 대한 설명으로 옳지 않은 것은?

① 옥신류는 제초제로도 이용된다.
② 지베렐린 처리는 화아형성과 개화를 촉진할 수 있다.
③ ABA는 생장촉진물질로 경엽의 신장촉진에 효과가 있다.
④ 시토키닌은 2차 휴면에 들어간 종자의 발아증진 효과가 있다.

해설

ABA(Abscisic acid)

• 의 의
- 색소체 존재 부위에서 합성될 수 있다.
- 식물체가 스트레스를 받는 상태 예로 건조, 무기양분 부족, 침수상태에서 증가하기에 식물의 저항성과 관련 있는 것으로 추정된다.
- 생장억제물질로 생장촉진호르몬과 상호작용으로 식물 생육을 조절한다.

• 아브시스산의 작용
- 잎의 노화 및 낙엽 촉진한다.
- 휴면을 유도한다.
- 종자의 휴면을 연장하여 발아를 억제한다.
- 단일식물을 장일조건에서 화성을 유도하는 효과가 있다.
- ABA 증가로 기공이 닫혀 위조저항성이 증진된다.
- 목본식물의 경우 내한성이 증진된다.

02 멘델의 유전법칙에 대한 설명으로 옳지 않은 것은?

① 세포질에 있는 엽록체와 미토콘드리아 유전자의 유전양식이다.
② 쌍으로 존재하는 대립유전자는 배우자형성 과정에서 분리된다.
③ 한 개체에 서로 다른 대립유전자가 함께 있을 때 한 가지 형질만 나타난다.
④ 특정 유전자의 대립유전자들은 다른 유전자의 대립유전자들에 대해 독립적으로 분리된다.

해설

①은 핵외유전에 관한 설명으로 멘델법칙이 적용되지 않는 비 멘델식 유전이며 정역교배 결과가 일치하지 않는다.

핵외유전 : 세포질의 색소체DNA(cpDNA)와 미토콘트리아 DNA(mtDNA)의 핵외유전자의 유전자를 의미하여 세포질유전(細胞質遺傳, Cytoplasmic Inheritance)라고도 한다. 멘델법칙이 적용되지 않는 비 멘델식 유전이며 정역교배 결과가 일치하지 않는다.

03 작물의 분류에 대한 설명으로 옳지 않은 것은?

① 용도에 따른 분류에서 토마토는 과수작물이다.
② 작부방식에 따른 분류에서 메밀은 구황작물이다.
③ 생육적온에 따라 분류하면 감자는 저온작물에 해당한다.
④ 생존연한에 따라 분류하면 가을밀은 월년생 작물에 해당한다.

해설

우리나라에서 토마토는 초본으로 분류하여 과채류로 분류하고 있다.
※ 과수작물 : 다년생 목본에서 생산되는 작물

1 ③ 2 ① 3 ① 정답

04 식물조직배양에 대한 설명으로 옳지 않은 것은?

① 영양번식 작물에서 바이러스 무병 개체를 육성할 수 있다.

② 분화한 식물세포가 정상적인 식물체로 재분화를 할 수 있는 능력을 전체형성능이라 한다.

③ 번식이 힘든 관상식물을 단시일에 대량으로 번식시킬 수 있다.

④ 조직배양의 재료로 영양기관을 사용한 경우는 많으나 예민한 생식기관을 사용한 사례는 없다.

해설

반수체(半數體, haploid) 이용한 육종

- 반수체는 생육이 빈약하고 완전불임으로 실용성이 없다.
- 반수체의 염색체를 배가하면 곧바로 동형접합체를 얻을 수 있어 육종연한을 많이 줄일 수 있고 상동게놈이 1개뿐이므로 열성형질의 선발이 쉽다.
- 인위적 반수체를 만드는 방법으로 약배양, 화분배양, 종속간 교배, 반수체유도유전자 등을 이용하며 약배양이 화분배양에 비하여 배양이 간단하고 식물체의 재분화율이 높다.

05 토양 수분에 대한 설명으로 옳지 않은 것은?

① 비가 온 후 하루 정도 지난 상태인 포장용수량은 작물이 이용하기 좋은 수분 상태를 나타낸다.

② 작물이 주로 이용하는 모관수는 표면장력에 의해 토양 공극 내에서 중력에 저항하여 유지된다.

③ 흡습수는 토양입자표면에 피막상으로 흡착된 수분이므로 작물이 이용할 수 있는 유효수분이다.

④ 위조한 식물을 포화습도의 공기 중에 24시간 방치해도 회복하지 못하는 위조를 영구위조라고 한다.

해설

흡습수(吸濕水, Hygroscopic Water)

- PF : 4.2~7
- 토양을 105℃로 가열 시 분리 가능하며 토양 표면에 피막상으로 흡착되어 있는 수분이다.
- 작물에 흡수, 이용되지 못한다.

06 버널리제이션의 농업적 이용에 대한 설명으로 옳지 않은 것은?

① 맥류의 육종에서 세대단축에 이용된다.

② 월동채소를 춘파하여 채종할 때 이용된다.

③ 개나리의 개화유도를 위해 온욕법을 사용한다.

④ 딸기를 촉성재배하기 위해 여름철에 묘를 냉장처리한다.

해설

춘화처리의 농업적 이용

- 수량 증대 : 추파 맥류의 춘화처리 후 춘파로 춘파형 재배지대에서도 추파형 맥류의 재배가 가능하다.
- 채종 : 월동 작물을 저온처리 후 봄에 심어도 출수, 개화하므로 채종에 이용될 수 있다.
- 촉성재배 : 딸기의 화아분화에는 저온이 필요하기 때문에 겨울 출하를 위한 촉성재배 시 딸기묘를 여름철에 저온으로 화아분화를 유도해야 한다.
- 육종상의 이용 : 춘화처리로 세대단축에 이용한다.
- 종 또는 품종의 감정 : 라이그래스류의 종 또는 품종은 3~4주일 동안 춘화처리를 한 다음 종자의 발아율에 의해서 구별된다고 한다.

정답 4 ④ 5 ③ 6 ③

07 C_3와 C_4 그리고 CAM작물의 생리적 특성에 대한 설명으로 옳은 것은?

① C_4작물은 C_3작물보다 이산화탄소 보상점이 낮다.
② C_3작물은 광호흡이 없고 이산화탄소시비 효과가 작다.
③ C_4작물은 C_3작물보다 증산율과 수분이용효율이 높다.
④ CAM작물은 밤에 기공을 열며 3탄소화합물을 고정한다.

해설

C3식물, C4식물, CAM식물의 광합성 특징 비교

- 고등식물에 있어 광합성 제2과정에서 CO_2가 환원되는 물질에 따라 C_3식물, C_4식물, CAM식물로 구분한다.
- C_3식물
  - 이산화탄소를 공기에서 직접 얻어 캘빈회로에 이용하는 식물로 최초 합성되는 유기물이 3탄소화합물이다.
  - 벼, 밀, 콩, 귀리 등이 해당된다.
  - 날씨가 덥고 건조한 경우 C_3식물은 수분의 손실을 줄이기 위해 기공을 닫아 광합성률이 감소되어 생산이 줄어든다.
  - 기공을 닫으면 이산화탄소의 흡수와 산소의 방출이 억제되어 이산화탄소는 점점 낮아지고 산소는 쌓이게 되면 탄소고정효소 루비스코(Nubisco)가 이산화탄소 대신 산소와 결합하면서 3탄소화합물 대신 2탄소화합물을 생성하였다가 이산화탄소와 물로 분해하며 산소고정으로 시작되는 과정을 광호흡(Photorespiration)이라 하며 광호흡은 당이 합성되지 않고 ATP를 생성하지 않는 소비적 과정이다.
- C_4식물
  - C_3식물과 달리 수분을 보존하고 광호흡을 억제하는 적응기구를 가지고 있다.
  - 날씨가 덥고 건조한 경우 기공을 닫아 수분을 보존하며, 탄소를 4탄소화합물로 고정시키는 효소를 가지고 있어 기공이 대부분 닫혀있어도 광합성을 계속할 수 있다.
  - 옥수수, 수수, 사탕수수, 기장, 버뮤다그래스, 명아주 등이 이에 해당한다.
  - 이산화탄소 보상점이 낮고 이산화탄소 포화점이 높아 광합성 효율이 매우 높은 특징이 있다.
- CAM(Crassulacean Acid Metabolism)식물
  - 밤에만 기공을 열어 이산화탄소를 받아들이면서 수분을 보존하고 이산화탄소가 잎에 들어오면 C_4식물과 같이 4탄소화합물로 고정하여 저축하였다가 낮에 캘빈회로로 방출하여 낮에 이산화탄소를 받아들이지 않더라도 광합성을 계속할 수 있다.
  - 선인장, 파인애플, 솔잎국화 등의 대부분 다육식물이 이에 해당한다.

아래 표 참조

특 성	C_3식물	C_4식물	CAM식물
CO_2 고정계	캘빈회로	C_4회로 + 캘빈회로	C_4회로 + 캘빈회로
잎조직 구조	엽육세포로 분화하거나, 내용이 같은 엽록유세포에 엽록체가 많이 포함되어 광합성이 이곳에서 이루어지며, 유관속초세포는 별로 발달하지 않고 발달해도 엽록체를 거의 포함하지 않는다.	유관속초세포가 매우 발달하여 다량의 엽록체를 포함하고, 다량의 엽록체를 포함한 유관속초세포가 방사상으로 배열되어 이른바 크렌즈 구조를 보이는 것이 특징이다.	엽육세포는 해면상이고 매우 균일하게 발달하여 엽록체도 균일하게 분포한다. 유관속초세포는 발달하지 않고 두꺼운 잎조직의 안쪽에는 저수조직을 가지는 것이 특징이다.
최대광합성능력 (mg CO_2/cm^2/시간)	15~40	35~80	1~4
CO_2 보상점(ppm)	30~70	0~10	0~5(암중)
21% O_2에 의한 광합성억제	있 음	없 음	있 음
광호흡	있 음	유관속초세포	정오 후 측정가능
광포화점	최대일사의 1/4~1/2	최대일사 이상 강광조건에서 높은 광합성률	부 정
광합성적정온도(℃)	13~30	30~47	≃35
내건성	약	강	매우 강함
광합성산물 전류속도	느 림	빠 름	–
최대건물생장률(g/m^2/일)	19.5±1.9	30.3±13.8	–
건물생산량(ton/ha/년)	22±3.3	38±16.9	낮고 변화가 심함
증산율(g H_2O/g 건물량 증가)	450~950(다습조건에 적응)	250~350(고온에 적응)	18~125(매우 적음)
CO_2 첨가에 의한 건물생산 촉진효과	큼	작음(하나의 CO_2 분자를 고정하기 위하여 더 많은 에너지가 필요함)	–

7 ① 정답

08 1대잡종의 품종과 채종에 대한 설명으로 옳지 않은 것은?

① 사료작물에서는 3원교배나 복교배에 의한 1대잡종품종이 많이 이용된다.
② 일반적으로 1대잡종품종은 수량이 높고 균일한 생산물을 얻을 수 있다.
③ F_1종자의 경제적 채종을 위해 주로 자가불화합성과 웅성불임성을 이용한다.
④ 자식계통 간 교배로 만든 품종의 생산성은 자연방임품종보다 낮다.

해설

자연수분품종 간 교배한 F_1 품종은 자식계통을 이용했을 때보다 생산성은 낮으나 채종이 유리하고 환경스트레스 적응성이 높다.

09 종자코팅에 대한 설명으로 옳지 않은 것은?

① 펠릿종자는 토양전염성 병을 방제할 수 있다.
② 펠릿종자는 종자대는 절감되나 솎음노력비는 증가한다.
③ 필름코팅은 종자의 품위를 높이고 식별을 쉽게 한다.
④ 필름코팅은 종자에 처리한 농약이 인체에 묻는 것을 방지할 수 있다.

해설

종자 펠릿

- 의의 : 종자가 매우 미세하거나 표면이 매우 불균일하거나 종자가 가벼워 손으로 다루거나 기계파종이 어려울 경우 종자 표면에 화학적으로 불활성의 고체물질을 피복하여 종자를 크게 만드는 것
- 장 점
  - 파종 용이
  - 적량 파종이 가능해 솎음 노력 불필요로 종자대와 솎음노력비를 동시 절감할 수 있다.
  - 근권정착미생물 첨가로 토양 및 종자전염성병의 방제효과로 농약사용을 줄일 수 있다.

10 농산물을 저장할 때 일어나는 변화에 대한 설명으로 옳지 않은 것은?

① 호흡급등형 과실은 에틸렌에 의해 후숙이 촉진된다.
② 감자와 마늘은 저장 중 맹아에 의해 품질저하가 발생한다.
③ 곡물은 저장 중에 전분이 분해되어 환원당 함량이 증가한다.
④ 신선농산물은 수확 후 호흡에 의한 수분손실이 증산에 의한 손실보다 크다.

해설

증산작용(蒸散作用, Transpiration)

- 식물체에서 수분이 빠져 나가는 현상으로 식물생장에는 필수적인 대사작용이지만 수확한 산물에 있어서는 여러 가지 나쁜 영향을 미친다.
- 수분은 신선한 과일, 채소의 경우 중량의 80~95%를 차지하는 가장 많은 성분이고 신선한 산물의 저장 생리에서 매우 중요한 분야이다.
- 일반적으로 증산으로 인한 중량 감소는 호흡으로 발생하는 중량 감소의 10배 정도 크다.
- 증산에 따른 상품성의 변화
  - 중량감소
  - 조직에 변화를 일으켜 신선도 저하
  - 시듦 현상으로 외양에 지대한 영향을 미친다. 일반적으로 수분이 5% 정도 소실되면 상품가치를 잃게 된다.
  - 대부분 채소는 수분함량이 90% 이상 되는데 온도가 높아지고 상대습도가 낮은 환경에서는 증산이 많아져 산물의 생체중이 5~10%까지 줄어들며 상품성이 크게 떨어지게 된다.
  - 과실은 수분함량이 85~95%로 이루어져 있는데 수분이 5~8% 정도 증산되면 상품가치를 잃게 된다.
  - 사과의 경우 9% 정도 중량감소가 일어나면 표피가 쭈그러지는 위조현상이 일어난다.

11 비료에 대한 설명으로 옳지 않은 것은?

① 질산태 질소는 지효성으로 논과 밭에 모두 알맞은 비료이다.
② 요소는 질소 결핍증이 발생하였을 때 토양시비가 곤란한 경우 엽면시비에도 이용할 수 있다.
③ 화본과 목초와 두과 목초를 혼파하였을 때, 인과 칼륨을 충분히 공급하면 두과 목초가 우세해진다.
④ 유기태 질소는 토양에서 미생물의 작용에 의하여 암모니아태나 질산태 질소로 변환된 후 작물에 이용된다.

정답 8 ④ 9 ② 10 ④ 11 ①

해설

질 소

- 질산태질소(NO_3^- – N)
  - 질산암모늄(NH_4NO_3), 칠레초석($NaNO_3$), 질산칼륨(KNO_3), 질산칼슘($Ca(NO_3)_2$) 등이 있다.
  - 물에 잘 녹고 속효성이며 밭작물 추비에 알맞다.
  - 음이온으로 토양에 흡착되지 않고 유실되기 쉽다.
  - 논에서는 용탈에 의한 유실과 탈질현상이 심해서 질산태질소 비료의 시용은 불리하다.
- 암모니아태질소(NH_3^+ – N)
  - 황산암모늄($(NH_4)_2SO_4$), 염산암모늄(NH_4Cl), 질산암모늄(NH_4NO_3), 인산암모늄($(NH_4)_2HPO_4$), 부숙인분뇨, 완숙퇴비 등이 있다.
  - 물에 잘 녹고 속효성이나 질산태질소 보다는 속효성이 아니다.
  - 양이온으로 토양에 잘 흡착되어 유실이 잘 되지 않고 논의 환원층에 시비하면 비효가 오래간다.
  - 밭토양에서는 속히 질산태로 변하여 작물에 흡수된다.
  - 유기물이 함유되지 않은 암모니아태질소의 연용은 지력소모를 가져오며 암모니아 흡수 후 남는 산근으로 토양을 산성화시킨다.
  - 황산암모늄은 질소의 3배에 해당되는 황산을 함유하고 있어 농업상 불리하므로 유기물의 병용으로 해를 덜어야 한다.
- 요소($(NH_4)_2CO$)
  - 물에 잘 녹고 이온이 아니기 때문에 토양에 잘 흡착되지 않아 시용 직후 유실우려가 있다.
  - 토양미생물의 작용으로 속히 탄산암모늄($(NH_4)_2CO_3$)를 거쳐 암모니아태로 되어 토양에 흡착이 잘되어 질소효과는 암모니아태질소와 비슷하다.
  - 인산성분 : 인산암모늄(48%), 중과인산석회(46%), 용성인비(21%), 과인산석회(15%)
- 시안아미드(Cyanamide, CH_2N_2)태질소
  - 석회질소가 이에 속한하며 물에 작 녹으나 작물에 해롭다.
  - 토양 중 화학변화로 탄산암모늄으로 되는데 1주일 정도 소요되므로 작물 파종 2주일 전 정도 시용할 필요가 있다.
  - 환원상태에서는 디시안디아미드(dicyandiamide, $C_2H_4N_4$)로 되어 유독하고 분해가 힘들므로 밭상태로 시용하도록 한다.
- 단백태질소
  - 깻묵, 어비, 골분, 녹비, 쌀겨 등이 이에 속하며 토양 중에서 미생물에 의해 암모니아태 또는 질산태로 된 후 작물에 흡수, 이용된다.
  - 지효성으로 논과 밭 모두 알맞아 효과가 크다.

12 **우리나라 작물 재배의 특색으로 옳지 않은 것은?**

① 작부체계와 초지농업이 모두 발달되어 있다.
② 모암과 강우로 인해 토양이 산성화되기 쉽다.
③ 사계절이 비교적 뚜렷하고 기상재해가 높은 편이다.
④ 쌀을 제외한 곡물과 사료를 포함한 전체 식량자급률이 낮다.

해설

우리나라는 농지 면적비율이 낮아 초지농업의 발달 정도가 낮다.

13 **작물의 내동성에 대한 설명으로 옳은 것은?**

① 생식기관은 영양기관보다 내동성이 강하다.
② 포복성 작물은 직립성인 것보다 내동성이 강하다.
③ 원형질에 전분함량이 많으면 기계적 견인력에 의해 내동성이 증가한다.
④ 세포 내에 수분함량이 많으면 생리적 활성이 증가하므로 내동성이 증가한다.

해설

작물의 내동성

- 생리적 요인
  - 세포 내 자유수 함량이 많으면 세포 내 결빙이 생기기 쉬워 내동성이 저하된다.
  - 세포액의 삼투압이 높으면 빙점이 낮아지고, 세포 내 결빙이 적어지며 세포 외 결빙 시 탈수저항성이 커져 원형질이 기계적 변형을 적게 받아 내동성이 증대한다.
  - 전분함량이 낮고 가용성 당의 함량이 높으면 세포의 삼투압이 커지고 원형질단백의 변성이 적어 냉동성이 증가한다.
  - 원형질의 물 투과성이 크면 원형질 변형이 적어 내동성이 커진다.
  - 원형질의 점도가 낮고 연도가 크면 결빙에 의한 탈수와 융해 시 세포가 물을 다시 흡수할 때 원형질의 변형이 적으므로 내동성이 크다.
  - 지유와 수분의 공존은 빙점강하도가 커져 내동성이 증대된다.
  - 칼슘이온(Ca^{2+})은 세포 내 결빙의 억제력이 크고 마그네슘이온(Mg^{2+})도 억제작용이 있다.
  - 원형질단백에 디설파이드기(–SS기) 보다 설파하이드릴기(–SH기)가 많으면 기계적 견인력에 분리되기 쉬워 원형질의 파괴가 적고 내동성이 증대한다.
- 맥류에서의 형태와 냉동성
  - 초형이 포복성인 것이 직립성인 것보다 내동성이 크다.
  - 관부가 깊어 생장점이 땅속 깊이 있는 것이 내동성이 크다.
  - 엽색이 진한 것이 내동성이 크다.
- 발육단계와 내동성
  - 작물은 생식생장기가 영양생장기에 비해 내동성이 극히 약하다.
  - 가을밀의 경우 2~4엽기의 영양체는 –17℃에서도 동사하지 않고 견디나 수잉기 생식기관은 –1.3~1.8℃에서도 동해를 받는다.

12 ① 13 ② 정답

- 내동성의 계절적 변화
  - 월동하는 겨울작물의 내동성은 기온의 저하에 따라 차차 증대하고, 다시 높아지면 점점 감소된다.
  - 경화(硬化, hardening) : 월동작물이 5℃ 이하의 저온에 계속 처하게 되면 내동성이 커지는 것
  - 경화상실(Dehardeninig) : 경화된 것을 다시 높은 온도에 처리하면 원래상태로 되돌아오는 것
  - 휴면상태일 때 내동성이 크다.

14 생물적 방제에 대한 설명으로 옳지 않은 것은?

① 오리를 이용하여 논의 잡초를 방제한다.
② 칠레이리응애로 점박이응애를 방제한다.
③ 벼의 줄무늬잎마름병을 저항성 품종으로 방제한다.
④ 기생성 곤충인 콜레마니진디벌로 진딧물을 방제한다.

해설

벼 줄무늬잎마름병은 애멸구에 의한 바이러스성 병해의 일종으로 벼 이삭이 아예 나오지 않거나 잎이 말라 죽는 병으로 자체 방제약은 아직 없고, 애멸구 방제약만 있다.

15 타식성 작물의 특성에 대한 설명으로 옳지 않은 것은?

① 자식성 작물에 비해서 타가수분을 많이 하기 때문에 대부분 이형접합체이다.
② 인위적으로 자식시키거나 근친교배를 하면 생육이 불량해지고 생산성이 떨어지는데 이를 근교약세라고 한다.
③ 동형접합체 비율이 높아지면 순계분리에 의한 우수한 형질들이 발현되어 적응도가 증가되고 생산량이 높아진다.
④ 근친교배로 약세화한 작물체끼리 교배한 F1이 양친보다 왕성한 생육을 나타낼 때 이를 잡종강세라고 한다.

해설

타식성작물 집단의 유전적 특성

- 타식성작물은 타가수정을 하므로 대부분 이형접합체이다.
- 근교약세(近交弱勢, = 자식약세(自殖弱勢) ; Inbreeding Depression)
  - 타식성작물의 인위적 자식, 근친교배로 작물체 생육불량, 생산성 저하가 나타나는 현상
  - 원인 : 근친교배에 의하여 이형접합체가 동형접합체로 되면서 이형접합체의 열성유전자가 분리되기 때문이다.
- 잡종강세(雜種强勢, Hybrid Vigor, Heterosis)
  - 타식성작물의 근친교배로 인한 약세화 된 작물 또는 빈약한 지식 계통끼리 교배한 F_1은 양친보다 우수한 생육을 나타내는 현상으로 근교약세의 반대현상이라 할 수 있다. 자식성작물에서도 잡종강세가 나타나지만 타식성작물에서 월등히 크게 나타난다.
  - 원인 : 우성설(優性說, Dominance Theory)과 초우성설(超優性說, overdominance theory)로 설명된다.
    - ㉠ 우성설(Bruce, 1910) : F_1에 집적된 우성유전자들의 상호작용에 의하여 잡종강세가 나다난다는 설이다.
    - ㉡ 초우성설(Shull, 1908) : 잡종강세가 이형접합체(F_1)로 되면 공우성이나 유전자 연관 등에 의해 잡종강세가 발현된다는 설이다.
  - 타식성작물은 자식 또는 근친교배로 동형접합체 비율이 높아지면 집단 적응도가 떨어지므로 타가수정을 통해 적응에 유리한 이형접합체를 확보한다고 할 수 있으므로 타식성작물의 육종은 근교약세를 일으키지 않고 잡종강세를 유지하는 우량집단을 육성하는 것이다.

16 채소류에서 재래식 육묘와 비교한 공정육묘의 이점으로 옳은 것은?

① 묘 소질이 향상되므로 육묘기간은 길어진다.
② 대량생산은 가능하나 연중 생산 횟수는 줄어든다.
③ 규모화는 가능하나 운반 및 취급은 불편하다.
④ 정식묘의 크기가 작아지므로 기계정식이 용이하다.

해설

채소류 공정육묘의 장점

- 단위면적당 모의 대량생산이 가능하다.
- 전 과정의 기계화로 관리비와 인건비 등 생산비가 절감된다.
- 기계정식이 용이하고 정식 시 인건비를 줄일 수 있다.
- 모의 소질 개선이 용이하다.
- 운반과 취급이 용이하다.
- 규모화가 가능해 기업화 및 상업화가 가능하다.
- 육묘기간이 단축되고 주문 생산이 용이해 연중 생산횟수를 늘릴 수 있다.

정답 14 ③ 15 ③ 16 ④

17 작물의 작부체계에 대한 설명으로 옳은 것은?

① 유럽에서 발달한 노포크식과 개량삼포식은 휴한농업의 대표적 작부방식이다.
② 답전윤환 시 밭기간 동안에는 입단화가 줄어들고 미량요소 용탈이 증가한다.
③ 인삼과 고추는 기지현상이 거의 없기 때문에 동일 포장에서 다년간 연작을 한다.
④ 콩은 간작, 혼작, 교호작, 주위작 등의 작부체계에 적합한 대표적인 작물이다.

해설

콩의 작물적 특성

• 재배와 경영상 특성
 – 이용적 특성
  ⓐ 질이 우수한 단백질이 풍부하여 곡류를 주식으로 하는 우리나라에서는 영양상 중요하다.
  ⓑ 다양한 용도로 이용되고 있어 대량의 콩을 안전하게 소비할 수 있다.
 – 기후적 특성 : 우리나라 기후조건이 재배에 알맞다.
 – 재배적 특성 : 생육이 왕성하고 생육기간이 비교적 짧고 윤작, 혼작, 교효작 등으로 작부체계상 유리해 토지를 유리하게 이용할 수 있다.
 – 지력유지적 특성
  ⓐ 뿌리혹박테리아(근류균)에 의해 질소고정 공급과 토양미생물 증가로 지력의 유지와 증진에 효과가 있다.
  ⓑ 콩의 재배는 토양표면 염기의 증가로 pH가 높아져 토양반응을 좋게 한다.
  ⓒ 뿌리가 질화작용이 강해 콩 재배 후 질산태질소가 증가하고 뿌리가 굳은 땅도 잘 뻗어나가 토양을 팽연하게 한다.

18 여교배 육종의 성공 조건으로 옳지 않은 것은?

① 만족할 만한 반복친이 있어야 한다.
② 육성품종은 도입형질 이외에 다른 형질이 1회친과 같아야 한다.
③ 여교배 중에 이전하려는 형질의 특성이 변하지 않아야 한다.
④ 여러 번 여교배한 후에도 반복친의 특성을 충분히 회복해야 한다.

해설

여교배육종(戾交配育種, Backcross Breeding)

• 우량품종의 한두 가지 결점을 보완하는데 효과적 육종방법이다.
• 여교배는 양친 A와 B를 교배한 F_1을 다시 양친 중 어느 하나인 A 또는 B와 교배하는 것이다.
• 여교배 잡종의 표시 : BC_1F_1, BC_1F_2 ……로 표시한다.

$$\begin{array}{l} A \times B \\ \quad\downarrow \\ \quad F_1 \times A \\ \qquad\downarrow \\ \qquad BC_1F_1 \times A \\ \qquad\qquad\downarrow \\ \qquad\qquad BC_2F_1 \\ \qquad\qquad\vdots \\ \qquad\qquad BC_6F_1 \end{array}$$

[여교배 과정]

• 1회친(一回親, Donor Parent) : 여교배를 여러 번 할 때 처음 한 번만 사용하는 교배친
• 반복친(反復親, Recurrent Parent) : 반복해서 사용하는 교배친
 – 장점 : 이전하려는 1회친의 특성만 선발하므로 육종효과가 확실하고 재현성이 높다.
 – 단점 : 목표형질 이외의 다른 형질의 개량을 기대하기 어렵다.
• 여교배육종의 성공 조건
 – 만족할 만한 반복친이 있어야 한다.
 – 여교배 동안 이전형질의 특성이 변하지 않아야 한다.
 – 여러 번 여교배 후에도 반복친의 특성을 충분히 회복해야 한다.

19 잡초방제에 대한 설명으로 옳지 않은 것은?

① 윤작과 피복작물 재배는 경종적 방제법에 속한다.
② 제초제는 제형이 달라도 성분이 같을 경우 제초 효과는 동일하다.
③ 동일한 계통의 제초제를 연용하면 제초제저항성 잡초가 발생할 수 있다.
④ 잡초는 광발아 종자가 많으므로 지표면을 검정비닐로 피복하면 발생이 줄어든다.

해설

농약의 제형에 따라 동일 성분이라도 제초효과는 달라진다.

17 ④ 18 ② 19 ② 정답

20 작물의 내적 균형에 대한 설명으로 옳지 않은 것은?

① 작물체 내 탄수화물과 질소가 풍부하고 C/N율이 높아지면 개화 결실은 촉진된다.
② 토양통기가 불량해지면 지상부보다 지하부의 생장이 더욱 억제되므로 T/R율이 높아진다.
③ 근채류는 근의 비대에 앞서 지상부의 생장이 활발하기 때문에 생육의 전반기에는 T/R율이 높다.
④ 고구마 순을 나팔꽃 대목에 접목하면 덩이뿌리 형성을 위한 탄수화물의 전류가 촉진되어 경엽의 C/N율이 낮아진다.

해설

고구마순을 나팔꽃의 대목으로 접목하면 덩이 뿌리형성을 위한 탄수화물의 전류가 없어 화아 형성 및 개화가 가능하다.

정답 20 ④

2019년 국가직 재배학개론

01 **작물의 채종재배에 대한 설명으로 옳지 않은 것은?**

① 씨감자의 채종포는 진딧물의 발생이 적은 고랭지가 적합하다.
② 타가수정작물의 채종포는 일반포장과 반드시 격리되어야 한다.
③ 채종포에서는 비슷한 작물을 격년으로 재배하는 것이 유리하다.
④ 채종포에서는 순도가 높은 종자를 채종하기 위해 이형주를 제거한다.

해설

종자생산을 위한 포장은 한 지역에서 단일품종을 집중적으로 재배하는 것이 혼종의 방지와 재배기술의 종합적 이영(移影)이 편리하다. 특히 비슷한 작물의 재배는 종자가 땅속에서 상당 기간 발아력을 갖는 경우 채종종자의 품질을 크게 저하시킬 수 있다.

02 **콩 종자 100립을 치상하여 5일 동안 발아시킨 결과이다. 이 실험의 평균발아일수(MGT)는?(단, 소수점 첫째 자리까지만 계산한다)**

치상 후 일수	1	2	3	4	5	계
발아한 종자 수	15	15	30	10	10	80

① 2.2　　② 2.4
③ 2.6　　④ 2.8

해설

평균발아일수(MGT, Mean Germination Time) : 발아된 모든 종자의 발아일수의 평균

$$\mathrm{MGT} = \frac{\Sigma(tini)}{N}$$

여기서, ti : 파종부터 경과일수
ni : 그날그날의 발아종자수
N : 총발아종자수

평균발아일수(MGT)
$= (1 \times 15 + 2 \times 15 + 3 \times 30 + 4 \times 10 + 5 \times 10) \div 80$
$= 2.8125$

03 **과수 중 인과류가 아닌 것은?**

① 배
② 사 과
③ 자 두
④ 비 파

해설

자두는 핵과류에 해당한다.

04 **다음 글에 해당하는 용어는?**

> 소수의 우량품종들을 여러 지역에 확대 재배함으로써 유전적 다양성이 풍부한 재래품종들이 사라지는 현상이다.

① 유전적 침식
② 종자의 경화
③ 유전적 취약성
④ 종자의 퇴화

해설

유전적 침식(遺傳的 浸蝕) : 다양한 유전자원이 소멸되는 현상으로 원인으로는 사막화, 도시화, 자연 재해, 사회 정치적 소요, 신품종 보급 등이 있다.

1 ③　2 ④　3 ③　4 ①　정답

05

중위도지대에서 벼 품종의 기상생태형에 따르는 재배적 특성에 대한 설명으로 옳지 않은 것은?

① 파종과 모내기를 일찍할 때 blt형과 감온형은 조생종이 된다.

② 묘대일수감응도는 감온형이 낮고 기본영양생장형이 높다.

③ 조기수확을 목적으로 조파조식할 때 감온형이 적합하다.

④ 감광형은 만식해도 출수의 지연도가 적다.

해설

묘대일수감응도(苗垈日數感應度)

- 의의 : 손모내기에서 못자리기간을 길게 할 때 모구 노숙하고 이앙 후 생육에 난조가 생기는 정도이며, 벼가 못자리 때 이미 생식생장의 단계로 접어들어 생기는 것이다.
- 못자리기간이 길어져 못자리 때 영양결핍과 고온기에 이르게 되면 감온형은 쉽게 생식생장의 경향을 보이나 감광형과 기본영양생장형은 좀처럼 생식생장의 경향을 보이지 않으므로 묘대일수감응도는 감온형이 높고, 감광형과 기본영양생장형이 낮다.
- 수리안전답이 대부분을 차지하고 기계이앙을 하는 상자육묘에서는 문제가 되지 않는다고 본다.

06

다음은 세포질-유전자적 웅성불임성에 대한 내용이다. F_1의 핵과 세포질의 유전자형 및 표현형으로 옳게 짝 지은 것은?(단, S는 웅성불임성 세포질이고 N은 가임 세포질이며, 임성회복유전자는 우성이고 *Rf*며, 임성회복유전자의 기능이 없는 경우는 열성인 *rf*이다)

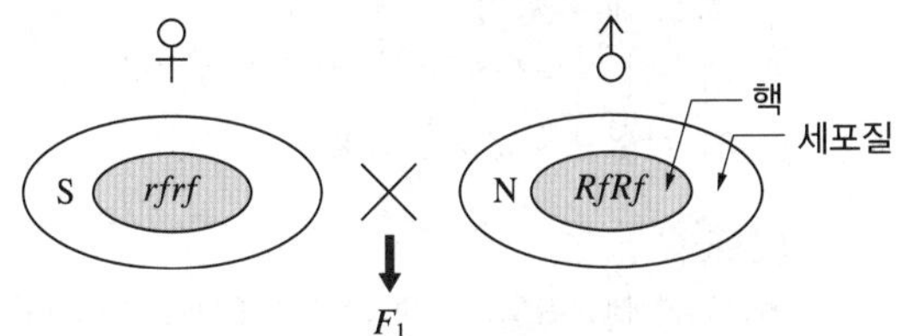

	핵의 유전자형	세포질의 유전자형	표현형
①	*rfrf*	S	웅성가임
②	*rfrf*	N	웅성불임
③	*Rfrf*	S	웅성가임
④	*Rfrf*	N	웅성불임

해설

웅성불임성(雄性不稔性, Male Sterility)

- 세포질·유전자웅성불임성(細胞質·遺傳子雄性不稔性, Cytoplasmic Genic Male Sterility, CGMS) : 핵 내 유전자와 세포질 유전자의 상호작용에 의한 웅성불임으로 벼, 양파, 사탕무, 아마 등이 해당된다.
- CGMS은 화분친의 임성회복유전자(稔性回復遺傳子, Fertility Restoring Gene, *Rf*)에 의해 임성이 회복된다. 이 경우 웅성불임 계통 자방친에 임성회복유전자를 가진 계통 화분친의 교배로 1대잡종 종자를 채종한다.

07

작물군락의 포장광합성에 대한 설명으로 옳지 않은 것은?

① 수광능률은 군락의 수광태세와 총엽면적에 영향을 받는다.

② 콩은 키가 작고 잎은 넓고, 가지는 길고 많은 것이 수광태세가 좋고 밀식에 적응한다.

③ 포장동화능력은 총엽면적, 수광능률, 평균동화능력의 곱으로 표시한다.

④ 작물의 최적엽면적은 일사량과 군락의 수광태세에 따라 크게 변동한다.

해설

군락의 수광상태를 좋게하는 콩의 초형

- 키가 크고 도복이 안 되며 가지를 적게 치고 가지가 짧다.
- 꼬투리가 원줄기에 많이 달리고 밑까지 착생한다.
- 잎자루(葉柄)가 짧고 일어선다.
- 잎이 작고 가늘다.

08

작물의 교배 조합능력에 대한 설명으로 옳지 않은 것은?

① 일반조합능력은 어떤 자식계통이 다른 많은 검정계통과 교배되어 나타나는 평균잡종강세이다.

② 잡종강세가 가장 큰 것은 단교배 1대 잡종 품종이지만, 채종량이 적고 종자가격이 비싸다.

③ 특정조합능력은 특정한 교배조합의 F1에서만 나타나는 잡종강세이다.

④ 잡종강세는 이형접합성이 낮고 양친 간에 유전거리가 가까울수록 크게 나타난다.

정답 5 ② 6 ③ 7 ② 8 ④

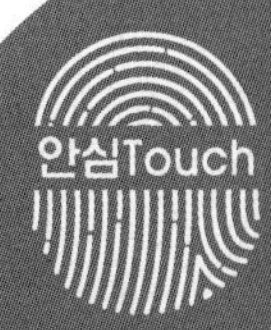

해설

초우성설 : 잡종강세유전자가 이형접합체가 되면서 공우성이나 유전자연관 등에 의해 잡종강세가 발현한다.

09 **판매용 F_1 종자를 얻기 위한 방법으로 자가불화합성을 이용하여 채종하는 작물만으로 짝지은 것은?**

① 무, 배추, 브로콜리
② 수박, 고추, 양상추
③ 멜론, 상추, 양배추
④ 참외, 호박, 토마토

해설

1대 잡종 종자의 채종

- F_1종자의 채종은 인공교배 또는 웅성불임성 및 자가불화합성을 이용한다.
- 인공교배 이용 : 오이, 수박, 멜론, 참외, 호박, 토마토, 피망, 가지 등
- 웅성불임성 이용 : 상추, 고추, 당근, 쑥갓, 양파, 파, 벼, 밀, 옥수수 등
- 자가불화합성 이용 : 무, 배추, 양배추, 순무, 브로콜리 등

10 **작물의 습해 대책에 대한 설명으로 옳은 것은?**

① 과수의 내습성은 복숭아나무가 포도나무보다 높다.
② 미숙유기물과 황산근 비료를 시용하면 습해를 예방할 수 있다.
③ 과습한 토양에서는 내습성이 강한 멜론 재배가 유리하다.
④ 과산화석회를 종자에 분의해서 파종하거나 토양에 혼입하면 습지에서 발아가 촉진된다.

해설

과산화석회(CaO_2)의 시용 : 종자에 과산화석회를 분의해 파종, 토양에 혼입하면 산소가 방출되므로 습지에서 발아 및 생육이 조장된다.

11 **작물재배 관리기술에 대한 설명으로 옳지 않은 것은?**

① 사과, 배의 재배에서 화분공급을 위해 수분수를 적정 비율로 심어야 한다.
② 결과조절 및 가지의 갱신을 위해 과수의 가지를 잘라 주는 작업이 필요하다.
③ 멀칭은 동해 경감, 잡초발생 억제, 토양 보호의 효과가 있다.
④ 사과의 적과를 위해 사용되는 일반적인 약제는 2,4-D 이다.

해설

- 옥신의 재배적 이용
  - 낙과 방지 : 사과의 경우 자연낙화 직전 NAA, 2,4-D 등의 수용액을 처리하면 과경의 이층형성 억제로 낙과를 방지할 수 있다.
  - 적화 및 적과 : 사과, 온주밀감, 감 등은 만개 후 NAA 처리를 하면 꽃이 떨어져 적화 또는 적과의 효과를 볼 수 있다.
- 적과제 : NAA, 카바릴(Carbaryl), MEP, 에세폰(Ethephon), ABA, 에틸클로제트(Ethylchlozate), 벤질아데닌(BA) 등이 있으며 대표적으로 사과의 카바릴과 감귤의 NAA가 널리 쓰인다.

12 **작물의 시비관리에 대한 설명으로 옳지 않은 것은?**

① 벼 만식(晩植)재배 시 생장촉진을 위해 질소시비량을 증대한다.
② 생육기간이 길고 시비량이 많은 작물은 밑거름을 줄이고 덧거름을 많이 준다.
③ 엽면시비는 미량요소의 공급 및 뿌리의 흡수력이 약해졌을 때 효과적이다.
④ 과수의 결과기(結果期)에 인 및 칼리질 비료가 충분해야 과실발육과 품질향상에 유리하다.

해설

벼의 만식재배는 도열병 발생의 우려가 크므로 질소의 다용을 피해야 한다.

9 ① 10 ④ 11 ④ 12 ① 정답

13 수확 후 농산물의 호흡억제를 위한 목적으로 사용되는 방법이 아닌 것은?

① 청과물의 예랭
② 서류의 큐어링
③ 엽근채류의 0~4 °C 저온저장
④ 과실의 CA저장

해설

서류의 큐어링은 상처의 치유로 저장 중 부패방지를 목적으로 한다.

14 우리나라 토마토 시설재배 농가에서 사용하는 탄산시비에 대한 설명으로 옳지 않은 것은?

① 탄산시비하면 수확량 증대 효과가 있다.
② 탄산시비 공급원으로 액화탄산가스가 이용된다.
③ 광합성능력이 가장 높은 오후에 탄산시비 효과가 크다.
④ 탄산시비의 효과는 시설 내 환경 변화에 따라 달라진다.

해설

하루 중 탄산시비 시기는 오전에 해가 뜬 후 1시간 정도부터 환기할 때까지 2~3시간 정도가 적당하며, 오후에는 광합성효율이 떨어지고 기온이 높아 환기를 해야 하므로 탄산시비의 효과가 잘 나타나지 않는다.

15 병충해 방제법에 대한 설명으로 옳지 않은 것은?

① 밀의 곡실선충병은 종자를 소독하여 방제한다.
② 배나무 붉은별무늬병을 방제하기 위하여 중간기주인 향나무를 제거한다.
③ 풀잠자리, 됫박벌레, 진딧물은 기생성 곤충으로 천적으로 이용된다.
④ 벼 줄무늬잎마름병에 대한 대책으로 저항성 품종을 선택하여 재배한다.

해설

풀잠자리, 됫박벌레(무당벌레)는 포식성 천적으로 이용되나 진딧물은 천적이 아닌 해충으로 분류된다.

16 농산물 저장에 대한 설명으로 옳지 않은 것은?

① 마늘은 수확 직후 예건을 거쳐 수분함량을 65 % 정도로 낮춘다.
② 바나나는 10 °C 미만의 온도에서 저장하면 냉해를 입는다.
③ 농산물 저장 시 CO_2나 N_2 가스를 주입하면 저장성이 향상된다.
④ 고춧가루의 수분함량이 20 % 이상이면 탈색된다.

해설

고춧가루의 수분함량이 높으면 곰팡이 발생이 우려된다.

17 종자의 발아와 휴면에 대한 설명으로 옳지 않은 것은?

① 배(胚)휴면의 경우 저온습윤 처리로 휴면을 타파할 수 있다.
② 상추종자의 발아과정에 일시적으로 수분흡수가 정체되고 효소들이 활성화되는 단계가 있다.
③ 맥류종자의 휴면은 수발아(穗發芽) 억제에 효과가 있고 감자의 휴면은 저장에 유리하다.
④ 상추종자의 발아실험에서 적색광과 근적외광전환계라는 광가역 반응은 관찰되지 않는다.

해설

광가역 반응(光可逆 反應)

상추 종자에서 적색광에 의한 발아촉진 효과가 그 뒤에 조사한 원적색광에 의해 가역적으로 소멸되고, 이러한 반응이 되풀이되어 나타나는 반응

정답 13 ② 14 ③ 15 ③ 16 ④ 17 ④

18 다음 내용에서 F_2의 현미 종피색이 백색인 비율은?(단, 각 유전자는 완전 독립유전하며 대립유전자 C, A는 대립유전자 c, a에 대해 완전우성이다)

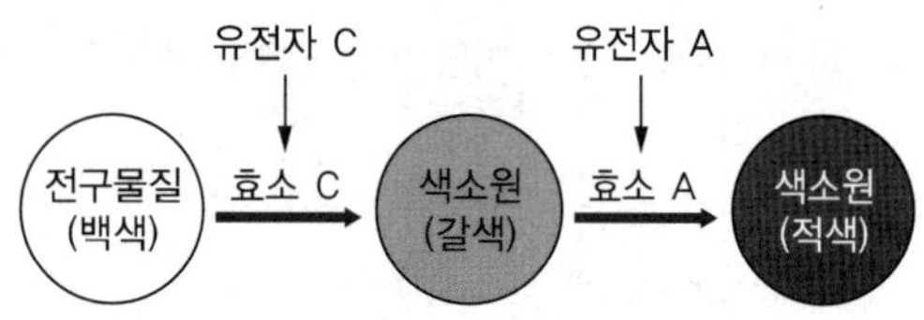

- 현미의 종피색이 붉은 적색미는 색소원 유전자 C와 활성유전자 A의 상호작용에 의하여 나타난다.
- 이 상호작용은 두 단계의 대사과정을 거쳐서 이루어진다.
- 유전자형이 CCaa (갈색)와 ccAA (백색)인 모본과 부본을 교배하였을 때 F_1의 종피색이 적색이다.
- 이 F_1을 자가교배한 F_2에서 유전자형 C_A_ : C_aa : ccA_ : ccaa의 분리비가 $\frac{9}{16}:\frac{3}{16}:\frac{3}{16}:\frac{1}{16}$이다.

① $\frac{3}{16}$
② $\frac{4}{16}$
③ $\frac{7}{16}$
④ $\frac{9}{16}$

해설

열성상위(劣性上位, Recessive epistasis)

- 현미 종피색이 적색($AABB$)과 백색($aabb$)을 교배하면 F_1은 적색이고 F_2는 적색미 : 갈색미 : 백미가 9 : 3 : 4로 분리된다.
- 종피색은 색소원 유전자 A와 색소분포 유전자 B의 상호작용으로 나타난다.
- 유전자형 $aaBB$, $aabb$는 A유전자가 없어 백미로, A_bb는 B유전자가 없어 중간대사물이 산화되어 갈색미로, $A_B_$는 색소합성이 제대로 이루어져 적미가 된다.
- $aaB_$가 백미로 나타나는 것은 열성동형접합체인 aa가 B유전자 산물의 작용을 억제하였다고 볼 수 있는데 이를 열성상위라 한다.
- 조건유전자(條件遺傳子, Condithinal Gene) : $A_B_$의 적미는 A유전자가 있는 조건에 B유전자가 발현되므로 B유전자를 조건유전자라 한다.

현미 종피색의 유전(열성상위)

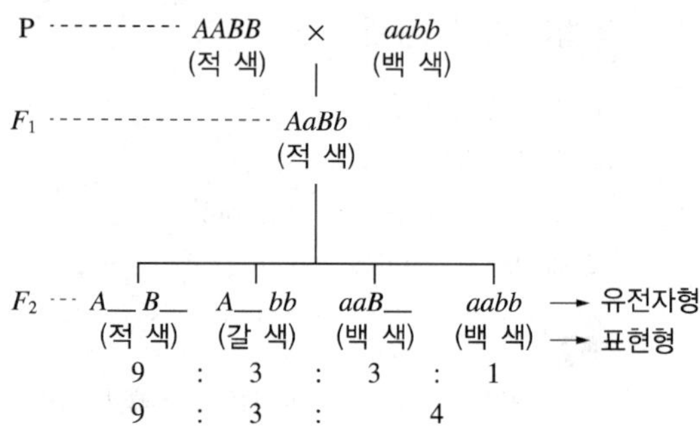

19 토양유기물에 대한 설명으로 옳지 않은 것은?

① 유기물이 분해되어 망간, 붕소, 구리 등 미량원소를 공급한다.
② 유기물의 부식은 토양입단의 형성을 조장한다.
③ 유기물의 부식은 토양반응이 쉽게 변하지 않는 완충능을 증대시킨다.
④ 유기물의 부식은 토양의 보수력, 보비력을 약화시킨다.

해설

④ 유기물의 부식은 토양의 보수력, 보비력이 커진다.

20 목초의 하고현상에 대한 설명으로 옳지 않은 것은?

① 알팔파나 스위트클로버보다 수수나 수단그래스가 하고현상이 더 심하다.
② 한지형 목초의 영양생장은 18~24 ℃에서 감퇴되며 그 이상의 고온에서는 하고현상이 심해진다.
③ 월동 목초는 대부분 장일식물로 초여름의 장일조건에서 생식생장으로 전환되고 하고현상이 발생한다.
④ 한지형 목초는 이른 봄에 생육이 지나치게 왕성하면 하고현상이 심해진다.

해설

난지형 목초인 수단그래스, 수수 등에 비해 한지형 목초인 알팔파, 스위트클로버, 티머시, 캔터키블루그래스, 레드클로버 등은 하고가 심하다.

18 ② 19 ④ 20 ① 정답

2020년 국가직 재배학개론

01 **식물학적 기준에 따라 작물을 분류하였을 때 연결이 옳지 않은 것은?**

① 십자화과 식물 – 무, 배추, 고추, 겨자
② 화본과 식물 – 벼, 옥수수, 수수, 호밀
③ 콩과 식물 – 동부, 팥, 땅콩, 자운영
④ 가지과 식물 – 감자, 담배, 토마토, 가지

해설

고추는 가지과에 해당한다.

02 **식물의 염색체에 일어나는 수적 변이에서 염색체수가 게놈의 기본수와 같거나 정의 배수 관계가 아닌 것은?**

① 이수체 ② 반수체
③ 동질배수체 ④ 이질배수체

해설

게놈 돌연변이(Genome Mutation)

- 염색체의 수적 변화(Variation in Chromosome Number)이다.
- 정배수성 : 게놈의 수가 달라지는 것으로 같은 게놈이 배가된 동질배수체와 한 개체 속에 다른 게놈을 가지고 있는 이질배수성이 있다.
- 이수성 : 같은 게놈 내에서 하나 또는 소수의 염색체가 증가하거나 없어지는 것으로 주로 염색체 한 개가 없는 1염색체 생물($2n-1$)과 염색체 1개가 더 있는 3염색체 생물($2n+1$)로 나타난다.

03 **작물 수량 삼각형에 대한 설명으로 옳지 않은 것은?**

① 전성, 재배환경 및 재배기술을 세 변으로 한다.
② 작물의 최대 수량을 얻기 위해서는 좋은 환경에서 우수한 품종을 선택하여 적절한 재배기술을 적용한다.
③ 3요소 중 어느 한 요소가 가장 클 때 최대 수량을 얻을 수 있다.
④ 삼각형의 면적은 생산량을 표시한다.

해설

작물의 재배이론

- 작물생산량은 재배작물의 유전성, 재배환경, 재배기술이 좌우한다.
- 환경, 기술, 유전성의 세 변으로 구성된 삼각형 면적으로 표시되며 최대 수량의 생산은 좋은 환경과 유전성이 우수한 품종, 적절한 재배기술이 필요하다.
- 작물수량 삼각형에서 삼각형의 면적은 생산량을 의미하며, 면적의 증가는 유전성, 재배환경, 재배기술의 세 변이 고르고 균형 있게 발달하여야 면적이 증가하며, 삼각형의 두 변이 잘 발달하였더라도 한 변이 발달하지 못하면 면적은 작아지게 되며 여기에도 최소율의 법칙이 적용된다.

04 **일장처리에 따른 개화 여부가 나머지 셋과 다른 것은?**

① 장일식물

② 장일식물

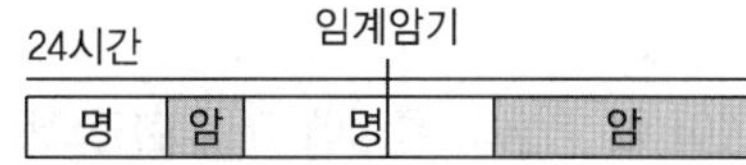

③ 단일식물

④ 단일식물

24시간 임계암기

명	암	명	암

해설

연속암기와 야간조파

- 장일식물은 24시간 주기가 아니더라도 명기의 길이가 암기보다 상대적으로 길면 개화가 촉진되나 단일식물은 일정시간 이상의 연속암기가 절대로 필요하다.

정답 1 ① 2 ① 3 ③ 4 ④

- 암기가 극히 중요하므로 장야식물 또는 암장기식물이라 하고, 장일식물을 단야식물 또는 단야기식물이라 하기도 한다.
- 단일식물의 연속암기 중 광의 조사는 연속암기를 분단하여 암기의 합계가 명기보다 길어도 단일효과가 발생하지 않는다. 이것을 야간조파 또는 광중단이라고 한다.
- 야간조파에 가장 효과가 큰 광 600~660nm의 적색광이다.

05 다음 글에서 설명하는 원소는?

> 작물 재배에 있어 필수원소는 아니지만 셀러리, 사탕무, 목화, 양배추 등에서 시용 효과가 인정되며, 기능적으로 칼륨과 배타적 관계이지만 제한적으로 칼륨의 기능을 대신할 수 있다.

① 나트륨(Na)
② 코발트(Co)
③ 염소(Cl)
④ 몰리브덴(Mo)

나트륨(Na)
- 필수원소는 아니지만 셀러리, 사탕무, 순무, 목화, 크림슨클로버 등에서는 시용효과가 인정되고 있다.
- 기능면에서 칼륨과 배타적 관계이나 제한적으로 칼륨의 기능을 대신할 수 있다.
- C_4식물에서 요구도가 높다.

06 내건성이 큰 작물의 특징에 대한 설명으로 옳지 않은 것은?

① 건조할 때 호흡이 낮아지는 정도가 크고, 광합성이 감퇴하는 정도가 낮다.
② 건조할 때 단백질 및 당분의 소실이 늦다.
③ 뿌리 조직이 목화된 작물이 일반적으로 내건성이 강하다.
④ 세포의 크기가 작은 작물이 일반적으로 내건성이 강하다.

해설

작물의 내건성[耐乾性, 내한성(耐旱性), Drought Tolerance]
- 작물이 건조에 견디는 성질을 의미하며, 여러 요인에 의해서 지배된다.
- 내건성이 강한 작물의 특성
  - 체내 수분의 손실이 적다.
  - 수분의 흡수능이 크다.
  - 체내의 수분보유력이 크다.
  - 수분함량이 낮은 상태에서 생리기능이 높다.
- 형태적 특성
  - 표면적과 체적의 비가 작고 왜소하며 잎이 작다.
  - 뿌리가 깊고 지상부에 비하여 근군의 발달이 좋다.
  - 잎조직이 치밀하고 잎맥과 울타리 조직의 발달 및 표피에 각피가 잘 발달하고, 기공이 작고 많다.
  - 저수능력이 크고, 다육화의 경향이 있다.
  - 기동세포가 발달하여 탈수되면 잎이 말려서 표면적이 축소된다.
- 세포적 특성
  - 세포가 작아 수분이 적어져도 원형질 변형이 작다.
  - 세포 중 원형질 또는 서장양분이 차지하는 비율이 높아 수분보유력이 강하다.
  - 원형질의 점성이 높고 세포액의 삼투압이 높아서 수분보유력이 강하다.
  - 탈수 시 원형질 응집이 덜하다.
  - 원형질막의 수분, 요소, 글리세린 등에 대한 투과성이 크다.
- 물질대사적 특성
  - 건조 시는 증산이 억제되고, 급수 시는 수분 흡수기능이 크다.
  - 건조 시 호흡이 낮아지는 정도가 크고, 광합성 감퇴 정도가 낮다.
  - 건조 시 단백질, 당분의 소실이 늦다.

07 표는 무 종자 100립을 치상하여 5일 동안 발아시킨 결과이다. 발아율(發芽率), 발아세(發芽勢) 및 발아전(發芽揃) 일수(日數)는?(단, 발아세 중간조사일은 4일이다)

치상 후 일수	1	2	3	4	5	계
발아한 종자수	2	20	30	30	10	92

	발아율(%)	발아세(%)	발아전 일수
①	92	82	치상 후 4일
②	92	82	치상 후 3일
③	82	92	치상 후 4일
④	82	92	치상 후 3일

해설

- 발아율(PG ; Percent Germination) : 파종된 총종자수에 대한 발아종자수의 비율(%)이다.
- 발아세(GE ; Germination Energy) : 치상 후 정해진 기간 내의 발아율을 의미하며, 맥주보리 발아세는 20℃ 항온에서 96시간 내에 발아종자수의 비율을 의미한다.
- 발아전 : 파종된 종자의 대부분(80% 이상)이 발아한 날

5 ① 6 ③ 7 ① 정답

08 귀리의 외영색이 흑색인 것(AABB)과 백색인 것(aabb)을 교배한 F_1의 외영은 흑색(AaBb)이고 자식세대인 F_2에서는 흑색(A_B_, A_bb)과 회색(aaB_) 및 백색(aabb)이 12 : 3 : 1로 분리한다. 이러한 유전자 상호작용은?

① 우성상위(피복유전자)
② 열성상위(조건유전자)
③ 억제유전자
④ 이중열성상위(보족유전자)

해설

우성상위(優性上位, Dominance Epistasis) – 피복유전자

- 귀리 외영색깔이 흑색($AABB$)과 백색($aabb$)을 교배한 F_1의 외영은 흑색, F_2는 흑색 : 회색 : 백색 = 12 : 3 : 1로 분리된다.
- F_2에서 $aabb$가 백색, $aaB__$는 회색으로 우성인 B가 회색이 되게 하였고, 흑색 $A\_\_B\_\_$, $A__bb$는 우성유전자인 A가 흑색이 되게 하였으며, 이때 A가 B에 상위성이므로 이를 우성상위라 한다.

귀리 외영색깔의 유전(우성상위)

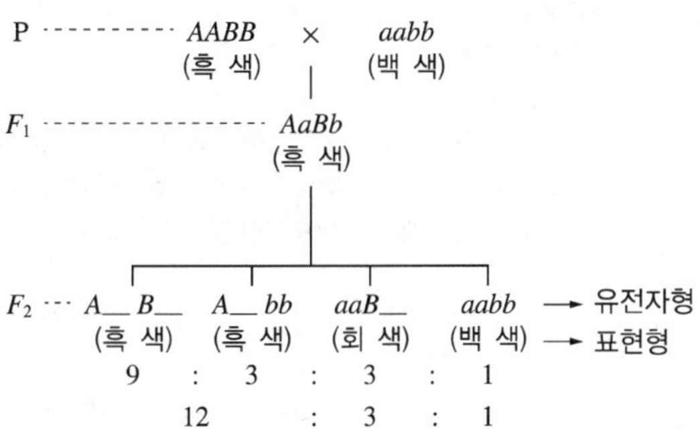

09 선택성 제초제인 2,4-D를 처리했을 때 효과적으로 제거할 수 있는 잡초는?

① 돌 피
② 바랭이
③ 나도겨풀
④ 개비름

해설

2,4-D는 최초의 제초제로 개발되어 현재까지 사용되며 쌍자엽식물에 선택성 제초제이다.

10 필수원소인 황(S)의 결핍에 대한 설명으로 옳지 않은 것은?

① 단백질의 생성이 억제된다.
② 콩과 작물의 뿌리혹박테리아에 의한 질소고정이 감소한다.
③ 체내 이동성이 높아 황백화는 오래된 조직에서 먼저 나타난다.
④ 세포분열이 억제되기도 한다.

해설

황(S)

- 원형질과 식물체의 구성물질 성분이며 효소 생성과 여러 특수기능에 관여한다.
- 결핍 : 엽록소의 형성이 억제되며, 콩과작물에서는 근류균의 질소고정능력이 저하되고, 세포분열이 억제되기도 한다.
- 체내 이동성이 낮으며, 결핍증세는 새 조직에서부터 나타난다.

11 종자 수명에 대한 설명으로 옳은 것은?

① 알팔파와 수박 등은 단명종자이고, 메밀과 양파 등은 장명종자로 분류된다.
② 종자의 원형질을 구성하는 단백질의 응고는 저장종자 발아력 상실의 원인 중 하나이다.
③ 수분 함량이 높은 종자를 밀폐 저장하면 수명이 연장된다.
④ 종자 저장 중 산소가 충분하면 유기호흡이 조장되어 생성된 에너지를 이용하여 수명이 연장된다.

해설

종자의 수명 : 종자가 발아력을 보유하고 있는 기간을 종자의 수명이라 한다.

- 저장 중 발아력 상실 원인
  - 종자가 저장 중 발아력을 상실하는 것은 종자의 원형질을 구성하는 단백질의 응고에 기인한다.
  - 종자를 장기저장하는 경우 저장 중 호흡에 의한 저장물질의 소모가 이루어지지만 장기 저장으로 발아력을 상실한 종자에도 상당량의 저장 물질이 남아 있는 것으로 보아 양분의 소모만으로 발아력을 상실한다는 것은 충분한 이유가 되지 못한다.

정답 8 ① 9 ④ 10 ③ 11 ②

• 종자 수명에 미치는 조건
 – 종자의 수명은 작물의 종류나 품종에 따라 다르고 채종지 환경, 숙도, 수분함량, 수확 및 조제방법, 저장조건 등에 따라 영향을 받는다.
 – 저장종자의 수명에는 수분함량, 온도, 산소 등이 영향을 미친다.
  ⓐ 수분함량이 많은 종자를 고온에 저장하게 되면 호흡속도의 상승을 조장해 수명이 단축된다.
  ⓑ 산소의 제거는 무기호흡으로 유해물질이 생성되어 발아를 억제하나 충분한 농도의 산소는 호흡을 조장하여 종자의 수명이 단축된다.
  ⓒ 종자를 충분히 건조하고 흡습을 방지하며 저온과 산소의 억제 조건에 저장하면 종자의 수명이 연장된다.

12 정밀농업에 대한 설명으로 옳은 것은?

① 작물양분종합관리와 병해충종합관리를 기반으로 화학비료와 농약 사용량을 크게 줄이는 것을 목표로 하는 농업이다.
② 궁극적인 목표는 비료, 농약, 종자의 투입량을 동일하게 표준화하여 과학적으로 작물을 관리하는 것이다.
③ 농산물의 안전성을 추구하는 농업으로 소비자의 알 권리를 위해 시행하는 우수농산물관리제도(GAP)이다.
④ 작물의 생육상태를 센서를 이용하여 측정하고, 원하는 위치에 원하는 농자재를 필요한 양만큼 투입하는 농업이다.

해설

정밀농업 : 첨단공학기술과 과학적 수단을 이용하여 포장을 수 m 단위로 포장 내의 토양 특성치, 생육상황, 작물 수확량 등을 조사하여 위치별 잠재적 작물 수확량에 따라 비료, 농약, 농자재 등 자재 투입량을 달리하여 과학적으로 작물을 관리하는 정보화 농법으로 농산물의 생산비를 낮추고 환경오염 피해를 줄이는데 궁극적인 목표가 있다.

13 생태종(生態種)과 생태형(生態型)에 대한 설명으로 옳은 것만을 모두 고르면?

ㄱ. 하나의 종 내에서 형질의 특성이 다른 개체군을 아종(亞種)이라 한다.
ㄴ. 아종(亞種)은 특정지역에 적응해서 생긴 것으로 작물학에서는 생태종(生態種)이라고 부른다.
ㄷ. 1년에 2~3작의 벼농사가 이루어지는 인디카 벼는 재배양식에 따라 겨울벼, 여름벼, 가을벼 등의 생태형(生態型)으로 분화되었다.
ㄹ. 춘파형과 추파형을 갖는 보리의 생태형(生態型) 간에는 교잡친화성이 낮아 유전자교환이 잘 일어나지 않는다.

① ㄱ
② ㄱ, ㄴ
③ ㄱ, ㄴ, ㄷ
④ ㄱ, ㄴ, ㄷ, ㄹ

해설

생태종과 생태형
• 생태종(生態種, Ecospecies)
 – 하나의 종 내에서 형질 특성에 차이가 나는 개체군을 아종(亞種, Subspecies), 변종(變種, Variety)으로 취급하며, 이들은 특정 지역 및 환경에 적응하여 생긴 것으로 작물학에서는 생태종이라 한다.
 – 생태종 사이에 형태적 차이가 생기게 되는 원인은 교잡친화성이 낮아 유전자교환이 어렵기 때문이다.
 – 아시아벼의 생태종은 인디카(Indica), 열대자포니카(Tropical Japonica), 온대자포니카(Temperate Japonica)로 나누어진다.
• 생태형(生態型, Ecotype)
 – 인디카벼를 재배하는 인도, 파키스탄, 미얀마 등에서는 1년 2~3작이 이루어져 재배양식이 복잡하다. 이에 따라 겨울벼(Boro), 여름벼(Aus), 가을벼(Aman) 등의 생태형이 분화되었다.
 – 보리와 밀의 경우에는 춘파형, 추파형의 생태형이 있다.
 – 생태형 사이에는 교잡친화성이 높기 때문에 유전자교환이 잘 일어난다.

12 ④ 13 ③ 정답

14 사토(砂土)부터 식토(埴土) 사이의 토성을 갖는 모든 토양에서 재배 가능한 작물만을 모두 고르면?

ㄱ. 콩	ㄴ. 팥
ㄷ. 오 이	ㄹ. 보 리
ㅁ. 고구마	ㅂ. 감 자

① ㄱ, ㄴ, ㄷ ② ㄱ, ㄴ, ㅂ
③ ㄷ, ㄹ, ㅁ ④ ㄹ, ㅁ, ㅂ

해설

작물 종류와 재배에 적합한 토성

○ : 재배 적지, △ : 재배 가능지

작 물	사 토	사양토	양 토	식양토	식 토
감 자	○	○	○	○	△
콩, 팥	○	○	○	○	○
녹두, 고구마	○	○	○	○	
근채류	○	○	○	△	
땅 콩	○	○	△	△	
오이, 양파	○	○	○		
호 밀	△	○	○	○	△
귀 리	△	△	○	○	△
조	△	○	○	○	△
참깨, 들깨	△	○	○	△	△
보 리		○	○		
수수, 옥수수, 메밀		○	○	○	
목화, 삼, 완두		○	○	△	
아마, 담배, 피, 모시풀		○	○		
강낭콩		△	○	○	
알팔파, 티머시			○	○	○
밀				○	○

15 일장효과와 춘화처리에 대한 설명으로 옳은 것은?

① 춘화처리는 광주기와 피토크롬(Phytochrome)에 의해 결정된다.
② 일장효과는 생장점에서 감응하고 춘화처리는 잎에서 감응한다.
③ 대부분의 단일식물은 개화를 위해 저온춘화가 요구된다.
④ 지베렐린은 저온과 장일을 대체하여 화성을 유도하는 효과가 있다.

해설

화학물질과 일장효과

- 옥신 처리 : 장일식물은 화성이 촉진되는 경향이 있고 단일식물은 화성이 억제되는 경향이 있다.
- 지베렐린 처리 : 저온, 장일을 대체하는 효과가 커서 1년생 히요스 등은 지베렐린의 공급 시 단일조건에서도 개화한다.

16 토양반응과 작물생육에 대한 설명으로 옳은 것은?

① 곰팡이는 넓은 범위의 토양반응에 적응하고 특히 알칼리성 토양에서 가장 번식이 좋다.
② 토양이 강알칼리성이 되면 질소(N), 철(Fe), 망간(Mn) 등의 용해도가 감소해 작물생육에 불리하다.
③ 몰리브덴(Mo)은 pH 8.5 이상에서 용해도가 급격히 감소하는 경향이 있다.
④ 근대, 완두, 상추와 같은 작물은 산성 토양에 대해서 강한 적응성을 보인다.

해설

강알칼리성에서의 작물생육

- 질소, 붕소, 철, 망간 등의 용해도 감소로 작물의 생육에 불리하다.
- 붕소는 pH 8.5 이상에서는 용해도가 커진다.
- 강염기가 증가하여 생육을 저해한다.

17 다음 특성을 갖는 토양에서 재배 적응성이 낮은 작물은?

> • 황산암모늄이나 염화칼륨과 같은 비료를 장기간 과량 연용한 지역에 토양개량 없이 작물을 계속해서 재배하고자 하는 토양
> • 인산(P)의 가급도가 급격히 감소한 토양

① 토란, 당근
② 시금치, 부추
③ 감자, 호박
④ 토마토, 수박

해설

- 황산암모늄이나 염화칼륨은 산성비료로 과량을 연용한 토양은 강산성으로 된다.
- 강산성에서의 작물생육
  - 인, 칼슘, 마그네슘, 붕소, 몰리브덴 등의 가급도가 떨어져 작물의 생육에 불리하다.

정답 14 ② 15 ④ 16 ② 17 ②

- 암모니아가 식물체 내에 축적되고 동화되지 못해 해롭다.
- 알루미늄, 구리, 아연, 망간 등의 용해도가 증가하여 독성으로 인해 작물생육을 저해한다.

• 산성토양에 대한 작물의 적응성
- 극히 강한 것 : 벼, 밭벼, 귀리, 토란, 아마, 기장, 땅콩, 감자, 수박 등
- 강한 것 : 메밀, 옥수수, 목화, 당근, 오이, 완두, 호박, 토마토, 밀, 조, 고구마, 담배 등
- 약간 강한 것 : 유채, 파, 무 등
- 약한 것 : 보리, 클로버, 양배추, 근대, 가지, 삼, 겨자, 고추, 완두, 상추 등
- 가장 약한 것 : 알팔파, 콩, 자운영, 시금치, 사탕무, 셀러리, 부추, 양파 등

18 **다음 (가)와 (나)에 해당하는 박과(*Cucurbitaceae*) 채소의 접목 방법을 바르게 연결한 것은?**

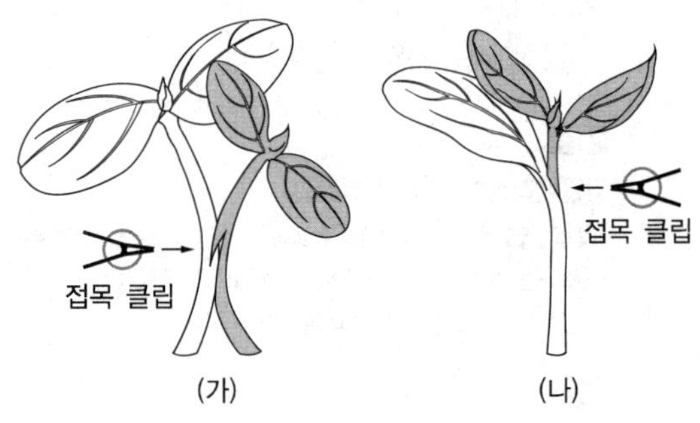

	(가)	(나)
①	삽 접	합 접
②	호 접	합 접
③	삽 접	핀 접
④	호 접	핀 접

해설

• 호접(맞접) : 과수와 과채류 접목에 많이 쓰이며 대목과 접수 모두 뿌리가 붙어 있는 상태에서 접합하는 방법으로 접수에도 뿌리가 붙어 있어 접목 후 활착이 되지 않아도 접수가 죽지 않는다.
• 삽접(꽂이접) : 주로 박과채소의 접목에 활용하는 방법으로 배축 굵기가 가는 접수를 잘라 상대적으로 굵은 대목에 끼워 넣어 접목하는 방법이다. 대목의 생장점을 제거하고 이 부위에 위에서 아래로 구멍을 내고 뾰족하게 자른 접수를 접수의 절단면이 아래쪽을 향하게 끼운다.
• 합접 : 최근 공정육묘장에 과채류 육묘에서 가장 많이 활용되는 접목법으로 작업이 간편하여 널리 이용되며 특히 자동접목기에서 이용되는 방법이다. 대목의 생장점과 한쪽 떡잎을 60°로 비스듬히 자르고, 접수는 떡잎 및 1cm 지점을 약 60°로 잘라 대목과 접수의 절단면을 서로 합체시키고 접목용 클립을 사용하여 묶어 주는 방법이다.

19 **다음 글에서 설명하는 피해에 대한 대책은?**

> 논으로 사용하는 농지에 밀을 재배하였는데, 이로 인하여 종자근(種子根)이 암회색으로 되면서 쇠약해지고, 관근(冠根)의 선단이 진갈색으로 변하여 생장이 정지되고, 목화(木化)도 보였다.

① 뿌림골을 낮게 관리한다.
② 봄철 답압을 실시한다.
③ 모래를 객토한다.
④ 황과 철 비료를 시용한다.

해설

습해 대책
• 배수 : 습해의 기본대책이다.
• 정지 : 밭에서는 휴립휴파, 논에서는 휴립재배, 경사지에서는 등고선재배 등을 한다.
• 시비 : 미숙유기물과 황산근비료의 시용을 피하고, 표층시비로 뿌리를 지표면 가까이 유도하고, 뿌리의 흡수장해 시 엽면시비를 한다.
• 토양개량 : 세토의 객토, 부식 · 석회 · 토양개량제 등을 시용하여 입단조성으로 공극량을 증대시킨다.
• 과산화석회(CaO_2)의 시용 : 종자에 과산화석회를 분의해 파종, 토양에 혼입하면 산소가 방출되므로 습지에서 발아 및 생육이 조장된다.

18 ② 19 ③ 정답

20 결실을 직접적으로 조절·조장하는 방법에 대한 설명으로 옳지 않은 것은?

① 적화 및 적과는 과실의 품질 향상과 해거리를 방지하는 효과가 있다.

② 상품성 높은 씨 없는 과실을 만들기 위해 수박은 배수성 육종을 이용하고, 포도는 지베렐린 처리로 단위결과를 유도한다.

③ 과수의 적화제(摘花劑)로는 주로 꽃봉오리나 꽃의 화기에 장해를 주는 약제로 카바릴과 NAA가 이용된다.

④ 옥신계통의 식물생장조절제를 살포하면 이층의 형성을 억제하여 후기낙과를 방지하는 효과가 크다.

해설

적화 및 적과

- 과수 등에 있어 개화수가 너무 많을 경우 꽃눈이나 꽃을 솎아서 따주는 작업을 적화라 하고 착과수가 너무 많을 경우 유과를 솎아 따주는 작업을 적과라 한다.
- 손으로 직접 작업하기도 하지만 근래 식물생장조절제를 많이 이용한다.
- 적화제 : 꽃봉오리 또는 꽃의 화기에 장해를 주는 약제로 DNOC (Sodium 4,6-Dinitro-Ortho-Cresylate), 석회황합제, 질산암모늄(NH_4NO_3), 요소, 계면활성제 등이 알려져 있다.
- 적과제 : NAA, 카바릴(carbaryl), MEP, 에세폰(ethephon), ABA, 에틸클로제트(Ethylchlozate), 벤질아데닌(BA) 등이 있으며 대표적으로 사과의 카바릴과 감귤의 NAA가 널리 쓰인다.
- 효 과
  - 착색, 크기, 맛 등 과실의 품질을 향상시킨다.
  - 해거리 방지 효과가 있다.
  - 감자의 경우 화방이 형성되었을 때 이를 따주면 덩이줄기의 발육이 조장된다.

정답 20 ③

MEMO

제 2 장

9급 국가직 · 지방직 · 고졸채용을 위한 합격 완벽 대비서

지방직 기출문제

2009~2013년 지방직 재배학개론

2016~2020년 지방직 재배학개론

기술직

TECH BIBLE

재배학개론 + 식용작물

9급 국가직 · 지방직 · 고졸채용을 위한 합격 완벽 대비서

(주)시대고시기획
(주)시대교육
www.sidaegosi.com
시험정보 · 자료실 · 이벤트
합격을 위한 최고의 선택

시대에듀
www.sdedu.co.kr
자격증 · 공무원 · 취업까지
BEST 온라인 강의 제공

2009년 지방직 재배학개론

01 폴리진(Polygene) 유전에 관한 설명으로 옳지 않은 것은?

① 다수의 유전자가 관여한다.
② 환경의 영향을 많이 받는다.
③ 개개 유전자의 지배가가 환경변이보다 작다.
④ 불연속변이를 보인다.

해설
- 질적형질(質的形質) : 불연속변이를 하는 형질로 소수의 주동유전자가 주도한다.
- 양적형질(量的形質) : 연속변이를 하는 형질로 폴리진이 지배한다.

02 작물의 생육과 대기 중 이산화탄소와의 관계에 대한 설명으로 옳지 않은 것은?

① 대기 중 이산화탄소의 농도가 높아지면 일반적으로 호흡속도는 감소한다.
② 이산화탄소의 농도가 높아지면 온도가 높아질수록 어느 선까지는 동화량이 증가한다.
③ 대체로 작물의 이산화탄소 보상점은 대기 중 농도의 $\frac{1}{10} \sim \frac{1}{3}$ 정도이다.
④ 광이 약할 때에는 이산화탄소 보상점이 낮아진다.

해설
광이 약한 조건에서는 강한 조건에서보다 이산화탄소 보상점이 높다.

03 배수성육종법에 사용되는 콜히친은 감수분열과정에서 주로 무엇의 발달을 저해하는가?

① 리보솜
② 핵
③ 골지체(Golgi Body)
④ 방추사

해설
콜히친작용은 분열 중 세포에서 방추체 형성, 동원체 분할, 방추사 발달 등을 방해한다.

04 농경지의 경운방법에 대한 설명으로 옳은 것은?

① 유기물 함량이 많은 농경지는 추경을 하는 것이 유리하다.
② 겨울에 강수량이 많고 사질인 농경지는 추경을 하는 것이 유리하다.
③ 일반적으로 식토나 식양토에서는 얕게 갈고, 습답에서는 깊게 갈아야 좋다.
④ 벼의 만식재배지에서의 심경은 초기생육을 촉진시킨다.

해설
- 가을갈이 : 습하고 차지며, 유기물 함량이 많은 토양에는 가을갈이가 좋다.
- 봄갈이 : 사질토양이며, 겨울에 강우가 많아 풍식이나 수식이 조장되는 곳은 가을갈이보다 봄갈이가 좋다.

정답 1 ④ 2 ④ 3 ④ 4 ①

05 작물의 내동성을 증대시키는 생리적 요인에 대한 설명으로 옳지 않은 것은?

① 원형질의 수분투과성이 크면 세포 내 결빙을 적게 하여 내동성이 증대된다.
② 지방과 수분이 공존할 때 빙점강하도가 커지므로 지유함량이 높은 것이 내동성이 강하다.
③ 당분함량이 많으면 세포의 삼투압이 높아지고 원형질 단백의 변성을 막아서 내동성이 크다.
④ 세포 내의 자유수가 많아지면 세포의 결빙을 억제하여 내동성이 증대된다.

해설

작물의 내동성

- 세포 내 자유수 함량이 많으면 세포 내 결빙이 생기기 쉬워 내동성이 저하된다.
- 세포액의 삼투압이 높으면 빙점이 낮아지고, 세포 내 결빙이 적어지며 세포 외 결빙 시 탈수저항성이 커져 원형질이 기계적 변형을 적게 받아 내동성이 증대한다.
- 전분함량이 낮고 가용성 당의 함량이 높으면 세포의 삼투압이 커지고 원형질단백의 변성이 적어 내동성이 증가한다.
- 원형질의 물 투과성이 크면 원형질 변형이 적어 내동성이 커진다.
- 원형질의 점도가 낮고 연도가 크면 결빙에 의한 탈수와 융해 시 세포가 물을 다시 흡수할 때 원형질의 변형이 적으므로 내동성이 크다.
- 지유와 수분의 공존은 빙점강하도가 커져 내동성이 증대된다.
- 칼슘 이온(Ca^{2+})은 세포 내 결빙의 억제력이 크고 마그네슘 이온(Mg^{2+})도 억제작용이 있다.
- 원형질단백에 디설파이드기(-SS기)보다 설파하이드릴기(-SH기)가 많으면 기계적 견인력에 분리되기 쉬워 원형질의 파괴가 적고 내동성이 증대된다.

06 염색체지도 상의 거리가 a-b 간에 10단위, b-c 간에 20단위이다. 여기서, 2중교차형이 1.6%나왔다면 간섭의 정도(%)는?

① 80　　② 20
③ 16　　④ 1.6

해설

유전자 거리단위 10단위와 20단위는 유전자 교차확률이 0.1과 0.2이므로 2중교차확률은 $0.1 \times 0.2 = 0.02$이다.

$$\text{일치계수} = \frac{\text{이중교차관찰빈도}}{\text{이중교차기대빈도}} = \frac{1.6}{2.0} = 0.8$$

간섭계수 = 1 − 일치계수 = 1 − 0.8 = 0.2

07 계통육종법보다 집단육종법을 실시하는 가장 중요한 이유는?

① 후기세대에 이형접합체가 많으므로 선발의 효과가 크다.
② 소요되는 포장면적이 작다.
③ 유전력이 낮은 양적형질을 선발할 수 있다.
④ 육종연한을 단축할 수 있다.

해설

집단육종의 장·단점

- 장 점
  - 잡종초기에 집단재배하므로 유용유전자 상실의 위험이 적다.
  - 선발을 하는 후기세대에 동형접합체가 많으므로 폴리진이 관여하는 양적형질의 개량에 유리하다.
  - 별도의 관리와 선발에 노력이 필요하지 않다.
- 단 점
  - 집단재배기간 중 육종규모를 줄이기 어렵다.
  - 계통육종에 비해 육종연한이 길다.

08 형태에 따른 종자분류에 대한 설명으로 옳은 것은?

① 밀종자는 영(穎)에 싸여있는 과실이다.
② 참깨종자는 영(穎)에 싸여있는 과실이다.
③ 겉보리종자는 영(穎)에 싸여있는 과실이다.
④ 메밀종자는 영(穎)에 싸여있는 과실이다.

해설

과실이 영(穎)에 쌓여 있는 것 : 벼, 겉보리, 귀리 등

09 *Actinomyces odorifer* 등에 의해 토양 특유의 냄새를 나게 하며, 리그닌·케라틴을 분해하는 토양미생물은?

① 방사상균
② 사상균
③ 근류균
④ 세 균

5 ④ 6 ② 7 ③ 8 ③ 9 ① 정답

10 다음 중 산성토양에 극히 강한 작물만을 고른 것은?

ㄱ. 수 박	ㄴ. 가 지
ㄷ. 기 장	ㄹ. 상 추
ㅁ. 고 추	ㅂ. 부 추
ㅅ. 시금치	ㅇ. 감 자

① ㄱ, ㄷ, ㅇ　　② ㄱ, ㄹ, ㅅ
③ ㄴ, ㅁ, ㅂ　　④ ㄴ, ㅅ, ㅇ

해설

산성토양에 대한 작물의 적응성
- 극히 강한 것 : 벼, 밭벼, 귀리, 토란, 아마, 기장, 땅콩, 감자, 수박 등
- 강한 것 : 메밀, 옥수수, 목화, 당근, 오이, 완두, 호박, 토마토, 밀, 조, 고구마, 담배 등
- 약간 강한 것 : 유채, 파, 무 등
- 약한 것 : 보리, 클로버, 양배추, 근대, 가지, 삼, 겨자, 고추, 완두, 상추 등
- 가장 약한 것 : 알팔파, 콩, 자운영, 시금치, 사탕무, 셀러리, 부추, 양파 등

11 식물체 내의 수분퍼텐셜에 관한 설명으로 옳은 것은?

① 수분퍼텐셜과 삼투퍼텐셜이 같으면 압력퍼텐셜이 0이 되므로 팽만상태가 된다.
② 압력퍼텐셜과 삼투퍼텐셜이 같으면 세포의 수분퍼텐셜이 0이 되므로 원형질분리가 일어난다.
③ 식물체 내의 수분퍼텐셜에는 주로 삼투퍼텐셜이 좌우하고, 압력퍼텐셜은 별로 영향을 미치지 않는다.
④ 수분퍼텐셜은 토양에서 가장 높고, 대기에서 가장 낮으며, 식물체 내에서는 중간의 값을 나타낸다.

해설

식물체 내의 수분퍼텐셜
- 식물체 내의 수분퍼텐셜에서는 매트릭퍼텐셜은 영향을 거의 미치지 않고 삼투퍼텐셜과 압력퍼텐셜이 좌우하므로 $\psi_w = \psi_s + \psi_p$로 표시할 수 있다.
- 세포 부피와 압력퍼텐셜의 변화에 따라 삼투퍼텐셜과 수분퍼텐셜이 변화한다.
- 압력퍼텐셜과 삼투퍼텐셜이 같아지면 세포의 수분퍼텐셜은 0이 되므로 팽만상태가 된다($\psi_s = \psi_p$).
- 수분퍼텐셜과 삼투퍼텐셜이 같아지면 압력퍼텐셜은 0이 되므로 원형질분리가 일어난다($\psi_w = \psi_s$).
- 수분퍼텐셜은 토양에서 가장 높고, 대기에서 가장 낮으며 식물체 내에서 중간값이 나타나므로 수분의 이동은 토양 → 식물체 → 대기로 이어진다.

12 작물의 광포화점에 대한 설명으로 옳지 않은 것은?

① 음지식물은 양지식물보다 낮다.
② 군락의 형성도가 높을수록 증가한다.
③ 군락의 수광태세가 좋을수록 증가한다.
④ 고립상태에서 일반작물의 광포화점은 생육적온까지 온도가 높아질수록 낮아진다.

해설

군락의 광포화점
- 군락상태(群落狀態) : 포장에서 식물이 자라 잎이 서로 포개져 많은 잎들이 직사광선을 받지 못하고 그늘에 있는 상태를 군락상태라 하며 포장의 작물은 군락상태를 형성하고 면적당 수량은 면적당 광합성량에 따라 달라지므로 군락의 광합성이 수량을 지배한다.
- 벼의 경우 잎에 투사된 광은 10% 정도만 이를 투과한다. 따라서 군락이 우거져 그늘에 있는 잎이 많아지면 포화광을 받지 못하는 잎이 많아지고 이들이 충분한 광을 받기 위해서는 더 강한 광이 군락에 투사되어야 하므로 군락의 광포화점은 높아진다.
- 군락의 광포화점은 군락의 형성도가 높을수록 높아진다.
- 벼의 생육단계별 군락 형성상태에 따라 광의 조도와 군락의 광합성의 관계는 고립상태에 가까운 생육 초기에는 낮은 조도에서도 광포화를 이루나 군락이 무성한 출수기 전후에는 전광에 가까운 높은 조도에도 광포화를 보이지 않는 것과 같이 군락이 무성한 시기일수록 더 강한 일사가 필요하다.

13 작물재배에 적합한 토성으로 옳지 않은 것은?

① 감자 : 사토~식양토
② 옥수수 : 사토~식양토
③ 양파 : 사토~양토
④ 오이 : 사토~양토

해설

② 옥수수 : 양토~식양토에서 생육하기 좋으며, 산도는 pH 5.5~8.0 (약산성~미알칼리성 토양)이 적당하다.

정답 10 ① 11 ④ 12 ③ 13 ②

14 **작물의 시비에 대한 설명으로 옳지 않은 것은?**

① 질소와 인산에 대한 칼륨의 흡수비율은 화곡류보다 감자와 고구마에서 더 높다.
② 종자를 수확하는 작물은 영양생장기에는 질소의 효과가 크고, 생식생장기에는 인과 칼륨의 효과가 크다.
③ 볏과목초와 콩과목초를 혼파하였을 때 질소를 많이 주면 콩과가 우세해 진다.
④ 작물은 질소비료를 질산태(NO_3^-)나 암모늄태(NH_4^+)로 흡수한다.

15 **양열재료의 발열상태가 가장 좋은 C/N율은?**

① 10~20 ② 20~30
③ 50~60 ④ 60~80

발열재료의 C/N율은 20~30 정도일 때 발열상태가 양호하다.

16 **작물의 T/R률에 대한 설명으로 옳은 것은?**

① 감자, 고구마의 경우 파종기나 이식기가 늦어질수록 T/R률이 감소한다.
② 일사량이 적어지면 T/R률이 감소한다.
③ 질소질비료를 다량 시용하면 T/R률이 감소한다.
④ 토양수분 함량이 감소하면 T/R률이 감소한다.

해설

T/R률과 작물의 관계
- 감자나 고구마 등은 파종이나 이식이 늦어지면 지하부 중량감소가 지상부 중량감소보다 커서 T/R률이 커진다.
- 질소의 다량 시비는 지상부는 질소 집적이 많아지고 단백질 합성이 왕성해지며, 탄수화물의 잉여는 적어져 지하부 전류가 감소하게 되므로 상대적으로 지하부 생장이 억제되어 T/R률이 커진다.
- 일사가 적어지면 체내에 탄수화물의 축적이 감소하여 지상부보다 지하부의 생장이 더욱 저하되어 T/R률이 커진다.
- 토양함수량의 감소는 지상부 생장이 지하부 생장에 비해 저해되므로 T/R률은 감소한다.
- 토양통기 불량은 뿌리의 호기호흡이 저해되어 지하부의 생장이 지상부 생장보다 더욱 감퇴되어 T/R률이 커진다.

17 **비료를 혼합할 때 나타날 수 있는 현상에 대한 설명으로 옳은 것은?**

① 암모니아태질소와 석회와 같은 알칼리성 비료를 혼합하면 암모니아의 이용효율이 높아진다.
② 질산태질소와 과인산석회와 같은 산성 비료를 혼합하면 질산의 이용효율이 높아진다.
③ 질산태질소와 유기질 비료를 혼합하면 시용 후 질산의 환원을 막아 이용효율이 높아진다.
④ 수용성 인산비료에 Ca 등이 함유된 알칼리성 비료를 혼합하면 인산의 용해도가 낮아진다.

18 **맥류파성에 대한 설명으로 옳지 않은 것은?**

① 춘파성이 높을수록 출수가 빨라지는 경향이 있다.
② 추파성 정도가 낮은 품종은 조파하면 안전하게 성숙할 수 있다.
③ 맥류의 추파성은 생식생장을 억제하는 성질이다.
④ 추파맥류가 동사하였을 경우 춘화처리를 하여 봄에 대파할 수 있다.

해설

추파맥류에서 추파성 정도가 높은 품종은 조파하는 것이 좋으나 추파성 정도가 낮은 품종은 만파하는 것이 좋다.

19 **종자 프라이밍(Priming)처리에 대한 설명 중 옳은 것은?**

① 파종 전에 수분을 가하여 발아의 속도와 균일성을 높이는 기술이다.
② 발아율이 극히 높은 특급종자를 기계적으로 선별하는 기술이다.
③ 종자에 특수한 호르몬과 영양분을 코팅하는 기술이다.
④ 내병충성을 높이기 위해 살균제나 살충제 등을 처리하는 기술이다.

해설

프라이밍(Priming) : 파종 전 종자에 수분을 가해 발아에 필요한 생리적 준비를 갖게 하여 발아속도와 균일성을 높이는 것이다.

14 ③ 15 ② 16 ④ 17 ④ 18 ② 19 ① 정답

20 양성잡종($AaBb$)에서 비대립유전자 A와 B가 독립적이고 F_2의 표현형분리가 보기와 같을 때 비대립유전자 간의 관계는?(단, A는 a에 대하여, B는 b에 대하여 우성이다)

> $(9A\_B\_+3A\_bb)$: $(3aaB\_)$: $(1aabb)$ = 12 : 3 : 1

① 중복유전자　② 열성상위
③ 우성상위　④ 억제유전자

<table>
<tr><th rowspan="3">유전자 상호작용
(상위성)</th><th rowspan="3">예</th><th colspan="9">F_2 유전자형 및 빈도</th><th rowspan="3">표현형
분리비</th></tr>
<tr><th>$AABB$</th><th>$AABb$</th><th>$AaBB$</th><th>$AaBb$</th><th>$AAbb$</th><th>$Aabb$</th><th>$aaBB$</th><th>$aaBb$</th><th>$aabb$</th></tr>
<tr><th>$\frac{1}{16}$</th><th>$\frac{2}{16}$</th><th>$\frac{2}{16}$</th><th>$\frac{4}{16}$</th><th>$\frac{1}{16}$</th><th>$\frac{2}{16}$</th><th>$\frac{1}{16}$</th><th>$\frac{2}{16}$</th><th>$\frac{1}{16}$</th></tr>
<tr><td>없음
(멘델의 양성잡종)</td><td>완 두</td><td colspan="4">둥근 황색콩</td><td colspan="2">둥근 녹색콩</td><td colspan="2">주름진 황색콩</td><td>주름진
녹색콩</td><td>9 : 3 : 3 : 1</td></tr>
<tr><td>열성상위
aa가 B에 상위</td><td>유색미</td><td colspan="4">적 미</td><td colspan="2">갈색미</td><td colspan="3">백 미</td><td>9 : 3 : 4</td></tr>
<tr><td>우성상위
A가 B에 상위</td><td>귀리
외영색</td><td colspan="6">흑 색</td><td colspan="2">회 색</td><td>백 색</td><td>12 : 3 : 1</td></tr>
<tr><td>보족유전자(이중열성상위)
aa는 B에 상위 bb는 A에 상위</td><td>벼
밑동색</td><td colspan="4">자 색</td><td colspan="5">녹 색</td><td>9 : 7</td></tr>
<tr><td>복수유전자
A는 bb에 상위 B는 aa에 상위</td><td>호박
과형</td><td colspan="4">원반형</td><td colspan="4">난 형</td><td>장 형</td><td>9 : 6 : 1</td></tr>
<tr><td>억제유전자
A가 B, bb에 상위</td><td>닭털
색깔</td><td colspan="6">백 색</td><td colspan="2">유 색</td><td>백 색</td><td>13 : 3</td></tr>
<tr><td>중복유전자
A는 B, b에 상위
B는 A, a에 상위</td><td>냉이
꼬투리</td><td colspan="8">세모꼴</td><td>방추형</td><td>15 : 1</td></tr>
</table>

정답 20 ③

2010년 지방직 재배학개론

01 식물의 진화와 작물로서의 특징을 획득하는 과정을 순서대로 바르게 나열한 것은?

① 도태 → 유전적 변이 발생 → 적응 → 순화
② 유전적 변이 발생 → 순화 → 격리 → 적응
③ 유전적 변이 발생 → 적응 → 순화 → 격리
④ 적응 → 유전적 변이 발생 → 격리 → 순화

해설

유전적 변이 → 도태 → 적응 → 순화 → 고립

02 작물의 주요 질적형질과 양적형질에 대한 일반적인 설명으로 옳은 것은?

① 질적형질 개량은 계통육종법이 유리하고 양적형질 개량은 집단육종법이 유리하다.
② 질적형질은 폴리진에 의해 지배되고 양적형질은 소수의 주동 유전자에 의해 지배된다.
③ 질적형질은 모두 세포질 유전에 의하고 양적형질은 멘델식 유전에 의한다.
④ 질적형질은 연속변이를 보이고 양적형질은 불연속변이를 보인다.

해설

형질의 변이양상
- 질적형질(質的形質) : 불연속변이를 하는 형질로 소수의 주동유전자가 주도한다.
- 양적형질(量的形質) : 연속변이를 하는 형질로 폴리진이 지배한다.

03 여교배육종에 대한 설명으로 옳지 않은 것은?

① 여교배육종은 우량품종에 한두 가지 결점이 있을 때 이를 보완하는데 효과적이다.
② 여교배를 하는 동안 이전형질(유전자)의 특성이 변하지 않아야 한다.
③ 여러 번 교배한 후에 반복친의 특성을 충분히 회복해야 한다.
④ 육종효과가 불확실하고 재현성은 낮지만 목표형질 이외의 다른 형질의 개량은 쉽다.

해설

여교배육종(戻交配育種, Backcross Breeding)
- 우량품종의 한두 가지 결점을 보완하는 데 효과적인 육종방법이다.
- 여교배는 양친 A와 B를 교배한 F_1을 다시 양친 중 어느 하나인 A 또는 B와 교배하는 것이다.
- 여교배잡종의 표시 : BC_1F_1, BC_1F_2……로 표시한다.
- 1회친(一回親, Donor Parent) : 여교배를 여러 번 할 때 처음 한 번만 사용하는 교배친이다.
- 반복친(反復親, Recurrent Parent) : 반복해서 사용하는 교배친이다.
- 장점 : 이전하려는 1회친의 특성만 선발하므로 육종효과가 확실하고 재현성이 높다.
- 단점 : 목표형질 이외의 다른 형질의 개량을 기대하기 어렵다.
- 여교배육종의 성공조건
  - 만족할 만한 반복친이 있어야 한다.
  - 여교배 동안 이전형질의 특성이 변하지 않아야 한다.
  - 여러 번 여교배 후에도 반복친의 특성을 충분히 회복해야 한다.

1 ③ 2 ① 3 ④ 정답

04 작물의 요수량에 대한 설명으로 옳지 않은 것은?

① 일반적으로 작물의 생육 초기에는 요수량이 적다.
② 일정 기간 내의 수분소비량과 건물축적량을 측정하여 산출한다.
③ 작물의 건물 1g을 생산하는 데 소비된 수분량(g)을 뜻한다.
④ 일반적으로 광부족, 척박한 토양 등의 불량환경에서는 요수량이 많아진다.

해설

건물생산의 속도가 낮은 생육 초기에 요수량이 크다.

05 양성잡종($AaBb$)에서 비대립유전자 A와 B가 1개의 형질에 관여할 때 유전자상호작용에 따라 여러 가지 분리비가 나타난다. F_2 표현형 분리비의 예와 비대립유전자 상호작용의 유형이 바르게 연결되지 않은 것은?(단, A와 B는 서로 독립적이다)

	F_2 표현형의 분리비	상호작용의 유형
①	9 : 7	보족유전자
②	15 : 1	중복유전자
③	13 : 3	억제유전자
④	9 : 3 : 4	복수유전자

해설

<table>
<tr><th rowspan="3">유전자 상호작용
(상위성)</th><th rowspan="3">예</th><th colspan="9">F_2 유전자형 및 빈도</th><th rowspan="3">표현형
분리비</th></tr>
<tr><th>$AABB$</th><th>$AABb$</th><th>$AaBB$</th><th>$AaBb$</th><th>$AAbb$</th><th>$Aabb$</th><th>$aaBB$</th><th>$aaBb$</th><th>$aabb$</th></tr>
<tr><th>$\frac{1}{16}$</th><th>$\frac{2}{16}$</th><th>$\frac{2}{16}$</th><th>$\frac{4}{16}$</th><th>$\frac{1}{16}$</th><th>$\frac{2}{16}$</th><th>$\frac{1}{16}$</th><th>$\frac{2}{16}$</th><th>$\frac{1}{16}$</th></tr>
<tr><td>없음
(멘델의 양성잡종)</td><td>완 두</td><td colspan="4">둥근 황색콩</td><td colspan="2">둥근 녹색콩</td><td colspan="2">주름진 황색콩</td><td>주름진
녹색콩</td><td>9:3:3:1</td></tr>
<tr><td>열성상위
aa가 B에 상위</td><td>유색미</td><td colspan="4">적 미</td><td colspan="2">갈색미</td><td colspan="3">백 미</td><td>9:3:4</td></tr>
<tr><td>우성상위
A가 B에 상위</td><td>귀리
외영색</td><td colspan="6">흑 색</td><td colspan="2">회 색</td><td>백 색</td><td>12:3:1</td></tr>
<tr><td>보족유전자(이중열성상위)
aa는 B에 상위 bb는 A에 상위</td><td>벼
밑동색</td><td colspan="4">자 색</td><td colspan="5">녹 색</td><td>9:7</td></tr>
<tr><td>복수유전자
A는 bb에 상위 B는 aa에 상위</td><td>호박
과형</td><td colspan="4">원반형</td><td colspan="4">난 형</td><td>장 형</td><td>9:6:1</td></tr>
<tr><td>억제유전자
A가 B, bb에 상위</td><td>닭털
색깔</td><td colspan="6">백 색</td><td colspan="2">유 색</td><td>백 색</td><td>13:3</td></tr>
<tr><td>중복유전자
A는 B, b에 상위
B는 A, a에 상위</td><td>냉이
꼬투리</td><td colspan="8">세모꼴</td><td>방추형</td><td>15:1</td></tr>
</table>

06 토양수분의 함유상태에 대한 설명으로 옳지 않은 것은?

① 최대용수량은 토양하부에서 수분이 모관상승하여 모관수가 최대로 포함된 상태를 말한다.
② 포장용수량은 수분이 포화된 상태의 토양에서 증발을 방지하면서 중력수를 완전히 배제하고 남은 수분상태를 말한다.
③ 초기위조점은 생육이 정지하고 하위엽이 위조하기 시작하는 토양의 수분상태를 말한다.
④ 잉여수분은 최대용수량 이상의 과습한 상태의 토양수분을 말한다.

해설

잉여수분 : 포장용수량 이상의 토양수분은 작물생리상 과습상태를 유발하므로 잉여수분이라 한다.

정답 4 ① 5 ④ 6 ④

07 우리나라에서 재배되고 있는 벼의 기상생태형에 대한 설명으로 옳지 않은 것은?

① 출수·개화를 위해 일정한 정도의 기본영양생장을 필요로 하는 성질을 기본영양생장성이라고 한다.

② 주로 장일환경에서 출수·개화가 촉진되는 정도가 큰 것을 감광성이 크다고 한다.

③ 생육적온에 이르기까지 고온에 의해 출수·개화가 촉진되는 성질을 감온성이라고 한다.

④ 영양생장기간의 재배적인 단축·연장에는 가소영양생장이 대상이 된다.

해설

기상생태형의 구성

- 기본영양생장성(Grade of Basic Vegetative Growth) : 작물의 출수 및 개화에 알맞은 온도와 일장에서도 일정의 기본영양생장이 덜 되면 출수, 개화에 이르지 못하는 성질
- 감온성(Sensitivity to Temperature) : 작물이 높은 온도에 의해서 출수 및 개화가 촉진되는 성질
- 감광성(Sensitivity for Day Length) : 작물이 단일환경에 의해 출수 및 개화가 촉진되는 성질

08 지베렐린의 재배적 이용에 대한 설명으로 옳지 않은 것은?

① 감자에 지베렐린을 처리하면 휴면이 타파되어 봄감자를 가을에 씨감자로 이용할 수 있다.

② 지베렐린은 저온처리와 장일조건을 필요로 하는 총생형 식물의 화아형성과 개화를 지연시킨다.

③ 지베렐린은 왜성식물의 경엽의 신장을 촉진하는 효과가 있다.

④ 지베렐린은 토마토, 오이, 포도나무 등의 단위결과를 유기한다.

해설

지베렐린의 재배적 이용

- 발아촉진 : 종자의 휴면타파로 발아가 촉진되고 호광성 종자의 발아를 촉진하는 효과가 있다.
- 화성의 유도 및 촉진
  - 저온, 장일에 의해 추대되고 개화하는 월년생 작물에 지베렐린 처리는 저온, 장일을 대체하여 화성을 유도하고 개화를 촉진하는 효과가 있다.
  - 배추, 양배추, 무, 당근, 상추 등은 저온처리 대신 지베렐린을 처리하면 추대, 개화한다.
  - 팬지, 프리지어, 피튜니아, 스톡 등 여러 화훼에 지베렐린을 처리하면 개화촉진의 효과가 있다.
  - 추파맥류의 경우 6엽기 정도부터 지베렐린 100ppm 수용액을 몇 차례 처리하면 저온처리가 불충분해도 출수한다.
- 경엽의 신장촉진
  - 특히 왜성식물에 있어 경엽신장을 촉진하는 효과가 현저하다.
  - 기후가 냉한 생육 초기 목초에 지베렐린 처리를 하면 초기 생장량이 증가한다.
- 단위결과 유도 : 포도 거봉품종은 만화기 전 14일 및 10일경 2회 처리하면 무핵과가 형성되고 성숙도 크게 촉진된다.
- 수량증대 : 가을씨감자, 채소, 목초, 섬유작물 등에서 효과적이다.
- 성분변화 : 뽕나무에 지베렐린 처리는 단백질을 증가시킨다.

09 질소질 비료에 대한 설명으로 옳지 않은 것은?

① 질산칼륨과 질산칼슘은 질산태질소를 함유한다.

② 질산태질소는 물에 잘 녹고 속효성이다.

③ 암모니아태질소는 논의 환원층에 주면 비효가 떨어진다.

④ 요소($(NH_2)_2CO$)는 물에 잘 녹으며 이온이 아니기 때문에 토양에 잘 흡착되지 않으므로 시용 직후에 유실될 우려가 있다.

해설

암모니아태질소(NH_4^+–N)

- 황산암모늄($(NH_4)_2SO_4$), 염화암모늄(NH_4Cl), 질산암모늄(NH_4NO_3), 인산암모늄($(NH_4)_2HPO_4$), 부숙인분뇨, 완숙퇴비 등이 있다.
- 물에 잘 녹고 속효성이나 질산태질소보다는 속효성이 아니다.
- 양이온으로 토양에 잘 흡착되어 유실이 잘 되지 않고 논의 환원층에 시비하면 비효가 오래간다.
- 밭토양에서는 속히 질산태로 변하여 작물에 흡수된다.
- 유기물이 함유되지 않은 암모니아태질소의 연용은 지력소모를 가져오며, 암모니아 흡수 후 남는 산근으로 토양을 산성화시킨다.
- 황산암모늄은 질소의 3배에 해당되는 황산을 함유하고 있어 농업상 불리하므로 유기물의 병용으로 해를 덜어야 한다.

7 ② 8 ② 9 ③ 정답

10 1대 잡종육종(一代雜種育種)에 대한 설명으로 옳지 않은 것은?

① 1대 잡종품종은 옥수수, 배추, 무 등에서 이용되고 있다.
② 1대 잡종품종은 수량이 많고, 균일한 생산물을 얻을 수 있으며, 우성유전자를 이용하기가 유리하다.
③ 1대 잡종육종에서는 잡종강세가 큰 교배조합 선발을 위해 자식계통을 육성해야 한다.
④ 1대 잡종품종 중 잡종강세가 가장 큰 것은 복교배 1대 잡종품종이다.

해설

단교배(單交配, Single Cross, A/B) : 잡종강세가 가장 큰 장점이나 채종량이 적고 종자가격이 비싸다.

11 신품종이 보호품종으로 되기 위해 갖추어야 하는 5가지의 품종보호요건이 바르게 묶인 것은?

① 신규성, 구별성, 균일성, 안정성, 고유한 품종명칭
② 신규성, 상업성, 경제성, 구별성, 고유한 품종명칭
③ 신규성, 구별성, 경제성, 안정성, 고유한 품종명칭
④ 신규성, 상업성, 균일성, 구별성, 고유한 품종명칭

해설

신품종 보호요건 : 신규성, 구별성, 균일성, 안정성, 고유한 품종명칭

12 배유의 유무에 의한 종자의 분류 중 배유종자에 속하지 않는 것은?

① 옥수수
② 상 추
③ 피마자
④ 보 리

해설

- 배유종자 : 벼, 보리, 옥수수 등 화본과 종자와 피마자, 양파 등
- 무배유종자 : 콩, 완두, 팥 등 두과 종자와 상추, 오이 등

13 양이온치환용량(CEC)에 대한 설명으로 옳은 것은?

① 양이온치환용량이 증대되면 토양의 보비력이 감소한다.
② 양이온치환용량이 증대되면 토양반응의 변동에 저항하는 힘이 감소한다.
③ 양이온치환용량이 증대되면 비효가 오래 지속된다.
④ 양이온치환용량은 토양 중의 점토함량에 영향을 받지 않는다.

해설

양이온치환용량(CEC ; Cation Exchange Capacity) **또는 염기치환용량**(BEC ; Base Exchange Capacity) : 토양 100g이 보유하는 치환성 양이온의 총량을 mg당량(me)으로 표시한 것

- 토양 중 고운 점토와 부식이 증가하면 CEC도 증대된다.
- CEC가 증대하면 NH_4^+, K^+, Ca^{2+}, Mg^{2+} 등의 비료성분을 흡착 및 보유하는 힘이 커져서 비료를 많이 주어도 일시적 과잉흡수가 억제된다.
- 비료성분의 용탈이 적어서 비효가 늦게까지 지속된다.
- 토양의 완충능이 커지게 된다.

14 큐어링(Curing)을 한 고구마의 안전저장 온도는?

① 3~5℃
② 8~10℃
③ 13~15℃
④ 18~20℃

15 아포믹시스(Apomixis)에 대한 설명으로 옳지 않은 것은?

① 부정배형성은 배낭을 만들지 않고 주심이나 주피가 직접 배를 형성하는 것이다.
② 무포자생식은 배낭의 조직세포가 배를 형성하는 것이다.
③ 복상포자생식은 배낭모세포가 감수분열을 못하거나 비정상적인 분열을 하여 배를 형성하는 것이다.
④ 아포믹시스에 의하여 생긴 종자는 종자 형태를 가진 영양계(營養系)라 할 수 없다.

정답 10 ④ 11 ① 12 ② 13 ③ 14 ③ 15 ④

해설

아포믹시스(Apomixis)
- 아포믹시스는 'Mix가 없는 생식'으로, 수정과정을 거치지 않고 배가 만들어져 종자를 형성하는 무수정종자형성 또는 무수정생식을 뜻한다.
- 배를 만드는 세포에 따라 부정배형성, 무포자생식, 복상포자생식, 위수정생식, 웅성단위생식 등으로 구분한다.
  - 부정배형성(不定胚形成, Adventitious Embryony) : 밀감의 주심배가 대표적으로 배낭을 형성하지 않고 포자체의 조직세포(주심, 주피)가 직접 배를 형성한다.
  - 무포자생식(無胞子生殖, Apospory) : 부추, 파 등에서 발견되었으며 배낭을 만드나 배낭의 조직세포가 배를 형성한다.
  - 복상포자생식(複相胞子生殖, Diplospory) : 배낭모세포가 감수분열을 못하거나 비정상 분열로 배를 만드는 것으로 볏과, 국화과에서 나타난다.
  - 위수정생식(僞受精生殖, Pseudogamy) : 수분의 자극으로 난세포가 배로 발달하는 것으로 벼, 밀, 보리, 목화, 담배 등에서 나타나며 이로 종자가 생기는 것을 위잡종(僞雜種, False Hybrid)이라 한다.
  - 웅성단위생식(雄性單爲生殖, Male Parthenogenesis) : 달맞이꽃, 진달래 등에서 발견되며 정세포가 단독으로 분열하여 배를 만드는 것이다.
- 아포믹시스에 의해 만들어진 종자는 수정을 거치지 않았으므로 종자 형태의 영양계라 할 수 있고, 다음 세대에 유전분리가 일어나지 않기 때문에 종자번식작물의 우량 아포믹시스는 영양식물로 번식하는 작물의 영양계와 같이 곧바로 신품종이 된다.

16 식물의 일장효과에 영향을 끼치는 조건으로 옳지 않은 것은?

① 본엽이 나온 뒤 어느 정도 발육한 후에 감응한다.
② 명기의 광이 약광이라도 일장효과가 발생한다.
③ 야간조파(夜間照破)에 가장 효과적인 광은 청색광이다.
④ 일장효과의 발현에는 어느 한계의 온도가 필요하다.

해설

효과는 600~660nm의 적색광이 가장 크고, 다음이 자색광인 380nm 부근, 480nm 부근의 청색광이 가장 효과가 적다.

17 종자의 유전적 퇴화를 방지하는 방법과 관련이 적은 것은?

① 격리재배　　② 무병지 채종
③ 기본식물 보존　　④ 이형주 제거

해설

유전적 퇴화
작물이 세대의 경과에 따라 자연교잡, 새로운 유전자형의 분리, 돌연변이, 이형종자의 기계적 혼입 등에 의해 종자가 유전적 순수성이 깨져 퇴화된다.
- 자연교잡
  - 격리재배로 방지할 수 있으며 다른 품종과 격리거리는 옥수수 400~500m 이상, 십자화과류 1,000m 이상, 호밀 250~300m 이상, 참깨 및 들깨 500m 이상으로 유지하는 것이 좋다.
  - 주요 작물의 자연교잡률(%) : 벼(0.2~1.0), 보리(0.0~0.15), 밀(0.3~0.6), 조(0.2~0.6), 귀리와 콩(0.05~1.4), 아마(0.6~1.0), 가지(0.2~1.2), 수수(5.0) 등
- 이형종자의 기계적 혼입
  - 원인인 퇴비, 낙수(落穗) 또는 수확, 탈곡, 보관 시 이형종자의 혼입을 방지한다.
  - 이미 혼입된 경우 이형주 식별이 용이한 출수, 성숙기에 이형주를 철저히 도태시키고 조, 수수, 옥수수 등에서는 순정한 이삭만을 골라 채종하기도 한다.
- 주보존이 가능한 작물의 경우 기본식물을 주보존하여 이것에서 받은 종자를 증식, 보급하면 세대경과에 따른 유전적 퇴화를 방지할 수 있다.
- 순정종자를 장기간 저장하고 해마다 이 종자를 증식해서 농가에 보급하면 세대 경과에 따른 유전적 퇴화를 방지할 수 있다.

18 밭작물의 한해(旱害) 대책으로 적절하지 못한 것은?

① 토양의 수분보유력 증대를 위해 토양입단을 조성한다.
② 파종 시 재식밀도를 성기게 한다.
③ 봄철 맥류 재배지에서 답압을 실시한다.
④ 질소 시비량을 늘리고 인산・칼륨 시비량을 줄인다.

해설

밭에서의 재배대책
- 뿌림골을 낮게 한다(휴립구파).
- 뿌림골을 좁히거나 재식밀도를 성기게 한다.
- 질소의 다용을 피하고 퇴비, 인산, 칼륨을 증시한다.
- 봄철의 맥류재배 포장이 건조할 때 답압한다.

16 ③ 17 ② 18 ④ 정답

19 유전자 사이의 재조합빈도에 대한 설명으로 옳지 않은 것은?

① 재조합빈도는 전체 배우자 중 재조합형의 비율을 뜻한다.
② 연관된 유전자 사이의 재조합빈도는 0~100% 범위에 있다.
③ 두 유전자 사이의 거리가 멀수록 재조합빈도가 높아진다.
④ 재조합빈도가 0%인 경우를 완전연관이라 한다.

해설

재조합빈도(RF ; Recombination Frequency)

- 자손의 총 개체수에 대한 재조합형 개체수의 비율을 의미한다.

$$RF = \frac{\text{재조합형 개체수}}{\text{재조합형 개체수} + \text{양친형 개체수}} \times 100$$

- 모든 생식세포에서 교차가 일어나면 재조합형의 비율은 50%로 유전자재조합의 한계는 50%이나 모든 생식세포의 같은 유전자 자리에서 전부 교차가 일어나기는 어려워 연관유전자 사이 재조합빈도는 0~50% 범위에 있다.
- RF=0은 완전연관, RF=50은 독립적임을 나타내고 RF값이 0에 가까울수록 연관이 강하고 50에 가까울수록 독립적이다.

20 식물의 굴광현상에 대한 설명으로 옳은 것은?

① 굴광현상은 440~480nm의 청색광이 가장 유효하다.
② 초엽(鞘葉)에서는 배광성을 나타낸다.
③ 덩굴손의 감는 운동은 굴광성으로 설명할 수 있다.
④ 줄기와 뿌리 모두 배광성을 나타낸다.

해설

굴광성

- 식물의 한 쪽에 광이 조사되면 광이 조사된 쪽으로 식물체가 구부러지는 현상을 굴광현상이라 한다.
- 광이 조사된 쪽은 옥신의 농도가 낮아지고 반대쪽은 옥신의 농도가 높아지면서 옥신의 농도가 높은 쪽의 생장속도가 빨라져 생기는 현상이다.
- 줄기나 초엽 등 지상부에서는 광의 방향으로 구부러지는 향광성을 나타내며, 뿌리는 반대로 배광성을 나타낸다.
- 400~500nm 특히 440~480nm의 청색광이 가장 유효하다.

정답 19 ② 20 ①

2011년 지방직 재배학개론

01 친환경 농업기술에 대한 설명으로 옳지 않은 것은?

① 작물 포장의 지력 차이를 고려하여 변량시비를 한다.
② 지역의 기후와 토양에 잘 적응한 작물을 재배한다.
③ 침식 및 잡초방제를 위하여 피복작물을 재배한다.
④ 수량성의 향상과 생력화를 위하여 단작재배를 한다.

02 유전자중심설에 대한 설명으로 옳지 않은 것은?

① 중심지에서는 우성형질이 많아 식물종의 변이가 다양하지 못하다.
② Vavilov가 주장했다.
③ 우성유전자들의 분포 중심지를 원산지로 추정하기 때문에 우성유전자중심설이라고도 불린다.
④ 중심지에서 멀어질수록 열성형질이 많이 나타난다.

해설

유전자중심설

- N.I. Vavilov가 제안하였다.
- 재배식물의 기원지를 1차 중심지와 2차 중심지로 구분하였다.
- 1차 중심지는 우성형질이 많이 나타난다.
- 2차 중심지에서는 열성형질과 그 지역 특징적 우성형질이 나타난다.
- 우성유전자 분포 중심지를 원산지로 추정하는 학설로 우성유전자 중심설이라고도 한다.

03 내한성(耐寒性)이 강한 작물을 순서대로 나열한 것은?

① 호밀 > 보리 > 귀리 > 옥수수
② 보리 > 호밀 > 옥수수 > 귀리
③ 귀리 > 보리 > 호밀 > 옥수수
④ 호밀 > 귀리 > 보리 > 옥수수

04 종자형성에 대한 설명으로 옳지 않은 것은?

① 종피와 열매껍질은 모체의 조직이므로 배와 종피는 유전적 조성이 동일하다.
② 배유에 우성유전자의 표현형이 나타나는 것을 크세니아라 한다.
③ 바나나, 감귤류와 같이 종자의 생산 없이 열매를 맺는 현상을 단위결과라 한다.
④ 식물호르몬을 이용하여 인위적으로 단위결과를 유발하기도 한다.

해설

종피와 과피는 모체의 조직으로 종자에서 배와 종피는 유전적 조성이 다르다.

05 작물의 유전자지도에 대한 설명으로 옳은 것은?

① 유전자들의 절대적 위치에 근거하여 만들어진다.
② 연관된 두 유전자 사이의 재조합 빈도는 유전자간 거리에 반비례한다.
③ 과거에 만들어진 유전자지도는 변하지 않는다.
④ 염색체지도는 유전자지도의 일종이다.

해설

염색체지도와 유전자지도

- 염색체지도는 유전자표지(Gene Marker)를 이용해 작성한 유전자 지도를 의미한다.
- 염색체지도는 염색체 교차, 유전자교환 등을 관찰하여 염색체 상의 각 유전자 위치를 정하여 놓은 것을 말한다.
- 염색체지도의 작성은 삼성잡종을 3중열 성동형 접합체와 교배하는 3점검정교배(Three-point Testcross)를 이용한다.
- 유전자지도 : 연관된 두 유전자 사이의 재조합빈도(RF)는 유전자간 거리에 비례하고 재조합빈도를 이용하여 유전자의 상대적 위치를 표시한 그림으로 지도거리 1단위(1cM ; 1centi Morgan)는 재조합 빈도 1%를 의미하며 100개의 배우자 중 재조합형이 1개 나올 수 있다는 유전자간 거리를 의미한다.

정답 1 ④ 2 ① 3 ① 4 ① 5 ④

• 유전자지도는 교배결과를 예측하여 잡종 후대에 유전자형과 표현형의 분리를 예측할 수 있어 새로 발견된 유전자의 연관분석, 특정 형질의 선발, 유전자조작에 사용할 유전자의 위치를 확인하는 등에 이용된다.

06 연작에 의해 발생하는 기지현상에 대한 설명으로 옳지 않은 것은?

① 화곡류와 같은 천근성 작물을 연작하면 토양물리성을 개선할 수 있다.
② 수박, 멜론 등은 저항성 대목에 접목하여 기지현상을 경감할 수 있다.
③ 알팔파, 토란 등은 석회를 많이 흡수하여 토양에 석회 결핍증이 나타나기 쉽다.
④ 벼, 수수, 고구마 등은 연작의 해가 적어 기지에 강한 작물이다.

해설
심근성 또는 천근성 작물의 다년 연작은 토층의 양분만 집중적으로 수탈된다.

07 토양미생물과 작물과의 관계에 대한 설명으로 옳은 것은?

① 토양미생물은 무기물 유실을 촉진시킨다.
② 공중질소를 질산태 형태로 고정하여 식물에 공급한다.
③ 뿌리혹을 형성하여 식물이 이용할 무기양분을 고갈시킨다.
④ 토양미생물은 지베렐린, 시토키닌 등의 식물생장촉진 물질을 분비한다.

해설
① 유기물을 분해하여 무기화작용으로 유리되는 양분을 식물이 흡수할 수 있게 한다.
② 대기 중에 가장 풍부한 질소는 유리상태로 고등식물에 직접 이용할 수 없으며, 반드시 암모니아 같은 화합형태가 되어야 양분이 될 수 있는데 이 과정을 분자질소의 고정작용이라 하고 자연계의 물질순환, 식물에 대한 질소 공급, 토양비옥도 향상을 위해서는 매우 중요하다.

08 작물이 생육최고온도에 장기간 재배되면 생육이 쇠퇴하여 열해가 발생한다. 이에 대한 설명으로 옳지 않은 것은?

① 광합성보다 호흡작용이 우세하여 유기물 소모가 많아 작물이 피해를 입는다.
② 단백질의 합성이 촉진되고, 암모니아의 축적이 적어 작물이 피해를 입는다.
③ 수분 흡수보다 증산이 과다하여 위조를 유발한다.
④ 고온에 의해 철분이 침전되면 황백화현상이 일어난다.

해설
고온은 단백질의 합성을 저해하여 암모니아의 축적이 많아지므로 유해물질로 작용한다.

09 우리나라 벼의 기상생태형과 재배적 특성에 대한 설명으로 옳은 것은?

① 감광형은 만식을 해도 출수의 지연도가 적고 묘대일수 감응도가 높아서 만식적응성이 크다.
② 묘대일수감응도는 기본영양생장형이 낮고 감광형이 높다.
③ 조기수확을 목적으로 조파조식을 할 때에는 감온형이 알맞다.
④ 조파조식을 할 때보다 만파만식을 할 때 출수지연 정도는 감온형이 가장 작다.

10 웅성불임과 자가불화합성에 대한 설명으로 옳은 것은?

① 세포질웅성불임은 핵 내 웅성불임유전자가 관여한다.
② 세포질웅성불임은 영양기관을 이용하는 작물의 1대잡종 생산에 이용될 수 있다.
③ 배우체형 자가불화합성은 화분을 생산한 식물체의 유전자형에 의해 결정된다.
④ 포자체형 자가불화합성은 화분의 유전자에 의해 결정된다.

정답 6 ① 7 ④ 8 ② 9 ③ 10 ②

해설

① 세포질웅성불임성(CMS ; Cytoplasmic Male Sterility) : 세포질 유전자만 관여하는 웅성불임으로 벼, 옥수수 등이 해당된다.
③ 배우체형 : 화분(n)의 유전자가 화합과 불화합을 결정하고 가지과, 볏과, 클로버 등이 해당된다.
④ 포자체형 : 화분을 생산한 식물체(포자체, 2n)의 유전자형의 의해 화합과 불화합이 달라지며 십자화과, 국화과, 사탕무 등이 해당한다. 배추의 1대잡종 종자의 채종은 자가불화합성 유전자형이 다른 자식계통(S_1S_1 과 S_2S_2)을 혼식한다.

11 지베렐린의 재배적 이용으로 옳지 않은 것은?

① 무핵과 포도생산
② 벼과 식물 발아촉진
③ 카네이션 발근촉진
④ 딸기 휴면타파

해설

지베렐린의 재배적 이용

- 발아촉진 : 종자의 휴면타파로 발아가 촉진되고 호광성 종자의 발아를 촉진하는 효과가 있다.
- 화성의 유도 및 촉진
  - 저온, 장일에 의해 추대되고 개화하는 월년생 작물에 지베렐린 처리는 저온, 장일을 대체하여 화성을 유도하고 개화를 촉진하는 효과가 있다.
  - 배추, 양배추, 무, 당근, 상추 등은 저온처리 대신 지베렐린처리하면 추대, 개화한다.
  - 팬지, 프리지어, 피튜니아, 스톡 등 여러 화훼에 지베렐린처리하면 개화촉진의 효과가 있다.
  - 추파맥류의 경우 6엽기 정도부터 지베렐린 100ppm 수용액을 몇 차례 처리하면 저온처리가 불충분해도 출수한다.
- 경엽의 신장촉진
  - 특히 왜성식물에 있어 경엽신장을 촉진하는 효과가 현저하다.
  - 기후가 냉한 생육 초기 목초에 지베렐린처리를 하면 초기 생장량이 증가한다.
- 단위결과 유도 : 포도의 거봉품종은 만화기 전 14일 및 10일경 2회 처리하면 무핵과가 형성되고 성숙도 크게 촉진된다.
- 수량증대 : 가을씨감자, 채소, 목초, 섬유작물 등에서 효과적이다.
- 성분변화 : 뽕나무에 지베렐린처리는 단백질을 증가시킨다.

12 광 조건과 작물의 생육에 대한 설명으로 옳지 않은 것은?

① 광포화점은 고립상태의 작물보다 군락상태의 작물에서 높다.
② 규산과 칼륨을 충분히 시용한 벼에서는 수광태세가 양호하여 증수된다.
③ 벼 감수분열기의 광 부족은 단위면적당 이삭수를 감소시킨다.
④ 남북이랑방향은 동서이랑방향보다 수광량이 많아 작물생육에 유리하다.

해설

벼의 생육단계별 일조부족의 영향

- 최고분얼기(Maximum Tillering Stage, 출수 전 30일)를 전후한 1개월 사이 일조부족은 유효경수 및 유효경비율이 저하되어 이삭수의 감수를 초래한다.
- 감수분열 성기(출수 전 12일) 일조부족은 갓 분화, 생성된 영화가 생장이 정지되고 퇴화하여 이삭당 영화수가 크게 감소한다.
- 유숙기(Milk-Ripe Stage) 전후 1개월 사이 일조부족은 동화산물 감소와 배유로의 전류, 축적을 감퇴시켜 배유 발육을 저해하여 등숙률을 감소시킨다.
- 감수분열기(Reduction Division Stage) 차광은 영화 크기를 작게 한다.
- 유숙기 차광은 배유의 충진을 불량하게 하여 정조 천립중을 크게 감소시킨다.
- 일사부족이 수량에 끼치는 영향은 유숙기가 가장 크고 다음이 감수분열기이다.
- 분얼성기(Active Tillering Stage) 일사부족은 수량에 크게 영향을 주지 않는다.

13 유전공학기술을 이용한 형질전환육종에서 가장 먼저 수행하는 기술은?

① 재조합 벡터제작　② 유전자 클로닝
③ 식물체 재분화　④ 식물세포에 유전자 도입

해설

형질전환육종의 단계

- 1단계 : 원하는 유전자(DNA)를 분리하여 클로닝(Cloning)한다.
- 2단계 : 클로닝한 유전자를 벡터에 재조합하여 식물세포에 도입한다.
- 3단계 : 재조합 유전자(DNA)를 도입한 식물세포를 증식하고 식물체로 재분화시켜 형질전환식물을 선발한다.
- 4단계 : 형질전환식물의 특성을 평가하여 신품종으로 육성한다.

11 ③ 12 ③ 13 ② 정답

14 온도가 영향을 미치는 작물의 생리작용으로 가장 거리가 먼 것은?

① 굴광현상 ② 증 산
③ 광합성 ④ 동화물질의 전류

15 반수체육종의 특성만을 고른 것은?

ㄱ. 집단육종법보다 육종연한 단축
ㄴ. 유전물질 증가
ㄷ. 열성형질 선발용이
ㄹ. 다가염색체 형성

① ㄱ, ㄴ ② ㄱ, ㄷ
③ ㄴ, ㄷ ④ ㄴ, ㄹ

해설

반수체(半數體, Haploid) 이용

- 반수체는 생육이 빈약하고 완전불임으로 실용성이 없다.
- 반수체의 염색체를 배가하면 곧바로 동형접합체를 얻을 수 있어 육종연한을 많이 줄일 수 있고 상동게놈이 1개뿐이므로 열성형질의 선발이 쉽다.
- 인위적 반수체를 만드는 방법으로 약배양, 화분배양, 종속간 교배, 반수체유도유전자 등을 이용하며, 약배양이 화분배양에 비하여 배양이 간단하고 식물체의 재분화율이 높다.

16 작물육종에 대한 설명으로 옳은 것은?

① 자식성 작물은 자식에 의하여 집단 내에 이형접합체가 증가하고 동형접합체가 감소한다.
② 타식성 작물을 자식하면 이형접합체의 열성유전자가 분리되어 자식강세가 나타난다.
③ 자식성 작물을 집단육종으로 선발하면 출현빈도가 낮은 우량유전자형의 선발 가능성이 높다.
④ 타식성 작물을 집단선발하면 근교약세가 나타난다.

해설

- 자식성 작물의 재래종은 재배과정 중 여러 유전자형을 포함하나 오랜 세대에서 자식하므로 대부분 동형접합체이다.
- 근교약세(자식약세, Inbreeding Depression) : 타식성 작물의 인위적 자식, 근친교배로 작물체 생육불량, 생산성 저하가 나타나는 현상으로 원인은 근친교배에 의하여 이형접합체가 동형접합체로 되면서 이형접합체의 열성유전자가 분리되기 때문이다.

17 집단육종과 계통육종에 대한 설명으로 옳지 않은 것은?

① 집단육종은 잡종집단의 취급이 용이하고 출현빈도가 낮은 우량유전자형의 선발이 가능하다.
② 계통육종은 육종재료의 관리와 선발에 많은 시간과 노력이 들지만 육종가의 정확한 선발에 의하여 육종연한을 단축할 수 있다.
③ 집단육종은 계통육종과 같은 별도의 관리와 선발노력이 필요하지 않다.
④ 계통육종은 F_3부터 매 세대 개체선발을 통해 우량한 유전자형의 순계를 육성한다.

해설

계통육종	집단육종
• F_2부터 선발을 시작하므로 육안관찰 및 특성검정이 용이해 형질개량에 효율적이다. • 육종가의 정확한 선발에 의해 육종규모를 줄일 수 있으며 육종연한을 단축할 수 있다. • 선발이 잘못되면 유용유전자를 상실하게 된다. • 육종재료의 관리 및 선발에 시간, 노력, 경비가 많이 든다.	• 잡종초기 집단재배를 하므로 유용유전자 상실의 위험이 적다. • 선발을 하는 후기세대에 동형접합체가 많으므로 폴리진이 관여하는 양적형질의 개량에 유리하다. • 별도의 관리와 선발에 노력이 필요하지 않다. • 집단재배기간 중 육종규모를 줄이기 어렵다. • 계통육종에 비해 육종연한이 길다.

18 유전자원의 수집과 보존에 대한 설명으로 옳지 않은 것은?

① 유전자원을 수집할 때에는 병충해 유무 등의 내력을 기록한다.
② 종자번식작물의 유전자원은 종자의 형태로만 수집·보존된다.
③ 종자수명이 짧은 작물은 조직배양을 하여 기내보존하면 장기간 보존할 수 있다.
④ 유전자원의 탐색, 수집 및 이용을 위한 국제식물유전자원연구소가 설치되어 있다.

정답 14 ① 15 ② 16 ③ 17 ④ 18 ②

19 **배토의 목적이나 효과에 대한 설명으로 옳지 않은 것은?**

① 콩, 담배 등에 배토를 해주면 새 뿌리의 발생이 조장되어 생육이 증진되고 도복도 경감된다.
② 벼는 유효분얼종지기에 배토를 해주면 무효분얼이 억제된다.
③ 감자의 덩이 줄기는 배토를 해주면 발육이 억제된다.
④ 장마철 이전에 배토를 하면 과습기에 배수가 좋게 되고 잡초도 방제된다.

해설

배토의 효과

- 옥수수, 수수, 맥류 등의 경우는 바람에 쓰러지는 것(도복)이 경감된다.
- 담배, 두류 등에서는 신근이 발생되어 생육을 조장한다.
- 감자 괴경의 발육을 조장하고 괴경이 광에 노출되어 녹화되는 것을 방지할 수 있다.
- 당근 수부의 착색을 방지한다.
- 파, 셀러리 등의 연백화를 목적으로 한다.
- 벼와 밭벼 등에서는 마지막 김매기를 하는 유효분얼종지기의 배토는 무효분얼의 발생이 억제되어 증수효과가 있다.
- 토란은 분구억제와 비대생장을 촉진한다.
- 배토는 과습기 배수의 효과와 잡초도 방제된다.

20 **시설재배에 대한 설명으로 옳지 않은 것은?**

① 우리나라 시설재배 면적은 채소류가 화훼류에 비해 월등히 높다.
② 물을 필요한 양만큼 표층 토양에 관개하게 되므로 염류 집적이 적다.
③ 시설 내의 온도와 습도 조절은 노지보다 용이하다.
④ 우리나라에서도 일부 과수의 경우 시설재배가 이루어지고 있다.

19 ③ 20 ② 정답

2012년 지방직 재배학개론

01 우리나라 작물재배의 특징에 대한 설명으로 옳지 않은 것은?

① 콩과작물을 도입한 장기 윤작체계를 갖추지 못했다.
② 쌀과 옥수수는 국내생산이 충분하나 밀과 콩은 거의 외국으로부터 수입에 의존한다.
③ 경영규모가 영세하며 쌀 중심의 집약농업이다.
④ 토양은 화강암이 넓게 분포한데다 여름철 집중 강우로 무기양분이 용탈되어 토양비옥도가 낮은 편이다.

해설

옥수수도 거의 외국으로부터 수입에 의존한다.

02 고구마의 개화 유도 및 촉진을 위한 방법으로 옳지 않은 것은?

① 재배적 조치를 취하여 C/N율을 낮춘다.
② 9~10시간 단일처리를 한다.
③ 나팔꽃의 대목에 고구마 순을 접목한다.
④ 고구마 덩굴의 기부에 절상을 내거나 환상박피를 한다.

해설

낮은 C/N율은 화성 및 결실이 불량하다.

03 우리나라에서 재배되는 감온형인 조생종 벼 품종에 대한 설명으로 옳은 것은?

① 감광형인 만생종보다 묘대일수감응도가 낮다.
② 평야지에서 재배하면 조기출수로 등숙기 기온이 높아 미질이 우수하다.
③ 조기수확을 목적으로 조파조식할 때에는 감온형인 조생종이 감광형인 만생종보다 유리하다.
④ 저위도 지대(열대)에서 재배할 경우 수량이 증대된다.

해설

기상생태형 지리적 분포

- 저위도 지대
  - 저위도 지대는 연중 고온, 단일조건으로 감온성이나 감광성이 큰 것은 출수가 빨라져서 생육기간이 짧고 수량이 적다.
  - 감온성과 감광성이 작고 기본영양생장성이 큰 Blt형은 연중 고온 단일인 환경에서도 생육기간이 길어서 다수성이 되므로 주로 이런 품종이 분포한다.
- 중위도 지대
  - 우리나라와 같은 중위도 지대는 서리가 늦으므로 어느 정도 늦은 출수도 안전하게 성숙할 수 있고, 또 이런 품종들이 다수성이므로 주로 이런 품종들이 분포한다.
  - 위도가 높은 곳에서는 blT형이, 남쪽은 bLt형이 재배된다.
  - Blt형은 생육기간이 길어 안전한 성숙이 어렵다.
- 고위도 지대 : 기본영양생장성과 감광성은 작고 감온성이 커서 일찍 감응하여 출수, 개화하여 서리 전 성숙할 수 있는 감온형인 blT형이 재배된다.

04 산성토양에 아주 약한 작물들로만 묶인 것은?

ㄱ. 양 파	ㄴ. 옥수수
ㄷ. 팥	ㄹ. 감 자
ㅁ. 아 마	ㅂ. 수 수
ㅅ. 시금치	ㅇ. 유 채

① ㄱ, ㄷ, ㅅ
② ㄱ, ㄹ, ㅇ
③ ㄴ, ㅁ, ㅅ
④ ㄴ, ㅂ, ㅇ

해설

산성토양에 대한 작물의 적응성

- 극히 강한 것 : 벼, 밭벼, 귀리, 토란, 아마, 기장, 땅콩, 감자, 수박 등
- 강한 것 : 메밀, 옥수수, 목화, 당근, 오이, 완두, 호박, 토마토, 밀, 조, 고구마, 담배 등
- 약간 강한 것 : 유채, 파, 무 등

정답 1 ② 2 ① 3 ③ 4 ①

- 약한 것 : 보리, 클로버, 양배추, 근대, 가지, 삼, 겨자, 고추, 완두, 상추 등
- 가장 약한 것 : 알팔파, 콩, 자운영, 시금치, 사탕무, 셀러리, 부추, 양파 등

05 **작물의 내동성에 관여하는 생리적 요인에 대한 설명으로 옳은 것은?**

① 원형질의 수분투과성이 크면 세포 내 결빙을 적게 하여 내동성이 증대된다.

② 원형질단백질에 -SS기가 많은 것은 -SH기가 많은 것보다 원형질의 파괴가 적고 내동성이 크다.

③ 전분함량이 높으면 내동성이 증대된다.

④ 세포액의 농도가 낮으면 내동성이 증대된다.

해설

작물의 내동성 - 생리적 요인

- 세포 내 자유수 함량이 많으면 세포 내 결빙이 생기기 쉬워 내동성이 저하된다.
- 세포액의 삼투압이 높으면 빙점이 낮아지고, 세포 내 결빙이 적어지며 세포 외 결빙 시 탈수저항성이 커져 원형질이 기계적 변형을 적게 받아 내동성이 증대한다.
- 전분함량이 낮고 가용성 당의 함량이 높으면 세포의 삼투압이 커지고 원형질단백의 변성이 적어 내동성이 증가한다.
- 원형질의 물 투과성이 크면 원형질 변형이 적어 내동성이 커진다.
- 원형질의 점도가 낮고 연도가 크면 결빙에 의한 탈수와 융해 시 세포가 물을 다시 흡수할 때 원형질의 변형이 적으므로 내동성이 크다.
- 지유와 수분의 공존은 빙점강하도가 커져 내동성이 증대된다.
- 칼슘 이온(Ca^{2+})은 세포 내 결빙의 억제력이 크고 마그네슘 이온(Mg^{2+})도 억제작용이 있다.
- 원형질단백에 디설파이드기(-SS기)보다 설파하이드릴기(-SH기)가 많으면 기계적 견인력에 분리되기 쉬워 원형질의 파괴가 적고 내동성이 증대한다.

06 **감수분열에 대한 설명으로 옳은 것은?**

① 제1감수분열은 동형분열이며, 제2감수분열은 이형분열이다.

② 제1감수분열은 염색체 교차에 의하여 유전자재조합이 일어난다.

③ 제1감수분열과 제2감수분열이 끝나면 한 개의 생식모세포로부터 2개의 딸세포를 만든다.

④ 감수분열 과정에서 상동염색체가 분리되지 않으므로 멘델의 유전법칙이 성립된다.

해설

감수분열의 과정 : 생식기관의 특수한 세포에서 일어나는 감수분열은 연속 2회의 핵분열로 진행되며 제1감수분열은 염색체의 수가 반으로 줄어드는 감수분열이며, 제2감수분열은 염색분체가 분열하는 동형분열로 한 개의 생식모세포에서 4개의 감수분열 낭세포가 생긴다.

- 제1감수분열 전기 : 세사기 → 대합기 → 태사기 → 복사기(이중기) → 이동기의 5단계로 나누어진다.
  - 세사기(細絲期) : 염색사가 압축, 포장되어 염색체 구조를 이루는 시기이다.
  - 대합기(對合期) : 상동염색체가 짝을 지어 2가염색체를 형성하는 시기이다.
  - 태사기(太絲期) : 염색체의 일부가 서로 교환되는 교차가 일어나며 염색체가 꼬인 것과 같은 모양을 하는 키아즈마(Chiasma) 현상이 일어나는 시기이다.
  - 복사기(複絲期) : 상동염색체가 분리되는 시기로 상동염색체 각각에서 2개의 염색분체가 확실하게 나타난다.
  - 이동기(移動期) : 2가염색체들이 적도판을 향하여 이동하는 시기이다.
- 제1감수분열 중기 : 방추사가 생기면 2가염색체들이 적도판에 배열한다.
- 제1감수분열 후기 : 2가염색체의 두 상동염색체가 분리되어 서로 반대극을 향해 이동하여 양쪽 극에 한 세트씩 모인다.
- 제1감수분열 말기 : 새로운 핵막이 형성되며 반수체인 2개의 딸세포가 생긴다.
- 제2감수분열 : 제1감수분열이 끝난 수 극히 짧은 간기(間期, Interkinesis)를 거쳐 곧바로 제2감수분열이 시작되며 간기에는 DNA의 합성이 일어나지 않고 제2감수분열은 반수체인 딸세포의 각 염색체의 자매염색분체가 분리하며 체세포분열과 똑같이 진행된다.

5 ① 6 ② 정답

07 토양유기물의 부식에 대한 설명으로 옳지 않은 것은?

① 유기물이 분해될 때 여러 가지 산을 생성하여 암석의 분해를 촉진한다.
② 유기물의 부식은 알루미늄의 독성을 중화하는 작용을 한다.
③ 녹비로서의 밀이 오래 생육한 것이 짧게 생육한 것보다 탄질률이 높다.
④ 밀짚의 탄질률이 볏짚보다 낮다.

해설

C/N율 : 밀짚(72), 볏짚(67)로 밀짚이 높다.

08 수확 전 감수나 품질 손실을 유발하는 수발아(穗發芽)에 대한 설명으로 옳은 것은?

① 저온, 건조조건에서 잘 일어난다.
② 휴면성이 약한 품종은 강한 것보다 수발아가 잘 일어난다.
③ 내도복성이 강한 품종이 약한 것보다 비바람으로 인해 수발아가 잘 일어난다.
④ 우리나라에서는 수확기가 빠른 품종이 늦은 품종보다 수발아의 위험이 크다.

해설

- 수발아는 성숙기에 가까운 맥류가 장기간 비를 맞아서 젖은 상태로 있거나, 우기에 도복해서 이삭이 젖은 땅에 오래 접촉해 있게 되었을 때 수확 전의 이삭에서 싹이 트는 것이다.
- 수발아는 성숙기에 비가 오는 날이 계속되면 종자가 수분을 흡수한 상태로 낮은 온도에 오래 처하게 되면서 휴면이 일찍 타파되어 발아한다.

09 자식성 작물의 유전적 특성과 육종에 대한 설명으로 옳지 않은 것은?

① 자식을 하면 세대가 진전됨에 따라 동형접합체가 증가한다.
② 자식을 거듭한 m세대 집단의 이형접합체의 빈도는 $\left(\frac{1}{2}\right)^{m-1}$이다.
③ 유전적 특성을 이용하여 순계를 선발해 품종을 만들 수 있다.
④ 자식에 의한 집단 내의 이형접합체는 $\frac{1}{4}$씩 감소한다.

해설

자식성 작물집단의 유전적 특성

- 자식성 작물은 자식에 의해 집단 내에 이형접합체가 감소하고 동형접합체가 증가하는데 이는 잡종집단에서 우량유전자형을 선발하는 이론적 근거가 된다.
- 자식성 작물의 잡종집단에서의 유전
  - 한 쌍의 대립유전자에 대한 이형접합체(F_1, Aa)를 자식하면 F_2의 유전자형 구성은 $1/4\ AA : 1/2\ Aa : 1/4\ aa$로 동형접합체와 이형접합체가 1/2씩 존재하고 이를 모두 자식하면 동형접합체는 똑같은 유전자형을 생산하고 이형접합체만 다시 분리 $[1/2\ Aa \rightarrow 1/2(1/4\ AA : 1/2\ Aa : 1/4\ aa)]$하므로 F_3에서의 이형접합체는 F_2보다 1/2이 감소한다. 이후 자식에 의한 세대의 진전에 따라 이형접합체는 1/2씩 감소한다.

자식을 거듭한 m세대 집단의 유전자형의 구성

- 대립유전자가 한 쌍인 경우
  - 이형접합체 빈도$=\left(\frac{1}{2}\right)^{m-1}$
  - 동형접합체 빈도$=\left[1-\left(\frac{1}{2}\right)^{m-1}\right]$
- 대립유전자가 n쌍이고 모두 독립적이며 이형접합체인 경우
  - 이형접합체 빈도$=\left[\left(\frac{1}{2}\right)^{m-1}\right]^n$
  - 동형접합체 빈도$=\left[1-\left(\frac{1}{2}\right)^{m-1}\right]^n$
  - 대립유전자 쌍이 $n=100$일 때 12세대의 집단에서 동형접합체가 95%이고 이형접합체는 5%뿐이다.
- 유전자들이 연관되어 있으면 세대경과에 따른 동형접합체 빈도가 공식과는 다르게 나타난다.

10 토성에 따른 재배적지 작물로 옳은 것은?

① 사토~사양토 : 강낭콩
② 사양토~양토 : 담배
③ 양토~식양토 : 땅콩
④ 식양토~식토 : 보리

해설

① 강낭콩 : 양토~식양토
③ 땅콩 : 사토~사양토
④ 보리 : 세사토~양토

정답 7 ④ 8 ② 9 ④ 10 ②

11 멀칭에 대한 설명으로 옳은 것은?

① 잡초종자는 혐광성인 것이 많아서 멀칭을 하면 발아와 생장이 억제된다.
② 모든 광을 잘 흡수시키는 투명필름은 지온상승의 효과가 크나, 잡초발생이 많아진다.
③ 녹색광과 적외광을 잘 투과하는 녹색필름은 지온상승의 효과가 크다.
④ 토양을 갈아엎지 않고 앞 작물의 그루터기를 남겨서 풍식과 수식을 경감시키는 것을 토양멀칭이라 한다.

해설

필름의 종류와 멀칭의 효과

- 투명필름 : 지온상승의 효과가 크고 잡초억제의 효과는 적다.
- 흑색필름 : 지온상승의 효과가 적고 잡초억제의 효과가 크고 지온이 높을 때는 지온을 낮추어 준다.
- 녹색필름 : 녹색광과 적외광을 잘 투과시키고 청색광, 적색광을 강하게 흡수하여 지온상승과 잡초억제효과가 모두 크다.

12 광선에 의하여 발아가 조장되어 복토를 1cm 이하로 얕게 해야 하는 종자들로만 묶인 것은?

ㄱ. 담 배	ㄴ. 수 박
ㄷ. 보 리	ㄹ. 차조기
ㅁ. 호 박	ㅂ. 우 엉
ㅅ. 시금치	ㅇ. 상 추

① ㄱ, ㄴ, ㅇ　② ㄱ, ㄹ, ㅇ
③ ㄴ, ㄷ, ㅅ　④ ㅁ, ㅂ, ㅅ

해설

- 호광성 종자(광발아종자)
  - 광에 의해 발아가 조장되며 암조건에서 발아하지 않거나 발아가 몹시 불량한 종자
  - 담배, 상추, 우엉, 차조기, 금어초, 베고니아, 피튜니아, 뽕나무, 버뮤다그래스 등
- 혐광성 종자(암발아종자)
  - 광에 의하여 발아가 저해되고 암조건에서 발아가 잘 되는 종자
  - 호박, 토마토, 가지, 오이, 파, 나리과 식물 등
- 광무관종자
  - 광이 발아에 관계가 없는 종자
  - 벼, 보리, 옥수수 등 화곡류와 대부분 콩과작물 등

13 작물의 파종량에 대한 설명으로 옳지 않은 것은?

① 맥류는 산파보다 조파 시 파종량을 늘린다.
② 토양이 척박한 곳은 파종량을 늘리는 것이 유리하다.
③ 감자는 큰 씨감자를 쓸수록 파종량이 많아진다.
④ 직파재배는 이식재배에 비하여 파종량을 늘린다.

해설

맥류의 경우 조파에 비해 산파의 경우 파종량을 늘리고 콩, 조 등은 맥후작에서 단작보다 파종량을 늘린다. 청예용, 녹비용 재배는 채종재배에 비해 파종량을 늘린다.

14 곡물 저장과 저장 중 변화에 대한 설명으로 옳은 것은?

① 현미 저장은 벼 저장보다 안정성이 높다.
② 저장 중 유리지방산 함량이 감소한다.
③ 저장 중 환원당 함량이 증가한다.
④ 밀봉저장은 용기 내 이산화탄소 농도의 감소로 저장기간을 길게 한다.

해설

저장 중 변화

- 저장 중 호흡으로 인한 양분의 소모와 증산으로 중량감소가 일어난다.
- 발아율이 저하된다.
- 곡류의 경우 저장 중 지방의 산패로 유리지방산이 증가하고 묵은 냄새가 난다.
- 곡류는 저장 중 전분의 분해로 환원당 함량이 증가한다.
- 미생물과 해충, 쥐 등의 가해로 품질저하와 함께 양적 손실이 일어난다.

15 식물체 내의 수분퍼텐셜에 대한 설명으로 옳지 않은 것은?

① 압력퍼텐셜과 삼투퍼텐셜의 절대값이 같으면 팽만상태가 된다.
② 수분퍼텐셜과 압력퍼텐셜이 같으면 원형질분리가 일어난다.
③ 식물체 내의 수분퍼텐셜은 0이나 음(−)의 값을 갖는다.
④ 매트릭퍼텐셜은 식물체 내의 수분퍼텐셜에 거의 영향을 미치지 않는다.

11 ③ 12 ② 13 ① 14 ③ 15 ② 정답

해설

식물체 내의 수분퍼텐셜

- 식물체 내의 수분퍼텐셜에서는 매트릭퍼텐셜은 영향을 거의 미치지 않고 삼투퍼텐셜과 압력퍼텐셜이 좌우하므로 $\psi_w = \psi_s + \psi_p$로 표시할 수 있다.
- 세포 부피와 압력퍼텐셜의 변화에 따라 삼투퍼텐셜과 수분퍼텐셜이 변화한다.
- 압력퍼텐셜과 삼투퍼텐셜이 같아지면 세포의 수분퍼텐셜은 0이 되므로 팽만상태가 된다($\psi_s = \psi_p$).
- 수분퍼텐셜과 삼투퍼텐셜이 같아지면 압력퍼텐셜은 0이 되므로 원형질분리가 일어난다($\psi_w = \psi_s$).
- 수분퍼텐셜은 토양에서 가장 높고 대기에서 가장 낮으며 식물체 내에서 중간값이 나타나므로, 수분의 이동은 토양 → 식물체 → 대기로 이어진다.

16 식물 유전자의 구조에 대한 설명으로 옳지 않은 것은?

① 진핵세포의 DNA와 히스톤 단백질이 결합하여 형성한 뉴클레오좀들이 압축·포장되어 염색체 구조를 이룬다.
② 한가닥 RNA로 된 역전사바이러스는 진핵세포에 감염되면 역전사효소를 이용하여 RNA로부터 DNA를 합성한다.
③ 트랜스포존의 절단과 이동은 전이효소에 의해 촉매된다.
④ 진핵세포 유전자의 DNA는 단백질을 지정하는 인트론과 단백질을 지정하지 않는 엑손을 포함한다.

해설

유전자 DNA는 단백질을 지정하는 엑손(Exon)과 단백질을 지정하지 않는 인트론(Intron)을 포함한다.

17 인위돌연변이체의 낮은 수량에 대한 설명으로 옳지 않은 것은?

① 돌연변이 유전자가 원품종의 유전배경에 적합하지 않기 때문이다.
② 돌연변이체는 세포질에 결함이 생길 수 있기 때문이다.
③ 돌연변이가 일어날 때 다른 유전형질이 열악해 질 수 있기 때문이다.
④ 유전자 돌연변이는 염기의 치환, 결실 등이 일어나지 않기 때문이다.

18 광엽잡초 중 1년생 잡초로만 구성된 것은?

① 가래, 가막사리
② 올미, 여뀌
③ 자귀풀, 여뀌바늘
④ 벗풀, 개구리밥

해설

우리나라의 주요 논잡초

- 1년생
  - 화본과 : 강피, 물피, 돌피, 둑새풀
  - 방동사니과 : 참방동사니, 알방동사니, 바람하늘지기, 바늘골
  - 광엽잡초 : 물달개비, 물옥잠, 여뀌바늘, 자귀풀, 가막사리
- 다년생
  - 화본과 : 나도겨풀
  - 방동사니과 : 너도방동사니, 올방개, 올챙이고랭이, 매자기
  - 광엽잡초 : 가래, 벗풀, 올미, 개구리밥, 미나리

19 작물의 광합성에 대한 설명으로 옳지 않는 것은?

① 엽면적이 최적엽면적지수 이상으로 증대하면 건물생산량은 증가하지 않지만 호흡은 증가한다.
② 벼 잎에서 광포화점 도달은 온난한 지대보다는 냉량한 지대에서 더욱 강한 일사가 필요하다.
③ 이산화탄소포화점까지는 이산화탄소농도가 높아질수록 광합성 속도와 광포화점이 낮아진다.
④ 고립상태에서의 벼는 생육초기에는 광포화점에 도달하지만 무성한 군락의 상태에서는 도달하기 힘들다.

20 작물의 시비에 대한 설명으로 옳은 것은?

① 벼와 맥류의 비료 3요소 흡수비율은 질소, 인산, 칼륨의 순으로 높다.
② 생육기간이 길고 시비량이 많을수록 밑거름을 늘리고 덧거름을 줄인다.
③ 화본과목초와 두과목초를 혼파하였을 때, 인과 칼륨을 많이 주면 두과목초가 우세해진다.
④ 질산태질소는 암모니아태질소보다 토양에 잘 흡착되어 유실이 적다.

정답 16 ④ 17 ④ 18 ③ 19 ③ 20 ③

2013년 지방직 재배학개론

01 목초의 하고현상에 대한 설명으로 옳은 것은?

① 스프링플러시가 심할수록 하고현상도 심해진다.
② 월동목초는 대부분 단일식물로 여름철 단일조건에 놓이면 하고현상이 조장된다.
③ 여름철 잡초가 무성하면 하고현상이 완화된다.
④ 병충해 발생이 많으면 하고현상이 완화된다.

해설

목초의 하고현상(夏枯現象)

- 내한성이 커 잘 월동하는 다년생 한지형 목초가 여름철 생장이 쇠퇴 또는 정지하고, 심하면 고사하여 목초생산량이 감소되는 현상을 말한다.
- 원 인
  - 고온 : 한지형 목초는 생육온도가 낮아 18~24℃에서 생육이 감퇴되고 24℃ 이상에서는 생육이 정지상태에 이른다.
  - 건조 : 한지형 목초는 대체로 요수량이 커서 여름철 고온뿐 아니라 건조도 하고현상의 큰 원인이다.
  - 장일 : 월동목초는 대부분 장일식물로 초여름 장일조건은 생식생장으로 전환되어 하고현상이 조장된다.
  - 병충해
  - 잡 초

02 작물의 수광태세를 개선하는 방법으로 옳지 않은 것은?

① 벼는 분얼이 조금 개산형인 것이 좋다.
② 옥수수는 수이삭이 작고 잎혀가 없는 것이 좋다.
③ 벼나 콩에서 밀식 시에는 포기 사이를 넓히고, 줄사이를 좁히는 것이 좋다.
④ 맥류는 광파재배보다 드릴파재배를 하는 것이 좋다.

03 우량개체를 선발하고 그들 간에 상호교배를 함으로써 집단 내에 우량유전자의 빈도를 높여 가는 육종방법은?

① 집단선발
② 순환선발
③ 파생계통육종
④ 집단육종

해설

순환선발(Recurrent Selection)

- 먼저 우량개체를 선발 후 상호교배함으로 집단 내 우량유전자의 빈도를 높여가는 육종방법이다.
- 단순순환선발과 상호순환선발이 있다.

04 계통육종법과 집단육종법에 대한 비교 설명으로 옳은 것은?

① 계통육종법은 초기세대부터 선발하므로 육안관찰이 용이한 양적형질의 개량에 효과적이다.
② 집단육종법은 잡종 초기세대에 집단재배를 하기 때문에 유용유전자를 상실할 경우가 많다.
③ 집단육종법은 육종재료의 관리와 선발에 많은 시간, 노력, 경비가 든다.
④ 계통육종법은 육종가의 정확한 선발에 의하여 육종규모를 줄이고 육종연한을 단축할 수 있다.

1 ① 2 ③ 3 ② 4 ④ 정답

해설

계통육종과 집단육종 비교

계통육종	집단육종
• F_2부터 선발을 시작하므로 육안관찰 및 특성검정이 용이해 형질개량에 효율적이다. • 육종가의 정확한 선발에 의해 육종규모를 줄일 수 있으며 육종연한을 단축할 수 있다. • 선발이 잘못되면 유용유전자를 상실하게 된다. • 육종재료의 관리 및 선발에 시간, 노력, 경비가 많이 든다.	• 잡종초기 집단재배를 하므로 유용유전자 상실의 위험이 적다. • 선발을 하는 후기세대에 동형접합체가 많으므로 폴리진이 관여하는 양적형질의 개량에 유리하다. • 별도의 관리와 선발에 노력이 필요하지 않다. • 집단재배기간 중 육종규모를 줄이기 어렵다. • 계통육종에 비해 육종연한이 길다.

05 작물의 종자갱신에 대한 설명으로 옳지 않은 것은?

① 우리나라에서 벼・보리・콩 등 자식성 작물의 종자갱신연한은 3년 1기이다.

② 종자갱신에 의한 증수효과는 벼보다 감자가 높다.

③ 옥수수와 채소류의 1대 잡종품종은 매년 새로운 종자를 사용한다.

④ 품종퇴화를 방지하기 위해서는 일정 기간마다 우량종자로 바꾸어 재배하는 것이 좋다.

해설

우리나라 벼, 보리, 콩 등의 자식성 작물의 종자갱신연한은 4년 1기이다.

06 대기 중의 이산화탄소와 작물의 생리작용에 대한 설명으로 옳은 것은?

① 광선이 있을 때 1% 이상의 이산화탄소는 작물의 호흡을 증가시킨다.

② 이산화탄소의 농도가 높으면, 온도가 높을수록 동화량은 감소한다.

③ 빛이 약할 때에는 이산화탄소 보상점이 높아지고, 이산화탄소 포화점은 낮아진다.

④ 시설 내에서 탄산가스는 광합성 능력이 저하되는 오후에 시용한다.

07 암모니아태질소(NH_4^+–N)와 질산태질소(NO_3^-–N)의 특성에 대한 설명으로 옳지 않은 것은?

① 논에 질산태질소를 시용하면 그 효과가 암모니아태질소보다 작다.

② 질산태질소는 물에 잘 녹고 속효성이다.

③ 암모니아태질소는 토양에 잘 흡착되지 않고 유실되기 쉽다.

④ 암모니아태질소는 논의 환원층에 주면 비효가 오래 지속된다.

해설

• 질산태질소(NO_3^-–N)
 – 질산암모늄(NH_4NO_3), 칠레초석($NaNO_3$), 질산칼륨(KNO_3), 질산칼슘($Ca(NO_3)_2$) 등이 있다.
 – 물에 잘 녹고 속효성이며 밭작물 추비에 알맞다.
 – 음이온으로 토양에 흡착되지 않고 유실되기 쉽다.
 – 논에서는 용탈에 의한 유실과 탈질현상이 심해서 질산태질소 비료의 시용은 불리하다.

• 암모니아태질소(NH_4^+–N)
 – 황산암모늄($(NH_4)_2SO_4$), 염화암모늄(NH_4Cl), 질산암모늄(NH_4NO_3), 인산암모늄($(NH_4)_2HPO_4$), 부숙인분뇨, 완숙퇴비 등이 있다.
 – 물에 잘 녹고 속효성이나 질산태질소보다는 속효성이 아니다.
 – 양이온으로 토양에 잘 흡착되어 유실이 잘 되지 않고 논의 환원층에 시비하면 비효가 오래간다.
 – 밭토양에서는 속히 질산태로 변하여 작물에 흡수된다.
 – 유기물이 함유되지 않은 암모니아태질소의 연용은 지력소모를 가져오며, 암모니아 흡수 후 남는 산근으로 토양을 산성화시킨다.
 – 황산암모늄은 질소의 3배에 해당되는 황산을 함유하고 있어 농업상 불리하므로 유기물의 병용으로 해를 덜어야 한다.

정답 5 ① 6 ③ 7 ③

08

C_3작물과 C_4작물의 광합성 특성에 대한 비교 설명으로 옳지 않은 것은?

① CO_2 보상점은 C_3작물이 C_4작물보다 높다.
② 광포화점은 C_3작물이 C_4작물보다 낮다.
③ CO_2 첨가에 의한 건물생산 촉진효과는 대체로 C_3작물이 C_4작물보다 크다.
④ 광합성 적정온도는 대체로 C_3작물이 C_4작물보다 높은 편이다.

아래 표 참조

09

윤작하는 작물을 선택할 때 고려해야 할 사항으로 옳지 않은 것은?

① 지력유지를 위하여 콩과작물이나 다비작물을 반드시 포함한다.
② 토지이용도를 높이기 위해 식량작물과 채소작물을 결합한다.
③ 잡초의 경감을 위해서는 중경작물이나 피복작물을 포함하는 것이 좋다.
④ 용도의 균형을 위해서는 주작물이 특수하더라도 식량과 사료의 생산이 병행되는 것이 좋다.

해설

윤작 시 작물의 선택

- 지역사정에 따라 주작물은 다양하게 변화한다.
- 지력유지를 목적으로 콩과작물 또는 녹비작물이 포함된다.
- 식량작물과 사료작물이 병행되고 있다.
- 토지이용도를 목적으로 하작물과 동작물이 결합되어 있다.
- 잡초경감을 목적으로 중경작물, 피복작물이 포함되어 있다.
- 토양보호를 목적으로 피복작물이 포함되어 있다.
- 이용성과 수익성이 높은 작물을 선택한다.
- 작물의 재배순서를 기지현상을 회피하도록 배치한다.

특 성	C_3식물	C_4식물	CAM식물
CO_2 고정계	캘빈회로	C_4회로 + 캘빈회로	C_4회로 + 캘빈회로
잎조직 구조	엽육세포로 분화하거나, 내용이 같은 엽록유세포에 엽록체가 많이 포함되어 광합성이 이곳에서 이루어지며, 유관속초세포는 별로 발달하지 않고 발달해도 엽록체를 거의 포함하지 않는다.	유관속초세포가 매우 발달하여 다량의 엽록체를 포함하고, 다량의 엽록체를 포함한 유관속초세포가 방사상으로 배열되어 이른바 크렌즈 구조를 보이는 것이 특징이다.	엽육세포는 해면상이고 매우 균일하게 발달하여 엽록체도 균일하게 분포한다. 유관속초세포는 발달하지 않고 두꺼운 잎조직의 안쪽에는 저수조직을 가지는 것이 특징이다.
최대광합성능력 (mg CO_2/cm^2/시간)	15~40	35~80	1~4
CO_2 보상점(ppm)	30~70	0~10	0~5(암중)
21% O_2에 의한 광합성억제	있 음	없 음	있 음
광호흡	있 음	유관속초세포	정오 후 측정가능
광포화점	최대일사의 1/4~1/2	최대일사 이상 강광조건에서 높은 광합성률	부 정
광합성적정온도(℃)	13~30	30~47	≃35
내건성	약	강	매우 강함
광합성산물 전류속도	느 림	빠 름	–
최대건물생장률(g/m^2/일)	19.5±1.9	30.3±13.8	–
건물생산량(ton/ha/년)	22±3.3	38±16.9	낮고 변화가 심함
증산율(g H_2O/g 건물량 증가)	450~950(다습조건에 적응)	250~350(고온에 적응)	18~125(매우 적음)
CO_2 첨가에 의한 건물생산 촉진효과	큼	작음(하나의 CO_2 분자를 고정하기 위하여 더 많은 에너지가 필요함)	–

8 ④ 9 ② 정답

10 무수정생식에 대한 설명으로 옳은 것은?

① 웅성단위생식은 정세포가 단독으로 분열하여 배를 형성한다.
② 위수정생식은 수분의 자극으로 주심세포가 배로 발육한다.
③ 부정배 형성은 수분의 자극으로 배낭세포가 배를 형성한다.
④ 단위생식은 수정하지 않은 조세포가 배로 발육한다.

해설

아포믹시스(Apomixis)

- 아포믹시스는 'Mix가 없는 생식'으로 수정과정을 거치지 않고 배가 만들어져 종자를 형성하는 무수정종자형성(無受精種子形成) 또는 무수정생식(無受精生殖)을 뜻한다.
- 배를 만드는 세포에 따라 부정배형성, 무포자생식, 복상포자생식, 위수정생식, 웅성단위생식 등으로 구분한다.
  - 부정배형성(不定胚形成, Aadventitious Embryony) : 밀감의 주심, 배가 대표적으로 배낭을 형성하지 않고 포자체의 조직세포(주심, 주피)가 직접 배를 형성한다.
  - 무포자생식(無胞子生殖, Apospory) : 부추, 파 등에서 발견되었으며 배낭을 만드나 배낭의 조직세포가 배를 형성한다.
  - 복상포자생식(複相胞子生殖, Diplospory) : 배낭모세포가 감수분열을 못하거나 비정상분열로 배를 만드는 것으로 볏과, 국화과에서 나타난다.
  - 위수정생식(僞受精生殖, Pseudogamy) : 수분의 자극으로 난세포가 배로 발달하는 것으로 벼, 밀, 보리, 목화, 담배 등에서 나타나며 이로 종자가 생기는 것을 위잡종(僞雜種, False Hybrid)이라 한다.
  - 웅성단위생식(雄性單爲生殖, Male Parthenogenesis) : 달맞이꽃, 진달래 등에서 발견되며 정세포가 단독으로 분열하여 배를 만드는 것이다.
- 아포믹시스에 의해 만들어진 종자는 수정을 거치지 않았으므로 종자형태의 영양계라 할 수 있고 다음 세대에 유전분리가 일어나지 않기 때문에 종자번식작물의 우량 아포믹시스는 영양식물번식작물의 영양계와 같이 곧바로 신품종이 된다.

11 작물의 한해(旱害)에 대한 재배기술적 대책으로 옳지 않은 것은?

① 토양입단 조성　　② 중경제초
③ 비닐피복　　④ 질소증시

해설

질소의 다용을 피하고 퇴비, 인산, 칼륨을 증시한다.

12 상적 발육의 생리현상을 농업현장에 적용한 예로 적용원리가 다른 하나는?

① 딸기의 촉성재배
② 국화의 촉성재배
③ 맥류의 세대단축 육종
④ 추파맥류의 봄 대파

해설

①, ③, ④는 춘화처리, ②는 일장효과이다.

13 결과습성과 과수가 바르게 연결된 것은?

① 1년생 가지에서 결실 - 감, 복숭아, 사과
② 2년생 가지에서 결실 - 자두, 양앵두, 매실
③ 3년생 가지에서 결실 - 밤, 포도, 감귤
④ 4년생 가지에서 결실 - 비파, 살구, 호두

해설

과수의 결과습성

- 1년생 가지에 결실하는 과수 : 포도, 감, 밤, 무화과, 호두 등
- 2년생 가지에 결실하는 과수 : 복숭아, 자두, 살구, 매실, 양앵두 등
- 3년생 가지에 결실하는 과수 : 사과, 배 등

14 작물의 지하부 생장량에 대한 지상부 생장량의 비율에 대한 설명으로 옳지 않은 것은?

① 질소를 다량 시용하면 상대적으로 지상부보다 지하부의 생장이 억제된다.
② 토양함수량이 감소하면 지상부의 생장보다 지하부의 생장이 더욱 억제된다.
③ 일사가 적어지면 지상부의 생장보다 뿌리의 생장이 더욱 저하된다.
④ 고구마의 경우 파종기가 늦어질수록 지하부의 중량 감소가 지상부의 중량 감소보다 크다.

해설

T/R률

- 작물의 지하부 생장량에 대한 지상부 생장량의 비율을 T/R률이라 하며 T/R률의 변동은 작물의 생육상태 변동을 표시하는 지표가 될 수 있다.

정답 10 ① 11 ④ 12 ② 13 ② 14 ②

• T/R률과 작물의 관계
- 감자나 고구마 등은 파종이나 이식이 늦어지면 지하부 중량감소가 지상부 중량감소보다 커서 T/R률이 커진다.
- 질소의 다량시비는 지상부는 질소 집적이 많아지고 단백질 합성이 왕성해지고 탄수화물의 잉여는 적어져 지하부 전류가 감소하게 되므로 상대적으로 지하부 생장이 억제되어 T/R률이 커진다.
- 일사가 적어지면 체내에 탄수화물의 축적이 감소하여 지상부보다 지하부의 생장이 더욱 저하되어 T/R률이 커진다.
- 토양함수량의 감소는 지상부 생장이 지하부 생장에 비해 저해되므로 T/R률은 감소한다.
- 토양통기 불량은 뿌리의 호기호흡이 저해되어 지하부의 생장이 지상부 생장보다 더욱 감퇴되어 T/R률이 커진다.

15 여교배육종에 대한 설명으로 옳지 않은 것은?

① 연속적으로 교배하면서 이전하려는 반복친의 특성만 선발한다.
② 육종효과가 확실하고 재현성이 높다.
③ 목표형질 이외의 다른 형질의 개량을 기대하기는 어렵다.
④ '통일찰' 벼품종은 여교배육종에 의하여 육성되었다.

해설

• 여교잡육종
- 장점 : 이전하려는 1회친의 특성만 선발하므로 육종효과가 확실하고 재현성이 높다.
- 단점 : 목표형질 이외의 다른 형질의 개량을 기대하기 어렵다.

• 여교배육종의 성공조건
- 만족할 만한 반복친이 있어야 한다.
- 여교배 동안 이전형질의 특성이 변하지 않아야 한다.
- 여러 번 여교배 후에도 반복친의 특성을 충분히 회복해야 한다.

16 작물의 이식시기에 대한 설명으로 옳지 않은 것은?

① 수도의 도열병이 많이 발생하는 지대에는 만식을 하는 것이 좋다.
② 토마토, 가지는 첫 꽃이 피었을 정도에 이식하는 것이 좋다.
③ 과수・수목 등은 싹이 움트기 이전의 이른 봄이나 가을에 낙엽이 진 뒤에 이식하는 것이 좋다.
④ 토양의 수분이 넉넉하고 바람이 없는 흐린 날에 이식하면 활착이 좋다.

해설

이식시기

• 이식시기는 작물 종류, 토양 및 기상조건, 육묘사정에 따라 다르다.
• 과수, 수목 등 다년생 목본식물은 싹이 움트기 전 이른 봄 춘식하거나 가을 낙엽이 진 뒤 추식하는 것이 활착이 잘 된다.
• 일반작물 또는 채소는 육묘의 진행상태, 즉 모의 크기와 파종기 결정요건과 같은 조건들에 의해 지배된다.
• 작물 종류에 따라 이식에 알맞은 모의 발육도가 있다.
- 너무 어린모나 노숙한 모의 이식은 식상(植傷, Transplanting Injury)이 심하거나 생육이 고르지 못하여 정상적 생육을 못하는 경우가 많다.
- 일반적으로 벼의 이앙은 손이앙은 40일모(성묘), 기계이앙은 30~35일모(중묘, 엽 3.5~4.5매)가 좋다.
- 토마토나 가지는 첫 꽃이 개화되었을 정도의 모가 좋다.
• 토양수분은 넉넉하고 바람 없이 흐린 날 이식하면 활착에 유리하다.
• 지온은 발근에 알맞은 온도로 서리나 한해(寒害)의 우려가 없는 시기에 이식하는 것이 안전하다.
• 가을에 보리를 이식하는 경우 월동 전 뿌리가 완전히 활착할 수 있는 기간을 두고 그 이전에 이식하는 것이 안전하다.

17 토양의 입단에 대한 설명으로 옳지 않은 것은?

① 입단은 부식과 석회가 많고 토양입자가 비교적 미세할 때에 형성된다.
② 나트륨 이온(Na^+)은 점토의 결합을 강하게 하여 입단 형성을 촉진하고, 칼슘 이온(Ca^{2+})은 토양입자의 결합을 느슨하게 하여 입단을 파괴한다.
③ 토양에 피복작물을 심으면 표토의 건조와 비바람의 타격을 줄이며, 토양 유실을 막아서 입단을 형성・유지하는 데 효과가 있다.
④ 입단이 발달한 토양에서는 토양미생물의 번식과 활동이 좋아지고, 유기물의 분해가 촉진된다.

해설

나트륨 이온(Na^+)은 알갱이들이 엉기는 것을 방해하므로, 이것이 많이 들어 있는 물질이 토양에 들어가면 토양의 물리적 성질을 악화시키게 된다.

15 ① 16 ① 17 ② 정답

18 작물별 안전저장 조건에 대한 설명으로 옳지 않은 것은?

① 쌀의 안전저장 조건은 온도 15℃, 상대습도 약 70%이다.
② 고구마의 안전저장 조건(단, 큐어링 후 저장)은 온도 13~15℃, 상대습도 약 85~90%이다.
③ 과실의 안전저장 조건은 온도 0~4℃, 상대습도 약 80~85%이다.
④ 바나나의 안전저장 조건은 온도 0~5℃, 상대습도 약 70~75%이다.

해설

바나나는 저온장해를 받는 작물로 온도는 13℃이고, 상대습도 90%이다.

19 1대 잡종종자를 채종하기 위해서 웅성불임성을 이용하는 작물들로 옳은 것은?

① 당근, 양파, 옥수수, 벼
② 무, 양배추, 순무, 배추
③ 호박, 멜론, 피망, 브로콜리
④ 오이, 수박, 토마토, 가지

해설

1대 잡종종자의 채종
- 인공교배 이용 : 오이, 수박, 멜론, 참외, 호박, 토마토, 피망, 가지 등
- 웅성불임성 이용 : 상추, 고추, 당근, 쑥갓, 양파, 파, 벼, 밀, 옥수수 등
- 자가불화합성 이용 : 무, 배추, 양배추, 순무, 브로콜리 등

20 시설 내의 환경특이성에 대한 설명으로 옳은 것은?

① 온도는 일교차가 작고, 위치별 분포가 고르다.
② 광질이 다르고, 광량이 감소하지만, 광분포가 균일하다.
③ 탄산가스가 부족하고, 유해가스가 집적된다.
④ 토양물리성이 좋고, 연작장해가 거의 없다.

해설

시설 내 환경특이성

구분	내용
온 도	• 일교차가 크다. • 위치별 분포가 다르다. • 지온이 높다.
광	• 광질이 노지와 다르다. • 광량감소 • 광분포가 불균일하다.
수 분	• 토양이 건조해지기 쉽다. • 공중습도가 높다. • 인공관수를 한다.
토 양	• 염류농도가 높다. • 토양 물리성이 나쁘다. • 연작장해가 있다.
공 기	• 탄산가스가 부족하다. • 유해가스의 집적이 크다. • 바람이 없다.

정답 18 ④ 19 ① 20 ③

2016년 지방직 재배학개론

01 **잡초를 방제하기 위해 이루어지는 중경의 해로운 점은?**

① 작물의 발아촉진
② 토양수분의 증발경감
③ 토양통기의 조장
④ 풍식의 조장

해설

• 장 점
 – 발아조장 : 파종 후 강우로 표층에 굳은 피막이 생겼을 때 중경은 피막을 파괴해 발아가 조장된다.
 – 토양의 통기성 조장 : 중경으로 토양통기가 조장되어 뿌리생장과 활동이 왕성해지고 미생물의 활동이 원활해져 유기물의 분해가 촉진되며 토양 중 유해한 환원성 물질의 생성억제 및 유해가스의 발산이 빨라진다.
 – 토양 수분의 증발억제 : 중경으로 인한 천경의 효과는 표토가 부서지면서 토양의 모세관도 절단해 토양수분 증발을 억제하여 한해(旱害)를 경감시킬 수 있다.
 – 비효증진 : 논에 요소, 황산암모늄 등을 추비하고 중경을 하면 비료가 환원층에 섞여 비효가 증진된다.
 – 잡초방제 : 김매기는 중경과 제초를 겸한 작업으로 잡초제거에 효과가 있다.

• 단 점
 – 단근의 피해 : 중경은 뿌리의 일부에 손상을 입히게 되는데 어린 작물은 뿌리의 재생력이 왕성해 생육 저해가 덜하나 생식생장기에 단근은 피해가 크다.
 – 토양침식의 조장 : 표토가 건조하고 바람이 심한 곳의 중경은 풍식이 조장된다.
 – 동, 상해의 조장 : 중경은 토양 중 지열이 지표까지 상승하는 것을 경감하여 어린 식물의 서리나 냉온에 피해가 조장된다.

02 **토양의 입단형성과 발달에 불리한 것은?**

① 토양개량제 시용 ② 나트륨 이온 첨가
③ 석회 시용 ④ 콩과작물 재배

해설

입단구조를 파괴하는 요인

• 토양이 너무 마르거나 젖어 있을 때 갈기를 하는 것은 입단을 파괴시킬 우려가 있으므로 피해야 한다.
• 나트륨 이온(Na^+)은 알갱이들이 엉기는 것을 방해하므로, 이것이 많이 들어 있는 물질이 토양에 들어가면 토양의 물리적 성질을 약화시키게 된다.
• 입단의 팽창과 수축의 반복
• 비, 바람

03 **작물의 분류에 대한 설명으로 옳은 것은?**

① 감자는 전분작물이며, 고온작물이다.
② 메밀은 잡곡이며 맥류에 속한다.
③ 아마는 유료작물과 섬유작물에 모두 속한다.
④ 호프는 월년생이며, 약용작물에 속한다.

04 **수정과 종자발달에 대한 설명으로 옳은 것은?**

① 침엽수와 같은 나자식물은 중복수정이 이루어지지 않는다.
② 수정은 약에 있는 화분이 주두에 옮겨지는 것을 말한다.
③ 완두는 배유조직과 배가 일체화되어 있는 배유종자이다.
④ 중복수정은 정핵이 난핵과 조세포에 결합되는 것을 말한다.

해설

나자식물(겉씨식물, Gymnosperms)은 중복수정이 없어 2개의 정핵 중 하나가 난세포와 융합하여 배를 이루고 나머지 하나는 퇴화하며, 난세포 이외의 배낭조직이 후에 배의 영양분이 된다.

1 ④ 2 ② 3 ③ 4 ① 정답

05 벼 기계이앙용 상자육묘에 대한 설명으로 옳은 것은?

① 상토는 적당한 부식과 보수력을 가져야 하며 pH는 6.0~6.5 정도가 알맞다.

② 파종량은 어린모로 육묘할 경우 건조종자로 상자당 100~130g, 중묘로 육묘할 경우 200~220g 정도가 적당하다.

③ 출아기의 온도가 지나치게 높으면 모가 도장하게 되므로 20℃ 정도로 유지한다.

④ 녹화는 어린싹이 1cm 정도 자랐을 때 시작하며, 낮에는 25℃, 밤에는 20℃ 정도로 유지한다.

해설

- 상토 : 부식의 함량이 알맞고 배수가 양호하면서도 적당한 보수력을 가지고 있으며 병원균이 없고 pH 4.5~5.5 정도가 알맞고 양은 복토할 것까지 합하여 상자당 4.5L 정도 필요하다.
- 파종량은 상자당 마른종자로 어린모는 200~220g이고, 중묘는 100~130g 정도로 한다.
- 출아기(出芽期) : 출아에 알맞은 30~32℃로 온도를 유지한다.

06 우리나라 식량작물의 기상생태형에 대한 설명으로 옳지 않은 것은?

① 여름메밀은 감온형 품종이다.

② 그루콩은 감광형 품종이다.

③ 북부지역에서는 감온형 품종이 알맞다.

④ 만파만식시 출수지연 정도는 감광형 품종이 크다.

해설

만식적응성

- 이앙이 늦을 때 적응하는 특성을 말한다.
- 기본영양생장형 : 만식은 출수가 너무 지연되어 성숙이 불안정해진다.
- 감온형 : 못자리기간이 길어지면 생육에 난조가 온다.
- 감광형 : 만식을 해도 출수의 지연도가 적고 묘대일수감응도가 낮아 만식적응성이 크다.

07 작물의 유전현상에 대한 설명으로 옳지 않은 것은?

① 멘델은 이형접합체와 열성동형접합체를 교배하여 같은 형질에 대해 대립유전자가 존재한다는 사실을 입증하였다.

② 연관된 두 유전자의 재조합빈도는 연관 정도에 따라 다르며, 연관군에 있는 유전자라도 독립적 유전을 할 수 있다.

③ 유전자지도에서 1cM 떨어져 있는 두 유전자에 대해 기대되는 재조합형의 빈도는 100개의 배우자 중 1개이다.

④ 핵외유전은 멘델의 유전법칙이 적용되지 않으나 정역교배에서 두 교배의 유전결과가 일치한다.

해설

핵외유전은 멘델법칙이 적용되지 않는 비멘델식 유전이며, 정역교배 결과가 일치하지 않는다.

08 배수성 육종에 대한 설명으로 옳지 않은 것은?

① 동질배수체는 주로 3배체와 4배체를 육성한다.

② 동질배수체는 사료작물과 화훼류에 많이 이용된다.

③ 일반적으로 화분배양은 약배양보다 배양이 간단하고 식물체 재분화율이 높다.

④ 3배체 이상의 배수체는 2배체에 비하여 세포와 기관이 크고, 함유성분이 증가하는 등 형질변화가 일어난다.

해설

인위적 반수체를 만드는 방법으로 약배양, 화분배양, 종속간 교배, 반수체유도유전자 등을 이용하며, 약배양이 화분배양에 비하여 배양이 간단하고 식물체의 재분화율이 높다.

09 돌연변이 육종에 대한 설명으로 옳지 않은 것은?

① 종래에 없었던 새로운 형질이 나타난 변이체를 골라 신품종으로 육성한다.

② 열성돌연변이보다 우성돌연변이가 많이 발생하고 돌연변이 유발장소를 제어할 수 없다.

③ 벼과작물은 M_1 식물체의 이삭단위로 채종하여 M_2 계통으로 재배하고 선발한다.

④ 돌연변이 육종은 교배육종이 어려운 영양번식작물에 유리하다.

해설

돌연변이율이 낮고 열성돌연변이가 많으며 돌연변이 유발장소를 제어할 수 없는 특징이 있다.

정답 5 ④ 6 ④ 7 ④ 8 ③ 9 ②

10 **식물체의 수분퍼텐셜(Water Potential)에 대한 설명으로 옳은 것은?**

① 수분퍼텐셜은 토양에서 가장 낮고, 대기에서 가장 높으며, 식물체 내에서는 중간의 값을 나타내므로 토양 → 식물체 → 대기로 수분의 이동이 가능하게 된다.
② 수분퍼텐셜과 삼투퍼텐셜이 같으면 압력퍼텐셜이 100이 되므로 원형질분리가 일어난다.
③ 압력퍼텐셜과 삼투퍼텐셜이 같으면 세포의 수분퍼텐셜이 0이 되므로 팽만상태가 된다.
④ 식물체 내의 수분퍼텐셜에는 매트릭퍼텐셜이 많은 영향을 미친다.

해설

식물체 내의 수분퍼텐셜

- 식물체의 체내에서의 수분퍼텐셜에서는 매트릭퍼텐셜은 영향을 거의 미치지 않고 삼투퍼텐셜과 압력퍼텐셜이 좌우하므로 $\psi_w = \psi_s + \psi_p$로 표시할 수 있다.
- 세포 부피와 압력퍼텐셜의 변화에 따라 삼투퍼텐셜과 수분퍼텐셜이 변화한다.
- 압력퍼텐셜과 삼투퍼텐셜이 같아지면 세포의 수분퍼텐셜은 0이 되므로 팽만상태가 된다($\psi_s = \psi_p$).
- 수분퍼텐셜과 삼투퍼텐셜이 같아지면 압력퍼텐셜은 0이 되므로 원형질분리가 일어난다($\psi_w = \psi_s$).
- 수분퍼텐셜은 토양에서 가장 높고, 대기에서 가장 낮으며, 식물체 내에서 중간값이 나타나므로, 수분의 이동은 토양 → 식물체 → 대기로 이어진다.

11 **토양수분의 형태로 점토질 광물에 결합되어 있어 분리시킬 수 없는 수분은?**

① 결합수 ② 모관수
③ 흡습수 ④ 중력수

해설

결합수(Combined Water)

- pF 7.0 이상이다.
- 화합수 또는 결정수라 하며, 토양을 105℃로 가열해도 분리시킬 수 없는 점토광물의 구성요소로의 수분이다.
- 작물이 흡수, 이용할 수 없다.

12 **논토양 10a에 요소비료를 20kg 시비할 때 질소의 함량(kg)은?**

① 7.2 ② 8.2
③ 9.2 ④ 10.2

해설

요소비료의 질소함량은 46%이므로 20kg × 0.46 = 9.2kg이다.

13 **벼에서 A 유전자는 유수분화기를 빠르게 하는 동시에 주간엽수를 적게 하고 유수분화 이후의 기관형성에도 영향을 미친다. 이와 같이 한 개의 유전자가 여러 가지 형질에 관여하는 것은?**

① 연관(Linkage)
② 상위성(Epistasis)
③ 다면발현(Pleiotropy)
④ 공우성(Codominance)

해설

③ 다면발현 : 한 유전자산물이 여러 형질에 관여하는 것으로, 벼 11번 염색체의 E 유전자는 유수분화기를 빠르게 하는 동시에 주간엽수를 적게 하고 유수분화 이후 기관형성에도 영향을 미친다.

14 **작물의 일장반응에 대한 설명으로 옳은 것은?**

① 모시풀은 8시간 이하의 단일조건에서 완전 웅성이 된다.
② 콩의 결협(꼬투리 맺힘)은 단일조건에서 촉진된다.
③ 고구마의 덩이뿌리는 장일조건에서 발육이 촉진된다.
④ 대마는 장일조건에서 성전환이 조장된다.

해설

- 모시풀은 자웅동주식물인데, 일장에 따라 성의 표현이 달라지며, 14시간 이상의 일장에서는 모두 웅성, 8시간 이하의 일장에서는 모두 자성이다.
- 고구마 덩이뿌리, 봄무, 파의 비대근, 감자나 돼지감자의 덩이줄기, 달리아의 알뿌리 등은 단일조건에서 발육이 조장된다.
- 자웅이주식물인 삼(대마)은 단일에서는 수그루 → 암그루(♂→♀) 및 암그루 → 수그루(♀→♂)의 성전환이 이루어진다.

10 ③ 11 ① 12 ③ 13 ③ 14 ② 정답

15 시설재배지에서 발생하는 염류집적에 따른 대책으로 옳지 않은 것은?

① 토양피복
② 유기물 시용
③ 관수처리
④ 흡비작물 재배

해설

염류집적에 따른 대책
- 유기물의 시용
- 담수처리
- 객토 및 심경
- 피복물의 제거
- 흡비작물 이용 : 옥수수, 수수, 호밀, 수단그래스 등

16 품종에 대한 설명으로 옳지 않은 것은?

① 식물학적 종은 개체 간에 교배가 자유롭게 이루어지는 자연집단이다.
② 품종은 작물의 기본단위이면서 재배적 단위로서 특성이 균일한 농산물을 생산하는 집단이다.
③ 생태종 내에서 재배유형이 다른 것을 생태형으로 구분하는데, 생태형끼리는 교잡친화성이 낮아 유전자 교환이 잘 일어나지 않는다.
④ 영양계는 유전적으로 잡종상태라도 영양번식에 의하여 그 특성이 유지되기 때문에 우량한 영양계는 그대로 신품종이 된다.

해설

생태형 사이에는 교잡친화성이 높기 때문에 유전자교환이 잘 일어난다.

17 종자에 대한 설명으로 옳은 것은?

① 대부분의 화곡류 및 콩과작물의 종자는 호광성이다.
② 테트라졸륨(Tetrazolium)법으로 종자활력 검사 시 활력이 있는 종자는 청색을 띠게 된다.
③ 프라이밍(Priming)은 종자 수명을 연장시키기 위한 처리법의 하나이다.
④ 경화는 파종 전 종자에 흡수 · 건조의 과정을 반복적으로 처리하는 것이다.

해설

- 광무관종자 : 광이 발아에 관계가 없는 종자로 벼, 보리, 옥수수 등 화곡류와 대부분 콩과작물 등이 있다.
- 테트라졸륨법(Tetrazolium Method) : TTC(2,3,5-TriphenylTetrazolium Chloride) 용액을 화본과 0.5%, 두과 1%로 처리하면 배, 유아의 단면이 적색으로 염색되는 것이 발아력이 강한 것이다.
- 프라이밍(Priming) : 파종 전 종자에 수분을 가해 발아에 필요한 생리적 준비를 갖게 하여 발아속도와 균일성을 높이려는 것이다.

18 연작피해에 대한 설명으로 옳지 않은 것은?

① 특정 비료성분의 소모가 많아져 결핍현상이 일어난다.
② 토양 과습이나 겨울철 동해를 유발하기 쉬워 정상적인 성숙이 어렵다.
③ 토양 전염병의 발병 가능성이 커진다.
④ 하우스재배에서 다비 연작을 하면 염류과잉 피해가 나타날 수 있다.

19 작물의 온도반응에 대한 설명으로 옳지 않은 것은?

① 세포 내에 결합수가 많고 유리수가 적으면 내열성이 커진다.
② 한지형 목초는 난지형 목초보다 하고현상이 더 크게 나타난다.
③ 맥류 품종 중 추파성이 낮은 품종은 내동성이 강하다.
④ 원형질에 친수성 콜로이드가 많으면 원형질의 탈수저항성과 내동성이 커진다.

해설

맥류 품종 중 추파성이 높은 품종은 내동성이 강하다.

정답 15 ① 16 ③ 17 ④ 18 ② 19 ③

20 변온의 효과에 대한 설명으로 옳은 것은?

① 비교적 낮의 온도가 높고 밤의 온도가 낮으면 동화물질의 축적이 적다.
② 밤의 기온이 어느 정도 낮아 변온이 클 때 생장이 빠르다.
③ 맥류의 경우 밤의 기온이 낮아서 변온이 크면 출수·개화를 촉진한다.
④ 벼를 산간지에서 재배할 경우 변온에 의해 평야지보다 등숙이 더 좋다.

해설

① 비교적 낮의 온도가 높고 밤의 온도가 낮으면 동화물질의 축적이 많다.
② 밤의 기온이 어느 정도 낮아 변온이 클 때는 생장이 느리다.
③ 맥류에서 특히 밤의 기온이 높아서 변온이 작은 것이 출수, 개화를 촉진한다고 하나 일반적으로 일교차가 커서 밤의 기온이 비교적 낮은 것이 동화물질의 축적을 조장하여 개화를 촉진하며 화기도 커진다고 한다.

20 ④ 정답

2017년 지방직 재배학개론

01 체세포분열의 세포주기에 대한 설명으로 옳지 않은 것은?

① G_1기는 딸세포가 성장하는 시기이다.
② S기에는 DNA 합성으로 염색체가 복제되어 자매염색분체를 만든다.
③ G_2기의 세포 중 일부가 세포분화를 하여 조직으로 발달한다.
④ M기에는 체세포분열에 의하여 딸세포가 형성된다.

해설

체세포분열(體細胞分裂, 유사분열(有絲分裂) ; Mistosis)

- 하나의 체세포가 2개의 딸세포로 되는 것을 의미하며 일정한 세포주기를 갖는다.
- 세포주기(細胞週期, Cell Cycle): G_1기 → S기 → G_2기 → M기 순서로 진행된다.
  - G_1기 : 딸세포가 성장하는 시기
  - S기 : DNA 합성으로 염색체가 복제되어 자매염색분체를 만드는 시기
  - G_2기 : 체세포분열을 준비하는 성장기
  - M기 : 체세포분열에 의해 딸세포를 형성하는 시기
- 체세포분열은 전기, 중기, 후기, 말기로 구분할 수 있다.
  - 전기(前期, Prophase) : 염색사가 압축, 포장되어 염색체 구조로 되며 인과 핵막이 소실된다.
  - 중기(中期, Metaphase) : 방추사가 염색체의 동원체에 부착하고 각 염색체는 적도판으로 이동한다.
  - 후기(後期, Anaphase) : 자매염색분체가 분리되어 서로 반대방향으로 이동한다.
  - 말기(末期, Telophase) : 핵막과 인이 다시 형성되고 세포질분열이 일어나 2개의 딸세포가 생긴다.
- 체세포분열은 체세포가 가지고 있는 유전물질(DNA)을 복제하여 딸세포에게 균등하게 분배하기 위한 것이다.
- 마모된 세포의 교체로 정상적 기능의 수행, 손상된 세포의 교체로 상처의 치유 역할도 한다.

02 유전적 평형이 유지되고 있는 식물집단에서 한 쌍의 대립유전자 A와 a의 빈도를 각각 p, q라 하고 p=0.6이고, q=0.4일 때, 집단 내 대립유전자빈도와 유전자형빈도에 대한 설명으로 옳지 않은 것은?

① 유전자형 AA의 빈도는 0.36이다.
② 유전자형 Aa의 빈도는 0.24이다.
③ 유전자형 aa의 빈도는 0.16이다.
④ 이 집단이 5세대가 지난 후 예상되는 대립유전자 A의 빈도는 0.6이다.

해설

유전적 평형집단에서 대립유전자빈도(Allele Frequency)와 유전자형 빈도(Genotype Frequency)의 관계

- 한 쌍의 대립유전자 A, a의 빈도를 p, q라 할 때 $(pA+qa)^2 = p^2AA + 2pqAa + q^2aa$이다.

예 A대립유전자빈도 p가 0.6이고, a대립유전자빈도 q가 0.4일 때

- $AA = p^2 = (0.6)^2 = 0.36$
- $Aa = 2pq = 2(0.6 \times 0.4) = 0.48$
- $aa = q^2 = 0.4^2 = 0.16$이다.

※ 유전적 평형집단에서는 몇 세대가 지나도 이런 빈도가 변하지 않는다.

03 작물의 수확 후 변화에 대한 설명으로 옳지 않은 것은?

① 백미는 현미에 비해 온습도 변화에 민감하고 해충의 피해를 받기 쉽다.
② 곡물은 저장 중 α-아밀라아제의 분해작용으로 환원당 함량이 감소한다.
③ 호흡급등형 과실은 성숙함에 따라 에틸렌이 다량 생합성되어 후숙이 진행된다.
④ 수분함량이 높은 채소와 과일은 수확 후 수분증발에 의해 품질이 저하된다.

정답 1 ③ 2 ② 3 ②

안심Touch

해설

곡물은 저장 중 α – 아밀라아제의 분해작용으로 환원당 함량이 증가한다.

04 **벼 품종의 기상생태형에 대한 설명으로 옳지 않은 것은?**

① 저위도지대인 적도 부근에서 기본영양생장성이 큰 품종은 생육기간이 길어서 다수성이 된다.
② 중위도지대에서 감온형 품종은 조생종으로 사용된다.
③ 고위도지대에서는 감온형 품종을 심어야 일찍 출수하여 안전하게 수확할 수 있다.
④ 우리나라 남부에서는 감온형 품종이 수로 재배되고 있다.

해설

우리나라 주요 작물의 기상생태형

작 물		감온형(blT형)	중간형	감광형(bLt형)
벼	명 칭	조생종	중생종	만생종
	분 포	북 부	중북부	중남부
콩	명 칭	올 콩	중간형	그루콩
	분 포	북 부	중북부	중남부
조	명 칭	봄 조	중간형	그루조
	분 포	서북부, 중부산간지		중부의 평야, 남부
메 밀	명 칭	여름메밀	중간형	가을메밀
	분 포	서북부, 중부산간지		중부의 평야, 남부

05 **배수성 육종에 대한 설명으로 옳지 않은 것은?**

① 배수체를 작성하기 위해 세포분열이 왕성한 생장점에 콜히친을 처리한다.
② 복2배체의 육성방법은 이종게놈의 양친을 교배한 F_1의 염색체를 배가시키거나 체세포를 융합시키는 것이다.
③ 반수체는 염색체를 배가하면 동형접합체를 얻을 수 있으나 열성형질을 선발하기 어렵다.
④ 인위적으로 반수체를 만드는 방법으로 약배양, 화분배양, 종속 간 교배 등이 있다.

해설

반수체의 염색체를 배가하면 곧바로 동형접합체를 얻을 수 있어 육종연한을 많이 줄일 수 있고 상동게놈이 1개뿐이므로 열성형질의 선발이 쉽다.

06 **우량품종에 한두 가지 결점이 있을 때 이를 보완하기 위해 반복친과 1회친을 사용하는 육종방법으로 옳은 것은?**

① 순환선발법
② 집단선발법
③ 여교배육종법
④ 배수성육종법

해설

여교배육종(戾交配育種, Backcross Breeding)

- 우량품종의 한두 가지 결점을 보완하는데 효과적 육종방법이다.
- 여교배는 양친 A와 B를 교배한 F_1을 다시 양친 중 어느 하나인 A 또는 B와 교배하는 것이다.

07 **돌연변이육종에 대한 설명으로 옳지 않은 것은?**

① 인위돌연변이체는 대부분 수량이 낮으나, 수량이 낮은 돌연변이체는 원품종과 교배하면 생산성을 회복시킬 수 있다.
② 돌연변이유발원으로 Sodium Azide, Ethyl Methane Sulfonate 등이 사용된다.
③ 이형접합성이 높은 영양번식작물에 돌연변이유발원을 처리하면 체세포돌연변이를 쉽게 얻을 수 있다.
④ 타식성 작물은 자식성 작물에 비해 돌연변이유발원을 종자처리하면 후대에 포장에서 돌연변이체의 확인이 용이하다.

해설

자식성 작물은 자식에 의해 집단 내에 이형접합체가 감소하고 동형접합체가 증가하므로 후대 포장에서 돌연변이체 확인이 타식성 작물에 비해 용이하다.

08 **일반 포장에서 작물의 광포화점에 대한 설명으로 옳지 않은 것은?**

① 벼 포장에서 군락의 형성도가 높아지면 광포화점은 높아진다.
② 벼잎의 광포화점은 온도에 따라 달라진다.
③ 콩이 옥수수보다 생육 초기 고립상태의 광포화점이 높다.
④ 출수기 전후 군락상태의 벼는 전광(全光)에 가까운 높은 조도에서도 광포화에 도달하지 못한다.

4 ④ 5 ③ 6 ③ 7 ④ 8 ③ 정답

해설

특 성	C_3식물	C_4식물	CAM식물
CO_2 고정계	캘빈회로	C_4회로+캘빈회로	C_4회로+캘빈회로
잎조직 구조	엽육세포로 분화하거나, 내용이 같은 엽록유세포에 엽록체가 많이 포함되어 광합성이 이곳에서 이루어지며, 유관속초세포는 별로 발달하지 않고 발달해도 엽록체를 거의 포함하지 않음	유관속초세포가 매우 발달하여 다량의 엽록체를 포함하고, 다량의 엽록체를 포함한 유관속초세포가 방사상으로 배열되어 이른바 크렌즈 구조를 보이는 것이 특징임	엽육세포는 해면상이고 매우 균일하게 발달하여 엽록체도 균일하게 분포, 유관속초세포는 발달하지 않음. 두꺼운 잎조직의 안쪽에는 저수조직을 가지는 것도 특징적임
최대광합성능력 mg CO_2/cm^2/시간	15~40	35~80	1~4
CO_2보상점(ppm)	30~70	0~10	0~5(암중)
21% O_2에 의한 광합성억제	있 음	없 음	있 음
광호흡	있 음	유관속초세포	정오 후 측정가능
광포화점	최대일사의 1/4~1/2	최대일사 이상 강광조건에서 높은 광합성률	부 정
광합성적정온도(℃)	13~30	30~47	≃35
내건성	약	강	매우 강함
광합성산물 전류속도	느 림	빠 름	-
최대건물 생장률 (g/m^2/일)	19.5±1.9	30.3±13.8	-
건물생산량 (ton/ha/년)	22±3.3	38±16.9	낮고 변화가 심함
증산율 (g H_2O/g 건물량 증가)	450~950 (다습조건에 적응)	250~350 (고온에 적응)	18~125 (매우 적음)
CO_2 첨가에 의한 건물생산 촉진효과	큼	작음(하나의 CO_2 분자를 고정하기 위하여 더 많은 에너지가 필요함)	-
작 물	벼, 보리, 밀, 콩, 귀리, 담배 등	옥수수, 수수, 수단그래스, 사탕수수, 기장, 진주조, 버뮤다그래스, 명아주 등	선인장, 솔잎국화, 파인애플 등

09 고온장해가 발생한 작물에 대한 설명으로 옳지 않은 것은?

① 호흡이 광합성보다 우세해진다.
② 단백질의 합성이 저해된다.
③ 수분흡수보다 증산이 과다해져 위조가 나타난다.
④ 작물의 내열성은 미성엽(未成葉)이 완성엽(完成葉)보다 크다.

해설

작물의 내열성(耐熱性, Heat Tolerance, Heat Hardiness)

- 내건성이 큰 작물이 내열성도 크다.
- 세포 내 결합수가 많고 유리수가 적으면 내열성이 커진다.
- 세포의 점성, 염류농도, 단백질함량, 당분함량, 유지함량 등이 증가하면 내열성은 커진다.
- 작물의 연령이 많아지면 내열성은 커진다.
- 기관별로는 주피와 완성엽이 내열성이 크고 눈과 어린잎이 그 다음이며 미성엽과 중심주가 가장 약하다.
- 고온, 건조, 다조(多照)환경에서 오래 생육한 작물은 경화되어 내열성이 크다.

10 작물 품종의 재배, 이용상 중요한 형질과 특성에 대한 설명으로 옳지 않은 것은?

① 작물의 수분함량과 저장성은 유통 특성으로 품질 형질에 해당한다.
② 화성벼는 줄무늬잎마름병에 대한 저항성을 향상시킨 품종이다.
③ 단간직립 초형으로 내도복성이 있는 통일벼는 작물의 생산성을 향상시킨 품종이다.
④ 직파적응성 벼품종은 저온발아성이 낮고 후기생장이 좋아야 한다.

해설

저온발아성(低溫發芽性)

- 벼에서는 13°C에서 발아세를 기준으로 저온발아성을 평가한다.
- 조파나 조기육묘 및 직파재배에 저온발아성이 큰 품종은 유리하다.
- 벼에서는 일반적으로 저온발아성은 메벼보다는 찰벼가, 몽근벼보다는 까락벼가 좋다.

정답 9 ④ 10 ④

11 육묘해서 이식재배 할 때 나타나는 현상으로 옳지 않은 것은?

① 벼는 육묘시 생육이 조장되어 증수할 수 있다.
② 봄 결구배추를 보온육묘해서 이식하면 추대를 유도할 수 있다.
③ 과채류는 조기에 육묘해서 이식하면 수확기를 앞당길 수 있다.
④ 벼를 육묘이식하면 답리작이 가능하여 경지이용률을 높일 수 있다.

해설

육묘의 필요성

- 직파가 매우 불리한 경우 : 딸기, 고구마, 과수 등은 직파하면 매우 불리하므로 육묘이식이 경제적인 재배법이다.
- 증수 : 벼, 콩, 맥류, 과채류 등은 직파보다 육묘이식이 생육을 조장하여 증수한다.
- 조기수확 : 과채류 등은 조기에 육묘해서 이식하면 수확기가 빨라져 유리하다.
- 토지이용도 증대 : 벼의 육묘이식은 벼와 맥류 또는 벼와 감자 등의 1년 2작이 가능하며 채소도 육묘이식하면 토지이용도를 높일 수 있다.
- 재해의 방지 : 직파재배에 비해 육묘이식은 집약관리가 가능하므로 병충해, 한해, 냉해 등을 방지하기 쉽고 벼에서는 도복의 경감, 감자의 가을재배에서는 고온에 의한 장해가 경감된다.
- 용수의 절약 : 벼 재배에서는 못자리 기간 동안 본답의 용수가 절약된다.
- 노력의 절감 : 직파로 처음부터 넓은 본포에서 관리하는 것에 비해 중경제초 등에 소요되는 노력이 절감된다.
- 추대방지 : 봄 결구배추를 보온육묘 후 이식하면 직파 시 포장에서 냉온의 시기에 저온감응으로 추대하고 결구하지 못하는 현상을 방지할 수 있다.
- 종자의 절약 : 직파하는 경우보다 종자량이 훨씬 적게 들어 종자가 비싼 경우 특히 유리하다.

12 작물의 생태적 분류에 대한 설명으로 옳지 않은 것은?

① 아스파라거스는 다년생 작물이다.
② 티머시는 난지형 목초이다.
③ 고구마는 포복형 작물이다.
④ 식물체가 포기를 형성하는 작물을 주형(株型)작물이라고 한다.

해설

- 한지형 목초(寒地型牧草, = 북방형목초 : Cold-Season Grass)
  - 서늘한 기후에서 생육이 좋고, 추위에 강하며, 더위에 약해 여름철 고온에서 하고현상을 나타내는 목초
  - 티머시, 알팔파 등
- 난지형 목초(暖地型牧草, = 남방형 목초 : Warm-Season Grass)
  - 고온에서 생육이 좋고, 추위에 약하며, 더위에 강하다.
  - 버뮤다그래스, 매듭풀 등

13 우리나라 일반포장에서 작물의 주요 온도 중 최고온도가 가장 높은 작물은?

① 귀 리　② 보 리
③ 담 배　④ 옥수수

해설

옥수수의 유효온도는 8~44℃로 가장 높다.

14 우리나라 중부지방에서 혼작에 적합한 작물조합으로 옳지 않은 것은?

① 조와 기장　② 콩과 보리
③ 콩과 수수　④ 팥과 메밀

해설

혼작(混作, 섞어짓기 ; Companion Cropping)

- 의의 및 방법
  - 생육기간이 거의 같은 두 종류 이상의 작물을 동시에 같은 포장에서 섞어 재배하는 것을 혼작이라 한다.
  - 작물 사이에 주작물과 부작물이 뚜렷하게 구분되는 경우도 있으나 명확하지 않은 경우가 많다.
  - 혼작하는 작물들의 여러 생태적 특성으로 따로 재배하는 것보다 혼작의 합계 수량이 많아야 의미가 있다.
  - 혼작물의 선택은 키, 비료의 흡수, 건조나 그늘에 견디는 정도 등을 고려하여 작물상호간 피해가 없는 것이 좋다.
- 조혼작(條混作)
  - 여름작물을 작휴의 줄에 따라 다른 작물을 일렬로 점파・조파하는 방법이다.
  - 서북부지방의 조＋콩, 팥＋녹두의 혼작이 이에 해당한다.
- 점혼작(點混作)
  - 본작물 내의 주간 군데군데 다른 작물을 한 포기 또는 두 포기씩 점파하는 방법이다.
  - 콩＋수수 또는 옥수수, 고구마＋콩이 이에 해당한다.

11 ② 12 ② 13 ④ 14 ② 정답

• 난혼작(亂混作)
  - 군데군데 혼작물을 주 단위로 재식하는 방법으로 그 위치가 정해져 있지는 않다.
  - 콩+수수 또는 조, 목화+참깨 또는 들깨, 조+기장 또는 수수, 오이+아주까리, 기장+콩, 팥+메밀 등이 이에 해당한다.

15 작물종자의 파종에 대한 설명으로 옳지 않은 것은?

① 추파하는 경우 만파에 대한 적응성은 호밀이 쌀보리보다 높다.
② 상추종자는 무종자보다 더 깊이 복토해야 한다.
③ 우리나라 북부지역에서는 감온형인 올콩(하대두형)을 조파(早播)한다.
④ 맥류종자를 적파(摘播)하면 산파(散播)보다 생육이 건실하고 양호해진다.

해설
상추는 호광성 종자로 깊게 복토하면 발아하지 못한다.

16 감자와 고구마의 안전저장 방법으로 옳은 것은?

① 식용감자는 10~15°C에서 큐어링 후 3~4°C에서 저장하고, 고구마는 30~33°C에서 큐어링 후 13~15°C에서 저장한다.
② 식용감자는 30~33°C에서 큐어링 후 3~4°C에서 저장하고, 고구마는 10~15°C에서 큐어링 후 13~15°C에서 저장한다.
③ 가공용 감자는 당함량 증가 억제를 위해 10°C에서 저장하고, 고구마는 30~33°C에서 큐어링 후 3~5°C에서 저장한다.
④ 가공용 감자는 당함량 증가 억제를 위해 3~4°C에서 저장하고, 식용감자는 10~15°C에서 큐어링 후 3~4°C에서 저장한다.

17 종자 발아에 대한 설명으로 옳지 않은 것은?

① 종자의 발아는 수분흡수, 배의 생장개시, 저장양분 분해와 재합성, 유묘 출현의 순서로 진행된다.
② 저장양분이 분해되면서 생산된 ATP는 발아에 필요한 물질합성에 이용된다.
③ 유식물이 배유나 떡잎의 저장양분을 이용하여 생육하다가 독립영양으로 전환되는 시기를 이유기라고 한다.
④ 지베렐린과 시토키닌은 종자발아를 촉진하는 효과가 있다.

해설
발아과정은 '수분흡수기(Imbibition Stage) → 효소활성기(Activation Stage) → 발아 후 생장기(Post-Germination Stage)'로 구분된다.

18 논토양과 시비에 대한 설명으로 옳지 않은 것은?

① 담수상태의 논에서는 조류(藻類)의 대기질소고정작용이 나타난다.
② 암모니아태질소가 산화층에 들어가면 질화균이 질화작용을 일으켜 질산으로 된다.
③ 한여름 논토양의 지온이 높아지면 유기태질소의 무기화가 저해된다.
④ 답전윤환재배에서 논토양이 담수 후 환원상태가 되면 밭상태에서는 난용성인 인산알루미늄, 인산철 등이 유효화된다.

해설
한여름 논토양의 지온이 높으면 유기태질소의 무기화가 촉진되어 암모니아가 생성된다.

19 채소류의 접목육묘에 대한 설명으로 옳지 않은 것은?

① 오이를 시설에서 연작할 경우 박이나 호박을 대목으로 이용하면 흰가루병을 방제할 수 있다.
② 핀접과 합접은 가지과 채소의 접목육묘에 이용된다.
③ 박과 채소는 접목육묘를 통해 저온, 고온 등 불량환경에 대한 내성이 증대된다.
④ 접목육묘한 박과 채소는 흡비력이 강해질 수 있다.

정답 15 ② 16 ① 17 ① 18 ③ 19 ①

해설

오이를 시설에서 연작할 경우 박이나 호박을 대목으로 이용하면 덩굴쪼김병을 방제할 수 있다.

20 **종자의 수분(受粉) 및 종자형성에 대한 설명으로 옳지 않은 것은?**

① 담배와 참깨는 수술이 먼저 성숙하며 자식으로 종자를 형성할 수 없다.
② 포도는 종자형성 없이 열매를 맺는 단위결과가 나타나기도 한다.
③ 웅성불임성은 양파처럼 영양기관을 이용하는 작물에서 1대 잡종을 생산하는 데 이용된다.
④ 1개의 웅핵이 배유형성에 관여하여 배유에서 우성유전자의 표현형이 나타나는 현상을 크세니아(Xenia)라고 한다.

해설

담배와 참깨는 자가수정작물이다.

20 ① 정답

2018년 지방직 재배학개론

01 **작물의 개량에 기여한 사람과 그의 학설을 바르게 연결한 것은?**

① C.R. Darwin-용불용설
② T.H. Morgan-순계설
③ G.J. Mendel-유전법칙
④ W.L. Johannsen-돌연변이설

해설

① C.R. Darwin(1809~1882) : 1859년 '종의 기원'을 발표하며 진화론(進化論, Theory of Evolution)을 주장하였다.
② T.H. Morgan : 1908년 초파리 실험으로 반성유전(伴性遺傳)을 발견하는 등 유전학을 크게 발전시켰다.
④ W.L. Johannsen : '순계설(純系說, Pure Line Theory)'을 발표하여 자식성작물(自殖性作物)의 품종개량에 이바지하였다.

02 **토양이 산성화되었을 때 양분 가급도가 감소되어 작물생육에 불이익을 주는 것으로만 짝지은 것은?**

① B, Fe, Mn
② B, Ca, P
③ Al, Cu, Zn
④ Ca, Cu, P

해설

토양반응에 따른 양분의 가급도
- 토양 중 양분의 가급도는 중성~미산상에서 가장 높다.
- 알칼리성 흡수에 변함이 없는 것 : K, S, Ca, Mg
- 알칼리성 흡수가 크게 줄어드는 것 : Mn, Fe
- 강산성 토양에서 양분의 흡수변화
  - 가급도가 감소하는 것 : P, Ca, Mg, B, Mo
  - 용해도가 감소하는 것 : Al, Cu, Zn, Mn 등
- 강알칼리성 토양에서는 B, Fe, Mn 등의 용해도가 감소하여 작물생육에 불리하다.

03 **작물의 종류에 따른 수확 방법으로 옳지 않은 것은?**

① 화곡류는 예취한다.
② 고구마는 굴취한다.
③ 무는 발취한다.
④ 목초는 적취한다.

해설

목초는 예취한다.
※ 예취 : 곡식이나 풀 따위를 베는 것

04 **저장고 내부의 산소 농도를 낮추기 위해 이산화탄소 농도를 높여 농산물의 저장성을 향상시키는 방법은?**

① 큐어링저장 ② 예랭저장
③ 건조저장 ④ CA저장

해설

CA저장(Controlled Atmosphere Storage)
- 온도, 습도, 대기조성 등을 조절함으로써 장기저장 하는 가장 이상적인 방법이다.
- CA저장은 대기조성(대략 N_2 78%, O_2 21%, CO_2 0.03%)과는 다른 공기조성을 갖는 조건에서 저장하는 것을 말한다.
- 산소농도는 대기보다 약 4~20배(O_2 : 8%) 낮추고 이산화탄소는 약 30~500배(CO_2 : 1~5%) 증가시키는 조건으로 조절하여 저장하는 방식이다.
- 또한 신선한 과실, 채소, 관상식물 등 전 수확 후 관리과정에서 각 작물마다 적절한 온도와 상대습도 조건을 충족하여야 한다.
- 이러한 조건에서는 호흡이 억제되고, 에틸렌의 생성 및 작용의 억제되는 등의 효과에 의해 유기산의 감소, 과육의 연화 지연, 당과 유기산 성분 및 엽록소의 분해 등과 같은 과실의 후숙과 노화현상이 지연되며 미생물의 생장과 번식이 억제되어 생산물의 품질을 유지하면서 장기간의 저장이 가능해진다.

정답 1 ③ 2 ② 3 ④ 4 ④

05 **유효적산온도(GDD)를 계산하기 위한 식은?**

① GDD(°C) = Σ{(일최고기온 + 일최저기온) ÷ 2 + 기본온도}

② GDD(°C) = Σ{(일최고기온 + 일최저기온) × 2 − 기본온도}

③ GDD(°C) = Σ{(일최고기온 + 일최저기온) ÷ 2 − 기본온도}

④ GDD(°C) = Σ{(일최고기온 + 일최저기온) × 2 + 기본온도}

해설

유효적산온도(Growing Degree Days ; GDD)

- 유효온도 : 작물 생육의 저온한계를 기본온도라 하고 고온한계를 유효고온한계온도로 하여 그 범위 내의 온도를 의미한다.
- 유효적산온도 : 유효온도를 발아 후 일정 생육단계까지 적산한 것
- 계산 : GDD(℃)= Σ{(일최고기온 + 일최저기온) ÷ 2 − 기본온도}

06 **토양미생물에 대한 설명 중 옳지 않은 것은?**

① 토양미생물에서 분비되는 점질물질은 토양입단의 형성을 촉진한다.

② 토양에 분포되어 있는 미생물 중 방선균의 수가 세균의 수보다 많다.

③ 토양미생물인 균근은 인산흡수를 도와주는 대표적인 공생미생물이다.

④ 토양미생물 간의 길항작용은 토양전염 병원균의 활동을 억제한다.

해설

토양생물의 평균분포(토양 1g 중 분포)

세균(16,900,000) > 방선균(1,340,000) > 혐기성 세균(1,000,000) > 사상균(205,000) > 혐기성 사상균(1,326) > 조류(500) > 원생동물(40)

07 **작물의 수확 및 출하 시기 조절을 위한 환경 처리 요인이 다른 것은?**

① 포인세티아 : 차광재배 ② 국화 : 촉성재배

③ 딸기 : 촉성재배 ④ 깻잎 : 가을철 시설재배

해설

①, ②, ④은 일장을 조절한 재배방법이나 딸기의 촉성재배는 저온에 의한 화아분화 방법이다.

08 **작물의 생육단계가 영양생장에서 생식생장으로 전환되는 현상에 대한 설명으로 옳은 것은?**

① 줄기의 유관속 일부를 절단하면 절단된 윗부분의 C/N율이 낮아져 화아분화가 촉진된다.

② 뿌리에서 생성된 개화유도물질인 플로리겐이 줄기의 생장점으로 이동되어 화성이 유도된다.

③ 저온처리를 받지 않은 양배추는 화성이 유도되지 않으므로 추대가 억제된다.

④ 화학적 방법으로 화성을 유도하는 경우에 ABA는 저온·장일 조건을 대체하는 효과가 크다.

해설

① 줄기의 유관속 일부를 절단하면 절단된 윗부분의 C/N율이 높아져 화아분화가 촉진된다.
② 잎에서 생성된 개화유도물질인 플로리겐이 줄기의 생장점으로 이동되어 화성이 유도된다.
④ 화학적 방법으로 화성을 유도하는 경우에 지베렐린는 저온·장일 조건을 대체하는 효과가 크다.

09 **안티센스(Anti-sense) RNA에 대한 설명으로 옳은 것은?**

① 세포질에서 단백질로 번역되는 mRNA와 서열이 상보적인 단일가닥 RNA이다.

② mRNA와 이중나선을 형성하여 mRNA의 번역 효율을 높인다.

③ 특정한 유전자의 발현을 증가시켜 농작물의 상품가치를 높이는 데 활용될 수 있다.

④ 특정한 유전자의 DNA와 상보적으로 결합하여 전사 활성을 높인다.

5 ③ 6 ② 7 ③ 8 ③ 9 ① 정답

해설

안티센스 RNA : 단백질을 발현시키는 유전 암호에 결합해 그 발현(Expression)을 차단하는 기능을 갖고 있다. 유전정보로부터 단백질이 발현되기 위해서는 mRNA(전령 RNA)를 경유해야만 하며 mRNA는 DNA와 달리 하나의 가닥으로 구성되어 있으며 흔히 '센스(Sense)' RNA로 불린다. 그리고 mRNA와 상보적으로 결합하는 또 다른 RNA를 안티센스 RNA라 부른다. 안티센스 RNA는 일종의 자물쇠 구실을 하면서 mRNA로부터 단백질이 발현되는 것을 차단한다. 그러나 여러 가지 안티센스 RNA가 동정되면서 이같은 전형적인 기능 외에 다양한 대사 과정에 안티센스 RNA가 관여한다는 증거들이 발견되기 시작했다.

10 영양번식작물의 유전적 특성과 육종방법에 대한 설명으로 옳은 것은?

① 이형접합형 품종을 자가수정하여 얻은 실생묘는 유전자형이 분리되지 않는다.
② 이형접합형 품종을 영양번식시켜 얻은 영양계는 유전자형이 분리된다.
③ 영양번식작물은 영양번식과 유성생식이 가능하며, 영양계는 이형접합성이 낮다.
④ 고구마와 같은 영양번식작물은 감수분열 때 다가염색체를 형성하므로 불임률이 높다.

해설

영양번식작물의 유전적 특성

- 영양번식작물은 배수체가 많고, 감수분열 때 다가염색체를 형성하므로 불임성이 높아 종자를 얻기 어렵고, 종자로부터 발생한 식물체는 비정상적인 것이 많다.
- 영양번식과 함께 유성생식도 하며, 영양계는 이형접합성이 높아 자가수정으로 얻은 실생묘(實生苗, Seedling)는 유전자형이 분리한다.
- 영양계끼리 교배한 F_1은 다양한 유전자형이 발생하며, 이 F_1에서 선발한 영양계는 1대잡종 유전자형을 유지한 채 영양번식으로 증식되어 잡종강세를 나타낸다.

영양번식작물의 육종

- 영양번식에 의한 경우 동형접합체는 물론 이형접합체도 유전자형을 그대로 유지할 수 있다.
- 영양번식작물의 육종은 영양계 선발(Clone Selection)을 통해 신품종을 육성한다.
- 영양계 선발은 교배 또는 돌연변이에 의한 유전변이나 실생묘 중 우량한 것을 선발하여 증식함으로써 신품종을 육성한다.
- 영양계의 선발은 바이러스에 감염되지 않은 개체의 선발이 중요하다.
- Virus Free 개체를 얻기 위해서 생장점을 무균배양 한다.

11 테트라졸륨법을 이용하여 벼와 콩의 종자 발아력을 간이검정할 때, TTC 용액의 적정 농도는?

① 벼는 0.1%이고, 콩은 0.5%이다.
② 벼는 0.1%이고, 콩은 1.0%이다.
③ 벼는 0.5%이고, 콩은 1.0%이다.
④ 벼는 1.0%이고, 콩은 0.1%이다.

해설

테트라졸륨법(Tetrazolium Method) : TTC(2,3,5-Triphenylet-Razolium Chloride)용액을 화본과 0.5%, 두과 1%로 처리하면 배・유아의 단면이 적색으로 염색되는 것이 발아력이 강하다.

12 경실종자의 휴면타파를 위한 방법으로 옳지 않은 것은?

① 진한 황산처리를 한다.
② 건열처리를 한다.
③ 방사선처리를 한다.
④ 종피파상법을 실시한다.

해설

경실종자의 발아촉진법

경실종자란 종피의 불투수성으로 장기간 휴면하는 종자로 주로 소립의 두과목초 종자로 클로버류, 자운영, 벳치, 아카시아, 강낭콩, 싸리 등과 고구마, 연, 오크라 등이 이에 속한다.

- 종피파상법 : 경실종자의 종피에 상처를 내는 방법으로 자운영, 콩과의 소립종자 등은 종자의 25~35%의 모래를 혼합하여 20~30분 절구에 찧어서 종피에 가벼운 상처를 내어 파종하면 발아가 조장되며 고구마는 배의 반대편에 손톱깎이 등으로 상처를 내어 파종한다.
- 진한 황산처리
  - 진한 황산에 경실종자를 넣고 일정 시간 교반하여 종피를 침식시키는 방법으로 처리 후 물에 씻어 파종하면 발아가 조장된다.
  - 처리시간 : 고구마 – 1시간, 감자 종자 – 20분, 레드클로버 – 15분, 화이트클로버 – 30분, 연 – 5시간, 목화 – 5분, 오크라 – 4시간 등이다.
- 온도처리
  - 저온처리 : 앨팰퍼 종자를 -190℃ 액체공기에 2~3분 침지 후 파종하면 발아가 조장된다.
  - 고온처리 : 앨팰퍼 종자를 80℃ 건열에 1~2시간 또는 앨팰퍼, 레드클로버 등은 105℃에 4분 처리한다.
  - 습열처리 : 라디노클로버는 40℃ 온탕에 5시간 또는 50℃ 온탕에 1시간 처리한다.
  - 변온처리 : 자운영 종자는 17~30℃와 20~40℃의 변온처리를 한다.

정답 10 ④ 11 ③ 12 ③

- 진탕처리 : 스위트클로버는 종자를 플라스크에 넣고 초당 3회 비율로 10분간 진탕처리 한다.
- 질산처리 : 버팔로크라스 종자는 0.5% 질산용액에 24시간 침지하고 5℃에 6주간 냉각시켜 파종하면 발아가 조장된다.
- 기타 : 알코올, 이산화탄소, 펙티나아제 처리 등도 유효하다.

13 **중복수정 준비가 완료된 배낭에는 몇 개의 반수체핵(Haploid Nucleus)이 존재하며, 이들 중에서 몇 개가 웅핵(정세포)과 융합되는가?**

	배낭의 반수체핵 수	웅핵과 융합되는 반수체핵 수
①	6	2
②	6	3
③	8	2
④	8	3

해설

배 낭

- 암술 자방(子房, = 씨방 ; Ovary) 속의 배주(胚珠, = 밑씨 ; Ovule) 안에서 배낭모세포(胚囊母細胞, Embryosac Mother Cell, EMC) 1개가 4개의 반수체 대포자(大胞子, = 배낭세포 ; Megaspore)를 만들며 3개는 퇴화하고 1개만 남아 세 번의 체세포분열로 배낭(胚囊, Embryo Sac)으로 성숙한다.
- 배낭에서 주공 쪽에는 난세포(卵細胞, Egg Cell) 한 개와 조세포(助細胞, Synergid) 2개가 있고, 반대쪽에 반족세포(反足細胞, Antipodal Cell)가 3개, 중앙에 극핵(極核, Polar Nucleus) 2개가 있다. 그 중 조세포와 반족세포는 후에 퇴화하며 주공은 화분관이 배낭으로 침투하는 통로이다.

14 **종·속간 교잡에서 나타나는 생식격리장벽을 극복하기 위해 사용되는 방법으로 옳지 않은 것은?**

① 자방을 적출하여 배양한다.
② 약을 적출하여 배양한다.
③ 배를 적출하여 배양한다.
④ 배주를 적출하여 배양한다.

해설

종·속간 잡종의 육성은 기내수정을 하여 얻은 잡종의 배배양, 배주배양, 자방배양을 통해 F_1종자를 얻을 수 있다.

15 **요소의 엽면시비 효과에 대한 설명으로 옳지 않은 것은?**

① 보리와 옥수수에서는 화아분화 촉진 효과가 있다.
② 사과와 딸기에서는 과실비대 효과가 있다.
③ 화훼류에서는 엽색 및 화색이 선명해지는 효과가 있다.
④ 배추와 무에서는 수확량 증대 효과가 있다.

해설

요소의 엽면시비 효과

- 보리, 옥수수, 벼, 벼과목초 : 활착, 임실양호
  - 감귤나무, 뽕나무, 차나무, 사과나무, 포도나무, 토마토, 딸기 : 화아분화 촉진, 과실비대
  - 감자 : 비대 촉진
- 고구마, 유채 : 수확 촉진
- 수박, 호박, 가지 : 착화, 착과, 품질양호
- 무, 배추, 시금치 : 조기출하, 다수확, 품질향상
- 화훼 : 엽색 및 화색의 선명

16 **이식의 효과에 대한 설명으로 옳지 않은 것은?**

① 토지이용효율을 증대시켜 농업 경영을 집약화할 수 있다.
② 채소는 경엽의 도장이 억제되고 생육이 양호해져 숙기가 빨라진다.
③ 육묘과정에서 가식 후 정식하면 새로운 잔뿌리가 밀생하여 활착이 촉진된다.
④ 당근 같은 직근계 채소는 어릴 때 이식하면 정식 후 근계의 발육이 좋아진다.

해설

이식의 효과

- 생육의 촉진 및 수량증대 : 이식은 온상에서 보온육묘를 전제하는 경우가 많으므로 이는 생육기간의 연장으로 작물의 발육이 크게 조장되어 증수를 기대할 수 있고 초기 생육 촉진으로 수확을 빠르게 하여 경제적으로 유리하다.
- 토지이용도 제고 : 본포에 전 작물이 있는 경우 묘상 등에서 모의 양성으로 전 작물 수확 또는 전 작물 사이에 정식함으로 경영을 집약화 할 수 있다.
- 숙기단축 : 채소의 이식은 경엽의 도장을 억제하고 생육을 양호하게 하여 숙기가 빠르고 상추, 양배추 등의 결구를 촉진한다.
- 활착증진 : 육묘 중 가식은 단근으로 새로운 세근이 밀생하여 근군을 충실하게 하므로 정식 시 활착을 빠르게 하는 효과가 있다.

13 ④ 14 ② 15 ① 16 ④ 정답

이식의 단점

- 무, 당근, 우엉 등 직근을 가진 작물의 어릴 때 이식으로 뿌리가 손상되면 그 후 근계 발육에 나쁜 영향을 미친다.
- 수박, 참외, 결구배추, 목화 등은 뿌리의 절단이 매우 해롭다. 이식을 해야 하는 경우 분파하여 육묘하고 뿌리의 절단을 피해야 한다.
- 벼의 경우 대체적으로 이앙재배를 하지만 한랭지에서 이앙은 착근까지 시일이 많이 필요하여 생육이 늦어지고 임실이 불량해지므로 파종을 빨리하거나 직파재배가 유리한 경우가 많다.

17 **인공종자의 캡슐재료로 가장 많이 이용되는 화학물질은?**

① 파라핀
② 알긴산
③ 비닐알코올
④ 소듐아자이드

해설

인공종자(人工種子, Artificial Seed)

- 체세포 조직배양으로 유기된 체세포배(體細胞胚, Somatic Embryo)를 캡슐에 넣어 만든다.
- 캡슐재료 : 해초인 갈조류의 엽상체에서 얻은 알긴산(Alginic Acid)이 많이 이용된다.

18 **합성품종에 대한 설명으로 옳지 않은 것은?**

① 격리포장에서 자연수분 또는 인공수분으로 육성될 수 있다.
② 세대가 진전되어도 비교적 높은 잡종강세가 나타난다.
③ 영양번식이 가능한 타식성 사료작물에 널리 이용된다.
④ 유전적 배경이 협소하여 환경 변동에 대한 안정성이 낮다.

해설

합성품종(合成品種, Synthetic Variety)

- 여러 개의 우량계통을 격리포장에서 자연수분 또는 인공수분 하여 다계교배시켜 육성한 품종
- 여러 계통이 관여하므로 세대가 진전되어도 비교적 높은 잡종강세가 나타난다.
- 유전적 폭이 넓어 환경변동에 안정성이 높다.
- 자연수분에 의하므로 채종 노력과 경비가 절감된다.
- 영양번식이 가능한 타식성 사료작물에 많이 이용된다.

19 **농업용수의 수질 오염과 등급에 대한 설명으로 옳지 않은 것은?**

① 논에 유기물 함량이 높은 폐수가 유입되면 혐기조건에서 메탄가스 등이 발생하여 토양의 산화환원전위가 높아진다.
② 산성 물질의 공장폐수가 논에 유입되면 벼의 줄기와 잎이 황변되고 토양 중 알루미늄이 용출되어 피해를 입는다.
③ 수질은 대장균수와 pH 등이 참작되어 여러 등급으로 구분되며 일반적으로 수온이 높아질수록 용존 산소량은 낮아진다.
④ 화학적 산소요구량은 유기물이 화학적으로 산화되는데 필요한 산소량으로서 오탁유기물의 양을 ppm으로 나타낸다.

해설

유기물 함량이 높은 오수의 관개는 혐기조건에서는 메탄, 유기산, 알코올류 등 중간대사물이 생성되며 이 분해과정에선 토양 Eh가 낮아진다.

20 **유기농업은 친환경농업의 한 유형으로 실시되고 있다. 그 내용에 해당하지 않는 것은?**

① 토양분석에 따른 화학비료의 정밀 시용
② 작부체계 내 두과작물의 재배
③ 병해충 저항성 작물 품종의 이용
④ 윤작에 의한 토양 비옥도 개선

해설

유기농업은 화학비료 등을 전혀 사용하지 않고 유기자재만을 이용한 농업을 의미한다.

정답 17 ② 18 ④ 19 ① 20 ①

2019년 지방직 재배학개론

01 **유전자클로닝을 위해 DNA를 자르는 역할을 하는 효소는?**

① 연결효소
② 제한효소
③ 중합효소
④ 역전사효소

해설

- 제한효소(制限酵素, Restriction Enzyme) : DNA의 특정 염기서열(제한부위)을 인지하여 절단하며, 원핵세포에서 생산되는 DNA 절단효소
- 연결효소(Ligase) : 연결효소의 작용으로 끊어진 DNA의 당-인산이 연결되어 완전한 DNA를 만든다.

02 **온도가 작물의 생육에 미치는 영향에 대한 설명으로 옳은 것은?**

① 밤의 기온이 어느 정도 높아서 변온이 작은 것이 생장이 빠르다.
② 변온이 어느 정도 작은 것이 동화물질의 축적이 많아진다.
③ 벼는 산간지보다 평야지에서 등숙이 대체로 좋다.
④ 일반적으로 작물은 변온이 작은 것이 개화가 촉진되고 화기도 커진다.

해설

- 변온은 당분이나 전분의 전류에 중요한 역할을 하는데 야간의 온도가 낮아지는 것은 탄수화물 축적에 유리한 영향을 준다.
- 주야간의 온도차가 커지면 벼의 등숙이 빠르며 야간의 저온은 청미를 적게 한다.
- 변온과 개화 : 맥류에서 특히 밤의 기온이 높아서 변온이 작은 것이 출수, 개화를 촉진한다고 하나 일반적으로 일교차가 커서 밤의 기온이 비교적 낮은 것이 동화물질의 축적을 조장하여 개화를 촉진하며 화기도 커진다고 한다.

03 **영양번식을 통해 얻을 수 있는 이점이 아닌 것은?**

① 종자번식이 어려운 작물의 번식수단이 된다.
② 우량한 유전특성을 쉽게 영속적으로 유지시킬 수 있다.
③ 종자번식보다 생육이 왕성할 수 있다.
④ 유전적 다양성을 확보할 수 있다.

해설

영양번식은 모체의 유전형질을 그대로 이어받으므로 유전적 다양성을 확보할 수는 없다.

04 **우리나라의 주요 논잡초가 아닌 것은?**

① 올방개, 여뀌
② 쇠뜨기, 참방동사니
③ 벗풀, 자귀풀
④ 올챙이고랭이, 너도방동사니

해설

우리나라 주요 논잡초

구 분		잡 초
1년생	화본과	강피, 물피, 돌피, 둑새풀
	방동사니과	참방동사니, 알방동사니, 바람하늘지기, 바늘골
	광엽잡초	물달개비, 물옥잠, 여뀌, 자귀풀, 가막사리
다년생	화본과	나도겨풀
	방동사니과	너도방동사니, 올방개, 올챙이고랭이, 매자기
	광엽잡초	가래, 벗풀, 올미, 개구리밥, 미나리

1 ② 2 ① 3 ④ 4 ② 정답

05 육종방법과 그 특성이 옳지 않은 것은?

① 영양번식작물육종 – 동형접합체는 물론 이형접합체도 영양번식에 의하여 유전자형을 그대로 유지할 수 있다.
② 1대 잡종육종 – 잡종강세가 큰 교배조합의 1대 잡종을 품종으로 육성한다.
③ 돌연변이육종 – 교배육종이 어려운 영양번식작물에 유리하다.
④ 반수체육종 – 반수체에는 상동염색체가 1쌍이므로 열성형질을 선발하기 어렵다.

해설
반수체의 염색체를 배가하면 곧바로 동형접합체를 얻을 수 있어 육종연한을 많이 줄일 수 있고 상동게놈이 1개뿐이므로 열성형질의 선발이 쉽다.

06 생태종에 대한 설명으로 옳지 않은 것은?

① 생태종은 아종이 특정지역 또는 환경에 적응해서 생긴 것이다.
② 아시아벼의 생태종은 인디카, 열대자포니카, 온대자포니카로 나누어진다.
③ 생태종 내에 재배유형이 다른 것은 생태형으로 구분한다.
④ 생태종 간에는 형질의 특성 차이가 없어서 교잡친화성이 높다.

해설
생태종 간에는 형질의 특성 차이를 보이며 교잡친화성이 높다.

07 유전자와 형질발현에 대한 설명으로 옳지 않은 것은?

① 유전자 DNA는 단백질을 지정하는 엑손과 단백질을 지정하지 않는 인트론을 포함한다.
② DNA의 유전암호는 mRNA로 전사되어 안티코돈을 만들고 mRNA의 안티코돈이 아미노산으로 번역된다.
③ 트랜스포존이란 게놈의 한 장소에서 다른 장소로 이동하여 삽입될 수 있는 DNA 단편이다.
④ 플라스미드는 작은 고리모양의 두 가닥 DNA이며, 일반적으로 항생제 및 제초제저항성 유전자 등을 갖고 있다.

해설
DNA 유전암호(Triplet)는 mRNA로 전사되어 코돈(Codon)을 만들고 mRNA의 코돈이 아미노산으로 번역된다. 번역에 직접 참여하는 유전암호가 코돈이므로 유전암호는 코돈으로 표시한다.

08 버널리제이션 효과가 저해되는 조건에 해당하지 않는 것은?

① 산소 공급이 제한되는 경우
② 최아종자의 저온처리 시 광이 없을 경우
③ 처리 중에 종자가 건조하게 되는 경우
④ 배나 생장점에 탄수화물이 공급되지 않을 경우

해설
최아종자의 저온처리의 경우 광의 유무는 관여하지 않으나 고온처리의 경우 암조건이 필요하다.

09 벼의 조생종과 만생종을 인공교배하기 위해 한 쪽 모본을 일장 또는 온도처리하여 개화시기를 일치시키고자 할 때 사용하는 방법은?

① 조생종에 단일처리 ② 조생종에 고온처리
③ 만생종에 단일처리 ④ 만생종에 고온처리

해설
만생종의 단일처리로 개화를 앞당겨 개화시기를 일치시켜야 한다.

10 곡물의 저장 과정에서 일어나는 변화에 대한 설명으로 옳지 않은 것은?

① 저장 중 호흡소모와 수분증발 등으로 중량이 감소한다.
② 저장 중 발아율이 저하된다.
③ 저장 중 지방의 자동산화에 의해 산패가 일어나 유리지방산의 증가로 묵은 냄새가 난다.
④ 저장 중 α–아밀라제에 의해 전분이 분해되어 환원당 함량이 감소한다.

정답 5 ④ 6 ④ 7 ② 8 ② 9 ③ 10 ④

해설

저장 중 α-아밀라제에 의해 전분이 분해되어 환원당 함량이 증가한다.

11 토성에 영향을 미치는 요인에 대한 설명으로 옳지 않은 것은?

① 토양의 CEC가 커지면 비료성분의 용탈이 적어진다.
② 식토는 유기질의 분해가 더디고, 습해나 유해물질의 피해를 받기 쉽다.
③ 토양의 3상 중 고상은 기상조건에 따라 크게 변동한다.
④ 부식이 풍부한 사양토~식양토가 작물의 생육에 가장 알맞다.

해설

- 고상은 유기물과 무기물로 이루어져 있으며 일반적으로 고상의 비율은 입자가 작고 유기물 함량이 많아질수록 낮아진다.
- 기상과 액상의 비율은 기상조건 특히 강우에 따라 크게 변동한다.

12 벼의 수량구성요소에 대한 설명으로 옳지 않은 것은?

① 수량구성요소 중 수량에 가장 큰 영향을 미치는 것은 단위면적당 수수이다.
② 수량구성요소는 상호 밀접한 관계를 가지며 상보성을 나타낸다.
③ 수량구성요소 중 천립중이 연차 간 변이계수가 가장 작다.
④ 단위면적당 영화수가 증가하면 등숙비율이 증가한다.

해설

수량 구성 4요소의 상호관계

- 이삭수가 증가하면 1이삭 평균영화수(벼알수)가 감소한다.
- 영화수가 증가하면 등숙비율이 낮아진다.
- 등숙비율이 낮으면 천립중이 증가한다.

13 토양 입단의 형성과 효용에 대한 설명으로 옳지 않은 것은?

① 한번 형성이 된 입단 구조는 영구적으로 유지가 잘 된다.
② 입단에는 모관공극과 비모관공극이 균형 있게 발달해 있다.
③ 입단이 발달한 토양은 수분과 비료성분의 보유능력이 크다.
④ 입단이 발달한 토양에는 유용미생물의 번식과 활동이 왕성하다.

해설

입단 구조를 파괴하는 요인

- 토양이 너무 마르거나 젖어 있을 때 갈기를 하는 것은 입단을 파괴시킬 우려가 있으므로 피해야 한다.
- 나트륨 이온(Na^+)은 알갱이들이 엉기는 것을 방해하므로, 이것이 많이 들어 있는 물질이 토양에 들어가면 토양의 물리적 성질을 약화시키게 된다.
- 입단의 팽창과 수축의 반복
- 비, 바람

14 이식의 이점에 대한 설명으로 옳지 않은 것은?

① 가식은 새로운 잔뿌리의 밀생을 유도하여 정식 시 활착을 빠르게 하는 효과가 있다.
② 채소는 경엽의 도장이 억제되고, 숙기를 늦추며, 상추의 결구를 지연한다.
③ 보온육묘를 통해 초기 생육의 촉진 및 생육기간의 연장이 가능하다.
④ 후작물일 경우 앞작물과의 생육시기 조절로 경영을 집약화할 수 있다.

해설

이식의 효과

- 생육의 촉진 및 수량증대 : 이식은 온상에서 보온육묘를 전제하는 경우가 많으므로, 이는 생육기간의 연장으로 작물의 발육이 크게 조장되어 증수를 기대할 수 있고, 초기 생육 촉진으로 수확을 빠르게 하여 경제적으로 유리하다.
- 토지이용도 제고 : 본포에 전작물이 있는 경우 묘상 등에서 모의 양성으로 전작물 수확 또는 전작물 사이에 정식하여 경영을 집약화할 수 있다.

11 ③ 12 ④ 13 ① 14 ② 정답

• 숙기단축 : 채소의 이식은 경엽의 도장을 억제하고 생육을 양호하게 하여 숙기가 빠르고 상추, 양배추 등의 결구를 촉진한다.
• 활착증진 : 육묘 중 가식은 단근으로 새로운 세근이 밀생하여 근군을 충실하게 하므로 정식 시 활착을 빠르게 하는 효과가 있다.

15 **유성생식을 하는 작물의 감수분열(배우자형성과정)에서 일어나는 현상으로 옳지 않은 것은?**

① 감수분열은 생식기관의 생식모세포에서 연속적으로 두 번의 분열을 거쳐 이루어진다.
② 제1감수분열 전기 세사기에 상동염색체 간에 교차가 일어난다.
③ 두 유전자가 연관되어 있을 때 교차가 일어나면 재조합형 배우자의 비율이 양친형보다 적게 나온다.
④ 연관된 유전자 사이의 재조합빈도는 0~50 % 범위에 있으며, 유전자 사이의 거리가 멀수록 재조합빈도는 높아진다.

해설

제1감수분열 전기 : 세사기 → 대합기 → 태사기 → 복사기(이중기) → 이동기의 5단계로 나누어진다.
• 세사기(細絲期) : 염색사가 압축, 포장되어 염색체 구조를 이루는 시기이다.
• 대합기(對合期) : 상동염색체가 짝을 지어 2가염색체를 형성하는 시기이다.
• 태사기(太絲期) : 염색체의 일부가 서로 교환되는 교차가 일어나며 염색체가 꼬인 것과 같은 모양을 하는 키아즈마(Chiasma) 현상이 일어나는 시기이다.
• 복사기(複絲期) : 상동염색체가 분리되는 시기로 상동염색체 각각에서 2개의 염색분체가 확실하게 나타난다.
• 이동기(移動期) : 2가염색체들이 적도판을 향하여 이동하는 시기이다.

16 **논토양의 일반적인 특성에 대한 설명으로 옳지 않은 것은?**

① 담수 상태에서 물과 접한 부분의 논토양은 환원층을 형성하고, 그 아래 부분의 작토층은 산화층을 형성한다.
② 담수 상태의 논에서 조류가 번식하면 대기 중의 질소를 고정하여 이용한다.
③ 논토양에 존재하는 유기물은 논토양의 건조와 담수를 반복하면 무기화가 촉진되어 암모니아가 생성된다.
④ 암모니아태 질소를 환원층에 주면 절대적 호기균인 질화균의 작용을 받지 않으며, 비효가 오래 지속된다.

해설

담수 상태에서 물과 접한 부분의 논토양은 산화층을 형성하고, 그 아래 부분의 작토층은 환원층을 형성한다.

17 **유전자원에 대한 설명으로 옳지 않은 것은?**

① 유전자원 수집 시 그 지역의 기후, 토양특성, 생육상태 및 특성, 병해충 유무 등 가능한 모든 것을 기록한다.
② 종자수명이 짧은 작물이나 영양번식작물은 조직배양을 하여 기내보존하면 장기간 보존할 수 있다.
③ 소수의 우량 품종을 확대 재배함으로써 병해충이나 기상재해로부터 일시에 급격한 피해를 받을 수 있다.
④ 작물의 재래종·육성품종·야생종은 유전자원이고, 캘러스와 DNA 등은 유전자원에 포함되지 않는다.

해설

캘러스(식물체의 상처에 세포분열회복능력을 갖는 연한 조직)와 DNA 등도 유전자원에 포함된다.

18 **종묘 생산을 위한 종자처리에 대한 설명으로 옳은 것은?**

① 강낭콩 종자의 침종 시 산소조건은 발아율에 영향을 미치지 않는다.
② 땅콩 종자의 싹을 약간 틔워서 파종하는 것을 경화라고 한다.
③ 종자소독 시 병균이 종자 내부에 들어 있는 경우 물리적 소독을 한다.
④ 담배같이 손으로 다루거나 기계파종이 어려울 경우 프라이밍 방법을 이용한다.

해설

① 강낭콩 종자의 침종 시 산소부족은 발아장해가 유발될 수 있다.
② 땅콩 종자의 싹을 약간 틔워서 파종하는 것을 최아라고 한다.
④ 담배같이 손으로 다루거나 기계파종이 어려울 경우 종자펠릿 방법을 이용한다.

정답 15 ② 16 ① 17 ④ 18 ③

19 **식물의 생장과 발육에 영향을 주는 식물생장조절제에 대한 설명으로 옳은 것은?**

① 사과나무에 자연 낙화하기 직전에 ABA를 살포하면 낙과를 방지할 수 있다.
② 포도나무(델라웨어 품종)에 지베렐린을 처리하여 무핵과를 얻을 수 있다.
③ NAA는 잎의 기공을 폐쇄시켜 증산을 억제시킴으로써 위조저항성이 커진다.
④ 시토키닌은 사과나무·서양배 등의 낙엽을 촉진시켜 조기수확을 할 수 있다.

해설

① 사과나무에 자연 낙화하기 직전에 NAA, 2,4,5-TP, 2,4-D를 살포하면 낙과를 방지할 수 있다.
③ ABA는 잎의 기공을 폐쇄시켜 증산을 억제시킴으로써 위조저항성이 커진다.
④ 에세폰은 사과나무·서양배 등의 낙엽을 촉진시켜 조기수확을 할 수 있다.

20 **일장효과와 관련된 최화자극에 대한 설명으로 옳지 않은 것은?**

① 정단분열조직에 다량의 동화물질을 공급하는 잎이 일장유도를 받으면 최화자극의 효과적인 공급원이 된다.
② 최화자극은 잎이나 줄기의 체관부, 때로는 피층을 통해 향정적(向頂的)·향기적(向基的)으로 이동한다.
③ 일장처리에 감응하는 부분은 잎이며, 성엽보다 어린잎이 더 잘 감응한다.
④ 최화자극은 물관부는 통하지 않고, 접목부로 이동할 수 있다.

해설

일장처리에 감응하는 부분은 잎이며, 어린잎보다 성숙한 잎이 더 잘 감응한다.

19 ② 20 ③ 정답

2020년 지방직 재배학개론

01 바빌로프가 주장한 작물의 기원지별 작물 분류로 옳지 않은 것은?

① 코카서스 · 중동지역 – 보통밀, 사과
② 중국지역 – 조, 진주조
③ 남아메리카지역 – 감자, 고추
④ 중앙아프리카지역 – 수수, 수박

해설

주요 작물 재배기원 중심지

연 번	지 역	주요작물
I	중 국	6조보리, 조, 메밀, 콩, 팥, 마, 인삼, 배나무, 복숭아 등
II	인도, 동남아시아	벼, 참깨, 사탕수수, 왕골, 오이, 박, 가지, 생강 등
III	중앙아시아	귀리, 기장, 삼, 당근, 양파 등
IV	코카서스, 중동	1립계와 2립계의 밀, 보리, 귀리, 알팔파, 사과, 배, 양앵두 등
V	지중해 연안	완두, 유채, 사탕무, 양귀비 등
VI	중앙아프리카	진주조, 수수, 수박, 참외 등

02 무배유종자에 해당하는 작물은?

① 상 추　　② 벼
③ 보 리　　④ 양 파

해설

배유의 유무에 의한 분류
- 배유종자 : 벼, 보리, 옥수수 등 화본과 종자와 피마자, 양파 등
- 무배유종자 : 콩, 완두, 팥 등 두과 종자와 상추, 오이 등

03 신품종의 3대 구비조건에 해당하지 않는 것은?

① 구별성　　② 안정성
③ 우수성　　④ 균일성

해설

신품종의 구비조건
- 구별성(區別性, Distinctness) : 기존의 품종과는 뚜렷하게 구별되는 한 가지 이상의 특성이 있어야 한다.
- 균일성(均一性, Uniformity) : 재배 및 품종의 이용에 지장 없도록 균일해야 한다.
- 안정성(安定性, Stability) : 세대의 반복으로도 특성이 변하지 않아야 한다.

04 작물의 한해(旱害)에 대한 대책으로 옳지 않은 것은?

① 내건성이 강한 작물이나 품종을 선택한다.
② 인산과 칼리의 시비를 피하고 질소의 시용을 늘린다.
③ 보리나 밀은 봄철 건조할 때 밟아 준다.
④ 수리불안전답은 건답직파나 만식적응재배를 고려한다.

해설

퇴비, 인산, 칼리의 시용을 늘리고 질소의 다용(多用)을 피한다.

05 유전적 침식에 대한 설명으로 옳은 것은?

① 작물이 원산지에서 멀어질수록 우성보다 열성형질이 증가하는 현상
② 우량품종의 육성 · 보급에 따라 유전적으로 다양한 재래종이 사라지는 현상
③ 소수의 우량품종을 확대 재배함으로써 병충해나 자연재해로부터 일시에 급격한 피해를 받는 현상
④ 세대가 경과함에 따라 자연교잡, 돌연변이 등으로 종자가 유전적으로 순수하지 못하게 되는 현상

정답 1 ② 2 ① 3 ③ 4 ② 5 ②

해설

유전적 침식(遺傳的 浸蝕) : 다양한 유전자원이 소멸되는 현상으로 사막화, 도시화, 자연 재해, 사회 정치적 소요, 신품종 보급 등이 원인이다.

06 밭작물의 토양처리제초제로 적합하지 않은 것은?

① Propanil ② Alachlor
③ Simazine ④ Linuron

해설

Propanil : 못자리, 잠수직파, 건답직파, 잔디밭에 주로 이용하는 경엽처리 제초제이다.

07 화본과(禾本科) 작물의 화분과 배낭 발달 및 수정에 대한 설명으로 옳지 않은 것은?

① 화분모세포가 두 번의 체세포분열이 일어나 화분으로 성숙한다.
② 각 화분에는 2개의 정세포와 1개의 화분관세포가 있다.
③ 배낭모세포로부터 분화하여 성숙된 배낭에는 반족세포, 극핵, 난세포, 조세포가 존재한다.
④ 배낭의 난세포와 극핵은 각각 정세포와 수정하여 배와 배유로 발달한다.

해설

화분과 배낭의 발달

- 화 분
  - 수술의 약(葯, 꽃밥, Anther)에서 화분모세포(花粉母細胞, PMC ; Pollen Mother Cell) 1개가 감수분열로 4개의 반수체 소포자(小胞子, 화분세포, Microspore)가 형성된다.
  - 화분세포는 두 번의 체세포분열이 일어나 화분(花粉, 꽃가루, Pollen Grain)으로 성숙한다.
  - 화분은 1개의 화분관세포(花粉管細胞, Pollen Tube Cell)와 2개의 정세포(精細胞, Sperm Cell)가 있고 화분관세포는 화분관으로 신장하여 정세포를 배낭까지 운반한다.
- 배 낭
  - 암술 자방(子房, 씨방, Ovary) 속의 배주(胚珠, 밑씨, Ovule) 안에서 배낭모세포(胚囊母細胞, EMC ; Embryosac Mother Cell) 1개가 4개의 반수체 대포자(大胞子, 배낭세포, Megaspore)를 만들며 3개는 퇴화하고 1개만 남아 세 번의 체세포분열로 배낭(胚囊, Embryo sac)으로 성숙한다.
  - 배낭에서 주공 쪽에는 난세포(卵細胞, Egg Cell) 한 개와 조세포(助細胞, Synergid) 2개가 있고, 반대쪽에 반족세포(反足細胞, Antipodal Cell)가 3개, 중앙에 극핵(極核, Polar Nucleus) 2개가 있다. 그 중 조세포와 반족세포는 후에 퇴화하며 주공은 화분관이 배낭으로 침투하는 통로이다.

08 종자번식작물의 생식에 대한 설명으로 옳지 않은 것은?

① 수정에 의하여 접합자(2n)를 형성하고, 접합자는 개체발생을 하여 식물체로 자란다.
② 수분(受粉)의 자극을 받아 난세포가 배로 발달하는 것을 위수정생식이라고 한다.
③ 감수분열 전기의 내합기에는 상동염색체 간에 교차가 일어나 키아스마(Chiasma)가 관찰된다.
④ 종자의 배유(3n)에 우성유전자의 표현형이 나타나는 것을 크세니아(Xenia)라고 한다.

해설

제1감수분열 전기 : 세사기 → 대합기 → 태사기 → 복사기(이중기) → 이동기의 5단계로 나누어진다.

- 세사기(細絲期) : 염색사가 압축, 포장되어 염색체 구조를 이루는 시기이다.
- 대합기(對合期) : 상동염색체가 짝을 지어 2가염색체를 형성하는 시기이다.
- 태사기(太絲期) : 염색체의 일부가 서로 교환되는 교차가 일어나며 염색체가 꼬인 것과 같은 모양을 하는 키아즈마(chiasma) 현상이 일어나는 시기이다.
- 복사기(複絲期) : 상동염색체가 분리되는 시기로 상동염색체 각각에서 2개의 염색분체가 확실하게 나타난다.
- 이동기(移動期) : 2가염색체들이 적도판을 향하여 이동하는 시기이다.

09 토양산성화의 원인이 아닌 것은?

① 토양 중의 치환성 염기가 용탈되어 미포화 교질이 늘어난 경우
② 산성비료의 연용
③ 토양 중에 탄산, 유기산의 존재
④ 규산염 광물의 가수분해가 일어나는 지역

해설

강우가 적은 건조지대에서는 규산염광물의 가수분해에 의해서 방출되는 강염기에 의해 알칼리성 토양이 된다.

6 ① 7 ① 8 ③ 9 ④ 정답

산성토양 원인

- 포화교질(飽和膠質, Saturated Colloid)과 미포화교질(未飽和膠質, Unsaturated Colloid)
  - 포화교질 : 토양콜로이드(土壤膠質)가 Ca^{2+}, Mg^{2+}, K^{+}, Na^{+} 등으로 포화된 것
  - 미포화교질 : H^{+}도 함께 흡착하고 있는 것
  - 미포화교질이 많으면 중성염이 가해질 때 H^{+}가 생성되어 산성을 나타낸다.
    [colloid] H^{+}+KCl ⇔ [colloid] K^{+}+HCl(H^{+}+Cl^{-})
  - 토양 중 Ca^{2+}, Mg^{2+}, K^{+} 등의 치환성 염기가 용탈되어 미포화교질이 늘어나는 것이 토양산성화의 가장 보편적인 원인이다.
- 토양유기물의 분해 시 생기는 이산화탄소나 공기 중 이산화탄소는 빗물이나 관개수 등에 용해되어 탄산을 생성하는데 치환성 염기는 탄산에 의해 용탈되므로 강우나 관개로 토양은 산성화되어 가며 유기물의 분해 시 생기는 여러 유기산이 토양염기의 용탈을 촉진한다.
- 토양 중 탄산 유기산은 그 자체로 산성화 원인이며 부엽토는 부식산 때문에 산성이 강해지는 경우가 많다.
- 토양 중 질소, 황이 산화되면 질산, 황산이 되어 토양이 산성화되며 염기의 용탈을 촉진한다. 토양염기가 감소하면 토양광물 중 Al^{3+}이 용출되고 물과 만나면 다량의 H^{+}를 생성한다.
  $Al^{3+} + 3H_2O = Al(OH)_3 + 3H^{+}$
- 산성비료, 즉 황산암모니아, 과인산석회, 염화칼륨, 황산칼륨, 인분뇨, 녹비 등의 연용(連用)은 토양을 산성화시킨다.
- 화학공장에서 배출되는 산성물질, 제련소 등에서 배출되는 아황산가스 등도 토양 산성화의 원인이 된다.

10 다음 설명에 해당하는 식물 호르몬은?

> 잎의 노화·낙엽을 촉진하고, 휴면을 유도하며 잎의 기공을 폐쇄시켜 증산을 억제함으로써 건조조건에서 식물을 견디게 한다.

① 옥 신 ② 시토키닌
③ 아브시스산 ④ 에틸렌

해설

아브시스산의 작용

- 잎의 노화 및 낙엽 촉진한다.
- 휴면을 유도한다.
- 종자의 휴면을 연장하여 발아를 억제한다.
- 단일식물을 장일조건에서 화성을 유도하는 효과가 있다.
- ABA 증가로 기공이 닫혀 위조저항성이 증진된다.
- 목본식물의 경우 내한성이 증진된다.

11 토양수분 중에서 pF 2.7 ~ 4.5로서 작물이 주로 이용하는 토양수분의 형태는?

① 결합수 ② 모관수
③ 중력수 ④ 지하수

해설

토양수분의 형태

- 결합수(結合水, Combined Water)
  - PF : 7.0 이상
  - 화합수 또는 결정수라 하며 토양을 105℃로 가열해도 분리시킬 수 없는 점토광물의 구성요소로의 수분이다.
  - 작물이 흡수, 이용할 수 없다.
- 흡습수(吸濕水, Hygroscopic Water)
  - PF : 4.2~7
  - 토양을 105℃로 가열 시 분리 가능하며 토양 표면에 피막상으로 흡착되어 있는 수분이다.
  - 작물에 흡수, 이용되지 못한다.
- 모관수(毛管水, Capillary Water)
  - PF : 2.7~4.2
  - 표면장력으로 토양공극 내 중력에 저항하여 유지되는 수분을 의미하며, 모관현상에 의하여 지하수가 모관공극을 따라 상승하여 공급되는 수분으로 작물에 가장 유용하게 이용된다.
- 중력수(重力水, 자유수, Gravitational Water)
  - PF : 2.7 이하
  - 중력에 의해 비모관공극을 통해 흘러내리는 수분을 의미하며 근권 이하로 내려간 수분은 작물이 직접 이용하지 못한다.
- 지하수(地下水, Underground Water)
  - 지하여 정체되어 모관수의 근원이 되는 수분을 의미한다.
  - 지하수위가 낮은 경우 토양이 건조하기 쉽고, 높은 경우는 과습하기 쉽다.

12 벼의 도복(倒伏)에 대한 경감대책으로 옳지 않은 것은?

① 키가 작고 줄기가 튼튼한 품종을 선택한다.
② 지베렐린(GA3)을 처리한다.
③ 배토(培土)를 실시한다.
④ 규산질비료와 석회를 충분히 시용한다.

해설

지베렐린 처리는 경엽신장을 촉진하여 도복의 위험이 커진다.

정답 10 ③ 11 ② 12 ②

13 혼파의 이로운 점이 아닌 것은?

① 공간의 효율적 이용
② 질소질 비료의 절약
③ 잡초 경감
④ 종자 채종의 용이

해설

혼파(混播, Mixed Needing)

- 의 의
  두 종류 이상 작물의 종자를 함께 섞어서 파종하는 방식을 의미하며 사료작물의 재배시 화본과 종자와 콩과 종자를 섞어 파종하여 목야지를 조성하는 방법으로 널리 이용된다. 예로 클로버+티머시, 베치+이탈리안라이그래스, 레드클로버+클로버의 혼파를 들 수 있다.
- 장 점
  - 가축 영양상의 이점 : 탄수화물이 주성분이 화본과 목초와 단백질을 풍부하게 함유하고 있는 콩과목초가 섞이면 영양분이 균형된 사료의 생산이 가능해진다.
  - 공간의 효율적 이용 : 상번초와 하번초의 혼파 또는 심근성과 천근성작물의 혼파는 광과 수분 및 영양분을 입체적으로 더 잘 활용할 수 있다.
  - 비료성분의 효율적 이용 : 화본과와 콩과, 심근성과 천근성은 흡수하는 성분의 질과 양 및 토양의 흡수층의 차이가 있어 토양의 비료성분을 더 효율적으로 이용할 수 있다.
  - 질소비료의 절약 : 콩과작물의 공중질소 고정으로 고정된 질소를 화본과도 이용하므로 질소비료가 절약된다.
  - 잡초의 경감 : 오처드그래스와 같은 직립형 목초지에는 잡초 발생이 쉬운데 클로버가 혼파되어 공간을 메우면 잡초의 발생이 줄어든다.
  - 생산 안정성 증대 : 여러 종류의 목초를 함께 재배하면 불량환경이나 각종 병충해에 대한 안정성이 증대된다.
  - 목초 생산의 평준화 : 여러 종류의 목초가 함께 생육하면 생육형태가 각기 다르므로 혼파 목초지의 산초량(産草量)은 시기적으로 표준화된다.
  - 건초 및 사일리지 제조상 이점 : 수분함량이 많은 콩과목초는 건초 제조가 불편한데 화본과 목초가 섞이면 건초 제조가 용이해진다.
- 단 점
  - 작물의 종류가 제한적이고 파종작업이 힘들다.
  - 목초별로 생장이 달라 시비, 병충해 방제, 수확 등의 작업이 불편하다.
  - 채종이 곤란하다.
  - 수확기가 불일치하면 수확이 제한을 받는다.

14 우리나라에서 농작업의 기계화율이 가장 높은 작물은?

① 고구마 ② 고 추
③ 콩 ④ 논 벼

해설

2009년 기준 우리나라 벼 재배에서 기계이앙재배가 96.6% 정도로 기계화 비율이 높다.

15 돌연변이 육종에 대한 설명으로 옳은 것은?

① 돌연변이율이 낮고 열성돌연변이가 적게 생성된다.
② 유발원 중 많이 쓰이는 X선과 감마(γ)선은 잔류방사능이 있어 지속적으로 효과를 발휘한다.
③ 대상식물로는 영양번식작물이 유리한데 이는 체세포 돌연변이를 쉽게 얻을 수 있기 때문이다.
④ 타식성작물은 이형접합체가 많으므로 돌연변이체를 선발하기가 쉬워 많이 이용한다.

해설

돌연변이육종(突然變異育種, Mutation Breeding)

- 기존 품종의 종자나 식물체의 돌연변이 유발원(Mutagen)을 처리하여 변이를 일으킨 후 특정 형질만 변화시키거나 새로운 형질이 나타난 변이체(Mutant)를 골라 신품종을 육성한다.
- 돌연변이율이 낮고 열성돌연변이가 많으며 돌연변이 유발 장소를 제어할 수 없는 특징이 있다.
- 교배육종이 어려운 영양번식작물에 유리하다.

16 동일한 포장에서 같은 작물을 연작하면 생육이 뚜렷하게 나빠지는 작물로만 묶은 것은?

① 콩, 딸기
② 고구마, 시금치
③ 옥수수, 감자
④ 수박, 인삼

해설

작물의 기지 정도

- 연작의 해가 적은 것 : 벼, 맥류, 조, 옥수수, 수수, 삼, 담배, 고구마, 무, 순무, 당근, 양파, 호박, 연, 미나리, 딸기, 양비추 등
- 1년 휴작 작물 : 파, 쪽파, 생강, 콩, 시금치 등
- 2년 휴작 작물 : 오이, 감자, 땅콩, 잠두 등
- 3년 휴작 작물 : 참외, 쑥갓, 강낭콩, 토란 등

13 ④ 14 ④ 15 ③ 16 ④ 정답

• 5~7년 휴작 작물 : 수박, 토마토, 가지, 고추, 완두, 사탕무, 레드클로버 등
• 10년 이상 휴작 작물 : 인삼, 아마 등

17 굴광성에 대한 설명으로 옳지 않은 것은?

① 광이 조사된 쪽의 옥신 농도가 낮아지고 반대쪽의 옥신 농도가 높아진다.
② 이 현상에는 청색광이 유효하다.
③ 이 현상으로 생물검정법 중 하나인 귀리만곡측정법(Avena Curvature Test)이 확립되었다.
④ 줄기나 초엽에서는 옥신의 농도가 낮은 쪽의 생장속도가 반대쪽보다 높아져서 광을 향하여 구부러진다.

해설

굴광성
• 의의 : 식물의 한 쪽에 광이 조사되면 광이 조사된 쪽으로 식물체가 구부러지는 현상을 굴광현상이라 한다.
• 광이 조사된 쪽은 옥신의 농도가 낮아지고 반대쪽은 옥신의 농도가 높아지면서 옥신의 농도가 높은 쪽의 생장속도가 빨라져 생기는 현상이다.
• 줄기나 초엽 등 지상부에서는 광의 방향으로 구부러지는 향광성을 나타내며, 뿌리는 반대로 배광성을 나타낸다.
• 400~500nm, 특히 440~480nm의 청색광이 가장 유효하다.

18 농작물 관리에서 중경의 이로운 점이 아닌 것은?

① 파종 후 비가 와서 표층에 굳은 피막이 생겼을 때 가볍게 중경을 하면 발아가 조장된다.
② 중경을 하면 토양 중에 산소 공급이 많아져 뿌리의 생장과 활동이 왕성해진다.
③ 중경을 해서 표토가 부서지면 토양 모세관이 절단되므로 토양수분의 증발이 경감된다.
④ 논에 요소·황산암모늄 등을 덧거름으로 주고 중경을 하면 비료가 산화층으로 섞여 들어가 비효가 증진된다.

해설

중경(中耕, Cultivation)
• 의 의
생육하는 도중에 경작지의 표면을 호미나 중경기로 긁어 부드럽게 하는 토양 관리작업을 중경이라 하며 김매기는 중경과 제초를 겸한 작업이다.
• 장 점
– 발아조장 : 파종 후 강우로 표층에 굳은 피막이 생겼을 때 중경은 피막을 파괴해 발아가 조장된다.
– 토양의 통기성 조장 : 중경으로 토양통기가 조장되어 뿌리 생장과 활동이 왕성해지고 미생물의 활동이 원활해져 유기물의 분해가 촉진되며 토양 중 유해한 환원성 물질의 생성억제 및 유해가스의 발산이 빨라진다.
– 토양 수분의 증발 억제 : 중경으로 인한 천경의 효과는 표토가 부서지면서 토양의 모세관도 절단해 토양수분 증발을 억제하여 한해(旱害)를 경감시킬 수 있다.
– 비효증진 : 논에 요소, 황산암모늄 등을 추비하고 중경을 하면 비료가 환원층에 섞여 비효가 증진된다.
– 잡초방제 : 김매기는 중경과 제초를 겸한 작업으로 잡초제거에 효과가 있다.
• 단 점
– 단근의 피해 : 중경은 뿌리의 일부에 손상을 입히게 되는데 어린 작물은 뿌리의 재생력이 왕성해 생육 저해가 덜하나 생식생장기에 단근은 피해가 크다.
– 토양 침식의 조장 : 표토가 건조하고 바람이 심한 곳의 중경은 풍식이 조장된다.
– 동·상해의 조장 : 중경은 토양 중 지열이 지표까지 상승하는 것을 경감하여 어린 식물이 서리나 냉온에 피해가 조장된다.

19 식물생장조절제의 재배적 이용성에 대한 설명으로 옳지 않은 것은?

① 삽목이나 취목 등 영양번식을 할 때 옥신을 처리하면 발근이 촉진된다.
② 지베렐린은 저온처리와 장일조건을 필요로 하는 식물의 개화를 촉진한다.
③ 시토키닌을 처리하면 굴지성·굴광성이 없어져서 뒤틀리고 꼬이는 생장을 한다.
④ 에틸렌을 처리하면 발아촉진과 정아우세 타파 효과가 있다.

해설

비틀림도 식물의 굴성에 해당하며 시토키닌에 의해 나타나는 현상이 아니다. 옥신에 의한 굴광성은 음성굴광성과 양성굴광성이 있다.

정답 17 ④ 18 ④ 19 ③

20 **유전자 A와 유전자 B가 서로 다른 염색체에 있을 때, 유전자형이 AaBb인 작물에 대한 설명으로 옳지 않은 것은?(단, 멘델의 유전법칙을 따르며, 유전자 A는 유전자 a에, 유전자 B는 유전자 b에 대하여 완전우성이다)**

① 유전자 A와 유전자 B는 독립적으로 작용한다.
② 자식을 했을 때 나올 수 있는 유전자형은 16가지이다.
③ 자식을 했을 때 나올 수 있는 표현형은 4가지이다.
④ 배우자의 유전자형은 4가지이다.

해설

자식을 했을 때 나올 수 있는 유전자형은 9가지이다.

20 ② 정답

MEMO

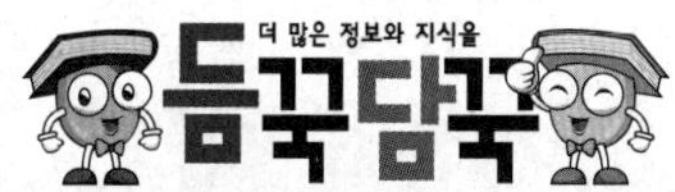

MEMO

2021 Tech Bible Series

9급 국가직·지방직·고졸채용을 위한 **기술직 공무원** 합격 완벽 대비서

재배학개론+식용작물

기출이 답이다

TECH BIBLE

(주)시대고시기획 시대교육(주)	고득점 합격 노하우를 집약한 최고의 전략 수험서
	www.**sidaegosi**.com
시대에듀	자격증 · 공무원 · 취업까지 분야별 BEST 온라인 강의
	www.**sdedu**.co.kr
최신 이슈&상식	한 달간의 주요 시사이슈 논술 · 면접 등 취업 필독서
	매달 25일 발간
	외국어 · IT · 취미 · 요리 생활 밀착형 교육 연구
	실용서 전문 브랜드

꿈을 지원하는 행복…

여러분이 구입해 주신 도서 판매수익금의 일부가 국군장병 1인 1자격 취득 및 학점취득 지원사업과 낙도 도서관 지원사업에 쓰이고 있습니다.

발행일 2021년 1월 5일(초판인쇄일 2020 · 10 · 30)
발행인 박영일
책임편집 이해욱
편저 이영복
발행처 (주)시대고시기획
등록번호 제10-1521호
주소 서울시 마포구 큰우물로 75 [도화동 538 성지B/D] 9F
대표전화 1600-3600
팩스 (02)701-8823
학습문의 www.**sidaegosi**.com

정가 **35,000**원

ISBN
979-11-254-8404-2

2021 최신판

합격의 공식 시대에듀

TECH BIBLE

Tech Bible Series

9급 국가직 · 지방직 · 고졸채용을 위한 **기술직 공무원** 합격 완벽 대비서

시대에듀 농업직 · 농촌지도사 · 농업연구사 시험대비

재배학개론+식용작물

기출이 답이다

본 도서는 항균잉크로 인쇄하였습니다.
항균
99.9%
안심도서

동영상 강의 교재
www.sdedu.co.kr
(유료)

한눈에 이해할 수 있도록 체계적으로 정리된 핵심이론

철저한 시험유형 파악으로 만든 방대한 필수확인문제 수록

최근 기출문제와 상세 해설 수록

편저 이영복

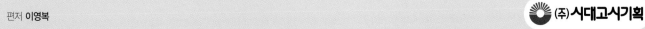

(주)시대고시기획

목 차

식용작물

1편 핵심이론

2편 기출문제

제 1 편

9급 국가직 · 지방직 · 고졸채용을 위한 합격 완벽 대비서

핵심이론

기술직

TECH BIBLE

재배학개론 + 식용작물

9급 국가직 · 지방직 · 고졸채용을 위한 합격 완벽 대비서

(주)시대고시기획
(주)시대교육
www.sidaegosi.com
시험정보 · 자료실 · 이벤트
합격을 위한 최고의 선택

시대에듀
www.sdedu.co.kr
자격증 · 공무원 · 취업까지
BEST 온라인 강의 제공

벼와 쌀

제1장 벼(稻)와 쌀(米)

1 쌀

(1) 쌀의 가치와 중요성

① 우리 민족의 주식으로 문화와 국민정신의 근본이 된다.

② 쌀의 영양과 식미

㉠ 영양과 기능성이 뛰어나다.

- 백미 100g에는 당질(75.5g), 단백질(6.8g), 지방(1.3g), 섬유소(0.3g) 등이 들어 있다.

[쌀의 영양성분]

(쌀 100g당)

종 류	에너지 (kcal)	탄수화물(g)		단백질 (g)	지방 (g)	화분 (g)	아미노산가 (%)
		당 질	섬유소				
현 미	351	71.8	1.0	7.4	3.0	1.3	68
백 미	356	75.5	0.3	6.8	1.3	0.6	65

[주]

- 성분 함량은 수분함량 15.5%인 쌀을 분석한 수치이다.
- 아미노산가는 단백질 1g의 구성 아마노산들 중 기준보다 가장 적게 함유된 아미노산의 비율로 나타낸다.
- 당 질
  - 약 80%가 녹말로, 체내에서 포도당으로 분해되어 백미 100g당 356kcal의 에너지를 공급하며 포도당만을 에너지원으로 사용하는 뇌조직의 중요한 에너지원이다.
  - 밀녹말이나 감자녹말과 비교하여 인슐린 분비 자극이 적어 비만과 당뇨병 방지효과가 있다.

필 / 수 / 확 / 인 / 문 / 제

• 단백질
  – 대부분 글루텔린(Glutelin)과 프롤라민(Prolamin)으로, 70~80%를 차지하는 글루텔린은 소화가 잘되며 프롤라민은 그대로 배설된다.
  – 쌀의 글루텔린에는 콜레스테롤 함량을 떨어뜨리는 리신(Lysine)이 백미 100g당 220mg으로 밀가루나 옥수수보다 2배 정도 많다.
  – 백미의 아미노산가는 65%로 밀가루 44%, 옥수수 32%보다 높다. 이는 다른 곡류에 비해 쌀의 단백질 영양이 우수함을 의미한다.
  – 쌀의 단백질 소화흡수율은 99.7%로 밀이나 옥수수에 비하여 높다.

• 지 방
  – 쌀은 지방의 함량은 낮으나 불포화지방산이 많고, 소화흡수율이 약 90%로 높다.
  – 지방산 조성은 세포막 인지질의 일부를 만드는 데 꼭 필요한 필수지방산인 리놀레산(Linoleic Acid)과 그 외 올레산(Oleic Acid) 등 불포화지방산이 70% 이상이며, 포화지방산의 양은 매우 적다.
  – 식이섬유 : 체내에서 분해되지 않으나 면역력 증진, 질병의 예방, 유해중금속 흡착과 배설 등 건강에 좋은 영향을 미치고 있다.

ⓛ 비타민 B 복합체와 무기질이 풍부하다.
• 쌀에는 비타민 B 복합체가 풍부하고 비타민 E, 엽산, 리신, 토코페롤 등이 함유되어 있다.
• 사람의 체내에서 중요한 기능을 하는 인, 칼륨, 마그네슘, 칼슘, 나트륨, 철 등의 무기질이 함유되어 있다.
• 쌀의 영양성분은 백미에 비하여 현미에 많으며 지방, 비타민, 무기질 등은 현미의 미강에 많이 분포한다.
• 미강의 콜레스테롤 저하, 항산화, 혈압조절, 돌연변이 억제효과 등이 최근 보고되고 있다.

ⓒ 식미(食味, Eating Quality) : 식미란 먹을 때의 맛으로 주로 '밥맛'을 의미하며, 소비자에게 있어 고품질의 쌀이란 곧 밥맛이 좋은 쌀을 의미하나 그 기준은 지역과 개인에 따라 다르다.

(2) 쌀의 생산과 소비

① 우리나라 쌀의 생산과 수급현황

㉠ 재배면적 : 1980년 1,233천ha에서 2004년 1,001천ha, 2015년 799천ha로 감소하고 있으며 자급률은 약 97%이다.

㉡ 1인당 연간 쌀 소비량 : 1970년 136.4kg, 2004년 82.0kg, 2015년 62.9kg으로 급격히 감소하고 있다.

㉢ 식량 자급률 : 식용과 사료용을 포함한 전체 자급률은 27.8%에 불과하고, 2015년 자급률은 약 23% 미만이며, 2014년 사료용을 제외한 식용 자급률도 49.8% 정도이다.

㉣ 우리나라 쌀 재고량 : 세계농업기구(FAO) 권장 적정 재고량은 소비량의 14~15%이며, 우리나라는 2013년 74.05만톤, 2014년 83.8만톤, 2015년 135만톤으로, 2015년 기준 적정 재고량은 80만톤에 비해 많은 수준이다.

[미곡의 재배면적 및 생산량(2015년)]

(단위 : 천a, 천 톤)
통계청 농작물생산통계

구 분	계		논 벼		밭 벼	
	면 적	생산량	면 적	생산량	면 적	생산량
2010	892	4,295	887	4,282	6	14
2011	853	4,224	851	4,217	3	7
2012	849	4,006	847	4,002	2	4
2013	833	4,230	831	4,227	1	3
2014	816	4,241	814	4,238	1	3
2015	799	4,326	798	4,323	1	3

② 세계의 쌀 생산

㉠ 세계에서 조금이라도 쌀을 생산하는 국가는 총 112개국으로 그 중 아시아권이 90% 이상을 생산하며, 아메리카권 약 5%, 아프리카권 약 3%, 유럽권 약 1%, 호주 및 기타 지역이 약 1%를 생산한다.

㉡ 생산량(2013년 기준) : 생산면적은 1억 65백만ha이고 수확량은 7억 45백만 톤으로 중국이 약 28%인 2억 5백만톤으로 생산량이 가장 많다. 다음으로 인도 1억 6천만톤, 인도네시아 7천 1백만톤, 방글라데시 5천 1백만톤을 생산하며, 베트남 · 태국 · 미얀마 · 필리핀 · 브라질 · 일본 · 미국 · 한국 · 이탈리아 순으로 생산량이 많다.

㉢ 세계의 쌀 생산은 대부분 강우량이 많은 지역에 분포하며, 일부 지역만 관개농업에 의한다.

㉣ 온대자포니카 벼(Temperate Japonica Rice)의 생산지역은 한국, 일본, 중국의 화중과 화북지역, 미국 서부 캘리포니아주, 이집트, 이탈리아 정도이며, 인디카 벼(Indica Rice)는 인도, 스리랑카, 미얀마, 태국, 라오스, 베트남, 캄보디아, 말레이시아, 필리핀, 인도네시아 북부지방이다. 인도네시아 남부지역은 인디카 벼와 열대자포니카 벼(Tropical Japonica Rice, Javanica Rice)도 함께 생산한다.

다음 국가 중 쌀의 생산량이 가장 많은 국가는?

① 인 도
② 미 국
③ 중 국
④ 베트남

해설
중국이 약 2억 5백만 톤으로 생산량이 가장 많다.

 ③

필 / 수 / 확 / 인 / 문 / 제

③ 쌀의 국제교역

㉠ 2001~2003년 생산량의 6.6%인 약 2,700만톤에 불과하였으나 2015년 약 4,200만톤으로 크게 증가하였다.

㉡ 수출국 : 주요 수출국인 태국, 인도, 미국, 베트남, 중국, 파키스탄의 6개국과 우루과이, 이집트, 미얀마, EU, 아르헨티나, 가이아나, 호주가 쌀을 수출하고 있다.

㉢ 수입국 : 주요 수입국인 인도네시아, 나이지리아, 필리핀, 사우디아라비아, 방글라데시, 브라질 등과 그 외 많은 나라가 쌀을 수입하고 있다.

㉣ 대부분 인디카 쌀이 교역의 대상이며, 온대자포니카 쌀은 3~5% 정도에 불과하고 교역량의 비율은 2015년 총 생산량의 5.7% 정도에 불과하다.

2 벼 재배의 다원적 기능

(1) 홍수조절 기능

① 논은 큰 비가 내릴 때 물을 일시적으로 가두는 홍수조절 기능이 있으며, 경제적 가치로 환산하면 약 11조 4천억원에 이른다.

② 경제적 가치의 계산

㉠ 홍수조절 기능의 경제적 가치 평가액 = 총 담수량 × 다목적댐 건설 및 유지관리비

㉡ 총 담수량 = 홍수조절량 × 논면적

㉢ 홍수조절량 = (논둑높이 − 담수깊이) + 토양의 투수속도 × 1회 홍수기간

(2) 지하수 저장

① 논에 물이 담겨져 있으면 물은 계속적으로 땅속으로 침투된다.

② 지하로 침투되는 물의 55%는 하천으로 유입되고, 나머지 45%는 지하수로 저장된다.

③ 우리나라 논토양속 물의 침투속도는 일평균 7.6mm로, 담수기간을 137일로 보면 논을 통한 지하수 양은 468.5mm로 ha당 4,685톤으로 전국 논 면적에서 47.6억톤이 되며, 이는 국민의 연간 수돗물 사용량의 69%에 해당한다.

④ 지하수 저장기능과 하천 유량의 유지기능을 합한 수자원량의 경제적 가치는 약 1조 4천억원으로 평가된다.

벼농사의 공익적 기능에 해당하지 않는 것은?

① 장마철 홍수조절
② 지하수 저장 및 수질정화
③ 온실기체인 메탄 발생 저감
④ 토양유실 방지와 토양보전

답 ③

(3) 토양의 유실방지

① 벼농사를 짓지 않아 논이 밭 상태인 경우 토양의 유실량은 ha당 연간 22.4톤으로 조사되며, 이는 전체 논 면적으로 환산하면 2,276톤에 해당한다.

② 암석이 풍화되어 토양 1cm를 생성하는 데 평균 200여년이 소요되며, 작토층 30cm를 형성하는 데 6,000여년이 소요되므로 토양유실은 방지되어야 한다.

③ 유실된 토양의 보충을 위한 객토 시 최저 약 5,000원/톤으로 전체 논 면적에서 1,138억원이 소요되며, 토양 유실과 동반되는 질소비료의 유실량도 16.5천톤에 이른다.

④ 논의 토양 유실 방지기능의 경제적 가치는 약 2천억원으로 평가된다.

(4) 대기정화

① 벼는 광합성 과정에서 이산화탄소를 흡수하고 산소를 배출하며, 산소의 공급량은 8.84톤/ha로 전체 논 면적에서 898만톤에 이른다.

② 벼의 이산화탄소 흡수·제거기능과 산소 방출기능을 합하여 대기정화량이 되는데, 이를 탄소제거비용과 공업용 산소 제조원가로 평가하면 경제적 가치는 약 1조 7,400억원에 이른다.

(5) 수질정화

① 논에서 벼의 재배 시 토양과 벼에 의한 수질정화율을 화학적 산소요구량(COD)으로 보면 일반관개수는 31.6%, 오염수는 50% 이상이다.

② 벼는 오염수에 포함된 성분 중 질소 52.1~66.1%를 흡수하고, 인산은 벼의 흡수와 토양고정을 통해 26.7~64.9%가 제거된다.

③ 논토양에 시비된 질소가 암모늄태로 존재하여 토양에 흡착되어 유실방지의 효과도 크다.

④ 논의 질소정화 경로는 벼에 의한 흡수 이용, 토양의 탈질, 조류(藻類)에 의한 질소고정 등이 있으며, 일반 논의 경우 질소정화율은 벼의 생육초기에는 25~40%, 출수기에는 90% 이상에 달하기도 한다.

⑤ 논의 수질정화 기능은 '관개수량 × 오염관개수 비율(10%) × 오염성분 함량 × 정화율'로 정화물량을 계산하고 하수종말처리 톤당 사업비를 곱하여 경제적 가치를 계산할 수 있는데, 이는 약 1조 9천억원으로 평가된다.

(6) 대기의 냉각

① 논에 물이 담겨 있고 벼가 자라고 있으므로 항상 수증기 형태로 물이 증·발산되고 있다.

② 증발산량 = 고온기 평균 1일 잠재증발산량 3.35mm × 고온기간
= 450mm = 4,500톤/ha이므로, 4,500톤/ha × 논면적
= 45.7억톤이다.

(7) 벼 재배와 환경

① 농지에서 작물 재배면적의 감소는 농산물의 생산량 감소와 함께 환경에 좋지 않은 영향을 미치며, 벼농사는 밭농사에 비해 공익적 기능이 훨씬 더 크다.

② 벼 재배가 환경에 미치는 역기능

㉠ 산소의 공급이 제한되는 경우가 많은데, 이는 토양이 환원되어 벼뿌리, 볏짚 등 유기물의 분해가 산화적으로 진행되지 못해 메탄가스(CH_4)를 발생시킨다.

㉡ 지구온난화와 오존층 파괴에 부분적으로 기여한다.

제2장 벼의 기원과 전파

1 벼의 명칭

(1) 벼의 명칭

① 일반적 이름은 벼(稻, Rice)이다.

② 논에서 기르는 벼를 수도(水稻, Paddy Rice, Lowland Rice)라 하고, 밭에서 기르는 벼를 밭벼 또는 육도(陸稻, Upland Rice)라 한다.

(2) 벼를 재배하여 수확한 생산물의 명칭

① 벼를 재배하여 수확한 생산물은 일반적으로 도정 여부와 관계없이 넓은 의미로 미곡(米穀)이라 한다.

② 벼 : 도정하기 전의 종실을 이르는 경우가 많으며, 거칠다는 의미의 조곡(粗穀) 또는 정조(正租)와 같은 의미로 사용된다.

③ 쌀 : 도정 후 백미(Milled Rice)를 이르는 경우가 많으며, 도정한 쌀을 정곡(精穀)이라 한다.

2 벼의 기원

(1) 벼의 재배 역사

① 세 계

㉠ 세계의 벼 재배 역사는 유물과 탄화미 등의 연대측정 결과를 볼 때 약 10,000~15,000년 정도인 것으로 추정되고 있다.

㉡ 인도 북부지방은 기원전 3,800년경부터 재배가 이루진 것으로 가장 유력하게 받아들여지고 있다.

㉢ 중국은 기원전 3,000년경부터 재배가 시작되었다.

② 우리나라

㉠ 고문헌의 기록

- 중국의 '삼국지위지동이전(서기 285년경)'에 벼가 언급되었다.
- 우리나라 '삼국사기' 백제 본기편에 다루왕 6년(서기 33년)의 기록(二月下令國南州郡始作稻田)에 벼농사가 있었음을 기록하고 있다.
- 고문헌상으로 볼 때 우리나라는 약 3,000여년 전 벼농사가 있었음을 알 수 있다.

㉡ 유적에 의한 역사

- 1991년 고양시 일산지구 기와집 터에서 불에 그슬린 탄화미가 발굴되어 연대측정 결과 4,660~5,310년 전으로 추정되었다.
- 김포군 가연리에서 발굴된 탄화미의 연대측정 결과 약 4,500년 전의 것으로 추정되었다.
- 충북 청원군 소로리 토탄층에서 탄화벼와 벼 유사식물의 잔해가 발견되었는데, 연대측정결과 15,000년 전의 것으로 추정되어 현존하는 탄화벼 중 가장 오래된 것이다.
- 우리나라의 벼농사는 최소 5,000여년 전부터이며, 충북 청원군 소로리 탄화미를 고려하면 약 15,000년 전으로 거슬러 올라간다.

3 벼의 전파

(1) 기원지와 근거

① 인 도

㉠ Vavilov의 유전자 중심설에서 인도-아삼-미얀마를 기원지로 보고하였다.

㉡ 유타프라데시주 마하가라 부근에서 B.C. 6,570~4,530년의 탄화미가 출토되었다.

㉢ 알라하바드 부근 B.C. 7,000~5,000년의 종실이 낀 토기가 출토되었다.

② **태국 - 베트남** : 3,000~11,000년 전의 신석기문화 유적지에서 벼 재배를 증명하는 유물이 출토되었다.

③ **윈난 - 미얀마 - 아삼** : 야생벼가 다수 자생하고 있으며 유전변이가 풍부하여 많은 학자들이 주장을 하고 있으나 고고학적 증거는 부족하다.

④ 중 국

㉠ 벼농사와 관련된 유물이 풍부하다.

㉡ 화남지방에서 야생벼가 자생한다.

㉢ 장강 중하류에서 B.C. 9,000년의 탄화미가 출토되었다.

⑤ **다중심기원설** : 다양한 주장을 수용한 설이다.

(2) 전 파

벼의 기원지는 동남아시아, 인도, 중국으로 추정됨에 따라 우리나라 벼의 전파경로는 다음 중 어느 하나로 추정되고 있다.

① 중국 산동반도에서 해로를 통해 황해를 건너 한강 하류로 전파
② 중국 산동반도에서 해로를 통해 황해를 건너 만주 요동을 거쳐 한반도로 전파
③ 중국의 황하유역에서 육로를 통해 중국 해안으로 압록강 연안을 통해 한반도로 전파
④ 중국 황하유역에서 해로를 통해 황해를 건너 한반도 남부지방으로 전파

4 벼의 식물학적 위치

(1) 벼의 분류체계

벼는 식물학적으로 다음과 같은 분류체계를 갖는다.

① 종자식물문(種子植物門, Spermatophyta)
② 피자식물아문(被子植物亞門, Angiospermphyta)
③ 단자엽식물강(單子葉植物綱, Monocotyledoneae)
④ 영화목(穎花目, Glumiflorae)
⑤ 벼과(-科, Gramineae)
⑥ 벼속(-屬, *Oryza*)
⑦ 아시아재배종(-栽培種, *Oryza sativa* L.), 아프리카재배종(-栽培種, *Oryza glaberrima* Steud.)

(2) 벼의 식물학적 위치

① 벼속에 포함되는 식물은 24종이며, 그 중 재배종은 2종이다.
② 재배종
㉠ 아시아종(*Oryza sativa*) : 아시아를 중심으로 재배되고 야생종은 *Oryza rufipogon*이며, 생태종은 인디카, 열대자포니카, 온대자포니카로 구분된다.
㉡ 아프리카종(*Oryza glaberrima*) : 서아프리카 일부에서 재배되고 있으며, 야생종은 *Oryza breviligulata*이다.

(3) 벼의 종 수와 염색체 수

① 벼의 학명
㉠ 아시아종 : *Oryza sativa* L.
㉡ 아프리카종 : *Oryza glaberrima* Steud.

벼의 식물학적 위치에 대한 설명으로 옳은 것은?

① 벼의 염색체수(2n)는 26개이며, 자가수정작물이다.
② 재배벼는 야생벼보다 휴면성이 강하고, 종자수명이 길다.
③ 벼의 재배종은 *Oryza sativa*와 *Oryza glaberrima*이다.
④ 벼는 식물학적으로 나자식물아문-화본과에 속한다.

 ③

② 벼의 염색체 수

㉠ 벼의 염색체 수는 2n = 24개로, n = 12를 1쌍 갖는 2배체 식물이다.

㉡ 아시아 벼의 게놈은 AA, 아프리카 벼는 A^gA^g로 표시한다.

㉢ 벼의 게놈은 1만여 개의 염기로 구성되어 있다.

③ 재배벼와 야생벼 비교

㉠ 번식특성

- 번식방법 : 재배벼는 종자번식을 하나 야생형은 종자번식과 영양번식을 병행한다.
- 종자번식의 양식 : 재배벼는 자식성(타식률 약 1%), 야생벼는 주로 타식성(30~100%)이다.
- 개화부터 개약까지 시간 : 재배벼는 개화와 동시에, 야생벼는 29분
- 암술머리의 크기 : 재배벼는 작고, 야생벼는 크다.
- 수술당 꽃가루 수 : 재배벼 700~2,500개, 야생벼 3,800~9,000개
- 꽃가루 수명 : 재배벼 3분, 야생벼 6분 이상
- 꽃가루 확산 거리 : 재배벼 20m, 야생벼 40m

㉡ 종자특성

- 종자 크기 : 재배벼는 크고, 야생벼는 작다.
- 종자 수 : 재배벼는 많고, 야생벼는 적다.
- 종자 모양 : 재배벼는 집약형이고 크나, 야생벼는 산형이고 작다.
- 탈립성 : 재배벼는 어려우나, 야생벼는 매우 용이하다.
- 휴면성 : 재배벼는 없거나 약하고, 야생벼는 강하다.
- 수명 : 재배벼는 짧고, 야생벼는 길다.
- 까락 : 재배벼는 없거나 짧고, 야생벼는 강인하고 길다.

㉢ 내비성 : 재배벼는 강하나, 야생벼는 약하다.

㉣ 생태특성

- 생존연한 : 재배벼는 1년생이나, 야생벼는 1년생 및 다년생이다.
- 감광성과 감온성 : 재배벼는 민감~둔감, 야생벼는 모두 민감하다.
- 내저온성 : 재배벼는 약하나, 야생벼는 강한 것이 분화되었다.

필 / 수 / 확 / 인 / 문 / 제

벼에 대한 설명으로 옳지 않은 것은?

① 벼는 식물학적으로 종자식물문 > 피자식물아문 > 단자엽식물강 > 영화목 > 화본과 > 벼아과 > 벼속으로 분류된다.

② 벼의 염색체수는 2n = 24로 n = 12의 2배체 식물이고, 게놈은 AA로 약 1만여 개의 염기로 구성되어 있다.

③ 야생벼는 재배벼에 비해 일반적으로 타식 비율이 높고 탈립성이 강하며, 휴면성이 높고 내비성이 강하다.

④ 벼의 수량구성요소는 단위면적당 이삭수, 1수영화수, 등숙비율, 1립중으로 구성되어 있다.

 ③

④ 아시아 벼의 생태종 비교

[인디카와 온대자포니카 및 열대자포니카의 형태적, 생리적 특성]

주요 형질특성		인디카	온대자포니카	열대자포니카
종자	낟알 모양	가늘고 길며 약간 납작함	짧고 둥긂	폭이 있고 두터우며 대립
	까 락	없 음	재래종은 있고 육성종은 없음	있는 것과 없는 것 모두 존재
	탈립성	잘 떨어짐	잘 안 떨어짐	잘 안 떨어짐
식물체	잎 색깔	엷은 녹색	진한 녹색	엷은 녹색
	새끼치기(분얼)	많 음	중 간	적 음
	키(간장)	큼	작 음	큼
	식물체의 세기	억 셈	부드러움	억 셈
생리적 특성	내냉성	약 함	강 함	중간 내지 강함
	내한성	강 함	약 함	약함 내지 중간
	페놀반응	착색됨	착색 안 됨	착색 안 됨
	염소산칼륨 반응	약 함	강 함	강 함
밥의 특성	아밀로오스 함량	23~31%	10~20%	20~25%
	조직감	퍼석퍼석함	끈기 있음	중 간

필 / 수 / 확 / 인 / 문 / 제

다음 표는 아시아 재배벼 생태종의 특징을 비교한 것이다. ㉠~㉢에 알맞은 생태종은 무엇인가?

생태종	키	낟알 모양	내냉성	밥의 조직감
㉠	작 다	둥글고 짧다	강하다	끈기 있다
㉡	크 다	가늘고 길다	약하다	퍼석퍼석하다
㉢	크 다	어느 정도 둥글고 길다	중간 내지 강하다	중 간

	㉠	㉡	㉢
①	온대자포니카	인디카	열대자포니카
②	온대자포니카	열대자포니카	인디카
③	인디카	온대자포니카	열대자포니카
④	열대자포니카	인디카	온대자포니카

답 ①

아시아 벼 생태종의 특징에 대한 설명으로 옳지 않은 것은?

① 키는 인디카가 온대자포니카 보다 크다.
② 온대자포니카 쌀의 형태는 둥글고 짧고, 인디카는 가늘고 길다.
③ 밥의 끈기는 온대자포니카 > 열대자포니카 > 인디카 순이다.
④ 분얼의 발생 정도는 온대자포니카 > 인디카 > 열대자포니카 순이다.

답 ④

제3장 벼의 생장과 발육

1 벼의 생육 특성과 생육과정

(1) 벼의 생육 특성

① 벼(논벼, 담수상태)의 재배적 특성

㉠ 많은 양의 물을 필요로 한다(10a당 144L).

㉡ 물에 의해 많은 양분이 공급된다.

㉢ 온도조절이 용이하다.

㉣ 담수상태의 재배로 토양이 팽연(膨軟)하여 이앙이 쉽고, 이앙재배 시 잡초 발생의 억제와 방제가 용이하다.

㉤ 이식재배로 2모작이 가능하여 토지의 이용도를 높일 수 있다.

㉥ 물에 의해 인산 유효도의 증대로 작물이 이용하기 쉽게 된다.

㉦ 홍수 발생 시 저수 역할로 그 피해를 경감시키고 담수상태의 유지로 지하수의 확보와 유지에 유리하다.

㉧ 각종 염류집적의 농도 및 그 외 용액의 농도를 낮추어 조절이 가능하며, 토양 유해물질이 제거된다.

㉨ 담수로 병충해, 특히 토양전염성 병충해의 발생이 경감된다.

㉩ 연작장애가 없다.

㉪ 수질 및 대기정화 역할을 한다.

② 우리나라 벼농사의 특성

㉠ 벼는 우리나라의 기후 풍토에 알맞은 특성이 있어 재배가 쉽고 널리 보급되어 있다.

㉡ 쌀은 우리 국민의 식량으로 기호에 알맞고 단위면적당 수량이 많으며, 영양가도 높아 인구 부양능력이 23명으로 높다.

㉢ 우리나라의 쌀 자급은 1977년 처음 이루어졌으며, 2015년 1인당 연간 쌀 소비량이 62.9kg으로 급격한 감소세를 보이고 있다.

(2) 벼의 생육과정

① 재배벼는 1년생 작물로 우리나라의 기상조건에서는 발아부터 성숙까지 품종과 재배시기에 따라 120~180일 정도 소요된다.

② 발아에서 이삭이 분화되기 직전까지를 영양생장기라 하고, 그 후를 생식생장기라 한다.

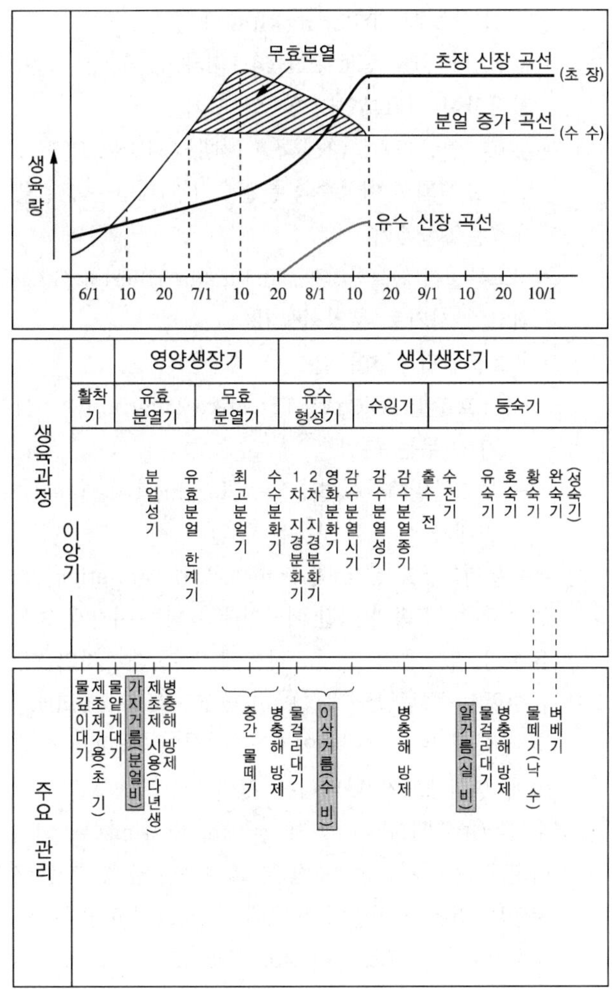

이앙기 : 5월 20일, 출수기 : 8월 15일

[벼의 일생(생육 과정)]

③ 벼의 생육 과정

㉠ 묘대기(못자리 기간)

- 파종기(播種期, Sowing Season) : 볍씨를 뿌리는 시기
- 발아기(發芽期, Bud Burst Period) : 볍씨에서 싹이 트는 시기
- 침엽기(針葉期) : 본엽이 전개되기 전까지의 시기
- 유묘기(幼苗期, Seedling Stage, Young Plant Stage) : 침엽기부터 모가 아직 어린 시기까지로, 종자가 발아하여 이유기를 지나 본엽이 2~4엽 정도 출현하는 시기
- 성묘기(成苗期) : 모가 자라 모를 낼 정도가 된 시기

㉡ 이앙기(移秧期, Dibbling of Rice Seedling) : 모를 내는 시기

㉢ 착근기(着根期) : 이앙한 모가 새 뿌리를 내려 모가 완전히 적응하는 시기

벼의 생육기간에 대한 설명으로 옳은 것은?

① 육묘기부터 신장기까지를 영양생장기라고 한다.
② 고온·단일조건에서 가소영양생장기는 길어진다.
③ 모내기 후 분얼수가 급증하는 시기를 최고분얼기라고 한다.
④ 출수 10~12일 전부터 출수 직전까지를 수잉기라고 한다.

답 ④

필 / 수 / 확 / 인 / 문 / 제

ⓔ 분얼기(分蘖期, Tillering Stage)
- 분얼성기(分蘖盛期, Active Tillering Stage) : 이앙 후 분얼을 시작하여 최고분얼기까지의 시기
- 유효분얼종지기(有效分蘖終止期, Critical Effective Tillering Stage) : 최후 이삭수와 분얼수가 일치하는 분얼을 하는 시기로 유효분얼한계기
- 최고분얼기(最高分蘖期, Maximum Tillering Stage) : 분얼수가 최고인 시기로 분얼최성기
- 유효분얼과 무효분얼
  - 유효분얼(有效分蘖, Effective Tillering) : 이삭이 나와 열매가 여무는 분얼
  - 무효분얼(無效分蘖, Non-Productive Tiller) : 이삭이 나와 열매가 여물지 못하는 분얼

ⓜ 유수분화기(幼穗分化期, Panicle Differentiation Stage) : 최고분얼기 후 줄기 속의 어린 이삭이 분화되는 시기(출수 전 20~32일)로 유수의 길이가 약 2mm 정도에 달할 때까지의 기간

ⓑ 유수형성기(幼穗形成期, Panicle Formation Stage) : 유수분화기 후 영화의 분화가 이루어지고, 이삭이 3~5cm 정도 자라서 꽃밥 속에 생식세포가 나타나는 시기

ⓢ 수잉기(穗孕期, Booting Stage, Ear Bearing Period) : 이삭을 잉태하고 있는 시기로 출수 전 약 15일부터 출수 직전까지의 기간으로 지엽의 엽초가 어린이삭을 밴 채 보호하고 있는 시기

ⓞ 출수기(出穗期, Heading Stage, Heading Date) : 이삭이 패는 시기
- 출수시 : 20% 출수
- 출수기 : 40~50% 출수
- 수전기(출수전) : 80% 이상 출수

ⓙ 개화기 : 꽃이 피고 수정이 되는 시기

ⓒ 등숙기(登熟期, Grain Filling Stage, Ripening Stage) : 벼알이 여무는 시기
- 유숙기(乳熟期, Milk-Ripe Stage) : 벼알의 내용물이 우유와 같은 시기
- 호숙기(糊熟期, Dough(Ripe) Stage) : 이삭이 된 후 20일쯤 되는 시기로 수분함량이 가장 높으며, 점성을 띠게 되는 시기
- 황숙기(黃熟期, Yellow Ripe Stage) : 벼알이 누렇게 되는 시기로 종자용 수확 적기

- 완숙기(完熟期, Full Ripe Period) : 이삭목까지 완전히 누렇게 되는 시기로, 수확 적기
- 고숙기(枯熟期, Dead Ripe Stage) : 누런빛이 퇴색해 가는 시기로, 벼알의 수분함량도 18% 이하로 떨어지고 미질이 떨어지는 시기

2 발아와 모의 생장

(1) 볍씨의 구조

① 형태적 구조

㉠ 벼의 종실(Grain, Kernel)

- 벼의 종실은 열매(과실), 즉 조곡을 의미한다.
- 식물학적으로는 소수(작은이삭, Spikelet)에 해당하며, 화본과 식물에서는 영과(껍질열매, Caryopsis)라고도 한다.
- 소수는 짧은 소수축(작은이삭축, Rachilla)으로 소지경(벼알가지, Pedicel)에 붙어있고 소지경은 줄기에 이어진다.
- 볍씨 껍질 밑에는 한 쌍의 호영(받침껍질, Glume)이 있고, 호영 밑에 부호영(Rudimentary Glume)이 있다.
- 벼가 다 익으면 호영과 소지경 사이에 이층이 형성되어 볍씨가 떨어지며, 온대자포니카 벼와 열대자포니카 벼는 이층형성이 충분하지 않아 볍씨가 잘 떨어지지 않는다. 하지만, 인디카 벼는 탈립성이 높아 볍씨가 쉽게 떨어진다.

㉡ 현미(Brown Rice, 穎果, Caryopsis)

- 현미는 자방이 발달한 것으로 벼의 열매에 해당한다.
- 종피(씨껍질, Seed Coat)와 배(씨눈, Embryo) 및 배유(씨젖, Endosperm)로 되어 있고 얇은 과피(열매껍질, Pericarp)가 현미를 싸고 있으며, 식물학적 종자는 과피를 제외한 현미 부분이다.
- 외영(큰 껍질, Lemma)과 내영(작은 껍질, Palea)이 싸고 있으며, 볍씨에서 제거한 외영과 내영을 왕겨(粈穀, Rice Hull)라 한다.
- 외영 끝이 길게 자라면 까락(芒, Awn)이 되고 까락 유무에 따라 유망종과 무망종으로 구분한다.

벼에서 종실의 형태와 구조에 대한 설명으로 옳지 않은 것은?

① 왕겨는 내영과 외영으로 구분되며, 외영의 끝에는 까락이 붙어 있다.
② 과피는 왕겨에 해당하고, 종피는 현미의 껍질에 해당한다.
③ 현미는 배, 배유 및 종피의 세 부분으로 구성되어 있다.
④ 유근에는 초엽과 근초가 분화되어 있다.

답 ④

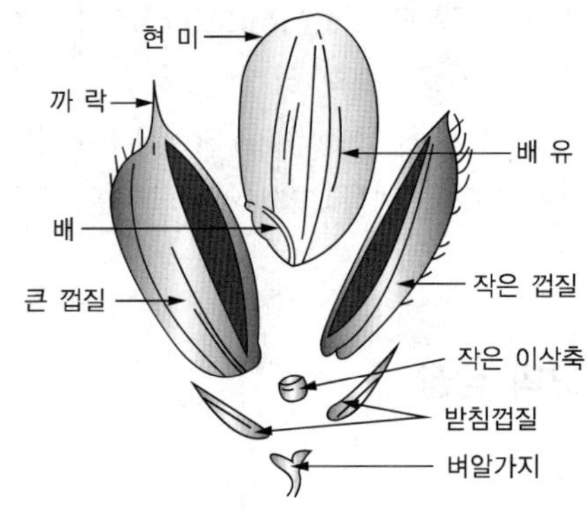

[볍씨의 구조]

② 내부구조

㉠ 벼 종실의 횡단면

- 맨 바깥층에 과피가 있고 그 바로 안쪽에 종피가, 종피 안에 외배유가 있고 그 안에 호분층(Aleurone Layer)이 있다.
- 과피는 왕겨에 해당하고, 종피는 현미의 껍질에 해당된다.
- 현미는 배와 배유 및 종피 세 부분으로 구성되어 있다.

㉡ 종실의 내부조직

- 배
  - 배는 발아하여 벼로 생장할 어린식물로 큰 외영 밑에 붙어 있으며, 어린 싹(幼芽, Plumule), 배축(胚軸, Hypocotyledonary Axis, Embryonic Axis), 어린 뿌리(幼根, Radicle)로 구분된다.
  - 초엽(鞘葉, Coleoptile)에 싸여 있는 어린 싹은 1엽, 2엽, 3엽으로 분화되어 있고 근초(根鞘, Coleorhiza)가 보호하는 어린 뿌리는 1개의 종자근(씨뿌리, Seminal Root)으로 되어 있다.
  - 배의 유관속은 어린 싹과 어린 뿌리에 연결되어 있다.
  - 배가 수분을 흡수하게 되면 책상흡수세포가 커져 발아한다.
- 배 유
  - 현미의 대부분을 차지하고 있으며, 이 부분을 식용으로 사용한다.
  - 대부분 녹말(전분, Starch)의 저장조직으로 맨 바깥층이 씨껍질과 붙어 있고 이를 호분층(Aleurone Layer)이라 한다.
  - 호분층에는 단백질과립과 지방과립이 많아 단백질 및 지방함량이 높다.
  - 벼는 중복수정으로 배와 배유가 함께 형성되고 배유는 발아 후 배의 영양분을 공급한다.

- 현미에서 과피와 종피, 호분층, 배를 제거한 것이 백미(흰쌀, Polished Rice)이며, 제거된 부분을 미강(米糠, 쌀겨, 등겨, Rice Bran)이라 한다.
- 배유의 성질에 따른 분류
  ⓐ 멥쌀 : 반투명하고 요오드 반응에 청자색(靑紫色)을 나타내며, 아밀로오스 20%와 아밀로펙틴 80% 정도로 되어 있다.
  ⓑ 찹쌀 : 불투명한 백색으로 요오드 반응에 적갈색(赤褐色)을 나타내고 대부분 아밀로펙틴이며, 아밀로오스는 거의 없다.

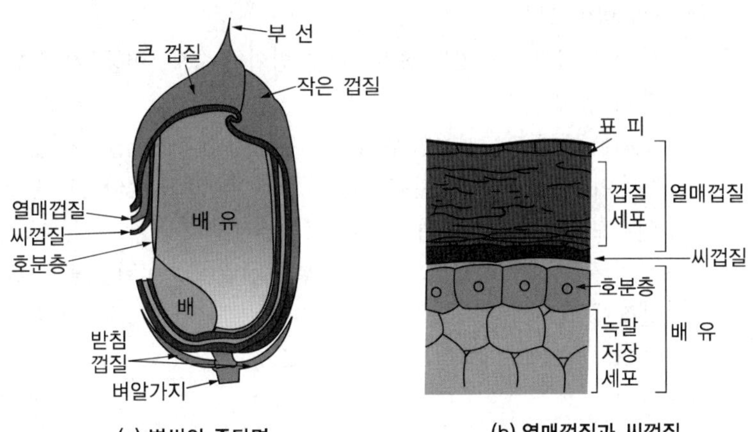

(a) 볍씨의 종단면

(b) 열매껍질과 씨껍질

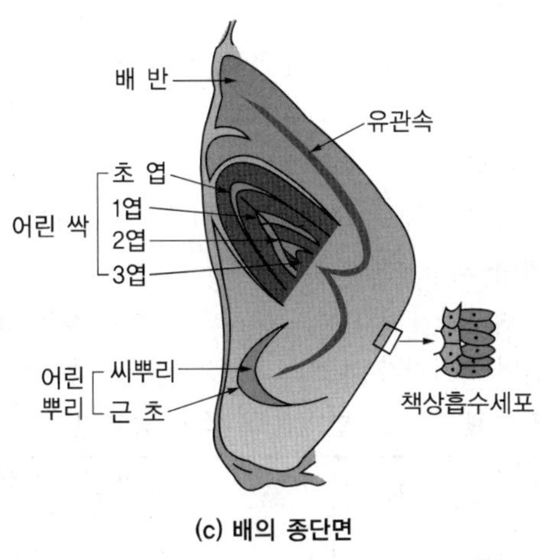

(c) 배의 종단면

[현미의 구조]

멥쌀과 찹쌀의 구분 기준이 되는 이화학적 특성은?

① 아밀로오스 함량
② 글루테린 함량
③ 올레산 함량
④ 심복백 유무

답 ①

필 / 수 / 확 / 인 / 문 / 제

볍씨의 발아에 영향을 미치는 요인에 대한 설명으로 옳지 않은 것은?

① 일반적으로 발아 최저온도는 8~10℃, 최적온도는 30~32℃이다.
② 종자의 수분함량은 효소활성기 때 급격하게 증가한다.
③ 볍씨는 무산소조건하에서도 발아를 할 수 있다.
④ 암흑조건하에서 발아하면 중배축이 도장한다.

답 ②

(2) 발아와 생장

① 발아(發芽, 싹트기, Germination)

㉠ 의 의

- 볍씨가 생장을 위해 물질대사를 시작하는 것으로, 종자가 수분을 흡수하여 유아와 유근이 종피를 뚫고 나오는 것을 말한다.
- 볍씨는 침종 또는 파종 후 수분을 흡수하는데, 주로 배와 배유의 경계부위를 통해 흡수하며 흡수된 수분은 배반의 흡수세포층을 통해 배조직으로 이동하고 호분층을 따라 종자의 선단부로 이동한다.

㉡ 볍씨 발아조건

- 발아에 영향을 미치는 종자조건은 볍씨의 숙도, 비중, 휴면성, 활력 등이다.
- 볍씨는 수분 후 7일이면 발아가 가능하나 발아소요일수가 길고 발육이 불완전하며, 수분 후 14일이 되면 발아율도 높아지고 발아일수도 거의 정상에 가깝다.
- 동일 품종일 경우 종실의 비중이 무거운 것이 발아력과 발아 후 생장이 좋다.

㉢ 발아조건의 3요소 : 온도, 수분, 산소

- 온 도
  - 발아를 위한 최저, 최적, 최고온도는 생태형이나 품종에 따라 다르다.
  - 발아 최저온도 : 8~10℃이며 품종 간 차이가 크다. 고위도 지방 및 한랭지품종은 저위도 열대품종에 비해 저온발아성이 강하다.
  - 발아 최적온도 : 30~34℃로 파종 후 24~48시간 안에 발아한다.
  - 발아 최고온도 : 40~44℃
  - 휴면타파가 완전하고 종자의 활력이 높은 경우 품종에 따른 발아력 차이가 적으며, 휴면의 타파가 충분하지 않거나 활력이 저하된 종자는 발아온도 폭이 좁아진다.

<table>
<tr><td>저온발아성의 비교</td><td>조생종 > 만생종
밭 벼 > 논 벼
찰 벼 > 메 벼
재래종 > 신품종
일본형 > 인도형
유망종 > 무망종</td></tr>
</table>

• 수 분

- 수분의 흡수과정은 '수분흡수기(Imbibition Stage) → 효소활성기(Activation Stage) → 발아 후 생장기(Post-Germination Stage)'로 구분된다.
- 흡수기
  - ⓐ 볍씨가 수분을 흡수해서 배와 배유의 생리적 활성을 유발하는 시기
  - ⓑ 볍씨의 수분함량이 볍씨 무게의 15%가 될 때부터 배의 활동이 시작되며, 흡수기 동안 볍씨의 수분함량은 25~30%가 된다.
  - ⓒ 수분의 흡수속도는 온도가 높을수록 빨라 볍씨 수분함량이 15%까지 이르는데, 30℃에서 약 20시간, 20℃에서 약 40시간이 소요되며 수분함량 25%까지는 30℃에서는 약 30시간, 20℃에서 약 60시간 이상이 소요된다.
- 효소활성기
  - ⓐ 볍씨가 수분함량 30~35%를 유지하며 발아를 준비하는 시기로, 활성기 끝 무렵 배에서 유아가 나와 발아를 한다.
  - ⓑ 볍씨의 수분흡수는 미미해지고 대신 배의 호흡이 왕성해지며, 배반과 호분층의 효소가 활성화되어 배유의 저장양분이 수용성으로 변하는 등 활발한 대사작용이 일어난다.
  - ⓒ 배로 이동한 당은 일부 호흡에 사용되고 일부는 유아와 유근의 생장을 위한 에너지로 축적된다.
- 생장기
  - ⓐ 유아와 유근이 종피를 뚫고 발아한 후 세포 신장에 따라 생장이 이루어지는 시기이다.
  - ⓑ 발아한 볍씨는 다시 수분의 흡수가 빨라진다.

• 산 소

- 볍씨는 수중과 공기 중 모두 발아가 가능하고 낮은 농도의 산소조건에서도 발아가 가능하다.
- 산소가 전혀 없는 상태에서도 무기호흡으로 80% 발아율을 보인다.
- 산소가 충분한 조건에서는 초엽이 1cm 이하로 짧고 굵게 나오며, 씨뿌리도 함께 자라나 산소가 충분하지 못한 물속에서는 씨뿌리가 거의 자라지 못한다.
- 벼가 깊은 물속에서 발아하는 경우 유근이 자라지 못해 착근이 어려워지므로 착근기에는 배수로 산소 공급을 도와야 한다.
- 깊은 물속에서 발아하는 경우 유아의 선단이 수면 밖으로 자라나와 산소를 얻게 되면 유근의 생장이 촉진된다.

필 / 수 / 확 / 인 / 문 / 제

볍씨의 발아조건에 대한 설명으로 옳지 않은 것은?

① 볍씨는 산소가 전혀 없는 조건에서도 발아율이 80% 정도이다.
② 볍씨는 한 이삭에서 위쪽에 있는 것이 아래쪽의 것보다 충실하여 발아가 빠르고 발아율이 높다.
③ 볍씨는 빛의 유무에 관계없이 발아한다.
④ 산소가 부족한 조건에서는 초엽이 1cm 이하로 짧고 굵게 나오면서 씨뿌리도 함께 자란다.

 ④

볍씨를 산소가 부족한 심수조건에 파종했을 때 나타나는 현상은?

① 초엽이 길게 신장하고, 유근의 신장은 억제된다.
② 초엽의 신장은 억제되고, 유근의 신장은 촉진된다.
③ 초엽과 유근 모두 길게 신장한다.
④ 초엽과 유근 모두 신장이 억제된다.

 ①

필 / 수 / 확 / 인 / 문 / 제

볍씨의 발아 시 산소와 광 조건의 영향에 대한 설명으로 옳지 않은 것은?

① 산소가 부족하면 초엽이 1cm 이하로 짧게 자란다.
② 산소가 부족한 물속에서는 종자근이 거의 자라지 못한다.
③ 산소가 부족하면 발아에 필요한 효소의 활성이 매우 낮다.
④ 산소가 부족한 암흑 조건에서는 중배축이 많이 신장한다.

답 ①

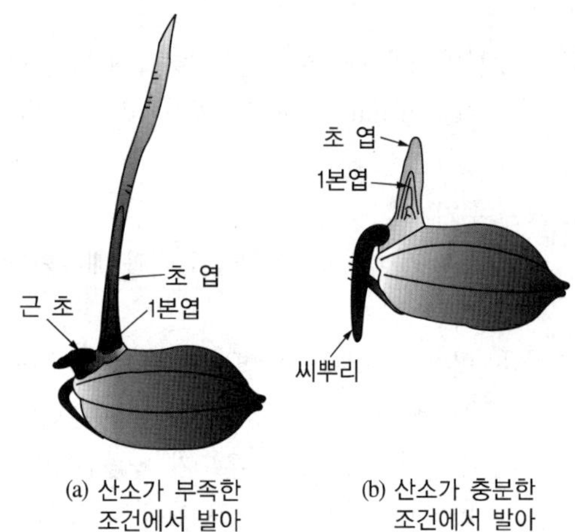

[산소 조건에 따른 볍씨의 발아]

- 광
  - 볍씨의 발아에 광은 필수요건은 아니며, 암흑 상태에서도 발아하지만 암흑조건에서 발아하면 중배축(中胚軸, Mesocotyl)이 자라고 초엽이 도장하여 마치 산소가 부족한 조건에서 발아하는 것과 같은 모습을 보인다.
  - 중배축은 파종심도가 깊어질 때 초엽을 지상으로 밀어 올리는 역할을 하며, 길이는 온대자포니카형이 10mm 정도, 인디카형이 10mm 이상으로 많게는 20~70mm 정도가 된다.
  - 볍씨의 파종 깊이는 0.5mm 정도 표토 부근으로 산소가 풍부하고 산광도 있어 발아와 생장이 정상적으로 이루어지나 파종 깊이가 2cm로 깊어지면 다소 도장하고, 파종 깊이 3cm에서는 중배축과 초엽이 신장해 겨우 지상으로 출아하므로 건답직파의 파종 깊이 한계는 3cm 정도이다.
  - 볍씨의 발아가 산소가 부족한 암흑 상태인 경우 초엽이 4~6cm까지 자라고 중배축이 신장하여 정상적 형태를 이루지 못한다.

㉣ 벼 종자의 휴면

- 벼의 종실은 수확 직후 왕겨(穎)에 존재하는 발아억제물질에 의해 발아가 저해되고 휴면한다.
- 볍씨에서 왕겨를 제거하면 휴면이 타파되고 발아가 촉진된다.
- 벼의 휴면성은 품종 및 생태형에 따라 많은 차이가 있다.
- 휴면성이 약한 벼가 수확기에 비를 많이 맞게 되면 간혹 수발아현상(Viviparity)이 나타나기도 한다.

㉤ 벼 종자의 수명

- 종자 수명에 영향을 미치는 요인은 고온과 고수분, 산소농도 등이 있으며, 가장 중요한 요인은 종자의 수분함량과 온도이다.
- 저온, 저습조건에서 산소의 분압을 낮추면 종자의 수명은 길어진다.
- 볍씨의 수분함량을 5% 이하로 과도하게 건조하는 경우 오히려 수명을 단축시킨다.

② 모의 생장

㉠ 모(Seeding)

- 발아 후 모내기 할 때까지의 식물체를 의미한다.
- 발아된 모는 1개의 종근이 나오고 이유기 무렵 5~6개의 관근이 착생한다. 파종 20일 정도가 되면 종근은 전장에 달하고 관근이 급속히 증가한다.
- 벼의 이유기는 약 3.7엽기로 본엽이 3매 나올 때까지는 주로 배유의 저장양분에 의존하며, 제4본엽기 이후 새로 신장한 뿌리에서 흡수하는 양분에 의해 생장한다.

㉡ 출 엽

- 발아된 볍씨에서 초엽이 1cm 정도 자라면 1엽이 나오기 시작하며, 1엽은 엽신이 없고 엽초만 2cm 정도 자라므로 불완전엽이라 한다.
- 2엽은 1엽이 완전히 자라기 전에 나타나며, 엽초가 3~5cm 자라고 엽신이 스푼 모양으로 엽초보다 짧아 2cm 정도 된다.
- 3엽부터는 앞서 나온 잎이 완전히 자란 후 바로 앞 잎의 엽초 상단으로부터 나오며, 엽신이 엽초보다 길어진다.
- 발아 후 생장기 첫 1주는 온도에 매우 민감한 시기이며, 22~31℃ 사이에서는 온도의 상승에 따라 생장속도가 직선적으로 증가하고 이 시기 이후에는 모 생장에 온도의 영향은 감소한다.
- 모 생장 최적온도는 25~30℃이며, 35℃까지는 모의 생장이 비교적 좋지만 40℃ 이상에서는 모가 죽게 된다.

㉢ 엽령(葉齡, Leaf Age)

- 주간의 출엽수에 의해 산출되는 벼의 생리적 나이를 의미한다.
- 엽령은 1엽이 완전히 신장했을 때 1.0, 2엽이 최대로 신장했을 때 2.0, 이후 나오는 잎 수에 따라 엽령을 붙인다.
- 묘령(苗齡) : 1엽인 불완전엽을 제외한 엽수로 엽령에서 1을 빼면 묘령이 된다.
- 기계이앙에 알맞은 유묘(幼苗)의 엽령은 2.5~3.0이고 중묘(中苗)는 4.5~5.0, 손이앙하는 성묘(成苗)는 7.0~8.0이다.

필 / 수 / 확 / 인 / 문 / 제

벼의 형태와 생장에 대한 설명으로 옳지 않은 것은?

① 종자근은 발아 후부터 양분과 수분을 흡수하는 역할을 하며, 관근이 발생한 후에도 7엽기까지 기능을 유지한다.
② 밭못자리나 건답직파에서 종자를 너무 깊이 파종하면 중배축근이 발생한다.
③ 엽신의 기공밀도는 상위엽일수록 많고, 한 잎에서는 선단으로 갈수록 많다.
④ 주간의 제7엽이 나올 때, 주간 제5절에서 분얼이 동시에 나온다.

답 ④

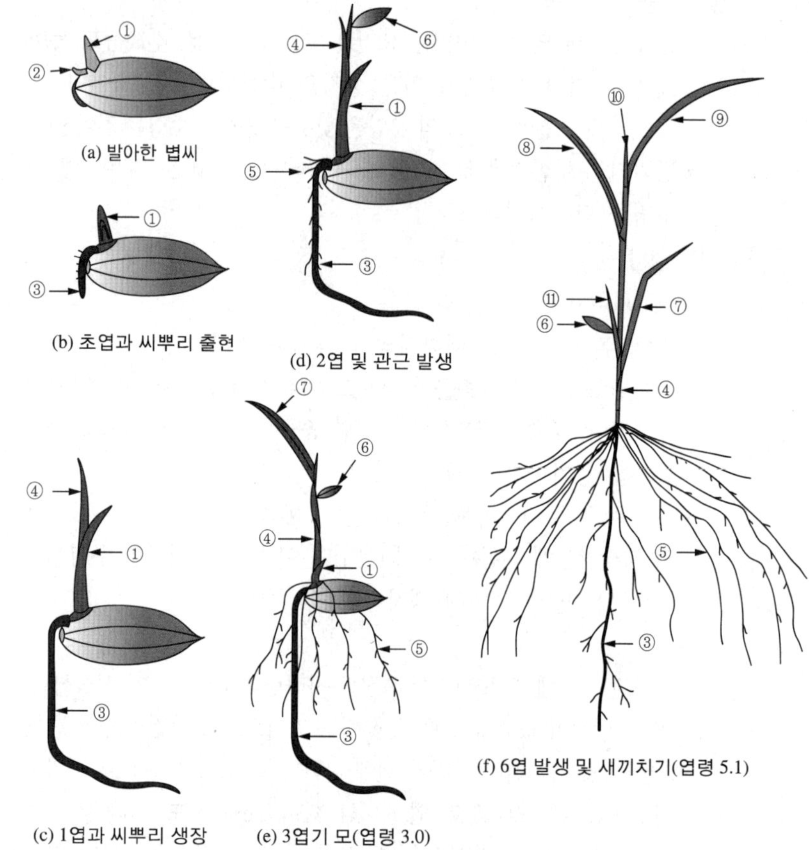

[산소와 빛이 있는 토양 조건에서 자란 모]

① 초엽	② 근초	③ 씨뿌리(종자근)	④ 1엽	⑤ 관근	⑥ 2엽
⑦ 3엽	⑧ 4엽	⑨ 5엽	⑩ 6엽	⑪ 새끼친줄기(분얼경)	

㉣ 모의 질소함량 : 제4, 5본엽기에 가장 높고, 그 후 감소하면서 C/N률이 높아져 모가 건강해진다.

㉤ 뿌리의 발생과 분얼의 규칙성

- 초엽이 나오면서 종자근이 발생하고 1, 2엽 생장기에 초엽 마디 부근에서 관근이 나온다.
- 4엽이 나오게 되면 1엽이 붙은 1마디 부위에서 관근이 나오며, 그 후 잎이 나올 때마다 하나 위 마디 부위에서 관근이 발생한다.
- 뿌리 발생 마디 부위와 잎 수(n) 사이의 규칙성 : n-3
- 5엽이 나올 때 처음으로 분얼(새끼치기)을 하며, 위치는 5엽이 나오면 2엽이 붙은 마디 부위의 엽액(葉腋, 잎겨드랑이)에서 분얼이 이루어고 이후 같은 순서에 의해 잎이 나옴과 동시에 3매 아래 엽액에서 분얼경(새끼친줄기)이 자란다.
- 분얼의 규칙성 : n(잎수)-3

- 못자리에서는 생육밀도가 높아 2~3엽 엽액의 분얼할 눈은 휴면을 한다.

3 벼의 잎, 줄기, 뿌리의 생장

(1) 잎의 생장

① 벼잎의 형태적 구조

㉠ 벼의 잎은 엽초(잎집, Leaf Sheath)와 엽신(잎새, Leaf Blade)으로 구성되어 있으며, 엽초와 엽신 사이에 자색 띠 모양의 깃(Collar, 자색과 흰색이 있으며 재배품종은 대부분 흰색이다)이 있고 깃에는 1개의 엽설(잎혀, Ligule)과 1쌍의 엽이(잎귀, Auricle)가 있다.

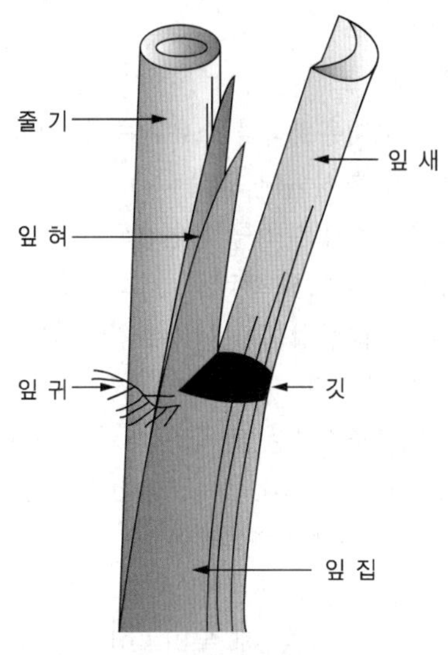

[벼의 잎 구조]

㉡ 엽초(잎집, Leaf Sheath)

- 영양생장기간 여러 잎이 겹쳐져 줄기와 같이 식물체를 지탱한다.
- 생식생장기 줄기와 마디 사이가 신장하며, 각 마디에 붙어 그 위쪽 줄기와 잎을 감싸고 도복을 방지하는 역할을 한다.
- 출수 전 동화물질(녹말이나 당)을 일시 저장한다.

㉢ 엽신(잎새, Leaf Blade)

- 가운데 중륵(中肋, Midrib)이 있고 중륵 양쪽에 잎맥(Vein)이 있으며, 이를 나란히맥(Parallel Veins)이라 한다.
- 주로 광합성과 증산을 담당하는 기관이다.
- 1엽의 경우 엽신이 분화되나 매우 작아 불완전입이라 하고, 2엽도 엽초보다 짧으나 3엽부터는 엽신이 엽초보다 긴 형태를 보인다.

벼잎의 형태와 기능에 대한 설명으로 옳지 않은 것은?

① 잎집은 줄기를 감싸고 도복을 방지하는 역할을 한다.
② 잎몸은 주로 광합성 및 증산작용을 하는 기관이다.
③ 지엽은 최상위의 잎으로 출수 전 이삭을 감싸고 있다.
④ 잎귀는 잎집과 줄기 사이의 공기습도를 조절하는 역할을 한다.

답 ④

- 주간(主稈, Main Culm)의 잎 수는 보통 조생종이 11~14매, 만생종이 18~20매이고 맨 위의 입을 지엽(끝잎, Flag Leaf)이라 하며, 지엽의 엽초가 출수 전 이삭을 싸고 있다.

㉣ 엽설(잎혀, Ligule)
- 엽초 끝이 퇴화한 것이다.
- 줄기는 싸고 있는 엽초의 끝을 줄기에 밀착시켜 빗물이 엽초와 줄기 사이로 침투되는 것을 막아준다.
- 엽초와 줄기 사이 공기습도를 조절하는 역할을 한다.

㉤ 엽이(잎귀, Auricle)
- 형태는 구부러진 낚시처럼 생겼고 긴 털이 많이 있다.
- 깃의 양쪽에 1개씩 있으며, 엽초가 줄기에서 분리되지 않도록 하는 역할을 힌다.

② 벼 잎의 내부구조

㉠ 엽초의 내부조직
- 외표피에 대유관속과 소유관속이 배열되어 있고 엽육조직 안에 통기강이 형성되어 있다.
- 엽초의 통기강은 기공과 연결되어 있고 줄기와 뿌리의 통기강에 통해 있어 잎에서 뿌리로 산소를 수송하는 통기계(Air Passage System)가 형성되어 담수조건에서도 적응할 수 있다.

㉡ 엽신의 내부조직
- 엽초 내부조직에는 엽육조직, 유관속(관다발), 기동세포(Motor Cell), 기공(Stoma), 수공(Water Pore, Hydropore) 통기강(Air-Space) 등이 발달되어 있다.
- 엽육조직 : 엽록체가 있는 유세포로 구성되어 있다.
- 유관속 : 유관속초에 둘러싸여 있는 유관속의 물관 및 체관은 줄기와 연결되어 있다.
- 기동세포 : 수분 부족 시 세포의 팽압이 줄어들어 잎을 안쪽으로 말아 수분의 증산을 억제한다.
- 기 공
  - 공기와 수증기가 드나드는 통로이다.
  - 기공의 크기는 공변세포가 조절한다.
  - 기공의 수는 상위엽일수록 많으며, 차광처리하면 감소된다.
  - 잎새의 앞면과 뒷면에 고르게 분포되어 있어 잎이 직립형인 초형이 광합성에 유리하다.
- 수 공
  - 엽신의 중륵과 대유관속 선단부에 비교적 큰 기공모양의 구조를 한 수공이 있다.

- 일액현상 : 뿌리의 흡수로 물관 내 근압으로 항상 열려있는 수공을 통해 배출되는 물이 저녁 무렵 벼의 잎 끝에 이슬방울처럼 맺히는 현상

③ 벼 잎의 출엽(出葉)

㉠ 출 엽

• 줄기의 생장점에서 잎원기가 분화, 발달하여 벼 잎이 나오는 것
• 잎이 자랄 때 엽신은 그보다 1매 아래 잎의 엽초와 함께 신장한다.

㉡ 출엽 주기

• 출엽은 일정 주기를 가지고 있다.
• 영양생장기 : 4~5일
• 생식생장기 : 7~8일

㉢ 온 도

• 벼 잎이 자라는 데에는 31℃ 정도가 알맞고 최저온도는 7~8℃, 최고온도는 40℃이다.
• 출엽 시 요구되는 적산온도 : 영양생장기는 약 100℃, 생식생장기는 약 170℃이다.

㉣ 벼 잎의 수명

• 무게의 변화 : 잎이 신장 시 단백질, 탄수화물이 축적되고 세포벽 물질이 증가하여 무게가 증가하나 신장이 끝나면 저장물질이 새로운 잎으로 전류되면서 무게가 서서히 감소한다.
• 벼 잎의 수명
  - 의의 : 잎이 완전히 전개된 후 생리적으로 활동하는 기간을 의미한다.
  - 아래쪽 잎보다 위쪽의 잎이 수명이 길고 지엽의 수명이 가장 길다.
  - 광량이 부족한 조건에서 생장하는 경우 엽신이 길고 얇아지며, 엽록소의 형성이 불량하여 수명도 짧아진다.

㉤ 엽면적

• 질소 : 질소는 엽면적을 크게 하나 시비량이 너무 많은 경우 과번무 상태가 되어 오히려 광합성능률이 저하되며, 수량이 떨어진다.
• 엽면적지수(Leaf Area Index, LAI) : 포장에 생육 중 벼의 단위면적당 전체 엽면적을 포장면적으로 나누어 구한 값으로, 개체군의 광합성능력과 생장을 해석하는 지표가 된다.
• 엽면적지수는 출수 직전에 최댓값을 보인다.

다음 중 벼의 엽면적지수(LAI)가 가장 큰 시기는 언제인가?

① 수잉기
② 유효분얼기
③ 활착기
④ 수확기

답 ①

벼 잎의 생장과 기능에 대한 설명으로 옳지 않은 것은?

① 우리나라에서 유수분화기 전에는 잎이 약 4~5일에 1매씩 나온다.
② 잎의 활동기간은 하위엽일수록 길고 상위엽일수록 짧다.
③ 광합성 활력이 높은 활동중심엽은 상위로부터 제3엽과 제4엽이다.
④ 쌀알의 등숙은 주로 상위엽에 의존하고 뿌리의 생육은 하위엽에 의존한다.

답 ②

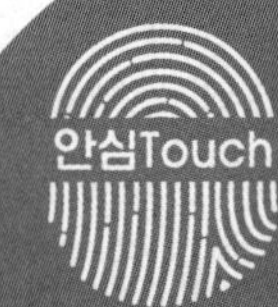

필 / 수 / 확 / 인 / 문 / 제

벼 줄기에 대한 설명으로 옳지 않은 것은?

① 벼 줄기는 마디와 마디사이(절간)로 이루어져 있다.
② 벼의 마디수는 보통 10~12개이지만, 신장하는 것은 이삭으로부터 아래쪽 1~2개 마디사이이다.
③ 줄기의 마디사이에는 수강이 있으며, 표피와 수강 사이에는 유관속과 통기강이 있다.
④ 담수한 논에서 자라는 벼에서는 기공을 통해서 들어온 산소가 통기강 및 통기조직을 거쳐 뿌리로 공급된다.

 ②

(2) 줄기의 생장

① 줄기의 구조

㉠ 줄기(稈, Culm)의 형태적 구조
- 마디(節, Node)와 절간(마디 사이, Internode)으로 이루어져 있다.
- 각 절간은 잎, 분얼경, 관근의 발생단위가 된다.

㉡ 절간(마디 사이, Internode) : 위쪽에서 잎이 1매 나오고 아래쪽에는 분얼아가 1개 있으며, 위쪽과 아래쪽 모두 여러 개의 뿌리원기들이 형성되어 있다.

㉢ 마디(節, Node)
- 벼 줄기의 마디는 보통 14~18개이다.
- 불신장마디 부위 : 벼 밑에서 10마디 사이는 거의 자라지 않고 모두 합하여 약 2cm 정도이며, 이 부위를 의미한다.
- 신장마디 부위 : 생식생장기 시작 이후 불신장마디 부위 위쪽 1~5마디 사이가 빠르게 신장하는데, 이 부위를 의미한다.
- 벼이삭과 바로 아래 수수절간(穗首節間)이 가장 길고, 약 30cm 정도이다.
- 간장(벼의 키, Culm Length) : 지표면에서 수수절(이삭목마디, Neck Node)까지의 길이
- 수장(이삭길이, Panicle Length) : 수수절부터 이삭 끝까지의 길이

㉣ 통기계의 발달
- 벼 줄기의 절간에는 가운데 둥글고 속이 빈 큰 수강(髓腔, Medullary Cavity)이 있고, 표피와 수강 사이에 유관속과 통기강이 있다.
- 절간의 통기강이 마디 부분에서 막히는데, 마디 부분은 통기조직이 발달되어 마디와 절간을 연결하는 통기계가 형성된다.
- 담수 하에서 신장하는 벼는 기공으로 들어온 산소가 엽초와 엽신의 통기강을 거쳐 절간의 통기강과 수강을 타고 내려와 마디의 통기조직을 통과해 뿌리의 통기강으로 들어가면서 신선한 산소를 지속적으로 공급할 수 있다.

② 줄기의 생장

㉠ 분얼(分蘖, 새끼치기, Tillering)
- 분얼체계
  - 벼 주간이나 분얼경(分蘖莖, 새끼친줄기, Tiller)의 엽액(잎겨드랑이, Leaf Axil)에 생긴 곁눈이 분지(가지벌기, Branching)를 하면 분얼이 이루어 진다.
  - 벼는 이앙 후 활착기를 지나면 키가 커지면서 분얼이 왕성하게 증가한다.

- 분얼은 주간의 경우 주로 영양생장기에 초엽절이나 1엽절에서는 발생하지 않고 2엽절 이후 불신장마디 부위 각 절간에서 1개씩 나오며, 신장마디 부위는 분얼아가 휴면하고 있어 분얼경이 나오지 않는다.
- 주간의 초엽절과 1절을 제외한 모든 마디에서 1차, 2차, 3차 분얼이 발생한다면 주간에서 13엽이 나올 때의 분얼 수는 1차 분얼이 9개, 2차 분얼이 21개, 3차 분얼이 10개로 총 40개가 되나 실제 모든 곁눈이 분얼로 발육하지는 않는다.
- 분얼이 발생할 때 제1엽이 나오기 전에 전엽(前葉, Prophyll)이 먼저 나온다.

• 동신생장(同伸生長, Synchronous Growth)
  - 분얼은 잎, 뿌리와 함께 일정한 규칙에 의해 발생한다.
  - 주간 5엽이 나올 때 주간 2절에서 분얼과 뿌리가 동시에 나온다. 즉, 주간 n번째 잎이 나올 때 반드시 그보다 3잎 아래인 (n−3)잎의 엽액(葉腋, 잎겨드랑이)에서 분얼경이 나오고 동시에 (n−3)절간에서 관근(뿌리)이 발생하는데, 이를 동신생장이라 하며 이와 같은 규칙성은 1차, 2차, 3차 분얼경에서도 적용된다.

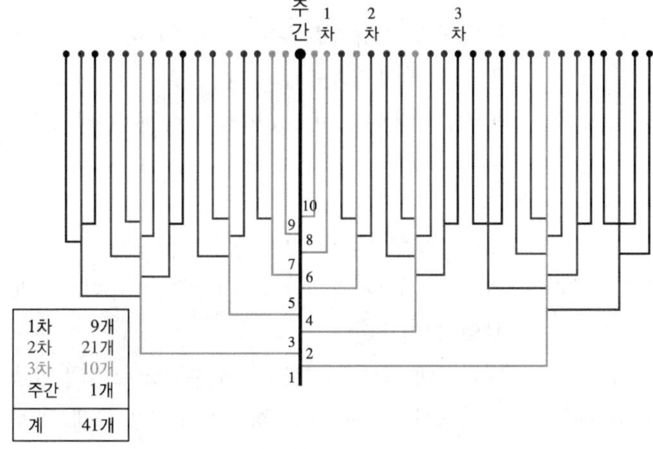

[벼 주간에서 13엽이 나올 때까지 동신생장에 의한 분얼의 규칙성]

• 유효경
  - 분얼경은 일찍 나온 것일수록 이삭 알벼가 익으므로 유효분얼경(참새끼줄기, Productive Tiller)이 되고 유효분얼 종지기 이후 나온 분얼경은 이삭이 없어 무효분얼경(헛새끼줄기, Non-Productive Tiller)이 된다.

벼의 분얼에 대한 내용으로 옳지 않은 것은?

① 조식재배가 보통기재배에 비하여 분얼수가 많다.
② 분얼이 왕성하게 발생하기 위해서는 활동엽의 질소 함유율이 대략 3.0~3.5% 정도 되어야 한다.
③ 벼의 분얼은 주간의 경우 제1엽절 이후 신장경 마디부위에서 출현한다.
④ 재식밀도가 낮을수록 개체당 분얼수는 증가한다.

 ③

벼 잎의 생장 특성에 대한 설명으로 옳지 않은 것은?

① 엽령지수가 100인 시기는 지엽이 완전히 신장한 시기이다.
② 잎 1매의 출엽에 필요한 적산온도는 유수분화기 이전보다 이후에 높다.
③ 잎의 수는 줄기의 마디수보다 2~3개 많다.
④ 출엽주기는 영양생장기가 생식생장기보다 짧다.

 ③

필 / 수 / 확 / 인 / 문 / 제

벼의 분얼에 영향을 미치는 환경조건에 대한 설명으로 옳지 않은 것은?

① 일반적으로 적온에서 주・야간 온도교차가 클수록 분얼이 증가한다.
② 광의 강도가 강하면 분얼수가 증가하며 분얼 초・중기에 영향이 더 크다.
③ 재식밀도가 높고, 토양수분이 부족하면 개체당 분얼수는 증가한다.
④ 분얼의 발생과 생장을 위해서는 무기양분과 광합성산물이 충분히 공급되어야 한다.

답 ③

- 최고분얼수(Maximum Tiller Number) : 유효분얼경과 무효분얼경의 수를 합한 것
- 유효경비율(참줄기비율, Percentage of Productive Tiller) : 유효분얼경 수를 최고분얼 수로 나눠 백분율로 나타낸 것

$$유효경비율(\%) = \frac{유효분얼경\ 수}{최고분얼\ 수} \times 100$$

- 벼 품종의 유효경비율은 보통 60~80%이며, 다수성 품종은 유효경비율이 높아 유효경비율은 작황진단의 지표가 된다.

㉡ 분얼에 영향을 미치는 환경조건

- 온 도
  - 벼의 분얼에는 온도의 영향이 매우 크다.
  - 적온은 18~25℃이나 일반적으로 적온에서 주야간 온도차가 클수록 분얼이 증가한다.
  - 적합한 주야간 온도차는 10~15℃ 정도이다.
  - 온도의 영향은 간기부가 뿌리 부위보다 더 크다.
  - 분얼기가 비교적 저온기이고, 주야간 온도차가 큰 조기재배는 보통재배보다 분얼 수가 많다.
- 광 도
  - 광의 강도가 강하면 분얼 수가 증가하며, 분얼 초기와 중기에 영향을 많이 받는다.
  - 평균일사량 200cal/cm^2/day 이하에서는 분얼의 발생이 극히 미약하다.
- 수 분
  - 토양수분의 부족은 분얼을 억제한다.
  - 관개 시 심수관개는 온도가 낮아지고 주야간 온도차가 적어져 분얼이 억제된다.
  - 벼가 어린 식물일 때는 5cm 수심도 분얼의 발생을 억제하나 분얼최성기에는 10cm 정도의 수심은 크게 억제하지 않는다.
- 영 양
  - 분얼과 생장을 위해서는 무기양분과 광합성산물이 충분히 공급되어야 한다.
  - 왕성한 분얼을 위해서는 활동엽의 질소 함유율이 3.5% 정도는 되어야 하며, 인산의 함량은 0.25% 이상이 되어야 한다.
  - 질소 함유율이 2.5% 미만에서는 분얼이 정지된다.

- 묘령(엽수)
  - 벼는 2절에서부터 분얼이 출현할 수 있다.
  - 이앙재배의 경우 못자리에서 밀파상태로 생육해 하위절 분얼눈이 휴면하여 이앙을 해도 하위절에서는 분얼이 발생하지 않는다.
  - 손이앙 재배 시 육묘일수 40일의 성묘를 모내기하면 활착 후 5절부터 분얼이 되며, 육묘일수 30일의 중묘는 이식깊이, 수심에 따라 다르나 4절부터 나오거나 5절부터 나온다.
  - 육묘일수 20일의 치묘는 1절, 2절의 분얼눈은 휴면하고, 3절 분얼눈도 이식깊이에 따라 휴면되기 쉬워 4절부터 분얼눈이 생장하는 것이 보통이다.
- 이식깊이 : 모를 깊게 심을수록 온도가 낮고 주야간 온도차가 작아 착근이 늦어지고 분얼이 억제되며, 1차 분얼 발생절위가 높아지고 유효경수가 적어진다.
- 재식밀도
  - 재식밀도가 높을수록 개체 당 분얼 수는 감소한다.
  - 단위면적 당 재식묘수가 동일하다면 포기당 모수가 적을 때 하위절부터 분얼이 출현하여 분얼 수와 이삭 수가 많아진다.
  - 밀파모를 깊이 심은 경우 하위 3~4절의 분얼눈이 휴면하여 분얼이 감소한다.
- 직파재배 : 이앙재배 시 통상 5엽 마디부터 10엽 마디까지 분얼이 발생하나 직파재배하는 경우 통상 2엽 마디부터 12엽 마디까지 분얼이 발생하여 분얼이 증가한다.

㉢ 절간신장

- 벼의 생육이 진행되어 유수분화기에 이르면 영양생장이 정지되고 생식생장기로 접어들며, 줄기의 절간신장이 시작된다.
- 수수절간은 출수 전 10일경에 신장이 개시되고 출수 전 2일부터 급속히 신장하며, 지엽의 엽초 속에서 이삭을 위로 밀어내 출수하게 된다.
- 수수절간은 출수 후 12일 더 신장을 계속해서 최대길이에 달하여 간장을 결정한다.
- 벼의 초장이 커지면 도복하기 쉬워지며 절간신장은 질소질비료의 영향을 크게 받아 질소질비료를 많이 시비하면 도복하기 쉽다.

필 / 수 / 확 / 인 / 문 / 제

벼 뿌리의 특성에 대한 설명으로 옳지 않은 것은?

① 벼 뿌리 조직의 피층 내에 통기조직이 발달하였다.
② 논벼 뿌리의 끝에서 산소를 방출하여 토양을 산화적으로 교정한다.
③ 논벼는 벼 뿌리의 표면에 산화철 피막을 만들어 황화수소의 피해를 방지한다.
④ 밭에서 자란 벼보다 논에서 자란 벼의 뿌리가 길고 많다.

답 ④

(3) 뿌리의 생장

① 뿌리의 구조

㉠ 벼 뿌리는 종자근과 중배축뿌리, 관근으로 나눈다.

㉡ 뿌리 끝은 근관(根冠, 뿌리골무, Root Cap)이 싸서 보호하며, 뿌리가 신장하며 근관이 흙에 의해 벗겨지면 뿌리 끝 정단분열조직(생장점세포, Growing Point)이 분열하여 새로 만들어진다.

㉢ 근모(뿌리털, Root Hair)는 뿌리 표피에 발생하고 표면적을 넓혀 뿌리의 흡수능력을 증가시키며, 수명은 며칠에 불과하다.

㉣ 종자근(씨뿌리)
- 볍씨가 발아하여 배의 유근이 근초를 뚫고 나온 것으로 1개뿐이다.
- 발아 후 2~3일 동안 3~5cm 자라며, 끝부분에서 1차, 2차 분지근이 발생한다.
- 종자근은 15cm 정도까지 자라며, 벼를 지탱하고 양분과 수분을 흡수한다.

㉤ 중배축뿌리
- 밭못자리, 건답직파에서 3.0cm 이상 깊게 파종되는 경우 발생한다.
- 중배축에서 나와 옆으로 뻗는 가느다란 부정근(막뿌리)은 정상적인 상태에서는 발생하지 않는다.

㉥ 관 근
- 초엽마디 이상의 각 마디 부위에서 발생하며, 하위 마디 부위부터 위로 가며 차례로 발생한다.
- 마디 부위의 위·아래에 있는 뿌리원기들이 발달하여 신장하며, 잎과 함께 동신생장한다.
- 줄기 상위 마디 부위에서 나온 뿌리일수록 뿌리의 수가 많고 굵고 길게 자란다.
- 뿌리의 발생은 절간 신장이 시작되면 현저히 감소하고, 출수기가 되면 새 뿌리가 더 이상 나오지 않는다.

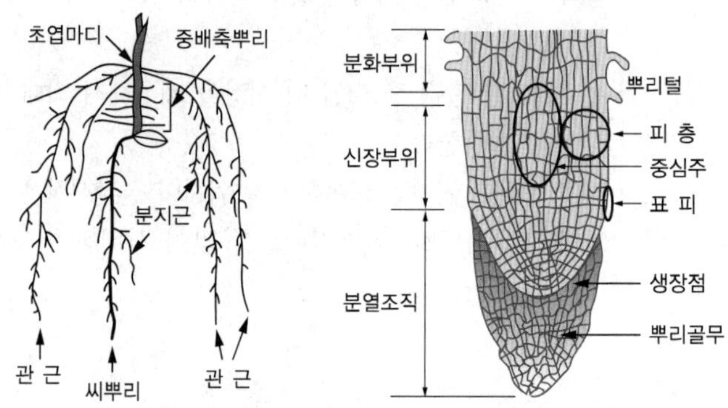

[벼 뿌리의 구성 및 구조]

② 뿌리의 생장

㉠ 근계 형성

• 뿌리의 형성

- 뿌리는 지상부와 밀접한 관계를 갖고 형성되며, 생장량은 근수, 근장, 근중, 근체적, 근표면적 등으로 나타낼 수 있다.
- 벼의 1차 근수 및 1차 근장은 모내기와 함께 증가하여 출수기 무렵 최고에 달하고 그 후 더 증가하지 않으나 분지근의 많은 부분은 출수기 이후 등숙기까지 형성되는 경우가 있어 1차근과 분지근을 합한 총근장은 출수기 이후에도 다소 증가한다.
- 뿌리의 기능은 출수기 이후 급격히 쇠퇴한다.
- 뿌리의 생장량(지상부에 따른 뿌리의 건물중 비율)

ⓐ 생육이 진행됨에 따라 뿌리의 비율은 낮아진다.

ⓑ 생육초기 : 약 35%

ⓒ 출수기 : 약 16%

ⓓ 호숙기 : 약 7%

• 벼의 근계 : 품종 및 주간엽수에 따라 차이가 있으나 1포기당 뿌리 수는 약 128만개, 길이는 약 12km, 체적은 약 $270cm^3$, 표면적은 약 $4m^2$이다.

• 벼의 근군 : 생육 초기 지표 근처에 얕게 분포하고 납작한 타원형을 이루나 분얼이 증가하면서 측면 및 심층으로 자란다.

• 근계(Root System)

- 분얼기 : 가로 39cm, 깊이 22cm 정도의 범위를 나타낸다.
- 출수기 : 가로 42cm, 깊이 56cm 정도의 범위를 나타낸다.
- 최대깊이 : 90cm 깊이까지도 이른다.
- 지표 밑 5cm 이내에 전체 45% 정도가 분포하고 깊이 23cm 이내에 90% 정도가 분포한다.

• 품종과 초형에 따른 벼의 뿌리

- 수수형 품종 : 1차근 수가 많은 품종은 1차근 지름이 가늘고 천근성이며, 줄기의 지름도 가늘고 분얼이 많고 키가 작은 특성을 보인다.
- 수중형 품종 : 1차근 수는 적으나 1차근의 지름이 굵고 심근성이고 키가 크고 줄기 수가 적다.

㉡ 뿌리의 생장에 영향을 미치는 환경조건

• 토 양

- 뿌리의 생장은 토양의 산소조건에 영향을 크게 받는다.
- 밭 상태에서 뿌리가 자라면 토양산소가 풍부해 관근이 길게 자라고 여러 개의 분지근이 발생한다.

필 / 수 / 확 / 인 / 문 / 제

벼 뿌리가 산소가 부족한 물 속에서도 생장할 수 있는 이유로 옳지 않은 것은?

① 벼 뿌리는 피층 내에 파생통기조직이 발달하여 벼 잎의 기공으로부터 뿌리까지 산소를 전달할 수 있다.
② 벼 뿌리의 선단부에서 산소를 방출하여 토양을 산화적으로 교정해서 뿌리가 환원토양 속으로 신장할 수 있다.
③ 뿌리 표면에 산화철의 피막을 만들어 통기불량으로 생긴 유해가스로부터 뿌리를 보호할 수 있다.
④ 잎이 물에 잠긴 현저한 산소 부족상태에서도 벼 뿌리는 무기호흡을 하여 동일한 기질로 더 많은 에너지를 얻는다.

답 ④

- 담수 상태의 뿌리는 토양 중 산소가 적어 밭에서보다 뿌리 신장과 분지근 발생이 적고 가늘며, 뿌리털의 발생도 적다.
- 논 상태에서 자란 뿌리가 밭 상태에서 자란 뿌리보다 곧게 자란다.
- 유기질함량이 높은 습답의 경우 담수 상태에서 관근의 신장이 더 나빠진다.
- 산소가 풍부한 토양에서는 뿌리가 더 잘 뻗고 호흡에 의한 에너지를 이용해 양분의 흡수도 더 잘되고 지상부 생장도 왕성해지면서 뿌리의 생장을 더욱 촉진시킨다.
- 산소가 부족한 토양조건에서는 뿌리의 생장이 나빠지고 뿌리 발육을 저해하는 물질이 많아져 뿌리 발육이 더 나빠진다.
- 담수토양에서는 토양 근권의 산소가 크게 부족하므로 뿌리 생장이 왕성한 시기에는 중간낙수 또는 간단관수(물걸러대기)로 산소를 공급하고 토양환원 정도를 경감시켜야 한다.
- 환원 정도가 심한 논의 경우 배수시설 등으로 건답화해야 한다.

• 수분조건
  - 1일 투수량이 많은 논토양에서의 뿌리는 수직으로 분포하는 1차근 수의 비율이 높다.
  - 상시 담수 하에서 자란 뿌리에 비해 물이 잘 빠지는 토양 또는 간단관수를 한 토양에서 자란 뿌리는 1차근 수가 많고 1차근 장이 길다.

• 시비조건
  - 벼 근계형성에는 질소의 영향이 크다.
  - 질소질비료의 시용량이 많으면 근계가 작아지고 1차근 수가 증가하고 1차근 장이 짧고 비교적 표층에 분포한다.
  - 같은 양의 질소질비료를 시비하는 경우 기비가 많으면 표면근이 적고 분시횟수가 많아지면 표면근이 많아진다.
  - 표층시비에 비하여 심층시비를 하면 깊게 뻗는 1차근 수가 많아진다.

• 재식조건
  - 1주 재식묘수를 많게 하면 주당 1차근 수는 증가하나 1차근 지름은 작아지고 토양 깊이 뻗는 1차근의 수는 적어진다.
  - 재식밀도가 높으면 깊게 뻗는 1차근의 비율이 감소한다.

㉢ 담수환원토양에 대한 적응
• 벼 뿌리 피층 내에 통기조직이 발달하였다.
• 벼 뿌리 끝에서 산소를 방출하여 뿌리 주변 근권토양을 산화적으로 교정한다.

• 벼 뿌리 표면에 산화철 피막을 만들어 환원조건에서 생기는 황화수소(H_2S)의 피해를 방지한다.
• 벼 뿌리의 피층 내 통기조직 비율은 밭 조건에서는 25%이나 담수 상태에서는 60%까지도 증가한다.

4 생식생장

(1) 이삭의 분화와 발달

① 생육상(Growth Phase)의 전환
㉠ 영양생장기에서 생식생장기로 생육상을 전환하며, 이삭의 분화가 시작되는 시기를 유수분화기(이삭이 생길 때)라 한다.
㉡ 생육상의 전환에는 일장과 온도 및 영양상태가 큰 영향을 미친다.

② 생육상의 전환 징조
㉠ 주간의 출엽속도(출엽주기, Leaf Emergence Rate)가 변화하기 시작하여 4~5일이던 것이 7~8일로 늦어진다.
㉡ 절간신장
• 주간 상위 1~5절간이 신장하여 간장이 커지기 시작하며 일시적으로 잎의 색이 연해진다.
• 주간 수수절간 위쪽 끝에서 이삭이 분화한다.
㉢ 수수절(이삭목마디)의 분화
• 수수절의 분화가 시작되기 시작하여 이때가 유수분화기의 기점으로 영양생장에서 생식생장으로 전환된다.
• 수수절의 분화기는 엽령지수 76~78의 시기이다.

③ 이삭의 발달
㉠ 유수(幼穗, 어린이삭, Young Panicle)의 발달
• 유수 : 이삭원기가 분화해 엽초 밖으로 출수하기까지의 어린 이삭이다.
• 유수의 분화는 출수 전 30일 정도에 시작되며, 이삭은 이삭원기가 분화하여 출수기(이삭 팰 때)까지 자란다.
• 이삭의 분화는 줄기 끝 정단분열조직에서 이루어지는데 처음에 포(苞, Bract, 잎이 변형)원기가 분화하고 그 옆에서 1차 이삭가지원기가 분화하며, 발달한 1차 이삭가지원기에서 다시 2차 이삭가지원기가 분화한다. 1차, 2차 이삭가지원기가 신장하며, 그 끝 부위에서 영화(穎花, 이삭꽃, Glumous Flower)가 분화한다.
• 조생종은 최고분얼기 이전, 만생종은 최고분얼기 이후이고 중생종은 최고분얼기와 일치한다.

필 / 수 / 확 / 인 / 문 / 제

벼의 생식생장에서 이삭의 발육과정으로 옳은 것은?

① 2차 이삭가지 분화 → 감수분열 → 이삭꽃(영화) 분화 → 화분발달
② 2차 이삭가지 분화 → 이삭꽃(영화) 분화 → 감수분열 → 화분발달
③ 이삭꽃(영화) 분화 → 감수분열 → 2차 이삭가지 분화 → 화분발달
④ 이삭꽃(영화) 분화 → 2차 이삭가지 분화 → 감수분열 → 화분발달

답 ②

벼의 생육상이 영양생장에서 생식생장으로 전환하는 시기에 나타나는 특징이 아닌 것은?

① 주간의 출엽속도가 지연된다.
② 줄기의 상위 4~5절간이 신장하여 키가 커진다.
③ 유수의 분화가 이루어지기 시작한다.
④ 유효분얼이 최대로 증가하는 시기이다.

답 ④

㉡ 유수형성기 : 벼꽃의 암술과 수술이 분화하는 시기는 이삭 패기 약 20일 전이며, 제1포의 분화로부터 꽃의 분화가 끝난 어린 이삭의 길이가 30cm 정도 자란 시기인 약 10일간이다.

㉢ 감수분열기(수잉기, 穗孕期, 이삭 밸 때, Booting Stage)
- 출수 전 10~12일쯤 이삭이 약 8cm 정도가 되며, 이 시기 지엽의 엽초에 이삭이 싸여 아이를 밴 것처럼 부풀어 올라 불룩해지므로 수잉기라 한다. 이 시기가 감수분열이 이루어지는 시기이다.
- 꽃가루와 배의 모세포가 감수분열하여 정세포, 알세포가 생긴다.
- 이 시기에는 낮은 온도와 가뭄, 양분의 부족 등 불량환경에 가장 예민한 시기로 큰 피해를 받을 우려가 있다.
- 감수분열기에 16~18℃ 이하의 낮은 온도가 2~3일 계속되면 쭉정이가 많이 생겨 수량이 크게 감소한다.
- 저온과 수분에 민감하게 반응하는데, 감수분열최성기(출수 전 10~15일) 20℃ 이하에서는 화분이 죽거나 수정능력이 없는 화분이 되기 쉬워 이삭꽃 수가 감소하고 수분의 부족은 이삭이 작아지고 쭉정이가 많이 생긴다.

㉣ 영화분화기(穎花分化期, Spikelet Differentiation Stage)
- 저온에 민감한 시기로 20℃ 이하에서는 기형립이 많이 발생한다.
- 영화분화기와 감수분열기에는 질소가 부족하게 되면 이삭 기부에서 분화하는 이삭꽃이 퇴화하기 쉽다.
- 출수 전 25일에 수비(穗肥, 이삭거름, Fertilization at Panicle Initiation Stage)를 주면 이삭꽃 수를 확보할 수 있다.

㉤ 이삭의 형태
- 이삭 : 벼 줄기 끝 수수절 위에 소수(小穗, 알벼, Spikelet)가 달린 부분
- 이삭은 중앙의 수축(이삭축, Rachis)에 있는 10개 정도 각 마디에서 1차지경(이삭가지)이 나오고, 1차지경에도 2~4개의 마디가 있어 2차지경이 나온다.
- 1, 2차 이삭가지 마디에서 소지경(벼알가지, Pedicel)가 나와 그 끝에 알벼가 달린다.
- 알벼는 1차지경에 4~6개, 2차지경에 2~4개 정도 달리며, 한 이삭에 달릴 수 있는 알벼는 약 200개 정도가 되나 실제는 90~130개 정도가 달리고 이는 품종 간 차이가 크다.

④ 화기(벼꽃)의 발달

㉠ 화기의 형성

- 유수분화기(이삭 생길 때)로 부터 약 1주일 후(출수 전 23~24일)에 이삭꽃원기가 분화한다.
- 이삭꽃은 외영과 내영이 먼저 분화한 후 암술과 수술이 분화하여 화기를 형성한다.
- 구조 : 암술(Pistil) 1개, 수술(Stamen) 6개와 인피(鱗被, Lodicule)로 된 완전화이다.
- 암 술
  - 주두(암술머리, Stigma), 화주(암술대, Style), 자방(씨방, Ovary)로 구성되어 있다.
  - 주두 : 끝이 둘로 갈라져서 화분이 들러붙기 쉽다.
  - 자방 : 배주(밑씨, Ovule)가 있고 배주에서 배낭이 형성되고 배낭 안에 난세포가 있다.
- 인피 : 작은 알 모양으로 꽃이 필 때 수분을 흡수해 부풀어 올라 그 압력으로 외영과 내영을 밀어내어 꽃이 벌어지는 것을 돕는다.
- 수 술
  - 약(葯, 꽃밥, Anther)과 화사(花絲, 수술대, Filament)로 이루어져 있다.
  - 약에서 화분관세포와 정세포가 들어 있는 화분이 형성된다.
  - 화사가 신장하여 약을 밖으로 밀어낸다.

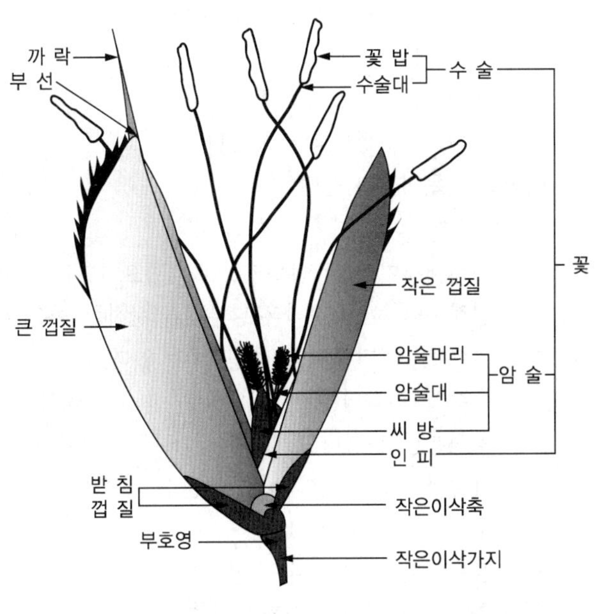

[벼의 꽃 구조]

필 / 수 / 확 / 인 / 문 / 제

벼의 화기구조에 대한 설명으로 옳지 않은 것은?

① 인피는 발생학적으로 꽃덮개 또는 꽃잎에 해당한다.
② 수술의 꽃밥(Anther)은 8개의 방으로 되어 있다.
③ 벼꽃의 수술은 6개, 암술은 1개로 되어 있다.
④ 꽃가루는 두꺼운 외벽으로 싸여있고 구형을 이룬다.

답 ②

유효분얼과 무효분얼의 진단방법으로 옳지 않은 것은?

① 출엽속도
② 분얼의 출현시기
③ 초장률
④ 엽면적지수

답 ④

필 / 수 / 확 / 인 / 문 / 제

벼의 배우자 형성과정에 대한 설명으로 옳은 것은?

① 화분모세포 1개가 감수분열을 하여 2개의 화분을 형성한다.
② 배낭에는 1개의 난핵, 2개의 조세포, 2개의 반족세포, 3개의 극핵으로 이루어진다.
③ 배낭모세포는 감수분열을 거쳐 4개의 배낭세포로 되는데, 그 중 3개는 소멸하고 1개만 배낭으로 성숙한다.
④ 정세포는 암술의 배낭 내에 있다.

 ③

㉡ 화기의 발달

- 화분(꽃가루, Pollen)의 형성
  - 수술의 약에서 형성된다.
  - 꽃밥원기에서 발달한 화분모세포가 제1, 2감수분열로 4개의 반수체 소포자(Microspore)가 형성되고, 소포자는 두 번의 유사분열로 발아공을 가진 화분으로 성숙한다.
  - 첫 번째 분열에서 생긴 2개의 세포는 생식세포(Generative Cell)와 화분관세포(Tube Cell)를 형성하고, 두 번째 분열은 생식세포만 분열하여 2개의 정세포(Sperm Cell)를 형성한다.
  - 화분의 형태는 개화 전날 완성되며, 개화기에 선황색을 띤다.
  - 화분관세포는 수분 후 화분관으로 신장해 정세포를 배낭까지 운반한다.
- 배낭(Embryo Sac)의 형성
  - 암술의 자방 내에서 이루어진다.
  - 자방의 배주에서 배낭모세포가 감수분열로 4개의 반수체 대포자(Megaspore)를 형성하고 4개의 대포자는 세로로 줄지어 있으며, 그 중 3개는 퇴화하고 1개만 남아 유사분열을 거쳐 8개의 핵을 가진 배낭을 만든다.
  - 배낭의 8개의 핵 중 3개는 주공 쪽으로 가서 1개의 난세포(Egg Cell)와 2개의 조세포(Synergid)를 만들고 3개는 주공의 반대편으로 가서 반족세포(Antipodal)를 만들며, 나머지 2개는 난세포 위쪽에서 극핵(Polar Nucleus)을 형성하는데 나중에 조세포와 반족세포는 퇴화한다.
  - 난세포는 화분 1개와 크기가 비슷하고 배낭은 개화 전날 완성되어 수정능력을 갖는다.

⑤ 이삭의 발육과정과 진단

㉠ 출수 전 일수

- 생식생장기의 각 생육과정에서 필요한 일수는 품종과 관계없이 일정하며, 이삭이 나온 날부터 역산하는 출수 전 일수로 이삭의 분화 및 발달상태를 추정할 수 있다.
- 유수가 분화되는 시기 : 출수 전 30~32일
- 지경분화가 끝나고 영화원기가 분화하는 시기 : 출수 전 24일
- 암술과 수술의 분화시기 : 출수 전 20일
- 수잉기 : 출수 전 15일
- 감수분열 성기 : 출수 전 12일
- 화분이 완성되는 시기 : 출수 전 12일

㉡ 출엽(Leaf Emergence)

- 벼의 유수분화기는 최후에 발생하는 지엽으로부터 4번째 전의 잎이 나오는 시기와 거의 일정하다.
- 지엽의 추출기에 영화원기가 분화하여 이미 화분모세포가 형성되는 정도까지 발달한다.
- 예년 재배되던 품종이라면 주간엽수를 예측할 수 있으므로 엽수로 지엽으로부터 역산으로 이삭의 발육을 알 수 있다.

㉢ 유수의 길이

- 최고분얼기 이후 주간 줄기 밑 부분을 채취·절단하여 줄기와 잎 속에 둘러싸인 유수를 관찰하는 방법이다.
- 유수의 길이가 1mm 이하로 흰 털이 보이지 않으면 1차지경분화기(출수 전 28일)로 추정하고, 길이가 약 1mm인 돌기로 나타나고 흰 털이 밀생해 보이면 2차지경분화기(출수 전 26일)에 해당한다.
- 유수의 길이가 1~2mm로 흰 털에 덮여 있으면 영화분화기(출수 전 24일)까지 발달한 것으로 볼 수 있다.
- 감수분열기는 유수의 길이가 8cm 정도로 발달하며, 유수의 길이가 전장에 달하면 출수 전 2일로 볼 수 있다.

㉣ 엽령지수(Leaf Number Index)

- 엽령지수 : 특정시기의 엽령을 주간의 전체 잎 수로 나누어 구한 값

$$\text{엽령지수} = \frac{\text{엽령(일정한 시기까지 전개된 잎 수)}}{\text{주간엽수(주간의 전체 잎 수)}} \times 100$$

- 주간총엽수는 품종에 따라 일정하고 같은 품종을 해마다 같은 조건으로 재배하게 되면 정상적인 해의 주간총엽수는 매년 같아 이것을 기준으로 계산이 가능하다.
- 조식이나 만식 시 주간총엽수가 1매 내지는 수매 증감한다.
- 엽령지수 77 : 유수분화기
- 엽령지수 87~92 : 영화분화기
- 엽령지수 97~98 : 감수분열기
- 지엽이 완전히 신장한 엽령지수 100 시기에 꽃가루 외각형성이 시작된다.
- 보정계수
  - 주간엽수가 16보다 많거나 적은 품종은 보정계수를 이용한다.

$$\text{보정계수} = (100 - \text{엽령지수}) \times \frac{16 - \text{주간엽수}}{10} \times 100$$

  - 보정된 엽령지수 = 엽령지수+보정계수

주간엽수가 16인 벼 품종에서 수잉기의 엽령지수에 해당하는 것은?

① 76~78
② 80~83
③ 87
④ 95

답 ④

필 / 수 / 확 / 인 / 문 / 제

벼 이삭의 발육과정과 진단에 대한 설명으로 옳지 않은 것은?

① 유수가 분화되는 시기는 출수 전 약 30일이다.
② 지엽추출기에는 영화원기가 분화하여 화분모세포가 형성된다.
③ 엽령지수 97~98인 시기는 감수분열기이다.
④ 엽이간장의 길이가 -10cm 정도이면 감수분열 성기이다.

 ④

㉤ 엽이간장(葉耳間長)

- 지엽의 잎귀와 2엽의 잎귀 사이의 길로 이삭발달의 지표로 이용한다.
- 지엽의 잎귀가 아랫잎의 엽초에서 추출되어 나온 경우 +, 지엽의 잎귀와 다음 아랫잎의 잎귀가 수평상으로 일치하는 경우를 0, 지엽의 잎귀가 그 아랫잎의 엽초에 들어 있고 아직 추출되지 않은 경우 -로 나타낸다.
- 감수분열은 두 잎귀 사이 길이가 -10cm 정도인 시기부터 시작되고 잎귀 사이의 길이가 0이면 감수분열 성기, 두 잎귀 사이 길이가 +10cm 정도로 벌어지면 감수분열 종기이다.

[주간엽수가 16인 벼 품종에서 이삭의 발달과정과 출수 전 일수 및 식물체의 변화]

유수의 발육과정		출수 전 일수(일)	이삭길이(cm)	엽령지수	외부형태, 엽이간장
유수형성기	유수분화기	30~32	0.02	76~78	끝잎 아래 네 번째 잎 나오기 시작
	지경분화기				
	1차지경분화기	28	0.04	80~83	
	2차지경분화기	26	0.1	85~86	세 번째 잎 나옴
	영화분화기				
	영화분화 시기	24	0.15	87	두 번째 잎 나옴
	영화분화 중기	22	0.15~0.35	88~90	
	영화분화 후기	18	0.8~1.5	92	지엽 추출
수잉기	생식세포 형성기	16	1.5~5.0	95	
	감수분열기				
	감수분열 시기	15	5.0~20.0	97	엽이간장 -10cm
	감수분열 성기	10~12			엽이간장 ±0cm
	감수분열 종기	5			엽이간장 +10cm
	화분발달기	4	다자람	100	엽이간장 +12cm
	화분완성기	1~2	다자람	100	꽃밥이 누렇게 됨
개화기		0	다자람	100	

㉥ 이삭의 발육과 환경

- 유수의 발육환경이 불량하면 분화된 세포가 발달하지 못하고 퇴화된다.
- 실제 출수한 이삭을 관찰해 보면 이삭목 부분이나 이삭축 아랫부분 이삭마디에 1차지경이 없는 것이나 1차지경의 아랫부분인 2차지경이 나오지 않고 퇴화한 것을 볼 수 있다.

- 유수의 퇴화를 초래하는 환경요인
  - 질소 등 영양성분 부족
  - 감수분열기의 저온 및 일조부족
  - 한 해
  - 관수해

(2) 출수와 개화 및 수분

① 출수(이삭패기, Heading)

㉠ 이삭이 끝잎의 엽초 밖으로 나오는 것으로 수수절간이 급속히 신장하면서 끝잎의 엽초 속의 이삭을 위로 밀어 올려 출수가 이루어진다.

㉡ 수수절은 출수 후에도 1~2일 더 자라 이삭은 끝잎의 엽초로부터 10~20cm 위에 위치한다.

㉢ 출수시 : 한 포장에서 전체 이삭의 10%가 출수된 때

㉣ 출수기 : 40%가 출수한 때

㉤ 수전기(Full Heading Date) : 80%가 출수한 때

㉥ 출수기간

- 이삭이 패는 기간으로 수전일수로 출수시에서 수전기까지이다.
- 보통 1포기 출수기간은 약 1주일, 한포장의 경우 2주 소요된다.
- 저온조건인 경우 출수기간은 길어진다.

㉦ 출수일수 : 출수까지 일수로 파종일부터 출수기까지의 일수

㉧ 품종 간 차이는 있으나 저온일수록 출수가 불량해진다.

② 개 화

㉠ 벼는 출수한 날 또는 그 다음날 개화를 시작하며, 개화는 영화를 싸고 있는 외영과 내영이 열리고 수술의 약이 밖으로 나오기 시작하는 때를 의미한다.

㉡ 개화기간

- 껍질이 열리기 시작하여 다시 닫힐 때까지 기간은 불과 1~2.5시간이다.
- 화분의 수정능력이 유지되는 기간은 약 5분 정도이다.

㉢ 개화는 맑은 날 오전 9시쯤 시작해 11시 전후 개화최성기, 오후 1시쯤 거의 끝난다.

㉣ 개화와 환경조건

- 온 도
  - 최적온도 30~35℃, 최고온도 50℃, 최저온도 15℃이다.
  - 35℃ 이상의 고온에서는 불임립 생성이 많아진다.
  - 고온에서는 9시경부터 11시경까지 집중적으로 개화한다.
  - 20℃의 저온에서는 12시경부터 17시경까지 개화가 계속된다.

벼 생육시기를 순서대로 바르게 나열한 것은?

① 수잉기 → 출수시 → 수전기
② 수전기 → 출수시 → 수잉기
③ 수전기 → 수잉기 → 출수시
④ 출수시 → 수잉기 → 수전기

답 ①

- 광
  - 광 조건은 개화에 영향을 미친다.
  - 광이 없어도 개화하기 때문에 암흑상태에서도 온도와 습도가 맞으면 개화하지만, 균일하지 않고 하루 종일 연속 조명하면 계속 개화한다.
- 습도 : 습도 50~90%에서 개화하며, 최적습도는 70~80%이고 습도의 변화는 벼의 개화를 촉진하는데 개화최성기가 오전 11시쯤인 것은 이때 공중습도가 변하기 때문이다.
- 강 우
  - 개화하는 날 비가 오면 인피가 팽창하지 못해 개영하지 못한다.
  - 영에서 화사가 신장하여 영 내벽에 닿게 되면 압력에 의해 약이 터지고 화분이 쏟아져 폐화수분(閉花受粉, Cleistogamy)이 된다.
  - 비가 그치면 대부분 개영한다.

(3) 수분과 수정

① 수분과 화분의 발아

㉠ 수 분

- 자가수분(自家受粉, Self Pollination)
  - 개화 시 이삭꽃을 싸고 있는 영이 열리기 직전 약이 터지면서 많은 화분이 주두에 쏟아져 자가수분을 한다.
  - 타가수정 비율은 1% 정도이다.
  - 하루 종일 비가 오면 폐화수정을 한다.
- 개영 1.5시간 전후로 인피가 위조되면서 외영은 본래 위치로 되돌아가며, 폐영하고 시든 약은 닫힌 영 밖에 남아있다 없어진다.
- 가지세포
  - 주두에는 많은 가지세포가 있어 마치 브러시처럼 보인다.
  - 가지세포는 화분이 들러붙기 쉽고 많은 화분을 받아들이기 적합한 구조로 되어 있다.
- 주두는 개화기간이 지나면 곧 시든다.

㉡ 화분의 발아

- 화분은 주두에 들러붙은 지 2~3분 후 발아한다.
- 화분관
  - 발아와 동시에 화분관세포가 화분관으로 발달하여 주두의 가지세포들 속으로 신장해 들어간다.
  - 화분관은 화주를 따라 배주의 주피(씨껍질, Integument)를 통과해 배낭의 주공에 도달한 후 화분관 끝부분이 주공을 통해 배낭 속으로 들어간다.

- 주두에 붙은 많은 화분 중 가장 빨리 발아하여 제일 먼저 주공에 도달한 1개의 화분관만 배낭으로 들어간다.
- 주두에 부착된 화분의 수가 적으면 화분관의 발아와 신장이 늦어지는 경향이 있다.
- 주두에 붙은 화분은 5분 정도 후 발아력을 상실한다.

• 화분발아 온도
- 최적온도 30~35℃, 최고온도 60℃, 최저온도 10~13℃이다.
- 화분이 발아 후 주공으로 침투까지 15분 정도 걸리며, 저온에서는 1시간 정도 늦어진다.

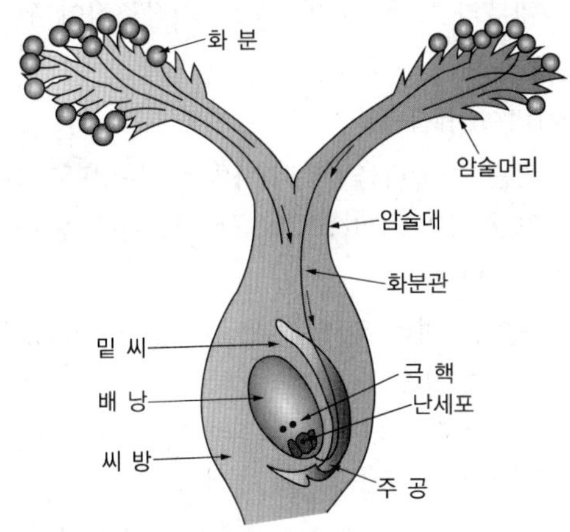

[신장하는 화분관이 배낭으로 침투해 들어가는 과정]

② 수 정

㉠ 중복수정(Double Fertilization)

• 주공을 통해 배낭에 도달한 화분관의 선단은 조세포를 관통해 난세포와 극핵의 중간에서 파열되어 2개의 정세포을 방출한다.

• 방출된 2개의 정세포 중 1개는 난세포와 융합하여 2배체의 접합자(Zygote)를 이루고 접합자는 배(Embryo)로 발달한다.

• 나머지 1개는 극핵과 융합하여 3배체(3n)의 배유핵을 형성하고 배유핵은 배유(Endosperm)로 발달해 배에 영양분을 공급한다.

• 이와 같이 한 배낭 속에서 2개의 정세포가 동시에 수정하는 것을 중복수정이라 한다.

㉡ 일평균 기온이 28℃인 경우 오전 9~10시쯤 수분이 이루어지면 4~5시간 후 오후 1~3시에 수정이 완료된다.

㉢ 수정의 최적온도는 30~33℃, 최저한계온도는 17~20℃이다.

필 / 수 / 확 / 인 / 문 / 제

현미의 저장물질 축적에 대한 설명으로 옳지 않은 것은?

① 현미로 이전하는 저장물질은 소지경의 유관속을 통해 자방의 등 쪽 자방벽 내 통도조직으로 들어온다.
② 배유로 이전된 저장물질은 유관속을 통하여 각 세포로 이동되며 먼저 분열된 세포로 우선 보내진다.
③ 전분립의 축적은 수정 후 배유의 가장 안쪽 세포에서 시작되어 점차 바깥쪽으로 옮겨 간다.
④ 배유조직으로 들어온 저장물질은 대부분 수용성 탄수화물이며, 이 탄수화물은 전분으로 합성되어 축적된다.

답 ②

벼의 등숙에 대한 설명으로 옳지 않은 것은?

① 열대지방은 온대지방에 비하여 등숙기의 온도가 지나치게 높고 일교차가 작아 벼 수량이 낮다.
② 등숙 초기에는 일조량이 많은 것이 좋으며, 온도는 30℃보다 15~20℃를 유지하는 것이 등숙 촉진효과가 크다.
③ 등숙기간은 일평균 적산온도와 관계가 있으며, 비교적 고온에서 등숙하는 조생종이 만생종보다 짧다.
④ 등숙기에 야간온도가 높으면 이삭에 축적되는 탄수화물의 양이 감소되어 등숙비율이 낮아진다.

답 ②

③ 배와 배유의 발달

㉠ 배

- 수정 다음날부터 10일 사이에 생장점, 잎과 뿌리원기가 분화하여 발아능력을 갖춘다.
- 수정 후 25일쯤 형태가 완성되고 생리적 휴면상태로 들어간다.

㉡ 배 유

- 배유핵은 수정 후 10일 동안 주로 밤부터 이른 아침 사이 유사분열한다.
- 세포 수는 15~18만개로 배유 바깥쪽 세포는 호분층을 만들고 내부의 모든 세포는 녹말 저장조직이 된다.

④ 쌀알의 등숙

㉠ 현미의 발달

- 벼는 수정 다음날부터 자방이 현미(벼알, Brown Rice)로 발달하고 왕겨의 표피세포가 큐티클층을 형성하여 볍씨(정조, 알벼)를 만든다.
- 현미는 벼의 열매로 과피와 종자로 구성되며, 종자는 자방 내 배주가 발달한 것이다.
- 수정이 끝난 자방 내에서는 배유조직을 만들고 개화 후 4일쯤부터 녹말알을 형성하기 시작한다.
- 배유세포를 통과한 저장물질은 배유 안쪽의 먼저 분열된 세포에 전환되며, 이동 형태는 설탕과 포도당이며 저장형태는 녹말이 90%를 차지하고 단백질이 6~8%, 지질이 2~3%이다.
- 개화 후 10~15일쯤이면 배의 모양은 거의 이루어진다.
- 현미의 발육은 길이, 너비, 두께의 순서로 발달한다.
  - 길이 : 수정 후 5~6일 후 길이가 완성된다.
  - 너비 : 수정 후 15~16일 후 너비가 최대가 된다.
  - 두께 : 수정 후 20~25일 후 최대에 이른다.
- 왕겨 내 현미의 외형적 크기는 수정 후 25일쯤 다 자라 전체 형태가 완성된다.
- 생체중은 수정 후 20일쯤이 가장 무겁고, 건물중은 그 후 약간 증가하여 35일쯤 최대에 달한 후 거의 일정하다.
- 등숙에 미치는 온도의 영향
  - 초기에는 광합성이 활발하고 동화산물이 전류되어야 하므로 고온·다조가 유리하고 20℃ 이하에서는 등숙이 지연된다.
  - 후기에는 고온보다 저온이 동화물질의 전류와 축적이 유리하며, 적온은 20~22℃이고 변온조건으로 낮 26℃, 밤 16℃의 10℃ 정도의 차이가 유리하다.

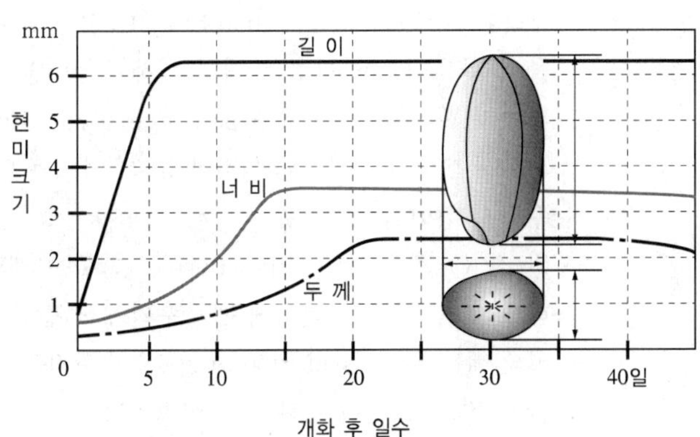

[현미의 길이, 너비, 두께의 외형적 생장]

㉡ 현미의 수분함량과 건물중

- 수분함량
  - 개화 후 며칠 : 80%
  - 개화 후 20일쯤 : 35%
  - 개화 후 35일쯤 : 20%
- 개화 후 40일쯤이면 수분의 함량은 현저히 줄어들고 건물중은 거의 변하지 않는다.

㉢ 현미의 형태

- 벼는 영과에 속하며, 식물학상 열매에 해당한다.
  - 왕겨(껍질) : 현미의 겉표면을 과피(열매껍질)라 하며, 엽록소를 가지고 있어 연녹색을 띠고 있다.
  - 배유 : 맨 바깥층에 호분층이 있고 호분층에는 단백질, 지방, 비타민 B가 함유되어 있다.
  - 배 : 어린눈, 어린줄기, 어린뿌리 등으로 되어 있고 향후 발아해서 완전한 식물이 된다.
- 개화 후 30일이 지나면 현미 내부 수분이 감소하여 크기가 점차 작아지고 엽록소도 점차 없어져 제 빛깔을 띠게 되며, 광택이 나면서 녹말이 축적되고 반투명해진다.

㉣ 결실기

- 이삭이 자라는 기간과 등숙기간은 품종의 조만성에 관계없이 거의 일정하므로 영양생장기간의 길이에 따라 벼 일생의 길고 짧음이 결정된다.
- 현미의 발달단계에 따라 유숙기, 호숙기, 황숙기, 완숙기, 고숙기로 구분한다.
  - 유숙기(乳熟期, Milk-Ripe Stage) : 벼알을 만져보면 거의 물로 채워져 있다.

필 / 수 / 확 / 인 / 문 / 제

벼의 등숙에 대한 설명으로 옳은 것은?

① 현미의 발달초기에는 배유 세포수가 증대하고, 후기에는 분화된 세포에 저장물질이 축적된다.
② 현미의 수분함량은 수정 후 25일까지 증가하고 그 후 계속 감소한다.
③ 쌀알은 너비, 길이, 두께의 순서로 발달한다.
④ 현미의 생체중은 거의 직선적으로 증가하여 출수 후 35일경에 최대에 달한다.

답 ①

벼 영과에 대한 설명으로 옳지 않은 것은?

① 배유 조직세포는 중심으로부터 외부를 향해 발달한다.
② 이삭에 축적되는 탄수화물의 20~30%는 출수 전에 줄기와 잎에 저장되었던 것이다.
③ 배유 중 단백과립은 논벼보다 밭벼에서 많다.
④ 영과에 집적되는 단백질 중 가장 많은 것은 글루텔린(Glutelin)이다.

답 ①

- 호숙기(糊熟期, Dough(Ripe) Stage) : 벼알을 누르면 백색의 물이 나오며, 이 시기는 새의 피해가 심하다.
- 황숙기(黃熟期, Yellow Ripe Stage, Dent Stage) : 벼알이 노랗게 변하기 시작하고 생리적 등숙한계기에 이르며, 채종용 수확시기이다.
- 완숙기(完熟期, Full Ripe Period) : 출수 개화 후 40일에 해당하며, 벼알이 건조해지고 수확에 적합한 시기이다.
- 고숙기(枯熟期, Dead Ripe Stage) : 수확기를 지나면 쌀알에 금이 가고 품질이 나빠지는 시기이다.

⑤ 결실과 환경

㉠ 벼가 출수·개화하여 수확까지 등숙기 환경조건의 수량과 품질에 큰 영향을 미친다.

㉡ 온 도

- 결실기 고온은 일반적으로 성숙기간을 단축시킨다.
- 배유세포의 증식은 30℃ 내외의 고온에서 빠르고 20℃ 이하에서는 크게 늦어진다.
- 탄수화물의 이삭으로 전류량은 17~29℃ 범위의 온도에서 고온일수록 많다.
- 주야간 온도차는 비교적 큰 것이 결실에 유리하다.
- 결실에 알맞은 온도는 출수 후 10일간은 주간 29℃, 야간 19℃이며, 그 이후는 주간 25℃, 야간 15℃ 정도이다.

㉢ 일사량

- 이삭에 축적되는 탄소화물의 20~30%는 출수 전 줄기와 엽초에 저장되었던 동화산물이다.
- 나머지 70~80%는 출수 후 동화작용에 의해 생성된 것으로 일사량의 부족은 결실을 나쁘게 한다.

㉣ 양 분

- 질소의 부족은 광합성능력이 저하되어 천립중이 저하된다.
- 질소 공급의 과잉은 등숙 초기 잎 중의 당 농도의 저하를 초래하여 이삭으로 동화산물 전류를 방해해 결실이 나빠진다.
- 천립중 증가를 위한 엽신의 한계 질소함유율은 1.2% 정도, 수확기는 0.85~0.9%로 알려져 있다.
- 인산은 임실기에 급속히 이삭으로 전이되어 호분층 세포과립에 피트산으로 축적된다.
- 칼륨, 칼슘, 마그네슘 등도 등숙에 기여하여 종자를 충실히 여물게 한다.

㉤ 태풍 및 기타
- 결실기 수분의 부족은 종실이 충실하게 여물지 못하게 해 불완전미의 발생이 많아진다.
- 출수 직후 특히 출수 후 3~5일 사이 강풍을 만나면 이삭이 건조하여 백수가 되기도 한다.
- 이삭도열병 등 병해충의 발생으로 결실이 불량해진다.

5 벼의 물질생산과 수량구성요소

(1) 광합성(Photosynthesis)

① 의 의

㉠ 녹색식물이 빛에너지를 이용해 이산화탄소(CO_2)와 물(H_2O)을 이용하여 당($C_6H_{12}O_6$)을 합성하는 과정으로 엽록체에서 이루어진다.

㉡ 물 분자는 분해되어 수소이온(H^+)과 함께 전자를 잃고 산화된다.

㉢ 이산화탄소는 수소이온과 전자가 붙어 포도당으로 환원된다.

㉣ 탄소고정(Carbon Fixation) : 이산화탄소의 탄소가 당으로 합쳐지는 과정

㉤ 광합성의 부산물로 산소가 발생한다.

$$6CO_2 + 6H_2O \xrightarrow[\text{엽록체}]{\text{빛에너지(686kcal)}} C_6H_{12}O_6(\text{당}) + 6O_2$$

② 벼의 잎과 광합성

㉠ 벼의 광합성은 주로 엽신에서 이루어진다. 엽초와 줄기 및 이삭에서도 광합성이 이루어지지만, 대부분 호흡으로 소모된다.

㉡ 단위면적당 광합성속도 : 분얼기에 최고에 달한 후 점차 감소하며 조생, 중생, 만생종 품종이 같은 경향을 보인다.

㉢ 대기 중 CO_2 농도의 3~3.5배까지는 거의 직선적으로 증가하지만 CO_2 농도가 약 1% 전후에 달하면 포화점에 도달한다.

㉣ 잎색과 광합성
- 잎색이 진한 품종일수록 엽록소의 함량이 많고 따라서 광합성량이 많다.
- 엽록체
  - 잎의 엽육조직에 많이 분포되어 있으며, 광합성이 일어나는 세포소기관이다.
  - 엽록체는 엽록소(Chlorophyll) a, b와 카로티노이드(Carotinoid) 색소가 있으며, 400~750nm의 빛을 흡수하고 흡수된 빛에너지는 모두 엽록소 a로 전달된다.

벼의 광합성에 영향을 주는 요인에 대한 설명으로 옳은 것은?

① 벼는 대체로 18~34℃의 온도범위에서 광합성량에 큰 차이가 있다.
② 미풍 정도의 적절한 바람은 이산화탄소 공급을 원활히 하여 광합성을 증가시킨다.
③ 벼는 이산화탄소 농도 300ppm에서 최대광합성의 45% 수준이지만, 2,000ppm이 넘어도 광합성은 증가한다.
④ 벼 재배시 광도가 낮아지면 온도가 낮은 쪽이 유리하고, 35℃ 이상의 온도에서는 광도가 높은 쪽이 유리하다.

답 ②

필 / 수 / 확 / 인 / 문 / 제

벼 식물의 단위면적당 물질생산에 대한 설명으로 옳지 않은 것은?

① 물질생산을 위한 광합성 적온은 20~33℃ 범위이다.
② 벼 식물 개체군의 최적엽면적지수가 작을수록 광합성량이 많다.
③ 직립초형은 수광태세를 좋게 하여 광합성량이 증가한다.
④ 재배 가능한 온도범위에서 기온이 높을수록 호흡량이 증가한다.

답 ②

벼의 포장동화능력을 증가시키기 위한 방안으로 옳지 않은 것은?

① 분얼이 개산형으로 이루어지도록 한다.
② 높은 최적엽면적지수를 확보한다.
③ 군락내의 엽면적을 최대로 확보한다.
④ 상위엽은 직립하고 잎의 공간적 분포가 균일하도록 한다.

답 ③

- 엽록소 a는 500~540nm의 파장을 반사해 녹색으로 보여 엽록소함량이 많을수록 잎색은 진해진다.
- 카로티노이드는 광이 지나치게 강할 경우 잎이 받는 피해를 방어하는 역할도 한다.

ⓜ 벼의 광합성 적온은 20~33℃이나 적온의 범위에서도 고온에서는 호흡량이 많아 건물의 생성량은 20~21℃의 비교적 저온에서 더 많다.

ⓗ 벼가 정상적인 광합성능력을 유지하려면 잎은 질소 2.0%, 인산 0.5%, 마그네슘 0.3%, 석회 2.0% 이상이 필요하며 부족 시 광합성은 직선적으로 감소한다.

ⓢ 단위면적당 수량은 개체군 광합성에 따라 달라지며, 다음 식과 같이 나타낼 수 있다.

- 개체군 광합성 = 단위엽면적당 광합성능력 × 엽면적지수 × 개체군의 수광태세(효율) - 엽신 이외의 호흡량
- 개체군의 광합성 향상은 광합성능력이 높은 품종의 선택과 비배관리로 개체군의 엽면적이 크고 수광태세를 좋게 해야 한다.

③ 엽면적지수(Leaf Area Index, LAI)와 광합성량

㉠ 엽면적지수

- 단위토지의 면적에서 자라는 개체군 전체엽면적을 면적으로 나눈 값으로 개체군의 엽면적 크기와 번무 정도를 나타낸다.
- 개체군의 엽면적지수가 커지면 엽신이 많아져 광합성량이 증가함과 동시에 번무로 인한 호흡도 증가한다.

㉡ 최적엽면적지수(Optimum LAI)

- 광합성량에서 호흡량을 차감한 순생산량이 최곳값을 나타내는 엽면적지수이다.
- 통일벼 품종은 6~8, 일반형 벼품종은 4~5이다.

㉢ 동일 품종일지라도 최적엽면적지수는 광도에 따라 달라진다.

㉣ 광도가 약하면 광합성에서 광포화점이 낮고 호흡은 계속 증가하여 최적엽면적지수가 낮고, 광도가 강한 경우 호흡량이 증가해도 광합성의 광포화점이 높아 최적엽면적지수가 높아진다.

④ 초형과 광합성

㉠ 개체의 광합성능력과 개체군의 엽면적지수가 같더라도 수광태세에 따라 광합성량이 다르게 나타난다.

㉡ 엽신의 직립은 광을 개체군 내부까지 투과시켜 광합성이 증가하며, 이 경우 광도가 강할수록 광합성량은 증가한다.

㉢ 광도가 개체군의 광합성에 미치는 영향은 생육시기에 따라 다르게 나타난다.

- 생육초기 분얼기에는 광도가 최대일조량의 30~40% 이상이면 광도와 관계없이 광합성량은 일정하게 나타난다.
- 최고분얼기가 되면 최대일조량의 60% 이상이어야 한다.
- 출수기는 일조량에 비례해서 광합성량이 증가한다.

㉣ 개체군의 수광태세는 엽신의 경사도에 따라 달라지며, 경사도가 작은 품종이 광의 이용효율이 높아 다수성이며 최근 육성품종들인 초형이 단간직립 품종은 최적엽면지수가 높고 비내성과 내도복성이 커서 다수성이다.

㉤ 다비재배를 하는 경우 잎이 늘어져 수광태세가 나빠진다.

⑤ 생육과정과 광합성

㉠ 개체군의 광합성은 모내기 때부터 분얼기까지 급격히 상승하여 유수분화기에 최곳값을 보이고 이후 출수기를 지나 수확기까지 계속 낮아지나 개체의 경우 모내기 후 얼마 안 되어 광합성이 최대로 되는데, 이는 엽신의 질소함량 변화와 일치한다.

㉡ 개체군의 엽면적지수 : 출수 직전까지 증가한 후 감소하여 수확기에 급격히 낮아진다.

㉢ 모내기 때부터 분얼기까지는 개체의 광합성능력은 높으나 엽면적지수가 낮으므로 엽면적의 확보가 필요해 건모육성, 조식, 초기 생육촉진을 위한 비배관리를 해야 하며, 이를 위해 생육초기 인과 질소를 충분히 시비하고 수온을 높여 분얼을 촉진해 엽면적을 크게 해야 한다.

㉣ 유수분화기는 개체군의 광합성이 가장 많을 때이며, 이때 질소의 과다는 과번무로 개체군의 수광태세가 나빠질 수 있으므로 식물체 내 질소를 제한하는 관리가 필요하다.

㉤ 시비관리 : 엽령지수 69~92(유수형성기) 사이는 질소질비료를 시비하지 않는 것이 개체군의 수광태세를 좋게 하며, 엽령지수 92 이후는 이삭거름을 주면 영화의 퇴화 방지와 엽신의 질소함량을 높여 광합성에 유리해진다.

㉥ 출수기

- 엽면적지수는 최대가 되며 호흡이 가장 활발한 시기이므로 광합성으로 탄수화물의 충분한 공급이 중요한데, 이를 위해 유수형성기에 질소공급을 제한하여 수광태세를 좋게 해야 한다.
- 이 시기 광합성량이 적으면 식물체가 약해지고 뿌리는 탄수화물 부족으로 뿌리 양의 감소로 수분흡수가 나빠져 등숙기간이 단축되어 등숙비율과 낟알무게가 낮아져 수량이 감소한다.

ⓢ 등숙기

- 이삭이 광을 차단하고 이삭의 무게로 벼의 자세가 흐트러져 개체군의 수광량이 적어지며 엽신의 질소가 이삭으로 급격히 이전하므로 광합성능력이 낮아지고 엽면적은 감소한다.
- 알거름으로 질소를 시비하여 잎의 엽록소 함량을 높이고 물걸러대기로 뿌리의 기능을 유지시키는 것이 중요하다.

(2) 저장물질의 축적과 등숙(여뭄, Ripening)

① 저장물질의 축적

㉠ 수정 후 4일부터 현미의 배유에 저장물질이 축적되며, 저장물질은 소지경의 유관속을 통해 자방의 배면 자방벽 내 통도조직으로 들어온다.

㉡ 배유에는 통도조직이 없어 배유로 이전된 저장물질은 세포를 통과해 배유 안쪽에 먼저 분열한 세포로 보내져 저장 형태로 바뀌어 축적된다.

㉢ 배유조직으로 이전된 저장물질은 대부분 수용성 탄수화물이며, 이것은 녹말로 합성되어 축적되고 배유 저장물질의 90% 이상이 녹말이다.

㉣ 배유의 녹말축적은 배유 가장 안쪽 세포부터 바깥쪽으로 옮겨가며, 수정 15일쯤 내부 녹말축적이 끝나고 30~35일쯤 호분층에 인접한 세포까지 이른다.

㉤ 배유의 단백질함량은 6~8%로 단백질과립에 축적되며, 호분층 안쪽 세포에 많다.

㉥ 지질함량은 2~3%로 약 30%는 배에 존재하며, 배유에서는 대부분 호분층세포의 지질과립에 저장된다.

㉦ 현미의 생체중은 수정 후 20일쯤까지는 직선적으로 증가하여 25일쯤 최고에 달하며, 건물중은 수정 후 10~20일 사이 급격히 증가하여 35일쯤 최대가 된다.

㉧ 현미의 수분함량은 수정 7~8일쯤 최고에 달한 후 계속 감소하여 수정 35일쯤부터 수확기까지 20% 정도를 유지한다.

② 등 숙

㉠ 식물학적으로 등숙은 배와 배유가 발달해 종자를 형성하는 과정이며, 이용면에서는 현미에 저장물질이 축적된다는 의미이다.

㉡ 벼의 등숙은 수정 다음날부터 시작된다.

㉢ 등숙 초기 배와 배유가 발달하고 광합성이 왕성하게 이루어지므로 일조량이 많고 온도가 비교적 높은 것이 유리하며, 20℃ 이하가 되면 배유의 세포분열이 늦어지고 광합성량이 작아져 등숙이 늦어진다.

㉣ 등숙 후기에 등숙장애가 없다면 저온이 고온보다 저장물질의 전류와 축적이 유리하며, 등숙 적온은 20~22℃이다.

㉤ 등숙기간의 주야간 온도차는 큰 것이 유리하다. 이는 밤의 기온이 높은 경우 광합성으로 생성된 탄수화물이 호흡기질로 많이 사용되어 이삭에 축적되는 양이 적어지기 때문으로 등숙에 가장 좋은 주야간 온도차는 주간 26℃, 야간 16℃이다.

㉥ 등숙기간은 일평균 적산온도와 관계가 있어 고온에서 등숙하게 되는데, 조생종의 등숙기간은 30~35일, 중생종은 40~45일, 비교적 저온에서 등숙하는 만생종은 50~55일 소요된다.

③ 시비와 등숙

㉠ 출수 이후 등숙이 시작되면 엽신의 가용성 단백질이 이삭으로 급격히 이전하고 엽록소도 분해되어 이삭으로 이전하게 되므로 등숙 시 엽신의 질소함량이 높으면 광합성량이 많고 광합성량의 60~70%는 질소함량으로 설명할 수 있어 벼의 등숙에는 질소의 영향이 크고 시비가 중요하다.

㉡ 이삭거름(수비)으로 질소를 시비하면 불임립(쭉정이)이 감소하고 출수 전 엽신의 광합성 능력이 높아진다.

㉢ 출수기 전후에 주는 시비인 알거름(실비)의 질소는 출수 후 생리적 활동중심잎의 엽록소 함량을 높게 하여 광합성능력이 향상되어 등숙을 좋게 한다.

㉣ 출수 전부터 체내 질소함량이 너무 높으면 수광태세가 나빠지고 광이 부족한 경우 등숙비율이 크게 떨어져 수량이 감소하고 미질도 나빠진다.

(3) 벼의 수량구성요소

① 건물중과 수확지수

㉠ 벼의 수량은 전체건물중과 수확지수에 의해 이루어진다.

㉡ 수량(Yield)

- 재배식물이 광합성으로 단위면적에서 생산하는 인간이 이용할 수 있는 부위의 무게를 의미한다.
- 벼의 수량 : 우리나라와 일본은 현미 또는 백미로 표시하고, 그 외 국가에서는 정조(알벼)로 나타낸다.
- 환산계수 : 현미를 정조로 환산할 때는 1.25를 곱해준다.

㉢ 벼의 수량

- 벼의 수량은 전체건물중과 수확지수를 곱하여 구한다.
- 벼의 수량 = 전체건물중 × 수확지수

벼의 수량 형성에 대한 설명으로 옳지 않은 것은?

① 초형, 엽면적, 엽록소 함량 등은 물질 생산에 관련된 형질이다.
② 배유 전분의 약 70%는 출수 전 축적량이고, 나머지 30%는 출수 후 동화량이다.
③ 벼의 수량구성 4요소는 단위면적당 이삭수, 이삭당 영화수, 등숙비율, 낟알무게이다.
④ 기상 요인 중 동화물질이 이삭으로 전류하는데 가장 큰 영향을 끼치는 것은 기온이다.

답 ②

㉣ 수확지수(Harvest Index, HI)

- 수확 시 식물체 지상부 전체건물중에 대한 벼수량의 비율로 전체건물중은 개체군의 광합성에 의해 결정되고 벼수량은 광합성산물의 축적결과이다.
- 전체건물중은 생물적 수량, 벼수량은 경제적 수량이라 할 수 있으며, 벼 수량이 높아지려면 전체건물중과 수확지수가 높아야 한다.
- 수확지수 = $\frac{\text{벼수량}}{\text{전체건물중}}$
- 수확지수 대신 볏짚의 무게에 대한 벼수량의 비율(조(租)/고비(藁比), Grain Straw Ratio)을 사용하기도 하는데 조/고비가 높은 것이 수량이 많다.

② 벼수량구성 4요소

㉠ 벼수량은 수수(단위면적당 이삭수)와 1수 영화 수(이삭당 이삭꽃 수), 등숙비율, 현미 1립중(낟알무게)의 곱으로 이루어지며, 이를 수량구성 4요소라 한다.

㉡ 수량 = 단위면적당 이삭수 × 이삭당 이삭꽃 수 × 등숙비율 × 낟알무게

적중예상문제

01 다음 중 세계 3대 식량작물로 구성된 것은?

① 벼, 옥수수, 밀 ② 밀, 벼, 감자
③ 밀, 보리, 고구마 ④ 벼, 밀, 보리

해설
세계 작물생산은 벼, 옥수수, 밀의 3대 식량작물과 보리와 콩 등의 곡류로 전 세계 농경지의 절반 정도가 이들 곡물을 주로 재배한다.

02 우리나라에서 쌀 재배면적이 가장 많은 지역은?

① 경 남 ② 경 기
③ 전 남 ④ 충 남

해설
전남 > 경북 > 경기 > 충남 > 전북 > 경남

03 다음 국가 중 쌀의 생산량이 가장 많은 국가는?

① 인 도 ② 미 국
③ 중 국 ④ 베트남

04 벼의 재배 및 이용적 특성과 거리가 먼 것은?

① 잡초의 발생을 억제한다.
② 인구 부양능력이 크다.
③ 관개수에 의해 천연양분이 공급된다.
④ 관개수에 의해 유해물질 축적으로 연작장해가 나타난다.

해설
벼의 재배 및 이용적 특성
- 많은 물이 필요하고 관개수에 의해 천연양분이 공급된다.
- 관개수에 의해 유해물질 제거로 연작이 가능하다.
- 잡초 발생을 억제한다.
- 단위면적당 수량이 많고 인구 부양능력이 크다.

05 볍씨의 발아에 관한 설명으로 옳지 않은 것은?

① 산소가 전혀 없는 조건에서의 발아율은 30% 미만이다.
② 산소가 부족한 조건에서는 초엽이 이상신장하고 유근은 거의 자라지 않는다.
③ 산소가 부족한 암조건에서는 중배축이 신장하여 정상적인 형태를 이루지 못한다.
④ 약 5cm 깊이에 파종하였을 때에는 중배축뿌리가 발생하여 수평으로 뻗는다.

해설
벼는 산소농도가 0.7%까지 낮아져도 100% 발아하며 산소가 전혀 없는 조건에서도 무기호흡으로 80%의 발아율을 보인다.

06 벼의 모는 2.5엽쯤부터 광합성을 시작하므로 이 때를 이유기라고 부르는데 배유의 저장양분이 완전 소모되는 시기는?

① 발아기 ② 이유기
③ 3엽기 ④ 4엽기

해설
본엽이 3매 나올 때까지는 주로 배유 저장양분으로 생장하고 4본엽기 이후에는 양분이 완전 소모되어 새로 신장한 뿌리에서 흡수되는 양분에 의해 생장한다.

정답 1 ① 2 ③ 3 ③ 4 ④ 5 ① 6 ④

07 다음 중 벼 종자 발아에 필요하지 않은 것은?

① 수 분　　② 온 도
③ 산 소　　④ 광

해설

종자의 발아에는 수분, 산소, 온도가 필수조건이고 벼의 발아는 광의 영향을 적게 받는다.

08 재배벼의 특징을 야생벼와 비교하여 올바르게 설명한 것은?

① 재배벼는 주로 자가수정을 하며 꽃가루 수가 적다.
② 재배벼는 종자의 탈립이 잘 되고 휴면성이 강하다.
③ 재배벼는 종자의 크기가 작고 수당 영화수가 적다.
④ 재배벼는 내비성이 약하고 종자의 수명이 길다.

해설

재배벼는 주로 자가수정을 하고 꽃가루수는 700~2,500개로 야생벼 3,800~9,000개보다 적다.

09 벼 종자의 발아에 대한 설명 중 옳지 않은 것은?

① 볍씨는 종자 중량의 약 23%의 수분을 흡수하면 발아가 가능하다.
② 수분흡수력은 품종 간에 차이가 없고 흡수속도는 수온에 따라 다르다.
③ 볍씨는 발아하는데 필요한 산소의 양이 다른 작물에 비하여 크다.
④ 광선은 볍씨의 발아에 직접적인 관계가 없지만 아생기관의 생장에 영향을 준다.

해설

벼는 발아에 필요한 산소의 양이 다른 작물에 비해 작으며 산소의 부족상태인 수중에서도 무기호흡으로 발아율이 80% 이상이다.

10 벼의 형태적 특징과 구조에 대한 설명으로 옳지 않은 것은?

① 잎몸에서 유관속과 유관속 사이에는 엽육세포가 3~5층으로 치밀하게 배열되어 있다.
② 줄기의 아랫부분 5~6개의 마디에는 신장절이 위치한다.
③ 이삭목 중앙에는 수강이 있고 그 주변에 대유관속이 10~12개 줄지어 있다.
④ 잎집 속에는 파생통기강이 유관속 1개당 1개로 형성되어 있다.

해설

벼 줄기는 마디와 절간으로 이루어져 있고 절간은 위쪽 4~5개는 길고 그 아래의 마디는 줄기 아랫부분에 밀집되어 분얼경을 내고 있는데 위쪽 4~5개 마디를 신장절이라 하고 그 아랫부분 마디를 분얼절이라 한다.

11 다음 중 벼의 생식기관의 꽃의 구성은?

① 암술 1개, 수술 3개
② 암술 1개, 수술 4개
③ 암술 1개, 수술 5개
④ 암술 1개, 수술 6개

12 벼에 관한 설명 중 옳지 않은 것은?

① 고랭지에서 조기육묘 시 저온발아성이 강한 것이 유리하다.
② 재배벼의 유수분화는 14시간 이상의 일장보다 10시간 전후의 일장조건하에서 촉진된다.
③ 조생종은 재배기간이 짧아 고위도지대에서 재배하기에 알맞다.
④ 감온성이 큰 벼 품종(blT)은 저온에 의해 유수분화가 촉진된다.

해설

감온성이 큰 벼 품종은 고온에 의해 유수분화가 촉진된다.

7 ④ 8 ① 9 ③ 10 ② 11 ④ 12 ④ 정답

13 벼 출수, 개화에 관한 설명으로 옳은 것은?

① 출수 당일 또는 다음날 개화하며 개화기간은 2일 정도이다.
② 벼의 개화 최적온도는 30~35℃이고 최고온도는 약 50℃이다.
③ 수분 후 수정까지 약 4일 소요된다.
④ 개화는 한 이삭에서 하위지경의 영화가 상위지경의 영화보다 빨리 일어난다.

해설
① 1이삭의 벼가 개화를 마치는데 소요되는 기간은 7일 정도이다.
③ 수분 후 4~5시간 내에 수정이 완료된다.
④ 상위지경의 영화가 하위지경의 영화보다 빨리 일어난다.

14 벼의 잎집, 줄기, 뿌리의 내부조직에 발달된 파생통기조직의 주요기능은?

① 광합성산물의 이동통로
② 산소의 공급통로
③ 수분의 이동통로
④ 식물체 지지조직

해설
지상부에서 뿌리로 산소를 운반하는 통로역할을 한다.

15 벼 분얼의 발생에 대한 설명으로 옳지 않은 것은?

① 모를 깊게 심을 경우 1차 분얼의 발생절위가 높아져 유효경수가 적어진다.
② 조기재배는 일반적으로 분얼기가 저온이기 때문에 보통기재배보다 분얼수가 적다.
③ 심수관개를 하면 주야간 온도교차가 작아져 분얼의 발생이 억제된다.
④ 직파재배에서는 통상 2~12엽절까지 이앙재배에서는 5~10엽절까지 분얼이 발생한다.

해설
② 조기재배는 일반적으로 분얼기가 저온이고 주야간의 온도 교차가 크므로 보통기재배보다 분얼수가 많다.

16 벼의 수분과 수정에 관한 설명으로 옳지 않은 것은?

① 중복수정으로 배와 배유를 만든다.
② 화분의 발아와 더불어 화분관세포가 화분관을 형성한다.
③ 암술머리에는 많은 가지세포가 있어 화분세포를 잘 수용한다.
④ 하루 종일 비가 오는 날은 타가수분비율이 높다.

해설
하루 종일 비가 오는 날은 꽃이 피지 않은 채 폐화수분이 일어나 자가수분이 일어난다.

17 벼의 영양생장에서 생식생장으로 전환되는 징조를 설명한 것으로 옳지 않은 것은?

① 주간 출엽전환기는 영양생장에서 생식생장으로 전환하는 징조이다.
② 절간신장이 시작되는 시기는 유수분화기, 즉 생식생장으로 전환되는 시기이다.
③ 출엽주기가 4~5일이던 것이 8일 정도로 늦어진다.
④ 수수절 분화기는 출수 전 25일경으로 엽령지수는 66~68이며 이때가 영양생장과 생식생장의 경계이다.

해설
수수절 분화기는 출수 전 30~32일경, 엽령지수는 68~76으로 이때 지엽으로 하위 4매째 잎이 추출되기 시작한다.

18 벼 줄기의 절간신장에 대한 설명으로 옳지 않은 것은?

① 절간신장 속도는 통상 1일에 2~10cm이다.
② 수수절간은 출수 전 10일경에 신장이 개시된다.
③ 수수절간은 출수 후에도 5~10일간 신장을 계속한다.
④ 줄기의 도복은 지표 부위의 하위 2개 절간이 길어져 발생한다.

해설
수수절간은 출수 후에도 1~2일 신장해 최대길이에 달하여 간장이 결정된다.

정답 13 ② 14 ② 15 ② 16 ④ 17 ④ 18 ③

19 벼 주간엽수가 8매일 때 분얼잎이 나오는 마디는?

① 3 ② 4
③ 5 ④ 6

해설
n엽과 n-3엽의 엽액에서 나오는 분얼의 제1엽은 동시 생장한다.

20 벼의 생장과 발육에 관한 설명 중 옳지 않은 것은?

① 감광성 품종은 단일조건에서 주간의 최종엽수가 늘어난다.
② 깊게 파종하면 초엽과 중배축이 모두 신장한다.
③ 적온 범위에서는 일교차가 커야 분얼이 많아진다.
④ 질소 시비량이 많으면 지상주/뿌리부(T/R율)가 커진다.

해설
감광성 품종은 단일조건에서 생식생장기로 전환하기 때문에 더 이상 주간엽수가 증가하지 않는다.

21 생식생장기에 해당하는 생육시기는?

① 이앙기 ② 묘대기
③ 분얼기 ④ 신장기

해설
- 영양생장기 : 묘대기, 이앙기, 착근기, 분얼기
- 생식생장기 : 신장기(유수형성기, 수잉기), 출수개화기, 결실기

22 벼 생육시기를 순서대로 바르게 나열한 것은?

① 수잉기 → 출수시 → 수전기
② 수전기 → 출수시 → 수잉기
③ 수전기 → 수잉기 → 출수시
④ 출수시 → 수잉기 → 수전기

23 벼 품종의 생육기간은 주로 어느 기간에 좌우되는가?

① 영양생장기 ② 생식생장기
③ 등숙기간 ④ 묘대기간

해설
이삭이 자라는 기간, 등숙기간은 품종의 조만성과 무관하게 거의 일정하므로 벼 생육기간의 길이는 영양생장기간의 길이에 따라 좌우된다.

24 벼의 유수분화가 시작되는 것은 일반적으로 출수 몇일 전에 일어나는가?

① 20일 전 ② 25일 전
③ 30일 전 ④ 35일 전

해설
유수형성기는 출수 전 25일경, 유수분화기는 출수 전 30일경

25 벼의 일생에 대한 설명으로 옳지 않은 것은?

① 생육기간은 품종과 재배환경에 따라 다르나 짧은 품종은 120일 정도이고 긴 품종은 180일 이상이다.
② 보통기재배시 이앙 후 35~40일경에 최고분얼기에 도달한다.
③ 출수기간은 1포기당 이삭수가 적은 경우에 짧고 많으면 길다.
④ 유수형성기는 유수의 길이가 2mm에 도달할 때로서 냉해, 한해 등의 환경재해에 가장 민감한 시기이다.

해설
수잉기가 냉해, 한해 등 환경재해에 가장 민감한 시기이다.

26 외부의 환경조건에 가장 민감한 시기는?

① 분얼기
② 이앙기
③ 유수형성기
④ 화분모세포 감수분열기

해설
생식생장기는 저온, 일조부족으로 유수의 형성과 생식세포의 감수분열이 저해되어 정상적 생식기관의 형성이 되지 못하거나 수분, 수정 등에 장해가 발생하여 불임현상이 나타나는 냉해, 한해 등 환경조건에 가장 민감한 시기이다.

정답 19 ③ 20 ① 21 ④ 22 ① 23 ① 24 ③ 25 ④ 26 ④

27 벼잎의 형태와 기능에 대한 설명으로 옳지 않은 것은?

① 성숙한 벼의 잎은 잎집과 잎몸으로 구성되어 있다.
② 제1본엽은 잎몸이 짧고 갸름한 스푼 모양이다.
③ 기공의 수는 차광처리에 의하여 감소된다.
④ 기동세포는 증산에 의한 수분손실을 줄이는 작용을 한다.

해설

제2본엽은 잎몸이 짧고 갸름한 스푼 모양이며 잎집이 3~5cm, 잎몸이 스푼 모양으로 잎집보다 짧아 2cm 정도 된다.

28 벼잎의 기공에 대한 설명으로 옳은 것은?

① 기공은 잎몸의 상·하 표피에만 발달하고 이삭축이나 지경의 표피에는 발달되어 있지 않다.
② 기공의 비율은 전체 엽면적에 대하여 1.6~1.8%로 다른 식물보다 월등히 높다.
③ 기공은 상위엽일수록 차광처리를 하면 기공수는 증가한다.
④ 기공수는 온대자포니카벼보다 왜성의 인디카벼에 많다.

해설

① 기공은 잎몸의 상·하 표피에, 녹색을 띠는 잎집과 이삭축, 지경의 표피에도 발달되어 있다.
② 기공의 비율은 전체 엽면적에 대하여 0.6~0.8%로 다른 식물과 비슷하다.
③ 기공은 상위엽일수록 많고 차광처리를 하면 감소한다.

29 다음 중 벼 인피의 수와 그 역할은?

① 5매, 씨방 보호
② 3매, 수분흡수 촉진
③ 4매, 수분흡수 억제
④ 2매, 개영기능

해설

인피는 2매(1쌍)이며, 개영(개화)작용에 도움을 준다.

30 벼의 호분층에 대한 설명으로 옳은 것은?

① 표피와 껍질세포 사이의 조직으로 밑씨껍질이 발달된 것이다.
② 배유의 가장 바깥부분으로 단백질과 지방이 가장 많은 부분이다.
③ 주로 전분이 축적되는 부분이다.
④ 백미에 가장 높은 비율로 함유되어 있다.

해설

배유의 가장 바깥층은 호분층이며 호분층에는 풍부한 단백질, 지질, 비타민 B가 포함되어 있다.

31 쌀알의 발달에 대한 설명으로 옳지 않은 것은?

① 쌀알은 길이, 너비, 두께의 순서로 발달한다.
② 수정 후 5~6일경이면 쌀알의 길이가 완성된다.
③ 수정 후 15~16일경이면 쌀알의 두께가 완성된다.
④ 수정 후 25일째 정도면 현미 전체 형태가 완성된다.

해설

수정 후 20~25일 후에 두께가 최대가 된다.

32 벼의 등숙에 관한 설명으로 옳지 않은 것은?

① 등숙 초기에는 일조량이 많고 비교적 높은 온도가 유리하다.
② 등숙 후기에는 등숙장해가 없다면 고온보다는 저온에서 유리하다.
③ 등숙기 기온이 높으면 생리적 성숙기가 빨라지고 천립중이 증가한다.
④ 등숙기간에 밤낮의 온도차가 큰 것이 유리하다.

해설

등숙기 기온이 높으면 생리적 성숙기가 빨라지고 천립중이 감소한다.

정답 27 ② 28 ④ 29 ④ 30 ② 31 ③ 32 ③

33 **벼 수량구성요소의 형성시기에 대한 설명으로 옳지 않은 것은?**

① 이삭수는 분얼성기에 강한 영향을 받으며, 영화분화기가 지나면 거의 영향을 받지 않는다.
② 이삭당 영화수는 제1차 지경분화기부터 영향을 받기 시작하고 영화분화기 때 가장 큰 영향을 받는다.
③ 등숙비율은 유수분화기부터 영향을 받기 시작하여 출수 후 35일을 경과하면 거의 영향을 받지 않는다.
④ 입중이 가장 감소되기 쉬운 시기는 감수분열성기와 등숙성기이다.

해설

이삭당 영화수는 제1차 지경분화기부터 영향을 받기 시작하고 제2차 지경분화기에 가장 큰 영향을 받는다.

34 **벼의 생육기간 중 등숙률 결정에 영향을 주는 시기로 가장 적합한 것은?**

① 황숙기부터 수확기까지
② 유수분화기부터 출수 후 35일경까지
③ 황숙기부터 출수 후 45일경까지
④ 출수 후 35일경부터 수확기까지

해설

등숙률은 유수분화기부터 영향을 받아 감수분열기, 출수기, 등숙성기에 가장 저하되기 쉬우며 출수 후 35일을 경과하면 영향을 받지 않는다.

35 **벼의 영양생장기에 대한 설명으로 옳은 것은?**

① 기본영양생장기간은 환경조건에 의해 달라진다.
② 기본영양생장기간은 조생종, 중생종, 만생종의 품종에 관계없이 일정하다.
③ 광합성에 의해 생성된 탄수화물은 영양생장기의 주된 양분이다.
④ 영양생장기는 출수기 직전까지의 기간이다.

해설

기본영양생장기는 환경조건에 크게 좌우되지 않는 유년기이며, 저위도 지방의 벼는 기본영양생장기가 길고 고위도 지방의 벼는 짧다.

36 **조생종 벼의 기상생태형의 특성으로 옳은 것은?**

① 감온성과 감광성이 모두 낮다.
② 감온성과 감광성이 모두 높다.
③ 감온성이 낮고 감광성이 높다.
④ 감온성이 높고 감광성이 낮다.

37 **벼 분얼에 영향을 미치는 환경조건에 대한 설명 중 옳은 것은?**

① 적온에서 주야간의 온도교차가 작을수록 분얼이 증가한다.
② 질소 함유율이 2.5% 이하일 때 분얼의 발생이 왕성하다.
③ 이앙재배 시 못자리에서 밀파상태로 생육하므로 하위절의 분얼눈은 휴면한다.
④ 모를 깊이 심을수록 유효경수가 많아진다.

해설

① 적온에서 주야간의 온도교차가 클수록 분얼이 증가한다.
② 질소 함유율이 2.5% 이하일 때 분얼의 발생이 정지된다.
④ 모를 깊이 심을수록 온도가 낮아지고 주야간 온도교차가 작아져 착근이 늦어지고 분얼이 억제되며, 1차 분얼의 발생절위가 높아지고 유효경수가 적어진다.

38 **벼의 이삭 발달에 대한 내용으로 옳지 않은 것은?**

① 일반적으로 분얼 증가가 멈출 무렵에 유수가 분화한다.
② 시원세포가 분열하여 포원세포를 만들고 이것이 발달하여 화분모세포가 된다.
③ 이삭 발달 과정에서 생식세포 형성기의 엽령지수는 76 정도이다.
④ 배주 속에서 발달한 배낭모세포는 세포분열을 거쳐 배낭을 형성한다.

해설

생식세포 형성기의 엽령지수는 95 정도이다.

33 ② 34 ② 35 ③ 36 ④ 37 ③ 38 ③ 정답

벼의 재배

필 / 수 / 확 / 인 / 문 / 제

제1장 재배환경

1 벼농사와 자연

(1) 벼농사와 자연환경

① 우리나라의 자연환경과 벼농사

㉠ 우리나라 기상은 4~6월에는 일사량이 충분하지만 강우가 부족하며, 7~8월에는 고온이지만 비가 많아 일사량이 부족하고, 9~10월에는 일사량은 충분하지만 비교적 온도가 낮다.

㉡ 봄철 가뭄으로 물이 부족해 제때 모내기가 어렵다.

㉢ 여름철 고온과 일조량 부족은 광합성에 비해 호흡으로 인한 소모가 많아 식물체가 연약해지기 쉽고 건물 축적이 불리하다.

㉣ 가을철은 일조량이 풍부하고 기온의 일교차가 커서 등숙에 알맞다.

㉤ 우리나라 기상환경은 재배기간 중 온도가 높고 강수량이 풍부한 편이며 일조시수, 일사량도 풍부하다.

㉥ 생육기간의 고온은 벼의 분얼 촉진, 이삭수 확보에 유리하다.

㉦ 등숙기 일조시수가 많고 일교차가 커 동화산물 생성과 전류가 활발해 수량을 증가시킬 수 있다.

② 벼의 재배지역 구분

㉠ 우리나라는 벼농사 지대를 생육과 생산에 영향을 미치는 기후요소를 종합하여 11개 지역으로 구분한다.

㉡ 적응품종에 따른 우리나라 벼의 재배지역 구분과 주요 지역

- 중만생종~만생종 : 서남부해안(고흥, 장흥, 무안, 고창, 부안, 서천), 남부해안(부산, 김해, 진해, 창원, 고성)
- 중만생종 : 호남평야(화순, 나주, 장성, 순창, 김제, 논산), 영남평야(함안, 합천, 경산, 김천, 영천)

온실효과로 인해 벼 재배에서 나타나게 될 예측 현상으로 옳지 않은 것은?

① 안전출수기가 현재보다 빨라진다.
② 벼 재배 가능지가 확대된다.
③ 벼의 생육기간이 연장된다.
④ 등숙기의 고온으로 수량 감소가 예상된다.

답 ①

- 중생종 : 중부평야(안성, 평택, 여주, 원주, 용인), 남부 중산간지(보은, 예천, 안동, 구례, 함양), 중서부 해안(당진, 홍성, 인천, 김포, 강화), 동남부 해안(울주, 영일, 영덕, 포항)
- 조생종 : 중산간지 및 중간지(철원, 제천, 양양, 진안, 무주), 동북부 해안(고성, 양양, 강릉)
- 극조생종 : 고랭지(평창, 인제, 정선)

③ 이상기상과 벼 재배

㉠ 온실효과(Greenhouse Effect)와 벼 재배

- 원인 : 온실효과의 주요 원인은 자연적 또는 인위적으로 발생하는 이산화탄소(CO_2), 메탄가스(CH_4), 아산화질소(N_2O) 등 온실가스에 의한 열흡수 때문이다.
- 온실효과가 벼 재배에 미치는 영향
  - 온실효과로 인한 기온의 상승은 안전출수기가 현재보다 늦어져 벼의 재배 가능지역이 확대될 것으로 예측된다.
  - 벼의 품종과 재배양식의 변화가 예측된다.
  - 벼의 생육기간의 연장으로 조생종 재배지역은 중생종으로, 중생종 재배지역은 만생종으로 변동이 일어날 것으로 예측된다.
  - 등숙온도에 알맞은 재배시기로 변경하게 되면 기온의 상승으로 생산량 증가가 예측된다.

㉡ 엘니뇨현상과 벼 재배

- 엘니뇨현상
  - 엘니뇨현상이란 열대 태평양 적도 부근에서 남아메리카 중태평양에 이르는 넓은 범위에서 해수면 온도가 지속적으로 높아지는 현상으로 2~7년에 한 번씩 불규칙하게 발생하며, 주로 9월에서 다음해 3월 사이에 발생한다.
  - 우리나라에서는 1982~1983년, 1986~1987년, 1992~1993년, 1994~1995년, 1997~1998년 발생하였으나 전형적인 엘니뇨는 아니었다.
- 엘니뇨현상이 벼 재배에 미치는 영향
  - 쌀 작황은 엘니뇨가 시작되는 해는 특별한 영향이 없어 전국 평균 평년작 이상이었으나, 국지적으로는 엘니뇨가 쇠퇴하는 해에 기상조건이 좋지 않아 작황이 불안정하였다.
  - 엘니뇨가 발생하는 해 심한 가뭄으로 모내기를 못하거나 집중호우, 여름철 저온, 일조부족 등으로 큰 피해가 발생하였다.
  - 엘니뇨현상의 영향으로 기상이변이 지속되는 경우 쌀 작황에 결코 유리한 상황은 아니다.

필 / 수 / 확 / 인 / 문 / 제

(2) 온도환경

① 생육온도

㉠ 식물은 품종에 따라 생육을 위한 최저온도, 최고온도, 최적온도가 있고 온도교차도 중요한 요인이다.

㉡ 벼의 생육에는 품종과 온도의 지속시간, 주야간 변온, 식물체의 나이와 영양상태의 영향을 받는다.

㉢ 일반적인 벼의 생육온도

- 최저온도 : 10~13℃
- 최적온도 : 30~32℃
- 최고온도 : 36~38℃

② 적산온도(積算溫度, Sum of Temperature)

㉠ 식물의 생육에 필요한 열량을 나타내기 위한 것으로 생육일수 동안의 일평균기온과 기준온도의 차를 합산한 것이다.

㉡ 벼의 적산온도는 지역, 품종에 따라 차이를 보이며 2,500~4,400℃ 범위이다.

③ 벼의 생육기간과 기온 및 수온의 관계

㉠ 이앙 후 유수형성기 사이 수온의 영향을 많이 받는다.

㉡ 유수형성기에서 수잉기 사이에는 수온과 기온의 영향을 동시에 받는다.

㉢ 수잉기 이후 등숙기까지는 기온의 영향을 크게 받는다.

㉣ 영양생장기의 낮은 온도는 분얼과 생장량이 적어지고 생육의 지연으로 출수가 늦어진다.

㉤ 생식생장기의 낮은 온도는 임실과 등숙의 불량으로 수량 감소의 원인이 된다.

㉥ 분얼기의 낮은 수온은 양분의 흡수가 적어지며, 특히 인산과 질소의 흡수가 적어진다.

④ 벼의 저온피해

㉠ 냉 해

- 의의 : 벼의 생육기간 중 기온이나 수온이 적온보다 낮아 벼가 피해를 받는 현상이다.
- 냉해를 입기 쉬운 시기는 수잉기, 감수분열기, 등숙기와 못자리 때이다.

㉡ 냉해의 유형

- 장해형 냉해
  - 벼가 수잉기와 출수기에 저온으로 수분과 수정장해가 일어나 불임률이 높아져 수량이 감소하게 된다.
  - 수잉기 일평균기온인 17℃에서 화분(꽃가루)의 발육이 저해된다.

벼의 재배와 온도와의 관계에 대한 설명으로 옳은 것은?

① 이앙후부터 유수형성기까지는 주로 기온의 영향을 크게 받는다.
② 유수형성기부터 수잉기까지는 기온의 영향을 받지 않고 주로 수온의 영향을 크게 받는다.
③ 수잉기 이후에는 주로 기온의 영향을 크게 받는다.
④ 통일형 벼는 일반형 벼에 비하여 온도 요구도가 다소 낮다.

답 ③

벼의 장해형 냉해로 발생하는 전형적인 피해는?

① 영화의 분화 감소
② 이삭수의 감소
③ 불임립의 증가
④ 발육 정지립의 증가

답 ③

필 / 수 / 확 / 인 / 문 / 제

벼에서 지연형 냉해의 피해 양상에 해당하는 것은?

① 수잉기와 개화·수정기에 화기피해에 따른 불임 유발
② 영양생장기의 저온에 의한 출수지연 및 등숙률 저하
③ 출수개화기에 냉온피해로 인한 이삭추출의 불량 유발
④ 저온에서 생리작용 저하로 인한 냉도열병의 발생

답 ②

벼 냉해의 방지 및 피해경감에 대한 설명으로 옳지 않은 것은?

① 유기질 및 규산질비료를 시비하여 작물체를 튼튼하게 한다.
② 장해형 냉해가 우려되면 이삭거름을 주지 않도록 한다.
③ 이삭이 밸 때 저온인 경우에는 논에 물을 대어주는 것이 좋다.
④ 냉해가 상습적으로 발생하는 지역은 안전한 만생종을 재배한다.

답 ④

- 출수기 일평균기온인 20℃에서는 수분이 이루어지더라도 화분의 발아와 수정이 잘 이루어지지 않아 불임이 발생한다.
- 장해형 냉해는 화분이 들어 있는 꽃밥의 단백질이 감소하고 호흡활성이 낮아지며, 화분에 양분을 공급하는 타페트세포(Tapetal Cell)의 이상비대로 기능을 하지 못하게 된다.

• 지연형 냉해
  - 등숙의 불량으로 수량이 감소하게 된다.
  - 영양생장기 저온은 뿌리 내림의 불량과 초기 생육 지연으로 분열이 억제되어 단위면적당 이삭수가 감소된다.
  - 출수기가 늦어지며 발육정지립 증가, 등숙비율 저하, 난알무게의 감소 등 등숙이 불량하게 된다.
  - 출수가 지연되어도 가을에 온도가 높아 저온이 늦게 오면 냉해로 인한 수량의 감소는 크지 않다.
  - 벼는 품종과 무관하게 온도에 민감하여 이앙 후 출수기까지 일평균기온이 1℃ 증가하면 출수기가 3~7일 빨라진다.
• 병해형 냉해 : 기온과 수온이 낮으면 냉도열병으로 생육 및 수량의 감소가 발생한다.
• 종합형 냉해
  - 생육 중 장기간 저온은 지연형, 장해형, 병해형 냉해가 복합적으로 발생하게 된다.
  - 피해가 가장 크게 나타나며, 수량 감소가 가장 크다.

㉢ 냉해에 따른 시비대책
• 규산질과 유기질 비료의 시비로 벼를 튼튼하게 한다.
• 냉해가 우려될 때에는 질소의 시용량을 줄인다.
• 고랭지에서 벼의 재배 시 인과 칼륨을 20~30% 더 시비한다.
• 고랭지에서 인산을 더 시비하면 단위면적당 이삭수와 이삭꽃 수가 많아지고 등숙비율도 높아진다.
• 장해형 냉해가 우려될 때는 이삭거름을 시비하지 말고 지연형 냉해 예상 시에는 알거름을 생략한다.

㉣ 벼 생육시기별 냉해
• 육묘기
  - 냉해양상 : 묘의 생육이 불량해지며 적고, 입고병, 뜸모가 발생한다.
  - 생육적온은 15~25℃이며, 한계온도는 13℃이다.
• 착근기
  - 냉해양상 : 뿌리내림이 불량해지고 잎끝이 말라서 죽는다.
  - 생육적온은 25~28℃이며, 한계온도는 13℃이다.

- 분얼기
  - 냉해양상 : 분얼수가 감소하며 생장의 억제와 지연, 적고가 발생한다.
  - 생육적온은 23~32℃이며, 한계온도는 15℃이다.
- 수잉기
  - 냉해양상 : 이삭가지의 퇴화와 벼꽃이 감소하거나 벼꽃의 발육이 정지된다.
  - 생육적온은 23~30℃이며, 한계온도는 17℃이다.
- 감수분열기
  - 냉해양상 : 화분의 발육 저해와 불량, 불임의 유발, 이삭길이가 단축된다.
  - 생육적온은 23~33℃이며, 한계온도는 17℃이다.
- 출수개화기
  - 냉해양상 : 출수와 개화의 지연, 수정장애와 불임의 유발, 이삭목의 추출불량이 발생한다.
  - 생육적온은 23~33℃이며, 한계온도는 17℃이다.
- 등숙기
  - 냉해양상 : 등숙의 지연과 불량, 미질과 수량의 저하, 낟알의 무게가 감소한다.
  - 생육적온은 20~26℃이며, 한계온도는 14℃이다.

ⓜ 등숙기 일교차
- 일교차는 벼 생육과 수량에 큰 영향을 미치며 등숙기에 낮 24~26℃, 밤 15~16℃에서 등숙비율과 천립중 증가가 커진다.
- 등숙 초기에는 많은 일조량과 비교적 높은 온도가 유리하며, 일반적으로 고온은 성숙기간을 단축시킨다.
- 주야간의 온도차가 커지면 등숙에 유리해진다.
- 벼 결실에 알맞은 온도는 출수 후 10일간은 낮 29℃, 밤 19℃이며, 그 후는 낮 25(24~26)℃, 밤 15℃ 정도이다.
- 등숙기의 기온이 높으면 생리적 성숙기는 빨라지고 천립중은 감소한다.
- 등숙 후기에 등숙장애가 없다면 저온이 고온보다 유리하다.
- 평균 등숙최저온도는 자포니카형은 17℃, 통일벼는 19℃이다.
- 등숙기간
  - 조생종 : 30~35일
  - 중생종 : 40~45일
  - 만생종 : 50~55일

- 등숙적산온도
  - 의의 : 등숙기간 중 낮과 밤의 온도를 평균하여 합산한 온도이다.
  - 자포니카형은 880℃, 통일벼는 770℃이며, 최근 우리나라에서 재배되는 대부분의 품종은 일반적으로 800~1,100℃ 정도이다.

ⓗ 수확적기
- 출수 후 35~40일이며, 종실 발달이 완료되어 수확이 가능하다.
- 수량, 도정 특성, 품위 등을 종합한 수확적기는 현미 발달이 완료된 출수 후 40~50일이다.
- 출수 후 극조생종은 40일, 조생종은 40~50일, 중만생종과 만식재배는 50~55일에 수확하는 것이 적당하다.

(3) 광환경

① 일장(日長)과 일사량(日射量)

㉠ 일 장
- 하루의 낮과 밤의 길이를 일장이라 하며, 낮의 길이가 14시간 이상이면 장일(長日), 12시간 이하이면 단일(短日)이라 한다.
- 일장은 벼의 감광성에 영향을 미쳐 출수기를 결정하며, 벼는 단일작물로서 낮의 길이가 짧아지면 출수가 빨라진다.
- 중생종과 만생종은 감광성이 감온성보다 더 크고 조생종은 감온성이 감광성보다 더 커 온도가 높을수록 출수가 빨라진다.

㉡ 일사량
- 벼는 햇빛이 강한 것이 생육에 유리하다.
- 풍부한 일조는 생육이 건전해지고, 병충해에 견디는 힘이 커지며 등숙이 양호해져 수량이 증가한다.

② 광합성

㉠ 벼의 광합성은 주로 엽신에서 이루어진다.

㉡ 단위면적당 광합성 속도는 분얼기에 최고가 되고 그 후 점차 감소한다.

㉢ CO_2 : 대기 중 농도의 3~3.5배까지 직선적으로 증가하지만, 약 1% 전후에서 포화점에 도달하게 된다.

㉣ 잎의 색이 진한 품종은 엽록소 함량이 많아 광합성량이 증가한다.

㉤ 벼의 광합성 적온은 20~33℃이나 고온에서 호흡량이 증가하여 건물생산량은 20~21℃의 온도에서 더 높게 나타난다.

㉥ 개체군의 광합성 = 단위엽면적당 광합성 속도 × 엽면적지수 × 개체군의 수광태세 - 잎 이외의 호흡량

㉦ 개체군의 광합성 증가를 위해서는 품종, 비배관리로 개체군의 엽면적을 증가시키고, 수광태세를 좋게 해야 한다.

③ 생육단계와 광합성 및 호흡

㉠ 생육단계에 따른 광합성과 호흡량

- 개체의 광합성 능력은 모낸 후 가장 높다.
- 유수분화기에 개체군의 광합성은 가장 높다.
- 개체군의 엽면적지수는 출수 직전에 가장 크다.
- 엽신 외 엽초와 줄기의 호흡량은 출수기에 가장 높다.

㉡ 생육시기별 광합성 대책

- 이앙기부터 분얼기까지의 생육 초기
  - 엽면적의 확보를 위한 건모 육성, 조식, 초기 생육촉진을 위한 비배관리가 필요하다.
  - 인과 질소를 충분히 시용하고 수온을 높여 초기 분얼을 촉진하여 엽면적을 크게 한다.
- 유수분화기(이삭이 생길 때)
  - 질소를 과용하는 경우 과번무와 수광태세가 불리해져 광합성이 감소하므로 질소를 제한하는 재배관리가 필요하다.
  - 수잉기 웃거름은 엽령지수가 69~92 사이일 때 시비하며, 질소는 시비하지 않는 것이 수광태세를 좋게 한다.
  - 수잉기에 엽령지수 92 이후 이삭거름은 이삭꽃 퇴화의 방지 및 엽신의 질소함량을 높여 광합성에 유리하다.
- 출수기(이삭을 팰 때)
  - 호흡량이 가장 많은 시기이므로 광합성을 충분히 촉진하여 탄수화물을 충분히 공급하는 것이 좋다.
  - 광합성의 저하는 등숙기간의 단축, 등숙비율 및 입중이 낮아져 수량이 감소한다.
- 등숙기
  - 이삭이 밖으로 나와 햇볕을 차단하고 줄기가 약한 경우 도복 등으로 개체군의 수광량이 줄어든다.
  - 마지막에 덧거름과 알거름으로 잎의 엽록소 함량을 높여준다.
  - 물걸러대기로 뿌리의 생리적 기능을 유지시켜야 한다.

필 / 수 / 확 / 인 / 문 / 제

벼의 생육기 중 용수량이 큰 순서부터 바르게 나열된 것은?

㉠ 이앙활착기	㉡ 무효분얼기
㉢ 수잉기	㉣ 출수기

① ㉠ > ㉡ > ㉢ > ㉣
② ㉠ > ㉣ > ㉢ > ㉡
③ ㉢ > ㉠ > ㉣ > ㉡
④ ㉢ > ㉡ > ㉠ > ㉣

답 ③

물 관리와 벼의 생육에 관한 설명으로 옳지 않은 것은?

① 논에서 자란 벼의 요수량은 밭작물인 콩보다 높다.
② 실제 벼 재배에 필요한 용수량은 요수량보다 많다.
③ 논에 대야 할 관개수량은 벼의 용수량에서 유효강우량을 빼주어야 한다.
④ 물이 가장 많이 필요한 시기는 이삭이 밸 때이다.

답 ①

(4) 수분환경

① 강 우

㉠ 강 우

- 벼는 물이 충분해야 이앙 후 활착이 잘되고 식물체가 튼튼하게 자랄 수 있다.
- 우리나라의 연 강수량은 약 1,200~1,300mm 정도이고 대부분 벼의 생육기인 여름에 비가 내리며, 모내기 때 강수의 부족으로 모내기가 늦어지는 경우도 있다.

㉡ 용수량

- 용수량 : 벼농사 기간 중 논의 관개에 소요되는 수분의 총량이다.

용수량 = 엽면증산량 + 수면증발량 + 지하침투량

- 엽면증산량은 증발계 증발량의 약 1.2배 정도이다.
- 수면증발량은 증발계 증발량과 비슷하다.
- 지하침투량은 토성에 따라 다르게 나타나며, 평균 500mm 정도이다.
- 유효강우량은 관개수로 들어오는 강우량을 의미하며, 강우량의 약 75%이다.
- 관개수량
  - 관개수량 = 용수량 − 유효강우량
  - 우리나라 논의 관개수량은 10a당 900~1,400톤 정도이다.

㉢ 벼의 생육기별 용수량

- 물을 가장 많이 필요로 하는 시기 : 수잉기 > 이앙활착기 > 출수개화기 > 무효분얼기 순으로 수잉기에 물이 가장 많이 요구된다.
- 물을 가장 적게 필요로 하는 시기 : 무효분얼기 > 등숙기 초기 > 유효분얼기 > 분얼감소기 순이다.

② 요수량

㉠ 요수량 : 건물 1g의 생산에 소비되는 수분량으로 소비되는 수분량이 거의 증산량으로 증산계수라고도 한다.

㉡ 벼의 요수량은 300~450g 정도이며 논벼 211~300g, 밭벼 309~433g이다.

㉢ 작물별 요수량

- 호박 : 830g
- 밀 : 513g
- 보리 : 423g
- 옥수수 : 370g
- 콩 : 307~429g

③ 관개수

㉠ 관개수가 풍부한 경우 강우가 적은 것이 일사량과 일조시수가 충분하게 확보되므로 벼의 생육을 튼튼하게 할 수 있고 수량이 증가한다.

㉡ 장 점

- 못자리 초기에 어린모를 냉온으로부터 보호한다.
- 수잉기에 냉해방지효과가 있다.
- 양분을 공급한다.
- 잡초발생의 억제와 전염병 등을 방제한다.
- 양분의 흡수를 돕는다.

㉢ 단 점 : 담수상태의 지속은 토양을 강한 환원상태로 만들어 뿌리의 발육과 활력을 감퇴시킨다.

(5) 바 람

① 연 풍

㉠ 연풍 : 풍속 3~4m/sec 이하의 바람이다.

㉡ 증산작용을 왕성하게 하여 양분의 흡수가 많아진다.

㉢ 군락 내부로 CO_2의 공급과 농도를 균일하게 하여 광합성에 유리하다.

㉣ 수분을 조장한다.

② 강 풍

㉠ 강풍 : 풍속 5~6m/sec 이상의 바람이다.

㉡ 벼에 스트레스를 주어 기공을 닫게 한다.

㉢ 물리적 상처로 식물체의 건조, 병원균의 침입을 조장한다.

㉣ 출수 후 이삭목 조직이 약할 때의 태풍은 이삭도열병 발생을 증가시키고, 백수현상이 나타난다.

㉤ 개화와 수정을 방해한다.

㉥ 등숙기에 도복을 유발한다.

(6) 토양환경

① 논토양의 특성

㉠ 논은 담수(湛水, Flooding)라는 특수환경으로 물리·화학적 조건이 밭토양과는 현저한 차이를 보인다.

㉡ 논토양의 환원과 토층분화 : 논에서 갈색의 산화층과 회색(청회색)의 환원층으로 분화되는 것을 논토양의 토층분화라고 하며, 산화층은 수 mm에서 1~2cm이며 작토층은 환원되고, 이때 활동하는 미생물은 혐기성 미생물이다. 작토 밑의 심토는 산화상태로 남는다.

논토양의 특성에 관한 설명으로 옳지 않은 것은?

① 논에 담수가 되면 산소 공급이 억제되어 산화환원전위가 낮아진다.
② 습답은 건답에 비하여 환원성 유해물질 생성에 의한 수락을 일으키기 쉽다.
③ 염해답은 일반적으로 통기가 불량하고 제염과정에서 무기염류의 용탈이 심하다.
④ 사질답은 양분 보유력이 약하므로 요소비료를 심층시비하는 것이 유리하다.

답 ④

필 / 수 / 확 / 인 / 문 / 제

벼 재배에서 시비에 대한 설명으로 옳은 것은?

① 보통답에서 밑거름의 전층시비는 표층시비보다 질소 비료의 이용률을 높여준다.
② 늦게 이앙한 논일수록 새끼칠거름의 시비량을 늘린다.
③ 일조시간이 적은 논이나 도복발생이 잦은 논에서는 질소질과 인산질의 시비량을 줄인다.
④ 이삭거름은 종실의 입중을 증가시키기 위해 시비하며, 질소 성분이 쌀알의 단백질 함량을 높인다.

답 ①

다음 중 논토양에서 탈질현상 발생을 억제하기 위한 가장 좋은 시비 경우는?

① 암모니아태질소를 심층시비할 때
② 요소태질소를 산화층에 시비할 때
③ 요소태질소를 환원층에 시비할 때
④ 암모니아태질소를 산화층에서 시비할 때

답 ④

ⓒ 산화환원전위와 pH
- 산화환원전위의 경계는 0.3V이며, 논토양은 0.3V 정도로 청회색을 띤다.
- 미숙한 유기물을 많이 시용하거나 미생물이 왕성한 도양은 산소 소비가 많아서 Eh값이 0.0 이하가 된다.
- 산화환원전위는 토양이 산화될수록 높아지고, 환원될수록 떨어진다.

ⓓ 양분의 유효화
- 산화상태의 철이나 망간은 수도에 대한 이용률은 낮지만, 환원되면 용해도가 증가하여 양분으로 흡수된다.
- 논이 물에 잠겨 있으면 유기물이 축적되는 경향이 있으며, 물이 빠지면 유기태질소가 분해되어 질소는 흡수되기 쉬운 형태로 변한다.
- 물속에서 환원상태가 발달하면 토양에 있던 인산이 흡수되기 쉬운 상태로 된다.

ⓔ 논토양에서의 탈질현상
- 비료로 사용한 암모니아 또는 토양유기물이 분해하여 생긴 암모니아이다.
  - 환원상태의 논토양에서 암모늄태(NH_4^+)로 안정하게 존재한다.
  - 논토양의 산화층에서 암모늄태질소는 질산화 작용에 의하여 질산태질소(NO_3^-)로 산화된다.
- 음이온인 NO_3^-는 환원층으로 이행되고, 여기서 질산환원균에 의하여 환원되므로 탈질현상이 일어나 질소가 손실된다.
- 질소질 비료를 논에 시용할 때에는 탈질현상을 막기 위하여 될 수 있는 대로 환원층에 들어가도록 전층시비(심층시비), 환원층 시비를 하는 것이 비료의 이용률을 높이는 시비법이 된다.

ⓕ 관개수에 의한 양분 공급 : 논에 관개되는 물에는 여러 가지 종류의 양분이 녹아 있다. 관개수에 함유된 양분의 농도는 낮다 해도, 많은 양의 물이 공급되므로 관개수에 의하여 토양은 적지 않은 양분을 공급받게 된다.

② 바람직한 논토양의 성질

ⓐ 작 토
- 작물의 뿌리가 자유롭게 뻗어 양분을 흡수하는 곳으로, 너무 얕으면 보비력이 떨어지고 뿌리의 발달이 충분하지 않다.
- 유기질이 풍부해야 한다.
- 참흙, 질참흙이 알맞고 모래흙은 보수력・보비력이 약하며, 질흙은 물의 침투가 너무 적어 좋지 않다.

㉡ 유효 토심 : 뿌리가 작토 밑으로 더 뻗어 나갈 수 있는 깊이를 말한다.

㉢ 투수성

- 논토양에서 투수성은 매우 중요한 성질 중의 하나로 관개수가 하루 20~30mm 정도씩 빠지는 것이 좋다.
- 뿌리에 신선한 물이 공급되면서 뿌리 호흡을 돕는다.
- 뿌리 활력의 증진으로 양분의 흡수를 좋게 한다.

㉣ 토 성

- 모래의 함량과 점토의 함량에 따라 토성을 나타낸다.
- 모래논의 경우 질흙으로 객토하여 물이 지나치게 빠지는 것을 개량해야 한다.
- 질흙논의 경우 암거배수시설로 물 빠짐을 좋게 해야 한다.

③ 비료와 양분

㉠ 질 소

- 질소는 식물세포의 원형질 구성인 단백질의 주성분으로 분얼과 엽면적을 증대시킨다.
- 질소의 시용은 엽록소 함량의 증가로 잎의 광합성이 증가한다.
- 벼의 뿌리가 암모니아성 질소로 흡수하고 아미노산을 거쳐 단백질을 합성한다.
- 질소 과잉
  - 줄기와 잎이 무성하게 자라 광합성 능률이 떨어진다.
  - 등숙기의 도복은 등숙률이 떨어지고 쌀의 품질도 나빠진다.
  - 식물체가 연약하게 자라 도열병, 잎집무늬마름병, 이화명나방, 흑명나방, 벼잎말이나방 등 각종 병충해 발생이 많아진다.
- 질소 결핍
  - 오래된 잎의 가장자리부터 시작되어 잎의 중앙부위까지 황백화현상이 발생한다.
  - 잎에 황화현상이 나타나고, 키가 작아지면서 분얼이 잘 되지 않는다.

㉡ 인 산

- 세포핵 구성의 주성분인 핵산에 들어있다.
- 세포 증식이 활발한 분얼기에 필요하고, 생육시기에 세포분열과 뿌리의 생장 등 생체조직의 발달에 필요하다.
- 에너지의 전달과 저장에 관여하는 ATP를 만든다.
- 출수 후 인산은 많이 이동되어 저장된다.
- 한랭지 재배 시 생육 초기 온도가 낮아 인산 흡수가 나빠지므로 육묘기에 인산을 충분히 흡수시키면 이앙 초기에 모의 활착이 좋아진다.

필 / 수 / 확 / 인 / 문 / 제

비료 3요소 성분 중 고구마의 흡수율이 높은 것을 순서대로 나타낸 것은?

① 칼륨 > 질소 > 인산
② 질소 > 인산 > 칼륨
③ 인산 > 칼륨 > 질소
④ 질소 > 칼륨 > 인산

답 ①

필 / 수 / 확 / 인 / 문 / 제

벼의 생육과정 중 양분의 흡수·이용에 대한 설명으로 옳지 않은 것은?

① 벼의 무기양분 중 단백질의 구성성분인 질소는 생육초기보다 생육후기에 많이 흡수된다.
② 양분 흡수는 뿌리 끝 2~3cm 부위에서 이루어진다.
③ 벼의 생식생장기에는 건물중이 증가하며, 세포벽 물질인 리그닌과 셀룰로오스 등이 많이 만들어진다.
④ 벼에서 양분의 체내 이동률은 인, 황, 마그네슘, 칼슘 순으로 저하된다.

답 ①

다음 무기원소 중 필수원소가 아니면서 화곡류에서 많은 양이 검출되며 중요한 생리적 역할을 하는 것은?

① Si
② K
③ P
④ Mg

답 ①

- 인산 결핍
  - 엽신은 황록색을 띠고 가늘어지며, 체내 단백태질소가 적어지며 암모니아성 질소나 저급 아미노산 화합물 함량이 증가하여 도열병에 걸리기 쉽나.
  - 출수와 성숙기가 늦어져 수량이 감소하게 된다.

㉢ 칼 륨
- 단백질 구성성분은 아니나 단백질 합성에 필요한 원소이다.
- 식물이 가장 많이 흡수하는 성분 중 하나이다.
- 결 핍
  - 광합성 능력이 감퇴되고, 호흡의 증가로 잎과 줄기에 저장되는 전분의 양이 적어진다.
  - 잎의 끝이나 둘레가 황화하고 하위엽이 떨어지며, 결실이 잘 이루어지지 않는다.
  - 단백질 합성능력이 떨어져 줄기에 가용태질소 함량이 증가하여 도열병, 좀균핵병, 깨씨무늬병 등 각종 병에 걸리기 쉽다.
- 벼의 출수 25~30일 전 유수형성기는 칼륨이 결핍되기 쉬운 시기이므로 이 시기에 칼륨질 비료를 시용하면 수량의 감소를 방지할 수 있다.

㉣ 규 소
- 벼가 가장 많이 흡수하는 무기성분으로 수확기의 볏짚에 건물중의 10%가 함유되어 있다.
- 엽신과 줄기, 왕겨의 표피조직에 많이 함유되어 있다.
- 엽신의 표피세포 큐티쿨라층 안쪽에 침전하여 단단한 실리콘층을 형성하고 세포막 부근에 실리카 – 셀룰로오스 혼합층을 형성한다.
- 벼는 식물체 규소/질소질 비율이 클수록, 규산질 비료 시용량이 많을수록 건전한 생육을 하며, 벼의 잎을 곧추세워 수광태세를 좋게 한다.
- 잎을 튼튼하게 하고 병해충 저항성을 높인다.
- 표피의 증산을 억제하여 수분 스트레스를 방지하고 광합성이 촉진된다.
- 생리작용에는 관여하지는 않는다.
- 결 핍
  - 잎과 줄기가 연약해지고 도복에 대한 피해가 커진다.
  - 수광태세가 나빠진다.
  - 도열병, 깨씨무늬병 등 병해에 걸리기 쉽다.

ⓜ 칼 슘

- 분열조직의 생장과 뿌리 발육에 관여한다.
- 토양산도를 교정한다.
- 체내 유독한 유기산을 중화하고, 알루미늄의 과잉흡수 억제로 그 독성을 경감한다.

ⓑ 마그네슘

- 엽록소의 구성성분이다.
- 결핍 시 하위엽의 황화와 엽맥 사이에 황백화현상이 일어나고 줄기나 뿌리의 생장점 발육이 나빠진다.

ⓢ 황

- 아미노산 중 메티오닌, 시스틴, 시스타인의 구성성분이다.
- 부족 시 엽록소 형성이 억제되고 황화한다.

ⓞ 철과 망간 : 논토양에서 결핍되기 쉬운 성분은 아니지만, 노후화답에서 용탈에 의한 결핍증상이 발생하기도 한다.

ⓙ 몰리브덴

- 질소환원효소의 구성성분이다.
- 질소대사 및 근류균의 질소 고정에 필요하다.
- 콩과작물에 함량이 많고, 결핍 시 황백화·모자이크병에 가까운 증세가 나타난다.

ⓒ 양분의 흡수장해

- 황화수소(H_2S)에 의한 흡수저해 : P_2O_5 > K_2O > SiO_2 > NH_4^+-N, MnO > H_2O > CaO, MgO
- 저온에 의한 흡수저해 : SiO_2 > P_2O_5 > K_2O > NH_4 > MnO > CaO
- 일산화탄소(CO)에 의한 흡수저해 : K_2O > SiO_2 > NH_4^+-N > H_2O

ⓚ 벼의 영양장애 증상

- 칼륨과 마그네슘 결핍 시 엽맥 사이가 황백화현상이 나타난다.
- 질소와 황의 결핍 시 잎 전면에 황백화현상이 나타난다.
- 체내 이동이 잘되는 질소, 인, 칼륨, 황 등의 결핍 시 하위엽에서 결핍증상이 먼저 발생하며, 이는 하위엽의 양분이 상위엽으로 쉽게 이동하기 때문이다.
- 체내 이동이 잘되지 않는 철, 붕소, 칼슘 등의 결핍 시 상위엽에서 결핍증상이 나타나며, 이는 하위엽에서 양분이 상위엽으로 이동하기 어렵기 때문이다.
- 무기양분의 과잉 흡수는 하위엽에 많이 집적되어 보통 하위엽에서 과잉증상이 나타난다.

벼 생육과정과 영양과의 관계에 대한 설명으로 옳지 않은 것은?

① 생식생장기에 접어들면 질소와 인산의 흡수량이 적어지며 칼슘, 마그네슘, 규산의 농도가 높아진다.
② 영양생장기에는 질소, 인산, 칼륨 등을 많이 흡수하고, 단백질을 만들며 줄기와 잎을 키운다.
③ 출수 후 상위엽의 생존수와 동화력의 대소는 쌀알의 등숙에 큰 영향을 미친다.
④ 출수 후에도 질소대사는 활발하게 일어나 동화산물의 대부분은 종실에 집적된다.

 ④

• 논토양에서 환원상태가 심한 경우 벼 뿌리가 흑색이 되고 악취가 발생하며, 황화수소 장애가 나타난다.

2 우리나라의 논토양

(1) 우리나라 논토양의 특징

① 특 징

㉠ 모래땅이 많고 부식과 각종 무기염류의 함량이 적다.

㉡ 토양산도가 강하다.

㉢ 작토층이 얕고 비옥도가 떨어져 생산력이 약하다.

㉣ 보통답이 32% 정도이며 생산력이 떨어지는 미숙답, 사질답, 습답, 염해답 등이 68%에 다라한다.

② 우리나라 논토양의 단점

㉠ 병충해, 냉해, 가뭄 등에 대한 저항성이 약하다.

㉡ 산성도가 강하고 유기물 및 각종 무기염류 함량이 적어 생산력이 떨어지는 저위생산답이 많다.

(2) 논의 분류

① 작부방식에 따른 분류

㉠ 1모작답 : 벼농사로 1년 1회 재배하는 논이다.

㉡ 2모작답 : 1년 2회 작물을 재배하는 논으로 후작물로 보리를 많이 짓는다.

㉢ 윤답 : 2~3년씩 벼농사와 밭농사를 돌려 짓는 논으로, 윤답은 지력이 향상되고 잡초와 병충해 피해가 적어진다.

② 수리상태에 따른 분류

㉠ 수리안전답 : 상황에 따라 물을 대고 뺄 수 있는 논이다.

㉡ 수리불안전답 : 관개와 배수가 자유롭지 못한 논이다.

㉢ 천수답 : 관개를 강우에만 의존하는 논이다.

㉣ 습답 : 배수가 불량한 습한 논이다.

㉤ 저수답 : 겨울에 물을 잡아 두었다가 이듬해 못자리에 물을 대는 논이다.

㉥ 누수답 : 물이 빨리 새는 논으로, 1일 100mm 정도 투수되는 논이다.

㉦ 냉수답 : 냉수가 솟아나는 논이다.

(3) 논의 종류와 특성

① 담수논의 기능

㉠ 토양유실을 방지한다.

㉡ 지력보존시스템을 갖추고 있다.

㉢ 온도를 조절한다.

㉣ 염류집적을 방지한다.

㉤ 연작을 가능하게 한다.

㉥ 홍수조절과 지하수 함양, 수질과 대기의 정화역할을 하기도 한다.

㉦ 야생담수어와 곤충의 보호, 자연경관 유지, 보건휴양 등 공익적 역할을 한다.

② 종류와 특성

㉠ 건답(乾畓, 보통답)

- 토양의 특성과 지형상 벼의 재배기간에는 물을 대어 담수상태가 되지만, 물을 빼면 배수가 되어 벼의 수확 후 마른 논상태가 된다.
- 생산력이 높고 답리작이나 답전작을 할 수 있으며, 농기계 사용이 편리하다.
- 건답기간 중 토양이 산화되고, 담수기간 중에도 유기물 분해가 잘 되어 습답에서 발생하는 과도한 환원현상이 일어나지 않아 습답에 비해 수량성이 높다.

㉡ 누수답(漏水畓, 사질답)

- 자갈이나 모래가 많고 작토가 얕아 물의 지하침투가 과다하여 물의 보유력이 극도로 약한 논이다.
- 누수가 심하여 수온과 지온 및 식물 체온을 낮게 해 냉해가 유발되고, 한해를 입기 쉽다.
- 양분의 용탈이 심하여 토양이 척박해지며 벼의 생육이 불량해진다.
- 점토로 객토하고 유기물을 증시하여 토성을 개량해야 한다.
- 밑다짐이나 호밀과 귀리 같은 녹비작물의 재배, 시용으로 누수를 경감시킬 수 있다.
- 누수답의 시비는 분시비율을 높이고 완효성비료를 시용하며, 심층시비를 피하는 것이 비료의 유실을 방지할 수 있다.
- 토양개량제인 벤토나이트(Bentonite)의 시용이 누수방지에 효과적이다.

㉢ 미숙답(未熟畓)

- 개간지, 간척지가 논으로서 기능을 완전히 발휘하지 못하는 논이다.
- 토층단면이 단단해 뿌리가 깊게 들어가지 못해 생육에 불리하다.

필 / 수 / 확 / 인 / 문 / 제

논토양의 특성에 관한 설명으로 옳지 않은 것은?

① 논에 담수가 되면 산소 공급이 억제되어 산화환원전위가 낮아진다.
② 습답은 건답에 비하여 환원성 유해물질 생성에 의한 수락을 일으키기 쉽다.
③ 염해답은 일반적으로 통기가 불량하고 제염과정에서 무기염류의 용탈이 심하다.
④ 사질답은 양분 보유력이 약하므로 요소비료를 심층시비하는 것이 유리하다.

답 ④

- 유기물 함량이 낮은 식양질, 식질토양으로 배수가 불량하다.
- 유기물의 다량 시용, 심경 등 토양의 물리성을 개선하여 개량한다.

㉣ 습답(濕畓)

- 배수가 잘 되지 않아 도양이 항상 포화상내 이상의 수분을 가지고 있는 논이다.
- 유기물 분해가 적고 환원상태가 계속되며, 미숙유기물이 혐기 분해되고 작토 중 유기산의 집적으로 뿌리 생장과 흡수작용에 장애를 준다.
- 토양수분이 많아 지온이 낮고 환원상태의 유지로 토양이 청색을 띤다.
- 벼 뿌리의 발달이 좋지 않고 잠재지력의 발현이 약하며, 여름철 기온이 높아지면 유기물이 급격히 분해되어 토양이 더 강한 환원 상태로 되어 황화수소의 발생이 많아 뿌리썩음을 일으키기 쉽다.
- 생육 후기 질소과다로 병해, 도복의 발생으로 추락현상이 유발되기 쉽다.
- 습답의 개량
  - 배수와 객토로 지하수위를 낮춘다.
  - 벼를 휴립재배한다.
  - 황산암모늄, 황산칼륨 등의 황산기 비료와 미숙퇴비의 시용을 피한다.
  - 철분 등의 보급을 위하여 객토한다.
  - 석회, 규산석회 등을 시비하여 산성의 중화와 부족성분의 보급을 꾀하고 질소의 시용량을 줄인다.

㉤ 추락답(秋落畓, 노후화답, Autumn Declining Paddy Field)

- 상습적으로 추락현상이 나타나는 논이다.
- 추락현상([秋落現像, Autumn Decline, Akiochi Phenomena) : 여름철까지 잘 자라 영양생장이 좋던 벼가 유수형성기부터 갑자기 아랫잎이 말라 죽으며, 깨씨무늬병이나 그 외 병의 발생도 많아지고 수량이 몹시 떨어지는 현상이다.
- 추락답의 원인
  - 환원작토층이 진행된다.
  - 철, 망간, 마그네슘 등의 용탈로 결핍이 발생한다.
  - 환원상태에서 황화수소가 발생한다.
  - 깨씨무늬병이 주로 발생한다.
- 개량 : 무기성분이 풍부한 흙으로 객토하거나 토양개량제, 유기물을 시용하고 심경한다.

ⓗ 염해답(鹽害畓)

- 간척지 논으로 염분농도가 높아 벼의 생육이 정상적으로 이루어지지 못하는 논이다.
- 간척지의 경우 염분농도가 0.3% 이하일 때 벼를 재배할 수 있으며, 0.1% 이상에서는 염해가 발생하므로 0.1% 이하로 낮추기 위해 담수상태를 유지한다.
- 개 량
  - 관개수를 자주 공급하여 제염한다.
  - 석회의 시용으로 산성을 중화하며, 염분의 용탈을 쉽게 한다.
  - 석고, 토양개량제 등을 시용하여 물리성을 개선한다.

ⓢ 특수성분의 결핍과 과잉 토양

- 토양 모재의 특성상 본래부터 특수성분이 결핍되는 경우가 있으며, 광산 등 오염원의 영향으로 특정 성분의 결핍 또는 과잉이 될 수 있다.
- 아연 결핍 논
  - 석회암 지대, 옥천계 토양, 염해지에서 발생하기 쉽다.
  - 황산아연을 10a당 3kg 정도의 시용으로 개량한다.
- 중금속 오염 논
  - 광산, 공장폐수의 유입으로 카드뮴, 구리, 비소, 납, 아연 등의 중금속 피해가 나타나는 논이다.
  - 객토의 실시, 석회나 유기물의 시용으로 중금속을 흡수하지 못하게 해서 피해를 줄일 수 있다.

③ 논토양의 지력증진

㉠ 유기물의 시용

- 볏짚을 재료로 한 퇴비는 3요소 외에 규산을 다량 함유하고 있어 벼를 튼튼하게 하고 토양의 물리·화학적 성질을 개량한다.
- 유기물은 토양의 물리성을 개선하고, 분해되면서 양분의 공급원이 되고 토양 중 효소 활성을 높인다.
- 비료와 제초제 성분의 흡착원으로 작용하여 비료의 효율을 높이고, 약해 감소에도 기여한다.
- 토양온도를 높인다.
- 유기물 함량이 2.5%에 미치지 못하는 경우 볏짚, 보릿짚, 두엄 등을 시용한다.
- 도복 우려가 있으므로 화학비료는 기비 비율을 줄이고, 추비 비율을 늘린다.
- 우리나라 조건의 경우 유기물을 다년간 시용하여도 유기물 함량이 3.2%를 넘지 못한다.

필 / 수 / 확 / 인 / 문 / 제

다음 중 벼의 생육이 가능한 염분의 한계 농도는?

① 0.3%
② 0.5%
③ 1.0%
④ 1.5%

답 ①

㉡ 객토(客土, Soil Dressing)
- 객토 : 토양개량을 목적으로 성질이 다른 흙을 가져다 섞는 일이다.
- 참흙의 비율이 15% 미만이고, 사질답과 경토심이 얕고 하층에 모레와 자갈 등이 많아 심경을 할 수 없는 논에서 효과가 크다.
- 배수가 매우 불량한 중점토는 모래의 객토로 점토함량이 15% 정도가 되도록 한다.
- 양질의 점토와 철, 규산, 마그네슘, 망간 등의 보급효과가 있다.

㉢ 심경(深耕, Deep Plowing, Deep Tillage)
- 심경 : 작토 깊이가 18cm 이상이 되도록 경운을 깊게 하는 것을 말한다.
- 경토가 얕은 토양은 추락이 일어나기 쉽고 도복이 많으며, 가뭄에 약하다.
- 심경은 벼의 뿌리뻗음과 생리적 기능의 증대로 생육 후기까지 건전한 생육이 가능하게 한다.
- 심경은 넓은 범위의 양분과 수분 등을 이용할 수 있어 지상부 생육이 좋고 한해와 병충해에 대한 저항성도 증가해 건전한 발육을 할 수 있다.
- 심경 시 유의사항
  - 일시에 심경을 하게 되면 심토가 많이 올라와 작토 내에 섞여 작물의 생육에 불리하게 되므로 비료, 특히 유기물을 많이 시비하여야 한다.
  - 생육기간이 짧은 산간지와 만식재배 시 심경에 의해 후기 생육 지연과 성숙이 늦어져 등숙이 불량해지는 경우가 있으므로 과도한 심경은 피하는 것이 좋다.
  - 심경을 할 때 한 번에 하지 말고 해마다 서서히 심경을 늘리고 유기질 비료를 증시하여 비옥한 작토층을 깊게 만드는 것이 바람직하다.
  - 누수가 심한 사력답은 심경을 하면 양분의 용탈이 심해지므로 심경을 피하는 것이 바람직하다.

㉣ 규산질 비료의 시용
- 벼의 안전한 다수확을 위해서는 많은 양의 규산이 필요하다.
- 규산질 비료의 시비는 수량 증가와 등숙률이 높아져 쌀의 품위가 향상된다.
- 우리나라 논은 천연공급량만으로는 규산이 부족한 경우가 많다.
- 병충해와 냉해 및 도복의 상습 발생지와 규산 시용 후 4년이 경과한 논에 시비하면 좋다.

- 규산의 함량이 130ppm 미만인 논에 시용한다.
- 시용시기는 추경(秋耕), 춘경(春耕) 전으로 최소한 기비의 시용 2주 전까지는 시용을 마친다.

㉤ 녹비작물의 재배

- 녹비작물의 재배는 토양유기물을 증대시키고 지력을 증진시킨다.
- 지력증진 목적의 녹비작물 재배는 결실기에 담수 후 로터리 경운을 하며, 모내기 전 분해촉진을 위해 규산질 비료나 석회를 시비하여 부숙을 촉진시킨다.
- 화본과 녹비작물의 경우 질소비료를 10a당 3~4kg을 시비하면 부숙에 도움이 된다.

㉥ 간척지 토양의 개량

- 염해가 나타나는 논의 개량은 10cm 정도 얕게 경운한 후 자주 물을 갈아대어 염분을 제거한다.
- 질소질 비료의 시비는 황산암모늄으로 인산질 비료는 과석으로, 칼륨질 비료는 황산칼륨으로 주는 것이 좋다.
- 황산아연을 10a당 3kg을 주어도 효과적이다.
- 관·배수시설로 제염과 이상적 환원상태의 발달을 방지한다.

④ 노후화 논과 그 개량

㉠ 노후화 논 : 논의 작토층으로부터 철이 용탈됨과 동시에 여러 가지 염기도 함께 용탈·제거되어 생산력이 몹시 떨어진 논을 노후화 논이라 한다. 물빠짐이 지나친 사질의 토양은 노후화 논으로 되기 쉽다.

㉡ 추락현상 : 노후화 논의 벼는 초기에는 건전하게 보이지만, 벼가 자람에 따라 깨씨무늬병의 발생이 많아지고 점차로 아랫잎이 죽으며, 가을 성숙기에 이르러서는 윗잎까지도 죽어 버려 벼의 수확량이 감소하는 경우가 있는데, 이를 추락현상이라 한다.

㉢ 추락의 과정

- 물에 잠겨 있는 논에서 황 화합물은 온도가 높은 여름에 환원되어 식물에 유독한 황화수소(H_2S)가 된다. 만일, 이때 작토층에 충분한 양의 활성 철이 있으면 황화수소는 황화철(FeS)로 침전되므로 황화수소의 유해한 작용은 나타나지 않는다.
- 노후화 논은 작토층으로부터 활성철이 용탈 되어있기 때문에 황화수소를 불용성의 황화철로 침전시킬 수 없어 추락현상이 발생하는 것이다.

다음 중 추락현상의 원인으로 부적당한 것은?

① 벼의 양분 흡수가 저해된다.
② 황화수소가 생성되어 벼뿌리를 상하게 한다.
③ 논의 작토층에 철분이나 망간이 과잉 축적된다.
④ 노후화답이 가장 큰 원인이다.

 ③

필 / 수 / 확 / 인 / 문 / 제

다음 중 추락현상과 관련성이 적은 것은?

① 황화수소
② 노후화답
③ 깨씨무늬병
④ 내염재배

답 ④

다음 중 노후화답을 개량하는 방법이 아닌 것은?

① 황산근 비료의 시용
② 규산질 비료의 시용
③ 함철물의 시용
④ 객 토

답 ①

㉣ 노후화 답의 재배대책
- 저항성 품종을 선택한다.
- 황화수소의 발생원이 되는 황산근이 포함된 비료를 피하고 무황산근 비료를 시용한다.
- 조기재배로 추락을 경감시킨다.
- 후기 영양의 확보를 위해 추비의 강화, 완효성 비료의 시용, 입상이나 고형 비료의 시용 등을 한다.
- 후기 영양의 결핍 시 엽면시비를 한다.

㉤ 추락현상의 대책
- 야산의 붉은 흙인 산적토로 객토한다.
- 규산질 비료를 시용한다.
- 심경한다.
- 황산암모늄, 황산칼륨 등 황산기 비료의 시용을 금한다.
- 유기질 비료의 시용 : 유기물이 너무 많이 집적된 습답은 뿌리가 피해받기 쉽고, 누수답은 비료성분의 유실, 갈이흙이 얕은 토양은 비료성분의 부족으로 추락현상이 발생한다.

㉥ 노후답의 개량
- 객토는 양질의 점토와 철, 망간, 규산, 마그네슘 등의 보급효과가 크며, 10a당 10~20톤을 객토한다.
- 심경으로 침전된 철분 등을 다시 작토층으로 되돌린다.
- 갈철광분말, 비철토, 퇴비철 등의 함철자재를 시용한다.
- 규산질 비료를 시용한다.

제2장 벼의 품종

1 벼

(1) 벼의 분류

① 생태적 특성에 따른 분류

㉠ 현재 재배 중인 벼는 인디카형(Indica Type), 온대자포니카형(Temperate Japonica), 열대자포니카형(Tropica Japonica, Javanica)으로 구분한다.

㉡ 온대자포니카형의 특징

- 종실은 타원형이며, 탈립이 어렵다.
- 엽색이 진한 녹색이며, 초장이 작다.
- 어린모의 내냉성은 강하나 내건성은 약한편이다.

㉢ 인디카형의 특징

- 종실이 세장형이며, 쉽게 탈립한다.
- 엽색은 담녹색이며, 초장이 크다.
- 어린모의 내냉성은 약하나 내건성은 강하다.

② 재배조건에 따른 분류

㉠ 논벼(水稻) : 논에 심는 벼

㉡ 밭벼(陸稻) : 밭에 심는 벼

③ 형태에 따른 분류

㉠ 간장 : 키에 따라 장간, 단간으로 구분하거나 대도, 중도, 소도, 왜도로 구분하기도 한다.

㉡ 종실의 길이

- 종실 길이에 따라 협립도, 세장립도, 장립도, 단립도로 구분한다.
- 단원형, 중간형, 세장형으로 구분하기도 한다.

㉢ 종실의 크기

- 종실 크기에 따라 대립도, 중립도, 소립도로 구분한다.
- 우리나라 밥쌀용인 온대자포니카 품종은 대부분 소립종이다.

㉣ 까락 : 종실에 붙는 까락 유무에 따라 무망종과 유망종으로 구분한다.

④ **생육기간에 따른 분류** : 파종부터 등숙까지 생육일수에 따라 조생종, 중생종, 만생종으로 구분하며, 중생종과 만생종 사이 중만생종을 추가해 구분하기도 한다.

⑤ 구성성분에 따른 분류

㉠ 쌀에 함유된 전분의 종류에 따라 메벼와 찰벼로, 향기 정도에 따라 상향미종과 고향미종으로 구분하기도 한다.

㉡ 멥 쌀

- 저장된 전분이 아밀로스(Amylose)는 약 8~37%, 아밀로펙틴(Amylo-pectin)은 63~92%로 구성되어 있다.
- 요오드화칼륨용액에 청자색으로 착색된다.

㉢ 찹 쌀

- 저장전분의 대부분이 아밀로펙틴만으로 구성되어 있어 찰기가 강하고 쌀의 내부까지 호화가 잘 된다.
- 구조상 소화효소인 α-Amylase의 작용이 용이해 멥쌀보다 소화가 잘 된다.
- 요오드화칼륨용액에 적갈색으로 염색된다.

⑥ 과피색에 따른 분류

㉠ 백색미종과 유색미종으로 구분한다.

㉡ 유색미종은 흑미, 적미 등으로 구분된다.

아시아 벼의 생태종에 관한 설명으로 옳지 않은 것은?

① 인디카는 종자의 까락이 없으나 열대자포니카는 있는 것과 없는 것이 모두 존재한다.
② 인디카는 내냉성이 약하지만 온대자포니카는 강하다.
③ 온대자포니카는 아밀로오스 함량이 35% 내외이고 열대자포니카는 10~20% 정도이다.
④ 인디카는 종자의 낟알모양이 가늘고 긴 반면, 온대자포니카는 짧고 둥근 편이다.

답 ③

(2) 벼 생태형의 특성

① 인디카형

㉠ 어린모의 내냉성은 약하나 내건성은 강한편이다.

㉡ 분얼이 많고 분얼개도는 개장형이다.

㉢ 엽색은 담녹색이고 초장이 크다.

㉣ 식물조직이 연하다.

㉤ 쌀알은 세장형이고 무망종이며, 탈립이 쉽다.

㉥ 아밀로오스 함량이 높아 끈기가 적으며, 퍼석퍼석하다.

㉦ 동남아시아, 중국 남부지방, 서남아시아 등에서 주로 재배된다.

② 온대자포니카형

㉠ 종실은 단원형으로 탈립이 어렵다.

㉡ 엽색은 진한 녹색이며, 초장이 작다.

㉢ 어린모의 내냉성은 강하나 내건성은 약하다.

㉣ 분얼수는 중간, 분얼개도는 폐쇄형이다.

㉤ 식물조직이 연하다.

㉥ 키와 이삭의 길이가 짧고 까락은 재래종은 유망종, 개량종은 무망종이다.

㉦ 아밀로스 함량이 낮아 끈기가 있다.

㉧ 우리나라, 중국 북부지방, 일본 등에서 주로 재배된다.

③ 열대자포니카형
㉠ 종실모양은 대형이다.
㉡ 엽색은 담록색이다.
㉢ 어린모의 내냉성과 내건성은 중간 정도이다.
㉣ 분얼이 적고 분얼개도는 폐쇄형이다.
㉤ 식물조직이 단단하다.
㉥ 이삭의 까락은 유망종이며, 탈립 정도는 어렵다.
㉦ 끈기는 중간 정도이다.
㉧ 인도네시아, 지중해 연안, 남아메리카 일부, 이탈리아 등에서 재배된다.

(3) 우리나라 벼의 품종

① 벼의 품종
㉠ 계통학적으로 종자식물문, 피자식물아문, 단자엽식물강, 영화목, 화본과 벼속에 속한다.
㉡ 벼속에는 약 20여종이 있으며, 대부분 야생종이고 재배 벼는 *Oryza sativa*가 대부분이다.
㉢ 염색체수는 2n = 24로 n = 12의 2배체 식물이고, 게놈은 AA로 약 1만 개의 염기로 구성되어 있다.
㉣ 자가수정 식물이다.

② 우리나라 벼 품종의 변천사

구 분	연 대	품 종	내 용
재래종 시대	1910년 이전	다다조, 맥조, 노인조, 조동지 등	우리나라 논의 100%가 재래종을 재배하던 시기
재래종 교체시대	1910~1920	조신력, 곡량도 등	재래종 대신 일본에서 도입된 품종의 재배가 급속히 증가하던 시기
도입종 시대	1920~1935	곡량도, 다미금, 은방주 등	일본 도입종이 주류를 이루던 시대
국내 육성종 보급시대	1935~1945	은방주, 곡량도, 육우132호 등의 도입종도 재배	1933년 최초로 남선13호, 풍옥 등이 보급되었고, 그 후 많은 국내 육성종이 등장한 시기
국내 육성종 및 도입종 병용시대	1946~1970	• 국내육성종 : 팔달, 팔굉 등 • 주요도입종 : 은방주, 농림 6호 등	국내육성종과 도입종이 같이 재배되던 시기
통일형 품종시대	1971~1980	주요 통일형 품종 : 통일, 유신, 밀양21호, 밀양23호 등	통일형 품종은 단간수중형 초형으로, 다비성이고 내병충성으로 수량이 높음

필 / 수 / 확 / 인 / 문 / 제

구 분	연 대	품 종	내 용
통일형 품종 시퇴시대	1981~1990	• 주로 재배되던 통일형 : 밀양21호, 밀양23호, 밀양 30호 등 • 온대자포니카 품종 : 낙동벼, 추청 등	–
양질, 다용도 품종시대	1991~2000	• 취반용 : 조생종 오대벼, 진부벼, 진미벼 등과 중생종 일품벼, 화성벼, 장안벼 등 중만생종인 동진벼, 추청벼 등 • 초다수성 : 다산벼, 남천벼, 안다벼, 아름벼 등	용도별 다양하고 많은 품종이 개발되었다. • 양조용 : 양조벼 • 직파용 : 대안벼 • 가공용 대립품종 : 대립1호 • 향미품종 : 향미1호, 향남벼 • 거대배미 : 고봉벼
고품질 및 기능성 품종시대	2000년 이후	• 기능성 품종 : 흑진주벼, 적진주벼, 흑남벼, 흑광벼 등 유색미와 향미벼1호, 향미벼2호, 미향벼, 흑향 등의 향미 • 비만억제용 품종 : 고아미1호, 고아미2호 등	• 2000년 이후 고품질 정책으로 바뀌면서 고품질과 특수미 품종의 보급이 확대 • 2004년 고품질 18개를 선정 • 고품질 쌀 적극 장려

재배벼의 특징을 야생벼와 비교하여 올바르게 설명한 것은?

① 재배벼는 주로 자가수정을 하며 꽃가루 수가 적다.
② 재배벼는 종자의 탈립이 잘 되고 휴면성이 강하다.
③ 재배벼는 종자의 크기가 작고 수당 영화수가 적다.
④ 재배벼는 내비성이 약하고 종자의 수명이 길다.

답 ①

③ 재배벼와 야생벼

㉠ 재배벼의 야생벼와의 차이
- 타식비율이 낮다.
- 종자의 크기가 크다.
- 탈립성이 약하다.
- 휴면성이 없거나 매우 약하다.
- 내비성이 크고 감광성과 감온성은 둔감한 편이다.
- 저온에 견디는 힘이 약하다.

㉡ 야생벼는 내병성, 내충성, 내재해성 등을 위한 육종소재로 이용되고 유전 및 생태학 연구소재로 가치가 높다.

㉢ 재배벼와 야생벼의 특성 비교

구 분		재배벼	야생벼
번식특성	번식방법	종 자	종자 및 영양번식
	종자번식의 양식	자식성 (타식성은 약 1%)	주로 타식성 (30~100%)
	개화부터 개약까지 시간	개화와 동시에	29분
	암술머리 크기	작 다.	크 다.
	수술당 꽃가루 수	700~2,500개	3,800~9,000개
	꽃가루 수명	3분	6분 이상
	꽃가루 확산거리	20m	40m

구 분		재배벼	야생벼
종자특성	종자 크기	크 다.	작 다.
	10이삭당 종자의 수	많 다.	적 다.
	종자 모양	집약형으로 길고 촘촘한 모양	분산형으로 작고 흩어진 모양
	탈립성	탈립이 어렵다.	탈립이 쉽다.
	휴면성	없거나 약하다.	매우 강하다.
	종자 수명	짧 다.	길 다.
	까 락	없거나 짧다.	강인하고 길다.
내비성	–	강하다.	약하다.
생태특성	생존연한	1년생	1년생과 다년생
	감온성과 감광성	민감~둔감하다.	모두 민감하다.
	내저온성	약하다.	강한 것이 분화

2 벼의 특성

(1) 벼 품종의 주요 특성

① 조만성(早晩性, Earliness)

㉠ 벼 품종의 숙기가 빠르거나 늦는 특성을 의미한다.

㉡ 출수기를 기준으로 조생종, 중생종, 중만생종, 만생종으로 구분한다.

- 조생종 : 7월 26일에서 8월 5일
- 중생종 : 8월 6일에서 8월 15일
- 중만생종 : 8월 16일에서 8월 25일
- 만생종 : 8월 26일 이후

㉢ 조만성의 결정 요인

- 조만성 차이는 주로 영양생장기간에 좌우되며, 조만성 결정의 주요 요인은 주로 기본영양생장성, 감온성, 감광성 등이다.
- 기본영양생장성
  - 일장과 온도의 영향을 받지 않는 성질을 기본영양생장성이라 하며, 생식생장으로 생육상의 전환에 필요한 최소한의 생육기간이 필요하다.
  - 기본영양생장성이 크고 감광성과 감온성이 작은 품종은 주로 저위도 지대에서 재배된다.

벼 품종의 주요 특성에 대한 설명으로 옳지 않은 것은?

① 조생종은 생육기간이 짧은 고위도 지방에 재배하기 알맞다.
② 동남아시아 저위도 지역에는 기본영양생장성이 작은 품종이 분포한다.
③ 묘대일수감응도는 감온형이 높고 감광형·기본영양생장형은 낮다.
④ 만생종은 감온성에 비해 감광성이 크다.

답 ②

우리나라 중산간지나 동북부해안지대의 벼 재배에 적합한 기상생태형으로 가장 적절한 것은?

① Blt, bLt
② Blt, blT
③ blt, blT
④ blt, bLt

답 ③

• 감온성
  - 온도에 의해 벼의 출수가 지배되는 성질을 감온성이라 하며, 벼는 고온일 때 유수분화가 촉진되고 출수가 빨라진다.
  - 조생종이 감온성 품종에 해당하며, 36℃까지는 온도가 높아질수록 출수가 촉진된다.
  - 조생종의 경우 감온성이 높아 출수가 빠르다.
• 감광성
  - 광조사 시간에 따라 출수가 지배되는 성질을 감광성이라 한다.
  - 만생종이 감광성 품종에 해당하며, 9시간까지는 단일조건에서 출수가 촉진된다.
• 가소영양생장성 : 감온성과 감광성에 의해 영양생장기간이 좌우되는 성질이다.

㉣ 기상생태형의 지리적 분포
• 저위도 지대
  - 저위도 지대는 연중 고온단일 조건으로 감온성이나 감광성이 큰 것은 출수가 빨라져서 생육기간이 짧고 수량이 적다.
  - 감온성과 감광성이 작고 기본영양생장성이 큰 Blt형은 연중 고온단일인 환경에서도 생육기간이 길어서 다수성이 되므로 주로 이런 품종이 분포한다.
• 중위도 지대
  - 우리나라와 같은 중위도 지대는 서리가 늦으므로 어느 정도 늦은 출수도 안전하게 성숙할 수 있고, 또 이런 품종들이 다수성이므로 주로 이런 품종들이 분포한다.
  - 위도가 높은 곳에서는 blT형이, 남쪽은 bLt형이 재배된다.
  - Blt형은 생육기간이 길어 안전한 성숙이 어렵다.
• 고위도 지대 : 기본영양생장성과 감광성은 작고 감온성이 커서 일찍 감응하여 출수, 개화하며 서리 전 성숙할 수 있는 감온형인 blT형이 재배된다.
• 우리나라 주요 작물의 기상생태형

작 물		감온형(blT형)	중간형	감광형(bLt형)
벼	명 칭	조생종	중생종	만생종
	분 포	북 부	중북부	중남부
콩	명 칭	올 콩	중간형	그루콩
	분 포	북 부	중북부	중남부
조	명 칭	봄 조	중간형	그루조
	분 포	서북부, 중부산간지		중부의 평야, 남부
메 밀	명 칭	여름메밀	중간형	가을메밀
	분 포	서북부, 중부산간지		중부의 평야, 남부

ⓜ 유수분화기에서 등숙까지의 기간은 품종 간 차이가 거의 없어 유수분화기에 따라 영양생장기간이 달라지고 품종의 조만성이 결정된다.

ⓗ 유수분화는 감온성과 감광성에 따라 촉진되며 조생종은 감온성이, 만생종은 감광성이 강하다.

② 초 형

㉠ 줄기의 길이에 따른 구분

장간종	단간종
• 이삭 길이는 길고 이삭수는 적다. • 도복의 위험이 크다.	• 이삭 길이는 짧고 이삭수는 많다. • 도복의 위험이 작다.

㉡ 이삭수, 분얼의 다소 등 형태적 특성에 따른 분류

벼 포기당 이삭수와 이삭무게 사이의 상관관계에 따라 초형을 수수형, 수중형, 중간형으로 구분한다.

수수형(穗數型, Tillering Type)	• 잎과 이삭이 작고 이삭 무게가 가볍다. • 이삭수가 많다. • 줄기는 짧고 가늘며, 종실의 크기가 작다. • 분얼이 많고 뿌리의 분포가 얕다. • 다비재배로 이삭수를 증가시킨다. • 밑거름, 분얼거름의 효과가 크다. • 자포니카형 품종 중에 많다.
수중형(穗重型, Heavy Panicle Type, Panicle Weight Type)	• 이삭수가 적은 품종이다. • 키가 큰 품종이고 뿌리는 심근성이다. • 이삭이 크고 이삭당 무게가 무겁다. • 이삭거름의 효과가 크다. • 산간 척박지에서도 생육을 잘 한다.
단간수중형(短桿穗重型)	• 키가 작다. • 분얼이 많고 이삭이 크다. • 윗 잎이 작고 곧아서 수광능률이 좋다. • 통일형 품종이 많다.

㉢ 초형의 직립성은 수광태세와 군락의 광합성 능력과 밀접한 관계가 있으며, 본포에 심는 간격, 비료의 시용량, 시용방법 등의 결정에 중요한 요소가 된다.

③ 저온발아성(低溫發芽性, Low-Temperature Germinability)

㉠ 벼가 저온에서도 잘 발아하는 성질을 말한다.

㉡ 벼의 경우 13℃에서 발아세를 기준으로 평가한다.

㉢ 저온발아성이 큰 품종은 조파, 조기육묘, 직파재배에 유리하다.

㉣ 일반적으로 찰벼 > 메벼, 유망종 > 무망종, 일본형 > 통일형 순이다.

ⓜ 감온형 > 감광형 > 기본영양생장형 순이다.

필 / 수 / 확 / 인 / 문 / 제

④ 묘대일수감응도(苗垈日數感應度, Sensitivity to Nursery Period)
   ㉠ 의의 : 못자리 기간이 길어짐에 따라 모가 노숙하고 모낸 후 생육에 난조가 생기는 정도를 말한다.
   ㉡ 모대일수감응도가 낮은 품종은 못자리에 오래 두어도 피해가 적다.
   ㉢ 천수답 등에 모내기가 늦을 때 묘대감응일수가 낮은 품종이 안전하다.
   ㉣ 조생종 품종을 늦게 모내기할 때 발생하기 쉽다.

⑤ 내냉성(耐冷性, Cold Resistance)
   ㉠ 벼 생육기간 중 특히 여름철 기온 또는 수온이 낮을 때 발생하는 냉해에 견디는 저항성 정도를 내냉성이라 한다.
   ㉡ 벼의 생육기간 중 저온에 가장 피해를 입기 쉬운 시기는 못자리, 수잉기, 등숙기 등이다.
   ㉢ 일반적으로 내냉성은 장해형 냉해에 저항성 정도를 의미한다.

⑥ 내비성(耐肥性, Tolerance to Heavy Manuring)
   ㉠ 질소비료의 다비에도 안전한 생육을 할 수 있는 특성으로 수량을 높이는 데 중요한 특성이다.
   ㉡ 협의의 내비성은 생리적인 질소동화능력만을 의미하지만, 광의로는 질소의 다비조건에서 병충해에 걸리지 않고 도복하지 않는 특성이 포함된다.
   ㉢ 벼나 맥류는 내병성, 내도복성이 강하고 수광태세가 좋은 품종이 내비성이 강하다.

⑦ 내도복성(耐倒伏性, Lodging Tolerance)
   ㉠ 벼가 쓰러지는 것을 도복이라 하며, 도복에 견디는 힘을 내도복성이라 한다.
   ㉡ 등숙기에 태풍으로 벼가 쓰러지면 수량의 감소와 함께 품질이 나빠지며, 수확 시 작업능률이 떨어지게 된다.
   ㉢ 벼나 맥류는 키가 작고 줄기가 단단하며, 간기중(稈基重, 간기의 건물중)이 무거운 것일수록 내도복성이 강하다.
   ㉣ 통일벼가 내복성이 강한 대표적인 품종이며, 현재 보급되고 있는 품종들은 내도복성이 크게 향상된 것들이다.
   ㉤ 내도복성은 재식간격, 질소 시비량과 밀접한 관계가 있으며, 담수직파재배에서는 필수조건이다.

⑧ 내병성(耐病性, Disease Tolerance)

㉠ 발생하는 병에 대한 저항성을 내병성이라 한다.

㉡ 모든 병에 내병성을 보이는 품종은 드물며, 병에 따라 내병성 품종이 달라진다.

㉢ 통일형 품종의 경우 도열병, 줄무늬잎마름병에는 강하지만, 흰잎마름병 등에는 약한편이다.

⑨ 내충성(耐蟲性, Insect Tesistance)

㉠ 충해에 강한 특성을 의미하며, 충해의 종류에 따라 내충성 품종도 달라진다.

㉡ 벼의 통일형 품종은 이화명나방에 약하며, 도열병이나 줄무늬잎마름병에 극히 강하다.

⑩ 탈립성(脫粒性, Shattering Habit)

㉠ 야생종은 탈립성이 강하며, 탈립성이 강한 품종은 수확작업의 불편을 초래한다.

㉡ 콤바인(Combine) 수확 시 탈립성 좋아야 수확과정에서 손실이 적다.

㉢ 습답이나 벼를 벤 후 건조할 때는 탈립성이 약한 것이 좋다.

⑪ 내염성(耐鹽性, Salt Tolerance)

㉠ 염분에 대한 저항성을 의미하며, 염분농도가 높은 토양에서 견디는 특성이다.

㉡ 간척지에서 벼농사는 내염성이 강한 품종을 선택하여야 한다.

⑫ 내건성(耐乾性, Drought Resistance)

㉠ 건조에 견디는 성질을 내건성 또는 내한성(耐旱性)이라 한다.

㉡ 건조하기 쉬운 지대에서의 재배는 내건성이 큰 품종을 선택한다.

㉢ 맥류의 경우 내동성이 강한 품종이 내건성도 강한 경향이 있다.

⑬ 간장(稈長, Culm Length)

㉠ 간장 : 벼 성숙기에 지면인 벼 포기의 기부로부터 수수절까지를 간장이라고 한다.

㉡ 초장 : 영양생장기 지면부터 최상위엽 끝까지를 초장이라 한다.

㉢ 간장은 줄기의 마디와 절간으로 이루어져 있다.

㉣ 키가 큰 장간종과 작은 단간종으로 구분하며, 장간종은 도복하기 쉽다.

㉤ 간장이 65cm 이하이면 단간종, 85cm까지를 중간종, 그 이상을 장간종이라고 한다.

⑭ 추락저항성(秋落抵抗性, Resistance to Autumn Decline)

㉠ 노후답 등에서 잘 나타나는 벼의 추락현상이 덜한 특성을 말한다.

㉡ 황화수소(H_2S)와 같은 유해물질에 의한 뿌리의 상해 정도가 덜하고, 성숙이 빠른 품종이 추락저항성이 강하다.

⑮ 광지역성(廣地域性)

㉠ 숙기(조만성)는 품종의 지리적 적응성에 관여한다.

㉡ 품종의 적응지역은 넓어질수록 품종의 관리가 편하다.

(2) 벼 품종의 선택과 채종

① 품종의 선택

㉠ 품종의 선택은 품종의 특성을 잘 알고 재배지역의 기상조건, 토양조건, 병충해, 재배양식, 논의 이용과 경영방법 등과 그 외 재해 등을 고려해야 한다.

㉡ 일반적으로 재배지역의 장려 품종 중 조생종, 중생종, 만생종을 적당히 조합하는 것이 바람직하다.

㉢ 한랭지 또는 조기재배의 경우 조생종으로 내냉성, 내비성, 내병성, 내도복성이 큰 품종을 선택해야 한다.

㉣ 재배양식별 선택

- 생력화 재배방법으로 담수직파 재배 시 저온발아성이 강하고 초기 생육이 빠르며, 병충해와 등숙기 도복에 강한 품종을 선택해야 한다.
- 답전작이나 답리작의 경우는 조생종을 선택하는 것이 좋다.
- 다수확 재배 시는 단간종이며 줄기가 튼튼하고, 병충해와 도복에 강하고 내비성을 갖는 품종이 유리하다.
- 기계수확을 하는 경우 내도복성과 탈립이 쉬운 품종이 유리하다.
- 습답에서 재배하는 경우 탈립성이 약한 품종이 유리하다.

② 채종과 종자갱신

㉠ 채 종

- 동일 품종일지라도 여러 해 동안 자가채종을 하게 되면 품종의 순도가 떨어지게 된다. 따라서 볍씨는 종자공급소에서 보급하는 것을 이용하는 것이 좋다.
- 채종포의 구비조건
  - 지력이 보통인 곳으로 지나치게 비옥하지 않아야 한다.
  - 햇볕이 잘 쬐이는 곳이어야 한다.
  - 땅이 메마르지 않은 곳이어야 한다.

- 채종재배 시 주의사항
  - 종자소독을 철저히 하여 도열병, 키다리병, 깨씨무늬병 등을 방제한다.
  - 질소비료를 일반재배보다 적게 시비하여 도복을 방지한다.
  - 병충해 발생을 막고 등숙이 고르게 잘 되도록 한다.
  - 출수 후 이형주를 철저히 제거한다.
  - 수확은 일반적인 벼 수확보다 빠른 황숙기에 한다.
  - 동할미가 발생하지 않도록 한다.
  - 탈곡 등의 작업 시 이형종자의 혼입을 방지한다.
  - 저장 시 변질과 해충 또는 쥐의 피해가 없도록 한다.

ⓛ 종자갱신
- 의의 : 종자가 퇴화되지 않도록 채종, 증식하여 농가에 보급하는 과정이다.
- 우리나라는 4년에 1회 종자를 갱신한다.
- 벼 종자는 종자공급소에서 종자를 증식하여 농민에게 보급하며, 종자의 육성은 농촌진흥청 작물시험장에서, 원원종은 각 도의 농업기술원에서 생산한다.

③ 우리나라 종자증식체계

㉠ 기본식물 → 원원종 → 원종 → 보급종의 단계를 거친다.

ⓛ 기본식물(Breeder's Seed)
- 신품종 증식의 기본이 되는 종자이다.
- 옥수수의 기본식물은 매 3년마다 톱교배에 의한 조합능력 검정을 실시한다.
- 감자는 조직배양에 의해 기본식물을 만든다.

㉢ 원원종(Foundation Seed) : 기본식물을 증식하여 생산한 종자이다.

㉣ 원종(Registered Seed) : 원원종을 재배하여 채종한 종자이다.

㉤ 보급종(Certified Seed) : 원종을 증식한 것으로 농가에 보급할 종자이다.

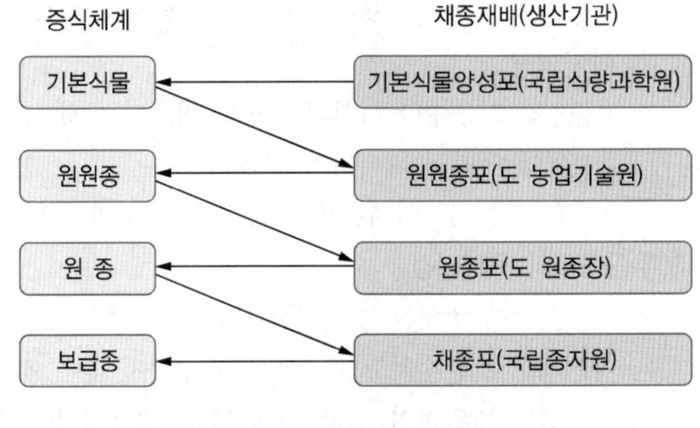

[우리나라 자식성 작물의 종자증식체계]

신품종의 종자증식에 관한 설명으로 옳지 않은 것은?

① 보급종은 농가에 보급할 종자이며, 원종을 증식한 것이다.
② 원종은 원원종을 재배하여 채종한 종자이다.
③ 원원종은 기본식물을 증식하여 생산한 종자이다.
④ 기본식물은 일반농가들이 생산한 종자이다.

답 ④

필 / 수 / 확 / 인 / 문 / 제

우량품종이 구비해야 할 3대 조건으로 옳은 것은?

① 우수성, 생리성, 내비성
② 균일성, 우수성, 영속성
③ 균일성, 내비성, 우수성
④ 영속성, 순계성, 내비성

답 ②

④ 신품종의 보급
㉠ 신품종의 농가보급은 종자보급체계에 따라 이루어진다.
㉡ 보급 시 적지적 품종에 대한 면밀한 검토가 있어야 한다.
㉢ 각종 재해에 대한 위험분산, 시장성, 재배의 안정성 등을 충분히 고려하여야 한다.

(3) 품종의 개량

① 품종개량 방향
㉠ 고품질성
㉡ 초다수성
㉢ 복합내병충성
㉣ 환경내성
㉤ 신기능성

② 우량품종의 구비조건
㉠ 균일성
- 품종에 속한 모든 개체들의 특성이 균일해야만 재배 이용상 편리하다.
- 특성의 균일은 모든 개체들의 유전형질이 균일해야 한다.

㉡ 우수성
- 다른 품종에 비하여 재배적 특성이 우수해야 한다.
- 종합적으로 다른 품종들보다 우수해야 한다.
- 재배특성 중 한 가지라도 결정적으로 나쁜 것이 있으면 우량품종으로 보기 어렵다.

㉢ 영속성
- 균일하고 우수한 특성이 후대에 변하지 않고 유지되어야 한다.
- 특성이 영속되려면 종자번식 작물에서는 유전형질이 균일하게 고정되어 있어야 한다.
- 종자의 유전적 · 생리적 · 병리적 퇴화가 방지되어야 한다.

㉣ 광지역성
- 균일하고 우수한 특성의 발현과 적응되는 정도가 가급적 넓은 지역에 걸쳐서 나타나야 한다.
- 재배예정 지역의 환경에 적응성이 있어야 한다.

③ 우량종자의 구비조건
㉠ 우량품종에 속하는 것이어야 한다.
㉡ 유전적으로 순수하고 이형종자가 섞이지 않은 것이어야 한다.
㉢ 충실하게 발달하여 생리적으로 좋은 종자이어야 한다.

㉣ 병·해충에 감염되지 않은 종자이어야 한다.

㉤ 발아력이 건전하여야 한다.

㉥ 잡초종자나 이물이 섞이지 않은 것이어야 한다.

④ 품종의 개량법

㉠ 순계선발(순계분리, Pure Line Selection)

- 분리육종 : 재래종 집단에서 우량 유전자형을 분리하여 품종으로 육성하는 것이다.
- 자식성 작물의 재래종은 재배과정 중 여러 유전자형을 포함하나 오랜 세대에서 자식하므로 대부분 동형접합체이다.
- 순계선발 : 재래종 집단에서 우량한 유전자형을 선발해 계통재배를 하면 순계를 얻을 수 있으며, 이를 우량품종으로 육성한 것이다.

㉡ 교배육종(교잡육종, Cross Breeding)

- 의 의
  - 인공교배를 통해 새로운 유전변이를 만들어 신품종을 육성하는 육종방법이다.
  - 교배친(교배모본, Cross Parent)의 선정은 교배육종에서 중요하다.
- 조합육종(Combination Breeding) : 교배를 통해 어버이의 우량 형질을 새 품종에 모음으로써 재배적 특성을 종합적으로 향상시키는 방법이다.
- 초월육종(Transgression Breeding) : 같은 형질에 대하여 양친보다 더 우수한 특성이 나타나게 육성하는 방법이다.
- 계통육종(Pedigree Breeding) : 인공교배를 통해 F_1을 만들고 F_2부터 매 세대의 개체선발과 계통재배 및 계통선발을 반복하면서 우량한 유전자형의 순계를 육성하는 방법으로, 잡종초기부터 계통단위로 선발하므로 육종의 효과가 빠른 장점이 있다.
- 집단육종(Bulk Breeding) : 잡종초기에는 선발하지 않고 혼합채종 및 집단재배의 반복 후 집단의 80% 정도 동형접합체가 된 후대에 개체선발하여 순계를 육성하는 육종방법이다.

장 점	• 잡종집단의 취급이 용이하다. • 동형접합체가 증가한 후대에 선발하므로 선발이 간편하다. • 집단재배로 자연선택(Natural Selection)을 유리하게 이용할 수 있다. • 출현빈도가 낮은 우량유전자형의 선발 가능성이 높다.

필 / 수 / 확 / 인 / 문 / 제

1개체 1계통육종(Single Seed Descent Method)의 이점으로 옳은 것은?

① 우량품종에 한두 가지 결점이 있을 때 이를 보완하는 데 효과적이다.
② F_2 세대부터 선발을 시작하므로 특성검정이 용이한 질적 형질의 개량에 효율적이다.
③ 유용유전자를 잘 유지할 수 있고, 육종연한을 단축할 수 있다.
④ 균일한 생산물을 얻을 수 있으며, 우성유전자를 이용하기 유리하다.

답 ③

우량품종에 한두 가지 결점이 있을 때 이를 보완하기 위하여 이용되는 여교잡 육종에 대한 설명으로 옳지 않은 것은?

① 1회친의 특정 형질을 선발하므로 육종효과와 재현성이 낮다.
② 대상형질에 관여하는 유전자가 많을수록 육종과정이 복잡하고 어려워진다.
③ 여러 번 여교배를 한 후에도 반복친의 특성을 충분히 회복해야 한다.
④ 목표형질 이외의 다른 형질의 개량을 기대하기 어렵다.

답 ①

- 파생계통육종(F_2-Derived Line Method)
  - 계통육종과 집단육종을 절충한 육종방법이다.
  - F_2 또는 F_3에서 질적 형질에 대한 개체선발로 파생계통을 만들고 파생계통별로 집단재배 후 F_5~F_6 세대에 양적형질에 대한 개체선발을 한다.
- 1개체 1계통육종(Single Seed Descent Method)
  - F_2~F_4 세대에서 매 세대의 모든 개체를 1립씩 채종하여 집단재배하고, F_4 각 개체별로 F_5 개통재배를 한다. 따라서 F_5 세대의 각 계통은 F_2 각 개체로부터 유래하게 된다.
  - 집단육종과 계통육종의 이점을 모두 살리는 육종방법이다.
  - 잡종 초기세대에서는 집단재배로 유용유전자를 유지할 수 있다.
  - 육종 규모가 적어 온실 등에서 육종연한의 단축이 가능하다.
- 여교배육종(戻交配育種, Backcross Breeding)
  - 우량품종의 한두 가지 결점을 보완하는 데 효과적 육종방법이다.
  - 여교배는 양친 A와 B를 교배한 F_1을 다시 양친 중 어느 하나인 A 또는 B와 교배하는 것이다.
  - 여교배 잡종의 표시 : BC_1F_1, BC_1F_2……로 표시한다.
  - 1회친(Donor Parent) : 여교배를 여러 번 할 때 처음 한 번만 사용하는 교배친이다.
  - 반복친(Recurrent Parent) : 반복해서 사용하는 교배친이다.

구분	내용
장 점	이전하려는 1회친의 특성만 선발하므로 육종효과가 확실하고 재현성이 높다.
단 점	목표형질 이외의 다른 형질의 개량을 기대하기 어렵다.
여교배의 성공 조건	• 만족할 만한 반복친이 있어야 한다. • 여교배 동안 이전형질의 특성이 변하지 않아야 한다. • 여러 번 여교배 후에도 반복친의 특성을 충분히 회복해야 한다.

㉢ 돌연변이육종(Mutation Breeding)
- 기존 품종의 종자나 식물체의 돌연변이 유발원(Mutagen)을 처리하여 변이를 일으킨 후 특정 형질만 변화시키거나 새로운 형질이 나타난 변이체(Mutant)를 골라 신품종을 육성한다.
- 돌연변이율이 낮고 열성돌연변이가 많으며, 돌연변이 유발 장소를 제어할 수 없는 특징이 있다.
- 교배육종이 어려운 영양번식작물에 유리하다.

⑤ 장려품종

㉠ 우리나라 벼 재배의 장려품종은 51개 품종이 있다.

㉡ 키가 작아지고 잎은 직립이며, 영화수가 많은 특징을 가지고 있다.

㉢ 현재 재배품종

- 통일벼 미질이 식성에 맞지 않아 자포니카형이 재배되고 있다.
- 양질미의 특성이 강조되고 있다.
- 내냉성, 내병성, 내충성, 다수성 등이 중요한 특성이다.

제3장 재배관리

1 재배양식

(1) 벼 재배의 기본목표

① 벼 생산의 3요소

㉠ 작물생산량은 재배작물의 유전성, 재배환경, 재배기술이 좌우한다.

㉡ 환경, 기술, 유전성의 세 변으로 구성된 삼각형 면적으로 표시되며, 최대 수량의 생산은 좋은 환경과 유전성이 우수한 품종, 적절한 재배기술이 필요하다.

㉢ 작물수량 삼각형에서 삼각형의 면적은 생산량을 의미하고 면적의 증가는 유전성, 재배환경, 재배기술의 세 변이 고르고 균형 있게 발달하여야 면적이 증가한다. 삼각형의 두 변이 잘 발달하였더라도 한 변이 발달하지 못하면 면적은 작아지게 되며, 여기에도 최소율의 법칙이 적용된다.

② 우리나라 벼 재배의 기본목표

㉠ 쌀의 충분한 자급을 달성한다.

㉡ 생산비의 절감과 양질미의 생산으로 농가소득을 증대시킨다.

㉢ 여러 가지 부가가치가 높은 가공식품용 쌀을 생산한다.

(2) 벼 재배양식의 변천

① 벼의 재배양식은 종자를 논에 바로 파종하는 직파재배와 못자리에서 모를 키워 이식하는 이앙재배로 구분한다.

② 고려 말에서 조선 초까지는 관행직파법과 손이앙법을 병행하였으며, 물의 관리기술이 향상되면서 조선 말기에는 대부분 손이앙재배가 이루어졌다.

③ 직파재배에서 손이앙재배로 변천된 가장 큰 이유는 생산성, 안정성이 높기 때문이다.

2 육 묘

(1) 파종 전 처리

① 품종의 선택

㉠ 의 의

- 벼는 품종별 고유의 다양한 특성이 있다.
- 입지조건, 경영 및 재배조건도 다양하므로 여러 조건을 고려하여 선택하여야 한다.

㉡ 유의사항

- 다른 품종의 종자 혼입이 없어야 한다.
- 종자의 유전적 퇴화가 없어야 한다.
- 생리적 퇴화가 없고 병충해의 피해가 없는 건전한 품종이어야 한다.
- 종자의 숙도가 적당하며, 볍씨의 손상이 없어야 한다.
- 장려품종, 우량품종 및 저항성 품종을 선택한다.
- 재배지역의 최적 출수기에 출수하는 품종을 선택한다.

② 선종(選種)

㉠ 목 적

- 모의 생육은 초기에는 배유의 저장 양분에 의존하고, 이유기 후 뿌리가 흡수하는 양분에 의한 독립적 생활로 바뀌므로 발아 및 생육 초기에는 저장 양분의 다소에 영향을 받는다.
- 벼 알이 크고 저장 양분이 많은 볍씨는 초장과 잎수, 뿌리 및 생초중이 모두 크고 생장이 왕성하다.

㉡ 비중선(比重選)

- 비중액 제조에 식염이 많이 쓰이므로 염수선이라고도 한다.
- 염수선은 성묘율 및 건묘율을 높이며, 한랭지에서는 발아와 초기 생육을 촉진시킨다.
- 염수선을 강하게 하면 모도열병, 입고병, 심고선충병에 방제효과가 있다.
- 비중 표준
  - 몽근메벼 : 1.13
  - 까락메벼 : 1.10
  - 찰벼 및 밭벼 : 1.08
  - 통일형 품종 : 1.03
- 비중액의 측정 : 보메비중계와 간이방법으로 신선한 달걀을 이용한다.

필 / 수 / 확 / 인 / 문 / 제

볍씨 침종에 대한 설명 중 옳은 것은?

① 침종기간이 길어지면 발근이 불량해진다.
② 침종은 수온이 높은 조건에서 실시하는 것이 바람직하다.
③ 침종 기간은 수온이 높을수록 길게 하는 것이 적합하다.
④ 볍씨의 수분함량이 50% 정도가 될 때까지 침종한다.

답 ①

③ 소독(消毒)

㉠ 볍씨로부터 발생되는 병해의 일차적 방제를 말한다.

㉡ 도열병, 모썩음병, 깨씨무늬병, 키다리병, 잎마름선충병 등은 종자소독으로 방제가 가능하다.

㉢ 냉수온탕침지법(Cold and Hot-water Treatment)

- 물리적 방법에 의한 종자소독법이다.
- 종자를 냉수에 24시간 침지 후 45℃ 온탕에 담가 고루 데우고 52℃ 온탕에 10분간 처리 후 바로 건져서 냉수에 담가 식힌다.
- 온도와 시간을 지키지 않으면 발아율 및 소독효과가 없다.
- 잎마름선충병 등의 방제효과가 있다.

④ 침종(浸種)

㉠ 볍씨는 보통 물에 담가 발아에 필요한 수분을 흡수시킨 후 파종한다.

㉡ 침종의 효과

- 발아시일의 단축으로 발아장애를 억제한다.
- 발아 및 초기생육을 균일하게 한다.
- 생육촉진 및 볍씨의 동요를 억제한다.

㉢ 침종방법

- 신선한 물로 자주 갈아주어 산소의 공급과 발아억제물질을 제거한다.
- 볍씨를 가끔 저어 수온을 균일하게 하여 볍씨의 수분 흡수속도를 같게 한다.

㉣ 침종기간

- 침종은 고온에 짧게 하는 것보다 저온에 오래 하는 것이 효과적이다.
- 침종기간이 길어지면 발근이 불량해진다.
- 수온에 따른 침종기간

수온(℃)	10	15	22	25	27 이상
침종기간(일)	10	6~7	3	2	1

⑤ 최아(催芽)

㉠ 목 적

- 침종 후 볍씨를 바로 파종하는 것보다 약간 싹을 틔워 파종하면 발아와 초기생육의 촉진 및 성묘율이 높다.
- 파종기가 늦은 경우나 한랭지 못자리 등에서는 최아종자가 유리하다.

㉡ 최아방법

- 침종 후 볍씨를 30~32℃의 방 안에 거적을 깔고 거적 위에 6~9cm 내외의 두께로 볍씨를 편 후 다시 그 위에 거적을 덮으면 24시간 후 싹이 1~2mm 정도 자란다.
- 볍씨의 수분 정도에 따라 물을 뿌려준다.
- 최아 정도는 유아의 길이가 관행묘의 경우 2~3mm, 상자육묘의 경우 1~2mm 정도가 좋으며, 너무 자라면 작업 도중 유아가 부러지기 쉽고 다루기도 어렵다.
- 대량의 종자를 침종, 최아시키는 경우 침종 전 적산온도를 활용한다. 침종 적산온도가 100℃가 되면 알맞게 발아한다.

(2) 육묘(育苗, Raising Seedling)

① 육묘양식

㉠ 못자리육묘 : 손이앙을 위한 육묘방법이다.

㉡ 상자육묘 : 기계이앙을 위한 육묘방법이다.

㉢ 육묘이앙의 장점

- 토지 이용도를 높일 수 있어 작부체계상 유리하다.
- 관개수를 절약할 수 있다.
- 벼의 유묘기는 온도가 낮으므로 보온 육묘로 한랭지의 재배한계지에서도 수량의 안정성을 도모할 수 있다.

② 못자리(Nursery Bed) 종류 : 물관리 방법에 따라 물못자리, 밭못자리, 건답못자리, 절충못자리 등으로 구분한다.

㉠ 물못자리 : 못자리 전면에 물을 대어 볍씨가 물밑에서 싹이 터 자라게 하는 방법이다.

장 점	단 점
• 생육초기 냉해를 방지한다. • 모를 고르게 자라게 한다. • 잡초 발생이 적다. • 도열병의 발생이 적다.	• 모가 다소 연약하다. • 토양산소가 부족한 경우 장해가 발생한다. • 수온이 낮거나 높은 경우 장해가 발생한다.

㉡ 밭못자리, 건답못자리 : 밭못자리는 밭에, 건답못자리는 물이 없는 상태의 논에 못자리를 만드는 방법이다.

장 점	단 점
• 모가 튼튼하고 모내기 후 활착과 생육이 좋다. • 묘대일수가 길어 과숙되지 않아 만식재배에 알맞다.	• 도열병에 대한 저항성이 약하다. • 쥐 또는 새의 피해우려가 있다. • 토양수분이 부족하기 쉽다. • 잡초발생이 많다.

㉢ 보온절충못자리, 보온밭못자리
- 손이앙 보온절충못자리의 기간은 40일로 처음 20일은 도랑에만 물을 대어 밭못자리와 같이 키우고, 그 후 물을 대어 물못자리와 같이 모를 키우는 방식이다.
- 1970년대 초반부터 필름피복을 통한 보온절충못자리를 설치해 왔다.
- 다수확을 위해 모의 소질을 높일 목적으로 설치하여 육묘하기도 하였다.
- 우리나라 벼 재배의 조기, 조식재배를 정착시키고 통일벼의 보급으로, 벼 생산의 안정성과 쌀 자급에 기여한 못자리 양식이다.

㉣ 부직포못자리 : 중간모 기계이앙 육묘 시 보온을 목적으로 필름피복을 하지 않고 부직포를 씌워 간이 보온으로 육묘하는 방식이다.

㉤ 마른못자리 : 중간모 기계이앙 육묘 시 마른 상태에서 경운하고, 육묘상자를 치상하고 파종, 복토한 후 필름을 씌운 다음 물을 대주는 못자리 양식이다.

(3) 상자육묘

① 특 징

㉠ 상자육묘는 소형상자에 상토를 담고 밀파하여 기계이앙에 적합하도록 뿌리 매트를 형성시킨 육묘법이다.

㉡ 기계이앙기 종류는 크게 흩어뿌림이앙기와 줄뿌림이앙기가 있고, 이를 위한 육묘상자도 흩어뿌림상자와 줄뿌림상자가 있다.

㉢ 상자육묘는 못자리 모와 비교하여 약 20배 정도 밀파한다.

㉣ 육묘일수에 따라 어린모, 치묘, 중모, 성묘로 구분한다.

㉤ 성 묘
- 손이앙 때의 모로 못자리에서 육묘하며 육묘기간은 40일 이상이고 초장 20~25cm 출엽수 6.0~7.0의 모를 의미한다.
- 하위마디가 휴면하여 발생 분얼수가 적으나 중모, 치묘, 어린모로 갈수록 하위마디에서 분얼이 나와 줄기수가 많아진다.

[기계이앙용 어린모, 치묘, 중모와 손이앙용 성묘의 특성]

구 분	기계이앙용			손이앙용
	어린모	치 묘	중 모	성 묘
파종량	200~220g /상자	150~180g /상자	100~130g /상자	300g(3홉) /3.3m^2
육묘일수(일)	8~10	20~25	30~35	40 이상
소요육묘상자(개/10a)	15	20	30	–
모소질 초장(cm)	5~10	10~15	15~20	20~25
묘령(엽)	1.5~2.0	2.0~2.5	3.0~4.5	6.0~7.0
배유잔존량(%)	30~50	10	0	0
저온활착력	+++	+++	++	+
분얼발생 절위(마디)	2~3	2~3	5~6	5~6
분얼수(개)	35~40	30~33	26~28	9~10
출수지연일수(일)	3~5	1~2	0	0

② 기계이앙용 모

㉠ 기계이앙모의 특징

- 상자모는 육묘상자에 배게 뿌려진 상태로 자라므로 세심한 육묘 관리가 필요하다.
- 못자리 기간 중 병에 약한 특징이 있으며, 상토의 pH가 4.5~5.5보다 높으면 입고병의 발생이 많아지므로 종자와 상토 소독이 반드시 필요하다.
- 개체당 생육 차이가 심하므로 개체 간 생육을 고르게 하기 위해 파종 전 충분한 침종과 최아작업이 필요하다.
- 모판흙의 깊이가 2.0~2.5cm로 얕아 뿌리 신장이 제한을 받아 잎이 더디게 나오면서 개체 간 경쟁도 심하다.
- 시설하우스 내에서 출아와 녹화과정을 거쳐 웃자람, 연약한 생육 등 손이앙모에 비하여 병해나 생리장애가 크다.
- 육묘기간이 짧고 생력화가 가능하며, 육묘비용을 줄일 수 있다.

㉡ 기계이앙모의 조건

- 모가 작아야 한다.
- 균일한 생장으로 개체 간 차이가 없어야 한다.
- 결주가 없어야 한다.
- 활착력이 강해야 한다.
- 육묘의 생력화와 저비용화가 되어야 한다.
- 건모이어야 한다.

필 / 수 / 확 / 인 / 문 / 제

중간모와 어린모의 차이점에 관한 설명으로 옳지 않은 것은?

① 상자당 볍씨의 파종량은 어린모가 중간모보다 많다.
② 10a당 육묘상자는 어린모에서는 15개, 중간모는 30개 정도가 필요하다.
③ 모내기 당시 배유잔존량은 어린모에서는 30~50%이나 중간모는 20% 정도이다.
④ 육묘에 소요되는 일수는 어린모에서는 8~10일이고 중간모는 30~35일이다.

답 ③

벼 기계이앙재배에 대한 설명으로 옳은 것은?

① 기계이앙모는 손이앙모보다 어려서 모낸 후의 활착 한계온도가 1~2℃ 높다.
② 기계이앙재배는 손이앙재배에 비하여 유효수수 확보가 불리하므로 벼 수량은 손이앙재배보다 떨어진다.
③ 기계이앙모는 비닐하우스 등에서 육묘하므로 손이앙모보다 병해와 생리 장해가 잘 나타나지 않는다.
④ 기계이앙재배에서 출수기는 손이앙재배보다 지연된다.

답 ④

㉢ 어린모 재배의 장·단점

장 점	단 점
• 종자에 배유가 남아 있어 모내기 후 식상이 적고 착근이 빨라진다. • 내냉성이 크고 환경적응성이 강하며, 관수저항성이 커서 물속에 잠겨도 잘 소생한다. • 분얼이 증가한다. • 육묘기간이 짧고 육묘노력이 절감된다. • 농자재가 절감되고 육묘면적이 축소된다. • 노동력 집중이 완화된다.	• 출수기가 중모와 비교하여 3~5일 정도 지연되므로 모내기를 조기에 해야 한다. • 이앙적기의 폭이 좁다. • 제초제 안전성이 약하다.

③ 육묘방법

㉠ 육묘상자

• 가로 60cm, 세로 30cm, 깊이 3cm 크기의 플라스틱상자를 사용한다.

• 상자크기는 이앙기 규격과 맞아야 한다.

• 상자의 소요량(10a당)

– 어린모 : 15상자

– 치묘 : 20상자

– 중모 : 30~35상자

㉡ 상토(床土, Bed Soil)

• 물의 보유력과 배수가 양호하고 병원균이 없으며, 뿌리 매트 형성이 잘 되는 토양이어야 한다.

• 토양산도는 pH 4.5~5.5로 조절되어야 하며, 이는 입고병 억제를 위함이다. 토양산도가 pH 6 이상이 되면 뜸모나 입고병이 발생하고 모의 생육이 저하된다.

• 상토의 소요량은 복토할 양까지 중모 흩어뿌림 상자는 상자당 5L, 어린모 흩어뿌림은 3L 정도이다.

㉢ 거 름

• 비료의 양은 상토의 비옥도에 따라 다르나 육묘기간이 짧은 어린모는 상자당 성분량으로 질소, 인산, 칼륨을 각 1g씩 사용한다.

• 중간모의 경우 밑거름으로 질소 1g, 인산, 칼륨은 각 3~4g을 모판흙에 혼합하고 잎이 1개 나올 때마다 질소를 1g씩 사용한다.

㉣ 파 종

• 파종기 : 이앙일로부터 역산하여 25~30일이 되는 날이다.

• 파종량

[줄뿌림 상자당 파종량(g)]

구 분	소립종	중립종	대립종
어린모	70~80	80~90	90~100
중간모	100	120	150

㉤ 육묘관리

- 파종 후 생육과정
  - 중모 : 파종 → 출아(2일) → 녹화(2일) → 경화 및 육묘(26~31일) → 모내기
  - 어린모 : 파종 → 출아(2일) → 녹화(2일) → 경화 및 매트형성(4~6일) → 모내기
- 출 아
  - 초장의 신장을 위해 암흑상태를 유지하여 싹이 5~10mm 자라게 한다.
  - 출아적온 : 주간은 32℃, 야간은 30℃로 2일이면 출아한다.
  - 출아장이 지나치게 길어지면 백화묘가 발생하기 쉽다.
- 녹 화
  - 출아가 끝난 유백색 모를 약한 햇빛에 두어 엽록소가 형성되도록 하는 것을 녹화라 한다.
  - 녹화기간은 2일 정도 소요된다.
  - 온도관리 : 주간은 25℃, 야간은 20℃가 적당하다.
  - 광도 : 2,000~35,000lux의 약광이 좋으며, 광도는 40,000lux 이상과 온도는 10℃ 이하 저온에서 백화묘가 발생하기 쉽다.
  - 물은 20~31℃ 정도를 오전에 대준다.
- 경 화
  - 녹화가 끝난 모를 경화시키며, 이는 모가 자연환경에 적응할 수 있도록 순화시키는 과정이다.
  - 경화기간 : 어린모는 4~6일, 중간모는 26~31일 정도 소요된다.
  - 온도관리 : 초기에는 주간은 20~25℃, 야간은 15~20℃로 관리하고 후기에는 주간은 15~20℃, 야간은 10~15℃로 관리하는 것이 적당하며, 야간의 온도가 10℃ 이하로 내려가지 않도록 하는 것이 좋다.
- 치 상
  - 논의 못자리에 육묘상자를 놓는 것이다.
  - 터널비닐과 10cm 이상 거리를 두고 상자 밑면의 구멍이 상토와 밀착되게 하여 모관수의 상승이 용이하도록 해야 한다.
  - 관개는 고랑에만 물을 대어 수위가 모판 바닥 밑 2~3cm 정도가 되도록 한다.
  - 모내기 5~7일 전에 완전 물떼기를 한다.

(4) 육묘 중 장애와 대책

① 뜸 모

㉠ 경화 초기에 발생하기 쉽다.

㉡ 원인 : 모판흙의 pH, 주야간의 온도차, 모판흙의 건조 또는 과습이 심할 때, 뿌리의 기능장애와 수분흡수 저하로 지상부 증산이 심할 때 발생한다.

㉢ 방제 : 물 관리와 온도에 유의하고 상토를 pH 4.5~5.5로 유지하며, 토양소독제를 상토와 거름을 섞을 때 혼합한다.

② 백화현상

㉠ 원인에 따라 온도에 의한 경우와 광에 의한 경우가 있다.

㉡ 온도 : 출아기에 35℃ 이상 고온과 녹화 초기에 10~15℃의 저온과 주야간의 온도차가 심할 때 발생한다.

㉢ 광 : 출아기간 연장, 녹화 초기에 60,000lux 이상 강한 광선이 6시간 이상 계속될 때 발생할 수 있다.

③ 묘입고병

㉠ 병원균이 있는 토양을 모판흙으로 사용, 모판흙의 pH가 5.5 이상일 때, 주야간 온도차가 클 때, 지나친 건조와 습도가 반복될 때 발생한다.

㉡ 병원균 : 푸사리움속, 피시움속, 라이족토니아속, 트라이코더마속 등

㉢ 방제 : 적정 pH를 유지, 적온의 유지, 과습과 과건을 방지한다.

④ 상자육묘 병해

㉠ 키다리병

- 종자전염병으로 병원균이 지베렐린을 생산하여 모가 이상 신장한다.
- 종자 파종시 살균제로 침지소독으로 방제한다.
- 못자리 시기부터 발생되어 본답 초기와 중기에 가장 많이 발생한다.
- 이 병에 걸리면 일반적으로 벼가 웃자란다.

㉡ 모마름병

- 토양전염병원균인 푸사리움속, 피시움속, 라이족토니아속, 트라이코더마속 등에 의해 발생한다.
- 극단적인 고온, 저온 등에 의해 발생하므로 온도관리를 해야 한다.

㉢ 모썩음병

- 담수직파재배에서 많이 발생하며, 수온이 24℃ 이상에서는 발병이 현저히 줄어드나 18℃ 이하에서는 발병이 심하다.
- 적용약재를 이용하여 24시간 침지 소독한다.

벼에서 키다리병에 대한 설명으로 옳지 않은 것은?

① 우리나라 전 지역에서 못자리 때부터 발생한다.
② 병에 걸리면 일반적으로 식물체가 가늘고 길게 웃자라는 현상이 나타난다.
③ 발생이 많은 지역에서는 파종할 종자를 침지소독하는 것이 좋다.
④ 세균(*Xanthomonus oryzae*)의 기생에 의해 발병한다.

답 ④

3 이앙(移秧, 모내기, Transplanting)

(1) 본답 준비

① 경운(耕耘, Plowing, Tillage)

㉠ 의의 : 벼가 잘 자라도록 토양을 갈아주는 것으로 시기에 따라 가을갈이를 추경, 봄갈이를 춘경이라 한다.

㉡ 경운의 효과

- 토양 하층의 무기성분을 작토층까지 끌어 올려준다.
- 유기물 분해를 촉진한다.
- 잡초 제거 등의 효과가 있다.
- 퇴비와 비료를 고루 섞어준다.
- 논의 이화학적 성질을 개선하여 이앙작업이 좋아진다.
- 심경은 뿌리의 생리적 기능을 높이고 유지시켜 내도복성과 벼수량이 많아져 조식재배에 효과적이다.

② 정지(整地, Soil Preparation)

㉠ 의 의

- 이앙에 앞서 토양상태를 알맞게 조성하기 위해 토양에 여러 가지 처리를 하는 것을 말한다.
- 관개수가 새는 것을 방지하기 위한 논두렁 바르기, 지면을 편평하게 하기 위한 물을 댄 후 논써리기 등의 작업을 말하며 이앙 10일 전쯤 논에 물을 담고 경운을 하고 3~5일 전 기비를 주고 논을 고르게 하는 써레질을 한다.

㉡ 논써리기의 효과

- 흙을 부수어 부드럽게 한다.
- 비료를 고르게 섞이게 하여 전층시비의 효과가 있다.
- 잡초방제의 효과가 있다.
- 지면을 편평하게 하므로 모내기 후 활착이 좋아진다.
- 물이 잘 빠지는 논에서는 고운 써리기로 토양공극을 막아 누수를 방지한다.
- 배수가 불량한 논에서는 거친 써리기로 배수촉진의 효과가 있다.

모내기 시기에 대한 설명으로 옳은 것은?

① 너무 일찍 모내기를 하면 과번무하고 무효분얼이 많아져 잡초 발생이 적어지나 도복의 위험이 커진다.
② 너무 늦게 모내기를 하면 불충분한 영양생장으로 수량은 적어지나 등숙기의 낮은 온도로 쌀의 품위는 좋아진다.
③ 최적이앙기는 출수 후 40일 간의 등숙온도가 평균 22.5℃ 이상 유지될 수 있는 출수기로부터 역산하여 지역별, 지대별로 결정한다.
④ 어린모는 본답에서의 과번무를 방지하기 위해서 중모이앙과 같은 시기에 이앙한다.

답 ③

줄 사이 거리가 25cm로 고정된 이앙기로 10a당 25,000주의 밀도로 이앙하기 위해서는 포기 사이를 얼마로 조정하여야 하는가?

① 10cm
② 12cm
③ 16cm
④ 20cm

해설
1a = 100m^{2}이므로

$$x = \frac{1,000}{0.25 \times 25,000} = 0.16\text{m}$$

∴ 16cm

답 ③

(2) 이 앙

① 이앙기

㉠ 육묘한 모를 본답에 옮겨 심는 것을 이앙(모내기)이라 한다.

㉡ 너무 이른 이앙은 육묘기 저온으로 좋지 않으며, 본답에서의 영양생장기간이 길어져 비료 및 물의 소모량이 많고 잡초의 발생도 많아지고 과번무로 유효분얼이 증가하고 병충해가 많아져 도복의 위험이 크다.

㉢ 지나친 조기이앙은 등숙기 고온으로 품질이 저하되기 쉽다.

㉣ 너무 늦은 이앙은 충분한 영양생장을 하지 못하여 수량이 적어지고 심백미가 증가하여 쌀의 품질이 저하된다.

㉤ 이앙적기
- 모가 뿌리를 내리는 한계최저온도를 고려한다.
- 가을에 기온이 낮아지기 전 안전등숙할 수 있는 출수기인 안전출수한계기 내에 출수한다.
- 손이앙 : 본잎이 6~7매 나왔을 때
- 치묘이앙 : 본잎이 3매 나왔을 때

㉥ 안전출수한계기 : 벼의 결실기간 등숙적합온도는 21~23℃로 출수 후 40일 동안 등숙온도가 평균 22.5℃ 이상 유지될 수 있는 출수기이다.

㉦ 최적이앙기 : 안전출수한계기의 출수기로부터 역산하여 지역별, 지대별로 결정한다.

㉧ 어린모는 중모이앙에 비하여 출수기가 3~5일 지연되므로 조기이앙한다.

② 재식밀도

㉠ 재식밀도란 단위면적당 심는 주수로 지역과 논의 특성에 따라 달라진다.

㉡ 손이앙 : 표준재식밀도는 30cm × 15cm 간격으로 1포기에 3~4개의 모를 심는 것으로, 평당 72포기를 심게 된다.

㉢ 기계이앙 : 평야지 1모작은 1포기에 3~4개의 모로 평당 75~85포기, 중간지와 답리작 지대는 1포기에 4~5개의 모로 평당 80~90포기가 적당하다.

㉣ 산간고랭지와 만식재배의 경우 1포기에 6~7개의 모로 평당 110~130포기가 권장된다.

지대 및 논의 특성	평(3.3m²)당 포기수	1포기당 묘수
평야지 1모작 재배	75~85	3~4
중간지 및 답리작 재배	80~90	4~5
채소 뒷그루 재배	85~95	5~6
중산간지	90~110	5~6
산간고랭지, 만식재배	110~130	6~7

[지대와 논의 특성에 따른 적정 재식밀도]

③ 이앙심도

㉠ 벼의 이앙깊이는 2~3cm 정도가 적당하다.

㉡ 지나치게 깊게 심게 되면 활착이 늦어지고 분얼이 감소하며, 얕게 심게 되면 물 위에 뜨고 쓰러져 결주되기 쉽다.

4 재배 중 관리

(1) 무기영양과 시비

① 무기양분의 흡수

㉠ 벼의 조성분

- 벼는 일반 식물과 같이 16개의 필수원소를 흡수해야 하며, 필수원소는 아니나 생리적으로 규소를 다량 필요로 한다.
- 필수원소
  - 다량원소 : 탄소, 수소, 산소, 질소, 황, 인, 칼륨, 칼슘, 마그네슘
  - 미량원소 : 철, 망간, 구리, 아연, 붕소, 몰리브덴, 염소

㉡ 무기양분의 흡수

- 뿌리 끝 2~3cm 정도에서 양분의 흡수가 주로 이루어진다.
- 새로 나온 뿌리와 영양상태가 좋은 뿌리일수록 양분의 흡수력이 강하다.
- 뿌리 흡수력을 나타낼 때는 뿌리의 무게보다는 뿌리 선단의 수 또는 무게를 이용한다.

㉢ 무기양분의 흡수장애

- 식물의 양분흡수는 토양용액에 유효태 양분이 충분해야 하고 뿌리 조직 내 호흡기질이 충분해야 하며, 흡수에 필요한 에너지를 위해 산소가 공급되어야 하고 세포 내 생리반응에 적합한 온도가 필요하다.

이론적으로 단위면적당 시비량 계산식은?

① 시비량 = (천연공급량-비료요소 흡수량)÷비료요소 흡수율
② 시비량 = (비료요소 흡수율-천연공급량)÷비료요소 흡수량
③ 시비량 = (비료요소 흡수량-천연공급량)÷비료요소 흡수율
④ 시비량 = (천연공급량-비료요소 흡수량)÷비료요소 흡수량

답 ③

- 토양의 환원으로 황화수소(H_2S)의 발생, 아세트산(Acetic Acid) 등 유기산 생성은 호흡효소가 영향을 받아 물과 양분의 흡수가 저해된다.
- 황화수소의 경우 0.1ppm의 매우 낮은 농도에서도 양분흡수에 영향을 미친다.

② 무기양분과 벼의 생장

㉠ 체내 이동

- 양분의 체내 이동률 : 인 > 질소 > 황 > 마그네슘 > 칼륨 > 칼슘 순으로 저하된다.
- 인과 질소는 생육초기에 충분한 흡수로 체내에 저장해 놓는 것이 유리하다.
- 이동성이 약한 칼슘, 규소는 벼의 생육과정 중 각 시기에 필요량을 흡수시켜야 한다.

㉡ 무기양분과 벼의 생장

- 벼가 흡수하는 양분 : 질소 > 칼륨 > 인 > 칼슘 > 마그네슘
- 무기양분의 흡수는 유수형성기까지는 급증하나 이후 출수기까지 사이에는 감소하며, 출수기 이후에는 급감한다.
- 양분의 흡수는 식물체의 요구량과 뿌리 생장속도와 밀접한 관계가 있다.
- 질소, 인, 황 등 단백질 구성성분은 생육초기부터 출수기까지 상당부분 흡수되고, 출수 후 잎과 줄기에 축적되어 있던 것들이 이삭으로 이동되어 등숙한다.
- 칼륨과 칼슘은 생육초기부터 완료 시까지 흡수된다.
- 마그네슘은 유수발육기에 필요량이 많아 이 시기에 많이 흡수된다.
- 벼의 생육시기별 무기성분의 농도는 생육초기에 질소, 칼륨의 농도가 높고 생육후기에는 규산의 농도가 높다.

③ 시 비

㉠ 시비량의 결정

- 시비량은 토양비옥도, 목표수량에 따라 달라지며 기후, 토양, 품종, 재배조건, 수질 등을 종합적으로 고려하여 결정하여야 한다.
- 시비량의 계산
  - $\text{시비량} = \dfrac{\text{필요한 성분량} - \text{천연공급량}}{\text{비료의 흡수율}}$
  - $\text{실중량} = \text{성분량} \times \dfrac{100}{\text{성분함량}}$
  - $\text{성분량} = \text{비료 무게} \times \dfrac{\text{주고자 하는 비료의 성분함량}}{100}$

- 지대 및 본답의 종류에 따른 시비기준량(단위 : kg/10a)

지 대	논의 종류	시비량(성분량)		
		질 소	인	칼 륨
평야지 및 중간지 (표고 250m 이하)	보통논, 미숙논	11	4.5	5.7
	사질논, 습답	13	5.1	7.1
중산간지 및 내조풍지 (표고 250~400m)	보통논	11	6.4	7.8
산간고랭지 (표고 400m 이상)	보통논	11	7.7	9.3
간척지	염분농도 0.1% 이상의 논	20	5.1	5.7
	염분농도 0.1% 이하의 논	18	5.1	5.7

㉡ 기비(基肥, 밑거름, Basal Dressing, Basal Fertilization)
- 두엄, 생짚, 풋거름 등을 춘경 때 미리 전면 시비하고 갈아엎는다.
- 단일성분의 비료보다는 완효성 복합비료를 시용하는 것이 좋다.
- 질 소(요소의 질소함유량 : 46%, 유안비료의 질소함유량 : 21%)
  - 초기에는 과다하고 후기에 부족하게 되면 좋지 않으므로 기비와 추비로 나누어 주도록 한다.
  - 이앙 전 기비로 40%를 시비한다.
  - 이앙 후 분얼비로 30%를 시비한다.
  - 출수 전 30일에 해당하는 유수형성기에 30%를 시비한다.
- 인산 : 유실이 적으므로 전량 밑거름으로 시비한다.
- 칼륨 : 기비로 70%를 시비하고 출수 전 30일 30%를 표층시비한다.
- 규 산
  - 전량 기비로 시비한다.
  - 10a당 100~200kg을 시비하여 벼가 튼튼히 자라도록 한다.
  - 잎을 튼튼하게 하고 도열병 등의 병해충 저항성을 높인다.

㉢ 추비(追肥, 덧거름, Additional Fertilizer, Top Dressing)
- 분얼비(分蘖肥, 줄기거름, 새끼칠거름, Topdressing at Tillering Stage)
  - 분얼기의 시비는 유효분얼의 촉진으로 이삭수를 늘리고 잎을 크게 하는 거름이다.
  - 유효분얼의 촉진을 위해 이앙 후 15일경에 시비한다.
- 수비(穗肥, 이삭거름, Topdressing at Young, Ear Formation Stage)
  - 유수형성기와 수잉기에 이삭을 풍족하게 하기 위한 거름이다.
  - 유수형성기에 시비는 출수 전 20~25일경에 한다.

필 / 수 / 확 / 인 / 문 / 제

논 10a에 7kg의 질소를 시용하고자 할 때 요소 또는 유안비료의 양은?

① 요소 13.2kg 또는 유안 13.3kg
② 요소 13.2kg 또는 유안 23.3kg
③ 요소 15.2kg 또는 유안 33.3kg
④ 요소 15.2kg 또는 유안 43.3kg

해설
- 요소의 질소함유량은 46%이므로
  $x \times 0.46 = 7$
  $\therefore x = 7/0.46 = 15.2$kg
- 유안비료의 질소함유량은 21%이므로
  $x \times 0.21 = 7$
  $\therefore x = 7/0.21 = 33.3$kg

답 ③

벼의 생육 및 재배와 관련하여 규산에 대한 설명으로 옳은 것은?

① 수확기까지 흡수량은 질소보다 적지만 칼륨보다는 많다.
② 필수원소로서 탄수화물대사에 관여한다.
③ 잎을 규질화시켜 도열병 저항력을 증대시킨다.
④ 논토양이 환원되면 가용태 규산이 감소된다.

답 ③

필 / 수 / 확 / 인 / 문 / 제

- 실비(實肥, 알거름, Top Dressing at Ripening Stage) : 수잉기 이후 씨알을 충실하게 하기 위하여 약간의 질소를 시비하는 거름이다.

㉣ 분시비율
- 질소질 비료의 평야지 적기이앙 시 분시기준은 기비 : 분얼비 : 수비를 50 : 20 : 30의 비율로 주도록 하고 있다.
- 2002년까지는 기비 : 분얼비 : 수비 : 실비를 50 : 20 : 20 : 10의 비율로 분시하도록 하였으나 실비는 수량 증가에는 도움이 되나 쌀의 단백질 함량을 높이므로 식미가 저하되므로 생략하게 되었다.
- 품종과 재배양식, 토성, 기상조건 및 쌀의 용도에 따라 적당하게 가감하여야 한다.
- 수중형 품종은 기비를 늘리고 조기재배 시는 생육기간이 늘어나는 만큼 분시량을 늘리는 것이 좋다.
- 사질답과 누수답에서는 기비를 줄이고 여러 번에 나누어 분시하는 것이 좋다.
- 기상조건이 좋아 동화작용이 왕성한 경우 추비량을 늘리는 것이 수량증가에 도움이 된다.
- 인산질 비료의 경우 전량 기비로 시비한다.
- 칼륨질 비료의 경우 기비와 수비를 70 : 30의 비율로 나누어 시비한다.

㉤ 합리적 시비법
- 시비에 있어 가장 중요한 것은 토양검정결과 시비처방서에 의해 적량을 시비하는 것이다.
- 합리적인 시비를 위해 기비와 분얼비는 분얼발생에 적당한 질소가 유효분얼종지기까지만 지속되도록 한다.
- 수비는 상위 4~5절간 신장기에 질소가 과다하지 않아야 도복이 방지되고, 남은 질소가 출수 후 쌀알로 전이되지 못하도록 시기와 양을 조절해야 한다.
- 질소의 시비에 있어 수비가 부족하였을 때 실비로 시비하면 증수에는 도움이 되나 쌀알의 단백질 함량이 높아지므로 고품질 쌀의 생산이 목표라면 실비를 생략하는 것이 좋다.
- 냉수가 유입되는 논은 인산질 비료와 칼륨질 비료의 시비량을 높이면 효과가 있고, 객토와 경지정리, 심경한 논은 질소질 비료와 인산질 비료 및 칼륨질 비료를 20~30% 정도 시비량을 늘리는 것이 수량 확보에 도움이 된다.

벼의 재배에서 기상조건과 양분의 흡수, 이용에 관한 설명 중 옳지 않은 것은?

① 저온조건에서는 뿌리의 양분흡수력이 약하다.
② 고온조건에서는 잠재지력의 소모가 크다.
③ 일사량이 풍부한 조건에서는 시비량을 줄여야 한다.
④ 과습답에서는 미숙유기물의 시용량을 줄여야 한다.

답 ③

- 일조시간이 적거나 냉해, 침관수 및 도복의 발생이 상습적인 논은 질소질 비료를 20~30% 정도로 시비량을 줄이고, 인산질 비료와 칼륨질 비료를 20~30% 정도 시비량을 늘리는 것이 좋다.
- 합리적 시비의 요점
  - 생산량을 위해 엽면적 및 벼 이삭수를 충분하게 확보해야 한다.
  - 도복이 방지되도록 해야 한다.
  - 쌀알 중의 질소함량을 높게 하지 않아 품질을 좋게 해야 한다.

ⓑ 거름을 줄 때 주의사항

- 질소질 비료의 시비는 질산태 질소를 제외하고는 심층시비가 되도록 경운 전에 미리 시비하여 흙속에 갈아 넣는 것이 좋다.
- 모를 낼 때의 시비는 써리기 전에 시비하는 것이 써린 후 시비하는 것보다 좋다.
- 추비 시는 물을 빼고 시비 후 김을 매 주도록 한다.
- 추락현상을 보일 때는 요소 1%액을 엽면시비로 분시하는 것이 좋다.
- 질소는 기비로 전량 시용하게 되면 초기생육이 과도해 과번무와 무효분얼의 증가, 병충해 발생이 많아지며, 비료분이 유실되고 탈질작용이 일어나서 후기에 질소가 부족하게 되므로 분시하는 것이 좋다.
- 최근에는 이앙과 동시에 3요소를 전량 기비로 주어 노력의 절감효과가 큰 측조시비 이앙기도 보급되어 있다.

(2) 본답의 물 관리

① 벼농사와 물

㉠ 관개의 의의와 효과

- 관개의 의의
  - 식물의 생명활동을 위한 대사작용 기초물질로 물은 반드시 필요하다.
  - 논벼의 요수량(要水量, Water Requirement)은 최대 300 정도로 포장용수량 정도의 토양수분에서도 벼의 생육과 결실은 가능하므로 밭 재배도 가능하다.
  - 벼를 논에서 재배하는 것은 생리적 필요보다는 재배의 편의와 환경수의 의미가 크다.
  - 합리적 물 관리는 벼의 생육, 논토양 조건의 제어와 조정으로 생육의 촉진과 수량을 높이는 데 도움이 된다.

• 논에서의 관개효과
  - 천연양분을 공급한다.
  - 수온과 지온을 조절한다.
  - 토양 중 양분의 분해와 흡수를 촉진한다.
  - 병해를 예방하고 잡초발생을 억제한다.
  - 토양의 환원과 산화를 조절한다.
  - 토양을 부드럽게 하여 경운, 써레질, 제초 등의 농작업을 쉽게 한다.
  - 토양 중의 유해물질을 감소시킨다.

• 담수상태의 단점
  - 논토양을 환원시켜 뿌리의 발달을 저해한다.
  - 수온이나 기온이 높을수록 환원상태나 뿌리의 발달을 저해시킨다.
  - 지하 침투가 적고 물빠짐이 불량한 논에서는 근부현상이 나타난다.

㉡ 용수량과 관개수량

• 벼의 재배양식에 따른 용수량은 기계이앙재배와 비교하여 경운직파재배는 약 40%, 무경운직파재배는 62% 증가한다는 보고가 있으며, 논토양의 배수는 1일 감수심(減水深, Water Depth Decrease)이 20~30mm 정도가 알맞다.

• 용수량(用水量, Irrigation Requirement)
  - 벼의 재배에 필요한 물의 총량을 의미한다.
  - 벼의 엽면증산량과 논수면증발량, 지하침투량 및 논두렁의 누수량 등으로 소요되는 물의 양이다.
  - 벼의 총용수량은 1,525mm로 벼에서 증산되는 양이 494mm, 논수면증발량이 381mm, 지하침투량이 650mm이다.

벼의 총용수량(1,525mm) = 엽면증산량(494mm) + 논수면증발량(381mm) + 지하침투량(650mm)

• 관개수량(Irrigation Flow)
  - 실제 관개량은 용수량에서 유효강우량을 뺀 나머지 부분으로 이를 관개수량이라 한다.
  - 유효강우량은 관개기간 중 평균강우량 650mm의 70%로 본다.

벼의 관개수량(1,070mm) = 용수량(1,525mm) − 유효강우량(455mm)

• 벼농사에서 물을 가장 많이 필요로 하는 시기 : 수잉기 > 유수발육전기, 활착기 > 출수개화기

② 이앙재배에 있어 본답의 물 관리

㉠ 이앙기

- 이앙작업에는 물 깊이를 2~3cm 정도로 얕게 하여 작업의 편리성을 도모한다.
- 물이 깊은 경우 모가 잘 심어지지 않고 심은 모가 뜨는 결주가 발생하기 쉽다.
- 물이 너무 없는 경우 이앙작업은 용이하나 이앙직후는 관개할 수 없어 모의 식상(植傷, Transplanting Injury)이 심해진다.

㉡ 착근기(활착기)

- 이앙 후 벼가 새 뿌리를 내리기까지는 7일 정도 걸린다.
- 이앙 후 7~10일은 식상의 방지를 위하여 6~10cm 정도로 깊게 관개한다.
- 모 키의 1/2~2/3 정도가 물에 잠겨야 증산이 억제되어 식상이 방지된다.
- 모가 쓰러지거나 마르지 않게 한다.
- 활착기는 물을 깊게 대어 몸살을 경감시키고 증산의 억제, 뿌리내림을 촉진시킨다.

㉢ 분얼기

- 분얼기에서 유효분얼의 시작
  - 새 뿌리가 내리고 분얼이 시작되면 물을 2~3cm으로 얕게 한다.
  - 물이 너무 깊은 경우 분얼이 억제되므로 가끔 표층을 노출시켜 산소를 공급해 준다.
- 무효분얼기
  - 이앙 후 40~45일이 지나면 유효분얼이 끝나고 무효분얼이 시작된다.
  - 출수 전 30~40일의 무효분얼기는 벼의 일생 중 가장 물의 요구도가 낮은 시기이므로 5~10일 간 논바닥에 작은 균일이 생길 정도로 중간낙수(中間落水, 중간물떼기, Midsummer Drainage)를 실시한다. 중간낙수는 사질답, 염해답, 생육이 부진한 논에서는 생략하거나 약하게 한다.

TIP

중간낙수의 효과

- 질소의 과잉흡수를 방지하여 무효분얼을 억제한다.
- 토양 중 산소의 공급으로 뿌리의 활력을 증대시켜 뿌리가 깊어져 생육후기까지 양분의 흡수를 많게 한다.
- 토양에 공기가 공급되어 거름분의 분해가 왕성해진다.
- 토양 중 양분의 유효화로 양분흡수가 용이해진다.
- 토양의 유해가스를 배출하여 뿌리 활력을 증진한다.

벼의 재배 중 물관리에 대한 설명으로 옳지 않은 것은?

① 무효분얼기에는 중간낙수를 하여 분얼을 억제한다.
② 유수형성기에는 수분이 많이 필요한 시기이므로 물이 부족하지 않도록 한다.
③ 활착기에는 물을 낮게 대어 식상을 방지하고 뿌리내림을 촉진한다.
④ 등숙기에 조기낙수하면 수량과 품질이 저하된다.

답 ③

중간낙수에 대한 설명으로 옳지 않은 것은?

① 실시 시기는 출수 전 30~40일이다.
② 산소 공급으로 뿌리의 활력 저하를 막는다.
③ 질소 과잉흡수를 방지한다.
④ 염해답에서는 강하게 실시해야 한다.

답 ④

필 / 수 / 확 / 인 / 문 / 제

벼 재배시 물관리에 대한 설명으로 옳지 않은 것은?

① 물을 가장 많이 필요로 하는 시기는 수잉기이다.
② 무효분얼기에 중간낙수를 하는데 염해답과 직파재배를 한 논에서는 보다 강하게 실시한다.
③ 분얼기에는 분얼수 증가를 위해 물을 얕게 대는 것이 좋다.
④ 등숙기에는 양분의 전류·축적을 위해 물을 얕게 대거나 걸러대기를 한다.

답 ②

벼의 물관리 방법으로 적당하지 않은 것은?

① 유효분얼기에 중간낙수를 한다.
② 분얼기에는 수심을 3cm 정도로 얕게 한다.
③ 착근기까지는 물을 깊게 댄다.
④ 수잉기 전후에는 담수하여 충분한 물을 공급한다.

 ①

- 논의 흙을 굳히고 줄기 밑 간기부를 튼튼하게 하여 도복을 예방한다.
- 칼륨과 질소의 비율을 증대시켜 벼의 조직이 튼튼해져 도복에 대한 저항성이 강해진다.
- 부식이 풍부한 질흙과 습답에서 효과가 크다.
- 중간낙수가 끝난 후 물을 2~4cm 깊이로 관개 후 방치하였다가 논의 물이 마르면 다시 2~4cm 깊이로 관개하는 간단관수(間斷灌水, Intermittent Irrigation)를 하는 것이 근권에 산소를 공급하고 뿌리 노화를 예방하는 데 효과가 있다.

• 유수형성기~출수기
- 잎 면적이 크고 증산량도 많아 물의 필요량이 많고, 외부환경에 가장 민감한 시기이다.
- 유수가 발육하고 개화, 수정하는 데 물의 요구량이 많은 시기이므로 물이 부족하지 않게 하여야 한다.
- 물을 6~7cm 깊이로 관개하는 것이 좋다.

• 등숙기
- 등숙기에도 물은 필요하나 엽면증산이나 수면증발량이 크게 감소하는 시기이므로 심수관개는 필요하지 않은 시기이다.
- 산소가 공급될 수 있도록 간단관수를 한다.
- 출수 후 30일경까지는 반드시 관개를 해야 미질이 좋아진다.

 TIP

완전낙수
• 출수 후 30~35일 후에는 물을 아주 뗀다.
• 조기낙수는 이삭도열병의 발생이 쉬워진다.
• 만기낙수는 결실이 늦어지고 청치(Green-Kerneled Rice)가 많이 생기며, 수확작업의 지연으로 동할립 발생이 많아진다.

③ 냉수의 관개대책
㉠ 한랭지나 산간고랭지 및 냉수용출답 등에서는 냉수에 대한 대책이 필요하다.
㉡ 밑다짐이나 객토를 실시한다.
㉢ 풋베기 호밀을 재배하여 갈아 넣어 누수방지와 수온을 상승시킨다.
㉣ 간단관개나 무담수재배를 한다.
㉤ 비닐이나 폴리에틸렌 호스 등을 사용하여 냉수를 통과시켜 수온을 상승시킨다.
㉥ 관개구 위치를 자주 변경한다.
㉦ 증발억제제인 O.E.D를 사용하여 수온을 높인다.

5 잡초 및 병해충과 자연재해

(1) 잡초의 방제

① 잡초의 발생

㉠ 잡초는 생육 중 작물과의 경합으로, 수량과 품질을 저하시킨다.

㉡ 논에서 잡초의 발생량은 $1m^2$당 500~3,000개나 되며, 2cm 깊이에 있는 종자의 수도 30,000여 개 정도에 달한다.

㉢ 우리나라의 경우 2008년 논잡초의 우점도는 1년생은 82%, 다년생은 18%로 조사되었다.

② 제초의 필요성과 효과

㉠ 논에 잡초의 발생은 양분과 수분의 경합과 수광 및 통풍의 불량, 병해충의 서식이 조장된다.

㉡ 잡초의 분비물질로 벼의 생육이 저해되거나 잡초 종자의 혼입으로 쌀의 품위가 저하되는 등 수량과 품질에 영향을 미친다.

㉢ 수량 감소는 재배지에 따라 다르며, 건답직파(79~100%) > 담수직파(40~60%) > 기계이앙재배(25~30%) > 손이앙재배(10~20%)의 순이다.

③ 주요 논잡초

㉠ 2013년 조사내용을 보면 논잡초 중 1년생은 52종, 월년생은 3종, 다년생은 35종 등 90여 종의 잡초가 발생하는 것으로 확인되었으며, 피 17.4%, 물달개비 12.4%, 올방개 7.8%, 올챙이고랭이 6.1% 순으로 우점하였다.

㉡ 1년생 잡초 : 피(강피, 물피, 돌피), 물달개비, 여뀌바늘, 사마귀풀, 가막사리, 논뚝외풀 등

㉢ 다년생 잡초 : 올방개, 벗풀, 올미, 너도방동사니, 가래, 올챙이고랭이 등

㉣ 번식 : 1년생은 주로 종자로, 다년생은 종자와 땅속줄기로 번식한다.

우리나라 주요 논잡초

구 분		잡 초
1년생	화본과	강피, 물피, 돌피, 둑새풀
	방동사니과	참방동사니, 알방동사니, 바람하늘지기, 바늘골
	광엽잡초	물달개비, 물옥잠, 여뀌, 자귀풀, 가막사리
다년생	화본과	나도겨풀
	방동사니과	너도방동사니, 올방개, 올챙이고랭이, 매자기
	광엽잡초	가래, 벗풀, 올미, 개구리밥, 미나리

④ 잡초의 방제

㉠ 기계적 방제법 : 예취, 소각, 담수 등

㉡ 경종적(생태적) 방제법 : 경운, 정지, 윤작, 피복, 재식밀도, 시비법 조절 등

㉢ 생물적 방제법 : 타감작용의 이용 등
㉣ 화학적 방제법 : 제초제의 이용

⑤ 제초제

㉠ 잡초 방제가 쉽고 비용과 시간을 절감할 수 있는 이점이 있다.
㉡ 1년생 잡초에는 효과가 좋지만, 다년생 잡초에는 효과가 약하다.
㉢ 제초제 종류
- 잡초의 생활주기에 따라 1년생 잡초, 2년생 잡초, 3년생 잡초가 있다.
- 처리시기에 따른 분류
  - 못자리용 제초제
  - 초기제초제 : 모내기 후 3~5일(써레질 후 5~9일) 처리용
  - 초·중기제초제 : 모내기 후 5~12일(써레질 후 7~14일) 처리용
  - 중기제초제 : 모내기 후 10~15일(써레질 후 12~17일) 처리용
  - 후기제초제 : 모내기 후 20~30일 경엽처리용

㉣ 제초제가 갖추어야 할 조건
- 작물 및 인축에 해가 없어야 한다.
- 잡초의 방제능력이 우수해야 한다.
- 값이 싸고 사용이 간편해야 한다.
- 토양과 물의 오염이 없어야 한다.

(2) 병해의 방제

① 식물병

㉠ 벼의 피해가 커서 방제가 필요한 식물병은 10여 종이다. 우리나라 병해에 의한 수량의 감소는 연차 간 변이가 크나 평균 약 13%이며, 약제방제를 통해 50~70% 정도 피해를 줄일 수 있다.
㉡ 상자육묘 병해 : 키다리병, 모도열병, 모마름병, 모썩음병 등
㉢ 본논 병해 : 잎도열병, 잎집무늬병, 흰잎마름병, 깨씨무늬병, 바이러스병 등
㉣ 이삭에 발생하는 병해 : 이삭도열병, 세균성 벼알마름병, 벼이삭마름병 등
㉤ 벼의 생육단계별 주요 병의 발생시기
- 못자리시기 : 모마름병, 모썩음병, 키다리병
- 초기(6~7월 초순) : 잎도열병, 키다리병, 줄무늬잎마름병
- 중기(7월 중순 ~ 8월 중순) : 잎도열병, 잎집무늬마름병, 흰잎마름병, 이삭도열병, 키다리병, 깨씨무늬병
- 후기(8월 중순 ~ 9월 말) : 이삭도열병, 잎집무늬마름병, 세균성 벼알마름병, 흰잎마름병, 깨씨무늬병, 이삭누룩병

② 병해와 방제

㉠ 도열병(稻熱病, Blast Disease, Rice Blast, 병원체 - *Pyricularia oryzae*)

- 벼에 발생하는 병해 중 피해가 가장 심한 병으로 전국 어디에서나 발생하나 고지대, 산간지대의 피해가 더 크며, 어린모부터 수확기까지 전 생육기간에 발생한다.
- 도열병의 발생부위에 따른 구분
  - 잎도열병 : 급성형은 회백색의 방추형 병반이 만성형은 갈색 반점이 생긴다.
  - 이삭도열병 : 벼알 표면에 흑갈색의 병반이 생기고 흰 이삭이 된다.
  - 이삭목도열병
  - 이삭가지도열병
  - 마디도열병
  - 낟알도열병
  - 뿌리도열병
  - 냉도열병 : 18℃ 이하의 낮은 기온에 의해 발생하는 도열병으로 줄기도열병은 없다.
  - 모도열병 : 모의 잎에 갈색 반점의 병반이 생긴다.
- 병원균 및 발병요인
  - 흐린 날이 계속되어 일조량이 적고 비교적 저온・다습할 때 많이 발생한다.
  - 질소질 비료의 과다시용 시 발병이 증가한다.
  - 출수기에 비가 오고 강풍이 불면 이삭도열병의 발생이 많고 치명적인 피해가 발생한다.
  - 발병적온은 20~25℃이고, 습도는 90% 이상이다.
  - 분생포자의 전파 최적온도는 20~22℃, 숙주에 부착한 분생포자의 발아 최적조건는 25~28℃의 포화습도이다.
  - 도열병균계에는 온대자포니카벼의 KJ레이스와 인디카벼의 KI레이스 등 30종류의 레이스가 있다.
- 병 징
  - 잎에 방추형 병반이 형성되며, 만성형의 경우 가장자리가 붉은색을 띠나 급성형의 경우 잿빛의 잔잔한 분생포자(곰팡이)가 병반의 표면을 덮는다.
  - 이삭목, 이삭가지는 옅은 갈색으로 말라죽고, 습기가 많으면 표면에 잿빛의 곰팡이가 핀다.

필 / 수 / 확 / 인 / 문 / 제

벼 재배시 발생하는 병해에 대한 설명으로 옳지 않은 것은?

① 키다리병은 종자 진염을 하는 병으로 감염 시 모가 이상 신장한다.
② 이삭도열병은 출수할 때부터 10일 동안 가장 많이 발생한다.
③ 깨씨무늬병은 출수 후 비료분이 부족할 때 주로 잎에 발생한다.
④ 잎집무늬마름병은 6월에 이상 기온으로 온도가 낮을 때 주로 발생한다.

답 ④

- 고동색 또는 검푸른 색의 작은 반점이 점차 커져 여러 모양의 큰 병반이 되고 특히 이삭목도열병에 걸리면 수량이 크게 감소하게 된다.

• 발병 조장 요인
- 질소질 비료의 과다시용이나 편용
- 저온·다습 및 일조부족
- 강풍에 의한 상처
- 만식, 밀식조건
- 종자소독을 철저하게 하지 못했을 때

• 방제법
- 종자소독을 철저히 한다.
- 저항성 품종을 선택한다(통일계는 도열병에 강하다).
- 밀파, 만식을 피한다.
- 질소질 비료의 과비를 피하고 3요소를 균형시비하며, 규산질 비료를 적정량 시용한다.
- 냉수관개를 피하고 관개수온을 높인다.
- 도열병이 만연 시 낙수를 금지한다.
- 발병 전 예방약제를 살포한다.
- 방제약제 : 카타진, 후치왕, 오리단, 블라딘, 이디펜, 이이비, 가스신, 베다솔, 이소란, 트리졸 등

ⓛ 잎짚무늬마름병(紋枯病, Sheath Blight, 병원체 – *Thanatephorus cucumeris*)

• 병원균 및 발병요인
- 토양 또는 볏짚, 그루터기에서 월동한 균핵이 이앙 전 물을 대고 경운과 써레질을 하면 물 위로 떠오르게 되고, 이앙이 끝나면 잎과 엽초 사이에 부착하여 감염된다.
- 조기이앙, 밀식, 다비재배 등의 다수확재배로 발생이 증가하고 있다.
- 7월 중순 이후 분얼이 많아지고 기온이 30℃ 이상인 조건에서 발병이 증가하며, 7월 하순에서 8월 상순경에는 지엽의 엽초까지 병반이 생긴다.
- 병원균의 발육 최적온도는 28~32℃, 습도는 96% 이상의 환경에서 질소의 과용 시 발병이 증가한다.
- 22~35℃에서 침입이 가능하고 36℃ 이상에서는 발병이 정지된다.
- 발병최성기는 고온다습한 7~8월이다.

- 병 징
  - 줄기 아래쪽 부분에 구름무늬 모양의 병반이 생기고 점차 위쪽으로 번지며, 심하면 쓰러짐 증상을 보이고 잎이 말라 죽는다.
  - 부정형의 회녹색 또는 암회색 구름과 같은 반점이 생기고 가장자리가 담갈색을 띠며, 진전되면 엽초 표면에 갈색 균핵이 생기고 균핵 주위에 백색 가루모양의 자실층이 생긴다.
  - 엽신에 둥근 갈색무늬가 있고 내부가 회백색이다.
- 방제법
  - 내병성 품종을 선택한다.
  - 밀식에 의한 과번무를 피한다.
  - 질소의 과용을 피하고 3요소 비료를 균형시비하며, 규산질 비료를 적량 시용한다.
  - 잡초방제를 철저히 한다.
  - 발병 전 또는 발병 초기에 약제를 살포하며, 병이 발생한 포기 비율이 20% 정도인 7월 상·중순에 방제효과가 크다.
  - 병의 초관 내 통풍이 잘되도록 조정한다.
  - 침수지역은 흰잎마름병, 도열병과 동시에 방제한다.
  - 방제약제 : 키타진, 바리신, 네오진 등

㉢ 흰잎마름병(白葉枯病, Bacterial Blight, 병원체 - *Xanthomonas campestris*)

- 병원균 및 발병요인
  - 볍씨, 볏짚, 그루터기, 잡초 등에서 월동하여 1차 전염원이 된다.
  - 주로 7월 상순에서 8월 중순에 발병하며, 균의 발육 최적온도는 26~30℃이고 폭우, 태풍에 의해 잎의 상처 또는 침수 후에 병원균이 수공이나 기공, 절단된 뿌리로 침입하여 많이 발생한다.
  - 지력이 높은 논과 다비재배 시 발생하기 쉽고 저습지 침관수피해지, 해안 풍수해 지대에서 급속히 발생한다.
  - 병원균은 여러 계통이 있으며, 각 균계에 대한 품종 간 저항성이 다르다.
  - 출수기 이후 많이 발생한다.
- 병징 : 잎 가장자리에 황색의 물결과 같은 줄무늬가 생기고 급성으로 진전되면 황백색 및 백색의 수침상 병반을 나타내다가 잎 전체가 말라서 오그라들어 고사한다.

필 / 수 / 확 / 인 / 문 / 제

벼에서 발생하는 병의 특징으로 옳은 것은?

① 잎도열병은 출수할 때부터 10일 동안 가장 많이 발생한다.
② 흰빛잎마름병은 저습지대의 침수나 관수피해를 받았던 논에서 주로 발생한다.
③ 줄무늬잎마름병은 세균에 의한 병이고 끝동매미충이 매개한다.
④ 키다리병의 병원균은 토양전염성으로 저온조건에서 주로 발생한다.

답 ②

벼 재배시 발생하는 병해 중에서 세균에 의해 감염되는 것은?

① 잎집무늬마름병
② 흰잎마름병
③ 도열병
④ 줄무늬잎마름병

답 ②

필 / 수 / 확 / 인 / 문 / 제

벼의 병해충에 대한 설명으로 옳은 것은?

① 애멸구와 벼멸구는 우리나라에서 월동을 하지 못하며, 중국 등지에서 비래한다.
② 줄무늬잎마름병과 오갈병은 매개충을 방제함으로써 예방할 수 있다.
③ 잎도열병은 균사상태로 피해엽이나 볍씨 등에서 월동하며, 질소비료를 다량 시용하면 발생이 경감된다.
④ 벼물바구미의 유충은 잎을 가해하고, 성충은 뿌리를 가해한다.

답 ②

- 방제법
  - 내병성, 저항성 품종을 선택한다.
  - 침관수 지역으로 전년도에 발병한 곳은 못자리를 피한다.
  - 볍씨소독을 철저히 한다.
  - 논두렁의 잡초를 철저히 제거하여 겨풀류, 줄풀류 등의 월동 서식처를 제거하고 병든 볏짚은 부숙시켜 사용한다.
  - 침관수를 예방하고 태풍 또는 장마로 인한 침수 후에는 약재를 살포한다.
  - 방제약제 : 페나진, 메디, 테람 등

㉣ 줄무늬잎마름병(縞葉枯病 Stripe, 병원체 – Rice Stripe Virus)

- 병원균 및 발병요인
  - 바이러스를 지닌 애멸구에 의해 전염되는 병이며, 애멸구는 잡초나 답리작물에서 유충의 형태로 월동한다.
  - 따뜻한 지방에서 논 뒷구루재배, 다비재배한 경우 발생하기 쉽다.
  - 조기재배, 밀파, 질소과다, 답리작 지대에서 많이 발생한다.
  - 본답 초기부터 발생하며, 특히 분얼성기에 발생이 많다.
- 병 징
  - 새잎이 나올 때 새잎에 줄무늬가 생기고 돌돌 말리면서 엽초에서 떨어지지 않아 활모양으로 늘어져 말라죽는다.
  - 수잉기에 발생하면 잎에 황백색 줄무늬가 나타나며, 출수하지 못하고 출수하더라도 기형이 되고 충실하게 벼알이 형성되지 못한다.
  - 잎이 황백색으로 마르며, 잠복기간은 5~10일이다.
  - 오갈병 또는 누른오갈병과 혼동하기가 쉽다.
- 방제법
  - 내병성 품종을 선택한다.
  - 매개충인 애멸구를 구제하고 월동처를 제거한다.
  - 이병식물체를 즉시 제거해 2차 전염을 방지한다.
  - 질소의 과비를 피하고 잡초를 제거한다.
  - 조파나 만파를 피한다.
  - 못자리 말기부터 이앙 후 1개월까지의 방제가 중요하다.

㉤ 오갈병(萎縮病, Dwarf, 병원체 – Rice Dwarf Virus)

- 병원균 및 발병요인
  - 번개매미충과 끝동매미충에 의하여 전염되는 바이러스병으로, 월동작물이나 잡초에서 월동한다.

- 따뜻한 지방에서 많이 발병하고 못자리, 본답 초기에 발생률이 높다.
- 잠복기간은 12~25일이다.

• 병 징
- 잎의 색깔은 농록색으로 흰 반점이 있고 잎이 거칠어지며, 포기 전체가 정상벼의 1/2에도 못 미치게 오그라든다.
- 무효분얼이 많아지며, 이삭의 등숙이 나빠진다.

• 방제법
- 내병성 품종을 선택한다.
- 월동잡초를 제거한다.
- 생육초기에 질소질 비료의 과용을 피한다.
- 조파 또는 만파를 피한다.
- 끝동매미충과 번개매미충을 철저히 구제한다.
- 병든 포기는 즉시 제거하여 소각하고 건전모를 보식한다.

ⓗ 세균성 벼알마름병(枯細菌病, Bacterial Grain Rot, 병원체 – *Pseudomonas glumae, Burkholderia glumae*)

• 병원균 및 발병요인
- 병원균은 대개 뿌리나 엽초 기부에 부생생활하며, 모의 생장과 함께 위쪽 엽초 내로 옮겨가서 수잉기 어린 이삭 표면에서 증식하고 개화기 때 감염된다.
- 벼 출수 후 약 1주일에 걸쳐 강우가 지속되고, 고온다습한 환경에서 발병한다.
- 출수기 전후 23℃ 이상이고 강우가 지속되면 발병이 증가하고, 특히 28℃ 이상의 온도에 습도가 높을수록 발병률이 크게 높아진다.
- 병원균은 원핵생물계 세균으로 생육온도는 10~45℃, 최적온도는 30~35℃의 고온성이다.

• 병 징
- 주로 벼알에 발생하고, 엽초나 엽신에는 세균이 잠복만 하고 병징이 나타나지는 않는다.
- 출수 직후부터 유숙기에 걸쳐 벼알 기부만 갈변되다가 벼알 전체로 번지며, 배유는 발육이 정지되고 심하면 마르게 된다.
- 병든 벼알의 배유는 일찍 건조하여 말라죽고 중앙에 갈색띠가 생기며, 유숙기에 병징이 뚜렷하며 건전한 벼알은 녹색이나 병든 벼알은 홍색을 띤다.
- 심한 경우 이삭 전체가 등숙되지 않고 호숙기가 되어도 이삭이 꼿꼿하게 서고 쭉정이가 된다.

필 / 수 / 확 / 인 / 문 / 제

애멸구에 의해 매개되며, 식물체의 마디 사이가 짧아지고, 잎이 농록색으로 변하며, 초장이 작아지는 옥수수의 병은?

① 깜부기병
② 검은줄오갈병
③ 그을음무늬병
④ 깨씨무늬병

답 ②

• 방제법
  - 이병된 논에서는 채종을 금하고 건전한 종자는 염수선을 실시한다.
  - 종자는 55℃에서 60분의 온탕처리 및 40℃에서 2일의 건열처리를 한다.
  - 본답 초기에 적용약제를 살포하거나 출수기 전후 적용약제를 2회 살포해 목도열병과 동시에 방제한다.

ⓢ 이삭누룩병(稻麴病, False Smut, 병원체 - *Ustilaginoidea virens*)

• 병원균 및 발병요인
  - 전년도 토양에서 월동한 자낭각[子囊殼, Perithecium(pl.perithecia)]이 다음해 7월경 자낭포자를 형성하여 이삭에 들어가 발병하며, 병원균은 벼알에만 기생하여 균핵을 형성한다.
  - 질소질 비료를 과다 시용했을 때 발생이 많아지며 저온다습, 일조부족, 강우일수 등의 환경조건이 병 발생에 절대적 영향을 준다.

• 병 징
  - 벼의 개화기부터 1~2주 지날 무렵으로 처음 내영과 외영 접합부에 청백회색의 작은 균괴가 나타나고 진전되면 종피를 둘러싼다.
  - 균괴는 다수의 균일이 생기고 외부는 녹색, 내부는 담황색, 중심부는 백색을 띠며, 보통 1이삭에 1~6개 정도 생기나 많은 경우 20개 이상이 생기는 경우도 있다.
  - 알벼보다 큰 검은 덩어리가 달려있다.

• 방제법
  - 내병성 품종을 선택한다.
  - 이병된 논에서는 채종하지 않으며 건전한 종자를 사용한다.
  - 질소질 비료와 유기질 비료의 과용을 피한다.
  - 규산질 비료의 시용은 발병을 억제시키는 효과가 있다.
  - 균형시비와 조기이앙을 하고 수잉기 무렵 약제를 살포한다.
  - 조생종 및 중생종을 재배한다.
  - 발병 초기 적용약제를 사용하여 방제한다.

◎ 깨씨무늬병(胡麻葉枯病, Heliminthosporium Blight, Helminthos–porium Leaf, 병원체 – *Cochliobolus miyabeanus, Bipolaris oryzae, Drechslera oryzae, Helminthosporium oryzae*)

• 병원균 및 발병요인
  - 병에 걸린 짚 또는 볍씨에서 균사 또는 포자로 월동하여 1차 전염원이 되고 분생포자의 공기전염에 의해 2차 전염된다.
  - 병원균은 자낭균에 속하는 곰팡이로 생육온도는 5~41℃, 최적온도는 25~30℃이며, 습도는 90% 이상에서 침입한다.
  - 병든 조직에서 균사 상태로 3년 정도 생존이 가능하며, 종자로 월동하여 종자로 전염하거나 병든 조직에서 월동하여 공기로 전염한다.
  - 못자리 때부터 전 생육기간에 발병이 가능하나 주로 출수기 이후 발생한다.
  - 잎, 벼알, 이삭목, 이삭줄기 등에서도 발생하나 주로 잎에 발생한다.
  - 출수기 이후 질소, 칼륨 등 비료의 결핍 시, 사질답 또는 노후화답의 추락답에서 발생이 증가한다.
  - 야간에 온도가 높고 흐린 날이나 비가 오는 날이 많아 일조시간이 부족하면 발생률이 높아진다.
  - 다른 화본과 작물, 잡초에서도 발병한다.

• 병 징
  - 잎이나 벼알에 생기고 도열병의 병반과 비슷하게 나타나지만, 그보다는 작고 뚜렷하게 나타난다.
  - 잎에 발생하는 경우 잎에 깨알같이 작은 암갈색, 타원형 병반이 다수 형성되고 병반 주변에 황색의 테두리가 생기고 오래되면 병반끼리 합쳐져 대형 병반이 된다.
  - 심한 경우 이삭목에도 발생하여 이삭목이 갈변한다.
  - 벼알에 발생하게 되면 벼알 표면에 흑갈색 작은 반점이 생겨 확대되며, 벼알 전체가 갈변한다.

• 방제법
  - 종자소독을 철저히 한다.
  - 철, 망간, 황, 석회 등이 부족하지 않도록 한다.
  - 비료를 분시한다.
  - 객토, 유기물 시용 등으로 노후화답을 개량하고 지력을 배양한다.

㉧ 갈색잎마름병[褐色葉枯病, Brown Leaf Blight(Spot), 병원체 – *Fusarium nivale, Rhynchosporium oryzae, Microdochium oryzae, Gerlachia oryzae*]

- 병원균 및 발병요인
  - 출수기 전후 노숙엽에 발생한다.
  - 사질답에서 질소의 과용과 출수기를 전후로 저온다습 시 많이 발병한다.
- 병징 : 노숙엽에 발생하며, 안쪽이 회갈색 및 회백색이 된다.
- 방제법
  - 3요소를 균형시비하고 추비로 질소를 과다하게 시비하지 않도록 한다.
  - 발생상습지에서는 적절한 약제를 살포한다.

㉨ 이삭마름병(穗枯病, Ear Blight, 병원체 – *Cladosporium cladosporioides, Curvularia lunata* 등)

- 병원균 및 발병요인
  - 이삭목 오염, 벼알의 변색, 이삭목 고사 등 이삭마름현상을 나타내는 병해를 총칭하여 이삭마름병이라 한다.
  - 도열병균, 깨씨무늬병균, 갈색무늬병균 등이 관여한다.
  - 일반적으로 출수 후 2주부터 성숙기 사이에 발생하며, 일기가 불순할 때 심해지고 이 경우 5~8% 정도 감수된다.
- 방제법
  - 식물체가 저항성을 지니도록 건전하게 생육시킨다.
  - 출수 후 일기가 불순하면 살균제를 살포한다.

㉩ 모마름병(苗立枯病, 모잘록병, Damping-off)

- 토양전염성 병해로 푸사리움균, 피시움균, 리조크토니아균, 라이조프스균, 트리코더마균 등의 다양한 종류의 균에 의한 병을 총칭한다.
- 푸사리움균(*Fusarium*)
  - 모마름병의 가장 흔한 균이다.
  - 발아 및 유묘기에 발병하고 병원균이 토양 속에 서식하며, 종자의 상처로 침입하여 지제부나 뿌리에 침입한다.
  - 지제부나 뿌리를 침해하여 모의 선단이 갑자기 건조한 것처럼 되거나 바늘모양으로 말리면서 황백색이 되어 고사하며, 이런 모는 쉽게 뽑히고 침해된 부위는 갈색 또는 암갈색으로 변하며 볍씨부분에 붉은색의 곰팡이가 생기기도 하다.

- 상토의 건조, 오염, 이병되었거나 토양산도가 pH 4 이하 또는 5.5 이상이거나 저온과습 시, 밀파 및 질소 과용 시, 종자의 상처, 오염된 물의 관개로 발생한다.
- 방제법
  ⓐ 무병종자와 무병상토를 사용한다.
  ⓑ 상토를 pH 4.5~5.5로 조정하고 적온적습의 유지와 시비 관리를 잘 해야 한다.
  ⓒ 밀파를 피하고 과건과 과습을 방지하며, 생육적온을 유지한다.
  ⓓ 발병 시 약제를 살포한다.

• 피시움균(*Pythium*)
  - 저온에서 주로 나타나며 한랭지, 물못자리, 담수직파에서 피해가 크다.
  - 병징은 푸사리움과 비슷하나 지제부의 갈변이 약간 엷고 갈색 수침상으로 부패하며, 급격히 위조·고사한다.
  - 모 녹화기 이후 저온의 영향을 크게 받는다.

• 리조푸스균(*Rhizopus*)
  - 고온다습한 환경에서 주로 나타나며, 출아기 고온다습 시 급격히 발생하고 지표면에 흰색 균총이 뒤덮어 종자가 발아하지 못하여 고사한다.
  - 모의 녹화가 시작될 때 육묘상자 전체에 곰팡이가 피고 포자가 생성되며, 회백색으로 된다.

• 트리코더마균(*Trichoderma*)
  - 출아 시 30℃ 전후의 고온, 산성토양에서 발생하며, 파종상 내부가 저습할 때 발생이 심하다.
  - 초기 하얀 곰팡이가 상토 표면을 덮고 후에 청록색으로 변하며, 모마름병 증상이 나타난다.

• 리조크토니아균(*Rhizoctonia*)
  - 하엽과 엽초가 회록색으로 변하여 잎집무늬마름병과 비슷한 병반을 나타낸다.
  - 이앙 전 급격히 발생하여 위조, 황화한다.
  - 이병부위는 잎집무늬마름병과 비슷한 균사와 균핵도 형성된다.

• 흰비단병균
  – 지제부 엽초, 볍씨, 뿌리 주변에 견사상 균사가 만연하고 백색 내지 밤색의 균사가 형성된다.
  – 채소나 밭작물을 재배한 토양을 상토로 사용한 경우 많이 발병한다.
  – 호기성균으로 담수상태에서는 사멸하므로 다소 발병하더라도 이앙하면 회복된다.
• 뮤코균속(*Mucor*)
  – 리조푸스균속에 의한 병징과 유사하다.
  – 표면에 흰색 곰팡이가 피어 모마름병 증상을 일으킨다.

ⓔ 모썩음병(苗腐病, Seed and Seedling Rot, 병원체 – *Achlya prolifera*)
• 병원균 및 발병요인
  – 발아 및 유묘기에 지속적으로 흐리고 기온이 낮을 때 많이 발생하며, 물못자리에 주로 발생한다.
  – 담수직파재배 시 담수깊이가 깊을수록 발생이 증가한다.
  – 미숙퇴비의 시용, 종자에 상처, 최아되지 않은 종자에서 발생이 증가한다.
• 병 징
  – 발아가 불량해지고 모 뿌리에 솜털 같은 것이 붙어 있다.
  – 볍씨가 발아할 때 유백색 교질물이 생기고 배 주위에 흰색 균사가 방사상으로 밀생하며, 배유는 없어지고 껍질만 남게 된다.
• 방제법
  – 저온발아성이 큰 품종을 선택한다.
  – 염수선으로 충실한 종자를 고르고 소독한다.
  – 최아종자를 사용한다.
  – 상처난 볍씨를 사용하지 않는다.
  – 파종직전 미숙한 유기질 비료의 사용을 금한다.
  – 보온과 관개수온의 상승책을 강구한다.

ⓕ 키다리병(馬鹿苗病, Bakanae Disease, 병원체 – *Gibberella fujikuroi, Fusarium fujikuroi*)
• 병원균 및 발병요인
  – 병원균이 종자에서 월동하여 전염되며 우리나라 전 지역에서 유묘기부터 출수기까지 발생한다.
  – 고온성으로 30℃ 이상에서 잘 발생하며, 종자소독을 하지 않거나 고온육묘, 조식재배를 하면 발생한다.

- 식물체가 웃자라는 것은 지베렐린에 의한 것이며, 벼의 키가 건전모의 약 2배에 달하여 키다리병이라 한다.

• 병 징

- 엽색은 담록색이며, 가늘고 길게 자란 이상도장현상이 나타난다.
- 마디 사이가 이상 신장하며, 분얼이 적고 키가 커진다.
- 분얼이 극히 적게 발생하며, 출수하지 못하거나 출수하더라도 충실하게 여물지 못한다.

• 방제법

- 내병성 품종을 선택한다.
- 무병지에서 상처가 없는 종자를 채종하고 볍씨를 소독한다.
- 물못자리에서 육묘한다.
- 병든 포기는 뽑아서 소각한다.

ⓗ 좀균핵병(좀검은균핵병과 좀공균핵병)

• 병원균 및 발병요인

- 균핵의 상태로 병환부에서 월동하며, 1차 전염원은 피해주의 그루터기, 볏짚, 지면에 떨어진 균핵으로 못자리 때 수면으로 떠올라 벼 포기 아래에 부착하였다가 분얼기 이후 엽초에 안정적으로 부착하여 침입을 개시한다.
- 발병 최적온도는 30℃ 내외, 최적 pH는 7.0이다.
- 7월 하순부터 발생하며, 9월이 발병 성기이다.

• 병 징

- 주로 지표와 가까운 벼의 엽초와 줄기에 발생하며, 발병 초기 수면에 접하는 엽초만 흑색으로 변하나 개화기 후에는 수변부의 줄기에도 발병한다.
- 표면에 긴 흑선이 생기고 점차 확대되어 결국 줄기는 갈변하고 썩는다.

• 방제법

- 질소질 비료의 과용을 금하고 칼륨질 비료를 충분히 시용한다.
- 병균이 침입하는 생육초기나 중기에는 물을 얕게 대고 출수기에는 깊게 대는 동시에 낙수기를 늦춘다.
- 수확 시 그루터기를 짧게 하고 피해 볏짚은 완전히 부숙시켜 사용한다.

필 / 수 / 확 / 인 / 문 / 제

벼에 발생하는 해충 중 우리나라에서 월동하지 않고 중국 등에서 비래하는 해충은?

① 혹명나방, 벼멸구
② 이화명나방, 벼물바구미
③ 벼잎벌레, 먹노린재
④ 벼줄기굴파리, 벼잎선충

답 ①

비래해충으로 6~7월경 2~3세대 벼 밑부분 잎집에 붙어 즙액을 흡수하는 해충은?

① 벼멸구
② 애멸구
③ 흰등멸구
④ 이화명나방

답 ①

(3) 해충의 방제

① 충 해

㉠ 벼를 가해하는 주요 해충으로는 멸구류, 매미충류, 이화명나방, 혹명나방, 벼물바구미 등이 있다.

㉡ 월동 서식지인 논둑 태우기, 예방약제의 살포, 발생 예찰로 적기 약제 살포로 방제한다.

㉢ 재배시기별 방제대상 해충

- 못자리시기 : 벼잎선충
- 본논 초기(5월 중순~6월 중순) : 애멸구, 벼물바구미, 벼잎벌레, 벼굴파리류
- 본논 중기(6월 하순~8월 상순) : 벼멸구, 애멸구, 흰등멸구, 벼물바구미, 이화명나방, 혹명나방, 노린재류
- 본논 후기(8월 중순~수확기) : 벼멸구, 흰등멸구, 이화명나방, 혹명나방, 노린재류

② 해충의 종류

㉠ 멸구류

- 벼멸구(*Nilaparvata lugens*)
  - 우리나라에서 월동하지 못하고 매년 중국 남부지방에서 6~7월경 저기압 통과 시 날아오는 비래해충으로 장마가 먼저 시작하는 남부지방과 서남해안지방에서 먼저 발생하고, 점차 내륙으로 확산한다.
  - 알에서 성충까지 18~23일 소요되고 성충의 색은 갈색이고 몸길이 4.5~6.0mm이며, 수명은 20~30일이다. 1마리가 7~10개의 알덩어리로 200~300개의 알을 낳으며 발육 적온은 25~28℃이다.
  - 유충과 성충이 벼 포기의 밑부분 엽초에서 흡즙하며, 흡즙은 천립중과 등숙에 영향을 끼쳐 수량을 감소시키고 벼의 생육을 위축시키고 말라죽게 한다.
  - 방제법
    ⓐ 저항성 품종을 선택한다.
    ⓑ 약제방제의 적기(1차 : 7월 하순~8월 상순, 2차 : 8월 중・하순)에 약액이 벼 포기의 밑까지 닿도록 철저히 살포한다. 약제방제 적기는 주비래일로부터 25±2일이다.
- 애멸구(*Laodelphax striatellus*)
  - 제방, 잡초에서 월동하며, 연 5회(1회 최성기 : 4월 상・중순, 2회 최성기 : 6월 상순, 3회 최성기 : 7월 상・중순, 4회 최성기 : 8월 중순, 5회 최성기 : 9월 하순) 발생한다.

- 성충은 수컷은 흑색, 암컷은 담황색이다.
- 1마리가 엽초 내에 5~6개씩, 200~300개 정도 산란하며, 알기간 7~8일, 유충기간 18~20일, 성충수명은 20~25일이다.
- 유충과 성충이 못자리 때부터 엽초에서 흡즙을 하는데, 흡즙의 피해보다는 줄무늬잎마름병 및 검은줄오갈병을 발병시키는 바이러스를 매개하여 피해를 준다.
- 방제법
  ⓐ 내충성 품종을 선택한다.
  ⓑ 전염원인 잡초를 제거하고 맥류의 수확을 단시일에 끝낸다.
  ⓒ 균형시비를 하고 못자리 말기에 발생예찰을 철저히 하며, 써레질 직전 약제를 살포한다.

• 흰등멸구(*Sogatella furcifera*)
- 우리나라에서 월동하지 못하고 6~7월 중국에서 날아오는 비래해충으로 연 3~4회 발생한다.
- 등에 뚜렷한 육각형 백색무늬가 있어 흰등멸구라고 한다. 성충의 색은 담황색으로 수명은 15.6일이며, 6~8월 야외기온에서 20~30일 만에 1세대를 경과하고 산란수는 250개 정도이다.
- 피해는 약충에 의해 나타난다. 아랫잎의 변색과 초장의 감소 등으로 인해 초기 생육부진과 심한 경우 윗잎까지 갈색으로 변하고 출수가 늦어지며, 멸구류 중 발생량이 가장 많다.
- 포장 내 피해가 균일하게 나타나며 8월 상・중순 출수기에 약충과 성충이 벼 상부에 집중적 흡즙으로 흑점미를 만들기도 하며, 배설물로 인하여 그을음병이 유발되기도 한다.
- 벼멸구와 같이 집중피해를 주지 않고 전면 피해를 주지만, 때에 따라서는 벼멸구보다 피해가 커지기도 한다.
- 방제법
  ⓐ 7월 하순경 벼 포기를 털어 유충이 보이면 적기에 방제하며, 방제 시 벼 포기 줄기 밑동까지 충분히 약제를 살포한다.
  ⓑ 벼멸구 방제요령에 준한다.

ⓛ 끝동매미충(*Nephotettix cincticeps*)
• 우리나라에서 유충상태로 월동하며, 연 4회 발생한다.
• 성충의 색은 녹색으로 암컷은 날개 끝이 담갈색, 수컷은 흑색으로 수명은 3주이며, 1마리가 100~300개씩 산란하여 알기간 10일, 유충기간 20일 내외를 거친다.
• 흡즙에 의한 직접 피해보다 바이러스병인 오갈병을 매개한다.
• 출수기에 많이 발생하며, 등숙률 저하와 그을음병 유발로 수량의 감소를 가져온다.

- 방제법
  - 잡초를 제거하여 유충을 없애며, 질소의 다비를 피하고 균형시비를 한다.
  - 애멸구 방제와 동일한 약제를 살포한다.

㉢ 벼물바구미(*Lissorphoptrus oryzophilus*)

- 우리나라에서는 1988년 하동군에서 처음 발견된 해충으로 수입식물에 묻어 들어온 도입해충이다. 단위생식을 하며, 연 1회 발생한다.
- 월동 성충은 4월 중・하순경부터 논두렁이나 제방의 화본과 잡초를 먹다가 5월 중・하순경에 못자리와 벼로 이동하여 피해를 준다.
- 알기간 6~10일, 유충기간 34~50일, 번데기기간 7~10일, 산란수 50~70개이며, 6월 상순경 1마리가 1일 1~2개씩 30일 동안 수심 3cm 이내 제1엽초와 제2엽초에 산란한다.
- 애벌레가 벼 뿌리를 갉아먹어 벼 포기가 누렇게 변하여 잘 자라지 못하고, 벼 포기가 쉽게 뽑아진다. 뿌리에서 애벌레를 볼 수 있으며, 새로 발생한 성충은 벼 잎을 갉아먹다 7월 하순~8월 상순에 걸쳐 야산으로 이동하여 낙엽이나 흙속에서 월동한다.
- 성충은 잎의 엽육과 엽맥을 따라 너비 1mm 길이 1cm 내외의 직사각형 모양으로 갉아먹고, 가해부위는 점차 백색으로 변하여 구멍이 뚫리기도 하고 심하면 벼 포기가 고사한다.
- 담수직파 논에 월동 성충이 집중적으로 날아들어 피해를 입는 경우도 있으며, 벼 포기당 2~3마리가 부착하면 수량이 30% 이상 감소한다.
- 방제법
  - 월동 성충의 피해를 회피하는 재배시기를 선택한다.
  - 피해를 입었던 논의 볏짚은 완숙퇴비를 만들거나 추경 후 담수한다.
  - 성충은 물속과 물위, 유충은 땅속에서 가해하므로 방제가 어려워 적기에 약제를 이용한 방제를 철저히 해야 하고, 특히 본답 초기에 방제를 잘해야 한다.
  - 유효경이 확보된 논은 단수로 건답상태를 유지하면 피해를 경감시킬 수 있다.

㉣ 벼이삭선충(*Aphelenchoides besseyi*)

- 볍씨에서 월동하며 파종 후 발아, 생장하면 잎이 자람에 따라 상위 잎으로 이동하여 피해를 준다.
- 벼 윗잎 끝 부위가 꼬이면서 흰색으로 변하며 말라죽고, 아랫잎에서는 나타나지 않는다.

• 수잉기 어린 이삭에 기생하여 흑점미 유발 등 피해가 나타나며, 출수 후 벼의 알 속으로 들어간다.
• 방제법 : 종자 소독을 하고 파종 후 복토재료로 왕겨를 사용하지 않고, 발생 시에는 약제를 살포한다.

㉤ 혹명나방(*Cnaphalocrocis medinalis*)
• 아시아 벼 재배지대에 널리 분포하며, 우리나라에서 월동하지 못하는 비래해충으로 주로 6월 중순~7월 상순에 날아와 연 3회 발생한다.
• 유충은 황록색에서 점차 붉은색을 띠며 몸길이 14mm 정도이다. 잎을 세로의 원통형으로 말고 그 속에서 표피를 식해하므로 잎이 백색으로 변하고 고사한다.
• 성충은 몸길이 11mm, 날개색은 황갈색으로 수명은 9~20일이고, 엽초와 엽신에 1~2개씩 산란한다. 산란수 80~90개, 알기간 5~7일, 유충기간 20일, 번데기기간 8~15일이다.
• 질소 시용량이 많고 늦게 이앙한 논에서 많이 발생하며, 출수기 이후 활동엽이 식해당하고 등숙이 불량해져 감수가 크다.
• 벼잎말이나방과 비슷하나 돌돌 말은 잎의 위, 아래를 막지 않는 것이 다르다.
• 방제법
  - 방제적기는 피해 잎이 1~2개 보이는 발생 초기 약제를 살포해야 하며, 이때 방제하지 않으면 피해가 급격히 증가한다.
  - 벼멸구와 동시에 방제한다.

㉥ 이화명나방(*Chilo suppressalis*)
• 볏짚, 벼 그루터기의 볏대 속에서 유충으로 월동 후 연 2회 발생한다.
• 1화기는 4월부터 나타나기 시작해 6월 상・중순경에 못자리 말기나 본답 초기에 발생하고, 2화기는 8월 상・중순경에 발생한다.
• 성충은 회백색으로 암나방은 몸길이 15mm, 날개길이 28mm이다. 숫나방은 암나방보다 약간 작고 짙은 갈색으로 6개 정도씩 무더기 산란하며 산란수는 200~300개이다.
• 유충은 몸길이 25mm의 담갈색이며, 등 부분부터 측면으로 5줄의 세로선이 있다.
• 유충에 의한 피해는 엽초를 가해하면 엽초 부분이 적갈색으로 변하고 줄기를 가해하면 백수현상을 유발시키며, 줄기에 구멍을 뚫고 줄기 내부를 침해하면 줄기가 갈색으로 말라죽고 이삭은 흰색으로 고사한다.

필 / 수 / 확 / 인 / 문 / 제

벼의 병해충에 대한 다음 설명으로 옳지 않은 것은?

① 벼멸구는 유충과 성충이 벼 포기 밑부분 잎집에서 즙액을 빨아먹고, 가해당한 벼는 벼 줄기의 밑부분이 약해져 주저앉는다.
② 도열병은 일조량이 적고 비교적 저온이면서 다습할 때 많이 발생하고, 질소질 비료를 과다하게 사용하면 발병이 증가한다.
③ 혹명나방은 볏짚이나 벼 그루터기의 볏대 속에서 유충의 형태로 월동하고 연 2회 발생한다.
④ 벼물바구미는 성충의 형태로 월동하며 성충은 잎을 가해하고 유충은 뿌리를 가해한다.

답 ③

- 방제법
  - 못자리 때 나방을 잡는다.
  - 방제적기는 1화기는 발아최성일 후 14±3일인 6월 중순경이며, 2화기는 발아최성일 후 5~7일인 8월 중순경이다.
  - 방제적기에 살충제를 살포한다.

ⓢ 멸강나방(*Pseudaletia separata*)
- 우리나라에 월동하지 못하고 중국에서 날아오는 비래해충으로 불규칙한 발생을 보이며, 연 1~2회 발생한다.
- 7~9월 홍수 후 많이 발생한다.
- 성충은 수명이 10~25일로 마른 잎에 20~30개씩 알덩이 700개 정도를 산란하며, 알기간은 4~5일, 유충기간은 25~26일이다. 유충은 땅속 2~3cm에서 번데기가 된다.
- 유충은 잡식성이고 화본과 잡초나 작물에 가해하며, 집단을 이루어 이동하며 가해한다.
- 방제법
  - 5~6월 조기에 예찰하여 약제방제하며, 특히 유충 초기에 방제한다.
  - 방제적기는 2~3령 유충기이며, 주비래일+15~19일이다.

ⓞ 벼잎말이명나방(*Marasmia exigua*)
- 유충상태로 월동하며 연 2~3회 발생한다. 특히 8~9월경 출수기에 피해가 크다.
- 잎을 세로로 말고 그 안에서 엽신을 표피만 남기고 식해하며, 혹명나방과 달리 말린 잎의 위, 아래를 막아 기생충과 천적의 침입을 막고 그 안에서 번데기가 된다.
- 방제법 : 약제살포로 방제한다.

ⓙ 벼애나방(*Naranga aenescens*)
- 엽초와 볏대 사이에서 월동하고 연 2~4회 발생한다.
- 3령까지 유충은 엽육만 먹어 피해엽이 그물모양을 나타내지만, 4~5령 이후에는 그루만 남기고 잎을 모두 먹는다.
- 벼 잎 끝을 두 번 꺾어 삼각형으로 만들고 그 속에서 번데기가 된다.
- 방제법 : 발생량이 많을 때 이화명나방 1화기와 동시에 약제방제한다.

ⓒ 벼줄기굴파리(*Chlorops oryzae* Matsumura)
- 기온이 비교적 낮은 6월 초순 발생이 많은 저온성 해충이다.
- 일찍 이앙하거나 직파재배한 논에서 흔히 그 피해를 볼 수 있으며, 애벌레는 줄기 속으로 들어가 생장점 부근 잎을 먹고 자라며 잎에 가늘고 긴 구멍이 생긴다.

- 방제법
  - 독새풀 등 서식처인 잡초를 제거한다.
  - 약제방제를 하며 적기는 성충의 발생최성기인 5월 하순~6월 상순 또는 산란최성기인 7월 중순이다.

㉫ 벼잎벌레(*Oulema oryzae*)

- 우리나라 중·북부지방과 남부 산간고랭지에서 연 1회 발생하는 저온성 해충이다.
- 조식, 직파재배 논에서 흔히 피해를 볼 수 있으며, 6월 초순 많이 발생한다.
- 성충과 유충이 잎을 식해하며 유충의 피해가 크다.
- 잎 끝부분부터 아래쪽으로 먹기 시작하며, 잎 끝이 갈라지고 백색으로 변한다.
- 방제법
  - 서식처인 잡초를 제거한다.
  - 산란 및 부화 최성기인 못자리 말기에 약제방제 한다.

㉬ 벼잎물가파리(벼애잎굴파리, *Hydrellia griseola*)

- 벼잎벌레, 벼줄기굴파리와 같이 저온성 해충이다.
- 화본과 잡초의 잎 속에서 다 자란 유충 또는 번데기로 월동하고 연 7~8회 발생한다.
- 월동 성충이 이앙 직후 물 위에 늘어진 잎에 산란하고 유충이 잎 속에 굴을 파고 들어가 터널을 뚫으며 먹어 늘어진 잎이 황백화되며 고사한다.
- 방제법
  - 물 위에 늘어진 잎에 산란하므로 이앙 후 담수깊이를 얕게 한다.
  - 적기에 약제방제한다.

㉭ 먹노린재(*Scotinophara lurida*)

- 낙엽, 잡초, 토양 틈에서 성충으로 월동하며 연 1회 발생한다.
- 비가 적은 해에 특히 발생이 많다.
- 벼 포기 아래 부위에서 줄기를 흡즙하여 이화명나방의 피해와 유사하게 보인다. 피해가 심한 벼는 분얼이 억제되고 말라 죽은 잎이 생기며, 벼 알을 흡즙하면 배수현상이 발생하고 수량이 감소한다.
- 방제법 : 월동 성충의 이동최성기인 7월에 약제를 살포하며, 숨는 습성이 있으므로 논물을 배수 후 살포하는 것이 좋다.

벼 생육장해 중 한해(旱害)의 피해가 가장 심한 시기는?

① 감수분열기
② 유수형성기
③ 유효분얼기
④ 출수개화기

답 ①

㉻ 흑다리긴노린재(*Paromius exiguus*)
- 해안가 사구지에 주로 발생하는 해충으로 우리나라 서해안 일대에서 발생이 증가하고 있다.
- 이삭을 가해하며 쭉정이나 반점미를 만들어 미질을 떨어뜨린다.
- 방제법
  - 기주식물인 화본과 잡초 산조풀을 제거하면 발생량을 줄일 수 있다.
  - 출수 후 발생 초기에 약제방제로 비교적 쉽게 방제가 가능하나 이동성이 커 다른 곳으로 도망갔다 다시 날아오므로 공동방제가 효과적이다.

(4) 자연재해와 대책

① 한해(旱害, 가뭄해, Drought Disaster)

㉠ 발생과 피해
- 우리나라 연간 강우량은 1,300mm로 충분하나 계절적으로 4~6월 강우가 부족하며, 수리안전답 비율이 78%에 불과하여 이앙기에 물이 부족한 경우가 많다.
- 1일 감수심은 30~40mm로 토양의 백건까지 10일 정도 소요되므로 물 부족에 의한 피해는 예상보다 심각하다.
- 벼의 내한성은 수분의 부족 정도와 기간, 생육기, 가뭄 전후의 재배조건, 품종에 따라 차이를 보인다.
- 한해의 초기증상은 수분공급에 비해 엽면증산량이 많아 발생하는 엽신의 위조현상이다.
- 주간 위조와 야간 회복이 장기간 지속되면 잎이 암녹색을 띠며 생장이 억제되고, 하위엽이 고사된다.
- 한해가 계속되면 주간뿐만 아니라 야간에도 잎이 시들고 상위엽도 고사되며, 논토양의 백건 균열로 회복이 어렵게 된다.
- 생육시기별로 감수분열기에 가장 심하고 출수개화기, 유수형성기 분얼기 순이며 무효분얼기에 그 피해가 가장 적다.
- 못자리에서 육묘기간이 길어짐에 따라 묘가 노화되어 하위엽의 고사와 불시출수 가능성이 높아진다.
- 분얼기에는 초장이 작아지고 분얼이 억제되어 이삭수 감소와 출수지연이 감수로 이어진다.
- 유수형성기 1수영화가 크게 감소하고 출수가 지연된다.
- 수잉기에는 영화의 퇴화와 불임의 증가로 감수된다.

㉡ 환경수의 부족으로 인한 한해 : 이앙기에 충분한 강우가 없거나 관개수 부족으로 이앙이 늦어질 때 발생하는 가뭄재해이다.

㉢ 생리수의 부족으로 인한 한해 : 생육 중 물 부족으로 생리작용이 저해되어 생기는 가뭄재해이다.

㉣ 관개수의 부족으로 인한 한해
- 모내기철 관개수 부족으로 모내기 지연에 따른 가뭄재해이다.
- 생육기간이 짧아져서 충분한 이삭수의 확보가 어렵다.
- 1이삭의 영화수가 적어진다.
- 출수기가 늦어져 등숙이 좋지 못하여 수량 감소의 원인이 된다.

㉤ 우리나라 한해의 형태
- 모내기 지연형 : 5~6월 강우량이 100mm 이하로 3년에 1회 정도 발생한다.
- 생육 장해형 : 7~8월 강우량이 200mm 이하로 7년에 1회 정도 발생한다.
- 혼합형 : 5~8월 강우량이 300mm 이하로 10년에 1회 정도 발생한다.

㉥ 한해의 사전대책
- 관개수원을 충분히 확보하고 일시적으로는 논에 물가두기를 철저히 한다.
- 논토양의 물리성 개선을 위해 유기물을 시용하여 보수력의 증대와 삼투손실 방지 조치를 취한다.
- 상습적 가뭄지역은 저항성 품종을 선택하고 건답직파재배가 유리하다.
- 질소질 비료의 시비를 적게 하여 과번무를 막아 증산량을 적게 한다.
- 인산질과 칼륨질 비료를 증시한다.
- 못자리 면적을 넓게 하고 파종량을 적게하여 못자리 기간이 연장되더라도 모가 나빠지지 않게 한다.
- 절수재배법을 적용하여 벼의 내한성을 높여준다.

㉦ 한해 발생기 대책
- 가뭄으로 모내기가 늦어 웃자란 모는 잎의 끝을 잘라낸 후 모내기를 한다.
- 이삭수 확보를 위해 밀식한다.
- 가뭄이 오면 본답의 생육기간이 짧아지고 건토효과가 나타나므로 질소질 비료를 20~30% 줄인다.

필 / 수 / 확 / 인 / 문 / 제

장해형 냉해의 전형적인 피해 특징은?

① 불임 발생
② 간장 단축
③ 생육 지연
④ 등숙 지연

답 ①

② 냉해(冷害, Chilling Injury, Cooling Injury)

㉠ 의 의

- 기온과 수온 및 지온이 작물 적온보다 낮아 생육이 저조하고 병충해가 증가하여 수량이 감소하는 피해이다.
- 벼는 17℃ 이하의 저온에 7일간 놓이면 유수형성기에는 20~35% 정도 감수, 감수분열기인 출수 전 10~15일에는 55% 감수, 출수개화기에는 20%, 등숙 초기에는 35% 감수한다.

㉡ 냉해의 영향

- 벼의 생육이 저조해진다.
- 쭉정이가 많아진다.
- 출수가 지연된다.
- 등숙이 좋지 않아 수량이 적어진다.
- 병해의 발생이 많아진다.

㉢ 생육시기별 저온의 영향

- 유묘기
  - 저온으로 발아 불량과 생육이 늦어지며, 모마름병 발생이 쉽고 13℃ 이하에서 피해가 심하다.
  - 이앙 후 본답 초기 저온은 활착의 불량, 분얼 감소와 유수분화가 지연되고 유수발육이 불량해진다.
- 수잉기 : 지경퇴화, 영화감소, 영화발육부진, 수정불량, 출수지연과 불능을 초래한다.
- 출수개화기 : 출수, 개화가 지연, 수정장애, 이삭추출도가 나빠진다.
- 등숙기 : 전반적 등숙불량과 벼 알의 변색을 초래한다.

㉣ 냉해의 구분

- 지연형 냉해(遲延型冷害, Heading-Delay Type Cold Injury)
  - 저온으로 인해 모내기가 지연되거나 활착, 생육이 지연되고 그 결과로 출수까지 지연되어 저온에서 등숙됨으로써 수량이 감소하는 냉해이다.
  - 등숙기 기온 18℃ 이하에서 피해가 커진다.
- 장해형 냉해(障害型冷害, Spikelet-Sterility Type Cold Injury)
  - 영양생장기에는 정상적으로 생육하였으나 생식생장기 특히 수잉기와 개화기에 저온으로 수분 및 수정장애가 발생하여 불임이 됨으로써 감수하는 냉해이다.
  - 장해형 냉해는 지연형과 달리 기온이 정상으로 돌아와도 피해가 회복되지 않는다.
- 혼합형 냉해(混合型冷害, Mixed Type Cold Injury) : 영양생장기와 생식생장기에 걸친 장기간 저온으로 나타나는 냉해이다.

㉤ 냉해대책

- 내냉성 품종을 선택한다.
- 건모를 육성하여 조기 이앙하여 활착시키고 초기생육을 촉진시킨다.
- 냉해 우려 지역에서는 유묘재배나 직파재배를 금한다.
- 적기 이앙으로 안전 출수를 유도한다.
- 질소질 비료의 과비를 피하고 인산과 칼륨을 20~30% 증시하며, 규산질과 유기물의 시용량을 늘린다.
- 보통재배에 비해 다소 밀식하여 수량을 확보한다.
- 기온이 갑자기 낮아져 냉해가 예상될 때는 심수관개로 보온을 한다.
- 냉수가 관개되는 논의 경우 관개수온 상승대책을 세운다.
- 조식재배로 출수기를 앞당긴다.
- 도열병을 방제한다.

③ **풍수해(風水害, Damage from Storm and Flood)**

㉠ 침관수해

- 발생과 피해
  - 벼의 수해(水害, Flood Damage, Flood Injury)는 일부가 물에 잠기는 침수해(浸水害, Flooding Damage)와 전체가 잠기는 관수해(冠水害)가 있으며, 일반적으로 두 가지가 동시에 나타나므로 침관수해를 뜻한다. 폭풍우를 동반해 풍수해라고도 하며 풍수해로 벼가 쓰러지거나 기계적 손상으로 만연되는 병충해까지를 모두 수해의 범주에 넣기도 한다.
  - 수해는 수질과 벼의 상태에 따라 복잡하고 다양하게 나타난다.
  - 침관수 피해의 경우 광합성이 정상적으로 일어나지 못하는 상태에서 산소의 공급이 충분하지 못하여 무기호흡으로 호흡기질이 소모되어 생육저해와 병충해에 약해짐에 따라 수량이 감소한다.
  - 침관수 피해는 침관수 기간, 수온, 수질, 유속, 생육시기, 벼의 상태, 품종에 따라 달라진다.
  - 일반적으로 침수보다는 관수가, 청수보다 탁수가, 유수보다 정체수가, 물의 온도는 저온보다 고온에서 피해가 크고 이들 요인이 복합적으로 작용하면 피해가 커진다.
  - 침관수 피해로 벼가 고사할 때 산소결핍이 심하면 호흡기질로 단백질은 분해되지 않고 탄수화물만 소비되어 청고현상이 나타난다.

필 / 수 / 확 / 인 / 문 / 제

벼의 냉해대책에 대한 설명으로 옳지 않은 것은?

① 냉해 저항성 품종을 선택한다.
② 질소질 비료를 다량 시용하고 인산질 비료를 소량 시용한다.
③ 유수형성기 이후에 갑작스런 냉해에는 심수관개를 한다.
④ 조기재배 및 밀식재배로 등숙한계 출수기까지 출수하게 한다.

답 ②

벼의 수해에 대한 설명 중 옳지 않은 것은?

① 벼는 관수피해에 비하여 침수피해가 더 크다.
② 벼는 흐르는 물보다 정체수에 침관수가 되었을 때 피해가 더 크다.
③ 벼의 청고는 정체탁수에 침관수가 되었을 때 나타나는 피해 증상이다.
④ 벼의 관수저항성은 탄수화물량/호흡량의 크기와 밀접한 관계가 있다.

답 ①

- 침관수가 일시적 또는 맑은 물이나 유수의 침관수, 낮은 수온으로 부분적 광합성을 하면 호흡기질로 서서히 탄수화물을 소비하며, 나중에 단백질까지 소모되어 적고현상을 나타낸다.
- 이앙 직후에는 피해가 적으나 분얼기에는 분얼이 지연 또는 정지하고, 이삭수가 감소하여 2~3일만 관수되어도 20~30%의 수량이 감소된다.
- 유수형성기 침관수는 지경과 영화분화가 감소하여 3~4일 관수되면 잎 끝이 노출된 경우 20~30%, 탁수에 완전 관수에서는 55%의 수량이 감소된다.
- 감수분열기 침관수는 피해가 가장 커서 탁수에 3~4일 관수될 때 50~70% 감수된다.
- 등숙기 침관수는 수발아를 조장해 미질을 크게 떨어뜨린다.

• 수해 대책
- 관수저항성과 내병충성, 내도복성 품종을 선택한다.
- 치산치수, 하천의 개수, 배수로 정비가 근본적 대책이다.
- 수해 중 신속한 배수를 하고 퇴수 후 줄기와 잎의 흙앙금을 세척한다.
- 퇴수 후 산소가 풍부한 물을 관개하여 뿌리 활력을 돕고 병해충 방제 약제를 살포한다.
- 퇴수 후 김을 매어 토양통기를 양호하게 한다.
- 피해가 심한 경우 보식 또는 대체작물을 심는다.

ⓛ 풍해(風害, Windy Damage)와 도복(倒伏, Lodging)

• 발생과 피해
- 피해의 유형은 경엽의 기계적 손상이나 도복, 탈립, 변색립이 나타나며, 출수기를 전후한 시기부터 성숙기에 걸쳐 그 피해가 크다.
- 광합성의 저해와 병해가 심해지며, 도복이 되면 등숙의 불량으로 수량이 적어지고 미질이 떨어지고 기계수확이 어렵게 된다.
- 출수기 전후 이상건조풍은 건조로 수정 불량 또는 수정되어도 자방의 발육정지로 백수현상이 일어나 수량에 큰 영향을 준다.
- 등숙초기 강풍은 기계적 마찰과 2차 감염, 벼 알의 갈변으로 변색립이 발생한다.
- 출수 후 1~2일의 벼 알이 태풍을 맞으면 변색립의 발생이 심해지며, 변색립 비율이 높아질수록 수량의 저하와 등숙비율과 완전미 비율이 낮아져 품질이 떨어진다.

- 도 복
  - 풍해와 함께 발생하며, 줄기 신장이 완료된 출수기 이후 주로 발생한다.
  - 질소 시비량이 많은 논에 이앙이 늦고 재식밀도가 높을 때 많이 발생하며 초장이 클수록, 줄기가 약할수록, 이삭이 무거울수록, 비바람이 강할수록 도복되기 쉽다.
  - 좌절도복 : 모내기재배 벼에서 줄기 밑동이 꺾이는 것
  - 만곡도복 : 담수직파재배 벼의 경우 뿌리 부근에서 구부러지는 것
- 풍해의 대책
  - 단간종이며 강건한 품종, 내도복성 품종을 선택한다.
  - 방풍림을 조성한다.
  - 밀식과 질소의 과비를 피하며, 특히 절간신장기에 질소를 제한한다.
  - 유기물과 칼륨질 비료, 규산질 비료의 시비를 늘려 벼를 튼튼히 한다.
  - 간단관수와 중간낙수로 줄기 기부를 튼튼히 한다.
  - 필요 시 도복방지제 처리를 한다.
  - 도복된 경우 논에 배수로를 만들어 신속히 배수하고 완전도복 시 4~6포기씩 묶어서 세운다.

④ 우박해(雨雹害, Hail Damage)

㉠ 발생과 피해

- 우박은 5~6월 또는 9~10월 국지적으로 발생하여 피해를 일으킨다.
- 기온이 5~25℃일 때 많이 발생하며, 구름의 습도가 높을수록 우박이 커지고 상승기류가 강하며, 구름 통과거리가 길수록 우박은 급속하게 커진다.
- 우박은 작물을 심하게 손상시키고 생리적, 병리적 장해를 수반한다.

㉡ 대 책

- 우박 피해로 잎이 파열되면 도열병 방제 약제를 살포하고 엽면시비를 한다.
- 비배관리를 철저히 하여 건실한 생육을 도모한다.
- 벼 알의 탈립 시 조기 수확을 한다.

제4장 생육 및 수량의 진단

1 생육과 수량의 진단

(1) 생육 진단

① 출아상태

㉠ 볍씨의 출아 진단은 벼의 어린잎이 5mm 이상 지상으로 출현하였을 때 일정 면적에 파종한 종자의 출아한 개체수를 세어 판정한다.

㉡ $\text{출아율} = \frac{\text{출아 개체수}}{\text{단위면적당 총 파종종자수}} \times 100$

㉢ 출아기 : 총 파종종자수의 40%가 지표면 위로 출아한 날

㉣ 출아 종료: 총 파종종자수의 80%가 지표면 위로 출아한 날

② 모의 진단

㉠ 엽 령

- 의의 : 주간의 출엽수로 산출되는 벼의 생리적 나이
- 1엽이 완전히 신장하였을 때를 1.0, 2엽이 최대로 신장했을 때를 2.0으로, 이후 나오는 잎 수에 따라 같은 방법으로 산출한다.
- 묘령 : 불완전 잎인 1엽을 제외한 엽수로 엽령에서 1을 빼면 묘령이 된다.
- 신장기 5엽의 길이가 4엽의 10% 정도 자랐을 때의 엽령은 4.1이다.

㉡ 모의 엽령과 묘령 및 건물중

- 어린모 : 엽령 2.5~3.0, 묘령 1.5~2.0
- 중간모 : 엽령 4.5~5.5, 묘령 3.5~4.5
- 성묘(자란모) : 엽령 7.0~8.0, 묘령 6.0~7.0

㉢ 모의 건물중과 키

- 어린모 : 개체당 건물중 7~10mg, 키 5~10cm
- 치묘 : 개체당 건물중 10~14mg, 키 10~15cm
- 중간모 : 개체당 건물중 20~30mg, 키 15~20cm

㉣ 건물중과 초장의 비

- 건물중/초장비가 크면 충실도가 높고 작으며 낮다.
- 온도가 높고 질소질 비료를 많이 시비하면 모가 웃자라 충실도가 낮아진다.

㉤ 새뿌리의 수와 길이

- 모의 뿌리를 기부로부터 1mm 정도만 남기고 잘라 맑은 물에 담근 다음 출현하는 뿌리의 수를 세고 길이를 잰다.
- 모가 충실하면 새로운 뿌리의 수가 많고 뿌리의 길이도 길다.

③ 분얼의 진단

㉠ 분얼의 진단방법은 원줄기 수에 의한 방법과 이앙 후 일수에 의한 방법 및 절간 신장 정도에 의한 방법 등이 있다.

㉡ 분얼수 : 원줄기를 포함하지 않고 잎을 2개 이상 갖는 줄기의 수를 센다.

㉢ 분얼의 출현 : 모의 종류에 따라 분얼의 시작 위치는 달라지며, 어린모가 가장 낮고 치묘, 중간모의 순이다.

㉣ 유효경비율
- 이삭이 있는 분얼수를 총 분얼수로 나누어 구한다.
- 무효분얼이 많으면 수량이 적다.

④ 잎의 영양진단

㉠ 잎의 색과 형태로 벼의 영양상태를 진단한다.

㉡ 잎이 길고 넓으며, 단단하고 밝은 녹색을 띠는 것이 좋다.

㉢ 규산의 흡수가 많아 잎이 늘어지지 않고 곧게 서는 것이 좋다.

㉣ 잎의 형태에 따른 진단
- 잎이 길고 폭이 넓으며 단단하면 영양상태가 양호하고 건전하다.
- 잎이 길고 폭이 넓으나 연하면 일조부족, 질소, 규산이 부족한 상태이다.
- 잎이 길고 폭이 좁으면 인산이 부족한 상태이다.
- 잎이 짧고 폭이 넓고 농록색이면 칼륨의 부족상태이다.
- 잎이 짧고 폭이 좁고 담녹색이면 질소가 부족한 상태이다.

⑤ 뿌리의 진단

㉠ 생육이 왕성한 시기에 벼의 뿌리를 뽑아 진단한다.

㉡ 건전한 벼는 뿌리의 색이 산화철에 의해 붉은 피막이 형성되고 새로 나오는 유백색의 뿌리가 많다.

㉢ 토양산소가 부족하고 유해가스가 집적된 토양에서 자란 벼의 뿌리는 흑색을 띤다.

⑥ 이삭의 발육진단

이삭의 발육단계	출수 전 일수 (일)	이삭의 길이(cm)	엽령 지수	벼의 외부형태
• 유수형성기				
– 유수분화기	30~32	0.02	76~78	지엽 아래 네 번째 잎이 나오기 시작
• 이삭가지분화기				
– 1차 이삭가지 분화기	30~27	0.04	80~83	
– 2차 이삭가지 분화기	26~24	0.1	85~86	지엽 아래 세 번째 잎이 나옴

벼의 영양상태를 진단하는 방법으로 옳지 않은 것은?

① 잎몸의 상태에 의한 진단법
② 초장의 길이에 의한 진단법
③ 잎의 빛깔에 의한 진단법
④ 잎집의 요오드 반응에 의한 진단법

 ②

필 / 수 / 확 / 인 / 문 / 제

벼이삭의 발육과정과 진단에 대한 설명으로 옳지 않은 것은?

① 유수가 분화되는 시기는 출수 전 약 30일이다.
② 지엽추출기에는 영화원기가 분화하여 화분모세포가 형성된다.
③ 엽령지수 97~98인 시기는 감수분열기이다.
④ 엽이간장의 길이가 -10cm 정도이면 감수분열성기이다.

답 ④

벼 수량구성요소의 형성시기에 대한 설명으로 옳지 않은 것은?

① 이삭수는 분얼성기에 강한 영향을 받으며, 영화분화기가 지나면 거의 영향을 받지 않는다.
② 이삭당 영화수는 제1차 지경분화기부터 영향을 받기 시작하고 영화분화기 때 가장 큰 영향을 받는다.
③ 등숙비율은 유수분화기부터 영향을 받기 시작하여 출수 후 35일을 경과하면 거의 영향을 받지 않는다.
④ 입중이 가장 감소되기 쉬운 시기는 감수분열성기와 등숙성기이다.

답 ②

이삭의 발육단계	출수 전 일수 (일)	이삭의 길이(cm)	엽령 지수	벼의 외부형태
• 영화분화기 - 영화분화 시작 때 - 영화분화 중간기 때 - 영화분화 끝날 때	 약 24일 약 22일 약 18일	 0.04 0.15~0.35 0.8~1.5	 87 88~90 92	 지엽 아래 두 번째 잎이 나옴 지엽이 출현한다.
• 수잉기 생식세포형성기	16	1.5~5.0	95	지엽이 자람
• 감수분열기 - 감수분열 시작 때 - 감수분열 중기 때 - 감수분열 종기 때	15 10~12 5	5.0~20.0	97	엽이간장 -10cm 엽이간장 ±0cm 엽이간장 +10cm
• 화분, 배낭 발달기 • 화분, 배낭 완성기	4 1~2	완전이삭	100	엽이간장 -12cm 꽃밥이 누렇게 됨
• 개화기	0	완전이삭	100	

(2) 수량의 구성과 진단

① 수량구성 4요소

㉠ 수량구성에 영향을 미치는 구성요소의 우선순위는 이삭수, 1수영화수, 등숙비율, 천립중의 순으로 수량구성 4요소라 한다.

㉡ 수량 = 단위면적당 이삭수×이삭당 영화수×등숙비율×낟알무게(현미1립중)

② 수량구성요소의 성립

㉠ 단위면적당 이삭수

- 벼의 재식밀도와 유효분얼수에 의해 결정되며 보통 $1m^2$로 나타낸다.
- 이앙 후 기온과 일사량이 많고 알맞은 시비로 분얼수를 늘리는 것이 좋다.
- 이삭의 수는 분얼최성기에 가장 영향을 크게 받고 최고분얼기 후 7~10일이 지나면 영향을 거의 받지 않는다.
- 이삭수 확보를 위한 대책
  - 수수형 품종의 선택
  - 재식밀도를 높인다.
  - 조 식
  - 천식(淺植, Shallow Planting)
  - 기비와 분얼비의 다비
  - 이앙 후 수온상승책의 강구
  - 분얼발생의 조장

ⓑ 1이삭당 평균영화수

- 계산 : 생육 정도가 평균적인 벼 포기를 골라 영화수를 세고, 그것을 이삭수로 나누어 구한다.
- 출수 30일 전쯤 유수가 분화되는 시기부터 출수 5일 전쯤까지 기온이 높고 양분의 공급이 알맞아야 많아진다.
- 분화영화수는 출수 전 30일 수수분화기부터 주로 영향을 받고 출수 전 26일 제2차 지경분화기에 가장 영향을 많이 받으며, 영화분화기 이후에는 영향을 거의 받지 않는다.
- 퇴화영화수는 출수 전 12일 감수분열기 중심으로 퇴화하기 쉽고 출수 전 5일경 감수분열 종기에는 그 결정이 끝난다.
- 영화수 증가를 위한 조치
  - 단간 수중형 품종을 선택한다.
  - 수비(이삭거름)을 시용한다.

ⓒ 등숙비율

- 전체 영화수에 대한 쌀알의 비율
- 수수분화기부터 영향을 받기 시작하며 감수분열기, 출수기, 등숙성기에 등숙비율이 가장 떨어지기 쉽다. 출수기 후 35일을 경과하면 영향을 받지 않는다.
- 감수분열기에 냉해가 없어야 쭉정이 수가 적어 등숙비율이 높다.
- 등숙기간 중 일사량이 많고 주간과 야간의 온도차가 10℃ 정도이면 등숙에 좋다.
  - 등숙 후 처음 10일 : 주간 29℃, 야간 19℃
  - 등숙 후 10일 이후 : 주간 25℃, 야간 15℃
  - 등숙비율을 높이기 위해서는 수수와 1수영화수를 조절한다.

ⓓ 현미의 천립중

- 1차적으로 출수 전 왕겨의 크기에 의해 정해지며, 2차적으로는 출수 후 벼 알의 등숙 정도에 따라 정해진다.
- 왕겨의 크기는 이삭의 2차 지경분화기 무렵부터 영향을 받기 시작하며 영화가 분화, 발달하는 무렵에 걸쳐 환경이 좋아야 한다.
- 천립중의 가장 감소하기 쉬운 시기는 출수 전 12일 감수분열성기와 등숙성기로 환경조건의 영향을 받는다.
- 수량의 증대는 영화분화기까지 작용하므로 최대 수량은 영화분화기에 결정되며, 영화분화기 이후는 수량의 증가가 아닌 수량의 감소를 예방할 뿐이다.

필 / 수 / 확 / 인 / 문 / 제

벼의 수량구성요소에 영향을 미치는 조건에 대한 설명 중 옳지 않은 것은?

① 등숙률은 출수기 후 35일을 지나면서 가장 큰 영향을 받는다.
② 이삭수는 분얼성기에 가장 큰 영향을 받는다.
③ 퇴화영화수는 감수분열기를 중심으로 가장 퇴화하기 쉽다.
④ 현미의 천립중이 가장 감소되기 쉬운 시기는 감수분열성기와 등숙성기이다.

 ①

③ 수량의 진단

㉠ 수량 구성 4요소의 상호관계

- 이삭수가 증가하면 1이삭 평균영화수가 감소한다.
- 영화수가 증가하면 등숙비율이 낮아진다.
- 등숙비율이 낮으면 천립중이 증가한다.

㉡ 벼 수량 증가 방안

- 벼의 수량은 물질수용능력과 물질생산능력에 따라 결정되므로 수량의 증가를 위해서는 물질수용능력을 최대로 하고 물질생산능력을 극대화하는 것이 필요하다.
- 물질수용능력은 단위면적당 이삭수, 이삭당 영화수, 낟알 무게, 전류능력이 관여한다.
- 물질생산능력은 초형, 잎면적, 엽록소 함량, 잎의 두께, 광합성능력, 잎 기능의 장기 유지, 뿌리의 활력 등이 관여한다.

2 건물의 생산

(1) 건물생산량

① 식물체의 건물은 탄수화물 및 그 외 여러 유기물로 구성되어 있다.

② 건물생산량 : 동화량에서 호흡량을 빼서 구한다.

건물생산량 = 동화량 − 호흡량

(2) 건물의 생산과 작물의 수량

① 벼의 건물 이용

㉠ 생육 전기 : 영양체의 형성

㉡ 생육 중기 : 생식체 형성

㉢ 생육 후기 : 낟알에 저장되는 녹말의 형성

② 작물의 수량

㉠ 엽면적이 넓고 단위동화능력이 크며 수광능률이 크면 동화량은 증가한다.

㉡ 엽면적의 증가는 잎이 서로 가려져 수광능률이 나빠져 동화량의 증대율은 완만하다.

㉢ 단위동화능력은 엽록소 함량과 질이 영향을 미치며, 잎 내 단백질 함량 또는 질소 함량이 높은 것이 동화량을 많게 한다.

③ 이삭에 저장되는 녹말
㉠ 출수 전 줄기나 엽초에 저장되었던 것이 20~30%이며, 출수 후 동화작용에 의해 70~80%가 생성된다.
㉡ 녹말의 합성능력 : 35℃까지는 온도가 높을수록 촉진되며, 일반적으로 등숙평균기온 21~25℃에서 전류와 녹말의 합성능력도 커진다.

제5장 직파재배와 특수재배

1 벼의 직파재배

(1) 직파재배

① 직파재배의 특징
㉠ 벼의 직파재배 특징
- 직파재배란 본답에 직접 볍씨를 뿌려 재배하는 것으로 이앙재배에 비해 생산비를 25% 정도 절감할 수 있어 소득의 증대와 함께 벼농사를 쉽게 지을 수 있는 생력화 재배방법이다.
- 육묘와 이앙과정이 없어 노력과 시간을 크게 절감할 수 있고 작업도 간편하다.
- 건답직파와 담수직파로 구분한다.

㉡ 직파재배 시 벼의 생육상 특징
- 저위절부터 조기에 분열이 출현하여 단위면적당 이삭수의 확보가 용이하다.
- 파종이 동일한 경우 이앙벼에 비하여 출수기가 빨라진다.
- 건답직파의 경우 논토양은 통기성, 투수성이 양호하며, 환원화 진행이 늦어 뿌리의 활력이 생육 후기까지 높게 유지된다.
- 출아와 입모(立苗, Seedling Stand)가 불량하고 균일하지 못하다.
- 분얼의 과다로 과번무하기 쉽다.
- 절대 이삭수는 많으나 무효분얼이 많고 유효경의 비율이 낮다.
- 잡초의 발생이 많다.
- 담수표면직파의 경우 도복하기 쉽다.

벼 직파재배의 특성으로 옳은 것은?

① 벼의 건답직파 품종은 저온발아성이 높고, 초기신장이 좋은 품종을 선택하는 것이 좋다.
② 논물을 댈 때의 관개용수량은 건답직파가 기계이앙재배보다 필요량이 적다.
③ 직파재배에서는 이앙재배보다 잡초성 벼의 발생을 경감시킬 수 있는 장점이 있다.
④ 벼의 무논골뿌림재배는 담수표면산파에 비해 도복이 심하다.

답 ①

필 / 수 / 확 / 인 / 문 / 제

벼의 건답직파에 대한 설명으로 옳지 않은 것은?

① 출아일수는 담수직파에 비해 길다.
② 담수직파에 비해 논바닥을 균평하게 정지하기 곤란하다.
③ 결실기에 도복발생이 담수직파에 비해 많이 발생된다.
④ 담수직파보다 잡초발생이 많다.

답 ③

벼 직파재배에 대한 설명으로 옳지 않은 것은?

① 직파재배는 육묘와 이앙에 드는 노력을 절감할 수 있다.
② 이앙재배에 비해 무효분얼이 적어 유효경비율이 높아진다.
③ 이앙재배에 비해 도복하기 쉽고 잡초가 많이 발생한다.
④ 파종이 동일한 경우 이앙재배에 비해 출수기가 다소 빨라진다.

답 ②

② 건답직파

㉠ 건답직파란 볍씨를 논에 직접 뿌려 벼농사를 짓는 방법이다.

㉡ 이앙재배에 비하여 입모 불안정, 도복우려, 잡초 방제의 어려움 등의 단점이 있으나 비용과 노력의 절감, 작업의 간편성 등의 장점이 있다.

장 점	단 점
• 육묘와 이앙과정의 생략으로 노력을 절감할 수 있다. • 경운과 정지작업이 용이하다. • 입모기간 관개용수를 절약할 수 있다. • 대형 기계화작업이 유리하다. • 경영규모를 확대할 수 있고 생산비를 줄일 수 있다.	• 출아기간이 길고 출아 및 입모가 불량하다. • 파종한 볍씨의 쥐와 새 등의 피해 우려가 있다. • 정밀화가 어렵다. • 강우와 과습 시 파종이 어렵다. • 비료분의 용탈과 유실이 크다. • 잡초가 많이 발생한다.

③ 담수직파

㉠ 논에 물을 대고 써레질 후 볍씨를 뿌리는 방법이다.

㉡ 담수직파에는 담수표면산파와 무논파종재배가 있다.

장 점	단 점
• 육묘와 이앙과정의 생략으로 노력을 절감할 수 있다. • 출아 시 물의 보온효과가 있다. • 파종작업이 간편하다. • 생산비를 절감할 수 있고 대규모 경영이 가능하다.	• 물의 요동으로 출아 입모가 불량해질 수 있다. • 뜸모와 괴불의 발생 우려가 있다. • 도복의 위험성이 있다. • 잡초의 방제가 어렵다. • 관개용수가 다량 필요하다.

(2) 직파재배의 문제점과 대책

① 문제점

㉠ 출아율이 낮아 입모의 확보가 곤란해 이삭수가 감소할 수 있다.

㉡ 도복의 위험이 크다.

㉢ 잡초의 발생이 크며, 특히 건답직파에서는 잡초성 벼의 발생이 급증한다.

② 대 책

㉠ 입모율의 향상

- 경운 및 정지 : 수분이 적당할 때 경운하고 로터리 후 파종한다.
- 파종 후 물 관리 : 파종 후 토양이 건조해 발아가 늦어질 경우 고랑에 관개하여 입모를 촉진시킨다.

㉡ 도복의 경감

- 파종량과 시비량이 많을수록 상시 담수할수록 도복이 증가함으로 박파, 감비, 분시, 간단관수를 한다.
- 출수 40~20일전 도복경감제를 살포한다.

2 특수재배

(1) 벼의 특수재배

① 조기재배와 조식재배

㉠ 조기재배(早期栽培, Early Season Culture)

- 조생종(감온성) 품종을 일찍 파종·육묘하여 저온장해가 일어나지 않는 범위에서 일찍 이앙하여 일찍 수확하는 방법이다.
- 생육기간이 짧은 북부지역과 산간고랭지에서 알맞은 재배형이다.
- 등숙기간이 30~35일 정도로 짧다.
- 효 과
  - 벼의 생육기가 빨라져 8월 중순~9월 상순에 발생이 많은 태풍의 피해를 회피할 수 있다.
  - 고랭지대의 경우 등숙기 추냉의 위험을 회피할 수 있다.
  - 남부지방의 경우 후작의 도입이 가능해져 토지이용도를 높일 수 있다.
  - 뿌리의 활력이 생육 후기까지 높게 유지되므로 추락 위험이 줄어든다.

㉡ 조식재배(早植栽培, Early Planting Culture)

- 한랭지에서 중만생종을 조기 육묘하여 조기 이앙하는 재배법이다.
- 생육기간을 늘려 다수확을 목적으로 하므로 중·만생종(감광형) 품종을 선택한다.
- 4월 중·하순에 못자리를 설치하고 5월 중·하순에 이앙하여 8월 상·중순에 출수, 9월 중·하순 등숙 및 수확하게 된다.
- 효 과
  - 영양생장기간이 길어지므로 단위면적당 이삭수 확보에 유리하다.
  - 최적엽면지수가 증가해 광합성량이 증가하며, 단위면적당 입수 확보가 가능하다.
  - 등숙기간에 일조가 좋아 등숙 비율이 높고 수량이 증가한다.
  - 한랭지의 경우 생육후기 냉해의 위험을 줄일 수 있다.

벼의 조기재배에 대한 설명으로 옳은 것은?

① 한랭지에서 만생종을 조기에 육묘하여 일찍 이앙하는 재배법이다.
② 생육기간이 짧은 북부지역 및 산간고랭지에서 알맞은 재배법이다.
③ 출수기를 다소 늦추게 되므로 생육후기의 냉해를 줄일 수 있다.
④ 고온발아성이 높은 품종을 선택하는 것이 유리하다.

답 ②

- 유의점
  - 생육기간이 길어지므로 보통재배에 비하여 시비량을 20~30% 늘려야 한다.
  - 잎집무늬마름병의 발생이 많고, 남부지방에서는 줄무늬마름병을 주의해야 한다.

② 만기재배와 만식재배

㉠ 만기재배(晩期栽培, Late Season Culture)
- 적정 재배시기보다 늦게 재배하는 만파만식 재배형이다.
- 감온성 및 감광성이 모두 둔한 품종을 선택한다.

㉡ 만식재배(晩植栽培, Late Planting Culture)
- 전작물의 늦은 수확 또는 적기 파종한 모가 물의 부족 등으로 이앙을 늦게 하는 재배형이다.
- 만식적응성이 큰 감광형 품종을 선택한다.
- 도열병 발생 우려가 크기 때문에 질소의 다용을 피한다.

③ 간척지 재배

㉠ 간척지 토양의 특징
- 유효토심이 낮고 토양이 미세하여 물리적 성질이 나쁘다.
- 염분 농도가 높고 지대가 낮아 수위가 높다.
- 토양반응은 알칼리성을 띠거나 산성에 치우치기 쉽고, 제염과정 중 무기염류 등의 용탈이 커 벼의 생육이 저해되는 경우가 많다.
- 아연의 유효도가 낮아 아연결핍으로 벼의 생육 저해와 칼슘과 유기물 함량이 낮다.
- 벼 생육과 염분 농도
  - 0.08% 이하 : 별다른 피해가 나타나지 않는다.
  - 0.1~0.2% : 생육이 다소 억제된다.
  - 0.3% 이하 : 벼의 재배가 가능하다.
  - 0.3% 이상 : 피해가 현저하게 나타난다.

㉡ 제염방법
- 새로 개답한 간척지 토양은 염분 농도가 높으므로 벼의 재배 한계 염도인 0.3% 이하로 제염을 해야 한다.
- 논을 자주 갈고 물을 갈아주는 횟수가 많을수록 효과가 높다.
- 경운과 관개횟수가 많을 때는 심경하는 것이 효과적이며, 관개횟수가 적을 때는 천경하는 것이 효과적이다.
- 신 간척지에서 조기 제염과 심층토양으로부터 염분의 상승을 막아 개답 초기부터 벼를 재배하려면 암거배수시설을 해야 한다. 배수시설에 따라 염분 농도가 0.3%에 도달하는 데 무암거는 3년, 8m 간격 암거는 2년, 5m 간격의 암거는 1년이 소요된다.

- 염분 농도가 0.3%에 도달하는 경작연차는 토성에 따라 다르게 나타나며, 광활통(廣活統, Gwanghwal Series)과 염포통(鹽浦統, Yeompo Series)은 7년, 문포통(文浦統, Munpo Series)에서는 6년, 사질토인 하사통(下沙統, Hasa Series)에서는 2년이 소요된다.

㉢ 토양개량
- 석회를 시용하여 산성을 중화시키고 염분 용탈을 쉽게 한다.
- 간척지 토양은 아연 유효도가 낮아 아연결핍으로 생육이 저해되므로 석회(300~400kg/10a)와 황산아연(2.5kg/10a)을 시비하면 아연결핍 증상을 방지할 수 있다.
- 석고, 퇴비, 토양개량제 등을 시용과 객토로 토양 물리성의 개선과 지력이 높아지고 제염효과가 커져 수량이 증대된다.
- 염생식물의 재배로 염분을 흡수하게 한 후 제거한다.

④ 무경운재배

㉠ 논을 경운하지 않고 벼를 재배하는 재배방식으로 무경운이앙재배도 가능하나 보통 무경운직파재배를 의미한다.

장 점	단 점
• 경운과 정지작업의 생략 또는 최소화로 노력이 절감된다. • 농기계 구입비가 줄어 생산비가 줄어든다. • 잦은 경운으로 인한 토양 물리성 악화가 방지된다. • 토양의 유실과 침식을 줄일 수 있다. • 토양미생물과 생태계 보존의 효과가 있다.	• 잡초 군락이 다양화되어 잡초 방제가 어렵다. • 누수의 과다로 용수량이 증가한다. • 장기간 무경운재배의 경우 시비효율이 떨어진다. • 무경운 담수직파재배의 경우 도복저항성이 저하되고 바이러스병 발생 위험이 커진다. • 무경운 기계이앙의 경우 결주가 심하고 활착이 늦어진다.

(2) 친환경재배

① 친환경농업의 개념

㉠ 환경보존형 농업 또는 저투입지속농업을 뜻하는 용어이다.

㉡ 학술적 의미는 생산의 경제성 확보와 자원과 환경의 보전 및 농산물의 안전성을 동시에 추구하는 농법으로 이를 위해 작물에 의한 양분의 수탈량을 가급적 유기물 등의 자연재료로 보충하고 인공물질의 투입을 억제하는 것이다.

㉢ 화학비료와 농약의 사용량을 크게 줄이고 윤작, 생물학적 방제 등 생태계의 물질순환 시스템을 사용하여 농업환경을 지속적으로 보전하고 생태계 균형유지를 목표로 한다.

㉣ 친환경농업은 단기적이 아닌 장기적인 이익의 추구와 개발과 환경의 조화 및 단일작목 중심 농업이 아닌 순환적 종합농업체계이다.

친환경 쌀 생산에 대한 설명으로 옳은 것은?

① 유기인증 쌀의 경우에도 해충방제 및 식품보존을 목적으로 한 방사선의 사용은 허용된다.
② 유기인증 쌀을 생산하기 위해서는 원칙상 유기종자를 사용하여야 한다.
③ 무농약 쌀 생산에는 유기합성농약을 사용할 수 없으나, 화학비료는 권장량의 1/2 이하에서 사용할 수 있다.
④ 저농약 쌀 생산에는 유기합성농약과 화학비료의 사용량을 권장량의 1/2 이하로 제한하고 있으나, 유기합성제초제의 사용량은 제한하지 않는다.

답 ②

② 친환경농업의 구분

㉠ 유기농업(有機農業, Organic Farming, Organic Agriculture)

- 화학비료와 농약, 생장조절제, 제초제 등 유기합성농약 및 가축사료 첨가제 등의 합성화학물질을 전혀 사용하지 않고 유기물 등의 자연자재만을 사용하여 농・축산물을 생산하는 농업이다.
- 자연주의를 바탕으로 한 소규모 농업에 적용하기 알맞다.

㉡ 저투입농업

- 화학비료와 합성농약, 사료첨가제 등의 합성화학물질을 사용은 하나 사용량을 최소화하여 환경에 부담을 주지 않고 자연생태계를 유지・보전하며, 잔류독성 허용기준치 이하의 안전 농산물을 생산하는 농업이다.
- 합리성을 추구하는 대규모 현대농업에서는 유기농업보다는 저투입농업을 지향한다.

③ 친환경 쌀의 종류와 품질기준

㉠ 유기농 쌀

- 윤작 또는 유기질 비료의 투입 등으로 토양을 관리하며, 유기합성농약 뿐만 아니라 화학비료도 일체 사용하지 않고 재배하고 생산, 가공, 유통과정에서 유독・유해물질을 사용하지 않은 쌀이다.
- 잔류농약은 허용기준의 1/20 이하이어야 한다.
- 종자 : 유기농산물 인증기준에 맞게 생산, 관리된 유기종자를 사용해야 하며, 유전자변형농산물 종자를 사용해서는 안 된다.
- 포장 : 토양환경보전법에 의한 토양오염우려 기준을 초과하지 않아야 한다.
- 시용되는 유기물은 유기농산물 인증기준에 맞게 생산된 것이어야 한다.

㉡ 무농약 쌀

- 생산에 유기합성농약은 전혀 사용할 수 없으나 화학비료는 권장 시비량의 1/3 이하에서 사용하여 재배한 쌀로 잔류농약 허용기준의 1/20 이하인 쌀이다.
- 제초제를 사용해서는 안 된다.
- 유전자변형농산물 종자를 사용하지 않아야 한다.

④ 친환경 쌀 생산에서 고려할 점

㉠ 유기질 비료와 화학비료

- 유기질 비료의 필요 이상의 사용은 화학비료를 필요 이상 사용하는 것과 같이 염류집적과 수질오염 등을 초래한다. 따라서 친환경 재배가 무조건적으로 환경과 생태계에 좋은 영향을 준다고는 말하기 어렵다.

- 유기질 비료의 과다시용은 질소 흡수량이 증가하고, 쌀의 단백질 함량을 증가시켜 식미가 저하된다.
- 화학비료일지라도 토양검정시비의 시행과 표준시비량에 맞는 시용은 환경에 부담이 없고 식물체가 건강하게 자라며 식미도 나빠지지 않는다.

㉡ 잡초의 방제

- 친환경 쌀 생산에서 가장 어려운 문제가 잡초의 방제이며, 잡초는 수량과 수익성에 직접적이고 큰 영향을 미치므로 철저한 관리가 필요하다.
- 품질인증 조건에 제초제의 사용이 전면 금지되어 있기 때문에 친환경 쌀 생산의 성패는 잡초방제에 달려 있다고 할 수 있으며, 제초제 대용으로 오리, 왕우렁이, 쌀겨, 미꾸라지를 이용하기도 한다.
- 우렁이농법 : 제초제를 사용하지 않고 우렁이를 논에 방사하여 잡초와 풀을 방제하는 친환경농법이다.
- 오리농법 : 농약과 화학비료 대신 오리를 이용해 해충을 없애고 잡초를 제거하는 친환경농법이다.

㉢ 병충해 방제 : 농약을 사용하지 않기 위해 병충해 저항성 품종을 선택하여 건강하게 길러 유전적 저항성이 저하되지 않도록 해야 한다.

⑤ 친환경 쌀 생산의 원리

㉠ 저항성 품종의 선택

- 안전한 쌀 생산을 위해 병충해 저항성이 높은 품종을 선택하여야 한다.
- 저항성 품종의 선택은 농약 사용에 따른 잔류독성, 환경오염, 생태계 파괴 등의 문제를 해소하며, 방제비용과 노력을 절감할 수 있다.

㉡ 저투입 및 건강한 식물체의 육성

- 친환경농업의 출발은 저투입으로 식물체를 건강하게 키우는 데 있다.
- 농약 사용량 절감을 위한 병해충종합관리(Integrated Pest Management, IPM) 기술의 실천과 화학비료 사용량 절감을 위한 작물양분종합관리(Integrated Nutrition Management, INM) 기술을 적용해야 한다.

ⓛ 잡초관리

- 토양 잡초 매토종자(埋土種子, Buried Seeds)의 밀도 감축 : 잡초는 한 번 발생하면 많은 양의 종자가 생산되어 토중에 매몰되며, 제초제를 사용하지 않고 잡초를 방제하려면 이렇게 매몰된 잡초 종자의 밀도를 낮추는 경종적 조치가 필요하다.
- 잡초 종자 발아억제 환경의 조성 : 잡초 종자는 적색광을 받아야 발아가 가능하므로 지표면에 조사되는 광을 차단한다.
- 물리적 방제
- 종합방제 : 잡초방제의 효과를 높이기 위해 한 가지 방법이 아닌 여러 방법을 병행하여 종합적으로 실시해야 한다.

제6장 수확 및 수확 후 관리

1 쌀의 수확

(1) 수 확

① 수확시기

㉠ 수확이 너무 빠르면 광택은 좋으나 청미(치)와 미숙립 등이 증가하여 완전미 비율이 낮아지고, 수확이 적기보다 늦으면 동할립, 기형립, 피해립이 증가해 완전미 비율이 낮아진다.

㉡ 적기 수확을 하면 쌀에 윤기가 흐르고 부드러운 찰기가 있고 밥향이 있으나, 늦어질수록 쌀에 윤기, 향, 찰기가 줄어든다.

② 수확적기

㉠ 출수 후 적산온도가 조생종은 780℃ 이상, 중생종은 880℃ 이상, 만생종은 1,100℃에 이르러 현미의 발달이 끝난 시기가 수확적기이다.

㉡ 품종별 수확적기

- 극조생종 : 출수기는 7월 하순~8월 상순이며, 수확적기는 출수 후 40일이다.
- 조생종 : 출수기는 8월 상순이며, 수확적기는 출수 후 40~45일이다.
- 중생종 : 출수기는 8월 중순이며, 수확적기는 출수 후 45~50일이다.
- 중만생종 또는 만식재배 : 출수기는 8월 하순이며, 수확적기는 출수 후 50~55일이다.

㉢ 종자용 벼는 1주일 정도 빠른 황숙기에 수확한다.

벼 수확이 적기보다 늦어질 경우 발생하는 현상이 아닌 것은?

① 미숙립과 청치가 많아진다.
② 동할미가 많이 생긴다.
③ 쌀겨층이 두꺼워진다.
④ 광택이 감소한다.

답 ①

③ 수분함량

㉠ 수확기 벼 알의 수분함량은 대체로 완숙기에 20% 정도이다.

㉡ 탈곡 시는 16% 정도로 1~2주 건조 후 탈곡하는 것이 작업이 쉽고 탈곡도 깨끗하게 되며 손상도 적다.

(2) 수확 후 품질관리

① 수확 후 관리의 중요성 : 수확 이후 양적손실과 질적손실을 최소화하여 간접증산에 기여하고 소비자에게 양질의 쌀을 공급할 수 있다.

② 품질과 식미에 영향을 미치는 요인

㉠ 수확 전 요인 : 품종, 기온과 일조, 토성, 재배법, 수확시기, 수확법 등

㉡ 수확 후 요인 : 저장, 도정, 조제, 건조법, 수분 등

(3) 건조와 저장

① 건 조

㉠ 의 의

- 햇볕을 이용해 건조하는 것이 가장 좋은 방법이며, 저장과 도정에 알맞은 수분함량은 15% 이하이다.
- 건조 시 왕겨와 현미가 붙은 부착점을 통해 집중적으로 수분이 증발된다.

㉡ 천일건조 : 멍석, 콘크리트바닥, 아스팔트바닥, 망사 등을 이용하여 건조하며, 건조하는 벼의 두께는 5cm가 적당하다.

㉢ 열풍건조

- 건조온도가 높거나 건조 중 비를 맞으면 동할미가 많이 생기고 미질이 떨어진다.
- 수분이 많은 벼는 높은 온도에서 건조하면 동할미가 많아지고 단백질과 전분이 변질되어 미질이 떨어진다.
- 열풍건조 시 수분함량이 20% 이상인 경우 8시간 이내, 1시간당 수분감소율 0.8% 정도가 좋다.

㉣ 건조와 쌀의 품질

- 급속한 건조는 동할미 발생이 많아져 품질이 저하된다.
- 수분함량이 높은 벼는 건조가 지연되면 변질되기 쉽다.
- 과도한 가열은 열손상립을 발생시킨다.
- 건조가 지나치면 식미의 저하와 낮은 수분함량 때문에 도정효율이 떨어진다.

필 / 수 / 확 / 인 / 문 / 제

벼의 수확 및 수확 후 관리기술에 대한 설명 중 옳은 것은?

① 벼 중만생종의 적합한 수확시기는 출수 후 50~55일 경이다.
② 수확 후 곡물을 화력건조하려면 적정온도를 70℃로 유지해야 한다.
③ 쌀 저장시 적정 수분함량은 22~25%이다.
④ 대표적인 저곡해충은 벼멸구이다.

답 ①

필 / 수 / 확 / 인 / 문 / 제

벼의 저장 및 가공에 대한 설명으로 옳지 않은 것은?

① 벼를 저장할 때에는 수분함량 15% 정도, 저장온도 15℃ 이하, 상대습도 70% 정도를 유지하는 것이 좋다.
② 벼 저장 중에 발생하는 대표적인 해충에는 화랑곡나방, 보리나방 등이 있다.
③ 벼(正租)에서 과피를 제거하면 현미가 되고, 현미에서 종피 및 호분층을 제거하면 백미가 된다.
④ 제현율은 $\frac{\text{도정률} \times \text{정백률}}{100}$로 계산하며, 정백미로 가공하는 경우 74% 전후가 된다.

답 ④

② 저 장

㉠ 저장 중 상품성의 변화
- 살아있는 곡물을 저장하면 생리작용에 의해 상품가치와 발아율이 저하된다.
- 성분 중 지방이 분해되어 유리지방산이 증가한다.
- 비타민 B_1이 감소하고 전분이 α-아밀라아제(α-Amylase)에 의해 분해되어 환원당이 증가한다.
- 상품성의 변화에 영향을 끼치는 조건들은 온도와 습도, 공기조성비 등이 있다.

㉡ 저장 중 온도와 습도가 높을 때의 영향
- 바구미나 곡식나방 등 해충의 발생이 많아진다.
- 높은 온도는 벼 자체 호흡이 많아져 쌀의 화학적 변화로 품질이 저하된다.
- 수분함량이 높을수록 비타민 B_1이 감소하고 환원당과 유리지방산이 증가한다.

㉢ 정조(正租, 벼 낟알, Paddy Rice, Rough Rice)의 저장
- 벼는 단단한 왕겨층으로 덮여 있어 저장 중 물리화학적 변화를 적게 받고 곰팡이와 해충의 피해로부터 백미나 현미보다 안전한 편이다.
- 백미의 저장은 저장 중 온도와 습도의 변화에 민감하게 반응해 변질이 잘되며, 해충의 침해를 받기 쉽고 밥맛도 나빠지기 쉽다.
- 벼의 저장은 환원당과 지방산도가 낮아 쌀의 품질을 보존할 수 있다.
- 백미 또는 현미의 저장보다 해충의 발생과 피해가 적다.
- 저장이 간편해 설비, 기술, 경비가 절약된다.
- 장기저장성이 높다.

㉣ 쌀의 저장성에 영향을 미치는 중요한 요인은 수분과 온도이며 쌀의 성상 등도 영향을 미치고 있다.

[미곡의 형태별 저장성 비교]

농촌진흥청 국립식량과학원

구분		벼	현미	쌀	적용
형태		벼+표피+내피+전분층	표피+내피+전분층	전분층	왕겨는 곰팡이와 해충 침입 및 흡습 방지
저장성	생명력	생명체(발아 가능)	반생명체(발아 가능)	무생명체(발아 불가능)	무생명체는 생명체보다 병해충 침입이 용이
	흡습성	둔함(14.8%)	벼보다 민감(15.4%)	현미보다 민감(16.4%)	벼는 꼭지를 통해 수분 침입
	병충해 피해	강(표피, 생명력, 공극)	벼보다 약함(내피, 기찰, 밀착)	현미보다 강함(도정시 기계적 손상, 밀착)	표피가 병충해 방지
	성분 변화	거의 없음(일정기간)	벼보다 심함	현미보다 심함	양곡의 이화학적작용에 기인
	색 깔	거의 없음(일정기간)	내피 색택 변함, 도정하면 정상	현미보다 변화 심함	고온에서 수분이 집적
경제성	수용력	용적이 큼	벼보다 약 45% 감소	현미보다 약간 감소	-
	중 량	표피로 중량이 많음	벼보다 20% 감소	현미보다 7% 감소	-
	조작비	부피가 커서 수송비용 많음	벼보다 수송비용이 적음	현미보다 약간 적음	-
	낙곡 비용	이용가능	벼와 같음	이용에 별도 조제가 필요	-
식 미		밥맛이 좋은 고품질 쌀 공급	벼보다 못함	현미보다 못함	장기 보관 시 지방의 산화로 묵은 냄새가 나고 식미 저하

ⓜ 저장조건

• 장기저장을 위해서는 수분함량을 15% 정도로 건조하고, 저장온도를 15℃ 이하 상대습도를 70% 정도로 유지한다. 또한 공기조성은 산소 5~7%, 이산화탄소 3~5%로 조절하는 것이 좋다.

• 온도 : 15℃의 중저온 저장은 여름철 곡충의 발생을 완전 차단하고 지방산 증가 등 품질저하를 억제하여 저장성을 크게 향상시킬 수 있으며, 현미 저장 시 수분함량이 20% 이상일 때는 10℃ 미만에서, 16% 미만일 때는 15℃ 정도에서 저장하는 것이 바람직하다.

• 상온 저장은 여름철 호흡에 의한 기질의 소모와 곡충의 발생으로 품위가 크게 손상된다.

필 / 수 / 확 / 인 / 문 / 제

벼의 수확 및 저장에 대한 설명으로 옳지 않은 것은?

① 묵은 쌀은 지방의 환원에 의해 식미가 낮아진다.
② 벼의 수확적기가 지나면 쌀겨층이 두꺼워지고 동할립이 많이 생긴다.
③ 수확적기는 적산등숙온도가 800~1,100℃ 정도일 때이다.
④ 상온저장 시 식미는 현미저장이 백미저장보다 양호하다.

답 ①

필 / 수 / 확 / 인 / 문 / 제

유충이 쌀을 침식하여 품질을 저하시키며 유충으로 월동하는 해충은?

① 화랑곡나방
② 벼애나방
③ 멸강나방
④ 이화명나방

답 ①

쌀의 도정도를 결정하는 방법으로 옳지 않은 것은?

① 현미의 크기에 따른 방법
② 색에 의한 방법
③ 도정시간에 의한 방법
④ 도정횟수에 의한 방법

답 ①

ⓑ 저곡해충

- 저장 중 해충의 침입은 벼를 갉아먹는 데 따른 양적 손실과 배설물에 의한 오염과 냄새 등과 이에 따른 2차감염과 오염으로 상당한 피해를 가져온다.
- 대부분 해충은 곡물 수분함량이 12% 이하(상대습도 55% 이하)에서는 번식하지 못하나 수분함량 14%(상대습도 75%)에서부터는 왕성하게 번식한다.
- 쌀의 저장 중 발생하는 해충 구제약으로 정부양곡에 사용하는 약제는 피리포유제와 인화늄정제 2종류가 있으며, 인화늄정제인 포스톡신은 전 세계적으로 사용되고 있다.
- 벼 저장 중 발생 해충
  - 벼 : 화랑곡나방, 보리나방, 쌀바구미
  - 현미 : 화랑곡나방, 쌀바구미, 거짓말도둑
  - 백미 : 화랑곡나방, 쌀바구미, 톱가슴머리대장, 좀바구미, 장두, 쌀도둑

(3) 도 정

① 쌀의 도정

㉠ 의 의

- 벼의 과피인 왕겨를 제거하면 현미가 되고 현미에서 종피와 호분층을 제거하면 백미가 된다.
- 도정이란 생산된 쌀을 식용 및 가공용으로 이용하기 좋게 쌀겨층을 깎아내는 것이다.

㉡ 도정의 용어

- 도정(搗精, Milling) : 벼에서 왕겨와 쌀겨층을 제거하여 백미를 만드는 과정으로 부산물로 왕겨, 쌀겨, 싸라기 등이 발생한다.
- 제현율(製玄率, Brown Rice Recovery)
  - 정조 투입량에 대한 현미 생산량의 백분율로 품종에 따라 82~85%이다.
  - 벼의 껍질을 벗기고 이를 1.6mm줄체로 체별하여 체를 통과하지 않은 현미와 체를 통과한 활성현미의 합과 벼의 비율을 말한다.
- 현백률(정백률, 精白率, Milled/Brown Rice Ratio)
  - 현미 투입량에 대한 백미 생산량의 백분율로 90~92%이다.
  - 쌀겨층을 깎아내는 정도에 따라 달라진다.

- 도정도란 현미의 쌀겨층(과피, 종피, 호분층)이 깎여진 정도로 현미를 100%로 볼 때 쌀겨층은 5~6%, 배 2~3%, 배유 92%로 구성되어 있어 쌀겨층과 배를 제거한 이론적 현백률은 92%이며, 이를 10분도라 한다.
- 5분도미 : 제거할 겨층을 50% 제거한 것으로, 즉 97%가 남도록 도정한 것으로 배아가 남아 있어 배아미라고도 한다.
- 7분도미 : 제거할 겨층의 70%를 제거한 것으로 현미 중량의 95%가 남도록 도정한 쌀이다.

• 도정률(搗精率, Milling Ratio) : 조곡에 대한 정곡의 비율로 (제현율 × 현백률) ÷ 100이며, 74% 전후가 된다.
• 도감률(Milling Loss Ratio) : 도정으로 줄어든 양으로 쌀겨, 배아 등으로 떨어져 나가는 도정감량(도정감)의 현미량에 대한 비율이다.
• 도정도의 판정 : ME시약 처리로 강층의 벗겨진 정도를 표준품과 비교·감정하는 것을 원칙으로 하며, 보조방법으로 요오드염색법이 있다.

㉢ 도정에 영향을 미치는 요인
• 원료 벼의 수분함량이 중요하며, 적정 수분함량은 16%이다.
• 수분함량이 낮으면 전기 소요량도 증가된다.
• 정미 도중 0.3~0.5%의 수분증발로 가습의 필요가 생기기도 한다.
• 과도하게 건조된 쌀은 도정 전 가습, 조질(調質, Conditioning)의 방법으로 식미가 향상될 수 있다.

㉣ 도정과정
원료(정조) → 정선 → 제현 → 현미분리 → 현백 → 싸라기분리 → 백미(제품)

2 쌀의 품질과 기능성

(1) 쌀의 품질

① 품질의 개념

㉠ 1차적 품질
• 외형, 색택, 크기, 충실도 등 외관 품질을 말한다.
• 주로 생산자의 관심대상으로 과거 쌀이 부족할 때는 중요한 요인이었다.

벼의 도정에 대한 설명으로 옳지 않은 것은?

① 쌀의 수분함량이 16% 정도일 때 도정 효율이 높다.
② 벼의 도정률은 (제현율×현백률)/100으로 나타낸다.
③ 품종에 따라 다소 차이가 있으나 현백률은 제현율보다 높다.
④ 현미 중량의 93%가 남도록 깎아낸 것을 7분도미라고 한다.

답 ④

쌀의 품위와 관련된 설명으로 옳지 않은 것은?

① 완전미(Head Rice)란 도정된 백미를 그물눈 1.7mm의 체로 쳐서 체 위에 남은 쌀 중 100g을 채취하여 그중 피해립, 착색립, 이종곡립, 사미 및 심·복백립 등 불완전립을 제외하고 모양이 완전한 쌀과, 깨어진 쌀 중에서는 길이가 완전한 낟알 평균길이의 3/4 이상인 쌀을 말한다.
② 도감률은 도정된 백미량이 현미량의 몇 %에 해당하는가를 말한다.
③ 제현율이란 벼의 껍질을 벗기고 이를 1.6mm 줄체로 칠 때 체를 통과하지 않는 현미의 비율을 말한다.
④ 현백률은 현미 1kg을 실험실용 정미기로 도정하여 생산된 백미를 1.4mm 체로 쳐서 얻어진 체 위의 백미를 사용한 현미량에 대한 백분율로 표시한다.

답 ②

필 / 수 / 확 / 인 / 문 / 제

미곡의 도정감에 관여하는 요인에 관한 설명으로 옳지 않은 것은?

① 미숙미가 완숙미보다 도정감이 크다.
② 원료곡립의 건조가 잘 된 것은 도정감이 작다.
③ 수확 후 충분히 건조한 후 일찍 도정하면 도정감이 크다.
④ 도정방법에 있어서 가볍게 여러 번 쓸어내면 도정감이 작다.

 ③

우리나라 고품질 쌀의 이화학적 특성으로 옳지 않은 것은?

① 단백질 함량이 10% 이상이다.
② 알칼리붕괴도가 다소 높다.
③ Mg/K의 함량비가 높은 편이다.
④ 호화온도는 중간이거나 다소 낮다.

 ①

㉡ 2차적 품질
- 맛, 성분, 기능성, 저장성, 가공성, 이용성 등 식품재료로서의 품질을 말한다.
- 소비자와 가공업자의 관심대상으로 현대는 중요시되는 품질요인이다.

② 고품질 쌀

㉠ 우리나라 쌀의 고품질 기준 : 외관 품위가 우수하고 도정 특성이 양호하며, 취반 후 옅은 담황색에 윤기가 있으며 밥알의 모양이 온전하고 구수한 밥 냄새와 맛이 난다. 또한 찰기와 탄력이 있고 씹히는 질감이 부드러운 쌀이다.

㉡ 고품질 쌀의 이화학적 특성
- 단백질 함량이 7% 이하이다.
- 아밀로오스 함량이 20% 이하이다.
- 수분함량은 16.0% 내외이다.
- 알칼륨붕괴도는 다소 높아야 한다.
- 호화온도는 중간이거나 다소 낮아야 한다.
- 지방산가(mg KOH/100g)는 8~15 범위이다.
- 무기질 중 Mg/K의 함량비가 높은 편이다.

(2) 쌀의 품질요소

① 품질요소

㉠ 외관과 형태
- 외관은 소비자의 구매 기준이 되는 중요한 품질 특성이다.
- 취반 전 쌀의 외관 특성은 크기, 모양 심·복백 정도, 투명도, 색택, 완전미 비율 등이 중요하게 여겨진다.
- 일반적으로 모양은 단원형, 심백미와 복백미가 없고 투명하고 맑으며, 광택을 보유해야 한다.
- 취반 후 밥은 옅은 황백색에 윤기가 있어야 한다.

㉡ 이화학적 특성
- 경도, 점성, 호화온도, 알칼륨붕괴도, 호응집성, 등의 물리적 성질은 맛과 감각에 영향을 미치는 품질요소이다.
- 수분, 탄수화물, 단백질, 지질, 무기질, 향기, 감칠맛 성분 등의 화학성분의 함량에 따라 맛과 감각이 달라지므로 중요한 품질요소로 본다.

㉢ 영양성 및 기능성
- 에너지함량, 소화율, 당질, 단백질, 지질, 무기질, 비타민 등 영양성분은 식량으로서의 기본적인 평가기준이 된다.

- 과거에는 영양소의 함량이 높을수록 고품질로 분류하였으나 현재는 건강에 기여하는 기능성 성분을 더 중요한 품질기준으로 보기도 한다.

㉣ 식 미

- 식미는 사람이 먹어서 느끼는 맛으로 직접적인 맛 이외에 적당한 찰기와 저작감, 향 등에 의하여 종합적으로 결정되며, 최종 판단기준은 소비자가 먹어서 입으로 느끼는 식미이다.
- 식미는 품질요소 중 가장 직접적이고 중요한 요소이다.

㉤ 안전성

- 각 나라마다 식품의 유해물질잔류허용기준을 정해 놓고 이 기준 이하로 함유되어야 안전성에 문제가 없는 것으로 본다.
- 농약의 독성, 식품별 섭취량 등의 시험 결과로 식품의약품안전처에서 설정・고시한다.
- 생산단계에서는 농림부장관이 고시한 생산단계 잔류허용기준을, 유통 또는 저장 중인 농산물은 식품의약품안전처장이 고시한 농산물별 잔류허용기준을 적용한다.

㉥ 취반특성

- 수침조건, 가수량, 취반용량, 취반용기 등의 밥을 하는 조건에 따라 밥의 찰기, 경도, 응집성 등이 달라져 밥맛이 달라진다.
- 취반 중 가열흡수율, 취반팽창용적, 호화온도, 취반액 용출고형물량, 취반 용출액요오드흡광도 등도 밥맛과 관련이 크다.
- 쌀의 휘발성 성분은 호분층에 들어 있어 도정률이 높을수록 휘발성 성분이 감소하고 밥의 향이 약해진다.

② 쌀의 품질에 영향을 미치는 요인

㉠ 품 종

- 고품질의 쌀의 생산을 위해서는 유전적으로 고식미의 품종을 선택해야 한다.
- 고식미 품종은 유전적으로 키가 크고 줄기가 약해 도복하기 쉬우며, 병해에도 약한 특징과 대체로 수량성도 낮은 경향이 있다.
- 재배목적에 따라 다수확성 또는 고품질성이냐에 따라 품종의 선택을 달리해야 한다.

㉡ 기상 및 토양조건

- 쌀의 품질은 기상과 토양조건에 따라 달라진다.
- 등숙기의 지나친 고온은 동할미, 배백미, 유백미가 발생하기 쉽고 지나친 저온은 미숙립, 동절미, 복백미 발생이 많아져 품질이 떨어지기 쉽다.

필 / 수 / 확 / 인 / 문 / 제

쌀의 이용과 가공특성에 대한 설명으로 옳지 않은 것은?

① 현미를 백미로 도정하면 비타민 > 단백질 > 탄수화물 순으로 감소율이 크다.
② 쌀의 호화는 β전분이 α전분의 형태로 변화되는 것을 말한다.
③ 쌀겨에는 감마오리자놀, 토코페롤, 피틴산, C3G색소 등의 생리활성물질이 포함되어 있다.
④ 쌀의 휘발성 성분은 대부분 배에 존재하므로 도정률이 높아지면 밥의 향이 약해진다.

답 ④

- 온도가 낮은 지역에서는 적산온도와 일등미 비율이 높은 상관관계를 보인다.
- 등숙전반기 높은 기온은 단백질 함량의 증가로 식미를 떨어뜨린다.

㉢ 재배기술

- 작 기
  - 작기의 변동은 등숙기간 중 기온과 일조 등의 변화로 품질에 영향을 미친다.
  - 일반적으로 작기가 빠르면 고온등숙에 의해 아밀로오스 함량과 동할미가 증가하는 등 미질이 저하하기 쉽다.
  - 완전미 비율을 높이기 위해 품종별 등숙 특성에 적합한 시기에 등숙이 되도록 작기를 조절할 필요가 있다.
  - 고품질 쌀의 생산을 위해 품질이 가장 우수하게 생산될 수 있는 적온에서 등숙되도록 지역별, 품종별 이앙기가 결정되어야 한다.
- 시 비
  - 시비는 식미에 큰 영향을 미친다.
  - 질소질 비료의 시비가 증가하면 심백미, 복백미와 동할미가 증가하고 쌀알의 투명도가 낮아져 식미가 저하되므로 시비량을 표준시비량까지 줄이고 시비한 질소가 출수 후 쌀알로 전이되 단백질로 축적되지 않도록 해야 한다.
  - 고식미 쌀밥은 단백질 함량이 7% 이하로 알려져 있다.
  - 마그네슘의 흡수는 식미를 증가시키고 칼륨의 시비량 증가는 쌀의 식미를 저하시키는 것으로 보고되고 있다.
  - 쌀의 Mg/K 비율이 높을수록 식미는 증가한다.
- 수확시기 : 수확적기를 넘겨 수확을 하면 지연일수에 비례하여 품위와 식미가 저하된다.
- 병충해

  병충해를 입은 쌀은 품질이 저하되며, 병의 발생 정도가 클수록 식미의 저하는 심해진다.

잎도열병	변색미, 쭉정이, 기형미 증가
이삭도열병	갈변미 발생과 냄새가 나고 맛, 점도 등이 떨어져 종합적 식미가 저하됨
이삭누룩병	등숙불량과 현미의 품질저하를 보이며, 이병률이 5% 이상의 경우 벼알에 부착된 후막포자가 도정 후까지 남아 검게 보임
깨씨무늬병	현미의 광택이 없어지고 갈변미, 사미, 심백미와 복백미가 증가

흰잎마름병	쌀알의 성숙을 방해
세균성 벼알마름병	쭉정이 발생과 쌀알에 갈색 줄무늬가 생김
이삭마름병	흑점미, 다점미, 가변미 등 변색미와 불완전립이 발생
벼멸구	심백미, 유백미, 동할미가 증가
벼물바구미	청미와 사미가 증가
노린재, 벼이삭선충	반점미와 흑점미가 발생

(3) 기능성

① 쌀의 기능성

㉠ 항산화 효과

- 사람의 체내에서는 에너지 공급을 위해 끊임없이 산화작용이 일어나며, 이 과정에서 상당량의 자유기가 생성된다. 자유기는 대부분 소멸되나 생성과 소멸의 균형이 깨질 때 각종 질환과 노화가 진행되며, 이러한 자유기의 작용을 억제하는 성분을 함유한 식품을 항산화식품이라 한다.
- 호분층에는 비타민 E, 오리자놀(Oryzanol), 토코트리에놀(Tocotrienol), 페룰산(Ferulic Acid) 등의 강한 항산화제가 있어 인체 내 생체막 손상이나 지질의 과산화를 억제하여 노화방지의 역할을 한다.
- 흑미는 일반 현미보다 항산화작용 성분이 더 많이 함유되어 있다.

㉡ 콜레스테롤 저하 효과

- 혈중 콜레스테롤 농도가 높은 경우 동맥경화로 심장질환을 일으키는 것으로 알려져 있으며, 현미나 백미의 급여는 혈액 중 중성지방과 콜레스테롤 함량을 낮추는 효과가 있어 고지혈증 예방에 효과적이다.
- 오리자놀(Oryzanol), 토코트리에놀(Tocotrienol), 불포화지방산, 쌀단백질 등의 섭취도 혈중 콜레스테롤을 저하시키는 것으로 알려져 있다.

㉢ 혈압조절 효과

- 쌀겨나 백미의 단백질 분해산물 중에는 혈압상승에 관여하는 효소활성을 저해하여 혈압을 낮추는 효과가 있는 물질이 포함되어 있음이 보고되어 있다.
- 현미 중에는 감마아미노부티르산(γ-Aminobutyric Acid, GABA)이 함유되어 있어 혈압조절에 효과적이다.

쌀의 기능성에 대한 설명으로 옳지 않은 것은?

① 쌀에 함유된 올리고당이나 쌀겨 중의 식이섬유는 락토균, 클로스트리듐균과 같은 장내 유익균의 활동을 이롭게 한다.
② 현미의 호분층에는 비타민 E, 오리자놀, 토코트리에놀, 페룰산 등 강한 항산화제가 함유되어 있다.
③ 쌀겨는 혈중 콜레스테롤을 낮추는 효과가 있다.
④ 쌀밥은 식빵, 감자 등에 비하여 혈당량의 급격한 증가를 초래하지 않는다.

답 ①

필 / 수 / 확 / 인 / 문 / 제

쌀에 함유된 기능성 물질에 대한 설명으로 옳지 않은 것은?

① 피트산(Phytic Acid)은 주로 쌀의 호분층에 과립상태로 존재하며, 인(Phosphorus)과 결합하는 성질이 강하다.
② γ-오리자놀(γ-oryzanol)은 벼의 학명에서 유래된 것이다.
③ 토코트리에놀(Tocotrienol)은 비타민 K 계열의 물질로 다양한 건강보조식품의 소재로 개발되어 이용되고 있다.
④ 가바(GABA, Gamma-AminoButyric Acid)는 아미노산의 일종으로 배아를 고온에서 처리하면 많이 생성되는 것으로 알려져 있다.

답 ③

㉣ 장내 균총 개선
- 쌀에 함유된 올리고당이나 쌀겨 중의 식이섬유는 비피더스균과 락토균과 같은 장내 유익균의 활동을 이롭게 한다.
- 비피더스균이나 락토균은 아세트산이나 젖산을 생성하여 장내 환경을 산성으로 유지하고 일부 항생물질을 생성하여 장내 부패균과 부패산물의 생성을 억제한다.

㉤ 당뇨예방
- 쌀밥은 다른 곡류에 비하여 혈당량의 급격한 증가를 초래하지 않아 당뇨예방에 효과가 있다.
- 인슐린 분비를 자극하지 않아 지방의 합성 및 축적이 억제되어 비만을 예방할 수 있다.
- 밥의 형태가 죽이나 떡의 형태보다 급격한 혈당량의 증가와 인슐린 분비를 억제하는 효과가 더 크다.

㉥ 항암과 돌연변이 억제효과
- 백미와 현미는 돌연변이 억제효과로 항암효과가 있다.
- 쌀과 쌀겨 중 피트산(Phytic Acid), 아라비노자이란(Arabinoxylan) 등에 의해 항돌연변이 효과가 나타나는 것으로 보고되었다.
- 효과는 가공하였을 때에도 변하지 않는 것으로 확인되었다.
- 흑미는 간암의 예방과 DNA 손상억제도 있으며, 흑미 추출물도 위암, 대장암 억제에 효과를 보인다.

② 기능성 성분

㉠ 식이섬유
- 쌀의 호분층에 세포벽 구성물질인 셀룰로오스, 헤미셀룰로오스, 펙틴 등 식이섬유가 함유되어 있다.
- 쌀겨는 식이섬유를 20~21% 함유하고 있다.
- 쌀겨에 함유되어 있는 식이섬유는 혈중 콜레스테롤 증가 억제와 중성지질의 함량을 낮추고 임파구 및 백혈구를 증가시키며, 변비의 예방, 분변 중 비피더스균수의 증가 등 장내 환경을 개선하고 대장암 발생을 억제하는 효과가 있다. 이는 다른 곡물의 식이섬유와 비교하여 현저한 효과를 보이는 것으로 보고되고 있다.

㉡ 피트산(Phytic Acid)
- 쌀의 호분층에는 피트산이 과립형태로 존재하며, 쌀겨는 다른 어느 곡류보다 많다.
- 피트산의 효과는 발암억제, 혈중 콜레스테롤 억제, 혈전형성 억제, 지방간 억제, 면역기능의 강화 등의 의학적 효과가 있는 것으로 알려져 있다.

• α-아밀라제(α-Amylase) 등 소화효소작용을 저해하여 비만방지, 당뇨예방에 이용 가능성이 크다.
• 피트산은 강한 항산화효과 등이 있어 이를 이용하여 쌀겨는 연근의 갈변방지, 어류와 육류 품질유지 등 다양한 식품가공에 이용되고 있다.

㉢ 지용성 성분 : 쌀알의 호분층에는 강한 항산화물질인 γ-오리자놀(γ-Oryzanol), 토코페롤(Tocopherol), 페룰산(Ferulic Acid) 등의 지용성 성분이 함유되어 있으며, 쌀의 도정 시 나오는 쌀겨에는 이들 성분들이 다량 함유되어 있다.

㉣ 이소비텍신(Isovitexin)
• 벼 왕겨의 저장성이 좋은 것은 왕겨에 함유되어 있는 플라보노이드 배당체인 이소비텍신(Isovitexin)이라는 항산화성분 때문이다.
• 백미에는 함량이 매우 적다.

㉤ 페놀화합물 : 흑미, 적미 등의 유색미의 현미 껍질층의 색소 성분은 카테킨(Catechin), 카테콜타닌(Catechol Tannin) 등의 떫은맛을 내는 페놀화합물과 안토시아닌(Anthocyanin)으로 항산화효과가 있다.

㉥ 기타 : 쌀의 배아를 고온처리하면 신경전달물질인 감마아미노부티르산(γ-Aminobutyric Acid, GABA)의 생성이 증가하며, 동물실험 결과 고혈압 예방의 효과가 기대된다.

3 품질평가(농산물검사기준)

(1) 쌀의 품위규격

① 쌀의 표준규격은 양곡관리법 시행규칙 제7조의3(양곡의 표시사항 등)에 따라 농림수산식품부장관이 고시하는 '쌀 등급기준'에 따르되, 국내에서 생산하여 유통되는 멥쌀에 적용하며, 가공용·수출용에는 적용하지 않는다.

[쌀 등급규격 세부기준]

항 목 / 등 급	최고한도(%)					
	수 분	싸라기	분상질립	피해립	열손립	기타이물
특	16.0	3.0	2.0	1.0	0.0	0.1
상		7.0	6.0	2.0	0.0	0.3
보 통		20.0	10.0	4.0	0.1	0.6

필 / 수 / 확 / 인 / 문 / 제

현미의 콜레스테롤을 저하시켜 주는 성분은?

① 팔미트산
② 올레산
③ 리놀레산
④ 펜타산

 ③

② 기타조건

㉠ 열손립은 시료 1kg 중 '특'은 3립 이하, '상'은 7립 이하여야 한다.

㉡ 기타이물 중 '돌, 플라스틱, 유리, 쇳가루' 등 고형물은 시료 1kg을 3회 반복 조사・합산하여 1개 이내여야 하며, '이종곡립(뉘 포함)'은 '특'과 '상'은 2개 이하, '보통'은 5개 이하여야 한다.

㉢ 완전립 비율이 96.0% 이상인 경우에 한하여 '특' 표시와는 별도로 포장에 '완전미(Head Rice)'로 표시를 할 수 있다.

③ 용어의 정의

㉠ 백분율(%) : 전량에 대한 무게비율을 말하며, 소수점 둘째자리에서 반올림한다.

㉡ 수분 : 105℃ 건조법 또는 이와 동등한 결과를 얻을 수 있는 방법에 의하여 측정한 함수율을 말한다.

㉢ 싸라기 : KS A 5101-1(금속 망 체) 중 호칭치수 1.7mm 금속 망 체로 쳐서 체를 통과하지 아니하는 낟알 중 그 길이가 완전한 낟알 평균길이의 3/4 미만인 것을 말한다.

㉣ 분상질립 : 체적의 1/2 이상이 분상질 상태인 낟알을 말한다.

㉤ 피해립 : 오염된 립, 병해립・충해립・발아립・생리장해립, 적조 및 흑조가 낟알 길이의 1/4 이상 부착된 것을 말한다. 다만, 피해가 쌀의 품질에 영향을 미치지 아니할 정도의 경미한 것은 제외한다.

㉥ 열손립 : 열 등에 의하여 변색 또는 손상된 낟알을 말하며, 미립표면적의 1/4 이상이 주황색(한국표준색표집 2.5Y8/4기준 이상)으로 착색된 것을 말한다. 다만, 착색된 정도가 주황색 기준 이하이거나 1/4 미만인 것은 피해립으로 적용한다.

㉦ 기타이물 : 쌀 이외의 것('돌, 플라스틱, 유리, 쇳조각' 등 고형물, 이종곡립)과 KS A 5101-1(금속 망 체) 중 호칭치수 1.7mm의 금속 망 체로 쳐서 체를 통과한 것을 말한다.

※ 이종곡립 : 쌀 이외의 곡립(뉘 포함)

㉧ 완전립 : 쌀의 외관특성상 완전한 낟알 또는 완전한 낟알 평균길이의 3/4 이상의 형태를 가지고 있는 것 중 분상질립, 피해립, 열손립을 제외한 것을 말한다.

※ 낟알의 평균길이는 완전한 낟알 15개 이상을 계측하여 산출한다.

적중예상문제

01 **벼의 재배와 온도와의 관계에 대한 설명으로 옳은 것은?**

① 이앙 후부터 유수형성기까지는 주로 기온의 영향을 크게 받는다.
② 유수형성기부터 수잉기까지는 기온의 영향을 받지 않고 주로 수온의 영향을 크게 받는다.
③ 수잉기 이후에는 주로 기온의 영향을 크게 받는다.
④ 통일형 벼는 일반형 벼에 비하여 온도 요구도가 다소 낮다.

해설
기온 및 수온이 벼 생육에 미치는 영향은 모내기 후부터 유수형성기까지는 주로 수온이 크고 유수형성기부터 수잉기까지는 수온과 기온의 영향이 거의 같고 수잉기 이후에는 주로 기온의 영향을 받는다.

02 **다음 중 벼를 논에 재배할 때 발생하는 이익이 아닌 것은?**

① 토양유실 방지
② 지하수 저장
③ 홍수조절
④ 지구온난화 억제

03 **다음 중 벼의 생육이 가능한 염분의 한계 농도는?**

① 0.3%
② 0.5%
③ 1.0%
④ 1.5%

해설
간척지 염분 농도가 0.3% 이하일 때 벼를 재배할 수 있으며 0.3% 이상에서는 염해가 발생된다.

04 **논토양의 특성에 관한 설명으로 옳지 않은 것은?**

① 논에 담수가 되면 산소 공급이 억제되어 산화환원전위가 낮아진다.
② 습답은 건답에 비하여 환원성 유해물질 생성에 의한 수락을 일으키기 쉽다.
③ 염해답은 일반적으로 통기가 불량하고 제염과정에서 무기염류의 용탈이 심하다.
④ 사질답은 양분 보유력이 약하므로 요소비료를 심층시비하는 것이 유리하다.

해설
사질답에서의 심층시비는 오히려 불리하다. 사질답은 물빠짐이 심하고 비료의 유실이 심하므로 추비 중심의 분시를 하며 표층시비하는 것이 유리하다.

05 **벼의 생태종 중에서 인디카와 온대자포니카의 형태적, 생리적 특성에 대한 설명으로 옳지 않은 것은?**

① 인디카는 온대자포니카보다 종자 탈립이 잘 된다.
② 인디카는 온대자포니카보다 키가 작고 분얼이 적다.
③ 인디카는 온대자포니카보다 내건성이 강하다.
④ 인디카는 온대자포니카보다 저온발아성이 약하다.

해설
인디카는 온대자포니카보다 분얼이 적고 키와 이삭의 길이는 길다.

정답 1 ③ 2 ④ 3 ① 4 ④ 5 ②

06 잡초성 벼에 대한 설명으로 옳지 않은 것은?

① 벼 이앙재배는 논보다는 직파재배 논에서 문제가 되고 있다.
② 일반적으로 잡초성 벼는 탈립이 잘 되지 않는다.
③ 수확 후 볏짚을 태워버리는 것도 잡초성 벼를 줄이는데 효과적이다.
④ 일반적으로 잡초성 벼는 종피색이 자색을 띠며 저온출아성이 좋고 토심이 깊은 곳에서도 싹이 잘 튼다.

해설
잡초성 벼는 일반적으로 탈립성이 높다.

07 벼 품종의 특성에 대한 설명으로 옳은 것은?

① 조만성의 차이는 주로 생식생장기간의 장단에 좌우된다.
② 수수형 품종은 수중형 품종에 비해 이삭이 크고 무겁다.
③ 전분의 유전은 찰성이 메성에 대하여 단순열성이다.
④ 인디카 품종은 온대자포니카 품종보다 저온발상성이 뛰어나다.

해설
① 조만성의 차이는 주로 영양생장기간의 장단에 좌우된다.
② 수수형 품종은 수중형 품종에 비해 분얼이 잘되 이삭수가 많지만 이삭이 작고 종실 크기도 작다.
④ 온대자포니카 품종은 인디카 품종보다 저온발상성이 뛰어나다.

08 다음 설명 중 옳은 것은?

① 벼 품종선택 시 남부지방은 조생종을 택하는 것이 유리하다.
② 벼 품종선택 시 중・북부, 산간지방은 만생종을 택하는 것이 유리하다.
③ 우리나라 남부지방에서는 경제적인 2기작이 가능하다.
④ 맥류의 작부체계상 유리한 품종은 만숙종이 유리하다.

해설
남부지방은 중생종이나 만생종이 유리하고 중・북부지방은 조생종이나 중생종이, 맥류의 작부체계상 유리한 품종은 조생종이 유리하다.

09 벼의 기상생태형의 재배적 반응에 관한 설명으로 옳은 것은?

① 우리나라의 북부산간지역에 적응하는 기상생태형의 벼를 남부평야지역에 재배하면 분얼수가 증가하여 일반적으로 증수된다.
② 우리나라의 남부평야지역에 적응하는 만생종 벼를 북부산간지역에 재배하면 출수가 빨라져 수확기를 앞당길 수 있다.
③ 적도지역에 적응하는 기본영양생장형 품종을 우리나라 남부평야지역에 재배하면 출수가 지연되어 등숙장해가 발생할 수 있다.
④ 우리나라 남부평야지역에 적응하는 기상생태형의 벼를 적도지역에 재배하면 분얼수가 증가하여 일반적으로 증수된다.

해설
① 우리나라의 북부산간지역에 적응하는 기상생태형의 벼를 남부평야지역에 재배하면 분얼수가 감소하여 일반적으로 수량이 감소된다.
② 우리나라의 남부평야지역에 적응하는 만생종 벼를 북부산간지역에 재배하면 출수가 늦어지고 생육기간이 길어져 출수, 개화, 등숙 등이 저온의 영향을 받아 수량이 감소한다.
④ 우리나라 남부평야지역에 적응하는 기상생태형의 벼를 적도지역에 재배하면 분얼수가 감소하여 일반적으로 수량이 감소된다.

10 조생종 벼의 기상생태형의 특성은?

① 감온성과 감광성이 모두 낮다.
② 감온성과 감광성이 모두 높다.
③ 감온성이 높고 감광성이 낮다.
④ 감온성이 낮고 감광성이 높다.

해설
조생종은 감온성이 높아 빨리 수확하고 만생종은 감광형으로 수확이 늦다.

6 ② 7 ③ 8 ③ 9 ③ 10 ③ 정답

11 벼의 생태형에 대한 설명으로 옳은 것은?

① 저위도지대에서는 기본영양생장성과 감광성이 작은 품종이 적합하다.
② 감광형 품종들은 중위도지대에서 조생종으로 존재한다.
③ 감광형 품종은 만식을 해도 출수의 지연정도가 적다.
④ 고위도지대에서는 기본영양생장성, 감광성, 감온성이 모두 큰 품종이 적합하다.

해설
① 저위도지대에서는 감온성과 감광성이 작고 기본영양생장성이 큰 품종이 적합하다.
② 감온형 품종들은 중위도지대에서 조생종으로 존재한다.
④ 고위도지대에서는 생육기간이 짧고 서리가 일찍 오므로 기본영양생장성, 감광성, 감온성 모두가 작은 품종이 적합하다.

12 벼의 수량이 일반적으로 열대지역보다 온대지역에서 높은 이유로 옳지 않은 것은?

① 등숙기의 야간온도가 열대지역보다 온대지역에서 낮기 때문에 호흡 소모가 적다.
② 등숙기의 기온일교차가 열대지역보다 온대지역에서 크다.
③ 열대지역에 비하여 온대지역에서 대체로 등숙기간이 길다.
④ 열대지역에서는 등숙기의 고온으로 총 광합성량 자체가 온대지역보다 적다.

해설
열대지역에서는 등숙기의 고온으로 총 광합성량 자체가 온대지역보다 많으나 호흡으로 인한 소모가 많아 생산량이 적다.

13 다음 중 벼의 내도복성과 가장 밀접한 관계가 있는 줄기 부위는?

① 위로부터 12~17마디 사이
② 위로부터 2~3마디 사이
③ 위로부터 4~5마디 사이
④ 맨 위 이삭목 마디 사이

해설
위로부터 4~5마디 사이가 긴 마디로 벼의 키를 결정한다.

14 중간모와 어린모의 차이점에 관한 설명으로 옳지 않은 것은?

① 상자당 볍씨의 파종량은 어린모가 중간모보다 많다.
② 10a당 육묘상자는 어린모에서는 15개, 중간모는 30개 정도가 필요하다.
③ 모내기 당시 배유 잔존량은 어린모에서는 30~50%이나 중간모는 20% 정도이다.
④ 육묘에 소요되는 일수는 어린모에서는 8~10일이고 중간모는 30~35일이다.

해설
③ 모내기 당시 배유 잔존량은 어린모에서는 30~50%이나 중간모는 0이다.

15 모내기 시기에 대한 설명으로 옳은 것은?

① 너무 일찍 모내기를 하면 과번무하고 무효분얼이 많아져 잡초 발생이 적어지나 도복의 위험이 커진다.
② 너무 늦게 모내기를 하면 불충분한 영양생장으로 수량은 적어지나 등숙기의 낮은 온도로 쌀의 품위는 좋아진다.
③ 최적이앙기는 출수 후 40일간의 등숙온도가 평균 22.5℃ 이상 유지될 수 있는 출수기로부터 역산하여 지역별, 지대별로 결정한다.
④ 어린모는 본답에서의 과번무를 방지하기 위해서 중모이앙과 같은 시기에 이앙한다.

해설
① 너무 일찍 모내기를 하면 과번무하고 무효분얼이 많아져 잡초 발생이 많아지고 통풍 불량으로 병해충 발생이 증가한다.
② 너무 늦게 모내기를 하면 불충분한 영양생장으로 수량은 적어지고 등숙비율과 품질이 저하된다.
④ 어린모는 본답에서의 과번무를 방지하기 위해서 중간모보다 빨리 실시한다.

정답 11 ③ 12 ④ 13 ③ 14 ③ 15 ③

16 **벼의 생육에 작용하는 규소(Silicon, Si)의 효과로 옳지 않은 것은?**

① 단백질 합성을 증가시킨다.
② 벼잎을 곧추서게 만들어 수광태세를 좋게 한다.
③ 표피증산을 줄여 수분스트레스가 일어나는 것을 방지함으로써 광합성이 촉진된다.
④ 병충해에 대한 저항성을 높여준다.

해설

규소는 필수원소는 아니나 볏과 작물은 건물중의 10% 정도를 흡수하며 표피조직을 규질화시키고 잎과 줄기를 세워 수광태세를 좋게 하여 광합성을 촉진하며 병충해 저항성을 높인다.

17 **논에서 H_2S(황화수소) 발생에 의한 뿌리 장해로 양분흡수의 저해 정도가 큰 순으로 옳게 나열된 것은?**

① 칼슘 > 마그네슘 > 망간 > 칼륨
② 인산 > 칼륨 > 규소 > 망간
③ 칼륨 > 망간 > 규소 > 인산
④ 암모니아태 질소 > 규소 > 칼륨 > 인산

해설

황화수소에 의한 양분의 흡수저해는 양분 종류에 따라 다르며 P_2O_5 > K_2O > SiO_2 > NH_4–N > MnO > CaO 순이다.

18 **벼의 수광능률을 높이는데 가장 필요한 영양분은 어느 것인가?**

① 규 산 ② 질 소
③ 칼 륨 ④ 인 산

해설

규산은 벼잎을 곧추서게 해서 수광태세를 좋게 한다.

19 **벼의 재배에서 기상조건과 양분의 흡수, 이용에 관한 설명 중 옳지 않은 것은?**

① 저온조건에서는 뿌리의 양분흡수력이 약하다.
② 고온조건에서는 잠재지력의 소모가 크다.
③ 일사량이 풍부한 조건에서는 시비량을 줄여야 한다.
④ 과습답에서는 미숙유기물의 시용량을 줄여야 한다.

해설

일사량이 풍부한 조건에서는 시비량을 늘려야 한다.

20 **질소 9.2kg을 10a에 시비하려 할 때 필요한 요소(질소함량 46%)의 양은?**

① 18kg ② 20kg
③ 22kg ④ 24kg

해설

$$\text{질소비료의 필요량} \times \frac{100}{\text{질소의 성분함량}} = 9.2\,\text{kg} \times \frac{100}{46} = 20\,\text{kg}$$

21 **다음 조건에 맞는 요소비료의 시용량을 고르면?(단, 결과값은 소수점 첫째 자리에서 반올림할 것)**

- 목표수량 : 현미 6,000kg/ha
- 질소의 천연공급량 : 84kg/ha
- 질소비료 성분의 흡수율 : 50%
- 현미 100kg 생산에 필요한 질소의 성분량 : 2.4kg

① 201kg/ha
② 261kg/ha
③ 321kg/ha
④ 381kg/ha

해설

- 시비량 $= \dfrac{\text{비료요소 흡수량} - \text{천연공급량}}{\text{비료요소 흡수율}}$
- 현미 100kg에 질소 2.4kg이 필요하므로 목표수량 6,000kg 생산을 위한 질소량은 2.4×60=144kg이다.
- 천연공급량이 84kg, 흡수율은 50%이므로 (144–84)/0.5=120kg의 질소가 필요하다.
- 요소비료 질소성분의 함량이 46%이므로

$$\text{질소비료의 필요량} \times \frac{100}{\text{질소의 성분함량}}$$

따라서, $120\,\text{kg} \times \dfrac{100}{46} = 260.86957$로 소수점 첫째자리에서 반올림하면 261kg이 된다.

16 ① 17 ② 18 ① 19 ③ 20 ② 21 ② 정답

22 이삭당 영화수를 증가시키는데 가장 효과적인 것은?

① 수수형 재배　② 기비중점시비
③ 이삭거름　④ 만식재배

해설
1이삭의 벼알수를 많게 하고 임실을 좋게 하여 천립중을 증가시키기 위해 유수형성기경 이삭거름을 전체의 15% 정도를 시비한다.

23 본답의 물관리에 대한 설명 중 옳은 것은?

① 모내기 후 착근까지는 물을 얕게 대어 수온을 높이는 것이 중요하다.
② 분얼기에는 물을 깊게 대어 분얼을 촉진한다.
③ 유수분화 직후에는 중간낙수를 하여 무효분얼의 발생을 억제한다.
④ 등숙기에는 물걸러대기를 하여 뿌리의 활력을 높게 유지한다.

해설
① 모내기 후 착근까지는 물을 모 키의 1/2 이상 깊게 관개하여 착근을 촉진시킨다.
② 분얼기에는 물을 얕게 대어 수온상승과 산소의 공급을 원활하게 한다.
③ 유수분화 전 무효분얼기에는 중간낙수를 하여 무효분얼의 발생을 억제한다.

24 벼 재배 시 중간낙수의 효과로 옳지 않은 것은?

① 질소의 과잉흡수 방지　② 무효분얼 억제
③ 절간신장 촉진　④ 뿌리의 산소 공급

해설
중간낙수의 효과
- 무효분얼이 억제된다.
- 뿌리의 활력을 증대시켜 뿌리가 깊어진다.
- 토양통기를 좋게 하여 거름분의 분해가 왕성해진다.
- 유해물질이 적어진다.
- 토양 중 양분의 유효화로 흡수하기 쉬워진다.
- 칼륨/질소비율을 증대시켜 벼 조직이 튼튼해져 도복 저항성이 강해진다.
- 뿌리의 건전화를 도모하고 질소의 과잉흡수를 억제한다.

25 벼의 중간낙수에 대한 설명으로 옳지 않은 것은?

① 중간낙수는 비옥하고 잠재지력이 높은 땅에서 효과가 크다.
② 중간낙수를 하면 토양 중 암모늄태질소가 질산태로 산화되고 탈질된다.
③ 칼륨/질소비율을 감소시키므로 벼 조직이 약해진다.
④ 최고분얼기를 중심으로 무효분얼기로부터 분얼감퇴기에 실시한다.

해설
칼륨/질소비율을 증대시켜 벼 조직이 튼튼해져 도복 저항성이 강해진다.

26 다음의 벼 해충 중에서 우리나라에서 월동하는 것만을 고른 것은?

㉠ 이화명나방	㉡ 혹명나방
㉢ 멸강나방	㉣ 벼줄기굴파리
㉤ 벼멸구	㉥ 벼애잎굴파리

① ㉠, ㉡, ㉢　② ㉠, ㉣, ㉥
③ ㉡, ㉤, ㉥　④ ㉢, ㉣, ㉤

27 벼에서 바이러스에 의해 발생되는 병해는?

① 오갈병　② 깨씨무늬병
③ 잎집무늬마름병　④ 키다리병

해설
오갈병의 원인은 바이러스로 끝동매미충과 번개매미충에 의해 매개된다.

28 다음 중 종자소독으로 예방이 안 되는 것은?

① 도열병　② 깨씨무늬병
③ 키다리병　④ 검은줄오갈병

해설
종자소독으로 도열병, 키다리병, 깨씨무늬병을 방제할 수 있으나 벼 검은줄오갈병은 애멸구, 벼멸구 등 멸구류에 의해 주로 전염된다.

정답 22 ③ 23 ④ 24 ③ 25 ③ 26 ② 27 ① 28 ④

29 다음 중 논에서 월동한 병원균이 벼 분얼이 왕성한 7월 중순 이후 고온, 다습, 다비조건에서 개체에 발생하는 병해는?

① 깨씨무늬병
② 세균성벼알마름병
③ 잎집무늬마름병
④ 줄무늬잎마름병

30 벼의 수해에 대한 설명 중 옳지 않은 것은?

① 벼는 관수피해에 비하여 침수피해가 더 크다.
② 벼는 흐르는 물보다 정체수에 침관수가 되었을 때 피해가 더 크다.
③ 벼의 청고는 정체탁수에 침관수가 되었을 때 나타나는 피해 증상이다.
④ 벼의 관수저항성은 탄수화물량/호흡량의 크기와 밀접한 관계가 있다.

해설
벼의 수해는 침관수의 기간과 수질, 유속 유무, 수온 등에 따라 피해가 달라지며 피해 정도는 관수 > 침수, 탁수 > 청수, 정체수 > 유수, 고온 > 저온이다.

31 벼의 냉해대책에 대한 설명으로 옳지 않은 것은?

① 냉해 저항성 품종을 선택한다.
② 질소질 비료를 다량 시용하고 인산질 비료를 소량 시용한다.
③ 유수형성기 이후에 갑작스런 냉해에는 심수관개를 한다.
④ 조기재배 및 밀식재배로 등숙한계 출수기까지 출수하게 한다.

해설
질소질 비료의 과용을 피하고 인산과 칼륨을 20~30% 증시한다.

32 장해형 냉해의 전형적인 피해 특징은?

① 불임 발생
② 간장 단축
③ 생육 지연
④ 등숙 지연

해설
장해형 냉해는 생식생장기에 저온, 일조 부족으로 유수의 형성과 생식세포의 감수분열이 저해되어 정상적 생식기관이 형성되지 못하거나 수분, 수정 등에 장해를 일으켜 불임현상을 나타낸다.

33 벼의 이삭 발달에 대한 내용으로 옳지 않은 것은?

① 일반적으로 분얼 증가가 멈출 무렵에 유수가 분화한다.
② 시원세포가 분열하여 포원세포를 만들고 이것이 발달하여 화분모세포가 된다.
③ 이삭의 발달과정에서 생식세포 형성기의 엽령지수는 76 정도이다.
④ 배주 속에서 발달한 배낭모세포는 세포분열을 거쳐 배낭을 형성한다.

해설
③ 이삭의 발달과정에서 생식세포 형성기의 엽령지수는 95 정도이다.

34 벼의 엽이간장에 대한 설명으로 옳지 않은 것은?

① 엽이간장은 지엽의 잎귀와 그 바로 아랫잎 잎귀 사이의 길이를 지칭한다.
② 엽이간장이 0일 때는 감수분열의 시작단계이다.
③ 엽령지수를 더 이상 사용할 수 없을 때 감수분열기를 진단하는데 유용하다.
④ 엽이간장이 +10cm일 때는 감수분열이 끝나는 단계이다.

해설
- 감수분열 시작 : 엽이간장 –10cm
- 감수분열 중기 : 엽이간장 0
- 감수분열 종기 : 엽이간장 +10cm

29 ③ 30 ① 31 ② 32 ① 33 ③ 34 ② 정답

35
주간엽수가 16인 벼 품종에서 이삭의 발달과정과 식물체의 변화에 관한 설명으로 옳지 않은 것은?

① 유수분화기는 출수 30~32일 전이며, 엽령지수는 55 정도이다.
② 지경분화기(1차, 2차)는 출수 26~28일 전이며, 2차 지경분화기의 이삭길이는 0.1cm 정도이다.
③ 영화분화기는 출수 18~24일 전이며, 엽령지수는 87~92 정도이다.
④ 감수분열기는 출수 5~15일 전이며, 이삭의 길이가 5~20cm 정도이다.

해설
① 유수분화기는 출수 30~32일 전이며, 엽령지수는 76~78 정도이다.

36
벼의 영양상태를 진단하는 방법으로 옳지 않은 것은?

① 잎몸의 상태에 의한 진단법
② 초장의 길이에 의한 진단법
③ 잎의 빛깔에 의한 진단법
④ 잎집의 요오드 반응에 의한 진단법

해설
벼의 영양상태 진단법 : 엽령지수, 건물중, 건물중/초장비, 새뿌리의 수와 길이 등

37
벼의 수량구성요소에 영향을 미치는 시기에 대한 설명으로 옳지 않은 것은?

① 이삭수는 분얼기부터 영향을 받으며 출수기 이후 30일까지 크게 영향을 받는다.
② 1이삭의 영화수를 결정하는 분화영화수는 제2차 지경분화기에, 퇴화영화수는 감수분열기를 중심으로 가장 큰 영향을 받는다.
③ 등숙률은 유수분화기부터 영향을 받기 시작하여, 출수 후 35일이 경과하면 거의 영향을 받지 않는다.
④ 현미의 1,000립중이 가장 감소되기 쉬운 시기는 감수분열성기와 등숙성기이다.

38
벼의 수량을 구성하는 4요소 중에서 우리나라 재배벼의 평균적인 성적으로 옳지 않은 것은?

① 포기당 이삭수는 대체로 5~10개이다.
② 1립중을 백미의 천립중으로 표시할 때 17~24g이다.
③ 등숙비율은 대체로 80% 정도이다.
④ 1수영화수는 80~100립이다.

해설
포기당 이삭수는 20포기의 평균이삭수이며, 대체로 15~20개이다.

39
벼 수량의 형성과정에 대한 설명으로 옳지 않은 것은?

① 등숙비율은 감수분열기, 출수기, 등숙성기에 가장 저하되기 쉽다.
② 천립중이 가장 감소되기 쉬운 시기는 감수분열성기와 등숙성기이다.
③ 이삭수는 대부분 모내기 후의 환경에 의해 지배되고 특히 분얼성기에 강한 영향을 받으며 최고분얼기 후에는 거의 영향이 없어진다.
④ 1이삭의 영화수는 제1차 지경분화기에 가장 강하게 영향을 받으며 영화분화기 이후에는 거의 영향을 받지 않는다.

해설
1이삭의 영화수는 유수분화기부터 주로 영향을 받기 시작하고 제2차 지경분화기에 가장 강한 영향을 받으며 영화분화기 이후에는 거의 영향을 받지 않는다.

40
벼 수량의 형성과정에 대한 설명으로 옳지 않은 것은?

① 이삭수는 최고분얼기 후 7~10일이 지나면 거의 영향을 받지 않는다.
② 분화된 영화는 출수 후 5일 이내에 영화수가 결정된다.
③ 등숙비율은 출수 후 35일경이면 거의 결정된다.
④ 입중이 가장 감소되기 쉬운 시기는 감수분열성기와 등숙성기이다.

해설
분화영화수는 수수분화기부터 주로 영향을 받기 시작하고 제2차 지경분화기에 영향을 가장 강하게 받으며 퇴화영화수는 감수분열기를 중심으로 퇴화하기 쉬운 시기이고 출수기로부터 5일경 전 그 결정이 끝난다.

정답 35 ① 36 ② 37 ① 38 ① 39 ④ 40 ②

41 **벼에서 수량구성요소에 대한 설명으로 옳지 않은 것은?**

① 수량에 강한 영향력을 미치는 구성요소의 수위는 이삭수, 1수영화수, 등숙비율, 천립중 순이다.
② 많은 이삭수를 확보하기 위해서는 재식밀도를 높이거나 분얼발생을 조장하는 조치가 필요하다.
③ 등숙비율을 향상시키기 위해서는 안전등숙한계 출수기 이전에 출수하도록 적기에 모내기를 한다.
④ 등숙비율의 연차 변이계수는 이삭수의 연차 변이계수보다 크다.

해설
④ 이삭수의 연차 변이계수는 등숙비율의 연차 변이계수보다 크다. 연차 변이계수는 이삭수 > 1수영화수 > 등숙비율 > 천립중 순이다.

42 **벼의 수확이 적기보다 늦어질 경우 예상되는 쌀의 입질은?**

① 동할미의 발생이 많다.
② 청미의 발생이 많다.
③ 심복백미의 발생이 많다.
④ 앵미의 발생이 많다.

43 **다음 곡물 중에서 단백질의 생물가가 가장 높은 것은?**

① 쌀　② 밀
③ 옥수수　④ 콩

해설
생물가란 동물이 섭취한 영양소 중 동물의 유지와 성장에 사용한 부분의 비율로 쌀 74, 옥수수 60, 밀 54, 콩 49, 땅콩 43 등이다.

44 **저장 중인 쌀의 변화에 대한 설명으로 옳지 않은 것은?**

① 비타민 B_1이 감소한다.
② 유리지방산이 증가한다.
③ 지방산의 산화로 식미가 낮아진다.
④ 환원당이 감소한다.

해설
저장 중 전분이 분해되어 환원당의 함량이 증가한다.

45 **다음 중 벼의 건조와 저장에 대한 설명으로 옳지 않은 것은?**

① 열풍건조 시 적합한 온도는 45℃ 정도이다.
② 저장 시 벼의 적당한 수분함량은 15% 정도이다.
③ 정조저장은 백미저장보다 환원당과 지방산도가 높아진다.
④ 미질을 유지하기 위하여 저장온도는 15℃ 이하, 상대습도는 70% 정도로 한다.

해설
우리나라 벼 저장은 정조저장의 형태로 저장하며 백미보다 환원당과 지방산도가 낮아져 품질저하율이 낮아 저장에 유리하다.

46 **쌀의 수확 후 관리에 대한 내용으로 옳지 않은 것은?**

① 저장기간이 오래될수록 지방산도는 높아지고 α-아밀라아제의 활성으로 환원당의 함량은 감소한다.
② 급속하게 건조할 경우 동할미가 많이 발생하여 품질이 저하된다.
③ 벼의 도정률은 제현율과 현백률에 의해 결정된다.
④ 건조 시 수분은 현미와 왕겨가 붙은 부착점을 통하여 집중적으로 증발된다.

해설
① 저장기간이 오래될수록 비타민 B_1의 감소가 크고 환원당과 유리지방산이 증가한다.

47 **현미 배쪽의 겨층을 완전히 제거하여 현미중량의 95%가 남도록 도정한 것은?**

① 5분도미　② 7분도미
③ 9분도미　④ 10분도미

해설
현미중량의 94~95%가 남도록 도정한 것은 7분도미이다.

41 ④　42 ①　43 ①　44 ④　45 ③　46 ①　47 ②　정답

48 다음 중 벼의 도정률은?

① 50% 내외
② 60% 내외
③ 70% 내외
④ 80% 내외

49 다음 중 쌀의 식미를 좋게 하는 조건에 해당하는 것은?

① 쌀의 건조온도는 50~60℃로 한다.
② 쌀의 수분 함량이 약 15%가 되도록 건조한다.
③ 등숙기에 기온 30℃에서 여물도록 재배시기를 조절한다.
④ 알거름 중심으로 질소시비를 한다.

해설
쌀의 저장조건 : 수분 15% 이하로 건조, 저장고 온도 15℃ 이하의 저온, 상대습도 70%, 산소 5~7%, 이산화탄소 3~5%

50 다음 중 쌀의 천연색소로 이용하는 것은?

① 감마오리자놀
② 페놀산
③ 안토시아닌
④ 피틴산

해설
흑자색미의 안토시아닌 색소는 피부보호 화장품 소재, 식품첨가용 천연색소, 직물염료, 공업용 색소, 혈압강하제 등으로 개발할 수 있다.

51 고품질 쌀의 이화학적 특성으로 옳지 않은 것은?

① 알칼리 붕괴도가 다소 높아야 한다.
② Mg/K비가 높은 편이어야 한다.
③ 호화온도는 중간이거나 다소 낮아야 한다.
④ 단백질 함량이 높아야 한다.

해설
고품질의 쌀은 단백질 함량이 낮아야 밥맛이 좋다.

52 최근에 고품질 쌀로 대표적인 탑라이스에 대한 설명 중 옳지 않은 것은?

① 집단재배 및 생산이력제를 실시한다.
② 쌀의 품질 유지를 위해 저온저장한다.
③ 병해충 방제에 화학농약을 사용하지 않는다.
④ 단백질 함량을 낮게 하여 미질을 향상시킨다.

해설
병해충의 방제를 최소화한다.

53 쌀의 글루텔린에는 필수아미노산인 리신(Lysine)이 백미(수분함량 15.5%) 100g 속에 어느 정도 함유되어 있는가?

① 320mg ② 220mg
③ 120mg ④ 20mg

해설
쌀의 글루텔린에는 필수아미노산인 리신이 백미 100g당 220mg이 함유되어 있으며 밀가루 140mg, 옥수수 110mg보다 높다. 리신은 콜레스테롤 함량을 떨어뜨리는 효과가 있다.

54 벼의 생육과 양분의 이용에 대한 설명으로 옳지 않은 것은?

① 무기성분 중 질소와 인은 생육 초기에, 칼륨은 출수기 이후에 1일당 흡수량이 최대를 보인다.
② 철과 마그네슘은 출수 전 10~20일에, 규소와 망간은 출수 직전에 1일당 흡수량이 최대를 보인다.
③ 벼잎에 축적된 규소는 벼의 수광태세를 좋게 하며 광합성을 촉진하는 효과를 가진다.
④ 망간은 여러 가지 효소작용을 촉진하는 효과를 지니므로 망간이 결핍되면 엽록소 함량과 광합성 능력이 현저하게 감소한다.

해설
인산과 질소는 생육초기에 충분히 흡수시켜 체내에 저장해 놓는 것이 유리하고 칼륨과 규소는 이동성이 낮으므로 각 시기에 필요한 양을 흡수시켜야 한다.

정답 48 ③ 49 ② 50 ③ 51 ④ 52 ③ 53 ② 54 ①

55 현미 저장물질의 축적에 대한 설명으로 옳지 않은 것은?

① 벼는 수정 후 4일째부터 현미의 배유에 저장물질이 축적되기 시작한다.
② 현미로 이전하는 저장물질은 작은 이삭가지의 관다발을 통해 자방의 통도조직으로 들어온다.
③ 배유조직으로 들어온 저장물질은 대부분 수용성 탄수화물이며, 이것이 녹말로 합성되어 축적된다.
④ 쌀 배유의 단백질 함량은 9~12%이며, 쌀 저장 단백질은 호분층의 바깥쪽 세포에 많다.

해설

배유 중 저장 단백질 함량은 6~8%로 배유 세포질 속에 과립상으로 축적된다.

56 불완전미에 대한 설명 중 옳지 않은 것은?

① 기백미는 쌀눈 부위의 양분 축적이 불량할 때 주로 발생한다.
② 동절미는 쌀알이 잘라지고 부서진 것으로 등숙기 저온이나 영양부족 시 주로 발생한다.
③ 복백미는 대립종에서 발생률이 높고, 질소 시비량이 많을 때 주로 발생한다.
④ 동할미는 쌀입자 내부에 균열이 있는 쌀로 부적합한 건조조건에서 주로 발생한다.

해설

동절미는 복절미라고도 하며 쌀알 중앙부가 잘록한 형태의 쌀로 등숙기 저온, 차광, 질소 과다, 인산과 칼륨 결핍, 개화기 토양수분 부족, 영양 불충분 시 많이 발생한다.

57 불완전미에 대한 설명으로 옳지 않은 것은?

① 과피에 엽록소가 남아 있는 것을 청미라고 한다.
② 개화기 토양수분 및 영양부족 등으로 쌀알 중앙부가 잘록하게 죄어진 것을 동할미라고 한다.
③ 곰팡이와 세균이 번식하여 배유 내부까지 착색된 것을 착색미라고 한다.
④ 급격하거나 과도한 건조, 고속탈곡 등으로 잘라지고 부서진 것을 싸라기라고 한다.

해설

동할미 : 생탈곡한 벼를 고온으로 급격히 건조시킬 때 현미에 가로금이 간 것

58 고품질 쌀의 특성으로 옳지 않은 것은?

① 심백미와 유백미의 비율이 낮다.
② 무기질 중에서 Mg/K의 비율이 높다.
③ 단백질 과립의 축적이 많고 아밀로오스 함량이 20% 이상이다.
④ 취반 후 밥이 식을 때 전분의 베타(β)화가 느리다.

해설

단백질 함량이 낮아야 하며 아밀로오스 함량은 17% 이하이다.

59 고품질 쌀의 재배기술에 대한 설명으로 옳지 않은 것은?

① 작기가 빠르면 고온 등숙으로 아밀로오스 함량이 증가하여 미질이 저하되기 쉽다.
② 일반적으로 인과 마그네슘의 시비는 식미를 저하시킨다.
③ 질소시비가 증가되면 쌀알의 투명도가 낮아진다.
④ 칼륨 시비량의 증가는 쌀의 식미를 저하시킨다.

해설

일반적으로 인과 마그네슘의 시비는 식미를 증가시킨다.

60 제시된 기능성 물질 중 벼 종실에 함유된 것만 모두 고른 것은?

ㄱ 이소비텍신(Isovitexin)
ㄴ 가바(GABA)
ㄷ 토코페롤(Tocopherol)
ㄹ 토코트리에놀(Tocotrienol)

① ㄱ, ㄷ　② ㄴ, ㄹ
③ ㄱ, ㄷ, ㄹ　④ ㄱ, ㄴ, ㄷ, ㄹ

해설

ㄱ 이소비텍신(Isovitexin) : 왕겨에 함유된 항산화성분이다.
ㄴ 가바(GABA) : 현미에 함유되어 있는 아미노산의 일종으로 배아를 고온에서 처리하면 많이 생성되는 것으로 알려져 있다.
ㄷ 토코페롤(Tocopherol) : 쌀겨에 함유되어 있는 비타민 E로 항산화물질이다.
ㄹ 토코트리에놀(Tocotrienol) : 벼의 미강에 함유되어 있다.

55 ④　56 ②　57 ②　58 ③　59 ②　60 ④ 정답

61 벼의 재배양식을 비교한 설명으로 옳은 것은?

① 만파만식재배가 조식재배보다 재배일수가 길다.
② 보통기재배가 조식재배보다 재배일수가 길다.
③ 적파만식은 불시출수의 위험이 있고, 만파만식은 수량 저하의 우려가 있다.
④ 조식재배는 조기재배보다 수확기가 빠르다.

해설

① 만파만식재배가 조식재배보다 재배일수가 짧다.
② 보통기재배가 조식재배보다 재배일수가 짧다.
④ 조식재배는 조기재배보다 수확기가 늦다.

62 조식재배에 대한 설명으로 옳지 않은 것은?

① 한랭지에서는 생육 후기 냉해의 위험성을 줄일 수 있다.
② 영양생장량이 많아져 식물체가 과번무되기 쉽다.
③ 생육기간을 늘려서 다수확을 목적으로 하는 재배법이다.
④ 고지에 육묘하므로 영양생장기의 병충해 방제에 유리하다.

해설

조기, 조식재배는 영양생장기간이 길어 병충해가 많아지는 단점이 있다.

63 벼의 재배양식에 대한 설명으로 옳은 것은?

① 조기재배는 다수확을 목적으로 하기 때문에 중·만생종 품종이 적합하다.
② 보통기재배는 안전출수기 내에 이삭이 팰 수 있도록 제때 모내기하는 재배형으로 모내기 적기는 지대와 품종에 따라 다르다.
③ 조식재배는 수확시기를 앞당길 목적으로 하기 때문에 조생종이 적합하다.
④ 만식재배는 파종기의 지연에 따라 늦심기를 하는 것으로 감온성이 큰 품종에 적합하다.

해설

① 다수확을 목적으로 하기 때문에 중·만생종 품종이 적합한 재배형은 조식재배이다.
③ 수확시기를 앞당길 목적으로 하기 때문에 조생종이 적합한 재배형은 조기재배이다.
④ 만식재배는 적기에 파종하여 기른 모를 물부족이나 앞그루의 수확이 늦어져 어쩔 수 없이 늦게 모내기를 하는 재배형이다.

64 이앙재배와 직파재배를 비교 설명한 것으로 옳지 않은 것은?

① 직파재배는 이앙재배에 비하여 잡초방제가 어렵다.
② 직파재배는 이앙재배에 비하여 입모가 불량하고 균일하지 못하다.
③ 직파재배 벼는 뿌리가 토양표층에 많이 분포하고 줄기가 가늘어 쓰러지기 쉽다.
④ 직파재배 벼는 이앙재배 벼에 비하여 간장과 수장은 길며 이삭당 이삭꽃(영화) 수는 많은 편이다.

해설

④ 직파재배 벼는 이앙재배 벼에 비하여 간장과 수장은 짧고 이삭당 이삭꽃(영화) 수는 적은 편이다.

65 벼의 조식재배에 관한 설명으로 옳은 것은?

① 조생종 품종을 조기에 이식하여 조기 수확을 목적으로 하는 재배방식이다.
② 한랭지에서 만생종 품종을 조기에 이식하여 수량을 높일 목적으로 하는 재배방식이다.
③ 조식재배는 저온기에 영양생장기가 경과하므로 분얼수 확보에 불리한 면이 있다.
④ 조식재배는 생육기간이 짧아지므로 보통재배보다 시비량을 20~30% 줄인다.

해설

① 조식재배는 영양생장기간을 연장시키고 출수는 다소 빨라지나 조기수확이 목적이 아닌 다수확을 목적으로 하는 재배방법이다.
③ 조식재배는 저온기에 영양생장기의 연장으로 단위면적당 이삭수 확보에 유리하다.
④ 생육기간이 길어 보통재배보다 시비량을 20~30% 증시해야 한다.

정답 61 ③ 62 ④ 63 ② 64 ④ 65 ②

66 **벼의 직파재배에 관한 설명으로 옳지 않은 것은?**

① 건답직파의 경우 복토를 하므로 뜸모가 없고 도복 발생이 감소한다.
② 담수직파의 경우 비가 올 때에는 파종이 어렵고 발아도 불량하다.
③ 건답직파의 경우 써레질을 하지 않아 소요되는 용수량이 많다.
④ 담수직파의 경우 소규모는 손으로 파종할 수 있고, 대규모는 항공 파종이 가능하다.

해설
담수직파는 비가 올 때에도 파종이 가능하며 배수에 신경을 쓸 필요도 없고 건답직파보다 잡초 발생이 적다.

67 **품종조건이 동일할 때 도복의 위험성이 가장 큰 벼의 재배양식은?**

① 기계이앙재배
② 담수직파재배
③ 건답직파재배
④ 손이앙재배

66 ② 67 ② 정답

밭작물

제1장 맥 류

1 보 리

(1) 기원과 전파

① 명 칭

학 명	영 명	한 명
• 6조종(여섯줄보리) : *Hordeum vulgare* L. • 2조종(두줄보리) : *Hordeum distichum* L.	Barley	대맥(大麥)

② 기 원

㉠ 식물학적 기원

- 보리의 식물학적, 지리적 기원은 여러 견해가 대립하고 있으나 6조종과 2조종이 별개의 야생원종으로부터 발생하였다는 이원발생설이 가장 유력하다.
- 맥류나 그 외 화곡류는 야생종에서 재배종으로 진화하는 가장 기본과정을 소수의 자연탈락성이 비탈락성으로 변하는 것으로 보고 있다.
- 6조종의 야생원종 : *Hordeum agriocrithon* E. Aberg
- 2조종의 야생원종 : *Hordeum spontaneum* C. Koch

㉡ 지리적 기원

- 6조야생원종 : 티베트 타오푸, 라사 등을 중심으로 동부아시아 양쯔강 유역
- 2조야생원종 : 서부아시아 온대지역으로 홍해부터 코카서스와 카스피해에 이르는 지역

필 / 수 / 확 / 인 / 문 / 제

작물명과 학명이 잘못 짝지어진 것은?

① 2조종보리 : *Hordeum vulgare* L.
② 귀리 : *Avena sativa* L.
③ 수수 : *Sorghum bicolor* L. Moench
④ 땅콩 : *Arachis hypogaea* L.

답 ①

안심Touch

필 / 수 / 확 / 인 / 문 / 제

껍질보리와 쌀보리에 대한 설명으로 옳은 것은?

① 껍질보리의 재배가능지역의 위도가 쌀보리보다 낮다.
② 껍질보리의 종실에는 종피가 있으나 쌀보리는 없다.
③ 껍질보리 쌀의 단백질 함량이 쌀보리 쌀보다 훨씬 높다.
④ 껍질보리가 쌀보리보다 1L 중의 무게가 가볍다.

답 ④

전 세계적으로 보리 주산지에 대한 설명으로 옳지 않은 것은?

① 생산량은 북아메리카 > 아시아 > 유럽의 순서이다.
② 30~60°N, 30~40°S의 지역이다.
③ 연평균기온은 5~20℃이다.
④ 연평균강수량은 1,000mm 이하이다.

답 ①

㉢ 전 파

- 후기 구석기시대인 18,000~17,000년 전 이집트 아스완 부근 와디쿠반야에서 재배된 것이 증명되어 인류 최초 재배 곡류의 하나로 추정되며, 동양에서는 기원전 2,700년경 중국 신농시대에 보리가 오곡에 포함되어 있었다.
- 우리나라는 보리가 중국에서 전파된 것으로 보고 있으며, 삼국시대부터 보리는 5곡의 하나였다.

㉣ 보리의 구분

- 여무는 줄 수에 따른 분류 : 6조종, 2조종
- 껍질의 씨알 분리에 따른 분류 : 겉보리(껍질보리), 쌀보리
- 아밀로오스(Amylose)와 아밀로펙틴(Amylopectin)의 구성 비율에 따른 분류 : 메보리(아밀로오스 23~28%), 찰보리(아밀로오스 2~7%)

(2) 생산과 이용

① 세계의 분포 및 생산

㉠ 보리는 밀, 벼, 옥수수 다음으로 많이 재배되는 세계4대 작물로 온대와 아열대에서 재배되고 있다.

㉡ 비교적 서늘하고 건조한 기상에 적응하는 작물로 세계적 주산지는 30~60°N와 30~40°S의 지역으로 연평균기온 5~20℃, 연평균강우량 1,000mm 이하의 지대에서 생산된다.

㉢ 생산량은 러시아, 독일, 프랑스, 캐나다, 스페인, 터키, 오스트레일리아, 영국 등이 많다. 주요 수출국은 프랑스, 캐나다, 호주, 독일, 영국, 미국 등이며, 주요 수입국은 사우디아라비아, 중국, 일본, 벨기에, 네덜란드 등이다.

② 우리나라의 분포 및 생산

㉠ 분 포

- 가을보리
  - 겉보리
    - ⓐ 자방벽에서 분비되는 점액물질로 인해 성숙 후에도 껍질이 종실에 밀착되어 분리되지 않는다.
    - ⓑ 쌀보리보다 추위에 강해 재배북한계선이 1월 평균기온 -9℃선 정도로 높은 산간지대를 제외한 남한 전역에서 재배된다.
    - ⓒ 경남, 경북, 전북에서 많이 재배된다.

- 쌀보리
  - ⓐ 겉보리와 같은 점액물질이 없어 껍질과 종실이 붙지 않는다.
  - ⓑ 재배북한계선이 1월의 평균기온은 -5℃ 정도로 충남, 경북, 중부, 이북에서는 거의 재배되지 못한다.
  - ⓒ 전남, 전북이 90%를 재배하고 있다.

• 맥주보리
- 재배북한계선은 1월 평균기온이 -3℃이다.
- 등숙기에는 기온변화가 적은 지대가 알맞다.
- 추위에 약해 따뜻한 지역에서 재배해야 수량이 많고 단백질 함량이 낮으며, 수확기가 빨라 수확 전 장마를 거치지 않는다.
- 전남, 경남, 제주의 남부지방에서 대부분 재배된다.

㉡ 생 산

• 주산지는 전남, 경남, 경북, 전북, 충남이며 전남은 쌀보리 전국 생산량 중 65%를, 겉보리는 경북이 48%를 생산한다.

• 우리나라 이모작답은 논 전체의 38%에 불과하며, 2모작이 가능한 충청 이남지역에서는 2모작을 더 늘릴 수 있어 보리의 답리작 강화로 재배면적을 늘릴 수 있지만 밭에서의 재배면적 증가 가능성은 적은 편이다.

㉢ 재배적 이점

• 보리는 일부 산간지대를 제외하고 전국에서 재배가 가능하며, 동작물로 여러 종류의 하작물과 결합하여 1년에 2모작이 가능하다.

• 동작물 중 수량과 품질면에서 주식량으로 가장 적당하며, 대량 생산되어도 안전하게 소비될 수 있다.

• 맥류 중 수확기가 가장 빨라 밭에서 두과 등과 2모작 또는 논에서 답리작으로 유리하다.

• 재배가 극히 용이해 내도복성품종의 경우 기계화재배가 용이해 생산비를 많이 절감할 수 있다.

• 용도가 다양하고 쌀과 혼식으로 성인병이나 각기병을 예방할 수 있고 장 기능을 원활하게 할 수 있는 건강식품이다.

③ 이 용

㉠ 성 분

• 보리는 풍부한 탄수화물을 함유하고 있으며, 또한 단백질, 지질, 비타민 등 다양한 영양성분을 고르게 함유하고 있어 식용, 사료용, 양조용 등 여러 용도로 다양하게 이용된다.

• 당질, 주로 전분이 주성분으로 약 86%이며, 단백질 약 11%, 지방 약 2%, 베타글루칸(β-Glucan) 약 5%, 수분 약 14%이며, 비타민 A는 없고 비타민 B가 풍부하다.

보리에 대한 설명으로 옳지 않은 것은?

① 사료용, 주정용으로 활용할 수 있다.
② 내도복성 품종은 기계화재배에 용이하다.
③ 맥류 중 수확기가 가장 늦어서 논에서의 답리작에는 불리하다.
④ 일부 산간지대를 제외하면 거의 전국에서 재배가 가능하다.

답 ③

답리작으로 보리가 밀보다 많이 재배되는 이유로 옳은 것은?

① 보리가 밀보다 생육기간이 짧기 때문이다.
② 보리가 밀보다 용도가 다양하기 때문이다.
③ 보리가 밀보다 산성토양에 강하기 때문이다.
④ 보리가 밀보다 추위에 강하기 때문이다.

답 ①

- 보리의 비타민 B군 : 티아민(Thiamin, B_1) 피리독신(Pyridoxine, PN, B_6), 리보플라빈(Riboflavin B_2), 판토텐산(Pantothennic Acid)의 함량이 높다.
- 보리의 회분 함량은 2.0~3.0%으로 주로 P, K, Ca가 대부분이다.
- 단백질 함량 : 겉보리쌀 10%, 쌀보리쌀 10.6%
- 가공한 압맥(눌린보리쌀)은 당질의 함량은 높아지나 지질, 섬유질, 회분, 무기질, 비타민류의 함량은 낮아진다.
- 사료로 이용되는 보릿겨 성분은 가용무질소물이 44.5%로 주성분이고, 조섬유는 23.6%이며 단백질과 지방은 적다.

㉡ 용 도

- 구미에서는 대부분 사료용으로 이용하며, 일부 양조용으로 쓰인다. 한국, 중국, 일본, 인도 등 동양에서는 일부는 식량으로 이용하고 일부는 사료용으로 이용한다.
- 보리밥은 쌀밥과 비교하면 맛과 소화율이 다소 떨어진다.
- 보리의 종실은 된장, 고추장, 소주 등의 양조용과 감주, 보리차 등에 쓰인다.
- 보릿가루는 밀가루에 혼합하여 국수, 과자, 빵 등에 이용되기도 한다.
- 맥주보리는 맥아(麥芽, 엿기름, Malt)를 만들어 맥주의 원료로 이용된다.
- 풋베기 보리와 보릿겨는 사료용으로 이용된다.
- 보릿짚은 가공용, 제지원료, 연료, 퇴비 등에 이용된다.
- 우리나라에서는 소주재료를 위한 전분원료와 식용 및 가공용으로 정맥, 맥아, 국수원료용, 복합분제조용 등으로 이용된다.

(3) 형 태

① 뿌리, 잎, 줄기

㉠ 뿌 리

- 발생 시기와 부위에 따라 2종류로 나누며 종자의 발아 때 발생하는 종자근과 줄기 마디의 첫 번째 마디 이상에서 발생하는 관근이 있다.
- 종자근(種子根, 씨뿌리, Seminal Root, Radicle)
  - 배의 근초 속의 뿌리분화원기로부터 발생하며, 5개 정도이다. 이 종자근에서 측근이 발생하여 식물체를 지지해 준다.
  - 유식물 시기에 양분과 수분을 흡수하고 가을에 발달하여 봄까지 활동하며, 등숙기까지 활력을 유지한다.

- 관근(冠根, Crown Root, Coronal Root)
  - 초엽과 1엽 사이 줄기에 여러 개의 마디와 마디 사이로 이루어진 관부가 형성되고 여기에서 부정근이 발생하여 종자근보다 굵고 길게 발달하여 관근계를 형성한다.
  - 관근은 1절 이상의 각 절에서 나오는 부정근으로 뿌리의 주체이며, 섬유근으로서 근군을 형성한다.
  - 관근은 종자근보다 굵고 길게 발달해 근계를 형성하며, 하위절부터 상위절로 순차적으로 일정한 주기를 가지고 발근한다.
- 중배축[中胚軸, Mesocotyl, 중경(中莖)]
  - 종자를 2cm 이상 깊게 파종하면 배축부 상부에 있는 2마디 또는 3마디 사이가 신장하여 종자와 관부 사이에 중배축(中胚軸, Mesocotyl)이 발생하며, 중배축이 발생하면 발아가 늦어져 분얼이 적어지나 한해 및 도복 저항성은 커진다.
  - 6조종보다 2조종이, 내한성이 약한 품종일수록, 토양수분이 많거나 그늘질 때 같은 깊이로 파종해도 관부가 옅고 중경이 길어진다.

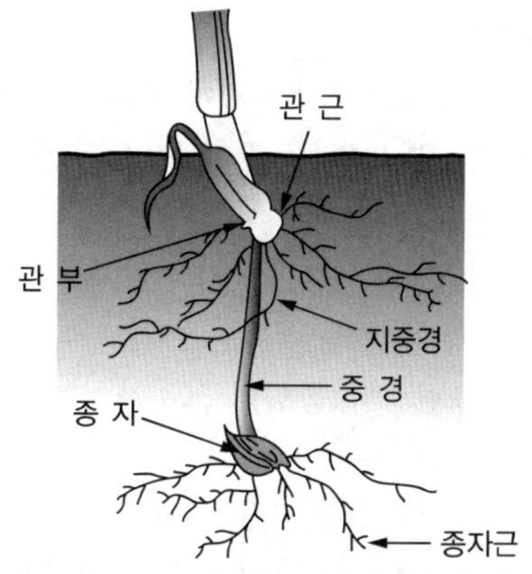

[보리 지중경과 뿌리]

㉡ 잎

- 엽초, 엽신, 엽이, 엽설로 구성된다.
- 줄기당 잎의 수는 5~10매 정도이다.
- 초엽(鞘葉, Coleoptile)
  - 종자가 발아할 때 맨 처음 땅 위에 나타나는 뾰족한 원추형의 잎이다.
  - 엽록소가 없고 백색이며, 토양을 뚫고 나오는 힘이 강해 그 속에 정상엽을 싸고 지상으로 나오게 하는 역할을 한다.
- 본엽(本葉, Normal Leaf, Foliage Leaf) : 초엽 다음부터 줄기 마디에서 줄기 양쪽으로 교대로 발생한다.

맥류의 중경 발생에 대한 설명으로 옳지 않은 것은?

① 종자를 깊게 파종할 때 발생한다.
② 토양수분이 많을수록 길어진다.
③ 추위에 약한 품종일수록 길어진다.
④ 2조종보다 6조종이 대체로 길게 발생한다.

답 ④

- 지엽(止葉, Flag Leaf, Boot Leaf, Terminal Leaf)
  - 보리줄기 맨 위에서 마지막으로 나오는 잎이며, 다른 잎에 비해 작고 6조종보다 2조종의 폭이 좁다.
  - 이삭 바로 아래 있는 잎으로 유수를 보호하고 성숙을 돕는다.

㉢ 줄 기

- 줄기는 주간에 12~18개의 마디(節)와 마디 사이(節間)로 되어 있고 속은 비어 있다.
- 간장은 보통 60~90cm이며, 밀과 비교하여 줄기조직이 얇고 빳빳함이 적어 쓰러지기 쉽다.
- 지상부 줄기 마디의 수는 4~6개 정도로 신장절을 이루며 보리의 키를 결정한다.
- 신장질 아래 마디들은 절간신장을 하지 않고 지하에 서로 붙은 상태에서 몰려 있으며, 이 마디에서 분얼이 발생하므로 분얼절이라 한다.

② 이삭과 종실

㉠ 이 삭

- 6조종
  - 이삭이 짧으며 낟알이 촘촘히 붙어 있고 통통하다.
  - 각 마디 3개의 작은 이삭이 모두 종실을 맺을 수 있는 능력이 있다.
- 2조종
  - 각 3개의 이삭 중 바깥쪽 2개는 퇴화하고 중앙 한 개의 영화만 종실을 맺는다.
  - 6조종보다 종실의 크기가 상대적으로 크고 고르다.

㉡ 꽃

- 외영(外穎, 바깥껍질, Glume, Lemma)과 내영(內穎, 안껍질, Palea) 안에 1개의 암술과 3개의 수술, 1쌍의 인피(鱗被, 비늘껍질, Lodicule)가 있다.
- 인피는 껍질을 벌려 개화시키는 역할을 한다.

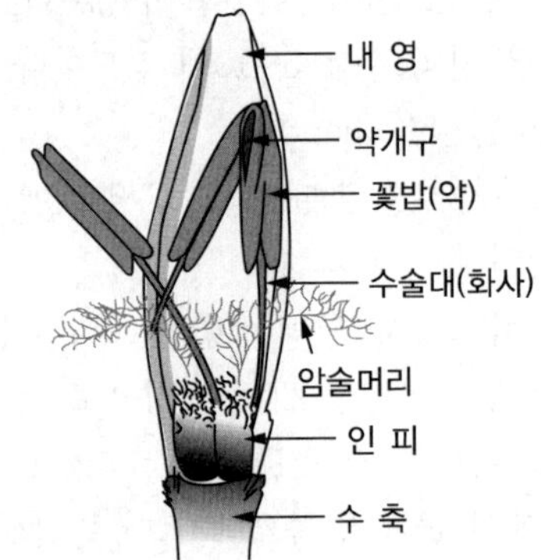

[보리의 꽃 구조]

- 까 락
  - 외영 끝에 까락이 있는 것과 없는 것이 있고 까락의 길이도 품종에 따라 다양하다.
  - 보통 가늘고 긴 모양과 길고 뭉툭한 것, 굵고 뭉툭하게 세 갈래로 갈라진 것도 있다.
  - 보리와 밀의 까락은 벼와 달리 굵고 크다.
  - 엽록소가 많아 광합성 작용을 한다.

③ 종 자

- 맥류의 종자는 식물학상 과실에 해당하고 영과(穎果, Caryopsis)를 형성하며, 바깥쪽부터 외영과 내영에 싸여 있다.
- 겉보리는 성숙해도 낟알이 껍질과 분리가 되지 않고 쌀보리는 잘 분리된다.
- 보리 종실의 등 쪽 아래 부분에 배가 있고 배 쪽에는 밑에서 위로 길게 골이 있는데, 이를 종구(縱溝, Groove)라 하며 보리쌀의 검은 부분이 된다.
- 호분층은 3층의 두꺼운 호분세포조직으로 되어 있으며, 그 안에 배유 전분조직이 있다.
- 맥류의 종자는 배, 배유, 껍질 세부분으로 구별되며, 배유에는 양분이 저장되어 있는데 가장 많은 양분은 전분이다.

[맥류의 종류별 종자 크기와 비중]

종 류 / 구 분	겉보리	쌀보리	밀	호 밀	귀 리
천립중(g)	28~45	22~40	30~45	30 정도	30 정도
1L중(g/L)	600~700	750~800	700~760	710~750	450~500
비 중	1.15 정도	1.2~1.3	1.25~1.32	1.25~1.3	1.05 정도

(4) 생육특성

① 발 아

㉠ 발아조건과 양상

- 후숙이 완료된 맥류의 발아 3요소는 수분, 온도, 산소이다.
- 온 도
  - 최저온도 0~2℃, 최적온도 24~26℃, 최고온도 38~40℃이며, 발아적온보다 낮은 온도에서의 파종은 발아 소요일수가 증가한다.
  - 표준발아시험은 최적온도 20℃에서 4일째의 발아세를 조사하고 7일째의 발아율을 조사한다.

필 / 수 / 확 / 인 / 문 / 제

맥류의 종자 휴면과 발아에 대한 설명으로 옳지 않은 것은?

① 맥류 종자의 휴면은 건조 종자와 흡수 종자에 관계없이 저온에서 일찍 끝난다.
② 겉보리 종자는 발아에 적합한 조건하에서 종자근이 유아보다 먼저 출현한다.
③ 밀과 호밀 종자는 유근과 유아가 모두 배단에서 나온다.
④ 겉보리 종자의 유근은 배단에서 나오고 유아는 배의 반대단에서 나온다.

답 ①

맥류의 발아 시 유근과 유아가 모두 배단에서 나오는 양상을 보이는 것은?

① 껍질보리, 밀
② 밀, 호밀
③ 호밀, 귀리
④ 귀리, 껍질보리

답 ②

- 수분 : 맥류는 종자 무게의 40~50%의 수분을 흡수해야 발아한다.
- 산소 : 산소요구도가 비교적 크고 산소부족에 견디는 힘이 약해 토양 용수량의 60%의 수분을 함유할 때 발아가 양호하며, 과습하면 산소의 부족으로 건조하면 수분 부족으로 발아장애가 발생한다.

• 발아양상
  - 일반적으로 종근이 먼저 나온 후 싹이 나온다.
  - 겉보리, 귀리 : 초엽이 과피 밑으로 신장하여 겉껍질 끝부분에서 밖으로 자라나와 뿌리와 싹이 종자 양쪽으로 나온다.
  - 쌀보리, 밀, 호밀 : 배에서 직접 껍질을 뚫고 싹과 뿌리가 나온다.

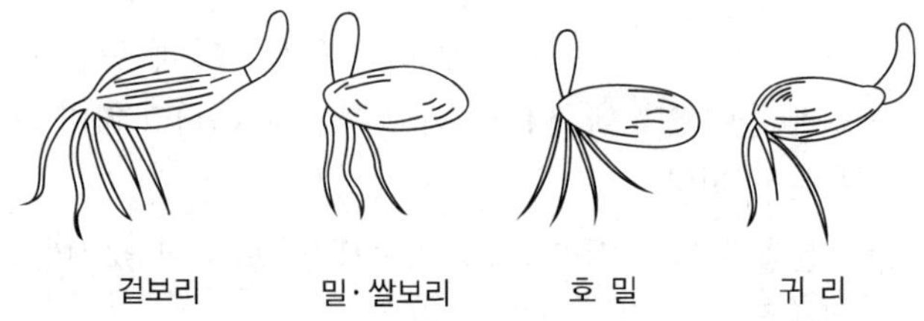

[맥류의 발아양상]

㉡ 종자의 휴면

• 휴 면
  - 충분히 성숙하고 활력을 가진 종자가 발아에 필요한 조건을 주어도 발아하지 않는 상태를 휴면이라 한다.
  - 원인 : 종자 중 저장물질이나 효소가 생리적으로 미숙한 상태이거나 발아억제물질의 존재로 발아하지 못한다.
  - 휴면기간 : 맥류의 경우 휴면기간이 거의 없는 것부터 60~90일에 이르는 것도 있으며, 조숙종일수록 휴면의 정도가 강하다. 우리나라에서 재배되고 있는 보리 품종은 수확 후 60~90일이 경과하면 대부분 휴면이 끝난다.

• 휴면타파
  - 건조 종자는 높은 온도에, 흡수 종자는 낮은 온도에 보관하면 휴면기간이 짧아진다.
  - 맥류 종자는 과산화수소(H_2O_2) 1%액에 종자를 24시간 침지 후 수세한 다음 낮은 온도 8~12℃에서 싹을 틔우거나 36%의 고압 산소처리로 휴면을 타파할 수 있으나 산소 농도가 이보다 높게 되면 종자를 죽게 한다.
  - 2~7℃의 저온이 휴면타파에 효과적이다.

- 휴면의 정도를 감소시키는 전처리 방법으로는 고온건조(38~40℃, 10일) 또는 저온처리(5℃, 습한조건에서 5~7일) 등이 있다.

㉢ 수발아

- 의 의
  - 휴면기간이 짧은 품종은 성숙기에 비가 자주오고 낮은 온도의 날씨가 계속되면 포장에서 서 있는 상태로 휴면이 끝나 발아하게 되는데, 이런 현상을 수발아라 한다.
  - 휴면성이 짧은 품종, 백립종, 초자질립, 만숙종, 이삭에 털이 많은 품종이 수발아 위험이 크다.
  - 수확이 늦게 되면 수발아 위험이 커지고 이삭에 털이 많은 품종은 빗물이 더디게 빠져 수발아가 조장된다.
  - 수발아는 맥류의 품질과 수량은 크게 떨어뜨린다.
- 수발아 방지
  - 수발아성이 낮고 조숙인 품종을 재배하는 것이 가장 효과적이다.
  - 수발아 응급대책으로 출수 후 20일경 0.5~1.0%의 MH(Maleic Hydrazide)를 10a당 90L 정도 살포하면 수발아 억제효과가 있다.

② **영양생장**

㉠ 월동 전 영양생장기

- 아생기
  - 발아 후 원줄기의 본엽이 1.5~2매 정도 될 때까지를 아생기라 한다.
  - 배유의 양분으로 자라며, 주간의 엽수만 증가하고 분얼은 발생하지 않는다.
- 이유기
  - 아생기 말기로 배유의 양분이 떨어지고 어린싹이 스스로 광합성을 하여 양분 공급과 뿌리에서 흡수되는 양분에 주로 의존하는 전환기이다.
  - 주간의 엽수가 2~2.5매이다.
  - 배유 전분의 83~85% 정도가 소실되며, 발아 후 3주일에 해당된다.
  - 배유 양분에 대한 의존을 완전히 벗어나 뿌리에서 흡수되는 양분에만 의존하는 완전 독립영양시기는 주간 본엽이 3.5~4.0매인 시기부터이다.

보리의 분얼에 대한 설명으로 옳지 않은 것은?

① 보리의 초기 생육은 분얼의 증가와 잎의 전개 및 신장에 의해 나타난다.
② 주간의 잎 또는 분얼은 규칙적으로 일정한 주기로 나타난다.
③ 어느 분얼간이든 동신엽이 출현한 이후에 나타난 엽수는 같다.
④ 분얼간들의 총엽수와 이삭이 나오는 시기는 큰 차이를 보인다.

답 ④

- 유묘기
  - 이유기 후 주간 엽수가 4매인 시기까지이다.
  - 월동할 수 있는 내한성을 갖추는 시기로 안전한 월동을 위해서는 이 시기를 월동 전에 거쳐야 한다.
  - 이 시기 말기에 분얼이 시작되고 주간에 어린이삭의 시원체가 분화하기 시작한다.
  - 평균기온이 0℃ 이하로 내려가면 생육이 정지하고 월동상태로 들어간다.

㉡ 월동 후 영양생장기

- 월동 후 생육재생기
  - 추파 보리가 월동 후 평균기온이 0℃ 이상으로 올라가게 되면 생장을 다시 시작하여 초장과 분얼이 증대된다.
  - 새로운 뿌리가 발생하고 새 잎이 1cm 이상 자란 생태에서 일평균기온이 0℃ 이상인 날이 5~7일 지속될 때 생육재생기로 판단한다.
- 분얼기
  - 주간엽이 4~8매인 시기이다.
  - 분얼전기 : 본엽이 3~6매인 시기로 1차 분얼이 발생하고 분얼수의 증가 경향이 완만하다.
  - 분얼최성기 : 본엽이 3~6매일 때 1차 분얼이 주로 발생하며, 본엽이 7~8매인 시기에 1차 및 2차 분얼이 함께 발생한다. 분얼수가 급격히 증가해 분얼이 가장 왕성한 시기이다.
  - 유효분얼기 : 분얼 후 이삭이 달리는 분얼의 전·중기로 최고분얼기 전반까지 발생한 분얼 일부가 출수하여 이삭이 맺히는 유효분얼이 된다.
  - 유효분얼종지기 : 유효분얼이 끝나는 시기
  - 무효분얼기 : 분얼 후 이삭이 맺히지 못하고 시들어 말라버리는 시기이다.
  - 최고분얼기 : 4월 상순경 분얼 수가 가장 많을 때로 분얼 말기의 분얼수가 최고로 되는 시기이다.
  - 유효경비율 : 분얼 총수에 대한 유효분얼수의 비율로 대체로 30~70%이다.

ⓒ 분얼의 발달과 재배환경

- 파종 깊이와 분얼
  - 파종 깊이가 깊거나 복토가 두껍게 되면 지하절간 신장으로 주중경이 형성되고, 분얼 발생 마디의 깊이는 크게 변하지 않으나 저위분얼 발생이 억제되어 분얼수가 감소되고 생육이 현저히 둔화된다.
  - 종자를 깊게 파종하여 분얼이 억제되는 것은 맥주보리, 쌀보리가 밀보다 크다.
  - 월동 전후 한발해와 월동 중 동해 피해를 고려하여 파종 깊이를 2.5~3cm 정도로 하는 것이 가장 유리하다.
- 분얼과 재배환경
  - 분얼은 품종 간 현격한 차이도 있으나 재배환경에 의해서도 영향을 크게 받는다.
  - 일반적으로 추파성인 만생종은 분얼수가 많고, 춘파성인 조생종은 분얼수가 적다.
  - 일찍 파종하거나 소식(疎植, Sparse Planting, Thin Planting, Wide Planting)하고 비옥한 곳의 재배는 분얼이 많다.
  - 어느 정도 저온은 저위절 분얼발생을 촉진한다.

③ 생식생장

㉠ 유수분화기

- 원줄기 엽수가 5~6매일 때 어린이삭은 0.7mm 정도까지 자라고 작은 이삭이 분화되기 시작하며, 영양생장에서 생식생장으로 전환된다.
- 출수 35~30일 전 원줄기의 엽수가 7~8매일 때 작은 이삭이 분화되어 그 수가 결정되고 어린이삭의 길이는 1.0~1.7mm가 된다.
- 각각 작은 이삭 기부에 가까운 부분에서 외영, 내영, 수술, 암술의 시원체가 차례로 분화되고 어린이삭은 2.0mm까지 자라게 되는데, 이때가 유수형성기간 중 영화분화가 시작되는 시기이다.
- 출수 전 30~25일경은 영화분화 후기에 해당하는 시기로 호영, 외영, 망의 생장이 현저하고 암술, 수술이 발달하여 작은 이삭당 영화수가 결정되며, 어린이삭의 길이가 2.5~5mm 정도로 증가한다. 이때에도 분얼은 출현하나 이삭 발생을 못하는 무효분얼이 대부분이다.

맥류의 포장에서 출수에 대한 설명으로 옳지 않은 것은?

① 추파성은 영양생장을 지속시키는 성질로서 추파성이 큰 품종은 포장에서 출수가 늦다.
② 추파형 호밀을 봄에 파종하여 유식물체 시기에 단일처리를 하면 춘화가 되어 정상적으로 출수한다.
③ 맥류는 장일식물로서 추파성이 소거되기 이전에도 장일에 의하여 출수가 촉진된다.
④ 맥류의 추파성 소거에는 저온이 유효하지만 추파성이 소거된 이후에는 고온에 의하여 출수가 촉진된다.

답 ③

맥류에 대한 설명으로 옳지 않은 것은?

① 밀의 개화온도는 20℃ 내외가 최적이며 70~80% 습도일 때 주로 개화한다.
② 출수 후 밀이 보리에 비해 개화와 수정이 빨리 이루어진다.
③ 우리나라에서는 수발아 억제방법으로 조숙품종을 재배하는 방법이 있다.
④ 맥주보리는 단백질 함량과 지방 함량이 낮은 것이 좋다.

답 ②

㉡ 신장기
- 유수형성기부터 출수기까지의 시기이다.
- 어린이삭이 형성된 후 기온이 올라가면서 마디 사이가 급격히 신장한다.

㉢ 수잉기
- 출수 전 이삭이 커져 지엽 속에 이삭이 배어 있는 것을 외부에서도 완전히 식별되는 후반기를 말한다.
- 맥류는 출수 전 2주일경 이삭과 영화가 커지고 생식세포가 형성되며, 출수 전 7~10일경은 감수분열로 암수 생식세포가 완성된다.

㉣ 출수기
- 이삭이 지엽 밖으로 나오는 시기로 남부지방은 4월 중·하순, 중부지방은 5월 상순이다.
- 보리는 출수하면서 개화하나 밀은 출수 3~6일 후 개화가 시작된다.
- 맥류의 출수는 숙기의 빠름과 늦음을 나타내는 특성으로 생태적, 재배적으로 매우 중요한 특성이다.
- 일반적으로 출수가 빠를수록 작부체계상 유리하며, 강우에 의한 도복, 수발아의 피해를 덜 받는다.
- 맥류의 출수에는 파성과 일장 및 온도 등의 영향을 크게 받는다.
- 추파형 품종은 생육 초기 저온·단일조건이 추파성을 제거하는데 가장 효과적이고 추파성이 사라지면 고온·장일조건이 출수를 촉진시킨다.
- 추파성이 낮고 춘파성이 높을수록 출수가 빨라지는 경향이 있다.

㉤ 개화기
- 개 화
  - 개화는 영화의 껍질이 열리고 수술의 화사가 자라 약이 껍질 밖으로 나오는 현상이다.
  - 보리, 밀, 호밀의 개화는 중앙부분에서 시작하여 아래에서부터 위로 이른다. 보리는 이삭 중앙부보다 약간 위쪽 부위에서 개화가 시작되어 아래로 진행되며, 밀은 작은 이삭 안에서는 맨 아래 영화부터 차례로 개화해 올라간다.
  - 일반적으로 보리는 출수와 동시에 개화, 수분되나 이삭이 지엽에 싸여 있는 채 개화하지 않고 수분이 이루어지는 폐화수정(閉花受精, Cleistogamous Fertilization)도 많다.
  - 개화의 최저온도는 10~13℃, 최적온도 18~21℃, 최고온도 31~32℃이다.

- 습도 : 70~80%일 때 개화가 많이 이루어지나 비가 올 때도 개화가 이루어진다.
- 보리는 대부분 아침부터 개화가 시작되어 오전 중 끝나며, 한 꽃의 개화시간은 8~30분 소요된다. 한 이삭의 평균 개화일수는 4~5일이다.
- 개화순서는 주간, 오래된 분얼순서이다.

• 수 정

- 개화되고 수분이 이루어지면서 5~24시간 안에 수정이 이루어지고 1~3일 후면 수정이 완료된다.
- 보리는 이삭이 아직 지엽의 엽초에 싸여 있을 때 개화하거나 개화 없이 폐화수정하는 경우도 있어 이삭이 지엽 위로 완전히 출현 후 개화하는 밀보다 자연교잡률이 낮다.
- 자연교잡률 : 보리 0.15% 이하, 밀 0.3~0.5%, 귀리 0.05~1.4%이다.

ⓗ 등숙기

• 수정 후 종실이 완전히 성숙하기까지의 과정을 등숙기라고 하며, 일반적으로 유숙기 → 황숙기 → 완숙기 → 고숙기로 구분한다.
• 보리의 등숙일수는 빠른 것이 30~35일, 늦은 것은 35~40일로 다른 맥류에 비해 빠른 편이다.
• 등숙기간은 기온과 토양수분에 따라 변동한다.
• 온도 : 최적온도는 25℃ 정도이고 온도가 20℃인 경우 등숙기간은 길어지나 천립중은 증가하고, 30℃의 경우는 등숙기간은 짧아지지만 천립중은 감소한다.
• 유숙기 : 종실의 배는 거의 완성되나 배유의 양분을 배로 흡수하기 위한 흡수층이 아직 완성되지 않았다.
• 황숙기 : 흡수층이 완성되는 수정 후 25~28일경으로 종실의 배가 완성되고 발아력을 갖는 시기로 종자용 종실의 수확이 가능한 시기이다.
• 완숙기 : 종실을 수확하는 적기이다.
• 고숙기 : 완숙기를 지나 이삭이 고스러지고 종실이 검게 변하는 시기로 품질이 급격히 나빠진다.

④ 파성(播性)

㉠ 파성의 특성

• 맥류 출수와 관련이 있는 성질로는 파성, 일장반응, 협의의 조만성, 내한성 등이 있다.

맥류의 파성에 관한 설명으로 옳지 않은 것은?

① 보리 품종 중 올보리가 오월보리보다 추파성이 높다.
② 추파성이 높을수록 추파성 소거에 필요한 월동기간이 길다.
③ 추파성이 낮고 춘파성이 높을수록 출수가 빨라지는 경향이 있다.
④ 추파성 품종을 적기보다 빨리 파종하면 출수기는 빨라지고 출수일수는 단축된다.

답 ④

필 / 수 / 확 / 인 / 문 / 제

맥류의 출수와 관련이 있는 성질에 대한 설명으로 옳지 않은 것은?

① 추파성은 맥류의 생식생장을 빠르게 진행시킴으로써 내동성을 증가시킨다.
② 완전히 춘화된 식물은 고온 · 장일에 의해 출수가 빨라진다.
③ 추파성이 완전히 소거된 다음, 고온에 의해 출수가 촉진되는 성질을 감온성이라고 한다.
④ 출수를 가장 빠르게 하는 환경을 부여했을 때, 이삭이 분화될 때까지 분화되는 주간의 엽수를 최소엽수라고 한다.

답 ①

맥류의 추파성에 대한 설명으로 옳은 것은?

① 추파성 정도가 높은 품종이 내동성도 강한 경향이 있다.
② 추파성이 높고 춘파성이 낮을수록 출수가 빨라진다.
③ 추파성 정도가 높은 품종일수록 추파성 소거에 소요되는 월동기간이 짧아진다.
④ 추파성 정도가 높은 품종은 대체로 남부 지방에서 재배한다.

답 ①

- 가을보리가 출수에 이르는 정상적 생육을 위해 품종에 따라 생육초기에 일정 기간에 낮은 온도환경을 필요로 하는데, 그 정도를 파성이라 한다.
- 저온요구도가 큰 것을 추파형(秋播型, Winter Type), 작은 것을 춘파형(春播型, Spring Type), 그 중간 정도를 가진 것을 양절형(兩節型, Intermediate Type)이라 한다.
- 월동 중 저온에 의해 추파성이 소거되어 정상적 출수하는 추파형 품종에 비해 춘파형 품종은 추파성이 없어 봄에 파종해도 정상적 출수를 한다.

㉡ 추파성

- 맥류의 영양생장을 지속시키고 생식생장을 억제하는 성질을 말하며, 유전적 특성이지만 환경의 영향을 받는다.
- 추파형 맥류는 추파성을 가지고 있어 맥류의 영양생장만 지속시키고 생식생장으로 이행을 억제하며, 내동성을 증대시킨다.
- 추파형 품종은 가을에 파종해야 월동 중 저온 · 단일조건으로 추파성이 소거되어 정상적 출수로 개화 · 결실하나 봄에 파종하면 추파성 소거에 필요한 저온 · 단일조건을 충분히 만나지 못해 추파성이 소거되지 못하고 좌지현상을 보인다.

TIP

좌지현상 : 생육 초기 일정기간 저온 · 단일조건을 거치지 않으면 줄기와 잎만 자라는 영양생식을 지속하게 되어 이삭을 형성하지 못하는 현상을 말한다.

- 추파형 품종이라도 추파성이 없어지면 저온 · 단일조건을 거치지 않아도 출수가 이루어지므로 봄에 파종하면 재배기간을 단축시킬 수 있다.

추파성이 높은 품종	추파성이 낮은 품종
• 출수기는 늦으나 내동성과 내건성이 강한 경향이 있다. • 추파성이 클수록 출수가 늦어지는 경향이 있다. • 출수가 빨라지면 파종적기도 빨라지는데 이는 추파성 소거에 필요한 월동기간이 길어지기 때문이다. • 중 · 북부지방에서 주로 재배한다.	• 가을에 일찍 파종하면 월동 전 유수가 형성됨에 따라 동화물질의 소모가 많아져 내동성이 약하고 유수는 동해에 안전하게 월동할 수 없다. • 추위에 다소 약하며 출수가 빠르고 숙기가 빠르다. • 주로 남부지방에서 재배한다.

㉢ 춘파성

- 봄에 파종하여도 정상적으로 출수, 성숙하는 성질로 춘파형 품종은 봄에 파종하는 경우 춘화처리를 하지 않아도 좌지현상이 발생하지 않고 정상적 생육으로 화아분화와 출수가 이루어진다.

- 추위에 약하며, 추파성 정도가 낮고 숙기가 빨라 남부지방에서 재배된다.
- 봄보리, 봄밀, 봄호밀 등은 가을에 파종하면 겨울에 동사하게 된다.

㉣ 양절형 : 봄 또는 가을에 파종하여도 출수, 성숙하는 것을 말한다.

㉤ 춘화처리(春化處理, Vernalization)

- 추파성의 소거를 위해 추파맥류의 최아종자를 0~3℃ 저온에 일정기간(10~60일) 보관하는 방법으로 춘화처리, 버널리제이션 또는 저온처리라고 한다.
- 저온처리를 마친 종자라도 고온처리하면 이춘화현상이 나타난다.
- 춘화처리 된 맥류는 파성과 관계없이 고온·장일조건에서 출수가 빨라진다.
- 인위적 파성 소거방법에는 종자춘화, 단일춘화, 녹체춘화, 화학적 춘화 등이 있다.

종자춘화	발아가 시작된 종자를 어둡고 통기가 잘 되는 곳에 마르지 않게 하여 1~4℃ 또는 1~11℃에 40~60일 보관하면 추파성이 소거되며 암기춘화라고도 한다.
단일춘화	유식물을 단일조건에서 처리해 추파성을 소거시켜 유수분화를 시키는 것이다.
녹체춘화	• 발아 후 어느 정도 생장한 녹체기에 저온으로 처리하는 방법이다. • 1엽기녹체춘화법 : 종자를 포트에 파종 후 1엽이 완전히 전개한 다음 온도 4~8℃에 적색광을 내는 비타룩스-A(Vitalux-A) 램프(40W)로 종야조명(終夜照明, Continuous Lighting)을 계속하거나 단일처리를 계속하면 종자춘화보다 빨리 추파성이 소거된다. • 최아종자녹체춘화법 : 배지에 종자를 복토하지 않고 종자의 반쯤 나출되게 한 후 온도를 4~8℃로 유지하고 파종직후부터 적색광을 내는 비타룩스-A(Vitalux-A) 램프(40W)로 종야조명(終夜照明, Continuous Lighting)을 계속하면 가장 빨리 춘화된다.
화학적 춘화	우라실산이나 지베렐린과 같은 화학물질로 추파성을 소거할 수 있다.

⑤ 온도와 일장

㉠ 감온성

- 추파성이 완전히 소거된 후 고온(생육적온)에 의해 출수가 촉진되는 성질이다.
- 감온성의 정도는 출수 촉진일수에는 크게 영향을 미치나 품종간 영향은 크지 않다.

필/수/확/인/문/제

다음 중 맥류의 추파성 소거방법으로 적절하지 못한 것은?

① 녹체 춘화
② 장일 춘화
③ 종자 춘화
④ 화학적 춘화

답 ②

맥류의 춘화처리에 대한 설명으로 옳은 것은?

① 가을보리를 저온처리할 경우에는 암조건이 필요하다.
② 춘파형 품종을 봄에 파종하였을 경우에 춘화가 이루어지지 않아 좌지현상이 발생한다.
③ 추파맥류는 최아종자 때와 녹체기 때 모두 춘화처리 효과가 있다.
④ 춘화처리가 된 맥류는 파성과 관계없이 저온과 단일조건에서 출수가 빨라진다.

답 ③

필 / 수 / 확 / 인 / 문 / 제

보리의 파성과 출수에 대한 설명으로 옳지 않은 것은?

① 출수하기 위한 생육초기의 저온요구도가 낮은 것을 추파형이라 한다.

② 추파성 소거 후에는 고온 및 장일조건이 출수를 촉진한다.

③ 협의의 조만성은 추운 지방보다 따뜻한 지방에서 조숙화에 대한 기여도가 낮다.

④ 추파성이 낮고 춘파성이 높을수록 출수가 빨라진다.

 ①

㉡ 감광성

- 추파성이 완전 소거된 후 장일에 의해 출수가 촉진되는 감광성을 가지고 있다.
- 장일에 의한 출수 촉진일수는 품종 간 최대 26일 차이가 나타나는 것으로 보아 감광성 정도는 품종 간 차가 크다고 할 수 있다.

㉢ 협의의 조만성과 영양생장성

- 출수가 가장 빠르게 할 수 있는 환경을 부여했을 때 이삭의 분화까지 분화하는 주간의 엽수, 즉 환경조건에 의해 감소시킬 수 없는 주간의 엽수를 최소엽수라 하며 협의의 조만성이라 한다.
- 협의의 조만성은 추운지방에서 단일반응성과 조숙화에 기여하고 따뜻한 지방에서는 조숙화에 대한 기여도가 다소 낮아진다.
- 협의의 조만성 정도가 낮은 것이 출수가 빠르다.
- 협의의 조만성은 고온・장일(20~25℃에서 24시간 일장조건)하에서 검정한다.

(5) 환 경

① 기 상

㉠ 온 도

- 맥류는 저온성 작물이다.
- 생육온도

최저온도	최적온도	최고온도
3~4.5℃	보리 20℃, 밀 25℃	보리 28~30℃, 밀 30~32℃

- 생육 중 온도
  - 뿌리 생육에 알맞은 지온은 보리와 밀은 25℃, 호밀 20℃이며, 35~40℃에서는 뿌리 신장이 정지된다.
  - 맥류는 비교적 서늘한 기온을 좋아하며, 가을밀의 경우 연평균 18℃ 이상의 지대에서는 수량이 감소되고 20℃ 이상인 지대에서는 거의 재배되지 않는다.
  - 월동 중 -17~-19℃로 기온이 급격히 하강하면 동사의 위험이 있다.
  - 봄의 기온이 빠르게 올라가면 생육이 왕성해지고 출수가 빨라진다.
  - 등숙기에 건조 또는 30℃ 이상의 고온이 계속되는 경우 낟알이 겉마르기 쉽다.
  - 초겨울에 늦게까지 따뜻한 날씨가 계속되면 도장하기 쉽고 생식생장으로 유도되어 한해가 심해진다.

- 한겨울 눈이 덮이지 않은 상태로 혹한이 오면 동해의 우려가 커진다.
- 등숙기 온도는 서서히 상승해야 등숙이 좋아진다.

• 맥류의 최저 적산온도

봄보리	봄 밀	가을호밀	가을보리	가을밀
1,200℃	1,500℃	1,700℃	1,700℃	1,900℃

ⓛ 일 조

• 한발 또는 출수개화기에 지나친 고온을 초래하는 경우가 아니면 많을수록 생육이 왕성해지고 임실에 유리해 수량이 많아진다.

• 일조가 부족한 경우
- 대가 연약하게 되어 도복하기 쉽다.
- 유효분얼기에 수수가 경감된다.
- 화기의 발달기부터 유숙기까지는 1수립수와 1,000립중을 감소시켜 수량이 감소한다.

ⓒ 강 수

• 연강수량 750mm 내외 지역에서 최고의 수량을 나타내며, 400mm 이하 지역에서는 관개가 필요하다.

• 비가 알맞게 와 토양수분이 넉넉한 것이 좋으나 봄철 많은 비는 논의 맥류에 습해가 발생하게 하고, 등숙기에 강한 비바람은 도복 피해를 준다.

• 한겨울 눈이 많이 오면 보온작용으로 월동을 조장하고 토양수분 공급의 효과가 있다.

• 등숙기 과도한 비의 피해
- 종실이 변색되며, 맥주보리의 경우 품질이 저하된다.
- 붉은곰팡이병이 만연하여 종실이 부패하기 쉽다.
- 용적중, 천립중, 배유율 등이 감소되어 수량과 제분율이 저하된다.
- 밀의 경우 전분과 단백질 함량이 저하되어 품질이 크게 나빠진다.
- 발아력이 저하된다.
- 수발아로 수량과 품질이 저하된다.

ⓔ 맥류의 내동성 증대 요인

• 체내 수분함량이 적으면 내동성은 증대된다.
• 체내 당분함량이 높고, 단백질 함량이 많으면 내동성은 증대된다.
• 전분함량이 적으면 내동성이 증대된다.
• 세포액 pH가 크면, 세포액의 삼투압이 높으면 내동성이 증대된다.
• 원형질의 수분투과성이 크면 세포 내 결빙이 적어 내동성이 증대된다.

맥류에 대한 설명으로 옳지 않은 것은?

① 동해를 방지하려면 휴립구파를 하고 습해를 방지하려면 휴립휴파를 하는 것이 유리하다.
② 맥주보리의 검사항목에는 수분함량, 정립률, 피해립의 비율, 발아세와 색택 등이 있다.
③ 작물체 내에 수분함량과 단백질 함량이 감소하면 내동성은 증가한다.
④ 늦게 파종하거나 지력이 낮은 경우에는 파종량을 증가시킨다.

답 ③

- 원형질의 친수성 콜로이드가 많으면 내동성이 증대된다.
- 원형질의 점도가 낮고 연도가 크면 내동성이 증대된다.
- 원형질단백질에 -SH기가 많으면 내동성은 증대된다.
- 조직의 즙이 광에 대한 굴절률이 크면 내동성은 증대된다.

② 토 양

㉠ 토성과 토양구조

- 양토~식양토가 가장 알맞으며, 사질토는 수분과 양분의 부족을 초래하고 식질토는 토양공기가 부족할 위험이 크다.
- 토양은 부식이 풍부하여 입단구조가 잘 형성되어 있어야 공기, 수분, 양분의 모든 면에서 생육에 유리하고 수량이 증대된다.
- 토양반응은 약산성 내지 중성이 알맞다.
- 우리나라는 산성토양이 많아 유기질 비료와 석회를 많이 시비하여 토양을 개량해야 한다.

㉡ 토양수분

- 정상적 생육에 필요한 토양수분은 최대용수량의 40~80%, 최적 수분함량은 최대용수량의 60~70%이다.
- 보리재배에 알맞은 지하수위는 70cm 내외이다.

㉢ 토양반응

- 맥류 생육에 가장 알맞은 토양 pH

호 밀	귀 리	밀	보 리
5.0~6.0	5.0~8.0	6.0~7.0	7.0~7.8

- 보리는 pH 5.5 이하, 밀은 5.0 이하에서는 생육이 저하되고 수량이 감소하는 등 강산성 토양에 극히 약하다. 쌀보리가 겉보리보다 더 약하며, 어느 정도 알칼리성 토양에서는 잘 견딘다.
- 강산성 토양에 견디는 정도 : 호밀, 귀리 > 밀 > 겉보리 > 쌀보리

③ 수 분

㉠ 증산과 요수량

- 보리의 요수량은 170~188, 밀은 160~190으로 수도에 비하여 매우 낮다.
- 요수량은 환경에 따라 달리 나타나며 저온일 때보다는 고온일 때, 공중습도가 높을 때보다는 낮을 때, 시비량이 많은 때보다는 적을 때 높아진다.
- 지하부 온도가 35℃까지는 고온일수록 흡수와 증산이 모두 많아지고 차광하면 흡수와 증산이 모두 감소하는데, 특히 흡수작용이 현저하게 감소한다.

㉡ 흡수량
- 생장에 따라 흡수량은 증가하며 절간신장의 증가와 더불어 급증한다. 출수기경 최대가 되고 그 후 등숙기에는 급감한다.
- 토양 중 인산, 질소, 황 등의 양분이 결핍되면 흡수가 감소되며, 특히 인산의 결핍 시 큰 영향을 받는다.

(6) 품 종

① 특성에 따른 분류

㉠ 파종기에 따른 분류 : 추파형, 춘파형, 양절형
㉡ 숙기에 따른 분류 : 조숙종, 중숙종, 만숙종
㉢ 간장에 의한 분류 : 단간종, 중간종, 장간종
㉣ 낟알의 크기에 따른 분류 : 소립종, 중립종, 대립종
㉤ 여무는 씨알의 줄 수에 의한 분류 : 2조종, 6조종
㉥ 수형에 따른 분류 : 6조종은 이삭 횡단면 모양에 따라 밀수형(육모보리), 소수형(네모보리)으로 구분한다.
㉦ 와성 유전자에 따른 분류 : 초엽의 길이가 짧은 와성과 길쭉한 병성으로 구분하며, 병성인 것이 품질이 좋다.
㉧ 초형에 따른 분류 : 직립형, 중간형, 포복형
㉨ 찰기 유무에 따른 분류 : 찰보리, 메보리
㉩ 껍질 유무에 따른 분류 : 쌀보리, 겉보리

② 우량품종의 특성

㉠ 다수성 : 분얼이 많으면서도 이삭이 잘지 않아 수종과 수수의 상호작용효과가 큰 것이 다수성으로 대체로 쌀보리 > 겉보리, 밀수형 > 소수형, 가을보리 > 봄보리의 경향을 보인다.
㉡ 조숙성 : 조숙성일수록 작부체계상 유리하고 추파성 정도가 알맞아 월동 중 동상해를 입지 않을 정도로 유수형성이 빠른 품종이 유리하다.
㉢ 내도복성 : 키가 작고 대가 튼튼하며, 뿌리의 발달이 잘되어 다수확을 위해 질소 시비량이 많아도 도복하지 않는 내도복성 품종이 유리하다.
㉣ 내한성 : 월동에 안전한 정도의 내한성과 추파성 정도가 상대적으로 낮은 품종이 성숙이 빨라 유리하다.
㉤ 내습성 : 답리작의 경우 습해 위험이 크므로 내습성이 커야 유리하다.
㉥ 내병성 : 병해에 대한 저항성이 커야 한다.
㉦ 내산성 및 내건성

보리의 식미를 향상시키기 위한 품종의 종실 특성을 올바르게 기술한 것은?

① 단백질 함량이 높아야 한다.
② 백도가 높은 것이 좋다.
③ 호화온도가 높아야 한다.
④ 아밀로오스 함량이 높아야 한다.

답 ②

③ 보리의 품질

영양적 측면	식미적 측면
• 영양가가 높아야 한다. • 용적중과 경도가 커야 한다. • 백도가 낮은 것이 좋다. • 단백질, 필수아미노산, 리신, 비타민, 무기질 등의 함량과 열량이 높은 것이 좋다.	• 백도가 높아야 한다. • 흡수율이 높아야 한다. • 풍만도가 높아야 한다. • 호화온도가 낮아야 한다. • 단백질 함량과 아밀로오스 함량이 낮아야 한다. • 경도가 낮아야 한다.

④ 수발아성 : 수발아성 정도는 휴면성과 관계가 있으며, 수발아가 발생하면 종실의 품질이 크게 떨어지므로 수발아가 발생하지 않는 품종이어야 한다.

(7) 재 배

① 종자 준비

㉠ 채 종

- 종자의 채종은 토양이 좋은 곳에서 질소질 비료의 시비량을 다소 줄이고 병이 없고 건실하게 재배하여 채종하여야 한다.
- 재배 중 이형개체를 철저히 제거하여야 한다.
- 다른 품종의 종자가 섞이지 않도록 관리하여야 한다.

㉡ 선 종

- 등숙이 충실하며 비를 맞지 않은 당해연도 수확한 색택이 양호하고 건조가 잘 된 종자를 사용해야 한다.
- 파종 후 발아와 초기 생육이 좋아야 다수확이 가능하므로 우량종자의 확보가 중요하다.
- 일반적으로 비중선으로 약소립을 제거하고 충실한 종자를 가린다.
- 소금물 비중용액 : 겉보리 1.13~1.15, 쌀보리, 밀, 호밀 1.22

㉢ 종자소독

- 온탕소독법 : 주로 겉깜부기병과 같은 병균이 종자 내부에 기생하는 병해의 방제에 효과적이다.
- 약제소독 : 종자 외부에 붙어 있는 병균의 방제에 효과적이다.

㉣ 최 아

- 파종기가 늦어질 때 최아하여 파종하는 것이 출아와 초기 생육의 촉진으로 월동을 조장하는 효과가 있다.
- 토양이 너무 습하거나 복토의 불완전은 파종 종자가 비료와 접촉되어 발아장애가 발생하므로, 이런 경우도 최아하여 파종하는 것이 좋다.

- 최아 정도는 백체가 나타나는 성도가 알맞고 지나치게 되면 오히려 해롭다.

② 작휴(作畦, 이랑만들기)

㉠ 이랑 방향

- 경사지는 토양보존을 목적으로 등고선에 따라 이랑을 만들어 파종하나 평지에서는 남북방향이 유리하다.
- 남북방향은 동서방향에 비하여 식물체가 작은 월동 중에는 수광률이 40% 정도이나 식물체가 커진 봄과 여름의 수광량은 70% 정도 많고 지온도 1~3℃ 높아 유리하다.
- 월동이 문제되는 지역에서는 동서이랑으로 겨울 수광량을 늘리고 이랑을 높게 하여 서북풍을 맞아 지온을 높이는 것이 월동에 유리하다.

㉡ 이랑 높이

- 이랑의 너비와 골의 너비가 같을 때는 이랑이 높고 골이 깊은 것이 월동 중 골의 지온이 높아 월동에 유리하다.
- 맥간작으로 두류, 목화를 재배할 때는 이랑을 넓게 하고 골을 좁게 하는 것이 유리하다.
- 평지에서 맥간작을 하지 않을 경우 다수확을 위해 이랑을 좁게 하고 골을 넓게 하는 일반적이다.

㉢ 밭에서의 작휴법

- 맥간작을 하는 경우
  - 보리의 이랑이 넓고 골이 좁으면 골 사이가 넓어 보리의 수량은 감소하나 간작물 수량은 많아진다.
  - 보리 + 콩의 경우 이랑 60cm × 골 18cm 내외, 보리 + 목화의 경우 이랑 90cm × 골 15cm 내외가 좋다.
  - 남부지방 따뜻한 곳으로 갈수록 이랑 너비와 골 너비가 커지며, 월동의 문제가 있고 한발이 심한 지방은 골을 다소 좁히고 이랑의 높이를 높인다.
- 맥간작을 하지 않는 경우
  - 관행재배 : 이랑 60cm × 골 18~30cm
  - 협폭파재배 : 이랑 40cm × 골 18cm

③ 파 종

㉠ 파종기

- 월동률이 높고 안전하며 한해를 입지 않는 범위 내에서 엽면적이 최대가 되게 하는 시기가 적기이다.

- 주간엽수가 5~7매인 시기에 월동은 유수발육이 아직 덜 되고 식물체도 강건하고 뿌리도 깊게 뻗어 월동에 유리하며, 분얼수도 많아 월동 후 유효분얼은 많아지고 무효분얼은 감소해 수량의 증대와 성숙이 촉진된다.
- 파종기가 늦어지면 분얼의 감소·월동의 불리, 숙기가 지연되며 출수 지연·천립중 감소 설립(쭉정이)의 증가와 수량의 감소가 초래된다.
- 파종기가 빨라지면 월동 전 유수가 생겨 동사하기 쉽다.
- 파종시기

중부지방	적기는 10월 상·중순이고 늦어도 10월 하순에는 파종해야 한다.
남부지방	적기는 10월 중·하순이고 늦어도 11월 상순에는 파종해야 한다.

- 파종기가 늦었을 때의 대책
  - 파종량을 늘린다.
  - 최아하여 파종한다.
  - 월동이 안전한 한도 내에서 추파성이 낮은 품종을 선택한다.
  - 월동이 조장되도록 골을 낮추고 부숙퇴비를 충분히 시비한 후 월동 중 관리를 잘 해야 한다.

보리의 파종기가 늦어졌을 때의 대책으로 옳지 않은 것은?

① 파종량을 늘린다.
② 최아하여 파종한다.
③ 골을 낮추어 파종한다.
④ 추파성이 높은 품종을 선택한다.

답 ④

ⓛ 파종량

- 파종량은 파종시기, 시비량, 재식밀도에 따라 달라진다. 알맞은 기후에 토양이 비옥하고 시비량이 많으며, 파종시기가 빠르고 파폭률이 낮을 때는 파종량을 줄인다.
- 적정 파종량보다 적은 경우 천립중은 증가하지만 수수가 감소하고, 많게 되면 수수는 증가하나 천립중과 일수립수의 감소와 도복과 병해 발생이 쉬워진다.
- 파종기가 늦고 초기 생육조건이 불리한 답리작의 경우 조건에 따라 파종량을 30% 정도 늘리는 것이 안전하다.
- 시비량을 늘려 다수확을 도모하는 경우 파종량을 늘리는 것이 증수된다.

보리의 파종방법에 대한 설명으로 옳지 않은 것은?

① 보리는 월동 전에 잎이 5~7장 정도 나올 수 있도록 파종하는 것이 그 지역에 알맞은 파종기이다.
② 춘파성이 강한 품종을 너무 일찍 파종하면 월동 전 어린이삭이 형성되어 동해가 우려된다.
③ 늦게 파종할 때에는 종자의 양을 기준량의 20~30%까지 늘려주고, 질소 시비량도 10~20% 늘려준다.
④ 늦게 파종할 때 싹을 미리 틔워서 파종하면 싹이 나오는 일수를 2~3일 정도 앞당길 수 있다.

답 ③

ⓒ 파종 깊이

- 2.5~3.0cm 정도가 가장 알맞은 파종 깊이이다.
- 파종 깊이가 너무 얕으면 표토의 흙이 건조해 발아에 지장이 생기거나 제초제에 의한 약해의 위험이 있다.
- 파종 깊이가 너무 깊게 되면 중경이 발생하고 분얼이 늦어진다.

④ 시 비

㉠ 3요소의 흡수 : 대체로 질소 : 인산 : 칼륨 = 3 : 1 : 2 정도로 질소의 흡수량이 가장 많고 수량에 큰 제한요인이 된다.

㉡ 석회의 시비는 토양산도 pH 6~7이 되도록 한다.

㉢ 시비법

- 기 비
  - 완효성인 퇴비는 전량 기비로 주거나 파종시 종자 위에 덮어주면 월동에 유리하다.
  - 유실량이 적고 생육초기부터 요구도가 높은 인산과, 칼륨은 보통 전량 기비로 준다.
- 속효성 질소비료
  - 전량을 기비로 주면 생육초기 과다현상이 나타나고 유실량도 많아지며, 생육후기 결핍현상이 나타난다.
  - 질소질 비료는 기비와 추비로 분시하는 것이 좋다.
  - 질소질 비료의 추비는 유수형성기에 주는 것이 좋으며, 2차례 나누어 분시하면 유효분얼과 1수당 입수의 증대와 등숙을 좋게 한다.
- 엽면시비 : 봄철 습해의 발생 또는 출수기 질소질 부족 증세가 보이면 1~2% 요소용액을 엽면시비를 한다.
- 붕소결핍 산성토양에서는 유수형성기부터 출수직전까지 붕산을 살포하면 임실률을 높여 증수효과가 있다.

⑤ 관 리

㉠ 중경제초(中耕, 김매기, Intertillage, Cultivation)

- 중경의 효과
  - 제초의 효과가 있다.
  - 토양 모세관을 절단하여 수분 증발을 억제한다.
  - 토양이 단단하고 통기가 나쁠 때 토양을 부드럽게 하고 토양 통기를 조장한다.
  - 토양 중 양분을 유효태로 변환시켜 양분 흡수를 증대시킨다.
  - 분얼최성기 단근으로 무효분얼을 억제한다.
- 단점 : 유수형성기 무렵의 단근은 수량을 현저히 감소시킨다.
- 실시 : 3월 상순부터 4월 상순경 한두 차례 실시하며 잡초가 많을 경우 겨울나기 전 한 번 더 한다.
- 중경을 하지 않은 경우 보통 수량이 20~30% 감소한다.

다음 중 맥류의 수량 감소에 가장 결정적인 영향을 미치는 비료요소는?

① 질 소
② 인 산
③ 석 회
④ 칼 륨

답 ①

맥류에서 흙넣기의 생육상 효과로서 적절하지 않은 것은?

① 수발아
② 잡초억제
③ 도복방지
④ 무효분얼 억제

답 ①

• 제초제에 의한 제초
– 처리시기에 따라 파종 전 경엽처리형과 파종 후 토양처리형으로 구분한다.

파종 전 경엽처리형	파종 후 토양처리형
파종 5~7일 전 잡초에 고루 묻도록 처리하여 고사시킨 후 경운・파종하는 방법으로 파라코액제, 글라신액제를 이용한다.	파종 후 4~5일 이내 토양에 처리하는 방법으로 부타입제, 부타유제, 메타벤수화제, 터브란수화제, 벤치오입제, 트리린유제, 펜디유제를 이용한다.

– 약해의 예방 : 답리작 맥의 경우 제초제 사용 시 과습하거나 사질토양이면 약해의 우려가 있으며, 사질토에서는 3cm 이상 복토하는 것이 좋다.

ⓛ 답압(踏壓, Stamping, Rolling)
맥류의 절간신장 시작 전 필요에 따라 보리골을 밟아주는 일로 보리와 토양을 함께 밟아준다.

효 과	주의점
• 월동을 조장한다. • 한해를 경감시킨다. • 도복과 풍식을 경감시킨다. • 분얼의 조장과 출수의 균일화가 된다.	• 토양이 질 때와 이슬이 마르지 않은 아침은 피한다. • 바람이 부는 방향으로 한다. • 절간신장이 시작된 후 생육이 불량할 때는 실시하지 않는다.

ⓒ 토입(土入, 흙넣기, Topsoiling)
이랑의 흙을 파서 1cm 이하로 얕게 보리골에 넣어주는 것을 토입이라 하며, 그 효과는 시기, 횟수, 방법, 환경 등에 따라 다르게 나타난다. 일반적으로 2~3회 토입으로 6~9%의 수량이 증가한다고 한다.

효 과	• 월동을 조장한다. • 월동 후 생육을 조장한다. • 무효분얼을 억제한다. • 도복이 방지되며, 통풍과 일조가 좋아져 생육이 왕성해진다. • 잡초를 억제한다.

ⓔ 배토(培土, 북주기, Earthing Up, Hilling, Moulding)
• 수잉기 전후 이랑의 흙을 긁어 보리골 양쪽을 돋우어 주는 것이다.
• 비교적 단근이 적은 시기에 실시해야 한다.
• 도복의 경감, 무효분얼의 억제, 잡초 경감 등의 효과가 있다.

(8) 장 해

① 한해(寒害, Cold Injury)

㉠ 동해(凍害, Freezing Injury)

- 월동 중 저온에 의해 조직이 동결되고 체내 결빙으로 얼어 죽는 피해를 말한다.
- 동사점
  - 식물조직의 치사를 유발하는 동결온도이다.
  - 월동 중 보리와 밀 어린식물의 동사점은 -17℃이나 온실에서 키운 어린식물의 동사점은 보리 -3.5℃, 밀 -6℃로 생육온도에 따라 큰 차이를 보인다.
- 동해의 발생원인
  - 초겨울 급격히 기온이 낮아져 보리가 충분히 경화되기 전 과도한 저온을 만났을 때
  - 파종기가 늦어 내동성이 약한 어린시기에 월동기에 들어가게 되었을 때
  - 파종기가 너무 빠르거나 따뜻한 겨울로 월동기 전 도장하여 유수가 이미 발육한 상태일 때 생식기관의 내동성이 약해 월동 중 동해를 입기 쉬워진다.
  - 한겨울 눈에 덮이지 않은 채 혹한을 만났을 때
  - 월동 중 서릿발이 많이 설 때 동해의 우려가 있다.
  - 내동성이 약하고 춘파성 정도가 높은 품종을 조파 또는 만파했을 때 동해가 심해진다.

내동성 증대의 생리적 요인	내동성 증대의 형태적 요인
• 체내 수분함량이 적다. • 체내 당분함량이 높거나 단백질함량이 높다. • 원형질단백질에 -SH기가 많다. • 조세포 pH값이 크다. • 세포액의 친수교질이 많다. • 원형질의 수분투과성이 크다. • 저온처리 시 원형질복귀시간이 짧다. • 세포의 탈수저항성이 크다. • 세포액의 삼투압이 높다. • 조직즙의 광굴절률이 크다. • 건물중이 크다. • 발아종자의 아밀라아제 활력이 강하다.	• 초기생육이 포복형이다. • 관부가 깊어 초기생장점이 흙 속 깊이 있다. • 엽색이 진하다.

맥류의 한해대책에 대한 설명으로 옳지 않은 것은?

① 퇴비와 인산, 칼륨을 충분히 준다.
② 파종 후의 진압과 복토를 한다.
③ 뿌림골을 가능한 한 높게 한다.
④ 토양의 표면을 긁어준다.

답 ③

다음 중 맥류의 도복에 관한 설명으로 옳지 않은 것은?

① 도복으로 상처가 생기면 호흡이 증대되어 저장양분의 축적이 적어진다.
② 도복되어 양분 전류가 저해되면 종실의 단백질 함량이 감소된다.
③ 파종을 다소 깊게 하면 도복 방지에 효과가 있다.
④ 중경은 도복 발생을 줄인다.

답 ②

ⓛ 상해(霜害, Frost Injury)
- 봄에 생육 중 식물체가 서리나 0℃ 이하 저온에서 발생하는 피해이다.
- 조생품종의 재배 시 봄에 절간생장이나 유수형성이 일찍 시작되어 저온으로 유수가 고사하거나 불임수가 생기는 피해가 발생한다.

ⓒ 한해의 대책
- 내동성품종을 선택한다.
- 과도한 조파와 만파는 동해 위험이 크므로 적기에 파종한다.
- 파종기가 늦은 경우 파종량을 늘린다.
- 파종기가 많이 늦은 경우 최아종자를 파종한다.
- 답리작의 경우 배수가 잘되도록 정지 후 파종한다.
- 토양이 건조하거나 겨울이 추운 지방에서는 이랑을 세우고 골에 파종한다.
- 서릿발이 많이 설 경우는 광파재배를 하는 것이 좋다.
- 비료 3요소를 고루 시용하고 특히 칼륨질 비료를 충분히 시비한다.
- 서릿발이 섰을 때나 월동 전 도장하면 답압을 한다.

② 도복해

㉠ 도복의 피해
- 도복에 의한 피해는 출수 후 10일경이 가장 커 심할 때는 40~50%의 감수가 일어난다.
- 동화산물 전류가 나빠져 등숙이 불량해지고 종실의 비대가 충분하지 않아 단백질 함량의 증대로 품질이 저하된다.
- 광합성 감퇴와 호흡 증대로 수량이 감소한다.
- 수발아 발생이 쉬워진다.
- 수확작업이 어려워 간작물의 생육이 저해된다.

ⓛ 대 책
- 키가 작고 대가 충실한 내도복성 품종을 선택한다.
- 파종을 다소 깊게 하면 중경이 발생하고 밑동을 잘 지탱하여 도복이 경감된다.
- 파종량이 많으면 경수(莖數, Number of Tiller, Number of Branch)와 수수가 많아지지만, 수광량이 적어 뿌리와 대가 약해져 도복이 조장된다.
- 두엄, 인산, 칼륨 등의 충분한 시비는 대를 충실하게 하고 뿌리의 발달을 조장한다.

- 질소질 비료의 추비는 시기가 빠르면 하위절간 신장 증대로 도복이 조장되므로 절간신장 개시 후 시용하는 것이 안전하다.
- 토입과 배토는 대의 밑동을 잘 고정하여 도복을 경감한다.
- 답압의 실시는 뿌리가 발달하고 흙이 다져져 밑동을 잘 고정하고 생육이 건실하게 되어 도복이 경감된다.
- 협폭파 또는 세조파재배 등으로 뿌림골을 잘게 하면 수광이 좋아져 키가 작고 대가 실하며, 뿌리의 발달이 좋아져 도복이 경감된다.

③ 습해(濕害, Excess Moisture Injury, Wet Injury)

㉠ 발생원인

- 겨울철 눈이 많거나 이른 봄 눈비가 잦을 때 발생한다.
- 지하수위가 50cm 이상으로 높은 경우 발생한다.
- 배수가 불량한 논에서 흔히 발생한다.

㉡ 피 해

- 맥류의 습해는 생육초기 덜 하고 유수형성기부터 출수기에 걸쳐 가장 심하다.
- 피해가 큰 시기 : 수잉기 > 신장기 > 분얼기 순이다.
- 과습으로 토양 산소가 부족하여 생리작용이 왕성하지 못하고 효소작용에 이상이 생긴다.
- 온도가 10~15℃ 이상 상승하면 토양미생물의 활동이 활발해져 토양산소 소모가 많아지고 호흡에 의한 유해물질의 생성으로 뿌리가 상하고 잎이 누렇게 떠 습해를 일으킨다.
- Eh가 0.4volt 이하로 저하되면 토양 중 이산화철(Fe^{2+})이 생성되고 지온이 다시 15℃ 전후가 되면 황화수소(H_2S), Mn^{2+}, 유해유기산 등이 생성된다.
- 유해물질의 생성은 뿌리의 세포원형질의 Eh 저하가 가속화되고 환원성생성물 침입이 용이해져 뿌리에서는 괴사, 목화, 근부현상이 발생하며, 식물은 생활능력이 감퇴되고 심하면 위조, 고사한다.

㉢ 대 책

- 내습성 품종의 조건
  - 내습성 정도 : 밀 > 겉보리 > 쌀보리
  - 뿌리의 통기가 양호한 품종
  - 뿌리의 분포가 얕고 넓은 품종
  - 새뿌리 발생능력이 큰 품종
  - 물속에서도 발아속도가 빠른 품종
  - 어린식물의 건물률이 높은 품종
  - 까락이 긴 품종
  - 뿌리조직의 목화 등으로 유해물질에 대한 저항성이 강한 품종

보리의 습해대책으로 옳지 않은 것은?

① 미숙유기물이나 황산근 비료를 시용하지 않는다.
② 객토, 토양개량제 등을 시용한다.
③ 휴립하여 토양용기량을 증대시킨다.
④ 내습성 품종으로 까락이 짧은 것이 적합하다.

 ④

필 / 수 / 확 / 인 / 문 / 제

맥류 깜부기병 중 종자로만 전염하는 병해는?

① 비린깜부기병
② 줄기깜부기병
③ 겉깜부기병
④ 속깜부기병

답 ③

- 습답에서는 이랑을 세워 이랑에 파종하거나 지하배수를 하며 논바닥 전체와 주위에 도랑을 만들어 포장 밖으로 완전히 배수한다.
- 객토, 유기질, 토양개량제 등을 시용하여 기반을 높이고 토성을 개량하며 입단형성으로 토양통기를 좋게 한다.
- 미숙유기물, 황산근 비료를 시용하지 않는다.
- 전층시비로 뿌리의 분포를 표층 부근으로 유도한다.
- 습해가 발생하면 엽면시비로 회복을 꾀한다.

(9) 병충해

① 병 해

㉠ 깜부기병(黑穗病, 흑수병, Smut)

- 이삭은 씨알이 검은 가루로 변하며, 흰색의 얇은 막으로 덮여 있다.
- 종 류
  - 겉깜부기병 : 보리, 밀, 귀리
  - 속깜부기병 : 보리, 귀리(밀에는 발생하지 않는다)
  - 비린깜부기병 : 밀에서만 발생
- 병징과 전염경로

[맥류 깜부기병의 병징과 전염경로]

구 분	겉깜부기병 (보리, 밀, 귀리)	속깜부기병 (보리, 귀리)	비린깜부기병 (밀)	줄기깜부기병 (밀)
병 징	이삭의 거의 모든 종실이 검은 가루로 변하며 껍질이 쉽게 터져 포장에 선 채로 검은 가루가 나옴	이삭은 거의 모든 종실이 검은 가루로 변하나 포장에서 끝까지 껍질이 터지지 않다가 탈곡할 때 터짐	이삭이 늦게까지 푸른 채로 있고 종실이 비린내가 나는 다갈색 가루로 변하며 탈곡할 때 터짐	도톨도톨한 회색의 줄무늬가 생기고 검은 가루가 날리며, 이삭이 패지 못하고 뒤틀리어 성숙해도 종실이 잘아지고 쭈그러진다.
발병 부위	종 실	종 실	종 실	잎, 줄기
전염형	종자전염	종자, 토양전염	종자, 토양전염	종자, 토양전염
병원균의 잠복소	균사상태로 종자 내부(배)에 잠복	포장상태로 종자 표면, 지중 또는 균사상태로 종피 내면에 잠복	포장상태로 종자 표면, 지중 또는 균사상태로 종피 내면에 잠복	포자상태로 종자 표면, 이병맥간, 지중 등에 잠복
맥체에의 접종	개화기에 주로 화기에 접종됨	발아초기에 어린 식물체에 접종됨	발아초기에 어린 식물체에 접종됨	발아초기에 어린 식물체에 접종됨

- 방제법
  - 종자소독 : 방제효과가 가장 크며 카보람(비타지람) 분제로 종자를 소독한다.
  - 이병식물의 제거 : 포장에 가루가 날기 전 병든 이삭과 식물체를 제거하여 태우거나 묻는다.

ⓛ 녹병(Rust)

줄기 녹병	• 보리, 밀, 호밀, 귀리와 그 외 화본과 잡초, 매발톱나무에서 발생한다. • 커다란 방추형 황갈색 반점이 생긴다.
줄녹병	• 보리, 밀, 호밀과 그 외 화본과 잡초에서 발생한다. • 선황색 작은 반점이 주로 엽맥을 따라 발생한다.
좀녹병	• 보리에서 발생한다. • 황갈색 조그마한 반점이 불규칙하게 발생한다.
붉은 녹병	• 밀과 호밀에서 발생한다. • 등황색 또는 적갈색의 원형 또는 타원형의 반점이 불규칙하게 생긴다.
관녹병	• 귀리에서 발생한다. • 황갈색 타원형의 소반점이 산재한다.

- 전염경로 · 유인 및 방제법

전염경로 및 유인	방제법
• 공기를 통해 전염한다. • 봄철 기온이 15℃ 이상, 습도 80% 이상인 때 많이 발생한다. • 출수기 전후 축축한 날씨가 지속되면 많이 발생한다. • 질소의 과용, 만기추비, 포장의 과습 등도 발생을 조장한다.	• 내병성 품종을 선택하며 대체로 조숙종의 발생이 적다. • 조파 또는 만파는 발생이 많으므로 적기파종을 한다. • 질소의 과용, 만기추비를 피한다. • 토양이 습한 경우 발생이 조장되므로 배수를 철저히 한다.

ⓒ 바이러스병

- 종 류

맥류오갈병	• 모든 맥류에서 발생하고 토양전염을 한다. • 위축이 심하고 담록색 줄무늬가 생기며, 비틀린다.
줄무늬 오갈병	• 주로 밀에서 발생하며, 토양전염을 한다. • 위축은 심하지 않으나 잎에 담황색 얼룩이 생기고 비틀리지 않는다.
보리누른 모자이크병	• 주로 보리에서 발생하며, 토양전염을 한다. • 위축이 심하지 않으나 황백색 줄무늬 또는 반점이 생긴다.
복지 모자이크병	• 보리, 밀, 호밀, 귀리, 기장, 조 등에서 발생하며 애멸구를 통한 충매전염을 한다. • 위축이 심하고 황록색 반점이 엽맥을 따라 발생한다.

다음 중 우리나라에서 보리에 발생하는 병을 모두 고른 것은?

㉠ 흰가루병	㉡ 붉은곰팡이병
㉢ 줄무늬병	㉣ 호위축병

① ㉠, ㉡
② ㉠, ㉢, ㉣
③ ㉡, ㉢, ㉣
④ ㉠, ㉡, ㉢, ㉣

답 ④

• 방제법
  - 내병성 품종을 선택한다.
  - 윤작을 실시한다.
  - 파종기를 늦추고 파종량을 늘린다.
  - 매개 곤충을 구제한다.
  - 토양소독을 실시한다.

㉣ 붉은곰팡이병(赤黴病, 적미병, Scabs)

• 병징과 전염
  - 밀, 보리, 호밀, 귀리 등 맥류와 그 외 벼, 옥수수 등에서도 발생한다.
  - 처음에는 이삭종실, 때로는 줄기에 적갈색 또는 회갈색 작은 반점이 발생하였다가 습도가 높을 때 반점에서 백색 균사가 나와 이삭이 희게 덮이고 나중에 균사가 붉은빛으로 변한다.
  - 피해 종실은 임실하지 못하고 막대한 피해를 주기도 한다.
  - 전염경로 : 균사, 분생포자, 자낭포자 상태로 종자, 그루터기, 토양 중에서 월동하여 봄에 기온이 10℃ 이상이 되면 흑색 자낭각을 형성하고 비가 올 때 자낭각이 수분을 흡수하여 내부 자낭포자가 공기 중으로 방출되어 전염된다.

• 피해립의 유독물질 : 푸사레논(Fusarenon), 푸사레논-X(Fusarenon-X), 니바레놀 등이 사람, 돼지, 말 등 온혈동물에 강한 독성을 가진다.

• 방제법
  - 숙기가 빨라 우기를 만나지 않는 품종을 선택한다.
  - 콩과작물의 윤작은 어느 정도 예방이 가능하다.
  - 염수선으로 선종하고 종자 소독을 철저히 한다.
  - 이병주를 일찍 뽑아 태운다.
  - 출수 직전과 유숙기에 황수화제 400배액 또는 오도사이드 수화제 700배액을 살포하면 효과적이다.

㉤ 보리줄무늬병(대맥반엽병)

• 병징 : 유묘기부터 유숙기에 걸쳐 잎, 엽초, 이삭 등에 발생하며, 잎 표면에 황백색 또는 담황색 줄무늬가 생기고 점차 갈색 또는 흑갈색으로 변한다. 이삭이 패지 못하고 말라죽거나 주간만 여물고 분얼간이 말라 죽는다.

• 전염경로와 유인
  - 포자가 꽃에 도달해 종피 안으로 들어가 균사 형태로 있거나 종자 표면에 부착하였다가 전염한다.
  - 파종기가 늦거나 질소의 과용, 토양이 건조할 때 많이 발생한다.

• 방제법
  - 종자소독을 철저히 한다.
  - 만파를 피하고 식물체를 건실하게 재배한다.
  - 무병지에서 채종한 무병종자를 이용하고 이병주는 일찍 제거하여 소각한다.

ⓑ 맥류흰가루병(맥류백분병)

• 병 징
  - 보리, 밀, 호밀, 귀리와 기타 화본과 식물에서 발생하며, 5월부터 시작해 수확기까지 계속 발생하고 성숙할 무렵 가장 심하다.
  - 분생포자인 흰가루가 잎, 줄기, 이삭 등에 나타나고 심할 경우 밀가루를 뿌린 것처럼 나타난다.

• 전염경로 및 유인
  - 이병된 맥간 또는 포장에 떨어진 이병종자로부터 전염되고 분생포자에 의해 2차전염된다.
  - 주로 비가 많을 때, 만파하였을 때, 연작 시, 다비재배, 음습한 곳에서 많이 발생한다.
  - 이병성 품종의 밀식이나 질소 과비 시 더욱 만연하고 특히 아랫부분 잎에 많이 발생한다.

• 방제법
  - 내병성 품종을 선택한다.
  - 적기 파종을 하고 지나친 밀식과 질소의 과용을 피한다.
  - 이병주는 뽑아서 소각한다.

② 충 해

㉠ 보리굴파리

발 생	• 성충은 광택 있는 3mm 정도이며, 유충은 담황색으로 체장 5mm 가량이다. • 5월경 애벌레가 보리 잎 끝부터 속으로 먹어 들어가 표피만 남긴다. • 남부지방에서 많이 발생한다.
방제법	• 심경하면 번데기가 깊이 매몰되어 우화하는 수효가 줄어든다. • 발생초기 침투성이 강한 유기인제 1,000~1,500배액을 살포한다.

㉡ 진딧물

발 생	• 보리에 가해하는 진딧물은 기장테두리진딧물, 보리수염진딧물, 옥수수테두리진딧물 등이 있다. • 4월부터 발생하며, 피해는 5~6월 심하고 한발이 계속될 때 심하다. • 잎 뒷면에 군서하면 잎이 위축되고 이삭에 번지면 등숙이 저해되어 감수된다.
방제법	보리굴파리 방제법에 준한다.

맥류의 수확과 탈곡에 대한 설명으로 옳은 것은?

① 수확적기는 종실의 무게면에서는 건물중의 약 80%가 될 때이다.
② 종실의 길이가 완성되는 시기가 수확적기이다.
③ 보리는 수분함량이 20% 이하가 되도록 한 후 탈곡한다.
④ 수확적기는 종실의 수분함량이 16% 이하로 떨어질 때 이다.

답 ③

㉢ 굼벵이

발 생	월동 전후 어린식물의 밑동을 잘라 큰 피해를 입히는 경우가 있다.
방제법	기비를 줄 때 토양살충제를 섞어 뿌린다.

㉣ 보리나방

발 생	등숙 중인 맥류 이삭에 산란하며, 알에서 깬 유충이 저장 중 종실을 식해한다.
방제법	• 일찍 수확, 탈곡하여 잘 건조 후 저장한다. • 저장 중 발생이 우려되면 포스톡신 또는 클로로피클린으로 훈증소독한다.

(10) 수확과 생산물 처리

① 수 확

㉠ 예 취

• 시 기

- 건물중과 입중이 최고가 되는 시기로 종실 내 각종 성분의 함량이 안정되고 종실의 수분함량이 기계수확이 가능한 35~40%이며, 수수가 황화되고 종실이 초 모양으로 단단하게 되었을 때가 적기이다.
- 보리는 출수 후 35~40일로 일반적으로 5월 하순에서 6월 상순경이고, 밀은 출수 후 40~45일로 일반적으로 6월 상·중순이 수확기이다.
- 중부지방에 비해 남부지방이 조금 빠르게 실시한다.

• 적기보다 늦은 수확은 이삭의 고숙으로 부러지고 씨알이 떨어져 손실이 발생하며 품질이 나빠진다.

㉡ 탈 곡

• 자동탈곡기 회전수(회/분) : 종자용은 500~550회, 도정용 또는 제분용은 550~600회가 알맞다.
• 회전수가 높아지면 종실이 손상되어 품질이 나빠진다.

㉢ 건 조

• 콤바인을 이용해 생탈곡하는 경우 수분함량이 높아 건조기를 이용하여 건조 후 저장하면 효과적이다.
• 건조온도 : 종자용 35~40℃, 그 외는 50~60℃가 안전하다.
• 건조속도 : 보리알의 수분이 한 시간에 1% 정도 감소되는 것이 좋다.

② 저 장

㉠ 수분 : 저장 중 수분함량은 보리 14%, 밀 13% 이하가 좋다.

㉡ 호흡 : 생리적 장해가 발생하지 않을 정도의 저온이면 온도가 낮을수록 수분함량이 적을수록 호흡률은 낮아진다.

㉢ 온도와 상대습도 : 병충해와 변질 방지를 위해서는 온도 10~15℃, 습도 75% 이하가 되도록 하며, 가능한 한 저온에 저장하는 것이 좋다.

㉣ 해충 : 일반적으로 곡물의 온도가 12~13℃ 이하에서 활동이 둔해지지만, 20℃ 이상에서는 생육과 번식이 왕성해져 곡립을 식해한다.

㉤ 미생물 : 곡물에 가해하는 미생물로는 곰팡이와 박테리아가 있으며, 곰팡이는 곡립의 수분함량이 14%, 온도 15℃ 이하일 때 생육과 증식이 억제되고 박테리아는 이보다 약간 저온이고 고습인 것을 좋아하는 경향이 있다.

(11) 특수재배

① 맥주보리

㉠ 품질조건

양적 조건	• 종실이 굵고 고르며, 주름이 적어야 한다. • 전분함량은 58~65% 정도까지 높아야 좋다. 전분함량이 높아야 맥주수율이 좋아진다. • 곡피가 얇아야 하며 곡피의 양은 8% 정도가 적당하고 두꺼우면 곡피 중 성분이 맥주 맛을 저하시킨다.
질적 조건	• 발아가 빠르고 균일해야 한다. • 아밀라아제의 활성이 강해야 전분으로부터 맥아당으로 당화작용이 잘 이루어지므로 효소력이 강해야 한다. • 단백질 함량이 낮아야 한다(8~12%인 것이 가장 알맞다). • 지방의 함량이 적어야 한다. 1.5~3.0인 것이 좋고 그 이상이 되면 맥주품질이 저하된다. • 담황백색으로 품종 고유의 색택과 광택을 지니고 있는 것이 좋다. • 신선한 보릿짚과 같은 향기가 있어야 한다. • 종실의 건조, 숙도, 순도 등이 좋아야 하며 협잡물, 피해립, 이종립 등이 없어야 한다.

㉡ 품종 : 우리나라에서 맥주보리의 장려 품종은 모두 씨알이 굵은 두줄보리로 두산 8, 12, 22, 29호, 사천 2, 6호, 향맥, 황금보리, 진광, 제주보리, 삼도보리 등이 있다.

㉢ 재 배

• 파 종

– 이립의 혼입은 품질이 손상되므로 채종에 주의하여 순종을 채종하고 선종과 종자소독을 철저히 해야 한다.

맥주보리의 품질 조건에 대한 설명으로 옳지 않은 것은?

① 발아가 빠르고 균일해야 한다.
② 아밀라아제(Amylase)의 작용력이 강해야 한다.
③ 단백질 함량은 20% 이상인 것이 알맞다.
④ 지방 함량은 약 1.5~3.0%인 것이 알맞으며, 그 이상이면 맥주의 품질이 저하된다.

답 ③

- 맥주보리는 춘파성이 높아 파종적기의 폭이 매우 좁다. 파종시기는 경남과 전남은 10월 하순~11월 상순, 제주도는 11월 상・중순경이다.
- 이랑 너비 50~60cm, 골 15cm 정도로 파폭을 다소 좁게하고, 파종량은 7~8kg/10a로 비교적 적게 파종해 건실하게 생육시켜야 한다.

• 시 비
- 질소질 비료를 많이 시용하면 수량은 증가하나 도복, 단백질의 증가, 성숙이 불균일할 우려가 있으므로 단백질함량이 12% 이하가 되게 하는 것이 좋고, 질소의 40% 정도는 초봄 새뿌리가 내릴 때 추비로 준다.
- 질소질 비료의 시용량을 적게 하고 추비 비율도 낮게 하여 일찍 시비해야 생육이 건실하고 결실도 좋고 숙기도 빠르며 단백질함량도 낮다.
- 10a당 질소 : 인산 : 칼륨 = 12kg : 8kg : 8kg가 좋다.

• 관 리
- 토입과 진압, 중경을 정밀하게 실시하여 월동을 조장하고 분얼과 도복을 경감시켜야 한다.
- 출수 후 이형주의 제거를 철저히 해야 한다.

• 수 확
- 성숙기는 출수 후 40일경이며, 전체 이삭목의 10~20%가 숙기이며, 늦은 이삭의 경우 완숙되지는 않았으나 녹색이 모두 황색으로 변하는데, 이때가 수확기이다.
- 성숙하게 되면 비를 맞히지 말고 신속하게 예취하여 잘 말린 후 저장해야 한다.
- 수확한 맥주보리는 1~2일 자연건조 후 수분함량이 25~30%가 되었을 때 탈곡해야 발아에 지장이 없다.
- 생탈곡 맥주보리를 건조기로 건조시킬 때 온도는 40℃ 정도로 하며, 건조온도가 높으면 발아력이 낮아질 우려가 있다.

② 기계화 생력(省力)재배

㉠ 기계화의 효과

• 노력절감 : 맥류 생산비의 40~50%가 노력비로 들어가는데, 소형기계화의 경우 30~60%, 대형기계화의 경우 70~90% 정도 절감이 가능하다.
• 수량증대 : 심경, 다비, 적기적 작업, 재배양식의 개선 등으로 수량이 증대될 수 있다.

- 농지이용도 증대 : 기계화는 작업능률이 높아지고 작업기간도 단축되어 전작물 작부체계가 원활해져 토지이용도를 증대시킨다.
- 농업수지 개선 : 기계화는 수량의 증가, 토지이용도 증대, 생산비 절감 등으로 농업수지가 개선된다.

ⓛ 기계화적응 품종

- 기계화재배의 경우 수량확보를 위해 다비밀식재배로 도복의 우려가 커지게 되므로 내도복성이 큰 품종을 선택해야 한다.
- 다비재배는 수광이 좋아야 하므로 직립형으로 잎이 짧고 빳빳하게 일어서는 품종이 알맞다.
- 한랭한 지역에서는 내동성이 강한 품종을 선택해야 안전한 월동이 가능하다.
- 다비재배는 병해 발생이 조장되므로 내병성이 강해야 한다.
- 키가 70cm 이하이면 기계수확이 불편하므로, 키가 중간으로 대가 충실하고 뿌리발달이 좋은 품종이 알맞다.

ⓒ 세조파(드릴파)재배

- 밭에서 맥류 기계화 적응 재배법으로 제초제 사용을 전제로 골 너비를 아주 좁게 하고 골 사이도 좁게 하여 배게 여러 줄 뿌리는 방법이다.
- 맥류에서는 광파재배보다 드릴파재배를 하는 것이 수광태세가 좋다.
- 관행재배에 비해 증수효과와 함께 노력의 절감효과가 있다.
- 세조파재배의 증수원인
  - 다비, 밀식, 균등배치로 수수가 증대된다.
  - 군락완성 정도가 100%로 되는 시기가 관행재배보다 40일 정도 빠른 3월 하순이다.
  - 순동화율이 높다.
  - 수수가 많아도 입의 충실도가 높아 수량 감소가 적다.
  - 도복에 잘 견딘다.

필 / 수 / 확 / 인 / 문 / 제

작물군락의 수광태세에 대한 설명으로 옳은 것은?

① 콩은 키가 작고 가지가 많으면 수광태세가 좋아진다.
② 옥수수는 하위엽이 직립하고 상위엽이 수평인 것이 수광태세가 좋다.
③ 벼는 잎이 가급적 얇고, 약간 넓으며, 하위엽이 직립한 것이 수광태세가 좋다.
④ 맥류는 광파재배보다 드릴파재배를 하는 것이 수광상태가 좋다.

답 ④

2 밀(소맥)

(1) 분류와 기원

① 명 칭

학 명	영 명	한 명
Triticum aestivum L.	Wheat	소맥(小麥)

② 계의 분류

㉠ 밀속에는 A, B, D, G 4종류의 게놈이 있고 각 게놈은 염색체가 이질이며, 게놈의 조성에 따라 4개의 계로 분류한다.

㉡ 밀속의 분류

분류	학 명	게놈 조성	염색체수(2n)	배수성	주요 특성
1립계	*T. monococcum* (1립계밀)	AA	14	2배체	내병성이 좋고 척박한 땅에서도 잘 견디며, 품질은 좋으나 밀알의 크기가 작고 수량이 적다.
2립계	T. *dicoccum* (2립계밀)	AABB	28	이질 4배체	품질은 초자질~중간질이며, 과자 제조에 알맞다.
	T. durum (2립계 마카로니밀)				건조와 녹병에 강하고 가루가 경질로 스파게티 제조에 알맞다.
	T. turgidum (2립계밀)				습기와 녹병에 강하고 가루가 연질로 비스킷 제조에 알맞다.
티모피비계	*T. timopheevi* (티모피비밀)	AAGG	28	이질 4배체	내병성이 강하고 종실의 단면이 3각형이며 초자질이다.
보통계	*T. aestivum* (보통밀, 빵밀)	AABBDD	42	이질 6배체	가장 널리 재배되고 있는 종으로 면류, 빵 제조 등 이용성이 다양하다.

③ 기 원

밀속에는 식물학상 여러 재배종과 야생종이 있다. 그 중 현재 세계적으로 대부분의 재배면적을 차지하고 있는 보통밀(빵밀)의 원산지는 코카서스 남부 아르메니아 지방이며, 10,000~15,000년 전부터 재배된 것으로 추정한다.

(2) 분포와 생산 및 이용

① 분포와 생산

㉠ 세계의 밀분포와 생산(2013년 기준)

- 밀은 재배면적 218,410천ha, 생산량 715,909천 톤으로 세계적으로 재배면적이 가장 넓은 작물이다.
- 서늘한 기후를 좋아하며, 주산지는 25~60°N, 25~40°S의 지대이다.
- 연평균기온 3.8℃ 이하에서는 밀의 재배가 곤란하고, 18℃ 이상에서도 부적당하다.
- 생산량 : 중국 > 인도 > 미국 > 러시아 > 프랑스 > 캐나다 순이다.
- 재배면적 : 인도 > 중국 > 러시아 > 미국 > 호주 > 카자흐스탄 > 캐나다 순이다.

㉡ 우리나라의 밀 분포 및 생산

- 가을밀은 추위에 강해 1월 평균기온 −8℃(1월 최저평균기온 −14℃)선이 재배북방한계선으로 남한에서는 산간지대를 제외하고 어디서나 재배가 가능하다.
- 보리에 비해 밀은 숙기가 1주일 정도 늦으나 재배상 장점이 많고 수량도 많으며, 영양가도 많다.

㉢ 보리에 비해 밀의 재배가 적은 이유

- 수확기가 보리에 비해 약 10일 정도 늦어 윤작체계상 불리하다.
- 수익성이 낮고 품질 좋은 밀을 값싸게 수입할 수 있다.

② 작물의 특성

㉠ 재배적 특성

- 보리에 비해 토양적응성이 강하여 척박한 토양, 메마른 토양, 사질토, 건조지, 습한 토양, 산성토양 등에 대한 적응성이 크다.
- 보리보다 내한성, 내비성, 내도복성 등이 커서 다비재배에 적응한다.
- 보리보다 수확기가 늦어 2모작이 불리하다.
- 보리보다 수량이 적고 값이 싸 수익성이 낮고, 외국산의 품질 좋고 값 싼 밀의 수입으로 경쟁력이 떨어진다.
- 생육온도는 최저온도 3~4℃, 최적온도 25℃, 최고온도 30~32℃이다.

필 / 수 / 확 / 인 / 문 / 제

밀 종실의 부위별 영양성분 중 전분, 단백질, 판토텐산, 리보플라빈 및 무기질을 함유하고 있는 부위는?

① 배 유
② 종 피
③ 호분층
④ 배와 배반

답 ①

㉡ 형태적 특성

• 종 실
  - 밀의 종자는 식물학적 과실에 해당하고 종자는 얇은 과피에 싸여 있다.
  - 영과의 횡단면은 원형, 삼각형 또는 신장형이고 종단면은 타원형, 장타원형 또는 단타원형이다.
  - 종실은 1,000립중은 30~45g, 용적중은 700~760g/L이다.
  - 밀알 정부에 짧은 털이 밀생하고 배쪽으로 골이 있으며, 잔등쪽 기부에 배가 있다.
  - 색에 따라 백소맥과 적소맥으로 구분하며, 우리나라는 주요 품종으로 적소맥이 재배된다.

• 뿌 리
  - 종근은 보통 3개이지만 6개까지 나오는 경우도 있으며, 보리에 비해 심근성으로 양분과 수분의 흡수력이 강하다. 추위나 가뭄에도 강하고 척박한 토양에도 잘 적응한다.
  - 분얼수는 추파성인 만생종, 조파, 소식, 비옥한 토양에서는 많고, 춘파성인 조생종, 만파, 밀식, 척박지, 소비재배하는 경우에는 적다.
  - 파종 깊이가 깊을수록 저위분얼 발생이 억제되어 분얼수가 적고 생육이 떨어진다.

• 줄기 : 형태와 구조는 보리와 비슷하나 더 빳빳하여 보리보다 도복에 잘 견딘다.

• 잎 : 보리보다 색이 진하고 끝이 더 뾰족하나 엽이와 엽설의 발달은 못하고 적자색 줄을 띠는 것도 있다.

• 이 삭
  - 이삭줄기에 약 20개 내외의 마디가 있으며, 각 마디에 1개의 소수가 달린다.
  - 받침껍질(호영, 護穎, Empty Glume)은 넓고 크다.
  - 소수는 한 쌍의 받침껍질에 싸여 4~5개의 영화가 들어있으나 결실되는 것은 보통 2~3개이다.

• 꽃 : 기본구조는 보리와 비슷하고 수술의 약이 보리보다 크다.

• 수형 : 보리와는 다르며 소수착색의 소밀(疏密), 이삭길이, 종축 절간 길이, 수축상의 소수분포상태 등에 따라 다르다.

추 형	• 이삭 기부에 약간 큰 소수가 조밀하게 착생하고 상부에는 약간 작은 소수가 성기게 착생하여 이삭이 상부로 갈수록 가늘며, 밀알이 대체로 굵고 고르다. • 까락은 보리보다 굵고 거세다.
봉 형	• 아래 · 위가 밋밋하고 이삭이 갸름하고 소수가 약간 성기게 고루 착생하여 이삭의 상 · 하부 굵기가 거의 같다. • 수량이 많으며 밀알도 고르고 굵은 편이다.
방추형	• 끝과 밑이 가늘며 이삭길이가 봉형보다 짧고 가운데 약간 큰 소수가 조밀하다. 상 · 하부에는 약간 작은 수수가 성기게 착생되어 이삭의 가운데가 굵고 상 · 하부는 가늘다. • 밀알이 고르지 못하다.
곤봉형	• 끝이 뭉툭하고 이삭길이가 가장 짧고 이삭 기부에 소수가 성기게 착생하여 가늘고 상부는 배게 착생하여 굵다. • 이삭 중 · 하부 밀알은 굵고 상부 밀알은 잘아 밀알이 고르지 못하다.

③ 생리 및 생태

㉠ 발 아

- 밀은 가을에 파종하여 월동 후 봄에 출수, 개화하여 성숙한다.
- 봄철 기온이 상승하면 분얼이 왕성해지고 유수가 분화되며, 줄기 신장 후 출수 · 개화한다.
- 출수 후 양분이 밀알로 전류되어 성숙이 완료된다.
- 발아온도는 최저온도 0~2℃, 최적온도 25~30℃, 최고온도 40℃이다.
- 발아에 필요한 수분의 흡수는 풍건종자는 최소 30% 이상이고 40% 이상 흡수 시 발아가 가장 좋다.

㉡ 분얼의 발생

- 만생종과 추파성 품종은 분얼의 발생이 많고 춘파성은 적다.
- 분얼수는 일반적으로 조파재배는 2~3개이나 많을 때는 5~6개 정도이다.
- 조파, 소식(疎植, Spacious Planting), 비옥한 토양에서 분얼수가 많다.
- 파종 깊이가 깊을수록 지중경이 발생하고 발아가 늦어져 분얼수가 적어지고 빨리 나오는 분얼을 억제하는 경향이 있다.

㉢ 춘화처리

- 밀의 최아종자를 0~3℃ 저온에서 20~40일 처리하여 파성을 없애는 것을 밀의 춘화처리라 한다.
- 효 과
  - 가을밀을 봄에 파종하여도 정상적 수확이 가능해진다.
  - 유수의 발육, 절간신장이 빨라지고 경수도 많아진다.
  - 아래쪽 절간장이 짧아지고 줄기가 굵어져 도복이 감소한다.

필 / 수 / 확 / 인 / 문 / 제

맥류의 출수·개화·수정에 관한 내용으로 옳은 것은?

① 밀은 출수 후 3~6일에 개화한다.
② 보리는 출수 후 5~7일에 개화한다.
③ 보리는 오후에 개화하고, 밀은 오전에 개화한다.
④ 밀의 자연교잡률은 보리보다 낮다.

답 ①

㉣ 개 화

- 한 이삭에서 꽃은 선단부터 1/3쯤 부분의 작은 이삭부터 개화를 시작해 상하로 이르고 1개의 수수 안에서는 맨 아래 제1소화부터 개화해 올라간다.
- 밀은 자가수정을 하지만 보리와는 달리 출수시작 후 3~6일경 개화, 수정이 이루어지므로 보리에 비해 자연교잡률이 높다.
- 수분 후 30일경 배가 완성되며 수분 후 20일경까지 배가 급속히 증대되고, 그 후 서서히 증대하여 수분 후 35일경 최대에 달하고 이후 약간 감소한다.
- 배가 최초 발아력을 가지는 것은 수분 후 7~9일경이며, 정상적 발아력을 가지는 시기는 수분 후 25일경이다.
- 꽃은 아침부터 개화를 시작해 오후에 가장 많이 개화되고 밤에는 개화가 적다.
- 1이삭의 개화기간은 3~4일, 1개체 개화기간은 8일 정도가 보통이다.
- 개화에 알맞은 온도는 최저 10~13℃, 최적 18~21℃, 최고 31~32℃이며, 습도는 70~80% 정도에 날씨가 좋을 때 많이 개화된다.

㉤ 이삭의 성숙

- 밀의 성숙일수는 출수 후 35~45일 정도이다.
- 수정 후 배낭 내 세포분열로 배유조직이 형성되기 시작하면 잎과 줄기에서 전류된 당이 바로 전분으로 합성되고 이후 계속해서 당이 공급되어 곡립의 건조가 시작될 때까지 전분립이 계속 형성되고 단백질의 형성은 곡립의 건조가 시작되면서부터 일어난다.
- 등숙기간 중 종실 성분의 집적
  - 중간질 밀은 조단백 함유율이 처음에는 높다가 점차 감소되어 출수 후 32일경부터 일정하며, 부질 함유율은 40일까지 증가한 후 일정하게 된다.
  - 전분의 함유율은 출수 후 40일까지 증가하다가 이후 일정하게 되고, 1립당 함유율은 42일까지 증가한 후 일정하게 된다.
  - 전당과 조섬유의 함유율은 약 32일까지 감소하다 그 후 일정하게 된다.
  - 탄수화물이 전분으로 안정화되는 것은 40일경이며, 그 후 곡립의 비대와 함께 함유율은 변화하지 않으나 집적은 42~45일까지 계속된다.
  - 양분의 집적 개시는 전분은 수분 후 7일째부터 저장단백질은 수분 후 10~13일째부터이다.

㉥ 수발아

- 밀의 휴면은 1개월 미만인 것부터 3.5개월에 이르는 것까지 여러 가지이다.
- 종자휴면은 건조종자는 고온에서, 흡수종자는 저온에서 일찍 끝난다.
- 후숙이 완료되지 않은 종자는 저온에서 양호하게 발아하나 후숙이 진행됨에 따라 발아 가능온도범위는 상승한다.
- 후숙기간이 짧은 품종이 성숙기에 비를 오래 맞게 되면 포장에서 발아하는 것을 수발아라 하고, 우리나라는 밀 수확기 바로 전 장마로 인해 수발아 피해 발생이 많다.
- 백립종은 적립종에 비해 수발아가 잘되며 이삭껍질에 털이 많거나 초자질인 것이 수발아 위험이 크다.
- 수발아 억제는 수발아성이 낮은 품종의 선택, 조숙종으로 장마철을 피하는 방법이 있으며, 응급대책으로 발아억제물질을 살포하는 것이 효과적이다.

③ 분류와 품종

㉠ 분 류

- 추파성 정도에 따라 가을밀, 봄밀로 구분된다.
- 이삭의 모양에 따라 곤봉형, 봉형, 방추형, 추형 등으로 구분된다.
- 종실의 색에 따라 백소맥과 적소맥으로 구분된다.
- 밀 배유부의 물리적 구조인 입질(粒質, Grain Characteristics, Kernel Texture)에 따라 초자질, 분상질, 중간질 등으로 구분된다.
- 분질에 따라 연질, 중간질, 반경질, 경질 등으로 구분된다.

㉡ 품 종

- 장려 품종으로는 알찬밀, 탑동밀, 우리밀, 그루밀, 올그루밀, 은파밀, 조광대밀 등이 있으며, 남부지방에서는 남해밀, 다홍밀, 올밀, 청계밀 등이 알맞다.
- 탑동밀만 제빵용으로 적합하고 그 외의 다른 밀들은 국수용으로 사용된다.
- 트리티케일
  - 밀과 호밀의 속간잡종이다.
  - 밀의 단간, 조숙, 양질성과 호밀의 내한성, 생육력, 긴 수장, 내병성 등의 조합을 목적으로 만들어졌으며, 자가임성(自家稔性, Self-Fertility)을 가진다.
  - 등숙이 좋지 않고 품질이 낮은 등의 단점이 있어 이런 단점들을 보완하고 있는 실정이다.

필 / 수 / 확 / 인 / 문 / 제

트리티케일(Triticale)에 대한 설명으로 옳은 것은?

① 밀과 호밀을 인공교배하여 육성한 동질배수체이다.
② 밀과 호밀을 인공교배하여 육성한 이질배수체이다.
③ 밀과 보리를 인공교배하여 육성한 동질배수체이다.
④ 밀과 보리를 인공교배하여 육성한 이질배수체이다.

답 ②

- 6배체 트리티케일(AABBRR) = 호밀 × Durum
- 8배체 트리티케일(AABBDDRR) = 호밀 × 보통밀

④ 품 질

㉠ 품질에 영향을 미치는 요인

- 밀의 품질
  - 영양면에서는 단백질, 전분, 지방, 회분, 비타민, 무기물 등의 성분이 많이 함유되어 있는 것이 좋다.
  - 이용·가공적 측면에서는 배유율, 제분율, 가루의 품질, 입질, 분질, 회분, 백도 등 여러 특성이 관련되어 있다.
- 품질과 토양수분
  - 관개는 단백질 함량을 저하시키며, 토양수분이 75%일 때 수량과 1,000립중은 최고에 달하나 단백질 함량은 최저이고, 그 이상 수분이 증가되면 단백질 함량도 증가하게 된다.
  - 토양수분의 저하는 수량과 1,000립중은 저하되나 단백질 함량은 증가한다.
- 품질과 기상
  - 등숙기 기온이 약간 차갑고 서늘하며, 토양수분이 적당할 경우 저단백질 밀이 생산되고 고온, 건조한 경우 고단백질 밀이 생산된다.
  - 비가 자주 오면 밀알의 외관이 나빠지고 1L중이 저하되며 단백질 함량과 회분함량이 증가되나 제분성과 밀가루 성상이 많이 불량해진다.

㉡ 밀알의 품질

- 배유율(胚乳率)
  - 전립중(全粒重)에 대한 부피와 배 등을 제외한 배유의 중량비를 말한다.
  - 배유율 = $\frac{\text{배유중량}}{\text{전립중}} \times 100$
  - 품종, 재배환경에 따라 차이가 있지만, 일반적으로 81~90% 정도이다.
- 제분율(製粉率, Extraction Rate, Flour Milling Percentage)
  - 밀알에서 밀가루가 나오는 비율로 밀알이 굵고 통통하여 1,000립중이 크고 밀알이 단단해 1L중도 크며, 껍질이 얇아 배유율이 높은 것일수록 높은 경향이 있다.
  - 제분율 = $\frac{\text{밀가루의 중량}}{\text{밀기울의 중량} + \text{밀가루의 중량}} \times 100$

밀의 제분율(製粉率)을 높이는 데 유리한 조건에 해당하지 않는 것은?

① 1,000립중이 크다.
② 배유율이 낮다.
③ 밀알의 건조가 좋을수록 높다.
④ 잔분율이 낮다.

답 ②

- 제분 시 밀알의 수분함량은 강력분 15%, 중력분과 박력분은 14%로 일정하게 조정하므로 밀알의 건조가 좋을수록 종실 중량의 원료밀에 대한 제분율은 증가한다.
- 품종 간 제분율의 차이는 심하며, 우리나라 장려품종은 대부분 연질품종으로 제분율은 63~70%이다.
- 등숙기 고온, 건조, 과도한 기상조건은 제분율이 떨어진다.

• 잔분율
- 제분 시 배유 중 밀기울로 묻어가는 전분이다.
- 호분층 바로 아래는 단백질이 많고 전분을 싸고 있는 경질전분세포나 반경질전분세포가 있어 호분층에 고착되어 있으며, 이들이 발달하면 제분 시 밀기울로 묻어가는 전분이 많아진다.
- 잔분율이 높으면 배유율에 비해 제분율이 낮아진다.

• 입질(粒質, Grain Characteristics, Kernel Texture)
- 의의 : 밀알의 물리적 구조를 입질이라 한다.
- 초자질립(경질밀)
  ⓐ 초자질부 : 밀알의 횡단면이 맑고 반투명한 부위
  ⓑ 단면의 70% 이상이 초자질부로 되어 있는 밀알
  ⓒ 세포가 치밀하고 광이 잘 투입되므로 반투명하게 보인다.
- 중간질립 : 단면의 30~70%가 초자질부로 되어 있는 밀알로 반초자질밀이라 하기도 한다.
- 분상질립(연질밀)
  ⓐ 분상질부 : 백색의 불투명한 부위
  ⓑ 단면의 70% 이상이 분상질부로 되어 있는 밀알
  ⓒ 세포 간극이 많아 공기의 함유량이 많고 광의 난반사로 희게 보인다.
- 초자율(G.P) = $\frac{\sum d}{n} \times 100$

  n : 공시립수(보통 100립)
  d : 각립의 초자질가(초자질립 1.0, 중간질립 0.5, 분상질립 0.0)

㉢ 밀가루의 품질
• 단백질과 부질(麩質, Gluten)
- 밀의 단백질
  ⓐ 밀에는 7~15%의 단백질이 함유되어 있으며 단백질의 약 80%가 부질(Gluten)이며, 부질은 글리아딘(Gliadin)과 글루테닌(Glutenin)으로 구성되어 있다.
  ⓑ 글루테닌과 글리아딘은 춘파밀이 추파밀에 비해 다소 높다.
  ⓒ 기타 알부민, 글로불린, 프로테아제 등이 있다.

밀의 종자저장단백질에 대한 설명으로 옳은 것은?

① 글루텐이 차지하는 비율이 가장 크다.
② 초자율이 높으면 종자저장단백질 함량은 낮은 편이다.
③ 글루텐의 양과 질은 유전적으로 고정되어 있다.
④ 밀가루 반죽의 부풀기는 종자저장단백질보다 전분의 영향을 더 받는다.

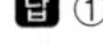
답 ①

필 / 수 / 확 / 인 / 문 / 제

밀가루의 품질에 대한 설명으로 옳지 않은 것은?

① 회분 함량이 많으면 부질의 점성이 낮아지는 경향이 있다.
② 강력분은 반죽의 점성은 높으나 신전성은 낮다.
③ 강력분은 비스킷보다는 빵을 만드는데 적합하다.
④ 배유의 투명도가 높은 밀가루일수록 신전성이 강하다.

답 ②

밀알 및 밀가루의 품질에 대한 설명으로 옳지 않은 것은?

① 밀알이 굵고 껍질이 얇은 것이 배유율이 높고 양조용으로도 유리하다.
② 초자질인 것은 분상질인 것에 비하여 단백질 함량이 높고 지방과 전분의 함량이 낮다.
③ 경질전분세포가 발달되어 있으면 배유율에 비하여 제분율이 낮아진다.
④ 연질분(박력분)은 단백질과 부질의 함량이 높아서 제빵용으로 알맞다.

답 ④

ⓓ 우리나라 밀가루 구분은 단백질 및 부질 함량으로 하며 박력분일수록 낮고 강력분일수록 높다.

- 부질은 효모의 발효작용으로 점성과 신전성(Glutenin, 신장력)이 커지므로 부질의 양과 질은 밀가루 가공적성에 크게 영향을 미친다.
- 부질의 함량은 단백질 함량과 밀접한 관련이 있고 초자율이 높은 것이 단백질과 부질의 함량이 높다.
- 단백질함량 : 초자율이 높을수록, 경질일수록, 한랭지에서 재배한 것일수록, 조기 수확할수록, 질소질 비료의 적기 적량 시용 시 높아진다.
- 부질함량의 측정 : 켈달분해로 단백질 함량을 측정하면 부질의 함량도 알 수 있다.

• 분질(粉質, Flour Texture) : 밀가루의 이화학적 특성

- 경질분(강력분)
  ⓐ 밀가루가 매끄럽지 못하고 거칠며, 이는 밀가루 중 단백질이 내부에 전분립을 싸고 있는 결정인자가 있기 때문이다.
  ⓑ 단백질과 부질의 함량이 많고 장시간에 걸쳐 신전성이 있어 빵을 만들 때 잘 부풀어 알맞다.
  ⓒ 회분과 단백질의 함량이 높고 초자율도 높으며, 밀알의 압쇄강도가 커 경질소맥이라 한다.
  ⓓ 고급빵, 마카로니 등에 알맞다.
- 반경질분(준강력분)
  ⓐ 단백질과 부질의 함량이 경질분보다 다소 적고 차진 정도가 덜하고 비교적 장시간 신전성이 있다.
  ⓑ 빵배합용, 국수용으로 알맞다.
- 중간질분(중력분)
  ⓐ 단백질과 부질의 함량이 경질분과 연질분의 중간 정도이다.
  ⓑ 신장력이 있는 것은 가락국수용, 신장력이 약한 것은 제과용에 알맞다.
- 연질분(박력분)
  ⓐ 밀가루에 결정입자가 없어 매우 부드럽다.
  ⓑ 단백질과 부질의 함량이 낮아 신장성이 단시간에 그친다.
  ⓒ 경질밀보다 단백질과 부질함량은 낮고 지방함량은 높다.
  ⓓ 신장력이 다소 강한 것은 가락국수용, 신장력이 약하고 단백질 함량이 적은 것은 카스테라, 비스킷, 튀김용에 알맞다.

• 밀가루의 종류와 용도

용 도	제품의 양적 조건	밀가루 종류	제품의 질적조건			알맞은 용도	원료밀의 생산지
			분 질	입 질	단백질 함량(g)		
제분용	제분율	강력분	경 질	초자질	11~13.5%	제빵용	캐나다, 호주
		준강력분	반경질	초자질	10~12%	빵배합용	아르헨티나, 미국(경질)
		중력분	중간질	중간질	9.5~10.5%	국수, 과자	한국, 일본
		박력분	연 질	분상질	8% 이하	제과용, 튀김용	미국(연질)
양조용	배유율	어느 것도 부질함량이 많은 것이 좋다.				간장, 된장	

3 호 밀

(1) 분포 및 생산과 이용

① 명 칭

학 명	영 명	한 명
Secale cereale L.	Rye	호맥(胡麥)

② 내력 : 원산지는 서남아시아로 추정된다.

③ 분포 및 생산

㉠ 세계의 분포 및 생산

• 호밀은 내한성이 강하고 토양 적응성이 커 추위, 가뭄, 척박지 산성토양에 적응력이 맥류 중 가장 강하여 재배에 유리한 장점이 있다.

• 위도상 주산지는 47~53°N 지대이고 47°N부터는 밀보다 호밀이 여러 면에서 우세하고, 재배북방한계는 60°N 정도이다. 표고한계도 가을호밀 2,370m, 봄호밀 2,800~3,000m에 이른다.

• 세계 호밀의 생산은 독일, 러시아, 폴란드, 우크라이나 등 유럽북부에서 생산된다.

㉡ 우리나라의 분포 및 생산

• 키가 크고 출수기는 빠르지만 수확기가 밀보다 늦어 작부체계상 불리하고, 수익성도 낮아 보리나 밀의 재배가 적합하지 않은 산간 척박지, 하천부지 등에서 일부 재배되고 있을 뿐이며, 사료수입의 증가로 재배와 생산은 더욱 감소되었다.

• 주요 재배지는 충남이 가장 많고 강원, 전북에 분포되어 있다.

맥류의 내동성 정도를 바르게 나타낸 것은?

① 호밀 > 밀 > 귀리
② 밀 > 호밀 > 보리
③ 보리 > 밀 > 호밀
④ 귀리 > 호밀 > 밀

답 ①

㉢ 이 용

- 성분 : 당질이 주성분이며, 단백질과 지질의 함량은 거의 밀과 같고 밀에 비해 칼륨, 철분, 비타민 B 등이 풍부하다.
- 호밀가루는 제빵에 이용되나 글루텐 성분이 없어 잘 부풀지 않고 색깔이 검어 흑빵이라고 하며, 맛은 떨어지지만 저장성이 높다.
- 국수, 수제비, 누룩, 과자 등과 맥아를 만들어 흑맥주, 위스키 제조에 이용되기도 한다.
- 출수 전 베어 녹비로 이용하거나 출수 후 베어 청예사료로 이용하기도 한다.

(2) 작물적 특성

① 환 경

㉠ 내동성이 극히 강해 겨울에 온도가 -25℃ 정도로 낮은 지역에서도 재배가 가능하며, 저온발아성이 높다. 작물의 내동성은 호밀 > 밀 > 보리 > 귀리 순이다.

㉡ 내건성 또한 극히 강해 강우분포가 고르면 연강우량 500mm 이상에서 정상생육이 가능하고, 모래땅에서도 생육이 가능하다. 내건성은 호밀 > 밀 > 보리 > 귀리 순이다.

㉢ 토양반응 적응성이 커 알칼리성 토양부터 강산성 토양까지 잘 적응한다.

㉣ 흡비력이 강해 사질토양이나 점질 척박지에서도 잘 적응한다.

㉤ 다습한 환경을 꺼리고 강우, 바람 등에 의해 도복이 잘 된다.

② 형 태

㉠ 뿌리 : 종근은 보통 4개이며, 근계발달이 좋고 심근성으로 가뭄에 강하다.

㉡ 줄 기

- 밀보다 대체로 길고 간장은 1.3~1.8m, 지상절수는 5~6마디이며, 줄기 표면이 납질(Wax)로 덮여 있다.
- 밀보다 분얼력은 떨어지며, 보리에 비해 도복에 강한 특성이 있다.

㉢ 잎

- 어린잎은 붉은 자주색을 띠고 엽색은 청록색으로 납질이 현저하며, 보리나 밀보다 넓고 길다.
- 지엽은 다른 잎보다 적고 엽설은 백색으로 작고 엽이도 극히 작다.

㉣ 이 삭

- 밀과 비슷하나 대체로 길고 가늘며, 단면은 납작한 사각형으로 2조종과 비슷하다.

호밀의 환경적응 특성에 대한 설명으로 옳은 것은?

① 겨울에 -25℃ 정도의 저온지대에서도 월동이 가능하다.
② 내건성이 매우 강하지만 사질토양에 대한 적응성이 낮다.
③ 산성토양에는 잘 적응하지만 알칼리성토양에 대한 적응성은 낮다.
④ 흡비력이 강할 뿐만 아니라 강우나 바람에 의한 도복에도 강하다.

답 ①

호밀의 특징에 관한 내용으로 옳은 것은?

① 발아할 때 종근은 1개이다.
② 풍매수분을 하며 자가불임성이 높다.
③ 저온 발아성이 밀보다 약하다.
④ 내건성이 약하다.

답 ②

- 수형은 직립형부터 하수형까지 있고 밀처럼 봉형, 방추형의 차이가 있다.
- 이삭길이는 10~18cm이며, 이삭줄기는 25~30개의 마디가 있고 각 마디에 1개의 소수가 착생하는데 소수는 길고 둘레에 톱니가 있는 1쌍의 받침껍질로 싸여 있다.
- 소수는 3개씩의 꽃이 달려 2개 정도가 여물고 1이삭에 50~60립의 종자가 달린다.

㉤ 종실 : 색깔은 청색과 담갈색으로 밀보다 길고 가늘며, 표면에 주름이 잡힌 것이 많다.

③ 생리 및 생태

㉠ 발 아

- 발아온도는 최저 1~2℃, 최적 25℃, 최고 30℃ 내외로 다른 맥류에 비해 낮은 편이다.
- 타가수정작물로 자가불임성이 매우 높다.

㉡ 개화와 등숙

- 개화는 주간 이삭부터 시작되며, 한 이삭에서 중앙부 소수가 최초 개화하고 점차 상·하부 수소에 미친다.
- 오전(49.5%) 중 꽃이 많이 피며, 오후(33.8%), 야간(11.9%) 순으로 개화한다.
- 한 이삭의 전체 소화의 개화소요일수는 3~4일이며, 한 그루의 전체 소화의 개화소요일수는 8~14일이다.
- 기온이 12℃ 이상 되어야 개화가 이루어진다.

㉢ 자가불임성

- 풍매화로 타가수정하며, 자가수분 시 화분이 암술머리에서 발아는 하지만 화분관이 난세포에 도달하지 못해 임실률이 현저히 떨어지고 때로는 거의 결실하지 못한다.
- 자가불임성은 우성인 경향이며, 개체 간 유전적 변이가 인정된다.
- 자가불임성 정도는 재배종이 야생종보다 높다.

㉣ 결곡성

- 의의 : 호밀에서 나타나는 불임현상
- 원인 : 미수분에 의해 발생하며 포장 주위 개체나 바람받이에 있는 개체는 미수분 되기 쉽고 개화 전 도복, 강우 등에 의하여 발생하기도 한다.
- 결곡성은 유전되며 호밀에서 결곡성이 높은 것은 염색체이상에 의한 것이라 한다.
- 화분불임성과 웅성불임성이 있다.

호밀과 옥수수에서 사일리지 제조에 가장 적합한 수확 시기가 올바르게 짝지어진 것은?

① 호밀 – 수잉기, 옥수수 – 유숙기
② 호밀 – 유숙기, 옥수수 – 유숙기
③ 호밀 – 수잉기, 옥수수 – 황숙기
④ 호밀 – 유숙기, 옥수수 – 황숙기

답 ④

(3) 재 배

① 일반재배

㉠ 채종 : 채종포는 일반포장에서 300~500m 격리된 곳에 설치하는 것이 좋으며, 일반포장에서는 집단선발하도록 한다.

㉡ 파종 : 밀이나 보리 파종기에 준하며 파종량은 8~12kg/10a 정도로 한다.

㉢ 시비 : 도복 우려와 흡비력이 강하므로 밀이나 보리보다 20~30% 정도 줄인다.

㉣ 수확 : 수확기는 6월 하순~7월 상순으로 호밀의 등숙기간이 길어 밀보다 늦다.

② 청예재배

㉠ 사료로 이용 : 풋베기용은 수잉기 ~ 출수개화기에 예취하고, 엔실리지(Ensilage)로 이용할 때는 유숙기가 적기이다.

※ 옥수수는 사일리지 제조 시 황숙기에 수확하는 것이 적합하다.

㉡ 녹비로 이용

- 논에서 재배하여 녹비로 갈아 넣어 부식과 비료분을 보급하고 누수답에서 물의 절약과 수온 상승의 효과가 있다.
- 시용량이 많거나 시용시기가 늦어 기온이 높을 때 시용하게 되면 분해될 때 가스 발생이 심해 활착과 벼 뿌리의 생장을 저해한다.
- 호밀 녹비는 1,000kg/10a 이내로 시용하고 벼의 이앙기보다 앞서서 시용하도록 한다.

㉢ 토지이용도 증대

- 종실의 생산을 목적으로 하는 경우 수확기가 늦어 답리작으로 곤란하나 청예재배는 전국적으로 답리작이 가능해 논의 이용도를 높일 수 있다.
- 현재 벼 후작으로 남부지방은 이탈리안라이그래스를 중부지방에서는 호밀을 많이 재배하고 있다.

4 귀 리

(1) 분포 및 생산과 이용

① 명 칭

학 명	영 명	한 명
Avena sativa L.	Oat	연맥(燕麥)

② 내 력

㉠ 진화과정은 야생유부종에서 중간형을 거쳐 재배형으로 발달하고 다시 진화한 것으로 추정된다.

㉡ 원산지는 아르메니아 지방을 중심으로 하는 중앙아시아로 추정되고 있다.

㉢ 귀리속에는 여러 종이 있으며, 야생원종과 재배종의 염색체수는 2n = 42이다.

③ 분포 및 생산

㉠ 세계의 분포 및 생산
- 여름철 서늘한 기후에 잘 적응하며, 여름철 고온·건조한 지대에는 알맞지 않다.
- 식량보다는 사료로 많이 이용된다.

㉡ 우리나라의 분포 및 생산
- 봄귀리가 재배되는데, 냉습한 산간지에 잘 적응한다.
- 수확기가 늦고 수량이 적으며, 도정이 불편해 작부체계상이나 수익면에서 불리하여 근래 식용으로 재배는 거의 없다. 간혹 사료용 또는 녹비용으로 재배되는 정도이다.

㉢ 이 용
- 성 분
  - 귀리쌀은 당질이 주성분으로 65%에 이르며, 단백질(10.8%)과 지질(1.8%)의 함량도 높아 독특한 맛과 영양가가 높으며 소화율도 높고 비타민 B도 풍부하다.
  - 맥류 종실 중 수용성 식이섬유의 함량이 가장 높다.
- 용 도
  - 곡립은 정백하여 식량으로 이용되며, 압맥은 밥, 죽으로 먹고 근래는 이유식, 오트밀로 만들어 조식용으로 이용되기도 한다.
  - 풋베기한 것은 녹비와 사료로, 귀리짚은 건초, 자릿깃, 퇴비 등으로 이용한다.

(2) 작물적 특성

① 환 경

㉠ 내동성이 약해 우리나라에서는 봄귀리만 재배한다.

㉡ 내건성이 약하다.

㉢ 내도복성이 약해 비옥한 토양에서 재배 또는 다비재배의 경우 등숙기에 비바람이 심하면 도복 우려가 있다.

㉣ 냉습한 기후를 좋아한다.

㉤ 척박지나 산성토양에 대한 토양적응성이 밀보다 강하다.

② 형 태

㉠ 뿌리 : 종자근은 3본이고 초엽절부터 위 각 마디에서 관근이 발생하며, 근계의 발달이 좋고 심근성이고 흡비력이 강하다.

㉡ 줄기 : 보리와 비슷하나 굵고 수분이 많은 다즙성으로 소와 말 등의 가축에게 기호성이 높다.

㉢ 잎 : 넓고 엽초에 피랍이 많으며, 흰빛을 띤다. 엽설은 짧고 백색의 엷은 막으로 되어 있으며 엽이는 없다.

㉣ 이 삭

- 긴 이삭줄기에 4~8마디가 있고 이로부터 1차 지경과 2차 지경이 분지하여 다른 맥류의 이삭 모양과는 다르다.
- 한 이삭에 20~40개의 소수가 착생한다.
- 이삭의 모양
  - 산수형 : 이삭가지가 사방으로 퍼진 이삭형으로 보통종이 이에 속한다.
  - 편수형 : 한 쪽으로 몰린 이삭형으로 달단종이 이에 속한다.

㉤ 종 실

- 이삭마다 소수가 1개 달리며 받침껍질은 넓고 크며, 3개의 꽃이 달리고 최상위 꽃은 불임일 경우가 많다.
- 까락이 바깥껍질의 등에 달려 있다.
- 1개의 소수에 2개의 꽃이 임실할 때 상위립을 내립, 하위립을 외립이라 하고 외립이 굵고 부피율이 크다.
- 위이립 : 1개의 소수에 2개의 꽃이 임실할 때 제2화의 임실립이 불임인 제1화의 바깥껍질로 싸이는 경우를 말하며 개화 시 이상건조가 원인이다.
- 정복립 : 정상적으로 2개의 꽃이 임실한 것을 말한다.

③ 생리 및 생태

㉠ 개 화

- 완전히 출수한 후 이삭 선단의 꽃부터 개화를 시작해 점차 밑으로 진행된다.
- 1개의 지경 내에서는 선단의 소수부터 개화하고 1개의 소수 내에서는 하부 소화부터 개화한다.
- 한 이삭에 20~40개 소수가 있고 1이삭 개화시간은 8일, 한포기가 개화하는 데 30일 내외가 소요된다.
- 개화적온은 24~26℃ 개화습도는 57~88%가 알맞지만 비가 올 때도 개화한다.

맥류의 화서(花序)가 나머지 세 작물과 가장 다른 것은?

① 보 리
② 밀
③ 호 밀
④ 귀 리

답 ④

- 고온에서 저온으로 변할 때 개화가 많아 개화 시간은 오전 12시부터 시작해 2~4시에 가장 많이 개화하고 오후 5~6시까지 계속 개화한다.
- 자가수정을 원칙으로 하지만 1% 내외의 자연교잡이 나타난다.

㉡ 백수성

- 출수할 때 담록색~백색의 불완전한 소화가 생겨 성숙함에 따라 퇴색, 위축하여 떨어지는 백수현상이 생긴다.
- 원 인
  - 양분이나 수분 공급의 부족이 원인이다.
  - 한 이삭 중에서 백수의 분포는 대체로 주간에 소수가 많을수록, 이삭의 기부로 갈수록 많이 발생한다.
  - 출수 10일경~출수기에 상대적으로 세력이 약한 이삭일 때 많이 발생한다.
  - 약소화(弱小花)일 경우 발생이 많아진다.

(3) 재 배

① 파 종

㉠ 대체로 봄보리 재배에 준하며, 해동 후 될수록 빨리 파종한다.

㉡ 3월 중·하순~4월 상·중순에 걸려 파종한다.

㉢ 파종량은 10kg/10a로 한다.

② 관리 및 시비

㉠ 비료의 시비량은 도복 우려가 있으므로 보리에 비해 20~30% 정도 줄이는 것이 안전하다.

㉡ 중경제초를 1~2회 실시하고 도복 우려가 있을 경우 수잉기에 토입을 한다.

㉢ 병충해 방제는 보리에 준하여 한다.

③ 수확 및 조제

㉠ 남부 평야지대는 6월 하순, 산간부는 7월 중순에 수확한다.

㉡ 탈곡 및 조제는 보리에 준한다.

㉢ 도정은 여름 5~6시간, 겨울 10시간 정도 물에 담갔다가 밥처럼 될 때까지 쪄서 말린 다음 도정한다.

㉣ 풋베기 재배 시는 출수기~유숙기에 수확하는 것이 알맞다.

제2장 잡곡류

1 옥수수

(1) 분포 및 생산과 이용

① 명 칭

학 명	영 명	한 명
Zea mays L.	Maize, Corn	옥수수, 포미, 포곡 등

② 내 력

㉠ 원산지는 남아메리카 북부 안데스산지 저지대로 추정된다.

㉡ 중앙아메리카나 남아메리카에서 4,000~5,000년 전 옥수수 재배가 시작된 것으로 추정된다.

㉢ 우리나라에는 고려시대 원나라에서 도입되었다.

③ 분포 및 생산

㉠ 옥수수는 밀, 벼와 함께 세계 3대 작물이다.

㉡ 세계적 옥수수 재배현황(2013년 기준)

- 재배면적은 약 18,512만 1천ha, 총 생산량은 1,018,112만 톤이다.
- 미국, 중국, 호주, 인도, 프랑스, 남아프리카공화국, 멕시코 등이 주요 생산국이며, 미국이 전체 생산량의 30%를 차지한다.
- 주요 재배지역은 6~8월 평균기온이 20~23℃에 무상기일이 140~150일 정도가 되는 지역이며, 조생종은 3,000m까지의 고지대에서도 재배가 가능하다.

㉢ 우리나라 재배현황(2014년 기준)

- 재배면적은 15,839ha, 생산량은 82,008톤이다.
- 전체 자급률은 0.8%, 곡물자급률은 4.2%로 자급도가 매우 낮다.
- 주산지는 강원도가 37%, 충북 35%, 경기도, 전남, 경북, 경남 등이다.

④ 성분과 이용

㉠ 성 분

- 당질이 주성분으로 약 70%이며, 그 외 단백질 11%, 지질 3.5%, 섬유소 1% 등이고 비타민 A도 풍부하다.
- 전분의 구성은 아밀로오스와 아밀로펙틴으로 되어 있으며, 메옥수수는 아밀로오스가 25% 전후이고 찰옥수수는 아밀로펙틴이 95% 이상이다.

ㄴ 이 용

- 식용으로 직접 이용
  - 풋옥수수는 주로 호숙기에 수확하여 쪄먹거나 구워 간식용으로 이용한다.
  - 완전히 익은 종자는 통으로 또는 갈아서 식량으로 사용하며, 주로 경립종이 이용된다.
  - 옥수수는 단백질과 필수아미노산 구성이 불량해 식량으로 사용할 때는 감자 또는 콩과 섞어서 이용하는 것이 좋다.
- 가공식품
  - 폭립종 : 튀겨서 팝콘으로 이용한다.
  - 감립종 : 통조림, 분말 등으로 가공 또는 냉동 저장 후 이용한다.
  - 경립종 : 눌러서 콘플레이크로 만들어 이용한다.
- 공업용
  - 제분 : 빵, 과자, 물엿 등이 이용된다.
  - 전분 : 전분으로 만들어 과자, 포도당, 알코올, 방직용 풀로 이용된다.
  - 배 : 배에서 짠 기름은 식용유, 글리세린 등의 원료로 이용된다.
- 사료용
  - 종자, 잎, 줄기는 그대로 또는 가루로 만들어 이용한다.
  - 풋베기한 청초, 건초, 사일리지 등으로 이용된다.
- 기 타
  - 수염 : 신장병 약의 원료로 사용된다.
  - 옥수수대 : 제지원료, 연료로 이용된다.
  - 포엽 : 바구니, 방석 등을 만들거나 충전재료로 이용된다.
  - 이삭 속대 : 칼륨비료 제조에 이용된다.

(2) 작물적 특성

① 형 태

ㄱ 뿌 리

- 종근이 1개 나오고 이어 그 부근 마디에서 2~3개의 부정근이 나와 초기 흡수작용을 하며, 발아 후 7~10일부터 지근의 발생이 시작된다.
- 근계는 섬유상이고 땅속 70cm 이내에 주로 분포한다.
- 지표 가까운 2~3마디에서 측근이 발달하여 양분과 수분을 흡수하고 도복을 방지하는 역할을 한다.

옥수수의 특성에 관한 설명으로 옳은 것은?

① 대체로 웅성선숙이다.
② 고온 조건에서 수이삭의 개화는 주로 오후 늦게 이루어진다.
③ 재배여건이 나쁠수록 암이삭의 수염추출이 빨라진다.
④ 꽃가루는 꽃밥을 떠난 뒤 10~15일간의 수분능력을 갖는다.

답 ①

옥수수 수이삭과 암이삭에 대한 설명으로 옳지 않은 것은?

① 암이삭은 줄기의 꼭대기에, 수이삭은 줄기의 마디 부분에 달린다.
② 흔히 수염이라고 부르는 부분은 암이삭 중 암술머리 및 암술대에 해당한다.
③ 암이삭과 수이삭은 개화시기가 다른 경우가 많은데 일반적으로 수이삭이 먼저 핀다.
④ 보통 1개의 옥수수 줄기에 1~3개의 암이삭이 달리나 품종과 재배 환경에 따라서 여러 개가 달리기도 한다.

답 ①

㉡ 줄 기
- 굵고 둥글며, 둘레가 단단한 껍질에 싸여 있고 내부에 속이 차 있다. 길이는 1.5~3m이다.
- 단자엽식물로 줄기 각 마디에 잎이 달리고 단면에는 관다발이 흩어져 있다.
- 보통 20~30개의 마디가 있고 마디에 잎이 1개씩 달린다.

㉢ 잎 : 매우 커서 엽신이 넓이 5~8cm, 길이 50~60cm이며, 엽설은 편평하고 엽이는 작은 조직으로 되어 있고 잎 수는 12~18매 정도이다.

㉣ 화서(花序, Inflorescence)
- 특 징
  - 수이삭은 줄기 끝에, 암이삭은 줄기 중간마디에 착생하는 자웅동주식물이다.
  - 일반적으로 자웅양화서가 모두 단성화이지만, 때로는 수이삭에 암꽃이 달리는 경우도 있다.
  - 암이삭과 수이삭의 개화시기가 다른 경우가 많으며, 일반적으로 수이삭이 먼저 피는 웅예선숙이다.
  - 풍매화로 타가수정 한다.
- 수이삭
  - 긴 수축(穗軸, Panicle Axis)에서 10~20개의 1차지경이 나오고 다시 2차지경이 분기하여 각 마디에 2개의 웅성소수가 착생하며, 그 중 하나는 유병소수(有柄小穗, Pedicellate Spikclet)이고 다른 하나는 무병소수(無柄小穗, Sessile Spikelet)이다.
  - 하나의 수이삭에 500~4,000개의 소수가 착생하고 약 2,000만 개의 화분립을 가진다.
- 암이삭
  - 줄기 중간마디에 1~3개의 암이삭이 착생하며, 품종과 재배환경에 따라 여러 개가 달리기도 한다.
  - 암이삭에는 소수가 짝수 줄로 달리고 7~12매의 포엽에 싸여 있다.
  - 암이삭의 자방에는 수염이 달리며, 이것은 자라서 포엽 밖으로 나온다.
  - 자성소수에는 암술을 가진 임성화와 암술이 없는 불임화가 각각 1개씩 들어있다.

㉤ 종 실

- 형태와 크기가 종류에 따라 큰 차이를 보이며, 1,000립중도 400g 이상인 것부터 100g 정도까지 큰 차이를 보인다.
- 색깔도 백색, 황색, 등황색, 적갈색, 자흑색 등으로 과피와 호분층 색소에 의해 여러 색으로 나타난다.

② 생리 및 생태

㉠ 발 아

- 발아온도는 최저 6~11℃, 최적 34~38℃, 최고 40~50℃이다.
- 발아 시 흡수
  - 종자 무게의 70% 정도를 흡수해야 하며, 최대흡수율은 감마종은 113%, 마치종은 74%이다.
  - 대부분 종자의 첨모의 기부를 통해 이루어진다.
- 출아일수 : 최적수분과 온도일 때 파종 후 4~5일 소요되나 13℃ 내외에서는 18~20일, 15~18℃에서는 8~19일, 21℃ 이상일 때 5~6일 소요된다.
- 종자의 수명
  - 실용적 발아력을 갖는 시기는 수분 후 40일 정도이다.
  - 종자의 수명은 2~3년 정도이다.
  - 건조한 종자를 밀봉하여 저장할 경우 보통 5~10년 이내, 단기저장은 10℃에, 10~30년의 중기저장은 0℃에, 장기저장은 -10℃에 저장한다.

㉡ 곁가지 발생

- 종류와 품종에 따라 차이가 크며, 줄기 기부 엽맥에서 자란 곁가지에는 암이삭이 달리지 않는 것이 보통이다.
- 곁가지 수이삭에는 암술이 있는 자성소수를 함께 착생시키는 경우가 많으며, 이와 같은 웅수를 Tassel Seed라 한다.
- 곡실용 재배에서는 곁가지가 없는 품종이 유리하다.

㉢ 출수 및 개화

- 옥수수는 암꽃보다 수꽃이 먼저 피는 웅성선숙이다.
- 개 화
  - 수이삭에서는 출수 3~5일 후 중앙 상부부터 개화하며, 기간은 7~10일이다.
  - 개화시간은 저온에서는 9시~오후 2시경까지, 평야지 기온이 높은 곳은 오전 10~11시에 개화가 가장 많고 오후에는 적다.

옥수수의 크세니아 현상에 대한 설명으로 옳은 것은?

① 백립종에 황립종의 꽃가루가 수정되어 F_1 잡종의 배가 백색이 되는 것
② 백립종에 황립종의 꽃가루가 수정되어 F_1 잡종의 배유가 황색이 되는 것
③ 백립종에 황립종의 꽃가루가 수정되어 F_1 잡종의 배유가 백색이 되는 것
④ 백립종에 황립종의 꽃가루가 수정되어 F_1 잡종의 배가 황색이 되는 것

답 ②

옥수수의 생리적 성숙기에 대한 설명으로 옳은 것은?

① 풋옥수수로 이용하는 찰옥수수는 생리적 성숙기에 수확하는 것이 적합하다.
② 생리적 성숙기 이후에 종실의 수분함량은 감소하나 건물중은 증가한다.
③ 엔실리지용 옥수수는 생리적 성숙기 2~3주 후에 수확해야 한다.
④ 생리적 성숙기부터 양분의 이동이 차단된다.

답 ④

- 수 염
  - 암이삭의 수염은 중앙 하부부터 추출되어 상하로 이행되며, 선단부분이 가장 늦다.
  - 수염의 추출은 수이삭 개화보다 3~5일 늦는 것이 보통이나 품종 간 차이가 있다.
  - 재배여건이 나쁘면 수염의 추출이 늦어지고, 심하면 수염이 추출되지 않아 불임개체가 많아진다.

㉣ 수정과 등숙
- 풍매수분을 하며, 화분은 바람이 있을 때는 300~1,500m까지 날아갈 수 있고 암꽃과 수꽃의 개화시기가 달라 자연상태에서는 타가수정을 원칙으로 하며, 자가수정률은 2% 정도에 불과하다.
- 꽃가루는 약을 떠난 뒤 24시간 이내 사멸하며, 암이삭의 수염은 10~15일의 수분능력을 갖는다.
- 이삭이 급격히 자라는 시기에 환경이 불량하면 이삭의 생장이 불량하고 수염이 나오는 시기가 늦어 수정이 잘 되지 않아 수량이 떨어지는데, 수분부족과 고온 또는 저온으로 인한 장해, 장마철의 일조량 부족, 양분 부족 등이 원인이다.
- 크세니아(Xenia) : 부계의 우성형질이 화분을 통해 옮겨져 모계의 배젖에서 발현되는 현상으로 옥수수 종실배유에서 백색종(yy)에 황색종(YY) 또는 감립종, 초당종, 나종, 오페이크-2(Opaque-2) 등과 같은 열성인자를 가진 옥수수에 꽃가루가 수정되면 나타난다.
- 종자의 발달
  - 수정 후 5일경부터 커지기 시작해 2주경부터는 두께가, 3~4주경부터는 너비의 길이가 최고에 달한다.
  - 입중은 40~49일에 최고에 달한다.
  - 수정 후 45~65일이면 완숙에 이르며, 종자의 무게와 크기도 더 증가하지 않는 생리적 성숙기에 도달한다. 이때가 엔실리지용의 수확 적기이고 종자 이용을 목적으로 할 때에는 종자의 수분이 더 마른 다음에 수확한다.
  - 종실 전체 무게 중 배유가 약 83%, 배가 12%로 다른 밭작물에 비해 배가 차지하는 비중이 매우 크다.
- 배의 발달
  - 수분 7일 후 조직 분화가 시작되고 먼저 초엽이 보인다.
  - 수분 15일 후 제1·2본엽과 초근이 20일에 제3본엽과 초엽절이 25일에 제4본엽, 30일에 제5본엽과 종자근이 40일에는 제6본엽이 형성된다.

㉤ 잡종강세

- 자식약세 : 옥수수는 타가수정을 원칙으로 하나 인위적으로 자가수정을 계속하면 생장이 점점 나빠지고 수량이 감소한다.
- 잡종강세 : 자식약세가 나타난 자식계통끼리 교잡하여 1대잡종을 만들면 다시 생육과 수량이 증가한다.
- 잡종강세의 이용 : 1대잡종 종자로 재배하면 생육과 수량이 증가하므로 잡종강세를 이용한 1대잡종 종자가 보급되고 있다.

(3) 환 경

① 기 상

㉠ 기상생태형

- 옥수수는 단일성 식물로 8시간 단일조건은 출수를 촉진하고 16시간 이상부터는 출수가 지연된다.
- 온도가 높으면 단일처리보다 정도는 낮지만 출수가 촉진된다.
- 단일감광성 정도는 조생종보다 만생종이 높고 감온성 정도는 만생종보다 조생종이 높아 조생종은 감온형, 만생종은 감광형이다.

㉡ 온 도

- 생육가능 온도는 8~44℃로 알려져 있으나 6~7월 평균기온이 21~27℃, 야간평균기온 14.4℃ 이상 지역에서 널리 재배되고 있다.
- 생육적온은 토양수분의 영향을 많이 받는데, 토양수분이 보통인 경우 26~32℃이나 토양수분이 충분한 경우 32~38℃까지도 생육이 왕성하다.
- 35℃ 이상 고온에서는 약에서 나온 꽃가루는 1~2시간 내에 사멸하게 된다.

㉢ 강 우

- 옥수수는 심근성으로 수분 흡수력이 강하지만, 엽면적이 커서 증산량이 많아 관개시설이 없는 경우 상당한 강우를 필요로 한다.
- 6~8월 월평균강우량이 90~120mm 이상이어야 한다.
- 출수 · 개화기 전후 약 1개월은 가뭄에 피해가 가장 심하다.

㉣ 일 조

- 햇빛의 강도는 강할수록 유리하고 건조해를 유발하지 않는 한 일조시간도 길수록 좋다.
- 일조시간이 너무 길게 되면 건조해가 발생할 수 있다.
- 콩보다 광포화점은 높고 이산화탄소 보상점은 낮다.

옥수수 종실의 특성에 대한 설명 중 옳지 않은 것은?

① 종실용 옥수수의 배에는 전분보다 지방 함량이 높다.
② 종실전분의 아밀로펙틴 함량은 종실용 옥수수보다 찰옥수수가 많다.
③ 튀김용 옥수수는 종자가 매우 크고 대부분이 연질로 이루어져 있다.
④ 단옥수수 및 초당옥수수의 종실은 성숙하여 건조되면 쭈글쭈글해지고 반투명하다.

답 ③

필 / 수 / 확 / 인 / 문 / 제

다음 중 옥수수의 입질, 엽형 등에 따른 분류와 그 특성으로 옳지 않은 것은?

① 마치종 : 이삭이 크고 다수성이어서 주로 식용으로 이용된다.
② 경립종 : 괴피가 다소 얇고 대부분이 각질로 되어 있어 식용으로 많이 쓰이며, 사료 또는 공업원료로도 이용된다.
③ 폭열종 : 각질부분이 많아 잘 튀겨지며 간식에 이용된다.
④ 감미종 : 당분 함량이 높고 과피가 얇기 때문에 간식이나 통조림으로 이용된다.

답 ①

옥수수의 종류에 대한 설명으로 옳지 않은 것은?

① 마치종 옥수수는 껍질이 두껍고 주로 사료용으로 이용된다.
② 찰옥수수의 전분은 대부분 아밀로오스로 구성되어 있다.
③ 경립종 옥수수는 종자가 단단하고 매끄러우며 윤기가 난다.
④ 단옥수수는 섬유질이 적고 껍질이 얇아 식용으로 적당하다.

답 ②

② 토 양

㉠ 재배에 알맞은 토양은 부식이 풍부하고 배수가 잘되는 양토이나 토양적응성이 커서 사양토~식양토에서도 잘 자란다.

㉡ 토양반응은 산성토양에도 강한편이나 pH 6.0~7.0이 알맞은 편이고, 알칼리성 토양에 대한 적응성도 비교적 높다.

㉢ 토양수분은 최대용수량의 60~70% 정도가 알맞으며, 토양통기가 잘 되어야 생육에 좋고 습한 토양은 알맞지 않다.

(4) 분류와 품종

① 분 류

㉠ 마치종(오목씨, Dent Corn)
- 굵고 길며, 황색이 많으나 백색 등 다른 색인 것도 있다.
- 성숙하면 종자 표면이 말 이빨모양으로 움푹 들어간다.
- 숙기가 늦고 이삭은 굵으며, 종자의 크기가 크고 수량이 많다.
- 각질부가 비교적 적고 껍질이 두꺼워 식용으로는 알맞지 못하다.
- 사료용, 공업용, 엔실리지용으로 알맞다.

㉡ 경립종(굳음씨, Flint Corn)
- 마치종 다음으로 굵고 정부가 둥글고 백색인 것이 많다.
- 종자가 단단하고 매끄러우며, 윤기가 난다.
- 전분의 대부분이 경질이다. 맛이 좋아 주로 식용으로 재배되어 왔으며 사료, 공업용으로도 재배된다.
- 마치종과 비교하여 조숙, 단간, 단수인 것이 많아 고위도, 고표고 지대에서도 재배가 가능하나 수량이 적다.

㉢ 폭립(열)종(튀김씨, Pop Corn)
- 종실이 잘고 대부분 각질로 되어 있어 일반식용으로는 잘 이용하지 않으며, 황적색인 것이 많다.
- 각질부분이 많아 잘 튀겨진다.
- 모양이 뾰족한 쌀알형과 둥근 진주형으로 구분된다.

㉣ 감미종(단씨, Sweet Corn)
- 탄소동화작용으로 생성된 동화물질인 당류가 전분으로 전환되는 것을 억제하는 유전인자를 가지고 있는 변이종으로 보통단옥수수와 초당형이 있다.
- 씨알 전체가 각질로 되어 있어 반투명하고 배유조직이 치밀하지 않고 유연해 건조하면 쭈글쭈글해진다.
- 대체로 숙기가 빠르며, 단맛이 강하고 연하여 식용 또는 통조림용으로 이용된다.

- 섬유질이 적고 껍질이 얇아 식용으로 적당하다.
- 당분의 함량이 일반옥수수 3%, 단옥수수 14%, 초당옥수수 35%로 단맛이 매우 강하다.

ⓜ 연립종(가루씨, Soft Corn)

- 종실은 둥근 편으로 각질부가 없고 연질의 전분만으로 되어 있으며, 크기는 중간 정도, 색은 청자색이 많다.
- 중앙아메리카, 남아메리카에서 식용으로 이용된다.

ⓑ 나종(찰씨, Wazy Corn)

- 식물체 및 종실이 경립종과 비슷하고 각질의 전분으로 되어 있으나 유백색으로 불투명해 경립종과 구분된다.
- 전분의 대부분이 아밀로펙틴(98%)으로 되어 있어 찰진 특성이 있으며, 식용 또는 떡을 만드는 데 알맞다.
- 종실 크기는 중간 정도에 타원형에 가까우며, 우리나라에서는 백색이 많지만 황색인 것도 있다.
- 일반적으로 조숙성이다.

ⓢ 유부종(껍질씨, Pod Corn)

- 종실 하나하나가 모두 껍질로 싸여 있고 잔편이며, 우리나라에서는 별로 재배되지 않고 있다.
- 이삭 전체도 다시 껍질로 싸인 특이한 형태의 옥수수이다.

ⓞ 오페이크종 : 보통옥수수보다 리신과 트립토판의 함량이 2배 정도 높은 특징이 있다.

② 품 종

㉠ 품종의 발달 : 농가에서 재배되는 재래종은 대부분 경립종 계통이고 현재 장려품종은 대부분 마치종이며, 모두 생산성이 높으나 1대잡종으로 종자생산포에서 생산해 종자공급소에서 보급하는 보급종을 사용하여 재배하여야 한다.

㉡ 품종의 분류

- 방임수분품종 : 재래종
- 교잡종
  - 자식계통 간 교잡종 : 단교잡, 3계교잡, 복교잡
  - 품종계통 간 교잡종 : 방임수분품종, 합성품종, 복합품종과 자식계통 간의 교잡종
  - 품종 간 교잡종 : 방임수분품종, 합성품종, 복합품종 간의 교잡종
- 합성품종 : 다수의 자식계통을 교잡하여 방임수분시킨 것
- 복합품종 : 다수의 방임수분품종을 교잡하여 만든 것

옥수수의 합성품종에 대한 설명으로 옳은 것은?

① 종자회사에서 개발하여 상업적으로 판매하는 품종의 거의 대부분은 합성품종이다.
② 합성품종의 초기 육성과정은 방임수분품종과 유사하고, 후기 육성과정은 1대잡종품종과 유사하다.
③ 합성품종은 방임수분품종에 비해 개량의 효과가 다소 떨어진다.
④ 합성품종은 1대잡종품종에 비해 잡종강세의 발현 정도가 낮고 개체 간의 균일성도 떨어진다.

답 ④

필 / 수 / 확 / 인 / 문 / 제

옥수수 자식계통을 유지하는 방법 중 자식열세를 회복시키기 위한 가장 직절한 방법은?

① 형매수분(Sib Pollination)을 시킨다.
② 자식(Self Pollination)을 계속시킨다.
③ 톱교잡(Top Cross)을 시킨다.
④ 여교잡(Back Cross)을 시킨다.

답 ①

옥수수 재배에서 교잡종의 채종에 대한 설명으로 옳지 않은 것은?

① 순도가 높은 자식계통을 유지하고 대면적에서 교잡종자를 생산할 교배친의 종자 증식이 교잡 종자 생산의 기본이 된다.
② 자식열세가 심한 경우에는 형매수분을 하여 세력을 회복시키기도 한다.
③ 화분친은 수분의 임무가 끝나도 종자친의 등숙을 촉진시키므로 제거하지 않는 것이 좋다.
④ 자식계통은 생육이 빈약하므로 관리에 힘써야 하고, 이형개체는 빨리 제거하여야 한다.

답 ③

③ 채 종

㉠ 방임수분품종의 채종법

- 일수일렬잔수법(一穗一列殘穗法, War-to-Row Selection)을 가미한 집단선발법(集團選拔法)이 이용되기도 하였으나 조작이 복잡하고 노력이 많이 소요되어 실용화되지 못하고 있다.
- 보통 다른 옥수수와 200~300m 격리되어 있는 밭에서 우량개체만을 선발하는 집단선발법(集團選拔法)이나 밭에서 작은 구로 등분하여 지력의 불균일성에서 오는 편향을 줄이기 위한 개량집단선발법(改良集團選拔法)을 이용하고 있다.
- 합성품종이나 복합품종의 채종도 이에 준한다.

㉡ 교잡종의 채종법

- 자식계통의 유지 및 증식
  - 순도가 높은 자식계통을 유지하고 대면적에서 교잡종자를 생산할 교배친의 종자증식이 교잡종자 생산의 기본이 된다.
  - 자식계통의 유지에는 일수일렬법을 적용하여 열악형질의 제거와 타화수분(Out Cross)된 개체를 제거해야 하며, 일반적으로 인공수분(Hand Pollination)을 하게 된다.
  - 자식계통의 증식에 있어서는 이형주를 철저히 제거해야 한다.
  - 자식열세가 심한 경우에는 형매수분을 하여 세력을 회복시키기도 한다.
- 채종포의 선정
  - 채종포는 다른 옥수수 밭과 400~500m 이상 격리되어 있고 건·습해의 우려가 없으며, 비옥한 곳이어야 한다.
  - 이형주 제거와 제웅 등 관리작업이 편한 교통이 좋은 곳이 좋다.

㉢ 재식방법

- 종자친과 화분친의 비율은 화분친의 능력에 따라 정해지며, 단교잡이나 3계교잡과 같이 화분친이 자식계통인 경우에는 2 : 1 또는 4 : 2의 비율로, 복교잡이나 품종 간 교잡, 단옥수수와 같이 화분친의 능력이 충분한 경우에는 3 : 1이나 6 : 2의 비율로 심는다.
- 화분친은 수분으로 임무가 끝나므로 수분이 끝난 후 제거하여 종자친의 공간을 넓혀 등숙을 촉진할 수 있게 된다.
- 종자친을 전 면적에 재식하고 종자친의 2~3렬 사이에 화분친을 심어 종자친의 채종수량을 높이는 웅주간파법(雄株間播法, Male Inter Planting)을 이용하기도 한다.

㉣ 제 웅

- 종자친의 수이삭이 개화되기 전에 제거하는 것을 제웅이라 한다.
- 수이삭의 개화는 오전 10~11시에 가장 왕성하게 이루어지므로 아침 일찍 제거하는 것이 유리하며, 지엽에서 수이삭이 나와 손으로 잡힐 때에는 쉽게 뽑히지만 꽃가루가 떨어질 정도로 된 것은 잘 뽑히지 않는다.
- 제웅 시 잎까지 뽑히는 경우가 있는데, 이때에는 수량에 많은 영향을 끼치므로 주의해야 한다.

㉤ 관 리

- 자식계통은 생육이 빈약하므로 충분한 시비, 배수, 제초, 병해충 방제 등 관리에 힘쓰고, 조수피해 방지를 위해 비닐멀칭이나 방조망을 설치하기도 한다.
- 이형개체의 제거는 빠를수록 좋고 늦어도 개화하기 전에 완전히 제거해야 한다.

㉥ 합성품종

- 조합능력이 우수한 몇 개의 자식계나 근교계를 혼합하여 방임수분으로 자유로이 교잡시키면서 하나의 집단으로 유지해 나가는 것을 말한다.
- 다계교잡의 후대를 품종으로 그대로 이용하는 경우로 우수한 합성품종은 5~8개의 우량한 자식계를 조합한 것이 많다.
- 조합능력검정으로 선발한 다수 계통을 격리포장에서 자연수분이나 인공수분으로 다계교배시켜 육성한다.
- 합성품종은 자연수분으로 유지되고 영양번식이 가능한 사료작물에서 널리 이용되며, 잡종강세를 이용한다.
- 합성품종은 조합능력이 높은 여러 계통을 다계교배시킨 것으로 세대가 진전되어도 이형접합성이 높기 때문에 비교적 높은 잡종강세를 유지한다.
- 유전적 변이의 폭이 넓어 환경변동에 대한 안정성이 높은 편이다.

㉦ 단교잡종과 복교잡종

- 단교잡종

장 점	재배 시 생산력이 높고, 품질의 균일성이 높으며 잡종강세가 크다.
단 점	잡종의 채종량이 적고 종자가격이 비싸다.

- 복교잡종

장 점	잡종의 채종량이 많다.
단 점	잡종강세 발현도는 다소 높으나 품질의 균일성이 다소 떨어지고 4개의 어버이 계통을 유지해야 하는 불편이 있다.

우리나라의 옥수수에 대한 설명으로 옳은 것은?

① 암이삭의 수염추출은 수이삭의 출수보다 빠르다.
② 옥수수는 고온·장일조건에서 출수가 촉진된다.
③ 복교잡이 단교잡보다 종자생산량이 많다.
④ 연작을 하면 기지현상이 크므로 윤작을 매년 실시하여야 한다.

 ③

옥수수의 재배시 시비에 대한 설명으로 옳지 않은 것은?

① 옥수수는 흡비력이 강하고 거름에 대한 효과가 크다.
② 종실 수량을 목적으로 한 교잡종 옥수수의 경우 질소 시비량은 재래종에 비해 많다.
③ 토양의 비옥도나 양분 및 수분의 보지력을 크게 하기 위하여 유기질 비료를 충분히 시용해야 한다.
④ 인산은 전량을 기비로 주고 질소와 칼륨은 반량을 기비로 시용하며 나머지는 전개한 엽수가 7~8엽기일 때 추비로 시용한다.

답 ④

(5) 재 배

① 작부체계

㉠ 흡비력이 강하고 지력소모가 크며, 질소의 수탈이 심하지만 연작의 해가 적은 편이므로 콩과작물과 윤작하는 것이 좋다.

㉡ 주산지에서는 감자, 수수, 조, 메밀 등 여름작물과 윤작하기도 한다.

② 파 종

㉠ 종자준비 : 종자는 병균이 없고 냉해의 피해가 없으며, 발아력이 왕성한 종자를 골라 소독 후 파종한다.

㉡ 경운 및 정지

- 심경을 하고 곱게 쇄토를 하면 뿌리의 발달이 좋아지고 토양통기가 좋아져 생육이 왕성하고 증수된다.
- 심경에 의한 증수는 다비가 동반되어야 하며, 3년째부터 나타나는 것이 보통이다.

㉢ 파종시기

- 출아 직후 어린옥수수의 생장점은 지하에 있어 늦서리 피해에도 재생하여 생육에 영향이 없으므로 포장조건이 좋으면 빠를수록 좋다.
- 평야지대는 4월 중순경, 산간지대는 4월 하순~5월 중순경 파종하며, 5월 하순 이후 파종은 수량이 크게 저하된다.

㉣ 재식밀도

- 재식본수는 휴폭과 주간에 의해 결정되며, 휴폭은 관리작업에 지장이 없는 한 좁은 것이 수량이 많다. 휴폭 60cm, 주간거리 30cm가 알맞다.
- 종자 수확이 목적일 때는 4,000~5,500본/10a가 알맞으므로 씨앗의 수는 포장발아율 80% 정도를 감안하여 6,000~6,500립을 심는 것이 알맞다.
- 재식밀도는 품종에 따라 차이가 있으며, 밀식저항성이 약한 재래종은 3,500~4,000본/10a, 합성품종은 4,000~4,500본/10a가 알맞다.

③ 시 비

㉠ 옥수수는 흡비력이 강하고 지력의 소모가 커 거름을 충분히 주어야 한다.

㉡ 토양조건과 수량 수준에 따라 차이가 있으나 질소의 흡수량이 가장 많고 다음은 칼륨, 인산의 순이다.

㉢ 칼륨은 출수, 개화기까지 거의 흡수가 끝나고 질소와 인산은 성숙기까지 계속 흡수한다.

㉣ 시비방법
- 종실수확을 목적으로 교잡종을 심는 경우 10a당 질소 : 인산 : 칼륨 = 25kg : 15kg : 15kg을 사용하며, 퇴비를 충분히 시용한 경우 질소를 줄일 수 있다.
- 합성품종 또는 재래종의 경우 수량수준을 감안해 질소는 12~15kg, 인산과 칼륨은 10kg 정도 사용하는 것이 보통이다.
- 인산, 칼륨과 질소분의 절반을 기비로 시용하고 질소의 나머지 절반은 초고 50cm 정도로 전개엽수가 7~8엽기일 때 추비로 시비한다.
- 사질토양은 추비를 2회로 나누어 시비하는 것이 효과적이고 개간지에서는 인산질비료의 효과가 뚜렷하다.

⑤ 관 리

㉠ 발아 후 본잎이 2~3매일 때, 그 후 15~20일 간격으로 한 두 차례 김매기를 하면서 1대 1포기만 남기고 솎아주고 추비 후 배토한다.

㉡ 배토는 장마철 물빠짐이 좋아지고 통기가 잘 되며, 새 뿌리가 잘 내리고 도복이 경감된다.

㉢ 옥수수는 습해에 약하므로 장마철 배수관리를 잘 해야 한다.

(6) 병충해 방제

① 병 해

㉠ 그을음무늬병(매문병)
- 병징 및 발생
  - 생육 중기 잎에 푸르죽죽한 점무늬가 생겨 커지면서 방추형의 큰 병반이 되며, 둘레는 갈색, 내부는 담색이고 병반 표면에 벨벳모양의 곰팡이가 밀생한다.
  - 심하게 발병하는 경우 잘 여물지 않고 쭉정이 발생이 많아 수량이 감소한다.
  - 7~8월 고온·다습할 때 발생하지만 깨씨무늬병보다는 서늘한 조건인 강원도 산간지대에서 많이 발생하고, 질소와 칼륨이 부족해도 많이 발생한다.
- 전염경로 : 포자상태로 이병주에서 월동 후 다음해 전염된다.
- 방 제
  - 내병성 품종을 선택하고 비료를 충분히 시비하고 윤작을 한다.
  - 피해주를 일찍 제거하고 건전한 생육을 유도하며, 만코지 수화제(다이센 M-45)를 1주일 간격으로 2~3회 살포한다.

㉡ 깜부기병(흑수병)

• 병징 및 발생

– 지상부에 광택 있는 흰 껍질로 싸인 혹 같은 것이 생기며, 후에 터져 검은 부분이 나출되고 검은 가루가 난다.

– 생육 도중 옥수수의 약한 부위에 병균이 침입하여 발생하며, 주로 이삭에 많이 발생하고 검은색 큰 혹이 형성된다.

– 옥수수의 암이삭, 수이삭, 잎줄기 등 지상부 모든 부분에 발생한다.

• 전염경로 : 검은 가루는 후막포자로 토양 중에서 월동하고 먼지와 함께 날아다니다 식물체에 옮겨져 조건이 맞으면 전염한다.

• 방 제

– 종자소독을 철저히 하고 병에 걸린 식물체는 가루가 날리기 전에 세거한다.

– 2년 이상 윤작을 하고 질소질 비료의 과용을 피한다.

– 마치종은 병에 강하다.

㉢ 깨씨무늬병(호마엽고병)

• 병징 및 발생

– 잎에 작은 갈색 반점이 생겼다가 커지면서 방추형이나 타원형의 병반을 형성하고 둘레는 자색, 홍색이고 내부는 암갈색으로 2~3층의 동심윤문이 생기며, 병반 내부는 융단모양의 포자덩이가 밀생한다.

– 그을음무늬병보다 병반이 작지만 병반이 합쳐져 온잎이 마르기도 한다.

– 7~8월 고온·다습한 조건에서 발생이 많고 평야지가 산간지보다 발생이 많다.

• 전염경로 : 포자형태로 이병된 잎에서 월동 후 다음해 전염된다.

• 방 제

– 저항성 품종을 선택하고 조기에 양분결핍이 발생하지 않도록 하며 윤작을 한다.

– 이병주는 일찍 뽑아 소각하고 건전하게 자라도록 재배관리 한다.

㉣ 검은줄오갈병(흑조위축병)

• 병징 및 발생

– 잎 뒷면에 검은색 돌출 부위 비슷한 줄이 형성되면서 잎이 오그라드는데, 심하면 엽초에서도 나타난다.

– 식물체 전체 마디 사이가 짧아져 키가 작고 잎이 농록색으로 변하며, 엽신이 짧아져 늘어지지 않는다.

– 옥수수 병 중 가장 무서운 병으로 심하면 마디 사이가 자라지 않는다.

- 전염경로 : 애멸구에 의해 매개되는 바이러스병이다.
- 방제 : 이병주를 제거하고 애멸구 등을 살충제를 이용해 방제한다.

② 충 해

㉠ 조명나방

- 이삭이나 줄기, 종실 등을 가해한다.
- 유충은 잎 뒷면의 연한 부분을 식해하며, 점차 커지면서 줄기 또는 종실로 파고들어가 속을 식해한다. 먹어 들어간 부분에서 갈색 똥이 배출된다.
- 6월 상·하순부터 2~3회 발생하고 기주의 줄기 속에서 월동한다.

㉡ 멸강나방

- 폭식성으로 유충이 떼를 지어 다니면서 화본과 식물을 식해하여 피해를 끼친다.
- 1년에 2~3회 발생하고 번데기로 흙속에서 월동한다.
- 발생초기 집단으로 있는 유충을 포살 또는 침투성 살충제를 살포한다.
- 목초지에는 예취 후 약제를 살포하는 것이 효과적이다.

(7) 특수재배

① 사일리지용 재배

㉠ 품 종

- 종실용으로 수량이 많은 품종은 사일리지용으로도 수량이 많아 품종 선택에 큰 차이는 없으나 종실용에 비해 빨리 수확하므로 수확기가 조금 늦는 품종도 무관하다.
- 종실용보다 밀식하므로 도복저항성과 평야지에서 많이 발생하는 검은줄오갈병 저항성도 고려 대상이다.

㉡ 파종기 : 빨리 심을수록 좋다. 겨울작물 후작으로 재배하는 경우 토양수분이 허용되는 한 최대한 빨리 심는 것이 유리하다.

㉢ 재식밀도 : 종실용에 비해 20~30% 밀식하나 과도한 경우 도복과 병해가 조장되므로 6,500~7,000주/10a가 적당하다.

㉣ 시비량 : 생육기간은 짧지만 양분의 흡수는 종실용과 거의 같으므로 종실용에 준한다.

㉤ 수확기

- 생초의 수량은 유숙기 또는 호숙기에 가장 많으나 건물수량 또는 가소화양분수량은 황숙기가 가장 높고 수분함량도 사일리지 제조에 적합한 수준으로 우수하다.
- 사일리지 옥수수는 호숙기 말기~황숙기가 수확적기이다.

사일리지용 옥수수재배에 대한 설명으로 옳지 않은 것은?

① 생육기간은 다소 짧지만 양분흡수면에서는 종실용과 거의 같으므로 종실에 준하거나 10~20% 증비한다.
② 사일리지용 옥수수의 수확적기는 건물수량이나 가소화양분수량이 가장 높은 생리적 성숙단계인 호숙기이다.
③ 호맥과 같은 겨울작물의 후작으로 심을 경우에는 토양수분이 허용되는 한 빨리 심는 것이 좋다.
④ 보통 종실용보다 20~30% 밀식하지만 과도한 밀식은 도복과 병해를 조장한다.

 ②

필 / 수 / 확 / 인 / 문 / 제

단옥수수를 이랑사이 40cm, 포기사이 25cm로 1개체씩 심고자할 때, 10a당 개체 수는?

① 5,000
② 10,000
③ 12,000
④ 15,000

해설
1a = 100m^{2}이므로

$\therefore \frac{1,000}{0.4 \times 0.25} = 10,000$

답 ②

단옥수수 수확 적기에 대한 설명으로 옳은 것은?

① 출사 후 20~25일경에 수확한다.
② 온도가 높은 한낮에 수확한다.
③ 생리적 성숙기로부터 1~2주 지난 후에 수확한다.
④ 양분이동이 더 이상 일어나지 않는 완숙기에 수확한다.

답 ①

② 단옥수수 재배

㉠ 재배방식
- 단옥수수는 주로 멀칭재배를 많이 한다.
- 조기출하를 목적으로 하우스재배도 증가하고 있으며, 터널재배도 하고 있다.

㉡ 품종 : 일반단옥수와 초당형단옥수수로 나눌 수 있다.

㉢ 파종기 : 하우스재배는 2월 상·중순, 터널식 재배 3월 상순, 직파재배 4월 상·중순, 가을재배는 7월 하순에 파종한다.

㉣ 재식밀도 : 6,000~8,000본/10a가 되게 하며, 너무 밀식하는 경우 품질저하의 우려가 있다.

㉤ 시 비
- 유기질 비료를 충분히 시비한다.
- 질소 10~15kg, 인산과 칼륨은 각각 10~12kg 시비한다.
- 생육기간이 짧으므로 전량 기비로 시비해도 된다.
- 엽색을 관찰하여 약간의 추비를 시비한다.

㉥ 수 확
- 출사(出絲, Silking) 후 20~25일경 수확한다.
- 너무 이른 수확은 알이 덜 차고 너무 늦은 수확은 당분의 함량과 신선미가 떨어져 상품성이 떨어진다.
- 온도가 낮은 이른 아침 수확하여 출하한다.

2 수 수

(1) 분포 및 생산과 이용

① 명 칭

학 명	영 명	한 명
Sorghum bicolor L. Moench	Sorghum, Great Millet, Indian Millet	촉서(蜀黍), 수수, 녹수, 고량

② 내 력

㉠ 원산지는 아프리카 동북부 적도 부근으로 추정되고 있다.

㉡ 아프리카나 인도 등과 같이 온도가 높고 건조한 지대에서는 중요한 작물이다.

㉢ 우리나라는 중국으로부터 들어왔으며, 재배역사가 오래되었다.

필 / 수 / 확 / 인 / 문 / 제

작물의 학명으로 옳은 것은?

① 6조보리 – *Hordeum distichum*
② 수수 – *Sorghum bicolor*
③ 메밀 – *Phaseolus vulgaris*
④ 감자 – *Ipomoea batatas*

답 ②

③ 분포 및 생산

㉠ 세계의 분포 및 생산

- 열대원산 수수는 옥수수보다 고온과 다조를 좋아하고 내건성과 환경적응성이 크다.
- 생육일수가 조생종은 60~70일, 만생종은 150~160일로 변이의 폭이 커 조생종을 택하면 고위도에서도 재배가 가능하다.
- 수수의 재배북한계는 45~48°N에 이르고 풋베기용은 더 북쪽까지도 재배가 가능하다.
- 생산현황(2013년 기준) : 재배면적 4,422만 7천ha, 생산량 6,229만 5천 톤이다.
- 주요 재배지는 대부분 아시아, 중부 아메리카, 아프리카이다.
- 재배를 많이 하는 국가로는 미국, 인도, 멕시코, 나이지리아, 아르헨티나, 에티오피아, 수단, 중국, 호주 등이 있다.

㉡ 우리나라의 재배 및 생산

- 주식량으로 알맞지 않고 사료나 가공용으로도 옥수수나 고구마 등에 비해 불리하여 재배가 많지 않다.
- 환경적응성이 강해 건조지 척박지나 사질토, 저습지에도 적응하고 혼작에 유리해 보조식량이나 사료 목적으로 조금 재배되고 있다.

④ 이용과 성분

㉠ 곡용 수수

- 찰수수
  - 단백질과 지질의 함량이 적지 않고 팥과 섞어 밥 또는 떡을 만들면 부드럽고 별미가 있어 별식으로 여겨진다.
  - 엿, 과자, 술 등에 이용되며, 사료용으로도 이용되고 있다.
- 메수수
  - 식용으로 알맞지 않아 사료용 또는 주조용으로 이용된다.
  - 종피에 타닌의 함량이 적은 것은 사료용으로 유리하며, 타닌의 함량은 갈색립 > 황색립 > 백색립 순이다.

㉡ 당용 수수(단수수)

- 대에 당분이 함유되어 있어 단수수라 부르고, 성숙기 줄기 중에 자당의 함량은 9~13%로 즙액을 짜서 시럽과 제당원료로 이용되기도 한다.
- 당함량은 조파할수록 높아진다.
- 풋베기용으로는 곡용수수보다 청산(HCN)의 함량이 적고 당분이 많아 유리하다.

㉢ 청예용 수수
- 풋베기용 수수는 청산의 함유가 많은 경우가 있어 주의해야 하며, 건조하면 독성이 없어지므로 건초나 사일리지로 이용한다.
- 청산의 안전한계는 750ppm 이하이며, 수단그라스 100ppm, 우리나라 수수품종은 500~1,000ppm이다.
- 소경수수 : 장목수수로 지경이 길고 한쪽으로 몰려 늘어지며, 비의 재료로 쓰인다.

(2) 작물적 특성

① 재배, 경영상 특성

㉠ 토양적응성과 내건성이 강해 척박지, 모래땅 저습지 등에서도 강하다.

㉡ 흡비력이 강해 메마른 땅에서도 잘 자란다.

㉢ 재배에 노동력이 적게 들고 건물생산량이 많다.

㉣ 콩, 팥, 녹두 등과 혼작에 알맞다.

② 형 태

㉠ 뿌 리
- 종근은 1개이고 제4엽이 신장할 때부터 최하절에서 관근이 발달한다.
- 심근성으로 흡비력, 내건성이 강하고 지표와 가까운 지상절에서 부정근이 발생한다.

㉡ 줄 기
- 단간종은 간장이 60cm 내외, 장간종은 간장이 6m까지 달하고 절수는 8~23마디이며, 줄기는 단단하고 내부는 속이 차 있다.
- 굵기는 옥수수보다 가늘고 둥글다.
- 줄기 표면은 피랍이 현저하고 상처가 난 곳은 적갈색 색소가 형성된다.
- 잎은 길이 1m, 너비 5cm 정도이고 중륵이 희고 뚜렷하며, 엽이는 없고, 엽설은 갈색 환상막편으로 조모가 있다.

㉢ 이 삭
- 굵은 이삭줄기 마디는 10개 정도이며, 각 마디에서 5~6개의 지경이 윤생하고 다시 2~3차 지경이 착생하여 소수가 달린다. 한 이삭의 입수는 1,500~4,000개이다.
- 재배형 수수의 수형은 착립 밀도에 따라 9가지로 구별되며, 숫자로 기록하는 방법이 일반적이다.

㉣ 꽃

- 자루가 극히 짧거나 없는 소수와 자루가 길게 있는 소수가 쌍으로 달리며, 자루가 없는 무병소수만 임실한다.
- 무병소수는 구조상 받침껍질이 크고 딱딱하며, 선단에 털이 밀생하는 것도 있고 껍질만 남아 있는 꽃과 3개의 수술과 암술을 갖춘 완전화가 1개씩 들어 있다.

㉤ 종 자

- 종실은 끝부분이 약간 보일 정도로 받침껍질에 싸여 있다.
- 받침껍질은 광택이 있고 검은색이 많고 기타 적갈색, 황색, 흰색 등도 있다.
- 종자의 형태는 난형이거나 편원형으로 색은 백색, 황색, 갈색, 갈홍색, 홍색으로 다양하고 메수수와 찰수수로 구분한다.
- 천립중은 보통 25~30g, 1L중은 700~740g이다.

③ 생리 및 생태

㉠ 발아온도는 최저 6~10℃, 최적 32~35℃, 최고 40~45℃이다.

㉡ 분얼 : 2~4개 정도로 분얼하나 분얼한 줄기에서는 이삭이 제대로 달리지 않는다.

㉢ 개 화

- 출수 후 3~4일경 이삭 선단부분부터 개화가 시작되어 밑으로 내려가면서 개화되면 15일 내외에 한 이삭의 개화가 끝난다.
- 한 소수의 개화시간은 약 2시간이며, 일출 전후 개화가 시작되는데 구름이 끼고 습한 날은 늦어진다.

㉣ 수 정

- 자가수정이 원칙이지만, 타가수정 비율도 2~10%로 높다.
- 암술머리는 약 48시간 수정능력이 있으며, 수분 후 6~12시간에 수정되고 등숙에는 40~50일이 소요된다.
- 인공제웅은 한 이삭에 약 50개의 소수만 남기고 나머지는 제거한 후 꽃받침을 열어 제웅하는 방법과 이삭을 44℃의 온통에 10분간 침지해 집단 제웅하는 방법이 있다.

㉤ 내건성

- 수수는 내건성이 극히 강하다.
- 뿌리의 발달이 왕성하고 심근성이다.
- 요수량이 322g으로 작다.
- 잎과 줄기의 표피에 각질이 잘 발달되어 있고 납질이 많아 증산량이 적다.
- 기동세포의 발달로 한발 시 엽신이 말려 증산을 억제한다.

잡곡의 화기구조에 대한 설명으로 옳지 않은 것은?

① 조의 작은 이삭에는 한 쌍의 받침껍질에 싸여 있는 2개의 꽃이 있는데, 상위의 꽃은 종자가 달리는 임실화이고 하위의 꽃은 퇴화하여 종자가 달리지 않는다.
② 수수의 작은 이삭에는 유병소수와 무병소수가 쌍을 지어 붙어 있으며, 유병소수에는 종자가 달리고, 무병소수에는 종자가 달리지 않는다.
③ 메밀의 꽃은 동일 품종이라도 장주화와 단주화가 반반씩 생기는 이형예 현상을 보인다.
④ 옥수수는 줄기 끝에 수이삭이 달리고 중간 마디에는 암이삭이 달리는 자웅동주식물이다.

답 ②

(3) 환 경

① 기 상

㉠ 열대원산으로 기온이 높고 일조량이 많은 기후를 좋아한다.

㉡ 내건성이 극히 강하며, 이삭이 나온 후 많은 비는 좋지 않다.

㉢ 옥수수보다 저온 적응성은 낮으나 고온에 잘 견뎌서 40~43℃에서도 수정이 가능하고, 20℃ 이하에서는 생육이 더디고 생육적온은 38℃, 무상기일은 90~140일 정도를 요한다.

② 토 양

㉠ 배수가 잘 되고 비옥하며, 석회 함량이 많은 사양토 내지 식양토가 알맞다.

㉡ 과습과 침수 같은 불량환경에 적응성이 매우 크다.

㉢ 토양산도는 pH 5.0~6.2가 알맞다.

㉣ 강산성 토양에는 알맞지 않으나 알칼리성 토양에 대한 적응성이 강한 편이고, 내염성도 상당히 높은 편이다.

(4) 재 배

① 직파단작

㉠ 파 종

- 4월 하순~5월 중순에 파종한다.
- 점파는 이랑을 60cm 정도로 만들고 30cm 정도 간격으로 5~6개씩 점파하며, 파종량은 1~1.5kg/10a이다.
- 조파는 밭을 편평하게 고른 후 50~60cm의 이랑을 만들어 줄뿌림하고 발아 후 12~15cm 1대를 세우거나 30cm 간격으로 4~5개씩 남기고 속아주며, 파종량은 1.5~2kg/10a이다.

㉡ 시비 : 다수확을 위해 거름을 충분히 시비해야 하며, 시비량은 10a당 퇴비 1,000kg 이상, 질소 12~15kg, 인산과 칼륨 8~10kg을 시용한다. 질소는 절반을 6월 중순경 추비로 시비한다.

㉢ 관리 : 침수에 강하나 배수에 유의하며, 강풍이 우려될 때에는 밭 주변 수수대를 몇 대씩 묶어 피해를 줄이기도 한다.

② 이식 및 혼작

㉠ 육 묘

- 관리가 편한 집 근처 밭에 모판을 만들어 3.3m^{2}당 0.3kg 정도의 종자를 산파하며, 이때 본밭에서는 10a당 13~15m^{2}의 모판이 소요된다.
- 완숙퇴비를 기비로 주고 본엽이 4~5매 나왔을 때 추비로 요소를 시비한다.

㉡ 이 식
- 콩을 심은 후 6월 하순~7월 상순에 가급적 비가 올 때 이식을 한다.
- 1.2m 너비의 콩이랑 복판에 1.5~1.8m 간격으로 1포기당 5~6본씩 이식한다.

③ 수 확
㉠ 품종과 지방에 따라 차이가 있으나 일반적으로 9월 상순~10월 중순에 수확한다.
㉡ 이삭만 자르거나 줄기째 베어서 묶어 세워 2~3일 말린 후 이삭만 자른다.
㉢ 자른 이삭은 건조 후 탈곡하고 탈곡한 것을 다시 말려 저장한다.

3 조

(1) 분포 및 생산과 이용

① 명 칭

학 명	영 명	한 명
Setaria italica Beauvois	Foxtail Millet, Indian Millet	속(粟), 조

② 내 력
㉠ 원형은 강아지풀이라는 견해가 인정되고 있으며, 조와 강아지풀은 염색체 수가 2n = 18로 같고 임성이 높다.
㉡ 원산지는 동북아시아로 알려져 있으며, 중국과 우리나라에서는 예로부터 5곡 중 하나였다.
㉢ 피, 기장과 함께 가장 오래된 식량작물로 1년생 화본과 단일성 식물이다.

③ 생 산
㉠ 조는 따뜻하고 조금 건조한 곳이 알맞다.
㉡ 재배북한계는 유럽 50°N, 북아메리카 45°N이며, 유럽에서는 6~7월 평균기온 17~20℃ 등온선인 스웨덴 남부, 만주에서는 시베리아 국경 지대까지 재배된다.
㉢ 세계적으로는 중국과 인도 등에서 많이 재배되고 있으며, 우리나라에서는 제주도가 가장 많이 재배되고 그 외 전남에서 많이 재배된다.

④ 이 용
㉠ 성분 : 조의 주성분은 당질이며, 단백질과 지질의 함량도 적지 않고 비타민 B도 풍부하다.

수수와 조의 공통적 특성이 아닌 것은?

① 1개의 암술과 3개의 수술이 있다.
② 한발에 견디는 힘이 비교적 강하다.
③ 곡실의 성분 함량은 탄수화물, 지질, 단백질 순으로 높다.
④ 자가수분을 원칙으로 하지만, 자연교잡을 하는 경우도 있다.

 답 ③

㉡ 용도 : 과거 조는 산간지대의 주식량 중에 하나였고 떡, 엿, 죽 등으로 많이 이용되었으나 현재는 생산량의 격감으로 새 모이용으로 주로 쓰인다.

(2) 작물적 특성

① 재배와 경영상 특성

장 점	• 생육기간이 짧고 척박지에서도 잘 견디므로 산간지대에서도 안전하게 재배될 수 있다. • 주식으로 이용되고 환경적응성이 강해 메마른 땅, 산성토양에서도 잘 자란다. • 생육기간이 짧아 남부지방에서 보리 후작으로 재배가 유리하다. • 북한 서부 평야지에서는 밀 – 콩 – 조의 2년 3작체계가 널리 채택되어 작부조직상 빼놓을 수 없는 작물이다.
단 점	• 재배상 노력이 많이 들고 흡비력이 강해 토질이 나빠지기 쉽다. • 작부체계상 보리 후작으로 콩과 고구마보다 불리하다. • 수량과 수익성이 낮아 재배가 크게 줄었다.

② 형 태

㉠ 뿌리 : 1개의 종근이 있고 관근이 다수 발생하며, 천근성이고 지표 가까운 마디에서 부정근이 발생한다.

㉡ 줄기 : 간장은 1~1.5m, 지상절 수는 14~15마디이고, 줄기는 흰 속으로 차 있고 강인하다.

㉢ 잎

- 길이 35~45cm, 너비 2~3cm로 거칠고 엽설은 털이 밀생하고 있으며, 엽이가 없다.
- 엽초의 색깔에 따라 녹색인 것은 백경종(흰대), 적자색인 것을 적경종(붉은대)으로 구분하고 엽초에 붉은 색소가 많을수록, 엽폭이 좁을수록 조줄기굴파리 피해가 적다.

㉣ 이 삭

- 종축에 여러 개의 1차지경이 윤생하고 다시 2차, 3차지경이 갈라지고 3차지경에 소수가 달린다.
- 지경이 짧아 이삭이 뭉뚝하다.

㉤ 소수 : 한 쌍의 크고 작은 받침껍질에 싸여 2개의 꽃이 들어 있으며, 상위꽃은 임실화이고 하위꽃은 불임화이다.

㉥ 꽃

- 임실화 : 바깥껍질과 안껍질로 싸여 있고 암술 1개와 3개의 수술이 있으며, 암술머리는 갈라져 있고 암술 기부에 작은 인피가 한 쌍 붙어있다.
- 불임화 : 바깥껍질과 작은 막편인 안껍질만 있고 암술과 수술은 퇴화되어 종자가 달리지 않는다.

ⓢ 종 실

- 영과이고 매조와 차조로 구분된다.
- 1,000립중은 2.5~3.0g, 1L중은 650~700g이며 비중은 1.2~1.3 정도이다.

③ 생리 및 생태

㉠ 발아온도는 최저 4~6℃, 최적 30~31℃, 최고 44~45℃이다.

㉡ 개 화

- 출수 후 1주일부터 개화가 시작되고 약 10일 이내에 85~90%가 개화한다.
- 이삭 선단 1/3이 거의 동시에 개화를 시작하여 아래로 내려가면서 개화된다.
- 한 꽃에서 폐화까지는 개화 후 2.0~2.5시간이 소요된다.

㉢ 수 정

- 자가수정을 원칙으로 하나 자연교잡률이 높다.
- 일반적으로 자연교잡률은 0.2~0.7%, 평균 0.6%, 품종 간에는 0.2~1.0%, 일렬교호재배 시 1.6~1.7% 혼파 시는 2.3~2.6%이다.

㉣ 성숙 : 출수 후 30~35일이면 성숙된다.

㉤ 기상생태형

- 봄 조
  - 파종시기는 5월 상순경이며, 생육기간은 70~124일로 비교적 짧다.
  - 감온형으로 단일조건에서 출수 촉진효과가 적고 고온에 의해 출수가 촉진된다.
  - 그루조보다 조숙성이고 건조에 강하며, 다습을 싫어하므로 일찍 파종하는 것이 수량이 많다.
- 그루조
  - 파종시기는 6월 중순~7월 상순이며, 생육기간은 100~164일이다.
  - 감광형으로 파종기에 관계없이 출수와 성숙이 늦고 조파보다는 만파하면 출수, 성숙의 촉진일수가 봄조보다 크다.
  - 저온, 건조에 약하고 상당한 온도와 습도가 있어야 생육이 촉진되고 조파로 생육기간이 길어지면 조명나방의 피해가 커지므로 어느 정도 늦게 파종하는 것이 좋다.

(3) 환 경

① 기 상

㉠ 고온·다조인 환경에서 생육이 좋다.

㉡ 뿌리는 천근성이나 요수량이 적고, 수분조절기능이 높아 가뭄에 강하다.

필 / 수 / 확 / 인 / 문 / 제

봄 조의 기상생태형에 대한 설명으로 옳지 않은 것은?

① 감온형 작물
② 고온에 출수 촉진
③ 만파에 유리
④ 내건성 작물

답 ③

조의 기상생태형에 관한 내용으로 옳은 것은?

① 봄조는 감광형이다.
② 그루조는 감온형이다.
③ 그루조는 봄조보다 먼저 출수, 성숙한다.
④ 봄조는 그루조에 비하여 조파에 알맞다.

답 ④

필 / 수 / 확 / 인 / 문 / 제

잡곡류의 작물적 특성에 대한 설명으로 옳지 않은 것은?

① 기장은 고온·건조한 기후를 좋아하여 열대로부터 온대에 걸쳐 재배되고 있다.
② 수수는 옥수수보다 고온·다조환경을 좋아하고 내건성이 강하다.
③ 옥수수는 고온성 작물이지만 조생종을 선택하면 고위도지대에서도 재배할 수 있다.
④ 조는 수분조절능력이 높아 고온·다습한 기상조건이 생육에 가장 알맞다.

답 ④

ⓒ 비가 자주오고 저온·다습한 환경은 나쁜 영향을 미친다.
ⓔ 등숙기에 지나친 고온은 좋지 않고 폭풍우는 도복과 임실장애를 일으킨다.

② 토 양
ⓐ 배수가 잘 되고 비옥한 사양토가 알맞다.
ⓑ 흡비력이 강하고 가뭄에 잘 견뎌 저습지를 제외한 거의 모든 토양에 적응하고 알칼리토양에서도 잘 자란다.
ⓒ 알맞은 토양산도는 pH 4.9~6.2이다.

(4) 재 배

① **작부체계** : 연작에도 잘 견디나 연작은 지력의 소모와 경사지의 경우 토양침식이 조장되므로 윤작하는 것이 좋다.

② 파 종
ⓐ 파종기 : 봄조는 5월 상순, 그루조는 6월 하순에 파종한다.
ⓑ 파종량 : 1.5~2.0kg/10a
ⓒ 파종방법
- 조 파
  - 봄조는 밭 전면을 편평하게 정지 후 이랑 너비 50~60cm, 골 너비 9~12cm으로 조파한다.
  - 장마 전 골 사이를 터서 배토를 하고 골을 내 배수가 용이하도록 한다.
  - 그루조는 배수가 좋도록 1.2m 너비의 다소 높은 이랑을 세우고 이랑 위에 40cm 정도의 가로골을 타 조파한다.
- 점 파
  - 90cm 정도의 이랑을 만들고 이랑 위에 2줄로 지그재그형으로 점파한다.
  - 줄 사이는 30cm, 포기간격 24~30cm, 1포기 20립 정도를 파종한다.
- 산 파
  - 경사가 심한 밭에서 많이 한다.
  - 평야부 맥후작 그루조에서도 성휴하여 산파하는 경우가 많다.

③ 시 비
ⓐ 흡비력이 강하고 척박지, 소비재배에 대해서도 적응하나 다비재배에 대한 적응성도 크다.
ⓑ 질소의 비효가 가장 크나 토양에 따라서는 인산과 칼륨의 비효가 큰 경우도 있다.

㉢ 시비량은 10a당 퇴비 750~1,000kg, 질소 12~15kg, 인산과 칼륨은 각각 8~10kg 시비하고, 질소의 절반은 출수 20~25일 전 7~9엽기에 시용하는 것이 이삭의 발달에 좋다. 그 외에는 모두 기비로 준다.

④ 관 리

㉠ 솎 기

- 종자가 작아 밀파되기 쉽고 자연교잡에 의한 이형주 발생이 많으므로 솎기를 잘 해야 한다.
- 발아 후 15일경 애벌솎기로 재식밀도의 2배 정도를 남기고 이후 7~10일에 다시 솎아 예정된 재실밀도만 남긴다.

㉡ 솎은 후 1~2회 김매기를 얕게 하여 단근되지 않도록 하고 포기 밑에 배토를 하여 생육조장과 도복을 예방한다.

4 메 밀

(1) 분포 및 생산과 이용

① 명 칭

학 명	영 명	한 명
Fagopyrum esculentum Moench	Buckwheat	교맥(蕎麥), 성맥, 첨고

② 내 력

㉠ 원산지는 동북아시아, 만주, 몽골, 시베리아에 걸친 지역으로 추정되고 있다.

㉡ 식물학적으로 마디풀과 메밀속에 속하는 일년생 또는 영년생 초본으로 쌍자엽식물이다.

㉢ 중국에서는 재배역사가 오래되었고 우리나라는 중국에서 전래되어 재배역사 또한 오래된 것으로 추정된다.

③ 분포 및 생산

㉠ 세계의 분포 및 생산

- 메밀은 서리에 약하나 서늘한 기후에 알맞고 생육기간도 70~90일로 짧아 분포의 범위가 매우 넓다.
- 재배북한계는 70°N까지, 표고한계도 내한성이 강한 달단종은 2,400~4,300m까지 재배되고 있다.
- 세계적으로 재배와 생산량은 점차 감소되는 경향이며, 러시아에서 가장 많이 재배되고 있다.

필 / 수 / 확 / 인 / 문 / 제

잡곡류에 대한 설명으로 옳지 않은 것은?

① 수수는 자가수정을 원칙으로 하지만 자연교잡률이 2~10% 정도 또는 그 이상인 경우도 있다.
② 옥수수 생육에 알맞은 토양은 대체로 pH 5.5~8.0이며, 산성과 알칼리성 토양에 대한 적응성이 높다.
③ 기장은 고온 버널리제이션에 의해 출수가 촉진된다.
④ 메밀 종실의 루틴함량은 가을메밀품종이 여름메밀품종에 비하여 높다.

답 ④

ⓒ 우리나라의 재배 및 생산
- 메밀의 특수 용도와 생육기간이 짧고 서늘한 기후에 알맞으며 내한성, 흡비력이 강하다. 또한 병충해도 적은 여러 유리한 특성으로 산간지 서늘한 지대 또는 척박지에서 재배하기 알맞고, 평야지대에서도 동작물 또는 춘작물 후작이나 대파작물로 유리하다.
- 메밀은 수량이 적고 주식으로 부적당하며, 고소득작물은 아니지만 잡곡류 중 옥수수 다음 재배면적을 유지하고 있다.
- 전국적으로 고르게 재배되며 제주, 경북, 강원, 전북, 전남 등 산간지대에서 많이 재배되고 있다.

④ 성분과 이용

㉠ 성 분
- 종실의 주성분은 전분이지만 단백질 12~15%, 라이신 5~7%를 함유하는 등 단백질류의 함유량과 비타민의 함유량이 많고 아미노산의 구성이 좋아 좋은 식품이 된다.
- 단백질의 함량이 잡곡 중 가장 높다.

ⓒ 루틴(Rutin)
- 루틴은 플라보노이드배당체(Flavonol Glycoside)로 황색 결정체 분말로 되어 있다.
- 종실, 잎, 줄기, 뿌리, 꽃 등 메밀의 각 조직에 함유되어 있고 특히 어린잎에 다량 함유되어 있다.
- 파종 후 35~45일 함량이 최고에 달하고 그 후 빨리 감소되므로 약초용인 경우 반드시 이 시기에 수확해야 한다.
- 메밀쌀보다 가루에 함유량이 많고 여름메밀품종이 가을메밀품종보다 함량이 많다.
- 혈압강하제, 구충제로 쓰인다.

ⓒ 용 도
- 메밀쌀은 쌀과 섞어 밥을 지어 먹는다.
- 메밀가루는 냉면, 묵, 과자, 면 등에 이용된다.
- 청예생초는 단백질이 많고 전분가가 높아 사료로 우수하다.
- 꽃은 밀원으로 메밀깍지는 베갯속으로 이용된다.
- 어린잎은 채소로, 청예한 것은 혈압강하제, 구충제로 쓰이는 루틴의 제조에 이용된다.

(2) 작물적 특성

① 재배와 경영상 특성

㉠ 서리에 약하나 서늘한 기후를 좋아한다.

ⓒ 생육기간이 60~90일로 여름 밭작물 중 가장 짧다.

㉢ 한발에 강하고 흡비력이 강하며, 병충해도 적은 등 유리한 특성으로 산간지 서늘한 지대, 척박지 등에서 재배가 알맞다.

㉣ 봄작물의 후작 또는 늦은 후작과 천수답에서 한발 피해가 심할 때 대파작물로 알맞다.

㉤ 국수, 묵과 같은 독특한 음식을 만드는 데 이용하는 등 용도적으로 유리한 특성이 많다.

㉥ 단점으로는 주식용으로는 알맞지 않으며, 수량이 극히 적고 수익성도 낮다.

② 형 태

㉠ 뿌리 : 발아 시 한 개의 유근이 발생하고 주근은 지하 1~1.2m에 달하고 많은 측근을 분기하나 근계는 비교적 얕게 형성된다.

㉡ 줄 기

- 길이 60~90cm으로 원통형에 한쪽이 오목하게 들어가 있고 표면에 약간의 털이 있으며, 속이 비어 있어 연약하다.
- 1~4개의 가지가 발생하고 어린줄기는 녹색~적색, 성숙하면 담갈색~적갈색이 된다.

㉢ 잎 : 1쌍의 떡잎이 있고 본엽은 삼각형 또는 심장형이며, 잎자루는 아랫잎은 길고 위로 갈수록 점점 짧아지다 선단부는 거의 없다.

㉣ 꽃

- 줄기 끝이나 엽액에서 긴 꽃대가 나와 그 끝에 2~7개의 작은 꽃자루가 갈라져 많은 꽃이 달려 송이를 이룬다.
- 꽃잎은 없고 꽃받침에 해당하는 백색 또는 담흑색의 꽃덮개가 5~6장 있고 8개의 수술과 1개의 암술로 되어 있으며, 암술머리는 세 갈레로 갈라져 있다.
- 메밀꽃은 동일품종일지라도 장주화와 단주화가 반반씩 생기는 이형예현상(Heterostylism)이 나타난다.
  - 장주화 : 암술의 암술대가 수술보다 더 긴 꽃
  - 단주화 : 암술의 암술대가 수술보다 더 짧은 꽃
  - 자웅예동장화 : 드물게 나타나지만 암술과 수술의 길이가 거의 같은 꽃
- 암술 밑부분에 작은 혹 모양의 꿀샘이 있다.

㉤ 종 실

- 색은 갈색, 암갈색 때로는 은회색이 나타나며, 대게 삼각형을 이루고 있다.
- 종피, 배유, 배를 과피가 단단히 싸고 있다.
- 1,000립중은 25~30g, 1L중은 630~640g이다.

메밀의 개화 및 수정에 대한 설명으로 옳지 않은 것은?

① 메밀에는 암술대와 수술의 길이가 다른 이형예현상(Heterostylism)이 나타난다.
② 메밀의 수정은 주로 암술대와 수술의 길이가 비슷한 자웅예동장화(Homostyled Flower) 간에 이루어진다.
③ 메밀은 일반적으로 곤충에 의해 수분이 일어나는 타화수정을 한다.
④ 메밀은 일반적으로 한 포기에서 위로 올라가며 개화한다.

답 ②

③ 생리 및 생태

㉠ 발아온도는 최저 0~5℃, 최적 25~31℃, 최고 37~44℃이고 7월 하순~8월 상순에 파종한 메밀은 5일 정도면 싹이 나온다.

㉡ 개 화

- 고온・단일조건에서 촉진되며, 하부에서부터 개화가 시작하여 점차 선단에 이르며 한 포기의 개화기간은 20~30일로 매우 길다.
- 오전 7~8시, 늦을 때는 오전 11시부터 오후 7~8시까지 개화하고 수정되지 않은 꽃은 다음날 다시 개화한다.

㉢ 수분과 수정

- 일반특성
  - 타가수정작물로 충매에 의한 타화수정을 하며, 동화나 동형화 사이에는 수정되지 않는다.
  - 수정은 온도가 낮은 것이 유리하며, 고온은 수정 및 임실을 저해한다.
- 적법수분 : 이형화, 즉 장주화와 단주화 사이에는 수정이 잘되는데 이를 적법수분이라 하며, 화분관의 신장이 짧은 시간에 씨방에 도달한다.
- 부적법수분 : 동주화 사이 수분에서는 수정이 잘 안되는데 이를 부적법수분이라 하며, 부적법수분은 꽃가루의 발아와 신장력이 떨어지거나 억제물질의 존재로 화분관이 씨방에 도달하지 못하고 대부분 신장이 정지된다.
- 온도와 수정 : 20℃ 이상에서는 임실이 저해되고 기온교차가 클 때 임실이 조장된다.

㉣ 결실 : 종자가 숙성되는 데 수정 후 24일 정도, 파종일부터는 56~77일 소요된다.

㉤ 기상생태형

- 여름메밀
  - 감온형으로 일장에 비해 온도에 민감하게 반응하고 생육기간이 짧아 북부 또는 산간지에서 일찍 재배하며, 파종이 빠를수록 수량이 많아지고 생육기간도 짧아진다.
  - 루틴의 함량이 많고, 꽃은 백색, 종피는 검은색, 종자모양은 삼각형이다.
  - 성숙일수는 60~64일로 극조생종이고, 성숙 후에도 탈립에 강하다.
  - 가을에 파종하면 저온에 감응하여 생육 저하와 수량이 감소한다.

메밀에 대한 설명으로 옳지 않은 것은?

① 수정은 충매에 의한 타화수정을 한다.
② 동일한 품종에서도 장주화와 단주화가 섞여있다.
③ 여름메밀은 생육기간이 짧은 북부나 산간부에서 재배된다.
④ 장주화와 단주화 사이의 수분은 부적법수분이 된다.

답 ④

- 가을메밀
  - 온도에 비해 일장에 민감하게 반응하는 감광형으로 주로 남부 지방 또는 평야지대에서 재배되며, 일찍 파종하면 줄기의 도장과 결실불량으로 수량이 떨어진다.
  - 봄에 파종하는 경우 장일로 영양생장만 계속되고 결실이 되지 않으며, 늦게 심을수록 수량이 증가하는 경향이 있다.
- 중간형메밀
  - 감광성과 감온성이 모두 낮고 주로 기본영양생장성에 지배된다.
  - 파종기의 조만에 둔감해 어느 시기에 파종해도 상당한 소출을 올릴 수 있다.

(3) 환 경

① 기 상

㉠ 생육적온은 20~31℃이나 임실에는 20℃ 이하의 낮은 온도가 알맞으며, 주간과 야간의 온도차가 클 때 임실에 좋다.

㉡ 건조에 잘 견디나 발아 시 수분이 알맞아야 좋으며, 개화기 비가 많이 오면 곤충의 활동에 장애가 되어 임실을 저해하고 등숙기 폭풍우는 도복과 탈립을 유발한다.

㉢ 단일성 식물로 12시간 이하 단일 하에서 개화가 촉진되나 13시간 이상 장일에서는 개화가 지연되고 개화기 식물체 내 C/N율은 높아진다.

② 토 양

㉠ 배수가 좋은 사양토~식양토가 알맞으나 토양적응성이 커서 중점토, 습지, 극단적 건조지를 제외하면 어느 토양도 재배가 가능하다.

㉡ 배수가 잘되고 약간 건조한 토양이 좋으며, 비옥한 땅에서는 도복의 위험이 크다.

㉢ 토양산도는 pH 6.0~7.0이 알맞으며, 산성토양에도 강한 편이다.

(4) 재 배

① **채종** : 메밀은 충매에 의한 타가수정작물이므로 채종에 특별히 주의해야 하며, 격리포장에서 집단선발을 겸해 채종하는 것이 좋다.

② 파 종

㉠ 가을메밀의 파종적기는 중부지방은 7월 중·하순, 남부지방은 7월 하순~8월 상순이고 지역에 따라 첫서리가 내리기 10~12주 전 파종한다.

㉡ 파종방법으로는 산파, 조파, 점파 등의 방법으로 한다.

메밀의 작물적 특성과 환경에 대한 설명으로 옳지 않은 것은?

① 메밀꽃은 좋은 밀원이 되며, 어린 잎은 채소로도 이용할 수 있다.
② 메밀은 서늘한 기후를 좋아하고, 산간지방에서 재배하기에 알맞다.
③ 재배에 알맞은 토양산도는 pH 6.0~7.0이며, 산성 토양에는 약하다.
④ 여문 종실은 떨어지기 쉬우므로 70~80%가 성숙하면 수확한다.

③ 시 비

㉠ 종실 100kg 생산에 흡수되는 3요소의 성분량은 질소 3.6kg, 인산 1.6kg, 칼륨 4.9kg으로 칼륨의 흡수량이 가장 많다.

㉡ 흡비력이 강하여 무비 또는 소비재배를 하는 경우도 많으나 어느 정도 시비를 해야 수량을 올릴 수 있어 10a당 퇴비 1,000kg, 3요소를 각 3~5kg을 전량 기비로 시용한다.

㉢ 석회와 붕사의 효과가 크며, 붕사의 엽면시비는 결실의 조장, 도복경감에 효과가 크고 종실의 착생과 수량을 1.5~4배 정도 증가시킨다.

④ 관리 : 발아 후 20일경과 그 후 20일경 2회에 걸쳐 솎기를 하며, 김을 매고 약간 배토를 해 준다.

⑤ 수 확

㉠ 종실이 성숙하면 검어지고 굳는데, 밑에서부터 성숙하고 성숙한 종실은 탈립이 쉬우므로 70~80% 성숙되면 수확한다.

㉡ 적기는 중부지방은 10월 상・중순, 남부지방은 10월 중・하순이다.

5 기 장

(1) 분포 및 생산과 이용

① 명 칭

㉠ 학명 : *Panicum miliaceum* L.

㉡ 영명 : Common millet, Hog millet, Proso millet

㉢ 한명 : 직(稷, 메기장), 서(黍, 찰기장), 야제서(野蹄黍)

② 내 력

㉠ 원산지는 동부아시아 및 중앙아시아에 가까운 지역으로 추정된다.

㉡ 인류가 최초로 재배하기 시작한 식량작물 중 하나이다.

㉢ 우리나라에서 기장은 종실아 작아 소립 잡곡류에 속하며, 찹쌀, 팥, 수수, 조와 함께 5곡에 포함되는 잡곡이다.

③ 분포 및 생산

㉠ 고온, 건조기후를 좋아하며, 열대부터 온대에 걸쳐 주로 재배되나 생육일수가 짧아 조생종은 70일 내외로 북위 54~57°의 고위도까지도 분포, 재배되고 있다.

㉡ 재배지역 : 러시아, 루마니아, 독일 등에서 예로부터 재배되었다.

㉢ 우리나라 : 1970년경까지는 주로 제주도와 전라남도지역에서 1,000ha 정도 재배되었으나 최근 거의 재배되지 않는다.

(2) 작물적 특성

① 형태적 특성

㉠ 뿌리 : 종근은 1개이고 비교적 심근성으로 조보다 깊게 발달하여 흡비력과 가뭄에 견디는 힘이 매우 강하다.

㉡ 줄기 : 1~1.7m이며, 10~20개의 마디가 있고 속은 비어 있어 도복하기 쉽다.

㉢ 잎 : 잎집에 흰털이 밀생한다.

㉣ 이삭 : 조와 달리 이삭가지가 길게 늘어진다.

㉤ 종자 : 여물면 잘 떨어지고 천립중은 4~5g, 1L중은 500~530g이다.

② 생육적 특성

㉠ 발아 : 최저온도 6~7℃, 최적온도 30~31℃, 최고온도 44~45℃이다.

㉡ 분얼 : 분얼이 적고 기부로부터 2~3개의 분얼을 하며 모두 이삭이 달린다.

㉢ 개화 : 출수 후 7일이면 개화가 시작되고, 4~5일이 지나면 60% 정도 개화하고 10일 후에는 거의 개화가 끝나며 개화최성기는 오전 10시경이다.

㉣ 수정 : 자화수정이 원칙이나 자연교잡도 이루어진다.

㉤ 성숙 : 출수 후 30~35일이면 종실이 여문다.

③ 기상생태적 특성

㉠ 봄기장과 그루기장으로 분화되었다.

㉡ 봄기장 : 감온형으로 북부나 산간지에서 봄에 파종하여 여름에 수확한다.

㉢ 그루기장 : 감광형으로 남부나 평야지에서 여름에 파종하여 가을에 수확한다.

④ 춘화처리와 옥신의 처리

㉠ 고온춘화의 효과가 보고되고 있으며, 종자 무게의 약 15% 수분을 가하여 10~15℃에서 유아를 1~2cm 신장시킨 후 25~30℃ 암실에서 5일간 보존하였다가 이식하면 출수가 촉진된다.

㉡ 유아를 1~2cm 신장시킨 후 채종상의 수분을 5~10%로 조절하여 30℃ 암실에 10~11일 보존하였다가 이식한 결과 수중의 현저한 증가를 보였다.

㉢ 종자를 5×10^{-4}% 헤테로옥신 도는 NAA에 24시간 처리하여 파종한 결과 39%, 19%의 수중 증가를 보였다.

(3) 환 경

① 기 상

㉠ 조와 비슷하고 고온, 건조기후를 좋아하며 특히 요수량이 가장 작은 작물로 건조에 매우 강하다.

㉡ 봄기장 : 비가 적고 맑은 날이 계속될 때 수량이 증가한다.

㉢ 그루기장 : 비교적 습한 기후에 견디는 성질이 있다.

② 토 양

조와 비슷하나 조보다 생육기간이 짧아 높은 산간지대에서도 재배할 수 있다.

③ 재배특성

㉠ 생육기간이 짧다.

㉡ 건조하고 척박한 토양에서도 재배할 수 있다.

㉢ 예로부터 재배해 왔으며 기장으로 만든 식품은 일시적 이용에 좋다.

㉣ 고온에 의한 춘화처리로 출수가 촉진된다.

⑤ 수량이 적고, 주식으로 알맞지 않으며, 수익성이 낮다.

(4) 분류와 품종

① 이삭 형태에 따른 분류

㉠ 산수형 : 이삭가지가 길고 사방으로 퍼져서 늘어진다.

㉡ 편수형 : 이삭가지가 한쪽으로 늘어진다.

㉢ 밀수형 : 이삭가지가 짧고 밀생하여 늘어지지 않는다.

② 생태형에 따라 봄기장과 그루기장(여름기장)으로 분류된다.

③ 종자의 성질에 따라 메기장과 찰기장으로 분류한다.

(5) 재 배

① 조에 준하여 재배하며 조보다 생육기간이 짧으므로 만파에 견딜 수 있다.

② 재식밀도는 조보다 분얼수가 많고 이삭이 달리기 때문에 20% 정도 드물게 파종하는 것이 좋으며, 파종량은 0.6~1.0kg/10a이다.

③ 점뿌림을 경우 포기당 3~4대, 줄뿌림의 경우 30cm당 6~7대를 재배한다.

④ 기장의 병충해는 깜부기병, 조명나방, 멸강나방 등이 발생하며 방제는 옥수수, 조와 같은 방법으로 한다.

(6) 수확과 이용

① 수 확

㉠ 이삭의 선단부터 서서히 성숙하는 특성이 있으므로 적기에 수확을 해야 한다.

㉡ 수확시기 : 봄기장은 8월 하순~9월 상순, 그루기장은 9월 하순~10월 상순이다.

㉢ 종실이 잘 떨어지기 쉬우므로 이삭의 70~80%가 여물면 수확한다.

② 성 분

주성분은 당질이고, 단백질과 지질도 적지 않으며, 비타민 A, B도 풍부하고 소화율도 높다.

③ 도정률

부피로는 60%, 무게로는 70% 정도이며, 조와 같이 후숙처리하면 탈고, 도정이 쉬워지고 품질도 좋아진다.

④ 이 용

㉠ 기장쌀은 팥과 섞어 밥을 짓거나 떡을 만드는 것이 보통이고, 술을 만들기도 한다.

㉡ 새, 돼지의 사료로 이용한다.

㉢ 풋베기 사료로도 이용되지만 품질이 떨어진다.

㉣ 이삭으로 비를 만들기도 한다.

제3장 두 류

1 콩

(1) 분포 및 생산과 이용

① 명 칭

학 명	영 명	한 명	염색체 수
Glycine max (L.) Merril	Soybean	대 두	2n = 40

② 내 력

㉠ 식물적 기원 : 재배종의 원형은 동양에서 널리 야생하는 돌콩으로 추정되며, 반재배형과 중간형을 거쳐 현재의 재배종으로 발달한 것으로 추정된다.

종실의 단위무게당 탄수화물함량이 가장 낮은 작물은?

① *Glycine max*
② *Vigna angularis*
③ *Vigna radiata*
④ *Phaseolus vulgaris*

 ①

필 / 수 / 확 / 인 / 문 / 제

㉡ 지리적 기원 : 원산지는 중국 동북부와 우리나라, 시베리아 아무르강 유역이다.

㉢ 전파 : 중국에서 4,000년 이전부터 재배된 것으로 추정되며, 우리나라는 삼한시대부터 재배된 것으로 알려져 있다.

③ 분포 및 생산

㉠ 세계의 분포 및 생산

- 분 포
  - 열대지방부터 러시아 연해주, 캐나다 중부지방까지 재배 적응 범위가 넓은 온대성작물이다.
  - 생육 중 고온과 다소 축축한 기후를 좋아하며 음랭하면 성숙이 힘들다.
  - 대체로 조생종이나 생육기간 중 적산온도가 최저 2,000℃가 필요하며, 일평균기온 12℃ 이상의 일수가 120일 이상이어야 한다.
  - 재배북한계는 만주 52°N, 캐나다 46°N에 이른다.
- 생산(2010년 기준)
  - 재배면적은 약 1억ha이며, 생산량은 약 26,140만 톤이다.
  - 최대생산국은 미국으로 약 35%이며, 브라질 27%, 아르헨티나 21%, 중국, 파라과이, 네덜란드에서 전 세계 생산량의 약 96%가 생산된다.

㉡ 우리나라의 분포 및 생산(2014년 기준)

- 재배면적은 전체 두류의 재배면적 89,166ha 중 콩이 74,652ha를 차지하고 생산량은 139,267톤이다.
- 우리나라의 콩 자급률은 11.3%에 불과하고 사료용을 제외한 식량자급도는 35.9%로 외국으로부터 수입에 많이 의존하고 있다.
- 경북에서 재배가 많고 충북, 강원, 경기, 전남 등에서 많이 재배되고 있다.

④ 성분과 이용

㉠ 성 분

- 콩은 주성분인 단백질 30~50%와 지질 13~28%, 당질, 비타민 및 많은 양분들이 함유되어 있으며, 콩에 함유된 전분은 거의 없고 수크로오스(Sucrose), 라피노오스(Raffinose), 스타키오스(Stachyose) 등으로 구성되어 있다.
- 라피노오스(Raffinose)와 스타키오스(Stachyose)는 올리고당이라 불리는 다당류로 장내 비피더스균 등이 분해·이용하면서 대장균과 같은 유해균의 증식을 억제하는 효과가 있다.

우리나라의 주요 식량작물 중 자급률이 가장 높은 작물은?

① 밀
② 콩
③ 감 자
④ 옥수수

답 ③

콩에 들어있는 성분 중에 가장 적게 함유되어 있는 것은?

① 라피노오스(Raffinose)
② 전분(Starch)
③ 수크로오스(Sucrose)
④ 스타키오스(Stachyose)

 ②

- 콩에는 단백질의 함량이 많을 뿐만 아니라 메티오닌(Methionine), 시스틴(Cystine)과 같은 함황단백질이 제한요인이 되어 육류의 단백질에 비하면 떨어지지만 식물성 단백질 중에는 가장 우수하다.
- 효소인 리폭시게나아제(Lipoxygenase)는 날콩의 비린맛을 내나 열을 가하면 대부분 파괴되고 최근 비린맛이 없는 진품콩 1, 2호가 개발되어 보급되고 있다.
- 트립신 저해물질은 단백질의 소화와 흡수를 방해하는 성분으로 날콩을 많이 먹었을 때 설사를 유발하나 열에 약해 가열하면 대부분 분해·파괴되며, 최근 항암효과가 알려지고 있다.
- 이소플라본(Isoflavone)은 영양저해효소의 하나이지만, 항암과 혈청콜레스테롤 저하효과로 식품이나 약품으로 제품화되었다.
- 품종에 따라 다르지만 콩깻묵도 보통 단백질 43~45%와 가용무질소물을 27~31% 함유하고 있어 우수한 농후사료가 되며, 비료로도 우수하다.
- 풋베기 콩도 화곡류에 비하여 사료로 우수하다.

㉡ 이 용

- 직접 식용으로 쌀과 섞어 밥으로 먹거나 죽으로 이용하며, 된장·고추장·간장 등의 장류의 원료로 이용하고 두부·비지·콩나물 등의 부식물 가공용으로, 두유·강정·콩가루 등 각종 가공식품으로 이용된다.
- 콩깻묵은 가공식품, 사료, 비료, 공업원료 등으로 이용된다.
- 콩깍지, 콩깻묵, 풋베기 콩은 좋은 사료가 되고 줄기는 땔감으로 사용된다.
- 콩기름은 여러 식품으로 또는 공산품의 원료로 이용된다.

㉢ 용도에 따른 콩의 분류

- 보통콩(일반콩)
  - 장류와 두부가공용으로 주로 이용되며 입색은 황백색~황색으로 100립중은 18g 이상으로 단백질함량이 38~45%로 높을수록 좋다.
  - 장류와 두부용 : 수량이 많고 단백질함량이 높으며 종실이 굵고 입색이 황백색~황색이다.
  - 우리나라에서 가장 많이 재배되고 있으며 대립종 또는 중립종이 많다.
  - 비린내가 거의 나지 않는 진품콩, 진품콩 2호가 개발되었고 두유용, 두유콩도 개발되어 재배되고 있다.

날콩의 비린 맛을 나게 하는 것은 무엇인가?

① Starch
② Lipoxygenase
③ Isoflavone
④ Phytic acid

답 ②

콩의 용도별 분류에 대한 설명으로 옳은 것은?

① 장콩 : 씨껍질색은 황색 또는 녹색인 것이 좋으며, 소립으로서 백립중이 9~15g 이하인 것이 알맞다.
② 나물콩 : 소출이 많고 단백질 함량이 높아야 하며, 종실이 굵고 유색이며 광택이 있다.
③ 기름콩 : 우리나라 콩의 주체를 이루고 있으며, 황금콩, 다원콩이 대표적인 품종이다.
④ 밥밑콩 : 종실이 굵고 취반 시 잘 물러야 하고, 환원당 함량이 높아야 한다.

답 ④

필 / 수 / 확 / 인 / 문 / 제

- 밥밑콩
  - 밥을 짓는데 섞어 이용한다.
  - 종실이 굵고 100립중은 20g 이상이고 알칼리붕괴도가 높으며 흡수팽창도가 크고 환원당 함량이 많은 여름콩 중 유색품종이 좋다.
  - 종실이 20g 이상으로 굵고 흡수팽창성이 크며, 취반 시 잘 물러져야 하며 맛이 좋아야 한다.
- 기름콩
  - 지유 함량이 17~20%로 25%까지 높을수록 좋으며, 소립이고 입색이 진하여 광택이 있는 18g 이하가 좋다.
  - 우리나라는 전량 수입하여 가공하기 때문에 기름용 품종이 없다.
- 나물용(쥐눈이콩)
  - 입색은 황색~녹색으로 담황색이며, 소립종으로 100립중이 14g 이하인 것이 좋다.
  - 종실이 작을수록 원료콩 대비 콩나물 생산량이 많아지기 때문에 작은 콩이 유리하다.
  - 풋베기콩 : 풋베기용으로 많이 이용되며 종실, 잎, 줄기의 생장이 무성하며 풋베기 수량이 많고 종실이 작아 종자량이 적은 것이 좋다.

(2) 작물적 특성

① 재배와 경영상 특성

㉠ 이용적 특성
- 질이 우수한 단백질이 풍부하여 곡류를 주식으로 하는 우리나라에서는 영양상 중요하다.
- 다양한 용도로 이용되고 있어 대량의 콩을 안전하게 소비할 수 있다.

㉡ 기후적 특성 : 우리나라 기후조건이 재배에 알맞다.

㉢ 재배적 특성
- 생육이 왕성하고 생육기간이 비교적 짧아 윤작, 혼작, 교호작 등으로 작부체계상 유리해 토지를 유리하게 이용할 수 있다.
- 윤작의 전작물로 알맞고 맥류와 1년 2작체계가 가능하다.
- 토양적응성이 강하다.

㉣ 지력유지적 특성
- 뿌리혹박테리아(근류균)에 의해 질소고정 공급과 토양미생물의 증가로 지력의 유지와 증진에 효과가 있다.
- 콩의 재배는 토양표면 염기의 증가로 pH가 높아져 토양반응을 좋게 한다.

우리나라에서 두류 중 콩을 많이 재배하는 이유로 적합하지 않은 것은?

① 이용면에서 볼 때 콩은 단백질이 풍부하고 그 질이 우수하여 곡류를 주식으로 하는 우리나라에서 영양상 중요하다.
② 재배면에서 볼 때 콩은 생육이 왕성하며 토양적응성도 강한편이다.
③ 작부체계면에서 볼 때 콩은 윤작의 전작물로 알맞고 맥류와 1년 2작 체계가 가능하다.
④ 콩을 재배하면 토양의 pH가 낮아지므로 토양반응을 좋게 한다.

답 ④

- 뿌리가 질화작용이 강해 콩 재배 후 질산태질소가 증가하고, 뿌리가 굳은 땅도 잘 뻗어나가 토양을 팽연하게 한다.

② 형 태

㉠ 뿌리와 뿌리혹

- 뿌 리
  - 발아 시 1개의 유근이 발생해 자라서 주근이 되고 이 주근으로부터 많은 지근이 발생하고 다시 세근들이 발생한다.
  - 배토는 부정근을 많이 발생시킨다.
- 뿌리혹과 뿌리혹박테리아
  - 뿌리에는 많은 뿌리혹이 착생하고 이 뿌리혹 속에는 뿌리혹박테리아가 들어 있어 공중질소를 암모니아태로 고정하여 콩이 이를 이용하므로 근류의 착생이 좋아야 콩의 생육이 좋아지고 수량이 증가한다.
  - 콩의 재배 시 질소질비료가 덜 들고 다른 작물의 재배와 비교하면 지력의 소모가 적다.
  - 뿌리혹박테리아는 식물체로부터 당을 취하여 생활하며, 호기성세균으로 지표 가까운 뿌리 기부에 뿌리혹이 많이 착생되고 인공접종이 가능하다.
  - 뿌리혹박테리아는 계통에 따라 여러 특성과 질소고정능력이 달라지므로 우량균주의 선발과 접종이 필요하며, 일반적으로는 뿌리혹이 많고 그 속에 뿌리혹박테리아의 활동이 왕성할 때 콩의 생육도 왕성해진다.
  - 콩이 어릴 때는 뿌리혹의 수효가 적고 뿌리혹 자체도 작아 질소고정능력도 떨어지며, 뿌리혹박테리아가 식물체로부터 당분을 흡수하므로 어린식물의 생육은 억제되나 개화기경부터 질소고정이 왕성하게 이루어지면서 많은 질소성분을 식물체에 공급하고 성숙기에는 뿌리혹의 내용이 비면서 기주식물인 콩으로부터 쉽게 탈락된다.
  - 뿌리혹박테리아는 온도 25~30℃, 토양산도 pH 6.5~7.2, 토양수분이 충분하고 토양통기가 양호하며, 토양 중 질산염은 적고 석회, 칼륨, 인산, 부식이 풍부한 곳에서 생육이 왕성해지고 질소고정이 많아진다.

㉡ 줄 기

- 콩의 줄기는 주경과 분지로 되어 있고 주경은 일반적으로 마디가 14~15개, 길이 30~90cm 정도이고 그 수나 길이, 원줄기를 이루는 각도 등이 품종에 따라 다르게 나타난다.

필 / 수 / 확 / 인 / 문 / 제

콩의 근류균에 대한 설명으로 옳지 않은 것은?

① 근류균에 의한 질소고정은 생육 초기가 개화기보다 왕성하다.
② 질소 함량은 적으면서 석회, 인산, 칼륨이 많은 토양 조건이 활동에 유리하다.
③ 토양산도는 pH 6.4~7.2, 온도는 25~30℃ 조건에서 활동이 왕성하다.
④ 근류균은 호기성 세균으로 뿌리기부에 많이 분포한다.

답 ①

콩 뿌리혹박테리아(근류균)에 대한 설명 중 옳지 않은 것은?

① 호기성으로 인공접종이 불가능하다.
② 토양산도 pH 6.45~7.21 범위에서 질소고정이 왕성하다.
③ 토양온도는 25~30℃의 범위에서 번식과 활동이 왕성하다.
④ 부식이 많은 토양조건에서 질소고정이 왕성하다.

답 ①

무한신육형 콩과 비교한 유한신육형 콩의 특성으로 옳지 않은 것은?

① 영양생장기간과 생식생장기간의 중복이 짧다.
② 꽃이 핀 후에는 줄기의 신장과 잎의 전개가 거의 중지된다.
③ 개화기간이 짧고 개화가 고르다.
④ 가지가 길고 꼬투리가 드문드문 달린다.

답 ④

콩의 형태와 재배에 관한 설명으로 옳지 않은 것은?

① 개간지에서는 뿌리혹 착생이 불량하므로 질소비료를 시용해야 한다.
② 콩을 재배하면 토양표면에 염기가 증가하여 pH가 높아지는 경향이 있어 토양반응을 좋게 한다.
③ 우리나라에서는 개화 중에도 주경과 분지의 신장 및 잎의 전개가 계속되는 무한신육형이 알맞다.
④ 뿌리혹은 콩이 어릴 때에는 식물체로부터 당분을 흡수하여 어린 식물의 생육을 억제하기도 한다.

답 ③

- 둥글고 속이 차 있으며, 목질화되어 외부는 단단하다.
- 분지는 품종과 재배법에 따라 다르게 나타나며, 보통 3~9마디에서 많이 발생된다.
- 만화형(蔓化型)에 따른 구분
  - 진정만화형 : 환경조건과는 관계없이 유전적 특성으로 만화하는 것
  - 가변만화형 : 환경변화에 의해서 만화되는 것
  - 특수만화형 : 만화되지 않지만 길게 자라 만화 경향을 나타내는 것
  - 만화 조장조건 : 조기파종, 다비, 밀식, 일기불순, 간혼작 등에 의해 수광이 부족한 경우 도장, 만화하는 경향이 있다.
- 줄기 생육습성에 따른 분류
  - 유한신육형(有限伸育型, Determinate Type)
    ⓐ 개화기에 도달하면 원줄기 및 가지의 신장과 잎의 전개가 중지되고 개화기간이 짧으며, 개화가 고르고 가지가 짧고 꼬투리가 조밀하게 붙는다.
    ⓑ 개화 방향이 일정하지 않고 대부분 마디에서 수일 내에 동시에 개화를 시작하므로 꼬투리가 거의 비슷한 시기에 형성되어 자란다.
    ⓒ 우리나라 재래종과 장려품종이 대부분 이에 속한다.
  - 무한신육형(無限伸育型, Indeterminate Type)
    ⓐ 개화가 시작된 후에도 영양생장이 계속되어 원줄기 및 가지의 신장과 잎의 전개가 계속되어 개화기간이 길어지고 가지가 길며, 꼬투리는 드문드문 달리게 된다.
    ⓑ 중심줄기 아래쪽마디부터 개화가 시작해 점차 윗마디로 옮아가므로 초기에 아래쪽마디와 위쪽마디의 꼬투리의 크기가 차이가 난다.
  - 반무한신육형(半無限伸育型, 중간형, Semi-Indeterminate Type) : 유한신육형과 무한신육형의 중간형이다.

㉢ 잎 : 발아 시 한쌍의 떡잎이 나오고 이어 단엽인 초생엽이 제2마디에서 마주 붙어 나오고 그 윗마디에서부터는 긴 잎자루 끝에 3매의 소엽을 가진 보통의 복엽이 호생(互生, 어긋나기, Alternate)한다.

㉣ 꽃

- 줄기 끝 또는 엽액에서 꽃자루가 나와 꽃송이가 달리며, 꽃자루에 8~15개의 꽃이 호생하는 경우와 꽃자루 대신 작은 돌기가 생기고 돌기에 1~2개의 꽃이 달리는 경우가 있다.

- 꽃은 접형화(蝶形花, Papilinaceous Flower)로 꽃받침에는 털이 많고 꽃잎은 5장이며, 화관(花冠, Corolla)은 1장의 기판과 2장의 익판 및 2장의 용골판으로 되어 있다.
- 수술은 10개이며 9개는 합착되어 있고, 1개는 분리되어 있는 이생웅예를 이룬다. 암술은 수술보다 약간 길고 끝에 돌기가 있다.
- 꽃의 색은 백색과 자색이 있다.

㉤ 꼬투리

- 다소 납작한 것이 보통이지만 통통한 것도 있으며, 길이는 2~7cm이고 꼬투리당 1~4립의 종실이 들어있다.
- 성숙한 꼬투리는 황색부터 흑색까지 여러 종류가 있으며 농담의 차이도 큰 편이다.

㉥ 종 실

- 종피에 싸인 떡잎과 불룩한 배로 되어 있으며, 배유는 없고 떡잎에 양분을 저장하고 있다.
- 꼬투리에 접착되었던 부분을 배꼽이라 하고 다소 튀어나온 부분은 배부, 이들 사이에 주공이 있으며, 배꼽의 주공 반대편에 합점이 있다.
- 종실 각 부분의 비율은 자엽이 90~92%, 종피 6~9%, 배 2% 정도이다.
- 종피의 색은 단색과 혼색으로 구분한다.
- 배꼽의 빛깔에 따라 백색, 담황색, 담회색의 백목과 갈색의 적목, 농회색, 흑갈색, 흑색의 흑목으로 구별하기도 하며, 일반적으로 배꼽의 색이 엷은 것이 품질이 우수한 경향이 있다.

③ 생리 및 생태

㉠ 콩의 생육단계 표시

구분	발육시기	단계표시	특 징
영양생장기	발 아	VE	자엽이 땅위로 나옴
	자 엽	CV	자엽의 전개 완료, 초생엽 전개 시작
	초생엽	V_1	초생엽의 전개 완료
	제1복엽	V_2	제1복엽 전개 완료
	제2복엽	V_3	제2복엽 전개 완료
	(n–1)복엽	V_n	제(n–1)복엽 전개 완료

콩을 분류할 때, 백목(白目), 적목(赤目), 흑목(黑目)으로 분류하는 기준에 해당하는 것은?

① 종실 배꼽의 빛깔
② 종실의 크기
③ 종피의 빛깔
④ 콩의 생태형

답 ①

콩의 발육시기 표시방법 중 발육시기와 약호의 연결이 옳지 않은 것은?

① 발아 – VE
② 자엽 – CV
③ 착협시 – R_3
④ 입비대시 – R_7

답 ④

필 / 수 / 확 / 인 / 문 / 제

콩의 발육시기에 대한 설명으로 옳지 않은 것은?

① 제1복엽기(V_2) : 제1복엽까지 완전히 전개된 때
② 개화시(R_1) : 원줄기상에 첫 꽃이 피었을 때
③ 착협성기(R_4) : 완전 전개엽을 착생한 최상위 4마디 중 1마디에서 3mm에 달한 꼬투리를 볼 수 있을 때
④ 자엽기(CV) : 초생엽이 전개 중인 때

답 ③

콩과 팥에 대한 비교, 설명으로 옳은 것은?

① 콩은 팥보다 종자의 발아력이 짧게 유지된다.
② 콩은 팥보다 감광성과 감온성이 둔하다.
③ 콩은 팥보다 고랭지나 고위도지대에서 재배상의 안정성이 적다.
④ 콩은 팥보다 토양수분이 적어도 발아할 수 있다.

답 ①

구분	발육시기	단계표시	특 징
생식생장기	개화시	R_1	원줄기에 첫 꽃이 개화
	개화성	R_2	완전 전개엽을 착생한 최상위 2마디 중 1마디에 개화
	착협시	R_3	완전 전개엽을 착생한 최상위 4마디 중 1마디에서 5mm 크기의 꼬투리 달림
	착협성	R_4	완전 전개엽을 착생한 최상위 4마디 중 1마디에서 2cm 크기의 꼬투리 달림
	입비대시	R_5	완전 전개엽을 착생한 최상위 4마디 중 1마디의 꼬투리 종자의 크기가 3mm임
	입비대성	R_6	완전 전개엽을 착생한 최상위 4마디 중 1마디의 꼬투리의 종자가 완전히 자람
	성숙시	R_7	원줄기에 착생한 정상 꼬투리의 하나가 성숙기 품종 고유의 색이 나타남
	성 숙	R_8	95%의 꼬투리가 성숙기 품종 고유의 색이 나타남

ⓛ 발 아

- 콩은 상명종자로 발아력을 2년 정도 가지며, 3년 이상이 되면 발아력이 떨어진다.
- 발아온도는 최저 2~7℃, 최적 30~35℃, 최고 40~44℃이나 실제 포장에서는 15~17℃ 이상이면 출아와 초기 생육이 양호하다.
- 발아에 필요한 수분의 흡수량은 종자 무게의 100~130% 정도이며, 토양수분은 최대용수량의 70% 내외이고 최저 50% 이상이어야 한다.
- 발아소요일수는 15℃에서 4일, 25℃에서 하루 정도 소요된다.

ⓒ 개화와 결실

- 개화는 주경은 3~5마디, 하위 분지는 4~5마디, 상위 분지에서는 1~2마디 꽃부터 개화를 시작하여 아래・위로 피며, 한 꽃송이에서는 아래부터 위쪽으로 차례로 개화한다.
- 한 개체가 개화하는 데 보통 15일 내외가 소요되나 경우에 따라서는 30일 정도 소요되기도 한다.
- 개화적온은 25~30℃이고 일반적으로 7~9시경의 이른 아침에 대부분 개화하고 오전 중 개화가 끝난다.
- 수분은 개화 직전이나 직후에 이루어지며, 자가수정을 원칙으로 하고 자연교잡률은 0.1~2.4% 정도이다.
- 수정이 끝난 후 38시간 정도부터 접합란의 세포분열이 일어나 꼬투리가 급속히 자란다.

- 개화 후 50~70일이 지나면 성숙에 이르게 된다.
- 개화유도처리를 위해 20~30℃의 고온에서 10일간 유식물체를 고온춘화처리하면 개화가 유도된다.

㉣ 화기탈락과 종실의 발육정지

- 화기탈락현상 : 콩은 착화수가 매우 많으나 정상적으로 결실하는 결협률은 보통 20~45%에 불과하고, 그 외는 꽃과 어린꼬투리 상태로 떨어지는 데 이를 화기탈락현상이라 한다.
- 화기탈락의 원인
  - 짧은 기간에 한 번에 많은 꽃들이 종자로 발달하면서 양분과 수분의 요구도는 커지지만 뿌리와 잎에서 양분과 수분을 충분히 공급하지 못해 배의 발육이 정지되는 것이 가장 큰 원인이다.
  - 저온, 고온, 한발, 토양의 과습 등 환경조건이 나쁜 경우와 병충해 등이 원인이 되기도 한다.
- 결협률의 저하 요인
  - 대립종이 소립종보다 낙화율이 높다.
  - 먼저 개화한 것보다 나중에 개화하는 것이 낙화하기 쉬우므로 먼저 개화한 것을 제거하면 나중에 개화한 것의 결협이 증가된다.
  - 꼬투리의 기부에 위치한 종실의 발육정지율이 높다.
  - 착협수는 경엽중, 총절수, 분지수 등과 정의 상관이 있어 생육이 왕성한 것이 결협수가 많다.
  - 수분, 비료분, 광선 등이 불량한 조건에서 결협률은 떨어진다.
  - 온도가 15℃ 이하가 되면 냉해로 결협률이 떨어진다.
  - 곤충의 식상이 화기 탈락과 종실 발육정지를 조장한다.
  - 기립일수록 발육정지립의 비율이 높다.
- 결협률을 향상시키기 위한 대책
  - 관수로 토양수분을 알맞게 한다.
  - 시비를 충분히 하고 개화기 요소를 엽면시비한다.
  - 배토의 실시로 뿌리의 발달을 조장한다.
  - 질소질 비료를 알맞게 시용해 과도한 영양생장을 억제한다.
  - 해충을 철저히 방제한다.

㉤ 일장과 온도

일 장	• 콩은 단일식물로 만생종일수록 감광성이 높은 경향이 있고 가장 알맞은 일장이 짧다. • 생육에 알맞은 온도에서 개화 전 30일쯤부터 8~12시간의 단일처리를 계속하면 개화가 빨라진다. • 한계일장이 긴 품종은 빠르게 일장반응이 나타나 개화가 빨라지고 한계일장이 짧은 품종일수록 일장반응이 늦어 개화가 늦어진다.

콩에서 화기 탈락의 주요 원인은?

① 배의 발육정지
② 수정장애
③ 이형예 불화합성
④ 화분의 발달 저해

답 ①

콩은 착화수는 많지만 정상적으로 결실 · 성숙하는 것은 매우 적다. 콩의 결협률 증대 방안으로 옳지 않은 것은?

① 이식 · 적심재배를 실시한다.
② 개화기에 요소를 엽면살포한다.
③ 배토를 한다.
④ 질소질 비료를 다량 시용한다.

답 ④

필 / 수 / 확 / 인 / 문 / 제

콩 품종의 분류 및 특성에 대한 설명으로 옳은 것은?

① 생태형에 따라 무한신육형, 중간형, 유한신육형으로 구별한다.
② 밥밑콩으로 이용되는 것은 종실이 작으며 알칼리붕괴도가 낮다.
③ 콩나물용은 종실이 대체적으로 굵고 품질이 우수해야 한다.
④ 우리나라의 남부지역에 알맞은 품종은 감광성이 높은 가을콩이 좋다.

답 ④

콩의 기상생태형에 대한 설명 중 옳지 않은 것은?

① 가을콩은 남부지방 평야지대에서 맥후작 형식으로 재배된다.
② 고위도지대에서는 일장에 둔감하고 생육기간이 짧은 여름콩이 재배된다.
③ 저위도지대에서는 만생이며 감광성이 높은 품종이 재배된다.
④ 파종기 지연에 따르는 수량 저하는 가을콩이 여름콩보다 크다.

답 ④

콩의 수량구성요소에 포함되지 않는 것은?

① $1m^2$당 개체수
② 개체당 유효경수
③ 개체당 꼬투리수
④ 100립중

 ②

온 도	• 15~25℃에서는 온도가 높을수록 꽃눈의 분화와 개화 · 결실이 촉진되고 그 기간이 단축된다. • 결실기 고온 · 건조는 결실기간을 단축시킨다. • 고온은 꽃과 어린꼬투리가 떨어뜨려 결협률이 저하된다. • 고온으로 개화일수가 단축되는 조건에서는 개화기간의 단축과 개화수를 감소시킨다.

ⓗ 기상생태형

- 여름콩(하대두)
  - 감광성이 낮고 한계일장은 길며, 감온성이 높아 일찍 개화, 성숙한다.
  - 주로 평야지대에서 봄에 단작형으로 파종해 늦여름 또는 초가을 수확하는 품종이다.
  - 대체로 대립종이고 연질이어서 밥밑용 또는 장용으로 이용된다.
- 가을콩(추대두, 그루콩)
  - 감광성이 높고 한계일장은 짧으며, 감온성이 낮아 늦게 개화, 성숙한다.
  - 남부평야지대에서 맥후작으로 여름에 파종해 늦가을에 수확하는 그루콩이 주체를 이루고 북부지방이나 산간지대에서는 성숙이 늦어 안전한 재배가 어렵다.
- 중간형
  - 여름콩과 가을콩의 중간군으로 북부지방이나 산간지대에서 늦은 봄 파종해 가을에 수확하는 품종이다.
  - 남부평야지대는 성숙이 빨라 수량이 떨어지는 것이 일반적이다.

ⓢ 수량구성요소와 증수재배기술

- 수량구성요소 : 단위면적당 개체수, 개체당 꼬투리수, 꼬투리당 평균 종실수, 100립중으로 구성된다.
- 증수를 위해서는 단위면적당 꼬투리수를 많이 확보하는 것이 중요하며, 이는 단위면적당 개체수를 충분히 확보하고 꼬투리수를 증가시켜야 한다.
- 꼬투리수가 결정된 후 양분공급과 수광태세를 좋게 해 불임립을 줄이고, 꼬투리당 입수를 증가시켜 임실률를 향상시키는 것이 중요하다.

(3) 환 경

① 기 상

㉠ 온 도

- 극조생종일지라도 적산온도가 최저 2,000℃가 필요하고, 일평균 기온이 12℃ 이상인 일수가 120일 이상이어야 한다.
- 파종 및 발아기는 15~17℃ 이상이 알맞고, 생육적온은 25~30℃, 근류균의 최적온도는 25~30℃, 결실기 야간온도가 20~25℃이어야 알맞다.
- 포장에서 기온 17℃ 이상이어야 발아가 잘 된다.
- 꽃눈 형성 시기부터 개화 시작 시기까지는 15℃ 이상으로 유지되어야 꽃이 잘 형성되고 어린꽃과 꼬투리가 잘 떨어지지 않는다.
- 성숙기 고온은 종자의 지방함량은 증가하나 단백질 함량은 감소하고 종자가 충실히 비대하지 못하며, 성숙기의 큰 일교차는 종자발달에 유리하다. 주간은 기온이 25℃ 이상, 야간은 20~25℃ 정도 유지되는 것이 좋다.
- 개화기 저온은 임실 장해와 꼬투리 내 배주수를 떨어뜨린다.
- 결실기 고온은 결협률이 떨어지고 지유함량이 증가된다.
- 성하기 고온·다습은 영양체의 과번무를 초래하며, 고온·건조는 낙화, 낙협, 종실의 발육정지 등을 유발하고 결실일수를 단축시켜 감수요인이 된다.

㉡ 일조 : 장해를 유발하지 않는 범위 내에서 일사량이 많을수록 생육과 개화·결실을 좋게 한다.

㉢ 강 수

- 건조에 잘 적응하므로 최대용수량의 30% 이상이면 발아가 가능하나 요수량이 비교적 큰 편이고 토양수분이 넉넉할 때 생육이 왕성하다.
- 수분이 너무 많은 경우 습해로 생육과 수량이 떨어지고 병해가 발생할 수 있다.
- 무한신육형은 내건성이 강하고 유한신육형은 내습성이 강하다.

② 토 양

㉠ 콩은 토양을 가리는 성질이 적고 어느 토양이나 잘 적응한다.

㉡ 재배에 알맞은 토양은 부식이 많고 인산, 칼륨, 석회가 풍부하며, 배수가 잘되는 사양토나 식양토이다.

㉢ 알맞은 토양산도는 pH 6.5 내외로 산성토양에서는 생육과 수량이 떨어지며, 콩을 재배하게 되면 토양 표면에 염기가 증가해 pH가 높아져 토양반응을 좋게 한다.

콩의 생리생태에 대한 설명으로 옳지 않은 것은?

① 종자의 발육과정에서 배유부분이 퇴화되고 배가 대부분을 차지하기 때문에 무배유종자라고 한다.
② 품종에 따라 꼬투리당 평균종자수의 차이가 나는 것은 수정된 배주의 수가 다르기 때문이다.
③ 성숙기에 고온에 처할 경우 종자의 지방함량은 감소하나 단백질 함량은 증가한다.
④ 종자크기가 최대에 도달한 시기를 생리적 성숙기라고 하는데 이 시기를 R_6으로 표기한다.

답 ③

(4) 재 배

① 작부체계

㉠ 윤 작

- 밭작물의 작부체계에서는 거의 모든 경우에 콩이 포함되어 있으며, 일반적으로 다수확을 위해서는 윤작과 함께 퇴비의 사용이 필수적이다.
- 콩도 연작을 하면 병충해의 피해와 석회 등의 비료성분의 집중적인 수탈로 기지현상이 발생하므로 윤작을 하는 것이 좋다.

㉡ 간작과 후작

- 남부지방에서는 비교적 생육기간이 충분히 보장되므로 생육기간이 상대적으로 짧아지는 맥후작의 경우에도 재식밀도를 조절하면 수량이 별로 감소하지 않을 뿐만 아니라 파종과 재배관리가 편리하고 기계화 생력재배에 유리해 맥후작이 일반적이다.
- 맥후작은 생육기간이 충분하지 못하므로 개체별 생육량 증대보다는 단위면적당 생장량을 증대시키는 밀식재배가 더 유리하다.

㉢ 혼작 : 콩은 수수나 옥수수와 혼작할 수 있는 유리한 작물적 특성을 가지고 있으며, 고구마, 감자, 참깨, 들깨 등과 혼작하기도 한다.

㉣ 교호작 및 주위작

- 산간지대에서는 콩과 옥수수를 각 2열 정도로 교호작하기도 하며, 콩 3열에 조, 수수, 들깨, 참깨, 고구마, 오이, 호박 등을 1~2열로 교호재배하기도 한다.
- 감자밭이나 고구마밭 등의 주위나 논두렁에 재배하기도 하며, 논두렁 재배 콩은 토질, 토양수분, 양분, 수광태세 등이 유리해 결실에 좋은 조건이고 병충해도 적어 종자용으로 우수하다.

② 종자준비

㉠ 채 종

- 종자는 서늘한 곳에서 생산된 것이 종실이 굵고 병이 적어 우수하다.
- 채종지로는 품종에 따라 다르나 진딧물이 적은 냉랭한 지대가 적당하다.

㉡ 선종과 소독

- 종자는 일반적으로 굵고 큰 것이 생산력이 좋다.
- 종자는 병충해립과 미숙립, 이종립 등을 골라내고 충실한 것을 골라 소독한다.

③ 파 종

㉠ 단 작

- 파종기 : 중부지방은 5월 중 · 하순, 남부지방은 5월 상 · 중순이다.

- 재식밀도 : 이랑 너비 60cm, 포기사이 15~20cm 간격으로 2~3개씩 점파하고 포기당 2본씩 가꾼다.
- 파종량 : 10a당 대립종은 9L 내외, 중립종은 7L 내외로 한다.

㉡ 맥후작

- 파종기 : 중부지방은 6월 중・하순, 남부지방은 6월 중순이다.
- 재식밀도 : 이랑너비 50~60cm, 포기 사이 10cm 간격으로 1포기당 2본을 가꾼다.
- 파종량 : 밀식의 경우 10a당 중립종은 9L 내외, 소립종은 7L 내외로 한다.

㉢ 맥간작

- 파종기는 5월 중순이다.
- 재식밀도는 보리의 이랑너비가 60cm인 경우 콩을 1줄로, 90cm인 경우 2줄로 심고, 포기 사이를 15~20cm 간격으로 하여 포기당 3~4개씩 점파한다.

④ 시 비

㉠ 질소질 비료는 되도록 적은 것이 좋으나 초기 생육을 조장한다.
㉡ 칼륨은 흡수량이 많으므로 넉넉히 시비해야 한다.
㉢ 산성토양에서는 석회를 충분히 시비한다.
㉣ 석회 결핍은 낙화・낙협이 증가하고, 마그네슘 결핍은 종실의 지유 축적을 조장한다.
㉤ 강한 산성토양에서는 붕소의 결핍 우려가 있다.
㉥ 개화기 전후 0.5~1.0% 요소용액을 10a당 110~130L를 몇 차례 엽면시비하면 수확량이 증대되고 단백질 함량도 높아지며, 특히 선충 피해를 입었을 때 효과가 크다.

⑤ 관 리

㉠ 김매기 및 배토(북주기)

- 발아 후 초생엽이 나오면 솎기와 함께 김을 맨 후 2~3cm 배토하고, 2~3주 후 두벌김을 매고 높게 배토한다.
- 장마가 끝나면 골걷이(밭고랑의 잡풀을 뽑아 없애는 일)를 하고 배토를 하면 배수가 잘 되고 새 뿌리가 잘 내려 생육이 좋아지고 도복이 경감된다.
- 배토는 횟수에 따라 약간의 수량 증가효과가 있으나 늦어도 개화기 10일 전까지는 마쳐야 한다.
- 배토는 배수와 토양통기를 좋게 하여 도복을 경감시킬 수 있다.

㉡ 적심(순지르기)

- 이식적심재배를 하는 경우 조기에 적심한다.

콩 재배방법에서 북주기와 순지르기에 대한 설명으로 옳지 않은 것은?

① 북주기의 횟수에 따라 수량이 약간 증가하는 효과가 있으나 늦어도 꽃피기 10일 전까지는 마쳐야 한다.
② 북주기를 하면 물빠짐과 토양 속의 공기 순환이 좋아지고 도복을 줄일 수 있다.
③ 순지르기를 하면 곁가지가 다시 나거나 왕성하게 자라며, 쓰러짐을 어느 정도 줄일 수 있어 수량을 높일 수 있다.
④ 생육량이 적거나 늦게 심었을 경우 순지르기를 하면 수량이 증대된다.

답 ④

두류에 대한 설명으로 옳지 않은 것은?

① 강낭콩은 콩에 비해 질소고정능력이 낮으며 종실 내 당질함량이 높다.
② 팥은 포장 발아 시 자엽이 땅위로 올라오지 않고 초생엽이 바로 출현한다.
③ 팥은 콩보다 당질함량이 낮고 근류 착생이 적어 습해에 강하다.
④ 완두는 팥보다 서늘한 기후에서 생육이 좋으며 춘파 시 파종기가 빠르다.

답 ③

- 직파재배의 경우 지력이 좋은 곳, 다비재배, 생육이 왕성할 때, 조파하여 웃자람과 도복의 염려가 있을 때 실시한다.
- 과도한 생장의 억제, 도복의 경감을 목적으로 할 때는 제5엽기~제7엽기 사이에 가볍게 하는 것이 효과적이다.
- 적심의 효과
  - 생육이 왕성할 때 적심은 근계발달과 근류균 착생을 촉진한다.
  - 다비재배의 경우 분지 발육이 좋다.
  - 지상부 분지수가 적어지면 가지의 발육이 왕성해지고 착협수가 많아지며, 도복의 경감으로 증수효과가 크다.

㉢ 관수 : 개화기 무렵 토양이 건조할 때 물을 충분히 관수하면 매우 효과적이다.

⑥ 수 확

성숙기로부터 7~14일 이후가 수확적기이며, 이때 꼬투리와 종자의 수분함량은 18~20% 정도이다.

2 팥

(1) 분포 및 생산과 이용

① 명 칭

학 명	영 명	한 명	염색체 수
Vigna angularis W. F. Wight	Azuki Bean, Small Red Bean	소두(小豆), 적소두, 홍두, 잔두	2n = 22

② 내 력

㉠ 원산지는 만주를 중심으로 하는 동북아시아로 추정된다.
㉡ 동양에서는 재배역사가 오래된 작물로서 우리나라는 중국에서 들어온 것으로 추정된다.

③ 분포 및 생산

㉠ 팥은 주로 동양의 온대지방에서 재배되고 있다.
㉡ 우리나라는 전국적으로 재배되나 전남, 전북, 경북, 강원, 충북, 경남 등의 산간지대에서 많이 재배되고 있다.

④ 성분과 이용

㉠ 성 분

- 주성분이 당질과 단백질이며, 당질 중에는 전분이 34%로 많이 함유된 편이고 단백질은 20% 내외로 높지만 영양가는 콩에 비해 현저히 낮다.

- 지질은 두류 중 가장 낮은 0.7% 정도이다.
- 팥의 전분은 세포섬유에 싸여 있어 독특한 감촉이 있고 삶아도 풀리지 않는 장점이 있으나 소화가 다소 떨어진다.

㉡ 용도 : 쌀 · 보리 · 잡곡 등과 섞어 밥으로 또는 팥죽으로 이용하며, 떡 · 과자 · 빵 등의 속이나 고물 등으로 이용된다.

㉢ 효 능

- 외피에 함유된 섬유질과 사포닌이 장을 자극해 통변과 이뇨를 돕는다.
- 해독작용이 뛰어나 알코올 배설 촉진이나 연탄가스를 마셨을 때 치료에 도움이 된다.
- 타이민이 각기병 예방과 치료에 효과가 있어 이용된다.

(2) 작물의 특성

① 재배와 경영상 특성

㉠ 콩과 비슷하나 수량과 이용이 콩보다 제한적이어서 재배도 한정되어 있다.

㉡ 생육기간이 콩보다 짧아 서늘한 지방에서 재배가 알맞고 맥후작으로 늦심기에 유리하다.

㉢ 비교적 메마른 땅에서도 생육에 지장이 없다.

㉣ 용도가 독특한 특성이 있고 품질이 우수하다.

② 형 태

㉠ 뿌리와 뿌리혹

- 형태는 콩의 뿌리와 비슷하나 선단이 다른 두류에 비해 많이 분기하는 경향이 있다.
- 뿌리혹의 착생과 질소고정능력은 콩보다 떨어진다.

㉡ 잎

- 떡잎, 단엽, 복엽으로 나누어지고 콩의 잎과 비슷하다.
- 자엽이 지상에 나타나지 않고 소엽은 보통 원형이나 갸름하고 뾰족한 것도 있고 복엽도 넓고 둥근 것부터 길고 좁은 것까지 여러 가지가 있다.

㉢ 줄기 : 형태는 콩과 비슷하지만, 다소 가늘고 길며 만화되는 경향이 있어 도복에 약하다.

㉣ 꽃

- 엽액에서 꽃자루가 나와 2~3쌍의 꽃이 달린다.
- 꽃은 접형화로 콩과 비슷하나 콩 꽃보다 크고 색은 황색으로 농담의 차이가 있다.

필 / 수 / 확 / 인 / 문 / 제

콩과 팥에 대한 설명으로 옳지 않은 것은?

① 콩과 팥의 꽃에는 암술은 1개, 수술은 10개가 있다.
② 팥은 콩보다 고온 · 다습한 기후에 잘 적응하는 반면에 저온에 약하다.
③ 콩은 발아할 때 떡잎이 지상부로 올라오고, 팥은 떡잎이 땅속에 남아 있다.
④ 팥 종실 내의 성분은 콩에 비해 지방 함량이 높고 탄수화물 함량은 낮다.

답 ④

두류에 대한 설명으로 옳지 않은 것은?

① 팥을 연작하면 콩의 경우처럼 토양 내에 선충이 증가하며 병도 많아진다.
② 팥은 콩보다 더 고온 · 다습한 기후에 잘 적응하는 반면에 상대적으로 저온에 약하다.
③ 콩은 팥보다 줄기가 연약하여 비옥한 토양에서는 쓰러지기 쉬우므로 늦게 심거나 넓게 심는 것이 좋다.
④ 콩은 떡잎과 배축 부분이 지상부에 있는 에피길(Epigeal)이고, 팥은 떡잎과 배축 부분이 지하부에 있는 하이포길(Hypogeal)이다.

답 ③

필 / 수 / 확 / 인 / 문 / 제

다음 콩과작물 중 싹이 틀 때 떡잎이 땅속에 남아 있는 작물은?

① 땅 콩
② 녹 두
③ 팥
④ 강낭콩

답 ③

ⓜ 꼬투리 : 콩과 달리 가늘고 길며, 미숙한 것은 녹색 또는 적자색이고 성숙하면 회백색, 담갈색, 흑갈색 등으로 변한다.

ⓗ 종 실

- 콩보다 작고 보통 원통형에 가까운 것이 많으나 구형 또는 타원형에 가까운 것도 있으며, 잎색은 주로 적색이나 다양한 색이 나타나고 배꼽은 크고 가운데 흰 줄이 있다.
- 100립중은 5~18g이나 보통 13~16g이고, 1L중은 800~840g이다.

③ 생리 및 생태

㉠ 발 아

- 팥의 종자는 장명종자로 일반저장으로 3~4년 동안 발아력이 유지된다.
- 발아온도는 최저 6~10℃, 최적 32~34℃, 최고 40~44℃이나 실제는 파종기 평균기온이 15~16℃ 이상이어야 출아와 초기생육이 양호하다.
- 출아 시 콩과 달리 자엽이 지상으로 출현하지 않고 땅속에 남아 있으며, 수분의 소요흡수량은 종자무게의 100% 내외이다.
- 종자의 수분흡수속도가 매우 느려 발아에 소요되는 기간이 길다.

㉡ 개화 및 결실

- 꽃눈 분화시기는 개화 전 21~25일쯤이다.
- 개화적온는 26℃ 이상이며, 이른 아침부터 개화가 시작되어 오전 중 완전히 개화한다.
- 자가수정을 원칙으로 하며, 자연교잡률은 낮다.
- 결실일수는 보통 50~59일이고 균일하게 성숙하지 않는 성질이 있다.

㉢ 기상생태형

- 단일성 식물이며, 일반적으로 만생종은 감광성이 크고 조생종은 감온성이 크다.
- 생태형은 여름팥, 가을팥, 중간형으로 구분한다.
- 우리나라의 분포는 대체로 북부에 조생종, 남부에 만생종의 경향을 보인다.

(3) 환 경

① 기 상

㉠ 콩보다 따뜻하고 습한 곳을 좋아하고 냉해와 서리해를 받기 쉬워 고랭지나 고위도지대에서는 콩보다 재배에 있어 안전성이 낮다.

㉡ 생육성기~개화기에 걸쳐 비가 알맞게 내려야 생육과 수량이 좋으며, 생육기간 동안 건조하게 되면 생육이 떨어지고 진딧물, 오갈병이 발생하기 쉽다.

㉢ 바람에 약하고 개화, 결실기에 폭풍우는 낙화, 낙협, 도복 등으로 수량과 품질이 떨어진다.

② 토 양

㉠ 보수력이 크고 인산, 칼륨, 석회, 부식이 풍부한 식양토와 양토가 알맞으나 토양적응성이 커서 극단적인 척박지와 과습지 외에는 어디서나 재배가 가능하다.

㉡ 콩보다 토양수분이 적어도 발아가 가능하나 과습과 염분에 대한 적응성은 약하다.

㉢ 토양산도는 pH 6.0~6.5가 알맞고 강산성 토양은 좋지 않다.

(4) 재 배

① 작부체계

㉠ 연작하면 기지현상이 나타나므로 윤작을 한다.

㉡ 일사제한에 대한 영향이 적고 기상조건, 병충해 피해도 적은 편이며, 주작물과 경합에서 양분의 탈취도 비교적 적어 혼작에 유리하다.

② 파 종

㉠ 종자준비 : 생산력이 높고 굵고 건실한 종자를 선택해 종자무게의 0.3% 정도의 캡탄, 베노람 같은 종자소독약으로 분의소독 후 파종한다.

㉡ 팥은 토양통기가 양호하고 배수가 알맞아야 좋으므로 15cm 정도로 경운하고 흙덩이를 곱게 부수어 정지한다.

㉢ 파종량은 10a당 단작 조파의 경우 3~4L, 맥후작 만파의 경우 5~7L 정도이다.

㉣ 파종적기는 단작은 6월 상·중순, 맥후작 만파는 7월 상·중순까지 파종하면 된다.

㉤ 파종방법은 콩에 준하고 파종 후 3cm 정도 복토한다.

③ 시비와 관리

㉠ 무비재배를 하는 경우가 많으나 콩보다 뿌리혹박테리아 착생이 10일 정도 늦으므로 질소의 시용효과가 크다.

㉡ 표준시비량은 10a당 질소 4kg, 인산 6kg, 칼륨 5kg이다.

㉢ 파종 후 20일쯤 본엽이 3~4매 나올 때 두 차례 정도 김매기를 하고 복토하는 데 생육초기에 해야 효과가 크고 개화 전 김매기를 끝내야 한다.

㉣ 적심의 효과는 별로 나타나지 않는다.

3 녹 두

(1) 분포 및 생산과 이용

① 명 칭

학 명	영 명	한 명	염색체 수
Phaseolus radiatus L.	Green Gram, Mung Bean	녹두(綠豆), 안두, 길두	2n = 22

② 내력 : 원산지는 인도를 중심으로 한 남부아시아지방으로 추정된다.

③ 분포 및 생산

㉠ 녹두는 동양적 작물로 우리나라를 비롯한 중국, 일본, 인도, 타이, 이란, 필리핀 등에서 많이 재배되고 있다.

㉡ 조생종을 재배하면 고위도지대나 고랭지에서도 재배가 가능하다.

㉢ 우리나라에서는 전남과 제주에서 전체의 80% 정도를 재배하고 있다.

④ 성분과 이용

㉠ 주성분은 당질로 그 주체는 전분이고 단백질 함량도 높은편이며, 비타민 B도 많아 영양가가 높다.

㉡ 녹두로 만든 식품의 감촉은 팥과 비슷하나 향미가 높고 특별한 맛이 있어 귀한 식품으로 여겨진다.

㉢ 잡곡밥, 청포(녹두묵), 녹두죽, 떡고물, 빈대떡, 당면 등으로 이용하며, 숙주나물로 이용하기도 한다.

(2) 작물적 특성

① 재배와 경영상 특성

㉠ 생산성이 매우 낮고 튀는 성질이 심해 수확하는 데 많은 노력이 필요하다.

㉡ 팥보다 수량성이 낮고 모든 두류 중 단위생산량이 가장 낮다.

㉢ 메마른 땅이나 척박지에서도 잘 자라며, 비료를 탐하지 않고 지력소모가 적어 재배적으로 유리한 특성이 있고 팥보다 만파에 잘 적응한다.

㉣ 연작을 하면 수량이 크게 줄어들므로 3~4년 휴작하는 것이 좋다.

② 형 태

㉠ 뿌리는 팥과 비슷하다.

㉡ 줄기는 팥보다 가늘며, 몇 개의 종맥이 있고 표면에 거친 털을 가진다. 길이는 보통 60~80cm 정도이고 덩굴성이며, 도복의 우려가 크다.

㉢ 초생엽이나 정상 복엽은 팥보다 갸름한 편이다.

㉣ 꽃은 엽액에서 꽃자루가 나오고 끝에 몇 개의 마디가 있어 각 마디에 꽃이 대생하여 꽃송이를 이루며, 한 송이에는 8~15개의 꽃이 달려 그 중 결협하는 것은 3~4쌍이고 화방의 하위 꽃부터 개화한다.

㉤ 꼬투리는 원통형으로 가늘고 단단하며, 길이 5~8cm으로 표면에 거친 털이 있고 성숙하면 검은 갈색이 나타나고 튀기 쉽다.

㉥ 종실은 팥보다 작고 녹색이 보통이며, 1,000립중은 40~55g, 1L중은 750g 정도이다.

③ 생리 및 생태

㉠ 발 아

- 장명종자로 팥보다 수명이 길어 보통 6년 이상 발아력을 보유한다.
- 발아온도는 최저 0~2℃, 최적 36~38℃, 최고 50~52℃ 정도이나 실제 포장에서는 15~16℃ 이상이어야 발아가 잘 되고 생육이 건실하다.

㉡ 개화와 결실 : 고온에 의해 개화가 촉진되고 단일조건에서 화아분화가 촉진된다.

㉢ 일장 및 온도 : 일장감응은 품종에 따라 현저한 차이를 보이며, 생태형은 팥과 비슷하여 가을녹두, 여름녹두, 중간형 등으로 구분된다.

(3) 환 경

① 기 상

㉠ 따뜻한 기후가 생육에 알맞으나 생육기간이 길지 않아 고랭지나 고위도지방에서도 조생종을 선택하면 재배가 가능하다.

㉡ 건조에 상당히 강한편이고 다습하면 좋지 않으며, 성숙기에 비가 많이 내리면 밭이 썩을 수도 있다.

② 토 양

㉠ 배수가 잘되는 양토~식양토가 알맞고 중점토에서는 생육이 불량하며, 다소 가벼운 토양이 알맞다.

㉡ 토양산도는 pH 6.0~6.5가 알맞으며, 강산성 토양에는 알맞지 않다.

필 / 수 / 확 / 인 / 문 / 제

녹두에 대한 설명으로 옳은 것은?

① 종자의 수명은 2~3년으로 단명종자이다.
② 원산지는 한국을 비롯한 동북아시아이다.
③ 고온과 단일조건에서 화아분화가 촉진된다.
④ 중점질 토양에서 잘 자라고 연작에 의한 피해가 적다.

답 ③

4 땅 콩

(1) 분포 및 생산과 이용

① 명 칭

학 명	영 명	한 명	염색체 수
Arachis hypogaea L.	Peanut, Ground Nut	낙화생(落花生), 지두	2n = 40

② 내 력

㉠ 원산지는 브라질을 중심으로 한 남아메리카가 원산지로 추정된다.

㉡ 우리나라에는 중국에서 전래되었으며, 재배역사는 길지 않다.

③ 분포 및 생산

㉠ 땅콩은 고온작물로 생육기간이 길어 따뜻한 지방에서 많이 재배되며, 고랭지나 고위도지대에서는 재배가 알맞지 않다.

㉡ 세계적으로는 중국, 인도, 나이지리아, 세네갈, 미국 등에서 많이 재배되고 있다.

㉢ 우리나라의 주재배지는 모래땅에 잘 적응하므로 4대강 유역인 한강유역, 금강유역, 낙동강유역, 영산강유역 등 강변지역에서 많이 재배되며, 재배가 많은 지역은 경북, 전북, 충남이다.

④ 성분과 이용

㉠ 성분 : 지방 40~50%, 단백질 30% 정도를 함유하고 있으며, 비타민 B의 함량도 많아 영양가가 높고 특유의 풍미를 가지고 있다.

㉡ 이 용

- 대립종은 볶아서 먹거나 과자, 엿 등으로 먹거나 여러 기호식품으로 가공하여 이용한다.
- 소립종은 기름을 짜거나 땅콩버터를 만드는 데 주로 이용된다.
- 땅콩기름은 불건성유로 식용이나 조리용으로 쓰이고 공업용으로는 윤활유, 오레오마가린, 비누 등의 제조에 쓰이며, 의약용으로 연고를 만드는 데에도 이용된다.
- 깻묵은 과자나 사료용으로 이용된다.
- 잎과 줄기는 건초나 녹사료로 이용되고 깍지는 연료 및 제지용으로 사용된다.

(2) 작물적 특성

① 재배와 경영상 특성

㉠ 땅콩은 기호성은 높으나 주식으로 이용할 수 없고 간식 위주로 이용되므로 수요에 한계가 있다.

㉡ 지질의 함량이 높아 기름의 원료로는 우수하나 유지함량이 유채를 따르지 못한다.

㉢ 생육기간이 길고 연작장해가 발생하는 등 단점으로 불리한 점이 있다.

㉣ 두류 중에서는 단위생산량이 많고 모래땅에 잘 적응한다.

㉤ 가공이나 이용도가 늘어나고 수익성도 비교적 높은 상품적으로 유리한 특성이 있어 우리나라에서 콩, 팥 다음으로 많이 재배된다.

② 형 태

㉠ 뿌 리

- 종근 1개가 직근으로 나와 깊이 발달하고 이로부터 측근이 발생하는데, 일반적으로 소립종에 비해 대립종이 깊게 뻗는다.
- 배축과 분지 기부에 부정근이 발생해 측근 분기점에 뿌리혹이 많이 착생하며, 뿌리털이 없는 것이 보통이다.

㉡ 줄 기

- 길이는 40~100cm에 이르며, 20~35개 정도의 많은 가지가 발달한다.
- 가지는 영양지와 생식지가 있으며, 영양지에서 다시 영양지와 생식지의 착생이 반복된다.
- 영양지는 생육이 왕성하고 잎과 가지가 발생하는 보통 가지이고 생식지는 짧고 생육이 빈약하며 가지가 없이 보통 꽃과 잎만 착생하지만, 품종에 따라 다른 특징을 보이는 것도 있다.
- 줄기는 다각형으로 속이 차 있으며, 모양은 발생 각도나 생육상 종류에 따라 입성, 포복성, 중간형 등 초형을 달리한다.

㉢ 잎

- 한 쌍의 큰 떡잎과 2쌍의 둥근 작은 잎이 달리는 복엽이 있으며, 잎자루는 길고 턱잎은 짧다.
- 작은 잎은 모양과 크기가 다양하며 취면운동을 한다.

㉣ 꽃

- 보통 기부 가까운 생식지에 달리며, 한 마디에 몇 개의 꽃이 피나 그 중에 1~2개만 꼬투리를 맺는다.
- 꽃은 황색으로 비교적 크고 접형화로 무병이며, 긴 꽃받침통이 있고 꽃잎은 5매, 수술은 10개이다. 이들과 악통(萼筒, Calyx-Tube) 기부의 씨방이 합착해 한 다발로 되어 있다.

필 / 수 / 확 / 인 / 문 / 제

땅콩의 종자 발아에 대한 설명으로 옳은 것은?

① 휴면기간은 대체로 대립종이 소립종보다 더 길다.
② 발아적온은 대립종이 소립종보다 낮다.
③ 장명종자로서 수명이 4~5년이다.
④ 꼬투리째 파종하는 것이 종실만 파종한 것보다 발아 소요일수가 짧다.

답 ①

- 수정 후 꽃이 떨어진 다음 자방병(子房柄, 씨방자루, Gynophore)이 땅 쪽으로 급속히 자라고 씨방이 땅속으로 자라 꼬투리를 형성하는데, 자방병은 땅 위에서 18cm 정도 자라는 것을 한정하여 이보다 높은 곳의 자방병은 땅속으로 들어가지 못하고 말라 죽게 된다.

㉤ 꼬투리
- 꼬투리는 땅속에서 발달하여 누에고치 모양이다.
- 꼬투리의 모양과 크기는 품종에 따라 다르며, 한 꼬투리에 1~4개의 종실이 들어 있다.

㉥ 종 실
- 종실은 대체로 장원형으로 끝이 뾰족하고 대립종은 장형으로 등적색, 소립종은 단형으로 황백색 또는 적자색을 띤다.
- 100립중은 소립종 40~50g, 중립종 50~70g, 대립종 70g 이상이다.

③ 생리 및 생태

㉠ 발 아
- 종자는 단명종자로 수명이 1~2년 정도이다.
- 발아온도는 최저 12℃, 최적온도는 대립종은 25~30℃, 소립종은 23~25℃이다.
- 발아소요일수는 꼬투리째 파종하면 20일 이상, 종실만 파종하면 2~3일, 저온에서는 2주일 정도 소요된다.
- 종자의 휴면
  - 땅콩은 두류 중 생육기간과 휴면기간이 가장 길다.
  - 휴면기간은 소립종인 스페니시형과 발렌시아형은 9~50일, 대립종인 버지니아형은 110~210일에 달하며 품종의 유전적 특성에 기인한다.
  - 휴면의 타파를 위한 방법으로는 40~45℃에서 15일간의 고온처리와 3ppm 정도의 에틸렌 처리가 효과적이다.

㉡ 개화와 수정
- 유효개화한계기 : 땅콩은 개화기간이 상당히 길어 보통 7월 상순부터 시작하여 가을까지 계속되나 수확 약 60일 전인 8월 중순까지 개화한 것이어야 성숙할 수 있다.
- 주로 이른 아침에 개화하고 개화 기간은 보통재배에서 60~90일이다.
- 자가수정을 원칙으로 하나 자연교잡률이 0.2~0.5% 정도 된다.
- 수정 후 4~6일이 되면 자방병이 급속히 땅속으로 들어간다.

㉢ 결 협

- 자방병이 땅속으로 들어가 5일 정도가 지나면 씨방이 수평으로 비대하기 시작하고 자방병의 신장은 정지된다.
- 자방병이 땅속 3~5cm 깊이에서 씨방이 비대하여 꼬투리를 형성한다.
- 자방병의 신장은 16cm 정도가 많으며, 20cm 정도가 최대치이므로 높은 가지에서 개화한 꽃은 지하에 도달하지 못해 결실하지 못한다.
- 결협률은 전체 꽃 수의 10% 정도이다.
- 자방병이 지하로 들어간 후 3주 정도 되면 생체중은 최고에 이른다.
- 협실과 종실의 비대
  - 암흑과 수분이 기본조건으로 햇빛은 자방병의 신장과 결실을 억제한다.
  - 토양의 건조, 석회의 부족은 결실을 불량하게 하여 공협이 많이 발생한다.
  - 꼬투리는 온도가 10℃ 이상이어야 비대해 진다.

땅콩의 결협과 결실에 대한 설명으로 옳지 않은 것은?

① 땅콩은 연작할수록 결협과 결실이 좋아진다.
② 꼬투리의 지중착생위치는 보통 3~5cm 부위가 된다.
③ 꼬투리의 생체중은 자방병이 땅속에 들어간 후 3주일 경에 최대가 된다.
④ 소립종의 등숙일수는 70~80일이고 대립종은 100일 정도이다.

답 ①

(3) 환 경

① 기 상

㉠ 고온작물로 생육적온은 25~27℃이고, 적산온도는 3,600℃, 서리가 내리지 않는 기간이 170일 이상이어야 한다.

㉡ 대립종에 비해 소립종은 생육적온이 낮고 생육기간이 짧아 적산온도가 낮다.

㉢ 생육기간 중 고온·다조일수록 생육이 촉진되어 수확이 빨라지고 종실에 지질의 함량이 높아진다.

② 토 양

㉠ 석회와 부식이 풍부하고 배수가 좋은 사질토~양토가 알맞다.

㉡ 토양수분은 최대용수량의 50~70%가 알맞고, 심한 모래땅은 너무 건조하거나 온도가 높기 쉽고 석회의 부족 우려가 있다.

㉢ 토양산도는 pH 6 정도가 알맞으며, 산성토양에서는 발아가 고르지 못하고 종실 발육도 좋지 않다.

땅콩에 대한 설명으로 옳은 것은?

① 내건성(耐乾性)이 강한 편으로 모래땅에도 잘 적응하는 장점이 있다.
② 식용 두류 중에서 종실 내 단백질 함량이 가장 높다.
③ 꼬투리는 지상에서 비대가 완료된 후에 자방병이 신장되어 지중으로 들어간다.
④ 타식률이 4~5%로 다른 두류에 비해 높은 편이다.

답 ①

(4) 분류와 품종

① 분 류

㉠ 초형에 따른 분류 : 직립종, 중간형(반립종), 포복형 등

㉡ 종실 크기에 따른 분류 : 대립종, 중립종, 소립종 등

㉢ 종합적 기준에 따른 분류

필 / 수 / 확 / 인 / 문 / 제

땅콩의 종합적 분류에 있어서 초형, 종실의 크기, 지유함량에 대한 설명으로 옳지 않은 것은?

① 발렌시아형의 초형은 입성이고, 종실의 크기는 작으며, 지유함량은 많다.
② 버지니아형의 초형은 입성・포복형이고, 종실의 크기는 크며, 지유함량은 적다.
③ 사우스이스트러너형의 초형은 포복형이고, 종실의 크기는 작으며, 지유함량은 많다.
④ 스페니시형의 초형은 입성이고, 종실의 크기는 크며, 지유함량은 적다.

답 ④

- 스페니시형(Spanish Type)
  - 초형은 직립형이고 주지는 길고 측지는 짧으며, 분지수가 적다.
  - 개화가 빠르고 성숙기간이 짧다.
  - 종실은 작고 지유함량이 많으며, 휴면성은 약하다.
- 발렌시아형(Valencia Type)
  - 초형은 직립형이고 주지는 아주 길고 측지는 약간 길며 분지수가 적다.
  - 개화가 약간 빠르고 성숙기간이 약간 짧다.
  - 종실은 작고 지유함량이 많으며, 휴면성은 약하다.
- 버지니아형(Virginia Type)
  - 초형은 직립형과 포복형이 있으며, 주지는 짧고 측지는 길며 분지수가 많다.
  - 개화가 늦고 성숙기간이 길다.
  - 종실은 크고 지유함량이 적으며, 휴면성은 강하다.
- 사우스이스트러너형(Southeast Runner Type)
  - 초형은 포복형이고 주지는 짧고 측지는 길며 분지수가 많다.
  - 개화가 늦고 성숙기간이 길다.
  - 종실은 작고 지유함량이 많으며, 휴면성은 강하다.

② 품종 특성

㉠ 밀식재배의 경우 직립형이 알맞고 바람이 심한 지역은 포복형이 알맞다.

㉡ 숙기가 늦은 것은 미숙 꼬투리가 많아질 우려가 있다.

㉢ 식용은 단백질 함량이 높은 대립종이 알맞고, 기름용은 기름의 함량이 많고 품질이 좋은 소립종이 알맞다.

(5) 재 배

① 작부체계

㉠ 주로 단작으로 재배하나 남부지방에서는 맥간작으로 재배하기도 한다.

㉡ 땅콩은 완두와 함께 두류 중 연작에 의한 기지현상이 가장 심하게 나타나므로 1~2년 윤작해야 한다.

㉢ 기지현상의 원인은 선충의 피해가 증가하며 검은무늬병, 갈색무늬병 발생의 조장, 토양 중 석회의 감소이다.

② 종자준비

㉠ 충실하고 성숙한 꼬투리만 골라 잘 건조하여 꼬투리를 깨고 상처 없는 건실한 대립종자만 골라 소독한 후 파종하면 발아가 조장되고 병충해 방제에 효과적이다.

㉡ 최아하여 파종하면 불량 종자의 제거와 발아 기간을 단축시켜 발아기간 중 피해를 줄일 수 있으며, 최아 정도는 5mm 이하여야 손상이 없다.

③ 파 종

㉠ 파종시기는 대체로 평균기온 18~20℃일 때 파종해야 출아와 생육이 양호하고 너무 일찍 파종하게 되면 출아가 늦고 출아기간 중 피해가 커질 염려가 있으며, 온도가 낮아 초기 생육이 불량하다.

㉡ 파종은 남부지방은 4월 하순~5월 상순, 중부지방은 5월 상순, 남부지방의 맥간작의 경우에는 맥류 수확 전 20~25일경인 5월 상・중순이 알맞다.

㉢ 파종량은 10a당 소립종 9kg, 중립종 12kg, 대립종 15kg 정도이다.

④ 시 비

㉠ 질소의 요구량이 가장 많으며, 칼륨과 석회의 흡수량도 많고 인산, 마그네슘 흡수도 적지 않다.

㉡ 대체로 시비반응에 둔감하지만 품종에 따라 차이가 크게 나타나며, 수량증대를 위해서는 비료를 충분히 시비해야 한다.

㉢ 시비량은 10a당 퇴비 1,000kg, 질소 3kg, 인산 7kg, 칼륨 10kg, 석회 100kg 정도를 모두 기비로 준다.

⑤ 관 리

㉠ 제초제를 이용하는 경우 파종, 복토 후 부타입제나 알라유제 등의 제초제를 살포하고 6월 중・하순쯤 복토와 김매기를 한다.

㉡ 자방병의 지중침입을 위해 개화초기와 그 후 15일 간격으로 한두 차례 복토를 하되 자방병이 상하지 않도록 주의해야 한다.

㉢ 내건성이 강하나 토양수분의 부족 특히 결협부위의 수분 부족은 협실의 발육을 크게 저해한다.

㉣ 자방병이 지중침투 후 4주 동안 특히 수분의 영향이 크게 나타나므로 관수하여 토양수분을 알맞게 하여야 한다.

⑥ 수 확

㉠ 수확적기는 꼬투리의 그물무늬가 선명하게 형성되면서 잎과 줄기가 누렇게 변하고 하위엽이 떨어지기 시작하면 수확하며, 대체로 10월 중・상순까지는 수확하도록 한다.

㉡ 수확이 너무 빠르면 미숙한 종실이 많고 너무 늦으면 꼬투리가 땅속으로 떨어지는 것이 많아 수확량이 감소하며, 서리의 피해로 인하여 종자로 사용하기 알맞지 않게 된다.

제4장 서 류

1 감 자

(1) 분포 및 생산과 이용

① 명 칭

학 명	영 명	한 명
Solanum tuberosum L.	Potato	마령서(馬鈴薯), 양저, 지저

② 내 력

㉠ 원산지는 남아메리카 안데스 산맥의 고지대로 추정된다.

㉡ 유럽은 16세기 동양은 16~18세기에 전래되었다고 한다.

㉢ 우리나라는 1824년 지금의 만주 간도지방으로부터 함경도로 전래되었다.

③ 분포 및 생산

㉠ 세계의 분포 및 생산(2013년 기준)

- 감자는 서늘한 기후에 알맞고 생육적온은 12~21℃이며, 23℃를 넘으면 생육에 부적당하다.
- 세계 총 재배면적은 1,933만 7천ha, 생산량은 약 376,453천 톤이다.
- 주요 생산국은 중국, 인도, 러시아, 우크라이나, 미국 등의 서늘한 지대이다.

㉡ 우리나라의 분포 및 생산 : 주산지는 강원도(약 27%), 경북, 우리나라 산간부 어디에서나 많이 재배되고 있다.

④ 성분과 이용

㉠ 성 분

- 감자는 수분함량이 80% 정도이며, 주성분은 전분으로 보통 17~18%이지만 변이가 심하다.
- 단백질은 3.6% 정도로 많지 않고 지유의 함량은 적으며, 약간의 당분도 포함되어 있다. 또한 비타민 B와 C가 함유되어 있으며, 특히 비타민 C가 풍부하다.
- 감자의 당분은 환원당과 비환원당으로 구성되어 있으며, 괴경의 비대기부터 거의 환원당만 있고 비환원당은 극히 적다.
- 우리나라 통계자료에서는 생서와 정곡 두 가지로 표기하며, 정곡은 생서의 수분함량을 평균 80%로 보고 생서중량×0.2를 정곡, 즉 말린 감자의 수량으로 표기한다.

감자의 성분에 대한 설명으로 옳지 않은 것은?

① 비타민 A보다 비타민 B와 C가 풍부하게 함유되어 있다.
② 괴경의 비대와 더불어 환원당은 감소되고 비환원당이 증가한다.
③ 감자의 솔라닌은 내부보다 껍질과 눈 부위에 많이 함유되어 있다.
④ 괴경 건물 중 14~26%의 전분과 2~10%의 당분이 함유되어 있다.

답 ④

㉡ 감자의 영양저해요소
- 영양저해요소로 스테로이드(Steroid)와 알칼로이드(Alkaloid) 성분들이 함유되어 있으며, 대표적인 것은 솔라니딘(Solanidine)이다.
- 당과 결합한 스테로이드 알칼로이드(Steroid Alkaloid)인 글리코알칼로이드(Glycoalkaloid)는 어린 괴경이 햇빛을 많이 받아 녹색으로 변한 부분에 함량이 높아져 문제가 된다.

㉢ 용 도
- 우리나라는 대부분 감자를 식용으로 이용해왔지만, 최근 전분 및 가공식품으로의 이용이 급격히 증가하고 있다.
- 식용 : 산간지대에서는 찌거나 잡곡과 섞어 주식량의 하나로 이용되어 왔으며, 평야지대에서는 간식과 부식 등으로 이용되고 있다.
- 가공식품 : 떡, 엿, 포테이토칩 등 많은 가공식품에 이용되고 있다.
- 공업용 : 전분, 주정, 당면 등으로 이용되며, 감자 전분은 여러 공업원료로 이용되고 있다.
- 사료용 : 옹근 감자나 전분을 만든 후 남는 찌꺼기 등을 사료로 이용한다.

(2) 작물적 특징

① 재배와 경영상 특징

㉠ 저온작물로 서늘한 북부지방 또는 산간 저온지에 알맞으며, 이런 지역에서는 다른 작물에 비해 생육이 왕성하고 수량도 많으며 품질도 우수하다.

㉡ 저온기에 파종하여 짧은 생육기간을 경과하고 수확하여 일정기간에 생산되며, 단위면적당 건물생산량이 어느 작물보다 많다.

㉢ 벼 재배 전 답전작이 가능하고 가을재배도 가능하다. 또한 재배에 드는 노력이 적은 편이므로 토지이용률과 지력을 높이는 데 유리하다.

㉣ 토양적응성이 크고 작황이 비교적 안정적이며, 재배가 쉽고 노력을 많이 필요하지 않는다.

㉤ 생산 칼로리가 높고 이용범위가 넓다.

② 형 태

㉠ 가지과에 속하는 1년생 작물인 감자는 토마토와 비슷한 점이 많다.

㉡ 뿌 리
- 종자가 발아할 때 1개의 직근이 나오고 거기에서 많은 측근이 나오고 섬유근을 형성한다.
- 비교적 천근성이며, 처음에는 수평으로 뻗고 나중에는 수직으로 뻗는다.

감자의 형태에 대한 설명으로 옳지 않은 것은?

① 줄기의 지하절에는 복지가 발생하고 그 끝이 비대하여 괴경을 형성한다.
② 감자의 뿌리는 비교적 심근성이고, 처음에는 수직으로 퍼지다가 나중에는 수평으로 뻗는다.
③ 괴경에는 눈이 많이 있는데 특히 기부보다 정부에 많다.
④ 감자의 과실은 장과에 속하고 지름이 3cm 정도이다.

답 ②

필 / 수 / 확 / 인 / 문 / 제

감자의 괴경에 대한 설명으로 옳은 것은?

① 괴경의 눈(目)은 기부(基部)보다 정부(頂部)에 많다.
② 괴경의 눈이 많고 적음은 품종보다 환경에 따라 차이가 심하다.
③ 괴경의 품질은 눈이 많고 얕은 것이 좋다.
④ GA처리는 괴경형성과 비대를 촉진시키며, B-9은 괴경비대를 억제시킨다.

답 ①

- 복지(匐枝, 기는줄기, 포복지, Runner, Stolon)와 괴경(塊莖, 덩이줄기, Tuber)
  - 줄기의 지하절에서 복지가 발생하고 그 끝이 비대해 괴경이 형성되며, 괴경이 우리가 먹는 부분이 된다.
  - 복지는 보통품종에서는 1포기에 20~30개가 발생하며, 길이는 품종에 따라 차이가 있다. 긴 것은 20cm에 달하며, 괴경이 달리지 않는 복지는 일찍 죽는다.
  - 괴경은 많은 눈을 갖고 있으며, 기부보다는 정부에 눈이 많고 눈에서 싹이 나온다.
  - 괴경의 모양은 종에 따라 다양하게 나타난다. 일반적인 재배종은 원형, 편원형, 장방형이 주로 재배되며, 표피색은 흰색, 담황색, 황색, 적색, 자주색 등 여러 가지 색으로 나타난다.
  - 괴경의 단면색은 보통 백색, 황색이며 잡색이 섞인 것은 좋지 않다. 단면구조는 겉껍질과 속껍질, 관다발 둘레, 바깥속, 안속 등으로 구분하고 안속은 별모양에 수분함량이 많고 투명도가 높으며, 바깥속에는 녹말이 많다.

㉢ 줄 기

- 보통 모가 있는 원통형으로 길이가 40~100cm이다.
- 품종에 따라 분지수가 다르고 줄기와 잎에서는 감자 특유의 냄새가 난다.
- 생육초기에는 줄기가 직립하나 생육 중·후기가 되면서 직립형, 포복형, 중간형 등으로 구별된다.
- 줄기의 색은 보통 녹색이나 적자색을 띠는 것도 있고 다양한 색이 나타난다.
  - PR_0 : 줄기 전부가 녹색
  - PR_1 : 땅가 약간의 부분만 적자색
  - PR_2 : 녹색 부분에 적자색 반점
  - PR_3 : 줄기 전체가 적자색을 띠고 하부의 착색이 진한 것
  - PR_4 : 줄기 전체가 적자색을 띠고 검게 보이는 것

㉣ 잎

- 처음 나오는 잎은 단엽이고 다른 잎들은 여러 모양의 3~4쌍의 소엽으로 된 복엽이며, 취면운동을 한다.
- 소엽의 형태는 난형, 유엽형, 도심장형, 좌우부동형 등으로 구분된다.

㉤ 꽃

- 화서는 취산화서(聚繖花序, Cyme)로 줄기 끝에 있는 1개의 자루에 꽃이 여러 개가 달리거나 2~4개로 갈라진 꽃자루에 여러 개의 꽃이 피기도 한다.
- 꽃의 기부가 합착된 5개의 꽃받침, 기부가 합착된 5조각의 꽃부리(花冠, Corolla), 5개의 수술, 1개의 암술로 되어 있다.
- 수술은 짧은 화사에 길고 굵은 약이 달려 있으며, 암술머리는 약보다 약간 높다.

㉥ 과실과 종자

- 과실은 방울토마토와 비슷하나 작고 장과에 속한다.
- 생육 중에는 녹색이나 성숙하면 담황색 또는 자색이 되고 결과 후 40~50일 후 자연낙과하며, 그 안에 200~300개의 씨가 들어 있다.
- 종자는 난형의 소립이며, 담황갈색으로 납작하고 표면에 털이 있다.

③ 생리 및 생태

㉠ 생육과정

- 출아기(맹아기(萌芽期), Sprouting Time)
  - 파종에서 출아까지 보통 30~40일 소요된다.
  - 유근이 발생하며 이것은 주로 씨감자의 저장양분을 이용해 생장한다.
- 개엽기(開葉期, Opening Stage of Leaf)
  - 출아 후 5~6매의 잎이 나오고 회뢰(꽃봉오리)가 형성될 때까지의 기간이다.
  - 이 기간까지는 씨감자의 저장양분에 상당히 의존하며, 복지가 발생하기 시작해 수평으로 자란다.
- 괴경형성기
  - 지하줄기의 생장이 끝나고 복지 끝이 비대하여 괴경이 형성되기 시작하는 시기로 착뢰기부터 개화시기까지 10~15일 동안 괴경의 수가 결정된다.
  - 잎이 7~8엽까지 전개되고 줄기 신장과 엽면적의 증가와 근군의 발달도 왕성하나 괴경의 형성과 함께 복지의 신장은 정지된다.
- 괴경비대기 : 괴경형성기부터 경엽황변기 시까지 25~30일의 기간으로 괴경의 비대가 본격적으로 이루어진다.
- 괴경완성기 : 괴경비대기 이후 7~15일 동안 괴경의 비대가 멈추고 휴면상태로 들어가며, 괴경의 비대가 완료되면 줄기와 잎이 마르고 괴경의 무게도 다소 감소하면서 껍질이 단단해진다.

필 / 수 / 확 / 인 / 문 / 제

밭작물 중 꽃잎을 가지고 있는 것은?

① 보 리
② 밀
③ 감 자
④ 옥수수

답 ③

감자의 괴경형성기에 대한 설명으로 옳은 것은?

① 괴경이 비대하기 시작하는 시기이다.
② 개화시기부터 경엽고사기까지 기간이다.
③ 괴경의 형성과 더불어 복지의 신장은 정지된다.
④ 지상부 잎줄기의 신장이 정지되는 경엽황변기이다.

답 ③

필 / 수 / 확 / 인 / 문 / 제

감자 괴경에 대한 설명으로 옳은 것은?

① GA처리는 아밀라아제의 합성을 조장하여 괴경의 형성과 비대를 촉진한다.
② 감자 괴경에서 괴경형성을 조장하는 물질적 본체는 플로리겐으로 생각되고 있다.
③ 고온과 장일조건에서 생육할 때 괴경의 비대가 촉진된다.
④ B-9을 처리하면 지상부 생육을 억제하여 괴경의 비대가 조장된다.

답 ④

감자의 괴경형성 및 비대에 대한 설명으로 옳지 않은 것은?

① 고온·장일조건에서는 GA 함량이 증대되어 괴경형성이 억제된다.
② 괴경이 비대하기 시작할 때는 환원당이 비환원당보다 많고 휴면 중에는 비환원당이 많아진다.
③ 괴경의 형성에는 저온과 단일조건이 좋으나 괴경의 비대에는 장일조건과 야간의 고온이 좋다.
④ 괴경의 이차생장은 생육 중의 고온, 장일, 건조, 통기불량 등으로 인해 발생하며, 괴경의 전분은 일부 당화되어 발아하기 쉽게 되어 있어야 한다.

답 ③

ⓛ 괴경의 형성 및 비대

- 괴경 형성의 주요인 : 복지 끝이 신장을 멈추고 지상부 당분이 지하부로 전류되어 복지 정부에 형성된 휴면아에 축적되어 비대가 시작된다.
- 괴경의 형성요인
  - 화뢰가 형성될 무렵부터 괴경이 형성되기 시작해 저온·단일조건에서 생육할 때 형성되며, 단일조건은 8~9시간, 저온조건은 18~20℃ 이하 야간온도에서만 가능하고 최적 야간온도는 10~14℃(12℃)이다.
  - 괴경은 고온·장일조건에서 생육할 때는 형성되지 않고 특히 16시간 이상의 장일조건에서는 괴경의 형성이 거의 일어나지 않는다.
  - 토양 내 질소의 함량이 낮으면 괴경형성에 유리하고, 인산과 칼륨이 충분히 공급될 때 괴경형성은 촉진되며, 햇빛의 세기는 강한 것이 좋다.
- 괴경의 비대
  - 괴경의 비대는 저온·단일조건과 알맞은 토양수분, 인산과 칼륨의 충분한 공급이 충분할 때 조장된다.
  - 복지의 신장이 정지된 후 정부에 전분립이 축적되면서 비대한다.
  - 단일조건에 의한 성숙의 촉진은 만생종이 조생종보다 현저하다.
  - 형성된 괴경은 세포분열로 세포수가 증가하고 세포도 커지면서 전분의 축적으로 비대하며, 장일조건에서도 비대는 계속된다.
  - 괴경의 비대에도 단일·야간 저온이 알맞으며 인산과 칼륨이 충분해야 좋고, 질소도 넉넉해야 하나 질소의 과다는 엽면적이 너무 커지고 지상부 성숙이 지연되어 괴경의 비대도 저해된다. 괴경비대에는 엽면적지수 3~4 정도가 알맞다.
  - GA는 괴경형성과 비대를 저해하는데, 이는 GA가 아밀라아제 합성을 조장하여 전분 분해를 촉진하여 가용성 당이 많아지고 전분 축적을 저해하기 때문이다.
  - 괴경이 형성된 다음 성숙한 잎에서 만들어진 동화물질은 80% 정도가 괴경으로 전류되는데, GA를 처리하면 전류량이 감소된다.
  - B-9의 처리는 지상부 생육을 억제해 괴경의 비대가 조장되고 시토키닌의 처리도 비대가 조장된다.

• 아서와 기중괴경
  - 아서(芽薯, Sprout Tuber) : 잘못 저장되었거나 병에 걸려 몹시 노화된 씨감자에서는 파종 후 출아 전에 모서(母薯)의 저장물질이 그대로 이행하여 작은 새로운 괴경을 형성하는 것을 아서라 하며, GA나 에스렐 100ppm을 살포로 아서의 형성이 억제된다.
  - 기중괴경(氣中塊莖) : 지상부 줄기의 액아가 발달하여 괴경과 같이 발달한 것을 기중괴경이라 한다.

ⓒ 휴면과 발아
• 휴면 : 괴경이 발아하기 알맞은 조건에 처해도 눈이 자라지 않는 것을 휴면이라 하며, 감자 괴경은 수분이 많아 저장 중에도 4~8℃ 이상이 되면 싹이 나올 수 있다.
• 휴면의 필요성 : 수확 된 감자가 싹이 트지 않게 하고 품질 열화의 방지를 위해서는 휴면하지 않는 품종의 경우는 1~4℃의 저온저장을 해야 하나 휴면기간이 긴 품종은 자연온도에 보관해도 되기 때문에 매우 유리하므로 감자의 이용재배면에서 휴면은 꼭 필요한 특성이다.
• 휴면기간
  - 보통 2~4개월이나 거의 없는 것부터 7~8개월에 이르는 것까지 다양하다.
  - 괴경의 미숙, 저장온도가 1~4℃의 저온저장은 휴면기간이 길어지며, 저장고 내 산소농도를 높이고 이산화탄소의 농도를 낮추는 것도 싹이 트는 것을 억제한다.
  - 괴경을 10~30℃의 고온에 두면 휴면기간이 짧아지므로 온도가 높은 곳에 보관하려면 휴면기간이 긴 품종이어야 한다.
  - 수확 시 물리적 상처나 해충 등의 피해를 받으면 휴면기간이 짧아지며, 이는 자발적인 상처 치유를 목적으로 내성호르몬이 이동하면서 휴면타파가 촉진되기 때문이다.
  - 휴면 중 괴경은 호흡량이 적어 저장양분의 소모도 적어진다.
  - 2기작 가을재배의 경우 휴면기간이 짧은 것이 재배적으로 유리하다.
• 휴면타파
  - 2기작으로 추작재배 시 인위적 휴면타파로 최아의 필요가 있을 때 GA 2ppm, 에틸렌 250~500ppm 등을 처리하면 휴면이 타파되고 싹이 나온다.
  - 저장고 내 산소의 농도를 낮추고 이산화탄소를 높이면 휴면타파에 유리하다.
  - 온도가 높을수록 휴면타파가 빨라진다.
• 자발휴면 후 불량환경에 처하면 타발휴면이 나타난다.

필 / 수 / 확 / 인 / 문 / 제

감자의 휴면에 관한 설명으로 옳지 않은 것은?

① 저장온도 범위가 10~30℃일 경우에는 온도가 높을수록 휴면이 빨리 타파된다.
② 지베렐린, 티오요소(Thiourea) 등을 처리하면 휴면이 연장된다.
③ 장기간 저장할 때는 휴면이 강한 것이 유리하다.
④ 휴면기간에는 괴경의 호흡량이 작아 저장양분의 소모도 적다.

답 ②

감자의 휴면에 대한 설명으로 옳지 않은 것은?

① 2기작으로 가을재배를 할 경우 휴면기간이 긴 종서가 재배적으로 유리하다.
② 수확 전에 MH, NAA, 2,4-D 등의 약제를 처리하면 휴면기간이 연장된다.
③ 종서를 지베렐린 2ppm 용액에 30~60분간 침지하면 휴면이 타파된다.
④ 수확 후에 2~4℃의 저온에 저장하면 이듬해 봄까지 거의 싹이 트지 않는다.

답 ①

필 / 수 / 확 / 인 / 문 / 제

감자 괴경의 전분에 관한 설명으로 옳지 않은 것은?

① 괴경이 비대함에 따라 전분함량이 증가한다.
② 괴경의 건물 중 70~80%가 전분이다.
③ 괴경의 전분립 크기가 클수록 전분제조 시 전분수율이 높다.
④ 수확 후 휴면기간 중 괴경의 전분함량은 증가한다.

답 ④

감자의 저장물질에 대한 설명으로 옳지 않은 것은?

① 괴경의 휴면이 끝나면 당분이 감소하고, 전분함량은 증가한다.
② 형성된 괴경이 비대함에 따라 당분은 점차 감소하고, 전분함량은 점차 증가한다.
③ 일광에 쬐어 녹화된 괴경의 피부에서는 솔라닌이 현저하게 증가한다.
④ 괴경이 비대하기 시작할 때에는 환원당 함량이 비환원당보다 많다.

답 ①

④ 저장물질

㉠ 전 분

- 감자 괴경의 건물 중 70~80%가 전분이며, 감자의 주성분이자 이용의 주목적이다.
- 전분의 함량은 품종, 재배지, 저장기간 등에 따라 다르며, 일교차가 있는 것이 많다.
- 괴경의 비대에 따라 아스코르브산의 함량이 증가하고 일정량 이상이 되면 아밀라아제 활성을 감퇴시켜 당함량이 저하되고 포스포릴라아제 활성이 높아지면서 전분합성이 왕성해져 전분함량이 증가한다.
- 수확 후 휴면 중에는 전분이나 당분의 변화가 별로 없으나 휴면이 끝나면 전분이 왕성하게 분해되어 당화되므로 당분의 함량은 증가하고 전분의 함량은 감소한다.
- 일반적으로 조생품종은 전분립이 작고 만생품종은 비교적 크다.

㉡ 비타민 C : 감자는 비타민 B와 C가 풍부하게 함유되어 있으며, 비타민 C의 중요급원으로 알려져 있다.

㉢ 당 분

- 감자의 당분은 환원당과 비환원당이 있고 괴경의 비대가 시작될 때는 거의 환원당만 있고 비환원당은 적다.
- 괴경이 비대되면서 환원당은 점차 감소하고 비환원당이 증가하여 휴면 중에는 비환원당이 환원당보다 10배 정도 많아진다.
- 휴면이 끝나면 환원당과 비환원당 모두 현저히 증가하고 발아, 생장에 따라 모두 소모되며 함량이 낮아진다.

㉣ 솔라닌

- 감자에는 아린맛을 내는 성분이 있고 어린 감자를 익히지 않고 먹게 되면 중독되는 경우도 있는데, 이는 솔라닌이라는 알칼로이드 때문이다.
- 솔라닌의 함량은 지하 괴경보다는 지상부의 잎, 줄기에 현저히 많고 먹으면 중독되므로 사료로 이용되지 못한다.
- 솔라닌의 함량은 품종, 식물체 부위별로 다르고 미숙한 괴경에 높고 햇빛을 쪼여 녹화되면 솔라닌 함량이 높아진다.
- 괴경에는 눈과 껍질부위에 함량이 현저히 높아 껍질을 벗기면 많은 양이 제거된다.

(3) 환 경

① 기 상

㉠ 감자는 서늘한 기후를 좋아하는 작물로 생육적온은 10~23℃이며, 10℃ 이하에서는 생장이 억제되고 23℃ 이상에서는 괴경의 비대가 억제된다.

㉡ 기온이 낮고 바이러스 병의 발병이 적은 고랭지가 재배에 알맞다.

㉢ 비교적 일조량이 많고 토양수분이 충분해야 하며, 너무 습하거나 비가 자주 와서 음랭하게 되면 생육이 나빠지고 역병의 발생이 심해진다.

㉣ 성숙기에는 비가 적어야 하며, 과습하게 되면 생육이 나빠지고 괴경이 썩기 쉽다.

㉤ 평균주간기온 18℃, 야간온도 16℃ 정도로 유지되어 일교차가 있는 것이 수량이 많아지고 전분함량도 높아진다.

㉥ 괴경의 형성과 비대에는 단일조건이 유리하고(9~11시간의 단일조건이 알맞음), 수량은 12~13시간의 일장에서 가장 많아진다.

② 토 양

㉠ 척박한 토양에서도 적응하나 비옥한 토양에서 수량이 많고 부식이 많고 경토가 깊은 사양토가 알맞다.

㉡ 요수량이 비교적 큰 작물이며, 알맞은 토양수분은 최대용수량의 80% 정도이다.

㉢ 알맞은 토양산도는 pH 6.0~6.5이며, 산성토양에 대한 적응성도 높다.

㉣ 산성토양에서는 검은점박이병의 발병이 많아지고 중성 내지는 알칼륨토양에서는 더뎅이병의 발생이 많아진다.

(4) 재 배

① 작부체계

㉠ 감자는 비교적 연작해가 적지만 오랫동안 연작하게 되면 풋마름병, 무름병, 선충 등의 토양전염 병충해로 기지현상이 나타나므로 채종재배의 경우 화곡류 또는 콩과작물 등과 3~4년의 윤작을 하는 것이 알맞다.

㉡ 평야지

- 주로 봄에 파종하여 초여름 수확하는 봄재배가 일반적이다.
- 육아재배 : 봄재배에서 이른 품종을 싹을 틔워 파종하면 재배시기가 빨라지는데, 이를 육아재배라 한다.
- 남부지방 : 답전작으로 재배되기도 한다.

필 / 수 / 확 / 인 / 문 / 제

씨감자 생산에 대한 설명으로 옳지 않은 것은?

① 고랭지는 평난지보다 병리적으로나 생리적으로 퇴화가 억제되기 때문에 채종지로 유리하다.
② 대부분의 감자 바이러스병은 종자전염을 하지 않으므로 진정종자를 이용하면 바이러스 이병률이 낮아진다.
③ 평난지에서 재배할 경우 춘작채종을 하면 수확기가 빨라 진딧물에 의한 바이러스병 전염과 둘레썩음병의 만연이 억제되므로 씨감자의 생산방식으로 장려되고 있다.
④ 소립 씨감자는 진딧물 발생성기에 지상부를 절단해도 생산할 수 있고, 또 수확기를 빠르게 해도 생산할 수 있으므로 바이러스병의 이병률을 낮게 할 수 있다.

답 ③

감자와 고구마에 대한 설명으로 옳지 않은 것은?

① 감자는 정부에, 고구마는 두부에 눈이 많이 착생한다.
② 개화를 위해 감자는 장일조건이, 고구마는 단일조건이 필요하다.
③ 감자는 가지과이며, 고구마는 메꽃과에 속하는 식물이다.
④ 감자는 실생 번식이 불가능하나 고구마는 가능하다.

답 ④

㉢ 산간지대
- 단작 또는 콩, 조, 옥수수 등과 윤작하기도 한다.
- 늦봄에 파종해서 초가을에 수확하는 여름재배가 보통이다.

㉣ 남부평야지 : 한여름에 파종해서 늦가을에 수확하는 가을재배를 하기도 한다.

② 씨감자의 퇴화와 생산

㉠ 씨감자의 퇴화
- 재배에 알맞은 서늘한 산간지에서 생산된 감자를 평난지에 심으면 당년에는 수확이 많으나 평난지에서 생산된 감자를 심으면 생산량이 크게 떨어지게 되는데, 이를 씨감자의 퇴화라 한다.
- 퇴화 정도는 대체로 내병성이 약한 조생종보다 내병성이 큰 만생종이 덜하고 평난지 채종의 정도에 따라 달라진다.

㉡ 평난지 채종 씨감자의 퇴화 원인
- 기상조건이 재배에 알맞지 않아 굵은 감자의 생산이 어렵다.
- 진딧물 발생이 많아 바이러스병에 걸리는 것이 많다.
- 수확 후 높은 온도에서 오랫동안 저장해야 하므로 양분의 소모가 크고 싹이 나 세력이 약해진다.

㉢ 씨감자의 생산재배
- 고랭지 채종
  - 고랭지는 평난지에 비해 병리적, 생리적 퇴화가 억제되어 채종지로 유리하다.
  - 무상기간이 140일 정도 되고 8월 평균기온이 21℃ 이하인 대관령과 같은 고랭지에서 생산된 씨감자는 생산력이 가장 높다.
- 추작재배
  - 여름에 파종해 가을 수확한 것을 이듬해 춘작 씨감자로 사용하면 저장 중 소모가 적어 전년도 여름에 수확한 씨감자를 파종하는 것보다 생육이 왕성하다.
  - 해풍이 부는 섬지대나 바닷가는 바이러스를 매개하는 진딧물 발병이 적어 병충해를 철저히 방제하면서 추작재배로 채종하여 무병 씨감자를 생산해 파종하면 고랭지재배 씨감자에 준하는 높은 생산력이 나타난다.
  - 추작재배 시 괴경의 비대기인 생육 중·후기 환경이 저온·단일이 되어 유리하다.
- 진정종자의 채종 : 감자의 바이러스병은 종자로 전염되지 않으므로 종자를 심어 키운 실생묘를 이용하여 재배하면 바이러스병의 발병률이 낮아진다.

③ 파 종

㉠ 파종기

- 춘하작 : 늦서리 피해가 발생하지 않는 한 일찍 파종하는 것이 좋다.
- 추작 : 기온이 낮아진 후 파종하나 생육기간의 확보를 위해서는 대체로 고온기에 파종한다.

㉡ 파종량은 일반적으로 10a당 140~160kg이다.

㉢ 파종방법

- 생육초기 배토를 해야 하므로 골에 파종한다.
- 씨감자 절편을 절단면이 아래를 향하도록 놓고 5~6cm 두께로 흙을 덮는다.

④ 시 비

㉠ 3요소의 흡수량은 질소 : 인산 : 칼륨 = 3 : 1 : 5이다.

㉡ 질소는 칼륨보다 흡수량은 적으나 수량을 가장 크게 지배하는 요소로 시용의 효과가 가장 크게 나타난다.

㉢ 칼륨은 괴경의 동화산물 축적에 역할이 크며, 흡수량이 많고 질소와 칼륨은 괴경의 무게 증가에 효과가 있고 칼륨의 시비는 황산칼륨이 염화칼륨보다 효과가 크다.

㉣ 인산은 괴경의 수를 늘리는 데 기여한다.

⑤ 관 리

㉠ 싹 솎기 : 씨감자의 발아가 끝난 후 한 포기에서 여러 개의 싹이 나왔을 때 그 중 충실한 싹만 2개 정도 남기고 나머지를 모두 제거하면 괴경이 굵어져 수량과 품질이 좋아진다.

㉡ 적당한 김매기와 배토를 실시하고 적화를 한다.

⑥ 병 해

㉠ 바이러스병

- 바이러스병은 10여 가지가 있으며 X바이러스(PVX), Y바이러스(PVY), 잎말림병(PLRV)의 3종류가 가장 큰 피해를 나타낸다.
- 병 징
  - X바이러스(Potato Virus X, PVX) : 엽맥 사이에 모자이크 병반이 나타나거나 또는 엽맥 사이에 괴저가 발생하거나 위축엽이 생기며, 전염력이 강하고 진딧물에 의한 전염이 아닌 즙액으로 전염되고 바람에 의한 잎의 마찰 등으로 전염된다.
  - Y바이러스(Potato Virus Y, PVY) : 진딧물, 씨감자 절단칼, 마찰 등으로 전염되며 엽맥 사이에 괴저가 나타나고 고사부분이 나타나 잎 전체가 급격히 고사·탈락되며, 잎이 우둘투둘해지면서 모자이크 병반이 나타나거나 포기 전체가 위축된다.

- 잎말림병(Potato Leaf of Roll Virus, PLRV) : 주로 진딧물에 의해 전염되고 즙액의 접촉으로는 전염되지 않으며, 잎이 담색으로 되면서 거칠어 보이고 말리며 키가 작아지고 초형이 납작해 보인다.

• 전염원은 주로 씨감자와 진딧물이다.

• 방제법
  - 저항성 품종의 육종 : 대체로 만생종이 조생종보다 강한 경향이 있다.
  - 고랭지나 해안지대, 추작재배 감자를 씨감자로 사용한다.
  - 무병 씨감자를 선택한다.
  - 이병주의 제거
  - 진딧물 등 매개곤충의 구제
  - 조숙재배 : 잎에 전염된 바이러스병독이 괴경까지 도달하는데 2~3주 소요되므로 조숙재배로 조기수확하면 씨감자의 바이러스 이병이 경감된다.
  - 절단기구 소독

ⓛ 둘레썩음병

• 병징 : 개화기경부터 포기 중 1~2개의 줄기가 시들며 시든 줄기를 잘라보면 유관속이 갈색으로 변해 있다. 이것을 짜면 고름과 같은 것이 나오고 병세가 진행되면서 괴경을 절단해 보면 유관속이 담갈색이나 흑갈색을 띠며 썩는다.

• 전염원 : 씨감자의 퇴화 요인 중 하나이며, 씨감자 또는 절단기구에 의해 전염된다.

• 방제법 : 주로 씨감자를 통해 전염되므로 건전한 포기에서 생산된 씨감자를 사용하고 절단기구를 잘 소독하며, 화곡류나 두류와 윤작을 실시한다.

ⓒ 역 병

• 발생조건
  - 개화기 전후 온도가 낮고 강우가 지속될 때 크게 발생하며, 음냉하고 비가 잦을 때 심하게 발생한다.
  - 산간지에서 많이 발생하고 평지에서는 만숙종 또는 가을재배에서 많이 발생한다.

• 병징 : 잎에 갈색의 점무늬가 생겨 점차 흑갈색으로 되면서 커지고 위로 말리면서 잎이 탄 것과 같이 말라죽고 심하면 포기 전체가 죽고 괴경은 움푹 패인 검은 병반이 생긴다. 심하지 않은 것은 저장 중 부패하기 쉽고 심한 것은 수확 전에 부패된다.

- 방제법
  - 저항성 품종을 선택하고 건전한 씨감자를 골라 소독해서 사용한다.
  - 발병 초기 만코지수화제(다이센M-45) 500배액을 7일 간격으로 10a당 100~200L 살포한다.

㉣ 겹둥근무늬병

- 발생조건 : 평지에서 생육 후기 비료분이 결핍되고 고온과 다습한 날이 계속될 때 많이 발생한다.
- 병징 : 잎에 흑갈색 겹둥근무늬가 생기고 심하면 잎 전체가 시들어 죽고 괴경은 움푹한 암색의 부정형 병반이 발생한다.
- 전염경로 : 피해부의 균사나 분생포자가 월동 후 이듬해 봄에 바람으로 전염되며 토마토, 가지 등 가지과식물에 발생하여 전염원이 되기도 한다.
- 방제법 : 조생종을 재배해 일찍 수확하면 피해를 줄일 수 있으며, 발병 시 역병에 준하여 약제를 살포한다.

㉤ 더뎅이병

- 발생조건 : 가볍고 메마른 토양, 알칼륨성 토양, 23~25℃ 토양에서 발생이 많다.
- 병징 : 괴경 껍질에 갈색의 반점이 생기면서 점차 짙은색으로 변하며, 표면이 거칠고 코르크화되어 더뎅이 모양으로 보이나 내부육질에는 별 영향이 없다.
- 전염경로 : 씨감자나 토양을 통해 전염되는 세균성 병해이다.
- 방제법
  - 무병지에서 채종하고 씨감자를 소독해 사용한다.
  - 토양반응을 산성으로 조정한다.
  - 윤작을 실시한다.
  - 1년 정도 담수는 완전 방제가 가능하므로 답전윤환을 한다.

㉥ 검은점박이병(흑지병)

- 발생조건 : 산성토양에서 발생이 특히 많다.
- 병징 : 괴경 눈을 중심으로 갈색의 병반이 발생하고 점차 검게 변한다.
- 전염경로 : 균핵이나 균사 등이 씨감자 또는 토양에서 월동하여 전염한다.
- 방제법
  - 무병지에서 채종하고 씨감자를 소독해 사용한다.
  - 산성토양을 중화하고 윤작을 실시한다.

바이러스에 의한 병이 아닌 것은?

① 감자 더뎅이병
② 보리 황화위축병
③ 벼 줄무늬잎마름병
④ 옥수수 검은줄오갈병

 ①

㉦ 기타 병해

- 기타 풋마름병, 무름병, 검은빛속썩음병, 갈색속썩음병 등의 병해가 발생한다.
- 병해의 방제를 위해서는 무병지에서 채종한 병이 없는 씨감자를 소독해 사용하고 윤작을 실시하며, 토양반응의 조정 및 배수가 잘 되도록 하는 것이 중요하다.

⑦ 충 해

㉠ 선 충

- 연작 시 원통형의 근부선충의 피해가 발생하며, 뿌리에 담갈색 작은 반점이 선상으로 생겼다가 점차 커지면서 썩기 시작한다.
- 괴경은 큰 피해가 발생하지는 않으나 피해가 심하면 오목한 병반이 생기며 썩기도 한다.
- 방제법 : 저항성 품종을 선택하며, 피해 입은 씨감자를 제거하고 윤작을 실시한다.

㉡ 왕됫박벌레

- 서늘한 산간지대에서 피해가 심하며, 잎을 식해한다.
- 방제는 세빈수화제 800배액을 10일 간격으로 2~3회 살포한다.

㉢ 진딧물

- 바이러스병을 전염하고 직접 끼치는 피해도 크다.
- 피라모수화제 1,500배액을 살포한다.

㉣ 기타 충해

- 기타 뿌리썩음선충, 도둑나방, 굼벵이, 거세미 등의 의한 피해가 발생한다.
- 연작 시 발생이 많으므로 윤작을 실시하고 저항성 품종을 선택하며, 피해 감자를 제거한다.

(5) 수확과 저장

① 수 확

㉠ 수확 적기는 경엽이 황변하고 괴경이 완숙하여 전분의 축적이 최고에 달하며, 표피가 완전히 코르크화하여 매부에 밀착하고 벗겨지기 힘들게 될 때이다.

㉡ 수확시기

- 평지의 봄재배는 6월 하순~7월 상순이다.
- 산간고랭지의 여름재배는 8월 상순~9월 상순이다.

㉢ 너무 일찍 수확하게 되면 수확량이 적고 전분축적이 불충분해 품질이 떨어지고 표피도 벗겨지기 쉬워 저장 중 부패하기 쉽다.

㉣ 날씨가 좋은 날 땅이 너무 습하지 않고 건조할 때 상처가 발생하지 않도록 수확하고 수확 후에는 강한 햇빛에 오래 노출되지 않도록 한다.

② 저 장

㉠ 예비저장

- 감자를 수확한 직후는 기온이 높고 감자의 호흡량이 왕성해 저장에 좋지 않고 직사광선을 오래 쪼이게 되면 녹변하고 솔라닌 함량이 증가해 맛과 품질이 떨어지므로 겨울에 본저장을 하기 전까지 예비저장을 한다.
- 평지에서 예비저장은 기간이 길고 온도가 높으므로 주의하지 않으면 썩게 된다.
- 예비저장고 환경 : 직사광선이 들지 않고 온도가 낮으며, 바닥이 습하지 않고 통기가 잘 되는 곳에 두껍지 않게 넓게 펴서 널고 가끔 뒤치면서 고르게 마르게 하면서 썩은 것은 골라낸다.
- 큐어링
  - 수확 시 발생한 상처를 아물게 해 저장 중 부패를 줄일 수 있다.
  - 온도 10~15℃, 습도 100% 조건에서 2~3주 보관했다가 방랭 후 저장한다.

㉡ 본저장

- 본저장의 시기는 기온이 0℃ 이하가 될 때쯤 실시한다.
- 온도 : 최적온도는 1~4℃이며, -1℃ 이하로 내려가면 동해가 발생하고 7~8℃ 이상이 되면 발아와 부패 우려가 있다.
- 습도 : 최적습도는 85~90%이며, 습도가 너무 높아 감자가 젖을 정도가 되면 부패의 우려가 있고 너무 건조하면 저장 중 증산으로 생체중이 감소한다.

㉢ 용도별 저장 온도

- 씨감자
  - 장기(5~6개월) : 2~3℃
  - 단기(2~4개월) : 5~7℃
- 식용감자
  - 장기(4~6개월) : 4~6℃
  - 단기(2~3개월) : 8~9℃
- 가공용
  - 튀김용(3~4개월) : 7~8℃
  - 칩용(2~3개월) : 10~12℃, 습도 90~95%
  - 가공용은 7℃ 이사가 되면 환원당이 생성되어 가공제품의 색깔이 나빠진다.

㉣ 저장 중 발아억제법
- 3~4℃ 온도가 유지될 수 있는 저온저장시설을 이용한다.
- 방사선 처리 : γ-선 등의 방사선을 조사하면 발아가 억제된다.
- 약제처리 : MH, 도마톤, 벨비탄 K, 노나놀, 클로로아이피씨(Cl-IPC) 등의 약제를 처리한다.

2 고구마

(1) 분포 및 생산과 이용

① 명 칭

학 명	영 명	한 명
Ipomoea batatas (L.) Lamk	Sweet Potato	감저(甘藷), 남저, 지과

② 내 력

㉠ 원산지 : 열대성 고온작물인 고구마는 멕시코를 중심으로 하는 열대 중앙아메리카로 추정된다.

㉡ 1492년 콜럼버스에 의해 유럽에 전파되고 다시 동양으로 전파되었다.

㉢ 우리나라는 1763년 일본의 대마도로부터 부산을 통해 전파되었다.

③ 분포 및 생산

㉠ 세계의 분포 및 생산(2013년 기준)
- 열대에서부터 온대중남부지방에 걸쳐 재배되고 있으며, 중국이 세계 총 생산량의 70% 이상을 생산하고 있다.
- 세계 재배면적은 약 8,182만 9천ha, 생산량은 103,110만 4천만 톤이다.
- 주요 생산국은 중국, 베트남, 인도네시아, 인도, 필리핀, 나이지리아, 에티오피아, 미국 등에서 많이 재배되고 있다.

㉡ 우리나라의 재배현황(2014년 기준)
- 재배면적은 20,515ha, 생산량 322,071톤이다.
- 주요 재배지는 전남, 전북, 경기, 충남, 경남, 제주 등에서 많이 재배된다.

④ 성분과 이용

㉠ 성 분
- 수확한 고구마는 수분의 함량이 70% 정도이다. 수분을 제외한 주성분은 전분 약 70%, 당분 10%이고 비타민 A, B, C도 풍부하며, 고구마의 잎은 무기양분과 비타민의 함량이 높다.
- 단백질 함량은 1.5%, 지질함량은 0.3% 정도로 매우 낮은 편이다.

고구마의 성분과 이용에 관한 설명 중 옳지 않은 것은?

① 수량 표기 중의 하나인 '정곡'은 고구마의 평균 수분 함량을 69%로 간주하여(생저 중량×0.31) 계산한다.
② 주정으로 이용되기도 하며 포도당 제조 등에 이용된다.
③ 괴근의 구성성분은 당분과 섬유소가 대부분이며 전분은 건물중 기준으로 30% 내외가 포함되어 있다.
④ 사료로도 이용되는데, 수확물을 바로 먹이거나 사일리지로 만들어 먹이기도 한다.

답 ③

- 품종, 생산지, 저장기간, 가공방법 등에 따라 비타민 종류별 함량과 칼슘, 철분의 함량은 큰 차이를 보인다.
- 비타민 A의 전구물질인 카로틴함량은 고구마 육색에 따라 크게 차이를 보이며, 육색이 흰 것보다 주황색 또는 짙은 황색인 것이 비타민 A의 함량이 높다.
- 건조한 고구마는 생고구마에 비해 비타민 A를 제외한 영양성분이 더 많다.
- 고구마 줄기 또는 괴근을 절단하면 절단면에 배출되는 얄리핀(Jalapin)의 유액은 공기와 접촉하면 흑색으로 변하여 가공상 결점이 된다.
- 고구마 수량표시 : 생저는 수확한 고구마의 중량이고 정곡은 고구마의 평균 수분함량을 69%로 보고 생저중량×0.31로 계산한다.

ⓛ 전 분

- 전분함량 : 고구마(생저) 중 함유되어 있는 전분의 중량비
- 전분수율 : 실제 전분의 제조과정에서 일정량의 원료 고구마에 대한 전분 생산량의 중량비
- 전분가 : 고구마의 발효성 탄수화물의 총량을 전분으로 환산하고, 이를 생고구마에 대한 중량비로 나타낸 것
- 절간율 : 일정량의 고구마에서 생산되는 절간고구마의 중량비
- 전분함량 변이와 관련 있는 요인
  - 품종 : 품종의 유전적 특성에 따라 전분함량의 차이를 보인다.
  - 기상 : 열대산의 경우 전분함량은 낮고 당분함량은 높으나 재배 극지대의 냉지산은 전분함량은 높고 당분함량은 높다.
  - 이식기와 수확기 : 조식이 만식보다, 만기수확이 조기수확에 비해 전분가가 높다.
  - 토성 : 경식토~식질토양에 비해 양토~사양토에서 재배가 전분함량이 높은 경향이 있다.
  - 시비량 : 무비재배나 질소질비료를 많이 시비한 경우 전분함량이 낮아지고 인산과 칼륨, 퇴비를 많이 시비하면 전분함량이 증가한다.
  - 저장 : 저장 중 온도와 습도가 높고 저장기간이 길어지면 전분함량은 감소한다.

ⓒ 이 용

- 괴근은 찌거나 구워서 먹고 절간고구마로 밥에 섞어 먹거나 죽으로 먹는다.
- 엿, 물엿, 과자, 튀김 등의 용도로 이용한다.
- 엽병은 채소로 많이 이용되고 있다.

고구마의 생리·생태에 대한 설명 중 옳지 않은 것은?

① 질소질 비료의 과용은 괴근형성 및 비대에 불리하다.
② 단일처리와 접목방법은 개화유도 및 촉진에 효과적이다.
③ 열대산은 전분함량과 당분함량이 높다.
④ 건조한 토양에서 재배하면 심부병이 많이 발생한다.

답 ③

고구마의 전분함량에 대한 설명으로 옳은 것은?

① 저장기간이 길어질수록 전분함량이 높아진다.
② 열대지역에서 생산한 고구마는 재배 극지대의 서늘한 지역에서 생산한 고구마보다 전분함량이 낮고 당분함량이 높다.
③ 조식재배가 만식재배에 비하여, 만기수확이 조기수확에 비하여 전분가가 낮다.
④ 질소 다비 시 전분함량이 높아지고, 인산·칼륨 및 퇴비시용은 전분함량을 낮춘다.

답 ②

• 전분, 주정, 소주 등 공업용 원료로 이용된다.
• 줄기와 잎은 양분이 많고 가축의 기호성도 좋아 사료로 이용하며, 엔실리지로도 이용한다.

(2) 작물적 특성

① 재배와 경영상 특성

㉠ 재배적 장점

• 건조한 곳, 개간지, 척박지 등 토양적응성이 높고 산성토양에서도 잘 자라 재배적지의 범위가 넓다.
• 포복성으로 바람이 많은 곳에서도 재배가 가능하다.
• 작기의 이동이 비교적 쉽고 맥후작으로도 많은 수량을 낼 수 있어 토지이용상 유리하다.
• 건물생산량이 많고 단위면적당 수량이 어느 작물보다 가장 많다.
• 기상재해나 병충해가 적어 재배의 안전성이 높다.
• 괴근의 이용범위가 넓다.

㉡ 재배적 단점

• 육묘, 이식을 해야 하므로 노력이 많이 든다.
• 생력화기계재배가 불리하다.
• 식용으로 품질이 곡류만 못하다.
• 부피가 크고 수분함량이 높아 저장, 수송, 운반 등 관리가 불편하다.
• 공업용, 사료용은 생산시기가 한정되어 있고 저장이 곤란하다.

② 형 태

고구마는 메꽃과 작물로 온대에서는 1년생, 열대에서는 영년숙근성식물로 분류된다.

㉠ 뿌 리

• 씨를 파종하면 1개의 직근이 자라 괴근이 되고 묘를 심으면 엽병기부 양쪽에서 부정근이 발생하여 대부분 세근이 되고 땅속 마디에서 유근이 여러 개 발생해 세근, 경근, 괴근으로 발달한다.
• 괴근은 줄기가 착생했던 쪽인 두부와 그 반대부위인 미부, 이랑 안쪽을 향한 복부, 이랑 바깥쪽을 향한 배부로 구분하고 맹아는 두부와 배부에 많은 경향을 보인다.
• 주피(겉껍질)에는 카로틴 함량과 관계가 있는 색소가 있어 적색, 홍색, 자색, 황색 등으로 나타난다.
• 피층(속껍질)은 약간 두껍고 전분립이 함유되어 있다.
• 괴근은 대부분 녹말이 저장되어 있는 속으로 구성되어 있으며, 속에는 많은 관다발이 흩어져 있다.

- 괴근 표면의 골은 많고 적음과 깊이 등이 품종에 따라 뚜렷한 차이를 보이며, 골이 없고 매끄러운 것이 좋다.

㉡ 잎과 줄기

- 고구마는 쌍자엽식물로 종자가 발아할 때 2장의 자엽이 나오며, 괴근에서 발아할 때는 자엽의 출현은 없으며, 본엽만 나온다.
- 잎은 줄기의 각 마디 2/5엽서로 착생하고 엽병의 길이는 품종에 따라 변이가 심하며, 엽신의 모양은 심장형부터 잎이 깊게 갈라진 결각형까지 여러 형태가 있다. 크기는 환경의 영향에 따라 그 차이가 심하게 나타난다.
- 잎의 색은 성숙한 잎은 일반적으로 녹색이나 농담의 차이를 보이고 미성숙 잎은 자색 또는 갈색이다.
- 줄기는 형태적으로는 둥글고 모용이 많은 것부터 거의 없는 것까지 있으며, 색은 녹색, 적갈색, 적자색을 띠며 선단은 기부에 비해 털이 많고 담색이다.
- 줄기는 생육 습성에 따라 입형과 포복형으로 구분하며 품종에 따라 차이를 보이나 지상부 대부분은 1차분지로 구성되어 있고 생육 후반에 들어 2차분지가 다소 발생하는 데 대체로 입형이 분지도 많고 마디도 짧다.
- 줄기의 길이는 60cm 정도의 짧은 것부터 6m에 달하는 긴 것까지 있으며, 입형은 짧고 포복형은 긴 편이다.

㉢ 꽃

- 메꽃 또는 나팔꽃과 비슷하고 엽액에서 꽃송이가 나와 긴 화경에 5~10개의 꽃이 착생하는 액생집산화서로 밑부분에 5장으로 된 꽃받침이 있고 끝이 얕게 5조각으로 갈라진 분홍색의 꽃부리(화관), 5개의 수술, 1개의 암술로 되어 있다.
- 수술은 5개로 밑부분이 꽃부리에 부착되어 있으나 수술끼리는 분리되어 있고 그 중 4개는 암술보다 약간 짧고 1개는 암술보다 길며, 암술은 1개로 길이가 1.5cm 내외이다.
- 꽃의 내면 기부에 황색의 밀원이 들어 있다.
- 고구마는 고온·단일성 작물로 우리나라 일반재배에서는 꽃이 거의 피지 않는다.
- 꼬투리 모양은 나팔꽃과 비슷하고 미숙꼬투리는 녹색, 담자색이나 성숙 꼬투리는 황갈색, 회갈색을 띠고 꼬투리 내에 2~5개의 종자가 들어 있다.

③ 생리 및 생태

㉠ 생육과정

- 육묘기
  - 묘상에 씨고구마를 묻은 후 채묘까지 기간으로 40~60일이다.
  - 육묘초기 : 씨고구마에서 맹아하기까지 기간으로 씨고구마의 양분만으로 생육하고, 30~35℃의 적온까지는 온도가 높을수록 맹아일수가 단축되므로 온도관리가 매우 중요하다.
  - 육묘중기 : 맹아 후 경엽이 왕성하게 자라기 시작할 때까지 기간이며, 생육에 있어 씨고구마의 저장양분과 잎에서 생산된 동화물질이 함께 이용된다. 이 시기에는 육묘환경의 급격한 변화가 없도록 관리해야 한다.
  - 육묘후기 : 경엽의 생육이 왕성해지면서 잎에서 생성된 동화물질로만 생육하는 시기로, 이때는 온도보다는 상토의 양분, 수분, 일조 등이 생육에 크게 영향을 미친다.
- 활착기
  - 싹을 이식한 후 뿌리가 내려 재생장이 개시될 때까지의 기간으로 수분이 충분하다면 10~15일 정도 소요된다.
  - 이식시기는 조식 5월 하순~6월 상순, 맥후작의 경우 6월 중・하순~7월 상순이다.
- 생육초기
  - 활착기 이후 이식 25~30일이 되면 잎과 줄기의 생육이 서서히 이루어지는 시기이다.
  - 잔뿌리 중 괴근으로 발달된 것을 구별할 수 있으며, 이후 10~15일 동안 괴근의 수가 결정된다.
- 생육중기
  - 생육초기로부터 40~50일 정도로 경엽이 왕성하게 자라고 괴근이 굵어지기 시작하는 때이다.
  - 주로 괴근의 길이가 길어지는 괴근 신장기이다.
- 생육후기
  - 경엽의 생장이 느려지고 괴근이 굵어지는 시기이다.
  - 낮의 길이가 점점 짧아지고 온도도 낮아지므로 괴근의 비대에 알맞은 조건이 된다.

㉡ 괴근의 형성

- 괴근의 분화와 형성
  - 유근에서 괴근으로 분화되는 것은 이식 후 10일쯤부터 중심주의 원생목부에 분화된 제1형성층 활동이 왕성해져 중심주 조직이 불어나고 유조직이 목화되지 않으며, 이 조직에 전분립이 축적된다.

고구마 괴근형성에 대한 설명으로 옳지 않은 것은?

① 장태부정근원기(長太不定根原基)가 잘 형성된 마디가 많은 묘가 괴근형성이 잘 된다.

② 괴근이 비대하기에 유리한 조건은 풍부한 일조량, 단일조건, 충분한 칼륨질 비료 등이다.

③ 형성층 활동이 왕성하고, 중심주세포의 목화가 빠르면 괴근의 비대가 촉진된다.

④ 최대용수량의 70~75% 정도의 수분조건에서 괴근의 비대가 잘된다.

답 ③

- 제1형성층 활동이 왕성하더라도 유조직이 속히 목화되면 경근이 된다.
- 제1형성층의 활동이 미약하고 유조직의 목화가 빠르면 처음부터 세근이 된다.

• 괴근의 형성부위
- 고구마 뿌리는 이식 전 이미 싹의 엽병기부 줄기의 유관속에 가까운 부위에 뿌리로 발달할 부정근원기(어린눈)가 분화, 형성되어 있다.
- 부정근원기 중 크기가 1mm 정도인 것을 장태부정근원기(長太不定根原基, 굵은 어린뿌리)라 하며, 이것은 괴근형성 절위와 일치하므로 괴근으로 발달하기 쉬우며 끝에서부터 밑으로 4~5마디에서부터 10마디에 이르는 부분에 분포가 많다.

• 괴근형성에 관여하는 조건
- 육묘조건 : 싹이 굵고 연하여 생리적으로 양분과 수분이 많고 장태부정근원기가 잘 형성된 마디가 많은 묘가 괴근이 형성이 잘되며 묘상의 조건은 일조, 온도, 수분, 비료분 등이 알맞아야 하며, 질소와 수분의 부족과 일조의 과다는 싹을 빨리 목화시킨다.
- 이식 당시 조건 : 이식 시 온도가 22~24℃ 정도가 알맞고 토양수분, 통기, 일조와 칼륨성분이 충분해야 하고 질소가 과다하지 않아야 한다.
- 이식 직후 조건 : 유근이 세근, 경근, 괴근 등으로 분화되는 생리적 변화는 이식 후 5일 내 이루어지므로 이식 직후 토양환경은 괴근 형성에 중요한 영향을 미치며, 토양의 저온이 괴근 형성을 유도한다.

㉢ 괴근의 비대

• 괴근비대와 환경
- 토양온도 : 20~30℃ 정도가 가장 알맞으며, 항온보다는 변온이 괴경 비대를 촉진한다.
- 토양수분 : 최대용수량의 70~75%가 알맞다.
- 토양통기 : 토양통기는 양호해야 한다.
- 토양산도 : pH 4~8에서는 생육에 지장을 초래하지 않으면 된다.
- 일조량 : 토양이 건조되지 않는 한 일조는 많아야 좋다.
- 일장 : 10시간 50분~11시간 50분의 단일조건이 좋다.
- 변온 : 주간 29℃ 야간 20℃ 정도의 변온이 좋다.
- 비료 : 칼륨질비료의 효과가 크고 질소질비료의 과용은 지상부만 번무시키고 괴근의 형성과 비대에는 불리하게 작용한다.

고구마의 괴근 형성과 비대에 대한 설명으로 옳지 않은 것은?

① 질소비료의 과용은 괴근의 형성과 비대에 불리하다.
② 괴근 비대는 토양온도 20~30℃ 범위에서 항온보다 변온이 좋다.
③ 토양수분은 최대용수량의 70~75%가 알맞다.
④ 일장이 길고 일조가 풍부해야 괴근 비대가 잘된다.

답 ④

필 / 수 / 확 / 인 / 문 / 제

고구마의 개화를 유도하고 촉진하는 방법으로 옳지 않은 것은?

① 8~10시간 단일처리하면 개화가 조장된다.
② 나팔꽃 대목에 고구마 순을 접목하여 개화를 유도한다.
③ 덩굴 기부에 절상·환상박피하면 개화가 조장된다.
④ 고구마는 C/N율이 감소하면 개화가 촉진된다.

 ④

- 품종의 선택은 초기 지상부 생육이 왕성하고 후기에는 지상부만 생육이 무성하지 않고 경엽으로부터 동화물질의 전류와 축적이 잘 이루어지는 것을 택한다.
- 극히 조기 수확의 경우 품질과 수량이 특히 우수한 품종이 있어 조굴적응성 품종이라 한다.
- 고구마의 증수방안
  - 활착이 잘 되도록 하고 엽면적을 조기에 확보할 수 있도록 생육을 촉진시켜야 한다.
  - 고구마의 잎은 평면적 배열이므로 이런 불리한 수광태세 개선을 위한 육종적, 재배적 조치가 필요하다.
  - 광합성 능력을 지속적으로 높게 유지할 수 있도록 엽중 칼륨 농도를 높게 유지시킬 수 있는 비배관리가 필요하다.
  - 호흡에 의한 저장양분의 소모를 최소화시켜야 한다.

㉣ 개화와 결실

- 개화의 유도와 촉진
  - 단일처리 : 고구마는 단일식물로 8~10시간의 단일처리로 개화가 유도된다.
  - 접목 : 나팔꽃 대목에 고구마 순을 접목하면 개화가 촉진되는데, 이는 나팔꽃은 지하부에 괴근을 형성하지 않고 접목이 탄수화물의 지하부로의 전류를 저해하여 지상부 C/N율이 높아지기 때문이다.
  - 절상과 환상박피 : 지상부의 동화물질이 지하부로 전류되는 것을 억제하여 지상부 C/N율이 높아져 개화가 조장된다.
  - 포기의 월동 : 월동 시 자연 단일처리가 되고 식물체도 노숙하게 되어 C/N율이 높아지는 것 등의 원인으로 개화가 유도된다.
- 개화와 수정 및 결실
  - 단일처리 후 60일부터 줄기 하부에서부터 계속 개화하며, 이른 아침 많이 개화하고 오후 2시경부터는 꽃이 시든다.
  - 24~25℃에서 수정이 잘 되므로 9~10월에 결실이 잘 된다.
  - 인공교배는 다음날 개화할 것으로 보이는 꽃봉오리의 수술을 모두 제거하고 다음날 아침 목적하는 품종의 수술의 약을 암술머리에 문질러 수분, 수정한다.
  - 수정된 것은 여름은 25~30일, 가을은 40여일 후 성숙한다.
- 교배불화합성
  - 고구마의 경우 자가화합, 불화합성과 타가화합, 불화합성이 모두 인정된다. 특히 육종적 견지에서는 타가불화합성은 매우 중요하며, 품종 간 상호교배에서 1% 이하의 결실률을 보이는

품종군을 교배불화합성군(교배불임군)이라 하는데, 교배불화합의 원인은 화분발아와 화분관 신장의 불능에 있고 이런 현상은 자가불화합성에서도 나타난다.
- 자가화합성을 나타내는 유전자 도입은 다수확품종 육성에 중요하다.

• 실생육성
- 고구마 종자는 전형적인 경실로 그대로 파종하는 경우 발아가 극히 불량해지므로 종자의 표피에 상처를 내거나 농황산에 1시간 정도 침지 후 20분 정도 수세하여 파종하면 발아가 잘 된다.
- 발아 후 출현한 직근은 비대하지만 억세어 식용으로 부적당한 괴근을 형성하므로 자엽 윗순만 잘라 삽식하면 일반적으로 육묘하여 이식하는 경우와 같이 정상적 괴근을 형성한다.

(3) 환 경

① 기 상

㉠ 고구마는 생육적온이 높고 생육기간도 긴 작물로 무상기간이 긴 경우 수량이 증가한다.

㉡ 씨고구마의 싹이 트는데 가장 적합한 온도는 30~33℃이며, 17℃ 이하에서는 거의 싹이 트지 않는다.

㉢ 발근에는 25~30℃, 괴근 비대에는 20~30℃의 지온이 알맞으며, 변온은 경엽의 생장은 억제하나 괴근 비대는 현저하게 촉진된다.

㉣ 지상부 생육온도는 15~35℃이며, 최저 15~18℃, 최적 30~35℃이다.

㉤ 단일조건은 지상부의 생육은 억제하고 괴근의 비대는 조장하며, 대체로 10시간 50분 정도가 가장 알맞다.

㉥ 이식기 전후에는 상당한 강우가 활착과 생육에 좋으나 생육기간 중에는 강우가 많으면 토양이 과습하여 좋지 않고, 수확기에는 강우가 적어야 품질이 좋아진다.

② 토 양

㉠ 과습한 토양에서는 적응을 못하지만 토양적응성이 극히 높다.

㉡ 통기가 잘 되고 수분유지가 잘 되는 사양토~양토가 알맞고 경토가 깊은 것이 좋다.

㉢ 습하지 않고 배수가 좋고 부식이 풍부한 토양이 좋다.

㉣ 알맞은 토양수분은 세근은 최대용수량의 90~95%, 괴근은 70~75%가 적당하나 건조에 대한 적응성이 강하며, 토양의 과습은 괴근의 비대 억제와 모양이 길어지고 맛이 나빠지며 경근의 형성이 조장되어 지상절의 발근이 심해진다.

고구마의 기상 환경적 특성에 관한 설명으로 옳지 않은 것은?

① 변온은 경엽 생장과 괴근 비대를 촉진시킨다.
② 단일조건은 경엽 생장을 억제하고 괴근 비대를 조장한다.
③ 이식기 전후에 상당한 강우가 있어야 한다.
④ 토양에 과도한 건조를 초래하지 않는 한 일조가 많아야 좋다.

답 ①

서류의 생육에 적합한 환경조건에 해당하지 않는 것은?

① 고구마에 알맞은 토양수분은 세근의 경우 최대용수량의 60~70%, 괴근의 경우 90~95%이다.
② 감자는 10℃ 이하에서는 생장이 억제되며, 23℃ 이상은 생육에 부적합하다.
③ 감자는 단일에 의한 성숙촉진은 조생종보다 만생종에서 더욱 현저하다.
④ 고구마의 지상부 생육은 30~35℃에서 가장 왕성하고 괴근 비대는 20~30℃의 지온에서 가장 좋다.

답 ①

㉤ 연작해가 별로 없고 토양피복도가 커 토양의 건조와 침식을 억제하므로 경사지에 대한 적응성이 높고 척박한 모래땅이나 산성이 강한 개간지에서도 잘 자란다.

㉥ 토양산도는 pH 4.2~7.0 범위 내에서는 큰 차이를 보이지 않고 알맞은 산도는 pH 6.0~7.0이다.

(4) 재 배

① 육 묘

㉠ 육묘환경

- 고구마 싹이 트는데 가장 알맞은 온도는 30~33℃이고 17℃ 이하에서는 거의 싹이 트지 않으며, 싹이 자랄 때는 23~35℃가 적당하고 그보다 온도가 높으면 도장의 우려가 있다.
- 일조 : 일조의 부족은 도장을 조장하고 과다하면 경화의 우려가 있으며, 육묘 후기에는 묘상의 양분과 수분이 넉넉하고 일조가 충분해야 한다.
- 수분 : 상토의 수분은 넉넉해야 좋으며, 수분의 부족은 싹의 생장 저해와 경화되기 쉽다.
- 비료 : 질소와 칼륨질 비료가 충분해야 싹이 튼튼하고 싱싱하게 생장할 수 있다.
- 생육밀도 : 너무 배게 자라도록 하면 묘상의 면적을 줄일 수 있으나 싹이 연약해지기 쉽다.

㉡ 묘상의 입지와 면적

- 관리하기 편리한 집 근처의 북서풍이 막히고 양지바르고 배수가 잘 되는 곳에 설치하는 것이 좋다.
- 재식본수는 본밭 10a당 4,500~7,200본이 필요한데, 일반묘상에서 3회 채묘할 경우 1회에 평당 2,500~3,000본의 싹이 생산되므로 본밭 10a당 2~3평의 묘상이 필요하다.

㉢ 묘상의 구조

- 온상은 플라스틱필름을 이용하여 온상틀을 남북으로 길게, 동서는 같은 높이로 만든다.
- 관리상은 너비 1.2m 정도로 하고 상면의 균일한 온도 유지를 위해 저면은 중앙부를 높게 한다.
- 묘상은 남북으로 길게 만들어야 일사가 고르며, 구덩이의 깊이는 40cm 정도로 하는 경우가 많고 상틀의 높이는 상토면 위 25~30cm 정도가 적당하다.

㉣ 씨고구마

- 저장 중 냉해를 입은 괴근은 묘상에 묻은 후 부패 우려가 있으므로 사용하면 안 되고 병해를 입은 것도 제거한다.
- 적당한 크기의 씨고구마를 이용하며, 묘상 1평당 30~40kg 정도가 알맞다.

㉤ 상 토

- 온상의 묵은 양열재료를 파서 상토의 재료로 사용하는 것은 병균의 전염 우려가 있으므로 새로운 퇴비를 만들어 사용하는 것이 안전하다.
- 묘상에 상토를 12~15cm 깊이로 넣는다.
- 1m^2당 필요한 상토의 양은 0.12~0.15m^3으로 본밭 10a에 필요한 묘상을 설치하는데 필요한 상토의 양은 1.2~1.5m^3이다.

㉥ 씨고구마 묻기와 묘상 관리

- 씨고구마를 묻기 전 묘상 1평당 요소 30~50g, 용성인비 60~70g, 염화칼륨 25~30g을 전면 시용한다.
- 씨고구마는 묘상의 온도가 충분히 높아진 후 줄 사이를 4~5cm로 띄워 묻으며, 머리와 꼬리의 방향이 일정하도록 묻어야 발아가 고르고 좋다.
- 싹이 틀 때가지 보온으로 30~33℃가 유지되도록 하고 싹이 튼 이후는 25℃ 정도가 되도록 관리하며, 상토가 건조하지 않도록 관수를 해 주어야 한다.
- 싹이 10cm 정도 자라고 외기 온도가 점차 높아지게 되면 한낮에 2~3시간씩 비닐을 벗겨 자외선을 쬐어 도장을 방지하고 싹이 건실하게 자라도록 한다.
- 채묘기가 가까워지면 밤낮으로 비닐을 벗겨 싹을 튼튼하게 한다.

㉦ 채 묘

- 이식시기가 되어 싹이 25~30cm 정도 자라면 잘라서 심으며, 싹을 자르는 이유는 자른 그루터기에서 다시 새싹이 돋아나기 쉽고 검은무늬병의 전염을 억제하는 효과가 있다.
- 싹을 자르기 3~4일 전과 싹을 자른 직후 1% 요소액을 1평당 4~6L 정도 살포하면 자른 싹의 발근력이 커지고 다시 돋는 싹의 생육을 조장하는 효과가 있다.
- 채묘 후 이식이 늦어질 때 저묘 또는 가식하는 경우가 있는데, 그 방법은 서늘하고 그늘진 곳에 편 후 헤쳐서 뜨지 않게 보관하면 5~7일 정도는 별로 지장이 없다.
- 적당한 곳에 가식하고 물을 주면서 발근시키면 2주일 정도는 싹 자체 생산력이 저하되지 않는다.

◎ 육묘법의 종류

• 양열온상육묘
  - 양열재료를 밟아 넣고 발열시켜 온상의 온도를 유지하는 방법이다.
  - 양열온상의 재료
    ⓐ 발열주재료 : 볏짚, 건초, 생두엄 등
    ⓑ 발열촉진재료 : 쌀겨, 계분, 깻묵, 요소 등
    ⓒ 발열지속재료 : 낙엽
  - 양열온상의 육묘과정
    ⓐ 묘상의 설치와 양열재료 넣기 : 3월 중·하순 묘상을 설치하고 양열재료를 밟아 넣는다.
    ⓑ 상토 넣기 : 양열재료를 밟아 넣은 후 4~5일 후 상온이 50~60℃로 높아졌을 때
    ⓒ 씨고구마 묻기 : 상토를 넣은 후 4~5일 지나서 상온이 30~50℃로 안정되었을 때 묻으며, 너무 일찍 묻어 묻은 후 상온이 50℃ 이상 높아지게 되면 씨고구마가 썩게 된다.
    ⓓ 발아 : 씨고구마를 묻은 후 약 10일 정도면 발아한다.
    ⓔ 채묘 : 발아 후 30~40일인 5월 중·하순 첫 싹을 자르고 7~9일 간격으로 3~4회 자른다.

• 비닐냉상육묘
  - 양열재료를 밟아 넣지 않고 밑바닥에 짚 등 양열재료를 두께 3~5cm 넣고 그 위에 상토를 15cm 정도 넣고 비닐을 덮어 보온하는 방법이다.
  - 이 방법은 자연온도가 어느 정도 높아진 후에야 안전한 방법으로 육묘시기가 늦어지고 싹이 자라는 것도 더디므로 남부지방에서 늦게 이식할 때 이용한다.
  - 씨감자에 수분을 공급하여 늘 축축한 상태로 32~33℃에 보관하면 4~5일 후 2~10mm 정도로 최아되므로, 이때 비닐냉상에 옮긴다.
  - 싹이 튼 후 육묘적온은 23~25℃이므로 묘상에서 이 온도를 유지할 수 있을 때 최아한 씨고구마를 묻는다.
  - 재료비가 적게 들고 비교적 기술을 요하지 않는 방법이다.

• 전열온상육묘
  - 바닥에 전열선을 깔아 온도조절이 자유로운 방법이다.
  - 전열온상에서의 육묘는 육묘기간을 양열온상보다 10~15일 정도 단축되나 온도관리에 주의해야 하고 자주 관수해야 한다.

고구마의 육묘에 대한 설명으로 옳은 것은?

① 묘상은 바람이 잘 통하고 차광이 잘되며 침수의 우려가 없는 곳에 설치하는 것이 좋다.
② 양열온상육묘법에서 발열지속재료로는 낙엽, 발열주재료로는 볏짚, 건초 등이 쓰인다.
③ 싹이 트는 데 적합한 온도는 23~25℃이지만 싹이 자라는 데에는 30~33℃가 적합하다.
④ 묘상은 동서방향으로 길게 만들어야 일사를 고르게 받을 수 있다.

답 ②

고구마 재배기술에 대한 설명으로 옳지 않은 것은?

① 싹은 활착이 잘 되는 한 얕게 수평이 되도록 심는 것이 발근에 좋다.
② 전분가가 높은 고구마를 생산하기 위한 삽식 시기는 5월 중순보다 6월 하순이 적합하다.
③ 직파재배를 할 때에는 크기가 50~100g의 작은 씨고구마를 쓰는 것이 좋다.
④ 좋은 조건으로 조식하였을 때 소식이 되면 순지르기에 의해 분지의 발생이 조장된다.

답 ②

② 이 식

㉠ 이식기

- 지온이 15℃ 이상이 되는 5월 상순~하순에 이식할 수 있다.
- 지온이 17~18℃가 되면 정상적 발근이 가능하므로 이 시기에는 빨리 이식할수록 수량이 증가한다.

㉡ 정지 및 작휴 : 흙덩이를 곱게 깨고 비료를 이랑 깊은 곳까지 시용하며, 이랑을 높게 세우고 이랑에 심는 것이 좋다.

㉢ 재식밀도

- 재식밀도는 이식기, 시비량, 싹의 조건 등에 따라 달리해야 한다.
- 일반적으로 이식하는 개체의 밀도가 높으면 괴근의 수가 늘어 수량이 증가하며, 지상부 수량도 증가하나 밀식할수록 괴근 1개의 평균크기는 작아진다.

㉣ 삽식법

- 싹의 활착이 잘 되는 한 뉘어서 얕게 심어야 발근과 분지발생이 좋아 유리하나 토양수분이 적거나 싹이 짧을 때는 이에 적응하는 방법으로 심는다.
- 묘를 염화콜린 용액에 24시간 침지 후 심으면 초기생육과 괴근형성이 빨라져 증수할 수 있다.
- 이식할 구덩이를 파고 물을 충분히 준 후 물이 잦아들면 잎과 순이 모두 땅 위로 나오도록 심고 싹의 아랫마디 2~4개 정도가 묻히도록 심어야 한다.

㉤ 멀칭재배

장 점	생육초기 지온상승을 촉진해 이식기를 앞당길 수 있고 활착과 초기 생육을 조장하며 수분의 증발, 비료분의 유실, 잡초발생 경감과 방지 등의 장점이 있다.
단 점	낮의 온도가 높아져 진딧물, 응애, 근류성충의 발생이 많아질 수 있다.

③ 시 비

㉠ 비료 3요소의 흡수량 : 질소 : 인산 : 칼륨 = 3 : 1 : 4

㉡ 질소 : 최적엽면적과 광합성 능력의 유지를 위해서는 필요하나 과다하면 지상부만 무성하기 쉽고 괴근의 중심주 세포 목화를 조장하여 괴근의 형성과 비대를 저해한다.

㉢ 인 산

- 인산의 흡수량이 적어 요구도는 적으나 회산회토, 개간지에서는 효과가 크다.
- 인산의 결핍은 잎이 작아지고 농록색으로 되며, 광택이 나빠진다.
- 품질과 단맛, 저장력에 영향을 준다.

고구마에서 비료요소의 비효에 대한 설명으로 옳지 않은 것은?

① 질소과다는 괴근의 형성과 비대를 저해한다.
② 고구마는 인산의 흡수량이 적으므로 비료로서의 요구량도 적다.
③ 고구마 재배에서 칼륨은 요구량이 가장 많고 시용효과도 가장 크다.
④ 질소가 부족하면 잎이 작아지고 농록색으로 되며 광택이 나빠진다.

답 ④

서류의 재배방법에 대한 설명으로 옳은 것은?

① 감자는 평야지 봄 재배시 일반적으로 절단 덩이뿌리 심기를 하며, 재식밀도는 70×30cm로 한다.
② 감자는 평야지 봄 재배시 표준시비량(성분량, N-P_2O_5-K_2O, kg/10a)이 18-20-25이며, 골에만 시비하는 것이 비료의 초기 흡수를 지연시키므로 유리하다.
③ 고구마는 인산 결핍 시 잎이 작아지고 농록색으로 되나 풍부하면 괴근의 모양은 길어지고 단맛과 저장력이 증대된다.
④ 고구마는 개체 싹심기를 하며, 재식밀도는 단작시 60×15cm, 이모작시 60×10cm로 하는 것이 수량 등을 고려할 때 적합하다.

 ③

ⓔ 칼 륨
- 요구량이 가장 많고 시용의 효과도 현저하다.
- 광합성능력과 동화물질의 전류를 조장해 괴근의 비대와 굵어지는 것을 좋게 하여 수량이 증가한다.
- 질소가 많을 때 과번무를 억제하고 괴근 제1기 형성층의 활동을 조장하며, 중심주 세포 목화를 억제하여 괴근형성과 비대를 촉진한다.
- 결핍은 잎이 우둘투둘해지고 빛깔이 연해지며 황변, 고사하고 과다하면 절간율이 저하되는 경향이 있다.

ⓜ 퇴비의 효과가 특히 크게 나타나며, 퇴비는 토양통기 조장, 보수력과 보비력 증대, 생육 중·후기 칼륨과 질소를 공급하는 효과가 크다.

ⓑ 시비량은 10a당 퇴비 1,000kg 이상 3,000kg까지 많을수록 좋으며, 질소 4~8kg, 인산 3~6kg, 칼륨 10~20kg 정도 시용하는 것이 좋다.

ⓢ 비료는 전량 기비로 주며, 생육 후기 질소 부족증세가 보이면 1.0~1.5% 요소용액을 엽면시비하면 효과적이다.

④ 관 리

㉠ 김매기 : 생육초기 잡초의 발생이 많아 효과가 크며, 이식 후 15~20일쯤과 그 후 20~30일쯤 두 번에 걸쳐 실시한다.

㉡ 덩굴뒤치기 : 김매기 할 때 덩굴을 들어 지상절의 발근을 끊고 다시 제위치에 돌려놓고 덩굴이 번성한 후는 필요가 없다.

㉢ 순지르기 : 분지가 적고 덩굴이 길게 뻗는 품종을 일찍 삽식했을 때 활착 후 순을 질러주면 분지가 많아지고 덩굴 발달이 좋아져 소출이 증가한다. 그러나 원래 분지가 많은 품종이나 삽식이 늦었을 때는 순지르기를 할 필요가 없다.

㉣ 짚깔기 : 보리짚 등을 깔아 주면 땅 위 마디의 뿌리내림이 좋아지고 잡초 발생의 억제, 토양수분의 증발 억제, 기온의 과도한 상승 억제 등의 효과와 부식을 공급하는 효과가 있다.

⑤ 병 해

㉠ 검은무늬병(흑반병)
- 발생 : 전 생육시기에 발생하며, 특히 저장 중 발생이 많고 발병 적온은 25℃ 내외이다.
- 병 징
  - 병에 걸린 씨고구마에서 자란 싹은 밑동부분에 검은 무늬가 생기고, 이 병반이 확대되어 싹이 황변, 고사한다.
  - 본포에서 발생한 경우 지하경의 말단부에 검은 무늬가 생기고 수확기 괴근 둘레에 뚜렷한 둥근 검은 무늬가 생기고 병반 중심부는 푸른빛을 띤다.

- 저장 중 발생의 경우 고구마 표면에 회색곰팡이가 발생하고 병반부가 살 속 깊이 검게 변하며, 병균의 발육적온은 25℃ 내외이다. 저장 말기 저장고의 온도가 높았을 때 발생이 많다.

• 병독 : 병반부에 쓴 맛을 내는 독소인 이포메아마론(Ipomeamaron)이 생성되어 가축이 먹었을 때 식욕감퇴, 호흡곤란, 눈의 충혈, 설사, 입이나 코로부터 점액수하 등의 증상이 나타나며 심할 때는 죽게 되고 특히 소나 말이 중독되기 쉽다.
• 전염경로 : 씨고구마, 상토, 포장, 저장고 등을 통해 전염된다.
• 방제 : 병이 없는 씨고구마를 골라 소독해서 사용하고 윤작, 상토의 소독, 저장고의 소독 등으로 방제한다.

ⓛ 무름병(연부병)

• 병 징

- 상처난 고구마를 냉습한 환경에 저장하였을 때 발생하기 쉽다.
- 저장 중 괴근의 상처부위로부터 갈변하면서 썩어가며 진물이 흐르고 부패부에는 처음 백색의 곰팡이가 생겼다가 나중에 검은빛으로 변하고 썩은 것에서는 알코올 냄새가 난다.
- 전염경로 : 병원균은 부생균으로 저장고와 기구 등을 통해 전염하고 공기를 통해 전염되기도 한다.

• 방제 : 저장고와 시설, 기구 등을 잘 소독하고 상처가 없는 고구마를 적온·적습에 저장하여 큐어링 한 후 저장하면 효과적이다.

ⓒ 덩굴쪼김병(만할병)

• 병징 및 발병

- 묘상에서도 발생하나 주로 본포에서 발생한다.
- 묘상에서 발생하는 경우 잎이 황변하고 줄기가 세로로 쪼개지는 증상이 나타난다.
- 본포에 이병된 싹을 심었을 경우 황변·고사하거나 활착이 나빠지며, 병에 걸린 그루는 땅가 줄기가 쪼개져 분홍색 곰팡이가 생기고 이곳에서 발생한 괴근은 처음 담자색 병반이 생기고 나중에 흑색으로 변하여 도관을 따라 병반이 내부로 침입한다.
- 30℃ 내외의 기온에서 발생이 많고 15℃ 이하, 35℃ 이상에서는 발생하지 않으며, 여름에 몹시 고온이거나 사질토에서 발생이 많다.

• 전염경로 : 피해경에 묻어 병원균이 땅속에서 월동하여 전염된다.
• 방제 : 연작을 피하고 무병지에서 채종하며, 씨고구마와 싹을 소독해 심는다.

ⓓ 기타 건부병, 검은점박이병, 뿌리썩음병, 검은별무늬병, 자줏빛날개무늬병 등이 있으며, 철저히 방제하여야 한다.

⑥ 충 해

㉠ 선 충

- 뿌리 속에 침입해 괴근의 형성 및 비대를 저해한다.
- 선충은 토양 중 계속 서식하면서 피해를 주므로 연작을 피하고 살선충제로 토양소독을 하며, 씨고구마의 온탕소독도 효과적이다.

㉡ 식엽해충

- 고구마검은나방과 고구마뿔나방 등의 유충이 잎을 식해한다.
- 발생시기에 살충제를 이용해 방제한다.

㉢ 굼벵이류 : 고구마 괴근을 식해하여 구멍을 내거나 딱지가 생기게 하는 등 상처를 내어 외형을 손상시킨다.

(5) 수확과 저장

① 수 확

㉠ 고구마는 영양번식작물로 생육기간이 길어야 수량이 많아지므로 서리의 피해가 발생하지 않는다면 늦게 수확하는 것이 품질이 좋고 수량도 많다.

㉡ 시장상황에 따라 7월 하순부터 수확할 수 있으며, 10월 중순까지 수확을 마쳐야 한다.

㉢ 서리의 피해와 냉해 방지를 위해 첫서리가 내리기 전, 기온이 10℃ 이하로 내려가기 전에 반드시 수확해야 한다.

㉣ 저장할 것은 상처 없이 수확해야 하고 머리와 꼬리를 바싹 자르지 않는 것이 좋다.

② 저 장

㉠ 안전저장의 조건

- 저장력이 높은 품종을 선택한다.
- 저장용 고구마는 냉해와 상처가 없어야 한다.
- 본저장 전 통기가 잘되고 서늘한 창고에 10~15일쯤 펴서 널어 수분과 호흡열을 방출시키는 예비저장 후 본저장을 하는 것이 안전하다.
- 저장고 소독을 철저히 해야 한다.
- 큐어링의 실시는 더 안전하게 저장할 수 있다.

㉡ 큐어링(Curing)

- 고구마는 저장 중 상처를 통해 부패균이 침입할 수 있으므로 그 전에 유합조직이 형성되도록 하면 부패를 줄일 수 있으므로 수확 후 병균 침입 억제를 위해 상처 부위를 미리 치료하는 작업이 필요한데, 이를 큐어링이라 한다.

고구마의 저장에 대한 설명 중 옳지 않은 것은?

① 고구마를 수확한 직후에 예비저장 또는 방열과정을 10~15일 정도 가짐으로써 고구마 썩음을 예방할 수 있다.
② 수확 후 방열시켜 저장하면 유합조직의 형성이 촉진되고 당분 함량이 낮아져 저장성이 높아진다.
③ 저장 적온은 12~15℃가 가장 적당하며, 상대습도 85~90%로 조절하는 것이 좋다.
④ 큐어링은 수확 후 온도 30~33℃, 상대습도 90% 이상에서 약 4일간 보관하는 방법이다.

답 ②

- 큐어링은 수확 후 1주일 이내 실시하는 것이 좋고 온도는 30~35℃, 상대습도 90~95%로 조절된 공간에 4일 정도 두면 상처가 아문다.
- 큐어링 후 13℃의 온도에 두고 열을 발산시킨 뒤 본저장에 들어가는 것이 좋으며, 큐어링의 실시는 병 발생을 크게 줄이고 저장과정 중 증산량을 줄이며, 단맛이 좋아지고 저장력도 강해진다.

ⓒ 본저장의 환경 : 온도 12~15℃, 습도 85~90%가 알맞고 9℃ 이하가 되면 병해로 썩기 쉽고 18℃ 이상에는 양분의 소모가 많아지며 싹이 트기 쉽고 지나친 건조는 무게가 감소하고 건부병에 걸리기 쉬우며 과습은 썩기 쉽다.

적중예상문제

01 **보리의 특성에 대한 설명으로 옳지 않은 것은?**

① 논에서 답리작으로 재배할 때 맥류 중 수확기가 가장 빠르다.
② 껍질보리의 내한성은 쌀보리보다 크다.
③ 보리는 일반적으로 출수와 개화가 동시에 이루어진다.
④ 가을보리는 가을밀이나 가을호밀보다 추위에 강하다.

해설
④ 가을보리는 가을밀이나 가을호밀보다 추위에 약하다.

02 **맥류의 환경적응성에 대한 설명으로 옳지 않은 것은?**

① 맥류의 습해는 수잉기보다 분얼기에 피해가 더 크다.
② 맥류는 저온에서 생육시키면 체내의 생리 및 생태가 세포 동결을 힘들게 하는 방향으로 변화된다.
③ 일반적으로 맥류의 내동성은 호밀, 보리, 귀리 순으로 강하다.
④ 맥류의 한발에 대한 관수효과는 출수기에 가장 크다.

해설
맥류의 습해는 생육초기에는 덜 심하고 유수형성기~출수기에 가장 심하며 수잉기 > 신장기 > 분얼기 순이다.

03 **답리작 겉보리의 재배 북한선은 1월 평균 최저기온이 -6.5℃선인 곳이다. 이보다 기온이 낮은 곳에서 답리작 겉보리를 재배할 경우 발생하는 문제점으로 옳은 것은?**

① 보리가 조기 출수한다.
② 맥후작 벼의 이앙기가 늦어진다.
③ 보리의 수량은 증가하나 맥후작 벼의 수량은 감소한다.
④ 보리의 품질은 좋아지나 맥후작 벼의 품질은 저하된다.

해설
저온으로 생육이 지연되어 출수, 개화, 등숙이 늦어져 모내기 시기가 늦어지므로 2모작에 불리하다.

04 **맥류의 종자 수명에 대한 설명으로 옳은 것은?**

① 일반적으로 상온에 보존하면 5년 이상 유지된다.
② 5~14% 범위에서 종자의 수분 함량을 낮게 할수록 길어진다.
③ 저장고의 온도에 반비례하고 상대습도에 비례한다.
④ 콩이나 땅콩에 비하여 짧다.

해설
① 일반적으로 상온에 보존하면 2년 정도 유지된다.
③ 저장고의 온도에 비례하고 상대습도에 반비례한다.
④ 콩이나 땅콩은 단명종자, 맥류는 상명종자이다.

05 **맥류의 재배시 토양의 조건에 대한 설명으로 옳지 않은 것은?**

① 양토~식양토가 가장 알맞으며, 사질토는 수분과 양분의 부족을 초래할 우려가 있다.
② 답리작의 경우 생육초기에 지하수위가 높으면 생육 후기에 영향을 받는 것보다 감수가 크게 발생한다.
③ 맥류의 생육에 가장 알맞은 토양의 pH는 보리 7.0~7.8, 밀 6.0~7.0 정도이다.
④ 강산성 토양에는 퇴비의 경우 10a당 1,000kg 이상 시용하고 석회는 pH 6.5 정도로 토양을 중화시킬 수 있는 양을 시용한다.

1 ④ 2 ① 3 ② 4 ② 5 ② 정답

해설

맥류 답리작의 경우 생육초기~중기에는 지하수위가 높아도 많은 해를 입지 않으나 절간신장 이후 수수와 입수를 결정하는 생육후기에 지하수위가 높으면 피해가 커서 감수된다.

06 맥류의 출수기와 관련이 있는 생리적 요인들에 대한 설명으로 옳지 않은 것은?

① 추파성은 맥류의 영양생장만을 지속시키고 생식생장으로의 이행을 억제하는 성질이 있다.
② 춘파성을 추파성으로 전화시키기 위하여 버널리제이션을 이용한다.
③ 추파성을 완전히 소거한 다음 고온에 의하여 출수가 촉진되는 성질을 감온성이라고 한다.
④ 협의의 조만성은 고온, 장일(20~25℃, 24시간 일장)하에서 검정한다.

해설

② 추파성을 춘파성으로 전화시키기 위하여 버널리제이션을 이용한다.

07 맥류의 파성에 대한 설명으로 옳은 것은?

① 추파성은 영양생장이 짧고 생식생장으로 빠르게 전환되는 성질이다.
② 추파형을 가을에 파종하면 저온, 단일조건에서 추파성이 소거된다.
③ 북부지방의 내동성이 강한 품종들은 추파성이 낮다.
④ 추파성이 높은 품종은 늦게 파종할수록 월동 후 출수 및 성숙이 빨라진다.

해설

① 추파성은 영양생장을 지속시키고 생식생장을 억제하는 성질이다.
③ 북부지방의 내동성이 강한 품종들은 추파성이 높다.
④ 추파성이 높은 품종은 늦게 파종할수록 월동 후 출수 및 성숙이 늦어진다.

08 맥류의 파성에 대한 설명으로 옳은 것은?

① 춘파성이 큰 품종이 내동성이 강하다.
② 추파성이란 생식생장을 촉진시키는 성질이다.
③ 춘파성이 낮고 추파성이 높을수록 출수가 빨라진다.
④ 추파형은 저온, 장일조건에서 추파성이 소거된다.

해설

② 추파성이란 생식생장을 억제시키는 성질이다.
③ 춘파성이 낮고 추파성이 높을수록 출수가 늦어진다.
④ 추파형은 저온, 단일조건에서 추파성이 소거된다.

09 맥류의 등숙, 품질, 수확적기에 대한 설명으로 옳은 것은?

① 종실의 건물중이 출수 후 최대에 이르는 시기는 밀이 보리보다 빠르다.
② 맥주용 보리의 품질은 단백질과 지방의 함량이 많은 것이 좋다.
③ 단백질의 함량은 경질 밀가루가 연질 밀가루보다 많다.
④ 기계수확에 알맞은 종실의 수분함량은 45~50%일 때이다.

해설

① 종실의 건물중이 출수 후 최대에 이르는 시기는 보리가 밀보다 빠르다.
② 맥주용 보리의 품질은 녹말 함량이 높을수록 좋고 단백질의 함량은 낮을수록 좋다.
④ 기계수확에 알맞은 종실의 수분함량은 25~30%일 때이다.

10 다음 중 보리를 적기보다 늦게 파종할 경우 취해야 할 재배기술로 적합하지 않은 것은?

① 싹을 미리 틔워서 파종한다.
② 질소 시비량을 10~20% 늘린다.
③ 적기 기준량보다 종자 파종량을 늘린다.
④ 월동피해를 줄이기 위해 퇴비를 시용한다.

해설

파종기가 늦었을 때의 대책

- 파종량을 20~30% 늘린다.
- 최아하여 파종한다.
- 추파성이 낮은 품종을 선택하여 파종한다.

정답 6 ② 7 ② 8 ① 9 ③ 10 ②

• 월동이 용이하도록 골을 낮추고 부숙퇴비나 비료를 충분히 시비하며 질소의 시비량은 10~20% 줄인다.

11 **맥주맥의 품질조건에 관한 설명으로 옳지 않은 것은?**

① 아밀라아제 작용이 강해지면 단백질 함량이 증가해 좋지 않다.
② 종실의 단백질 함량이 8~12%인 것이 적합하다.
③ 종실의 지방 함량이 1.5~3.0%인 것이 적합하다.
④ 종실의 전분 함량은 58% 이상부터 65% 정도까지 높을수록 좋다.

해설
① 아밀라아제 작용이 강해야 전분으로부터 맥아당으로의 당화작용이 잘 이루어진다.

12 **맥주용 보리의 품질조건으로 가장 적합한 것은?**

① 종실이 크고, 전분 함량이 높은 것
② 종실이 크고, 단백질 함량이 높은 것
③ 종실이 작고, 지방 함량이 높은 것
④ 종실이 작고, 미숙립이 많아 특수 향기를 지닌 것

해설
맥주보리는 종실이 크고, 전분 함량이 높으며, 껍질이 얇은 것이 좋다.

13 **맥주보리의 품질조건에 대한 설명으로 옳지 않은 것은?**

① 충분히 건조한 것이어야 하고 숙도가 적당한 것으로 협잡물, 피해립, 이종립 등이 없어야 한다.
② 단백질이 많으면 발아시 발열이 적고 초자질의 양이 많아 맥주 제조에 유리하다.
③ 곡피의 양은 8% 정도가 적당하며, 곡피가 두꺼우면 곡피 중의 성분이 맥주의 품질을 저하시킨다.
④ 아밀라아제(Amylase)의 활성이 강해야 전분에서 맥아당으로의 당화작용이 잘 이루어진다.

해설
맥주보리는 단백질 함량이 8~12% 정도로 낮아야 좋다.

14 **맥류의 휴면에 관한 설명 중 옳지 않은 것은?**

① 발아억제물질의 존재는 휴면의 한 원인이 된다.
② 효소가 생리적으로 미숙할 경우에도 휴면이 일어난다.
③ 발아억제물질은 물, 에테르, 메틸알코올 등에 녹는다.
④ 수분흡수 종자를 저온에 보관하면 휴면이 오래 지속된다.

해설
종자의 휴면은 건조 종자의 경우는 고온에서, 흡수 종자의 경우는 저온에서 일찍 끝난다.

15 **보리의 시비에 대한 설명 중 옳지 않은 것은?**

① 소수분화 후기의 질소추비는 이삭당 소수를 증가시키는 효과가 있다.
② 출수 후 10일경의 질소추비는 지엽의 질소 함량을 증가시킨다.
③ 인산은 퇴비와 섞어주면 불용화되기 쉽다.
④ 시비한 비료 3요소 중 일반적으로 인산의 흡수율이 가장 낮다.

해설
인산은 토양 중에서 불용태로 되는 양이 많으므로 그대로 주지 말고 퇴비와 혼합하여 시비하면 불용화되는 것을 경감시켜 비효가 커진다.

16 **맥류의 내동성에 관한 설명으로 옳지 않은 것은?**

① 초기생육이 포복성인 것이 직립성인 것보다 내동성이 강하다.
② 엽색이 진한 것이 내동성이 강한 경향이 있다.
③ 호밀의 내동성은 보리나 귀리보다 강하다.
④ 내동성이 약한 품종을 만파하면 동해가 적어진다.

해설
④ 내동성이 약한 품종을 조파하면 동해가 적어진다.

정답 11 ① 12 ① 13 ② 14 ④ 15 ③ 16 ④

17 맥류의 내동성을 증대시키는 체내의 생리적 요인으로 적합하지 않은 것은?

① 체내의 단백질 함량이 많아야 한다.
② 체내 원형질의 수분투과성이 커야 한다.
③ 체내의 수분 함량과 당분 함량이 적어야 한다.
④ 세포액의 pH값이 커야 한다.

해설
체내 수분 함량이 적고 당분 함량이 많아야 한다.

18 맥류 겉깜부기병의 가장 합리적인 방제법은?

① 토양 소독 ② 돌려짓기
③ 종자 소독 ④ 약제 살포

해설
겉깜부기병은 병원체가 종자에 들어 있는 것으로 종자 전염하므로 종자 소독으로 방제한다.

19 다음 중 우리나라에서 보리에 발생하는 병을 모두 고른 것은?

㉠ 흰가루병	㉡ 붉은곰팡이병
㉢ 줄무늬병	㉣ 호위축병

① ㉠, ㉡ ② ㉠, ㉢, ㉣
③ ㉡, ㉢, ㉣ ④ ㉠, ㉡, ㉢, ㉣

해설
보리에 발생하는 병은 흰가루병, 붉은곰팡이병, 줄무늬병, 호위축병, 깜부기병, 녹병 등이 있다.

20 밀의 단백질 함량에 대한 설명으로 옳지 않은 것은?

① 종실발육시기에 건조하면 단백질 함량이 높아진다.
② 종실발달과정 중 요소를 엽면시비하면 단백질 함량이 증가한다.
③ 한랭지에서 재배할수록, 조기에 수확할수록 단백질 함량이 높아진다.
④ 초자율이 낮고 연질일수록 단백질 함량이 증가한다.

해설
④ 초자율이 낮고 연질일수록 단백질 함량이 감소한다.

21 밀가루의 분질에 대한 설명으로 옳지 않은 것은?

① 경질분은 단백질과 부질의 함량이 높아서 제빵용으로 적합하지 않다.
② 연질분은 단백질과 부질의 함량이 낮고 카스텔라, 비스킷, 튀김용으로 적합하다.
③ 반경질분은 일반적으로 빵 배합용으로 적합하다.
④ 중간질분은 단백질 함량이 연질분보다 다소 높다.

해설
① 경질분은 단백질과 부질의 함량이 높고 장시간 신장성이 있어 빵을 만들 때 잘 부풀어서 제빵용으로 적합하다.

22 밀의 품질에 대한 설명으로 옳은 것은?

① 밀에는 7~15%의 단백질이 함유되어 있는데, 단백질의 약 20%는 Gluten으로 되어 있다.
② 경질분은 단백질과 Gluten 함량이 많고 장시간에 걸쳐 신전성이 있으므로 제빵용으로 적합하다.
③ 회분 함량이 많으면 Gluten의 점성을 증가시켜 가공적성이 높아진다.
④ 제분율은 배유율이 낮은 것일수록 높은 경향이 있다.

해설
① 밀에는 7~15%의 단백질이 함유되어 있는데, 단백질의 약 80%는 Gluten으로 되어 있다.
③ 회분 함량이 많으면 Gluten의 점성을 감소시켜 가공적성이 낮아진다.
④ 제분율은 배유율이 높은 것일수록 높은 경향이 있다.

23 호밀의 결곡성에 대한 설명으로 옳지 않은 것은?

① 포장 주변의 개체나 바람받이에 있는 개체는 미수분이 되기 쉽다.
② 개화 전의 도복, 강우에 의해서 쉽게 일어난다.
③ 불가리아의 호밀은 염색체 이상에 의해 유전된다.
④ 화분불임성과 웅성불임성, 파성 소거의 불완전성이 해당한다.

정답 17 ③ 18 ③ 19 ④ 20 ④ 21 ① 22 ② 23 ④

해설

호밀의 결곡성은 화분불임성과 웅성불임성 두 가지가 있다.

24 호밀의 임성에 대한 설명으로 옳은 것은?

① 다른 개체의 꽃과 교잡이 잘 이루어지지 않는다.
② 자가임성 정도는 야생종이 재배종보다 높다.
③ 자식하면 임실률이 현저히 낮아진다.
④ 자가불임성으로 열성인 경향이며, 개체 간에 변이가 거의 없다.

해설

① 호밀은 타가수정작물로 다른 개체의 꽃과 교잡이 잘 이루어진다.
② 자가임성 정도는 야생종이 재배종보다 낮다.
④ 자가불임성으로 우성인 경향이며, 개체 간에 유전적 변이가 인정된다.

25 귀리의 백수성에 대한 설명으로 옳지 않은 것은?

① 불임현상으로 결곡성이라고도 한다.
② 수분과 양분이 부족할 때 생긴다.
③ 한 이삭 중의 백수 분포는 하부로 갈수록 많다.
④ 약소화일 경우에 많이 발생한다.

해설

호밀에서 발생하는 불임현상을 결곡성이라 한다.

26 종자가 발아할 때 어린뿌리는 배의 끝에서, 어린싹은 배의 반대 끝에서 나오는 작물로만 묶인 것은?

① 쌀보리, 호밀
② 귀리, 호밀
③ 겉보리, 귀리
④ 겉보리, 쌀보리

해설

겉보리와 귀리는 껍질을 쓰고 있어 발아할 때 어린뿌리는 배 끝에서, 어린싹은 배의 반대 끝에서 나온다.

27 옥수수에 대한 설명으로 옳은 것은?

① 단성화이며 자웅동주식물이다.
② 일반적으로 암이삭의 개화가 수이삭보다 앞선다.
③ 유전자의 연관군 수는 20개다.
④ 암이삭의 출사는 수병의 기분에서 시작한다.

해설

② 일반적으로 수이삭의 개화가 암이삭보다 앞선다.
③ 유전자의 연관군 수는 10개다.
④ 암이삭은 줄기의 중간마디에 1~3개의 암이삭이 착생한다.

28 옥수수의 화서에 대한 설명으로 옳은 것은?

① 암이삭과 수이삭은 개화시기가 서로 다른 경우가 많은데 암이삭이 먼저 피는 자예선숙현상이 일반적이다.
② 웅성화서에 암꽃, 자성화서에 수꽃이 혼생하는 경우도 있다.
③ 이차지경이 분기하여 각 마디에 착생하는 2개의 웅성소수는 모두 유병소수이다.
④ 자성소수의 구조는 1쌍의 받침껍질에 싸인 1개의 암꽃으로 되어 있다.

해설

① 수이삭이 먼저 피는 웅성선숙현상이 일반적이다.
③ 이차지경이 분기하여 각 마디에 착생하는 2개의 웅성소수는 하나는 유병소수이고 다른 하나는 무병소수이다.
④ 자성소수의 구조는 1쌍의 받침껍질에 싸인 2개의 암꽃으로 되어 있다.

29 다음 중 옥수수 암이삭 수염의 주요 기능은 무엇인가?

① 암술대 및 암술머리 역할
② 세포질적 웅성불임성 유발
③ 생식생장으로의 전환 촉진
④ 불량환경에서 광합성 작용 촉진

해설

암이삭의 씨방에는 수염이 달려있는데 이것이 자라 껍질잎 밖으로 나온 암술대와 암술머리의 역할을 한다.

24 ③ 25 ① 26 ③ 27 ① 28 ② 29 ① 정답

30 옥수수의 용도에 따른 품종 설명으로 옳은 것은?

① 경립종은 주로 사료용으로 재배되며 과피가 두꺼운 특성을 지니고 있다.
② 폭렬종은 종자의 크기가 매우 작으며 마치종과 유사한 특성을 지니고 있다.
③ 감미종은 종자가 성숙할 때 전분이 당으로 합성되는 것을 억제해 주는 유전인자를 가지고 있다.
④ 나종의 전분은 대부분 아밀로펙틴으로 구성되어 있다.

해설
① 경립종은 주로 사료용, 공업원료용으로 재배되며 알이 굵고 껍질이 다소 얇은 특성을 지니고 있다.
② 폭렬종은 종자의 크기가 작고 마치종은 종자 크기가 크다.
③ 감미종은 당이 전분으로 합성되는 과정을 억제하는 유전자를 가지고 있어 당 함량이 높고 단맛이 강하다.

31 다음 중 옥수수 1대 교잡품종에 대한 설명으로 옳은 것은?

① 개체 간의 균일도가 떨어진다.
② 매년 종자 생산을 별도로 해야 한다.
③ 잡종강세의 발현 정도가 낮다.
④ 지역적응성이 우수하다.

해설
옥수수는 일반적으로 1대 교잡종을 이용하며 이는 매년 1대 잡종을 채종하는 어려움이 있으며 잡종강세 발현 정도가 높고 개체간 균일도가 높다.

32 옥수수의 1대잡종 채종에 대한 설명으로 옳지 않은 것은?

① 단교잡은 복교잡보다 종자생산량이 적다.
② 복교잡에서 재식시 화분친과 종자친의 비는 2 : 1 또는 4 : 2로 한다.
③ 복교잡은 단교잡보다 잡종 종자의 균일도가 떨어진다.
④ 자식계통 육성은 우량 개체를 선발해 5~7세대 동안 자가수정을 시킨다.

해설
화분친과 종자친의 비는 2 : 4로 하여 자식계통인 화분친의 생육이 위축되지 않도록 충분한 생육 공간을 확보해야 한다.

33 옥수수의 합성품종 종자 생산과 관련이 없는 것은?

① 자식계통의 유지 및 증식
② 격리 채종포
③ 제웅작업
④ 일반조합능력 검정

해설
제웅작업은 옥수수 채종재배의 경우 단교잡 증에서 수술의 꽃을 제거하여 자식약세를 방지한다.

34 다음 중 사일리지용 옥수수의 건물중과 가소화양분 수량이 가장 많은 시기는?

① 유숙기 ② 호숙기
③ 황숙기 ④ 완숙기

해설
사일리지용 옥수수의 수확기는 생초수량은 유숙기 또는 호숙기가 가장 많으나 건물중량, 가소화양분 수량은 생리적 성숙단계인 황숙기에 가장 많고 수분의 함량도 사일리지 제조에 알맞다.

35 옥수수와 수수의 공통적인 특성으로 옳지 않은 것은?

① 화본과 식물로서 주로 타화수정을 한다.
② 광호흡을 거의 하지 않는다.
③ 종실의 주성분은 전분이다.
④ 고온, 다조환경을 선호한다.

해설
옥수수는 수꽃이 암꽃보다 4~5일 먼저 개화하므로 타가수정을 원칙으로 하며 자가수정률은 2% 정도이고 수수는 자가수정을 원칙으로 하며 타가수정 비율이 3~5% 정도이다.

36 옥수수를 주식으로 이용할 때, 그 영양가치가 쌀이나 밀보다 떨어지는 가장 큰 이유는?

① 탄수화물 함량이 부족하기 때문
② 단백질 함량이 부족하기 때문
③ 지방 함량이 부족하기 때문
④ 필수아미노산의 조성이 불량하기 때문

정답 30 ④ 31 ② 32 ② 33 ③ 34 ③ 35 ① 36 ④

해설

옥수수는 쌀이나 밀보다 필수아미노산의 조성이 불량하다.

37 수수에 대한 설명으로 옳지 않은 것은?

① 곡용 수수는 알곡생산을 목적으로 하고, 당용 수수는 청예용으로 알맞다.
② 가축에 건초나 사일리지를 다량 공급하면 청산 중독이 일어난다.
③ 뿌리의 발달이 좋고, 심근성이어서 요수량이 밀보다 적다.
④ 잎에 기동세포가 발달하여 한발에 강한다.

해설

건초 또는 질소질 비료를 많이 주는 경우 식물체가 어릴 때 청산의 함량이 많아 사료로 이용시 주의해야 하나 건조하면 독성이 없어지므로 건초 또는 사일리지로 만들기도 한다.

38 수수의 내건성에 관한 설명으로 옳지 않은 것은?

① 기동세포가 발달하여 가뭄 시 엽신이 말려 수분 증산이 억제된다.
② 잎과 줄기의 표피에 각질이 잘 발달되고 있고, 피납이 많아 수분 증산이 적다.
③ 근계는 잔뿌리의 발달이 좋고 심근성이다.
④ 요수량이 600 이상으로 커서 가뭄에 견디는 힘이 강하다.

해설

수수의 요수량은 322g으로 적다.

39 수수의 내건성을 강하게 하는 원인으로 옳지 않은 것은?

① 잔뿌리의 발달이 좋고 천근성이다.
② 요수량이 적다.
③ 잎과 줄기의 표피에 각질이 발달되어 있고 피랍이 많다.
④ 기동세포가 발달하여 가뭄 시 엽신이 말린다.

해설

뿌리의 발달이 좋고 심근성이다.

40 주요 잡곡의 재배에 대한 설명으로 옳지 않은 것은?

① 조는 흡비력이 강해 척박지나 소비재배에는 잘 적응하지만 다비재배에 대한 적응성은 낮다.
② 율무는 과숙할 경우 탈립이 심하므로 종실이 흑갈색으로 변했을 때 바로 수확한다.
③ 메밀은 한랭지에서는 단작을 하지만 평야지에서는 여러 작물의 후작으로 재배한다.
④ 중남부지방에서 맥후작 콩밭에 수수를 혼작하는 경우에는 수수의 모를 키워서 이식한다.

해설

① 조는 흡비력이 강해 척박지나 소비재배에 잘 적응하고 다비재배에 대한 적응성도 높다.

41 다음 중 조에 대한 설명으로 틀린 것은?

① 조의 야생종 식물은 강아지풀이다.
② 조는 자가불화합성이 있는 타가수정식물이다.
③ 조의 꽃은 임실화와 불임화로 구성되어 있다.
④ 땅 표면 가까운 마디에서 부정근이 발생한다.

해설

조는 자가수정을 원칙으로 한다.

42 조의 기상생태형에 대한 설명으로 옳지 않은 것은?

① 그루조는 만파(후작)에 알맞으며 만파에 의한 출수 촉진의 정도가 봄조보다 크다.
② 봄조는 감온형이고 그루조는 단일감광형이다.
③ 그루조는 봄조보다 저온이나 건조에 강하다.
④ 봄조는 그루조보다 조숙성이므로 산간부의 단작지대에서 재배한다.

해설

그루조는 저온이나 건조에 약하고 고온과 상당한 습도에 생육이 좋다.

37 ② 38 ④ 39 ① 40 ① 41 ② 42 ③ 정답

43 잡곡류에 대한 설명으로 옳지 않은 것은?

① 율무의 꽃은 암수로 구별되고 암꽃은 총포에 싸여 있다.
② 기장은 수량성이 낮고 주식으로 이용하기에도 우수하지 못한 작물이다.
③ 메밀에는 루틴 성분이 함유되어 있어 혈압강하제로 쓰인다.
④ 조는 타가수정을 원칙으로 하지만 자식률이 비교적 높은 편이다.

해설

조는 자가수정을 원칙으로 하고 자연교잡률도 높은 편으로 평균 0.6%이다.

44 조의 재배특성에 대한 설명으로 옳지 않은 것은?

① 그루조는 봄조보다 먼저 출수, 성숙한다.
② 봄조는 건조에 강하며 다습을 싫어한다.
③ 그루조는 저온과 건조에 약하다.
④ 봄조는 감온형이고 그루조는 감광형이다.

해설

그루조는 감광형으로 파종기 여하에 상관없이 출수, 성숙이 늦다.

45 잡곡에 대한 설명으로 옳은 것은?

① 기장은 줄기 기부로부터 2~3개의 분얼이 발생하지만 이삭을 맺지 못한다.
② 봄조는 그루조보다 조숙성이지만 건조에 약하여 충분한 관개가 필요하다.
③ 수수는 분얼성이 작지만 분얼 간의 이삭은 대부분 결실하는 것이 보통이다.
④ 메밀의 개화는 12시간 이하의 단일에서 촉진되고 13시간 이상의 장일에서 지연된다.

해설

① 기장은 분얼이 적고 줄기 기부로부터 2~3개의 분얼이 발생하여 모두 이삭이 달린다.
② 봄조는 그루조보다 조숙성이고 건조에 강하여 다습을 싫어하므로 파종을 일찍하는 것이 좋다.
③ 수수는 2~4개 정도 분얼하나 분얼된 줄기에서 이삭이 제대로 달리지 않는다.

46 메밀에 대한 설명 중 옳지 않은 것은?

① 장주화와 단주화가 공존하는 이형예형태이며 타화수분이 원칙이다.
② 한 포기의 개화기간은 2주 정도이며 온도가 높은 것이 수정에 유리하다.
③ 개화는 12시간 이하의 단일에서 촉진되며 13시간 이상의 장일에서는 지연된다.
④ 생육기간이 짧은 북부나 산간지역에서는 주로 여름메밀을 재배한다.

47 메밀에 대한 설명으로 옳은 것은?

① 메밀은 타화수정을 하며 이형화 사이의 수분에서 수정이 잘 된다.
② 생육적온은 17~20℃이지만 임실에는 20~31℃가 알맞다.
③ 개화기에는 체내의 C/N율이 낮아진다.
④ 14시간 이상의 장일에서 개화가 촉진된다.

해설

② 생육적온은 20~31℃이지만 임실에는 17~20℃가 알맞다.
③ 개화기에는 체내의 C/N율이 높아진다.
④ 12시간 이하의 단일에서 개화가 촉진된다.

48 메밀에 대한 설명으로 옳은 것은?

① 메밀은 자웅동주이며 단성화를 가진다.
② 여름메밀 품종보다 가을메밀 품종의 루틴 함량이 많다.
③ 메밀은 잡곡류에 속하는 일년생 외떡잎식물이다.
④ 메밀은 단일조건에서 개화가 촉진되고, 장일조건에서 개화가 지연된다.

해설

① 메밀은 자웅동주이며 양성화를 가지고 장주화와 단주화가 거의 반씩 생기는 이형예현상을 보인다.
② 가을메밀 품종보다 여름메밀 품종의 루틴 함량이 많다.
③ 메밀은 잡곡류에 속하는 일년생 쌍떡잎식물이다.

정답 43 ④ 44 ① 45 ④ 46 ② 47 ① 48 ④

49 다음 중 메밀의 수분, 수정이 가장 잘 이루어지는 경우는?

① 장주화와 장주화 간의 수분
② 단주화와 단주화 간의 수분
③ 장주화와 단주화 간의 수분
④ 어느 경우나 동일함

해설
메밀은 곤충에 의해 타가수정하는 충매화이며 장주화와 단주화 간의 수분은 순조롭게 이루어지는 적법수분을 한다. 장주화 사이 또는 단주화 사이에는 수분이 순조롭게 이루어지지 않는다.

50 메밀에 관한 설명 중 옳지 않은 것은?

① 토양 pH가 높아지면 이형예현상이 많이 발생한다.
② 일반적으로 루틴 함량은 여름메밀이 가을메밀보다 높다.
③ 꽃에 밀선이 잘 발달되어 있는 밀원식물이다.
④ 타화수정을 원칙으로 하므로 보통은 잡종성이다.

해설
토양은 pH 6.0~7.0이 알맞으며 산성토양에도 강하나 pH가 높아지면 이형예현상이 적어져 임성이 높아진다.

51 콩의 발육시기에 대한 설명으로 옳지 않은 것은?

① 제1복엽기(V_2) ; 제1복엽까지 완전히 전개된 때
② 개화시(R_1) : 원줄기상에 첫꽃이 피었을 때
③ 착협성기(R_4) : 완전 전개엽을 착생한 최상위 4마디 중 1마디에서 3mm에 달한 꼬투리를 볼 수 있을 때
④ 자엽기(CV): 초생엽이 전개 중인 때

해설

구분	발육시기	단계표시	특 징
영양생장기	발 아	VE	자엽이 땅위로 나옴
	자 엽	CV	자엽의 전개 완료, 초생엽 전개 시작
	초생엽	V_1	초생엽이 전개 완료
	제1복엽	V_2	제1복엽 전개 완료
	제2복엽	V_3	제2복엽 전개 완료
	(n−1)복엽	V_n	제(n−1)복엽 전개 완료

구분	발육시기	단계표시	특 징
생식생장기	개화시	R_1	원줄기에 첫 꽃이 개화
	개화성	R_2	완전 전개엽을 착생한 최상위 2마디 중 1마디에서 개화
	착협시	R_3	완전 전개엽을 착생한 최상위 4마디 중 1마디에서 5mm 크기의 꼬투리 달림
	착협성	R_4	완전 전개엽을 착생한 최상위 4마디 중 1마디에서 2cm 크기의 꼬투리 달림
	입비대시	R_5	완전 전개엽을 착생한 최상위 4마디 중 1마디의 꼬투리 종자의 크기가 3mm임
	입비대성	R_6	완전 전개엽을 착생한 최상위 4마디 중 1마디의 꼬투리의 종자가 완전히 사람
	성숙시	R_7	원줄기에 착생한 정상 꼬투리의 하나가 성숙기 품종 고유의 색이 나타남
	성 숙	R_8	95%의 꼬투리가 성숙기 품종 고유의 색이 나타남

52 콩에서 뿌리혹박테리아의 활성에 유리하지 않은 조건은?

① 온도는 25~30℃
② 토양산도는 pH 6.5~7.2
③ 질산염이 많은 토양
④ 석회, 칼륨, 인산 및 부식이 풍부한 토양

해설
뿌리혹박테리아 활성에 유리한 조건은 온도 25~30℃, pH 6.5~7.2, 질소 함량은 적고 석회, 인산, 칼륨 및 부식이 많은 토양이 알맞다.

53 콩의 입중에 대한 설명으로 옳지 않은 것은?

① 입중의 차이는 경장, 분지수, 협수 등에 비해 환경변이가 큰 편이다.
② 재식밀도 증대에 따른 개체의 생육량 저하는 입중을 떨어뜨린다.
③ 생육 후기의 양분공급량 증가는 종실의 비대를 촉진한다.
④ 입중의 증대를 위해서는 적정 재식밀도로 개체의 생육량 증대가 필요하다.

49 ③ 50 ① 51 ③ 52 ③ 53 ① 정답

해설

입중의 차이는 경장, 분지수, 협수 등에 비해 환경변이가 적은 편이나 개체의 생육량, 생육 후기의 영양조건 등에 적지 않은 영향을 받는다.

54 **콩의 형태, 생리, 생태에 대한 설명으로 옳은 것은?**

① 콩의 배부는 유아, 배축 및 유근으로 되어 있고 배유가 잘 발달한 배유 종자이다.
② 콩은 전형적인 장일식물로서 개화, 결협 및 종실의 비대가 장일조건에서 촉진된다.
③ 콩의 낙화율은 대립품종보다 소립품종에서 높다.
④ 개화기 이후의 고온은 결실일수를 단축시키고 낙화, 낙협이 증가된다.

해설

콩은 단일식물로 단일에 의해 꽃눈의 분화, 개화, 결협, 성숙 등이 촉진되며 개화기 이후 고온은 결실일수를 단축시키고 낙화, 낙협이 증가된다.

55 **콩의 재배생리에 대한 설명으로 옳지 않은 것은?**

① 저온일 경우 폐화수정현상이 일어난다.
② 개화기에 건조하면 화기탈락현상이 심해진다.
③ 성숙기 고온조건은 종자의 지방 함량을 증가시킨다.
④ 토양산도는 산성토양일수록 생육이 좋아져 수확량이 늘어난다.

해설

알맞은 토양산도는 pH 6.5 내외로 산성토양에서는 생육과 수량이 떨어진다.

56 **콩의 재배와 관련한 다음 기술 중 옳은 것은?**

① 콩은 다른 작물에 비하여 지력 의존도가 낮고 시비효과가 큰 작물이다.
② 콩은 용성인비의 효과가 거의 나타나지 않는 작물이다.
③ 콩 뿌리혹박테리아의 활동 적온은 30~35℃이다.
④ 콩에 석회를 많이 시용하면 철분의 결핍증상이 나타날 수 있다.

해설

콩 재배 시 토양 중 질산염, 인산이 지나치게 많거나 석회의 시용량이 많으면 pH가 중성~알칼리성이 되고 불활성화되어 철분의 결핍현상이 나타나 황백화되는 경우가 있으며 강한 산성토양에서는 붕소 결핍의 우려가 있다.

57 **콩의 적심에 대한 설명으로 옳은 것은?**

① 생육이 왕성할 때 적심을 하면 지상부의 분지수가 많아지고 분지의 발육도 양호하다.
② 생육이 떨어질 때 적심을 하면 수량이 많아진다.
③ 개화기에 적심을 하면 수량은 증가되나 도복이 조장된다.
④ 생육이 왕성할 때 적심을 하면 근계의 발달과 근류균의 착생을 촉진한다.

해설

생육이 왕성할 때 적심은 근계 발달과 근류균의 착생을 촉진하며 지상부 분지수가 적어져 가지의 발육이 왕성해지며 도복이 경감되고 증수의 효과가 높다.

58 **가을콩(추대두형)의 기상생태적 특성은?**

① 감온성과 감광성이 모두 낮다.
② 감온성이 낮고 감광성이 높다.
③ 감온성이 높고 감광성이 낮다.
④ 감온성과 감광성이 모두 높다.

해설

가을콩은 감광성이 높고 감온성이 낮으며 한계일장이 짧고 늦게 개화, 성숙한다.

59 **콩의 개화에 관한 설명으로 옳은 것은?**

① 화성에 대한 최장일장은 조생종보다 중・만생종이 더 길다.
② 한계일장이 긴 품종일수록 일장반응이 늦어 개화가 늦다.
③ 고온에 의하여 개화일수가 단축되는 조건에서는 개화기간도 단축되고 개화수도 감소한다.
④ 개화에서 한계일장은 추대두형이 하대두형보다 길다.

정답 54 ④ 55 ④ 56 ④ 57 ④ 58 ② 59 ③

해설

① 화성에 대한 최장일장은 조생종보다 중・만생종이 더 짧다.
② 한계일장이 긴 품종일수록 일장반응이 일찍 일어나 개화가 빨라지고 한계일장이 짧은 품종일수록 늦게 일장반응이 일어나 개화가 늦어진다.
④ 하대두형은 한계일장이 길고 추대두형은 한계일장이 짧다.

60 콩의 일장반응과 기상생태형에 대한 설명으로 옳지 않은 것은?

① 여름콩은 가을콩에 비하여 감광성이 작다.
② 일장효과를 나타내는 최저 조도는 만생종이 조생종보다 낮다.
③ 단일조건은 결협 및 종실의 비대를 촉진한다.
④ 조생종이 만생종보다 만파에 있어 개화일수의 단축률이 높다.

해설

만생종이 조생종보다 만파에 있어 개화일수의 단축률이 높다.

61 날콩의 비린 맛을 나게 하는 것은 무엇인가?

① Starch
② Lipoxygenase
③ Isoflavone
④ Phytic Acid

해설

② Lipoxygenase : 날콩의 비린 맛이 나는 성분
③ Isoflavone : 영양저해요소이며 항암, 혈청콜레스테롤 저하효과가 있다.
④ Phytic Acid : 무기물 흡수를 저해하는 요소이며 항암효과가 있다.

62 밀식적응성 콩 품종의 초형을 설명한 것으로 옳지 않은 것은?

① 잎이 넓고 커서 수광태세가 좋아야 한다.
② 분지수가 적고 짧아야 한다.
③ 꼬투리가 주경의 하부까지 많이 달려야 한다.
④ 줄기에 탄력성이 있어 도복에 강해야 한다.

해설

밀식적응성 콩 품종은 분지수가 적고 짧으며 잎이 가늘고 작으며 두텁고 분지각도와 엽병각도가 작은 협초폭형이 유리하다.

63 논콩의 재배에 관한 설명 중 옳지 않은 것은?

① 내습성과 내도복성이 강한 품종을 재배하는 것이 유리하다.
② 흑색뿌리썩음병에 대한 내병성이 강한 품종을 재배한다.
③ 키가 작고 조숙성인 품종은 소식하는 것이 유리하다.
④ 논콩은 성숙기가 늦으므로 전후작물을 고려하여 품종을 선택한다.

해설

밭보다 논에서는 입모율이 좋고 생육이 왕성해 과번무와 도복의 우려가 있으므로 키가 작고 숙기가 빠른 품종은 약간의 밀식이 좋고 숙기가 늦고 키가 큰 품종은 드물게 심는 것이 유리하다.

64 수확기에 콩을 수확하여 조사하였다니 다음과 같았다. 1헥타르(ha)당 수량은?

- 1m^2당 개체수 : 30개
- 개체당 꼬투리수 : 50개
- 꼬투리당 평균입수 : 2개
- 100립중 : 12g

① 1.8톤　② 3.6톤
③ 18톤　④ 36톤

해설

콩의 수량조사 = 단위면적당 개체수×개체당 꼬투리수×꼬투리당 종실수×100립중

65 다음 콩과작물 중 싹이 틀 때 떡잎이 땅속에 남아 있는 작물은?

① 땅 콩　② 녹 두
③ 팥　④ 강낭콩

60 ④ 61 ② 62 ① 63 ③ 64 ② 65 ③ 정답

해설

팥과 완두는 지하발아형으로 발아할 때 자엽이 지상으로 출현하지 않는다는 것이 다른 콩과작물과 차이가 있다.

66 다음 중 팥의 성분에 대한 설명으로 옳지 않은 것은?

① 전분이 34%로서 많이 함유되어 있는 편이다.
② 지방이 20%로서 적게 함유되어 있는 편이다.
③ 단백질이 20%로서 많이 함유되어 있는 편이다.
④ 팥의 전분은 세포 섬유에 싸여 있어 소화가 떨어진다.

해설

② 지방이 0.7%로서 적게 함유되어 있는 편이다.

67 녹두에 대한 설명으로 옳은 것은?

① 종자의 수명은 2~3년으로 단명종자이다.
② 원산지는 한국을 비롯한 동북아시아이다.
③ 고온과 단일조건에서 화아분화가 촉진된다.
④ 중점질 토양에서 잘 자라고 연작에 의한 피해가 적다.

해설

① 종자의 수명은 보통 6년 이상 발아력을 보유하는 장명종자이다.
② 원산지는 인도를 중심으로 하는 남부아시아이다.
④ 중점질 토양에서 생육이 나쁘고 연작의 경우 수량이 크게 줄어 4~6년 휴작하는 것이 좋다.

68 땅콩의 줄기에 대한 설명으로 옳지 않은 것은?

① 첫째 마디의 분지는 호생하며, 그 이상의 마디는 대생한다.
② 생식지는 짧으며 생육이 빈약하고 가지가 없다.
③ 영양지는 생육이 왕성하고 잎과 가지를 발생하는 보통 가지이다.
④ 영양지는 보통 저차 및 저위절일수록 생육이 왕성하다.

해설

첫째 마디는 대생하고 둘째 마디부터는 호생한다.

69 다음 중 감자에 대한 설명으로 옳은 것은?

① 감자의 먹는 부분은 변태된 뿌리이다.
② 휴면이 없는 감자의 저장에 알맞은 온도는 13~18℃이다.
③ 햇빛을 받으면 녹색이 되고 아린 맛이 나는 성분은 타닌이다.
④ 씨감자 퇴화의 주원인은 진딧물이 매개하는 바이러스병 때문이다.

70 다음 설명에 해당하는 생육형태 조정법은?

감자재배에서 한 포기로부터 여러 개의 싹이 나올 경우, 그 중 충실한 것을 몇 개 남기고 나머지는 제거하는 작업이며, 토란이나 옥수수의 재배에도 이용된다.

① 적 심
② 적 아
③ 절 상
④ 제 얼

해설

제얼이란 감자재배에서 한 포기에서 여러 개의 싹이 나올 때 그 중 충실한 몇 개를 남기고 나머지를 제거하는 작업이다.

71 감자 괴경의 눈에 관한 설명으로 옳지 않은 것은?

① 기부보다 정부에 눈이 적다.
② 눈의 다소와 심천은 품종에 따라 차이가 심하다.
③ 눈이 적고 얕은 것이 품질이 좋다.
④ 눈에는 아군이 있고 2/5의 개도로서 나선상으로 배열되어 있다.

해설

눈은 정부에 많고 정부의 눈이 세력도 강한데 이를 정아우세라 한다.

정답 66 ② 67 ③ 68 ① 69 ④ 70 ④ 71 ①

72 **감자의 괴경 형성 및 비대에 대한 설명으로 옳지 않은 것은?**

① 생장억제물질인 CCC를 처리하면 괴경 형성이 억제된다.
② 괴경은 복지의 신장이 정지된 후 전분립이 정부에 축적되어 비대하기 시작한다.
③ 아서란 노화된 씨감자를 파종하였을 때 싹이 트기 전에 모서의 저장물질이 그대로 이행되어 형성되는 작고 새로운 괴경을 말한다.
④ 감자의 순을 토마토의 대목에 접목하면 기중괴경이 형성된다.

해설
괴경 형성조장물질인 CCC를 처리하면 괴경 형성이 촉진된다.

73 **감자의 괴경형성 및 비대에 대한 설명으로 옳지 않은 것은?**

① 괴경이 형성될 때에는 복지의 신장이 정지되고 전분립이 기부에 축적되어 비대한다.
② 괴경이 형성되려면 기는줄기 선단부에 생장이 정지된 휴면아가 형성되어야 한다.
③ 괴경이 형성될 때에는 체내의 GA 함량이 저하된다.
④ 단일조건에서 괴경의 형성능력을 얻게 되면 장일조건에 옮겨져도 비대는 계속된다.

해설
괴경이 형성될 때에는 복지의 신장이 정지되고 전분립이 정부에 축적되어 비대한다.

74 **감자의 덩이줄기가 비대하는 과정 중에 일어나는 현상으로 옳지 않은 것은?**

① 당 함량 감소와 전분 함량 증가
② 아스코르브산 함량 증가
③ 아밀라아제 활성 감소
④ 포스포릴라제 활성 감소

해설
포스포릴라제 활성이 증대되어 전분의 합성이 왕성하게 이루어져 전분함량이 증가한다.

75 **감자의 채종재배에 대한 설명으로 옳지 않은 것은?**

① 소립 씨감자는 밀식하고 싹 솎기를 하지 않는다.
② 춘작재배 시 육아재배를 하면 바이러스병의 전염을 줄일 수 있다.
③ 진정 종자를 이용한 채종재배 시 바이러스 이병률은 높아지나 생산비용이 절감된다.
④ 추작재배로 생산된 씨감자는 춘작재배로 생산된 것보다 이듬해 파종할 경우 생육이 왕성하다.

해설
진정종자를 이용한 채종재배 시 바이러스병은 종자로 전염되지 않으므로 바이러스 이병률이 낮아지며 씨감자 생산비용이 절감된다.

76 **감자의 추작재배에 대한 설명으로 옳지 않은 것은?**

① 벼 조기재배 후작으로 추작 시 논의 이용도를 높일 수 있다.
② 추작 감자는 저장 중에 노화의 우려가 적다.
③ 생육 중·후기의 저온·단일환경은 괴경의 비대 생장에 유리하다.
④ 최아 추작 시 춘작에 비해 씨감자 조각의 부패에 의한 결주 발생이 적다.

해설
④ 최아 추작 시 춘작에 비해 씨감자 조각의 부패에 의한 결주 발생이 많다.

77 **감자의 솔라닌에 대한 설명으로 옳지 않은 것은?**

① 괴경을 일광에 쬐어 녹화시키면 솔라닌이 현저히 증가한다.
② 솔라닌 함량은 지상부보다 지하부의 괴경이 현저히 높다.
③ 괴경이 클수록 단위중량당 솔라닌 함량은 적어진다.
④ 괴경의 껍질을 벗기면 많은 양의 솔라닌이 제거된다.

해설
② 솔라닌 함량은 지하부 괴경보다 지상부의 잎과 줄기에 현저히 높다.

72 ① 73 ① 74 ④ 75 ③ 76 ④ 77 ② 정답

78 감자의 휴면 및 발아에 대한 설명으로 옳지 않은 것은?

① 10~30℃ 사이의 저장온도에서는 온도가 높을수록 휴면이 빨리 타파된다.
② 2기작으로 추작을 할 경우에는 휴면기간이 긴 품종을 인위적으로 최아시켜 추작하는 방식이 유리하다.
③ 일반적으로 휴면에는 전기, 중기, 후기의 3단계가 있고 휴면의 깊이는 중기가 전기나 후기보다 깊다.
④ 미숙한 감자는 성숙한 감자에 비하여 눈 부분의 싹 조직의 분화가 덜 되어 있으므로 휴면기간이 짧아진다.

해설
④ 미숙한 감자는 성숙한 감자에 비하여 눈 부분의 싹 조직의 분화가 덜 되어 있으므로 휴면기간이 길어진다.

79 감자 괴경의 휴면에 대한 설명으로 옳지 않은 것은?

① 수확시기에 상처를 입으면 휴면기간이 길어진다.
② 자발휴면 후 불량한 환경조건에 놓이면 타발휴면이 나타난다.
③ 저장온도가 10~30℃ 사이에서는 온도가 높을수록 휴면타파가 빨라진다.
④ 아브시스산이 증가하면 감자가 휴면상태에 접어든다.

해설
상처를 입으면 휴면기간이 짧아진다.

80 작물별 수확물의 안전저장조건에 대한 설명으로 옳은 것은?

① 쌀의 안전저장조건은 온도 20℃, 상대습도 약 50%이다.
② 식용감자 및 씨감자의 안전저장조건은 온도 3~4℃, 상대습도 85~90%이다.
③ 고구마의 안전저장조건은 온도 5~6℃, 상대습도 약 70%이다.
④ 콩의 안전저장을 위한 종자의 수분 함량은 23%이다.

해설
① 쌀의 안전저장조건은 온도 16℃, 상대습도 약 70%이다.
③ 고구마의 안전저장조건은 온도 12~15℃, 상대습도 약 85~90%이다.
④ 콩의 안전저장을 위한 종자의 수분 함량은 11%이다.

81 고구마의 형태에 대한 설명으로 옳지 않은 것은?

① 종자를 심으면 1개의 직근이 나와 비대해져 괴근을 형성하지만, 묘를 심으면 엽병의 기부 양쪽에서 부정근이 발생하여 대부분 세근이 된다.
② 괴근은 줄기에 착생하였던 쪽이 두부이고 그 반대 부위가 미부, 이랑의 안쪽을 향하던 복부와 이랑의 바깥쪽을 향하던 배부로 구분된다.
③ 줄기는 생육 습성에 따라 입형과 포복형으로 구분되고 품종에 따라서 차이는 있지만 지상부의 대부분은 일차분지로 구성된다.
④ 수술은 3본으로 밑부분이 꽃부리에 부착되어 있으며 수술끼리는 연합되어 있고 그 중 2본은 암술보다 길며 암술은 1본이다.

해설
고구마 수술은 5본으로 밑부분이 꽃부리에 부착되어 있으나 수술끼리는 분리되어 있고 그 중 1본이 암술보다 길며 4본은 암술보다 약간 짧은 편이고 암술은 1본이다.

82 고구마의 개화유도에 대한 설명 중 옳지 않은 것은?

① 단일처리가 개화유도에 효과적이다.
② 지상부 C/N율을 낮추려는 처리는 개화를 유도한다.
③ 절상 및 환상박피는 개화를 유도한다.
④ 포기를 월동시키면 개화가 유도된다.

해설
② 지상부 C/N율을 높이는 처리는 개화를 유도한다.

83 고구마의 생육과정에 대한 설명으로 옳지 않은 것은?

① 씨고구마를 묻은 후 채묘까지 40~60일이 소요된다.
② 고온, 장일조건에서 경엽중이 급진적으로 증가된다.
③ 괴근분화기는 활착이 좋으면 25~30일이 소요된다.
④ 단일조건과 질소질 과용은 괴근 비대에 불리하다.

해설
고온, 단일성 작물로 단일조건에서 괴근의 비대를 촉진하고 질소질 비료의 과용은 지상부만 번무시키고 괴근 형성 및 비대에는 불리하다.

정답 78 ④ 79 ① 80 ② 81 ④ 82 ② 83 ④

84 다음 중 서류에 관한 설명으로 옳은 것은?

① 감자의 괴경 비대기는 착뢰기부터 개화가 시작될 때까지의 10~15일의 기간이다.
② 감자의 괴경 형성은 저온, 단일조건에서 저해된다.
③ 고구마의 괴근은 제1기 형성층의 활동이 왕성하고 세포의 목화 정도가 낮으면 형성된다.
④ 고구마의 장태부정근원기는 이식 후 괴근의 비대과정 중에 형성된다.

해설
① 감자의 괴경 형성기는 착뢰기부터 개화가 시작될 때까지의 10~15일의 기간이다.
② 감자의 괴경 형성은 저온, 단일조건에서 촉진된다.
④ 이식 전 싹 시절에도 이미 부정근원기가 형성되어 있으며 부정근원기 중 크기가 1mm 정도인 것을 장태부정근원기라 하며 이것이 괴근의 형성부위와 잘 일치하여 괴근으로 발달하기 쉽다.

85 고구마의 괴근 형성 및 비대에 관한 설명으로 옳지 않은 것은?

① 토양온도는 20~30℃가 가장 알맞으며 변온은 괴근의 비대에 불리하다.
② 질소질 비료의 과용은 지상부만 번무시키고 괴근의 형성 및 비대에는 불리하다.
③ 일장은 단일조건이 괴근의 비대에 유리하다.
④ 이식 직후 토양의 저온은 괴근의 형성을 유도한다.

해설
괴근의 비대는 토양온도 20~30℃가 가장 알맞으며 항온보다는 주간 29℃, 야간 20℃ 정도의 변온이 유리하다.

86 고구마의 재배환경에 대한 설명으로 옳은 것은?

① 괴근 비대에 적당한 토양의 온도는 15~20℃ 범위이다.
② 괴근 비대의 일조시간은 12시간 이상의 장일조건을 필요로 한다.
③ 식질토양에 비하여 사양토나 양토가 전분함량 증가에 유리하다.
④ 토양산도의 적용범위는 pH 3~4 정도이다.

해설
① 괴근 비대에 적당한 토양의 온도는 20~30℃ 범위이다.
② 괴근 비대의 일조시간은 12시간 이하의 단일조건을 필요로 한다.
④ 토양산도의 적용범위는 pH 4~8 정도이다.

87 다음 중 고구마의 덩이뿌리 비대에 가장 영향을 주는 비료의 성분은?

① 석 회 ② 인 산
③ 질 소 ④ 칼 륨

해설
칼륨은 탄소동화작용을 활발하게 하고 지상부 양분의 지하부로의 이행을 촉진시켜 괴근이 비대된다.

88 고구마의 수량에 대한 설명으로 옳지 않은 것은?

① 고구마는 벼보다 단위면적당 건물수량이 높다.
② 괴근 비대에 적당한 토양온도는 20~30℃이며, 변온이 괴근의 비대를 촉진한다.
③ 고구마의 수량을 높이려면 엽면적을 조기에 확보할 수 있도록 생육을 촉진시켜야 한다.
④ 고구마는 비료 3요소 중 인산 흡수량이 제일 큰 작물이므로 인산질 비료를 충분히 공급해 주어야 높은 수량을 얻을 수 있다.

해설
질소 : 인산 : 칼륨 = 3 : 1 : 4의 비율이다.

89 고구마 전분함량에 관한 설명 중 옳은 것은?

① 열대지역에서 재배할 경우 전분함량은 낮아지고 당분함량은 높아진다.
② 인산, 칼륨, 퇴비를 시용할 경우 전분함량이 낮아진다.
③ 양토~사양토에서 재배할 경우 일반적으로 전분함량이 낮아진다.
④ 질소질 비료를 많이 시용할 경우 전분함량이 높아진다.

84 ③ 85 ① 86 ③ 87 ④ 88 ④ 89 ① 정답

해설

② 인산, 칼륨, 퇴비를 시용할 경우 전분함량이 높아진다.
③ 양토~사양토에서 재배할 경우 일반적으로 전분함량이 높아진다.
④ 질소질 비료를 많이 시용할 경우 전분함량이 낮아진다.

90 다음 중 덩이뿌리의 길이/지름비율이 높아서 고구마 모양이 가징 길어지는 토양수분의 함량은?

① 60~65%
② 50~55%
③ 90~95%
④ 80~85%

해설

토양수분 함량이 90~95%에서 모양이 가장 길어진다.

91 고구마의 저장에 관한 설명 중 옳은 것은?

① 고구마를 캘 때 입은 상처를 치유하기 위하여 살균제를 처리한다.
② 저장의 가능온도는 10~17℃이고, 습도는 70~90%가 알맞다.
③ 고구마의 본 저장온도는 4℃이고, 습도는 85~90%에 하는 것이 알맞다.
④ 큐어링처리는 온도 12~15℃, 습도 70~85%에서 한다.

해설

고구마의 괴근은 수확 후 30~33℃, 습도 90~95%에서 4~5일간 큐어링 후 12~15℃, 85~90%의 습도조건에서 저장한다.

92 서류의 수확과 저장에 대한 설명으로 옳은 것은?

① 고구마는 지상부의 생육이 최고에 달하는 시점에 수확하는 것이 가장 알맞다.
② 감자는 토양이 습할 때 수확하는 것보다 건조할 때 수확하는 것이 좋다.
③ 고구마의 큐어링 온도 12~16℃, 습도 90% 이상에서 4일이 적당하다.
④ 감자의 저장적온은 12~15℃이며, 9℃ 이하에서는 냉해를 받기 쉽다.

해설

① 고구마는 된서리의 피해가 없다면 늦게 수확하는 것이 품질과 수량에 좋다.
③ 고구마의 큐어링 온도 30~33℃, 습도 90~95% 이상에서 4~5일이 적당하다.
④ 감자의 저장적온은 3~4℃이며, 습도 85~90% 조건에 저장하는 것이 가장 좋다.

정답 90 ③ 91 ② 92 ②

MEMO

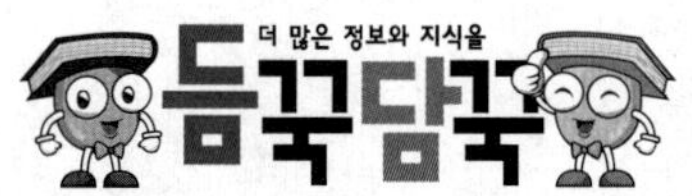

제 2 편

9급 국가직 · 지방직 · 고졸채용을 위한 합격 완벽 대비서

기출문제

기술직

TECH BIBLE

재배학개론 + 식용작물

9급 국가직 · 지방직 · 고졸채용을 위한 합격 완벽 대비서

(주)시대고시기획
(주)시대교육
www.sidaegosi.com
시험정보 · 자료실 · 이벤트
합격을 위한 최고의 선택

시대에듀
www.sdedu.co.kr
자격증 · 공무원 · 취업까지
BEST 온라인 강의 제공

제 1 장

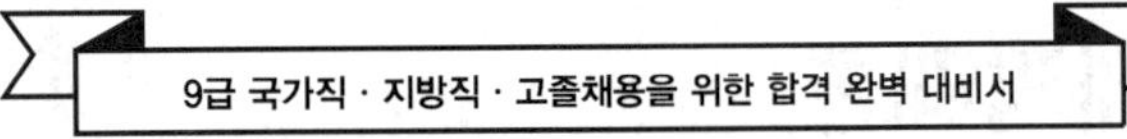

국가직 기출문제

2007~2020년 국가직 식용작물

기술직

TECH BIBLE

재배학개론 + 식용작물

9급 국가직 · 지방직 · 고졸채용을 위한 합격 완벽 대비서

(주)시대고시기획
(주)시대교육
www.sidaegosi.com
시험정보 · 자료실 · 이벤트
합격을 위한 최고의 선택

시대에듀
www.sdedu.co.kr
자격증 · 공무원 · 취업까지
BEST 온라인 강의 제공

2007년 국가직 식용작물

01 다음 중 고온 · 건조한 환경조건에서 적응력이 가장 큰 작물은?

① 수 수
② 메 밀
③ 강낭콩
④ 완 두

수수는 내건성이 극히 강한 품종이다.

02 재배종 벼(*Oryza sativa* L.)와 식용옥수수(*Zea mays* L.)의 염색체수(2n)는?

	벼	옥수수
①	12	12
②	12	16
③	24	20
④	24	22

03 벼의 생식생장기에 해당하는 생육단계로만 짝지어진 것은?

① 수잉기, 유효분얼종지기
② 유효분얼기, 수잉기
③ 유효분얼기, 신장기
④ 신장기, 수잉기

04 콩의 질소고정에 대한 설명 중 옳지 않은 것은?

① 토양 내 질소성분이 많으면 뿌리혹의 착생과 질소고정력이 증가한다.
② 개간지에서 콩을 재배할 때 근류균을 접종하면 수량과 단백질 함량이 증가하는 효과가 있다.
③ 근류균에 의한 질소고정은 유묘기보다 개화기에 훨씬 왕성하다.
④ 근류균의 접종효과는 토양통기가 양호하고 인산, 칼륨, 석회, 부식이 풍부한 경우 효과가 크다.

해설

뿌리혹과 뿌리혹박테리아

- 뿌리에는 많은 뿌리혹이 착생하고 이 뿌리혹 속에는 뿌리혹박테리아가 들어 있어 공중질소를 암모니아태로 고정하여 콩이 이를 이용하므로 근류의 착생이 좋아야 콩의 생육이 좋아지고 수량이 증가한다.
- 콩의 재배 시 질소질비료가 덜 들고 다른 작물의 재배와 비교하면 지력의 소모가 적다.
- 뿌리혹박테리아는 식물체로부터 당을 취하여 생활하며 호기성세균으로 지표 가까운 뿌리 기부에 뿌리혹이 많이 착생되어 커진다.
- 뿌리혹박테리아는 계통에 따라 여러 특성과 질소고정능력이 달라지므로 우량균주의 선발과 접종이 필요하며, 일반적으로는 뿌리혹이 많고 그 속에 뿌리혹박테리아의 활동이 왕성할 때 콩의 생육도 왕성해진다.
- 콩이 어릴 때에는 뿌리혹의 수효가 적고 뿌리혹 자체도 작아 질소고정능력도 떨어지며, 뿌리혹박테리아가 식물체로부터 당분을 흡수하므로 어린 식물의 생육은 억제되나 개화기경부터 질소고정이 왕성하게 이루어지면서 많은 질소성분을 식물체에 공급하고 성숙기에는 뿌리혹의 내용이 비면서 기주식물인 콩으로부터 쉽게 탈락된다.
- 뿌리혹박테리아는 온도 25~30℃, 토양산도 pH 6.5~7.2, 토양수분이 충분하고 토양통기가 양호하며, 토양 중 질산염은 적고 석회, 칼륨, 인산, 부식이 풍부한 곳에서 생육이 왕성해지고 질소고정이 많아진다.

정답 1 ① 2 ③ 3 ④ 4 ①

05 감자의 휴면에 관한 설명으로 옳지 않은 것은?

① 저장온도 범위가 10~30℃일 경우에는 온도가 높을수록 휴면이 빨리 타파된다.
② 지베렐린, 티오요소(Thiourea) 등을 처리하면 휴면이 연장된다.
③ 장기간 저장할 때는 휴면이 강한 것이 유리하다.
④ 휴면기간에는 괴경의 호흡량이 작아 저장양분의 소모도 적다.

해설

2기작으로 추작재배 시 인위적인 휴면타파로 최아의 필요가 있을 때 GA 2ppm, 에틸렌 250~500ppm 등을 처리하면 휴면이 타파되고 싹이 나온다.

06 옥수수의 개화와 수정에 관한 내용으로 옳은 것은?

① 암이삭의 개화와 수이삭의 개화는 동시에 일어난다.
② 일반적으로 자성선숙을 한다.
③ 암이삭의 수염은 암술대와 암술머리의 역할을 한다.
④ 자가수정을 원칙으로 한다.

해설

①, ② 암이삭과 수이삭의 개화시기가 다른 경우가 많으며, 일반적으로 수이삭이 먼저 피는 웅예선숙이다.
④ 풍매화로 타가수정 한다.

07 다음 논잡초 중 다년생으로만 짝지어진 것은?

① 가막사리, 돌피 ② 물달개비, 물옥잠
③ 둑새풀, 마디풀 ④ 올미, 벗풀

해설

우리나라 주요 논잡초

구 분		잡 초
1년생	화본과	강피, 물피, 돌피, 둑새풀
	방동사니과	참방동사니, 알방동사니, 바람하늘지기, 바늘골
	광엽잡초	물달개비, 물옥잠, 여뀌, 자귀풀, 가막사리
다년생	화본과	나도겨풀
	방동사니과	너도방동사니, 올방개, 올챙이고랭이, 매자기
	광엽잡초	가래, 벗풀, 올미, 개구리밥, 미나리

08 우리나라에서 두류 중 콩을 많이 재배하는 이유로 적합하지 않은 것은?

① 이용면에서 볼 때 콩은 단백질이 풍부하고 그 질이 우수하여 곡류를 주식으로 하는 우리나라에서 영양상 중요하다.
② 재배면에서 볼 때 콩은 생육이 왕성하며 토양적응성도 강한편이다.
③ 작부체계면에서 볼 때 콩은 윤작의 전작물로 알맞고 맥류와 1년 2작 체계가 가능하다.
④ 콩을 재배하면 토양의 pH가 낮아지므로 토양반응을 좋게 한다.

해설

재배와 경영상 특성

- 이용적 특성
  - 질이 우수한 단백질이 풍부하여 곡류를 주식으로 하는 우리나라에서는 영양상 중요하다.
  - 다양한 용도로 이용되고 있어 대량의 콩을 안전하게 소비할 수 있다.
- 기후적 특성 : 우리나라 기후조건이 재배에 알맞다.
- 재배적 특성 : 생육이 왕성하고 생육기간이 비교적 짧고 윤작, 혼작, 교효작 등으로 작부체계상 토지를 유리하게 이용할 수 있다.
- 지력유지적 특성
  - 뿌리혹박테리아(근류균)에 의해 질소고정 공급과 토양미생물의 증가로 지력의 유지와 증진에 효과가 있다.
  - 콩의 재배는 토양표면 염기의 증가로 pH가 높아져 토양반응을 좋게 한다.
  - 뿌리가 질화작용이 강해 콩 재배 후 질산태질소가 증가하고 뿌리가 굳은 땅도 잘 뻗어나가 토양을 팽연하게 한다.

09 벼에 관한 설명 중 옳지 않은 것은?

① 고랭지에서 조기육묘 시 저온발아성이 강한 것이 유리하다.
② 재배벼의 유수분화는 14시간 이상의 일장보다 10시간 전후의 일장조건하에서 촉진된다.
③ 조생종은 재배기간이 짧아 고위도지대에서 재배하기에 알맞다.
④ 감온성이 큰 벼 품종(blT)은 저온에 의해 유수분화가 촉진된다.

5 ② 6 ③ 7 ④ 8 ④ 9 ④ 정답

해설

감온성

- 온도에 의해 벼의 출수가 지배되는 성질을 감온성이라 하며, 벼는 고온일 때 유수분화가 촉진되고 출수가 빨라진다.
- 조생종이 감온성 품종에 해당하며 36℃까지는 온도가 높아질수록 출수가 촉진된다.
- 조생종 품종의 경우 감온성이 높아 출수가 빠르다.

10 고구마의 성분과 이용에 관한 설명 중 옳지 않은 것은?

① 수량 표기 중의 하나인 '정곡'은 고구마의 평균 수분 함량을 69%로 간주하여(생저중량×0.31) 계산한다.
② 주정으로 이용되기도 하며 포도당 제조 등에 이용된다.
③ 괴근의 구성성분은 당분과 섬유소가 대부분이며, 전분은 건물중 기준으로 30% 내외가 포함되어 있다.
④ 사료로도 이용되는데, 수확물을 바로 먹이거나 사일리지로 만들어 먹이기도 한다.

해설

수확한 고구마는 수분의 함량이 70% 정도이며, 수분을 제외한 주성분은 전분 약 70%, 당분 10%이고 비타민 A, B, C도 풍부하다. 고구마의 잎은 무기양분과 비타민의 함량이 높다.

11 논에서 담수 이후에 나타나는 현상으로 옳지 않은 것은?

① 토양 중 용존산소가 감소하고 산화환원전위가 낮아진다.
② 산화층과 환원층으로 토층분화가 일어난다.
③ 토양 중 인산과 규산의 유효도가 감소하여 벼의 흡수량이 감소한다.
④ 환원층에서 탈질이 일어난다.

해설

논토양 담수의 장점은 양분의 유효화이며, 특히 인산의 유효화는 논토양이 담수로 환원상태가 되면 인산과 규산의 유효도가 증가한다.

12 벼에서 지연형 냉해의 피해 양상에 해당하는 것은?

① 수잉기와 개화·수정기에 화기피해에 따른 불임 유발
② 영양생장기의 저온에 의한 출수지연 및 등숙률 저하
③ 출수개화기에 냉온피해로 인한 이삭추출의 불량 유발
④ 저온에서 생리작용 저하로 인한 냉도열병의 발생

해설

지연형 냉해(遲延型冷害, Heading-Delay Type Cold Injury)

- 저온으로 인해 모내기가 지연되거나 활착, 생육이 지연되고 그 결과로 출수까지 지연되어 저온에서 등숙됨으로 수량이 감소하는 냉해이다.
- 등숙기에 기온 18℃ 이하에서 피해가 커진다.

13 벼의 물관리 방법으로 적당하지 않은 것은?

① 유효분얼기에 중간낙수를 한다.
② 분얼기에는 수심을 3cm 정도로 얕게 한다.
③ 착근기까지는 물을 깊게 댄다.
④ 수잉기 전후에는 담수하여 충분한 물을 공급한다.

무효분얼기

- 이앙 후 40~45일이 지나면 유효분얼이 끝나고 무효분얼이 시작된다.
- 출수 전 30~40일의 무효분얼기는 벼의 일생 중 가장 물의 요구도가 낮은 시기이므로 5~10일간 논바닥에 작은 균일이 생길 정도로 중간낙수(中間落水, 중간물떼기, Midsummer Drainage)를 실시한다. 중간낙수는 사질답, 염해답, 생육이 부진한 논에서는 생략하거나 약하게 한다.

14 다음 중 벼의 엽면적지수(LAI)가 가장 큰 시기는 언제인가?

① 수잉기
② 유효분얼기
③ 활착기
④ 수확기

정답 10 ③ 11 ③ 12 ② 13 ① 14 ①

해설

엽면적
- 질소 : 질소는 엽면적을 크게 하나 시비량이 너무 많은 경우 과번무 상태가 되어 오히려 광합성능률이 저하되어 수량이 떨어진다.
- 엽면적지수(Leaf Area Index, LAI) : 포장에 생육 중인 벼의 단위면적당 전체 엽면적을 포장면적으로 나누어 구한 값으로 개체군의 광합성능력과 생장을 해석하는 지표가 된다.
- 엽면적지수는 출수 직전에 최댓값을 보인다.

15 **콩의 화기손실에 영향을 주는 조건에 대한 설명으로 옳지 않은 것은?**

① 수분이나 광선 및 각종 비료분의 부족 등은 결협률을 떨어뜨린다.
② 발육정지립은 기립(基粒)일수록 그 비율이 높다.
③ 낙화율은 소립품종이 높다.
④ 온도가 15℃ 이하로 낮으면 냉해를 입어 결협률이 떨어진다.

해설

결협률의 저하 요인
- 대립종이 소립종보다 낙화율이 높다.
- 먼저 개화한 것보다 나중에 개화하는 것이 낙화하기 쉬우므로 먼저 개화한 것을 제거하면 나중에 개화한 것의 결협이 증가된다.
- 꼬투리의 기부에 위치한 종실의 발육정지율이 높다.
- 착협수는 경엽중, 총절수, 분지수 등과 정의 상관이 있어 생육이 왕성한 것이 결협수가 많다.
- 수분, 비료분, 광선 등이 불량한 조건에서 결협률은 떨어진다.
- 온도가 15℃ 이하가 되면 냉해로 결협률이 떨어진다.
- 곤충의 식상의 화기의 탈락과 종실 발육정지를 조장한다.
- 기립일수록 발육정지립의 비율이 높다.

결협률을 향상시키기 위한 대책
- 관수로 토양수분을 알맞게 한다.
- 시비를 충분히 하고 개화기 요소를 엽면시비한다.
- 배토의 실시로 뿌리의 발달을 조장한다.
- 질소질비료를 알맞게 시용해 과도한 영양생장을 억제한다.
- 해충을 철저히 방제한다.

16 **생육적온에서 자라는 벼의 (가)영양생장기와 (나)생식생장기의 출엽속도로 가장 적절한 것은?**

	(가)	(나)
①	1~2일	2~3일
②	4~5일	7~8일
③	7~8일	1~2일
④	9~10일	4~5일

해설

출엽은 일정한 출엽속도가 있으며 영양생장기에는 4~5일, 생식생장기에는 7~8일 간격으로 출엽한다. 이는 평균적산온도와 밀접한 관계가 있다.

17 **벼의 생육기간 중 등숙률 결정에 영향을 주는 시기로 가장 적합한 것은?**

① 황숙기부터 수확기까지
② 유수분화기부터 출수 후 35일경까지
③ 황숙기부터 출수 후 45일경까지
④ 출수 후 35일경부터 수확기까지

해설

유수분화기부터 영향을 받기 시작하며 감수분열기, 출수기, 등숙성기에 등숙비율이 가장 떨어지기 쉽다. 출수기 후 35일을 경과하면 영향을 받지 않는다.

18 **맥류의 출수, 개화, 수정에 관한 내용으로 옳은 것은?**

① 밀은 출수 후 3~6일에 개화한다.
② 보리는 출수 후 5~7일에 개화한다.
③ 보리는 오후에 개화하고, 밀은 오전에 개화한다.
④ 밀의 자연교잡률은 보리보다 낮다.

해설

보리는 출수 후 개화・수정되나 밀은 출수 후 이삭목이 더 자란 후 개화・수정하므로 개화기가 3~6일 정도 늦다.

15 ③ 16 ② 17 ② 18 ① 정답

19 호밀의 특징에 관한 내용으로 옳은 것은?

① 발아할 때 종근은 1개이다.
② 풍매수분을 하며, 자가불임성이 높다.
③ 저온발아성이 밀보다 약하다.
④ 내건성이 약하다.

해설

- 내동성이 극히 강해 겨울에 온도가 -25℃ 정도로 낮은 지역에서도 재배가 가능하며, 저온발아성이 높다. 작물의 내동성은 호밀 > 밀 > 보리 > 귀리 순이다.
- 내건성 또한 극히 강해 강우분포가 고르며, 연강우량이 500mm 이상이면 정상생육이 가능하고 모래땅에서도 생육이 가능하며, 내건성은 호밀 > 밀 > 보리 > 귀리 순이다.
- 토양반응의 적응성이 커 알칼리성 토양부터 강산성 토양까지 잘 적응한다.
- 흡비력이 강해 사질토양이나 점질 척박지에서도 잘 적응한다.
- 다습한 환경을 꺼리고 강우, 바람 등에 의해 도복이 잘 된다.
- 뿌리 : 종근은 보통 4개이며, 근계발달이 좋고 심근성으로 가뭄에 강하다.

20 조의 기상생태형에 관한 내용으로 옳은 것은?

① 봄조는 감광형이다.
② 그루조는 감온형이다.
③ 그루조는 봄조보다 먼저 출수, 성숙한다.
④ 봄조는 그루조에 비하여 조파에 알맞다.

해설

기상생태형

- 봄 조
  - 파종시기는 5월 상순경이며, 생육기간은 70~124일로 비교적 짧다.
  - 감온형으로 단일조건에서 출수 촉진효과가 적고 고온에 의해 출수가 촉진된다.
  - 그루조보다 조숙성이고 건조에 강하며, 다습을 싫어하므로 일찍 파종하는 것이 수량이 많다.
- 그루조
  - 파종시기는 6월 중순~7월 상순이며, 생육기간은 100~164일이다.
  - 감광형으로 파종기에 관계없이 출수와 성숙이 늦고 조파보다는 만파하며, 출수, 성숙의 촉진일수가 봄조보다 크다.
  - 저온, 건조에 약하고 상당한 온도와 습도가 있어야 생육이 촉진되고 조파로 생육기간이 길어지면 조명나방의 피해가 커지므로 어느 정도 늦게 파종하는 것이 좋다.

정답 19 ② 20 ④

2008년 국가직 식용작물

01 줄 사이 거리가 25cm로 고정된 이앙기로 10a당 25,000주의 밀도로 이앙하기 위해서는 포기 사이를 얼마로 조정하여야 하는가?

① 10cm ② 12cm
③ 16cm ④ 20cm

해설

10a = 1,000m^2이므로 1,000m^2 = 25,000주이므로 1m^2 = 25주가 된다.
1주의 필요공간이 400cm^2이므로 25cm × Xcm = 400cm^2이므로 X = 16cm가 된다.

02 벼 잎의 구조에서 엽설에 대한 다음 설명 중 옳은 것을 모두 고르면?

> ㄱ. 물이 줄기 속으로 들어가는 것을 막는다.
> ㄴ. 엽초와 줄기 사이의 공기 습도를 조절한다.
> ㄷ. 납작한 침 모양으로 주로 광합성 및 증산을 하는 기관이다.
> ㄹ. 발생학적으로 잎몸에 속한다.

① ㄱ, ㄴ
② ㄴ, ㄷ
③ ㄷ, ㄹ
④ ㄱ, ㄹ

해설

엽설(잎혀, Ligule)
- 엽초 끝이 퇴화한 것이다.
- 줄기를 싸고 있는 엽초의 끝을 줄기에 밀착시켜 빗물이 엽초와 줄기 사이로 침투되는 것을 막아준다.
- 엽초와 줄기 사이의 공기습도를 조절하는 역할을 한다.

03 감자의 괴경에 대한 설명으로 옳은 것은?

① 괴경의 눈(目)은 기부(基部)보다 정부(頂部)에 많다.
② 괴경의 눈이 많고 적음은 품종보다 환경에 따라 차이가 심하다.
③ 괴경의 품질은 눈이 많고 얕은 것이 좋다.
④ GA처리는 괴경형성과 비대를 촉진시키며, B-9은 괴경비대를 억제시킨다.

해설

괴경은 많은 눈을 갖고 있으며, 기부보다는 정부에 눈이 많고 눈에서 싹이 나온다.

04 사일리지용 옥수수 재배에 대한 설명으로 옳은 것은?

① 종실용보다 늦게 수확하므로 숙기가 다소 빨라야 한다.
② 종실용보다 소식하기 때문에 병발생이 적어 유리하다.
③ 종실용에 준하여 파종은 되도록 빨리 하는 것이 좋다.
④ 시비량은 생육기간이 짧아 종실용보다 감비하여 시용한다.

해설

사일리지용 재배
- 품 종
  - 종실용으로 수량이 많은 품종은 사일리지용으로도 수량이 많아 품종 선택에 큰 차이는 없으나 종실용에 비해 빨리 수확하므로 수확기가 조금 늦는 품종도 무관하다.
  - 종실용보다 밀식하므로 도복저항성과 평야지에서 많이 발생하는 검은줄오갈병에 대한 저항성도 고려 대상이다.
- 파종기 : 빨리 심을수록 좋으며, 겨울작물 후작으로 재배하는 경우 토양수분이 허용되는 한 빨리 심는 것이 유리하다.
- 재식밀도 : 종실용에 비해 20~30% 밀식하나 과도한 경우 도복과 병해가 조장되므로 6,500~7,000주/10a가 적당하다.

1 ③ 2 ① 3 ① 4 ③ 정답

• 시비량 : 생육기간은 짧지만 양분의 흡수는 종실용과 거의 같으므로 종실용에 준한다.
• 수확기
  – 생초의 수량은 유숙기 또는 호숙기에 가장 많으나 건물수량 또는 가소화양분수량은 황숙기가 가장 높고 수분함량도 사일리지 제조에 적합한 수준으로 우수하다.
  – 사일리지 옥수수는 호숙기 말기~황숙기가 수확 적기이다.

05 밀의 제분율(製粉率)을 높이는 데 유리한 조건에 해당하지 않는 것은?

① 1,000립중이 크다.
② 배유율이 낮다.
③ 밀알의 건조가 좋을수록 높다.
④ 잔분율이 낮다.

해설

배유율이 높아야 한다.

06 벼 영과에 대한 설명으로 옳지 않은 것은?

① 배유 조직세포는 중심으로부터 외부를 향해 발달한다.
② 이삭에 축적되는 탄수화물의 20~30%는 출수 전에 줄기와 잎에 저장되었던 것이다.
③ 배유 중 단백과립은 논벼보다 밭벼에서 많다.
④ 영과에 집적되는 단백질 중 가장 많은 것은 글루텔린(Glutelin)이다.

해설

저장물질의 축적
• 조직세포는 바깥쪽에서 안쪽으로 발달하며, 배유조직의 가장 바깥쪽 표층세포는 수정 후 10일경 최후 세포분열이 끝나고 호분층으로 분화된다.
• 수정 후 4일부터 현미의 배유에 저장물질이 축적되며 저장물질은 소지경의 유관속을 통해 자방의 배면 자방벽 내 통도조직으로 들어온다.
• 배유에는 통도조직이 없어 배유로 이전된 저장물질은 세포를 통과해 배유 안쪽에 먼저 분열한 세포로 보내져 저장형태로 바뀌어 축적된다.
• 배유조직으로 이전된 저장물질은 대부분 수용성 탄수화물이며, 이것은 녹말로 합성되어 축적되고 배유 저장물질의 90% 이상이 녹말이다.
• 배유 녹말축적은 배유 가장 안쪽 세포부터 바깥쪽으로 옮겨가며 수정 15일쯤 내부 녹말축적이 끝나고 30~35일쯤 호분층에 인접한 세포까지 이른다.
• 배유의 단백질 함량은 6~8%로 단백질과립에 축적되며 호분층 안쪽 세포에 많다.
• 지질 함량은 2~3%로 약 30%는 배에 존재하며 배유에서는 대부분 호분층세포의 지질과립에 저장된다.
• 현미의 생체중은 수정 후 20일쯤까지는 직선적으로 증가하여 25일쯤 최고에 달하며 건물중은 수종 후 10~20일 사이 급격히 증가하여 35일쯤 최대가 된다.
• 현미의 수분함량은 수정 7~8일쯤 최고에 달한 후 계속 감소하여 수정 35일쯤부터 수확기까지 20% 정도를 유지한다.

07 맥류의 중경 발생에 대한 설명으로 옳지 않은 것은?

① 종자를 깊게 파종할 때 발생한다.
② 토양수분이 많을수록 길어진다.
③ 추위에 약한 품종일수록 길어진다.
④ 2조종보다 6조종이 대체로 길게 발생한다.

해설

중배축[中胚軸, Mesocotyl, 중경(中莖)]
• 종자를 2cm 이상 깊게 파종하면 배축부 상부에 있는 2마디 또는 3마디 사이가 신장하여 종자와 관부사이에 중배축(中胚軸, Mesocotyl)이 발생하며 중배축이 발생하면 발아가 늦어져 분얼이 적어지나 한해 및 도복 저항성은 커진다.
• 6조종보다 2조종이, 내한성이 약한 품종일수록, 토양수분이 많거나 그늘질 때 같은 깊이로 파종해도 관부가 옅고 중경이 길어진다.

08 껍질보리와 쌀보리에 대한 설명으로 옳은 것은?

① 껍질보리의 재배가능지역의 위도가 쌀보리보다 낮다.
② 껍질보리의 종실에는 종피가 있으나 쌀보리는 없다.
③ 껍질보리 쌀의 단백질 함량이 쌀보리 쌀보다 훨씬 높다.
④ 껍질보리가 쌀보리보다 1L중의 무게가 가볍다.

해설

맥류의 종류별 종자 크기와 비중

종 류 / 구 분	겉보리(껍질보리)	쌀보리	밀	호 밀	귀 리
천립중(g)	28~45	22~40	30~45	30 정도	30 정도
1L중(g/L)	600~700	750~800	700~760	710~750	450~500
비 중	1.15 정도	1.2~1.3	1.25~1.32	1.25~1.3	1.05 정도

정답 5 ② 6 ① 7 ④ 8 ④

09 작물의 광합성에 대한 설명으로 옳은 것은?

① 작물 군락이 무성하면 광포화점에 달하는 광의 강도가 낮아진다.
② 작물의 엽면적이 증가할수록 순동화량이 증가한다.
③ 고립상태일 경우 생육적온까지 온도가 높아질수록 광합성 속도와 광포화점이 낮아진다.
④ 벼 잎의 광포화점은 온난한 지대보다 냉량한 지대에서 더욱 강한 일사가 요구된다.

해설

작물의 수량
- 엽면적이 넓고 단위동화능력이 크며 수광능률이 크면 동화량은 증가한다.
- 엽면적이 증가하면, 잎이 서로 가려져 수광능률이 나빠져 동화량의 증대율은 완만하다.
- 단위동화능력은 엽록소 함량과 질에 영향을 미치며 잎 내 단백질 함량 또는 질소 함량이 높은 것이 동화량을 많게 한다.

10 미곡의 도정감에 관여하는 요인에 관한 설명으로 옳지 않은 것은?

① 미숙미가 완숙미보다 도정감이 크다.
② 원료곡립의 건조가 잘 된 것은 도정감이 작다.
③ 수확 후 충분히 건조한 후 일찍 도정하면 도정감이 크다.
④ 도정방법에 있어서 가볍게 여러 번 쓸어내면 도정감이 작다.

해설

- 도감률(Milling Loss Ratio) : 도정으로 줄어든 양으로 쌀겨, 배아 등으로 떨어져 나가는 도정감량(도정감)의 현미량에 대한 비율이다.
- 도정감 관여 요인
  - 겨층이 두꺼울수록 크다.
  - 건조가 잘 될수록 감소한다.
  - 수확 후 도정시기가 빠를수록 감소한다.
  - 조금씩 여러 번 깎을수록 감소한다.
  - 완숙미보다 미숙미가 크다.
  - 풍작일수록 감소한다.

11 식물의 수정과 종자형성에 관한 설명으로 옳은 것은?

① 겉씨식물은 중복수정으로 종자를 형성한다.
② 크세니아(Xenia)는 종자의 배에 우성유전자의 표현형이 나타나는 현상이다.
③ 종자의 배와 종피는 유전적 조성이 다르다.
④ 단위결과는 화분의 자극 등 인위적으로 유발하고 자연적으로는 일어나지 않는다.

12 벼 재배 시 발생하는 병해 중에서 세균에 의해 감염되는 것은?

① 잎집무늬마름병 ② 흰잎마름병
③ 도열병 ④ 줄무늬잎마름병

해설

① 잎집무늬마름병 : 곰팡이
③ 도열병 : 곰팡이
④ 줄무늬잎마름병 : 바이러스

13 콩의 재배에서 근류균(뿌리혹박테리아)에 대한 설명으로 옳은 것은?

① 콩의 생육기 중 개화기가 초기 어릴 때보다 생육에 효과가 크다.
② 토양 중 질산염이 풍부한 곳에서 생육이 왕성하다.
③ 혐기성이다.
④ 번식과 활동이 가장 알맞은 토양산도는 pH 5~6이다.

해설

뿌리혹과 뿌리혹박테리아
- 뿌리에는 많은 뿌리혹이 착생하고 이 뿌리혹 속에는 뿌리혹박테리아가 들어 있어 공중질소를 암모니아태로 고정하여 콩이 이를 이용하므로 근류의 착생이 좋아야 콩의 생육이 좋아지고 수량이 증가한다.
- 콩의 재배시 질소질비료가 덜 들고 다른 작물의 재배와 비교하면 지력의 소모가 적다.
- 뿌리혹박테리아는 식물체로부터 당을 취하여 생활하며 호기성세균으로 지표 가까운 뿌리 기부에 뿌리혹이 많이 착생되고 크다.
- 뿌리혹박테리아는 계통에 따라 여러 특성과 질소고정능력이 달라지므로 우량균주의 선발과 접종이 필요하며 일반적으로는 뿌리혹이 많고 그 속에 뿌리혹박테리아의 활동이 왕성할 때 콩의 생육도 왕성해진다.

9 ④ 10 ③ 11 ③ 12 ② 13 ① 정답

• 콩이 어릴 때는 뿌리혹의 수효가 적고 뿌리혹 자체도 작아 질소고정 능력도 떨어지며 뿌리혹박테리아가 식물체로부터 당분을 흡수하므로 어린 식물의 생육은 억제되나 개화기경부터 질소고정이 왕성하게 이루어지면서 많은 질소성분을 식물체에 공급하고 성숙기에는 뿌리혹의 내용이 비면서 기주식물인 콩으로부터 쉽게 탈락된다.
• 뿌리혹박테리아는 온도 25~30℃, 토양산도 pH 6.5~7.2, 토양수분이 충분하고 토양통기가 양호하며 토양 중 질산염은 적고 석회, 칼륨, 인산, 부식이 풍부한 곳에서 생육이 왕성해지고 질소고정이 많아진다.

14 **콩의 발육시기 표시방법 중 발육시기와 약호의 연결이 옳지 않은 것은?**

① 발아 – VE ② 자엽 – CV
③ 착협시 – R_3 ④ 입비대시 – R_7

해설

구분	발육시기	단계표시	특 징
영양생장기	발 아	VE	자엽이 땅위로 나옴
	자 엽	CV	자엽 전개완료, 초생엽 전개시작
	초생엽	V_1	초생엽 전개완료
	제1복엽	V_2	제1복엽 전개완료
	제2복엽	V_3	제2복엽 전개완료
	(n–1)복엽	V_n	제(n–1)복엽 전개완료
생식생장기	개화시	R_1	원줄기에 첫 꽃이 개화
	개화성	R_2	완전 전개엽을 착생한 최상위 2마디 중 1마디에 개화
	착협시	R_3	완전 전개엽을 착생한 최상위 4마디 중 1마디에서 5mm 크기의 꼬투리가 달림
	착협성	R_4	완전 전개엽을 착생한 최상위 4마디 중 1마디에서 2cm 크기의 꼬투리가 달림
	입비대시	R_5	완전 전개엽을 착생한 최상위 4마디 중 1마디의 꼬투리 종자의 크기가 3mm임
	입비대성	R_6	완전 전개엽을 착생한 최상위 4마디 중 1마디의 꼬투리의 종자가 완전히 자람
	성숙시	R_7	원줄기에 착생한 정상 꼬투리의 하나가 성숙기 품종 고유의 색이 나타남
	성 숙	R_8	95%의 꼬투리가 성숙기 품종 고유의 색이 나타남

15 **맥류의 파성에 대한 설명으로 옳지 않은 것은?**

① 추파성은 유전적 특성이며 환경에 의해서도 영향을 받는다.
② 추파성이 클수록 내동성이 증대된다.
③ 완전히 춘화된 맥류는 저온·단일에 의하여 출수가 빨라진다.
④ 추파성은 춘화처리에 의해 소거될 수 있다.

해설

추파형 품종이라도 추파성이 없어지면 저온·단일조건을 거치지 않아도 출수가 이루어지므로 봄에 파종하면 재배기간을 단축시킬 수 있다.

16 **벼의 재배법에 대한 설명으로 옳은 것은?**

① 한랭지에서 조생종을 조기에 육묘 이앙하는 것을 조식재배라 한다.
② 조기재배는 남부평야지대의 답리작에 적합한 재배법이다.
③ 조기재배에 적합한 벼 품종은 기본영양생장성이 크고, 감광성이 높다.
④ 남부평야지대에서 조기재배하면 쌀의 품질이 좋아진다.

해설

조기재배(早期栽培, Early Season Culture)
• 조생종(감온성) 품종을 일찍 파종·육묘하여 저온장해가 일어나지 않는 범위에서 일찍 이앙하여 일찍 수확하는 방법이다.
• 생육기간이 짧은 북부지역과 산간고랭지에서 알맞은 재배형이다.
• 등숙기간이 30~35일 정도로 짧다.
• 효 과
  – 벼의 생육기가 빨라져 8월 중순~9월 상순에 발생이 많은 태풍의 피해를 회피할 수 있다.
  – 고랭지대의 경우 등숙기 추랭의 위험을 회피할 수 있다.
  – 남부지방의 경우 후작의 도입이 가능해져 토지이용도를 높일 수 있다.
  – 뿌리의 활력이 생육후기까지 높게 유지되므로 추락 위험이 줄어든다.

정답 14 ④ 15 ③ 16 ②

17 **호밀과 옥수수에서 사일리지 제조에 가장 적합한 수확 시기가 올바르게 짝지어진 것은?**

① 호밀 - 수잉기, 옥수수 - 유숙기
② 호밀 - 유숙기, 옥수수 - 유숙기
③ 호밀 - 수잉기, 옥수수 - 황숙기
④ 호밀 - 유숙기, 옥수수 - 황숙기

18 **고구마의 저장에 대한 설명 중 옳지 않은 것은?**

① 고구마를 수확한 직후에 예비저장 또는 방열과정을 10~15일 정도 가짐으로써 고구미 썩음을 예방할 수 있다.
② 수확 후 방열시켜 저장하면 유합조직의 형성이 촉진되고 당분함량이 낮아져 저장성이 높아진다.
③ 저장 적온은 12~15℃가 가장 적당하며, 상대습도는 85~90%로 조절하는 것이 좋다.
④ 큐어링은 수확 후 온도 30~33℃, 상대습도 90% 이상에서 약 4일간 보관하는 방법이다.

해설

- 큐어링(Curing)
  - 고구마는 저장 중 상처를 통해 부패균이 침입할 수 있으므로 그 전에 유합조직이 형성되도록 하면 부패를 줄일 수 있으므로 수확 후 병균침입억제를 위해 상처부위를 미리 치료하는 작업이 필요한데 이를 큐어링이라 한다.
  - 큐어링은 수확 후 1주일 이내 실시하는 것이 좋고 온도는 30~35℃, 상대습도는 90~95%로 조절된 공간에 4일 정도 두면 상처가 아문다.
  - 큐어링 후 13℃의 온도에 두고 열을 발산시킨 뒤 본저장에 들어가는 것이 좋으며 큐어링의 실시는 병 발생과 저장과정 중 증산량을 줄이고 단맛이 좋아지며 저장력도 강해진다.
- 본저장의 환경 : 온도는 12~15℃, 습도는 85~90%가 알맞고 9℃ 이하가 되면 병해로 썩기 쉽고, 18℃ 이상에서는 양분의 소모가 많아지며 싹이 트기 쉽고, 지나친 건조는 무게가 감소하고 건부병에 걸리기 쉬우며, 과습은 썩기 쉽다.

19 **서류의 생육에 적합한 환경조건에 해당하지 않는 것은?**

① 고구마에 알맞은 토양수분은 세근의 경우 최대용수량의 60~70%, 괴근의 경우 90~95%이다.
② 감자는 10℃ 이하에서는 생장이 억제되며, 23℃ 이상은 생육에 부적합하다.
③ 감자는 단일에 의한 성숙촉진은 조생종보다 만생종에서 더욱 현저하다.
④ 고구마의 지상부 생육은 30~35℃에서 가장 왕성하고 괴근 비대는 20~30℃의 지온에서 가장 좋다.

해설

알맞은 토양수분은 세근의 경우 최대용수량의 90~95%, 괴근은 70~75%가 적당하나 건조에 대한 적응성이 강하며 토양의 과습은 괴근의 비대 억제와 모양이 길어지며 맛이 나빠지고 경근의 형성이 조장되며 지상절의 발근이 심해진다.

20 **작물의 합성품종에 대한 설명 중 옳지 않은 것은?**

① 합성품종은 단교잡과 복교잡에 의한 F_1에 비하여 생산력이 떨어진다.
② 영양번식이 가능한 타식성 사료작물에 널리 이용된다.
③ 초기에는 높은 잡종강세가 이루어지나 세대가 진전되면 잡종강세의 효과가 급격히 감소한다.
④ 유전적 변이 폭이 넓어서 환경변동에 대한 안정성이 높다.

해설

합성품종

- 조합능력이 우수한 몇 개의 자식계나 근교계를 혼합하여 방임수분으로 자유로이 교잡시키면서 하나의 집단으로 유지해 나가는 것을 말한다.
- 다계교잡의 후대를 품종을 그대로 이용하는 경우로 우수한 합성품종은 5~8개의 우량한 자식계를 조합한 것이 많다.
- 조합능력검정으로 선발한 다수 계통을 격리포장에서 자연수분이나 인공수분으로 다계교배시켜 육성한다.
- 자연수분으로 유지되고 영양번식이 가능한 사료작물에서 널리 이용되며 잡종강세를 이용한다.
- 조합능력이 높은 여러 계통을 다계교배시킨 것으로 세대가 진전되어도 이형접합성이 높기 때문에 비교적 높은 잡종강세를 유지한다.
- 유전적 변이의 폭이 넓어 환경변동에 대한 안정성이 높은 편이다.

17 ④ 18 ② 19 ① 20 ③ 정답

2009년 국가직 식용작물

01 작물의 파종량을 결정할 때 고려해야 할 조건으로 옳지 않은 것은?

① 청예용, 녹비용 재배는 채종용보다 파종량을 늘려준다.
② 토양이 척박하고 시비량이 적을 때는 파종량을 늘려준다.
③ 맥류는 산파보다 조파 시 파종량을 늘려준다.
④ 발아력이 감퇴한 종자는 파종량을 늘려준다.

해설

산파의 파종량이 많다.

02 보리의 습해대책으로 옳지 않은 것은?

① 미숙유기물이나 황산근 비료를 시용하지 않는다.
② 객토, 토양개량제 등을 시용한다.
③ 휴립하여 토양용기량을 증대시킨다.
④ 내습성 품종으로 까락이 짧은 것이 적합하다.

해설

내습성 품종에 적합한 조건
- 내습성 정도 : 밀 > 겉보리 > 쌀보리
- 뿌리의 통기가 양호한 품종
- 뿌리의 분포가 얕고 넓은 품종
- 새뿌리 발생능력이 큰 품종
- 물속에서도 발아속도가 빠른 품종
- 어린 식물의 건물률이 높은 품종
- 까락이 긴 품종
- 뿌리조직의 목화 등으로 유해물질에 대한 저항성이 강한 품종

03 작물의 일장 및 온도반응에 대한 설명 중 옳지 않은 것은?

① 감자는 저온・단일조건에서 덩이줄기가 형성된다.
② 고구마는 단일・변온조건에서 덩이뿌리의 비대가 촉진된다.
③ 벼 조생종은 감광성이 강하고 감온성은 약하다.
④ 맥류에서 춘화된 식물은 고온・장일조건에서 출수가 촉진된다.

해설

조생종이 감온성 품종에 해당하며 36℃까지는 온도가 높아질수록 출수가 촉진된다.

04 이삭밸때(수잉기)와 출수기 때의 저온으로 발생하는 냉해의 형태는?

① 지연형 냉해
② 장해형 냉해
③ 혼합형 냉해
④ 병해형 냉해

해설

장해형 냉해(障害型冷害, Spikelet-sterility Type Cold Injury)
- 영양생장기에는 정상적으로 생육하였으나 생식생장기 특히 수잉기와 개화기에 저온으로 수분 및 수정 장해의 발생으로 불임이 됨으로써 감수하는 냉해이다.
- 장해형 냉해는 지연형과 달리 기온이 정상으로 돌아와도 피해가 회복되지 않는다.

정답 1 ③ 2 ④ 3 ③ 4 ②

05 맥류의 추파성에 대한 설명 중 옳은 것은?

① 추파성이 높은 품종은 따뜻한 지역이나 늦은 봄에 파종하기에 알맞다.
② 추파성이 낮은 품종은 가을에 일찍 파종하면 안전하게 월동할 수 있다.
③ 추파성이 높은 품종은 늦은 봄에 파종하면 좌지현상이 발생하지 않는다.
④ 추파성이 높은 품종은 가을에 늦게 파종하면 출수가 늦어진다.

해설

- 추파성이 높은 품종
  - 출수기는 늦으나 내동성과 내건성이 강한 경향이 있다.
  - 추파성이 클수록 출수가 늦어지는 경향이 있다.
  - 출수가 빨라지면 파종적기도 빨라지는데 이는 추파성 소거에 필요한 월동기간이 길어지기 때문이다.
  - 중・북부지방에서 주로 재배한다.
- 추파성이 낮은 품종
  - 가을에 일찍 파종하면 월동 전 유수가 형성됨에 따라 동화물질의 소모가 많아져 내동성이 약하고 유수는 동해에 안전하게 월동할 수 없다.
  - 추위에 다소 약하며 출수가 빠르고 숙기가 빠르다.
  - 주로 남부지방에서 재배한다.

06 밀의 품질에 대한 설명 중 옳은 것은?

① 밀알이 굵고 껍질이 얇으면 배유율이 낮다.
② 강력분은 박력분에 비해 부질(Gluten) 함량이 높다.
③ 회분함량이 높을수록 좋은 밀가루가 된다.
④ 질소시용량이 적을수록 단백질 함량이 증가한다.

해설

경질분(강력분)

- 밀가루가 매끄럽지 못하고 거칠며 이는 밀가루 중 단백질이 내부에 전분립을 싸고 있는 결정인자가 있기 때문이다.
- 단백질과 부질의 함량이 많고 장시간에 걸쳐 신정성이 있어 빵을 만들 때 잘 부풀어 알맞다.
- 회분과 단백질의 함량이 높고 초자율도 높으며 밀알의 압쇄강도가 커 경질소맥이라 한다.
- 고급빵, 마카로니 등에 알맞다.

07 유효분얼과 무효분얼의 진단방법으로 옳지 않은 것은?

① 출엽속도 ② 분얼의 출현시기
③ 초장률 ④ 엽면적 지수

해설

유효분얼과 무효분얼의 진단 : 초장률, 출엽속도, 출엽수, 분얼의 출현시기, 발근 등으로 진단한다.

08 옥수수의 크세니아 현상에 대한 설명으로 옳은 것은?

① 백립종에 황립종의 꽃가루가 수정되어 F_1 잡종의 배가 백색이 되는 것
② 백립종에 황립종의 꽃가루가 수정되어 F_1 잡종의 배유가 황색이 되는 것
③ 백립종에 황립종의 꽃가루가 수정되어 F_1 잡종의 배유가 백색이 되는 것
④ 백립종에 황립종의 꽃가루가 수정되어 F_1 잡종의 배가 황색이 되는 것

해설

크세니아(Xenia) : 부계의 우성형질이 화분을 통해 옮겨져 모계의 배젖에서 발현되는 현상으로 옥수수 종실 배유에서 백색종(yy)에 황색종(YY) 또는 감립종, 초당종, 나종, 오페이크-2(Opaque-2) 등과 같은 열성인자를 가진 옥수수에 보통 옥수수의 꽃가루가 수정되면 나타난다.

09 볍씨 침종에 대한 설명 중 옳은 것은?

① 침종기간이 길어지면 발근이 불량해진다.
② 침종은 수온이 높은 조건에서 실시하는 것이 바람직하다.
③ 침종기간은 수온이 높을수록 길게 하는 것이 적합하다.
④ 볍씨의 수분함량이 50% 정도가 될 때까지 침종한다.

해설

침종기간

- 침종은 고온에 짧게 하는 것보다 저온에 오래 하는 것이 효과적이다.
- 침종기간이 길어지면 발근이 불량해진다.

5 ④ 6 ② 7 ④ 8 ② 9 ① 정답

10 다음에서 설명하는 작물은?

> • 내건성과 흡비력이 강하고 병해충의 발생이 적다.
> • 서늘한 기후가 알맞으며, 산간지방에서 많이 재배된다.
> • 대파작물로 유리하고, 루틴함량이 높다.
> • 개화 후 수정되지 않은 꽃은 다음날 다시 개화한다.

① 옥수수 ② 수 수
③ 메 밀 ④ 기 장

11 벼의 생식생장에서 이삭의 발육과정으로 옳은 것은?

① 2차 이삭가지 분화 → 감수분열 → 이삭꽃(영화) 분화 → 화분발달
② 2차 이삭가지 분화 → 이삭꽃(영화) 분화 → 감수분열 → 화분발달
③ 이삭꽃(영화) 분화 → 감수분열 → 2차 이삭가지 분화 → 화분발달
④ 이삭꽃(영화) 분화 → 2차 이삭가지 분화 → 감수분열 → 화분발달

12 벼의 물관리에서 중간낙수의 효과로 옳지 않은 것은?

① 뿌리의 신장 억제 ② 질소의 과잉흡수 억제
③ 내도복성 증가 ④ 무효분얼 억제

해설

중간낙수의 효과
• 질소의 과잉흡수를 방지하여 무효분얼을 억제한다.
• 토양 중 산소의 공급으로 뿌리의 활력을 증대시켜 뿌리가 깊어져 생육후기까지 양분의 흡수를 많게 한다.
• 토양에 공기가 공급되어 거름분의 분해가 왕성해진다.
• 토양 중 양분의 유효화로 양분흡수가 용이해진다.
• 토양의 유해가스를 배출하여 뿌리활력을 증진한다.
• 논의 흙을 굳히고 줄기 밑 간기부를 튼튼히 하여 도복을 예방한다.
• 칼륨과 질소의 비율을 증대시켜 벼의 조직이 튼튼해져 도복에 대한 저항성이 강해진다.
• 부식이 풍부한 질흙과 습답에서 효과가 크다.
• 중간낙수가 끝난 후 물을 2~4cm 깊이로 관개 후 방치하였다가 논의 물이 마르면 다시 2~4cm 깊이로 관개하는 간단관수(間斷灌水, Intermittent Irrigation)를 하는 것이 근권에 산소를 공급하고 뿌리 노화를 예방하는데 효과가 있다.

13 벼의 조기재배에 대한 설명으로 옳은 것은?

① 한랭지에서 만생종을 조기에 육묘하여 일찍 이앙하는 재배법이다.
② 생육기간이 짧은 북부지역 및 산간고랭지에서 알맞은 재배법이다.
③ 출수기를 다소 늦추게 되므로 생육후기의 냉해를 줄일 수 있다.
④ 고온발아성이 높은 품종을 선택하는 것이 유리하다.

해설

조기재배
• 조생종(감온성) 품종을 일찍 파종 · 육묘하여 저온장해가 일어나지 않는 범위에서 일찍 이앙하여 일찍 수확하는 방법이다.
• 생육기간이 짧은 북부지역과 산간고랭지에서 알맞은 재배형이다.
• 등숙기간이 30~35일 정도로 짧다.

14 콩 뿌리혹박테리아(근류균)에 대한 설명 중 옳지 않은 것은?

① 호기성으로 인공접종이 불가능하다.
② 토양산도 pH 6.45~7.21 범위에서 질소고정이 왕성하다.
③ 토양온도는 25~30℃의 범위에서 번식과 활동이 왕성하다.
④ 부식이 많은 토양조건에서 질소고정이 왕성하다.

해설

뿌리혹박테리아는 호기성으로 인공접종이 가능하다.

15 고구마의 생리 · 생태에 대한 설명 중 옳지 않은 것은?

① 질소질 비료의 과용은 괴근형성 및 비대에 불리하다.
② 단일처리와 접목방법은 개화유도 및 촉진에 효과적이다.
③ 열대산은 전분함량과 당분함량이 높다.
④ 건조한 토양에서 재배하면 심부병이 많이 발생한다.

정답 10 ③ 11 ② 12 ① 13 ② 14 ① 15 ③

해설

열대산의 경우 전분함량은 낮고 당분함량은 높으나 재배극지대의 냉지산은 전분함량은 높고 당분함량은 높다.

16 공중질소를 고정하는 능력이 있는 작물로 옳은 것은?

① 땅콩, 팥, 동부
② 벼, 보리, 밀
③ 옥수수, 기장, 메밀
④ 고구마, 감자, 토란

해설

두과작물들이 질소고정능력을 가지고 있다.

17 유전공학기술에 의해 개발된 GMO 작물과 그 특성을 바르게 연결한 것은?

① 황금쌀(Golden Rice) – 비타민 C 보강
② 라운드업레디(Roundup Ready)콩 – 제초제 저항성
③ 플라브르 – 사브르(Flavr–Savr)토마토 – 착색성 증진
④ Bt – 면화 – 바이러스 저항성

18 벼의 수확 및 수확 후 관리기술에 대한 설명 중 옳은 것은?

① 벼 중만생종의 적합한 수확시기는 출수 후 50~55일경이다.
② 수확 후 곡물을 화력건조하려면 적정온도를 70℃로 유지해야 한다.
③ 쌀 저장 시 적정 수분함량은 22~25%이다.
④ 대표적인 저곡해충은 벼멸구이다.

해설

품종별 수확적기

- 극조생종 : 출수기는 7월 하순~8월 상순이며, 수확적기는 출수 후 40일이다.
- 조생종 : 출수기는 8월 상순이며, 수확적기는 출수 후 40~45일이다.
- 중생종 : 출수기는 8월 중순이며, 수확적기는 출수 후 45~50일이다.
- 중만생종 또는 만식재배 : 출수기는 8월 하순이며, 수확적기는 출수 후 50~55일이다.

19 멥쌀과 찹쌀의 구분 기준이 되는 이화학적 특성은?

① 아밀로스 함량　② 글루테린 함량
③ 올레산 함량　④ 심복백 유무

해설

- 멥 쌀
  - 저징된 진분이 아밀로스(Amylose) 약 8~37%, 아밀로펙틴(Amylopectin) 63~92%로 구성되어 있다.
  - 요오드화칼륨용액에 청자색으로 착색된다.
- 찹 쌀
  - 저장전분의 대부분이 아밀로펙틴만으로 구성되어 있어 찰기가 강하고 쌀의 내부까지 호화가 잘 된다.
  - 구조상 소화효소인 α–Amylase의 작용이 용이해 멥쌀보다 소화가 잘 된다.
  - 요오드화칼륨용액에 적갈색으로 염색된다.

20 동질배수체 작물의 특성 중 옳지 않은 것은?

① 세포가 커지고 영양기관의 발육이 왕성하여 거대화한다.
② 작물의 생육, 개화, 성숙이 늦어지는 경향이 있다.
③ 임성이 저하하며 높은 것은 70%, 낮은 것은 10% 이하가 된다.
④ 영양번식작물보다 종자번식작물에서 이용성이 높다.

해설

동질배수체의 특성

- 이용 : 영양번식작물에서 이용성이 높으며, 종자번식작물 특히, 종자 자체가 재배의 목적물인 경우에는 결실성의 저하 때문에 이용성이 낮다.
- 형태적 특성 : 세포가 커지고, 영양기관의 왕성한 발육으로 거대화, 생육과 개화 및 성숙이 늦어지는 경향이 있다.
- 결실성 : 임성이 저하하며, 3n 등은 거의 완전불임이 된다. 또한 화기 및 종자가 대형화된다.
- 저항성 : 내한성, 내건성, 내병성 등이 대체로 증대하지만 감소될 경우도 있다.
- 함유성분 : 함유성분에 차이가 생긴다. 사과, 시금치, 토마토 등은 비타민 C의 함량이 증가한다.

16 ① 17 ② 18 ① 19 ① 20 ④ 정답

2010년 국가직 식용작물

01 맥류의 출수에 대한 설명으로 옳지 않은 것은?

① 추파성은 일장과 온도의 영향을 받는다.
② 추파성이 높을수록 출수가 지연된다.
③ 추파성 소거 후 저온, 단일에서 출수가 촉진된다.
④ 협의의 조만성정도가 낮은 것이 출수가 빠르다.

해설

추파형 품종이라도 추파성이 없어지면 저온단일조건을 거치지 않아도 출수가 이루어지므로 봄에 파종하면 재배기간을 단축시킬 수 있다.

02 호밀의 환경적응 특성에 대한 설명으로 옳은 것은?

① 겨울에 -25℃ 정도의 저온지대에서도 월동이 가능하다.
② 내건성이 매우 강하지만 사질토양에 대한 적응성이 낮다.
③ 산성토양에는 잘 적응하지만 알칼리성 토양에 대한 적응성은 낮다.
④ 흡비력이 강할 뿐만 아니라 강우나 바람에 의한 도복에도 강하다.

해설

- 내동성이 극히 강해 겨울에 온도가 -25℃ 정도로 낮은 지역에서도 재배가 가능하며 저온발아성이 높다. 작물의 내동성은 호밀 > 밀 > 보리 > 귀리 순이다.
- 내건성 또한 극히 강해 강우분포가 고르고 연강우량 500mm 이상이면 정상생육이 가능하고, 모래땅에서도 생육이 가능하며 내건성은 호밀 > 밀 > 보리 > 귀리 순이다.
- 토양반응의 적응성이 커 알칼리성 토양부터 강산성 토양까지 잘 적응한다.
- 흡비력이 강해 사질토양이나 점질 척박지에서도 잘 적응한다.
- 다습한 환경을 꺼리고 강우, 바람 등에 의해 도복이 잘 된다.

03 잡곡류의 작물적 특성에 대한 설명으로 옳지 않은 것은?

① 기장은 고온, 건조한 기후를 좋아하여 열대로부터 온대에 걸쳐 재배되고 있다.
② 수수는 옥수수보다 고온, 다조환경을 좋아하고 내건성이 강하다.
③ 옥수수는 고온성 작물이지만 조생종을 선택하면 고위도지대에서도 재배할 수 있다.
④ 조는 수분조절능력이 높아 고온, 다습한 기상조건이 생육에 가장 알맞다.

해설

조는 가뭄에는 잘 견디나 다습한 환경에서는 약하다.

04 보리의 분얼에 대한 설명으로 옳지 않은 것은?

① 보리의 초기생육은 분얼의 증가와 잎의 전개 및 신장에 의해 나타난다.
② 주간의 잎 또는 분얼은 규칙적으로 일정한 주기로 나타난다.
③ 어느 분얼 간이든 동신엽이 출현한 이후에 나타난 엽수는 같다.
④ 분얼 간들의 총엽수와 이삭이 나오는 시기는 큰 차이를 보인다.

해설

이삭이 나오는 시기는 주간, 1차 분얼, 기타 분얼 간 큰 차이가 없다.

정답 1 ③ 2 ① 3 ④ 4 ④

05 콩의 기상생태형과 재배에 대한 설명으로 옳은 것은?

① 생육기간 중 저온을 통과하면 개화가 빨라지는 감온성 품종이 많다.
② 고위도일수록 일장에 둔감하고 생육기간이 짧은 하대두형이 재배된다.
③ 한계일장이 짧으며 감온성이 높은 품종군은 가을콩이라고 한다.
④ 조생종이 만생종보다 만파에 있어서 개화일수의 단축률이 높다.

해설

고위도일수록 온도에 반응하는 조생종인 하대두형이 저위도일수록 일장에 반응하는 만생종인 추대두형이 재배되므로 고위도지대에서는 일장에 둔감하고 생육기간이 짧은 하대두형이 재배된다.

기상생태형

- 여름콩(하대두)
  - 감광성이 낮고 한계일장은 길며 감온성이 높아 일찍 개화, 성숙한다.
  - 주로 평야지대에서 봄에 단작형으로 파종하여 늦여름 또는 초가을 수확하는 품종이다.
  - 대체로 대립종이고 연질이어서 밥밑용 또는 장용으로 이용된다.
- 가을콩(추대두, 그루콩)
  - 감광성이 높고 한계일장은 짧으며 감온성이 낮아 늦게 개화, 성숙한다.
  - 남부평야지대에서 맥후작으로 여름에 파종하여 늦가을에 수확하는 그루콩이 주체를 이루고 북부지방이나 산간지대에서는 성숙이 늦어 안전한 재배가 어렵다.
- 중간형
  - 여름콩과 가을콩의 중간군으로 북부지방이나 산간지대에서 늦은 봄에 파종하여 가을에 수확하는 품종이다.
  - 남부평야지대는 성숙이 빨라 수량이 떨어지는 것이 일반적이다.

06 땅콩의 결협과 결실에 대한 설명으로 옳지 않은 것은?

① 땅콩은 연작할수록 결협과 결실이 좋아진다.
② 꼬투리의 지중착생위치는 보통 3~5cm 부위가 된다.
③ 꼬투리의 생체중은 자방병이 땅속에 들어간 후 3주일경에 최대가 된다.
④ 소립종의 등숙일수는 70~80일이고 대립종은 100일 정도이다.

해설

땅콩은 생육기간이 길고 연작 장해가 발생하는 등 불리한 점이 있다.

07 감자와 고구마에 대한 설명으로 옳지 않은 것은?

① 감자는 정부에, 고구마는 두부에 눈이 많이 착생한다.
② 개화를 위해 감자는 장일조건이, 고구마는 단일조건이 필요하다.
③ 감자는 가지과이며, 고구마는 메꽃과에 속하는 식물이다.
④ 감자는 실생 번식이 불가능하나 고구마는 가능하다.

해설

진정종자의 채종 : 감자의 바이러스병은 종자로 전염되지 않으므로 종자를 심어 키운 실생묘를 이용하여 재배하면 바이러스병의 발병률이 낮아진다.

08 감자의 괴경형성기에 대한 설명으로 옳은 것은?

① 괴경이 비대하기 시작하는 시기이다.
② 개화시기부터 경엽고사기까지의 기간이다.
③ 괴경의 형성과 더불어 복지의 신장은 정지된다.
④ 지상부 잎줄기의 신장이 정지되는 경엽황변기이다.

해설

괴경형성기

- 지하줄기의 생장이 끝나고 복지 끝이 비대하여 괴경이 형성되기 시작하는 시기로 착뢰기부터 개화시기까지 10~15일 동안 괴경의 수가 결정된다.
- 잎이 7~8엽까지 전개되고 줄기 신장 및 엽면적의 증가와 근군의 발달도 왕성하나 괴경의 형성과 함께 복지의 신장은 정지된다.

09 작물병해충의 경종적 방제수단에 해당하는 것은?

① 밭에 장기간 담수하여 토양전염의 병해충을 구제하였다.
② 종자 온탕침법으로 맥류의 깜부기병을 방제하였다.
③ 무병종자를 선택하여 감자의 바이러스병을 방제하였다.
④ 풀잠자리, 꽃등에, 됫박벌레 등을 방사하여 진딧물을 구제하였다.

해설

①, ② : 물리적 방제법
④ : 생물학적 방제법

5 ② 6 ① 7 ④ 8 ③ 9 ③ 정답

10 작물의 수확 후 관리에 대한 설명으로 옳지 않은 것은?

① 벼의 화력 열풍건조에 알맞은 온도는 45℃ 정도이다.
② 감자의 큐어링은 고온, 광조건에서 2~3일간 실시한다.
③ 곡물의 전분은 저장 중에 분해되어 환원당 함량이 증가한다.
④ 수확직후의 고구마는 고온다습한 조건에서 보관했다가 방열한다.

해설

큐어링
- 수확 시 발생한 상처를 아물게 해 저장 중 부패를 줄일 수 있다.
- 온도 10~15℃, 습도 100% 조건에서 2~3주 보관했다가 방랭 후 저장한다.

11 품종개발의 기본적 육종과정을 가장 바르게 나열한 것은?

① 잡종집단양성 → 선발 → 생산력검정시험 → 농가실증시험 → 품종등록 → 지역적응시험
② 잡종집단양성 → 선발 → 생산력검정시험 → 지역적응시험 → 농가실증시험 → 품종등록
③ 잡종집단양성 → 선발 → 지역적응시험 → 농가실증시험 → 생산력검정시험 → 품종등록
④ 잡종집단양성 → 선발 → 지역적응시험 → 생산력검정시험 → 농가실증시험 → 품종등록

12 작물생산량 증대를 위한 조건으로 옳지 않은 것은?

① 수량구성요소의 확보 ② 최적엽면적의 확보
③ 순동화율의 증대 ④ 수확지수의 감소

13 온실효과로 인해 벼 재배에서 나타나게 될 예측 현상으로 옳지 않은 것은?

① 안전출수기가 현재보다 빨라진다.
② 벼 재배 가능지가 확대된다.
③ 벼의 생육기간이 연장된다.
④ 등숙기의 고온으로 수량 감수가 예상된다.

해설

온실효과가 벼 재배에 미치는 영향
- 온실효과로 인한 기온의 상승은 안전출수기가 현재보다 늦어져 벼의 재배 가능지역이 확대될 것으로 예측된다.
- 벼의 품종과 재배양식의 변화가 예측된다.
- 벼의 생육기간의 연장으로 조생종 재배지역은 중생종으로 중생종 재배지역은 만생종으로 변동이 일어날 것으로 예측된다.
- 벼 등숙기의 고온은 천립중과 등숙 비율을 낮추고, 유백미 및 사미를 많이 발생시켜 수량 및 품질 저하를 일으킨다.

14 작물의 품종특성에 대한 설명으로 옳지 않은 것은?

① 품종특성이란 품종의 형태적 · 생태적 · 생리적 요소가 다른 품종과 구별되는 특징을 말한다.
② 품종은 특성이 비슷한 것들이 거의 없기 때문에 외관상의 형태적 차이만으로도 식별할 수 있다.
③ 작물의 재배 이용상 중요한 형질은 생산성, 품질, 저항성, 적응성 등으로 나눌 수 있다.
④ 작물의 재배는 주어진 재배환경에서 품종이 최고의 수량을 내도록 관리하는 것이다.

해설

품종은 특성이 비슷한 것들이 많기 때문에 외관상의 형태적 차이만으로 식별할 수 없다.

15 벼 직파재배에 대한 설명으로 옳지 않은 것은?

① 직파재배는 육묘와 이앙에 드는 노력을 절감할 수 있다.
② 이앙재배에 비해 무효분얼이 적어 유효경 비율이 높아진다.
③ 이앙재배에 비해 도복하기 쉽고 잡초가 많이 발생한다.
④ 파종이 동일한 경우 이앙재배에 비해 출수기가 다소 빨라진다.

해설

절대 이삭수는 많으나 무효분얼이 많고, 유효경의 비율이 낮다.

정답 10 ② 11 ② 12 ④ 13 ① 14 ② 15 ②

16 벼 생육과정과 영양과의 관계에 대한 설명으로 옳지 않은 것은?

① 생식생장기에 접어들면 질소와 인산의 흡수량이 적어지며 칼슘, 마그네슘, 규산의 농도가 높아진다.
② 영양생장기에는 질소, 인산, 칼륨 등을 많이 흡수하고, 단백질을 만들며 줄기와 잎을 키운다.
③ 출수 후 상위엽의 생존수와 동화력의 대소는 쌀알의 등숙에 큰 영향을 미친다.
④ 출수 후에도 질소대사는 활발하게 일어나 동화산물의 대부분은 종실에 집적된다.

해설

질소, 인, 황 등 단백질 구성성분은 생육초기부터 출수기까지 상당부분 흡수되고, 출수 후 잎과 줄기에 축적되어 있던 것들이 이삭으로 이동되어 등숙한다.

17 벼의 포장동화능력을 증가시키기 위한 방안으로 옳지 않은 것은?

① 분얼이 개산형으로 이루어지도록 한다.
② 높은 최적엽면적지수를 확보한다.
③ 군락 내의 엽면적을 최대로 확보한다.
④ 상위엽은 직립하고 잎의 공간적 분포가 균일하도록 한다.

해설

작물의 수량
- 엽면적이 넓고 단위동화능력이 크고 수광능률이 크면 동화량은 증가한다.
- 엽면적의 증가는 잎을 서로 가려 수광능률이 나빠져 동화량의 증대율은 완만해진다.
- 단위동화능력은 엽록소 함량과 질에 영향을 미치며 잎 내 단백질 함량 또는 질소 함량이 높은 것이 동화량을 많게 한다.

18 쌀의 품질과 기상조건에 대한 설명으로 옳은 것은?

① 등숙기에 지나친 고온조건에서는 미숙립, 동절미, 복백미가 증가하여 품질이 저하되기 쉽다.
② 등숙기에 지나친 저온조건에서는 동할미, 배백미, 유백미가 증가하여 품질이 저하되기 쉽다.
③ 등숙 전반기에 기온이 높으면 단백질 함량이 증가하여 식미가 저하된다.
④ 등숙기에 주・야간의 기온차가 적은 것이 고품질 생산에 유리하다.

해설

기상 및 토양조건
- 쌀의 품질은 기상과 토양조건에 따라 달라진다.
- 등숙기에 지나친 고온은 동할미, 배백미, 유백미가 발생하기 쉽고 지나친 저온은 미숙립, 동절미, 복배미 발생이 많아져 품질이 떨어지기 쉽다.
- 온도가 낮은 지역에서는 적산온도와 일등미 비율이 높은 상관관계를 보인다.
- 등숙전반기에 높은 기온은 단백질 함량의 증가로 식미를 떨어뜨린다.

19 벼의 분얼에 영향을 미치는 환경조건에 대한 설명으로 옳지 않은 것은?

① 일반적으로 적온에서 주・야간 온도교차가 클수록 분얼이 증가한다.
② 광의 강도가 강하면 분얼수가 증가하며 분얼 초・중기에 영향이 더 크다.
③ 재식밀도가 높고, 토양수분이 부족하면 개체당 분얼수는 증가한다.
④ 분얼의 발생과 생장을 위해서는 무기양분과 광합성산물이 충분히 공급되어야 한다.

해설

수 분
- 토양수분의 부족은 분얼이 억제된다.
- 관개 시 심수관개는 온도가 낮아지고, 주・야간 온도차가 적어져 분얼이 억제된다.
- 벼가 어린 식물일 때는 5cm 수심도 분얼의 발생을 억제하나 분얼최성기에는 10cm 정도 수심은 크게 억제하지 않는다.

16 ④ 17 ③ 18 ③ 19 ③ 정답

20 **벼잎의 형태와 기능에 대한 설명으로 옳지 않은 것은?**

① 잎집은 줄기를 감싸고 도복을 방지하는 역할을 한다.
② 잎몸은 주로 광합성 및 증산작용을 하는 기관이다.
③ 지엽은 최상위의 잎으로 출수 전 이삭을 감싸고 있다.
④ 잎귀는 잎집과 줄기 사이의 공기습도를 조절하는 역할을 한다.

엽이(잎귀, Auricle)

- 형태는 구부러진 낚시처럼 생겼고, 긴 털이 많이 있다.
- 깃의 양쪽에 1개씩 있으며, 엽초가 줄기에서 분리되지 않게 하는 역할을 한다.

정답 20 ④

2011년 국가직 식용작물

01 벼의 분얼에 대한 내용으로 옳지 않은 것은?

① 조식재배가 보통기재배에 비하여 분얼수가 많다.
② 분얼이 왕성하게 발생하기 위해서는 활동엽의 질소 함유율이 대략 3.0~3.5% 정도 되어야 한다.
③ 벼의 분얼은 주간의 경우 제1엽절 이후 신장경 마디부위에서 출현한다.
④ 재식밀도가 낮을수록 개체당 분얼수는 증가한다.

해설
벼의 분얼은 주간의 경우 초엽절이나 제1엽절에서는 발생하지 않고, 제2엽절 이후 불신장 마디부위에서 출현한다.

02 벼의 배우자 형성과정에 대한 설명으로 옳은 것은?

① 화분모세포 1개가 감수분열을 하여 2개의 화분을 형성한다.
② 배낭에는 1개의 난핵, 2개의 조세포, 2개의 반족세포, 3개의 극핵으로 이루어진다.
③ 배낭모세포는 감수분열을 거쳐 4개의 배낭세포로 되는데, 그 중 3개는 소멸하고 1개만 배낭으로 성숙한다.
④ 정세포는 암술의 배낭 내에 있다.

해설
① 화분모세포 1개가 감수분열을 하여 4개의 화분을 형성한다.
② 배낭에는 1개의 난핵, 2개의 조세포, 3개의 반족세포, 2개의 극핵으로 이루어진다.
④ 정세포는 수술의 꽃밥(약) 내에 있다.

03 콩의 용도별 분류에 대한 설명으로 옳은 것은?

① 장콩 : 씨껍질색은 황색 또는 녹색인 것이 좋으며, 소립으로서 백립중이 9~15g 이하인 것이 알맞다.
② 나물콩 : 소출이 많고 단백질 함량이 높아야 하며, 종실이 굵고 유색이며 광택이 있다.
③ 기름콩 : 우리나라 콩의 주체를 이루고 있으며, 황금콩, 다원콩이 대표적인 품종이다.
④ 밥밑콩 : 종실이 굵고 취반 시 잘 물러야 하고, 환원당 함량이 높아야 한다.

해설
용도에 따른 콩의 분류

- 보통콩(일반콩)
  - 장류와 두부가공용으로 주로 이용되며, 입색은 황백색~황색으로 100립중은 18g 이상, 단백질함량이 38~45%로 높을수록 좋다.
  - 장류와 두부용 : 수량이 많고 단백질함량이 높으며, 종실이 굵고 입색이 황백색~황색이다.
  - 우리나라에서 가장 많이 재배되고 있으며, 대립종 또는 중립종이 많다.
  - 비린내가 거의 나지 않는 진품콩, 진품콩2호가 개발되었고 두유용, 두유콩도 개발되어 재배되고 있다.
- 밥밑콩
  - 밥을 짓는데 섞어 이용한다.
  - 종실이 굵고 100립중은 20g 이상이고, 알칼리붕괴도가 높으며 흡수팽창도가 크고 환원당함량이 많은 여름콩 중 유색품종이 좋다.
  - 종실이 20g이상으로 굵고 흡수팽창성이 크며, 취반 시 잘 물러져야 하며 맛이 좋아야 한다.
- 기름콩
  - 지유함량이 17~20%로 25%까지 높을수록 좋으며, 소립이고 입색이 진하여 광택이 있는 18g 이하가 좋다.
  - 우리나라는 전량 수입하여 가공하기 때문에 기름용 품종이 없다.

정답 1 ③ 2 ③ 3 ④

- 나물용(쥐눈이콩)
  - 입색은 황색~녹색으로 담황색이며, 소립종으로 100립중이 14g 이하인 것이 좋다.
  - 종실이 작을수록 원료콩 대비 콩나물 생산량이 많아지기 때문에 작은 콩이 유리하다.
- 풋베기콩 : 풋베기용으로 많이 이용되며, 종실, 잎, 줄기의 생장이 무성하며 풋베기 수량이 많고 종실이 작아 종자량이 적은 것이 좋다.

04

벼의 등숙에 대한 설명으로 옳은 것은?

① 현미의 발달초기에는 배유 세포수가 증대하고, 후기에는 분화된 세포에 저장물질이 축적된다.
② 현미의 수분함량은 수정 후 25일까지 증가하고 그 후 계속 감소한다.
③ 쌀알은 너비, 길이, 두께의 순서로 발달한다.
④ 현미의 생체중은 거의 직선적으로 증가하여 출수 후 35일경에 최대에 달한다.

해설

② 현미의 수분함량은 결실초기에는 높다가 완숙기까지 계속 감소한다.
③ 쌀알은 길이, 너비, 두께의 순서로 발달한다.
④ 현미의 생체중은 수정 후 20일까지 거의 직선적으로 증가하여 25일경 최대에 달하고 35일 이후에는 약간 감소한다.

05

벼의 생육과정 중 양분의 흡수 · 이용에 대한 설명으로 옳지 않은 것은?

① 벼의 무기양분 중 단백질의 구성성분인 질소는 생육초기보다 생육후기에 많이 흡수된다.
② 양분 흡수는 뿌리 끝 2~3cm 부위에서 이루어진다.
③ 벼의 생식생장기에는 건물중이 증가하며, 세포벽 물질인 리그닌과 셀룰로오스 등이 많이 만들어진다.
④ 벼에서 양분의 체내 이동률은 인, 황, 마그네슘, 칼슘 순으로 저하된다.

해설

벼가 흡수하는 양분은 질소 > 칼륨 > 인 > 칼슘 > 마그네슘 순으로 무기양분의 흡수는 유수형성기까지는 급증하나 이후 출수기까지 사이에는 감소하며 출수기 이후에는 급감한다.

06

보리의 식미를 향상시키기 위한 품종의 종실 특성을 올바르게 기술한 것은?

① 단백질 함량이 높아야 한다.
② 백도가 높은 것이 좋다.
③ 호화온도가 높아야 한다.
④ 아밀로오스 함량이 높아야 한다.

해설

식미적 측면
- 백도가 높아야 한다.
- 흡수율이 높아야 한다.
- 풍만도가 높아야 한다.
- 호화온도가 낮아야 한다.
- 단백질 함량과 아밀로오스 함량이 낮아야 한다.
- 경도가 낮아야 한다.

07

맥류의 수확과 탈곡에 대한 설명으로 옳은 것은?

① 수확적기는 종실의 무게면에서는 건물중의 약 80%가 될 때이다.
② 종실의 길이가 완성되는 시기가 수확적기이다.
③ 보리는 수분함량이 20% 이하가 되도록 한 후 탈곡한다.
④ 수확적기는 종실의 수분함량이 16% 이하로 떨어질 때이다.

해설

밀이나 보리는 수확 후 현장에서 3일 정도 잘 말려서 종실의 수분함량이 20% 이하가 되었을 때 묶어서 회전탈곡기로 탈곡한다.

08

맥류 깜부기병 중 종자로만 전염하는 병해는?

① 비린깜부기병
② 줄기깜부기병
③ 겉깜부기병
④ 속깜부기병

정답 4 ① 5 ① 6 ② 7 ③ 8 ③

해설

맥류 깜부기병의 병징과 전염경로

구 분	겉깜부기병 (보리, 밀, 귀리)	속깜부기병 (보리, 귀리)	비린깜부기병 (밀)	줄기깜부기병 (밀)
병 징	이삭의 거의 모든 종실이 검은 가루로 변하며 껍질이 쉽게 터져 포장에 선 채로 검은 가루가 나옴	이삭은 거의 모든 종실이 검은 가루로 변하나 포장에서 끝까지 껍질이 터지지 않다가 탈곡할 때 터짐	이삭이 늦게까지 푸른 채로 있고 종실이 비린내가 나는 다갈색 가루로 변하며 탈곡할 때 터짐	도톨도톨한 회색의 줄무늬가 생기고 검은 가루가 날리고, 이삭이 패지 못하고 뒤틀리며 성숙해도 종실이 잘아지고 쭈그러진다.
발병 부위	종 실	종 실	종 실	잎, 줄기
전염형	종자전염	종자·토양 전염	종자·토양 전염	종자·토양 전염
병원균의 잠복소	균사상태로 종자 내부(배)에 잠복	포장상태로 종자표면, 지중 또는 균사상태로 종피 내면에 잠복	포장상태로 종자표면, 지중 또는 균사상태로 종피 내면에 잠복	포자상태로 종자 표면, 이병맥간, 지중 등에 잠복
맥체에의 접종	개화기에 주로 화기에 접종됨	발아초기에 어린식물체에 접종됨	발아초기에 어린식물체에 접종됨	발아초기에 어린식물체에 접종됨

09 알란토인(Allantoin)질소에 대한 설명으로 옳지 않은 것은?

① 콩 저장단백의 구성물질에 이용된다.
② 콩은 V_2시기에는 질소질비료보다 알란토인 질소에 의존한다.
③ 콩은 알란토인 질소의 농도가 높으면 결협과 결실이 조장된다.
④ 콩의 알란토인 질소형성은 뿌리혹박테리아가 관여한다.

해설

V_2시기(제1복엽기)는 영양생장기에 해당하므로 질소질비료에 의존한다.

10 고구마의 전분함량에 대한 설명으로 옳은 것은?

① 저장기간이 길어질수록 전분함량이 높아진다.
② 열대지역에서 생산한 고구마는 재배 극지대의 서늘한 지역에서 생산한 고구마보다 전분함량이 낮고 당분함량이 높다.
③ 조식재배가 만식재배에 비하여, 만기수확이 조기수확에 비하여 전분가가 낮다.
④ 질소 다비 시 전분함량이 높아지고, 인산·칼륨 및 퇴비시용은 전분함량을 낮춘다.

해설

① 저장기간이 길어질수록 전분함량이 낮아진다.
② 열대산의 경우 전분함량은 낮고 당분함량은 높으나 재배극지대산은 전분함량은 높고 당분함량은 높다.
④ 무비재배나 질소질비료를 많이 시비한 경우 전분함량이 낮아지고 인산과 칼륨, 퇴비를 많이 시비하면 전분함량이 증가한다.

11 땅콩의 종자 발아에 대한 설명으로 옳은 것은?

① 휴면기간은 대체로 대립종이 소립종보다 더 길다.
② 발아적온은 대립종이 소립종보다 낮다.
③ 장명종자로서 수명이 4~5년이다.
④ 꼬투리째 파종하는 것이 종실만 파종한 것보다 발아소요일수가 짧다.

해설

발 아

- 종자는 단명종자로 수명이 1~2년 정도이다.
- 발아온도는 최저 12℃, 최적온도는 대립종은 25~30℃, 소립종은 23~25℃이다.
- 발아소요일수는 꼬투리째 파종하면 20일 이상, 종실만 파종하면 2~3일, 저온에서는 2주일 정도 소요된다.

12 광합성 특성을 비교하였을 때 C_4작물이 C_3작물보다 낮은 것만 고른 것은?

ㄱ. 시간당 최대광합성 능력
ㄴ. 이산화탄소 보상점
ㄷ. 광호흡
ㄹ. 광합성산물 전류속도
ㅁ. 증산율

① ㄱ, ㄴ, ㄷ　② ㄴ, ㄷ, ㄹ
③ ㄴ, ㄷ, ㅁ　④ ㄴ, ㄹ, ㅁ

9 ② 10 ② 11 ① 12 ③ 정답

해설

특 성	C_3식물	C_4식물	CAM식물
CO_2 고정계	캘빈회로	C_4회로+캘빈회로	C_4회로+캘빈회로
잎조직 구조	엽육세포로 분화하거나, 내용이 같은 엽록유세포에 엽록체가 많이 포함되어 광합성이 이곳에서 이루어지며, 유관속초세포는 별로 발달하지 않고 발달해도 엽록체를 거의 포함하지 않음	유관속초세포가 매우 발달하여 다량의 엽록체를 포함하고, 다량의 엽록체를 포함한 유관속초세포가 방사상으로 배열되어 이른바 크렌즈 구조를 보이는 것이 특징	엽육세포는 해면상이고 균일하게 매우 발달하여 엽록체도 균일하게 분포하며, 유관속초세포는 발달하지 않았으며, 두꺼운 잎조직의 안쪽에는 저수조직을 가지는 것도 특징적
최대광합성 능력(mg/CO_2 /cm^2/시간)	15~40	35~80	1~4
CO_2보상점 (ppm)	30~70	0~10	0~5(암중)
21% O_2에 의한 광합성억제	있 음	없 음	있 음
광호흡	있 음	유관속초세포	정오 후 측정가능
광포화점	최대일사의 1/4~1/2	최대일사 이상 강광조건에서 높은 광합성률	부 정
광합성 적정온도(℃)	13~30	30~47	≃35
내건성	약	강	매우 강함
광합성산물 전류속도	느 림	빠 름	-
최대건물 생장률 (g/m^2/일)	19.5±1.9	30.3±13.8	-
건물생산량 (ton/ha/년)	22±3.3	38±16.9	낮고 변화가 심함
증산율 (g H_2O/g 건물량 증가)	450~950 (다습조건에 적응)	250~350 (고온에 적응)	18~125 (매우 적음)
CO_2 첨가에 의한 건물생산 촉진효과	큼	작음(하나의 CO_2 분자를 고정하기 위하여 더 많은 에너지가 필요함)	-
작 물	벼, 보리, 밀, 콩, 귀리, 담배 등	옥수수, 수수, 수단그라스, 사탕수수, 기장, 진주조, 버뮤다그라스, 명아주 등	선인장, 솔잎국화, 파인애플 등

※ C_3식물에서는 엽육세포에서 직접 CO_2와 접촉이 일어나 광합성을 하지만, C_4식물의 엽육세포에서는 CO_2를 유기산의 형태로 고정하여 유관속초세포로 들여보내기 때문에 간접적으로 CO_2와 접촉하여 광합성을 진행하여 광호흡의 기회는 줄어든다.

13 **작물의 포장광합성에 대한 내용으로 옳지 않은 것은?**

① 빛의 세기가 약해지면 최적엽면적지수도 낮아져 광합성량이 감소한다.

② 엽면적지수가 커질수록 광합성량은 어느 한계까지는 증가하나 호흡량은 계속 증가한다.

③ 벼 개체군의 광합성 능력이 최고가 되는 시기는 출수기 이후이다.

④ 초형이 직립인 개체군의 광합성량은 늘어진 초형의 개체군보다 크다.

해설

③ 벼 개체군의 광합성 능력이 최고가 되는 시기는 출수기 이전인 유수분화기와 수잉기이다.

14 **벼의 수확 및 저장에 대한 설명으로 옳지 않은 것은?**

① 묵은 쌀은 지방의 환원에 의해 식미가 낮아진다.

② 벼의 수확적기가 지나면 쌀겨층이 두꺼워지고 동할립이 많이 생긴다.

③ 수확적기는 적산등숙온도가 800~1,100℃ 정도일 때이다.

④ 상온저장 시 식미는 현미저장이 백미저장보다 양호하다.

해설

쌀은 장기 보관 시 지방의 산화로 묵은 냄새가 나고 식미가 낮아진다.

15 **벼 잎의 생장과 기능에 대한 설명으로 옳지 않은 것은?**

① 우리나라에서 유수분화기 전에는 잎이 약 4~5일에 1매씩 나온다.

② 잎의 활동기간은 하위엽일수록 길고 상위엽일수록 짧다.

③ 광합성 활력이 높은 활동중심엽은 상위로부터 제3엽과 제4엽이다.

④ 쌀알의 등숙은 주로 상위엽에 의존하고 뿌리의 생육은 하위엽에 의존한다.

해설

② 잎의 활동기간은 하위엽일수록 짧고 상위엽일수록 길다. 즉 출수 후 생리활동의 중심은 지엽과 2엽이다.

정답 13 ③ 14 ① 15 ②

16 벼의 도정에 대한 설명으로 옳지 않은 것은?

① 쌀의 수분함량이 16% 정도일 때 도정효율이 높다.
② 벼의 도정률은 (제현율 × 현백률)/100으로 나타낸다.
③ 품종에 따라 다소 차이가 있으나 현백률은 제현율보다 높다.
④ 현미 중량의 93%가 남도록 깎아낸 것을 7분도미라고 한다.

해설

현백률(정백률, 精白率, Milled/Brown Rice Ratio)

- 현미 투입량에 대한 백미 생산량의 백분율로 90~92%이다.
- 쌀겨층을 깎아내는 정도에 따라 달라진다.
- 도정도란 현미의 쌀겨층(과피, 종피, 호분층)이 깎여진 정도로 현미를 100%로 볼 때 쌀겨층 5~6%, 배 2~3%, 배유 92%로 구성되어 있어 쌀겨층과 배를 제거한 이론적 현백률은 92%이며, 이를 10분도미라 한다.
- 5분도미 : 제거할 겨층을 50% 제거한 것으로 즉 97%가 남도록 도정한 것으로 배아가 남아 있어 배아미라고도 한다.
- 7분도미 : 제거할 겨층의 70%를 제거한 것으로 현미 중량의 95%가 남도록 도정한 쌀을 말한다.

17 잡곡류에 대한 설명으로 옳지 않은 것은?

① 수수는 자가수정을 원칙으로 하지만 자연교잡률이 2~10% 정도 또는 그 이상인 경우도 있다.
② 옥수수 생육에 알맞은 토양은 대체로 pH 5.5~8.0이며, 산성과 알칼리성 토양에 대한 적응성이 높다.
③ 기장은 고온 버어널라이제이션에 의해 출수가 촉진된다.
④ 메밀 종실의 루틴함량은 가을메밀품종이 여름메밀품종에 비하여 높다.

해설

루틴(Rutin)

- 루틴은 플라보놀배당체(Flavonol Glycoside)로 황색 결정체 분말로 되어있다.
- 종실, 잎, 줄기, 뿌리, 꽃 등 메밀의 각 조직에 함유되어 있고 특히 어린잎에 다량 함유되어 있다.
- 파종 후 35~45일에 함량이 최고에 달하고, 그 후 빨리 감소되므로 약초용인 경우 반드시 이 시기에 수확해야 한다.
- 메밀쌀보다 가루에 함유량이 많고, 여름메밀품종이 가을메밀품종보다 함량이 많다.
- 혈압강하제, 구충제로 쓰인다.

18 콩의 발육시기에 따른 약호 표시를 올바르게 나열한 것은?

	자 엽	제1복엽	개화시	착협시	입비대시
①	VE	V_1	R_2	R_3	R_5
②	VE	V_1	R_1	R_4	R_6
③	CV	V_2	R_1	R_3	R_5
④	CV	V_2	R_2	R_4	R_6

해설

구분	발육시기	단계표시	특 징
영양생장기	발 아	VE	자엽이 땅위로 나옴
	자 엽	CV	자엽 전개완료, 초생엽 전개시작
	초생엽	V_1	초생엽 전개완료
	제1복엽	V_2	제1복엽 전개완료
	제2복엽	V_3	제2복엽 전개완료
	(n-1)복엽	V_n	제(n-1)복엽 전개완료
생식생장기	개화시	R_1	원줄기에 첫 꽃이 개화
	개화성	R_2	완전 전개엽을 착생한 최상위 2마디 중 1마디에 개화
	착협시	R_3	완전 전개엽을 착생한 최상위 4마디 중 1마디에서 5mm 크기의 꼬투리가 달림
	착협성	R_4	완전 전개엽을 착생한 최상위 4마디 중 1마디에서 2cm 크기의 꼬투리가 달림
	입비대시	R_5	완전 전개엽을 착생한 최상위 4마디 중 1마디의 꼬투리 종자의 크기가 3mm임
	입비대성	R_6	완전 전개엽을 착생한 최상위 4마디 중 1마디의 꼬투리의 종자가 완전히 자람
	성숙시	R_7	원줄기에 착생한 정상 꼬투리의 하나가 성숙기 품종 고유의 색이 나타남
	성 숙	R_8	95%의 꼬투리가 성숙기 품종 고유의 색이 나타남

정답 16 ④ 17 ④ 18 ③

19 고구마의 개화를 유도하고 촉진하는 방법으로 옳지 않은 것은?

① 8~10시간 단일처리하면 개화가 조장된다.
② 나팔꽃 대목에 고구마 순을 접목하여 개화를 유도한다.
③ 덩굴 기부에 절상·환상박피하면 개화가 조장된다.
④ 고구마는 C/N율이 감소하면 개화가 촉진된다.

해설

개화의 유도와 촉진

- 단일처리 : 고구마는 단일식물로 8~10시간의 단일처리로 개화가 유도된다.
- 접목 : 나팔꽃 대목에 고구마 순을 접목하면 개화가 촉진되는데 이는 나팔꽃이 지하부에 괴근을 형성하지 않고 접목이 탄수화물의 지하부로의 전류를 저해하여 지상부의 C/N율이 높아지기 때문이다.
- 절상과 환상박피 : 지상부의 동화물질이 지하부로 전류되는 것을 억제하여 지상부의 C/N율이 높아져 개화가 조장된다.
- 포기의 월동 : 월동 시 자연 단일처리가 되고, 식물체도 노숙하게되어 C/N율이 높아지는 것 등의 원인으로 개화가 유도된다.

20 작물의 수확 후 저장에 대한 설명으로 옳지 않은 것은?

① 벼 저장 시 온도는 15℃, 습도는 약 70%로 유지시켜주면 좋다.
② 가공용 감자는 저장적온이 0~3℃이며, 이보다 저온에서는 당함량이 증가하여 품질이 낮아진다.
③ 큐어링 한 고구마의 저장은 온도 12~15℃, 상대습도 85~90%가 적당하다.
④ 쌀은 저장 중 전분이 분해되어 환원당함량이 증가하고, 비타민 B_1이 감소한다.

해설

본저장

- 본저장의 시기는 기온이 0℃ 이하가 될 때쯤 실시한다.
- 온도 : 최적온도는 1~4℃이며 -1℃ 이하로 내려가면 동해가 발생하고, 7~8℃ 이상이 되면 발아와 부패의 우려가 있다.
- 습도 : 최적습도는 85~90%이며, 습도가 너무 높아 감자가 젖을 정도가 되면 부패의 우려가 있고 너무 건조하면 저장 중 증산으로 생체중이 감소한다.

정답 19 ④ 20 ②

2012년 국가직 식용작물

01 보리의 파성과 출수에 대한 설명으로 옳지 않은 것은?

① 출수하기 위한 생육초기의 저온요구도가 낮은 것을 추파형이라 한다.
② 추파성 소거 후에는 고온 및 장일 조건이 출수를 촉진한다.
③ 협의의 조만성은 추운 지방보다 따뜻한 지방에서 조숙화에 대한 기여도가 낮다.
④ 추파성이 낮고 춘파성이 높을수록 출수가 빨라진다.

해설
- 가을보리가 출수에 이르는 정상적 생육을 위해 품종에 따라 생육초기의 일정 기간에 낮은 온도환경을 필요로 하는데 그 정도를 파성이라 한다.
- 저온요구도가 큰 것을 추파형(秋播型, Winter Type), 작은 것을 춘파형(春播型, Spring Type), 그 중간 정도 가진 것을 양절형(兩節型, Intermediate Type)이라 한다.

02 밭작물의 한해에 대한 대책으로 옳지 않은 것은?

① 뿌림골을 낮게 한다.
② 뿌림골을 넓게 하고 밀식한다.
③ 봄철 보리나 밀밭이 건조할 때에는 답압을 한다.
④ 질소의 다용을 피하고 퇴비, 인산, 칼륨을 증시한다.

해설
이랑을 세워 뿌림골을 깊게 파종하고 밀식을 피한다.

03 단옥수수 수확적기에 대한 설명으로 옳은 것은?

① 출사 후 20~25일경에 수확한다.
② 온도가 높은 한낮에 수확한다.
③ 생리적 성숙기로부터 1~2주 지난 후에 수확한다.
④ 양분이동이 더 이상 일어나지 않는 완숙기에 수확한다.

해설
수 확
- 출사(出絲, Silking) 후 20~25일경 수확한다.
- 너무 이른 수확은 알이 덜 차고, 너무 늦은 수확은 당분의 함량과 신선미가 떨어져 상품성이 떨어진다.
- 온도가 낮은 이른 아침에 수확하여 출하한다.

04 우리나라의 주요 식량작물 중 자급률이 가장 높은 작물은?

① 밀　② 콩
③ 감 자　④ 옥수수

05 작물의 생육과 수분에 대한 설명으로 옳지 않은 것은?

① 팥은 파종기에 과습할 경우 잘록병이 발생하기 쉽다.
② 기장은 요수량이 매우 커서 습한 지대에서 잘 자란다.
③ 완두는 보리나 밀보다 요수량이 높은 작물이다.
④ 옥수수에서 가뭄에 의한 피해는 출수・개화기 전후 약 1개월간의 기간에 가장 심하다.

해설
기장은 심근성이고 요수량이 적어 내건성이 극히 강하며 생육기간이 짧아 산간고지대에도 적응한다.

1 ① 2 ② 3 ① 4 ③ 5 ② 정답

06 콩 품종의 기상생태형에 대한 설명으로 옳지 않은 것은?

① 남부의 평야지대에서 맥후작의 형식으로 재배하기에는 추대두형이 적합하다.
② 추대두형은 하대두형에 비해 개화시기가 온도보다 일장에 민감하게 반응한다.
③ 우리나라는 추대두형에 비하여 하대두형의 콩이 많이 재배된다.
④ 콩에서 성숙군은 출아일부터 성숙기까지의 생육일수를 토대로 분류한다.

해설

우리나라에서는 수확량이 더 많은 추대두형의 재배가 많다.

기상생태형

- 여름콩(하대두)
  - 감광성이 낮고 한계일장은 길며 감온성이 높아 일찍 개화, 성숙한다.
  - 주로 평야지대에서 봄에 단작형으로 파종하여 늦여름 또는 초가을 수확하는 품종이다.
  - 대체로 대립종이고 연질이어서 밥밑용 또는 장용으로 이용된다.
- 가을콩(추대두, 그루콩)
  - 감광성이 높고 한계일장은 짧으며 감온성이 낮아 늦게 개화, 성숙한다.
  - 남부평야지대에서 맥후작으로 여름에 파종하여 늦가을에 수확하는 그루콩이 주체를 이루고 북부지방이나 산간지대에서는 성숙이 늦어 안전한 재배가 어렵다.
- 중간형
  - 여름콩과 가을콩의 중간군으로 북부지방이나 산간지대에서 늦은 봄에 파종하여 가을에 수확하는 품종이다.
  - 남부평야지대는 성숙이 빨라 수량이 떨어지는 것이 일반적이다.

07 고구마 재배기술에 대한 설명으로 옳지 않은 것은?

① 싹은 활착이 잘 되는 한 얕게 수평이 되도록 심는 것이 발근에 좋다.
② 전분가가 높은 고구마를 생산하기 위한 삽식시기는 5월 중순보다 6월 하순이 적합하다.
③ 직파재배를 할 때에는 크기가 50~100g의 작은 씨고구마를 쓰는 것이 좋다.
④ 좋은 조건으로 조식하였을 때 소식이 되면 순지르기에 의해 분지의 발생이 조장된다.

해설

이식기

- 지온이 15℃ 이상이 되는 5월 상순~하순에 이식할 수 있다.
- 지온이 17~18℃가 되면 정상적 발근이 가능하므로 이 시기에는 빨리 이식할수록 수량이 증가한다.

08 벼의 생장기에 대한 설명으로 옳은 것을 모두 고른 것은?

ㄱ. 영양생장기란 발아로부터 출수 직전까지의 기간으로 주로 잎, 줄기, 뿌리 등 영양기관이 형성되는 시기를 일컫는다.
ㄴ. 최고분얼기란 분얼수가 가장 많은 시기를 이르는 것으로 유효분얼종지기보다 앞서 온다.
ㄷ. 생식생장기는 벼의 생식기관이 형성되고 발육하여 쌀알이 만들어지는 시기이다.
ㄹ. 출수기란 총 줄기수의 40~50%가 출수하는 때를 말한다.
ㅁ. 결실기 중 호숙기란 유숙기와 황숙기 사이의 시기를 말한다.

① ㄱ, ㄴ, ㄹ　　② ㄱ, ㄷ, ㄹ
③ ㄴ, ㄷ, ㅁ　　④ ㄷ, ㄹ, ㅁ

해설

ㄱ. 영양생장기란 발아로부터 유수분화 직전까지의 기간으로 주로 잎, 줄기, 뿌리 등 영양기관이 형성되는 시기를 일컫는다.
ㄴ. 최고분얼기란 분얼수가 가장 많은 시기를 이르는 것으로 유효분얼종지기는 최고분얼기보다 약 15일 빠르다.

09 다음 중 종실 내 단백질 함량이 가장 낮은 작물종은?

① *Vigna unguiculata* (L.) WALP.
② *Arachis hypogea* L.
③ *Phaseolus vulgaris* L.
④ *Setaria italica* BEAUVOIS

해설

④ *Setaria italica* BEAUVOIS 조 12%
① *Vigna unguiculata* (L.) WALP. 동부 23.4%
② *Arachis hypogea* L. 땅콩 27.5%
③ *Phaseolus vulgaris* L. 강낭콩 21.0%

정답 6 ③ 7 ② 8 ④ 9 ④

10 **벼 재배 시 발생하는 병해에 대한 설명으로 옳지 않은 것은?**

① 키다리병은 종자 전염을 하는 병으로 감염 시 모가 이상 신장한다.
② 이삭도열병은 출수할 때부터 10일 동안 가장 많이 발생한다.
③ 깨씨무늬병은 출수 후 비료분이 부족할 때 주로 잎에 발생한다.
④ 잎집무늬마름병은 6월에 이상 기온으로 온도가 낮을 때 주로 발생한다.

해설

잎집무늬마름병 병원균 및 발병요인

- 토양 또는 볏짚, 그루터기에서 월동한 균핵이 이앙 전 물을 대고 경운과 써레질을 하면 물 위로 떠오르게 되고 이앙이 끝나면 잎과 엽초 사이에 부착하여 감염된다.
- 조기이앙, 밀식, 다비재배 등의 다수확재배로 발생이 증가하고 있다.
- 7월 중순 이후 분얼이 많아지고 기온이 30℃ 이상 되는 조건에서 발병이 증가하고 7월 하순에서 8월 상순경에는 지엽의 엽초까지 병반이 생긴다.
- 병원균의 발육 최적온도는 28~32℃, 습도 96% 이상의 환경에서 질소의 과용 시 발병이 증가한다.
- 22~35℃에서 침입이 가능하고 36℃ 이상에서는 발병이 정지된다.
- 발병최성기는 고온다습한 7~8월이다.

11 **볍씨의 발아 시 산소와 광 조건의 영향에 대한 설명으로 옳지 않은 것은?**

① 산소가 부족하면 초엽이 1cm 이하로 짧게 자란다.
② 산소가 부족한 물속에서는 종자근이 거의 자라지 못한다.
③ 산소가 부족하면 발아에 필요한 효소의 활성이 매우 낮다.
④ 산소가 부족한 암흑 조건에서는 중배축이 많이 신장한다.

해설

산소가 충분한 조건에서는 초엽이 1cm 이하로 짧고 굵게 나오며 씨뿌리도 함께 자라나 산소가 충분하지 못한 물속에서는 씨뿌리가 거의 자라지 못한다.

12 **옥수수의 1대잡종 채종에 대한 설명으로 옳지 않은 것은?**

① 단교잡은 복교잡보다 종자생산량이 적다.
② 복교잡에서 재식 시 화분친과 종자친의 비는 2 : 1 또는 4 : 2로 한다.
③ 복교잡은 단교잡보다 잡종 종자의 균일도가 떨어진다.
④ 자식계통 육성은 우량개체를 선발해 5~7세대 동안 자가수정을 시킨다.

해설

복교잡에서 재식비율을 종자친 : 화분친 = 4 : 2로 하여 자식계통인 화분친의 생육이 위축되지 않도록 생육공간을 충분히 확보한다.

단교잡종과 복교잡종

- 단교잡종
  - 장점 : 재배 시 생산력이 높고, 품질의 균일성이 높으며 잡종강세가 크다.
  - 단점 : 잡종의 채종량이 적고 종자가격이 비싸다.
- 복교잡종
  - 장점 : 잡종의 채종량이 많다.
  - 단점 : 잡종강세 발현도는 다소 높으나 품질의 균일성이 다소 떨어지고 4개의 어버이 계통을 유지해야 하는 불편이 있다.

13 **두류에 대한 설명으로 옳지 않은 것은?**

① 강낭콩은 콩에 비해 질소고정능력이 낮으며 종실 내 당질함량이 높다.
② 팥은 포장 발아 시 자엽이 땅위로 올라오지 않고 초생엽이 바로 출현한다.
③ 팥은 콩보다 당질함량이 낮고 근류 착생이 적어 습해에 강하다.
④ 완두는 팥보다 서늘한 기후에서 생육이 좋으며 춘파 시 파종기가 빠르다.

해설

팥은 콩과 달리 지방함량이 낮고, 탄수화물(당질)의 함량이 높다.

14 **맥류의 발아 시 유근과 유아가 모두 배단에서 나오는 양상을 보이는 것은?**

① 껍질보리, 밀 ② 밀, 호밀
③ 호밀, 귀리 ④ 귀리, 껍질보리

10 ④ 11 ① 12 ② 13 ③ 14 ② 정답

해설

껍질을 쓰고 있는 겉보리와 귀리의 유근은 배단에서 유아는 배의 반대단에서 나오며 종자가 나출된 밀과 호밀은 유근과 유아 모두 배단에서 나온다.

15 감자의 괴경 형성과 비대에 대한 설명으로 옳지 않은 것은?

① 괴경 비대는 야간의 온도가 20~25℃에서 가장 양호하다.
② 괴경형성기는 착뢰기부터 개화시기까지 10~15일의 기간이다.
③ 고온・장일조건에서는 GA함량이 증대되어 괴경이 형성되지 않는다.
④ 낮길이가 8시간인 경우가 16시간인 경우보다 괴경 형성에 유리하다.

해설

화뢰가 형성될 무렵부터 괴경이 형성되기 시작해 저온・단일조건에서 생육할 때 형성되며 단일조건은 8~9시간, 저온조건은 18~20℃ 이하 야간온도에서만 가능하고 최적 야간온도는 10~14℃(12℃)이다.

16 작물과 잡초 간의 경합에 대한 설명으로 옳지 않은 것은?

① 재식밀도가 높고 적기 파종한 경우가 재식밀도가 낮고 만파한 경우보다 작물의 경합력이 높다.
② 콩에서 분지수가 적고 직립형 품종은 분지수가 많고 LAI가 높은 품종보다 경합력이 높다.
③ 키가 크고 무성한 작물, 초관 형성이 빨라 차광능력이 높은 작물은 잡초와의 광에 대한 경합에서 유리하다.
④ 조파작물과 산파작물 교대 윤작 시 경운작업의 형태와 피복되는 시기의 차이 등으로 인해 잡초생육이 억제된다.

해설

콩에서 분지수가 적고 직립형 품종은 분지수가 많고 LAI가 높은 품종보다 경합력이 낮다.

17 주요 밭작물의 생육특성에 대한 설명으로 옳지 않은 것은?

① 메밀은 생육적온이 20~31℃이고 내건성이 강하여 가뭄 때의 대파작물로 이용된다.
② 고구마의 괴근 비대에는 단일조건이 좋으며 20~30℃의 온도 범위에서 일교차가 크면 유리하다.
③ 옥수수는 암술대가 포엽 밖으로 나오는 시기가 수이삭의 개화보다 7일 정도 빠르다.
④ 콩은 생육적온까지는 온도가 높을수록 개화가 빨라진다.

해설

암이삭과 수이삭의 개화시기가 다른 경우가 많으며 일반적으로 수이삭이 먼저 피는 웅예선숙이다.

18 벼의 수량형성에 대한 설명으로 옳지 않은 것은?

① 초형, 엽면적, 엽록소 함량 등은 물질생산에 관련된 형질이다.
② 배유 전분의 약 70%는 출수 전 축적량이고, 나머지 30%는 출수 후 동화량이다.
③ 벼의 수량구성 4요소는 단위면적당 이삭수, 이삭당 영화수, 등숙비율, 낟알무게이다.
④ 기상요인 중 동화물질이 이삭으로 전류하는데 가장 큰 영향을 끼치는 것은 기온이다.

해설

이삭에 저장되는 녹말
- 출수 전 줄기나 엽초에 저장되었던 것이 20~30%이며 출수 후 동화작용에 의해 70~80%가 생성된다.
- 녹말의 합성능력 : 35℃까지는 온도가 높을수록 촉진되며 일반적으로 등숙평균기온인 21~25℃에서 전류와 녹말의 합성능력도 커진다.

정답 15 ① 16 ② 17 ③ 18 ②

19 **벼 기계이앙재배에 대한 설명으로 옳은 것은?**

① 기계이앙모는 손이앙모보다 어려서 모낸 후의 활착 한계온도가 1~2℃ 높다.
② 기계이앙재배는 손이앙재배에 비하여 유효수수 확보가 불리하므로 벼 수량은 손이앙재배보다 떨어진다.
③ 기계이앙모는 비닐하우스 등에서 육묘하므로 손이앙모보다 병해와 생리 장해가 잘 나타나지 않는다.
④ 기계이앙재배에서 출수기는 손이앙재배보다 지연된다.

해설

① 기계이앙모는 손이앙모보다 어려서 모낸 후의 활착 한계온도가 1~2℃ 낮다.
② 기계이앙재배는 손이앙재배에 비하여 유효수수 확보가 유리하고 벼 수량은 동일하다.
③ 기계이앙모는 비닐하우스 등에서 육묘하므로 손이앙모보다 병해와 생리 장해가 잘 나타난다.

20 **벼 잎의 생장특성에 대한 설명으로 옳지 않은 것은?**

① 엽령지수가 100인 시기는 지엽이 완전히 신장한 시기이다.
② 잎 1매의 출엽에 필요한 적산온도는 유수분화기 이전보다 이후에 높다.
③ 잎의 수는 줄기의 마디수보다 2~3개 많다.
④ 출엽주기는 영양생장기가 생식생장기보다 짧다.

해설

잎의 수는 줄기의 마디수와 거의 비슷하다.

19 ④ 20 ③ 정답

2013년 국가직 식용작물

01 **씨감자에 대한 설명으로 옳지 않은 것은?**

① 씨감자는 바이러스병이 없고, 저장이 잘 되어 세력이 좋고 싱싱해야 한다.
② 감자를 자를 때에는 눈을 고르게 가지도록 잘라야 하며, 일반적으로 머리 반대쪽에 눈이 많다.
③ 씨감자는 한쪽 당 무게가 30~40g 정도가 되도록 2~4쪽으로 잘라서 사용한다.
④ 씨감자를 절단할 때에는 소독한 기구를 사용한다.

해설

괴경은 많은 눈을 갖고 있으며 기부보다는 정부에 눈이 많고 눈에서 싹이 나온다.

02 **수수의 재배적 특성에 대한 설명이다. 옳지 않은 것만을 모두 고른 것은?**

ㄱ. 천근성이며 요수량이 크다.
ㄴ. 알칼리성 토양에 대한 적응성이 강하다.
ㄷ. 고온과 건조한 환경에 잘 견딘다.
ㄹ. 옥수수보다 저온에 대한 적응성이 높다.

① ㄱ, ㄴ　　② ㄱ, ㄹ
③ ㄴ, ㄷ　　④ ㄷ, ㄹ

해설

- 심근성이며 요수량이 322g으로 작다.
- 옥수수보다 저온 적응성은 낮고 고온에 잘 견뎌 40~43℃에서도 수정이 가능하고, 20℃ 이하에서는 생육이 더디다.
- 생육적온은 38℃, 무상기일은 90~140일 정도를 요한다.

03 **고구마 덩이뿌리의 발달 및 비대를 촉진하는 무기성분은?**

① 질 소
② 인 산
③ 칼 륨
④ 칼 슘

해설

괴근의 비대 : 칼륨질비료의 효과가 크고 질소질비료의 과용은 지상부만 번무시키고 괴근의 형성과 비대에는 불리하게 작용한다.

04 **쌀의 밥맛을 좋게 하는 재배 및 수확 후 관리방법으로 옳지 않은 것은?**

① 벼의 등숙률과 천립중을 높이기 위하여 질소 알거름을 충분히 시용한다.
② 알맞은 온도에서 등숙이 되도록 재배시기를 조절한다.
③ 일반적인 수확적기인 출수 후 40~50일에 수확을 한다.
④ 도정과정에서 불완전미를 잘 제거하여 완전미율을 높인다.

해설

질소질비료의 시비가 증가하면 심백미, 복백미와 동할미가 증가하고 쌀알의 투명도가 낮아져 식미가 저하되므로 시비량을 표준시비량까지 줄이고 시비한 질소가 출수 후 쌀알로 전이되 단백질로 축적되지 않도록 해야 한다.

정답 1 ② 2 ② 3 ③ 4 ①

05 벼 식물의 단위면적당 물질생산에 대한 설명으로 옳지 않은 것은?

① 물질생산을 위한 광합성 적온은 20~33℃ 범위이다.
② 벼 식물 개체군의 최적엽면적지수가 작을수록 광합성량이 많다.
③ 직립초형은 수광태세를 좋게 하여 광합성량이 증가한다.
④ 재배 가능한 온도범위에서 기온이 높을수록 호흡량이 증가한다.

해설

벼 식물 개체군의 최적엽면적지수가 클수록 광합성량이 많다.

06 작물에 필요한 필수원소의 역할에 대한 설명으로 옳지 않은 것은?

① 칼슘 결핍 시 잎의 끝이나 둘레가 황화하고 아래잎이 떨어지며 결실이 잘 이루어지지 않는다.
② 질소가 부족하면 오래된 잎의 가장자리부터 시작하여 잎의 가운데 부분까지 황백화 현상이 발생한다.
③ 마그네슘 결핍 시 엽맥 사이에 황백화 현상이 일어나고 줄기나 뿌리의 생장점의 발육이 나빠진다.
④ 황이 부족하면 엽록소의 형성이 억제되고, 콩과 작물의 경우 뿌리혹박테리아의 질소고정능력이 낮아진다.

해설

• 칼륨 결핍 시 잎의 끝이나 둘레가 황화하고, 아래잎이 떨어지며 결실이 잘 이루어지지 않는다.
• 칼슘(Ca)
  – 세포막의 중간막의 주성분이며 잎에 많이 존재한다.
  – 체내에서는 이동률이 매우 낮다.
  – 분열조직의 생장, 뿌리 끝의 발육과 작용에 불가결하며 결핍되면 뿌리나 눈의 생장점이 붉게 변하여 죽게 된다.
  – 토양 중 석회의 과다는 마그네슘, 철, 아연, 코발트, 붕소 등 흡수가 저해되는 길항작용이 나타난다.

07 여교배육종에 대한 설명으로 옳지 않은 것은?

① 더 많은 수의 F_1을 취급하면 연관지체를 극복할 가능성이 커진다.
② 목표형질 이외의 형질 개량에도 유리하다.
③ 우수한 유전자를 점진적으로 한 품종에 집적할 수 있는 방법이다.
④ 세포질 웅성불임 계통을 육성할 때 여교배로 불임세포질을 도입할 수 있다.

해설

여교배육종(戾交配育種, Backcross Breeding) : 우량품종의 한두 가지 결점을 보완하는데 효과적인 육종방법이며, 목표형질을 정확히 이전시킬 수 있다.

08 최근 식량작물에 함유된 건강 기능성 물질에 대한 소비자의 관심이 매우 높아지고 있다. 검정콩의 주요 기능성 물질에 해당하는 것만을 모두 고른 것은?

ㄱ. Isoflavone
ㄴ. Glucosinolate
ㄷ. Anthocyanin
ㄹ. Tocotrienol
ㅁ. Saponin
ㅂ. DHA(DocosaHexaenoic Acid)

① ㄱ, ㄴ, ㄷ
② ㄴ, ㄹ, ㅁ
③ ㄹ, ㅁ, ㅂ
④ ㄱ, ㄷ, ㅁ

09 두류에 대한 설명으로 옳지 않은 것은?

① 팥을 연작하면 콩의 경우처럼 토양 내에 선충이 증가하며 병도 많아진다.
② 팥은 콩보다 더 고온다습한 기후에 잘 적응하는 반면에 상대적으로 저온에 약하다.
③ 콩은 팥보다 줄기가 연약하여 비옥한 토양에서는 쓰러지기 쉬우므로 늦게 심거나 넓게 심는 것이 좋다.
④ 콩은 떡잎과 배축 부분이 지상부에 있는 에피길(Epigeal)이고, 팥은 떡잎과 배축 부분이 지하부에 있는 하이포길(Hypogeal)이다.

해설

팥의 줄기의 형태는 콩과 비슷하나 다소 가늘고 길며 만화되는 경향이 있어 도복에 약하다.

5 ② 6 ① 7 ② 8 ④ 9 ③ 정답

10 밀의 품질특성 중 입질과 분질의 특성에 대한 설명으로 옳지 않은 것은?

① 입질은 밀 배유부의 물리적 구조를 말하며, 초자질, 중간질, 분상질 등으로 구분한다.
② 초자질립은 밀 단면의 70% 미만이 초자질부로 되어 있다.
③ 분질은 경질, 반경질, 중간질, 연질 등으로 구분한다.
④ 반경질분은 결정입자 및 단백질과 부질의 함량이 경질분보다 다소 적다.

초자질립(경질밀)
- 초자질부 : 밀알의 횡단면이 맑고 반투명한 부위이다.
- 단면의 70% 이상이 초자질부로 되어 있는 밀알이다.
- 세포가 치밀하고 광이 잘 투입되므로 반투명하게 보인다.

11 벼와 잡초인 피를 구분하는 일반적인 지표로 사용되는 기관은?

① 잎 혀　　② 잎 집
③ 잎 몸　　④ 줄 기

해설

밑부분이 긴 엽초로 되어 있고 엽설이 없다.

12 발아율 검사를 위해 200개의 콩을 25℃ 항온기에 두고 매일 발아한 종자수를 관찰하여, 아래 표와 같은 결과를 얻었다. 발아율은?

일 수	3	4	5	6	7	8	9
발아한 종자수	8	32	60	50	18	12	–

① 80%　　② 85%
③ 90%　　④ 95%

해설

발아율(%) : 파종된 총 종자수에 대한 발아종자수의 비율을 말한다.

$$발아율 = \frac{8+32+60+50+18+12}{200} \times 100$$

$$= \frac{180}{200} \times 100 = 90\%$$

13 식물의 뿌리와 종자의 세포신장과 분열 및 개화를 촉진시키는 호르몬은?

① 에틸렌　　② 앱시스산
③ 지베렐린　　④ 옥 신

해설

지베렐린의 재배적 이용
- 발아촉진 : 종자의 휴면타파로 발아가 촉진되고 호광성 종자의 발아를 촉진하는 효과가 있다.
- 화성의 유도 및 촉진
  - 저온 · 장일에 의해 추대되고 개화하는 월년생 작물에 지베렐린 처리는 저온 · 장일을 대체하여 화성을 유도하고 개화를 촉진하는 효과가 있다.
  - 배추, 양배추, 무, 당근, 상추 등은 저온처리 대신 지베렐린 처리를 하면 추대 · 개화한다.
  - 팬지, 프리지어, 피튜니아, 스톡 등 여러 화훼에 지베렐린 처리를 하면 개화 촉진의 효과가 있다.
  - 추파맥류의 경우 6엽기 정도부터 지베렐린 100ppm 수용액을 몇 차례 처리하면 저온처리가 불충분해도 출수한다.
- 경엽의 신장촉진
  - 특히 왜성식물에 있어 경엽 신장을 촉진하는 효과가 현저하다.
  - 기후가 냉한 생육초기 목초에 지베렐린 처리를 하면 초기 생장량이 증가한다.
- 단위결과 유도 : 거봉품종은 만개하기 전 14일 및 만개 후 10일경 2회 처리하면 무핵과가 형성되고 성숙도 크게 촉진된다.
- 수량증대 : 가을씨감자, 채소, 목초, 섬유작물 등에서 효과적이다.
- 성분변화 : 뽕나무에 지베렐린 처리는 단백질을 증가시킨다.

14 재배환경의 수질오염에 대한 설명으로 옳은 것은?

① 부유물질이 논에 유입되어 침전되면 어린 식물은 생리적인 피해를 받고, 토양은 표면이 확장되어 투수성이 좋아진다.
② 화학적 산소요구량은 수중의 오탁 유기물을 무기성 산화물과 가스체로 안정화하는 과정에 필요한 총산소량을 ppm 단위로 표시한 것이다.
③ 산업단지 또는 도시 근교에 있는 논에 질소함량이 높은 폐수가 유입되면 벼에 과번무, 도복, 등숙불량, 병충해 등의 질소과잉장해가 나타난다.
④ 합성세제의 주성분인 ABS는 20ppm 이상의 농도에서 식물 생리활성제로 작용하여 뿌리의 생육이 활발해진다.

정답 10 ② 11 ① 12 ③ 13 ③ 14 ③

15 **벼의 재배한계 고위도 지역에서 수량이 높은 품종을 우리나라에 가져와 재배할 경우 일어날 수 있는 현상은?**

① 기본영양생장성과 감광성이 커서 우리나라에서 재배할 경우 생육기간이 길어지고 수량이 증대할 것이다.
② 기본영양생장성과 감온성이 커서 우리나라의 만생종과 비슷한 시기에 출수 개화되고 수량도 비슷할 것이다.
③ 감광성과 감온성이 커서 출수 개화가 우리나라에서는 빨라지고 수량이 저하할 것이다.
④ 기본영양생장성과 감광성이 작아서 우리나라에서는 생육기간이 짧아져 수량이 낮아질 것이다.

해설
고위도 지대 : 기본영양생장성과 감광성은 작고 감온성이 커서 일찍 감응하여 출수, 개화하여 서리 전 성숙할 수 있는 감온형인 blT형이 재배된다.

16 **맥류의 포장에서 출수에 대한 설명으로 옳지 않은 것은?**

① 추파성은 영양생장을 지속시키는 성질로서 추파성이 큰 품종은 포장에서 출수가 늦다.
② 추파형 호밀을 봄에 파종하여 유식물체 시기에 단일처리를 하면 춘화가 되어 정상적으로 출수한다.
③ 맥류는 장일식물로서 추파성이 소거되기 이전에도 장일에 의하여 출수가 촉진된다.
④ 맥류의 추파성 소거에는 저온이 유효하지만 추파성이 소거된 이후에는 고온에 의하여 출수가 촉진된다.

해설
추파형 품종은 생육초기 저온단일조건이 추파성을 제거하는데 가장 효과적이고, 추파성이 사라지면 고온장일조건이 출수를 촉진시킨다.

17 **잡곡의 화기구조에 대한 설명으로 옳지 않은 것은?**

① 조의 작은 이삭에는 한 쌍의 받침껍질에 싸여 있는 2개의 꽃이 있는데, 상위의 꽃은 종자가 달리는 임실화이고 하위의 꽃은 퇴화하여 종자가 달리지 않는다.
② 수수의 작은 이삭에는 유병소수와 무병소수가 쌍을 지어 붙어 있으며, 유병소수에는 종자가 달리고, 무병소수에는 종자가 달리지 않는다.
③ 메밀의 꽃은 동일 품종이라도 장주화와 단주화가 반반씩 생기는 이형예현상을 보인다.
④ 옥수수는 줄기 끝에 수이삭이 달리고 중간 마디에는 암이삭이 달리는 자웅동주식물이다.

해설
수수의 작은 이삭에는 유병소수와 무병소수가 쌍을 지어 붙어 있으며, 무병소수에는 종자가 달리고, 유병소수에는 종자가 달리지 않는다.

18 **영양번식과 유사하게 하나의 개체로부터 유전적으로 동일한 개체군을 만드는 생식방식은?**

① 아포믹시스(Apomixis)
② 배우체형 자가불화합성(Gametophytic Self-Incompatibility)
③ 포자체형 자가불화합성(Sporophytic Self-Incompatibility)
④ 세포질적 웅성불임성(Cytoplasmic Male Sterility)

해설
아포믹시스(Apomixis)
- 아포믹시스는 'mix가 없는 생식'으로 수정과정을 거치지 않고 배가 만들어져 종자를 형성하는 무수정종자형성(無受精種子形成) 또는 무수정생식(無受精生殖)을 뜻한다.
- 배를 만드는 세포에 따라 부정배형성, 무포자생식, 복상포자생식, 위수정생식, 웅성단위생식 등으로 구분한다.

19 **벼 뿌리가 산소가 부족한 물 속에서도 생장할 수 있는 이유로 옳지 않은 것은?**

① 벼 뿌리는 피층 내에 파생통기조직이 발달하여 벼 잎의 기공으로부터 뿌리까지 산소를 전달할 수 있다.
② 벼 뿌리의 선단부에서 산소를 방출하여 토양을 산화적으로 교정해서 뿌리가 환원토양 속으로 신장할 수 있다.
③ 뿌리 표면에 산화철의 피막을 만들어 통기불량으로 생긴 유해가스로부터 뿌리를 보호할 수 있다.
④ 잎이 물에 잠긴 현저한 산소 부족상태에서도 벼 뿌리는 무기호흡을 하여 동일한 기질로 더 많은 에너지를 얻는다.

15 ④ 16 ③ 17 ② 18 ① 19 ④ 정답

20 **벼의 장해형 냉해로 발생하는 전형적인 피해는?**

① 영화의 분화 감소
② 이삭수의 감소
③ 불임립의 증가
④ 발육 정지립의 증가

장해형 냉해(障害型冷害, Spikelet-Sterility Type Cold Injury)

- 영양생장기에는 정상적으로 생육하였으나 생식생장기 특히 수잉기와 개화기에 저온으로 수분 및 수정 장해의 발생으로 불임이 됨으로써 감수하는 냉해이다.
- 장해형 냉해는 지연형과 달리 기온이 정상으로 돌아와도 피해가 회복되지 않는다.

정답 20 ③

2014년 국가직 식용작물

01 작물군락의 수광태세에 대한 설명으로 옳은 것은?

① 콩은 키가 작고 가지가 많으면 수광태세가 좋아진다.
② 옥수수는 하위엽이 직립하고 상위엽이 수평인 것이 수광태세가 좋다.
③ 벼는 잎이 가급적 얇고, 약간 넓으며, 하위엽이 직립한 것이 수광태세가 좋다.
④ 맥류는 광파재배보다 드릴파재배를 하는 것이 수광상태가 좋다.

해설

드릴파재배는 밀식재배이므로 수광상태가 좋지 않다.

02 자가수정을 원칙으로 하는 작물만을 모두 고르면?

ㄱ. 기 장	ㄴ. 동 부
ㄷ. 메 밀	ㄹ. 완 두
ㅁ. 율 무	ㅂ. 조

① ㄱ, ㄷ
② ㄴ, ㄹ, ㅁ
③ ㄱ, ㄴ, ㄹ, ㅂ
④ ㄴ, ㄷ, ㄹ, ㅁ, ㅂ

해설

- 메밀은 타가수정작물로 충매에 의한 타화수정을 하며 동화나 동형화 사이에는 수정되지 않는다.
- 율무는 대부분 타가수정을 한다.

03 토양의 수분상태 중 pF값이 가장 큰 것은?

① 포장용수량 ② 최소용수량
③ 수분당량 ④ 흡습계수

해설

④ 흡습계수 = 4.5
① 포장용수량 = 2.5~2.7
② 최소용수량 = 2.5~2.7
③ 수분당량 = 젖은 토양에 중력의 1,000배의 원심력을 작용한 후 잔류하는 수분상태로 포장용수량과 거의 일치한다.

04 논에서 발생하는 다년생 광엽잡초만을 고르면?

ㄱ. 가 래	ㄴ. 메 꽃
ㄷ. 물달개비	ㄹ. 벗 풀
ㅁ. 올 미	ㅂ. 나도겨풀

① ㄱ, ㄷ, ㄹ ② ㄱ, ㄹ, ㅁ
③ ㄴ, ㄷ, ㅁ ④ ㄴ, ㄹ, ㅂ

해설

우리나라 주요 논잡초

구 분		잡 초
1년생	화본과	강피, 물피, 돌피, 둑새풀
	방동사니과	참방동사니, 알방동사니, 바람하늘지기, 바늘골
	광엽잡초	물달개비, 물옥잠, 여뀌, 자귀풀, 가막사리
다년생	화본과	나도겨풀
	방동사니과	너도방동사니, 올방개, 올챙이고랭이, 매자기
	광엽잡초	가래, 벗풀, 올미, 개구리밥, 미나리

1 ④ 2 ③ 3 ④ 4 ② 정답

05 우리나라 중산간지나 동북부해안지대의 벼 재배에 적합한 기상생태형으로 가장 적절한 것은?

① Blt, bLt ② Blt, blT
③ blt, blT ④ blt, bLt

해설

중위도 지대
- 우리나라와 같은 중위도 지대는 서리가 늦으므로 어느 정도 늦은 출수도 안전하게 성숙할 수 있고, 또 이런 품종들이 다수성이므로 주로 이런 품종들이 분포한다.
- 위도가 높은 곳에서는 blT형이, 남쪽은 bLt형이 재배된다.
- Blt형은 생육기간이 길어 안전한 성숙이 어렵다.

06 벼의 분얼에 영향을 미치는 환경조건에 대한 설명으로 옳지 않은 것은?

① 일반적으로 분얼은 적온 내에서 주·야간의 온도 차이가 클수록 증가한다.
② 광도가 높으면 분얼이 증가하는데, 특히 분얼 초기와 중기에 영향이 크다.
③ 재식밀도가 높을수록 개체당 분얼수는 감소한다.
④ 토양수분이 부족하면 분얼이 억제되고, 심수관개(深水灌漑)를 하면 분얼이 촉진된다.

해설

수 분
- 토양수분의 부족은 분얼이 억제된다.
- 관개 시 심수관개는 온도가 낮아지고 주·야간 온도차가 적어져 분얼이 억제된다.
- 벼가 어린 식물일 때는 5cm 수심도 분얼의 발생을 억제하나 분얼최성기에는 10cm 정도 수심은 크게 억제하지 않는다.

07 옥수수의 단교잡종이 복교잡종과 비교하여 장점인 것만을 고르면?

ㄱ. 잡종의 채종량이 많다.
ㄴ. 재배 시 생산력이 높다.
ㄷ. 품질의 균일성이 높다.
ㄹ. 잡종강세가 크다.
ㅁ. 종자가격이 저렴하다.

① ㄱ, ㄴ, ㄷ
② ㄱ, ㄹ, ㅁ
③ ㄴ, ㄷ, ㄹ
④ ㄴ, ㄷ, ㅁ

해설

단교잡종과 복교잡종
- 단교잡종
  - 장점 : 재배 시 생산력이 높고, 품질의 균일성이 높으며 잡종강세가 크다.
  - 단점 : 잡종의 채종량이 적고, 종자가격이 비싸다.
- 복교잡종
  - 장점 : 잡종의 채종량이 많다.
  - 단점 : 잡종강세 발현도는 다소 높으나 품질의 균일성이 다소 떨어지고, 4개의 어버이 계통을 유지해야 하는 불편이 있다.

08 콩의 일장 적응성에 대한 설명으로 옳지 않은 것은?

① 화아분화·발달·개화 및 결협과 종실비대는 단일조건에서 촉진된다.
② 하대두형은 추대두형보다 일장에 둔감하고 생육기간이 짧아 저위도보다 고위도 지역에 적합하다.
③ 자연포장에서 화성 및 개화가 유도·촉진되는 한계일장이 긴 품종일수록 개화가 늦어진다.
④ 일장감응의 최저조도는 조생종이 만생종보다 높으며, 감응도는 정상복엽 > 초생엽 > 자엽 순으로 높다.

해설

한계일장이 긴 품종은 빠르게 일장반응이 나타나 개화가 빨라지고, 한계일장이 짧은 품종일수록 일장반응이 늦어 개화가 늦어진다.

09 무한신육형 콩과 비교한 유한신육형 콩의 특성으로 옳지 않은 것은?

① 영양생장기간과 생식생장기간의 중복이 짧다.
② 꽃이 핀 후에는 줄기의 신장과 잎의 전개가 거의 중지된다.
③ 개화기간이 짧고 개화가 고르다.
④ 가지가 길고 꼬투리가 드문드문 달린다.

정답 5 ③ 6 ④ 7 ③ 8 ③ 9 ④

해설

- 유한신육형(有限伸育型, Determinate Type)
  - 개화기에 도달하면 원줄기와 가지의 신장 및 잎의 전개가 중지되고 개화기간이 짧으며, 개화가 고르고 가지가 짧으며 꼬투리가 조밀하게 붙는다.
  - 개화 방향이 일정하지 않고, 대부분 마디에서 수일 내에 동시에 개화를 시작하므로 꼬투리가 거의 비슷한 시기에 형성되어 자란다.
  - 우리나라 재래종과 장려품종이 대부분 이에 속한다.
- 무한신육형(無限伸育型, Indeterminate Type)
  - 개화가 시작한 후에도 영양생장이 계속되어 원줄기와 가지의 신장 및 잎의 전개가 계속되어 개화기간이 길어지고, 가지가 길며 꼬투리는 드문드문 달리게 된다.
  - 중심줄기의 아래쪽 마디부터 개화가 시작해 점차 윗마디로 옮겨가므로 초기에 아래쪽 마디와 위쪽마디의 꼬투리의 크기 차이가 난다.

10 벼의 등숙에 대한 설명으로 옳지 않은 것은?

① 열대지방은 온대지방에 비하여 등숙기의 온도가 지나치게 높고 일교차가 작아 벼 수량이 낮다.

② 등숙 초기에는 일조량이 많은 것이 좋으며, 온도는 30℃보다 15~20℃를 유지하는 것이 등숙 촉진효과가 크다.

③ 등숙기간은 일평균 적산온도와 관계가 있으며, 비교적 고온에서 등숙하는 조생종이 만생종보다 짧다.

④ 등숙기에 야간온도가 높으면 이삭에 축적되는 탄수화물의 양이 감소되어 등숙비율이 낮아진다.

해설

등숙기간 중 일사량이 많고, 주간과 야간의 온도차가 10℃ 정도가 등숙에 좋다.

- 등숙 후 처음 10일 : 주간 29℃, 야간 19℃
- 등숙 후 10일 이후 : 주간 25℃, 야간 15℃

11 감자의 괴경형성 및 비대에 대한 설명으로 옳지 않은 것은?

① 고온 · 장일조건에서는 GA 함량이 증대되어 괴경형성이 억제된다.

② 괴경이 비대하기 시작할 때는 환원당이 비환원당보다 많고 휴면 중에는 비환원당이 많아진다.

③ 괴경의 형성에는 저온과 단일조건이 좋으나 괴경의 비대에는 장일조건과 야간의 고온이 좋다.

④ 괴경의 이차생장은 생육 중의 고온, 장일, 건조, 통기불량 등으로 인해 발생하며, 괴경의 전분은 일부 당화되어 발아하기 쉽게 되어 있어야 한다.

해설

괴경의 비대에도 단일 · 야간의 저온이 알맞으며, 인산과 칼륨이 충분해야 좋고 질소도 넉넉해야 하나 질소의 과다는 엽면적이 너무 커지고 지상부의 성숙이 지연되어 괴경의 비대도 저해된다. 괴경의 비대에는 엽면적지수 3~4 정도가 알맞다.

12 현미의 저장물질 축적에 대한 설명으로 옳지 않은 것은?

① 현미로 이전하는 저장물질은 소지경의 유관속을 통해 자방의 등 쪽 자방벽 내 통도조직으로 들어온다.

② 배유로 이전된 저장물질은 유관속을 통하여 각 세포로 이동되며 먼저 분열된 세포로 우선 보내진다.

③ 전분립의 축적은 수정 후 배유의 가장 안쪽 세포에서 시작되어 점차 바깥쪽으로 옮겨간다.

④ 배유조직으로 들어온 저장물질은 대부분 수용성 탄수화물이며, 이 탄수화물은 전분으로 합성되어 축적된다.

해설

배유로 이전된 저장물질은 세포를 통하여 각 세포로 이동되며 먼저 분열된 세포로 우선 보내진다.

13 맥류의 화서(花序)가 나머지 세 작물과 가장 다른 것은?

① 보 리

② 밀

③ 호 밀

④ 귀 리

해설

- 수상화서 : 보리, 밀, 호밀
- 복총상화서 : 귀리

10 ② 11 ③ 12 ② 13 ④ 정답

14 다음에서 설명하는 벼의 병은 무엇인가?

> 주로 7월 상순~8월 중순에 세균에 의해 발생하는 병으로, 잎의 가장자리에 황색의 줄무늬가 생긴다. 급성으로 진전되면 황백색 및 백색의 수침상 병반을 나타내다가 잎 전체가 말리면서 오그라들어 고사한다. 특히 다비재배 시와 침관수 피해지 등에서 많이 발병한다.

① 흰잎마름병
② 잎집무늬마름병
③ 도열병
④ 깨씨무늬병

해설

흰잎마름병
주로 7월 상순에서 8월 중순에 발병하며 균의 발육 최적온도는 26~30℃이고 폭우, 태풍에 의해 잎의 상처 또는 침수 후에 병원균이 수공이나 기공, 절단된 뿌리로 침입하여 많이 발생한다.

15 벼 재배에서 시비에 대한 설명으로 옳은 것은?

① 보통답에서 밑거름의 전층시비는 표층시비보다 질소비료의 이용률을 높여준다.
② 늦게 이앙한 논일수록 새끼칠거름의 시비량을 늘린다.
③ 일조시간이 적은 논이나 도복발생이 잦은 논에서는 질소질과 인산질의 시비량을 줄인다.
④ 이삭거름은 종실의 입중을 증가시키기 위해 시비하며, 질소 성분이 쌀알의 단백질 함량을 높인다.

해설

- 늦게 이앙한 논일수록 분얼비를 줄인다.
- 일조시간이 적거나 냉해, 침관수 및 도복의 발생이 상습적인 논은 질소질 비료를 20~30% 정도 시비량을 줄이고, 인산질 비료와 칼륨질 비료를 20~30% 정도 시비량을 늘리는 것이 좋다.
- 질소의 시비에 있어 수비가 부족하였을 때 실비로 시비하면 증수에는 도움이 되나 쌀알의 단백질 함량이 높아지므로 고품질 쌀의 생산이 목표라면 실비를 생략하는 것이 좋다.

16 호밀의 임성에 대한 설명으로 옳은 것은?

① 자가수분시키면 화분이 암술머리에서 발아는 하지만 화분관이 난세포에 도달하지 못한다.
② 자가불임성의 유전은 열성이며, 개체 간 유전적 변이는 없다.
③ 품종의 자가임성 정도는 재배종보다 야생종이 높다.
④ 결곡성(缺穀性)이 나타나는 원인은 미수분(未受粉)이며, 이는 유전되지 않는다.

해설

- 자가불임성
  - 풍매화로 타가수정하며 자가수분 시 화분이 암술머리에서 발아하지만 화분관이 난세포에 도달하지 못해 임실률이 현저히 떨어지고 때로는 거의 결실하지 못한다.
  - 자가불임성은 주로 우성이며, 개체 간 유전적 변이가 인정된다.
  - 자가불임성 정도는 재배종이 야생종보다 높다.
- 결곡성
  - 의의 : 호밀에서 나타나는 불임현상이다.
  - 원인 : 미수분에 의해 발생하며 포장 주위의 개체나 바람받이에 있는 개체는 미수분 되기 쉽고, 개화 전 도복, 강우 등에 의하여 발생하기도 한다.
  - 결곡성은 유전되며 호밀에서 결곡성이 높은 것은 염색체이상에 의한 것이라 한다.
  - 화분불임성과 웅성불임성이 있다.

17 벼의 저장 및 가공에 대한 설명으로 옳지 않은 것은?

① 벼를 저장할 때에는 수분함량 15% 정도, 저장온도 15℃ 이하, 상대습도 70% 정도를 유지하는 것이 좋다.
② 벼 저장 중에 발생하는 대표적인 해충에는 화랑곡나방, 보리나방 등이 있다.
③ 벼[正租]에서 과피를 제거하면 현미가 되고, 현미에서 종피 및 호분층을 제거하면 백미가 된다.
④ 제현율은 $\frac{\text{'도정률} \times \text{정백률'}}{100}$로 계산하며, 정백미로 가공하는 경우 74% 전후가 된다.

해설

- 제현율(製玄率, Brown Rice Recovery)
  - 정조 투입량에 대한 현미 생산량의 백분율로 품종에 따라 82~85%이다.
  - 벼의 껍질을 벗기고 이를 1.6mm 줄체로 체별하여 체를 통과하지 않은 현미와 체를 통과한 활성현미의 합과 벼의 비율을 말한다.

정답 14 ① 15 ① 16 ① 17 ④

• 도정률(搗精率, Milling Ratio) : 조곡에 대한 정곡의 비율로(제현율 × 현백률) ÷ 100 = 74% 전후가 된다.

18 수수와 조의 공통점이 아닌 것은?

① *Setaria*속(屬)에 속한다.
② 자가수정을 원칙으로 한다.
③ 관근과 부정근이 발생한다.
④ 내건성이 강하다.

해설

• 수수 : *Sorghum*속
• 조 : *Setaria*속

19 생육에 필요한 적산온도가 가장 낮은 작물은?

① *Setaria italica*
② *Fagopyrum esculentum*
③ *Solanum tuberosum*
④ *Pisum sativum*

해설

② *Fagopyrum esculentum*(메밀) : 1,000~1,200℃
① *Setaria italica*(조) : 1,800~3,000℃
③ *Solanum tuberosum*(감자) : 1,300~3,000℃
④ *Pisum sativum*(완두) : 2,100~2,300℃

20 고구마의 육묘에 대한 설명으로 옳은 것은?

① 묘상은 바람이 잘 통하고 차광이 잘되며 침수의 우려가 없는 곳에 설치하는 것이 좋다.
② 양열온상육묘법에서 발열지속재료로는 낙엽, 발열주재료로는 볏짚, 건초 등이 쓰인다.
③ 싹이 트는 데 적합한 온도는 23~25℃이지만 싹이 자라는 데에는 30~33℃가 적합하다.
④ 묘상은 동서방향으로 길게 만들어야 일사를 고르게 받을 수 있다.

해설

① 관리하기 편리한 집 근처의 북서풍이 막히고 양지가 바르며, 배수가 잘 되는 곳에 설치하는 것이 좋다.
③ 싹이 틀 때까지 보온으로 30~33℃가 유지되도록 하고, 싹이 튼 이후는 25℃ 정도가 되도록 관리하며 상토가 건조하지 않도록 관수를 해주어야 한다.
④ 묘상은 남북으로 길게 만들어야 일사가 고르며, 구덩이의 깊이는 40cm 정도로 하는 경우가 많고 상틀의 높이는 상토면 위 25~30cm 정도가 적당하다.

18 ① 19 ② 20 ② 정답

2015년 국가직 식용작물

01 벼 냉해의 방지 및 피해경감에 대한 설명으로 옳지 않은 것은?

① 유기질 및 규산질비료를 시비하여 작물체를 튼튼하게 한다.
② 장해형 냉해가 우려되면 이삭거름을 주지 않도록 한다.
③ 이삭을 밸 때 저온인 경우에는 논에 물을 대어주는 것이 좋다.
④ 냉해가 상습적으로 발생하는 지역은 안전한 만생종을 재배한다.

해설

냉해대책

- 내냉성 품종을 선택한다.
- 건모를 육성하여 조기 이앙하여 활착시키고, 초기생육을 촉진시킨다.
- 냉해 우려지역에서는 유묘재배나 직파재배를 금한다.
- 적기 이앙으로 안전한 출수를 유도한다.
- 질소질비료의 과비를 피하며, 인산과 칼륨을 20~30% 증시하고 규산질과 유기물의 시용량을 늘린다.
- 보통재배에 비해 다소 밀식하여 수량을 확보한다.
- 기온이 갑자기 낮아져 냉해가 예상될 때는 심수관개로 보온을 한다.
- 냉수가 관개되는 논의 경우 관개수온의 상승 대책을 세운다.
- 조식재배로 출수기를 앞당긴다.

02 벼 생육장해 중 한해(旱害)의 피해가 가장 심한 시기는?

① 감수분열기 ② 유수형성기
③ 유효분얼기 ④ 출수개화기

해설

생육시기별로 감수분열기에 한해가 가장 심하고 그 다음은 출수개화기, 유수형성기 분얼기 순이며, 무효분얼기에 그 피해가 가장 적다.

03 작부체계에 대한 설명으로 옳지 않은 것은?

① 윤작을 하면 지력이 증강되고 기지가 회피되며 잡초가 경감된다.
② 옥수수 등 화본과 작물은 토양의 입단형성을 조장하여 구조를 좋게 한다.
③ 중부지방에서 답리작 녹비작물로 호밀과 헤어리베치의 재배가 가능하다.
④ 답전윤환의 밭기간은 논기간에 비해 토양의 입단화와 건토효과가 크다.

해설

화곡류와 같은 천근성 작물을 연작하면 작토의 하층이 굳어지면서 다음 재배작물의 생육이 억제된다.

04 교잡종(F_1) 옥수수에 대한 설명으로 옳지 않은 것은?

① 복교잡종자가 단교잡종자에 비하여 균일도가 우수하고 수량성이 높다.
② 1대 잡종종자는 잡종강세 효과가 크게 나타나 자식계통보다 수량성이 높다.
③ 1회 교배당 결실종자수가 많고 단위면적당 파종에 필요한 종자수가 적어야 좋다.
④ 옥수수는 타식성 작물이므로 자가(自家)채종을 통해 종자생산을 하면 수량이 감소한다.

해설

잡종강세

- 자식약세 : 옥수수는 타가수정을 원칙으로 하나 인위적으로 자가수정을 계속하면 생장이 점점 나빠지고, 수량이 감소한다.
- 잡종강세 : 자식약세가 나타난 자식계통끼리 교잡하여 1대잡종을 만들면 다시 생육과 수량이 증가한다.

정답 1 ④ 2 ① 3 ② 4 ①

- 잡종강세의 이용 : 1대잡종 종자로 재배하면 생육과 수량이 증가하므로 잡종강세를 이용한 1대잡종 종자가 보급되고 있다.

※ 단교잡종자가 복교잡종자에 비하여 균일도가 우수하고 수량성이 높다.

05 맥주보리의 품질조건에 대한 설명으로 옳지 않은 것은?

① 발아가 빠르고 균일하여야 맥주의 품질이 좋아진다.
② 종실이 굵어야 전분 함량이 많아 맥주수율이 높아진다.
③ 곡피가 두꺼워서 주름이 적으면 맥주량이 많아진다.
④ 지방 함량이 3% 이상이면 맥주의 품질이 저하된다.

해설

품질조건

- 양적조건
  - 종실이 굵고 고르며, 주름이 적어야 한다.
  - 전분 함량은 58~65% 정도로 높아야 좋으며, 맥주수율도 좋아진다.
  - 곡피가 얇아야 하며 곡피의 양은 8% 정도가 적당하고, 두꺼우면 곡피 중 성분이 맥주 맛을 저하시킨다.
- 질적조건
  - 발아가 빠르고, 균일해야 한다.
  - 아밀라제의 활성이 강해야 전분으로부터 맥아당으로 당화작용이 잘 이루어지며, 효소력이 강해야 한다.
  - 단백질 함량이 낮아야 하며, 8~12%인 것이 가장 알맞다.
  - 지방의 함량이 적어야 하며, 1.5~3.0인 것이 좋고 그 이상이 되면 맥주품질이 저하된다.
  - 담황백색으로 품종 고유의 색택과 광택을 지니고 있는 것이 좋다.
  - 신선한 보릿짚과 같은 향기가 있어야 한다.
  - 종실의 건조, 숙도, 순도 등이 좋아야 하며 협잡물, 피해립, 이종립 등이 없어야 한다.

06 벼의 생육상이 영양생장에서 생식생장으로 전환하는 시기에 나타나는 특징이 아닌 것은?

① 주간의 출엽속도가 지연된다.
② 줄기의 상위 4~5절간이 신장하여 키가 커진다.
③ 유수의 분화가 이루어지기 시작한다.
④ 유효분얼이 최대로 증가하는 시기이다.

해설

생육상(Growth Phase)의 전환

- 영양생장기에서 생식생장기로 생육상을 전환하며 이삭의 분화가 시작되고 이 시기를 유수분화기(이삭이 생길 때)라 한다.
- 분얼은 출현하나 이삭 발생을 못하는 무효분얼이 대부분이다.

07 맥류의 춘화처리에 대한 설명으로 옳은 것은?

① 가을보리를 저온처리할 경우에는 암조건이 필요하다.
② 춘파형 품종을 봄에 파종하였을 경우에 춘화가 이루어지지 않아 좌지현상이 발생한다.
③ 추파맥류는 최아종자 때와 녹체기 때 모두 춘화처리 효과가 있다.
④ 춘화처리가 된 맥류는 파성과 관계없이 저온과 단일조건에서 출수가 빨라진다.

해설

춘화처리(春化處理, Vernalization)

- 추파성의 소거를 위해 추파맥류의 최아종자를 저온(0~3℃)에 일정기간(10~60일) 보관하는 방법으로 춘화처리, 버널리제이션 또는 저온처리라고 한다.
- 저온처리를 마친 종자라도 고온처리하면 이춘화현상이 나타난다.
- 춘화처리된 맥류는 파성과 관계없이 고온장일조건에서 출수가 빨라진다.
- 인위적 파성 소거방법에는 종자춘화, 단일춘화, 녹체춘화, 화학적 춘화 등이 있다.
- 종자춘화 : 발아가 시작된 종자를 어둡고 통기가 잘 되는 곳에 마르지 않게 하여 1~4℃ 또는 1~11℃에 40~60일 동안 보관하면 추파성이 소거되며 암기춘화라고도 한다.
- 단일춘화 : 유식물을 단일조건에서 처리해 추파성을 소거시켜 유수분화를 시키는 것이다.
- 녹체춘화
  - 발아 후 어느 정도 생장한 녹체기에 저온으로 처리하는 방법이다.
  - 1엽기녹체춘화법 : 종자를 포트에 파종 후 1엽이 완전히 전개한 다음 온도를 4~8℃로 하여 적색광을 내는 비타룩스-A(Vitalux-A)램프(40W)로 종야조명(終夜照明, Continuous Lighting)을 계속하거나 단일처리를 계속하면 종자춘화보다 빨리 추파성이 소거된다.
  - 최아종자녹체춘화법 : 배지에 종자를 복토하지 않고 종자의 반쯤 나출되게 한 후 온도를 4~8℃로 유지하고 파종직후부터 적색광을 내는 비타룩스-A(Vitalux-A)램프(40W)로 종야조명(終夜照明, Continuous Lighting)을 계속하면 가장 빨리 춘화된다.
- 화학적 춘화 : 우라실산이나 지베렐린과 같은 화학물질로 추파성을 소거할 수 있다.

5 ③ 6 ④ 7 ③ 정답

08 맥류에 대한 설명으로 옳지 않은 것은?

① 동해를 방지하려면 휴립구파를 하고 습해를 방지하려면 휴립휴파를 하는 것이 유리하다.
② 맥주보리의 검사항목에는 수분 함량, 정립률, 피해립의 비율, 발아세와 색택 등이 있다.
③ 작물체 내에 수분 함량과 단백질 함량이 감소하면 내동성은 증가한다.
④ 늦게 파종하거나 지력이 낮은 경우에는 파종량을 증가시킨다.

해설

내동성 증대의 생리적 요인
- 체내 수분 함량이 적다.
- 체내 당분 함량이 높거나 단백질 함량이 높다.
- 원형질 단백질에 −노기가 많다.
- 조세포의 pH값이 크다.
- 세포액의 친수교질이 많다.
- 원형질의 수분추과성이 크다.
- 저온처리 시 원형질 복귀시간이 짧다.
- 세포의 탈수저항성이 크다.
- 세포액의 삼투압이 높다.
- 조직즙의 광굴절률이 크다.
- 건물중이 크다.
- 발아종자의 아밀라아제 활력이 강하다.

내동성 증대의 형태적 요인
- 초기생육이 포복형이다.
- 관부가 깊어 초기생장점이 흙 속 깊이 있다.
- 엽색이 진하다.

09 옥수수의 종류에 대한 설명으로 옳지 않은 것은?

① 마치종 옥수수는 껍질이 두껍고 주로 사료용으로 이용된다.
② 찰옥수수의 전분은 대부분 아밀로스로 구성되어 있다.
③ 경립종 옥수수는 종자가 단단하고 매끄러우며 윤기가 난다.
④ 단옥수수는 섬유질이 적고 껍질이 얇아 식용으로 적당하다.

해설

전분의 구성은 아밀로스와 아밀로펙틴으로 되어 있고, 메옥수수는 아밀로스가 25% 전후이며, 찰옥수수는 아밀로펙틴이 95% 이상이다.

10 단옥수수를 이랑사이 40cm, 포기사이 25cm로 1개체씩 심고자할 때, 10a당 개체수는?

① 5,000　② 10,000
③ 12,000　④ 15,000

해설

$$개체수 = \frac{면적(m^2)}{이랑사이(cm) \times 포기사이(cm)} = \frac{10,000,000cm^2}{40cm \times 25cm}$$
$$= 10,000,000cm^2 \div 1,000cm^2 = 10,000$$

11 고구마의 큐어링에 대한 설명으로 옳은 것을 모두 고른 것은?

ㄱ. 큐어링은 수확 후 1주일 이후에 실시한다.
ㄴ. 큐어링이 끝난 고구마는 13℃의 저온상태에서 열을 발산시킨다.
ㄷ. 큐어링을 하면 고구마의 수분증발량이 적어지고 단맛이 증가한다.
ㄹ. 온도 20~25℃, 상대습도 70% 내외에서 4일 정도가 적합하다.

① ㄱ, ㄷ　② ㄱ, ㄹ
③ ㄴ, ㄷ　④ ㄴ, ㄹ

해설

큐어링(Curing)
- 고구마는 저장 중 상처를 통해 부패균이 침입할 수 있으므로 그 전에 유합조직이 형성되도록 하면 부패를 줄일 수 있으므로 수확 후 병균 침입 억제를 위해 상처 부위를 미리 치료하는 작업이 필요한데 이를 큐어링이라 한다.
- 큐어링은 수확 후 1주일 이내 실시하는 것이 좋고 온도는 30~35℃, 상대습도 90~95%로 조절된 공간에 4일 정도 두면 상처가 아문다.
- 큐어링 후 13℃의 온도에 두고 열을 발산시킨 뒤 본저장에 들어가는 것이 좋으며, 큐어링의 실시는 병 발생을 크게 줄이고 저장과정 중 증산량을 줄이고 단맛이 좋아지며 저장력도 강해진다.
- 본저장의 환경 : 온도 12~15℃, 습도 85~90%가 알맞고, 9℃ 이하가 되면 병해로 썩기 쉽고, 18℃ 이상에서는 양분의 소모가 많아지며 싹이 트기 쉽고 지나친 건조는 무게가 감소하고 건부병에 걸리기 쉬우며 과습은 썩기 쉽다.

정답 8 ③ 9 ② 10 ② 11 ③

12 **콩의 근류균에 대한 설명으로 옳지 않은 것은?**

① 근류균은 호기성 세균으로 지표면 가까이에 많이 분포한다.
② 근류균의 최적활성은 20~25℃의 온도와 pH 5~6 범위이다.
③ 질소비료를 많이 시비하면 근류균의 활성이 떨어진다.
④ 근류균은 공중질소를 암모니아태 질소로 고정한다.

해설
뿌리혹박테리아는 온도 25~30℃, 토양 pH 6.5~7.2, 토양수분이 충분하고 토양통기가 양호하며, 토양 중 질산염은 적고 석회, 칼륨, 인산, 부식이 풍부한 곳에서 생육이 왕성해지고 질소고정이 많아진다.

13 **메밀의 생리생태적 특성에 대한 설명으로 옳지 않은 것은?**

① 수정은 이형화보다는 동형화에서 잘 된다.
② 생육온도는 20~25℃, 재배기간은 60~80일 정도이다.
③ 고온다습한 환경에서는 착립과 종실발육이 불량해진다.
④ 낮과 밤의 일교차가 클 때 수정과 결실이 좋아진다.

해설
타가수정작물로 충매에 의한 타화수정을 하며, 동화나 동형화 사이에서는 수정되지 않는다.

14 **감자의 휴면에 대한 설명으로 옳지 않은 것은?**

① 2기작으로 가을재배를 할 경우 휴면기간이 긴 종서가 재배적으로 유리하다.
② 수확 전에 MH, NAA, 2,4-D 등의 약제를 처리하면 휴면기간이 연장된다.
③ 종서를 지베렐린 2ppm 용액에 30~60분간 침지하면 휴면이 타파된다.
④ 수확 후에 2~4℃의 저온에 저장하면 이듬해 봄까지 거의 싹이 트지 않는다.

해설
2기작 가을재배의 경우 휴면기간이 짧은 것이 재배적으로 유리하다.

15 **옥수수의 작물학적 특성에 대한 설명으로 옳지 않은 것은?**

① 식용 단옥수수는 수확적기가 지나면 당분함량이 떨어진다.
② 전형적인 C_4식물로 유관속초세포(維管束鞘細胞)가 발달하였다.
③ 수이삭이 암이삭보다 빨리 성숙하는 경우가 많아 타식이 용이하다.
④ 옥수수는 콩보다 광포화점과 이산화탄소 보상점이 높다.

해설
콩보다 광포화점은 높고, 이산화탄소 보상점은 낮다.

16 **밀의 단백질에 대한 설명으로 옳지 않은 것은?**

① 단백질 함량이 높은 강력분은 글루텐 함량도 높다.
② 토양수분이 낮아지면 단백질 함량은 증가된다.
③ 결정입자가 없는 연질밀은 경질밀보다 단백질 함량이 높다.
④ 밀 종실의 단백질 중에서 글루텐이 80%를 차지하고 있다.

해설
연질분(박력분)
- 밀가루에 결정입자가 없어 매우 부드럽다.
- 단백질과 부질의 함량이 낮아 신장성이 단시간에 그친다.
- 경질밀보다 단백질과 부질 함량은 낮고 지방 함량은 높다.
- 신장력이 다소 강한 것은 가락국수용, 신장력이 약하고 단백질함량이 적은 것은 카스테라, 비스킷, 튀김용에 알맞다.

17 **콩의 생리생태에 대한 설명으로 옳지 않은 것은?**

① 종자의 발육과정에서 배유부분이 퇴화되고 배가 대부분을 차지하기 때문에 무배유종자라고 한다.
② 품종에 따라 꼬투리당 평균종자수의 차이가 나는 것은 수정된 배주의 수가 다르기 때문이다.
③ 성숙기에 고온에 처할 경우 종자의 지방 함량은 감소하나 단백질 함량은 증가한다.
④ 종자크기가 최대에 도달한 시기를 생리적 성숙기라고 하는데 이 시기를 R_6로 표기한다.

정답 12 ② 13 ① 14 ① 15 ④ 16 ③ 17 ③

해설

성숙기에 고온일 경우 종자의 지방 함량은 증가하나 단백질 함량은 감소하고 종자가 충실히 비대하지 못하며 성숙기의 일교차는 큰 것이 종자발달에 유리하며 주간은 기온이 25℃ 이상, 야간은 20~25℃ 정도 유지되는 것이 유리하다.

18 쌀의 이용과 가공특성에 대한 설명으로 옳지 않은 것은?

① 현미를 백미로 도정하면 비타민 > 단백질 > 탄수화물 순으로 감소율이 크다.

② 쌀의 호화는 β전분이 α전분의 형태로 변화되는 것을 말한다.

③ 쌀겨에는 감마오리자놀, 토코페롤, 피틴산, C3G색소 등의 생리활성물질이 포함되어 있다.

④ 쌀의 휘발성 성분은 대부분 배에 존재하므로 도정률이 높아지면 밥의 향이 약해진다.

해설

쌀의 휘발성 성분은 호분층에 들어 있어 도정률이 높아지면 휘발성 성분이 감소하고 밥의 향이 약해진다.

19 벼에서 발생하는 병의 특징으로 옳은 것은?

① 잎도열병은 출수할 때부터 10일 동안 가장 많이 발생한다.

② 흰빛잎마름병은 저습지대의 침수나 관수피해를 받았던 논에서 주로 발생한다.

③ 줄무늬잎마름병은 세균에 의한 병이고 끝동매미충이 매개한다.

④ 키다리병의 병원균은 토양전염성으로 저온조건에서 주로 발생한다.

해설

흰잎마름병(白葉枯病, Bacterial Blight, 병원체: ***Xanthomonas campestris*)**

• 병원균 및 발병요인
  - 볍씨, 볏짚, 그루터기, 잡초 등에서 월동하여 1차 전염원이 된다.
  - 주로 7월 상순에서 8월 중순에 발병하며 균의 발육 최적온도는 26~30℃이고 폭우, 태풍에 의해 잎의 상처 또는 침수 후에 병원균이 수공이나 기공, 절단된 뿌리로 침입하여 많이 발생한다.
  - 지력이 높은 논과 다비재배 시 발생하기 쉽고, 저습지의 침관수 피해지, 해안 풍수해 지대에서 급속히 발생한다.
  - 병원균은 여러 계통이 있으며, 각 균계에 대한 품종 간 저항성이 다르다.
  - 출수기 이후 많이 발생한다.

• 병징 : 잎 가장자리에 황색의 물결과 같은 줄무늬가 생기고, 급성으로 진전되면 황백색 및 백색의 수침상 병반을 나타내다가 잎 전체가 말라서 오그라들어 고사한다.

20 벼의 형태와 생장에 대한 설명으로 옳지 않은 것은?

① 종자근은 발아 후부터 양분과 수분을 흡수하는 역할을 하며, 관근이 발생한 후에도 7엽기까지 기능을 유지한다.

② 발못자리나 건답직파에서 종자를 너무 깊이 파종하면 중배축근이 발생한다.

③ 엽신의 기공밀도는 상위엽일수록 많고, 한 잎에서는 선단으로 갈수록 많다.

④ 주간의 제7엽이 나올 때, 주간 제5절에서 분얼이 동시에 나온다.

해설

n엽과 n−3엽의 엽액에서 나오는 분얼의 제1엽은 동시에 생장하므로 주간 제7엽이 나올 때 주간 제4절에서 분얼이 동시에 나온다.

정답 18 ④ 19 ② 20 ④

2016년 국가직 식용작물

01 **작물의 학명이 옳은 것은?**

① 밀 : *Triticum aestivum* L.
② 옥수수 : *Arachis mays* L.
③ 강낭콩 : *Vigna radiata* L.
④ 땅콩 : *Zea hypogea* L.

해설
② 옥수수 : *Zea mays* L. ③ 강낭콩 : *Phaseolus vulgaris* L.
④ 땅콩 : *Arachis hypogaea* L.

02 **우리나라 고품질 쌀의 이화학적 특성으로 옳지 않은 것은?**

① 단백질 함량이 10% 이상이다.
② 알칼리붕괴도가 다소 높다.
③ Mg/K의 함량비가 높은 편이다.
④ 호화온도는 중간이거나 다소 낮다.

해설
고식미 쌀밥은 단백질 함량이 7% 이하로 알려져 있다.

03 **보리에 대한 설명으로 옳지 않은 것은?**

① 사료용, 주정용으로 활용할 수 있다.
② 내도복성 품종은 기계화재배에 용이하다.
③ 맥류 중 수확기가 가장 늦어서 논에서의 답리작에는 불리하다.
④ 일부 산간지대를 제외하면 거의 전국에서 재배가 가능하다.

해설
맥류 중 수확기가 가장 빨라 밭에서 두과 등과 2모작 또는 논에서 답리작으로 유리하다.

04 **볍씨를 산소가 부족한 심수조건에 파종했을 때 나타나는 현상은?**

① 초엽이 길게 신장하고, 유근의 신장은 억제된다.
② 초엽의 신장은 억제되고, 유근의 신장은 촉진된다.
③ 초엽과 유근 모두 길게 신장한다.
④ 초엽과 유근 모두 신장이 억제된다.

해설
벼가 깊은 물속에서 발아하는 경우 유근이 자라지 못해 착근이 어려워지므로 착근기에는 배수로 산소 공급을 도와야 한다.

05 **약배양 육종법으로 육성된 품종은?**

① 밀양23호 ② 화성벼
③ 통일벼 ④ 남선13호

해설
화성벼는 우리나라 최초로 약배양에 의한 반수체육종법으로 가장 짧은 기간 안에 육성·보급된 품종이다.

06 **씨감자 생산에 대한 설명으로 옳지 않은 것은?**

① 씨감자의 생리적 퇴화는 수확한 후 저장하는 동안 호흡작용에 의하여 일어난다.
② 씨감자를 생산하는 지역은 병리적 퇴화를 일으키는 매개인 진딧물 발생이 적은 고랭지가 적합하다.
③ 기본종은 건전한 감자의 식물체로부터 조직배양을 통해 생산한다.
④ 진정종자를 이용할 경우 바이러스 발병률이 높아서 씨감자를 이용한다.

1 ① 2 ① 3 ③ 4 ① 5 ② 6 ④ 정답

해설

진정종자의 채종 : 감자의 바이러스병은 종자로 전염되지 않으므로 종자를 심어 키운 실생을 이용하여 재배하면 바이러스병의 발병률이 낮아진다.

07 작물의 형질전환에 대한 설명으로 옳지 않은 것은?

① 형질전환 작물은 외래의 유전자를 목표 식물에 도입하여 발현시킨 작물이다.

② 도입 외래 유전자는 동물, 식물, 미생물로부터 분리하여 이용 가능하다.

③ 형질전환으로 도입된 유전자는 식물의 핵 내에서 염색체 외부에 별도로 존재하면서 발현된다.

④ 형질전환 방법에는 아그로박테리움 방법, 입자총 방법 등이 있다.

해설

다른 생물의 유전자(DNA)를 유전자운반체(Vector) 또는 물리적 방법으로 직접 도입하여 형질전환식물(形質轉換植物, Transgenic Plant)을 육성하는 기술을 말하며, 이를 이용하는 육종을 형질전환육종(形質轉換育種, Transgenic Breeding)이라 한다.

08 벼의 직파재배와 이앙재배에 대한 설명으로 옳지 않은 것은?

① 파종이 동일할 때 직파재배는 이앙재배에 비해 출수기가 다소 빠르다.

② 직파재배는 이앙재배에 비해 잡초가 많이 발생한다.

③ 직파재배는 이앙재배에 비해 분얼이 다소 많고 유효분얼비가 높다.

④ 직파재배는 이앙재배에 비해 출아 및 입모가 불량하고 균일하지 못하다.

해설

직파재배 시 벼의 생육상 특징

- 저위절부터 조기에 분열이 출현하여 단위면적당 이삭수의 확보가 용이하다.
- 파종이 동일한 경우 이앙벼에 비하여 출수기가 빨라진다.
- 건답직파의 경우 논토양은 통기성, 투수성이 양호하며 환원화 진행이 늦어 뿌리의 활력이 생육후기까지 높게 유지된다.
- 출아와 입모(立苗, Seedling Stand)가 불량하고 균일하지 못하다.
- 분얼의 과다로 과번무하기 쉽다.
- 절대 이삭수는 많으나 무효분얼이 많고, 유효경의 비율이 낮다.
- 잡초의 발생이 많다.
- 담수표면직파의 경우 도복하기 쉽다.

09 콩과 팥에 대한 설명으로 옳지 않은 것은?

① 콩과 팥의 꽃에는 암술은 1개, 수술은 10개가 있다.

② 팥은 콩보다 고온다습한 기후에 잘 적응하는 반면에 저온에 약하다.

③ 콩은 발아할 때 떡잎이 지상부로 올라오고, 팥은 떡잎이 땅속에 남아 있다.

④ 팥 종실 내의 성분은 콩에 비해 지방 함량이 높고 탄수화물 함량은 낮다.

해설

팥의 성분

- 주성분이 당질과 단백질이며, 당질 중에는 전분이 34%로 많이 함유된 편이고, 단백질은 20% 내외로 높지만 영양가는 콩에 비해 현저히 낮다.
- 지질은 두류 중 가장 낮은 0.7% 정도이다.
- 전분이 세포섬유에 싸여 있어 독특한 감촉을 주고 삶아도 풀리지 않는 장점이 있으나 소화가 다소 떨어진다.

10 벼 재배 시 물관리에 대한 설명으로 옳지 않은 것은?

① 물을 가장 많이 필요로 하는 시기는 수잉기이다.

② 무효분얼기에 중간낙수를 하는데 염해답과 직파재배를 한 논에서는 보다 강하게 실시한다.

③ 분얼기에는 분얼수 증가를 위해 물을 얕게 대는 것이 좋다.

④ 등숙기에는 양분의 전류·축적을 위해 물을 얕게 대거나 걸러대기를 한다.

해설

출수 전 30~40일의 무효분얼기는 벼의 일생 중 가장 물의 요구도가 낮은 시기이므로 5~10일간 논바닥에 작은 균일이 생길 정도로 중간낙수(中間落水, 중간물떼기, Midsummer Drainage)를 실시한다. 중간낙수는 사질답, 염해답, 생육이 부진한 논에서는 생략하거나 약하게 한다.

정답 7 ③ 8 ③ 9 ④ 10 ②

11 **트리티케일(Triticale)에 대한 설명으로 옳은 것은?**

① 밀과 호밀을 인공교배하여 육성한 동질배수체이다.
② 밀과 호밀을 인공교배하여 육성한 이질배수체이다.
③ 밀과 보리를 인공교배하여 육성한 동질배수체이다.
④ 밀과 보리를 인공교배하여 육성한 이질배수체이다.

해설

트리티케일

- 밀과 호밀의 속간잡종이다.
- 밀의 단간, 조숙, 양질성과 호밀의 내한성, 생육력, 긴 수장, 내병성 등의 조합을 목적으로 만들어졌으며 자가임성(自家稔性, Self-Fertility)을 가진다.
- 등숙이 좋지 않고, 품질이 낮은 등의 단점이 있어 이런 단점들을 보완하고 있는 실정이다.
- 6배체 트리티케일(AABBRR) = 호밀 × Durum
- 8배체 트리티케일(AABBDDRR) = 호밀 × 보통밀

12 **콩의 용도별 품종적 특성에 대한 설명으로 옳지 않은 것은?**

① 장콩(두부콩)은 보통 황색 껍질을 가진 것으로 무름성이 좋고 단백질 함량이 높은 것이 좋다.
② 나물콩은 빛이 없는 조건에서 싹을 키워 콩나물로 이용하기 때문에 대립종을 주로 쓴다.
③ 기름콩은 지방 함량이 높으면서 지방산 조성이 영양학적으로도 유리한 것이 좋다.
④ 밥밑콩은 껍질이 얇고 물을 잘 흡수하며 당 함량이 높은 것이 좋다.

해설

나물용 콩은 소립종을 사용한다.

13 **감자와 고구마에 대한 설명으로 옳지 않은 것은?**

① 두 작물은 본저장 전에 큐어링을 하면 상처가 속히 아문다.
② 두 작물의 주요 저장물질은 탄수화물이다.
③ 두 작물은 가지과에 속한다.
④ 감자는 괴경을, 고구마는 괴근을 식용으로 주로 이용한다.

해설

감자는 가지과이고, 고구마는 메꽃과이다.

14 **다음 중에서 단위면적당 생산열량이 가장 많은 작물은?**

① 벼
② 콩
③ 보 리
④ 고구마

해설

고구마의 재배적 장점

- 건조한 곳, 개간지, 척박지 등 토양적응성이 높고 산성토양에서도 잘 자라 재배적지의 범위가 넓다.
- 포복성으로 바람이 많은 곳에서도 재배가 가능하다.
- 작기의 이동이 비교적 쉽고, 맥후작으로도 많은 수량을 낼 수 있어 토지이용상 유리하다.
- 건물생산량이 많고, 단위면적당 수량이 어느 작물보다 가장 많다.
- 기상재해나 병충해가 적어 재배의 안전성이 높다.
- 괴근의 이용범위가 넓다.

15 **메밀(*Fagopyrum esculentum*)에 대한 설명으로 옳지 않은 것은?**

① 꽃가루가 쉽게 비산하므로 주로 바람에 의해 수분이 일어난다.
② 자가불화합성을 가진 타식성 작물이다.
③ 종자가 주로 곡물로 이용되나 식물학적으로는 과실(Achene)이다.
④ 메밀의 생태형은 여름생태형, 가을생태형 및 중간형으로 구분된다.

해설

타가수정작물로 충매에 의한 타화수정을 하며 동화나 동형화 사이에는 수정되지 않는다.

11 ② 12 ② 13 ③ 14 ④ 15 ① 정답

16 **벼에서 키다리병에 대한 설명으로 옳지 않은 것은?**

① 우리나라 전 지역에서 못자리 때부터 발생한다.
② 병에 걸리면 일반적으로 식물체가 가늘고 길게 웃자라는 현상이 나타난다.
③ 발생이 많은 지역에서는 파종할 종자를 침지소독하는 것이 좋다.
④ 세균(*Xanthomonus oryzae*)의 기생에 의해 발병한다.

해설
식물체가 웃자라는 것은 지베렐린에 의한 것이며, 벼의 키가 건전모의 약 2배에 달하여 키다리병이라 한다.

17 **땅콩에 대한 설명으로 옳은 것은?**

① 내건성(耐乾性)이 강한 편으로 모래땅에도 잘 적응하는 장점이 있다.
② 식용 두류 중에서 종실 내 단백질 함량이 가장 높다.
③ 꼬투리는 지상에서 비대가 완료된 후에 자방병이 신장되어 지중으로 들어간다.
④ 타식률이 4~5%로 다른 두류에 비해 높은 편이다.

해설
두류 중에서는 단위생산량이 많고, 모래땅에 잘 적응한다.

18 **옥수수와 비교하여 벼에서 높거나 많은 항목만을 모두 고른 것은?**

ㄱ. 기본염색체(n)의 수	ㄴ. 이산화탄소 보상점
ㄷ. 광포화점	ㄹ. 광호흡량

① ㄴ　　② ㄱ, ㄷ
③ ㄱ, ㄴ, ㄹ　　④ ㄱ, ㄴ, ㄷ, ㄹ

해설
• 벼의 염색체수는 2n=24, 옥수수는 2n=20이다.
• 옥수수는 C_4식물로 광이나 온도의 이용한계가 매우 높으며, 광호흡이 없어 저농도 이산화탄소에서도 외견상 광합성이 높게 나타난다.

19 **맥류에 대한 설명으로 옳지 않은 것은?**

① 밀의 개화온도는 20℃ 내외가 최적이며 70~80% 습도일 때 주로 개화한다.
② 출수 후 밀이 보리에 비해 개화와 수정이 빨리 이루어진다.
③ 우리나라에서는 수발아 억제방법으로 조숙품종을 재배하는 방법이 있다.
④ 맥주보리는 단백질 함량과 지방 함량이 낮은 것이 좋다.

해설
밀은 자가수정을 하지만 보리와는 달리 출수시작 후 3~6일경 개화 및 수정이 이루어지므로 보리에 비해 자연교잡률이 높다.

20 **옥수수의 합성품종에 대한 설명으로 옳은 것은?**

① 종자회사에서 개발하여 상업적으로 판매하는 품종의 거의 대부분은 합성품종이다.
② 합성품종의 초기 육성과정은 방임수분품종과 유사하고, 후기 육성과정은 1대잡종품종과 유사하다.
③ 합성품종은 방임수분품종에 비해 개량의 효과가 다소 떨어진다.
④ 합성품종은 1대잡종품종에 비해 잡종강세의 발현 정도가 낮고 개체 간의 균일성도 떨어진다.

해설
합성품종
• 조합능력이 우수한 몇 개의 자식계나 근교계를 혼합하여 방임수분으로 자유로이 교잡시키면서 하나의 집단으로 유지해 나가는 것을 말한다.
• 다계교잡의 후대를 품종으로 그대로 이용하는 경우로 우수한 합성품종은 5~8개의 우량한 자식계를 조합한 것이 많다.
• 조합능력검정으로 선발한 다수 계통을 격리포장에서 자연수분이나 인공수분으로 다계교배시켜 육성한다.
• 자연수분으로 유지되며 영양번식이 가능한 사료작물에서 널리 이용되며 잡종강세를 이용한다.
• 조합능력이 높은 여러 계통을 다계교배시킨 것으로 세대가 진전되어도 이형접합성이 높기 때문에 비교적 높은 잡종강세를 유지한다.
• 유전적 변이의 폭이 넓어 환경변동에 대한 안정성이 높은 편이다.

정답 16 ④ 17 ① 18 ③ 19 ② 20 ④

2017년 국가직 식용작물

01 다음 설명에 해당하는 작물로만 묶은 것은?

> • 양성화로서 자웅동숙이다.
> • 자가불화합성을 나타내지 않는다.
> • 호분층은 배유의 최외곽에 존재한다.

① 호밀, 메밀, 고구마
② 밀, 보리, 호밀
③ 콩, 땅콩, 옥수수
④ 벼, 밀, 보리

02 야생식물에서 재배식물로 순화하는 과정 중에 일어나는 변화가 아닌 것은?

① 종자의 탈락성 획득
② 수량 증대에 관여하는 기관의 대형화
③ 휴면성 약화
④ 볏과작물에서 저장전분의 찰성 증가

해설
종자의 탈락성은 재배작물은 어려우나 야생식물은 매우 용이하다.

03 벼 종자의 발아에 대한 설명으로 옳지 않은 것은?

① 저장기간이 길어질수록 발아율은 저하하고 자연상태에서는 2년이 지나면 발아력이 급격히 떨어진다.
② 이삭의 상위에 있는 종자는 하위에 있는 종자보다 비중이 크고 발아가 빠르다.
③ 광은 발아에는 관계가 없지만 발아 직후부터는 유아 생장에 영향을 끼친다.
④ 발아는 수분 흡수에 의해 시작되고 수분 흡수속도는 온도와 관계가 없다.

해설
수분의 흡수속도는 온도가 높을수록 빠르다. 볍씨의 수분함량은 15%까지 이르는 데에 30℃에서는 약 20시간, 20℃에서는 약 40시간이 소요된다. 또한 수분함량 25%까지는 30℃에서는 약 30시간, 20℃에서 약 60시간 이상이 소요된다.

04 고품질 쌀의 외관과 이화학적 특성에 대한 설명으로 옳지 않은 것은?

① 쌀알의 모양이 단원형이다.
② 쌀알이 투명하고 맑으며 광택이 있다.
③ 단백질 함량이 7% 이하로 낮다.
④ 아밀로오스 함량이 40% 이상으로 높다.

해설
고품질 쌀
• 우리나라 쌀의 고품질 기준 : 외관 품위가 우수하고 도정 특성이 양호하며 취반 후 옅은 담황색에 윤기가 있다. 밥알의 모양은 온전하고 구수한 밥 냄새와 맛이 나며, 찰기와 탄력이 있고 씹히는 질감이 부드러운 쌀이다.
• 고품질 쌀의 이화학적 특성
 - 단백질 함량이 7% 이하이다.
 - 아밀로오스 함량이 20% 이하이다.
 - 수분함량은 16.0% 내외이다.
 - 알칼리붕괴도가 다소 높아야 한다.
 - 호화온도는 중간이거나 다소 낮아야 한다.
 - 지방산가(mg KOH/100g)는 8~15 범위이다.
 - 무기질 중 Mg/K의 함량비가 높은 편이다.

1 ④ 2 ① 3 ④ 4 ④ 정답

05 밭작물 품종에 대한 설명으로 옳지 않은 것은?

① 풋콩은 일반적으로 조생종이며 당 함량이 높고 무름성이 좋다.
② 사료용으로 많이 재배되는 옥수수의 종류는 마치종이다.
③ 2기작용 감자 품종들은 괴경의 휴면기간이 120~150일 정도이다.
④ 밀에서 직립형 품종은 근계의 발달 각도가 좁고 포복형 품종은 그 각도가 크다.

해설

감자의 휴면기간

- 보통 2~4개월이지만, 거의 없는 것부터 7~8개월에 이르는 것까지 다양하다.
- 괴경의 미숙과 저장온도 1~4℃의 저온저장은 휴면기간이 길어지며, 저장고 내 산소농도를 높이고 이산화탄소의 농도를 낮추는 것도 싹이 트는 것을 억제한다.
- 괴경을 10~30℃의 고온에 두면 휴면기간이 짧아지므로 온도가 높은 곳에 보관하려면 휴면기간이 긴 품종이어야 한다.
- 수확 시 물리적 상처나 해충 등의 피해를 받으면 휴면기간이 짧아지며, 이는 자발적인 상처 치유를 목적으로 내성호르몬이 이동하면서 휴면타파가 촉진되기 때문이다.
- 휴면 중 괴경은 호흡량이 적어 저장양분의 소모도 적어진다.
- 2기작 가을재배의 경우 휴면기간이 짧은 것이 재배적으로 유리하다.

06 벼의 분얼에 대한 설명으로 옳지 않은 것은?

① 적온에서 주야간의 온도교차가 클수록 분얼이 증가한다.
② 분얼이 왕성하기 위해서는 활동엽의 질소 함유율이 2.5% 이하이고, 인산 함량은 0.25% 이상이 되어야 한다.
③ 모를 깊게 심거나 재식밀도가 높을수록 개체당 분얼수 증가가 억제된다.
④ 광의 강도가 강하면 분얼수가 증가하는데 특히 분얼 초기와 중기에 그 영향이 크다.

해설

영 양

- 분얼과 생장을 위해서는 무기양분과 광합성산물이 충분히 공급되어야 한다.
- 왕성한 분얼을 위해서는 활동엽의 질소 함유율이 3.5% 정도는 되어야 하며, 인산의 함량은 0.25% 이상이 되어야 한다.
- 질소 함유율이 2.5% 미만에서는 분얼이 정지된다.

07 벼의 생육기간 중 무기양분과 영양에 대한 설명으로 옳지 않은 것은?

① 호숙기에 체내 농도가 가장 높은 무기성분은 질소이다.
② 체내 이동률은 인과 황이 칼슘보다 높다.
③ 줄기와 엽초의 전분함량은 출수할 때까지 높다가 등숙기 이후에는 감소한다.
④ 철과 마그네슘은 출수 전 10~20일에 1일 최대흡수량을 보인다.

해설

벼의 질소 함량이 가장 높은 시기는 분얼최성기와 유수형성기이다. 생육시기별 무기성분의 농도는 생육 초기에는 질소와 칼륨의 농도가 높으며, 생육 후기에는 규산의 농도가 높다.

08 벼의 광합성에 대한 설명으로 옳지 않은 것은?

① 외견상광합성량은 대체로 기온이 35℃일 때보다 21℃일 때가 더 높다.
② 단위엽면적당 광합성능력은 생육시기 중 수잉기에 최고로 높다.
③ 1개체당 호흡은 출수기경에 최고가 된다.
④ 출수기 이후에는 하위엽이 고사하여 엽면적이 점차 감소하고 잎이 노화되어 포장의 광합성량이 떨어진다.

해설

생육시기 중 단위엽면적당 광합성능력은 분얼기에 최고에 달한 후 저하하며, 초장의 총광합성량은 엽면적이 많은 최고분얼기와 수잉기 사이 최대가 된다.

정답 5 ③ 6 ② 7 ① 8 ②

09 **밀알 및 밀가루의 품질에 대한 설명으로 옳지 않은 것은?**

① 출수기 전후의 질소 만기추비는 단백질 함량을 증가시킨다.
② 밀가루에 회분함량이 높으면 부질의 점성이 높아져 가공적성이 높아진다.
③ 입질이 초자질인 것은 분상질보다 조단백질 함량은 높고 무질소침출물은 낮다.
④ 밀 단백질의 약 80%는 부질로 되어 있고 부질의 양과 질이 밀가루의 가공적성을 지배한다.

해설

회분함량은 배유 부분에 비해 껍질 부분이 높아 껍질의 혼입이 많아지면 회분이 많아지며, 착색되고 글루텐 형성이 방해된다. 또한 효소력이 강해 가공품의 색·외관·소화율 등이 좋지 않다.

10 **밀과 보리의 뿌리, 줄기, 잎의 특성에 대한 설명으로 옳지 않은 것은?**

① 밀은 보리보다 더 심근성이므로 수분과 양분의 흡수력이 강하고 건조한 척박지에서도 잘 견딘다.
② 밀은 보리보다 줄기가 더 빳빳하여 도복에 잘 견딘다.
③ 밀은 보리보다 엽색이 더 진하며 그 끝이 더 뾰족하고 늘어진다.
④ 밀은 보리에 비해 엽설과 엽이가 더 잘 발달되어 있다.

해설

밀의 잎은 보리보다 색이 진하고 끝이 더 뾰족하나 엽이와 엽설의 발달은 보리보다 못하며, 적자색 줄을 띠는 것도 있다.

11 **벼의 수량 형성에 대한 설명으로 옳지 않은 것은?**

① 종실 수량은 출수 전 광합성산물의 축적량과 출수 후 동화량에 영향을 받는다.
② 물질수용능력을 결정하는 요인들은 이앙 후부터 출수 전 1주일까지 질소시용량과 일조량에 큰 영향을 받는다.
③ 일조량이 적을 때 단위면적당 영화수가 많으면 현미수량은 높아진다.
④ 등숙 중 17℃ 이하에서는 동화산물인 탄수화물이 이삭으로 옮겨지는 전류가 억제된다.

해설

일조량이 많아야 현미수량이 높아진다.

12 **콩 재배에서 북주기와 순지르기에 대한 설명으로 옳지 않은 것은?**

① 북주기는 줄기가 목화되기 전에 하는 것이 효과적이며, 만생종에는 북주기의 횟수를 늘리는 것이 좋다.
② 북을 주면 지온조절 및 도복방지의 효과가 있을 뿐만 아니라 새로운 부정근의 발생을 조장한다.
③ 과도생장 억제와 도복경감을 위한 순지르기는 제5엽기 내지 제7엽기 사이에 하는 것이 효과적이다.
④ 만파한 경우나 생육이 불량할 때 순지르기를 하면 분지의 발육이 좋아져서 수량을 증진시킨다.

해설

순지르기(적심)의 효과

- 생육이 왕성할 때 적심은 근계 발달과 근류균 착생을 촉진한다.
- 다비재배의 경우 분지 발육이 좋다.
- 분지수가 적어진다. 지상부 분지수가 적어지면 가지의 발육이 왕성해지고 착협수가 많아지며, 도복의 경감으로 증수효과가 크다.

13 **다음 작물들의 형태적 특징에 대한 설명으로 옳지 않은 것은?**

Arachis hypogea, Pisum sativum, *Phaseolus vulgaris, Vigna unguiculata*

① 엽맥은 망상구조이다.
② 관다발은 복잡하게 배열된 산재유관속으로 이루어져 있다.
③ 종자에는 안쪽에 두 장의 자엽이 있다.
④ 뿌리는 크고 수직으로 된 주근을 형성한다.

9 ② 10 ④ 11 ③ 12 ④ 13 ② 정답

해설

Arachis hypogea(땅콩), *Pisum sativum*(완두), *Phaseolus vulgaris*(강낭콩), *Vigna unguiculata*(동부)은 쌍자엽 식물로, 윤상으로 배열된 개방유관속으로 이루어져 있다.

14 옥수수 병충해에 대한 설명으로 옳지 않은 것은?

① 그을음무늬병과 깨씨무늬병은 진균병으로 7~8월에 많이 발생한다.
② 검은줄오갈병은 온도와 습도가 높은 곳에서 발생하는 세균병이다.
③ 조명나방 유충은 줄기나 종실에도 피해를 주며 침투성 살충제를 뿌려주면 효과적이다.
④ 멸강나방 유충은 떼를 지어 다니며 주로 밤에 식물체를 폭식하여 피해를 끼친다.

해설

검은줄오갈병(흑조위축병)

- 병징 및 발생
  - 잎 뒷면에 검은색 돌출 부위 비슷한 줄이 형성되면서 잎이 오그라드는데, 심하면 엽초에서도 나타난다.
  - 식물체 전체 마디 사이가 짧아져 키가 작고 잎이 농록색으로 변하며, 엽신이 짧아져 늘어지지 않는다.
  - 옥수수병 중 가장 무서운 병으로 심하면 마디 사이가 자라지 않는다.
- 전염경로 : 애멸구에 의해 매개되는 바이러스병이다.
- 방제 : 이병주를 제거하고 애멸구 등을 살충제를 이용해 방제한다.

15 다음 중 고구마에 발생하는 병을 모두 고른 것은?

ㄱ. 근부병	ㄴ. 검은무늬병
ㄷ. 더뎅이병	ㄹ. 무름병
ㅁ. 둘레썩음병	ㅂ. 덩굴쪼김병

① ㄹ, ㅂ
② ㄴ, ㄹ, ㅁ
③ ㄱ, ㄴ, ㄹ, ㅂ
④ ㄷ, ㄹ, ㅁ, ㅂ

16 고구마 유근의 분화에 대한 설명으로 옳지 않은 것은?

① 뿌리 제1기형성층의 활동이 강하고 유조직의 목화가 더디면 계속 세근이 된다.
② 토양이 너무 건조하거나 굳어서 딱딱한 경우 또는 지나친 고온에서는 경근이 형성된다.
③ 괴근 형성은 이식 시 토양통기가 양호하고 토양수분, 칼륨질 비료 및 일조가 충분하면서 질소질 비료는 과다하지 않은 조건에서 잘 된다.
④ 형성된 괴근의 비대에는 양호한 토양통기, 풍부한 일조량, 단일조건, 충분한 칼륨질 비료 등이 유리하다.

해설

제1형성층의 활동이 미약하고 유조직의 목화가 빠르면 처음부터 세근이 된다.

17 동부에 대한 설명으로 옳지 않은 것은?

① 콩에 비하여 고온발아율이 높은 편이다.
② 단일식물이며 대체로 자가수정을 하지만 자연교잡률도 비교적 높은 편이다.
③ 개화일수에 비하여 결실일수가 상대적으로 매우 긴 편이며, 한 꼬투리의 결실기간은 40~60일이다.
④ 재배 시 배수가 잘 되는 양토가 알맞고 산성토양에도 잘 견디며, 염분에 대한 저항성도 큰 편이다.

해설

개화일수에 비하여 결실일수가 매우 짧은 편이며, 파종 후 40~60일이면 개화가 시작되고 한 꼬투리의 결실기간은 15~30일이다.

18 콩과 옥수수 재배지에서 사용되는 토양처리형 제초제가 옳게 짝지어진 것은?

	콩	옥수수
①	Glyphosate	2,4-D
②	2,4-D	Glyphosate
③	Bentazon	Bentazon
④	Alachlor	Alachlor

정답 14 ② 15 ③ 16 ① 17 ③ 18 ④

19 **모의 생장에 대한 설명으로 옳지 않은 것은?**

① 출아한 볍씨에서 초엽이 약 1cm 자라면 1엽이 나오기 시작한다.
② 초엽 이후 발생한 1엽은 엽신과 엽초가 모두 있는 완전엽이다.
③ 초엽이 나오면서 종근이 발생한다.
④ 엽령이란 주간의 출엽수에 의해 산출되는 벼의 생리적인 나이를 말한다.

해설

제1본엽은 원통형이며, 엽신의 발달이 불완전한 침엽형태이다.

20 **잡곡에 대한 설명으로 옳지 않은 것은?**

① 율무의 자성화서는 보통 2개의 소수로 형성되지만 그 중 1개는 퇴화하고 종실 전분은 메성이다.
② 조에서 봄조는 감온형이고 그루조는 단일감광형인데 봄조는 그루조보다 먼저 출수하여 성숙한다.
③ 기장은 심근성으로 내건성이 강하고 생육기간이 짧아 산간 고지대에도 적응한다.
④ 메밀에서 루틴은 식물체의 각 부위에 존재하며 쓴메밀의 루틴 함량은 보통메밀에 비해 매우 높다.

해설

율무의 자성화서는 보통 3개의 소수로 형성되지만, 그 중 2개는 퇴화되어 1개만 발달하고 종실 전분은 찰성이다.

19 ② 20 ① 정답

2018년 국가직 식용작물

01 외떡잎식물과 쌍떡잎식물에 대한 설명으로 옳지 않은 것은?

① 벼・보리・밀・귀리・수수・옥수수 등은 외떡잎식물이다.
② 외떡잎식물의 뿌리는 수염뿌리이며 꽃잎은 주로 3의 배수로 되어 있다.
③ 쌍떡잎식물은 잎맥이 망상구조이고 줄기의 관다발이 복잡하게 배열되어 있다.
④ 쌍떡잎식물의 뿌리계는 곧은뿌리와 곁뿌리로 구성되어 있고 기능 면에서 물과 무기염류를 흡수하는 데 효과적이다.

해설
쌍떡잎식물의 줄기 관다발은 환상형으로 배열되어 있다.

02 밭작물의 특성에 대한 설명으로 옳지 않은 것은?

① 내한성은 호밀>밀>보리>귀리 순으로 강하다.
② 완두는 최아종자나 유식물을 0~2℃에서 10~15일 처리하면 개화가 촉진된다.
③ 피는 타가수정을 하며 불임률은 품종에 따라 변이가 심한데 50% 이상인 품종이 반수 이상이다.
④ 단옥수수는 출사 후 20~25일경에 수확하는데, 너무 늦게 수확하면 당분 함량이 떨어진다.

해설
피는 자가수정 식물이다.

03 고구마 싹이 작거나 밭이 건조할 경우의 싹 심기 방법에 해당하는 것은?

① 빗심기
② 수평심기
③ 휘어심기
④ 개량 수평심기

해설
고구마 싹을 심는 방법
- 싹이 크고 토양이 건조하지 않을 경우 : 수평심기
- 건조하거나 싹이 작을 때 : 곧심기(세워꽂기), 빗심기(경사꽂기), 구부려심기(조침식)
- 사질토에서 토양의 거조가 우려될 때 : 개량수평심기, 휘어심기, 배밑꽂기
- 짧고 굵은 싹을 사질토에 밀식한 경우 : 곧심기
- 싹이 건실하고 표준묘 이상일 때 : 개량수평심기, 수평심기, 휘어심기

04 우리나라의 일반적인 재배환경 중 장일상태에서 화성이 유도・촉진되는 작물로만 옳게 짝지은 것은?

① 벼 – 콩 – 감자
② 벼 – 보리 – 아주까리
③ 밀 – 콩 – 들깨
④ 밀 – 보리 – 감자

해설
- 장일식물 : 추파맥류, 시금치, 양파, 상추, 아마, 아주까리, 감자 등
- 단일식물 : 국화, 콩, 담배, 들깨, 조, 기장, 피, 옥수수, 아마, 호박, 오이, 늦벼, 나팔꽃 등
- 중성식물 : 강낭콩, 가지, 토마토, 당근, 셀러리 등

정답 1 ③ 2 ③ 3 ① 4 ④

05

유전자형이 AaBbCc와 AabbCc인 양친을 교잡하였을 때 자손의 표현형이 aBC로 나타날 확률은?(단, 각 유전자는 완전 독립유전 하며, 대립유전자 A, B, C는 대립유전자 a, b, c에 대해 각각 완전우성이다)

① 3/32 ② 9/32
③ 3/64 ④ 9/64

해설

유전형

AABbCC	AABbCc	AABbcc	AAbbCC	AAbbCc	AAbbcc
1	2	1	1	2	1
AaBbCC	AaBbCc	AaBbcc	AabbCC	AabbCc	Aabbcc
2	3	2	2	5	2
aaBbCC	aaBbCc	aaBbcc	aabbCC	aabbCc	aabbcc
1	2	1	1	2	1

표현형

ABC	ABc	AbC	Abc	aBC	aBc
8	3	10	3	3	1

06

보리의 도복 방지 대책에 대한 설명으로 옳지 않은 것은?

① 질소의 웃거름은 절간신장 개시기 전에 주는 것이 도복을 경감시킨다.
② 파종은 약간 깊게 해야 중경이 발생하여 밑동을 잘 지탱하므로 도복에 강해진다.
③ 협폭파재배나 세조파재배 등으로 뿌림골을 잘게 하면 수광이 좋아져서 도복이 경감된다.
④ 인산, 칼리, 석회는 줄기의 충실도를 증대시키고 뿌리의 발달을 조장하여 도복을 경감시키므로 충분히 주어야 한다.

해설

보리의 도복 대책

- 키가 작고 대가 충실한 내도복성 품종을 선택한다.
- 파종을 다소 깊게 하면 중경이 발생하고 밑동을 잘 지탱하여 도복을 경감된다.
- 파종량이 많으면 경수(莖數, number of tiller, number of branch)와 수수가 많아지지만 수광량이 적어 뿌리와 대가 약해져 도복이 조장된다.
- 두엄, 인산, 칼륨 등의 충분한 시비는 대가 충실하게 하고 뿌리의 발달을 조장한다.
- 질소질 비료의 추비는 시기가 빠르면 하위절간 신장 증대로 도복이 조장되므로 절간신장 개시 후 시용하는 것이 안전하다.
- 토입과 배토는 대의 밑동을 잘 고정하여 도복을 경감한다.
- 답압의 실시는 뿌리가 발달하고 흙이 다져져 밑동을 잘 고정하고 생육이 건실하게 되어 도복이 경감된다.
- 협폭파 또는 세조파재배 등으로 뿌림골을 잘게 하면 수광이 좋아져 키가 작고 대가 실하며 뿌리의 발달이 좋아져 도복이 경감된다.

07

맥류의 파성에 대한 설명으로 옳지 않은 것은?

① 추파성이 낮고 춘파성이 높을수록 출수가 빨라지는 경향이 있다.
② 추파성은 영양생장만을 지속시키고 생식생장으로의 이행을 억제하며 내동성을 증대시키는 것으로 알려져 있다.
③ 추파형 품종을 가을에 파종할 때에는 월동 중의 저온·단일 조건에 의하여 추파성이 자연적으로 소거된다.
④ 맥류에서 완전히 춘화된 식물은 고온·장일 조건에 의하여 출수가 빨라지며, 춘화된 후에는 출수반응이 추파성보다 춘파성과 관계가 크다.

해설

파성(播性)

- 파성의 특성
  - 맥류 출수와 관련이 있는 성질로는 파성, 일장반응, 협의의 조만성, 내한성 등이 있다.
  - 가을보리가 출수에 이르는 정상적 생육을 위해 품종에 따라 생육 초기에 일정 기간에 낮은 온도환경을 필요로 하는데 그 정도를 파성이라 한다.
  - 저온요구도가 큰 것을 추파형(秋播型, winter type), 작은 것을 춘파형(春播型, spring type), 그 중간 정도를 가진 것을 양절형(兩節型, intermediate type)이라 한다.
  - 월동 중 저온에 의해 추파성이 소거되어 정상적 출수하는 추파형 품종에 비해 춘파형 품종은 추파성이 없어 봄에 파종해도 정상적 출수를 한다.
- 추파성
  - 맥류의 영양생장을 지속시키고 생식생장을 억제하는 성질을 말하며 유전적 특성이지만 환경의 영향을 받는다.
  - 추파형 맥류는 추파성을 가지고 있어 맥류의 영양생장만 지속시키고 생식생장으로 이행을 억제하며 내동성을 증대시킨다.

5 ① 6 ① 7 ④ 정답

– 추파형 품종은 가을에 파종해야 월동 중 저온단일조건으로 추파성이 소거되어 정상적 출수로 개화 결실하나 봄에 파종하면 추파성 소거에 필요한 저온단일조건을 충분히 만나지 못해 추파성이 소거되지 못하고 좌지현상을 보인다.
– 좌지현상 : 생육 초기 일정기간 저온단일조건을 거치지 않으면 줄기와 잎만 자라는 영양생식을 지속하게 되어 이삭을 형성하지 못하는 현상을 말한다.
– 추파형 품종이라도 추파성이 없어지면 저온단일조건을 거치지 않아도 출수가 이루어지므로 봄에 파종하면 재배기간을 단축시킬 수 있다.
– 추파성이 높은 품종
  ⓐ 출수기는 늦으나 내동성과 내건성이 강한 경향이 있다.
  ⓑ 추파성이 클수록 출수가 늦어지는 경향이 있다.
  ⓒ 출수가 빨라지면 파종적기도 빨라지는데 이는 추파성 소거에 필요한 월동기간이 길어지기 때문이다.
  ⓓ 중 · 북부지방에서 주로 재배한다.
– 추파성이 낮은 품종
  ⓐ 가을에 일찍 파종하면 월동 전 유수가 형성됨에 따라 동화물질의 소모가 많아져 내동성이 약하고 유수는 동해에 안전하게 월동할 수 없다.
  ⓑ 추위에 다소 약하며 출수가 빠르고 숙기가 빠르다.
  ⓒ 주로 남부지방에서 재배한다.

08 잡곡류의 특성에 대한 설명으로 옳은 것은?

① 옥수수의 암이삭 수염은 중앙 하부로부터 추출되기 시작하여 상하로 이행되는데 선단부분이 가장 빠르다.
② 율무는 토양에 대한 적응성이 넓어서 논 · 밭을 가리지 않고 재배할 수 있으며 강알칼리성 토양에도 강하다.
③ 수수는 잔뿌리의 발달이 좋고 심근성이며 요수량이 적고 기동세포가 발달했다.
④ 메밀은 밤낮의 기온 차가 작은 것이 임실에 좋고, 서늘한 기후가 알맞으며 산간 개간지에서 많이 재배된다.

해설

① 옥수수의 암이삭의 수염은 중앙 하부부터 추출되어 상하로 이행되며 선단부분이 가장 늦다.
② 율무는 토양에 대한 적응성이 넓어서 논 · 밭을 가리지 않고 재배할 수 있으며 산성토양에도 강하다.
④ 메밀은 밤낮의 기온 차가 클 때 임실에 좋고, 서늘한 기후가 알맞으며 산간 개간지에서 많이 재배된다.

09 간척지 벼 기계이앙재배에 대한 설명으로 옳지 않은 것은?

① 간척지 토양은 정지 후 토양입자가 잘 가라앉지 않으므로 로터리 후 3~5일에 이앙하는 것이 좋다.
② 간척지에서는 분얼이 억제되므로 보통답에서 보다 재식밀도를 높여주는 것이 좋다.
③ 간척지에서는 환수에 따른 비료 유실량이 많으므로 보통재배보다 증비하고 여러 차례 분시하는 것이 좋다.
④ 간척지 토양은 알칼리성이므로 질소비료는 유안을 사용하는 것이 좋다.

해설

간척지 토양에서는 로터리 후 토양염분이 급상승하기 전 바로 이양하는 것이 바람직하다.

10 수수의 재배환경에 대한 설명으로 옳지 않은 것은?

① 강산성 토양에 강하며 침수지에 대한 적응성이 높은 편이다.
② 배수가 잘되고 비옥하며 석회함량이 많은 사양토부터 식양토까지가 알맞다.
③ 옥수수보다 저온에 대한 적응력이 낮지만 고온에 잘 견뎌 40~43℃에서도 수정이 가능하다.
④ 고온 · 다조한 지역에서 재배하기에 알맞고 내건성이 특히 강하다.

해설

수수의 재배, 경영상 특성
• 토양적응성과 내건성이 강해 척박지, 모래땅 저습지 등에서도 강하다.
• 흡비력이 강해 메마른 땅에서도 잘 자란다.
• 재배에 노동력이 적게 들고 건물생산량이 많다.
• 콩, 팥, 녹두 등과 혼작에 알맞다.

재배 환경
• 기 상
  – 열대원산으로 기온이 높고 일조량이 많은 기후를 좋아한다.
  – 내건성이 극히 강하며 이삭이 나온 후 많은 비는 좋지 않다.
  – 옥수수보다 저온 적응성은 낮으나 고온에 잘 견뎌서 40~43℃에서도 수정이 가능하고 20℃ 이하에서는 생육이 더디고 생육적온은 38℃, 무상기일은 90~140일 정도를 요한다.

정답 8 ③ 9 ① 10 ①

• 토 양
- 배수가 잘 되고 비옥하며 석회 함량이 많은 사양토 내지 식양토가 알맞다.
- 과습과 침수 같은 불량환경에 적응성이 매우 크다.
- 토양산도는 pH 5.0~6.2가 알맞다.
- 강산성 토양에는 알맞지 않으나 알칼리성 토양에 대한 적응성이 강한편이고 내염성도 상당히 높은 편이다.

11 식물이 자라는 데 필요한 필수 원소 중 미량 원소에 해당하는 것만을 모두 고른 것은?

ㄱ. 망 간	ㄴ. 염 소
ㄷ. 아 연	ㄹ. 철

① ㄱ, ㄴ　② ㄴ, ㄷ
③ ㄴ, ㄷ, ㄹ　④ ㄱ, ㄴ, ㄷ, ㄹ

해설

필수원소의 종류(16종)
• 다량원소(9종) : 탄소(C), 산소(O), 수소(H), 질소(N), 인(P), 칼륨(K), 칼슘(Ca), 마그네슘(Mg), 황(S)
• 미량원소(7종) : 철(Fe), 망간(Mn), 구리(Cu), 아연(Zn), 붕소(B), 몰리브덴(Mo), 염소(Cl)

12 벼의 냉해에 대한 설명으로 옳지 않은 것은?

① 지연형 냉해가 오면 출수 및 등숙이 지연되어 등숙불량을 초래한다.
② 장해형 냉해가 오면 수분과 수정 장해가 발생함으로써 불임률이 높아 수량이 감소한다.
③ 출수기가 냉해에 가장 민감하며, 출수기에 냉해를 입으면 감수분열이 제대로 이루어지지 않는다.
④ 냉해가 염려될 때는 질소시용량을 줄이며 장해형 냉해가 우려되면 이삭거름을 주지 말고 지연형 냉해가 예상되면 알거름을 생략한다.

해설

벼가 냉해를 입기 쉬운 시기는 수잉기, 감수분열기이며 등숙기와 못자리 때이다.

13 신품종의 등록과 종자갱신에 대한 설명으로 옳지 않은 것은?

① 종자산업법 에 의하여 '육성자의 권리'를 20년(과수와 임목은 25년)간 보장받는다.
② 신품종이 보호품종으로 되기 위해서는 구별성, 균일성 및 안전성의 3대 구비조건을 갖추어야 한다.
③ 우리나라에서 보리의 종자갱신 연한은 4년 1기이다.
④ 벼, 맥류, 옥수수 중 종자갱신에 의한 증수효과는 옥수수가 가장 높다.

해설

신품종의 등록과 보호
• 신품종의 등록
- 신품종의 품종보호권을 설정, 등록(국립종자원)하면 종자산업법에 의하여 육성자의 권리를 20년간(과수와 임목은 25년) 보장받는다.
- 우리나라가 2002년 1월 7일에 가입한 국제식물신품종보호연맹(國際植物新品種保護聯盟, International Union for the Protection of New Varieties of Plants, UPOV)의 회원국은 국제적으로 육성자의 권리를 보호받는다.
- 보호품종 : 법적으로 보호받는 품종
• 신품종의 보호품종 요건
- 신규성, 구별성, 균일성, 안정성, 고유한 품종 명칭을 구비해야 한다.
- 신품종 3대 구비조건 : 구별성, 균일성, 안정성
- 품종보호요건 중 신규성(新規性, newness)이란 품종보호출원일 이전에 우리나라와 국제식물신품종보호조약 체결국에서는 1년 이상, 그 외 국가에서는 4년(과수와 입목은 6년) 이상 상업적으로 이용 또는 양도되지 않은 품종을 의미한다.

14 벼의 분화 및 생태종의 특성에 대한 설명으로 옳지 않은 것은?

① Oryza속의 20여개 종 중에서 재배종은 O. sativa와 O. glaberrima 뿐이다.
② 아시아벼의 생태종은 인디카, 온대자포니카, 열대자포니카로 분류된다.
③ 아시아 재배벼에는 메벼와 찰벼가 있으나, 아프리카 재배벼에는 찰벼가 없다.
④ 종자의 까락은 인디카와 온대자포니카에는 있으나 열대자포니카에는 있는 것과 없는 것이 모두 존재한다.

11 ④　12 ③　13 ②　14 ④　정답

해설

인티카와 온대자포니카 및 열대자포니카의 형태적, 생리적 특성

주요 형질특성		인디카	온대자포니카	열대자포니카
종자	낟알 모양	가늘고 길며 약간 납작함	짧고 둥금	폭이 있고 두터우며 대립
	까 락	없 음	재래종은 있고 육성종은 없음	있는 것과 없는 것 모두 존재
	탈립성	잘 떨어짐	잘 안 떨어짐	잘 안 떨어짐
식물체	잎색깔	엷은 녹색	진한 녹색	엷은 녹색
	새끼치기(분얼)	많 음	중 간	적 음
	키(간장)	큼	작 음	큼
	식물체의 세기	억 셈	부드러움	억 셈
생리적 특성	내냉성	약 함	강 함	중간 내지 강함
	내한성	강 함	약 함	약 내지 중간
	페놀반응	착색됨	착색 안 됨	착색 안 됨
	염소산칼륨 반응	약 함	강 함	강 함
밥의 특성	아밀로오스 함량	23~31%	10~20%	20~25%
	조직감	퍼석퍼석함	끈기 있음	중 간

박순직.이종훈, 2017, 식용작물학Ⅰ p.49 표3-1, 한국방송통신대학교출판부

15 콩의 재배 기후조건과 토양조건에 대한 설명으로 옳지 않은 것은?

① 성숙기에 고온 상태에 놓이면 종자의 지방함량은 증가하나 단백질 함량은 감소한다.
② 중성 또는 산성토양일수록 생육이 좋고 뿌리혹박테리아의활력이 높아져 수확량이 증가한다.
③ 발아에 필요한 수분요구량이 크기 때문에 토양수분이 부족하면 발아율이 크게 떨어진다.
④ 토양 염분농도가 0.03% 이상이면 생육이 크게 위축된다.

해설

뿌리혹박테리아는 온도 25~30℃, 토양산도 pH 6.5~7.2, 토양수분이 충분하고 토양통기가 양호하며 토양 중 질산염은 적고 석회, 칼리, 인산, 부식이 풍부한 곳에서 생육이 왕성해지고 질소고정이 많아진다. 콩의 알맞은 토양산도는 pH6.5 내외로 산성토양에서는 생육과 수량이 떨어지며 콩을 재배하게 되면 토양 표면에 염기가 증가해 pH가 높아져 토양반응을 좋게 한다.

16 벼의 육묘에 대한 설명으로 옳은 것은?

① 성묘보다 중모 및 어린모로 갈수록 하위마디에서 분얼이 나와 줄기 수가 많아진다.
② 어린모를 재배할 경우 이모작지대에서는 조식적응성이 높은 중・만생종을 선택해야 한다.
③ 상자육묘의 상토는 토양산도 6.5~7.5가 적절한데 이는 모마름병균의 발생을 억제하기 위함이다.
④ 물못자리는 초기생육이 왕성하므로 만식적응성이 높은 반면 밭못자리는 식상이 많고 만식적응성이 낮다.

해설

② 어린모 재배의 단점은 출수기가 중모와 비교하여 3~5일 정도 지연되므로 모내기를 조기에 해야 하며 이앙적기의 폭이 좁고 제초제 안전성이 약하다.
③ 상자육묘는 못자리 기간 중 병에 약한 특징이 있으며 상토의 pH가 4.5~5.5보다 높으면 입고병 발생이 많아지므로 종자와 상토 소독이 반드시 필요하다.
④ 밭못자리는 모가 튼튼하고 모내기 후 활착과 생육이 좋으며 묘대일수가 길어 과숙되지 않아 만식재배에 알맞다.

17 두류의 재배환경에 대한 설명으로 옳은 것은?

① 팥은 서늘한 기후를 좋아하며 냉해에 대한 적응성이 강하여 고냉지에서 콩보다 재배상의 안정성이 높다.
② 강낭콩은 척박지에서 생육이 나쁘고 산성토양에 대한 적응성이 약하다.
③ 녹두는 다습한 환경에 잘 견디지만 건조에는 매우 약하며 척박지에 대한 적응성이 강하다.
④ 완두는 따뜻한 기후를 좋아하며 연작에 의한 기지현상이 적다.

해설

① 팥은 콩보다 따뜻하고 습한 곳을 좋아하고 냉해와 서리해를 받기 쉬워 고랭지나 고위도지대에서는 콩보다 재배에 있어 안전성이 낮다.
③ 녹두는 건조에 상당히 강한편이고 다습하면 좋지 않고 성숙기 비가 많이 내리면 밭이 썩을 수도 있다.
④ 완두는 서늘한 기후를 좋아하며 추위에도 비교적 강하나 온도가 높고 건조한 기후에는 알맞지 않고 과습도 좋지 않다. 연작을 가장 싫어해 5~7년씩 윤작하여야 하며 연작시 기지현상이 매우 심하게 나타난다.

정답 15 ② 16 ① 17 ②

18 벼의 생육과 기상환경에 대한 설명으로 옳지 않은 것은?

① 분얼 출현에는 기온보다 수온의 영향이 더 큰 경향이며, 일반적으로 적온에서 일교차가 클수록 분얼수가 증가한다.
② 개화의 최적온도는 30~35℃이며, 50℃ 이상의 고온이나 15℃ 이하의 저온에서는 개화가 어려워진다.
③ 광합성에 적합한 온도는 대략 20~33℃이며, 온도가 높아질수록 건물생산량이 많아진다.
④ 온대지방보다 열대지방에서 자라는 벼의 수량이 낮은 것은 등숙기의 고온 및 작은 일교차도 원인 중 하나이다.

해설

벼의 광합성 적온은 20~33℃이나 고온에서는 호흡량의 증가로 건물생산량은 20~21℃의 온도에서 더 높게 나타난다.

19 쌀의 기능성 및 영양 성분에 대한 설명으로 옳지 않은 것은?

① 유색미의 색소성분은 대개 페놀화합물과 안토시아닌이며, 안토시아닌 성분에는 주로 C3G와 P3G가 있다.
② 미강에 있는 토코트리에놀은 비타민 E 계열로 항암, 고지혈증 개선 등의 효과가 있다.
③ 쌀겨에는 이노시톨, 헥사포스페이트 형태의 피트산이 존재하며, 피트산은 비만방지와 당뇨예방에 효과가 있다.
④ 현미의 지방산 조성은 불포화지방산인 올레산과 리놀레산 등이 70% 이상이고, 포화지방산인 스테아르산 함량이 20% 정도이다.

해설

쌀은 지방의 함량은 낮으나 불포화지방산이 많고 소화흡수율이 약 90%로 높다고 지방산 조성은 세포막 인지질의 일부를 만드는 데 꼭 필요한 필수지방산인 리놀레산(linoleic acid)과 그 외 올레산(oleic acid) 등 불포화지방산이 70%이상이고 포화지방산의 양은 매우 적다.

20 서류에 대한 설명으로 옳지 않은 것은?

① 감자의 눈은 기부보다 정단부쪽에 많이 분포되어 있으며 싹이 틀 때 정단부의 중앙에 위치한 눈의 세력이 가장 왕성하다.
② 고구마의 큐어링은 수확 직후 대략 30~33℃, 90~95%의 상대습도에서 3~6일간 실시한다.
③ 감자의 꽃은 5장의 꽃잎이 갈래 또는 합쳐진 모양이며, 3개의 수술과 1개의 암술로 되어 있다.
④ 고구마 재배 시 질소는 주로 지상부의 생육과 관련이 있고, 칼리는 덩이뿌리의 비대에 작용한다.

해설

감자의 꽃

- 화서는 취산화서(聚繖花序, cyme)로 줄기 끝에 있는 1개의 자루에 꽃이 여러 개의 달리거나 2~4개로 갈라진 꽃자루에 여러 개의 꽃이 피기도 한다.
- 꽃의 기부가 합착된 5개의 꽃받침, 기부가 합착된 5조각의 꽃부리(花冠,corolla), 5개의 수술, 1개의 암술로 되어 있다.
- 수술은 짧은 화사에 길고 굵은 약이 달려 있으며 암술머리는 약보다 약간 높다.

18 ③ 19 ④ 20 ③ 정답

2019년 국가직 식용작물

01 옥수수에 대한 설명으로 옳지 않은 것은?

① 옥수수는 CO_2 보상점이 보리보다 낮다.
② 옥수수는 보리에 비하여 광포화점이 낮다.
③ 웅성불임성을 이용하여 F_1 종자를 생산한다.
④ 일반적으로 수이삭의 개화가 암이삭보다 빠르다.

해설
옥수수는 C4식물로 C3식물인 보리보다 광포화점은 높고 이산화탄소 보상점은 낮다.

02 다음 글에서 설명하는 해충방제 방법과 같은 범주에 속하는 것은?

> 왕담배나방의 유충은 수수의 등숙기에 알맹이를 갉아먹어 수량 감소 및 품질 저하의 원인이 되는 해충이다. 수수 이삭의 개화가 끝나고 등숙이 시작될 때 이삭 끝에서부터 밑부분까지 망을 씌우면 왕담배나방의 피해를 예방할 수 있다.

① 진딧벌을 방사하여 진딧물을 방제하였다.
② 훈증제를 처리하여 보리나방을 방제하였다.
③ 황색 끈끈이 트랩으로 꽃매미를 방제하였다.
④ 내충성 품종을 재배하여 멸구를 방제하였다.

해설
망을 씌워 차단하는 방법은 기계적 방제법에 해당한다.
③ 황색 끈끈이 트랩 : 기계적 방제
① 진딧벌 방사 : 생물적 방제
② 훈증제 처리 : 화학적 방제
④ 내충성 품종을 재배 : 재배적 방제

03 잡곡에 대한 설명으로 옳은 것은?

① 옥수수, 수수, 기장은 모두 C4식물이다.
② 옥수수, 조, 피는 모두 타가수정 작물이다.
③ 조는 심근성이고, 피와 기장은 천근성이다.
④ 기장은 내건성이 약하고, 수수는 내염성이 강하다.

해설
② 옥수수는 타가수정 작물이고, 조, 기장은 자가수정을 원칙으로 하며 자연교잡률도 높다.
③ 조는 천근성이고, 피와 기장은 심근성이다.
④ 기장은 내건성이 극히 강하고, 수수는 내염성이 강하다.

04 고구마 저장에 대한 설명으로 옳은 것은?

① 수확한 직후 10~15일 정도 열을 발산시키는 예비저장을 한다.
② 저장 중에 발생하는 세균성 병해는 무름병, 검은무늬병이 있다.
③ 큐어링은 수확 후 1주일 이내 실시하는 것이 좋고 온도는 30~35℃, 상대습도 90~95%로 조절된 공간에 4일 정도 두면 상처가 아문다.
④ 저장고의 온도 10~17℃, 상대습도 60% 이내로 조절하는 것이 좋다.

해설
저장 중에 발생하는 무름병, 검은무늬병은 곰팡이에 의한 병해이다.
• 무름병 : 저장 중 괴근의 상처부위로부터 갈변하면서 썩어가며 진물이 흐르고 부패부에는 처음 백색의 곰팡이가 생겼다가 나중에 검은빛으로 변하고 썩은 것에서는 알코올 냄새가 난다.
• 검은무늬병 : 전 생육시기에 발생하며 특히 저장 중 발생이 많으며 발병 적온은 25℃ 내외이다. 저장 중 발생하는 경우 고구마 표면에 회색곰팡이가 발생하고 병반부가 살 속 깊이 검게 변하고 병균의 발육적온은 25℃ 내외이며 저장 말기 저장고의 온도가 높았을 때 발생이 많다.

정답 1 ② 2 ③ 3 ① 4 ①

③ 큐어링은 온도 12~18℃, 상대습도 90~95%에서 처리하는 것이 좋다.
④ 본저장의 환경 : 온도 12~15℃, 습도 85~90%가 알맞고 9℃ 이하가 되면 병해로 썩기 쉽고 18℃ 이상에는 양분의 소모가 많아지며 싹이 트기 쉽고 지나친 건조는 무게가 감소하고 건부병에 걸리기 쉬우며 과습하면 썩기 쉽다.

05 장류콩을 재식거리 50 × 20cm로 1주 2립씩 파종할 때, 10a당 필요한 종자량[kg]은?(단, 장류콩의 백립중은 25g으로 계산한다)

① 5 ② 10
③ 15 ④ 25

해설
재식거리 50 × 20cm로 재식 면적은 0.1m²으로 10a는 1,000m²이므로 10,000주가 식재된다. 주당 2립씩 파종하므로 필요한 종자의 수는 20,000립이다.
따라서, 20,000립 × 25g/100립 = 5kg

06 논토양의 토층분화에 대한 설명으로 옳은 것은?

① 산화층이 환원층보다 더 두텁게 형성된다.
② 논토양과 물이 맞닿은 부분은 환원층이다.
③ 환원층에는 호기성 미생물의 활동이 왕성하다.
④ 암모니아태 질소를 산화층에 시용하면 탈질이 발생한다.

해설
① 환원층이 산화층보다 더 두텁게 형성된다.
② 논토양과 물이 맞닿은 부분은 산화층이다.
③ 환원층에는 호기성 미생물의 활동이 억제된다.

논토양에서의 탈질 현상
- 비료로 사용한 암모니아 또는 토양 유기물이 분해하여 생긴 암모니아
  - 환원 상태의 논토양에서 암모늄태(NH_4^+)로 안정하게 존재한다.
  - 논토양의 산화층에서 암모늄태질소도 질산화 작용에 의하여 질산태질소(NO_3^-)로 산화 된다.
- 음이온인 NO_3^-는 환원층으로 이행되고, 여기서 질산환원균에 의하여 환원되므로 탈질 현상이 일어나 질소가 손실된다.

07 보리의 파종에 대한 설명으로 옳지 않은 것은?

① 남부지방의 평야지는 10월 중순에서 하순이 파종 적기이다.
② 월동 전에 주간엽수가 5~7개 나올 수 있도록 파종기를 정한다.
③ 파종량을 적게 하면 이삭수는 증가하지만 천립중은 가벼워진다.
④ 파종 깊이가 3cm 정도일 때 제초제의 약해를 피하는데 적당하다.

해설
파종량을 적게 하면 이삭수는 감소하지만 천립중은 증가한다.

08 맥류의 재배적 특성에 대한 설명으로 옳지 않은 것은?

① 보리는 산성토양에 강하고 쌀보리가 겉보리보다 더 잘 견딘다.
② 호밀을 논에 재배해서 녹비로 갈아 넣을 때 이앙 전에 되도록이면 빨리 시용하는 것이 좋다.
③ 귀리는 여름철 기후가 고온건조한 지대보다 다소 서늘한 곳에서 잘 적응한다.
④ 밀은 서늘한 기후를 좋아하고 연강수량이 750mm 전후인 지역에서 생산량이 많다.

해설
맥류의 토양반응
- 맥류 생육에 가장 알맞은 토양 pH
  - 호밀 : 5.0~6.0
  - 귀리 : 5.0~8.0
  - 밀 : 6.0~7.0
  - 보리 : 7.0~7.8
- 보리는 pH 5.5 이하, 밀은 5.0 이하에서 생육이 저하되고 수량이 감소하는 등 강산성 토양에 극히 약하고 쌀보리가 겉보리보다 더 약하다. 어느 정도의 알칼리성 토양에서는 잘 견딘다.
- 강산성 토양에 견디는 정도 : 호밀, 귀리 > 밀 > 겉보리 > 쌀보리

5 ① 6 ④ 7 ③ 8 ① 정답

09 땅콩에 대한 설명으로 옳은 것은?

① 자가수정을 하는 콩과 작물로서 우리나라와 중국이 원산지이다.
② 종실의 주성분은 지방질이고 종자수명이 4~5년 정도인 장명종자이다.
③ 결실기간 중 온도가 높을수록 종실의 지방함량이 감소하는 경향이 있다.
④ 햇볕이 내리쬐면 자방병의 신장이 억제되고 토양이 건조하면 빈 꼬투리 발생이 많아진다.

해설

① 자가수정을 하는 콩과 작물로서 원산지는 브라질을 중심으로 한 남아메리카가 원산지로 추정된다.
② 종실의 주성분은 지방질이고 종자수명이 단명종자로 수명이 1~2년 정도이다.
③ 생육기간 중 고온, 다조일수록 생육이 촉진되어 수확이 빨라지고 종실에 지질의 함량이 높아진다.

10 벼의 영양기관 생장에 대한 설명으로 옳지 않은 것은?

① 분얼은 주간의 경우 제2엽절 이후 불신장경 마디부위에서 출현한다.
② 조기재배는 분얼기에 저온으로 인해 보통기 재배보다 분얼수가 더 적어진다.
③ 벼의 엽면적에 크게 영향을 미치는 요인은 재식거리와 질소 시용량이다.
④ 같은 양의 질소질 비료를 줄 때 분시 횟수가 많을수록 표면근이 많아진다.

해설

분얼기에는 비교적 저온이고 주야간 온도차가 큰 조기재배는 보통재배보다 분얼수가 많다.

11 논 10a당 10kg의 질소를 시비할 경우 요소비료의 실제 시비량(kg)은?(단, 요소비료의 질소 성분량은 46%이고, 소수점 이하는 반올림한다)

① 16 ② 22
③ 34 ④ 46

비료의 중량 = 비료량 × $\frac{100}{\text{보증 성분량(\%)}}$

= 10kg × 100 ÷ 46% = 21.7kg

12 밭작물의 파종량을 결정할 때 고려사항이 아닌 것은?

① 종자 발아율 ② 토양 비옥도
③ 재배방식 ④ 출하기

해설

출하기는 파종시기를 결정하는데 필요한 사항이다.

13 벼의 생육 단계에서 (가) 시기의 물관리 효과로 옳지 않은 것은?

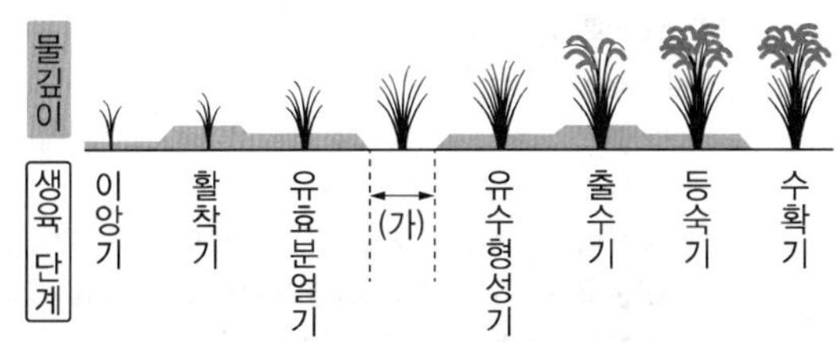

① 질소질 비료의 흡수를 촉진시켜 분얼수를 늘린다.
② 도복에 대한 저항력을 높여 수확작업을 용이하게 한다.
③ 논토양에 신선한 산소를 공급하여 유해물질을 배출시킨다.
④ 뿌리를 깊게 신장시켜 생육 후기까지 양분흡수를 좋게 한다.

정답 9 ④ 10 ② 11 ② 12 ④ 13 ①

14 다음은 [자유게시판]에 올라온 질문이다. 이에 대한 답변으로 가장 적절한 것은?

자유게시판			
제 목	논에서 재배하는 벼에 이상이 생겼어요.		
작성자	○○○	등록일	2018. △. △
질문 내용	안녕하세요. 올해 귀농한 새내기 농부입니다. 벼농사를 짓고 있는데 벼에 이상증상이 나타나기 시작했습니다. 잎의 엽색이 담녹색을 띠며 가늘고 길게 자랍니다. 그러다가 도장현상까지 나타납니다. 벼의 키가 건전모의 약 2배에 달하고, 키가 커진 벼는 분얼이 적게 발생합니다. 이러한 증상을 막을 수 있는 방제 방법을 알고 싶습니다.		

① 발생 초기에 물을 깊게 대고 조식재배를 한다.
② 볍씨를 5℃ 이하의 물에 10분 담가 저온침법을 실시한다.
③ 진균성 병이며 종자를 소독하고 병든 식물체를 뽑아 제거한다.
④ 고온에서 육묘를 실시하고 질소질 비료를 충분히 시용한다.

해설

키다리병(馬鹿苗病, Bakanae disease, *Gibberella fujikuroi, Fusarium fujikuroi*)

- 병원균 및 발병요인
  - 병원균이 종자에서 월동하여 전염되며 우리나라 전 지역에서 유묘기부터 출수기까지 발생한다.
  - 고온성으로 30℃ 이상에서 잘 발생하며 종자소독을 하지 않거나 고온육묘, 조식재배를 하면 발생한다.
  - 식물체가 웃자라는 것은 지베렐린에 의한 것이며 벼의 키가 건전모의 약 2배에 달하여 키다리병이라 한다.
- 병 징
  - 엽색은 담록색이며 가늘고 길게 자란 이상도장현상이 나타난다.
  - 마디 사이가 이상신장하며 분얼이 적고 키가 커진다.
  - 분얼이 극히 적게 발생하며 출수하지 못하거나 출수하더라도 충실하게 여물지 못한다.
- 방제법
  - 내병성 품종을 선택한다.
  - 무병지에서 상처 없는 종자를 채종하고 볍씨를 소독한다.
  - 물못자리에서 육묘한다.
  - 병든 포기는 뽑아서 소각한다.

15 식량작물의 수확 적기에 대한 설명으로 옳지 않은 것은?

① 콩은 종자의 수분함량이 18~20% 정도일 때 수확한다.
② 메밀은 종실의 75~80% 정도가 검게 성숙했을 때 수확한다.
③ 보리는 출수 후 35~45일 정도일 때 수확한다.
④ 종실용 옥수수는 수분함량이 15% 정도일 때 수확한다.

해설

종자용 옥수수는 수확 후 수분함량 17%까지 건조 후 알을 떼어낸 후 다시 13% 이하까지 건조시킨다.

16 감자의 휴면타파 방법에 대한 설명으로 옳지 않은 것은?

① 저장 중에 NAA나 2,4-D와 같은 약제를 처리한다.
② 저온 저장 후 보온이 유지되는 시설에서 햇볕을 쪼여준다.
③ 온도가 10~30℃ 사이에서는 온도가 높을수록 빨리 타파된다.
④ 저장고의 산소와 이산화탄소 농도를 4% 내외로 조절하고 온도를 10℃ 정도로 유지시킨다.

해설

감자의 휴면타파

- 2기작으로 추작재배 시 인위적 휴면타파로 최아의 필요가 있을 때 GA 2ppm, 에틸렌 250~500ppm 등을 처리하면 휴면이 타파되고 싹이 나온다.
- 저장고 내 산소의 농도를 낮추고 이산화탄소를 높이면 휴면타파에 유리하다.
- 온도가 높을수록 휴면타파가 빨라진다.
- 자발휴면 후 불량환경에 처하면 타발휴면이 나타난다.

17 팥의 재배환경에 대한 설명으로 옳지 않은 것은?

① 콩보다 토양수분이 적어도 발아할 수 있지만 과습과 염분에 대한 저항성은 콩보다 약하다.
② 생육기간 중에 건조할 경우에는 초장이 길어지며 임실이 불량해지고 잘록병이 발생하기 쉽다.
③ 생육기간 중에는 고온, 적습조건이 필요하며 결실기에는 약간 서늘하고 일조가 좋아야 한다.
④ 토양은 배수가 잘되고 보수력이 좋으며 부식과 석회 등이 풍부한 식토 내지 양토가 알맞다.

14 ③ 15 ④ 16 ① 17 ② 정답

해설

생육성기~개화기에 걸쳐 비가 알맞게 내려야 생육과 수량이 좋으며 생육기간 건조하게 되면 생육이 떨어지고 진딧물, 오갈병이 발생하기 쉽다.

18 벼의 생육 및 환경에 대한 설명으로 옳지 않은 것은?

① 규소는 수광태세를 좋게 하고 병해충의 침입을 막는다.
② 산소가 부족한 물속에서 발아할 때는 초엽이 길게 자란다.
③ 개체군 광합성량이 가장 높은 시기는 유효분얼기이다.
④ 냉해와 건조해에 가장 민감한 시기는 감수분열기이다.

해설

개체군의 광합성은 모내기 때부터 분얼기까지 급격히 상승하여 유수분화기에 최곳값을 보이고 이후 출수기를 지나 수확기까지 계속 낮아지나 개체의 경우 모내기 후 얼마 안 되어 광합성이 최대로 되는데 이는 엽신의 질소함량 변화와 일치한다.

19 쌀과 밀의 단백질에 대한 설명으로 옳지 않은 것은?

① 쌀 단백질의 소화흡수율은 밀보다 높다.
② 쌀의 단백질함량은 7% 정도로 밀보다 낮다.
③ 단백질의 영양가를 나타내는 아미노산가는 쌀이 밀보다 높다.
④ 쌀의 글루텔린에는 필수아미노산인 리신(Lysine)이 밀보다 낮다.

해설

쌀의 단백질

- 대부분 글루텔린(Glutelin)과 프롤라민(Prolamin)으로 70~80%를 차지하는 글루텔린은 소화가 잘되며 프롤라민은 그대로 배설된다.
- 쌀의 글루텔린에는 콜레스테롤 함량을 떨어뜨리는 리신(Lysine)이 백미 100g당 220mg으로 밀가루나 옥수수보다 2배 정도 많다.
- 백미의 아미노산가는 65로 밀가루 44, 옥수수 32 보다 높다. 이는 다른 곡류에 비해 쌀의 단백질 영양이 우수함을 의미한다.
- 쌀의 단백질 소화흡수율은 99.7%로 밀이나 옥수수에 비하여 높다.

20 벼의 유수분화기에 해당되는 지표로 옳은 것으로만 묶은 것은?

ㄱ. 출수 전 30~32일 경
ㄴ. 엽령지수는 76~78 정도
ㄷ. 지엽이 나오는 시기
ㄹ. 엽이간장은 10cm 정도
ㅁ. 유수의 길이는 0.5cm 정도

① ㄱ, ㄴ
② ㄴ, ㄹ
③ ㄷ, ㅁ
④ ㄹ, ㅁ

해설

ㄴ. 유수분화기(幼穗分化期, Panicle Differentiation Stage)는 최고분얼기 후 줄기 속의 어린 이삭이 분화되는 시기(출수 전 20~32일)로 유수의 길이가 약 2mm 정도 달할 때까지의 기간으로 엽령지수는 77 정도이다.
ㄷ. 지엽은 이삭목 바로 밑 마디에서 나오는 마지막 잎으로 다른 잎보다 짧고 좁으며 어린 이삭을 싸고 있다가 출수 후에도 남아 왕성한 동화작용으로 벼알이 성숙하는데 도움을 준다.
ㄹ. 엽이간장은 지엽의 잎귀와 그 바로 아랫잎 사이의 길이이며, 10cm 정도이다.
ㅁ. 영화분화 시기(0.15), 영화분화 중기(0.15~0.35), 영화분화 후기(0.8~1.5)

정답 18 ③ 19 ④ 20 ①

2020년 국가직 식용작물

01 작물의 유전변이에 대한 설명으로 옳은 것은?

① 다음 세대로 유전되지 않는 일시적 변이이다.
② 유전자의 동형접합 여부는 정역교배를 통해 확인한다.
③ 방사선을 이용한 돌연변이는 대립유전자들의 재조합 효과가 크다.
④ 모본, 부본에 따라 교배변이의 정도가 다르다.

해설

① 유전변이는 다음 세대로 유전되지만 환경변이는 유전되지 않는다.
② 후대검정(後代檢定, Progeny Test) : 선발한 변이체의 유전자형을 알고자 할 때 사용하며 변이체의 후대를 전개하여 형질의 분리 여부로 동형접합체, 이형접합체를 판단하는 방법이다.
③ 방사선을 이용한 돌연변이는 돌연변이율이 낮고 열성돌연변이가 많으며 돌연변이 유발 장소를 제어할 수 없는 특징이 있다.

02 벼 재배 시 본답의 물 관리에 대한 설명으로 옳은 것은?

① 이앙 후 7~10일간은 1~3cm로 얇게 관개한다.
② 유효분얼기에는 새 뿌리가 내리고 분얼이 시작되면 물을 2~3cm로 얕게 한다.
③ 무효분얼기는 물 요구도가 가장 낮은 시기이다.
④ 수잉기와 출수기에는 물이 많이 필요하지 않다.

해설

① 이앙 후 7~10일 식상의 방지를 위하여 6~10cm 정도로 깊게 관개한다.
② 유효분얼기에는 6~10cm로 깊게 관개한다.
④ 수잉기와 출수기에는 유수가 발육하고 개화, 수정하는데 물의 요구량이 많은 시기이므로 물이 부족하지 않게 하여야 한다. 물을 6~7cm 깊이로 관개하는 것이 좋다.

03 쌀의 불완전미에 대한 설명으로 옳지 않은 것은?

① 동할미는 등숙기 저온과 질소 과다 시 많이 발생한다.
② 복백미는 조기재배 및 질소 추비량 과다 시 발생한다.
③ 심백미는 출수기에서 출수 후 15일 사이에 야간온도가 고온인 경우에 많이 발생한다.
④ 배백미는 고온 등숙 시 약세영화에 많이 발생한다.

해설

등숙기 지나친 고온은 동할미, 배백미, 유백미가 발생하기 쉽고 지나친 저온은 미숙립, 동절미, 복배미 발생이 많아져 품질이 떨어지기 쉽다.

04 작물의 이삭 및 화기에 대한 설명으로 옳지 않은 것은?

① 보리는 수축의 각 마디에 3개의 소수가 착생하고, 꽃에는 1개의 암술과 3개의 수술이 있다.
② 밀의 수축에는 약 20개의 마디가 있고, 각 마디에 1개의 소수가 달린다.
③ 귀리는 한 이삭에 3개의 소수가 있으며, 꽃에는 1개의 암술과 3개의 수술이 있다.
④ 벼의 수축에는 약 10개의 마디가 있고, 꽃에는 1개의 암술과 6개의 수술이 있다.

해설

귀 리
꽃은 5~6월에 피고 원추꽃차례로 길이 20~30cm이다. 작은 이삭은 대가 있고 녹색이며 2개의 작은 꽃이 들어 있고 밑으로 처진다. 꽃의 구조는 다른 맥류와 비슷하나 까락(芒)이 외영의 등에 나 있는 것이 특징이다.

1 ④ 2 ③ 3 ① 4 ③ 정답

05 쌀의 이용과 가공에 대한 설명으로 옳지 않은 것은?

① 전분이 팽윤하고 점성도가 증가하여 알파전분 형태로 변하는 화학적 현상을 호화라고 한다.
② 노화된 밥이나 떡을 가열하면 물분자의 영향으로 베타전분이 다시 호화, 팽창한다.
③ 향미에서 2-acetyl-1-pyrroline(2-AP)이 가장 중요한 향 성분이다.
④ 쌀국수류 제조에는 아밀로스 함량이 낮은 품종이 좋다.

해설
쌀을 이용한 쌀국수와 중숙면 및 압출면 제조에는 아밀로스 함량이 높은 경질쌀이 적합하다.

06 감자의 재배작형에 대한 설명으로 옳지 않은 것은?

① 봄재배는 이모작 시 앞그루 작물로 주로 재배되는데 재배면적이 가장 작은 작형이다.
② 여름재배는 주로 고랭지에서 이루어지며, 재배기간이 비교적 긴 작형이다.
③ 가을재배는 봄재배에 이어 곧바로 감자를 재배해야 하므로 휴면기간이 짧은 품종을 선택해야 한다.
④ 겨울재배는 중남부지방의 경우 저온기에 감자를 파종하므로 휴면이 잘 타파된 씨감자를 사용해야 한다.

해설
봄감자 재배는 주로 논 앞그루 재배로 많이 이루어지기 때문에 경지이용 면에서 유리하다. 농촌의 인력이 부족한 최근에는 봄재배에 대한 관심이 증가하고 우리나라 총재배면적의 60%를 차지할 정도로 대표적인 재배작형이다.

07 고구마의 괴근의 형성과 비대에 적합한 환경조건이 아닌 것은?

① 괴근비대에 적절한 토양온도는 20~30℃이고, 이 범위 내에서는 일교차가 클수록 좋다.
② 토양수분이 최대용수량의 40~45%일 때 괴근비대에 가장 적절하다.
③ 이식 직후 토양의 저온이 괴근의 형성을 유도한다.
④ 이식 시에 칼리성분은 충분하지만 질소성분은 과다하지 않아야 괴근형성에 좋다.

해설
토양수분이 최대용수량의 90% 이상인 과습조건과 45% 이하인 건조조건에서는 괴근의 비대가 불량하고, 60~75%에서 비대가 가장 양호하다.

08 밀에 대한 설명으로 옳은 것만을 모두 고르면?

> ㄱ. 가장 대표적인 재배종인 보통밀의 학명은 *Triticum aestivum* L.이다.
> ㄴ. 밀속(*Triticum*)에는 A·B·C·D 4종의 게놈이 있다.
> ㄷ. 밀은 보리보다 심근성이어서 수분과 양분의 흡수력이 강하고 건조한 지역에서 잘 견딘다.
> ㄹ. 밀 단백질 중 글루테닌과 글리아딘은 수용성이다.

① ㄱ, ㄷ ② ㄱ, ㄹ
③ ㄴ, ㄷ ④ ㄴ, ㄹ

해설
밀속에는 A, B, D, G 4종류의 게놈이 있고 각 게놈은 염색체가 이질이며 게놈의 조성에 따라 4개의 계로 분류한다. 밀 단백질 중 글루테닌과 글리아딘은 불용성이다.

09 콩의 생육, 개화, 결실에 미치는 온도와 일장의 영향에 대한 설명으로 옳은 것은?

① 추대두형은 한계일장이 길고 감광성이 낮은 품종군으로 늦게 개화하여 성숙한다.
② 자엽은 일장 변화에 거의 감응하지 않고, 초생엽과 정상복엽은 모두 감응도가 높다.
③ 어린콩 식물에 고온처리를 하면 고온버널리제이션에 의해 영양 생장이 길어지고 개화가 지연된다.
④ 개화기 이후 온도가 20℃ 이하로 낮아지면 폐화가 많이 생긴다.

해설
① 추대두형은 감광성이 높고 한계일장은 짧으며 감온성이 낮아 늦게 개화, 성숙한다.
② 콩은 단일성 식물로 만생종일수록 감광성이 높은 경향이 있고 가장 알맞은 일장은 만생종일수록 짧으며 일장에 반응은 성숙한 잎에서 한다.
③ 개화유도처리를 위해 20~30℃의 고온에서 10일간 유식물체를 고온춘화처리하면 개화가 유도된다.

정답 5 ④ 6 ① 7 ② 8 ① 9 ④

10 잡곡의 재배환경에 대한 설명으로 옳지 않은 것은?

① 피는 내랭성이 강하여 냉습한 기상에 잘 적응하지만, 너무 비옥한 토양에서는 도복의 우려가 있다.
② 수수는 생육 후기에 내염성이 높고, 알칼리성 토양이나 건조한 척박지에 잘 적응한다.
③ 조는 심근성으로 요수량이 많지만, 수분조절기능이 높아 한발에 강하다.
④ 옥수수는 거름에 대한 효과가 크므로 척박한 토양에서도 시비량에 따라 많은 수량을 올릴 수 있다.

해설

조의 뿌리는 뿌리는 천근성이나 요수량이 적고, 수분조절기능이 높아 가뭄에 강하다.

11 옥수수의 출사 후 수확이 빠른 순으로 바르게 나열한 것은?

ㄱ. 단옥수수
ㄴ. 종실용옥수수
ㄷ. 사일리지용옥수수

① ㄱ → ㄴ → ㄷ
② ㄱ → ㄷ → ㄴ
③ ㄴ → ㄱ → ㄷ
④ ㄴ → ㄷ → ㄱ

해설

ㄱ. 단옥수수 : 출사(出絲, Silking) 후 20~25일경 수확한다. 완전히 성숙하면 단맛이 없어지므로 성숙하기 전에 수확해서 이용한다.
ㄷ. 사일리지용 옥수수 : 이삭이 나온 후 40일 전후인 호숙기 말기~황숙기가 수확 적기이다.
ㄴ. 종실용 옥수수 : 이삭껍질이 누렇게 변하여 알맹이가 단단해지는 성숙기에 수확한다

12 작물의 수확 후 관리 및 품질에 대한 설명으로 옳지 않은 것은?

① 알벼의 형태로 저장할 때 현미나 백미 형태로 저장할 때보다 저장고 면적이 많이 필요하다.
② 보리의 상온저장은 고온다습하에도 곡물의 품질이 떨어질 위험이 적다.
③ 밀가루로 빵을 만들 때에는 단백질과 부질함량이 높은 경질분이 알맞다.
④ 감자의 솔라닌 함량은 햇빛을 쬐어 녹화된 괴경의 표피 부위에서 현저하게 증가한다.

해설

보리의 저장

- 수분 : 저장 중 수분함량은 보리 14%, 밀 13% 이하가 좋다.
- 호흡 : 생리적 장해가 발생하지 않을 정도의 저온이면 온도가 낮을수록 수분함량이 적을수록 호흡률은 낮아진다.
- 온도와 상대습도 : 병충해와 변질 방지를 위해서는 온도 10~15℃, 습도 75% 이하가 되도록 하며 가능한 한 저온에 저장하는 것이 좋다.
- 해충 : 일반적으로 곡물의 온도가 12~13℃ 이하에서 활동이 둔해지지만 20℃ 이상에서는 생육과 번식이 왕성해져 곡립을 식해한다.
- 미생물 : 곡물에 가해하는 미생물로는 곰팡이와 박테리아가 있으며 곰팡이는 곡립의 수분함량이 14%, 온도 15℃ 이하일 때 생육과 증식이 억제되고 박테리아는 이보다 약간 저온이고 고습인 것을 좋아하는 경향이 있다.

13 콩을 논에서 재배 시 고려할 점이 아닌 것은?

① 만생종 품종을 선택한다.
② 뿌리썩음병에 강한 품종을 선택한다.
③ 내습성이 강한 품종을 선택한다.
④ 내도복성이 강한 품종을 선택한다.

해설

논토양은 보수력이 좋으므로 토양이 과습할 수 있다.

10 ③ 11 ② 12 ② 13 ① 정답

14 **우리나라 논토양의 개량방법과 시비법에 대한 설명으로 옳은 것은?**

① 사질답은 점토질토양으로 객토를 하고 녹비작물을 재배하여 토양을 개량한다.

② 습답은 토양개량제와 미숙유기물을 충분히 주고 질소, 인산, 칼리를 증시한다.

③ 염해답은 관개수를 자주 공급하여 제염하고, 석고시용은 제염효과를 떨어뜨린다.

④ 노후화답은 생짚과 함께 토양개량제와 황산근 비료로 심층시비한다.

해설

② 습답은 가을갈이를 하고, 유기물을 시용하여 토양의 구조를 떼알로 하여 불량한 성질을 개량하도록 한다.

③ 염해답은 관개수를 자주 공급하여 제염하고, 석회를 시용하여 산성을 중화하고 염분의 용탈을 쉽게 한다.

④ 노후화답은 추락현상이 발생하므로 황산근 비료를 시용하지 않고 함철자재를 시비한다.

15 **벼 품종 중 화진벼를 육성한 반수체 육종방법에 대한 설명으로 옳은 것은?**

① 감마선 조사를 통해 인위적으로 변이를 일으킨다.

② 조합능력이 높은 양친을 골라 1대 잡종품종을 생산한다.

③ 교배육종보다 순계의 선발기간이 길고 육종연한이 오래 걸린다.

④ 이형접합체(F_1)로부터 얻은 화분(n)의 염색체를 배가시킨다.

해설

석회를 시용하여 산성을 중화하고 염분의 용탈을 쉽게 한다.
화진벼는 작물과학원에서 1982~1983년 동계에 내병성인 밀양64호에 이리353호를 교배시킨 후 1983년 하계에 F_1을 양성하고 그 꽃가루를 배양하여 식물체를 분화시켜 34개체의 식물체를 재분화시켰는데 이중 15개의 반수체를 1984년 하계에 콜히친 0.1%를 처리하여 염색체가 배가된 계통을 선발하였다. 1984~1985년 동계에 종자증식 및 특성을 조사하였고 생산력검정을 실시하여 우수한 SR12198-HB137-20-CD_2을 선발하여 수원346호의 계통명을 부여하고 지역적응시험 및 농가실증시험을 실시한 결과, 양질 안전다수성임이 인정되어 1988년 장려품종으로 지정되었다.

16 **벼의 광합성에 대한 설명으로 옳지 않은 것은?**

① 군락상태로 있을 때 상위엽은 크기가 작고 두꺼우며 직립되어 있으면 전체적으로 수광에 유리해진다.

② 18℃ 이하의 온도에서는 광합성이 현저히 떨어지고, 광도가 낮아지면 온도가 높은 조건이 유리하다.

③ 정상적인 광합성 능력을 유지하려면 잎이 질소 2.0%, 인산 0.5%, 마그네슘 0.3%, 석회 2.0% 이상 함유해야 한다.

④ 이산화탄소 농도 2,000 ppm이 넘으면 광합성이 더 이상 증가하지 않는다.

해설

벼의 초형에 따른 광합성

- 잎이 너무 두껍지 않고 약간 좁으며 상위엽이 직립한다.
- 키가 너무 크거나 작지 않다.
- 분얼(分蘖)은 개산형(開散型, Gathered Type)으로 포기 내 광의 투입이 좋아야 한다.
- 각 잎이 공간적으로 되도록 균일하게 분포해야 한다.

17 **벼 뿌리의 양분 흡수에 대한 설명으로 옳지 않은 것은?**

① 질소와 인의 1일 흡수량이 최대가 되는 시기는 포기당 새 뿌리수가 가장 많을 때이다.

② 철의 1일 흡수량이 최대가 되는 시기는 유수형성기이다.

③ 규소와 망간의 1일 흡수량이 최대가 되는 시기는 출수 직전이다.

④ 마그네슘은 새 뿌리보다 묵은 뿌리에서 더 많이 흡수된다.

해설

철과 마그네슘은 3요소보다 흡수가 늦어 출수 전 10~20일에 최대 흡수율을 보인다.

정답 14 ① 15 ④ 16 ① 17 ②

18 콩과작물의 수확적기에 대한 설명으로 옳지 않은 것은?

① 콩은 잎이 황변, 탈락하고 꼬투리와 종실이 단단해진 시기에 수확하는 것이 좋다.
② 팥은 잎이 황변하여 탈락하지 않더라도 꼬투리가 황백색 또는 갈색으로 변하고 건조하면 수확하는 것이 좋다.
③ 녹두는 상위 꼬투리로부터 흑갈색으로 변하면서 성숙해 내려가므로 몇 차례에 걸쳐 수확하면 소출이 많다.
④ 강낭콩은 꼬투리의 70~80%가 황변하고 마르기 시작할 때 수확하는 것이 좋다.

해설
녹두는 한 번에 있는 콩이나 팥과 달리 식물체 아래부터 위로 꽃이 계속해서 피며 익기 때문에 여러 차례 나누어 수확해야 한다.

19 다음은 벼 생육과정과 수량의 생성과정에 대한 그림이다. 이에 대한 설명으로 옳지 않은 것은?

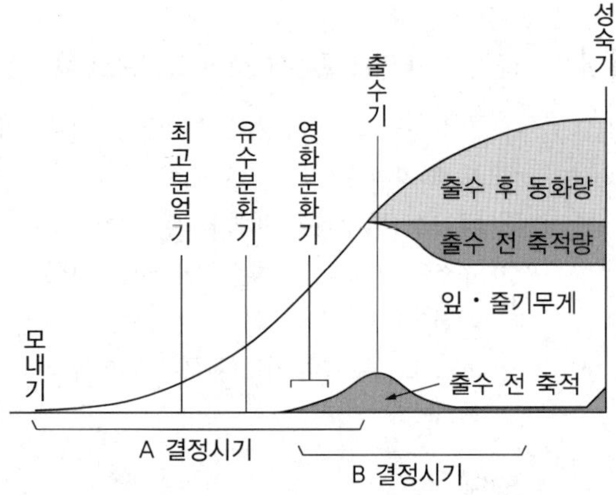

① A는 단위면적당 이삭수와 이삭당 영화수 그리고 왕겨 용적의 곱으로 정해진다.
② B는 물질생산체제와 물질생산량 및 이삭전류량 등과 관련이 있다.
③ 출수 전 축적량과 출수 후 동화량을 합한 것이 벼 수량이다.
④ 벼의 식물체 내 물질전류에 있어 최적 평균기온은 30℃이다.

해설
등숙에 미치는 온도의 영향
- 초기에는 광합성이 활발하고 동화산물이 전류되어야 하므로 고온, 다조가 유리하고 20℃ 이하에서는 등숙이 지연된다.
- 후기에는 고온보다 저온이 동화물질의 전류와 축적이 유리하며 적온은 20~22℃이고 변온조건으로 낮 26℃, 밤 16℃의 10℃ 정도의 차이가 유리하다.

20 맥류 작물에서 출수와 관련있는 성질에 대한 설명으로 옳지 않은 것은?

① 맥류의 출수에 대한 감온성의 관여도는 매우 낮거나 거의 없다.
② 밀의 포장출수기는 파성・단일반응・내한성과 정의 상관이 있다.
③ 보리의 포장출수기는 단일반응・협의의 조만성과 정의 상관이 있다.
④ 춘화된 식물체는 춘・추파성과 관계없이 고온・장일 조건에서 출수가 빨라진다.

해설
밀의 포장출수기는 내한성과 정의 상관관계를 보이는 것은 아니다.

정답 18 ③ 19 ④ 20 ②

제 2 장

9급 국가직 · 지방직 · 고졸채용을 위한 합격 완벽 대비서

지방직 기출문제

2009~2013년 지방직 재배학개론
2016~2020년 지방직 재배학개론

기술직

TECH BIBLE

재배학개론 + 식용작물

9급 국가직 · 지방직 · 고졸채용을 위한 합격 완벽 대비서

(주)시대고시기획
(주)시대교육
www.sidaegosi.com
시험정보 · 자료실 · 이벤트
합격을 위한 최고의 선택

시대에듀
www.sdedu.co.kr
자격증 · 공무원 · 취업까지
BEST 온라인 강의 제공

2009년 지방직 식용작물

01 벼농사의 공익적 기능에 해당하지 않는 것은?

① 장마철 홍수 조절
② 지하수 저장 및 수질 정화
③ 온실기체인 메탄 발생 저감
④ 토양유실 방지와 토양보전

02 유충이 쌀을 침식하여 품질을 저하시키며 유충으로 월동하는 해충은?

① 화랑곡나방
② 벼애나방
③ 멸강나방
④ 이화명나방

해설

저장 중 발생하는 해충은 화랑곡나방, 보리나방, 쌀바구미 등이 있다.

03 벼 수확이 적기보다 늦어질 경우 발생하는 현상이 아닌 것은?

① 미숙립과 청치가 많아진다.
② 동할미가 많이 생긴다.
③ 쌀겨층이 두꺼워진다.
④ 광택이 감소한다.

미숙립과 청치가 많아지는 것은 벼 수확이 적기보다 이른 경우 나타나는 피해이다.

04 콩에서 화기탈락의 주요 원인은?

① 배의 발육정지
② 수정장애
③ 이형예 불화합성
④ 화분의 발달저해

해설

화기탈락의 원인

- 짧은 기간 동안 한 번에 많은 꽃들이 종자로 발달하면서 양분과 수분의 요구도는 커지지만 뿌리와 잎에서 양분과 수분을 충분히 공급하지 못해 배의 발육이 정지되는 것이 가장 큰 원인이다.
- 저온, 고온, 한발, 토양의 과습 등 환경조건이 나쁜 경우와 병충해 등이 원인이 되기도 한다.

05 전 세계적으로 보리 주산지에 대한 설명으로 옳지 않은 것은?

① 생산량은 북아메리카 > 아시아 > 유럽의 순서이다.
② 30~60°N, 30~40°S의 지역이다.
③ 연평균 기온은 5~20℃이다.
④ 연평균 강수량은 1,000mm 이하이다.

해설

세계의 분포 및 생산

- 보리는 밀, 벼, 옥수수 다음으로 많이 재배되는 세계 4대 작물로 온대와 아열대에서 재배되고 있다.
- 비교적 서늘하고 건조한 기상에 적응하는 작물로 세계적 주산지는 30~60°N와 30~40°S의 지역으로 연평균 기온은 5~20℃, 연평균 강우량은 1,000mm 이하의 지대에서 생산된다.
- 생산량은 러시아, 독일, 프랑스, 캐나다, 스페인, 터키, 호주, 영국 등이 많으며 주요 수출국은 프랑스, 캐나다, 호주, 독일, 영국, 미국 등이고, 주요 수입국은 사우디아라비아, 중국, 일본, 벨기에, 네덜란드 등이다.

정답 1 ③ 2 ① 3 ① 4 ① 5 ①

06 콩의 보존성 감소와 미각 저하에 관련이 있는 종자단백질은?

① Prolamin
② Lipoxygenase
③ Glutelin
④ Trypsin Inhibitor

해설

효소인 리폭시게나아제(Lipoxygenase)는 날콩의 비린 맛을 내나 열을 가하면 대부분 파괴되고 최근 비린 맛이 없는 진품콩 1, 2호가 개발되어 보급되고 있다.

07 밀의 종자저장단백질에 대한 설명으로 옳은 것은?

① 글루텐이 차지하는 비율이 가장 크다.
② 초자율이 높으면 종자저장단백질 함량은 낮은 편이다.
③ 글루텐의 양과 질은 유전적으로 고정되어 있다.
④ 밀가루 반죽의 부풀기는 종자저장단백질보다 전분의 영향을 더 받는다.

해설

부질(글루텐)의 비율이 전체 종실단백질 중 80% 정도이다.

08 논 10a에 7kg의 질소를 시용하고자 할 때 요소 또는 유안비료의 양은?

① 요소 13.2kg 또는 유안 13.3kg
② 요소 13.2kg 또는 유안 23.3kg
③ 요소 15.2kg 또는 유안 33.3kg
④ 요소 15.2kg 또는 유안 43.3kg

해설

비료무게 = 100 ÷ 성분함량
질소함량은 요소 46%, 유안 21%

- 요소 $= 7\times\frac{100}{46}=15.2\text{kg}$
- 유안 $= 7\times\frac{100}{21}=33.3\text{kg}$

09 우리나라의 옥수수에 대한 설명으로 옳은 것은?

① 암이삭의 수염추출은 수이삭의 출수보다 빠르다.
② 옥수수는 고온 장일조건에서 출수가 촉진된다.
③ 복교잡이 단교잡보다 종자생산량이 많다.
④ 연작을 하면 기지현상이 크므로 윤작을 매년 실시하여야 한다.

해설

단교잡종과 복교잡종

- 단교잡종
  - 장점 : 재배 시 생산력이 높고, 품질의 균일성이 높으며 잡종강세가 크다.
  - 단점 : 잡종의 채종량이 적고 종자가격이 비싸다.
- 복교잡종
  - 장점 : 잡종의 채종량이 많다.
  - 단점 : 잡종강세 발현도는 높으나 품질의 균일성이 다소 떨어지고, 4개의 어버이 계통을 유지해야 하는 불편이 있다.

10 기장의 재배특성에 대한 설명으로 옳지 않은 것은?

① 한발과 산성토양에 강하다.
② 생육기간이 길어 저습지 재배에 적합하다.
③ 고온에 의한 춘화처리로 출수가 촉진된다.
④ NAA 처리로 이삭무게 증대가 가능하다.

해설

기장의 재배적 특성

- 생육기간이 짧다.
- 건조한 척박지에서도 재배가 가능하다.
- 수량이 적고 주식으로 알맞지 않으며, 수익성이 낮다.
- 고온에 의해 춘화처리로 출수가 촉진된다.
- 재배역사가 길고 기장으로 만든 식품은 일시적 이용에 좋다.

11 논에서 주로 발생하는 잡초들이 아닌 것은?

① 돌피, 너도방동사니
② 벗풀, 물달개비
③ 여뀌, 자귀풀
④ 명아주, 쇠비름

6 ② 7 ① 8 ③ 9 ③ 10 ② 11 ④ 정답

해설

우리나라 주요 논잡초

구 분	잡 초	내화력이 약한 수종
1년생	화본과	강피, 물피, 돌피, 둑새풀
	방동사니과	참방동사니, 알방동사니, 바람하늘지기, 바늘골
	광엽잡초	물달개비, 물옥잠, 여뀌, 자귀풀, 가막사리
다년생	화본과	나도겨풀
	방동사니과	너도방동사니, 올방개, 올챙이고랭이, 매자기
	광엽잡초	가래, 벗풀, 올미, 개구리밥, 미나리

12 벼 생육 중 영양생장에서 생식생장으로 전환되는 시기에 나타나는 특징이 아닌 것은?

① 출엽속도의 지연
② 하위절간의 신장 개시
③ 이삭목마디의 분화 시작
④ 분얼수의 증가

해설

분얼은 영양생장기에 일어난다.

13 작물의 학명으로 옳은 것은?

① 6조보리 – *Hordeum distichum*
② 수수 – *Sorghum bicolor*
③ 메밀 – *Phaseolus vulgaris*
④ 감자 – *Ipomoea batatas*

해설

- 6조보리(여섯줄보리) : *Hordeum vulgare* L.
- 메밀 : *Fagopyrum esculentum* Moench
- 감자 : *Solanum tuberosum* L.

14 감자 괴경의 전분에 관한 설명으로 옳지 않은 것은?

① 괴경이 비대함에 따라 전분함량이 증가한다.
② 괴경의 건물중 70~80%가 전분이다.
③ 괴경의 전분립 크기가 클수록 전분제조 시 전분수율이 높다.
④ 수확 후 휴면기간 중 괴경의 전분함량은 증가한다.

해설

수확 후 휴면 중에는 전분이나 당분의 변화가 별로 없으나 휴면이 끝나면 전분이 왕성하게 분해되어 당화되므로 당분의 함량은 증가하고 전분의 함량은 감소한다.

15 메밀의 생육특성에 대한 설명으로 옳은 것은?

① 자가수정작물이다.
② 단일조건에서 개화가 촉진된다.
③ 여름메밀은 주로 남부나 평야지에서 재배한다.
④ 장주화와 장주화간 수분은 적법수분이다.

해설

수분과 수정

- 일반특성
  - 타가수정작물로 충매에 의한 타화수정을 하며, 동화나 동형화 사이에는 수정되지 않는다.
  - 수정은 온도가 낮은 것이 유리하며, 고온은 수정 및 임실을 저해한다.
- 적법수분 : 이형화 즉 장주화와 단주화 사이에는 수정이 잘되는데 이를 적법수분이라 하며, 화분관의 신장이 짧은 시간에 씨방에 도달한다.
- 부적법수분 : 동주화 사이 수분에서는 수정이 잘 안되는데 이를 부적법수분이라 하며, 부적법수분은 꽃가루의 발아와 신장력이 떨어지거나 억제물질의 존재로 화분관이 씨방에 도달하지 못하고 대부분 신장이 정지된다.
- 온도와 수정 : 20℃ 이상에서는 임실이 저해되고 기온교차가 클 때 임실이 조장된다.

16 주간엽수가 16인 벼 품종에서 수잉기의 엽령지수에 해당하는 것은?

① 76~78　　② 80~83
③ 87　　④ 95

해설

$$\text{수잉기 엽령지수} = \frac{\text{엽 령}}{\text{주간총엽수}} \times 100 = \frac{15.2}{16} \times 100 = 95$$

정답 12 ④ 13 ② 14 ④ 15 ② 16 ④

17 우리나라 농경지 토양의 일반적인 특성으로 옳지 않은 것은?

① 논과 밭의 토양산도는 적정범위보다 다소 낮은 산성이다.
② 논과 밭의 유기물함량은 대체로 적정범위에 근접해 있다.
③ 논과 밭의 유효인산함량은 적정범위보다 다소 낮은 편이다.
④ 논의 유효규산함량은 적정범위보다 다소 낮은 편이다.

해설

논과 밭의 유효인산함량은 적정범위보다 다소 높은 편이다.

18 콩에 들어있는 성분 중에 가장 적게 함유되어 있는 것은?

① 라피노스(Raffinose)
② 전분(Starch)
③ 수크로스(Sucrose)
④ 스타키오스(Stachyose)

해설

콩은 주성분인 단백질 30~50%와 지질 13~28%, 당질, 비타민 및 많은 양분들이 함유되어 있으며, 콩에 함유된 전분은 거의 없고 당분은 수크로스(Sucrose), 라피노스(Raffinose), 스타키오스(Stachyose) 등으로 구성되어 있다.

19 서류의 재배방법에 대한 설명으로 옳은 것은?

① 감자는 평야지 봄 재배 시 일반적으로 절단 덩이뿌리심기를 하며, 재식밀도는 70×30cm로 한다.
② 감자는 평야지 봄 재배 시 표준시비량(성분량, $N-P_2O_5-K_2O$, kg/10a)이 18-20-25이며, 골에만 시비하는 것이 비료의 초기 흡수를 지연시키므로 유리하다.
③ 고구마는 인산 결핍 시 잎이 작아지고 농록색으로 되나 풍부하면 괴근의 모양은 길어지고 단맛과 저장력이 증대된다.
④ 고구마는 개체 싹심기를 하며, 재식밀도는 단작 시 60×15cm, 이모작 시 60×10cm로 하는 것이 수량 등을 고려할 때 적합하다.

해설

① 감자는 평야지 봄 재배 시 일반적으로 절단 덩이뿌리심기를 하며, 재식밀도는 60×20cm로 한다.
② 감자는 평야지 봄 재배 시 표준시비량(성분량, $N-P_2O_5-K_2O$, kg/10a)이 18-20-25이며, 골에만 시비하는 것이 비료의 초기 흡수를 촉진시키므로 유리하다.
④ 고구마는 개체 싹심기를 하며, 재식밀도는 단작 시 90×25~35cm, 이모작 시 70×15~25cm로 하는 것이 수량 등을 고려할 때 적합하다.

20 벼의 수량형성에 대한 설명으로 옳은 것은?

① 입중이 가장 크게 감소되는 시기는 출수기이다.
② 우리나라 주요 벼 재배품종의 천립중은 백미로 25~30g이다.
③ 온대자포니카 품종의 1수영화수는 대체로 80~100립이다.
④ 등숙비율은 감수분열기, 출수기 및 등숙성기보다 수수분화기에 저하되기 쉽다.

해설

① 입중이 가장 크게 감소되는 시기는 등숙성기이다.
② 우리나라 주요 벼 재배품종의 천립중은 백미로 17~24g이다.
④ 등숙비율은 수수분화기보다 감수분열기, 출수기, 등숙성기에 저하되기 쉽다.

17 ③ 18 ② 19 ③ 20 ③ 정답

2010년 지방직 식용작물

01 **밀 종실의 부위별 영양성분 중 전분, 단백질, 판토텐산, 리보플라빈 및 무기질을 함유하고 있는 부위는?**

① 배 유 ② 종 피
③ 호분층 ④ 배와 배반

해설

밀 종실의 부위별 영양성분
- 종피(8%) : 식이섬유, 칼륨, 인, 마그네슘, 칼슘
- 호분층(7%) : 나이신, 무기물, 피틴산
- 배유(82%) : 전분, 단백질, 판토텐산, 리보플라빈, 무기질
- 배와 배반(3%) : 비타민 B, 인

02 **밀이나 보리의 후작으로 알맞지 않은 작물은?**

① 녹 두 ② 팥
③ 동 부 ④ 완 두

해설

맥류 후작으로 알맞은 작물은 녹두, 팥, 동부 등이며 완두는 비교적 서늘한 기후를 좋아하고 생육기간 중 고온은 좋지 않으므로 답전작에 알맞다.

03 **다음 작물의 종실에 함유된 주성분을 바르게 나열한 것은?**

	팥	녹두	완두	동부	강낭콩
①	당질	당질	당질	당질	당질
②	단백질	지질	단백질	단백질	단백질
③	당질	단백질	단백질	당질	단백질
④	당질	지질	단백질	단백질	단백질

04 **콩 품종의 분류 및 특성에 대한 설명으로 옳은 것은?**

① 생태형에 따라 무한신육형, 중간형, 유한신육형으로 구별한다.
② 밥밑콩으로 이용되는 것은 종실이 작으며 알갈륨붕괴도가 낮다.
③ 콩나물용은 종실이 대체적으로 굵고 품질이 우수해야 한다.
④ 우리나라의 남부지역에 알맞은 품종은 감광성이 높은 가을콩이 좋다.

해설

가을콩(추대두, 그루콩)
- 감광성이 높고 한계일장은 짧으며, 감온성이 낮아 늦게 개화・성숙한다.
- 남부평야지대에서는 맥후작으로 여름에 파종해 늦가을에 수확하는 그루콩이 주체를 이루고 북부지방이나 산간지대에서는 성숙이 늦어 안전한 재배가 어렵다.

05 **서류의 형태적 특징에 대한 설명으로 옳지 않은 것은?**

① 고구마와 감자의 줄기 내부는 원형의 관다발로 이루어져 있고, 두 부분의 기본조직계(수, 피층)로 나누어져 있다.
② 고구마와 감자는 1개의 꽃 속에 암술 1개와 수술 5개가 있고, 씨방은 2개 또는 여러 개의 방으로 나누어져 있다.
③ 고구마와 감자의 잎은 모양이 대체로 둥글며 잎자루와 잎몸으로 구성되어 있고, 잎몸에는 평행맥이 있다.
④ 고구마와 감자의 뿌리는 원뿌리와 원뿌리에서 파생된 곁뿌리로 구성되어 있고, 양분을 흡수하는데 효과적이다.

해설

고구마의 잎은 줄기의 각 마디 2/5엽서로 착생하고 엽병의 길이는 품종에 따라 변이가 심하며, 엽신의 모양은 심장형부터 잎이 깊게 갈라진 결각형까지 여러 형태가 있고 크기는 환경의 영향에 따라 그 차이가 심하게 나타난다.

정답 1 ① 2 ④ 3 ① 4 ④ 5 ③

06 비료 3요소 성분 중 고구마의 흡수율이 높은 것을 순서대로 나타낸 것은?

① 칼륨 > 질소 > 인산
② 질소 > 인산 > 칼륨
③ 인산 > 칼륨 > 질소
④ 질소 > 칼륨 > 인산

해설

비료 3요소의 흡수량
질소 : 인산 : 칼륨 = 3 : 1 : 4이며, 칼륨질비료의 효과가 크고 질소질 비료의 과용은 지상부만 번무시키고 괴근의 형성과 비대에는 불리하게 작용한다.

07 밭작물 중 꽃잎을 가지고 있는 것은?

① 보 리 ② 밀
③ 감 자 ④ 옥수수

해설

감자 꽃
- 화서는 취산화서(聚繖花序, Cyme)로 줄기 끝에 있는 1개의 자루에 꽃이 여러 개 달리거나 2~4개로 갈라진 꽃자루에 여러 개의 꽃이 피기도 한다.
- 꽃의 기부가 합착된 5개의 꽃받침, 기부가 합착된 5조각의 꽃부리(花冠, Corolla), 5개의 수술, 1개의 암술로 되어 있다.
- 수술은 짧은 화사에 길고 굵은 약이 달려 있으며, 암술머리는 약보다 약간 높다.

08 작물의 윤작에 대한 설명으로 옳지 않은 것은?

① 윤작은 원래 농경에 의한 지력감소를 방지하기 위하여 시작되었다.
② 우리나라의 윤작체계는 매우 복잡하고 장기적이다.
③ 윤작은 토양의 물리성을 개선하는데 탁월한 효과가 있다.
④ 연작 시 발생하는 병해충을 윤작에 의해 경감시킬 수 있다.

해설

우리나라의 윤작체계는 단순하고 단기적이다.

09 콜히친, 아세나프텐 등의 인위적 처리를 통하여 작물에 변이를 유도하는 육종법은?

① 배수성육종법 ② 교잡육종법
③ 분리육종법 ④ 잡종강세육종법

해설

콜히친 처리 등은 3배를 만들어 이용하는 배수성육종법이다.

10 잡초에 대한 설명으로 옳지 않은 것은?

① 피, 둑새풀 등은 휴면이 타파된 경우라도 환경이 불량하면 2차휴면이 유도된다.
② 논잡초 중 다년생에 포함되는 잡초는 물옥잠, 자귀풀, 여뀌바늘 등이 있다.
③ 설포닐우레아계 제초제에 대한 저항성 계통이 발생하여 작물의 수량이 감소되는 문제가 나타나고 있다.
④ 대부분의 경지잡초들은 광발아성 종자로서 광에 노출되는 표토에서 발아한다.

해설

우리나라 주요 논잡초

구 분	잡 초	내화력이 약한 수종
1년생	화본과	강피, 물피, 돌피, 둑새풀
	방동사니과	참방동사니, 알방동사니, 바람하늘지기, 바늘골
	광엽잡초	물달개비, 물옥잠, 여뀌, 자귀풀, 가막사리
다년생	화본과	나도겨풀
	방동사니과	너도방동사니, 올방개, 올챙이고랭이, 매자기
	광엽잡초	가래, 벗풀, 올미, 개구리밥, 미나리

11 염색체의 일부 단편이 절단되었다가 비상동염색체로 자리를 옮기는 현상은?

① 중 복 ② 전 좌
③ 역 위 ④ 결 실

해설

- 중복 : 염색체 일부 단편이 정상보다 더 많아지는 것
- 역위 : 염색체 일부 단편이 절단되었다가 종래와는 다르게 180° 회전하여 다시 그 염색체에 유착되는 것
- 결실 : 염색체 일부 단편이 세포 밖으로 망실되는 것

6 ① 7 ③ 8 ② 9 ① 10 ② 11 ② 정답

12 다음 보기의 설명을 모두 포함하는 무기요소는?

- 세포핵을 구성하는 주성분이다.
- 생육전기의 분얼과 뿌리 자람을 위한 필수요소이다.
- 결핍 시 광합성과 호흡작용이 저하되고, 도열병에 걸리기 쉽다.

① 인 산 ② 질 소
③ 칼 륨 ④ 규 산

해설

인(P)

- 인산이온($H_2PO_4^-$, HPO_4^{2-})의 형태로 식물체에 흡수되며 세포의 분열, 광합성, 호흡작용, 녹말과 당분의 합성분해, 질소동화 등에 관여한다.
- 세포핵, 분열조직, 효소, ATP 등의 구성성분으로 어린 조직이나 종자에 많이 함유되어 있다.
- 결핍 시 뿌리 발육 저해, 어린잎이 암녹색이 되고, 둘레에 오점이 생기며, 심하면 황화하고 결실이 저해된다.

13 우리나라에서 월동하지 못하는 비래해충(飛來害蟲)으로만 묶은 것은?

① 벼멸구, 애멸구, 이화명나방
② 벼멸구, 혹명나방, 멸강나방
③ 흰등멸구, 혹명나방, 이화명나방
④ 애멸구, 벼줄기굴파리, 벼물바구미

해설

중국에서 날아오는 비래해충 : 벼멸구, 멸강나방, 혹명나방 등

14 벼의 식물학적 위치에 대한 설명으로 옳은 것은?

① 벼의 염색체수(2n)는 26개이며, 자가수정작물이다.
② 재배벼는 야생벼보다 휴면성이 강하고, 종자수명이 길다.
③ 벼의 재배종은 *Oryza sativa*와 *Oryza glaberrima* 이다.
④ 벼는 식물학적으로 나자식물아문-화본과에 속한다.

해설

① 벼의 염색체수(2n)는 24개이며, 자가수정작물이다.
② 재배벼는 야생벼보다 휴면성이 약하고, 종자수명이 짧다.
④ 벼는 식물학적으로 피자식물문-화본과에 속한다.

15 벼의 무기양분에 의한 영양장해의 일반적인 증상으로 옳지 않은 것은?

① 무기양분이 결핍 또는 과잉될 때는 잎의 녹색이 변하여 황백색, 갈색, 오렌지색 등이 된다.
② 체내에서 이동이 잘 되지 않는 무기양분(Fe, B, Ca 등)이 결핍될 때는 결핍증상이 상위엽에서 나타난다.
③ 체내에서 이동이 잘 되는 무기양분(N, P, K, S 등)의 결핍증상은 하위엽에서 먼저 나타난다.
④ 무기양분이 과잉 흡수되면 상위엽에 많이 집적되므로 과잉증상은 상위엽에서 나타난다.

해설

④ 무기양분이 과잉 흡수되면 하위엽에 많이 집적되므로 과잉증상은 하위엽에서 나타난다.

16 볍씨의 발아조건에 대한 설명으로 옳지 않은 것은?

① 볍씨는 산소가 전혀 없는 조건에서도 발아율이 80% 정도이다.
② 볍씨는 한 이삭에서 위쪽에 있는 것이 아래쪽의 것보다 충실하여 발아가 빠르고 발아율이 높다.
③ 볍씨는 빛의 유무에 관계없이 발아한다.
④ 산소가 부족한 조건에서는 초엽이 1cm 이하로 짧고 굵게 나오면서 씨뿌리도 함께 자란다.

해설

④ 산소가 풍부한 조건에서는 초엽이 1cm 이하로 짧고 굵게 나오면서 씨뿌리도 함께 자란다. 산소가 부족한 조건에서는 초엽만 신장된 이상발아현상을 보이며, 본엽과 뿌리의 원기는 생장하지 않는다.

17 아시아 벼 생태종의 특징에 대한 설명으로 옳지 않은 것은?

① 키는 인디카가 온대자포니카보다 크다.
② 온대자포니카 쌀의 형태는 둥글고 짧고, 인디카는 가늘고 길다.
③ 밥의 끈기는 온대자포니카 > 열대자포니카 > 인디카 순이다.
④ 분얼의 발생 정도는 온대자포니카 > 인디카 > 열대자포니카 순이다.

정답 12 ① 13 ② 14 ③ 15 ④ 16 ④ 17 ④

해설

분얼의 발생 정도는 인디카형이 가장 많고 온대자포니카형이 중간, 열대자포니카형이 가장 작다.

18 벼 줄기에 대한 설명으로 옳지 않은 것은?

① 벼 줄기는 마디와 마디사이(절간)로 이루어져 있다.
② 벼의 마디수는 보통 10~12개이지만, 신장하는 것은 이삭으로부터 아래쪽 1~2개 마디사이이다.
③ 줄기의 마디사이에는 수강이 있으며, 표피와 수강 사이에는 유관속과 통기강이 있다.
④ 담수한 논에서 사라는 벼에서는 기공을 통해서 들어온 산소가 통기강 및 통기조직을 거쳐 뿌리로 공급된다.

해설

벼의 마디수는 보통 10~22개이지만, 신장하는 것은 이삭으로부터 아래쪽 4~5개 마디사이이다.

19 메밀의 작물적 특성과 환경에 대한 설명으로 옳지 않은 것은?

① 메밀꽃은 좋은 밀원이 되며, 어린 잎은 채소로도 이용할 수 있다.
② 메밀은 서늘한 기후를 좋아하고, 산간지방에서 재배하기에 알맞다.
③ 재배에 알맞은 토양산도는 pH 6.0~7.0이며, 산성토양에는 약하다.
④ 여문 종실은 떨어지기 쉬우므로 70~80%가 성숙하면 수확한다.

해설

토 양

- 배수가 좋은 사양토~식양토가 알맞으나 토양적응성이 커서 중점토, 습지, 극단적 건조지를 제외하면 어느 토양도 재배가 가능하다.
- 배수가 잘되고 약간 건조한 토양이 좋으며 비옥한 땅에서는 도복의 위험이 크다.
- 토양산도는 pH 6~7이 알맞으며, 산성토양에도 강한 편이다.

20 봄 조의 기상 생태형에 대한 설명으로 옳지 않은 것은?

① 감온형 작물
② 고온에 출수 촉진
③ 만파에 유리
④ 내건성 작물

해설

봄 조

- 파종시기는 5월 상순경이며, 생육기간은 70~124일로 비교적 짧다.
- 감온형으로 단일조건에서 출수 촉진효과가 적고 고온에 의해 출수가 촉진된다.
- 그루조보다 조숙성이고 건조에 강하고 다습을 싫어하므로 일찍 파종하는 것이 수량이 많다.

18 ② 19 ③ 20 ③ 정답

2011년 지방직 식용작물

01 논에 문제가 되는 잡초종으로만 짝지어진 것은?

① 올미, 돌피, 물달개비, 여뀌바늘
② 사마귀풀, 벗풀, 깨풀, 쇠비름
③ 둑새풀, 강아지풀, 물달개비, 바랭이
④ 바랭이, 개여뀌, 물달개비, 돌피

해설

우리나라 주요 논잡초

구 분	잡 초	내화력이 약한 수종
1년생	화본과	강피, 물피, 돌피, 둑새풀
	방동사니과	참방동사니, 알방동사니, 바람하늘지기, 바늘골
	광엽잡초	물달개비, 물옥잠, 여뀌, 자귀풀, 가막사리
다년생	화본과	나도겨풀
	방동사니과	너도방동사니, 올방개, 올챙이고랭이, 매자기
	광엽잡초	가래, 벗풀, 올미, 개구리밥, 미나리

02 옥수수에 대한 설명으로 옳지 않은 것은?

① 일반적으로 옥수수는 수이삭과 암이삭으로 구별되는 자웅동주 식물이다.
② 우리나라 옥수수는 대체로 수이삭의 출수 및 개화가 암이삭의 개화보다 앞서는 웅성선숙이다.
③ 암이삭의 수염 추출은 상부에서부터 시작하여 중앙 및 하부로 이행된다.
④ 옥수수는 C_4식물이며 고립상태에서의 광포화점은 벼보다 높다.

해설

수 염

- 암이삭의 수염은 중앙 하부부터 추출되어 상하로 이행되며 선단 부분이 가장 늦다.
- 수염의 추출은 수이삭 개화보다 3~5일 늦는 것이 보통이나 품종 간 차이가 있다.
- 재배여건이 나쁘면 수염의 추출이 늦어지고 심하면 수염이 추출되지 않아 불임개체가 많아진다.

03 유용 유전자를 식물에 도입할 때 사용되는 재료와 직접 관련이 없는 것은?

① *Agrobacterium*
② PEG(PolyEthyleneGlycol)
③ Ti plasmid
④ RFLP(Restriction Fragment Length Polymorphism)

해설

RFLP(Restriction Fragment Length Polymorphism)는 DNA를 유전자절단제한효소(Restriction Endonuclease)로 절단하였을 때, 절단된 유전자의 길이가 개인에 따라 다르게 나타나는 현상으로 직접적인 관련은 없다.

04 벼농사 기간 중 실제로 관개해야 할 물의 양(mm)이 가장 큰 것은?

	엽면증산량	수면증발량	지하침투량	유효강우량
①	480	400	400	300
②	540	450	600	400
③	600	500	500	300
④	660	550	400	400

정답 1 ① 2 ③ 3 ④ 4 ③

해설

- 관개수량 = 용수량 − 유효강우량
- 용수량 = 엽면증산량 + 수면증발량 + 지하침투량

05 벼의 영양과 시비관리에 대한 설명으로 옳은 것은?

① 비료 3요소 중에서 체내 이동률이 가장 높은 것은 칼륨이다.

② 잎에 함유된 질소와 칼륨의 농도는 생육초기보다 성숙기가 더 낮다.

③ 비료 3요소의 1일 흡수량은 유수형성기부터 출수기로 갈수록 증가한다.

④ 냉해가 우려되는 논에는 인산이나 칼륨질 비료를 줄이고 질소질 비료는 증가시켜야 한다.

해설

① 체내 이동률은 인 > 질소 > 황 > 마그네슘 > 칼륨 > 칼슘 순으로 저하된다.

③ 무기양분의 흡수는 유수형성기까지 증가하며, 이 후 출수기 사이에는 감소하고 출수기 이후에는 급감한다.

④ 냉해가 우려되는 논에는 인산이나 칼륨질 비료를 20~30% 증시하고 질소질 비료는 20~30% 감비한다.

06 토양반응과 작물의 생육에 대한 설명으로 옳은 것은?

① 강우가 많거나 관개를 하면 토양산성화가 경감된다.

② 콩 및 알팔파는 산성토양에 강한 것으로 알려져 있다.

③ 산성토양에서는 칼슘의 가급도는 증가하고, 망간의 용해도는 감소하여 작물의 생육에 불리하다.

④ 토양 중의 질소와 황이 산화되면 토양을 산성화하고, 염기의 용탈을 촉진한다.

해설

① 강우가 많거나 관개를 하면 토양산성화가 심화된다.

② 콩의 알맞은 토양산도는 pH 6.5 내외로 산성토양에서는 생육과 수량이 떨어지며 콩을 재배하게 되면 토양 표면에 염기가 증가해 pH가 높아져 토양반응을 좋게 한다.

③ 강산성에서의 작물생육 시 인, 칼슘, 마그네슘, 붕소, 몰리브덴 등의 가급도가 떨어져 작물의 생육에 불리하다.

07 쌀의 영양적 특성에 대한 설명으로 옳은 것을 모두 고른 것은?

ㄱ. 현미는 백미보다 조지방 함량은 높으나, 조섬유 함량은 낮다.
ㄴ. 찹쌀의 전분은 아밀로스가 대부분이다.
ㄷ. 쌀기름의 지방산 조성은 불포화지방산이 70% 이상이다.
ㄹ. 쌀겨가 백미보다 단위무게당 비타민 E 함량이 많다.
ㅁ. 쌀겨나 쌀눈은 백미에 비해 단위무게당 단백질 함량이 높다.

① ㄱ, ㄴ, ㅁ

② ㄱ, ㄷ, ㅁ

③ ㄴ, ㄷ, ㄹ

④ ㄷ, ㄹ, ㅁ

해설

ㄱ. 현미는 백미보다 조지방, 조섬유 함량이 높다.
ㄴ. 찹쌀의 전분은 아밀로펙틴이 대부분이다.

08 친환경 쌀 생산에 대한 설명으로 옳은 것은?

① 유기인증 쌀의 경우에도 해충방제 및 식품보존을 목적으로 한 방사선의 사용은 허용된다.

② 유기인증 쌀을 생산하기 위해서는 원칙상 유기종자를 사용하여야 한다.

③ 무농약 쌀 생산에는 유기합성농약을 사용할 수 없으나, 화학비료는 권장량의 1/2 이하에서 사용할 수 있다.

④ 저농약 쌀 생산에는 유기합성농약과 화학비료의 사용량을 권장량의 1/2 이하로 제한하고 있으나, 유기합성 제초제의 사용량은 제한하지 않는다.

해설

① 유기인증 쌀의 경우에도 해충방제 및 식품보존을 목적으로 한 방사선의 사용이 허용되지 않는다.

③ 무농약 쌀 생산에는 유기합성농약을 사용할 수 없으나, 화학비료는 권장량의 1/3 이하에서 사용할 수 있다.

④ 저농약 쌀의 인증제도는 제지되었다.

5 ② 6 ④ 7 ④ 8 ② 정답

09 벼 직파재배의 특성으로 옳은 것은?

① 벼의 건답직파 품종은 저온발아성이 높고, 초기신장이 좋은 품종을 선택하는 것이 좋다.
② 논물을 댈 때의 관개용수량은 건답직파가 기계이앙재배보다 필요량이 적다.
③ 직파재배에서는 이앙재배보다 잡초성 벼의 발생을 경감시킬 수 있는 장점이 있다.
④ 벼의 무논골뿌림재배는 담수표면산파에 비해 도복이 심하다.

해설

② 논물을 댈 때의 관개용수량은 건답직파가 기계이앙재배보다 필요량이 많다.
③ 직파재배에서는 이앙재배보다 잡초성 벼의 발생을 증가시키는 단점이 있다.
④ 벼의 무논골뿌림재배는 담수표면산파에 비해 도복의 방지효과가 크다.

10 보리의 파종방법에 대한 설명으로 옳지 않은 것은?

① 보리는 월동 전에 잎이 5~7장 정도 나올 수 있도록 파종하는 것이 그 지역에 알맞은 파종기이다.
② 춘파성이 강한 품종을 너무 일찍 파종하면 월동 전 어린이삭이 형성되어 동해가 우려된다.
③ 늦게 파종할 때에는 종자의 양을 기준량의 20~30%까지 늘려주고, 질소 시비량도 10~20% 늘려준다.
④ 늦게 파종할 때 싹을 미리 틔워서 파종하면 싹이 나오는 일수를 2~3일 정도 앞당길 수 있다.

해설

③ 늦게 파종할 때에는 종자의 양을 기준량의 20~30%까지 늘려주고, 질소 시비량도 10~20% 줄여준다.

파종기가 늦었을 때의 대책

- 파종량을 늘린다.
- 최아하여 파종한다.
- 월동이 안전한 한도 내에서 추파성이 낮은 품종을 선택한다.
- 월동이 조장되도록 골을 낮추고 부숙퇴비를 충분히 시비한 후 월동 중 관리를 잘 해야 한다.

11 고구마 괴근형성에 대한 설명으로 옳지 않은 것은?

① 장태부정근원기(長太不定根原基)가 잘 형성된 마디가 많은 묘가 괴근형성이 잘 된다.
② 괴근이 비대하기에 유리한 조건은 풍부한 일조량, 단일조건, 충분한 칼륨질 비료 등이다.
③ 형성층 활동이 왕성하고, 중심주세포의 목화가 빠르면 괴근의 비대가 촉진된다.
④ 최대용수량의 70~75% 정도의 수분조건에서 괴근의 비대가 잘 된다.

해설

유근에서 괴근으로 분화되는 것은 이식 후 10일쯤부터 중심주의 원생목부에 분화된 제1형성층 활동이 왕성해져 중심주 조직이 불어나고 유조직이 목화되지 않으며 이 조직에 전분립이 축적된다.

12 작물명과 학명이 잘못 짝지어진 것은?

① 2조종보리 : *Hordeum vulgare* L.
② 귀리 : *Avena sativa* L.
③ 수수 : *Sorghum bicolor* L. Moench
④ 땅콩 : *Arachis hypogea* L.

해설

2조종보리(두줄보리) : *Hordeum distichum* L.

13 벼의 병해충에 대한 설명으로 옳은 것은?

① 애멸구와 벼멸구는 우리나라에서 월동을 하지 못하며, 중국 등지에서 비래한다.
② 줄무늬잎마름병과 오갈병은 매개충을 방제함으로써 예방할 수 있다.
③ 잎도열병은 균사상태로 피해엽이나 볍씨 등에서 월동하며, 질소비료를 다량 시용하면 발생이 경감된다.
④ 벼물바구미의 유충은 잎을 가해하고, 성충은 뿌리를 가해한다.

해설

① 벼멸구는 우리나라에서 월동을 하지 못하며, 중국 등지에서 비래하고 애멸구는 우리나라에서 월동한다.
③ 잎도열병은 균사상태로 피해엽이나 볍씨 등에서 월동하며, 질소비료를 다량 시용하면 발생이 증가된다.
④ 벼물바구미의 유충은 뿌리를 가해하고, 성충은 잎을 가해한다.

정답 9 ① 10 ③ 11 ③ 12 ① 13 ②

14 밀의 품질에 대한 설명으로 옳지 않은 것은?

① 밀알 단면의 70% 이상이 초자질부로 되어 있으면 초자질립이다.
② 초자율이 30% 이하이면 분상질소맥이다.
③ 초자질소맥은 분상질소맥보다 단백질 함량이 높고, 지방 함량이 낮다.
④ 연질분은 경질분보다 단백질과 부질 함량이 많아 신전성이 강하므로 제과용으로 알맞다.

연질분(박력분)
- 밀가루에 결정입자가 없어 매우 부드럽다.
- 단백질과 부질의 함량이 낮아 신장성이 단시간에 그친다.
- 경질밀보다 단백질과 부질 함량은 낮고 지방 함량은 높다.
- 신장력이 다소 강한 것은 가락국수용, 신장력이 약하고 단백질 함량이 적은 것은 카스테라, 비스킷, 튀김용에 알맞다.

15 수수와 조의 공통적 특성이 아닌 것은?

① 1개의 암술과 3개의 수술이 있다.
② 한발에 견디는 힘이 비교적 강하다.
③ 곡실의 성분 함량은 탄수화물, 지질, 단백질 순으로 높다.
④ 자가수분을 원칙으로 하지만, 자연교잡을 하는 경우도 있다.

해설

수수와 조의 성분 함량은 탄수화물 > 단백질 > 지질 순이다.

16 종실의 단위무게당 탄수화물 함량이 가장 낮은 작물은?

① *Glycine max* ② *Vigna angularis*
③ *Vigna radiata* ④ *Phaseolus vulgaris*

해설

Glycine max – 콩
콩은 주성분인 단백질 30~50%와 지질 13~28%, 당질, 비타민 및 많은 양분들이 함유되어 있으며 콩에 함유된 전분은 거의 없고 당분은 수크로오스(Sucrose), 라피노오스(Raffinose), 스타키오스(Stachyose) 등으로 구성되어 있다.

17 콩의 수량구성요소와 증수재배기술에 대한 설명으로 옳지 않은 것은?

① 콩의 수량구성요소는 $1m^2$당 개체수, 개체당 꼬투리수, 꼬투리당 평균입수, 100립중으로 이루어진다.
② 파종 시 토양수분 함량이나 복토의 정도는 적정재식밀도의 확보에 제한요인이 될 수 있다.
③ 콩은 추비위주의 시비를 하며, 개화기 전후에 질소비료를 엽면시비하면 결협률을 높일 수 있다.
④ 입중의 증대를 위해서는 적정재식밀도로 개체의 생육량을 증대시키고, 결실 중·후기에 양분과 수분이 충분히 공급되어야 한다.

해설

콩은 기비 중심의 시비를 해야 하며, 개화기 전후 질소비료를 엽면시비하면 결협률을 높일 수 있다.

18 작물의 생식방법에 대한 설명으로 옳은 것은?

① 콩은 자식을 주로 하지만, 타식률도 5% 이상으로 높다.
② 메밀은 양성화이며, 자가불화합성을 나타낸다.
③ 수수는 자가수정작물이며, 자연교잡률이 0.1% 미만으로 낮다.
④ 아포믹시스(Apomixis)는 수정을 거쳐서 형성된 종자이다.

해설

메밀은 타가수정작물로 충매에 의한 타화수정을 하며, 동화나 동형화 사이에는 수정되지 않는다.

19 작물의 병해에 대한 설명으로 옳은 것은?

① 콩의 탄저병은 주로 꼬투리에 발생하며, 토양으로만 전파된다.
② 감자 바이러스병이 발생되면 이병주를 제거하는 것보다 약제살포가 효과적이다.
③ 벼 모마름병의 발병유인은 토양산도(pH)가 4 이하 또는 5.5 이상이거나 저온·과습·밀파조건 등이다.
④ 보리 등 맥류의 붉은곰팡이병은 고온 건조한 날씨가 계속되는 해에 많이 발생한다.

14 ④ 15 ③ 16 ① 17 ③ 18 ② 19 ③ 정답

해설

① 콩의 탄저병은 주로 꼬투리에 발생하며, 씨앗이나 토양으로 전파된다.
② 감자 바이러스병이 발생되면 약제살포보다 이병주를 제거하는 것이 효과적이다.
④ 보리 등 맥류의 붉은곰팡이병은 다습한 날씨가 계속되는 해에 많이 발생한다.

20 감자의 저장물질에 대한 설명으로 옳지 않은 것은?

① 괴경의 휴면이 끝나면 당분이 감소하고, 전분 함량은 증가한다.
② 형성된 괴경이 비대함에 따라 당분은 점차 감소하고, 전분 함량은 점차 증가한다.
③ 일광에 쬐어 녹화된 괴경의 피부에서는 솔라닌이 현저하게 증가한다.
④ 괴경이 비대하기 시작할 때에는 환원당 함량이 비환원당보다 많다.

해설

휴면이 끝나면 환원당과 비환원당 모두 현저히 증가하고 발아, 생장에 따라 모두 소모되며 함량이 낮아진다.

정답 20 ①

2012년 지방직 식용작물

01 **식물의 조직배양에 대한 설명으로 옳지 않은 것은?**

① 약배양은 육종연한을 단축시키는 장점이 있다.
② Pomato는 배배양법으로 육성되었다.
③ 생장점 배양으로 무병주 개체를 획득할 수 있다.
④ 조직배양을 이용하여 2차 대사산물 생산이 가능하다.

해설

Pomato는 감자와 토마토를 세포융합시켜 개발한 잡종이다.

02 **밀알 및 밀가루의 품질에 대한 설명으로 옳지 않은 것은?**

① 밀알이 굵고 껍질이 얇은 것이 배유율이 높고 양조용으로도 유리하다.
② 초자질인 것은 분상질인 것에 비하여 단백질 함량이 높고 지방과 전분의 함량이 낮다.
③ 경질전분세포가 발달되어 있으면 배유율에 비하여 제분율이 낮아진다.
④ 연질분(박력분)은 단백질과 부질의 함량이 높아서 제빵용으로 알맞다.

해설

연질분(박력분)

- 밀가루에 결정입자가 없어 매우 부드럽다.
- 단백질과 부질의 함량이 낮아 신장성이 단시간에 그친다.
- 경질밀보다 단백질과 부질 함량은 낮고 지방 함량은 높다.
- 신장력이 다소 강한 것은 가락국수용, 신장력이 약하고 단백질 함량이 적은 것은 카스테라, 비스킷, 튀김용에 알맞다.

03 **맥류의 추파성에 대한 설명으로 옳은 것은?**

① 추파성 정도가 높은 품종이 내동성도 강한 경향이 있다.
② 추파성이 높고 춘파성이 낮을수록 출수가 빨라진다.
③ 추파성 정도가 높은 품종일수록 추파성 소거에 소요되는 월동기간이 짧아진다.
④ 추파성 정도가 높은 품종은 대체로 남부지방에서 재배한다.

해설

파 성

- 맥류의 영양생장을 지속시키고 생식생장을 억제하는 성질을 말하며 유전적 특성이지만 환경의 영향을 받는다.
- 추파형 맥류는 추파성을 가지고 있어 맥류의 영양생장만 지속시키고 생식생장으로 이행을 억제하며 내동성을 증대시킨다.
- 추파형 품종은 가을에 파종해야 월동 중 저온단일조건으로 추파성이 소거되어 정상적 출수로 개화 결실하나 봄에 파종하면 추파성 소거에 필요한 저온단일조건을 충분히 만나지 못해 추파성이 소거되지 못하고 좌지현상을 보인다.

04 **메밀에 대한 설명으로 옳지 않은 것은?**

① 수정은 충매에 의한 타화수정을 한다.
② 동일한 품종에서도 장주화와 단주화가 섞여있다.
③ 여름메밀은 생육기간이 짧은 북부나 산간부에서 재배된다.
④ 장주화와 단주화 사이의 수분은 부적법수분이 된다.

1 ② 2 ④ 3 ① 4 ④ 정답

해설

메밀의 수분과 수정

- 일반특성
  - 타가수정작물로 충매에 의한 타화수정을 하며 동화나 동형화 사이에는 수정되지 않는다.
  - 수정은 온도가 낮은 것이 유리하며 고온은 수정 및 임실을 저해한다.
- 적법수분 : 이형화 즉 장주화와 단주화 사이에는 수정이 잘되는데 이를 적법수분이라 하며 화분관의 신장이 짧은 시간에 씨방에 도달한다.
- 부적법수분 : 동주화 사이 수분에서 수정이 잘 안되는데 이를 부적법수분이라 하며 부적법수분은 꽃가루의 발아와 신장력이 떨어지거나 억제물질의 존재로 화분관이 씨방에 도달하지 못하고 대부분 신장이 정지된다.
- 온도와 수정 : 20℃ 이상에서는 임실이 저해되고 기온교차가 클 때 임실이 조장된다.

05 작물 수확 후 생리작용 및 손실요인이 아닌 것은?

① 맹아에 의한 손실
② 호흡에 의한 손실
③ 증산에 의한 손실
④ CCC 생성 및 후숙에 의한 손실

해설

CCC는 식물생장억제제이므로 손실에 영향을 미치지 않으며, 후숙 역시 손실에 해당하지 않는다.

06 애멸구에 의해 매개되며, 식물체의 마디 사이가 짧아지고, 잎이 농록색으로 변하며, 초장이 작아지는 옥수수의 병은?

① 깜부기병　　② 검은줄오갈병
③ 그을음무늬병　　④ 깨씨무늬병

해설

검은줄오갈병(흑조위축병)

- 병징 및 발생
  - 잎 뒷면에 검은색 돌출 부위 비슷한 줄이 형성되면서 잎이 오그라드는데 심하면 엽초에서도 나타난다.
  - 식물체 전체 마디 사이가 짧아져 키가 작고 잎이 농록색으로 변하며 엽신이 짧아져 늘어지지 않는다.
  - 옥수수 병 중 가장 무서운 병으로 심하면 마디 사이가 자라지 않는다.
  - 전염경로 : 애멸구에 의해 매개되는 바이러스병이다.
  - 방제 : 이병주를 제거하고 애멸구 등을 살충제를 이용해 방제한다.

07 외떡잎식물과 쌍떡잎식물의 특징을 비교한 것 중 옳지 않은 것은?

① 외떡잎식물의 꽃잎은 주로 3의 배수이며, 쌍떡잎식물의 꽃잎은 주로 4~5의 배수로 구성되어 있다.
② 외떡잎식물의 줄기 관다발은 1개의 원통형이며, 쌍떡잎식물의 줄기 관다발은 복잡하게 산재배열되어 있다.
③ 외떡잎식물의 주된 잎맥은 평행맥이며, 쌍떡잎식물의 주된 잎맥은 그물맥으로 되어 있다.
④ 외떡잎식물에는 보리, 벼 등이 포함되고, 쌍떡잎식물에는 녹두, 알팔파 등이 포함된다.

해설

쌍떡잎식물의 줄기 관다발은 1개의 원통형이며, 외떡잎식물의 줄기 관다발은 복잡하게 산재배열되어 있다.

08 유전자의 특성에 대한 설명으로 옳지 않은 것은?

① 유전자는 생명체의 특성을 결정하는 유전정보를 가지고 있으며, 안정성을 유지한다.
② 유전자는 유전정보를 번역하는 체제에 의해 생명체의 구조와 기능에 필요한 단백질을 생성한다.
③ 염색체상에 고정되어 있지 않고 움직이는 유전자인 트랜스포존은 옥수수에는 없다.
④ 유전자는 자가복제하며, 다음세대로 대물림한다.

해설

트랜스포존 : 대부분의 유전자가 염색체상 일정 위치에 고정되어 있는데 반해 트랜스포존은 움직이는 유전자이며 옥수수 알갱이의 색이 불안정하게 나타나는 원인을 연구하는 과정에서 처음 발견되었다.

정답 5 ④ 6 ② 7 ② 8 ③

09 콩 수량을 증대시키기 위한 증수재배기술로 옳지 않은 것은?

① 증수를 위해서는 단위면적당 꼬투리수를 많이 확보하여야 한다.
② 단위면적당 꼬투리수는 1차적으로 마디수와 밀접한 관계가 있다.
③ 꼬투리당 임실비율은 생육초기의 양분공급조건과 수광태세에 의해 크게 영향을 받는다.
④ 다수확을 위한 최적엽면적지수는 재배조건에 따라 다르지만, 대체로 4~6 정도이다.

해설
콩의 수량증대를 위해서는 단위면적당 꼬투리수를 많이 확보하고 생육후기에 충분한 양분을 공급해야 하며, 동화작용이 왕성하게 이루어지도록 하여 임실률을 높이고 종실이 잘 여물게 해야 한다.

10 감자 괴경에 대한 설명으로 옳은 것은?

① GA처리는 아밀라아제의 합성을 조장하여 괴경의 형성과 비대를 촉진한다.
② 감자 괴경에서 괴경형성을 조장하는 물질적 본체는 플로리겐으로 생각되고 있다.
③ 고온과 장일조건에서 생육할 때 괴경의 비대가 촉진된다.
④ B-9을 처리하면 지상부 생육을 억제하여 괴경의 비대가 조장된다.

해설
B-9의 처리는 지상부 생육을 억제해 괴경의 비대가 조장되고 시토키닌의 처리의 비대도 조장된다.

11 C_4식물로만 묶은 것은?

① 옥수수, 밀　　② 사탕수수, 귀리
③ 수수, 기장　　④ 호밀, 보리

해설
- C_3식물 : 벼, 보리, 밀, 호밀, 콩, 귀리, 고구마, 감자 등
- C_4식물 : 옥수수, 수수, 기장, 피 등

12 벼 뿌리의 특성에 대한 설명으로 옳지 않은 것은?

① 벼 뿌리 조직의 피층 내에 통기조직이 발달하였다.
② 논벼 뿌리의 끝에서 산소를 방출하여 토양을 산화적으로 교정한다.
③ 논벼는 벼 뿌리의 표면에 산화철 피막을 만들어 황화수소의 피해를 방지한다.
④ 밭에서 자란 벼보다 논에서 자란 벼의 뿌리가 길고 많다.

해설
④ 논에서 자란 벼보다 밭에서 자란 벼의 뿌리가 길고 많다.

13 쌀의 도정도를 결정하는 방법으로 옳지 않은 것은?

① 현미의 크기에 따른 방법
② 색에 의한 방법
③ 도정시간에 의한 방법
④ 도정횟수에 의한 방법

해설
도정도 결정방법 : 색에 의한 방법, 강층의 박리 정도, 도정시간에 의한 방법, 도정횟수에 의한 방법, 전기소모량, 생성되는 겨의 양 등

14 야생벼와 재배벼에 대한 설명으로 옳지 않은 것은?

① 종자 크기는 야생벼가 작고, 재배벼는 크다.
② 내비성은 야생벼가 약하고, 재배벼는 강하다.
③ 종자의 수는 야생벼가 적고, 재배벼는 많다.
④ 종자 모양은 야생벼는 작고 집약형이며, 재배벼는 길고 산형이다.

해설
종자 모양은 야생벼는 작고 분산형이며, 재배벼는 길고 집약형이다.

정답 9 ③ 10 ④ 11 ③ 12 ④ 13 ① 14 ④

15 땅콩에 관한 설명으로 옳은 것은?

① 결실기간의 온도가 높을수록 종실 중의 지방 함량이 증가하는 경향이 있다.
② 개화는 오후 늦게 시작하여 이른 새벽에 종료된다.
③ 타가수정을 하며 장일조건에서 종실의 발육이 조장된다.
④ 결협을 위하여 질소의 시용을 늘리고 석회를 줄인다.

해설

생육기간 중 고온, 다조일수록 생육이 촉진되어 수확이 빨라지고 종실에 지질의 함량이 높아진다.

16 고구마의 기상 환경적 특성에 관한 설명으로 옳지 않은 것은?

① 변온은 경엽 생장과 괴근 비대를 촉진시킨다.
② 단일조건은 경엽 생장을 억제하고 괴근 비대를 조장한다.
③ 이식기 전후에 상당한 강우가 있어야 한다.
④ 토양에 과도한 건조를 초래하지 않는 한 일조가 많아야 좋다.

해설

발근에는 25~30℃, 괴근 비대에는 20~30℃의 지온이 알맞으며 변온은 경엽의 생장은 억제하나 괴근 비대는 현저하게 촉진시킨다.

17 벼의 화기구조에 대한 설명으로 옳지 않은 것은?

① 인피는 발생학적으로 꽃덮개 또는 꽃잎에 해당한다.
② 수술의 꽃밥(Anther)은 8개의 방으로 되어 있다.
③ 벼꽃의 수술은 6개, 암술은 1개로 되어 있다.
④ 꽃가루는 두꺼운 외벽으로 싸여있고 구형을 이룬다.

해설

② 수술의 꽃밥(Anther)은 4개의 방으로 되어 있다.

18 물 관리와 벼의 생육에 관한 설명으로 옳지 않은 것은?

① 논에서 자란 벼의 요수량은 밭작물인 콩보다 높다.
② 실제 벼 재배에 필요한 용수량은 요수량보다 많다.
③ 논에 대야 할 관개수량은 벼의 용수량에서 유효강우량을 빼주어야 한다.
④ 물이 가장 많이 필요한 시기는 이삭이 밸 때이다.

해설

논벼의 요수량은 211~300g, 콩의 요수량은 307~429g이다.

19 쌀에 함유된 기능성 물질에 대한 설명으로 옳지 않은 것은?

① 피트산(Phytic Acid)은 주로 쌀의 호분층에 과립상태로 존재하며, 인(Phosphorus)과 결합하는 성질이 강하다.
② γ-오리자놀(γ-Oryzanol)은 벼의 학명에서 유래된 것이다.
③ 토코트리에놀(Tocotrienol)은 비타민 K 계열의 물질로 다양한 건강보조식품의 소재로 개발되어 이용되고 있다.
④ 가바(GABA, Gamma-AminoButyric Acid)는 아미노산의 일종으로 배아를 고온에서 처리하면 많이 생성되는 것으로 알려져 있다.

해설

토코트리에놀(Tocotrienol)은 비타민 E 계열의 물질로 특정 식물성 기름에서 주로 발견되는 지용성 화합물이다.

20 제한효소로 절단한 DNA 단편의 길이 차이가 나는 현상을 이용하여 만든 연관지도는?

① RFLP(Restriction Fragment Length Polymorphism) 지도
② RAPD(Random Amplified Polymorphic DNA) 지도
③ SSR(Simple Sequence Repeats) 지도
④ STS(Sequence Tagged Sites) 지도

정답 15 ① 16 ① 17 ② 18 ① 19 ③ 20 ①

2013년 지방직 식용작물

01 잡초성 벼(앵미)의 일반적 특성으로 옳지 않은 것은?

① 준야생벼라고 말할 수 있다.
② 일반적으로 종피색은 자색이다.
③ 일반적으로 저온출아성이 좋다.
④ 일반적으로 탈립이 잘 되지 않는다.

앵미는 일반적으로 탈립성이 높다.

02 맥주보리의 품질 조건에 대한 설명으로 옳지 않은 것은?

① 발아가 빠르고 균일해야 한다.
② 아밀라아제(Amylase)의 작용력이 강해야 한다.
③ 단백질 함량은 20% 이상인 것이 알맞다.
④ 지방 함량은 약 1.5~3.0%인 것이 알맞으며, 그 이상이면 맥주의 품질이 저하된다.

맥주보리의 품질조건

- 발아가 빠르고 균일해야 한다.
- 아밀라아제의 활성이 강해야 전분으로부터 맥아당으로 당화작용이 잘 이루어지므로 효소력이 강해야 한다.
- 단백질 함량이 적어야 하며, 8~12%인 것이 가장 알맞다.
- 지방의 함량이 적어야 하며, 1.5~3.0%인 것이 좋고 그 이상이 되면 맥주품질이 저하된다.

03 콩은 착화수는 많지만 정상적으로 결실 · 성숙하는 것은 매우 적다. 콩의 결협률 증대 방안으로 옳지 않은 것은?

① 이식 · 적심 재배를 실시한다.
② 개화기에 요소를 엽면살포한다.
③ 배토를 한다.
④ 질소질 비료를 다량 시용한다.

결협률을 향상시키기 위한 대책

- 관수로의 토양수분을 알맞게 한다.
- 시비를 충분히 하고 개화기에 요소를 엽면시비한다.
- 배토의 실시로 뿌리의 발달을 조장한다.
- 질소질 비료를 알맞게 시용해 과도한 영양생장을 억제한다.
- 해충을 철저히 방제한다.

04 연작을 하면 나타나는 기지현상의 원인에 대한 설명으로 옳지 않은 것은?

① 연작을 하면 토양 중의 특정 미생물이 번성하고, 그 중 병원균이 병해를 유발하기 때문에 기지의 원인이 된다.
② 연작을 하면 토양선충이 감소하여 작물에 직접적인 피해를 끼치지 않으나, 2차적인 병원균의 침입이 많아져 병해를 유발함으로써 기지의 원인이 된다.
③ 작물의 유체 또는 생체에서 나오는 물질이 동일종이나 유연종의 작물 생육에 피해를 주는 일이 있는데, 연작을 하면 이 유독물질이 축적되어 기지현상을 일으킨다.
④ 연작을 하면 비료 성분의 일방적 수탈이 이루어지기 쉬워 기지의 원인이 된다.

연작은 토양 관련 병충해의 발생이 많으며, 토양선충이 증가한다.

1 ④ 2 ③ 3 ④ 4 ② 정답

05

벼의 냉해에 대한 거름주기(시비) 대책으로 옳지 않은 것은?

① 규산질 및 유기질 비료를 주어 벼를 튼튼하게 한다.
② 저온으로 냉해가 염려될 때는 질소 시용량을 늘린다.
③ 산간고랭지에서는 인, 칼륨을 20~30% 더 시용한다.
④ 장해형 냉해가 우려되면 이삭거름을 주지 말고, 지연형 냉해가 예상되면 알거름을 생략한다.

해설
저온으로 냉해가 염려될 때는 질소 시용량을 줄인다.

06

벼에 발생하는 해충 중 우리나라에서 월동하지 않고 중국 등에서 비래하는 해충은?

① 혹명나방, 벼멸구
② 이화명나방, 벼물바구미
③ 벼잎벌레, 먹노린재
④ 벼줄기굴파리, 벼잎선충

해설
중국에서 날아오는 비래해충 : 벼멸구, 멸강나방, 혹명나방 등

07

맥류의 출수와 관련이 있는 성질에 대한 설명으로 옳지 않은 것은?

① 추파성은 맥류의 생식생장을 빠르게 진행시킴으로써 내동성을 증가시킨다.
② 완전히 춘화된 식물은 고온, 장일에 의해 출수가 빨라진다.
③ 추파성이 완전히 소거된 다음, 고온에 의해 출수가 촉진되는 성질을 감온성이라고 한다.
④ 출수를 가장 빠르게 하는 환경을 부여했을 때, 이삭이 분화될 때까지 분화되는 주간의 엽수를 최소엽수라고 한다.

해설
추파성
- 맥류의 영양생장을 지속시키고 생식생장을 억제하는 성질을 말하며 유전적 특성이지만 환경의 영향을 받는다.
- 추파형 맥류는 추파성을 가지고 있어 맥류의 영양생장만 지속시키고 생식생장을 억제하며, 내동성을 증대시킨다.
- 추파형 품종은 가을에 파종해야 월동 중 저온단일조건으로 추파성이 소거되어 정상적 출수로 개화 결실하나 봄에 파종하면 추파성 소거에 필요한 저온단일조건을 충분히 만나지 못해 추파성이 소거되지 못하고 좌지현상을 보인다.

08

벼에서 규소의 분포와 역할에 대한 설명으로 옳지 않은 것만을 모두 고르면?

ㄱ. 규소는 잎새와 줄기 및 왕겨의 표피조직에 많다.
ㄴ. 규소/질소의 비가 낮을수록 건전한 생육을 한다.
ㄷ. 규소는 벼 잎을 곧추서게 만들어 수광태세를 좋게 한다.
ㄹ. 규소는 잎에서 표피세포의 큐티쿨라층 바깥에 침적하여 세포 밖에 단단한 셀룰로오스층을 형성한다.
ㅁ. 벼 잎에 침적한 규소는 병·해충에 대한 저항성을 높인다.
ㅂ. 벼 잎에 침적한 규소는 표피의 증산을 줄여 수분스트레스가 일어나는 것을 방지한다.

① ㄱ, ㄷ　　② ㄱ, ㅁ
③ ㄴ, ㄹ　　④ ㄷ, ㅂ

09

벼에 대한 설명으로 옳지 않은 것은?

① 벼는 식물학적으로 종자식물문 > 피자식물아문 > 단자엽식물강 > 영화목 > 화본과 > 벼아과 > 벼속으로 분류된다.
② 벼의 염색체수는 2n=24로 n=12의 2배체 식물이고, 게놈은 AA로 약 1만여 개의 염기로 구성되어 있다.
③ 야생벼는 재배벼에 비해 일반적으로 타식 비율이 높고 탈립성이 강하며, 휴면성이 높고 내비성이 강하다.
④ 벼의 수량구성요소는 단위면적당 이삭수, 1수영화수, 등숙비율, 1립중으로 구성되어 있다.

해설
야생벼는 재배벼에 비해 일반적으로 타식 비율이 높고 탈립성이 강하며, 휴면성이 높고 내비성이 약하다.

정답 5 ② 6 ① 7 ① 8 ③ 9 ③

10 **쌀의 품위와 관련된 설명으로 옳지 않은 것은?**

① 완전미(Head Rice)란 도정된 백미를 그물눈 1.7mm의 체로 쳐서 체 위에 남은 쌀 중 100g을 채취하여 그 중 피해립, 착색립, 이종곡립, 사미 및 심·복백립 등 불완전립을 제외하고 모양이 완전한 쌀과, 깨어진 쌀 중에서는 길이가 완전한 낟알 평균길이의 3/4 이상인 쌀을 말한다.
② 도감률은 도정된 백미량이 현미량의 몇 %에 해당하는가를 말한다.
③ 제현율이란 벼의 껍질을 벗기고 이를 1.6mm 줄체로 칠 때 체를 통과하지 않는 현미의 비율을 말한다.
④ 현백률은 현미 1kg을 실험실용 정미기로 도정하여 생산된 백미를 1.4mm 체로 쳐서 얻어진 체 위의 백미를 사용한 현미량에 대한 백분율로 표시한다.

해설

도감률(Milling Loss Ratio) : 도정으로 줄어든 양으로 쌀겨, 배아 등으로 떨어져 나가는 도정감량(도정감)의 현미량에 대한 비율이다.

11 **현미, 콩, 팥, 옥수수(팝콘용), 메밀에 공통적으로 적용되는 농산물표준규격 항목이 아닌 것은?(단, 국내에서 생산하여 유통되는 경우에 적용하며, 가공용 또는 수출용에는 적용하지 않는다)**

① 이종곡립
② 수 분
③ 정 립
④ 이 물

해설

표준규격 중 정립률의 적용품목은 현미, 율무쌀, 콩, 팥, 녹두, 옥수수(팝콘용), 옥수수쌀이다.

12 **일반적으로 전분작물로 취급되는 것끼리 묶인 것은?**

① 옥수수, 감자
② 콩, 밀
③ 땅콩, 옥수수
④ 완두, 땅콩

해설

- 옥수수의 성분은 당질이 주성분으로 약 70%이며, 그 외 단백질 11%, 지질 3.5%, 섬유소 1% 등이며 비타민 A도 풍부하다.
- 감자 괴경의 건물중 70~80%가 전분이며, 감자의 주성분이자 이용의 주목적이다.
- 전분작물 : 옥수수, 감자, 고구마, 카사바, 돼지감자 등

13 **(a)~(c)에 대한 설명으로 옳은 것만을 〈보기〉에서 모두 고르면?**

식물 생육에 필수적으로 필요한 원소를 필수원소라 하며, 이는 다량원소와 미량원소로 구분된다. 필수원소의 종류로는 (a) 탄소, 산소, 수소 (b) 질소, 칼륨, 인, 칼슘, 마그네슘, 황 (c) 철, 구리, 아연, 붕소, 망간, 몰리브덴, 염소, 니켈이 있다.

〈보 기〉

ㄱ. (a)는 대부분의 식물체에서 필수원소의 90% 이상을 차지한다.
ㄴ. (b)는 미량원소에 해당한다.
ㄷ. (c)는 대부분 대기로부터 얻는다.
ㄹ. (b)에는 비료의 3요소에 해당하는 필수원소가 모두 포함되어 있다.

① ㄱ, ㄴ ② ㄱ, ㄹ
③ ㄴ, ㄹ ④ ㄷ, ㄹ

14 **다음 표는 아시아 재배벼 생태종의 특징을 비교한 것이다. ㉠~㉢에 알맞은 생태종은 무엇인가?**

생태종	키	낟알 모양	내냉성	밥의 조직감
㉠	작 다	둥글고 짧다	강하다	끈기 있음
㉡	크 다	가늘고 길다	약하다	퍼석퍼석함
㉢	크 다	어느 정도 둥글고 길다	중간 내지 강하다	중 간

	㉠	㉡	㉢
①	온대자포니카	인디카	열대자포니카
②	온대자포니카	열대자포니카	인디카
③	인디카	온대자포니카	열대자포니카
④	열대자포니카	인디카	온대자포니카

10 ② 11 ③ 12 ① 13 ② 14 ① 정답

15 옥수수 수이삭과 암이삭에 대한 설명으로 옳지 않은 것은?

① 암이삭은 줄기의 꼭대기에, 수이삭은 줄기의 마디 부분에 달린다.
② 흔히 수염이라고 부르는 부분은 암이삭 중 암술머리 및 암술대에 해당한다.
③ 암이삭과 수이삭은 개화시기가 다른 경우가 많은데 일반적으로 수이삭이 먼저 핀다.
④ 보통 1개의 옥수수 줄기에 1~3개의 암이삭이 달리나 품종과 재배환경에 따라서 여러 개가 달리기도 한다.

해설

수이삭은 줄기 끝에, 암이삭은 줄기 중간마디에 착생하는 자웅동주식물이다.

16 메밀의 개화 및 수정에 대한 설명으로 옳지 않은 것은?

① 메밀에는 암술대와 수술의 길이가 다른 이형예현상(Heterostylism)이 나타난다.
② 메밀의 수정은 주로 암술대와 수술의 길이가 비슷한 자웅예동장화(Homostyled Flower) 간에 이루어진다.
③ 메밀은 일반적으로 곤충에 의해 수분이 일어나는 타화수정을 한다.
④ 메밀은 일반적으로 한 포기에서 위로 올라가며 개화한다.

해설

메밀의 수분과 수정

- 일반특성
  - 타가수정작물로 충매에 의한 타화수정을 하며 동화나 동형화 사이에는 수정되지 않는다.
  - 수정은 온도가 낮은 것이 유리하며 고온은 수정 및 임실을 저해한다.
- 적법수분 : 이형화 즉 장주화와 단주화 사이에는 수정이 잘되는데 이를 적법수분이라 하며, 화분관의 신장이 짧은 시간에 씨방에 도달한다.
- 부적법수분 : 동주화 사이 수분에서 수정이 잘 안되는데 이를 부적법수분이라 하며 부적법수분은 꽃가루의 발아와 신장력이 떨어지거나 억제물질의 존재로 화분관이 씨방에 도달하지 못하고 대부분 신장이 정지된다.
- 온도와 수정 : 20℃ 이상에서는 임실이 저해되고 기온교차가 클 때 임실이 조장된다.
- 메밀 꽃은 동일품종일지라도 장주화와 단주화가 반반씩 생기는 이형예현상(Heterostylism)이 나타난다.

17 콩 재배방법에서 북주기와 순지르기에 대한 설명으로 옳지 않은 것은?

① 북주기의 횟수에 따라 수량이 약간 증가하는 효과가 있으나 늦어도 꽃피기 10일 전까지는 마쳐야 한다.
② 북주기를 하면 물빠짐과 토양 속의 공기순환이 좋아지고 도복을 줄일 수 있다.
③ 순지르기를 하면 곁가지가 다시 나거나 왕성하게 자라며, 쓰러짐을 어느 정도 줄일 수 있어 수량을 높일 수 있다.
④ 생육량이 적거나 늦게 심었을 경우 순지르기를 하면 수량이 증대된다.

해설

- 김매기 및 배토(북주기)
  - 발아 후 초생엽이 나오면 솎기와 함께 김을 매고 2~3cm 배토하며 2~3주 후 두벌김을 매고 높게 배토한다.
  - 장마가 끝나면 골걷이(밭고랑의 잡풀을 뽑아 없애는 일)를 하고 배토를 하면 배수가 잘 되며 새뿌리가 잘 내려 생육이 좋아지고 도복이 경감된다.
  - 배토는 횟수에 따라 약간의 수량 증가효과가 있으나 늦어도 개화기 10일 전까지는 마쳐야 한다.
  - 배토는 배수와 토양통기를 좋게 하여 도복을 경감시킬 수 있다.
- 적심(순지르기)
  - 이식적심재배를 하는 경우 조기에 적심한다.
  - 직파재배의 경우 지력이 좋은 곳, 다비재배, 생육이 왕성할 때, 조파하여 웃자람과 도복의 염려가 있을 때 실시한다.
  - 과도한 생장의 억제, 도복의 경감을 목적으로 할 때는 제5엽기~제7엽기 사이에 가볍게 하는 것이 효과적이다.
  - 적심의 효과
    ⓐ 생육이 왕성할 때 적심은 근계 발달과 근류균 착생을 촉진한다.
    ⓑ 다비재배의 경우 분지 발육이 좋다.
    ⓒ 분지수가 적어지고 지상부 분지수가 적어지면 가지의 발육이 왕성해지고 착협수가 많아지며 도복의 경감으로 증수효과가 크다.

정답 15 ① 16 ② 17 ④

18 씨감자 생산에 대한 설명으로 옳지 않은 것은?

① 고랭지는 평난지보다 병리적으로나 생리적으로 퇴화가 억제되기 때문에 채종지로 유리하다.
② 대부분의 감자 바이러스병은 종자전염을 하지 않으므로 진정종자를 이용하면 바이러스 이병률이 낮아진다.
③ 평난지에서 재배할 경우 춘작채종을 하면 수확기가 빨라 진딧물에 의한 바이러스병 전염과 둘레썩음병의 만연이 억제되므로 씨감자의 생산방식으로 장려되고 있다.
④ 소립 씨감자는 진딧물 발생성기에 지상부를 절단해도 생산할 수 있고, 또 수확기를 빠르게 해도 생산할 수 있으므로 바이러스병의 이병률을 낮게 할 수 있다.

해설

평난지 채종 씨감자의 퇴화 원인
- 기상조건이 재배에 알맞지 않아 굵은 감자의 생산이 어렵다.
- 진딧물 발생이 많아 바이러스병에 걸리는 것이 많다.
- 수확 후 높은 온도에서 오랫동안 저장해야 하므로 양분의 소모가 크고 싹이 나 세력이 약해진다.

19 고구마의 괴근 형성과 비대에 대한 설명으로 옳지 않은 것은?

① 질소비료의 과용은 괴근의 형성과 비대에 불리하다.
② 괴근 비대는 토양온도 20~30℃ 범위에서 항온보다 변온이 좋다.
③ 토양수분은 최대용수량의 70~75%가 알맞다.
④ 일장이 길고 일조가 풍부해야 괴근 비대가 잘 된다.

해설

- 일조량 : 토양이 건조되지 않는 한 일조는 많으면 좋다.
- 일장 : 10시간 50분~11시간 50분의 단일조건이 좋다.

20 벼의 특성에 대한 설명으로 옳지 않은 것은?

① 우리나라에서 재배되는 조생종은 일반적으로 감광성보다는 감온성이, 만생종은 감온성보다는 감광성이 상대적으로 더 크다.
② 수중형(穗重型) 품종은 수수형(穗數型) 품종에 비해 키가 크고 이삭이 크며, 도복에 강한 편으로 비옥한 토양에 적합하다.
③ 초장은 영양생장기에 지면으로부터 최상위엽 끝까지의 길이를 말하고, 간장은 성숙기에 지면으로부터 이삭목마디까지의 길이를 말한다.
④ 못자리일수가 길어진 모를 이앙하면 활착한 후 분얼이 몇 개 되지 않은 상태에서 주간만 출수하는 현상을 불시출수라 하는데, 조생종을 늦게 이앙할 때 발생하기 쉽다.

해설

② 수중형(穗重型) 품종은 수수형(穗數型) 품종에 비해 키가 큰 품종이며 척박지에서 잘 생육한다. 도복에 강한 편으로 비옥한 토양에 적합한 품종은 수수형(穗數型) 품종이다.

18 ③ 19 ④ 20 ② 정답

2016년 지방직 식용작물

01 **옥수수의 출수 및 개화에 대한 설명으로 옳지 않은 것은?**

① 일반적으로 웅성선숙이다.
② 수이삭의 개화기간은 7~10일이다.
③ 암이삭의 수염추출은 수이삭의 개화보다 3~5일 정도 빠르다.
④ 암이삭의 수염은 중앙 하부로부터 추출되기 시작하여 상하로 이행된다.

해설

수 염

- 암이삭의 수염은 중앙 하부부터 추출되어 상하로 이행되며, 선단 부분이 가장 늦다.
- 수염의 추출은 수이삭 개화보다 3~5일 늦는 것이 보통이나 품종 간 차이가 있다.
- 재배여건이 나쁘면 수염의 추출이 늦어지고 심하면 수염이 추출되지 않아 불임개체가 많아진다.

02 **땅콩의 종합적 분류에 있어서 초형, 종실의 크기, 지유 함량에 대한 설명으로 옳지 않은 것은?**

① 발렌시아형의 초형은 입성이고, 종실의 크기는 작으며, 지유 함량은 많다.
② 버지니아형의 초형은 입성・포복형이고, 종실의 크기는 크며, 지유 함량은 적다.
③ 사우스이스트러너형의 초형은 포복성이고, 종실의 크기는 작으며, 지유 함량은 많다.
④ 스페니시형의 초형은 입성이고, 종실의 크기는 크며, 지유 함량은 적다.

해설

종합적 기준에 따른 분류

- 스페니시형(Spanish Type)
  - 초형은 직립형이고 주지는 길고 측지는 짧으며 분지수가 적다.
  - 개화가 빠르고 성숙기간이 짧다.
  - 종실은 작고 지유 함량이 많으며, 휴면성은 약하다.
- 발렌시아형(Valencia Type)
  - 초형은 직립형이고 주지는 아주 길고 측지는 약간 길며 분지수가 적다.
  - 개화가 약간 빠르고 성숙기간이 약간 짧다.
  - 종실은 작고 지유 함량이 많으며 휴면성은 약하다.
- 버지니아형(Virginia Type)
  - 초형은 직립형과 포복형이 있으며, 주지는 짧고 측지는 길며 분지수가 많다.
  - 개화가 늦고 성숙기간이 길다.
  - 종실은 크고 지유 함량이 적으며 휴면성은 강하다.
- 사우스이스트러너형(Southeast Runner Type)
  - 초형은 포복형이고 주지는 짧고 측지는 길며 분지수가 많다.
  - 개화가 늦고 성숙기간이 길다.
  - 종실은 작고 지유 함량이 많으며 휴면성은 강하다.

03 **맥류에서 흙넣기의 생육상 효과로서 적절하지 않은 것은?**

① 수발아　　② 잡초억제
③ 도복방지　　④ 무효분얼 억제

해설

토입(土入, 흙넣기, Topsoiling)

- 이랑의 흙을 파서 1cm 이하로 얕게 보리골에 넣어주는 것을 토입이라 하며 그 효과는 시기, 횟수, 방법, 환경 등에 따라 다르게 나타나고 일반적으로 2~3회 토입으로 6~9%의 수량이 증가한다고 한다.
- 효 과
  - 월동을 조장한다.
  - 월동 후 생육을 조장한다.
  - 무효분얼을 억제한다.
  - 도복이 방지되며, 통풍과 일조가 좋아져 생육이 왕성해진다.
  - 잡초를 억제한다.

정답 1 ③ 2 ④ 3 ①

04 보리의 파종기가 늦어졌을 때의 대책으로 옳지 않은 것은?

① 파종량을 늘린다.
② 최아하여 파종한다.
③ 골을 낮추어 파종한다.
④ 추파성이 높은 품종을 선택한다.

해설

파종기가 늦었을 때의 대책

- 파종량을 늘린다.
- 최아하여 파종한다.
- 월동이 안전한 한도 내에서 추파성이 낮은 품종을 선택한다.
- 월동이 조장되도록 골을 낮추고 부숙퇴비를 충분히 시비한 후 월동 중 관리를 잘 해야 한다.

05 벼 품종의 주요 특성에 대한 설명으로 옳지 않은 것은?

① 조생종은 생육기간이 짧은 고위도 지방에서 재배하기 알맞다.
② 동남아시아 저위도 지역에는 기본영양생장성이 작은 품종이 분포한다.
③ 묘대일수감응도는 감온형이 높고 감광형・기본영양생장형은 낮다.
④ 만생종은 감온성에 비해 감광성이 크다.

해설

- 저위도 지대는 연중 고온, 단일조건으로 감온성이나 감광성이 큰 것은 출수가 빨라져서 생육기간이 짧고 수량이 적다.
- 감온성과 감광성이 작고 기본영양생장성이 큰 Blt형은 연중 고온 단일인 환경에서도 생육기간이 길어서 다수성이 되므로 주로 이런 품종이 분포한다.

06 메밀에 대한 설명으로 옳지 않은 것은?

① 서리에는 약하나 생육기간이 짧으며 서늘한 기후에 잘 적응한다.
② 수정은 타화수정을 하며, 이형화 사이의 수분을 적법수분이라고 한다.
③ 동일품종에서도 장주화와 단주화가 섞여있는 이형예 현상이 나타난다.
④ 생육적온은 17~20℃이고, 일교차가 작은 것이 임실에 좋다.

해설

메밀의 수분과 수정

- 일반특성
  - 타가수정작물로 충매에 의한 타화수정을 하며 동화나 동형화 사이에는 수정되지 않는다.
  - 수정은 온도가 낮은 것이 유리하며 고온은 수정 및 임실을 저해한다.
- 적법수분 : 이형화 즉 장주화와 단주화 사이에는 수정이 잘되는데 이를 적법수분이라 하며, 화분관의 신장이 짧은 시간 안에 씨방에 도달한다.
- 부적법수분 : 동주화 사이 수분에서 수정이 잘 안되는데 이를 부적법수분이라 하며 부적법수분은 꽃가루의 발아와 신장력이 떨어지거나 억제물질의 존재로 화분관이 씨방에 도달하지 못하고 대부분 신장이 정지된다.
- 온도와 수정 : 20℃ 이상에서는 임실이 저해되고 기온교차가 클 때 임실이 조장된다.

07 감자의 성분에 대한 설명으로 옳지 않은 것은?

① 비타민 A보다 비타민 B와 C가 풍부하게 함유되어 있다.
② 괴경의 비대와 더불어 환원당은 감소되고 비환원당이 증가한다.
③ 감자의 솔라닌은 내부보다 껍질과 눈 부위에 많이 함유되어 있다.
④ 괴경 건물중 14~26%의 전분과 2~10%의 당분이 함유되어 있다.

해설

감자의 성분

- 감자는 수분 함량이 80% 정도이며, 주성분은 전분으로 보통 17~18%이지만 변이가 심하다.
- 단백질은 3.6% 정도로 많지 않고 지유의 함량은 적으며 약간의 당분도 포함되어 있고 비타민 B와 C가 함유되어 있으며 특히 비타민 C가 풍부하다.
- 감자의 당분은 환원당과 비환원당으로 구성되어 있으며 괴경의 비대기부터 거의 환원당만 있고 비환원당은 극히 적다.
- 우리나라 통계자료에서는 생서와 정곡 두 가지로 표기하며 정곡은 생서의 수분 함량을 평균 80%로 보고 생서중량×0.2를 정곡 즉 말린 감자의 수량으로 표기한다.
- 건물함량에 60~80%는 전분으로 구성되어 있다.

4 ④ 5 ② 6 ④ 7 ④ 정답

08 감자의 형태에 대한 설명으로 옳지 않은 것은?

① 줄기의 지하절에는 복지가 발생하고 그 끝이 비대하여 괴경을 형성한다.
② 감자의 뿌리는 비교적 심근성이고, 처음에는 수직으로 퍼지다가 나중에는 수평으로 뻗는다.
③ 괴경에는 눈이 많이 있는데 특히 기부보다 정부에 많다.
④ 감자의 과실은 장과에 속하고 지름이 3cm 정도이다.

해설

뿌 리

- 종자가 발아할 때 1개의 직근이 나오고 거기에서 많은 측근이 나오고 섬유근을 형성한다.
- 비교적 천근성이며, 처음에는 수평으로 뻗고 나중에는 수직으로 뻗는다.

09 바이러스에 의한 병이 아닌 것은?

① 감자 더뎅이병
② 보리 황화위축병
③ 벼 줄무늬잎마름병
④ 옥수수 검은줄오갈병

해설

더뎅이병

- 발생조건 : 가볍고 메마른 토양, 알칼리성 토양, 23~25℃ 토양에서 발생이 많다.
- 병징 : 괴경 껍질에 갈색의 반점이 생기면서 점차 짙은색으로 변하며 표면이 거칠고 코르크화되어 더뎅이 모양으로 보이나 내부육질에는 별 영향이 없다.
- 전염경로 : 씨감자나 토양을 통해 전염되는 세균성 병해이다.

10 밭 작물의 비료 시비방법에 대한 설명으로 옳지 않은 것은?

① 무경운시비는 작업이 어렵지만 비료의 유실이 적은 편이다.
② 파종렬시비를 할 때는 종자에 비료가 직접 닿지 않게 해야 한다.
③ 전면시비는 밭을 갈고 전체적으로 비료를 시비한 후 흙을 곱게 부수어 준다.
④ 엽면시비는 미량요소를 공급하거나 빠르게 생육을 회복시켜야 할 때 사용된다.

해설

무경운시비는 작업이 쉽지만 비료의 유실이 큰 편이다.

11 보리의 재배적 특성에 대한 설명으로 옳지 않은 것은?

① 내한성이 강할수록 대체로 춘파성 정도가 낮아서 성숙이 늦어진다.
② 수량에 영향이 없는 한 조숙일수록 작부체계상 유리하다.
③ 습해가 우려되는 답리작의 경우 껍질보리보다 쌀보리가 유리하다.
④ 휴면성이 없거나 휴면기간이 짧은 품종은 수발아가 잘 된다.

해설

내습성 정도 : 밀 > 겉보리(껍질보리) > 쌀보리로 습해 우려 시 겉보리가 유리하다.

12 콩을 분류할 때, 백목(白目), 적목(赤目), 흑목(黑目)으로 분류하는 기준에 해당하는 것은?

① 종실 배꼽의 빛깔
② 종실의 크기
③ 종피의 빛깔
④ 콩의 생태형

해설

배꼽의 빛깔에 따라 백색, 담황색, 담회색의 백목과 갈색의 적목, 농회색, 흑갈색, 흑색의 흑목으로 구별하기도 하며 일반적으로 배꼽의 색이 엷은 것이 품질이 우수한 경향이 있다.

13 벼에서 종실의 형태와 구조에 대한 설명으로 옳지 않은 것은?

① 왕겨는 내영과 외영으로 구분되며, 외영의 끝에는 까락이 붙어 있다.
② 과피는 왕겨에 해당하고, 종피는 현미의 껍질에 해당한다.
③ 현미는 배, 배유 및 종피의 세 부분으로 구성되어 있다.
④ 유근에는 초엽과 근초가 분화되어 있다.

정답 8 ② 9 ① 10 ① 11 ③ 12 ① 13 ④

해설

종실의 내부조직

- 배
  - 배는 발아하여 벼로 생장할 어린 식물로 큰 외영 밑에 붙어 있으며 어린 싹(幼芽, Plumule), 배축(胚軸, Hypocotyledonary Axis, Embryonic Axis), 어린 뿌리(幼根, Radicle)로 구분된다.
  - 초엽(鞘葉, Coleoptile)에 싸여 있는 어린 싹은 1엽, 2엽, 3엽으로 분화되어 있고 근초(根鞘, Coleorhiza)가 보호하는 어린 뿌리는 1개의 종자근(씨뿌리, Seminal Root)으로 되어 있다.
  - 배의 유관속은 어린 싹과 어린 뿌리에 연결되어 있다.
  - 배가 수분을 흡수하게 되면 책상흡수세포가 커져 발아한다.
- 배 유
  - 현미의 대부분을 차지하고 있으며, 이 부분을 식용으로 사용한다.
  - 대부분 녹말(전분, Starch) 저장조직으로 맨 바깥층이 씨껍질과 붙어 있고 이를 호분층(Aleurone Layer)이라 한다.
  - 호분층에는 단백질과립과 지방과립이 많아 단백질 및 지방 함량이 높다.
  - 벼는 중복수정으로 배와 배유가 함께 형성되고 배유는 발아 후 배의 영양분을 공급한다.

14 벼의 생육특성에 대한 설명으로 옳지 않은 것은?

① 볍씨가 발아하려면 건물중의 30~35% 정도 수분을 흡수해야 한다.
② 우리나라에서 재배하던 통일형 품종은 일반 온대자포니카 품종보다 휴면이 다소 강하다.
③ 모의 질소함량은 제4, 5본엽기에 가장 낮고, 그 후에는 증가하면서 모가 건강해진다.
④ 벼 잎의 활동기간은 하위엽일수록 짧고, 상위엽일수록 길다.

해설

모의 질소함량은 제4, 5본엽기에 가장 높고, 그 후에는 감소하면서 C/N율이 높아져 모가 건강해진다.

15 벼의 건답직파에 대한 설명으로 옳지 않은 것은?

① 출아일수는 담수직파에 비해 길다.
② 담수직파에 비해 논바닥을 균평하게 정지하기 곤란하다.
③ 결실기에 도복발생이 담수직파에 비해 많이 발생된다.
④ 담수직파보다 잡초발생이 많다.

해설

건답직파는 복토를 하므로 뜸모가 발생하지 않고 뿌리의 활력이 생육 후기까지 높게 유지되어 도복이 감소한다.

16 고구마에서 비료요소의 비효에 대한 설명으로 옳지 않은 것은?

① 질소과다는 괴근의 형성과 비대를 저해한다.
② 고구마는 인산의 흡수량이 적으므로 비료로서의 요구량도 적다.
③ 고구마 재배에서 칼륨은 요구량이 가장 많고 시용효과도 가장 크다.
④ 질소가 부족하면 잎이 작아지고 농록색으로 되며 광택이 나빠진다.

해설

질소의 결핍은 잎이 우둘투둘해지고 빛깔이 연해지며 황변, 고사하고 과다하면 절간율이 저하되는 경향이 있다.

17 볍씨의 발아에 영향을 미치는 요인에 대한 설명으로 옳지 않은 것은?

① 일반적으로 발아 최저온도는 8~10℃, 최적온도는 30~32℃이다.
② 종자의 수분 함량은 효소활성기 때 급격하게 증가한다.
③ 볍씨는 무산소 조건하에서도 발아를 할 수 있다.
④ 암흑조건 하에서 발아하면 중배축이 도장한다.

해설

볍씨 발아조건

- 발아에 영향을 미치는 종자조건은 볍씨의 숙도, 비중, 휴면성, 활력 등이다.
- 볍씨는 수분 후 7일이면 발아가 가능하나 발아소요일수가 길고 발육이 불완전하며, 수분 후 14일이 되면 발아율도 높아지고 발아일수도 거의 정상에 가깝다.
- 동일 품종일 경우 종실의 비중이 무거운 것이 발아력과 발아 후 생장이 좋다.

발아조건의 3요소 : 온도, 수분, 산소

- 온 도
  - 발아를 위한 최저, 최적, 최고온도는 생태형이나 품종에 따라 다르다.

14 ③ 15 ③ 16 ④ 17 ② 정답

- 발아 최저온도 : 8~10℃이며 품종 간 차이가 크다. 고위도 지방 및 한랭지 품종은 저위도 열대품종에 비해 저온발아성이 강하다.
- 발아 최적온도 : 30~34℃로 파종 후 24~48시간에 발아한다.
- 발아 최고온도 : 40~44℃
- 휴면타파가 완전하고 종자의 활력이 높은 경우 품종에 다른 발아력 차이가 적으며 휴면의 타파가 충분하지 않거나 활력이 저하된 종자는 발아온도 폭이 좁아진다.
- 저온발아성 비교
  i) 조생종 > 만생종
  ii) 밭벼 > 논벼
  iii) 찰벼 > 메벼
  iv) 재래종 > 신품종
  v) 일본형 > 인도형
  vi) 유망종 > 무망종

• 수 분
- 수분의 흡수과정은 '수분흡수기(Imbibition Stage) → 효소활성기(Activation Stage) → 발아 후 생장기(Post-Germination Stage)'로 구분된다.
- 흡수기
  i) 볍씨가 수분을 흡수해서 배와 배유의 생리적 활성을 유발하는 시기이다.
  ii) 볍씨 수분 함량이 볍씨 무게의 15%가 될 때부터 배의 활동이 시작되며 흡수기 동안 볍씨의 수분 함량은 25~30%가 된다.
  iii) 수분의 흡수속도는 온도가 높을수록 빨라 볍씨 수분 함량이 15%까지 이르는데 30℃에서 약 20시간, 20℃에서 약 40시간이 소요되며 수분 함량 25%까지는 30℃에서는 약 30시간, 20℃에서 약 60시간 이상이 소요된다.
- 효소활성기
  i) 볍씨가 수분 함량 30~35%를 유지하며 발아를 준비하는 시기로 활성기 끝 무렵 배에서 유아가 나와 발아를 한다.
  ii) 볍씨의 수분흡수는 미미해지고 대신 배의 호흡이 왕성해지며, 배반과 호분층의 효소가 활성화되어 배유의 저장양분이 수용성으로 변하는 등 활발한 대사작용이 일어난다.
  iii) 배로 이동한 당은 일부 호흡에 사용되고 일부는 유아와 유근의 생장을 위한 에너지로 축적된다.
- 생장기
  i) 유아와 유근이 종피를 뚫고 발아한 후 세포 신장에 따라 생장이 이루어지는 시기이다.
  ii) 발아한 볍씨는 다시 수분의 흡수가 빨라진다.

• 산 소
- 볍씨는 수중과 공기 중 모두 발아가 가능하고 낮은 농도의 산소조건에서도 발아가 가능하다.
- 산소가 전혀 없는 상태에서도 무기호흡으로 80% 발아율을 보인다.
- 산소가 충분한 조건에서는 초엽이 1cm 이하로 짧고 굵게 나오며 씨뿌리도 함께 자라나 산소가 충분하지 못한 물속에서는 씨뿌리가 거의 자라지 못한다.
- 벼가 깊은 물속에서 발아하는 경우 유근이 자라지 못해 착근이 어려워지므로 착근기에는 배수로 산소 공급을 도와야 한다.
- 깊은 물속에서 발아하는 경우 유아의 선단이 수면 밖으로 자라나와 산소를 얻게되면 유근의 생장이 촉진된다.

18 벼의 광합성에 영향을 주는 요인에 대한 설명으로 옳은 것은?

① 벼는 대체로 18~34℃의 온도범위에서 광합성량에 큰 차이가 있다.
② 미풍 정도의 적절한 바람은 이산화탄소 공급을 원활히 하여 광합성을 증가시킨다.
③ 벼는 이산화탄소 농도 300ppm에서 최대광합성의 45% 수준이지만, 2,000ppm이 넘어도 광합성은 증가한다.
④ 벼 재배 시 광도가 낮아지면 온도가 낮은 쪽이 유리하고, 35℃ 이상의 온도에서는 광도가 높은 쪽이 유리하다.

해설
① 벼는 대체로 18~34℃의 온도범위에서 광합성량에 큰 차이를 보이지 않는다.
③ 벼는 이산화탄소 농도 300ppm에서 최대광합성의 45% 수준이지만, 2,000ppm이 넘으면 더 이상 광합성이 증가하지 않는다.
④ 벼 재배 시 광도가 낮아지면 온도가 높은 쪽이 유리하고, 35℃ 이상의 온도에서는 광도가 낮은 쪽이 유리하다.

19 벼의 생육기간에 대한 설명으로 옳은 것은?

① 육묘기부터 신장기까지를 영양생장기라고 한다.
② 고온 · 단일조건에서 가소영양생장기는 길어진다.
③ 모내기 후 분얼수가 급증하는 시기를 최고분얼기라고 한다.
④ 출수 10~12일 전부터 출수 직전까지를 수잉기라고 한다.

해설
① 영양생장기는 발아~유수분화 직전까지를 말한다.
② 고온 · 단일조건에서 가소영양생장기는 짧아진다.
③ 모내기 후 분얼수가 급증하는 시기를 분얼성기라고 한다.

정답 18 ② 19 ④

20 **콩의 특성에 대한 설명으로 옳지 않은 것은?**

① 콩은 고온에 의하여 개화일수가 단축되는 조건에서는 개화기간도 단축되고 개화수도 감소되는 것이 일반적이다.
② 자연포장에서 한계일장이 짧은 품종일수록 개화가 빨라지고 한계일장이 긴 품종일수록 개화가 늦어진다.
③ 가을콩은 생육초기의 생육적온이 높고 토양의 산성 및 알칼륨성 또는 건조 등에 대한 저항성이 큰 경향이 있다.
④ 먼저 개화한 것의 꼬투리가 비대하는 시기에 개화하게 되는 후기개화의 것이 낙화하기 쉽다.

해설

한계일장이 긴 품종은 빠르게 일장반응이 나타나 개화가 빨라지고, 한계일장이 짧은 품종일수록 일장반응이 늦어 개화가 늦어진다.

20 ② 정답

2017년 지방직 식용작물

01 식용작물 재배에서 토양의 입단화를 촉진시키는 방법으로 옳지 않은 것은?

① 비가 온 후 토양이 젖었을 때 경운한다.
② 유기물을 시용한다.
③ 석회질 비료를 시용한다.
④ 유용미생물들을 접종한다.

해설

입단구조를 형성하는 주요 인자

- 유기물과 석회의 시용 : 유기물이 미생물에 의해 분해되면서 미생물이 분비하는 점질물질이 토양입자를 결합시키며, 석회는 유기물의 분해 촉진과 칼슘이온 등이 토양입자를 결합시키는 작용을 한다.
- 콩과작물의 재배 : 콩과작물은 잔뿌리가 많고 석회분이 풍부해 입단형성에 유리하다.
- 토양이 지렁이의 체내를 통하여 배설되면 내수성 입단구조가 발달한다.
- 토양의 피복 : 유기물의 공급 및 표토의 건조, 토양유실의 방지로 입단 형성과 유지에 유리하다.
- 토양개량제(Soil Conditioner)의 시용 : 인공적으로 합성된 고분자 화합물인 아크리소일(Acrisoil), 크릴륨(Krilium) 등의 작용도 있다.

입단구조를 파괴하는 요인

- 토양이 너무 마르거나 젖어 있을 때 갈기를 하는 것은 입단을 파괴시킬 우려가 있으므로 피해야 한다.
- 나트륨 이온(Na^+)은 알갱이들이 엉기는 것을 방해하므로, 이것이 많이 들어 있는 물질이 토양에 들어가면 토양의 물리적 성질을 약화시키게 된다.
- 입단의 팽창과 수축의 반복
- 비, 바람

02 식용작물의 형태적 특성에 대한 설명으로 옳지 않은 것은?

① 옥수수는 유관속이 분산되어 있다.
② 벼꽃의 수술은 6개이고 암술은 1개이다.
③ 고구마는 잎이 그물맥으로 되어 있다.
④ 콩은 수염뿌리로 되어 있다.

해설

콩의 뿌리는 발아 시 1개의 유근이 발생해 자라면 주근이 되고, 이 주근으로부터 많은 지근이 발생하고 다시 세근들이 발생한다.

03 수확기에 가까운 보리가 비바람에 쓰러져 젖은 땅에 오래 접촉되어 있을 때 이삭에서 싹이 트는 현상은?

① 도 복
② 습 해
③ 수발아
④ 재춘화

해설

수발아

- 휴면기간이 짧은 품종은 성숙기에 비가 자주오고 낮은 온도의 날씨가 계속되면 포장에서 서 있는 상태로 휴면이 끝나 발아하게 되는데, 이런 현상을 수발아라 한다.
- 휴면성이 짧은 품종, 백립종, 초자질립, 만숙종, 이삭에 털이 많은 품종이 수발아 위험이 크다.
- 수확이 늦게 되면 수발아 위험이 커지고 이삭에 털이 많은 품종은 빗물이 더디게 빠져 수발아가 조장된다.
- 수발아는 맥류의 품질과 수량을 크게 떨어뜨린다.

정답 1 ① 2 ④ 3 ③

04 감자 덩이줄기를 비대시키는 재배적 방법으로 옳은 것은?

① 온도가 30~32℃ 정도인 고온기에 재배한다.
② 인산과 칼륨비료를 넉넉하게 시비한다.
③ 엽면적이 최대한 확보되도록 질소비료를 충분히 시비한다.
④ 아밀라아제의 합성이 잘 되도록 지베렐린을 처리한다.

해설

괴경의 비대

- 괴경의 비대는 저온・단일조건과 알맞은 토양수분, 인산과 칼륨의 공급이 충분할 때 조장된다.
- 복지의 신장이 정지된 후 정부에 진분립이 축적되면서 비대한다.
- 단일조건에 의한 성숙의 촉진은 만생종이 조생종보다 현저하다.
- 형성된 괴경은 세포분열로 세포수가 증가하고 세포도 커지면서 전분의 축적으로 비대해지며, 장일조건에서도 비대는 계속된다.
- 괴경의 비대에도 단일・야간저온이 알맞으며, 인산과 칼륨이 충분해야 좋고 질소도 넉넉해야 하나 질소의 과다는 엽면적이 너무 커지고 지상부 성숙이 지연되어 괴경의 비대도 저해된다. 괴경 비대에는 엽면적지수 3~4 정도가 알맞다.
- GA는 괴경형성과 비대를 저해하는데, 이는 GA가 아밀라아제 합성을 조장하여 전분 분해를 촉진하여 가용성당이 많아지고 전분 축적을 저해하기 때문이다.
- 괴경이 형성된 다음 성숙한 잎에서 만들어진 동화물질은 80% 정도가 괴경으로 전류되는데, GA를 처리를 하면 전류량이 감소된다.
- B-9의 처리는 지상부 생육을 억제해 괴경의 비대가 조장되고 시토키닌의 처리도 비대가 조장된다.

05 벼의 품종에 대한 설명으로 옳지 않은 것은?

① 오대벼와 운봉벼는 만생종 품종이다.
② 남천벼와 다산벼는 초다수성 품종이다.
③ 가공용인 백진주벼는 저아밀로오스 품종이다.
④ 통일벼는 내비성이 크고 도열병 저항성이 강하다.

해설

① 오대벼와 운봉벼는 조생종 품종이다.

06 온대자포니카형 벼와 비교할 때 인디카형 벼의 특성으로 옳지 않은 것은?

① 탈립성이 높다.
② 초장이 길다.
③ 쌀알이 길고 가늘다.
④ 저온발아성이 강하다.

해설

[인디카와 온대자포니카 및 열대자포니카의 형태적, 생리적 특성]

주요 형질특성		인디카	온대자포니카	열대자포니카
종자	낟알 모양	가늘고 길며 약간 납작함	짧고 둥금	폭이 있고 두터우며 대립
	까 락	없 음	재래종은 있고 육성종은 없음	있는 것과 없는 것 모두 존재
	탈립성	잘 떨어짐	잘 안 떨어짐	잘 안 떨어짐
식물체	잎색깔	옅은 녹색	진한 녹색	옅은 녹색
	새끼치기(분얼)	많 음	중 간	적 음
	키(간장)	큼	작 음	큼
	식물체의 세기	억 셈	부드러움	억 셈
생리적 특성	내냉성	약 함	강 함	중간 내지 강함
	내한성	강 함	약 함	약 내지 중간
	페놀반응	착색됨	착색 안 됨	착색 안 됨
	염소산칼륨 반응	약 함	강 함	강 함
밥의 특성	아밀로오스 함량	23~31%	10~20%	20~25%
	조직감	퍼석퍼석함	끈기 있음	중 간

07 친환경농어업 육성 및 유기식품 등의 관리・지원에 관한 법률에서 규정한 목적에 해당하지 않는 것은?

① 농어업의 환경보전기능을 증대시킨다.
② 농어업으로 인한 환경오염을 줄인다.
③ 친환경농수산물과 유기식품 등을 관리하여 생산자보다 소비자를 보호한다.
④ 친환경농어업을 실천하는 농어업인을 육성한다.

해설

③ 친환경농수산물과 유기식품 등을 관리하여 생산자 소득증대와 소비자를 보호한다.

4 ② 5 ① 6 ④ 7 ③ 정답

08 원예작물과 비교할 때 식용작물의 특성으로 옳은 것은?

① 단위면적당 수익성이 높다.
② 집약적인 재배가 이루어진다.
③ 품질에 대한 요구가 다양하다.
④ 장기간 저장이 가능하다.

09 알벼(조곡) 100kg을 도정하여 현미 80kg, 백미 72kg이 생산되었을 때 도정의 특성으로 옳은 것은?

① 도정률은 72%이고 제현율은 80%이다.
② 도정률은 72%이고 제현율은 90%이다.
③ 도정률은 80%이고 현백률도 80%이다.
④ 도정률은 80%이고 제현율은 90%이다.

해설

- 도정률 = 백미 ÷ 원료곡 × 100 = 72 ÷ 100 × 100 = 72%
- 제현율 = 현미 ÷ 원료곡 × 100 = 80 ÷ 100 × 100 = 80%

10 당분이 전분으로 전환되는 것을 억제시키는 유전자를 가진 옥수수종과 찰기가 있어서 풋옥수수로 수확하여 식용하는 종을 옳게 짝지은 것은?

① 마치종 – 나종　② 감미종 – 경립종
③ 경립종 – 마치종　④ 감미종 – 나종

해설

- 감미종(단씨, Sweet Corn) : 탄소동화작용으로 생성된 동화물질인 당류가 전분으로 전환되는 것을 억제하는 유전인자를 가지고 있는 변이종으로 보통단옥수수와 초당형이 있다.
- 나종(찰씨, Wazy Corn) : 전분의 대부분이 아밀로펙틴(98%)으로 되어 있어 찰진 특성이 있으므로 식용 또는 떡을 만드는 데 알맞다.

11 식물조직배양의 목적과 응용에 대한 설명으로 옳지 않은 것은?

① 기내배양 변이체를 선발할 때 이용한다.
② 유전자변형 식물체를 분화시킬 때 이용한다.
③ 식용작물의 종자를 보존할 때 이용한다.
④ 번식이 어려운 식물을 기내에서 번식시킬 때 이용한다.

해설

조직배양(組織培養, Tissue Culture)

- 세포, 조직, 기관 등으로부터 완전한 식물체를 재분화시키는 배양 기술로 원연종, 속간잡종 육성, 바이러스무병묘 생산, 우량 이형접합체 증식, 인공종자 개발, 유용물질의 생산, 유전자원 보존 등에 이용된다.
- 배지에 돌연변이유발원이나 스트레스를 가하면 변이세포를 선발할 수 있다.
- 기내수정(器內受精, In Vitro Fertilization)
  - 의의 : 기내(器內)에서 씨방의 노출된 밑씨에 직접 화분을 수분시켜 수정하도록 하는 것을 말한다.
  - 종・속간잡종의 육성은 기내수정을 하여 얻은 잡종의 배배양, 배주배양, 자방배양을 통해 F_1종자를 얻을 수 있다.
- 바이러스무병(Virus Free)묘 : 식물의 생장점의 조직배양은 세포분열 속도가 빠르고 바이러스에 감염되지 않은 묘를 얻을 수 있다.
- 인공종자(人工種子, Artificial Seed) : 체세포 조직배양으로 유기된 체세포배(體細胞胚, Somatic Embryo)를 캡슐에 넣어 만든다.

12 벼의 광합성량에 대한 설명으로 옳지 않은 것은?

① 엽면적이 같을 때 늘어진 초형이 직립초형보다 광합성량이 많다.
② 최적 엽면적지수에서 순광합성량이 최대가 된다.
③ 광합성량에서 호흡량을 뺀 것을 순생산량이라고 한다.
④ 동화물질의 전류가 빠르면 광합성량이 증가한다.

해설

① 엽면적이 같을 때 늘어진 초형이 직립초형보다 광합성량이 적다.

13 씨감자의 절단에 대한 설명으로 옳은 것은?

① 병의 전염을 막는 데 효과적이다.
② 절단용 칼은 끓는 물에 소독해 사용한다.
③ 감자 눈(맹아)의 중심부를 나눈다.
④ 파종하기 직전에 절단해 사용한다.

정답 8 ④ 9 ① 10 ④ 11 ③ 12 ① 13 ②

14 **콩과 비교할 때 팥의 특성에 대한 설명으로 옳지 않은 것은?**

① 종자수명이 3~4년으로 상대적으로 길다.
② 고온다습한 기후에 잘 적응한다.
③ 발아 시 떡잎은 지상자엽형이다.
④ 탄수화물 함량이 더 높다.

해설

팥은 발아 시 자엽이 지상에 나타나지 않는다.

15 **적산온도가 큰 작물부터 순서대로 바르게 나열한 것은?**

① 벼 > 추파맥류 > 봄보리 > 메밀
② 추파맥류 > 벼 > 메밀 > 봄보리
③ 추파맥류 > 봄보리 > 메밀 > 벼
④ 벼 > 봄보리 > 메밀 > 추파맥류

해설

최저적산온도
벼(2,500℃) > 추파맥류(1,700℃) > 봄보리(1,200℃) > 메밀(1,000℃)

16 **벼에는 잎집과 줄기 사이 경계부위에 있지만, 잡초인 피에는 없는 조직은?**

① 지 엽
② 잎 혀
③ 초 엽
④ 잎 맥

해설

잎혀는 벼와 피를 구분하는 일반적인 지표로 사용되는 기관으로, 벼는 잎혀와 잎귀가 잎몸과 잎집의 경계부위에 있으나 피는 잎혀와 잎귀가 없다.

17 **해충을 방제하기 위해 살충제 500mL의 농약을 4배액으로 희석하여 살포하려고 한다. 준비해야 할 물의 양(L)은?**

① 1.00 ② 1.25
③ 1.50 ④ 2.00

18 **맥류의 출수에 대한 설명으로 옳지 않은 것은?**

① 춘화된 식물체는 고온 및 장일조건에서 출수가 빨라진다.
② 최아종자 때와 녹체기 때 춘화처리 효과가 있다.
③ 종자를 저온처리 후 고온에 장기보관하면 이춘화가 일어난다.
④ 추파성이 강한 품종은 추위에 견디는 성질이 약하다.

해설

추파성이 높은 품종은 출수기는 늦으나 내동성과 내건성이 강한 경향이 있다.

19 **다음에서 설명하는 잡초는?**

> 한 개의 덩이줄기에서 여러 개의 덩이줄기가 번식되며, 한 번 형성되면 5~7년을 생존할 수 있다. 이렇게 형성된 덩이줄기는 다음해 맹아율이 80% 정도이며, 나머지 20% 정도는 토양에서 휴면을 한다.

① 돌 피 ② 물달개비
③ 사마귀풀 ④ 올방개

해설

올방개
- 제초제도 잘 듣지 않는 여러해살이 잡초로, 가장 큰 피해를 준다.
- 논에서의 번식은 거의 모두 덩이줄기에 의해 이루어지며, 덩이줄기는 보통 가을에 형성되어 땅속 6~15cm 정도에서 가장 많이 분포하나 20~30cm에서 형성되는 것도 있다.
- 대체로 깊은 곳의 덩이줄기가 충실하며, 덩이줄기의 휴면은 깊은 편으로 완전히 휴면에서 깨기 위해서는 여러 조건이 맞아야 하므로 출아 기간이 매우 길다.

정답 14 ③ 15 ① 16 ② 17 ③ 18 ④ 19 ④

20 **벼의 분얼에 대한 설명으로 옳지 않은 것은?**

① 생육적온에서 주야간의 온도차를 크게 하면 분얼이 감소된다.
② 무효분얼기에 중간낙수를 하면 분얼을 억제시킬 수 있다.
③ 벼를 직파하면 이앙재배에 비해 분얼이 증가한다.
④ 모를 깊이 심으면 발생절위가 높아져 분얼이 감소한다.

분얼에 영향을 미치는 온도조건
- 벼의 분얼에는 온도의 영향이 매우 크다.
- 적온은 18~25℃이나 일반적으로 적온에서 주야간 온도차가 클수록 분얼이 증가한다.
- 적합한 주야간 온도차는 10~15℃ 정도이다.
- 온도의 영향은 간기부가 뿌리 부위보다 더 크다.
- 분얼기 비교적 저온기이고 주야간 온도차가 큰 조기재배는 보통재배보다 분얼수가 많다.

정답 20 ①

2018년 지방직 식용작물

01 토양미생물의 활동 중 작물에게 이로운 것이 아닌 것은?

① 유기물 분해
② 유리질소 고정
③ 무기물(무기성분) 산화
④ 탈질작용

해설

토양미생물의 해작용

- 토양 유래 식물 병을 일으키는 미생물이 많다.
- 탈질작용을 일으킨다.
  탈질세균에 의해 $NO_3^- \rightarrow NO_2^- \rightarrow N_2O$, N_2로 된다.
- 황산염을 환원하여 황화수소 등의 유해한 환원성 물질을 생성한다. *Desulfovibrio*, *Desulfotomaculum* 등의 혐기성세균은 SO_4를 환원하여 H_2S가 되게 한다.
- 미숙유기물을 시비했을 때 질소 기아현상처럼 작물과 미생물 간에 양분의 쟁탈이 일어난다.

02 다음 설명에 해당하는 유익원소는?

> 필수원소는 아니지만 화곡류에는 그 함량이 극히 많다. 표피세포에 축적되어 병에 대한 저항성을 높이고, 잎을 꼿꼿하게 세워 수광태세를 좋게 하며, 증산(蒸散)을 경감하여 한해(旱害)를 줄이는 효과가 있다.

① 규소(Si) ② 염소(Cl)
③ 아연(Zn) ④ 몰리브덴(Mo)

해설

규 소

- 벼가 가장 많이 흡수하는 무기성분으로 수확기 볏짚에 건물중의 10%가 함유되어 있다.
- 엽신과 줄기, 왕겨의 표피조직에 많이 함유되어 있다.
- 엽신의 표피세포 큐티쿨라층 안쪽에 침전하여 단단한 실리콘층을 형성하고 세포막 부근에 실리카–셀룰로오스 혼합층을 형성한다.
- 벼는 식물체 규소/질소질 비율이 클수록, 규산질 비료 시용량이 많을수록 건전한 생육을 하며 벼의 잎을 곧추세워 수광태세를 좋게 한다.
- 잎을 튼튼하게 하고 병해충 저항성을 높인다.
- 표피의 증산을 억제하여 수분 스트레스를 방지하고 광합성이 촉진된다.
- 생리작용에는 관여하지는 않는다.
- 규소 결핍
  - 잎과 줄기가 연약해지고 도복에 대한 피해가 커진다.
  - 수광태세가 나빠진다.
  - 도열병, 깨씨무늬병 등 병해에 걸리기 쉽다.

03 밀가루 반죽의 탄력성과 점착성을 유발하는 주요 성분은?

① 글루텐 ② 글로불린
③ 알부민 ④ 프로테아제

해설

글루텐 : 곡류 속에 들어 있는 저장단백질로 글리아딘과 글루테닌의 화합물로 밀가루풀 등에서 접착제 역할을 하는 접착성 물질이다.

04 다음 설명에 해당하는 옥수수의 종류는?

> 종실이 잘고 대부분이 각질로 되어 있으며 황적색인 것이 많다. 끝이 뾰족한 쌀알형(타원형)과 끝이 둥근 진주형(원형)으로 구별되며, 각질 부분이 많아 잘 튀겨지는 특성을지니고 있어 간식으로 이용된다.

① 경립종 ② 마치종
③ 폭렬종 ④ 나 종

1 ④ 2 ① 3 ① 4 ③ 정답

해설

옥수수의 분류

- 마치종(오목씨, Dent Corn)
  - 굵고 길며 황색이 많으나 백색 등 다른 색인 것도 있다.
  - 성숙하면 종자 표면이 말 이빨모양으로 움푹 들어간다.
  - 숙기가 늦고 이삭은 굵으며 종자의 크기가 크고 수량이 많다.
  - 각질부가 비교적 적고 껍질이 두꺼워 식용으로는 알맞지 못하다.
  - 사료용, 공업용, 엔실리지용으로 알맞다.
- 경립종(굳음씨, Flint Corn)
  - 마치종 다음으로 굵고 정부가 둥글고 백색인 것이 많다.
  - 종자가 단단하고 매끄러우며 윤기가 난다.
  - 전분의 대부분이 경질이며 맛이 좋아 주로 식용으로 재배되어 왔으며 사료, 공업용으로도 재배된다.
  - 마치종과 비교하여 조숙, 단간, 단수인 것이 많아 고위도, 고표고 지대에서도 재배가 가능하나 수량이 적다.
- 폭립종(튀김씨, Pop Corn)
  - 종실이 잘고 대부분 각질로 되어 있어 일반식용으로는 잘 이용하지 않으며 황적색인 것이 많다.
  - 각질부분이 많아 잘 튀겨진다.
  - 모양이 뾰족한 쌀알형과 둥근 진주형으로 구분된다.
- 감미종(단씨, Sweet Corn)
  - 탄소동화작용으로 생성된 동화물질인 당류가 전분으로 전환되는 것을 억제하는 유전인자를 가지고 있는 변이종으로 보통단옥수수와 초당형이 있다.
  - 씨알 전체가 각질로 되어 있어 반투명하고 배유조직이 치밀하지 않고 유연해 건조하면 쭈글쭈글해진다.
  - 대체로 숙기가 빠르고 단맛이 강하고 연하여 식용 또는 통조림용으로 이용된다.
  - 섬유질이 적고 껍질이 얇아 식용으로 적당하다.
  - 당분의 함량이 일반옥수수 3%, 단옥수수 14%, 초당옥수수 35%로 단맛이 매우 강하다.
- 연립종(가루씨, Soft Corn)
  - 종실은 둥근 편으로 각질부가 없고 연질의 전분만으로 되어 있으며 크기는 중간정도, 색은 청자색이 많다.
  - 중앙아메리카, 남아메리카에서 식용으로 이용된다.
- 나종(찰씨, Wazy Corn)
  - 식물체 및 종실이 경립종과 비슷하고 각질의 전분으로 되어 있으나 유백색으로 불투명해 경립종과 구분된다.
  - 전분의 대부분이 아밀로펙틴(98%)으로 되어 있어 찰진 특성이 있어 식용 또는 떡을 만드는데 알맞다.
  - 종실 크기는 중간정도에 타원형에 가까우며 우리나라에서는 백색이 많지만 황색인 것도 있다.
  - 일반적으로 조숙성이다.
- 유부종(껍질씨, Pod Corn)
  - 종실 하나하나가 모두 껍질로 싸여 있고 진편이며 우리나라에서는 별로 재배되지 않고 있다.
  - 이삭 전체도 다시 껍질로 싸인 특이한 형태의 옥수수이다.
- 오페이크종 : 보통옥수수보다 리신과 트리토판의 함량이 2배 정도 높은 특징이 있다.

05 피자식물의 화기 내 암술조직과 과실 · 종자 부분들 간의 관계를 연결한 것으로 옳지 않은 것은?

	수정 전	수정 후
①	주 피	자 엽
②	난세포	배
③	극 핵	배유
④	자 방	과 실

해설

중복수정

- 주두에 화분이 붙으면 발아하여 화분관을 내어 화주내를 통과하여 자방의 배주에 이르면 주공을 통해 안으로 들어가 선단이 파열하여 내용물을 배낭 내에 방출한다.
- 화분 내 성핵은 분열하여 2개의 웅핵이 되고 제1웅핵(n)과 난핵(n)이 접하여 배(2n)가 되고 제2웅핵(n)은 극핵(2n)과 결합하여 배유(3n)가 되는데 이렇게 2곳에서 수정하는 것을 중복수정이라 한다.
- 수정 후 배와 배유는 분열로 발육하게 되고 점차 수분이 감소하고 주피는 종피가 되며 모체에서 독립하는데 이를 종자라 한다.

06 벼의 시비(施肥)에 대한 설명으로 옳지 않은 것은?

① 모내기 전에 밑거름을 주고 모내기 후 대략 12~14일 경에 새끼칠거름을 준다.

② 고품질의 쌀을 생산하는 것이 목적인 경우에는 알거름을 생략하는 것이 좋다.

③ 기상조건이 좋아서 동화작용이 왕성한 경우에는 웃거름을 늘리는 것이 증수에 도움이 된다.

④ 심경한 논에는 질소질, 인산질 및 칼리질 비료를 줄이는 것이 증수에 도움이 된다.

해설

합리적 시비법

- 시비에 있어 가장 중요한 것은 토양검정 결과 시비처방서에 의해 적량을 시비하는 것이다.
- 합리적인 시비를 위해 기비와 분얼비는 분얼발생에 적당한 질소가 유효분얼종지기까지만 지속되도록 한다.
- 수비는 상위 4~5절간 신장기에 질소가 과다하지 않아야 도복이 방지되고 남은 질소가 출수 후 쌀알로 전이되지 못하도록 시기와 양을 조절해야 한다.

정답 5 ① 6 ④

• 질소의 시비에 있어 수비가 부족하였을 때 실비로 시비하면 증수에는 도움이 되나 쌀알의 단백질 함량이 높아지므로 고품질 쌀의 생산이 목표라면 실비를 생략하는 것이 좋다.
• 냉수가 유입되는 논은 인산질 비료와 칼리질 비료의 시비량을 높이면 효과가 있고 객토와 경지정리, 심경한 논은 질소질 비료와 인산질 비료 및 칼리질 비료를 20~30% 시비량을 늘리는 것이 수량확보에 도움이 된다.
• 일조시간이 적거나 냉해, 침관수 및 도복의 발생이 상습적인 논은 질소질 비료를 20~30% 시비량을 줄이고 인산질 비료와 칼리질 비료를 20~30% 정도 시비량을 늘리는 것이 좋다.

07 벼 품종에 대한 설명으로 옳지 않은 것은?

① 내비성 품종은 대체로 초장이 작고 잎이 직립하여 수광태세가 좋다.
② 자포니카 품종이 인디카 품종에 비해 탈립성이 강하다.
③ 조생종 품종이 만생종 품종보다 수발아성이 강한 경향을 보인다.
④ 직파적응성 품종은 내도복성과 저온발아력이 강한 특성이 요구된다.

해설

인티카와 온대자포니카 및 열대자포니카의 형태적, 생리적 특성

주요 형질특성		인디카	온대자포니카	열대자포니카
종자	낟알 모양	가늘고 길며 약간 납작함	짧고 둥금	폭이 있고 두터우며 대립
	까 락	없 음	재래종은 있고 육성종은 없음	있는 것과 없는 것 모두 존재
	탈립성	잘 떨어짐	잘 안 떨어짐	잘 안 떨어짐
식물체	잎색깔	엷은 녹색	진한 녹색	엷은 녹색
	새끼치기(분얼)	많 음	중 간	적 음
	키(간장)	큼	작 음	큼
	식물체의 세기	억 셈	부드러움	억 셈
생리적 특성	내냉성	약 함	강 함	중간 내지 강함
	내한성	강 함	약 함	약 내지 중간
	페놀반응	착색됨	착색 안 됨	착색 안 됨
	염소산칼륨 반응	약 함	강 함	강 함
밥의 특성	아밀로오스 함량	23~31%	10~20%	20~25%
	조직감	퍼석퍼석함	끈기 있음	중 간

박순직.이종훈, 2017, 식용작물학 I p.49 표3-1, 한국방송통신대학교출판부

08 벼의 직파재배에 대한 설명으로 옳지 않은 것은?

① 출아일수는 건답직파보다 담수직파가 길다.
② 잡초 발생은 건답직파보다 담수직파가 적다.
③ 일평균기온이 12℃ 이상일 때 파종하는 것이 좋다.
④ 파종작업은 담수직파보다 건답직파가 강우의 영향을 많이 받는다.

해설

건답직파

• 의 의
- 건답직파란 볍씨를 논에 직접 뿌려 벼농사를 짓는 방법이다.
- 이앙재배에 비하여 입모 불안정, 도복우려, 잡초 방제의 어려움 등의 단점이 있으나 비용과 노력의 절감, 작업의 간편성 등의 장점이 있다.

• 장 점
- 육묘와 이앙 과정의 생략으로 노력을 절감할 수 있다.
- 경운과 정지작업이 용이하다.
- 입모기간 관개용수를 절약할 수 있다.
- 대형 기계화작업이 유리하다.
- 경영규모를 확대할 수 있고 생산비를 줄일 수 있다.

• 단 점
- 출아기간이 길고 출아 및 입모가 불량하다.
- 파종한 볍씨의 쥐와 새 등의 피해 우려가 있다.
- 정밀화가 어렵다.
- 강우와 과습시 파종이 어렵다.
- 비료분의 용탈과 유실이 크다.
- 잡초가 많이 발생한다.

09 벼의 주요 병해 중 주로 해충에 의해 전염이 되는 것은?

① 도열병
② 키다리병
③ 깨씨무늬병
④ 줄무늬잎마름병

해설

줄무늬잎마름병(縞葉枯病 Stripe, 병원체 : Rice stripe virus)

• 병원균 및 발병요인
- 바이러스를 지닌 애멸구에 의해 전염되는 바이러스에 의한 병이며 애멸구는 잡초나 답리작물에서 유충의 형태로 월동한다.
- 따뜻한 지방에서 논 뒷구루재배, 다비재배한 경우 발생하기 쉽다.
- 조기재배, 밀파, 질소과다, 답리작 지대에서 많이 발생한다.
- 본답 초기부터 발생하며 특히 분얼성기에 발생이 많다.

7 ② 8 ① 9 ④ 정답

• 병 징
 – 새잎이 나올 때 새잎에 줄무늬가 생기면서 돌돌 말리면서 엽초에 서 떨어지지 않아 활모양으로 늘어져 말라죽는다.
 – 수잉기에 발생하면 잎에 황백색 줄무늬가 나타나며 출수하지 못하고 출수하더라도 기형이 되고 충실하게 벼알이 형성되지 못한다.
 – 잎이 황백색으로 마르며 잠복기간은 5~10일이다.
 – 오갈병 또는 누른오갈병과 혼동하기가 쉽다.

• 방제법
 – 내병성 품종을 선택한다.
 – 매개충인 애멸구를 구제하고 월동처를 제거한다.
 – 이병식물체를 즉시 제거해 2차 전염을 방지한다.
 – 질소의 과비를 피하고 잡초를 제거한다.
 – 조파나 만파를 피한다.
 – 못자리 말기부터 이앙 후 1개월까지 방제가 중요하다.

10 다음 중 콩에 가장 적게 함유되어 있는 성분은?

① 당 류
② 전 분
③ 지 질
④ 단백질

해설

콩의 성분

• 콩은 주성분인 단백질 30~50%와 지질 13~28%, 당질, 비타민 및 많은 양분들이 함유되어 있으며 콩에 함유된 전분은 거의 없고 당분은 수크로오스(sucrose), 라피노오스(raffinose), 스타키오스(stachyose) 등으로 구성되어 있다.
• 라피노오스(raffinose)와 스타키오스(stachyose)는 올리고당이라 불리는 다당류로 장내 비피더스균 등이 분해 이용하면서 대장균과 같은 유해균의 증식을 억제하는 효과가 있다.
• 콩에는 단백질의 함량이 많을 뿐 아니라 메티오닌(methionine), 시스틴(cystine)과 같은 함황단백질이 제한요인이 되어 육류의 단백질에 비하면 떨어지지만 식물성단백질 중에는 가장 우수하다.
• 효소인 리폭시게나아제(lipoxygenase)는 날콩의 비린 맛을 내나 열을 가하면 대부분 파괴되고 최근 비린 맛이 없는 진품콩 1.2호가 개발되어 보급되고 있다.
• 트립신 저해물질은 단백질의 소화와 흡수를 방해하는 성분으로 날콩을 많이 먹었을 때 설사를 유발하나 열에 약해 가열하면 대부분 분해, 파괴되고 최근 항암효과가 알려지고 있다.
• 이소플라본(isoflavone)은 영양저해효소의 하나이지만 항암과 혈청콜레스테롤 저하 효과로 식품이나 약품으로 제품화되었다.

11 서류에 대한 설명으로 옳지 않은 것은?

① 고구마는 메꽃과 작물이고, 감자는 가지과 작물이다.
② 단위수량은 감자가 고구마보다 많다.
③ 고구마는 고온성 작물이고, 감자는 저온성 작물이다.
④ 큐어링 온도는 고구마가 감자보다 더 높다.

해설

고구마의 재배적 장점

• 건조한 곳, 개간지, 척박지 등 토양적응성이 높고 산성토양에서도 잘 자라 재배적지의 범위가 넓다.
• 포복성으로 바람이 많은 곳에서도 재배가 가능하다.
• 작기의 이동이 비교적 쉽고 맥후작으로도 많은 수량을 낼 수 있어 토지이용상 유리하다.
• 건물생산량이 많고 단위면적당 수량이 어느 작물보다 가장 많다.
• 기상재해나 병충해가 적어 재배의 안전성이 높다.
• 괴근의 이용범위가 넓다.

12 다음 중 무배유종자인 작물은?

① 콩 ② 벼
③ 옥수수 ④ 보 리

해설

콩은 쌍자엽식물로 무배유종자에 해당한다.

13 토양 산성화의 원인에 해당하지 않는 것은?

① 비에 의한 염기성 양이온의 용탈
② 식물의 뿌리에서 배출되는 수소 이온
③ 토양 중 질소의 산화
④ 농용 석회의 시용

해설

산성토양 원인

• 포화교질(飽和膠質, Saturated Colloid)과 미포화교질(未飽和膠質, Unsaturated Colloid)
 – 포화교질 : 토양콜로이드(土壤膠質)가 Ca^{2+}, Mg^{2+}, K^+, Na^+ 등으로 포화된 것
 – 미포화교질 : H^+도 함께 흡착하고 있는 것
 – 미포화교질이 많으면 중성염이 가해질 때 H^+가 생성되어 산성을 나타낸다.
 $[colloid]H^+ + KCl \Leftrightarrow [colloid]K^+ + HCl(H^+ + Cl^+)$

정답 10 ② 11 ② 12 ① 13 ④

- 토양 중 Ca^{2+}, Mg^{2+}, K^{+} 등의 치환성 염기가 용탈되어 미포화교질이 늘어나는 것이 토양산성화의 가장 보편적인 원인이다.
- 토양유기물의 분해 시 생기는 이산화탄소나 공기 중 이산화탄소는 빗물이나 관개수 등에 용해되어 탄산을 생성하는데 치환성 염기는 탄산에 의해 용탈되므로 강우나 관개로 토양은 산성화되어 간가며 유기물의 분해시 생기는 여러 유기산이 토양염기의 용탈을 촉진한다.
- 토양 중 탄산 유기산은 그 자체로 산성화 원인이며 부엽토는 부식산 때문에 산성이 강해지는 경우가 많다.
- 토양 중 질소, 황이 산화되면 질산, 황산이 되어 토양이 산성화되며 염기의 용탈을 촉진한다. 토양염기가 감소하면 토양광물 중 Al^{3+}이 용출되고 물과 만나면 다량의 H^{+}를 생성한다.
  $Al^{3+} + 3H_2O = Al(OH)_3 + 3H^{+}$
- 산성비료, 즉 황산암모니아, 과인산석회, 염화칼륨, 황산칼륨, 인분뇨, 녹비 등의 연용은 토양을 산성화시킨다.
- 화학공장에서 배출되는 산성물질, 제련소 등에서 배출되는 아황산가스 등도 토양 산성화의 원인이 된다.

14 벼의 수량구성요소에 대한 설명으로 옳지 않은 것은?

① 등숙률은 100%를 넘을 수 없다.
② 단위면적당 수수가 많아지면 1수영화수는 적어지기 쉽다.
③ 1수영화수가 많아지면 등숙률이 낮아지는 경향이 있다.
④ 이삭수는 출수기에 가장 큰 영향을 받는다.

해설

이삭 퇴화는 감수분열기 저온과 일조부족의 환경적 요인에 영향을 많이 받는다.

벼의 수량구성요소

- 건물중과 수확지수
  - 벼의 수량은 전체건물중과 수확지수에 의해 이루어진다.
  - 수량(yield)
    - ⓐ 재배식물이 광합성으로 단위면적에서 생산하는 인간이 이용할 수 있는 부위의 무게를 의미한다.
    - ⓑ 벼의 수량 : 우리나라와 일본인 현미 또는 백미로 표시하고 그 외 국가에서는 정조(알벼)로 나타낸다.
    - ⓒ 환산계수 : 현미를 정조로 환산할 때는 1.25를 곱해 준다.
  - 벼의 수량
    - ⓐ 벼의 수량은 전체건물중과 수확지수를 곱하여 구한다.
    - ⓑ 벼수량 = 전체건물중 × 수확지수
  - 수확지수(Harvest Index, HI)
    - ⓐ 수확시 식물체 지상부 전체건물중에 대한 벼수량의 비율로 전체건물중은 개체군의 광합성에 의해 결정되고 벼수량은 광합성산물의 축적결과이다.
    - ⓑ 전체건물중은 생물적 수량, 벼수량은 경제적 수량이라 할 수 있으며 벼수량이 높아지려면 전체건물중과 수확지수가 높아야 한다.
    - ⓒ 수확지수 = $\frac{\text{벼수량}}{\text{전체 건물중}}$
    - ⓓ 수확지수 대신 볏짚의 무게에 대한 벼수량의 비율(조(租)/고비(藁比), grain straw ratio)을 사용하기도 하는데 조/고비가 높은 것이 수량이 많다.
- 벼수량구성 4요소
  - 벼수량은 수수(단위면적당 이삭수)와 1수 영화 수(이삭당 이삭꽃 수), 등숙비율, 현미 1립중(낟알무게)의 곱으로 이루어지며 이를 수량구성 4요소라 한다.
  - 수량 = 단위면적당 이삭수 × 이삭당 이삭꽃 수 × 등숙비율 × 낟알무게

15 추파성이 강한 보리를 늦봄에 파종할 경우 예상되는 현상은?

① 수발아 현상이 나타난다.
② 출수되지 않는다.
③ 천립중이 커진다.
④ 종자가 자발적 휴면을 한다.

해설

파성(播性)

- 파성의 특성
  - 맥류 출수와 관련이 있는 성질로는 파성, 일장반응, 협의의 조만성, 내한성 등이 있다.
  - 가을보리가 출수에 이르는 정상적 생육을 위해 품종에 따라 생육 초기에 일정 기간에 낮은 온도환경을 필요로 하는데 그 정도를 파성이라 한다.
  - 저온요구도가 큰 것을 추파형(秋播型, Winter Type), 작은 것을 춘파형(春播型, Spring Type), 그 중간 정도를 가진 것을 양절형(兩節型, Intermediate Type)이라 한다.
  - 월동 중 저온에 의해 추파성이 소거되어 정상적 출수하는 추파형 품종에 비해 춘파형 품종은 추파성이 없어 봄에 파종해도 정상적 출수를 한다.
- 추파성
  - 맥류의 영양생장을 지속시키고 생식생장을 억제하는 성질을 말하며 유전적 특성이지만 환경의 영향을 받는다.
  - 추파형 맥류는 추파성을 가지고 있어 맥류의 영양생장만 지속시키고 생식생장으로 이행을 억제하며 내동성을 증대시킨다.
  - 추파형 품종은 가을에 파종해야 월동 중 저온단일조건으로 추파성이 소거되어 정상적 출수로 개화 결실하나 봄에 파종하면 추파성 소거에 필요한 저온단일조건을 충분히 만나지 못해 추파성이 소거되지 못하고 좌지현상을 보인다.

14 ④ 15 ② 정답

- 좌지현상 : 생육 초기 일정기간 저온단일조건을 거치지 않으면 줄기와 잎만 자라는 영양생식을 지속하게 되어 이삭을 형성하지 못하는 현상을 말한다.
- 추파형 품종이라도 추파성이 없어지면 저온단일조건을 거치지 않아도 출수가 이루어지므로 봄에 파종하면 재배기간을 단축시킬 수 있다.
- 추파성이 높은 품종
  ⓐ 출수기는 늦으나 내동성과 내건성이 강한 경향이 있다.
  ⓑ 추파성이 클수록 출수가 늦어지는 경향이 있다.
  ⓒ 출수가 빨라지면 파종적기도 빨라지는데 이는 추파성 소거에 필요한 월동기간이 길어지기 때문이다.
  ⓓ 중·북부지방에서 주로 재배한다.
- 추파성이 낮은 품종
  ⓐ 가을에 일찍 파종하면 월동 전 유수가 형성됨에 따라 동화물질의 소모가 많아져 내동성이 약하고 유수는 동해에 안전하게 월동할 수 없다.
  ⓑ 추위에 다소 약하며 출수가 빠르고 숙기가 빠르다.
  ⓒ 주로 남부지방에서 재배한다.

16 메밀에 대한 설명으로 옳은 것만을 모두 고르면?

> ㄱ. 장주화와 단주화가 거의 반반씩 섞여 있는 이형예 현상을 나타낸다.
> ㄴ. 종실의 주성분은 루틴이다.
> ㄷ. 대파작물, 경관식물 및 밀원식물로도 이용된다.
> ㄹ. 종실 중에 영양성분이 균일하게 분포하여 제분 시에 영양분 손실이 적다.

① ㄱ, ㄴ ② ㄴ, ㄷ
③ ㄴ, ㄹ ④ ㄱ, ㄷ, ㄹ

해설

메밀의 루틴(Rutin)

- 루틴은 플라보노이드배당체(Flavonol Glycoside)로 황색 결정체 분말로 되어 있다.
- 종실, 잎, 줄기, 뿌리, 꽃 등 메밀의 각 조직에 함유되어 있고 특히 어린잎에 다량 함유되어 있다.
- 파종 후 35~45일 함량이 최고에 달하고 그 후 빨리 감소되므로 약초용인 경우 반드시 이 시기에 수확해야 한다.
- 메밀쌀보다 가루에 함유량이 많고 여름메밀품종이 가을메밀품종보다 함량이 많다.
- 혈압강하제, 구충제로 쓰인다.

17 볍씨의 발아에 영향을 미치는 요인에 대한 설명으로 옳은 것은?

① 같은 품종인 경우, 종실의 비중이 작은 것이 발아력이 강하다.
② 수분흡수 과정 중 생장기에는 수분함량이 급속히 증가한다.
③ 발아 최저온도는 품종 간에 차이가 거의 없다.
④ 산소가 부족할 경우, 유근이 유아보다 먼저 발생하여 생장한다.

해설

볍씨 발아조건

- 발아에 영향을 미치는 종자 조건은 볍씨의 숙도, 비중, 휴면성, 활력 등이다.
- 볍씨는 수분 후 7일이면 발아가 가능하나 발아소요일수가 길고 발육이 불완전하며, 수분 후 14일이 되면 발아율도 높아지고 발아일수도 거의 정상에 가깝다.
- 동일 품종일 경우 종실의 비중이 무거운 것이 발아력과 발아 후 생장이 좋다.
- 발아조건의 3요소 : 온도, 수분, 산소
  - 온 도
    ⓐ 발아를 위한 최저, 최적, 최고온도는 생태형이나 품종에 따라 다르다.
    ⓑ 발아 최저온도 : 8~10℃이며 품종간 차이가 크다. 고위도 지방 및 한랭지 품종은 저위도 열대품종에 비해 저온발아성이 강하다.
    ⓒ 발아 최적온도 : 30~34℃로 파종 후 24~48시간에 발아한다.
    ⓓ 발아 최고온도 : 40~44℃
    ⓔ 휴면타파가 완전하고 종자의 활력이 높은 경우 품종에 다른 발아력 차이가 적으며 휴면의 타파가 충분하지 않거나 활력이 저하된 종자는 발아온도 폭이 좁아진다.
    ⓕ 저온발아성 비교
    조생종>만생종, 밭벼>논벼, 찰벼>메벼, 재래종>신품종, 일본형>인도형, 유망종>무망종
  - 수 분
    ⓐ 수분의 흡수과정은 '수분흡수기(Imbibition Stage) → 효소활성기(Activation Stage) → 발아 후 생장기(Post-germination Stage)'로 구분된다.
    ⓑ 흡수기
      i) 볍씨가 수분을 흡수해서 배와 배유의 생리적 활성을 유발하는 시기
      ii) 볍씨 수분함량이 볍씨 무게의 15%가 될 때부터 배의 활동이 시작되며 흡수기 동안 볍씨의 수분함량은 25~30%가 된다.

정답 16 ④ 17 ②

iii) 수분의 흡수 속도는 온도가 높을수록 빨라 볍씨 수분함량이 15%까지 이르는데 30℃에서 약 20시간, 20℃에서 약 40시간이 소요되며 수분함량 25%까지는 30℃에서는 약 30시간, 20℃에서 약 60시간 이상이 소요된다.

ⓒ 효소활성기

i) 볍씨가 수분함량 30~35%를 유지하며 발아를 준비하는 시기로 활성기 끝 무렵 배에서 유아가 나와 발아를 한다.

ii) 볍씨의 수분흡수는 미미해지고 대신 배의 호흡이 왕성해지며 배반과 호분층의 효소가 활성화되어 배유의 저장양분이 수용성으로 변하는 등 활발한 대사작용이 일어난다.

iii) 배로 이동한 당은 일부 호흡에 사용되고 일부는 유아와 유근의 생장을 위한 에너지로 축적된다.

ⓓ 생장기

i) 유아와 유근이 종피를 뚫고 발아한 후 세포 신장에 따라 생장이 이루어지는 시기

ii) 발아한 볍씨는 다시 수분의 흡수가 빨라진다.

- 산 소

ⓐ 볍씨는 수중과 공기 중 모두 발아가 가능하고 낮은 농도의 산소조건에서도 발아가 가능하다.

ⓑ 산소가 전혀 없는 상태에서도 무기호흡으로 80% 발아율을 보인다.

ⓒ 산소가 충분한 조건에서는 초엽이 1cm 이하로 짧고 굵게 나오며 씨뿌리도 함께 자라나 산소가 충분하지 못한 물속에서는 씨뿌리가 거의 자라지 못한다.

ⓓ 벼가 깊은 물속에서 발아하는 경우 유근이 자라지 못해 착근이 어려워지므로 착근기에는 배수로 산소 공급을 도와야 한다.

ⓔ 깊은 물속에서 발아하는 경우 유아의 선단이 수면 밖으로 자라나와 산소를 얻게되면 유근의 생장이 촉진된다.

- 광

ⓐ 볍씨의 발아에 광은 필수요건은 아니며 암흑상태에서도 발아하지만 암흑조건에서 발아하면 중배축(中胚軸, mesocotyl)이 자라고 초엽이 도장하여 마치 산소가 부족한 조건에서 발아하는 것과 같은 모습을 보인다.

ⓑ 중배축은 파종심도가 깊어질 때 초엽을 지상으로 밀어 올리는 역할을 하며 길이는 온대자포니카형이 10mm 정도, 인디카형이 10mm 이상으로 많게는 20~70mm 정도가 된다.

ⓒ 볍씨의 파종 깊이는 0.5mm 정도 표토 부근으로 산소가 풍부하고 산광도 있어 발아와 생장이 정상적으로 이루어지나 파종 깊이가 2cm로 깊어지면 다소 도장하고, 파종 깊이 3cm에서는 중배축과 초엽이 신장해 겨우 지상으로 출아하므로 건답직파의 파종 깊이 한계는 3cm 정도이다.

ⓓ 볍씨의 발아가 산소가 부족한 암흑상태인 경우 초엽이 4~6cm까지 자라고 중배축이 신장하여 정상적 형태를 이루지 못한다.

18 감자의 괴경형성에 유리한 환경조건은?

① 고온 – 장일 ② 고온 – 단일

③ 저온 – 장일 ④ 저온 – 단일

해설

괴경의 형성요인

- 화뢰가 형성될 무렵부터 괴경이 형성되기 시작해 저온, 단일조건에서 생육할 때 형성되며 단일조건은 8~9시간, 저온조건은 18~20℃이하 야간온도에서만 가능하고 최적 야간온도는 10~14℃(12℃)이다.
- 괴경은 고온, 장일조건에서 생육할 때는 형성되지 않고 특히 16시간 이상의 장일조건에서는 괴경의 형성이 거의 일어나지 않는다.
- 토양 내 질소의 함량이 낮으면 괴경 형성에 유리하고 인산과 칼륨이 충분히 공급될 때 괴경 형성은 촉진되며 햇빛의 세기는 강한 것이 좋다.

19 풍매수분을 주로 하는 작물로만 짝지은 것은?

① 메밀 – 호밀 ② 메밀 – 보리

③ 옥수수 – 호밀 ④ 옥수수 – 보리

해설

보리의 수정

- 개화되고 수분이 이루어지면서 5~24시간 안에 수정이 이루어지고 1~3일 후면 수정이 완료된다.
- 보리는 이삭이 아직 지엽의 엽초에 싸여 있을 때 개화하거나 개화 없이 폐화수정하는 경우도 있어 이삭이 지엽 위로 완전히 출현 후 개화하는 밀보다 자연교잡률이 낮다.
- 자연교잡률 : 보리 0.15% 이하, 밀 0.3~0.5%, 귀리 0.05~1.4%이다.

호밀의 개화와 등숙

- 개화는 주간 이삭부터 시작되며 한 이삭에서 중앙부 소수가 최초 개화하고 점차 상・하부 수소에 미친다.
- 오전(49.5%) 중 꽃이 많이 피며 다음 오후(33.8%), 야간(11.9%) 순으로 개화한다.
- 한 이삭의 전체 소화의 개화소요일수는 3~4일이며 한 그루의 전체 소화의 개화소요일수는 8~14일이다.
- 기온이 12℃ 이상 되어야 개화가 이루어진다.

자가불임성

- 풍매화로 타가수정하며 자가수분시 화분이 암술머리에서 발아는 하지만 화분관이 난세포에 도달하지 못해 임실률이 현저히 떨어지고 때로는 거의 결실하지 못한다.
- 자가불임성은 우성인 경향이며 개체간 유전적 변이가 인정된다.
- 자가불임성 정도는 재배종이 야생종보다 높다.

18 ④ 19 ③ 정답

결곡성

- 의의 : 호밀에서 나타나는 불임현상
- 원인 : 미수분에 의해 발생하며 포장 주위 개체나 바람받이에 있는 개체는 미수분 되기 쉽고 개화 전 도복, 강우 등에 의하여 발생하기도 한다.
- 결곡성은 유전되며 호밀에서 결곡성이 높은 것은 염색체이상에 의한 것이라 한다.
- 화분불임성과 웅성불임성이 있다.

옥수수의 화서(花序, Inflorescence)

- 특 징
  - 수이삭은 줄기 끝에, 암이삭은 줄기 중간마디에 착생하는 자웅동주식물이다.
  - 일반적으로 자웅양화서가 모두 단성화이지만 때로는 수이삭에 암꽃이 달리는 경우도 있다.
  - 암이삭과 수이삭의 개화시기가 다른 경우가 많으며 일반적으로 수이삭이 먼저 피는 웅예선숙이다.
  - 풍매화로 타가수정 한다.
- 수이삭
  - 긴 수축(穗軸, Panicle Axis)에서 10~20개의 1차지경이 나오고 다시 2차지경이 분기하여 각 마디에 2개의 웅성소수가 착생하며 그 중 하나는 유병소수(有柄小穗, Pedicellate Spikelet)이고 다른 하나는 무병소수(無柄小穗, Sessile Spikelet)이다.
  - 하나의 수이삭에 500~4,000개의 소수가 착생하고 약 2,000만개의 화분립을 가진다.
- 암이삭
  - 줄기 중간마디에 1~3개의 암이삭이 착생하며 품종과 재배환경에 따라 여러 개가 달리기도 한다.
  - 암이삭에는 소수가 짝수줄로 달리고 7~12매의 포엽에 싸여 있다.
  - 암이삭의 자방에는 수염이 달리며 이것은 자라서 포엽 밖으로 나온다.
  - 자성소수에는 암술을 가진 임성화와 암술이 없는 불임화가 각각 1개씩 들어있다.

메밀 수분과 수정

- 일반특성
  - 타가수정작물로 충매에 의한 타화수정을 하며 동화나 동형화 사이에는 수정되지 않는다.
  - 수정은 온도가 낮은 것이 유리하며 고온은 수정 및 임실을 저해한다.
- 적법수분 : 이형화 즉 장주화와 단주화 사이에는 수정일 잘되는데 이를 적법수분이라 하며 화분관의 신장이 짧은 시간에 씨방에 도달한다.
- 부적법수분 : 동주화 사이 수분에서 수정이 잘 안되는데 이를 부적법수분이라 하며 부적법수분은 꽃가루의 발아와 신장력이 떨어지거나 억제물질의 존재로 화분관이 씨방에 도달하지 못하고 대부분 신장이 정지된다.
- 온도와 수정 : 20℃ 이상에서는 임실이 저해되고 기온교차가 클 때 임실이 조장된다.

20 자엽이 지상으로 출현하지 않는 두과작물로만 짝지은 것은?

① 콩 – 녹두
② 콩 – 동부
③ 팥 – 완두
④ 강낭콩 – 동부

해설

팥과 완두는 자엽이 지상으로 출현하지 않는다.

정답 20 ③

2019년 지방직 식용작물

01 다음에서 설명하는 육종법을 위한 배양기술은?

- 육종연한을 단축시킬 수 있다.
- 화성벼, 화영벼, 화청벼 등이 육성되었다.
- 열성유전자를 가진 개체를 선발하기에 용이하다.

① 배배양
② 화경배양
③ 화분배양
④ 생장점배양

꽃가루 배양

- 반수체인 꽃가루에 콜히친 처리로 염색체를 배가시키면 열성유전자를 표현형으로 가지는 완전한 식물체를 얻을 수 있다.
- 반수체의 이용은 다른 육종 방법에 비해 아주 짧은 기간에 품종을 육성할 수 있다.
- 화성벼, 화진벼, 화청벼, 화영벼 등이 이 방법에 의해 육성된 품종이다.

02 야생벼와 비교할 때 재배벼에서 나타나는 특성으로 옳은 것은?

① 탈립성이 크다.
② 내비성이 강하다.
③ 암술머리가 크다.
④ 휴면성이 강하다.

해설

구 분		재배벼	야생벼
번식 특성	번식방법	종자	종자 및 영양번식
	종자번식의 양식	자식성(타식성은 약 1%이다)	주로 타식성(30~100%)
	개화부터 개약까지 시간	개화와 동시에	29분
	암술머리 크기	작다.	크다.
	수술당 꽃가루 수	700~2,500개	3,800~9,000개
	꽃가루 수명	3분	6분 이상
	꽃가루 확산거리	20m	40m
종자 특성	종자 크기	크다.	작다.
	1이삭당 종자의 수	많다.	적다.
	종자 모양	집약형으로 길고 촘촘한 모양	분산형으로 작고 흩어진 모양
	탈립성	탈립이 어렵다.	탈립이 쉽다.
	휴면성	없거나 약하다.	매우 강하다.
	종자 수명	짧다.	길다.
	까락	없거나 짧다	강인하고 길다
내비성	–	강하다.	약하다.
생태 특성	생존연한	1년생	1년생과 다년생
	감온성과 감광성	민감~둔감하다.	모두 민감하다.
	내저온성	약하다.	강한 것이 분화

03 벼 재배 시 백수현상이 나타나는 조건이 아닌 것은?

① 출수개화기의 풍해
② 이삭도열병의 만연
③ 벼물바구미의 가해
④ 이화명나방의 2화기 피해

1 ③ 2 ② 3 ③ 정답

해설

- 백수현상 : 여름에 비를 동반한 강한 바람이 분 후에 고온 건조한 강한 바람이 통과하면 출수 직후의 벼 이삭이 다음날 하얗게 말라 큰 피해를 입는 현상.
- 벼물바구미(*Lissorhoptrus oryzophilus*)
  - 우리나라에서는 1988년 하동군에서 처음 발견된 해충으로 수입 식물에 묻어 들어온 도입해충이며 단위생식을 하며 연 1회 발생한다.
  - 월동 성충은 4월 중·하순경부터 논두렁이나 제방의 화본과 잡초를 먹다가 5월 중·하순 못자리와 벼로 이동하여 피해를 준다.
  - 알기간의 6~10일, 유충기간은 34~50일, 번데기 기간은 7~10일, 산란수는 50~70개이며, 6월 상순경 1마리가 1일 1~2개씩 30일 동안 수심 3cm 이내 제1엽초와 제2엽초에 산란한다.
  - 애벌레가 벼뿌리를 갉아먹어 벼 포기가 누렇게 변하여 잘 자라지 못하고 벼 포기가 쉽게 뽑아지며 뿌리에서 애벌레를 볼 수 있으며 새로 발생한 성충은 벼 잎을 갉아 먹다 7월 하순~8월 상순에 걸쳐 야산으로 이동하여 낙엽이나 흙 속에서 월동한다.
  - 성풍은 잎의 엽맥을 따라 엽육을 너비 1mm 길이 1cm 내외의 직사각형 띠모양으로 갉아먹고 가해부위는 점차 백색으로 변하고 구멍이 뚫리기도 하고 심하면 벼 포기가 고사한다.
  - 담수직파 논에 월동 성충이 집중적으로 날아들어 피해를 입는 경우도 있으며, 벼 포기당 2~3마리가 부착하면 수량이 30% 이상 감소한다고 한다.

04 엽면시비에서 비료의 흡수촉진조건으로 옳지 않은 것은?

① 잎의 이면보다 표면에 살포되도록 한다.
② 비료액의 pH를 약산성으로 조제하여 살포한다.
③ 피해가 발생하지 않는 한 높은 농도로 살포한다.
④ 가지나 줄기의 정부에 가까운 쪽으로 살포한다.

해설

엽면시비는 잎의 표면보다 이면에 살포해야 흡수가 잘된다.

05 우리나라에서 신품종의 보호, 증식 및 보급에 대한 설명으로 옳은 것은?

① 자식성 작물의 종자증식 체계는 원종 → 원원종 → 기본식물 → 보급종의 단계를 거친다.
② 자식성인 벼의 종자갱신은 3년 1기로 되어 있으며 증수효과는 16% 정도이다.
③ 품종의 특성 유지를 위해 다른 옥수수밭과는 2~5m의 이격거리를 두는 것이 안전하다.
④ 품종보호요건은 신품종의 구비조건뿐만 아니라 신규성과 고유한 품종명칭을 갖추어야 한다.

해설

① 자식성 작물의 종자증식 체계는 기본식물 → 원원종 → 원종 → 보급종의 단계를 거친다.
② 우리나라 자식성 벼의 종자갱신은 4년 1회 종자를 갱신한다.
③ 품종의 특성 유지를 위해 다른 옥수수밭과는 400~500m 격리재배하는 것이 안전하다.

06 벼의 직파재배에 대한 설명으로 옳지 않은 것은?

① 마른논줄뿌림재배는 탈질현상이 발생하고 물을 댈 때 비료의 유실이 많다.
② 요철골직파재배는 다른 직파재배보다 생력효과가 크고 잡초발생이 적다.
③ 무논표면뿌림재배는 이삭수 확보에 유리하나 이끼나 괴불의 발생이 많다.
④ 무논골뿌림재배는 입모는 균일하지만 통풍이 불량해 병해발생이 많다.

해설

출아와 입모가 불량하다는 단점을 가지고 있다.

07 고위도 지대에서 재배하기에 적합한 벼 품종의 기상생태형은?

① 감광성이 크고 감온성이 작은 품종
② 감온성이 크고 감광성이 작은 품종
③ 감광성이 크고 기본영양생장성이 작은 품종
④ 기본영양생장성이 크고 감온성이 작은 품종

해설

고위도 지대에서는 기본영양생장성과 감광성은 작고 감온성이 커서 일찍 감응하여 출수, 개화하여 서리 전 성숙할 수 있는 감온형인 blT형이 재배된다.

정답 4 ① 5 ④ 6 ④ 7 ②

08 **논토양의 종류별 특성에 대한 설명으로 옳지 않은 것은?**

① 고논은 지온이 낮고 공기가 제대로 순환하지 않아 유기물의 분해가 늦다.
② 모래논은 양분보유력이 약하고 용탈이 심하므로 객토를 하여 개량한다.
③ 미숙논은 토양조직이 치밀하고 영양분이 적으며 투수성이 약한 논이다.
④ 우리나라의 60% 정도인 보통논에서 생산된 쌀의 밥맛이 가장 좋다.

해설
보통답이 32% 정도이며 생산력이 떨어지는 미숙답, 사질답, 습답, 염해답 등이 68%에 달한다.

09 **담수직파에서 볍씨를 깊은 물속에 파종했을 때 발아에 대한 설명으로 옳은 것은?**

① 중배축이 거의 자라지 않아 키가 작아진다.
② 중배축이 더 길어지고 가는 뿌리가 나온다.
③ 초엽은 더 길어지나 중배축은 변화가 없다.
④ 초엽이 거의 자라지 않아 생육이 나빠진다.

해설
깊게 파종이 되면 중배축이 자라고 초엽은 길게 도장하게 된다.

10 **쌀알의 호분층에 함유되어 있는 기능성 성분에 대한 설명으로 옳은 것은?**

① 과립상태로 존재하는 피트산은 황을 많이 포함하고 있는 항산화물질이다.
② 식이섬유가 2% 정도 포함되어 있어 변비와 대장암의 예방효과가 크다.
③ 유색미에 들어 있는 카테킨과 카테콜-타닌은 베타카로틴과 이노시톨이다.
④ 지용성 성분인 γ-오리자놀과 토코페롤은 콜레스테롤 저하작용이 있다.

해설
① 과립상태로 존재하는 피트산은 인을 많이 포함하고 있는 항산화물질이다.
② 쌀겨는 식이섬유를 20~21% 함유하고 있어 변비와 대장암의 예방효과가 크다.
③ 흑미, 적미 등의 유색미의 현미 껍질층의 색소 성분은 카테킨(Catechin), 카테콜 타닌(Catechol Tannin) 등의 떫은 맛을 내는 페놀화합물과 안토시아닌(Anthocyanin)으로 항산화효과가 있다.

11 **고구마의 괴근 비대에 유리한 환경조건이 아닌 것은?**

① 고온조건일 때
② 단일조건일 때
③ 일조량이 풍부할 때
④ 칼리성분이 많을 때

해설
괴근비대와 환경
- 토양온도 : 20~30℃ 정도가 가장 알맞으며 항온보다는 변온이 괴경 비대를 촉진한다.
- 토양수분 : 최대용수량의 70~75%가 알맞다.
- 토양통기 : 토양통기는 양호해야 한다.
- 토양산도 : pH4~8에서는 생육에 지장을 초래하지 않으면 된다.
- 일조량 : 토양이 건조되지 않는 한 일조는 많아야 좋다.
- 일장 : 10시간 50분~11시간 50분의 단일 조건이 좋다.
- 변온 : 주간 29℃, 야간 20℃ 정도의 변온이 좋다.
- 비료 : 칼리질비료의 효과가 크고, 질소질비료의 과용은 지상부만 번무시키고 괴근의 형성과 비대에는 불리하게 작용한다.

12 **콩에 대한 설명으로 옳지 않은 것은?**

① 강우가 많은 우리나라 기후에 적응된 작물이므로 강산성토양에서도 잘 자란다.
② 종자에는 메티오닌이나 시스틴과 같은 황을 함유한 단백질이 육류에 비해 적다.
③ 생육일수는 온도와 일장에 따라 다른데 여름콩은 생육일수가 짧고 가을콩은 길다.
④ 발아 시에 필요한 흡수량은 풍건중의 1.2배 정도이며, 최적 토양수분량은 최대용수량의 70% 내외이다.

해설
알맞은 토양산도는 pH 6.5 내외로 산성토양에서는 생육과 수량이 떨어지며 콩을 재배하게 되면 토양 표면에 염기가 증가해 pH가 높아져 토양반응이 좋아진다.

8 ④ 9 ② 10 ④ 11 ① 12 ① 정답

13 **우리나라에서 두류의 재배와 생육특성에 대한 설명으로 옳지 않은 것은?**

① 녹두는 조생종을 선택하면 고랭지나 고위도 지방에서도 재배할 수 있다.
② 강낭콩은 다른 두류에 비해 질소고정능력이 낮아 질소 시용의 효과가 크다.
③ 팥은 단명종자이고 발아할 때 자엽이 지상에 나타나는 지상자엽형에 속한다.
④ 땅콩은 연작하면 기지현상이 심하기 때문에 1~2년 정도 윤작을 해야 한다.

해설

- 팥의 종자는 장명종자로 일반저장으로 3~4년 발아력이 유지된다.
- 자엽이 지상에 나타나지 않고 소엽은 보통 원형이나 가름하고 뾰족한 것도 있고 복엽도 넓고 둥근 것부터 길고 좁은 것까지 여러 가지가 있다.

14 **옥수수의 생리생태에 대한 설명으로 옳지 않은 것은?**

① 곡실용 옥수수는 곁가지의 발생이 많은 품종이 종실수량이 많아서 재배에 유리하다.
② 일반적으로 숫이삭의 출수 및 개화가 암이삭의 개화보다 앞서는 웅성선숙 작물이다.
③ 광합성의 초기 산물이 탄소원자 4개를 갖는 C4 식물로 온도가 높을 때 생육이 왕성하다.
④ 이산화탄소 이용효율이 높기 때문에 이산화탄소 농도가 낮아도 C3 식물에 비해 광합성이 높게 유지된다.

해설

곁가지 발생

- 종류와 품종에 따라 차이가 크며 줄기 기부 엽맥에서 자란 곁가지에는 암이삭이 달리지 않는 것이 보통이다.
- 곁가지 수이삭에는 암술이 있는 자성소수를 함께 착생시키는 경우가 많으며 이와 같은 응수를 Tassel Seed라 한다.
- 곡실용 재배에서는 곁가지가 없는 품종이 유리하다.

15 **우리나라 맥류 포장에서 주로 발생하는 잡초로만 묶은 것은?**

ㄱ. 가 래	ㄴ. 광대나물
ㄷ. 괭이밥	ㄹ. 냉 이
ㅁ. 둑새풀	ㅂ. 쇠털골

① ㄱ, ㄴ, ㄷ, ㅁ
② ㄱ, ㄴ, ㄹ, ㅂ
③ ㄴ, ㄷ, ㄹ, ㅁ
④ ㄷ, ㄹ, ㅁ, ㅂ

해설

가래와 쇠털골은 수생 잡초이다.

16 **다음 중 요수량이 가장 적은 작물은?**

① 감 자
② 기 장
③ 완 두
④ 강낭콩

해설

기장 : 고온, 건조기후를 좋아하며 요수량이 가작 적은 작물로 건조에 매우 강하다.

17 **잡곡에 대한 설명으로 옳지 않은 것은?**

① 메밀은 구황작물로 이용되어 왔던 쌍떡잎식물이다.
② 수수는 C4 식물이며 내건성이 매우 강하다.
③ 조는 자가수정 작물이나 자연교잡률이 비교적 높다.
④ 기장의 단백질 함량은 5% 이하로 지질 함량보다 낮다.

해설

기장의 주성분은 당질(74.7%)이며 단백질(10.6%)과 지질(3.1%)의 함량도 적지 않으며 비타민 A와 B도 풍부하고 소화율도 높다.

정답 13 ③ 14 ① 15 ③ 16 ② 17 ④

18 맥류의 도복에 대한 설명으로 옳지 않은 것은?

① 광합성과 호흡을 모두 감소시켜 생육이 억제된다.
② 일반적으로 출수 후 40일경에 가장 많이 발생한다.
③ 뿌리의 뻗어가는 각도가 좁으면 도복에 약하다.
④ 잎에서 이삭으로의 양분전류가 감소된다.

해설
맥류의 도복은 광합성이 감퇴하고 호흡이 증대되어 수량이 감소한다.

19 맥류의 생리생태적 특성에 대한 설명으로 옳은 것은?

① 호밀은 맥류 중 내한성(耐寒性)이 커서 −25℃에서 월동이 가능하다.
② 겉보리의 종실은 영과로 외부의 충격에 의해 껍질과 쉽게 분리된다.
③ 맥류에서 춘파성이 클수록 더 낮은 온도를 거쳐야 출수할 수 있다.
④ 보리는 밀보다 심근성이어서 건조하고 메마른 토양에서도 잘 견딘다.

해설
② 맥류의 종자는 영과로 겉보리는 성숙해도 낟알이 껍질에서 분리되지 않으나 쌀보리는 껍질에서 잘 분리된다.
③ 맥류에서 춘파형은 봄에 파종해도 정상적으로 자라 출수가 이루어진다.
④ 보리의 뿌리는 다른 맥류에 비해 옆으로 퍼지는 경향이 다소 약하여 천근성이다.

20 감자에 발생하는 병해에 대한 설명으로 옳지 않은 것은?

① 역병은 곰팡이병으로 잎과 괴경에 피해를 주며 감염부위가 검게 변하면서 조직이 고사한다.
② 흑지병은 검은무늬썩음병이라고도 하며 토양 내 수분함량이 낮고 온도가 높을 때 발생한다.
③ 더뎅이병은 세균성병으로 2기작 감자를 연작하는 제주도와 남부지방에서 피해가 더 심하다.
④ 절편부패병은 씨감자의 싹틔우기 시 온도가 높고 건조하거나 직사광선에 노출될 때 발생한다.

해설
흑지병은 검은점박이병이라고도 하며, 산성토양에서 특히 많이 발생한다.

18 ① 19 ① 20 ② 정답

2020년 지방직 식용작물

01 다음 설명에 해당하는 작물로만 묶은 것은?

> • 중복수정의 과정을 통해 종자가 만들어진다.
> • 그물맥의 잎을 가지고 있으며, 뿌리는 원뿌리와 곁뿌리로 구분할 수 있다.

① 콩, 메밀　② 콩, 옥수수
③ 메밀, 보리　④ 보리, 옥수수

해설
설명은 쌍자엽식물에 대한 내용이다.

02 벼 종자가 수분을 흡수하여 가수분해효소를 주로 합성하는 곳은?

① 표 피　② 중과피
③ 호분층　④ 전분저장세포

해설
수 분
• 수분의 흡수과정은 '수분흡수기(Imbibition Stage) → 효소활성기(Activation Stage) → 발아 후 생장기(Post-germination Stage)'로 구분된다.
• 흡수기
  – 볍씨가 수분을 흡수해서 배와 배유의 생리적 활성을 유발하는 시기로, 볍씨는 침종 또는 파종 후 수분을 흡수하는데 주로 배와 배유의 경계부위를 통해 흡수하며 흡수된 수분은 배반의 흡수세포층을 통해 배조직으로 이동하고 호분층을 따라 종자의 선단부로 이동한다.
  – 볍씨 수분함량이 볍씨 무게의 15%가 될 때부터 배의 활동이 시작되며 흡수기 동안 볍씨의 수분함량은 25~30%가 된다.
  – 수분의 흡수 속도는 온도가 높을수록 빨라 볍씨 수분함량이 15%까지 이르는데 30℃에서 약 20시간, 20℃에서 약 40시간이 소요되며 수분함량 25%까지는 30℃에서는 약 30시간, 20℃에서 약 60시간 이상이 소요된다.
• 효소활성기
  – 볍씨가 수분함량 30~35%를 유지하며 발아를 준비하는 시기로 활성기 끝 무렵 배에서 유아가 나와 발아를 한다.
  – 볍씨의 수분흡수는 미미해지고 대신 배의 호흡이 왕성해지며 배반과 호분층의 효소가 활성화되어 배유의 저장양분이 수용성으로 변하는 등 활발한 대사작용이 일어난다.
  – 배로 이동한 당은 일부 호흡에 사용되고 일부는 유아와 유근의 생장을 위한 에너지로 축적된다.
• 생장기
  – 유아와 유근이 종피를 뚫고 발아한 후 세포 신장에 따라 생장이 이루어지는 시기
  – 발아한 볍씨는 다시 수분의 흡수가 빨라진다.

03 종·속 간 교잡종자를 확보하기 어려운 경우에 활용하는 조직배양기술은?

① 소형 씨감자의 대량생산
② 무병주 식물체 생산
③ 꽃가루배양
④ 배주배양

해설
조직배양(組織培養, Tissue Culture)
• 세포, 조직, 기관 등으로부터 완전한 식물체를 재분화시키는 배양기술로 원연종, 속간 잡종 육성, 바이러스무병묘 생산, 우량 이형접합체 증식, 인공종자 개발, 유용물질의 생산, 유전자원 보존 등에 이용된다.
• 배지에 돌연변이유발원이나 스트레스를 가하면 변이세포를 선발할 수 있다.
• 기내수정(器內受精, In Vitro Fertilization)
  – 의의 : 기내(器內)에서 씨방의 노출된 밑씨에 직접 화분을 수분시켜 수정하도록 하는 것을 말한다.
  – 종·속 간 잡종의 육성은 기내수정을 하여 얻은 잡종의 배배양, 배주배양, 자방배양을 통해 F_1종자를 얻을 수 있다.
• 바이러스무병(Virus Free)묘 : 식물의 생장점의 조직배양은 세포분열 속도가 빠르고 바이러스에 감염되지 않은 묘를 얻을 수 있다.

정답 1 ① 2 ③ 3 ④

• 인공종자(人工種子, Artificial Seed) : 체세포 조직배양으로 유기된 체세포배(體細胞胚, Somatic Embryo)를 캡슐에 넣어 만든다.

04 다음과 같은 특징을 나타내는 작물은?

• 단성화	• 자웅동주
• 웅예선숙	• 타가수분

① 완 두 ② 벼
③ 감 자 ④ 옥수수

해설

옥수수

• 옥수수는 암꽃보다 수꽃이 먼저 피는 웅성선숙이다.
• 개 화
  – 수이삭에서는 출수 3~5일 후 중앙 상부부터 개화하며 기간은 7~10일이다.
  – 개화시간은 저온에서는 9시~오후 2시경까지, 평야지 기온이 높은 곳은 오전 10~11시에 개화가 가장 많고 오후에는 적다.
• 수정과 등숙 : 풍매수분을 하며 화분이 바람이 있을 때는 300~1,500m까지 날아갈 수 있고 암꽃과 수꽃의 개화시기가 달라 자연 상태에서는 타가수정을 원칙으로 하고 자가수정률은 2% 정도에 불과하다.

05 벼의 기공에 대한 설명으로 옳지 않은 것은?

① 기공의 수는 생육조건에 따라 다른데 하위엽일수록 많다.
② 기공의 수는 품종에 따라 다른데 차광처리에 의해 감소된다.
③ 기공의 수는 온대자포니카벼보다 왜성의 인디카벼에 더 많다.
④ 기공은 잎몸의 표피뿐만 아니라 녹색을 띠는 잎집·이삭축·지경 등의 표피에도 발달한다.

해설

벼 기공의 수는 상위엽일수록 많고, 하나의 잎에서는 선단으로 갈수록 많다.

06 벼 직파재배에 대한 설명으로 옳지 않은 것은?

① 담수직파에서 건답직파보다 도복이 더 발생하기 쉽다.
② 담수직파는 논바닥을 균평하게 정지하기 곤란하다.
③ 담수직파는 대규모일 때 항공파종이 가능하다.
④ 담수직파에서 건답직파보다 분얼절위가 낮아 과잉분얼에 의한 무효분얼이 많다.

해설

건답직파는 논바닥을 균평하게 정지하기 곤란하다.

07 맥주보리의 품질조건으로 옳은 것은?

① 곡피의 양은 16% 정도가 적당하다.
② 전분함량은 58% 이상부터 65% 정도까지 높을수록 좋다.
③ 단백질함량은 15% 이상으로 많을수록 좋다.
④ 지방함량은 6% 이상으로 많을수록 좋다.

해설

맥주보리 품질조건

• 양적 조건
  – 종실이 굵고 고르며 주름이 적어야 한다.
  – 전분함량은 58~65% 정도까지 높아야 좋다. 전분함량이 높아야 맥주수율이 좋아진다.
  – 곡피가 얇아야 하며 곡피의 양은 8% 정도가 적당하고 두꺼우면 곡피 중 성분이 맥주 맛을 저하시킨다.
• 질적 조건
  – 발아가 빠르고 균일해야 한다.
  – 아밀라제의 활성이 강해야 전분으로부터 맥아당으로 당화작용이 잘 이루어지므로 효소력이 강해야 한다.
  – 단백질함량이 낮아야 한다. 단백질함량은 8~12%인 것이 가장 알맞다.
  – 지방의 함량이 적어야 한다. 1.5~3.0인 것이 좋고 그 이상이 되면 맥주품질이 저하된다.
  – 담황백색으로 품종 고유의 색택과 광택을 지니고 있는 것이 좋다.
  – 신선한 보릿짚과 같은 향기가 있어야 한다.
  – 종실의 건조, 숙도, 순도 등이 좋아야 하며 협잡물, 피해립, 이종립 등이 없어야 한다.

4 ④ 5 ① 6 ② 7 ② 정답

08 작물별 기계화재배 시 고려사항으로 옳지 않은 것은?

① 맥류 – 기계수확을 위해서 초장이 70cm 정도의 중간 크기가 알맞다.
② 벼 – 기계이앙하려면 상자육묘를 해야 한다.
③ 콩 – 콤바인 수확을 위해서는 최하위 착협고가 10cm 이하인 품종이 알맞다.
④ 참깨 – 콤바인 수확을 위해서 내탈립성 품종이 알맞다.

해설

콩 : 콤바인 수확을 위해서는 최하위 착협고가 10cm 이상인 품종이 알맞다.

09 팥에 대한 설명으로 옳지 않은 것은?

① 장명종자로 구분된다.
② 종실이 균일하게 성숙하지 않는 특성이 있다.
③ 토양산도는 pH 6.0~6.5가 알맞지만, 강산성 토양에도 잘 적응한다.
④ 종자 속에는 전분이 34~35% 정도, 단백질도 20% 정도 들어 있다.

해설

팥의 토양 조건
- 보수력이 크고 인산, 칼리, 석회, 부식이 풍부한 식양토와 양토가 알맞으나 토양적응성이 커서 극단적인 척박지와 과습지 외에는 어디서나 재배가 가능하다.
- 콩보다 토양수분이 적어도 발아가 가능하나 과습과 염분에 대한 적응성은 약하다.
- 토양산도는 pH 6.0~6.5가 알맞고 강산성 토양은 좋지 않다.

10 다음 설명에 해당하는 고구마병은?

> - 저장고의 시설, 용기 또는 공기를 통하여 상처 부위에 감염된다.
> - 병이 진전되면 누런색의 진물이 흐르고 처음에는 흰 곰팡이가 피었다가 나중에는 검게 변한다.
> - 진물이 흐르면 알코올 냄새가 나면서 급속도로 병이 확산된다.

① 무름병 ② 건부병
③ 검은무늬병 ④ 더뎅이병

해설

무름병(연부병)
- 병 징
  - 상처난 고구마를 냉습한 환경에 저장하였을 때 발생하기 쉽다.
  - 저장 중 괴근의 상처부위로부터 갈변하면서 썩어가며 진물이 흐르고 부패부에는 처음 백색의 곰팡이가 생겼다가 나중에 검은 빛으로 변하고 썩은 것에서는 알코올 냄새가 난다.
- 전염경로 : 병원균은 부생균으로 저장고와 기구 등을 통해 전염하고 공기를 통해 전염되기도 한다.
- 방제 : 저장고와 시설, 기구 등을 잘 소독하고 상처가 없는 고구마를 적온, 적습에 저장하고 큐어링 후 저장하면 효과적이다.

11 다음과 같은 개화 특징을 갖는 작물은?

> 1년차 귀농인 이정국 씨는 집 근처 텃밭에 들깨를 심었다. 식재 전 토양검정을 통해 부족한 양분이 없도록 밑거름을 주고, 가뭄의 피해가 없도록 관수관리를 잘했는데 꽃이 피기 시작할 때 밭 가장자리의 일부가 꽃이 피지 않고 무성히 자라고 있었다. 자라는 형태가 다른 듯 보여 농업기술센터에 문의했더니 야간에 가로등 불빛이 닿는 부분이 꽃이 피지 않고 잎이 무성해지는 것이라는 답변을 받았다. 귀농인 이정국 씨는 빛이 꽃이 피는 것을 억제할 수 있다는 것을 알게 되었다.

① 콩
② 아주까리
③ 상 추
④ 시금치

해설

작물의 일장형
- 장일식물(長日植物, LDP ; Long-Day Plant)
  - 보통 16~18시간의 장일상태에서 화성이 유도, 촉진되는 식물로, 단일상태는 개화를 저해한다.
  - 최적일장 및 유도일장 주체는 장일측, 한계일장은 단일측에 있다.
  - 추파맥류, 시금치, 양파, 상추, 아마, 아주까리, 감자 등
- 단일식물(短日植物, SDP ; Short-Day Plant)
  - 보통 8~10시간의 단일상태에서 화성이 유도, 촉진되며 장일상태는 이를 저해한다.
  - 최적일장 및 유도일장의 주체는 단일측, 한계일장은 장일측에 있다.
  - 국화, 콩, 담배, 들깨, 조, 기장, 피, 옥수수, 아마, 호박, 오이, 늦벼, 나팔꽃 등

정답 8 ③ 9 ③ 10 ① 11 ①

12 기장의 형태에 대한 설명으로 옳은 것은?

① 줄기는 지상절의 수가 1~10마디이고, 둥글며 속이 차 있다.
② 종근은 1개이고 지표에 가까운 지상절에서는 부정근이 발생하지 않는다.
③ 종실은 영과로 소립이고 방추형이다.
④ 이삭의 지경이 대체로 짧아 조·피와 비슷하고 벼나 수수와는 다르다.

해설

① 줄기는 지상절의 수가 10~20마디이고, 둥글며 속이 비어 있어 도복하기 쉽다.
② 종근은 1개이고 지표에 가까운 지상절에서는 부정근이 발생한다.
④ 이삭의 지경이 대체로 길어 조·피와 다르고 벼나 수수와는 비슷하다.

13 보리의 발육과정에 대한 설명으로 옳은 것은?

① 아생기 – 배유의 양분이 거의 소실되고 뿌리로부터 흡수되는 양분에 의존하는 시기
② 이유기 – 주간의 엽수가 2~2.5장인 시기로 발아 후 약 3주일에 해당하는 시기
③ 신장기 – 유수형성기 이후 이삭과 영화가 커지며 생식세포가 형성되는 시기
④ 수잉기 – 절간신장이 개시되어 출수와 개화에 이르기까지 줄기 신장이 지속되는 시기

해설

- 아생기
  - 발아 후 원줄기의 본엽이 1.5~2매 정도될 때까지 아생기라 한다.
  - 배유의 양분으로 자라며 주간의 엽수만 증가하지 아직 분얼은 발생하지 않는다.
- 이유기
  - 아생기 말기로 배유의 양분이 떨어지고 어린싹이 스스로 광합성을 하여 양분 공급과 뿌리에서 흡수되는 양분에 주로 의존하는 전화기이다.
  - 주간의 엽수가 2~2.5매이다.
  - 배유 전분의 83~85% 정도가 소실되며 발아 후 3주일에 해당된다.
  - 배유 양분에 대한 의존을 완전히 벗어나 뿌리에서 흡수되는 양분에만 의존하는 완전 독립영양시기는 주간 본엽이 3.5~4.0매인 시기부터이다.
- 신장기
  - 유수형성기부터 출수기까지의 시기이다.
  - 어린이삭이 형성된 후 기온이 올라가면서 마디 사이가 급격히 신장한다.
- 수잉기
  - 출수 전 이삭이 커져 지엽 속에 이삭이 배 있는 것을 외부에서도 완전히 식별되는 후반기를 말한다.
  - 맥류는 출수 전 2주일경 이삭과 영화가 커지고 생식세포가 형성되며, 출수 전 7~10일경은 감수분열로 암수 생식세포가 완성된다.

14 작물의 수분생리작용에 대한 설명으로 옳지 않은 것은?

① 물은 작물생육에 필수원소인 수소원소의 공급원이 된다.
② 물은 작물이 필요물질을 흡수하는 데 용매 역할을 한다.
③ 작물체 내 함수량이 적어지면 용질의 농도가 높아지기 때문에 세포액의 삼투퍼텐셜이 높아진다.
④ 세포조직 내 물의 이동은 수분퍼텐셜이 평형에 도달할 때까지 이루어진다.

해설

- 삼투압퍼텐셜(ψ_s)
  - 용질 농도에 따라 영향을 받는 물의 퍼텐셜
  - 용질이 첨가될수록 감소하며 항상 음(–)값을 가진다.
- 식물체 내의 수분퍼텐셜
  - 식물체의 체 내에서의 수분퍼텐셜에서는 메트릭퍼텐셜은 영향을 거의 미치지 않고 삼투퍼텐셜과 압력퍼텐셜이 좌우하므로 $\psi_w = \psi_s + \psi_p$로 표시할 수 있다.
  - 세포 부피와 압력퍼텐셜의 변화에 따라 삼투퍼텐셜과 수분퍼텐셜이 변화한다.
  - 압력퍼텐셜과 삼투퍼텐셜이 같아지면 세포의 수분퍼텐셜은 0이 되므로 팽만상태가 된다($\psi_s = \psi_p$).
  - 수분퍼텐셜과 삼투퍼텐셜이 같아지면 압력퍼텐셜은 0이 되므로 원형질분리가 일어난다($\psi_w = \psi_s$).
  - 수분퍼텐셜은 토양이 가장 높고, 대기가 가장 낮으며 식물체 내에서 중간값이 나타나므로 수분의 이동은 토양 → 식물체 → 대기로 이어진다.

12 ③ 13 ② 14 ③ 정답

15 벼의 잎면적지수에 대한 설명으로 옳지 않은 것은?

① 단위토지면적 위에 생육하고 있는 개체군의 전체잎면적의 배수로 표시된다.
② 잎면적지수 7은 개체군의 잎면적이 단위토지면적의 7배라는 뜻이다.
③ 최적잎면적지수는 품종에 따라 다르다.
④ 잎면적지수는 출수기에 최댓값을 보인다.

해설

엽면적지수(LAI ; Leaf Area Index)와 광합성량

- 엽면적지수
  - 단위토지의 면적에서 자라는 개체군 전체엽면적을 면적으로 나눈 값으로 개체군의 엽면적 크기와 번무 정도를 나타낸다.
  - 개체군의 엽면적지수가 커지면 엽신이 많아져 광합성량이 증가함과 동시에 번무로 인한 호흡도 증가한다.
- 최적엽면적지수(Optimum LAI)
  - 광합성량에서 호흡량을 차감한 순생산량이 최곳값을 나타내는 엽면적지수
  - 통일벼 품종은 6~8, 일반형 벼품종은 4~5이다.
- 동일 품종일지라도 최적엽면적지수는 광도에 따라 달라진다.
- 광도가 약하면 광합성에서 광포화점이 낮고 호흡은 계속 증가하여 최적엽면적지수가 낮고 강도가 강한 경우 호흡량이 증가해도 광합성의 광포화점이 높아 최적엽면적지수가 높아진다.

16 다음 벼 병해 중 바이러스에 의한 병만을 모두 고르면?

ㄱ. 도열병	ㄴ. 오갈병
ㄷ. 줄무늬잎마름병	ㄹ. 흰잎마름병

① ㄱ, ㄴ
② ㄱ, ㄷ
③ ㄴ, ㄷ
④ ㄷ, ㄹ

해설

- 도열병(稻熱病, Blast Disease, Rice Blast)
  - 병원체 : *Pyricularia oryzae*
  - 진균병(불완전균류)
- 흰잎마름병(白葉枯病, Bacterial Blight)
  - 병원체 : *Xanthomonas campestris*
  - 세균병

17 벼 이앙 시 재식밀도에 대한 설명으로 옳지 않은 것은?

① 비옥지에서는 척박지에 비해 소식하는 것이 좋다.
② 조생품종의 경우 만생품종보다 밀식하는 것이 좋다.
③ 수중형 품종의 경우 수수형 품종에 비해 소식하는 것이 좋다.
④ 만식재배의 경우 밀식하는 것이 좋다.

해설

중형 품종의 경우 수수형 품종에 비해 밀식하는 것이 좋다.

18 보통메밀에 대한 설명으로 옳지 않은 것은?

① 대부분 자웅예동장화(雌雄蕊同長花)이다.
② 흡비력이 강하다.
③ 루틴함량은 개화 시 꽃에서 가장 높다.
④ 우리나라 평야지대에서는 겨울작물이나 봄작물의 후작으로 유리하다.

해설

메밀꽃은 동일품종일지라도 장주화와 단주화가 반반씩 생기는 이형예현상(Heterostylism)이 나타난다.

19 콩의 질소고정에 대한 설명으로 옳지 않은 것은?

① 콩의 뿌리는 플라보노이드를 분비하고, 이에 반응하여 뿌리혹세균의 nod 유전자가 발현된다.
② 뿌리혹의 중심부에는 여러 개의 박테로이드를 포함하고 있으며, 그 안에서 질소를 고정한다.
③ 뿌리혹박테리아는 호기성이고 식물체 내의 당분을 섭취하며 생장한다.
④ 콩은 어릴 때 질소고정량이 많으며, 개화기경부터는 질소고정량이 적어진다.

해설

콩이 어릴 때는 뿌리혹의 수효가 적고 뿌리혹 자체도 작아 질소고정능력도 떨어지며 뿌리혹박테리아가 식물체로부터 당분을 흡수하므로 어린식물의 생육은 억제되나 개화기경부터 질소고정이 왕성하게 이루어지면서 많은 질소성분을 식물체에 공급하고 성숙기에는 뿌리혹의 내용이 비면서 기주식물인 콩으로부터 쉽게 탈락된다.

정답 15 ④ 16 ③ 17 ③ 18 ① 19 ④

20 **콩 품종의 용도에 대한 설명으로 옳은 것은?**

① 나물콩 – 대표품종으로 은하콩이 있고, 종실이 커야 콩나물 수량이 많아진다.
② 장콩 – 대표품종으로 대원콩이 있고, 두부용은 수용성 단백질이 높을수록 품질이 좋아진다.
③ 기름콩 – 대표품종으로 황금콩이 있고, 우리나라에서는 지방함량이 높은 품종을 많이 개발하여 재배되고 있다.
④ 밥밑콩 – 대표품종으로 검정콩이 있고, 껍질이 두꺼워 무르지 않고 당함량이 높아야 한다.

해설

- 밥밑콩
  - 밥을 짓는데 섞어 이용한다.
  - 종실이 굵고 100립중은 20g 이상이고 알칼리붕괴도가 높으며 흡수팽창도가 크고 환원당함량이 많은 여름콩 중 유색품종이 좋다.
  - 종실이 20g 이상으로 굵고 흡수팽창성이 크며 취반 시 잘 물러져야 하며 맛이 좋아야 한다.
- 기름콩
  - 지유함량이 17~20%로 25%까지 높을수록 좋으며 소립이고 입색이 진하여 광택이 있는 18g 이하가 좋다.
  - 우리나라에 전량 수입하여 가공하기 때문에 기름용 품종이 없다.
- 나물용(쥐눈이콩)
  - 입색은 황색~녹색으로 담황색이며 소립종으로 100립중이 14g 이하인 것이 좋다.
  - 종실이 작을수록 원료콩 대비 콩나물 생산량이 많아지기 때문에 작은 콩이 유리하다.
- 풋베기콩 : 풋베기용으로 많이 이용되며 종실, 잎, 줄기의 생장이 무성하며 풋베기 수량이 많고 종실이 작아 종자량이 적은 것이 좋다.

20 ② 정답

MEMO

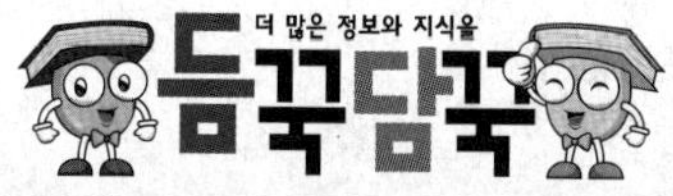

참 / 고 / 문 / 헌

- 박순직 · 이종훈, 2017, 한국방송통신대학교출판부, 식용작물학 I
- 박의호 · 류수노 · 조현묵, 2014, 한국방송통신대학교출판부, 식용작물학 II
- 채제천, 2010, 향문사, 쌀생산과학
- 박순직, 2006, 향문사, 삼고재배학원론
- 김준석, 2014, 향문사, 신고원예학
- 류수노 외 1인, 2011, 한국방송통신대학교출판부, 재배학원론
- 문원 외 2인, 2010, 한국방송통신대학교출판부, 원예학개론
- 문원 · 이승구, 2012, 한국방송통신대학교출판부, 재배식물생리학
- 김계훈 외 4인, 2015, 한국방송통신대학교출판부, 토양학
- 박순직 외 1인, 2003, 한국방송통신대학교출판부, 농업유전학
- 이영복, 2015, 한국고시저널, 손해평가사 재배학 및 원예작물학
- 김동이, 2016, 도서출판 탑스팟, 식용작물학
- 손송운, 2016, 신지원, 통합식용작물학
- 최상민, 2015, 지식과미래, 식용작물학

기술직공무원 재배학개론 + 식용작물 기출이 답이다

초판발행	2021년 01월 05일 (인쇄 2020년 10월 30일)
발 행 인	박영일
책임편집	이해욱
편 저	이영복
편집진행	윤진영 · 장윤경
표지디자인	조혜령
편집디자인	심혜림 · 조준영
발 행 처	(주)시대고시기획
출판등록	제10-1521호
주 소	서울시 마포구 큰우물로 75 [도화동 538 성지 B/D] 9F
전 화	1600-3600
팩 스	02-701-8823
홈페이지	www.sidaegosi.com
I S B N	979-11-254-8404-2(13350)
정 가	35,000원

시대북 통합서비스 앱 안내

연간 1,500여종의 실용서와 수험서를 출간하는 시대고시기획, 시대교육, 시대인에서 출간도서 구매 고객에 대하여 도서와 관련한 **"실시간 푸시 알림"** 앱 서비스를 개시합니다.

이제 수험정보와 함께 도서와 관련한 다양한 서비스를 찾아다닐 필요 없이 스마트 폰에서 실시간으로 받을 수 있습니다.

사용방법 안내

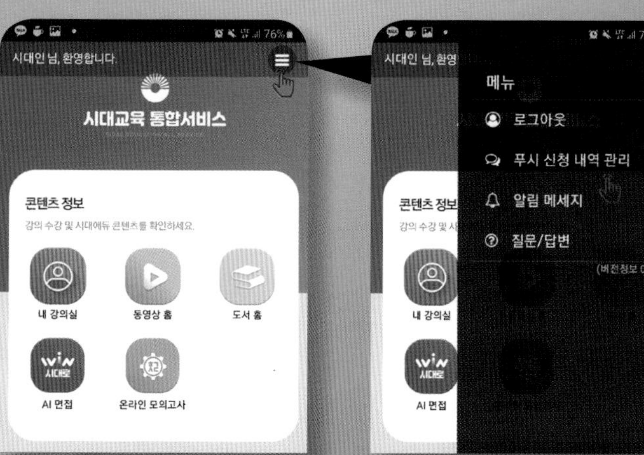

1. 메인 및 설정화면

- 로그인/로그아웃
- 푸시 알림 신청내역을 확인하거나 취소할 수 있습니다.
- 시험 일정 시행 공고 및 컨텐츠 정보를 알려드립니다.
- 1:1 질문과 답변(답변 시 푸시 알림)

2. 도서별 세부 서비스 신청화면

메인화면의 [콘텐츠 정보] [정오표/도서 학습자료 찾기] [상품 및 이벤트] 각종 서비스를 이용하여 다양한 서비스를 제공 받을수 있습니다.

[제공 서비스]

- **최신 이슈&상식** : 최신 이슈와 상식 제공(주 1회)
- **뉴스로 배우는 필수 한자성어** : 시사 뉴스로 배우기 쉬운 한자성어(주 1회)
- **정오표** : 수험서 관련 정오자료 업로드 시
- **MP3 파일** : 어학 및 MP3파일 업로드 시
- **시험일정** : 수험서 관련 시험 일정이 공고되고 게시될 때
- **기출문제** : 수험서 관련 기출문제가 게시될 때
- **도서업데이트** : 도서 부가자료가 파일로 제공되어 게시될 때
- **개정법령** : 수험서 관련 법령개정이 개정되어 게시될 때
- **동영상강의** : 도서와 관련한 동영상강의가 제공, 변경 정보가 발생한 경우

* **향후 서비스 자동 알림 신청** : 이 외의 추가서비스가 개발될 경우 추가된 서비스에 대한 알림을 자동으로 발송해 드립니다.
* **질문과 답변 서비스** : 도서와 동영상 강의 등에 대한 1:1 고객상담

ⓘ **앱 설치방법**

※ 본 앱 및 제공 서비스는 사전 예고 없이 수정, 변경되거나 제외될 수 있고, 푸시 알림 발송의 경우 기기변경이나 앱 권한 설정, 네트워크 및 서비스 상황에 따라 지연, 누락될 수 있으므로 참고하여 주시기 바랍니다.

※ 안드로이드와 IOS기기는 일부 메뉴가 상이할 수 있습니다.

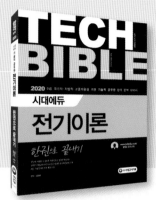

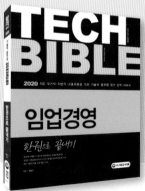